Windows 10

Das Kompendium

Windows 10

Das Kompendium

WOLFRAM GIESEKE

Markt+Technik

ISBN 978-3-95982-077-6

© 2017 by Markt+Technik Verlag GmbH
       Espenpark 1a
       90559 Burgthann

Produktmanagement Christian Braun, Burkhardt Lühr
Herstellung Jutta Brunemann, j.brunemann@mut.de
Covergestaltung David Haberkamp
Satz inpunkt[w]o, Haiger (www.inpunktwo.de)
Druck Media-Print Informationstechnologie GmbH, Paderborn
Printed in Germany

Vorwort

Mit Windows 10 legte Microsoft nach eigenem Bekunden das letzte Windows vor. Das deutet aber nicht auf das Ende der Weiterentwicklung hin, sondern auf eine grundlegende Änderung der Herangehensweise: Statt eines neuen Windows mit vielen neuen Funktionen alle X Jahre gibt es seitdem eine beständige Weiterentwicklung mit regelmäßigen Funktionsupdates. Eine ständige kontinuierliche Weiterentwicklung ersetzt also sporadische größere Entwicklungssprünge. So sind seit dem Erscheinen von Windows 10 neben zahlreichen kleineren Updates mit dem „November-Update" und dem „Anniversary Update" bereits zwei umfangreichere Funktionsupdates erschienen. Umso wichtiger ist es, immer den Überblick zu behalten und die wesentlichen Funktionen und Mechanismen des Systems zu durchschauen und vor allem zu beherrschen. Windows macht einem das nicht immer leicht, denn es verteilt seine Funktionen, Optionen, Protokolle und Hilfsprogramme großzügig über viele Einstellungen, Module, Programme und Logdateien.

Aktuelle Infos im Blog

Gerade weil Windows 10 ein sehr dynamisches Thema ist, können veränderte und neu hinzugekommene Funktionen immer erst in der nächsten Auflage berücksichtigt werden. In der Zwischenzeit dient mein Blog unter *www.gieseke-buch.de* als Informationsquelle zur aktuellen Weiterentwicklung. Ebenso können Sie hier mit mir in Kontakt treten, um Ihre Fragen oder Anregungen loszuwerden. Jetzt wünsche ich aber erst mal viel Spaß und viele hilfreiche Erkenntnisse beim Lesen dieses Buches und beim Entdecken der Feinheiten Ihres Windows 10.

Wolfram Gieseke

Praxisworkshops und Insiderwissen

Um den umfangreichen Inhalt für Sie besser zu erschließen und auf besondere Themen hinzuweisen, sind einzelne Abschnitte gesondert gekennzeichnet:

- Praxisworkshops kennzeichnen umfangreichere Anleitungen zum Lösen typischer Aufgabenstellungen und Probleme, die sich so schneller auffinden lassen.

- Insider-Know-how verrät Ihnen Tipps zu fortgeschritteneren Themen und zeigt Ihnen wertvolle Funktionen, die sich nicht auf den ersten Blick erschließen.

Inhaltsübersicht

Inhaltsverzeichnis

Teil VI Sicherheit – PC, Daten und Anwender schützen 633

29. Mit dem Info-Center Windows aktuell und sicher halten 635

30. Schützen Sie sich gegen Angriffe aus dem Netz 653

31. So schützt der Defender Sie kostenlos vor Spyware und Viren 667

35. Wichtige Einstellungen für Datenschutz und Privatsphäre 751

Teil I

Die neue Oberfläche optimal nutzen und individuell anpassen

1. Das neue Startmenü flexibel nutzen

Zu den größten und auf den ersten Blick unübersehbaren Neuerungen gehört die Rückkehr des Startmenüs – oder zumindest eines Startmenüs. Wie in den guten alten Zeiten
kann man unten links auf dem Desktop ein Windows-Symbol anklicken und öffnet damit ein Menü, das den Weg zu allen Programmen und Funktionen ebnet. Aber ganz so
wie früher ist es eben doch nicht, wie schon der erste Blick beweist.

HINWEIS ⟩ Desktop- vs. Tablet-Modus

Ein wichtiger Hinweis für Tablet-Nutzer gleich zu Beginn: Windows erkennt automatisch,
wenn es auf einem Gerät mit Touchbildschirm ausgeführt wird. Dann schaltet es automatisch in den Tablet-Modus um, was Auswirkungen auf das Startmenü, den Desktop, den
Umgang mit Fenstern und einiges mehr hat. Was es damit genau auf sich hat, lesen Sie
auf Seite 52. Auf den nachfolgenden Seiten beschreibe ich die Windows-Oberfläche
zunächst im Desktop-Modus. Schalten Sie deshalb am besten in diesen Modus um (am
rechten Bildschirmrand „reinwischen" und im Info-Center unten auf *Tabletmodus* tippen,
falls dieses Symbol farbig unterlegt ist).

1.1 Startmenü und Startseite in einem

Windows 7 hatte ein Startmenü, Windows 8 hatte eine Startseite. Windows 10 bemüht
sich, das Beste aus beiden Welten miteinander zu verbinden, und präsentiert ein drei-
geteiltes Startmenü: links einige Symbole für grundlegende Funktionen wie Explorer,
Einstellungen, Abmelden bzw. Ausschalten usw., rechts daneben ein klassisches Menü mit
den installierten Apps und Anwendungen und ganz rechts eine kleine Startseite, die sich
aber nach Bedarf auch wesentlich vergrößern lässt.

Im Startmenü alle Apps und Einstellungen schnell finden

Das Startmenü funktioniert im Prinzip so, wie man es von früheren Windows-Versionen kennt. Wenn Sie es mit einem Klick (oder Fingertipp) auf das Windows-Symbol unten links in der Taskleiste öffnen, erhalten Sie eine Liste aller installierten Programme. Diese Liste wird von Windows automatisch erstellt und laufend aktualisiert:

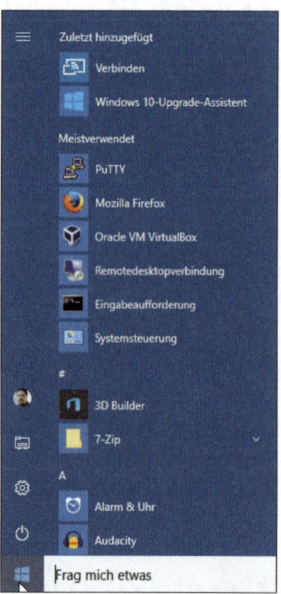

- Ganz oben unter *Zuletzt hinzugefügt* finden Sie neue Anwendungen oder Apps.

- Darunter folgt eine Auflistung der *Meistverwendeten* Programme. Diese Liste wird von Windows ständig gepflegt und aktualisiert.

- Darunter folgt schließlich eine lange alphabetische Liste aller installierten Programme.

TIPP ☑ **Weitere Ordner immer im Startmenü anzeigen lassen**

Wenn Sie möchten, können Sie im Startmenü bestimmte Ordner dauerhaft anzeigen lassen, wie etwa *Bilder*, *Musik* oder das *Netzwerk*. Öffnen Sie hierzu in den *Einstellungen* den Bereich *Personalisierung/Start* und klicken Sie rechts auf *Ordner auswählen, die im Menü „Start" angezeigt werden*. Aktivieren Sie im anschließenden Menü die Ordner, die Sie direkt im Startmenü vorfinden möchten.

Links neben der Programmliste sehen Sie einige Symbole:

- Mit dem Drei-Linien-Symbol (auch als Hamburger-Menü bezeichnet) können Sie die schmale Leiste mit den Symbolen „ausklappen". So erhalten Sie zu jedem Symbol auch einen Namen, was vor allem in der Eingewöhnungsphase hilfreich sein kann.

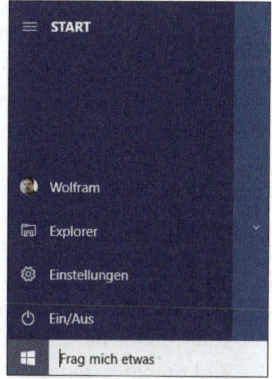

- Wie auch schon bei früheren Windows-Versionen ist das Benutzersymbol nicht nur ein Designelement. Sie können hier auch klicken oder tippen und so ein Untermenü öffnen. Es erlaubt den Zugang zu den Kontoeinstellungen sowie das schnelle *Sperren* des Bildschirms oder das *Abmelden*. Ebenso können Sie hier schnell zu einem anderen Benutzerkonto Ihres PCs wechseln.

- Mit einem Klick auf das *Explorer*-Symbol starten Sie den Windows-Explorer. Sie können aber auch mit der rechten Maustaste darauf tippen. Damit öffnen Sie eine Liste der Schnellzugriffe des Windows-Explorer (siehe Seite 297).

- Das Zahnradsymbol für die *Einstellungen* ist eine Abkürzung in die touchoptimierten modernen *Einstellungen* (nicht die klassische Systemsteuerung!).

- Mit dem *Ein/Aus*-Symbol ganz unten öffnen Sie ein kleines Untermenü, in dem Sie den PC in den Energiesparmodus versetzen, herunterfahren oder neu starten können. Ob Sie mit links oder rechts klicken, spielt dabei keine Rolle.

TIPP ☑ Die Größe des Startmenüs anpassen

Der „Rahmen" des Startmenüs kann wie ein Fensterrahmen vergrößert und verkleinert werden. So können Sie nicht nur die Größe, sondern auch die Form an Ihre Vorlieben anpassen. Der Inhalt passt sich automatisch an bzw. es wird automatisch eine Laufleiste angezeigt, wenn die Fläche nicht für den gesamten Inhalt ausreicht.

Ein eigenes Profilbild (nicht nur) auf dem Startbildschirm

Ein individuelles Gestaltungselement des Startmenüs ist das Profilbild, das Ihrem Benutzerkonto zugeordnet ist. Das wirkt sich nicht nur hier aus, sondern z. B. auch auf dem Anmeldebildschirm oder in der Benutzerverwaltung — eben überall dort, wo Ihr Benutzerkonto durch ein Bild symbolisiert wird. Wie auch schon bei früheren Versionen können Sie Ihr Benutzerbild beliebig ändern.

1. Klicken Sie dazu mit der rechten Maustaste auf das Profilbild im Startmenü und wählen Sie im Kontextmenü *Kontoeinstellungen ändern*. Dies führt Sie in die Rubrik *Konten/Ihre Infos* der Einstellungen.

2. Dort wird in der rechten Hälfte das derzeit verwendete Bild bzw. Symbol angezeigt. Unter *Ihr Bild erstellen* können Sie mit *Suchen* Ihren PC nach einem geeigneten Bild durchforsten.

3. Der Auswahldialog führt Sie in die *Bilder*-Bibliothek. Von hier aus können Sie aber auch zu anderen Ordnern Ihrer Festplatte navigieren.

4. Das Bild kann eine beliebige Größe haben, es wird von Windows ggf. automatisch angepasst, um als Kontobild verwendet werden zu können. Haben Sie ein geeignetes Bild gefunden, klicken Sie auf *Bild auswählen*.

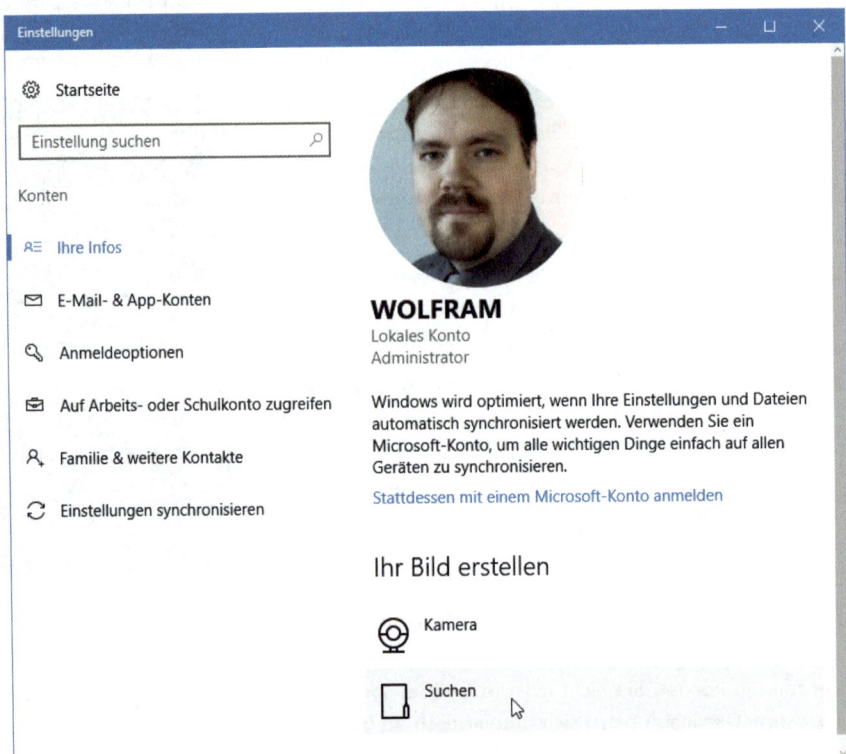

Anwendungen ganz schnell finden

Wenn Ihnen das Suchen nach einer bestimmten Anwendung in der Liste oder auf der Startseite zu umständlich ist, verwenden Sie einfach das Eingabefeld ganz unten im Startmenü:

1. Tippen Sie auf das Windows-Symbol unten links, damit das Startmenü angezeigt wird.

2. Tippen Sie nun einfach direkt den Namen des gesuchten Programms ein. In der Regel brauchen Sie nur wenige Buchstaben des Namens einzutippen. Es reicht auch ein wesentlicher Bestandteil des Namens, beispielsweise „Mail".

3. Das Startmenü listet dann alle relevanten Treffer zu diesem Begriff aus verschiedenen Bereichen auf. Dazu gehören:

   - auf dem PC installierte Anwendungen und Apps,

   - Einstellungen,

   - Apps im Store,

   - vielversprechende Websuchbegriffe.

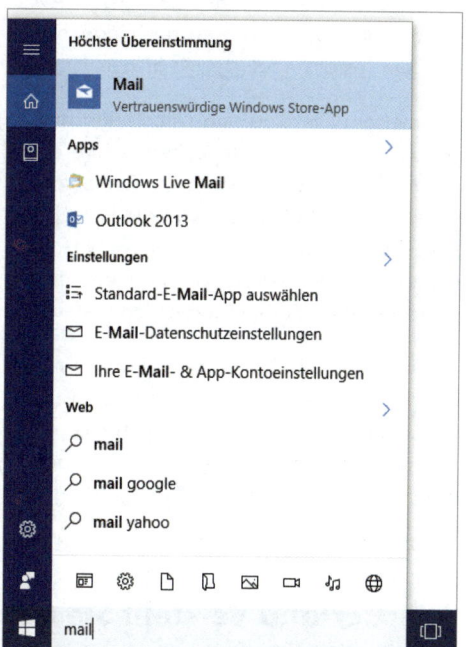

4. Da installierte Anwendungen die höchste Priorität haben, werden sie oben in der Liste angezeigt. Das am besten passende Programm findet sich ganz oben als farbig unterlegter Eintrag. Um diese Anwendung oder App zu starten, brauchen Sie einfach nur ⏎ zu drücken.

5. Sollte die gesuchte App weiter unten stehen, verwenden Sie ⬇, um deren Eintrag anzusteuern und drücken dann ⏎. Bei einem Touchbildschirm können Sie den Eintrag selbstverständlich auch einfach direkt antippen.

Was sich auf den ersten Blick vielleicht etwas umständlich liest, ist in Wirklichkeit ein ganz simpler Vorgang, an den man sich für einige Standardanwendungen schnell gewöhnt, gerade weil man dafür nicht mal zur Maus greifen muss:

1. ⊞ drücken.

2. Wesentlichen Teil des Namens tippen, etwa „mail".

3. ⏎ drücken.

Kurze Wege im Kontextmenü des Windows-Symbols

Auf den ersten Blick übersieht man leicht, dass das Windows-Symbol ganz links in der Taskleiste nicht nur ein hübsches Symbol zum Anzeigen des Startmenüs ist. Ein Rechtsklick darauf öffnet ein Kontextmenü, in dem Sie einige praktische Einträge finden, mit denen sich die Wege zu häufig genutzten Funktionen abkürzen lassen. Alternativ können Sie es aber auch jederzeit mit dem Tastenkürzel ⊞+X öffnen.

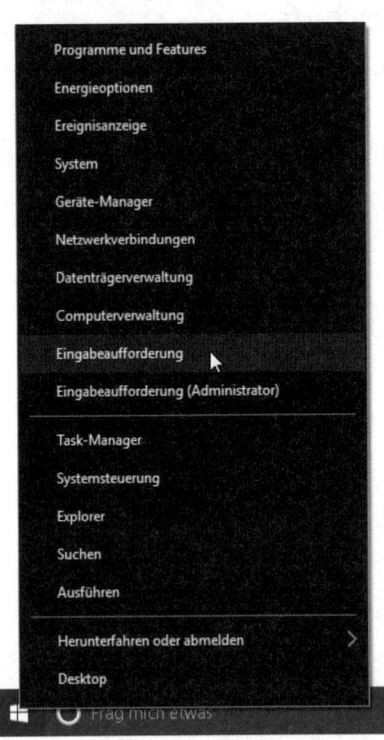

Die meisten Einträge sind selbsterklärend und führen in die entsprechenden Bereiche der Systemsteuerung oder Computerverwaltung. Sehr hilfreich sind die Einträge *Eingabeaufforderung* bzw. *Eingabeaufforderung (Administrator)*, da sie meist den kürzesten Weg zu dieser Funktion bieten.

Praktisch ist auch das kleine *Herunterfahren oder abmelden*-Menü. Insbesondere Tastaturfans können es nutzen, um beispielsweise jederzeit schnell durch „blindes" Tippen den PC herunterzufahren: ⊞+X, U, U, →, R.

1.2 Cortana versteht Sie aufs Wort

Schon länger geheimnisvoll angekündigt, erblickte gemeinsam mit Windows 10 die Sprachassistentin Cortana das Licht der IT-Welt. Das Prinzip ist von der Google-Sprachsuche oder der iPhone-Assistentin Siri vielleicht schon bekannt. Cortana wird nicht umständlich über Menüs und Optionen bedient, sondern kann menschliche Sprache interpretieren und verstehen. Man kann also eine Anweisung einfach eintippen oder aussprechen, anstatt die entsprechenden Aktionen selbst umständlich ausführen zu müssen.

HINWEIS ⊠ Cortana nur mit Microsoft-Konto

Damit es nicht am Ende des Einrichtungsvorgangs eine Enttäuschung gibt: Cortana lässt sich nur in Kombination mit einem Microsoft-Konto nutzen. Wenn Sie sich bei Windows ohnehin mit einem Microsoft-Konto anmelden, kein Problem. Sollten Sie grundsätzlich nur mit einem lokalen Benutzerkonto arbeiten wollen und Bedenken gegen die Cloud-Funktionen von Windows haben, ist Cortana eher nichts für Sie.

Das Mikrofon für Cortana einrichten

Für das Erfassen von Sprachbefehlen verwendet Cortana ein Mikrofon. Bei Notebooks und Tablets ist das bereits eingebaut. Bei einem PC sind zumindest die Anschlüsse dafür vorhanden. Die Qualität des Mikrofons ist für die Spracherkennung nicht unbedingt ausschlaggebend. Beispielsweise kann man mit einem günstigen Headset gut erste Erfahrungen sammeln. Wer Cortana am Schreibtisch regelmäßig nutzen möchte, sollte sich nach einem Clip-Mikrofon umschauen, das man am Monitor befestigen kann.

Bei der ersten Verwendung der Sprachfunktion möchte Cortana in vielen Fällen erst das Mikrofon einrichten. Das ist mit einem Assistenten in wenigen Schritten erledigt.

1. Sollten Probleme mit dem Mikrofon vorliegen, meldet sich der Assistent automatisch und bittet darum, das Mikrofon einrichten zu dürfen. Ansonsten können Sie das Einrichten auch jederzeit in den Cortana-Einstellungen ganz oben mit *Erste Schritte* starten.

2. Klicken Sie auf *Mikrofon einrichten*, damit der Eingangspegel für die Sprachaufnahme optimal angepasst wird.

3. Lassen Sie sich nicht von einem Hinweis irritieren, dass Ihr Mikrofon möglicherweise nicht mit Cortana funktioniere. In der Regel ist das kein Problem. Klicken Sie einfach zweimal auf *Weiter*.

4. Lesen Sie nun einfach den angezeigten Text vor. Platzieren Sie das Mikrofon dabei so, wie Sie es auch im Alltag verwenden möchten. Der mehrfarbige Balken am unteren Rand hilft Ihnen dabei, die Lautstärke richtig einzuschätzen:

- Bei Stille sollte er sich im gelben Bereich bewegen.

- Wenn Sie normal laut sprechen, sollte er bis in den grünen Bereich ausschlagen.

- Der rote Bereich sollte möglichst nicht erreicht werden, da die Aufnahme sonst übersteuert und nicht sinnvoll ausgewertet werden kann.

Während Sie den Text vorlesen, passt der Assistent den Eingangspegel automatisch an, sodass eine möglichst gute Aussteuerung erreicht wird. Sowie dies gelungen ist, können Sie das Diktat beenden und unten auf *Weiter* klicken.

5. Nun noch einmal auf *Fertig stellen* klicken und Sie können mit Cortana sprechen.

Cortana mit einem Microsoft-Konto verknüpfen

Wer Windows 10 mit einem lokalen Benutzerkonto verwendet, kann Cortana zwar nutzen, muss allerdings viele Einschränkungen hinnehmen. Selbst einfache Fragen wie beispielsweise nach dem Wetter von morgen will die Sprachassistentin nur beantworten, wenn sie mit einem Microsoft-Konto verknüpft ist. Das bedeutet allerdings auch, dass alle Suchaufträge – selbst wenn sie sich nur auf den lokalen PC beziehen – automatisch an Microsoft weitergegeben werden.

Wer das nicht möchte, sollte auf die erweiterten Fähigkeiten von Cortana verzichten. Andernfalls nutzen Sie eine der zahlreichen Gelegenheiten, wenn Cortana Sie auffordert, sich anzumelden.

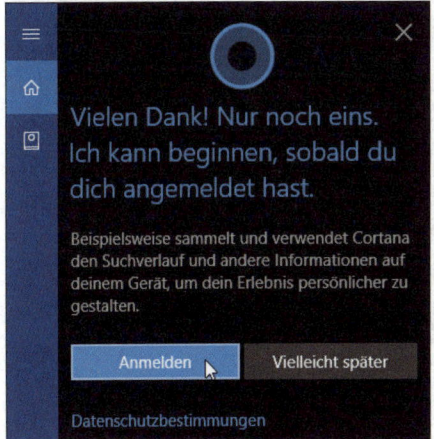

Steuern Sie Cortana durch Sprachbefehle

Einmal eingerichtet, können Sie Cortana jederzeit Anweisungen durch einfache Befehle oder Fragen erteilen.

TIPP ☑ Anweisungen für Cortana eintippen

Wenn Sie kein Mikrofon haben oder sich mit der Sprachsteuerung nicht anfreunden können, können Sie Ihre Anweisungen auch einfach direkt in das *Frag mich etwas*-Suchfeld eintippen. Cortana reagiert darauf ebenso, ist allerdings weniger gesprächig und leitet die Anfragen eher mal kommentarlos an Bing weiter.

1. Ist Cortana eingerichtet, sehen Sie unten links im Suchfeld ein Kreissymbol und den Text *Frag mich etwas*.

2. Tippen Sie am rechten Rand dieses Textes auf das Mikrofonsymbol.

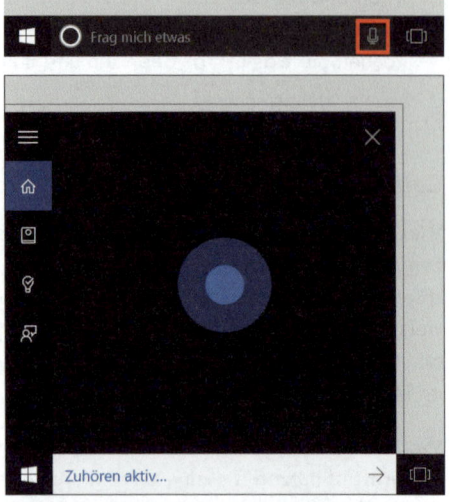

3. Nun können Sie einfach drauflosreden. Besondere Befehle oder eine bestimmte Form sind nicht notwendig. Sie sollten sich nur um eine deutliche, nicht zu schnelle Aussprache bemühen. Dann versteht Cortana Sie recht zuverlässig. Probieren Sie einfach mal ein paar Anweisungen aus, wie etwa:

- „Was gibt's Neues?"

- „Wie wird morgen das Wetter?"

- „Brauche ich morgen einen Regenschirm?"

- „Neuer Termin morgen um 10 Uhr beim Zahnarzt."

- „Wann ist mein nächster Termin?"

- „Wecke mich morgen früh um 9:00 Uhr."

- „Starte Firefox."

- „Spiele Musik"

- „Schalte das WLAN ein."

- „Wie ist der Aktienkurs von BMW?"

- „Wo bin ich?"

- „Was bedeutet Bruttosozialprodukt?"

Cortana hat aber auch eine humorvolle Seite, die Sie mit Anfragen wie den Folgenden herauskitzeln können:

- „Erzähle mir einen Witz."

- „Sing mir ein Schlaflied."

- „Stein, Schere, Papier"

- „Was hältst du von Siri?" (der „Konkurrenz" von Apple)

- „Möchtest du mich heiraten?"

- „Was ist deine Lieblingsmusik?"

- „Was ist dein Lieblingsfilm?"

- „Möge die Macht mit dir sein!"

Und ganz wichtig: Falls Sie sich mit Cortana in einer Frage mal nicht einig werden sollten, bringt der folgende Befehl sie zuverlässig zum Schweigen:

- „Vergiss es!"

Auf viele Fragen oder Anweisungen reagiert Cortana richtig und liefert die gewünschte Antwort oder Aktion. Wenn Cortana eine Anweisung formal zwar versteht, aber nichts damit anfangen kann, leitet sie sie als Suchanfrage an Bing weiter. Dann erhalten Sie als Antwort ein Browserfenster mit den Suchergebnissen. Dadurch lässt sich Cortana auch gut als natürlich-sprachliche Suchhilfe nutzen. Wenn Sie etwa „Wann wurde Goethe geboren?" sagen, bekommen Sie zwar keine direkte Antwort, aber als erstes Suchergebnis die passende Wikipedia-Seite.

TIPP ☑ Cortana per Sprache aktivieren

Cortana kann auch mit einem Sprachbefehl aktiviert werden. Dabei lauscht sie praktisch permanent auf eine bestimmte Phrase und wird automatisch aktiv, wenn sie diese erkennt. Öffnen Sie dazu die Einstellungen von Cortana (bei geöffnetem Dialog links auf das Notizbuch-Symbol klicken und dann auf *Einstellungen*). Hier stellen Sie den Schalter unter *Hey Cortana* auf *Ein*. Nun können Sie Cortana jederzeit mit der Phrase „Hey Cortana" aufwecken und dann auch schon direkt Ihre Frage oder Anweisung sprechen.

Cortana als persönlicher Assistent

Cortana kann mehr als auf Ihre Fragen und Befehle zu reagieren. Sie kann Sie als persönlicher Assistent unterstützen, indem sie Sie mit aktuellen Informationen versorgt, die auf Ihre persönlichen Bedürfnisse zugeschnitten sind. Hierfür ist das *Notizbuch* verantwortlich. Darin können Sie vorgeben, an welcher Art von Information Sie interessiert sind.

1. Wenn der *Cortana*-Dialog geöffnet ist (beispielsweise indem Sie mit der linken Maustaste einfach in das *Frag mich etwas*-Feld klicken), können Sie am linken Rand das Symbol für das Notizbuch anklicken.
Hinweis: Mit einem Klick ganz oben auf das Menü-Symbol wird das Menü erweitert und mit Bezeichnungen versehen, was gerade am Anfang die Orientierung erleichtert.

2. Im Notizbuch finden Sie ganz oben die Optionen von Cortana. So können Sie bei *Über mich* beispielsweise den Namen ändern oder Ihre Lieblingsorte als Favoriten erfassen.

3. Unter *Berechtigungen* lassen sich verschiedene Funktionen von Cortana nach Bedarf ein- und ausschalten. Hier können Sie für Sie nutzlose Dinge deaktivieren und eine gesunde Balance zwischen Datenschutz und Komfort wählen.

4. Darunter legen Sie in verschiedenen Kategorien wie *Nachrichten*, *Wetter* oder *Finanzen* fest, ob diese Themen für Sie interessant sind, sowie gegebenenfalls, was genau Sie dabei interessiert (beispielsweise bei den Finanzen konkrete Aktienkurse).

5. Bei *Besprechungen und Erinnerungen* können Sie verschiedene Elemente wie rechtzeitige Hinweise auf Termine oder eine Zeitleiste für jeden Tag aktivieren. Diese Elemente werden automatisch nur angewendet, wenn entsprechende Eintragungen in Ihrem Kalender vorliegen.

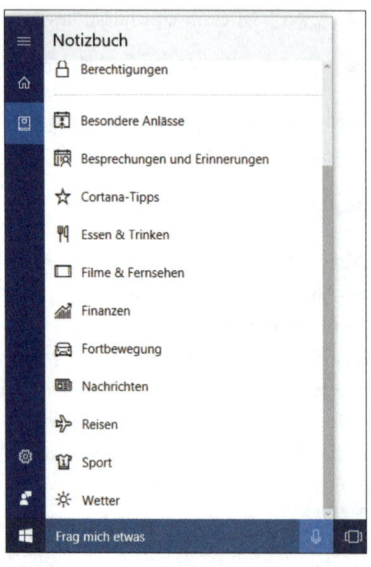

6. Interessant ist auch die Rubrik *Fortbewegung*. Hier lassen sich aktuelle Verkehrsinformationen ebenso wählen wie Hinweise, wann es Zeit für den Weg zur Arbeit ist (unter Berücksichtigung der aktuellen Verkehrslage) oder wann das letzte öffentliche Verkehrsmittel nach Hause fährt.

Generell gilt: Je spezieller oder wichtiger die Information ist, desto dringender sollte man ausprobieren, wie gut es wirklich funktioniert. Insbesondere beim öffentlichen Nahverkehr würde ich mich nicht darauf verlassen, dass Cortana jeden regionalen Fahrplan kennt.

Erinnerungen zu bestimmten Zeiten oder an bestimmten Orten

Mit dem Kalender können Sie sich jederzeit an wichtige Termine erinnern lassen. Aber man muss auch nicht für jeden Termin oder jede Aufgabe gleich einen Kalendereintrag erstellen. Cortana kann Sie sehr flexibel an Dinge erinnern, die Sie nicht vergessen möchten. Dabei wählt die Assistentin den richtigen Zeitpunkt abhängig von einem Termin oder einem Ort. Sie können also sagen:

■ „Erinnere mich um 20:00 Uhr an die Tagesschau"

oder

■ „Erinnere mich im Edeka daran, Milch zu kaufen"

In beiden Fällen merkt sich Cortana diese Erinnerung und meldet sich automatisch, wenn der Zeitpunkt erreicht ist oder wenn Sie den Ort erreichen, mit dem die Erinnerung verknüpft ist. Insbesondere für die zweite Variante lohnt es sich, einige Orte in den Einstellungen (*Über mich*) als Favoriten abzuspeichern, da Sie dann deren Namen als Bezug verwenden können.

Bevor eine Erinnerung festgelegt wird, fragt Cortana stets nach. Sie können dann kontrollieren und gegebenenfalls korrigieren. Ist alles in Ordnung, reicht ein gesprochenes *Ja*. Vorhandene Erinnerungen können Sie im Menü mit dem Glühbirnensymbol abrufen und hier gegebenenfalls auch löschen.

Erinnern kann Cortana Sie sowohl nach Zeit als auch an einem bestimmten Ort.

Cortana deaktivieren

Falls Sie nach etwas Herumprobieren mit Cortana zu der Erkenntnis kommen, dass das für Sie auf Dauer nicht attraktiv ist, können Sie Cortana deaktivieren.

Wollen Sie auch die Daten löschen, die Cortana bereits erfasst hat, klicken Sie zunächst in den Cortana-Einstellungen auf den Link *Alles, was Cortana über mich weiß, in der Cloud ändern*. Anschließend können Sie ganz unten die *Löschen*-Schaltfläche verwenden, um die online gespeicherten Daten zu entfernen.

Dann können Sie darangehen, Cortana zu deaktivieren. Das geht bei allen Windows-Editionen mit einem kleinen Eingriff in die Registry:

1. Öffnen Sie mit dem Tastenkürzel ⊞+Ⓡ den *Ausführen*-Dialog und führen Sie dort *regedit* aus, um den Registryeditor zu starten.

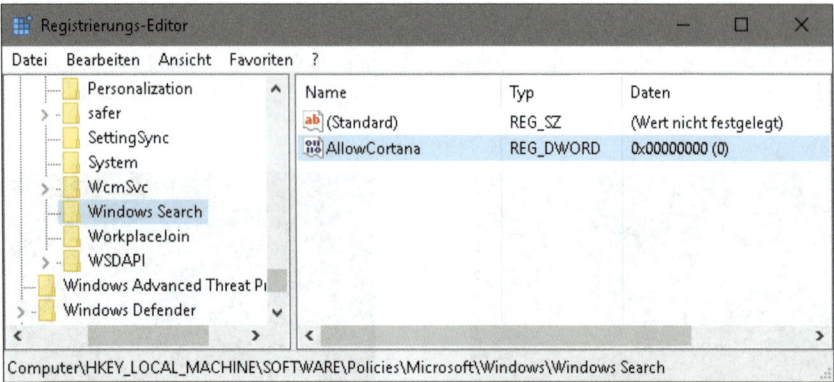

2. Um Cortana für alle Benutzer zu deaktivieren, öffnen Sie darin den Schlüssel *HKEY_LOCAL_MACHINE\SOFTWARE\Policies\Microsoft\Windows\Windows Search*.

3. Wenn noch nicht vorhanden, erstellen Sie hier in der rechten Hälfte mit *Neu/DWORD-Wert (32-Bit)* einen neuen Eintrag und geben Sie ihm die Bezeichnung *AllowCortana*.

4. Öffnen Sie diesen Eintrag dann per Doppelklick zum Bearbeiten und geben Sie ihm den Wert *0*. (Mit dem Wert *1* können Sie Cortana später ggf. wieder aktivieren.)

Anschließend müssen Sie sich einmal ab- und wieder anmelden bzw. den Rechner einmalig neu starten, damit die geänderte Einstellung in Kraft tritt.

1.3 Eine Startseite nicht nur für Tablet-Nutzer

Die rechte Seite des Startmenüs nimmt die Startseite ein. Diese ist nicht nur für Tablet-Nutzer interessant. Denn die Kacheln dort lassen sich beliebig anordnen und sie dienen nicht nur dem Öffnen von Apps, sondern können auch Informationen anzeigen. So kann man die Startseite auch als persönliche Informationszentrale nutzen, die neue Nachrichten, anstehende Termine, das Wetter oder Börsenkurse jederzeit aktuell anzeigt.

Die moderne Touchoberfläche von Windows 8 hat für große Diskussionen gesorgt und nicht nur Freunde gefunden. Trotzdem dreht Windows 10 das Rad nicht zurück, sondern entwickelt die Startseite sinnvoll weiter. Wer den Desktop bevorzugt, der kann die Startseite ignorieren (siehe Hinweiskasten).

Wer sich mit der Startseite angefreundet hat oder sie als Nutzer eines Touch-Tablets sogar unerlässlich findet, der wird einige sinnvolle Weiterentwicklungen der Startseite finden, mit der sich diese noch flexibler und individueller gestalten und nutzen lässt.

HINWEIS ⊵ Startseite minimieren

Der eine oder andere wird die Startseite im Startmenü sicher wieder als überflüssig und eher störend empfinden. Deaktivieren im eigentlichen Sinn kann man sie nicht. Aber sie lässt sich zumindest minimieren. Entfernen Sie dazu alle Kacheln per Rechtsklick und *Von „Start" lösen*. Anschließend lässt sich der rechte Rand des Startmenüs nach links bis an das eigentliche Startmenü heran verschieben. So erhält man ein Startmenü für Puristen.

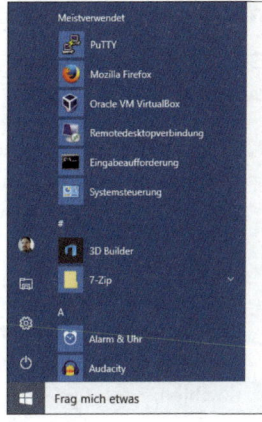

Kacheln nach Wahl in vier Größen

Die Startseite des aktuellen Windows kennt vier verschiedene Kachelgrößen, die sich beliebig kombinieren lassen. Dies gilt allerdings nur für Touch-Apps, die Symbole von Desktop-Apps können auch weiterhin nur *Klein* oder *Mittel* sein. Dabei dürfen nun auch Lücken zwischen den Kacheln entstehen, die Windows nicht sofort automatisch schließt. Man hat also etwas mehr Gestaltungsfreiheit für individuelle Startseiten.

■ **Klein:**
Minikacheln zum platzsparenden Anzeigen von Symbolen, für Desktop- und Touch-Apps.

■ **Mittel:**
Einfache viereckige Kacheln zum Anzeigen von Symbolen oder für sehr kompakte Live-Kacheln, für Desktop- und Touch-Apps.

■ **Breit:**
Mittlere Kacheln in doppelter Breite für das Anzeigen einfacher Live-Kacheln, nur für Touch-Apps.

■ **Groß:**
XXL-Kacheln, die viermal so groß sind wie einfache Kacheln und reichlich Platz für dynamische Inhalte bieten, nur für Touch-Apps.

Diese vier Kachelgrößen können Sie beliebig einsetzen und kombinieren. Allerdings stehen nicht immer für alle Kacheln alle Größen zur Verfügung. Dies hängt jeweils davon ab, welche Kachelgrößen die dahinterstehende App unterstützt.

Wählen Sie die optimale Kachelgröße aus

Grundsätzlich können Sie für jede Touch-App eine beliebige der vier Kachelgrößen auswählen.

1. Klicken Sie auf der Startseite mit der rechten Maustaste auf die Kachel (wie es mit dem Finger geht, lesen Sie auf Seite 55).

2. Im so geöffneten Untermenü können Sie nun die gewünschte Kachelgröße – *Klein, Mittel, Breit* oder *Groß* – aus- wählen.

Die Änderung tritt sofort in Kraft. Die sich daraus erge- benden Änderungen für die Gestaltung der Startseite er- mittelt Windows automatisch und passt das Layout ent- sprechend an.

Live-Kacheln: aktuelle Daten im Startmenü

Manche der Apps können Informationen direkt in ihrer Kachel im Startmenü anzeigen. Einfaches Beispiel: Wenn Sie die Wetter-App aufrufen, zeigt diese Ihnen nett aufge- macht das aktuelle Wetter und die Vorhersage für verschiedene Orte an. Aber wenn Sie einfach nur morgens wissen wollen, wie warm es heute werden soll und ob es viel- leicht regnen wird, reichen dafür die Kerndaten. Und die kann die Wetter-App in ihrer Live-Kachel anzeigen, sodass Sie nur im Startmenü nachzuschauen brauchen. Die App selbst müssen Sie dafür nicht mal öffnen.

1. Um aus einer statischen Kachel eine Live-Kachel zu machen, klicken Sie diese mit der rechten Maustaste an.

2. Bei geeigneten Apps finden Sie im Kontextmenü den Eintrag *Mehr/Live- Kachel aktivieren.* Ist kein solcher vor- handen, unterstützt die App diese Funktion leider nicht. Desktop-Apps können grundsätzlich keine Live-Ka- cheln anzeigen.

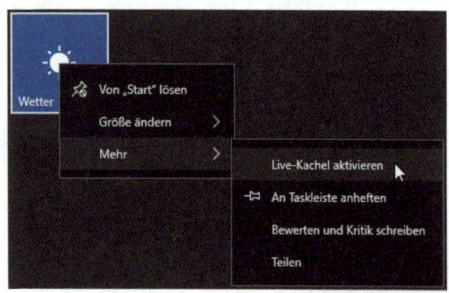

3. So eingestellte Apps zeigen kein statisches Symbol in ihrer Kachel, sondern Informationen, die sich automatisch aktualisieren.

4. Oftmals lohnt es sich, die Live-Kachel zu vergrößern, da dann zusätzliche Informationen angezeigt werden oder die Anzeige attraktiver gestaltet wird.

5. Um für eine App die Live-Kachel wieder zu deaktivieren, wiederholen Sie die beschriebenen Schritte und wählen im Kontextmenü *Mehr/Live-Kachel deaktivieren*.

Kacheln von der Startseite verbannen

Nicht jede Kachel wird unbedingt auf der Startseite benötigt. Schon direkt nach der Windows-Installation sind welche dabei, die Sie vielleicht gar nicht brauchen. Und wenn Sie Apps installieren, werden teilweise automatisch Kacheln eingefügt. Deshalb ist es durchaus sinnvoll, ab und zu mal aufzuräumen und nicht mehr benötigte Kacheln von der Startseite zu verbannen.

1. Um eine Kachel zu entfernen, klicken Sie mit der rechten Maustaste darauf.

2. Wählen Sie im Kontextmenü dann *Von „Start" lösen*.

Wohlgemerkt: Sie entfernen hierbei nur die Kachel von der Startseite. Die eigentliche App oder Anwendung bleibt davon unberührt und kann weiterhin beispielsweise über das Suchmenü aufgerufen werden.

Spezielle Funktionen bei Kacheln für Desktop-Apps

Auch Desktop-Apps können als Kacheln Teil der Startseite werden, um sie von dort jederzeit schnell zu starten. Zwei Einschränkungen wurden bereits erwähnt: Desktop-Apps können nur zwei Kachelgrößen und keine Live-Kacheln. Ansonsten lassen sie sich genauso platzieren und gruppieren. Öffnet man aber mit der rechten Maustaste das Kontextmenü einer Desktop-App-Kachel, entdeckt man dort auch einige interessante Zusatzfunktionen, die es für Touch-Apps so nicht gibt:

- Mit *Deinstallieren* können Sie die Anwendung von Ihrem PC entfernen. Allerdings nicht direkt, sondern es handelt sich lediglich um eine Verknüpfung zu dem zuständigen Modul der klassischen Systemsteuerung. Hier müssen Sie immer noch den Eintrag *Anwendung* finden und auswählen.

- Praktischer ist da schon im Untermenü *Mehr* die Funktion *Als Administrator ausführen*, um eine Anwendung mit Administratorrechten zu starten, wenn dies erforderlich ist.

- Ebenfalls dort starten Sie mit *Speicherort öffnen* den Windows-Explorer und zeigen den Ordner an, in dem sich die Programmdatei der Anwendung befindet.

Kacheln gruppieren und benennen

Die Startseite kann zwar „nur" aus Kacheln in verschiedenen Farben und Größen bestehen, Sie können diese aber beliebig anordnen. Nicht nur die Reihenfolge der Kacheln lässt sich vorgeben, Sie können auch die verschiedenen Gruppen der Startseite in Umfang und Breite steuern.

Kacheln an die gewünschte Position ziehen

Die Position einzelner Kacheln bestimmen Sie ganz intuitiv, indem Sie eine Kachel mit der Maus erfassen, an die gewünschte Stelle ziehen und dort loslassen. Die anderen Kacheln, die sich bislang an dieser Stelle befanden, machen dann Platz für die neue und arrangieren sich automatisch passend um. Ein kleines Beispiel: Die Kachel der Mail-App soll in ihrer Spalte ganz nach oben verschoben werden.

1. Erfassen Sie die Kachel der App, indem Sie sie mit der linken Maustaste anklicken.

2. Ziehen Sie nun die Maus nach oben auf die beiden Kacheln, die bislang die oberste Zeile dieser Spalte besetzten.

3. Irgendwann rutschen die beiden Kacheln nach unten weg, sodass sie unterhalb der verschobenen Kachel angezeigt werden.

4. Wenn Sie die Kachel nun loslassen, nimmt sie die bisherige Position der beiden kleinen Kacheln ein. Diese werden eine Reihe nach unten verschoben, weitere Kacheln darunter passen sich gegebenenfalls ebenfalls automatisch an.

Kacheln in andere Kachelgruppen ziehen

Auf die beschriebene Weise können Sie einzelne Kacheln nicht nur innerhalb einer Gruppe verschieben, sondern auch von der einen in die andere Gruppe ziehen. Die Kachel wird dann aus der alten Gruppe entfernt und in die neue eingefügt (ein „Kopieren" ist nicht möglich, da jede Kachel nur einmal auf der Startseite vorkommen kann).

Die beiden beteiligten Gruppen passen sich automatisch an. Die alte schrumpft um eine Kachel, deren Platz gegebenenfalls von anderen eingenommen wird, damit keine Lücke entsteht. Die neue Gruppe wird um die Kachel an der vorgesehenen Stelle erweitert, wozu die bislang dort angezeigten an eine andere Stelle rutschen. Sollten die Spalten der neuen Gruppe für eine weitere Kachel nicht mehr reichen, wird der Block rechts um eine Spalte erweitert.

TIPP ☑ Kacheln in Gruppen außerhalb des Bildschirms ziehen

Wenn Sie eine Kachel in eine andere Gruppe ziehen wollen, die sich gerade außerhalb der auf dem Monitor sichtbaren Fläche der Startseite befindet, ist das auch kein Problem. Ziehen Sie die Kachel an den Rand des Bildschirms, in dessen Richtung sich die gewünschte Gruppe befindet. Sobald Sie die Nähe des Rands erreichen, verschiebt sich die gesamte Startseite automatisch und „kommt Ihnen entgegen". Halten Sie die Position am Bildschirm, bis die Zielgruppe angezeigt wird, und entfernen Sie sich dann wieder vom Bildschirmrand, um die Bewegung zu stoppen. Mit etwas Übung und Geschick können Sie sogar die Geschwindigkeit des Verschiebens steuern, je nachdem, wie dicht Sie sich an den Bildschirmrand annähern.

Größe und Verteilung der Kachelgruppen selbst festlegen

Um den Anwender nicht mit einer riesigen, unstrukturierten Kachelwand zu erschlagen, unterteilt die Startseite ihre Inhalte in mehrere Gruppen. Diese bestehen jeweils aus einer oder mehreren Spalten. In der Breite orientieren sich die Spalten immer am verfügbaren Platz auf dem Bildschirm, sodass Sie niemals nach links oder rechts scrollen müssen. Nach unten können Sie eine Gruppe beliebig erweitern.

Standardmäßig verfügt die Gruppenbildung auf der Startseite schon über eine Grundstruktur, diese können Sie aber frei verändern. So können Sie Ihre Startseite ganz individuell gestalten, indem Sie beispielsweise die meistgenutzten Kacheln ganz oben platzieren, verschiedene Gruppen nach Themen sortieren oder was auch immer Sie bevorzugen.

Neue Kachelgruppen einfügen

Wie Sie Kacheln von einer Gruppe in eine andere verschieben, wurde vorangehend bereits beschrieben. Was aber, wenn Sie eine ganz neue Gruppe für eine bestimmte Art von Kacheln anlegen möchten? Auch das ist ganz intuitiv per Drag-and-drop möglich:

1. Ergreifen Sie eine Kachel, die Teil der neuen Gruppe werden soll.

2. Ziehen Sie diese aus der alten Gruppe heraus und platzieren Sie sie an eine Stelle über oder unter einer vorhandenen Gruppe, wo die neue, zusätzliche Gruppe entstehen soll. Wenn Sie die richtige Position erreicht haben, wird eine farbige Fläche als „Platzhalter" für eine neue Gruppe angezeigt.

3. Lassen Sie die Kachel nun fallen. Sie wird neben dem vorhandenen Block als neue Gruppe mit einer Spalte und darin einer Kachel eingefügt.

4. Anschließend können Sie weitere Kacheln in die neue Gruppe einfügen.

Neue Gruppen können nur über oder unter einer vorhandenen Gruppe entstehen oder ganz oben in einer leeren Spalte der Startseite. Sie lassen sich nicht etwa wie die Icons auf dem Desktop völlig frei platzieren.

Kachelgruppen mit eigenen Bezeichnungen versehen

Es dürfte für die Orientierung gerade bei vielen verschiedenen Kachelgruppen durchaus hilfreich sein, jeden Block mit seinem eigenen, prägnanten Namen zu versehen. Und das geht ganz einfach:

1. Bewegen Sie den Mauszeiger auf den leeren Raum, wo ein Titel stehen soll. Dann wird dort der Text *Gruppe benennen* angezeigt, den Sie anklicken können. Hat die Gruppe schon einen Namen, klicken Sie einfach auf diesen.

2. Der Bereich verwandelt sich daraufhin in ein Eingabefeld, in das Sie die gewünschte Bezeichnung eintippen können.

3. Drücken Sie zum Abschluss auf ⏎ oder klicken Sie einfach mit der Maus an eine andere Stelle, um die Bezeichnung zu übernehmen. Sie wird ab sofort immer oberhalb dieser Gruppe angezeigt.

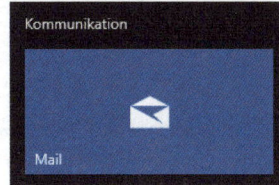

Ganze Kachelgruppen verschieben

Einmal erstellte Gruppen lassen sich insgesamt auf der Startseite an eine andere Position schieben:

1. Bewegen Sie den Mauszeiger auf den Titel der Gruppe bzw. bei unbenannten Gruppen auf die leere Stelle, wo der Titel stehen würde.

2. Neben dem Titel wird dann rechts ein Symbol aus zwei parallelen Linien angezeigt. Ergreifen Sie dieses Symbol mit gedrückter linker Maustaste.

3. Bewegen Sie nun den Mauszeiger an die Stelle der Startseite, wohin Sie diese Gruppe verschieben möchten. Zielen Sie dabei auf eine Stelle oberhalb oder unterhalb einer anderen Gruppe bzw. den oberen Rand einer noch leeren Spalte der Startseite, bis dort eine farbige Fläche angezeigt wird.

4. Lassen Sie den Mauszeiger nun los, wird die gesamte Gruppe an diese Stelle verschoben. Die Platzierung der Symbole innerhalb der Gruppe bleibt dabei unverändert.

Eine Kachelgruppe entfernen

Selbstverständlich können Sie auch Kachelgruppen entfernen. Das Rezept dazu ist ganz einfach: Entfernen Sie die Kacheln aus der Gruppe, indem Sie sie in andere Gruppen verschieben oder ganz von der Startseite verbannen. In dem Moment, in dem Sie die letzte Kachel einer Gruppe aus dieser entfernen, wird die Gruppe automatisch aufgelöst.

1.4 Das Startmenü im Tablet-Modus

Die Beschreibungen auf den vorangegangenen Seiten bezogen sich auf den Desktop-Modus. Im Tablet-Modus sieht alles etwas anders aus und manches funktioniert auch etwas anders. Im Folgenden gehe ich auf die Unterschiede ein.

Zwischen Tablet- und Desktop-Modus wechseln

Grundsätzlich wählt Windows automatisch den Modus, der ihm als der richtige erscheint. Dabei gilt: Auf PCs ohne Touchscreen wird automatisch der Desktop-Modus gewählt. Bei Tablet-PCs und anderen Geräten mit Touchscreen wird automatisch der Tablet-Modus aktiviert. Eine Sonderrolle spielen die sogenannten Convertibles, Hybridgeräte, die sowohl als Tablet funktionieren als auch eine echte Tastatur angeschlossen haben.

In der Regel erkennt Windows auch das und wechselt zum Desktop-Modus, wenn die Tastatur angeschlossen bzw. für das Verwenden umgeklappt wird. Allerdings muss man ehrlich zugeben, dass das nicht immer völlig zuverlässig funktioniert.

Grundsätzlich können Sie aber auch selbst jederzeit zwischen Tablet- und Desktop-Modus wechseln. Auch ein klassischer PC ohne Touchscreen lässt sich also im Tablet-Modus betreiben:

1. Am schnellsten wählen Sie den gewünschten Modus im Info-Center. Mausbenutzer klicken dazu auf das Benachrichtigungssymbol im Infobereich der Taskleiste. Touch-Nutzer wischen vom rechten Bildschirm herein, um das Info-Center anzuzeigen.

2. Im Info-Center unten befindet sich eine Schaltfläche mit der Aufschrift *Tabletmodus*. Ist sie grau, ist der Desktop-Modus aktiv. Dann klicken oder tippen Sie einfach darauf, um zum Tablet-Modus zu wechseln.

3. Mit den gleichen Schritten gelangen Sie später zum Desktop-Modus zurück, indem Sie den Schalter diesmal ausschalten.

HINWEIS ⊳ Kein Tablet-Modus verfügbar?

Eigentlich steht der Tablet-Modus auch „normalen" PCs offen, nur wird er dort nicht automatisch aktiviert, sondern lässt sich nur bei Bedarf einschalten. Manchmal aber geht auch das nicht, wenn die entsprechenden Schaltflächen im Info-Center und in den *Einstellungen* deaktiviert sind. Das geschieht dann, wenn an den PC mehr als ein Monitor angeschlossen ist (Multimonitorbetrieb). Der Tablet-Modus ist explizit nur für einen Monitor entworfen, den er komplett füllt. Für einen zweiten Monitor gibt es keinen Inhalt.

Den Tablet-Modus ganz nach Bedarf einsetzen

In den *Einstellungen* können Sie das automatische Auswählen des Modus in Ihrem Sinn beeinflussen.

Für den klassischen Desktop-PC-Nutzer ist das meist nicht notwendig, aber wenn Sie ein Notebook oder Tablet verwenden oder auf Ihren Schreibtisch-PC hin und wieder auch mal den Tablet-Modus genießen möchten, können diese Einstellungen sehr nützlich sein.

1. Öffnen Sie in den *Einstellungen* den Bereich *System/Tablet-Modus*.

2. Mit dem Auswahlfeld *Bei der Anmeldung* legen Sie fest, welchen Modus Ihr PC bei der Anmeldung verwenden soll. So können Sie beispielsweise während der Benutzung jederzeit den bevorzugten Modus verwenden. Nach der nächsten Anmeldung aber präsentiert sich das Gerät stets wieder im hier vorgegebenen Zustand.

3. Ob Windows bei einem Tablet-PC auf das An- oder Abstecken einer Tastatur reagieren soll, legen Sie mit dem Auswahlfeld *Wenn dieses Gerät den Tablet-Modus automatisch ein- oder ausschaltet* fest:

- Soll dieser Vorgang komplett ignoriert werden und das Gerät immer im von Ihnen gewählten Modus bleiben, wählen Sie *Nicht fragen und nicht wechseln*.

- Soll das Gerät hingegen den Modus stets automatisch anpassen, entscheiden Sie sich für *Nicht fragen und immer wechseln*.

- Gerade für die Eingewöhnungszeit oder wenn die Erkennung nicht zuverlässig funktioniert, bietet sich *Vor dem Wechseln immer fragen* als Kompromiss an. Dann meldet sich Windows bei einem erkannten Zustandswechsel und fragt, ob auf den passenden Modus umgeschaltet werden soll.

4. Mit der Option darunter steuern Sie, ob im Tablet-Modus Symbole in der Taskleiste am unteren Bildschirmrand ausgeblendet werden sollen.

5. Mit der Option ganz unten können Sie die Taskleiste im Tablet-Modus auch komplett verschwinden lassen.

Der Tablet-Modus

Was im Tablet-Modus vielleicht nicht auf den ersten Blick auffällt: Es gibt keinen klassischen Desktop. Selbstverständlich können Sie auch im Tablet-Modus Anwendungen für den Desktop ausführen. Diese werden automatisch maximiert angezeigt. Den eigentlichen Desktop aber bekommen Sie nie zu Gesicht. Es wird immer entweder eine App oder das Startmenü angezeigt.

Und auch das Startmenü selbst gleicht im Tablet-Modus eher der Startseite von Windows 8 als dem Startmenü von Windows 7. Diese Seite nimmt den gesamten Bildschirm ein und vom eigentlichen Startmenü ist zunächst nichts mehr zu sehen.

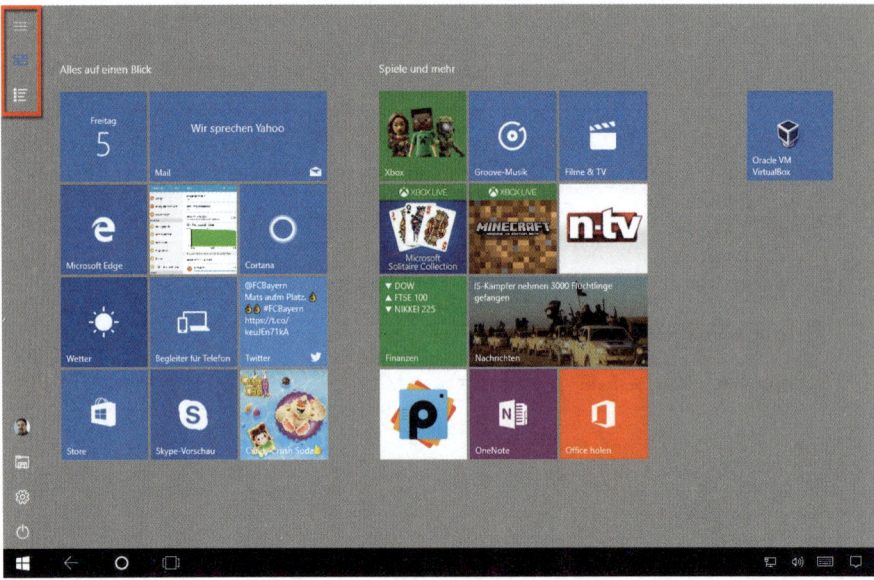

Neben der Startseite und der Taskleiste sind noch drei Elemente am linken Bildschirmrand wichtig:

- Oben links blenden Sie mit dem dreizeiligen Symbol das eigentliche Startmenü am linken Bildschirmrand ein. Es ist mit dem Startmenü des Desktop-Modus identisch.

- Mit den beiden Symbolen darunter wechseln Sie zwischen der Kachelansicht und der Liste der installierten Programme hin und her.

■ Unten links finden Sie die Symbole wieder, die Sie auch aus dem Startmenü des Desktop-Modus kennen. In der Taskleiste werden – zumindest in der Standardeinstellung – drei Symbole angezeigt, mit denen Sie jeweils einen Schritt zurückgelangen, Cortana aufrufen oder zur Taskansicht (siehe Seite 97) wechseln können.

TIPP ☑ Volle Startseite auch im Desktop-Modus

Sie haben sich bei Windows 8 an die bildschirmfüllende Startseite gewöhnt und möchten sie auch im Desktop-Modus nicht mehr missen? Dann sollten Sie in den *Einstellungen* im Bereich *Personalisierung/Start* die Option *Menü „Start" im Vollbildmodus verwenden* einschalten. Dann wird die bildschirmfüllende Startseite ohne Startmenü in jedem Modus verwendet.

Die Startseite per Touch gestalten

Der Inhalt der Startseite ist der gleiche, egal ob Sie im Tablet-Modus die volle Startseite nutzen oder im Desktop-Modus das Startmenü mit verkleinerter Startseite. Er wird nur dynamisch an den verfügbaren Platz angepasst.

Sie können die Gestaltung der Startseite auch im Tablet-Modus vornehmen, wo maximaler Platz dafür auf dem Bildschirm vorhanden ist. Wenn Sie das an einem Tablet per Fingerbedienung machen, ist die Vorgehensweise aber eine etwas andere:

1. Tippen Sie zunächst etwas länger auf die Kachel, deren Position oder Aussehen Sie verändern möchten. Wollen Sie an den Kachelgruppen etwas ändern, tippen Sie zunächst auf ein beliebiges Symbol.

2. Das Aussehen der Startseite verändert sich dann. Die gewählte Kachel wird mit zwei Kreisen versehen, der Rest der Seite wird abgedunkelt und bei allen Gruppen die Titelleiste angezeigt.

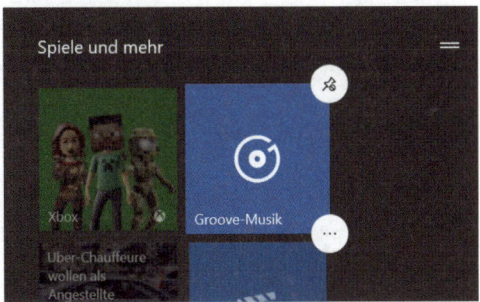

3. Mit den beiden Kreissymbolen können Sie die gewählte Kachel verändern:

■ Mit dem oberen Symbol, das mit einer Stecknadel gekennzeichnet ist, entfernen Sie die Kachel von der Startseite.

■ Mit dem unteren Drei-Punkte-Symbol öffnen Sie ein Menü mit den bereits vorgestellten Funktionen für die Gestaltung der Kachel. Unter *Weitere Optionen* finden Sie zusätzliche Funktionen wie das Anheften des App-Symbols an die Taskleiste. Bei Kacheln von Desktop-Anwendungen gibt es hier noch mehr Einträge wie etwa *Als Administrator ausführen*.

4. Um die Position einer Kachel zu verändern, können Sie sie im so ausgewählten Zustand mit einer Fingerspitze „mitnehmen" und an der gewünschten Stelle der Startseite loslassen.

5. Solange ein Element der Startseite ausgewählt ist, können Sie jede Gruppe mit dem Doppelstrich-Symbol oben rechts neben ihrem Namen ergreifen und an eine andere Position ziehen.

6. Auch die Gruppennamen lassen sich so schnell verändern: einmal auf die bisherige Bezeichnung bzw. den Platzhalter dafür tippen und dann im Eingabefeld den gewünschten Namen eintippen.

TIPP ☑ Kacheln mit Multitouch verschieben

Eine weitere Variante des Verschiebens von Kacheln in andere Bildschirmbereiche demonstriert sehr schön, wie intuitiv die Bedienung per Touchscreen sein kann: Ergreifen Sie die zu verschiebende Kachel mit einem Finger und halten Sie diese an Ort und Stelle fest. Nun setzen Sie einen anderen Finger (am besten der anderen Hand) auf die Startseite und wischen diese damit in die Richtung des Zielbereichs. Die Seite verschiebt sich dadurch, während die eine Kachel vom anderen Finger festgehalten wird. Ist der Zielbereich sichtbar, nehmen Sie den zweiten Finger wieder weg und setzen die Kachel mit dem ersten Finger an die gewünschte Position.

Kapitel 2

2. Windows auf Tablets per Touch bedienen

Windows lässt sich auf Tablet-PCs und anderen Geräten mit Touchscreen sehr komfortabel per Finger nutzen, sodass Maus und Tastatur durchaus verzichtbar sind. Allerdings ist es eben doch eine etwas andere Art von Bedienung. Manches erschließt sich intuitiv, anderes wiederum ist nicht sofort ersichtlich.

2.1 Windows mit Touchgesten effizient steuern

Die Fingerbedienung von Windows selbst und diversen Apps funktioniert recht intuitiv. Wenn Sie schon Erfahrung mit einem Touchscreen haben, finden Sie sich schnell zurecht. Ein paar Tricks und Möglichkeiten offenbaren sich aber vielleicht nicht auf den ersten Blick:

- Um ein Objekt auszuwählen oder zu aktivieren, würden Sie normalerweise den Mauszeiger darauf positionieren und dann mit der linken Maustaste einmal oder gegebenenfalls zweimal (also doppelt) klicken. Bei der Finger- oder Stiftbedienung tippen Sie dieses Objekt einfach mit dem Finger (bzw. Stift) direkt kurz an.

- Um einen Rechtsklick auszuführen, tippen Sie nicht kurz, sondern lassen den Finger/Stift kurz auf dem Objekt verweilen. Die Auswirkung hängt von der Situation ab: Wenn Sie ein Objekt so antippen, wird es z. B. ausgewählt. Tippen Sie lange auf eine leere Stelle, öffnen Sie in den meisten Apps die App-Leiste.

■ Um mehrere Objekte zu markieren, ziehen Sie einfach mit dem Finger oder Stift darüber. Für eine Gruppe von Dokumenten etwa setzen Sie den Finger links oberhalb davon an und ziehen ihn dann schräg nach rechts unten. Windows markiert dabei in Echtzeit den Bereich, den Ihre Markierung jeweils umfasst (genau wie beim Markieren mit der Maus). Wenn Sie den Finger vom Bildschirm nehmen, werden alle Objekte innerhalb dieser Markierung ausgewählt.

Komfortfunktionen mit Touchgesten

Die zuvor beschriebenen Bewegungen und Optionen ermöglichen die Basisbedienung und stellen den kleinsten gemeinsamen Nenner dar, den eigentlich alle Touchscreen-Geräte beherrschen. Richtig komfortabel wird es aber erst durch Touchgesten, also bestimmten Bewegungen auf dem Touchscreen. Sie ermöglichen es, bei gängigen Funktionen wie etwa dem Blättern oder Zoomen auf das zielgenaue Benutzen von Bildschirmelementen zu verzichten.

■ Um ein angezeigtes Dokument zu verschieben, können Sie dank Touchscreen in der Regel auf die Bildlaufleisten verzichten. Platzieren Sie einfach einen oder (bei Multitouchgeräten) zwei Finger auf dem Bildschirm und bewegen Sie sie in die Richtung, in die sich das Dokument bewegen soll. Stellen Sie sich dabei vor, Sie würden tatsächlich auf ein Stück Papier tippen und dieses dann mit Ihrem Finger bewegen, so gewöhnt man sich am schnellsten daran. Diese 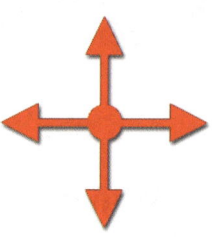 Funktion steht in der Regel in allen Anwendungen und Fenstern zur Verfügung, die an den Rändern die klassischen Bildlaufleisten anzeigen.

■ Die Geschwindigkeit beim Bildlauf bestimmen Sie durch die Kraft und Schnelligkeit Ihrer Fingerbewegungen. Bewegen Sie den Finger langsam, verändert sich der Bildausschnitt Zeile für Zeile. Wischen Sie hingegen flott über den Bildschirm, rutscht das Dokument schneller und weiter an seine neue Position. Auch daran gewöhnt man sich am schnellsten, indem man ausgiebig mit dieser Funktion herumspielt.

■ Im Gegensatz zum Bildlauf dient das Blättern dem Wechseln von ganzen Seiten – entweder innerhalb eines längeren Dokuments oder aber auch beim Vor- und Zurückblättern von Webseiten. Hierzu streichen Sie zügig und kurz in die gewünschte Richtung über den Bildschirm. Mit einer solchen Bewegung von rechts nach links etwa blättern Sie in einem Dokument zur nächsten Seite.

■ Bei Multitouchgeräten lässt sich auch das Zoomen von Bildschirminhalten per Fingergeste durchführen. Setzen Sie Daumen und Zeigefinger gleichzeitig auf den Touchscreen. Wenn Sie nun die beiden Finger zusammenführen, verkleinern Sie den Zoomfaktor, 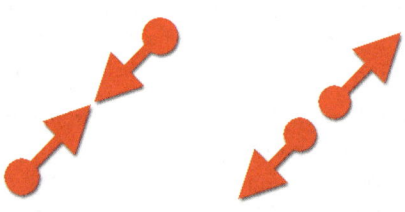 bewegen Sie die Finger hingegen auseinander, wird der sichtbare Ausschnitt vergrößert. Diese Funktion lässt sich auch in vielen Bildbearbeitungsprogrammen zum

Verkleinern/Vergrößern von Bildern nutzen. Sie funktioniert eigentlich überall da, wo Sie auch das Mausrad verwenden könnten, um den Zoomfaktor zu steuern.

- Speziell für das Betrachten von Bildern eignet sich ebenfalls die Geste zum Rotieren. Setzen Sie dazu wiederum Daumen und Zeigefinger auf den Touchscreen. Bewegen Sie dann den Zeigefinger in einer kreisenden Bewegung um den Daumen herum. Alternativ lassen Sie mit einer drehenden Handbewegung beide Finger umeinander kreisen. Das aktuell angezeigte Objekt vollzieht die so angedeutete Drehbewegung nach. Diese Geste lässt sich nur auf Multitouchgeräten verwenden und funktioniert auch nur in Anwendungen, die ein solches Rotieren unterstützen. Der Windows-Bildbetrachter sowie die Live Fotogalerie gehören dazu.

Spezielle Gesten für die Windows-Steuerung

Für die komfortable Steuerung von Windows-Funktionen und Apps gibt es einige spezielle Gesten, die Sie kennen sollten. Einige davon beziehen sich jeweils auf einen der Bildschirmränder und lassen sich dadurch recht gut unterscheiden und merken:

An jedem Bildschirmrand lässt sich eine spezielle Touchgeste ausführen.

- Den Finger vom rechten Rand nach innen ziehen blendet am rechten Rand das Info-Center ein (Maus/Tastatur: Nachrichtensymbol unten rechts im Infobereich).

- Den Finger vom linken Rand nach innen ziehen wechselt zurück zur zuletzt angezeigten App bzw. zeigt die Taskansicht an, wenn mehr als eine Anwendung aktiv ist (Maus/Tastatur: ⊞+⇆).

- Mit dem Finger vom oberen Rand nach unten ziehend lösen Sie im Tablet-Modus eine App aus dem Vollbildmodus, um sie beispielsweise an einem der Seitenränder anzudocken. Ziehen Sie die App ganz bis zum unteren Rand, wird sie geschlossen (Maus/Tastatur: Alt+F4).

2.2 Eingaben mit der virtuellen Tastatur

Tablet-PCs verzichten in den meisten Fällen auf eine Tastatur oder verwenden diese wie beispielsweise Surface-Tablets nur optional. Da es aber nun mal nicht ganz ohne Texteingaben geht, bringt Windows eine virtuelle Tastatur mit. Diese wird bei Bedarf als Tastenfeld auf dem Bildschirm eingeblendet. Sie tippen also einfach auf die Stellen, an denen die gewünschte Taste angezeigt wird, und Windows verwendet das entsprechende Zeichen als Eingabe.

TIPP ☑ **Umfangreiche Texte am Tablet-PC eintippen**

Sie benutzen einen Tablet-PC nur mit Touchscreen und ganz ohne eingebaute Tastatur und möchten damit längere Texte eingeben? Kein Problem, denn dass Ihr Gerät keine Tastatur hat, heißt nicht, dass Sie keine verwenden können. Benutzen Sie einfach einen vorhandenen USB-Anschluss, um eine beliebige USB-PC-Tastatur anzuschließen. Diese wird von Windows von Haus aus als Eingabegerät erkannt, und schon können Sie munter drauflostippen. Dabei können Sie beliebig zwischen Tastatur und Touchscreen hin- und herwechseln. Auch eine reguläre Maus können Sie auf diese Weise anschließen und den Tablet-PC so z. B. am Schreibtisch ganz regulär benutzen, wenn Ihnen dies lieber ist. Drahtlosgeräte lassen sich auf diese Weise ebenso nutzen, entweder per Bluetooth oder wenn ein Funkempfänger per USB an den PC angeschlossen wird.

Im Bereich von Startmenü, *Einstellungen* und Touch-Apps wird die virtuelle Tastatur automatisch angezeigt, wenn Sie ein Bildschirmelement mit Eingabefunktion anwählen und keine reale Tastatur vorhanden ist.

Bei Desktop-Apps oder beispielsweise auch in der klassischen Systemsteuerung hingegen erfolgt keine automatische Anzeige der Tastatur. Hier können Sie diese jederzeit mit dem Tastatursymbol unten rechts im Infobereich einblenden.

HINWEIS ▷ **Kein Tastatursymbol im Infobereich vorhanden?**

Klicken Sie mit der rechten Maustaste auf eine freie Stelle der Taskleiste und wählen Sie im Kontextmenü *Bildschirmtastatur anzeigen (Schaltfläche)*.

1. Auf dem Bildschirm wird dann eine kompakte Tastatur angezeigt, die vom Layout her an eine Notebook-Tastatur erinnert.

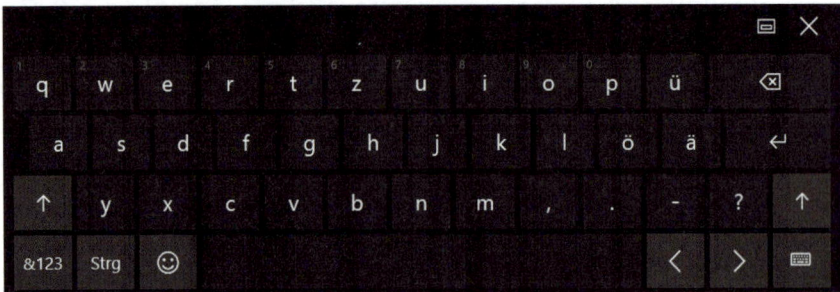

2. Mit ⌊&123⌋ unten links schalten Sie die Tastatur um, sodass Tasten für Ziffern und Sonderzeichen erreichbar sind.

3. Die Smiley-Taste rechts davon zeigt dagegen eine schöne Auswahl von Emoticons an, die Sie so mit nur einem Fingertipp auswählen können.

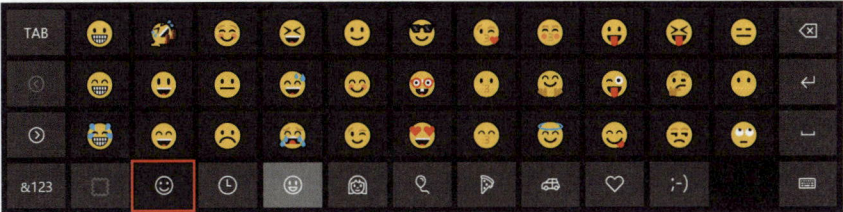

4. Auf dieser Tastatur können Sie nun einfach wie bei einer realen Tastatur nach Herzenslust drauflostippen. Die eingetippten Buchstaben werden während der Eingabe direkt in das gewählte Eingabeelement eingefügt.

5. Korrekturen können Sie wie gewohnt mit der (virtuellen) Löschen-Taste durchführen. Außerdem dienen die beiden Pfeiltasten rechts unten dazu, die Einfügemarke im Text nach links oder rechts zu verschieben.

Eingaben mit Wortvorschlägen abkürzen

Die virtuelle Tastatur von Windows unterstützt Sie durch automatische Vorschläge zum Vervollständigen, während Sie tippen. Windows versucht stets, anhand der bislang eingetippten Buchstaben zu erraten, welches Wort Sie eingeben möchten.

1. Für Sie ändert sich dadurch zunächst einmal nichts. Sie tippen einfach wie gewohnt die Wörter ein, die Sie schreiben möchten.

2. Nach dem getippten Zeichen vergleicht Windows die bislang eingegebene Zeichenkombination mit seinen Wortlisten und sucht daraus die wahrscheinlichsten Wörter heraus, die mit diesen Zeichen beginnen. Dabei berücksichtigt es sogar Buchstabendreher, wenn diese einigermaßen offensichtlich sind.

3. Oberhalb der virtuellen Tasten wird auf dem Bildschirm eine Liste mit den derzeit für Windows plausibelsten Wörtern angezeigt. Mit jedem getippten Zeichen wird diese aktualisiert und weiter verfeinert.

4. Ist das Wort, das Sie gerade tippen möchten, in der Liste enthalten, können Sie direkt auf den Eintrag tippen und so das gesamte Wort auf einmal eingeben. Anschließend beginnt das Spiel mit dem nächsten Wort von vorne.

5. Enthält die Liste noch nicht (ganz) das gesuchte Wort, tippen Sie einfach weiter Zeichen für Zeichen ein, bis das Wort in der Auswahlliste angezeigt wird.

Im ersten Moment hört es sich vielleicht etwas umständlich an, nach jedem Zeichen zu prüfen, ob das Wort vielleicht schon erkannt wurde. In der Praxis werden Sie mit etwas Übung schnell ein Gefühl dafür entwickeln, wie viel Sie tippen müssen, damit ein Wort zielsicher erkannt wird. Letztlich lohnt sich diese Funktion vor allem für längere Wörter. Kurze Wörter wie „die", „es" oder „und" sind so schnell eingetippt, dass man die Liste mit den Wortvorschlägen getrost ignorieren kann. Das können Sie übrigens auch tun, wenn Ihnen diese Funktion nicht als hilfreich erscheint.

Sonderfunktionen für spezielle Eingabefelder

Beim Eingeben von Webadressen unterstützt die virtuelle Tastatur Sie mit Sonderfunktionen. Wenn die Einfügemarke z. B. im Adressfeld des Webbrowsers platziert ist und Sie die Tastatur aktivieren, erhält die Tastatur zusätzliche Tasten für ⁄ und .de (links neben der Leertaste). Außerdem macht auch die virtuelle Tastatur beim Eintippen ständig Vorschläge aus den Verlaufsdaten, sodass Sie bei bekannten Webadressen so wenig wie möglich zu tippen brauchen.

Sonderzeichen noch schneller tippen

Auf der kompakten virtuellen Tastatur ist nur für wenige Sonderzeichen Platz. Die Umlaute ä, ö und ü haben es gerade noch geschafft, aber das ß beispielsweise ist auf der Strecke geblieben.

Kein Problem – Sie brauchen nur etwas länger auf s zu drücken. Dann wird die „Mehrfachbelegung" dieser virtuellen Taste angezeigt, und Sie können das ß mit einem kleinen Wisch nach oben wählen.

Wenn Sie aber schon wissen, in welcher Richtung ein Zeichen ausgehend von der „Haupttaste" liegt, können Sie noch etwas abkürzen. Beim nächsten Mal tippen Sie auf die Haupttaste und wischen dann direkt in diese Richtung weiter, um das Sonderzeichen einzugeben. Für ein ß tippen Sie also auf $\boxed{\text{s}}$ und wischen in der gleichen Bewegung

ein, zwei Zentimeter mit dem Finger nach oben. So geht es gleich wesentlich flüssiger.

Bequemer tippen mit den Daumen

Die standardmäßige virtuelle Tastatur geht davon aus, dass Sie das Gerät vor sich liegen haben oder mit einer Hand festhalten und mit der anderen tippen. Es gibt aber eine Alternative für längere Texte (z. B. E-Mails), die Sie mal ausprobieren sollten. Halten Sie das Gerät mit beiden Händen jeweils an der unteren Ecke, sodass Sie mit den Handflächen festen Halt haben, den Daumen aber noch frei bewegen können. Wenn Sie sich mit dieser Haltung wohlfühlen, sollten Sie der geteilten virtuellen Tastatur eine Chance geben.

1. Tippen Sie auf der virtuellen Tastatur ganz unten rechts auf das Tastatursymbol, um die Tastatureinstellungen zu ändern.

2. Wählen Sie im Menü das zweite Symbol von links aus, um auf die geteilte Tastatur umzuschalten.

3. Das Menü blendet sich dann automatisch aus und wechselt das Tastaturlayout.

Sie sehen dann eine zweigeteilte virtuelle Tastatur mit jeweils einem Block für Buchstaben links und rechts am Rand des Bildschirms. Jeder Block sollte in bequemer Reichweite des freien Daumens (siehe oben) liegen, sodass Sie mit den beiden Daumen insgesamt alle Tasten erreichen können. Nun können Sie mit zwei Fingern gleichzeitig tippen und haben insgesamt kürzere Wege. Die Methode erfordert Eingewöhnung, aber mit etwas Übung kann man damit längere Texte sehr effizient eingeben.

Auf der geteilten virtuellen Tastatur lässt sich mit etwas Übung schneller tippen.

2.3 Kopieren und Einfügen per Touchscreen

Inhalte von einer Stelle zu kopieren und an anderer Stelle wieder einzufügen, gehört zu den wichtigsten produktiven Werkzeugen von Windows. Das geht auch per Touchbedienung, aber insbesondere das Markieren von Inhalten läuft in diesem Fall etwas anders als von Maus und Tastatur gewohnt.

1. Tippen Sie z. B. in einem Dokument oder einer Webseite auf den Text, den Sie kopieren möchten. Handelt es sich um mehrere Wörter, tippen Sie zunächst auf irgendeins der dazugehörenden Wörter.

Wie schon bei den Vorgängerversionen lässt sich auch bei Windows 10 die Notwendigkeit für das Eingeben von Kennwörtern nach Wunsch reduzieren. Dabei muss bzw. sollte man zwei Arten von Passwortabfragen unterscheiden:

2. Dieses Wort wird nun markiert, und am Anfang und am Ende der Markierung wird jeweils ein Kreis angezeigt.

Wie schon bei den Vorgängerversionen lässt sich auch bei Windows 10 die Notwendigkeit für das Eingeben von Kennwörtern nach Wunsch reduzieren. Dabei muss bzw. sollte man zwei Arten von Passwortabfragen unterscheiden:

3. Diesen Kreis können Sie nun mit der Fingerspitze verschieben und so die Markierung beliebig nach vorne und nach hinten ausdehnen.

4. Haben Sie so den gesamten gewünschten Inhalt markiert, halten Sie so lange den Finger auf der Markierung, bis das Kontextmenü angezeigt wird.

5. Abhängig von der Art des ausgewählten Inhalts präsentiert Ihnen dieses Menü dann verschiedene Möglichkeiten vom einfachen *Kopieren* von Texten und Bildern bis hin zu *Link öffnen* bzw. *Link kopieren* bei markierten Webverknüpfungen. Tippen Sie einfach auf die gewünschte Funktion.

Kopierten Text einfügen

Haben Sie Text in die Zwischenablage kopiert, können Sie ihn in einer anderen App oder Desktop-Anwendung oder z. B. auch in einem Formularfeld einfügen.

1. Tippen Sie länger in das Eingabefeld, bis ein Kontextmenü eingeblendet wird.

2. Wählen Sie hier die Funktion *Einfügen*, um den Inhalt der Zwischenablage in dieses Feld einzufügen.

2.4 Den Touchscreen kalibrieren und einrichten

Zumindest bei der Erstbenutzung ist bei Touchscreens eine Kalibrierung sinnvoll. Sie dient der Abstimmung von Hardware, Software und Anwender, sodass sich alles aufeinander einstellen kann. Teilweise wird die Kalibrierung bei der Installation bzw. beim ersten Start nach der Installation automatisch gestartet. Ansonsten können Sie sie selbst jederzeit initiieren, etwa wenn sich der Bildschirm nicht (mehr) genau benutzen lässt oder nur zögerlich auf Eingaben reagiert.

1. Öffnen Sie in der klassischen Systemsteuerung das Modul *Tablet PC-Einstellungen*.

2. Tippen Sie hier auf die Schaltfläche *Kalibrieren*.

3. Wenn Ihr Tablet-PC sowohl für die *Stifteingabe* als auch für die *Fingereingabe* geeignet ist, können Sie anschließend wählen, welche dieser Eingabemöglichkeiten Sie kalibrieren möchten. Um beides zu kalibrieren, wiederholen Sie den gesamten Ablauf für die zweite Methode noch einmal.

4. Tippen Sie nun mit dem Stift bzw. dem Finger jeweils genau in das auf dem Bildschirm angezeigte Fadenkreuz. Die Anzahl der nacheinander erscheinenden Fadenkreuze hängt von der verwendeten Touch-Technologie ab. Es können bis zu 16 Kreuze angezeigt werden, und eventuell wiederholen sich die Positionen auch. Spielen Sie einfach mit, bis Windows genug Informationen gesammelt hat. Anschließend speichern Sie die erfassten Daten.

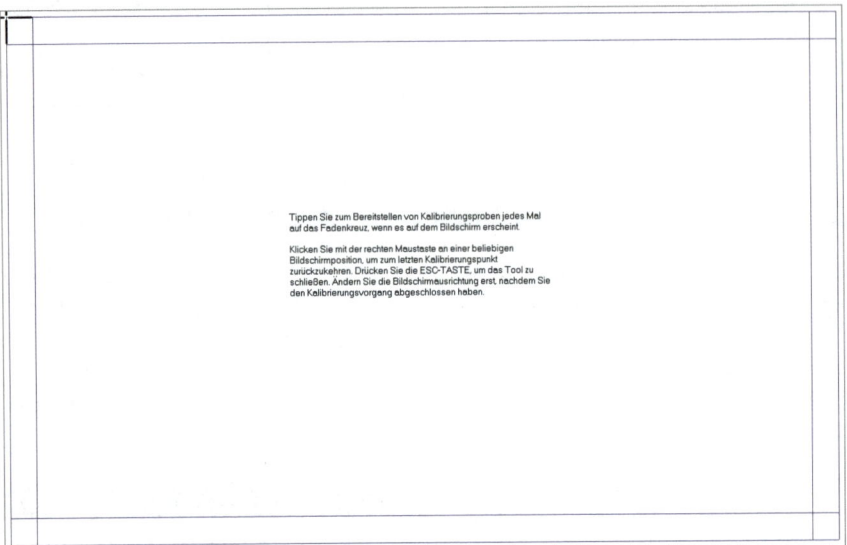

Ist die Kalibrierung einmal durchgeführt, muss sie für dieselbe Hardware in der Regel nicht wiederholt werden. Ausnahmen sind aber wie immer die Regel. Wiederholen Sie die Kalibrierung,

- wenn Sie bei dem Gerät einen Hardware-Reset durchführen bzw. den Akku tauschen mussten,

- wenn neue Treiber für die Touchscreen-Hardware installiert wurden, gegebenenfalls auch nach dem Installieren neuer Grafiktreiber, oder

- insbesondere immer, wenn sich das Gerät per Touch nicht mehr einwandfrei benutzen lässt.

Wenn Sie ein Gerät verwenden, das in verschiedenen Orientierungen verwendet werden kann (Querformat, Hochformat etc.), sollten Sie die Kalibrierung gegebenenfalls einmal in jeder Orientierung durchführen.

Die Orientierung des Touchscreens anpassen

In den Tablet-PC-Einstellungen können Sie auch die Orientierung Ihres Gerätes beeinflussen. Viele Touchscreen-PCs lassen sich sowohl im klassischen Quer- als auch im Längsformat nutzen. Viele Geräte unterstützen jeweils das Umkehren des Bildschirminhalts, um sich möglichst flexibel von allen Seiten nutzen zu lassen. Die meisten Tablet-PCs erkennen mithilfe eines Lagesensors, wo gerade „oben" ist, und passen die Orientierung automatisch an. Andere Tablets verfügen eventuell über einen speziellen Knopf, mit dem Sie zwischen den verschiedenen Orientierungen hin- und herwechseln können. In den Einstellungen können Sie festlegen, zwischen welchen Varianten dabei umgeschaltet werden soll.

1. Öffnen Sie in der klassischen Systemsteuerung das Modul *Tablet PC-Einstellungen*.

2. Tippen Sie hier unten auf den Link *Zur Ausrichtung wechseln*.

3. Im dadurch geöffneten Menü finden Sie vier Auswahlfelder für die vier Wechselpositionen. Standardmäßig befindet sich der PC „normal" im klassischen Querformat. Wenn Sie einmal auf den Umschaltknopf drücken, wechselt er in das Hochformat, beim nächsten Mal in das umgekehrte Querformat, dann in das umgekehrte Hochformat, dann wieder in das normale Querformat etc.

4. Wenn Sie bei Ihrem Gerät z. B. nur das normale Querformat und ein Hochformat nutzen, wählen Sie bei *3:* und *4:* einfach *(Keine)*. Dann wechselt das Tablet immer direkt zwischen den beiden benötigten Orientierungen hin und her.

5. Übernehmen Sie die neue Einstellung mit zweimaligem Tippen auf *OK*.

Touchscreen für Linkshänder

Linkshänder sind in einer Welt, die von Rechtshändern beherrscht wird, immer ein wenig im Nachteil. Bei Windows äußert sich das dahin gehend, dass Bildschirmelemente, Menüs und Hinweistexte oft von der Hand verdeckt werden, da diese – an Rechtshändern orientiert – meist nach links ausgeklappt werden. Aber zum Glück können Sie dieses Verhalten ändern und an Ihre Gewohnheiten anpassen.

1. Öffnen Sie in der klassischen Systemsteuerung das Modul *Tablet PC-Einstellungen*.

2. Wechseln Sie hier in die Rubrik *Andere*.

3. Wählen Sie dort oben im Bereich *Händigkeit* die Option,
die Ihrem Naturell entspricht,
und tippen Sie dann jeweils
zweimal auf *OK*.

Diese Einstellung wirkt sich insbesondere im Bereich des klassischen
Desktops aus. Die Touchoberfläche
von Windows ist ohnehin darauf
ausgelegt, unabhängig von der
Links- oder Rechtsorientierung verwendet werden zu können.

2.5 Das Desktop-Layout für die Fingerbedienung optimieren

Startmenü, *Einstellungen* und Apps sind ausdrücklich für die Fingerbedienung entwickelt
worden und lassen sich jederzeit gut „antippen". Anders sieht es aus, wenn Sie mit einem Tablet-PC auf den klassischen Desktop wechseln. Trotzdem können Sie mit etwas
Geschick und den richtigen Einstellungen auch hier einiges per Touch erreichen. So ändern sich mit der Größe von Elementen automatisch z. B. auch die Flächen zur Steuerung von Desktop-Fenstern oben rechts bei jedem Fenster. In den Standardeinstellungen
sind die mit bloßen Fingern nur sehr mühsam zu treffen. Aber vergrößert sind sie gleich
ein wesentlich leichteres Ziel.

1. Öffnen Sie in den *Einstellungen* den Bereich *System/Bildschirm*.

2. Stellen Sie rechts bei *Größe von Text, Apps und anderen Elementen ändern* einen höheren Wert wie etwa *125 %* (die Standardeinstellung ist 100 %) ein. Dadurch werden die Textgröße und auch die Größe vieler Bildschirmelemente um 25 % vergrößert.

3. Aktivieren Sie die geänderte Einstellung unten mit *Anwenden* und probieren Sie es direkt aus. Eventuell fordert Windows Sie zum Ab- und erneuten Anmelden auf, damit die Änderung in allen Bereichen aktiv wird.

4. Sollte das noch nicht ausreichen, können Sie in der klassischen Systemsteuerung unter Anzeige *Nur die Textgröße ändern*.

5. Im selben Dialog versteckt sich außerdem der Link *eine benutzerdefinierte Skalierungsstufe festlegen*. Allerdings werden bei zunehmender Vergrößerung auf diese Weise vermehrt unangenehme Nebenwirkungen sichtbar, etwa dass bestimmte Elemente nicht mehr komplett angezeigt werden etc.

2.6 Tastenkürzel für Touchfunktionen am PC

Die Touchoberfläche setzt auf die Fingerbedienung an einem entsprechend ausgerüsteten Tablet oder PC mit Touchscreen. Zwar lässt sie sich auch auf einem klassischen PC mit Maus und Tastatur nutzen, aber manches ist eben doch anders. Ein paar Tastenkombinationen helfen, Funktionen zu bedienen, für die es eigentlich spezielle Hardwareelemente oder Touchgesten gibt.

Tastenkombination	Funktion
⊞	Startmenü anzeigen bzw. im Tablet-Modus Wechsel zwischen aktueller Anwendung und Startseite
⊞+.	Klassischen Desktop kurz einblenden
⊞+O	Rotationssperre aktivieren/deaktivieren
⊞+↵	Screenreader (Text-zu-Sprache-Anwendung) starten
⊞+S	Suchmenü öffnen
⊞+F	Dateisuche öffnen
⊞+I	Einstellungen öffnen
⊞+Q	Cortana öffnen
⊞+L	PC sperren und Sperrbildschirm anzeigen
⊞+R	Ausführen-Dialog auf dem klassischen Desktop anzeigen
⊞+H	Teilen-Leiste anzeigen
⊞+K	Verbinden-Leiste anzeigen
⊞+X	Kontextmenü des Startsymbols anzeigen
⊞+D	Wechsel zum Desktop
⊞+E	Startet den Windows-Explorer
⊞+P	Optionen für einen zweiten Bildschirm anzeigen
⊞+U	Center für erleichterte Bedienung öffnen
⊞+A	Info-Center anzeigen
⊞+Pause	Wechsel zu Systemsteuerung/System
⊞+ +	Startet die Bildschirmlupe

Kapitel 3

3. Kurze Wege mit Taskleiste, Sprunglisten und Infobereich

Das aktuelle Windows bringt ja nun endlich wieder ein Startmenü. Wem das Suchen in diesem Menü oder das Eintippen von Anwendungsnamen im benachbarten Suchfeld zu umständlich ist, für den bietet die Taskleiste aber nach wie vor eine praktische Alternative. Hier können viel genutzte Apps als Symbol angeheftet werden und lassen sich so jederzeit mit einem Klick oder Fingertipp starten. Über Sprunglisten kann man teilweise sogar direkt auf Funktionen und Dokumente zugreifen. Im Hintergrund laufende Dienste hingegen finden sich als Symbole im Infobereich wieder.

TIPP ☑ **Taskleisten-Symbole auch im Tablet-Modus**
Standardmäßig zeigt Windows nur im Desktop-Modus die Symbole auf der Taskleiste an. Beim Wechseln in den Tablet-Modus werden sie automatisch ausgeblendet. Wenn Sie das nicht möchten, öffnen Sie in den *Einstellungen* den Bereich *System/Tablet-Modus* und deaktivieren hier den Schalter bei *App-Symbole im Tabletmodus auf der Taskleiste ausblenden*.

3.1 Wichtige Anwendungen dauerhaft in der Taskleiste platzieren

In der Taskleiste werden Symbole für jede geöffnete Desktop-Anwendung und Touch-App angezeigt. Allerdings kann die Taskleiste auch für das Starten von wichtigen und regelmäßig in Gebrauch befindlichen Programmen genutzt werden. Deshalb enthält die Taskleiste auch schon von Anfang an Symbole für den Edge-Browser, den Windows-Explorer sowie den Store. Und selbstverständlich können Sie hier eigene Symbole für Anwendungen hinterlegen, die Sie regelmäßig nutzen.

HINWEIS ⟩ Was hat es mit dem ersten Symbol auf sich?

Mit dem Symbol links neben den App-Symbolen in der Taskleiste öffnen Sie die Taskansicht, die – besonders bei Touchbedienung – ein komfortables Wechseln zwischen den laufenden Apps und Anwendungen erlaubt. Das Symbol kann über das Kontextmenü der Taskleiste mit dem Punkt *Taskansicht-Schaltfläche anzeigen* nach Wunsch ein- oder ausgeschaltet werden.

Mit einem einfachen Klick auf das entsprechende Symbol aktivieren Sie direkt die jeweilige Anwendung. Damit die Taskleiste trotzdem noch ihre Aufgabe als Übersicht und Steuerung der geöffneten Fenster wahrnehmen kann, gibt es eine wichtige Unterscheidung: Symbole für den Schnellstart von Anwendungen werden eben nur als Symbole dargestellt, die Schaltflächen von geöffneten Fenstern hingegen werden mit einem farbigen Balken unterlegt. Dies gilt auch, wenn eine als Schnellstartsymbol verankerte Anwendung geöffnet wird. Ihr Symbol in der Taskleiste erhält in diesem Moment ebenfalls einen Rahmen. Die folgende Abbildung verdeutlicht die Unterschiede:

- Edge-Browser und Windows-Explorer sind standardmäßig als Schnellstartsymbole in der Taskleiste verankert.

- Der Windows-Explorer wurde aber bereits gestartet, deshalb unterscheidet sich sein Symbol nun. Wenn man genau hinschaut, kann man am blauen Balken darunter sogar erkennen, dass mehr als ein Explorer-Fenster geöffnet ist.

- Zusätzlich wurden zwei weitere Programme gestartet, deren Symbole rechts neben den Schnellstartsymbolen zu sehen sind.

- Das derzeit aktive Fenster gehört zur klassischen Systemsteuerung, deshalb ist dieses Symbol farbig hinterlegt.

Beliebige Programme an die Taskleiste heften

Standardmäßig hat Microsoft schon drei wichtige Programme in der Taskleiste verankert: Edge-Browser, Windows-Explorer und die Store-App. Sie können aber selbst entscheiden, welche Symbole dort permanent angezeigt werden sollen, denn Sie können beliebige Anwendungen und auch Touch-Apps als Symbole in der Taskleiste verankern. Das geht zum einen im Startmenü über das Kontextmenü der dortigen Einträge mit dem

Befehl *An Taskleiste anheften*. Es geht aber auch recht einfach, wenn Sie ein Programm bereits gestartet haben und sein Symbol deshalb ohnehin in der Taskleiste zu sehen ist.

1. Klicken Sie mit der rechten Maustaste auf das Symbol der Anwendung oder App in der Taskleiste. Bei Fingerbedienung tippen Sie alternativ länger auf das Symbol, um das Kontextmenü zu öffnen.

2. Wählen Sie im Kontextmenü den Befehl *An Taskleiste anheften*.

3. Auf den ersten Blick ändert sich dadurch nichts. Wenn Sie die Anwendung anschließend aber beenden, verbleibt das Symbol trotzdem in der Taskleiste.

Windows fügt das Symbol standardmäßig rechts neben den bereits vorhandenen Symbolen ein. Sie können die Reihenfolge dieser Symbole aber beliebig verändern, wie Sie auf Seite 75 lesen können.

Oft genutzte Ordner an die Taskleiste anheften

Nicht nur Symbole für Programme und Apps können an die Taskleiste angeheftet werden, sondern auch beliebige Ordner. Die Vorgehensweise dafür ist eigentlich einfach, nur nicht unbedingt naheliegend. Denn statt Ordner einfach direkt anheften zu können, ist ein kleiner Umweg erforderlich:

1. Verwenden Sie zunächst den Explorer, um das Symbol des Ordners anzuzeigen, den Sie an die Taskleiste anheften möchten.

2. Klicken Sie mit der rechten Maustaste auf das Symbol und wählen Sie im Kontextmenü *Verknüpfung erstellen*. Windows legt dann eine Verknüpfung mit diesem Ordner als Symbol im übergeordneten Verzeichnis an.

3. Klicken Sie wiederum mit der rechten Maustaste auf das Symbol der Verknüpfung und wählen Sie im Kontextmenü *Eigenschaften*.

4. In der Rubrik *Verknüpfung* setzen Sie nun den Inhalt des Feldes *Ziel* in Anführungszeichen. Außerdem ergänzen Sie davor den Befehl *explorer*, sodass im Feld beispielsweise *explorer "C:\Users\<Ihr Benutzername>\Documents\ProjektX"* steht.

5. Auch praktisch: Unten können Sie mit *Anderes Symbol* ein anderes Icon wählen, durch das dieses Symbol in der Taskleiste später gut erkennbar ist. Übernehmen Sie Änderungen mit OK.

6. Wenn Sie nun erneut mit der rechten Maustaste auf das Verknüpfungssymbol klicken, finden Sie im Kontextmenü den Befehl *An Taskleiste anheften* vor.

Die erstellte Verknüpfung im Ordner können Sie übrigens anschließend löschen. Durch das Anheften wird eine Kopie der Verknüpfung in einem internen Ordner erstellt, die durch das Löschen des Originals nicht beeinträchtigt wird.

Die Symbole in der Taskleiste durch Titel aussagekräftiger machen

Die Taskleiste zeigt standardmäßig nur Symbole für die verschiedenen Anwendungen an. Erst wenn Sie mit dem Mauszeiger eine Minivorschau aufrufen, erfahren Sie den Titel der Anwendung bzw. des Dokuments. Sie können aber auch die Titel direkt in der Taskleiste selbst anzeigen lassen, was allerdings den dort verfügbaren Platz erheblich verringert:

1. Klicken Sie mit der rechten Maustaste auf einen freien Bereich der Taskleiste und wählen Sie im Kontextmenü ganz unten den Punkt *Eigenschaften*.

2. Damit öffnen Sie die Einstellungen für die Taskleiste. Wählen Sie hier beim Auswahlfeld *Schaltflächen der Taskleiste gruppieren* die Option *Wenn die Taskleiste voll ist*.

Mit dieser Einstellung wird in der Taskleiste jedes Symbol einer aktiven Anwendung mit einer Beschriftung angezeigt, der Sie z. B. das gerade geöffnete Dokument, den aktuellen Ordner oder das abgespielte Musikstück entnehmen können. Die Beschriftung wird allerdings nur bei gestarteten Anwendungen eingeblendet. Auch die permanent vorhandenen Symbole erhalten also erst dann eine Beschriftung, wenn sie aktiviert werden.

Die Reihenfolge der Symbole individuell gestalten

Üblicherweise ordnet Windows die Symbole in der Taskleiste automatisch so an, wie die Fenster, die sie repräsentieren, geöffnet werden. Bei den angehefteten Symbolen in der Taskleiste allerdings können Sie die Reihenfolge individuell beeinflussen und an Ihre Vorlieben anpassen. So können Sie z. B. die Symbole, sortiert nach ihrer Wichtigkeit oder häufigen Nutzung, von links nach rechts anordnen. In dem Fall wären die meistgenutzten Programme ganz links zu finden.

Das Verändern der Positionen erfolgt dabei in der von Windows gewohnten Drag-and-drop-Manier:

1. Ergreifen Sie zunächst das Symbol, dessen Position in der Taskleiste Sie verändern möchten. Klicken Sie dazu mit der linken Maustaste darauf, halten Sie diese Taste aber vorläufig gedrückt.

2. Ziehen Sie nun den Mauszeiger mit dem Symbol nach links oder rechts zur gewünschten Position. Die benachbarten Symbole machen dabei gegebenenfalls automatisch Platz und rutschen links oder rechts neben das ausgewählte Symbol.

3. Befindet sich das Symbol an der gewünschten Position, lassen Sie die Maustaste einfach los. Windows platziert das Symbol dann an dieser Stelle der Taskleiste und merkt sich die Position.

HINWEIS ▷ Symbole für geöffnete Fenster verschieben

Die vorangehende Anleitung bezieht sich auf das Umpositionieren von angehefteten Symbolen. Auf die gleiche Weise können Sie auch die Symbole von geöffneten Fenstern in der Taskleiste verschieben. Allerdings merkt sich die Taskleiste die neue Position nur, solange das Fenster geöffnet ist. Wenn Sie das entsprechende Programm beenden und später neu starten, wird dessen Symbol wieder standardmäßig ganz rechts an die Symbole in der Taskleiste angefügt. Ausnahmen hierfür sind die Symbole von Anwendungen, die ohnehin an die Taskleiste angeheftet sind. Hier merkt sich Windows auch Positionsveränderungen, während die Anwendungen geöffnet sind.

Angeheftete Anwendungen per Tastenkürzel starten

Es gibt eine praktische Funktionalität, die von Anwendern gern übersehen wird: An die Startleiste angeheftete Anwendungen lassen sich jederzeit mit der Tastenkombination ⊞+Position in der Startleiste aufrufen. Wenn Sie also z. B. von links nach rechts den Edge-Browser, den Windows-Explorer und die Store-App angeheftet haben, starten Sie mit

- ⊞+1 den Edge-Browser,
- ⊞+2 den Windows-Explorer,
- ⊞+3 die Store-App etc.

Wichtig: Obwohl das Taskansicht-Symbol sich optisch kaum abhebt, steht es nicht für eine App und zählt deshalb bei der Nummernvergabe nicht mit. Insgesamt gilt diese Regel außerdem nur für die ersten zehn Symbole von links in der Taskleiste. Sie können zwar noch mehr anheften, aber dafür fehlen dann die passenden Tasten. Wenn Sie aber Ihre wichtigsten Anwendungen geschickt anheften und platzieren und sich die Reihenfolge merken, können Sie jedes dieser Programme jederzeit mit einem schnellen Tastenkürzel aufrufen.

Überflüssige Symbole aus der Taskleiste entfernen

So wie Sie beliebige Anwendungen und Apps an die Taskleiste anheften können, lassen sich auch vorhandene Symbole wieder von dort verbannen, sei es nun, weil Sie mit dem standardmäßig angehefteten Programm nichts anfangen können oder weil Sie ein voreilig angeheftetes Symbol lieber wieder entfernen möchten.

1. Klicken Sie mit der rechten Maustaste auf das Symbol in der Taskleiste, das Sie entfernen möchten.

2. Damit öffnen Sie das Kontextmenü für diesen Eintrag, das sich optisch etwas von den sonst üblichen Kontextmenüs unterscheidet. Das liegt daran, dass es sich hierbei um die Sprungliste für dieses Programm handelt. Das braucht Sie aber in diesem Fall nicht weiter zu stören. Was es mit Sprunglisten auf sich hat, wird in Kapitel 3.2 ausführlich erklärt.

3. Wählen Sie in diesem Menü einfach ganz unten den Befehl *Von Taskleiste lösen*.

4. Windows entfernt dann dieses Symbol ohne weitere Rückfragen und Kommentare aus der Taskleiste. Das bezieht sich selbstverständlich nur auf das hier angezeigte Symbol. Die Anwendung selbst wird dadurch nicht deinstalliert und ist weiter z. B. über das Startmenü zugänglich.

Die Taskleiste größer machen

Die Taskleiste ist von Haus aus schmaler als bei früheren Windows-Versionen. Sie können sie aber größer machen, damit sie z. B. mehr Symbole fassen kann. Wichtig ist, dass Sie dazu mit der rechten Maustaste im Kontextmenü der Taskleiste den Menüpunkt *Taskleiste fixieren* deaktivieren. Dann lässt sich der obere Rand der Taskleiste beliebig nach oben ziehen. Kleiner lässt sich die Taskleiste so aber nicht mehr machen, da sie standardmäßig schon so klein wie möglich ist.

Allerdings gibt es noch eine weitere Einstellung, die für eine schmalere Taskleiste sorgen kann: Setzen Sie in den Einstellungen der Taskleiste die Option *Kleine Schaltflächen der Taskleiste verwenden* auf *Ein*. Dann wird die Leiste deutlich schmaler und nimmt dadurch weniger Bildschirmplatz in Anspruch. Gleichzeitig haben in der Breite mehr Symbole darin Platz. Allerdings wird dabei automatisch auch das Suchfeld links ausgeblendet. Außerdem werden die Symbole für manche Apps in dieser Größe nicht mehr angezeigt, was aber wohl eher als Fehler zu werten ist, den Microsoft hoffentlich noch ausmerzt.

Dank kleiner Symbole kann die Taskleiste auf ein Minimum geschrumpft werden.

Das automatische Gruppieren von Elementen verhindern

Damit es in der Taskleiste nie unübersichtlich wird, kann Windows die Symbole gruppieren. So werden verschiedene Registerkarten oder auch getrennte Instanzen des Browsers mit einem Symbol in der Taskleiste angezeigt. Eigentlich ist das eine der Stärken der Taskleiste, aber wenn Ihnen das nicht gefällt, können Sie das Verhalten mit der Einstellung *Schaltflächen der Taskleiste gruppieren* ändern.

■ Mit *Wenn die Taskleiste voll ist* erreichen Sie ein Verhalten wie bei sehr alten Windows-Versionen: Normalerweise wird nicht gruppiert. Wenn der Platz in der Taskleiste aufgrund zu vieler Fenster zur Neige geht, beginnt Windows aber automatisch mit dem Gruppieren.

■ Möchten Sie ganz auf das Gruppieren verzichten, wählen Sie *Nie*. Mit dieser Einstellung werden allerdings zwangsläufig auch wieder Beschriftungen zu den Symbolen in der Taskleiste eingeführt, was Platz kostet (siehe hierzu auch Seite 73).

Die Taskleiste automatisch ausblenden

Viele Anwender bevorzugen es, die Taskleiste automatisch auszublenden, wenn sie nicht benötigt wird. Den Anwendungsfenstern steht dann im maximierten Zustand noch etwas mehr Platz auf dem Bildschirm zur Verfügung. Bei Bedarf lässt sich die Taskleiste einfach wieder einblenden, indem der Mauszeiger an den entsprechenden Bildschirmrand bewegt wurde. Setzen Sie dazu in den Einstellungen der Taskleiste die Option *Taskleiste im Desktop-Modus automatisch ausblenden* auf *Ein*. Mit der Option *Taskleiste im Tablet-Modus automatisch ausblenden* können Sie diese Einstellungen für den Tablet-Modus ggf. abweichend wählen.

Die Taskleiste ist dann standardmäßig ausgeblendet bzw. nur durch einen schmalen Streifen am Bildschirmrand angedeutet. Bewegen Sie den Mauszeiger ganz an diesen Rand des Bildschirms, wird die Taskleiste vorübergehend wieder eingeblendet und kann in vollem Umfang genutzt werden. Bewegen Sie den Mauszeiger wieder von den Elementen der Taskleiste weg, verschwindet sie nach kurzer Verzögerung wieder.

Die Position der Taskleiste auf dem Desktop verändern

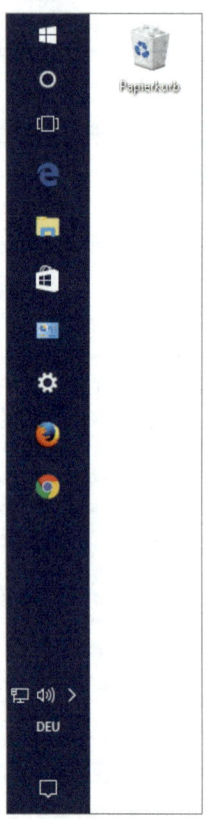

Standardmäßig befindet sich die Taskleiste am unteren Bildschirmrand, was wohl auch die meisten Benutzer so beibehalten. Wie frühere Windows-Versionen erlaubt auch das aktuelle Windows das Anordnen der Taskleiste an einer beliebigen Bildschirmseite. Dazu lässt sich die Leiste einfach per Drag-and-drop fassen und an die gewünschte Position ziehen.

Außerdem können Sie die Position der Taskleiste auch ganz ohne Mausakrobatik per Menüeinstellung verändern. Wählen Sie hierzu in den Taskleisteneigenschaften bei der Einstellung *Position der Taskleiste auf dem Bildschirm* die gewünschte Bildschirmseite. Die Standardeinstellung ist *Unten*. Die anderen Varianten sind gewöhnungsbedürftig, aber für den einen oder anderen mögen sie Vorteile haben.

Einschränkend möchte ich dazu sagen, dass das Suchfeld in der Taskleiste nur angezeigt wird, wenn sich selbige am unteren Bildschirmrand befindet. Bei allen anderen Rändern muss man sich mit dem Suchsymbol zufriedengeben.

3.2 Per Sprungliste oft genutzte Programmfunktionen direkt aufrufen

Eine weitere Funktion der Taskleiste sind die Sprunglisten, die mit den Symbolen in der Leiste (siehe vorangehenden Abschnitt) verbunden sind. Dabei handelt es sich um eine Art erweitertes Kontextmenü mit einer Liste besonders wichtiger oder häufig genutzter Funktionen einer Desktop-Anwendung. Der Inhalt ist dabei bei jedem Programm anders und hängt unter anderem auch davon ab, ob dieses Programm speziell für Sprunglisten optimiert ist. So können Sie wesentliche Funktionen direkt aus der Taskleiste aufrufen, ohne das entsprechende Programm zuvor erst starten zu müssen. Hinweis: Touch-Apps aus dem Store unterstützen keine Sprunglisten. Deshalb sind sie bei deren Symbol in der Taskleiste nicht zu finden.

Um die Sprungliste eines Programms zu nutzen, klicken Sie einfach mit der rechten Maustaste auf das dazugehörende Symbol in der Taskleiste. Alternativ tippen Sie etwas länger mit der Fingerspitze. Anstelle eines Kontextmenüs öffnet sich dann die Sprungliste. Sie kann verschiedene Kategorien enthalten:

- Die Rubrik *Häufig* bzw. *Meistbesucht* enthält regelmäßig mit dieser Anwendung genutzte Daten, Dokumente oder Orte. Was das genau ist, hängt von der Art der Anwendung ab. Bei einem Webbrowser sind es beispielsweise oft besuchte Webseiten.

- Manche Anwendungen fügen zusätzliche Abschnitte ein, wie etwa Chrome mit *Kürzlich geschlossen*. So kann man schnell zur zuletzt besuchten Webseite zurückkehren.

- Der Abschnitt *Aufgaben* enthält typische Aufgaben, die oft mit dem Start der Anwendung verbunden sind.

- Unten in der Sprungliste finden Sie jeweils die Anwendung selbst. Wollen Sie also einfach nur das Programm starten, sind Sie hier richtig. Die Wirkung ist die gleiche, als würden Sie direkt mit der linken Maustaste auf das Schnellstartsymbol klicken.

- Außerdem finden Sie hier den Befehl *Von Taskleiste lösen*, mit dem Sie dieses Symbol aus der Taskleiste entfernen können.

- Ist die Anwendung aktiv, wird ganz unten in der Sprungliste der Befehl *Fenster schließen* angezeigt, mit dem Sie das Programm direkt beenden können.

HINWEIS ▷ Sprunglisten auch im Startmenü

Eine neue Funktion bei Windows wird oft übersehen, obwohl sie sehr praktisch sein kann: Es gibt Sprunglisten nicht nur in der Taskleiste, sondern auch im Startmenü. Wenn Sie dort mit der rechten Maustaste auf den Eintrag einer Desktop-Anwendung klicken, die diese Funktion unterstützt, werden im Kontextmenü auch Rubriken wie *Häufig verwendet* und *Aufgaben* aus der Sprungliste dieser Anwendung angezeigt. Man muss Anwendungen also nicht mehr zwangsläufig an die Taskleiste anheften, um ihre praktischen Sprunglistenfunktionen zu nutzen.

Die Sprunglisten bei Webbrowsern

Der Edge-Browser ist technisch eine App und verfügt deshalb nicht über die gerade für Browser recht praktische Sprunglistenfunktion. Das ist mal wieder so eine Stelle, wo die Integration von Apps in den klassischen Desktop nicht konsequent zu Ende gedacht ist.

Dafür zeigt der Internet Explorer in seiner Sprungliste in erster Linie die Rubrik *Häufig*. Sie erlaubt den direkten Zugriff auf die regelmäßig besuchten Webseiten. Ihr Inhalt entspricht dem des Internet-Explorer-Verlaufs in der Darstellung *Nach der Anzahl der Zugriffe anzeigen*, zeigt also in etwa die zuletzt meistbesuchten Webseiten an.

Dieser Inhalt ist selbstverständlich dynamisch, wird also ständig aktualisiert. Ein Klick auf einen der Einträge startet den Internet Explorer und öffnet diese Webseite. Darunter finden sich noch die Standardfunktionen zum Starten des Internet Explorer und zum Ablösen des Symbols von der Taskleiste. Die Sprunglisten von alternativen Browsern wie Chrome oder Firefox sehen ähnlich aus.

TIPP ☑ **Sprungliste als Abkürzung**

Auch während ein Webbrowser läuft, können Sie seine Sprungliste auf die beschriebene Weise nutzen. Sie ist eine gute Abkürzung, da der Zugriff auf den Verlauf selbst deutlich umständlicher sein kann.

Die Sprungliste des Windows-Explorer

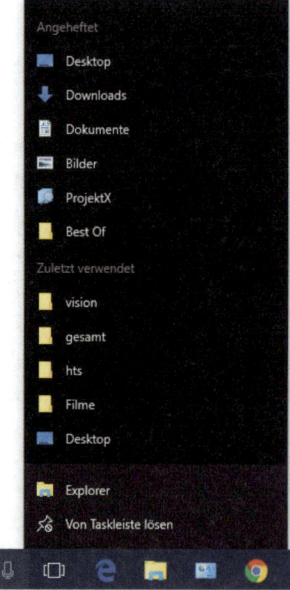

Die Sprungliste des Windows-Explorer enthält in der Rubrik *Angeheftet* Ordner, die ständig angezeigt werden sollen. *Zuletzt verwendet* enthält zusätzlich die zuletzt am meisten geöffneten Ordner bzw. Bibliotheken. Diese beiden Listen entsprechen in etwa den Schnellzugriffen des Windows-Explorer (siehe Seite 296).

Auch diese Listen sind dynamisch und werden ständig aktualisiert. Wenn Sie einen der Einträge anklicken, startet der Windows-Explorer und zeigt den Inhalt dieses Ordners an.

Die Sprungliste des Windows Media Player

Der Windows Media Player enthält ebenfalls die Rubrik *Häufig verwendet* in seiner Sprungliste. Er zeigt hier die Alben bzw. Wiedergabelisten an, die Sie zuletzt bzw. häufig gehört haben. Ein Klick auf einen der Einträge startet den Windows Media Player und spielt diese Wiedergabeliste ab.

In der Rubrik *Aufgaben* finden Sie außerdem typische Aufgaben, die direkt beim Start des Windows Media Player erledigt werden sollen. So können Sie mit *Vorherige Liste fortsetzen* die beim letzten Beenden des Windows Media Player gerade aktive Wiedergabeliste fortsetzen.

Mit *Gesamte Musik wiedergeben* bekommen Sie mit einem Mausklick reichlich Musik auf die Ohren. Der Windows Media Player spielt automatisch dann Ihre gesamte Musikbibliothek ab.

Sprunglisten bei weiteren Anwendungen

Sprunglisten funktionieren im Prinzip mit beliebigen Anwendungen. Sie können also jedes Programm, wie in diesem Kapitel beschrieben, als Symbol in der Taskleiste platzieren und dann per rechter Maustaste eine Sprungliste dafür abrufen. Oft wird die Liste allerdings recht kurz ausfallen und nur zwei bis drei Punkte umfassen:

- Symbol und Name des Programms, um die Anwendung starten zu können.

- *Von Taskleiste lösen* zum Entfernen des Symbols aus der Taskleiste.

- Wenn die Anwendung gestartet ist, wird zusätzlich *Fenster schließen* zum Beenden angezeigt.

Weitere Sprunglistenfunktionen sind nur verfügbar, wenn die Anwendung, wie z. B. Internet Explorer, Windows-Explorer und Windows Media Player, speziell für dieses Feature vorbereitet wurde.

Mittlerweile trifft dies auf immer mehr Programme und Tools zu, da die erforderlichen Änderungen am Programm nicht allzu aufwendig sind. Probieren Sie es also im Zweifelsfall bei weiteren Anwendungen einfach aus.

Dynamische Inhalte von Sprunglisten kontrollieren

Sprunglisten mit dynamischen Inhalten, wie z. B. den regelmäßig besuchten Seiten beim Webbrowser, verändern sich im Laufe der Zeit automatisch. Meist ist das kein Problem, da sie sich damit den Gewohnheiten des Benutzers anpassen. Manchmal arbeitet dieser Mechanismus aber auch gegen die Interessen des Benutzers, etwa wenn eine Webseite, die immer mal wieder gern aufgerufen wird, von anderen Webadressen aus der Sprungliste verdrängt wird. In solchen Fällen können Sie aber eingreifen und bestimmte wichtige Einträge fest in der Sprungliste verankern.

1. Klicken Sie mit der rechten Maustaste auf das entsprechende Symbol, um die Sprungliste zu öffnen.

2. Bewegen Sie den Mauszeiger dann auf den Eintrag, den Sie dauerhaft verankern möchten.

3. Der Eintrag verwandelt sich dann in eine Schaltfläche mit einem Stecknadelsymbol am rechten Ende. Klicken Sie auf diese Stecknadel, um den Eintrag in der Sprungliste zu verankern.

4. In der Sprungliste wird dadurch eine weitere Rubrik namens *Angeheftet* angelegt, die alle auf diese Weise verankerten Einträge enthält.

Sollten Sie die Verankerung später wieder lösen wollen, wiederholen Sie die beschriebenen Schritte einfach.

Datenschutz: Bedenken wegen Adressen und Informationen in der Taskleiste?

Sprunglisten enthalten Informationen über besuchte Webseiten, benutzte Ordner und verwendete Dokumente, Medienclips etc. Dies kann unter Umständen problematisch sein, wenn Sie sich den PC mit anderen Benutzern teilen, die nicht unbedingt alles wissen müssen, was Sie damit gemacht haben. Zum einen ist es in solchen Fällen sinnvoll, die Funktionen der verschiedenen Anwendungen zu nutzen, damit solche Informationen gar nicht erst gesammelt werden, also z. B. beim Webbrowser den Verlauf zu löschen oder entsprechende Webseiten nur im Privat-Surfen-Modus zu besuchen. Aber auch die Taskleiste lässt sich so einstellen, dass solche Verlaufsinformationen nicht mehr angezeigt werden. Die Sprunglisten verlieren dadurch jedoch einen großen Teil ihres Potenzials.

1. Öffnen Sie die *Einstellungen* und darin den Bereich *Personalisierung/Start*.

2. Setzen Sie auf der rechten Seite bei *Zuletzt geöffnete Elemente in Sprunglisten im Menü „Start"* oder *auf der Taskleiste anzeigen* den Schalter auf *Aus*.

TIPP ☑ Einzelne dynamische Einträge aus Sprunglisten entfernen

Wenn es nur um einzelne Einträge in einer Sprungliste geht, die Ihnen ungeeignet oder überflüssig erscheinen, können Sie diese zumindest beim Internet Explorer auch direkt entfernen. Öffnen Sie dazu die entsprechende Sprungliste und klicken Sie den fraglichen Eintrag mit der rechten Maustaste an. Im Kontextmenü finden Sie dann den Befehl *Aus dieser Liste entfernen*, der den Eintrag aus der Sprungliste entfernt. Leider bieten nicht alle Webbrowser diese Funktion an.

Wenn Windows angeheftete und zuletzt verwendete Ordner vergisst

Normalerweise zeigen die Taskleisten-Symbole vieler Anwendungen nach einem Rechtsklick eine Liste mit den zuletzt geöffneten Dokumenten, Verzeichnissen, Webseiten etc. an. Und man kann hier sogar häufig genutzte Ziele anheften, sodass sie stets im oberen Bereich der Liste aufgeführt werden. Das Wort „Normalerweise" lässt aber schon vermuten, dass das eben nicht immer klappt. Manchmal stellt Windows aus heiterem Himmel diese praktische Funktion ein. Die Listen sind dann plötzlich leer. Auch wenn man Objekte neu anheftet, hält das nur kurz vor und dann verschwinden sie erneut.

Zum einen tritt das Problem auf, wenn in den Ordnern, in denen die Informationen gespeichert werden (siehe unten), besonders große Dateien enthalten sind (damit ist die Größenordnung > 1 MByte gemeint). Zum anderen gibt es eine grundsätzliche Begrenzung bei 999 Dateien in diesen Ordnern, aber die sollte normalerweise kaum erreicht werden.

Mit den nachfolgend beschriebenen Schritten ist es leider nicht möglich, eine verlorene Liste mit angehefteten Ordnern wiederherzustellen. Diese ist verloren und muss neu aufgebaut werden. Aber man kann Sprunglisten zurücksetzen, sodass Änderungen zumindest nicht mehr verloren gehen und die Listen neu aufgebaut werden können.

Variante 1: Bei Problemen mit einzelnen Symbolen

Besteht das Problem nur bei einer ganz bestimmten Anwendung, reicht es meist, das Symbol dieser Anwendung aus der Taskleiste zu entfernen (Rechtsklick auf das Symbol und dann *Von Taskleiste lösen*). Dadurch werden auch die gespeicherten Informationen zu den Sprunglisten gelöscht.

Anschließend kann man das Symbol einfach wieder der Taskleiste hinzufügen (während die Anwendung läuft, klappt ein Rechtsklick auf das Symbol in der Taskleiste und dann *An Taskleiste anheften*). So erhält man eine „jungfräuliche" Sprungliste, die ordnungsgemäß funktionieren sollte.

Variante 2: Gezielt nach Störenfrieden suchen

Windows speichert die Informationen für die Sprunglisten in zwei Verzeichnissen. Den Inhalt dieser Verzeichnisse kann man auch manuell bearbeiten und so bestimmten Problemen auf die Spur kommen.

1. Starten Sie den Windows-Explorer.

2. Leeren Sie die Adresszeile und fügen Sie dort die folgende Adresse (in einer Zeile) ein:

   %APPDATA%\Microsoft\Windows\Recent\AutomaticDestinations

   Drücken Sie ⏎, um diesen Ordner anzuzeigen.

3. Kontrollieren Sie nun zunächst, ob es in diesem Ordner auffällig große Dateien gibt. Alles, was 1 MByte und mehr hat, ist verdächtig. Löschen Sie diese Dateien und probieren Sie, ob die Sprunglisten anschließend wieder funktionieren.

Wenn das nicht hilft: Für jede Anwendung mit Sprunglisten gibt es in diesem Ordner eine eigene Datei. Leider ist diese völlig kryptisch benannt und lässt sich nicht einfach zuordnen.

Es geht aber mit einem kleinen Trick: Sortieren Sie die Anzeige der Dateien chronologisch mit der neuesten oben. Wenn Sie nun eine Anwendung mit Sprunglisten öffnen, darin ein Dokument erstellen und speichern, sollte das in der Sprungliste vermerkt werden. Dazu wird in die Sprunglistendatei geschrieben, sodass sich das Datum der letzten Änderung aktualisiert. Die entsprechende Sprunglistendatei sollte nun also ganz oben in der Dateiliste stehen.

Wichtig: Im vorangehend beschriebenen Ordner sind die automatisch erstellten Sprunglisten für *Zuletzt verwendet* oder ähnlich gespeichert. Die individuell angelegten Sprunglisten mit selbst angehefteten Ordnern finden Sie stattdessen im Ordner *%APPDATA%\Microsoft\Windows\Recent\CustomDestinations*, den Sie genau wie vorangehend beschrieben öffnen und bearbeiten können. Bei Problemen sollte man am besten immer beide Ordner kontrollieren.

Variante 3: Tabula rasa

Wenn die vorangehend beschriebenen Schritte nicht helfen, hilft nur die ganz grobe Kelle: Der Inhalt der beiden Sprunglistenordner kann bedenkenlos gelöscht werden. Das löst zuverlässig alle Probleme mit dieser Funktion.

Allerdings wirkt sich dieser Schritt auf alle Anwendungen aus, die Sprunglisten unterstützen. Es werden also sämtliche Sprunglisten zurückgesetzt und müssen dann neu aufgebaut werden. Aber immerhin funktionieren sie dann wieder.

3.3 Mit dem Infobereich alles Wichtige im Blick

Der Infobereich rechts unten in der Taskleiste war und ist sowohl bei Benutzern als auch bei Softwareanbietern recht beliebt. Allerdings hat er auch seine Tücken und Unzulänglichkeiten. So platziert mittlerweile fast jede Anwendung ihr Symbol in den Infobereich und setzt auf diesem Weg auch Meldungen und Hinweise ab, die nicht immer gewünscht sind. Deshalb lässt Windows dem Benutzer die Kontrolle über den Infobereich.

Leider lässt sich nicht mehr ganz so detailliert wie in früheren Versionen festlegen, welche Anwendungen Symbole und/oder Benachrichtigungen anzeigen können. Aber man kann immer noch entscheiden, welche Programme den Infobereich nutzen dürfen und welche nicht.

- Wie bereits bei früheren Versionen ist der Infobereich zweigeteilt. Da ist zum einen der Kernbereich mit den wichtigen Symbolen. Er ist am rechten Rand der Taskleiste ständig zu sehen.

- Mit dem Pfeil links neben den Symbolen kann man jederzeit den erweiterten Infobereich ausklappen, der die Symbole enthält, die aus dem Kernbereich verbannt wurden. Sie können hier wie gewohnt links, rechts oder doppelt angeklickt werden, um die damit verbundenen Funktionen abzurufen.

Welche Symbole wo angezeigt werden, bestimmen Sie selbst. Mit der Maus können Sie Symbole aus dem Kernbereich in den erweiterten Bereich ziehen und umgekehrt. Nur wenn Symbole ganz verschwinden sollen, müssen Sie die Einstellungen bemühen, wie ich im Folgenden beschreibe.

Die Systemsymbole im Infobereich individuell auswählen

Wie gehabt, finden sich im Infobereich der Taskleiste standardmäßig einige Symbole des Betriebssystems selbst. Die sind nicht immer alle hilfreich. Wer etwa die Lautstärke bequem via Tasten regeln kann, der braucht dafür kein Symbol im Infobereich. Und das Netzwerksymbol ist auch nur dann von Interesse, wenn dessen Status oder Einstellungen regelmäßig benötigt werden.

Deshalb können Sie genau einstellen, welche der Systemsymbole angezeigt werden sollen.

1. Öffnen Sie in den *Einstellungen* den Bereich *Personalisierung/Taskleiste*.

2. Klicken Sie hier in der rechten Hälfte unter *Infobereich* auf den Link *Systemsymbole aktivieren oder deaktivieren*.

3. Damit öffnen Sie ein Menü, in dem die verschiedenen Symbole/Informationen aufgeführt sind, die Windows im Infobereich einblenden kann.

4. Für jedes der Symbole können Sie in einem kleinen Auswahlfeld die Einstellung *Ein* oder *Aus* wählen. Manche Einträge lassen sich eventuell nicht einschalten, wenn der PC nicht über die entsprechende Hardware verfügt, wie etwa *Stromversorgung* oder *Position*.

Zusätzliche Zeitzonen im Infobereich anzeigen

Die Uhr lassen sich erfahrungsgemäß die meisten Benutzer im Infobereich anzeigen. Wenn Sie z. B. Kontakt zu Bekannten und Kollegen in der ganzen Welt halten wollen, ist es hilfreich, zu wissen, wie spät es bei denen gerade ist. Oder Sie handeln an internationalen Märkten und müssen stets den Überblick darüber behalten, welcher Handelsplatz wann geöffnet ist. Bei Windows können Sie zu Ihrer eigenen Uhrzeit zwei weitere beliebige Zeitzonen einblenden und sind so immer mit einem Blick im Bilde.

1. Klicken Sie dazu mit der rechten Maustaste auf die Uhrzeit unten rechts im Infobereich und wählen Sie im Kontextmenü *Datum/Uhrzeit ändern*.

2. Klicken Sie im anschließenden Menü ganz unten bei *Verwandte Einstellungen* auf den Link *Uhren für unterschiedliche Zeitzonen hinzufügen*.

3. Aktivieren Sie im anschließenden Dialog die Option *Diese Uhr anzeigen* und wählen Sie die gewünschte Zeitzone aus. Bei *Anzeigenamen eingeben* können Sie außerdem eine eigene Bezeichnung für diese Zeit festlegen.

4. Für eine dritte Uhrzeit wiederholen Sie diese Einstellungen im unteren Bereich mit einer weiteren Zeitzone.

Bei der Uhrzeit im Infobereich ändert sich dadurch auf den ersten Blick nichts.

Wenn Sie allerdings den Mauszeiger über der (lokalen) Uhrzeit verharren lassen, blendet Windows eine kleine Übersicht mit allen Zeitzonen ein. Noch deutlicher bekommen Sie es mit einem einfachen Klick auf die Uhrzeit. Dann öffnet Windows ein Feld, in dem Sie neben dem Kalender und der lokalen Uhrzeit auch die zusätzlichen Zeitzonen optisch ansprechend ablesen können. Ein weiterer Mausklick an einer beliebigen Stelle blendet diese Anzeige wieder aus.

Symbole und Meldungen von Anwendungen ganz nach Bedarf dosieren

Der Infobereich der Taskleiste wird auch durch die Software anderer Anbieter genutzt, selbst wenn es nicht immer notwendig und sinnvoll ist. Deshalb gibt Ihnen Windows die Kontrolle über den Infobereich. So können Sie genau einstellen, welche Symbole und Meldungen hier angezeigt werden und welche Windows automatisch unterdrücken soll.

1. Öffnen Sie in den *Einstellungen* den Bereich *Personalisierung/Taskleiste*.

2. Klicken Sie hier in der rechten Hälfte unter *Infobereich* auf den Link *Symbole für die Anzeige auf der Taskleiste auswählen*.

3. Damit öffnen Sie eine Liste der vorhandenen Symbole für den Infobereich. Hierin finden Sie alle Symbole, die bislang von anderen Anwendungen hinzugefügt wurden. Der Inhalt der Liste verändert sich also dynamisch, wenn Sie Anwendungen installieren bzw. deinstallieren.

TIPP ☑ **Grundsätzlich alle Symbole und Meldungen anzeigen**

Falls Ihnen das Einstellen der vielen Symbole zu mühsam ist und Sie im Zweifelsfall lieber zu viele als zu wenige Informationen und Funktionen im Infobereich haben, ist die Option *Immer alle Symbole im Benachrichtigungsbereich anzeigen* ganz oben die richtige für Sie. Sie überstimmt alle oben vorgenommenen Einstellungen und zeigt grundsätzlich alle vorhandenen Symbole und Meldungen an.

3.4 Mit dem Info-Center keine Systemmeldung mehr verpassen

Der Infobereich wird beim aktuellen Windows vom Info-Center begleitet. Dieses beseitigt ein altes Windows-Problem mit den gern als „Infoblasen" eingeblendeten Systemmeldungen. Diese werden auch gern schnell wieder ausgeblendet, egal ob der Benutzer sie nun wahrgenommen hat oder nicht. Das Info-Center sammelt alle Systemmeldungen. Nur die wirklich wichtigen werden zusätzlich immer noch angezeigt. Des Weiteren bietet das Info-Center praktische Abkürzungen zu wichtigen bzw. viel genutzten Funktionen.

Meldungen im Info-Center abrufen

Das Info-Center hat sein eigenes Symbol im Infobereich der Taskleiste. Dieses hat standardmäßig wie in nebenstehender Abbildung einen hellen Umriss auf dunklem Grund.

Wann immer ungelesene Nachrichten vorliegen, verändert sich das Symbol. Klicken Sie es einfach an, um das Info-Center anzuzeigen. Hinweis für Touchbenutzer: Sie können auch die von Windows 8 bekannte Touchgeste verwenden, bei der man vom rechten Rand aus in den Bildschirm hineinwischt. Ausgeblendet werden kann das Info-Center mit der gegensätzlichen Bewegung.

Das Info-Center besteht im Wesentlichen aus einer langen (und hoffentlich überwiegend leeren) Liste. Liegen mehrere Einträge vor, werden diese teilweise nach Themenbereichen gruppiert. Zu jedem Eintrag finden Sie:

- (optional) ein Symbol, das die Dringlichkeit verdeutlicht,

- den Titel der Nachricht,

- die Uhrzeit, zu der die Meldung erstellt wurde, sowie

- ein Pfeilsymbol, mit dem Sie den vollständigen Inhalt der Meldung ausklappen können.

Unterhalb der Liste finden Sie verschiedene Schaltflächen, auf die ich auf Seite 92 eingehe.

Wenn Sie auf das Pfeilsymbol am rechten Rand einer Mitteilung klicken, wird diese ausgeklappt. Sie können dann den vollständigen Inhalt sehen. Dieser umfasst teilweise auch konkrete Aktionen. Wie Sie mit solchen Hinweisen umgehen, insbesondere wenn sie die Sicherheit Ihres PCs betreffen, ist auf Seite 635 beschrieben.

Legen Sie fest, wer Meldungen ins Info-Center schicken darf

Auch wenn sich das Info-Center notfalls prima ignorieren lässt, möchte man doch nicht ständig von mehr oder weniger sinnlosen Mitteilungen belästigt werden. Deshalb können Sie steuern, welche Anwendungen Nachrichten ans Info-Center schicken dürfen.

1. Öffnen Sie dazu in den *Einstellungen* den Bereich *System/Benachrichtigungen und Aktionen*.

2. Hier können Sie rechts unter der Überschrift *Benachrichtigungen* zunächst pauschal angeben, welche Arten von Mitteilungen Sie im Info-Center nicht sehen möchten.

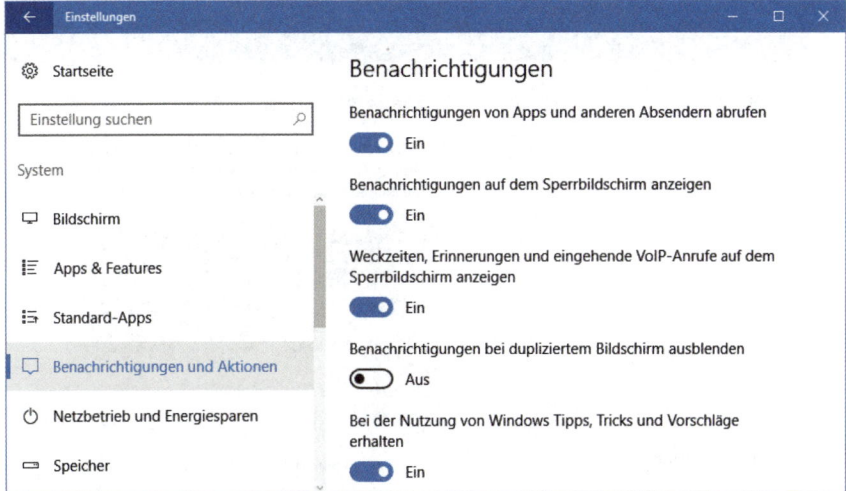

3. Darunter finden Sie unter der Überschrift *Benachrichtigungen dieser Absender abrufen* eine Liste aller Apps, die bislang eigene Benachrichtigungen erstellt haben. Hier können Sie mit dem jeweiligen Schalter alle weiteren Wortmeldungen dieses Programms unterdrücken.

Diese Methode funktioniert gut, solange es um Software von Fremdanbietern geht, was ja auch wichtig ist. Sie stößt an ihre Grenzen, wenn Windows-eigene Programme ins Spiel kommen. Da lässt sich aufgrund der Benennung oft nicht zuordnen, um welche Funktion es nun eigentlich geht. Andere Methoden, die Windows-eigenen Sicherheits- und Wartungsfunktionen notfalls zum Schweigen zu bringen, finden Sie auf Seite 638.

Schnelle Aktionen für das Info-Center festlegen

Sicher sind Ihnen schon die Schaltflächen im unteren Bereich des Info-Centers aufgefallen. Diese stellen praktische Abkürzungen dar und lassen sich – in Grenzen – durch den Anwender selbst wählen. Dies bezieht sich vor allem auf die obere Viererreihe.

1. Öffnen Sie dazu in den *Einstellungen* den Bereich *System/Benachrichtigungen und Aktionen*.

2. Hier finden Sie auf der rechten Seite ganz oben *Schnelle Aktionen*. Darunter sind die Schaltflächen so abgebildet, wie Sie sie derzeit in Ihrem Info-Center finden.

3. Wenn Sie darunter auf den Link *Schnelle Aktionen hinzu/entfernen* klicken, wird ein Menü mit allen Funktionen angezeigt, die Sie auf diese Schaltflächen legen können. Deaktivieren Sie hier ggf. die Funktionen, die Sie nicht benötigen.

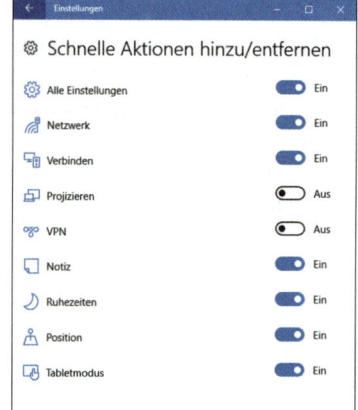

Die Auswahl der Symbole nimmt Windows nach Verfügbarkeit der entsprechenden Funktionen automatisch vor. So finden sich bei einem typischen Desktop-PC hier nur wenige Schaltflächen beispielsweise für VPN, Ruhezeiten oder das Erlauben der Standortermittlung. Bei einem Mobilgerät hingegen werden hier weitere Symbole etwa für WLAN, den Flugzeugmodus oder die Bildschirmhelligkeit angezeigt.

Kapitel 4

4. Apps und Fenster auf dem Desktop effizient nutzen

Solange man immer nur mit einer Anwendung oder App arbeitet, braucht man sich über Fenstermanagement und schnellen Wechsel zwischen Anwendungen keine Gedanken zu machen. Einfach die App der Wahl im Vollbild auf dem Bildschirm anzeigen und fertig. Aber sowie man mehr als eine Anwendung gleichzeitig bzw. im Wechsel nutzt und vielleicht sogar Daten zwischen Anwendungen austauschen möchte, bekommen diese Aspekte eine große Bedeutung. Windows bietet hierbei verschiedene Möglichkeiten, Arbeitsabläufe nach den eigenen Vorlieben anzupassen und zu optimieren.

4.1 Schneller Wechsel zwischen mehreren Anwendungen und Apps

Beim Umschalten zwischen verschiedenen Anwendungen, Apps bzw. Fenstern zeigt Windows wann immer möglich eine Minivorschau des aktuellen Fensterinhalts. Das macht das Auswählen einfacher und schneller, insbesondere wenn es um mehrere Fenster ein und derselben Anwendung geht, wie z. B. bei mehreren geöffneten Webseiten im Webbrowser.

Neu hinzugekommen ist die Taskansicht, die den Switcher von Windows 8 ablöst. Sie zeigt alle geöffneten Fenster in einer bildschirmfüllenden Übersicht an, sodass man sie sowohl per Maus, aber insbesondere per Touchbedienung komfortabel nutzen kann.

TIPP ☑ Klassisches Umschalten per Alt+Tab

Beim klassischen Fensterwechsel per Tastatur mit ⟨Alt⟩+⟨⇆⟩ hat sich im Vergleich zu den Vorgängern nur optisch etwas geändert. Jedes geöffnete Fenster wird als Minivorschau des realen, aktuellen Fensterinhalts dargestellt. Durch gedrücktes ⟨Alt⟩ und wiederholtes ⟨⇆⟩ wechselt man durch die Anwendungen. Hat man die gewünschte erreicht, lässt man ⟨Alt⟩ los.

Anwendungen per Taskleiste wechseln

Nach wie vor können Sie die Symbole der laufenden Anwendungen in der Taskleiste nutzen, um jederzeit zu einem anderen Programm zu wechseln

1. Um zwischen geöffneten Fenstern und Apps via Taskleiste hin- und herzuwechseln, bewegen Sie wie gewohnt den Mauszeiger auf das Symbol der Anwendung in der Taskleiste.

2. Wenn Sie den Mauszeiger dort kurz verharren lassen, blendet Windows die Minivorschau für dieses Programm direkt oberhalb ein.

3. Bewegen Sie den Mauszeiger nun auf eines der benachbarten Symbole in der Taskleiste, folgt die Minivorschau Ihnen dorthin und schaltet direkt zu dem entsprechenden Programm um.

4. Wenn Sie mit dem Mauszeiger nach oben auf die Minivorschau fahren, wird zusätzlich das reale Fenster in seiner vollen Größe und Position auf dem Desktop eingeblendet. Sind sich Fenster so ähnlich, dass sie sich in der Minivorschau nicht eindeutig unterscheiden lassen, ist das eine gute Hilfe.

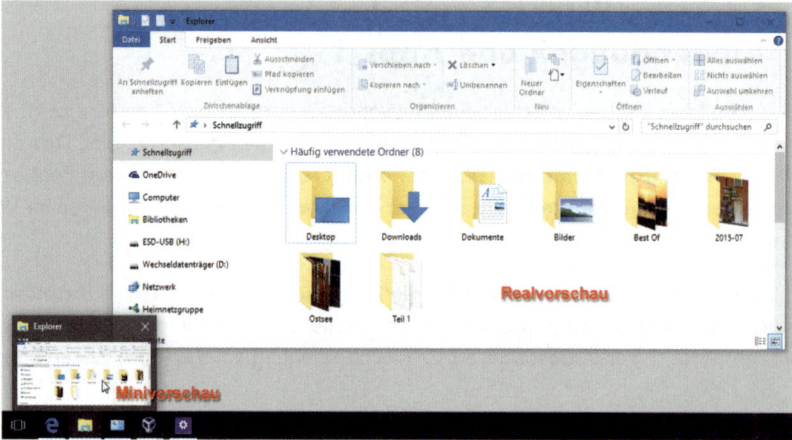

Das Fenster bzw. die App ist damit aber noch nicht wieder endgültig in den Vordergrund geholt. Sowie Sie den Mauszeiger von der Minivorschau wegbewegen, verschwindet es wieder.

5. Um Fenster oder App endgültig auszuwählen und in den Vordergrund zu holen, klicken Sie einfach mit der linken Maustaste auf das Symbol in der Taskleiste oder auch auf die Minivorschau.

Besonderheiten bei Anwendungen mit mehreren Fenstern/Tabs

Einen Sonderfall stellen Anwendungen dar, die mehrere Dokumente bzw. Fenster beinhalten. Ein Beispiel dafür sind etwa Webbrowser mit mehreren Instanzen (nicht Tabs!). Aber auch Office-Anwendungen erlauben es, mehrere Dokumente gleichzeitig zu öffnen. Die Taskleiste berücksichtigt solche Anwendungen mit mehreren geöffneten Seiten.

1. Wenn Sie den Mauszeiger in der Taskleiste auf das Symbol einer Anwendung mit mehreren Dokumenten bzw. Registern bewegen und dort verharren lassen, wird eine Miniansicht für jedes der Dokumente angezeigt.

2. Bewegen Sie den Mauszeiger dann weiter auf eine der Minivorschauen, wird dieses Fenster als Realvorschau in voller Größe auf dem Desktop angezeigt.

3. Lassen Sie den Mauszeiger nun zu den anderen Minivorschauen weiterwandern, wird jeweils deren Inhalt in der Realvorschau angezeigt. So können Sie sich das gewünschte Dokument zielgenau aussuchen.

HINWEIS ▷ Zu viele Dokumente in der Minivorschau?

Bei zu vielen Dokumenten auf einmal geht der Platz für die Minivorschau irgendwann aus. Zunächst macht Windows die einzelnen Vorschauen mit wachsender Zahl einfach kleiner, bis es wieder passt. Ist diese Grenze erreicht, wird das Vorschaubild weggelassen und einfach nur ähnlich wie bei früheren Windows-Versionen eine Liste der Titel präsentiert.

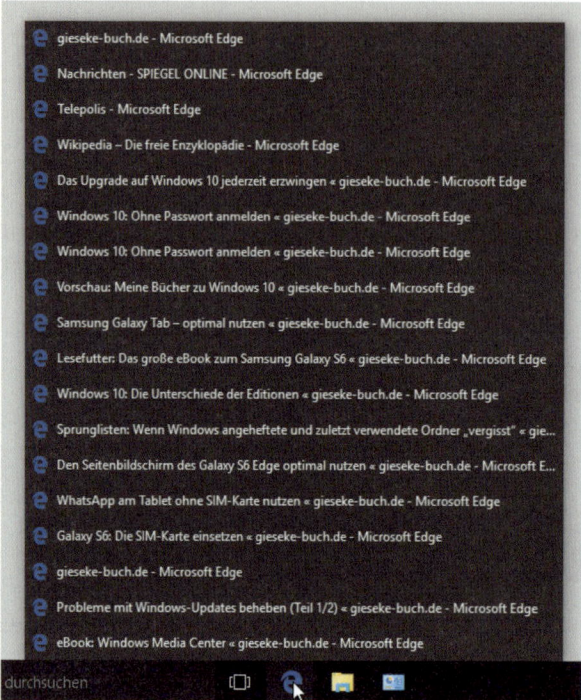

Anwendungen und Apps direkt über die Taskleiste steuern

Die Minivorschauen bieten zusätzliche Möglichkeiten, Anwendungen direkt über die Taskleiste zu steuern, auch wenn die dazugehörenden Fenster bzw. Apps gerade minimiert oder zumindest nicht im Vordergrund zu sehen sind. Dazu sind in die Minivorschau einfache Steuerelemente integriert. Was genau möglich ist, hängt von der Anwendung ab.

■ Wenn Sie den Mauszeiger auf eine Minivorschau bewegen, wird oben rechts ein kleines Schließen-Symbol eingeblendet. Hiermit können Sie die Anwendung, mit der diese Minivorschau verbunden ist, beenden. Der Effekt ist derselbe, als würden Sie in der Anwendung Alt + F4 drücken bzw. die dafür vorgesehene Methode zum Beenden verwenden. Eventuell noch geöffnete Dateien werden hierbei gespeichert, sodass kein Datenverlust zu befürchten ist. Handelt es sich um eine Anwendung mit mehreren Dokumenten, schließen Sie jeweils nur das in der Minivorschau angezeigte Dokument. Die Anwendung selbst läuft weiter, bis Sie das letzte noch offene Dokument schließen. Dieses Steuerelement wird von Windows selbst eingefügt und steht bei allen Minivorschauen zur Verfügung.

- Anwendungen und Apps können darüber hinaus weitere Steuerelemente in der Minivorschau platzieren. Dafür müssen sie aber speziell vorbereitet sein. Typische Beispiele sind Medienspieler wie der Windows Media Player oder auch die Musik-App. Hier finden Sie unterhalb der Minivorschau eine kleine Steuerleiste, mit der Sie die Wiedergabe anhalten und fortsetzen sowie in einer Wiedergabeliste zum nächsten oder vorherigen Stück wechseln können. So lassen sich Grundfunktionen von Programmen nutzen, ohne das dazugehörende Fenster bzw. die App extra auf den Bildschirm holen zu müssen.

Taskansicht – der komfortable Umschalter für Anwendungen und Apps

Beim Versuch, möglichst komfortable Umschaltmöglichkeiten zwischen Anwendungen zu schaffen, macht Microsoft gern Experimente. Bei Windows 7 wurde das visuell aufwendige Flip 3D verwendet, das für Windows 8 zugunsten des etwas einfacher gehaltenen Switchers ausgemustert wurde. Der war zwar für Touchbedienung ganz praktisch, aber für Mausbenutzer eher unpraktisch.

Das aktuelle Windows bemüht sich auch an dieser Stelle, einen sinnvollen Kompromiss für alle Anwender zu bieten. Die Taskansicht lässt sich auf verschiedene Weise öffnen und bietet eine gute Übersicht aller gerade laufenden Apps, die sich dynamisch der Anzahl und der Bildschirmgröße anpasst.

Die Taskansicht bietet einen guten Überblick über die laufenden Anwendungen.

Taskansicht per Tastatur

Tastaturbenutzer werden sich etwas umgewöhnen müssen. Während man früher ähnlich wie beim schnellen Taskwechsel mit `Alt`+`⇆` einfach durch wiederholtes `⇆` durch die Anwendungen schalten konnte, ist die Vorgehensweise nun eine etwas andere:

1. Drücken Sie `⊞`+`⇆`, um die Taskanzeige auf den Bildschirm zu holen.

2. Verwenden Sie nun die Pfeiltasten, um die Anwendung auszuwählen, mit der Sie weiterarbeiten möchten.

3. Ist diese Anwendung ausgewählt (also mit einem schmalen Rahmen umlegt), drücken Sie `↵` oder auch `Leer`.

4. Möchten Sie ohne Wechsel zur vorher geöffneten Anwendung zurückkehren, drücken Sie erneut `⊞`+`⇆`.

Taskansicht per Maus

Auch mit der Maus lässt sich die Taskansicht einfach und intuitiv bedienen.

1. Klicken Sie in der Taskleiste neben dem Suchfeld auf das Taskansicht-Symbol, um die Übersicht der laufenden Anwendungen anzuzeigen.

2. Die Anwendung, zu der Sie wechseln möchten, können Sie nun durch einfaches Anklicken auswählen.

3. Wenn Sie den Mauszeiger auf eine der angezeigten Anwendungen bewegen, können Sie diese außerdem mit dem kleinen x-Symbol oben rechts schließen.

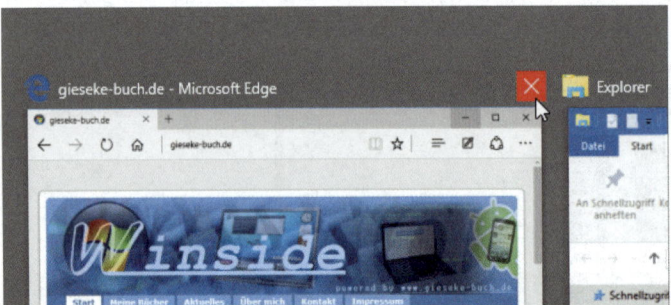

Taskansicht per Touch

Auch per Touchbedienung können Sie die Taskansicht benutzen. Um sie anzuzeigen, können Sie zum einen mit dem Finger auf das Taskansicht-Symbol in der Taskleiste tippen. Es geht aber auch komfortabler mit einer Wischgeste vom linken Bildrand in den Bildschirm hinein. In der Taskansicht wählen Sie die gewünschte Anwendung dann einfach per Antippen aus.

4.2 Fenster auf dem Bildschirm optimal anordnen

Besonders der klassische Desktop bietet auf modernen Breitbildmonitoren immer wieder Gelegenheiten, mit mehr als einem Fenster gleichzeitig zu arbeiten. So gestalten sich beispielsweise Drag-and-drop-Aktionen mit der Maus besonders einfach, wenn man Elemente von einem Anwendungsfenster in ein anderes direkt daneben ziehen kann. Oder man lässt rechts den Webbrowser Informationen anzeigen, die man für das Dokument benötigt, das man gerade links erstellt. Schon immer bot Windows die Möglichkeit, Fenster beliebig auf dem Bildschirm zu platzieren (daher auch der Name). Mit den Snap-Funktionen unterstützt es Sie dabei, indem Fenster an bestimmten Stellen automatisch andocken und sich so besonders einfach anordnen lassen.

Per Snap zwischen Fenster- und Vollbildmodus wechseln

Die Snap-Funktion erlaubt es beispielsweise, Fenster mit der Maus oder der Fingerspitze zu „ergreifen" und mit einer schnellen Bewegung zwischen normalem und Vollbildmodus zu wechseln.

1. Um dies zu probieren, klicken Sie einfach mit der linken Maustaste auf die Titelleiste eines normalen Fensters und halten die Taste gedrückt.

2. Bewegen Sie den Mauszeiger dann mitsamt dem Fenster an den oberen Bildschirmrand.

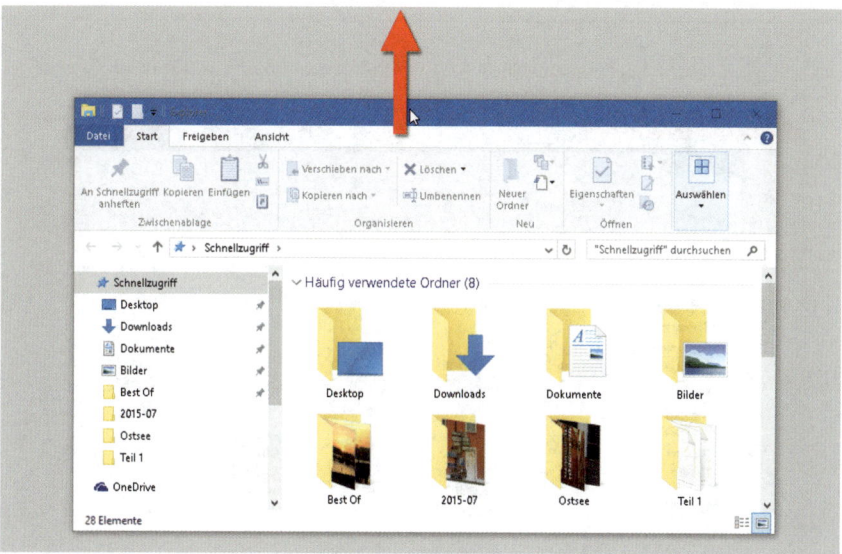

3. Haben Sie den oberen Bildschirmrand erreicht, zeigt Windows plötzlich eine transparente Fläche über den gesamten Desktop an. Diese soll die neue Position und
   Größe des Fensters anzeigen, wenn Sie die Maustaste an dieser Stelle loslassen
   würden. Die Fläche über den gesamten Desktop bedeutet in diesem Fall, dass das
   Fenster maximiert im Vollbildmodus dargestellt würde.

4. Wenn Sie einen Wechsel zu dieser Darstellung wünschen, lassen Sie den Mauszeiger einfach los. Windows maximiert das gewählte Fenster dann automatisch auf
   die komplette Desktopfläche.

5. Wollen Sie den Vorgang umkehren, also von der Vollbild- in die normale Darstellung wechseln, ergreifen Sie wiederum die Titelleiste des maximierten Fensters und
   ziehen diese vom oberen Bildschirmrand weg.

6. Das Fenster erhält dann wieder seine vorherige Größe, und Sie können es an eine
   beliebige Stelle des Desktops ziehen und loslassen, um es dort zu platzieren.

Fenster nebeneinander anordnen

Manchmal ist es einfach praktisch, zwei verschiedene Fenster gleichzeitig auf dem Bildschirm zu haben – etwa um Inhalte zu vergleichen, um Objekte vom einen ins andere
Fenster zu ziehen oder um eine Sache im Auge behalten zu können, während man an
der anderen arbeitet. Auch hierzu müssen Sie die Fenster nicht jedes Mal mühsam per
Hand platzieren. Dank Snap besteht die Möglichkeit, Fenster mit einer einfachen Maus-
bewegung auf der linken oder rechten Bildschirmhälfte anzuordnen, um so z. B. zwei
Fenster nebeneinander betrachten und benutzen zu können.

1. Ergreifen Sie wie vorangehend beschrieben die Titelleiste des fraglichen Fensters
   mit der linken Maustaste.

2. Ziehen Sie dann den Mauszeiger mitsamt dem Fenster an den linken oder rechten Bildschirmrand.

3. Haben Sie einen dieser beiden Ränder erreicht, schlägt Ihnen Windows mit der beschriebenen transparenten Fläche vor, das Fenster so anzuordnen, dass es genau diese Hälfte des Bildschirms bedeckt.

4. Lassen Sie die Maustaste los, um das Fenster so zu platzieren.

5. Auf der anderen Hälfte des Bildschirms zeigt Ihnen die Taskansicht nun alle anderen laufenden Anwendungen an (sofern welche laufen). Soll eines dieser Fenster auf der anderen Bildschirmhälfte platziert werden, können Sie es hier einfach auswählen. Andernfalls klicken Sie einfach irgendwo anders hin.

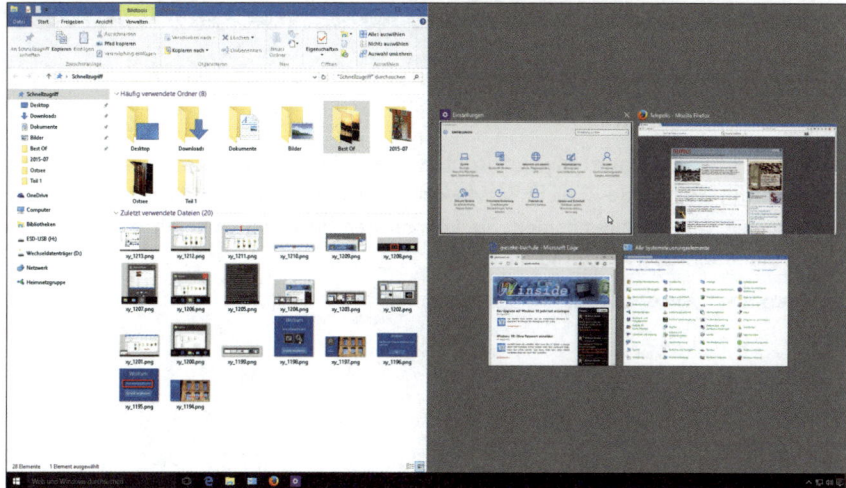

Auch bei dieser Variante können Sie den Fenstern später ganz einfach ihre alte Größe zurückgeben. Ergreifen Sie dazu erneut die Titelleisten und ziehen Sie die Fenster von der jeweiligen Bildschirmseite weg zur Mitte hin. Die Fenster erhalten die Ursprungsgröße zurück und können dann beliebig platziert werden.

Fenster in den vier Quadranten des Bildschirms verteilen

Da Monitore immer größer werden und immer mehr Fläche bieten, kann man sie manchmal auch mit mehr als zwei Fenstern sinnvoll füllen. Dafür unterstützt Snap zusätzlich das Anordnen von Fenstern in den Quadranten der Bildschirmfläche, also jeweils einem Viertel des verfügbaren Raumes oben links, oben rechts, unten links und unten rechts. Die Vorgehensweise ist dabei ganz ähnlich.

1. Ergreifen Sie ein Fenster an seiner Titelleiste und ziehen Sie es in die Richtung der Bildschirmecke, in der es angeordnet werden soll.

2. Erreicht der Mauszeiger den Bildschirmrand, deutet Windows die Fläche an, die das Fenster einnehmen würde. Lassen Sie den Mauszeiger nun los.

3. Das Fenster wird so angeordnet, dass es genau den gewählten Quadranten bedeckt.

Vorschläge für die anderen Quadranten wie beim Anordnen am Seitenrand erhalten Sie nicht, da Windows nicht wissen kann, welche weiteren Quadranten Sie – wenn
überhaupt – verwenden möchten. Sie können den Vorgang aber für die anderen drei
Quadranten einfach wiederholen.

 ## Mit Peek schneller Überblick über den Desktop

Mit der Peek-Funktion können Sie sich jederzeit einen
Überblick über die offenen Anwendungen und deren Anordnung auf dem Bildschirm verschaffen. Das
ist hilfreich, wenn man mal ein Fenster „verloren" hat.
Außerdem bietet sie eine praktische Möglichkeit, den

Bildschirm bei Bedarf leer zu räumen. Ausgangspunkt dafür ist die unscheinbare Schaltfläche am rechten Rand der Taskleiste. Bewegen Sie die Maus darauf und klicken Sie

mit der rechten Maustaste. Im Kontextmenü aktivieren Sie dann die Funktion *Vorschau für Desktop*.

1. Um deren Nutzen nachvollziehen zu können, ist es notwendig, mindestens ein, am besten aber mehrere Anwendungen mit eigenen Fenstern auf dem Desktop zu öffnen.

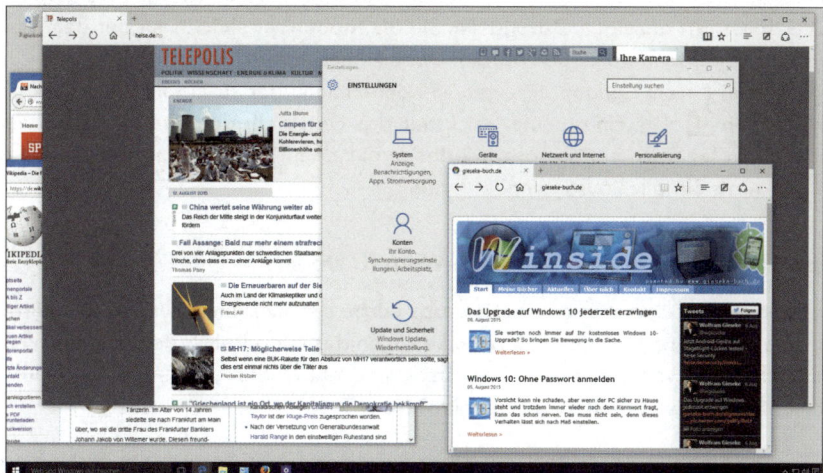

2. Bewegen Sie nun den Mauszeiger ganz in die rechte untere Ecke des Bildschirms und lassen Sie ihn dort einfach kurz verharren. Bei Fingerbedienung tippen Sie mit einem Finger lange auf diese Ecke.

3. Nach knapp einer Sekunde Wartezeit blendet Windows die Fenster aus bzw. macht ihren Inhalt völlig transparent. Sie sehen davon nur noch die Fensterrahmen, die sich bei mehreren geöffneten Fenstern auch kreuzen und überlappen können.

4. Stattdessen ist der Desktophintergrund zu sehen sowie insbesondere Symbole, die Sie auf dem Desktop abgelegt haben. Wenn Sie die Maus anschließend wieder von dem Feld wegbewegen, wird der Desktop sofort wieder wie zuvor hergestellt.

TIPP ☑ Alle Fenster wirklich ausblenden

Wenn Sie wie vorangehend beschrieben verfahren, werden die offenen Fenster nicht ausgeblendet oder minimiert. Es wird einfach nur vorübergehend der Inhalt entfernt, die Programme laufen aber weiter und sind anschließend auch gleich wieder da. Sie können aber auch alle gerade geöffneten Fenster minimieren und den Desktophintergrund dauerhaft anzeigen. Dazu lassen Sie die Maus nicht einfach nur auf dem kleinen Feld schweben, sondern klicken darauf. Das hat dieselbe Wirkung wie der (immer noch vorhandene) Befehl *Desktop anzeigen* im Kontextmenü der Taskleiste bzw. die Tastenkombination ⊞+Ⅾ. Ein erneuter Klick auf das Feld stellt den alten Zustand wieder her. Die Fenster werden dann also wieder so auf dem Desktop angezeigt wie zu dem Zeitpunkt, als Sie alles ausgeblendet hatten.

Das Ausblenden der Fenster nach Wunsch steuern

Die Funktion zum Hervorholen des Desktops dürfte den meisten Benutzern keine Probleme bereiten. Wenn Sie aber z. B. beim Benutzen des Infobereichs gern mal nach rechts ausrutschen und von dem dadurch verursachten Ausblenden der Fenster genervt sind, können Sie dieses Verhalten auch deaktivieren.

1. Klicken Sie mit der rechten Maustaste auf einen freien Bereich der Taskleiste und wählen Sie im Kontextmenü ganz unten den Punkt *Eigenschaften*.

2. Damit öffnen Sie die Einstellungen für die Taskleiste. Hier finden Sie die Option *„Aero Peek" für die Desktopvorschau verwenden, wenn der Mauszeiger auf die Schaltfläche „Desktop anzeigen" am Ende der Taskleiste bewegt wird.*

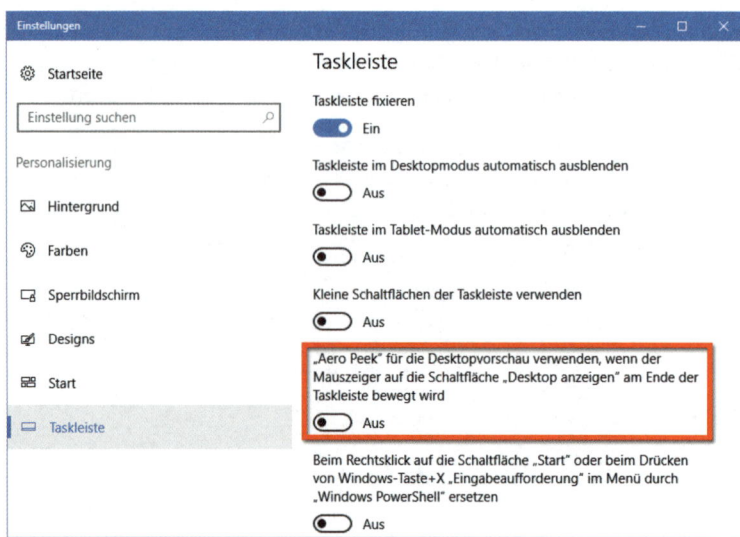

3. Setzen Sie diese auf *Aus*, um die Peek-Funktion abzuschalten.

Ab sofort verzichtet Windows auf den beschriebenen Transparenzeffekt. Sie können die Fläche in der Taskleiste allerdings immer noch dafür nutzen, mit einem Mausklick alle angezeigten Fenster zu minimieren und später nach Bedarf erneut herzustellen.

Mit Shake ganz schnell den Bildschirm aufräumen

Der Desktop bietet eine weitere praktische Funktion für schnelle Ordnung und Übersicht: Um sich ganz auf ein bestimmtes Fenster konzentrieren zu können, lassen sich alle anderen momentan geöffneten Anwendungen einfach „abschütteln". Wenn Sie den Fenstertitel einer Anwendung mit der linken Maustaste erfassen und dann bei gehaltener Taste schnell hin- und herbewegen („Schütteln" bzw. englisch „Shake"), dann minimiert Windows automatisch alle anderen Fenster, sodass nur noch diese eine Anwendung auf dem Desktop zu sehen ist.

Wiederholen Sie den Vorgang, werden die anderen Fenster wiederhergestellt. Das Schütteln geht am besten mit einer richtigen Maus. Benutzer von Touchpad & Co. werden ein paar Versuche benötigen. Falls es nicht klappt, lässt sich der Effekt auch ohne Schütteln erreichen, und zwar mit ⊞+Pos1.

Im Tablet-Modus mehrere Anwendungen gleichzeitig anzeigen

Im Tablet-Modus gibt es keine Fenster, sondern jede Anwendung oder App füllt automatisch den gesamten Bildschirm. Aber auch hier können Sie Snap verwenden, um zwei Anwendungen gleichzeitig auf dem Bildschirm anzuzeigen. Die Anwendungen lassen sich genau hälftig aufteilen oder aber auch in einem anderen Verhältnis, etwa so, dass eine Anwendung drei Viertel und die andere ein Viertel des Bildschirms für sich beansprucht. Einige Apps bringen sogar spezielle Ansichten für diese schmale Darstellung mit, um beispielsweise Nachrichten oder Börsenkurse als kompakte Seitenleiste anzuzeigen.

1. Starten Sie dazu zunächst eine der Apps oder Anwendungen, die Sie benutzen möchten.

2. „Ergreifen" Sie nun diese App mit dem Mauszeiger oder einer Fingerspitze mittig am oberen Rand.

3. Ziehen Sie die App zum linken oder rechten Bildschirmrand, bis in der Mitte des Bildschirms die dunkle Trennlinie angezeigt wird. Lassen Sie die App dann los.

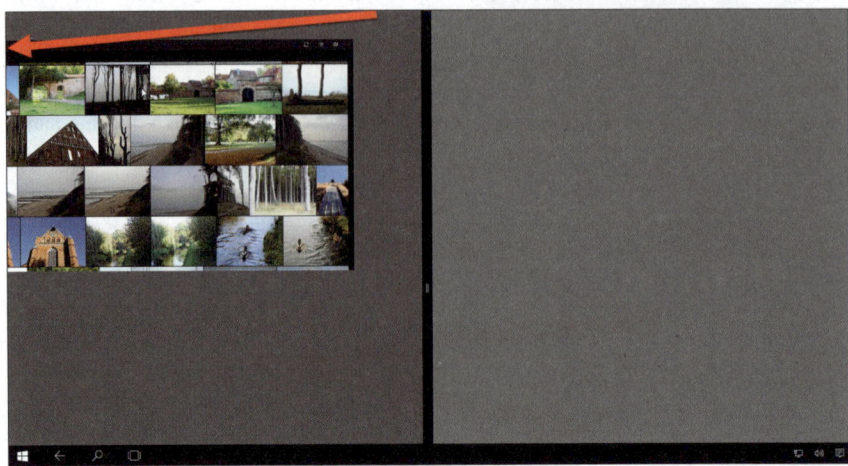

4. Die App wird dann auf der gewählten Bildschirmhälfte angeordnet. In der anderen Hälfte zeigt die Taskansicht die anderen derzeit laufenden Anwendungen an. Wählen Sie eine davon aus, wird diese automatisch in der anderen Bildschirmhälfte angeordnet. Wählen Sie keine davon aus, bleibt die andere Hälfte frei und die nächste App, die Sie starten, wird automatisch dort platziert.

5. Die Trennlinie zwischen den beiden Apps können Sie (fast) beliebig verschieben, um den Bildschirm nach Ihren Vorstellungen aufzuteilen. Der Inhalt beider Apps passt sich jeweils automatisch an.

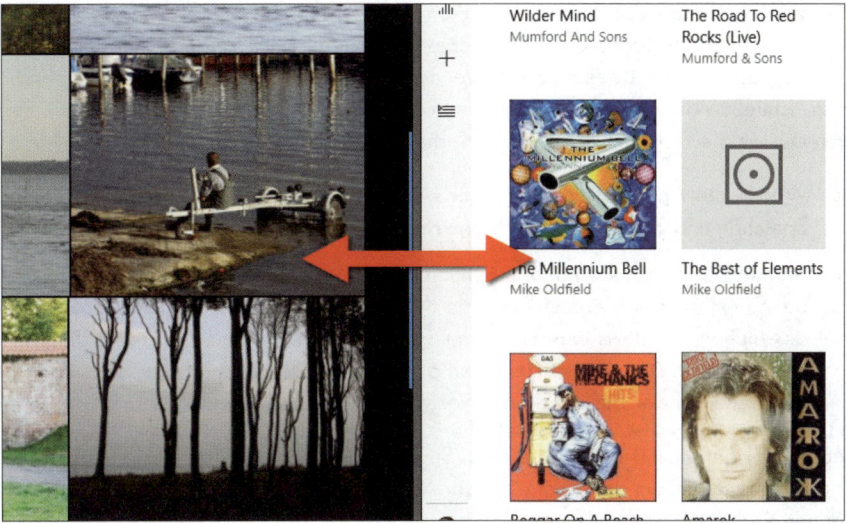

Um die Aufteilung wieder aufzuheben, beenden Sie die entsprechenden Apps. Oder Sie ziehen den Trennbalken in Richtung des auszublendenden Bereichs bis an den Rand. Alternativ können Sie auch eine der geöffneten Apps ergreifen und nach oben in die Mitte ziehen, sodass ihr wieder der gesamte Bildschirm zur Verfügung steht.

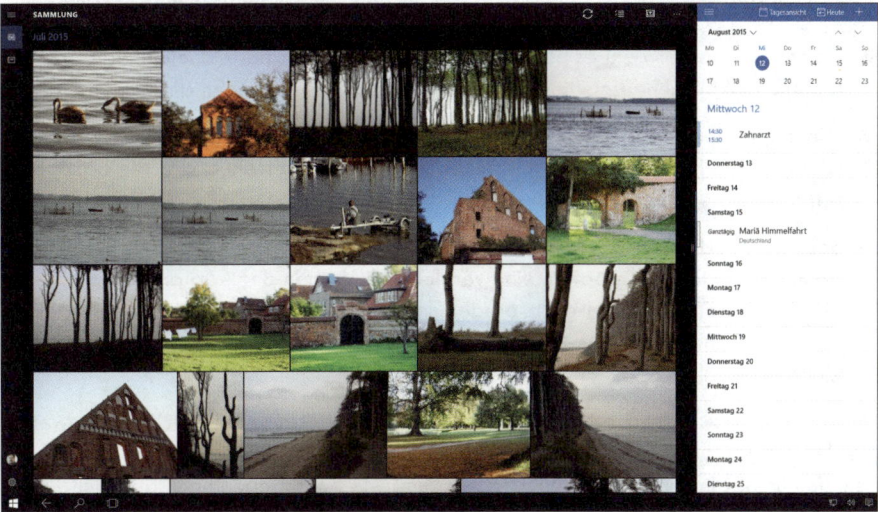

Zwei Apps nebeneinander: links Fotos und rechts als schmale Leiste der Kalender.

Touch-Apps im Tablet-Modus schließen

Während Desktop-Anwendungen auch im Tablet-Modus über Schließen-Symbole sowie gegebenenfalls entsprechende Menüfunktionen verfügen, sucht man diese bei Touch-Apps aus dem Store meist vergebens. Das ist auch nicht tragisch, weil man diese Apps nicht unbedingt ausdrücklich schließen muss. Sie können sie einfach verlassen, indem

Sie zur Startseite oder eben zu einer anderen App wechseln. Windows kümmert sich dann automatisch darum und hält solche Apps im Speicher, solange es geht und andere Programme nicht beeinträchtigt werden. Wird z. B. der Arbeitsspeicher allmählich voll, schließt Windows die am längsten nicht mehr genutzten Apps automatisch. Beachten müssen Sie dabei nur eine Besonderheit beim Starten von Apps:

■ Wurde die App länger nicht mehr benutzt, ist sie nicht mehr (bzw. noch nicht) im Speicher, und die App startet ganz regulär neu.

■ Wenn Sie die App vor Kurzem genutzt und einfach verlassen haben, wird diese App bei einem erneuten Aufruf über die Startseite nicht unbedingt neu gestartet. Stattdessen holt Windows einfach die im Speicher noch vorhandene App in den Vordergrund zurück. Die App startet dann also nicht neu, sondern Sie gelangen zurück an die Stelle, an der Sie die App zuvor verlassen haben.

Beide Varianten sind gut und je nach Situation von Vorteil. Man muss sich einfach nur darauf einstellen, um das Verhalten der Apps zu verstehen und gegebenenfalls zum eigenen Vorteil nutzen zu können.

Das Schließen von Touch-Apps erzwingen

Wie beschrieben, brauchen Sie sich um das Beenden von Touch-Apps nicht zu kümmern. Wenn Sie eine App trotzdem aus bestimmten Gründen ausdrücklich beenden möchten, können Sie das Schließen erzwingen. Wie so oft gibt es dabei verschiedene Wege:

■ Schnell und trocken geht es per Tastatur: (Alt)+(F4) macht der aktuell im Vordergrund laufenden App genauso wie klassischen Desktop-Anwendungen direkt den Garaus.

■ Wenn Sie eine Maus benutzen, verwenden Sie dafür am besten die Taskansicht. Hier ist jedes Fenster oben rechts mit einem kleinen x versehen, das die dazugehörende App beendet.

■ Bei Fingerbedienung berühren Sie den Bildschirm ganz oben am Rand und ziehen dann nach unten. Sie erhalten eine verkleinerte Version der App angezeigt. Ziehen Sie den Finger nun weiter ganz an den unteren Rand, bis das Bild der App dorthin rutscht und „halb" am unteren Rand verschwindet. Lassen Sie nun los, um die App zu beenden.

Die beschriebene Fingerbedienung lässt sich auch per Maus nachvollziehen: Bewegen Sie den Mauszeiger an den oberen Rand, bis die Titelleiste angezeigt wird. Diese können Sie nun per linker Maustaste „erfassen" und wie beschrieben nach ganz unten ziehen und loslassen.

Kapitel 5

5. Desktop und Sperrbildschirm individuell gestalten

Die Oberfläche eines Computers soll für viele Anwender nicht nur funktional sein, sondern auch „gut aussehen". Und da gutes Aussehen nun mal eine Frage des persönlichen Geschmacks ist, kommt Windows dem mit weitestgehenden Gestaltungsmöglichkeiten bei Desktop, Farben, Bildschirmschoner oder auch Sperrbildschirm entgegen. Alles das lässt sich mit fertigen Vorlagen in verschiedenen Stilen gestalten. Oder man legt selbst Hand an und bastelt sich eine ganz individuelle, einzigartige Oberfläche zusammen.

5.1 Einstellungen vs. klassische Systemsteuerung

Bevor es an die Gestaltung der Oberfläche und die dazugehörenden Optionen geht, möchte ich noch auf die Einstellungsmöglichkeiten von Windows insgesamt eingehen. Auch das aktuelle Windows basiert auf (und leidet teilweise unter) der Trennung zwischen den touchoptimierten *Einstellungen* und der klassischen Systemsteuerung. Das Gewicht verschiebt sich zwar immer weiter zu den *Einstellungen* hin, aber die Systemsteuerung kann noch lange nicht ausgemustert werden. Das dürfte auch Microsoft selbst nicht entgangen sein, denn inzwischen verweisen *Einstellungen* und Systemsteuerung an immer mehr Stellen munter auf ihr jeweiliges Gegenstück.

Teilweise ist die Trennung der Optionen auch kaum nachvollziehbar und treibt seltsame Blüten. Neue lokale Benutzerkonten beispielsweise kann man nur in den *Einstellungen* festlegen. Dabei muss man einen Benutzernamen mit mindestens sechs Zeichen verwenden. Will man diesen später ändern, geht das aber nur in der klassischen Systemsteuerung. Dafür kann man den Namen dort auch kürzer wählen.

Die touchoptimierten Einstellungen mit (fast) allen Windows-Optionen

Mit Windows 8 führte Microsoft die modernen *Einstellungen* ein, eine touchbasierte Variante der Systemsteuerung. Allerdings waren diese Einstellungen alles andere als vollständig und umfassten nur die wesentlichen, für die Touchbedienung ohne Maus und Tastatur unerlässlichen Optionen. Für das aktuelle Windows wurden die *Einstellungen* im Umfang erheblich ausgebaut. Das machte auch eine Umstrukturierung der Oberfläche erforderlich, sodass der geneigte Anwender sich mal wieder umstellen muss.

Der schnellste Weg in die Einstellungen

Eine gute Nachricht ist, dass der Weg in die *Einstellungen* für alle Benutzer etwas einfacher geworden ist. Folgende Wege sind möglich:

■ Mausbenutzer klicken auf das Nachrichtensymbol unten rechts im Infobereich und öffnen so das Info-Center. Dieses umfasst unter anderem die Schaltfläche *Alle Einstellungen*, die die Startseite der *Einstellungen* öffnet.

■ Für Tastatur-Liebhaber gibt es ein bewährtes Tastenkürzel: ⊞+□ zeigt in jeder Situation zuverlässig die Startseite der *Einstellungen* an. Apropos Tastatur: Bei besonderen Windows-Tastaturen oder neueren Notebooks oder Convertibles sollte man auch mal einen Blick auf die Tastatur selbst werfen. Immer häufiger bringt die eine Funktionstaste für die Einstellungen mit, oft mit einem Zahnradsymbol gekennzeichnet.

■ Touchbediener wischen vom rechten Bildschirmrand herein, um das Info-Center zu öffnen. Dann können auch sie darin unten auf die *Alle Einstellungen*-Schaltfläche tippen.

Wenn Sie sich für einen Bereich der *Einstellungen* entscheiden, ist die Oberfläche ab dort zweigeteilt (zumindest wenn das Fenster breit genug ist – siehe Hinweiskasten): Links finden Sie einen Navigationsbereich, in dem Sie unter den verschiedenen Einstellungskategorien wählen können. Rechts wird jeweils der Inhalt der links angetippten Kategorie angezeigt.

HINWEIS ▷ Responsive Design in den Einstellungen

Wie die gesamte Windows-Oberfläche verwenden die *Einstellungen* das sogenannte Responsive Design. Das bedeutet, sie passen ihr Aussehen dynamisch an den verfügbaren Platz an, um auf einem kleinen Mobilgerät ebenso gut bedienbar zu sein wie auf einem riesigen 4K-Monitor. An der Startseite der *Einstellungen* kann man das gut verfolgen. Ist das Fenster (im Desktop-Modus) auf den gesamten Bildschirm maximiert, zeigt die Startseite eine luftige, mit großen Symbolen geschmückte Übersicht. Reduzieren Sie nun die Breite des Fensters unter ein bestimmtes Maß, wechselt die Darstellung ab einem bestimmten Punkt in einen anderen Modus. Der Inhalt bleibt gleich, wird nun aber als komprimierte vertikale Liste angezeigt. Auf ähnliche Weise verhalten sich auch die vielen Unterseiten und Dialoge der *Einstellungen*.

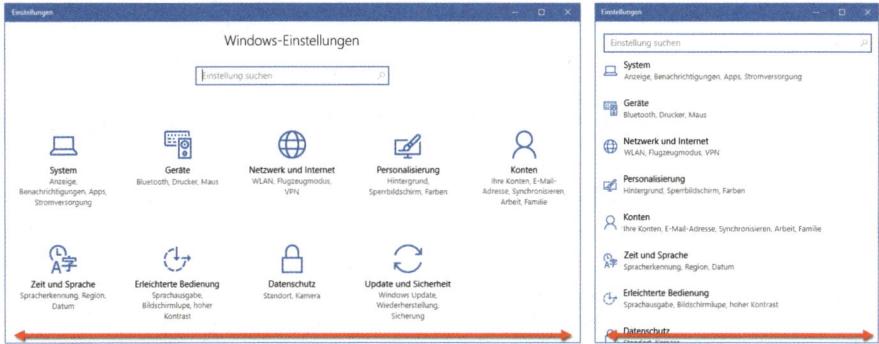

Das Responsive Design passt den Inhalt optimal an den verfügbaren Platz an.

Die Bedienelemente der Einstellungen selbst können sehr vielfältig sein. Eingabefelder, Auswahllisten, Ein-/Ausschalter für Optionen oder einfache Schaltflächen, die zu weiteren Dialogen führen. Bei Geräten mit Touchscreen öffnet sich automatisch die virtuelle Tastatur, wenn Sie hineintippen. Auf einem klassischen PC klicken Sie das Feld wie gewohnt an und nehmen die Eingabe dann mit der Hardwaretastatur vor.

Wichtiger Hinweis: Eine *Speichern*- oder OK-Schaltfläche gibt es meistens nicht. Einstellungen werden in dem Moment aktualisiert, in dem Sie die Änderung im Menü vornehmen. Sie können die *Einstellungen* anschließend einfach verlassen. Leider gilt diese Regel aber nicht ohne Ausnahme. An manchen Stellen finden Sie *Anwenden*- und *Abbrechen*-Schaltflächen.

HINWEIS ▷ Unten geht es weiter!

Bei den *Einstellungen* sollten Sie unbedingt beachten, dass es unten noch weitergehen kann. Dabei kann es je nach Bildschirmauflösung sein, dass Sie kaum erkennen können, dass das unterste sichtbare Element sowohl in der Liste der Kategorien als auch im Inhalt einer solchen nicht unbedingt auch das letzte ist. Prüfen Sie also im Zweifelsfall, ob sich die Kategorienliste oder der Inhalt einer Kategorie noch weiter verschieben lässt. Und noch ein Hinweis dazu: Die seitliche Bildlaufleiste des jeweiligen Bereichs wird nur angezeigt, wenn sich der Mauszeiger auch über diesem Bereich befindet. Einfach nur schauen reicht leider nicht, der Mauszeiger muss ausdrücklich in den richtigen Bereich bewegt werden.

So einfach kann es sein: die Bildschirmauflösung in den Einstellungen konfigurieren

Wie weit die Integration der *Einstellungen* mittlerweile schon vorangeschritten ist, zeigt sich beispielsweise in der Kategorie *Anzeige*. Hier können Sie alle Einstellungen rund um die Bildschirmauflösung und die Unterstützung für mehrere Monitore vornehmen. Vom Funktionsprinzip her orientieren sich die Optionen an dem früheren Dialog in der klassischen Systemsteuerung (der inzwischen denn auch entfallen ist). Allerdings entsprechen die Steuerelemente dem Touchstandard, der eine bequeme Bedienung auch per Touchscreen ermöglicht.

Haben Sie an den Anzeigeoptionen etwas verändert, müssen Sie ausdrücklich auf die *Anwenden*-Schaltfläche klicken bzw. tippen. Windows nimmt die Änderung dann zunächst erst mal probehalber vor. Klicken Sie im danach eingeblendeten Dialog auf *Beibehalten*, um die neuen Einstellungen auf Dauer zu übernehmen. Wenn Sie nichts tun oder *Zurücksetzen* wählen, bleibt es bei der zuvor eingestellten Konfiguration. Praktischer Nebeneffekt: Sollte eine unglückliche Bildschirmeinstellung dazu führen, dass man auf dem Bildschirm nichts mehr erkennen kann, wird diese Änderung automatisch zurückgenommen, weil sie nicht bestätigt werden kann.

Die klassische Systemsteuerung für die volle Kontrolle

Auch die klassische Systemsteuerung ist noch immer an Bord. Prinzipiell hat sich an Aussehen und Bedienung wenig geändert. Sie kann wie jede Anwendung im Startmenü gefunden werden:

1. Öffnen Sie das Startmenü und tippen Sie *sys* ein.

2. Die Suche schlägt Ihnen dann automatisch die korrekte Vervollständigung zum Begriff *Systemsteuerung* vor.

3. Wählen Sie den passenden Eintrag darunter aus oder drücken Sie einfach ⏎.

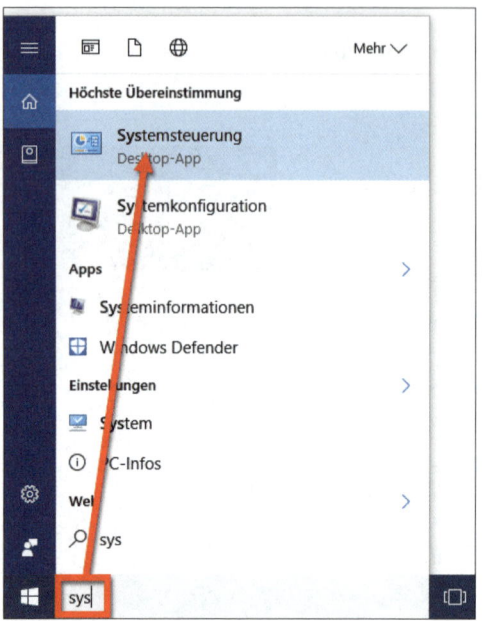

TIPP ☑ **Systemsteuerung über den Startknopf öffnen**

Wenn Sie Windows mit der Maus bedienen, gibt es noch eine praktische Abkürzung zur Systemsteuerung: Bewegen Sie die Maus in die linke untere Ecke des Bildschirms auf das Windows-Symbol. Klicken Sie nun mit der rechten Maustaste, um das Kontextmenü anzuzeigen. Dieses enthält unter anderem den Eintrag für die *Systemsteuerung*.

Die Systemsteuerung auch per Touchbedienung schnell und bequem starten

Der Umweg über Startmenü und App-Suche ist auf Dauer vielleicht etwas zu umständlich und die Abkürzung über das Kontextmenü des Startknopfs bei Touchbedienung nicht praktisch. Um die klassische Systemsteuerung dennoch bequem starten zu können, heften Sie sie am besten an die Taskleiste des Desktops an:

1. Starten Sie wie vorangehend beschrieben die Systemsteuerung.

2. Solange sie auf dem Desktop angezeigt wird, finden Sie dafür in der Taskleiste ein Symbol. Klicken Sie mit der rechten Maustaste darauf und wählen Sie im Kontextmenü *An Taskleiste anheften*.

3. Damit fügen Sie ein dauerhaftes Symbol für die Systemsteuerung in die Taskleiste ein. Es bleibt dort, selbst wenn Sie die Systemsteuerung schließen.

Von nun an müssen Sie nur zum Desktop wechseln und dort auf das Symbol in der Taskleiste klicken, um die klassische Systemsteuerung aufzurufen. Klicken Sie mit der rechten Maustaste darauf, finden Sie in der Sprungliste im Kontextmenü unter *Zuletzt verwendet* die jüngst genutzten Module der Systemsteuerung und können diese direkt anwählen.

TIPP ☑ Oft genutzte Module anheften

Wie bei jeder Sprungliste können Sie einzelne Einträge aus der *Zuletzt verwendet*-Liste dauerhaft anheften, indem Sie auf das Stecknadelsymbol ganz rechts neben diesem Eintrag klicken. Dieser wird dann nach oben in den Bereich *Angeheftet* verschoben und bleibt dort dauerhaft stehen. So können Sie regelmäßig genutzte Elemente der Systemsteuerung direkt mit zwei Mausklicks erreichen.

Querverweise in die Einstellungen

Auch wenn man meinen könnte, die klassische Systemsteuerung würde in ihrem Umfang sämtliche Einstellungen enthalten und die *Einstellungen* wären nur eine Untermenge davon, gibt es tatsächlich auch Einstellungen, die nur in der Touchvariante der Systemsteuerung vorgenommen werden können.

In solchen Fällen finden Sie in der klassischen Systemsteuerung aber in der Regel einen Verweis, beispielsweise in den Benutzereinstellungen: Hier steht ganz oben *Änderungen am eigenen Konto in den PC-Einstellungen vornehmen*. Dabei handelt es sich um einen Verweis, der Sie beim Anklicken direkt in den entsprechenden Bereich der *Einstellungen*-App bringt.

5.2 Den Desktop mit einem Design nach Wahl verschönern

Schon frühere Windows-Versionen kannten Designs, mit denen sich der Desktop in verschiedenen Stilen gestalten lässt. Das umfasst nicht nur die visuelle Ausgestaltung des Desktops, sondern auch Elemente wie Hintergrundbilder, Systemklänge und Bildschirmschoner. Windows bringt bereits einige fertige Designs mit, die sich zumeist einem bestimmten Thema widmen. Sie können weitere Designs online beziehen oder auch Ihr ganz eigenes Design zusammenstellen und speichern.

1. In die Einstellungen für die Desktop-Designs gelangen Sie am schnellsten über das Symbol *Anpassung* in der klassischen Systemsteuerung. Sie können auch wie bei früheren Windows-Versionen mit der rechten Maustaste auf einen freien Bereich des Desktops klicken und im Kontextmenü *Anpassen* wählen. Dann landen Sie aber in den *Einstellungen* und müssen dort noch auf *Design* und anschließend *Designeinstellungen* klicken.

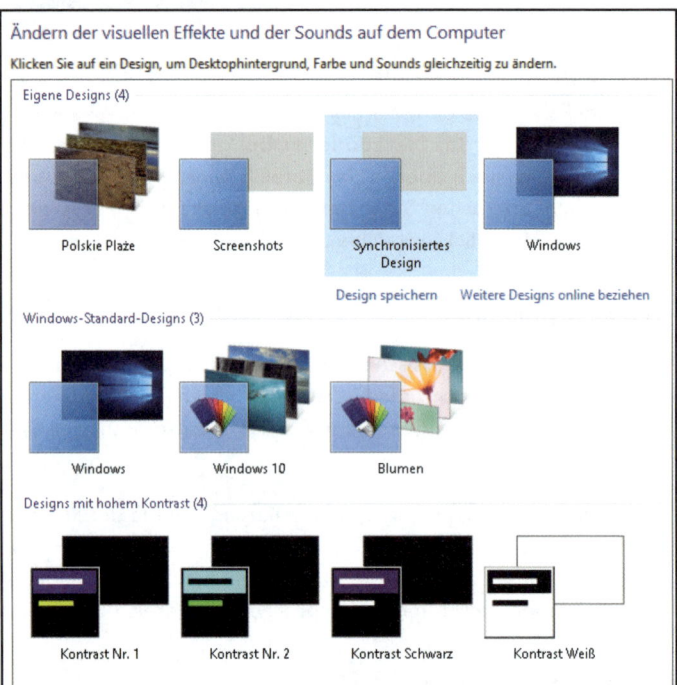

2. In diesem Menü stehen Ihnen einige vorgefertigte Designs zur Auswahl. Neben den *Windows-Standard-Designs* finden Sie im Bereich *Designs mit hohem Kontrast* auch solche, die den Desktop möglichst lesbar gestalten, etwa für ungünstige Lichtverhältnisse oder Benutzer mit visuellen Einschränkungen.

3. In dem Moment, in dem Sie eines der Designs einfach mit der linken Maustaste auswählen, schaltet Windows automatisch darauf um. Um es beizubehalten, brauchen Sie das Menü anschließend nur noch zu schließen.

TIPP ☑ Zurück zum vorherigen Design?

Der sofortige Wechsel ist zum Ausprobieren der verschiedenen Designs praktisch, hat aber einen Nachteil: Wenn Sie zum Schluss doch wieder zum ursprünglich eingestellten Design zurückkehren wollen, gibt es keine *Abbrechen*-Schaltfläche. Das lässt sich aber einfach umgehen: Wenn Sie zuvor ein anderes der vorgefertigten Designs genutzt haben, können Sie dieses erneut per Mausklick aktivieren. Hatten Sie zuvor ein modifiziertes Design, z. B. das Standarddesign mit einem eigenen Hintergrundbild, finden Sie dieses in der Liste ganz oben in der Kategorie *Eigene Designs* unter dem Eintrag *Nicht gespeichertes Design*. Hier werden auch die Designs abgelegt, die Sie ausdrücklich für die spätere Verwendung speichern (siehe Seite 127).

Weitere Designs online finden und installieren

Zusätzlich zu den mitgelieferten Designs bietet Microsoft via Internet weitere Designs an, die Sie kostenlos herunterladen, installieren und nutzen können. Auch andere Anbieter werden gegebenenfalls komplette Designs veröffentlichen, die auf die gleiche Weise heruntergeladen und integriert werden können.

1. In der Designverwaltung finden Sie ganz oben in der Designliste die Kategorie *Eigene Designs*. Klicken Sie dort unten rechts auf den Link *Weitere Designs online beziehen*.

2. Damit öffnen Sie eine Website, die eine Übersicht über die zusätzlich erhältlichen Designs von Microsoft enthält. Um eines der Designs herunterzuladen und zu installieren, klicken Sie es einfach mit der Maus an.

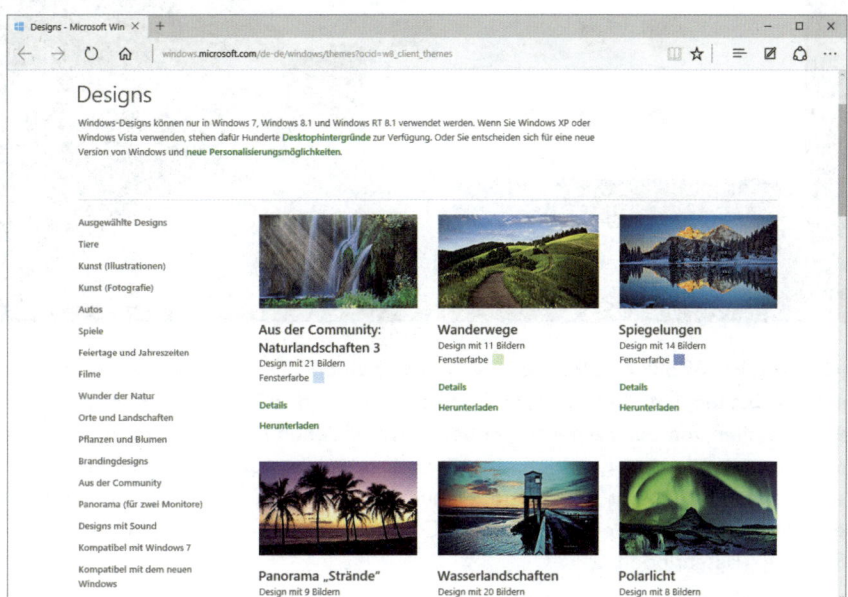

3. Wählen Sie dann im Download-Dialog die Funktion *Öffnen*, um das Design nach dem Herunterladen direkt zu installieren.

TIPP ☑ Wichtig: Designs nur aus vertrauenswürdigen Quellen!

Achten Sie beim Herunterladen von Designs darauf, diese nur aus vertrauenswürdigen Quellen zu beziehen. Wenn Sie Designs z. B. direkt von der Microsoft-Website herunterladen, ist die Gefahr sehr gering, und Sie können die Dateien direkt öffnen. Bei Designpaketen aus anderen Quellen sollten Sie die Dateien besser zunächst auf Ihrem PC speichern und mit einem aktuellen Virenscanner auf eventuelle Schädlinge prüfen. Ist alles sauber, starten Sie die heruntergeladene Datei einfach mit einem Doppelklick, um das Design zu installieren. Ist es eingerichtet, können Sie die heruntergeladene Datei dann direkt wieder löschen, sie wird anschließend nicht mehr benötigt.

4. Bestätigen Sie gegebenenfalls die Sicherheitsrückfrage des Systems und lassen Sie das Ausführen der Datei zu, um das Design einzurichten.

5. Das Design wird dann installiert und auch automatisch sofort ausgewählt. In der Designliste wird es ab sofort in der Rubrik *Eigene Designs* aufgeführt, in der Sie es auch später jederzeit erneut auswählen können.

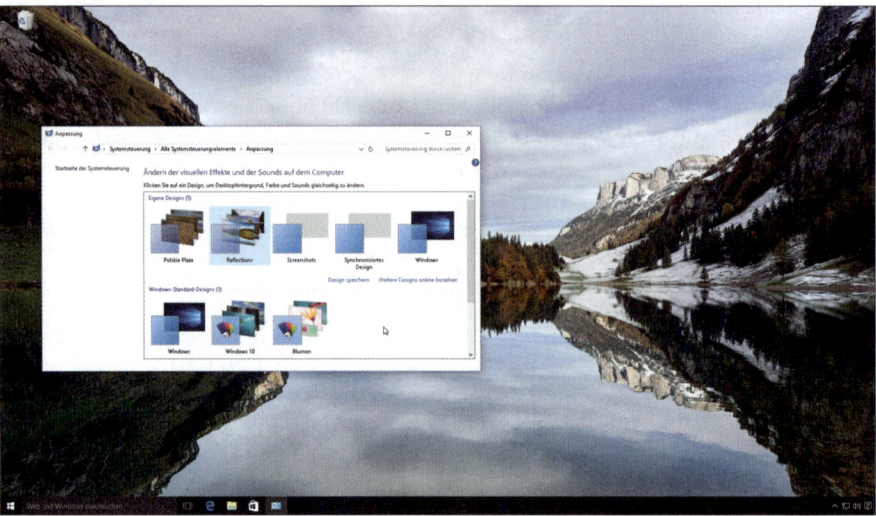

Nachträglich installierte Designs können Sie ebenso wie selbst erstellte Designs später wieder löschen, um Platz auf der Festplatte und in der Designübersicht zu schaffen. Beim Löschen von aus dem Internet heruntergeladenen Designs werden dabei automatisch auch alle dazugehörigen Dateien wie z. B. Hintergrundbilder mit entfernt. Bei selbst erstellten Designs wird hingegen nur das Design als solches entfernt. Bilder und andere Bestandteile bleiben auf dem PC erhalten. Wie Sie Designs löschen, wird auf Seite 127 beschrieben.

5.3 Hintergrund, Fensterfarben, Bildschirmschoner und Co. individuell gestalten

Anstelle von vorgefertigten Designs können Sie auch komplett eigene erstellen. Oder Sie ändern vorhandene Designs ab, sodass sie Ihnen hundertprozentig gefallen. Hierzu können Sie die verschiedenen Elemente, die zu einem Design gehören, bearbeiten. Die wesentlichen Einstellungen dafür finden Sie in den *Einstellungen* im Bereich *Personalisierung*.

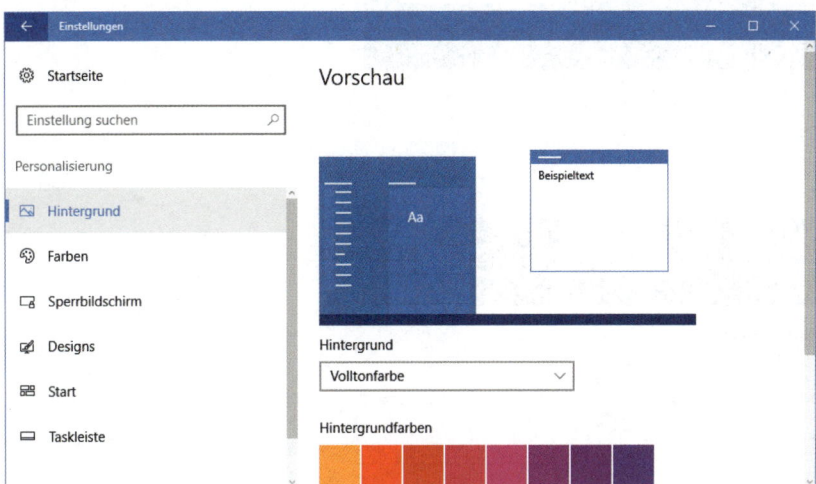

Den Bildschirmhintergrund verändern

Dass sich der Windows-Hintergrund mit Bildern, Farben oder Mustern beliebig gestalten lässt, ist nichts Neues. Gegenüber dem Vorgänger hat sich hier auch nichts Entscheidendes verändert. Allerdings sind die Dialoge dafür in die *Einstellungen* gewandert.

TIPP ☑ **Kein Hintergrund**

Wollen Sie einfach nur eine einfarbige Fläche als Hintergrund, hat Microsoft es ganz leicht gemacht: Klicken Sie bei *Hintergrund* auf *Volltonfarbe* und wählen Sie dann darunter eine genehme Hintergrundfarbe aus. Diese wird auch verwendet, wenn ein gewähltes Bild den Hintergrund eben nicht vollständig abdeckt.

1. Zunächst können Sie mit dem Auswahlfeld *Hintergrund* festlegen, welche Art von Hintergrund Sie haben möchten. Davon abhängig verändern sich die Eingabeelemente für diese Einstellungen. Für ein bestimmtes Hintergrundbild wählen Sie *Bild*.

2. Windows zeigt dann direkt darunter die Bilder an, die zuletzt als Hintergrund eingestellt waren. Ist das gewünschte dabei, können Sie es durch einfaches Anklicken oder Antippen auswählen.

3. Möchten Sie ein anderes Bild verwenden, klicken Sie auf die *Durchsuchen*-Schaltfläche. Im anschließenden Dialog wählen Sie den Ordner und die Bilddatei aus. Das Bild wird dann mit in das große Auswahlfeld aufgenommen und kann dort per Mausklick ausgewählt werden.

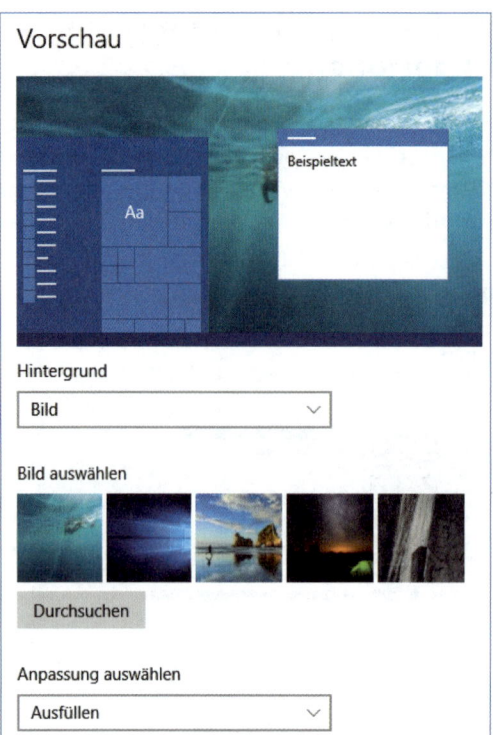

4. Ganz unten finden Sie ein Auswahlfeld zum Anordnen des Bildes. Dieses ist vor allem dann wichtig, wenn das Bild nicht der Größe der Desktop-
Auflösung entspricht. Dann können Sie es mit
diesen Optionen an die Desktop-Auflösung anpassen, mit einem Kacheleffekt mehrfach nebeneinander auf dem Bildschirm anzeigen oder in
der Mitte des Bildschirms zentrieren lassen. Auch
hier wirkt sich das Auswählen einer Option unmittelbar auf die Desktop-Darstellung aus, sodass
Sie die Wirkung direkt überprüfen können.

TIPP ☑ Weißer Hintergrund

Für einen einfarbigen Hintergrund bietet Windows nur bestimmte Farben an, die gut
mit den Bedienelementen kontrastieren. Einen schlichten weißen Hintergrund (oder einfach eine beliebige andere Farbe) kann man so nicht wählen. Erstellen Sie stattdessen
eine Grafikdatei (das geht beispielsweise mit dem mitgelieferten Paint-Programm). Die
Bildgröße ist dabei beliebig, es reichen im Prinzip 10 x 10 Pixel. Füllen Sie das Bild
mit der Farbe Ihrer Wahl und speichern Sie es als PNG-Datei ab. Dann wählen Sie mit
dem *Durchsuchen*-Dialog dieses Bild als Hintergrundbild aus. Bei *Anpassung* wählen Sie
Strecken oder *Dehnen* aus, sodass Windows auch ein zu kleines Bild über den gesamten Bildschirm spannt.

Den Bildschirmhintergrund als Diashow gestalten

Zu den eher verspielten Funktionen von Windows zählt die Möglichkeit, für den Bildschirmhintergrund nicht einfach nur ein festes Bild zu wählen, sondern eine ganze Auswahl an Bildern festzulegen, die dann wie bei einer Diashow regelmäßig gewechselt werden. Aber manche Anwender mögen genau diesen automatischen Wechsel.

Diese Diashow können Sie so einstellen, dass sich der Desktophintergrund automatisch alle paar Sekunden verändert, oder aber auch so, dass Sie einfach nur jeden Tag zufällig ein anderes Hintergrundbild zu sehen bekommen.

1. Um den Desktophintergrund als Diashow zu gestalten, wählen Sie in den Einstellungen als Hintergrundart *Diashow*.

2. Wählen Sie dann darunter den Ordner, aus dem Windows die Bilder nach dem Zufallsprinzip auswählen soll.

3. Unten können Sie dann bei Bildänderungsintervall festlegen, wie häufig ein neues Bild geladen werden soll. Mögen Sie es hektisch, können Sie jede Minute den Hintergrund verändern lassen. Alternativ gibt es auch längere Intervalle. Mit *1 Tag* bekommen Sie effektiv jeden Tag ein anderes Bild zu sehen, was auch keine schlechte Variante ist.

4. Der Schalter *Zufällige Wiedergabe* sorgt dafür, dass die Bilder des Ordners nicht der Reihe nach verwendet werden, sondern dass jeweils ein neues zufälliges Bild daraus gewählt wird.

5. Als Anpassungsart können Sie – etwa abhängig vom Ausgangsmaterial – am besten *Ausfüllen* wählen.

Fensterrahmen und Bedienelemente individuell anpassen

Ähnlich wie bei den Vorgängerversionen lässt sich auch beim aktuellen Windows die Farbe von Fensterrahmen und Bedienelementen individuell anpassen. Die Zeit von verspielten Aero-Effekten ist zwar vorbei, und vieles wählt Windows dynamisch selbst aus. Aber Sie haben Möglichkeiten, in die Farbwahl und einzelne Transparenzeffekte einzugreifen.

HINWEIS ▷ Automatische Anpassung an den Hintergrund

An die Stelle von Transparenz und Aero-Glas-Optik ist beim aktuellen Windows die automatische Anpassung der Fensterrahmenfarbe getreten. Dazu analysiert Windows das gewählte Hintergrundbild und bestimmt den darin dominierenden Farbton. Dementsprechend wird dann automatisch die Fensterrahmenfarbe gewählt. Dieser Automatikmodus ist standardmäßig aktiviert.

1. In der Rubrik *Farben* der Personalisierungseinstellungen können Sie eine von mehreren vorgefertigten Farben für die Rahmengestaltung auswählen. Die jeweilige Wirkung erkennen Sie direkt darüber in der Vorschau.

2. Schalten Sie die Option *Automatisch eine Akzentfarbe aus meinem Hintergrund auswählen* ein, wählt Windows die Farbe für Rahmen und Menüs automatisch in einer geeigneten Kontrastfarbe zum Hintergrund (siehe Hinweiskasten). Das ist vor allem dann sinnvoll, wenn sich der Hintergrund per Diashow regelmäßig ändert.

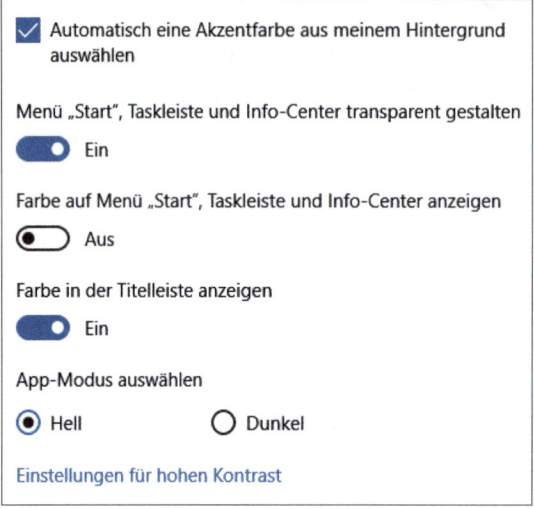

3. Alternativ lassen Sie die Option aus und wählen aus den vorgegebenen Farben eine aus.

4. Soll die gewählte oder automatisch ermittelte Farbe auch für Startmenü, Taskleiste und Info-Center verwendet werden, aktivieren Sie die entsprechende Option. Zusätzlich können Sie für diese Elemente mit der untersten Option einen Transparenzeffekt aktivieren, wenn Sie möchten.

5. Mit *Farbe in der Titelleiste anzeigen* erhalten alte Windows-Hasen einen Fensterstil, der mehr an frühere Windows-Versionen erinnert.

6. Unter *App-Modus auswählen* finden Sie außerdem die Möglichkeit, anstelle des Standardmodus *Hell* zu einem *Dunkel*-Modus zu wechseln. Der kann beispielsweise für dunkle Umgebungen angenehmer sein oder auch bei Tablet-PCs Energie sparen. Allerdings wirkt sich diese Einstellung nur auf Apps aus, nicht auf Desktop-Anwendungen.

Die Systemklänge individuell anpassen

Mit dem Modul *Sound* der klassischen Systemsteuerung können Sie nach wie vor die Windows-Systemklänge individuell anpassen. Hier lässt sich festlegen, mit welchem Klang Windows z. B. Sicherheitshinweise oder Fehlermeldungen unterlegen soll oder wie sich Systemstart bzw. -ende sowie neu eingegangene E-Mails anhören sollen.

Da sich in diesem Bereich schon seit mehreren Windows-Versionen weder optisch noch funktional Nennenswertes verändert hat, soll dieses Thema hier nicht vertieft werden.

Den Lieblingsbildschirmschoner auswählen und konfigurieren

Bildschirmschoner geraten bei Windows zunehmend etwas aus dem Fokus. Das liegt zum einen daran, dass moderne Flachbildschirme nicht wirklich geschont werden müssen, weil nichts einbrennen kann. Sinnvoller wäre es eher, sie über die Energieoptionen abzuschalten, um Strom zu sparen. Außerdem verwendet Windows den Sperrbildschirm, der sich standardmäßig nach einer gewissen Zeit einschaltet und ganz eigene Informationen anzeigen kann (siehe Seite 128). Trotzdem sind Bildschirmschoner immer noch beliebt und die Einstellungen dafür finden sich auch immer noch – wenn auch etwas versteckt.

1. Wählen Sie in den *Einstellungen* im Bereich *Personalisierung* die Rubrik *Sperrbildschirm*.

2. Klicken Sie rechts ganz unten auf *Einstellungen für Bildschirmschoner*.

3. Der Dialog zur Anpassung des Bildschirmschoners dürfte Ihnen im Prinzip bereits von der Windows-Vorgängerversion vertraut sein, denn inhaltlich hat sich nicht viel geändert.

4. Wichtig ist nach wie vor die Option *Anmeldeseite bei Reaktivierung*. Hiermit steuern Sie, ob beim Beenden des Bildschirmschoners per Mausklick oder Tastendruck erneut das Benutzerkennwort eingegeben werden muss.

Ihre persönliche Diashow als Bildschirmschoner

Wenn Sie eigene Bilder z. B. vom letzten Urlaub in der Fotogalerie gespeichert haben, können Sie eine Diashow davon als spektakulären Bildschirmschoner einsetzen. Dann wird der Monitor Ihres PCs in Ruhepausen nicht mit irgendwelchem grafischen Schnickschnack verziert, stattdessen können Sie in Erinnerungen schwelgen oder Ihre Kollegen neidisch machen.

1. Öffnen Sie die Einstellungen für den Bildschirmschoner und wählen Sie im Bereich *Bildschirmschoner* die Einstellung *Fotogalerie*.

2. In der Standardeinstellung zeigt der Bildschirmschoner nun alle Bilder an, die sich in Ihrer *Bilder*-Bibliothek und deren Unterverzeichnissen befinden. Dazu wählt er jeweils ein zufälliges Diashow-Design.

3. Wollen Sie speziellere Vorgaben machen, klicken Sie auf *Einstellungen*.

4. Wählen Sie zunächst oben in den Einstellungen, ob alle Bilder der Bibliothek oder nur ein bestimmter Teil verwendet werden sollen. Hierzu können Sie mit *Durchsuchen* einen beliebigen Ordner angeben.

5. Mit dem Auswahlfeld *Dieses Design verwenden* können Sie einen von verschiedenen Übergangseffekten zwischen einzelnen Bildern wählen. *Schwenken und Zoomen* beispielsweise belebt auch statische Bilder etwas und führt so zu einer Diashow, die fast schon wie ein Videoclip wirkt.

6. Mit der Einstellung *Diashowgeschwindigkeit* bestimmen Sie, wie schnell die Bilder am Monitor wechseln.

7. Damit die Bilder nicht immer in derselben Reihenfolge angezeigt werden, aktivieren Sie die Option *Inhalte zufällig anordnen*.

8. Wenn Sie die Einstellungen mit *Speichern* dauerhaft festlegen, wird als Bildschirmschoner in Zukunft immer eine Diashow mit diesen Vorgaben angezeigt.

Wenn der Bildschirmschoner Zicken macht

Fehler tauchen ja gerne an Stellen auf, an denen man sie eigentlich nicht erwartet. Beispiel Windows-Bildschirmschoner: Rein äußerlich hat Microsoft daran schon seit einigen Windows-Versionen nichts Elementares mehr verändert. Auch bei Windows 10 sind Aussehen und Einstellungsdialoge immer noch fast unverändert. Standardmäßig steht die Wartezeit des Bildschirmschoners bei einer Minute. Dies lässt sich beliebig ändern, aber immer mehr Benutzer berichten, dass diese Zeit nach einem Neustart wieder auf eine Minute zurückgesetzt wird und der Bildschirmschoner nicht funktioniert. Es ist quasi so, als ob Windows 10 die durch den Benutzer gemachten Vorgaben ignorieren würde. Anscheinend sind nur Upgrade-Installationen von Windows 7 oder 8 auf Windows 10 von diesem Fehler betroffen. Andererseits dürfte es sich bislang bei den meisten Windows-10-Installationen um eben solche Upgrades handeln.

Ein im Internet kursierender Tipp lautet, die Einstellungen für den Bildschirmschoner stattdessen in den Gruppenrichtlinien vorzunehmen. Dies ist aber bei der Home-Edition nicht möglich. Außerdem haben meine eigenen Tests ergeben, dass so zwar die eingestellte Wartezeit tatsächlich auch nach einem Neustart erhalten bleibt. Windows ignoriert die Einstellungen aber trotzdem, d. h., der Bildschirm springt nach der eingestellten Zeit nicht an.

Ein anderer Workaround scheint deshalb empfehlenswerter: Nach übereinstimmenden Quellen lässt sich das Problem umgehen, wenn man den Fastboot-Modus von Windows deaktiviert. Wichtiger Hinweis: Dieser Modus heißt nicht umsonst so. Er beschleunigt den Windows-Start, indem Windows gar nicht vollständig heruntergefahren, sondern der

Windows-Kern vor dem Herunterfahren in den Ruhezustand versetzt wird. So lässt er sich beim nächsten Einschalten des Rechners schneller wieder hochfahren. Das Deaktivieren des Fastboot-Modus kostet also etwas Startzeit, unter Umständen bis zu einer Minute. Bei den üblichen flotten Startzeiten von Windows 10 macht das schon einiges aus, aber wenn dafür der Bildschirmschoner wieder wie gewünscht funktioniert, mag das den Zeitverlust rechtfertigen. Das kann jeder für sich entscheiden.

1. Öffnen Sie in der Systemsteuerung die *Energieoptionen*.

2. Klicken Sie hier links auf *Auswählen, was beim Drücken von Netzschaltern geschehen soll*.

3. Wichtig: Klicken Sie nun zunächst auf *Einige Einstellungen sind momentan nicht verfügbar*, damit alle Optionen angezeigt werden.

4. Entfernen Sie nun das Häkchen bei *Schnellstart aktivieren*.

5. Klicken Sie dann unten auf *Änderungen speichern*.

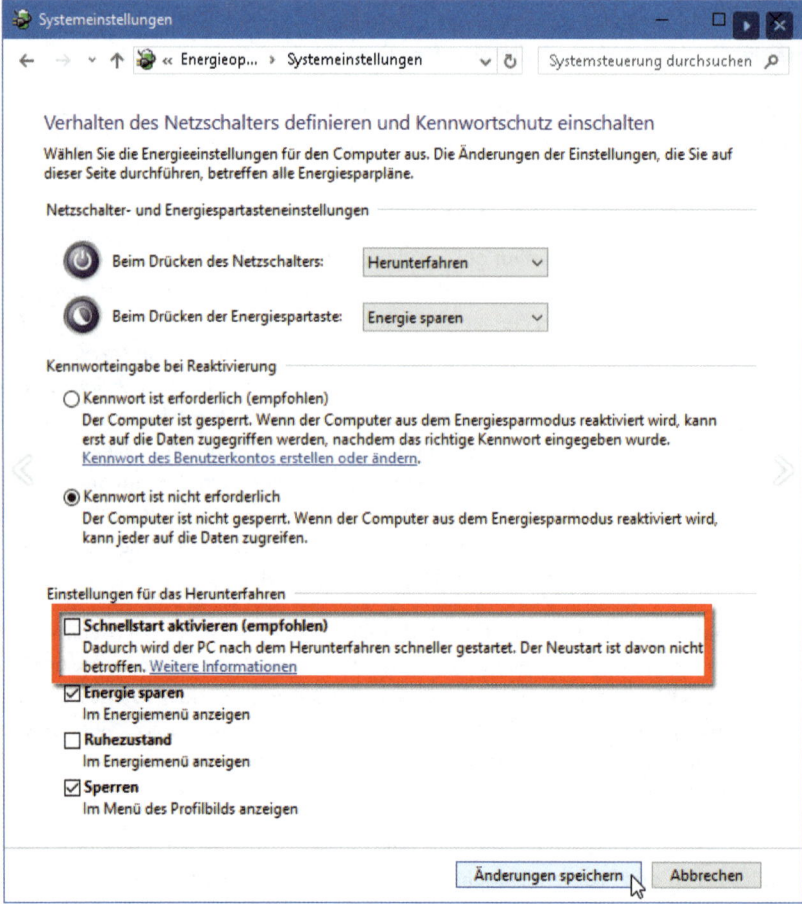

5.4 Eigene Designs zusammenstellen und mit anderen PCs tauschen

Wenn Sie eines der vorgefertigten Designs durch eigene Einstellungen verändern, haben Sie im Grunde genommen schon ein eigenes Design geschaffen. Es wird in der Rubrik *Eigene Designs* als *Nicht gespeichertes Design* aufgeführt. Allerdings bleibt es so nur bis zur nächsten Änderung bestehen. Um es dauerhaft aufzubewahren, können Sie es aber speichern.

1. Um ein Design dauerhaft zu speichern, nehmen Sie alle Einstellungen für diesen Desktopstil vor. Stellen Sie den gesamten Desktop also so ein, wie es diesem Design entsprechen soll.

2. Klicken dann auf den Link *Design speichern*, den Sie unten in der Kategorie *Eigene Designs* finden.

3. Geben Sie im anschließenden Dialog einen Namen für das Design an und klicken Sie auf *Speichern*.

4. Windows speichert dann alle Einstellungen für dieses Design in einer Datei. Dadurch bleibt das Design erhalten, auch wenn Sie anschließend wieder Änderungen vornehmen.

5. Wollen Sie ein selbst erstelltes Design später wieder löschen, wählen Sie es in der Auswahl zunächst ab bzw. aktivieren ein anderes Design. Klicken Sie dann mit der rechten Maustaste auf das Symbol in der Auswahl und wählen Sie im Kontextmenü den einzigen Punkt *Design löschen*.

Designs zwischen verschiedenen PCs austauschen

Einer der Vorteile bei den gespeicherten Desktop-Designs: Es handelt sich dabei um einfache Dateien, die in Ihrem persönlichen Dokumentenordner gespeichert werden. Von dort können Sie sie beliebig z. B. per E-Mail verschicken oder mittels USB-Stick auf andere PCs übertragen. Legen Sie sie dort wieder in den entsprechenden Ordner, werden die Designs in der Übersicht angezeigt und können so auch auf anderen PCs aktiviert werden. Anstatt alle Einstellungen immer wieder mühsam per Hand vornehmen zu müssen, können Sie so mithilfe dieser kleinen Datei jeden PC Ihren Vorlieben entsprechend anpassen. Enthält ein Design allerdings spezielle Elemente wie z. B. eigene Hintergrundbilder oder Klänge, die nicht aus dem Standardlieferumfang von Windows stammen, müssen Sie ein kleines Paket schnüren, das alle zu einem Design dazugehörigen Elemente umfasst.

1. Wählen Sie das Design, das Sie als Paket auf einen anderen PC exportieren möchten, aus, sodass es für Ihren PC aktiviert ist.

2. Klicken Sie mit der rechten Maustaste darauf und wählen Sie im so geöffneten Kontextmenü den Befehl *Design für die Freigabe speichern*. Wichtig: Dies ist nur bei Designs in der Kategorie *Eigene Designs* möglich.

3. Wählen Sie dann einen Ordner aus und geben Sie bei *Dateiname* den Namen an, unter dem Sie das Designpaket speichern wollen.

4. Windows erstellt nun aus dem Design selbst und den dazugehörigen Dateien (Bilder, Klänge etc.) ein Designpaket und speichert alles in einer Datei.

Diese Datei können Sie auf beliebige Weise auf andere PCs mit Windows übertragen. Führen Sie die Datei dort aus, wird das „verpackte" Design auf diesem PC installiert und automatisch aktiviert.

5.5 Den Sperrbildschirm als Schutz und schnellen Überblick nutzen

Der Sperrbildschirm wird nach dem Einschalten des PCs angezeigt oder wenn das Gerät sich aufgrund der Energiespareinstellungen automatisch in den Energiesparmodus begeben hat. Ebenso können Sie den Sperrbildschirm jederzeit gezielt aktivieren, indem Sie im Startmenü oben rechts auf Ihren Benutzernamen tippen oder klicken und im so geöffneten Menü *Sperren* wählen.

Durch den Sperrbildschirm wird sichergestellt, dass nicht irgendjemand anders Ihren PC reaktivieren und Zugang zu Ihren Daten erhalten kann. Außerdem kann er Ihnen wichtige Informationen und Funktionen bereitstellen, die Sie abrufen können, ohne sich jeweils erst anmelden zu müssen.

Aussehen und Funktionen des Sperrbildschirms anpassen

Der Sperrbildschirm lässt sich über verschiedene Optionen individuell gestalten. So können Sie ein eigenes Hintergrundbild dafür festlegen.

1. Öffnen Sie in den *Einstellungen* den Bereich *Personalisierung/Sperrbildschirm*.

2. Hier können Sie rechts im Auswahlfeld *Hintergrund* die Variante *Bild* einstellen (auf die anderen Varianten gehe ich im Folgenden ein). Windows schlägt darunter direkt ein paar passende Bilder vor, die Sie einfach antippen können.

3. Sie können mit *Durchsuchen* aber auch ein eigenes Bild verwenden, das Sie auf dem PC gespeichert haben. Verwenden Sie dabei möglichst ein Bild, das der Bildschirmauflösung entspricht.

Den Sperrbildschirm mit einer Diashow individuell gestalten

Wenn Sie auf Ihrem PC ohnehin Bilder gespeichert haben, ist eine Diashow eine gute Alternative zu einem einzigen starren Bild.

1. Wählen Sie in den Sperrbildschirm-Einstellungen dazu bei *Hintergrund* die Option *Diashow*.

2. Standardmäßig greift diese Funktion auf die Bilderbibliothek zurück. Sie können mit *Ordner hinzufügen* aber auch einen eigenen Ordner angeben. Die bereits vorhandenen Ordner können entfernt werden, indem Sie den Eintrag anklicken und dann *Entfernen* wählen.

3. Darunter können Sie mit dem Link *Erweiterte Diashoweinstellungen* weitere Optionen für den genauen Ablauf der Bildershow öffnen.

■ Mit der obersten Option können Sie bei einem Gerät mit eingebauter Kamera die damit erstellten Aufnahmen der Diashow hinzufügen, sowohl lokal als auch in der Cloud gespeicherte Bilder.

■ Sinnvoll für ungetrübtes Bilderguckvergnügen ist die Option *Nur Bilder verwenden, die auf meinen Bildschirm passen*. Dann werden Bilder in der Sammlung mit unpassender Größe oder falschen Dimensionen automatisch übergangen.

■ Wird der Sperrbildschirm angezeigt, schaltet der PC den Bildschirm üblicherweise nach kurzer Zeit ab. Um das zu verhindern, aktivieren Sie die Option *Bei inaktivem PC Sperrbildschirm anzeigen und Bildschirm nicht ausschalten*.

- Damit das Ganze aber nun auch nicht ewig läuft, können Sie darunter einen maximalen Zeitraum für die Diashow angeben. Danach wird der Bildschirm abgeschaltet.

Automatisch tolle Hintergrundbilder mit Windows-Blickpunkt

Als dritte Option im Auswahlfeld für die Hintergrundgestaltung des Sperrbildschirms finden Sie den *Windows-Blickpunkt*. Damit lädt Ihr PC automatisch immer wieder neue, spektakuläre Bilder

Hintergrund

Windows-Blickpunkt ⌄

von Microsoft herunter und unterlegt den Sperrbildschirm damit. Zusätzlich können Sie – wenn Sie mögen – auf dem Sperrbildschirm angeben, ob Ihnen ein Bild gefällt. So versucht Windows, Ihren Geschmack kennenzulernen und Ihnen zukünftig auf Ihre Vorlieben abgestimmte Bilder anzuzeigen.

Die spektakulären Windows-Blickpunkt-Bilder speichern

Windows-Blickpunkt ist ein schöner Service von Microsoft und funktioniert – einmal eingeschaltet – gut und zuverlässig. Weitere Einstellungsmöglichkeiten oder Funktionen gibt es nicht. Allerdings wird bei vielen Benutzern früher oder später bei einem Bild die Frage aufkommen, ob man dieses nicht irgendwie speichern und beispielsweise auch als Desktophintergrund nutzen kann. Und das geht.

1. Öffnen Sie dazu im Windows-Explorer das Verzeichnis *%userprofile%\ AppData\ Local\ Packages\ Microsoft.Windows.ContentDeliveryManager_cw5n1h2txyewy\ LocalState\ Assets.*

2. Hier sind die aktuellen Bilder von Windows-Blickpunkt gespeichert. Allerdings als temporäre Dateien und ohne die korrekte Dateiendung. Verwenden Sie die *Details*-Ansicht, um die Bilder nach Größe zu sortieren. Nur was mindestens einige 100 KByte groß ist, ist auch ein Bild.

3. Kopieren Sie diese Dateien in einen leeren Ordner Ihrer Wahl.

4. Wechseln Sie dann in diesen Ordner und wählen Sie *Datei/Eingabeaufforderung öffnen/Eingabeaufforderung als Administrator öffnen.*

5. Geben Sie den Befehl *ren *.* *.jpg* ein. Damit legen Sie den Dateityp für alle Dateien in diesem Verzeichnis als JPEG-Bilder fest.

6. Nun können Sie im Windows-Explorer in der Ansicht für diesen Ordner beispielsweise auf *Extra große Symbole* wechseln, um ein bestimmtes Bild sofort finden zu können.

Noch ein Hinweis: Die Inhalte des Blickpunkt-Ordners werden ständig aktualisiert. Wenn Ihnen ein Bild gefällt, sollten Sie also schnell handeln und die beschriebenen Schritte ausführen. Wollen Sie zu einem späteren Zeitpunkt ein anderes neues Bild speichern, wiederholen Sie den Vorgang. Beachten Sie bei der Verwendung der Bilder, dass die Inhalte urheberrechtlich geschützt sind.

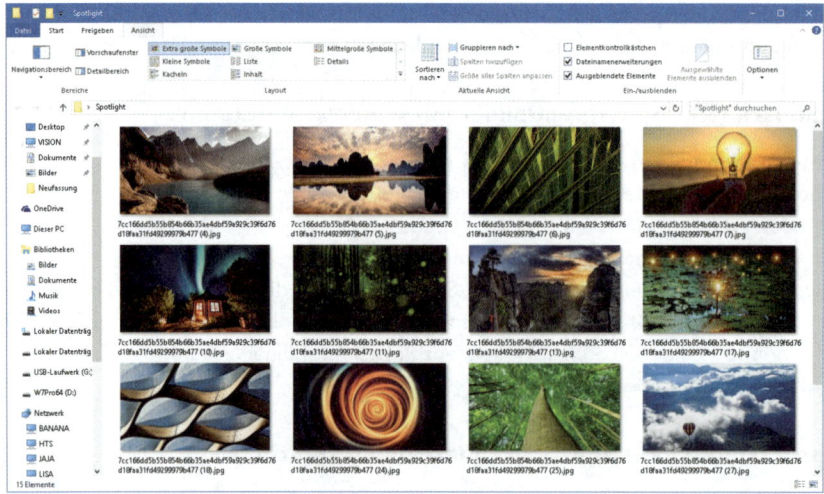

Die private Nutzung sollte unproblematisch sein, aber verwenden Sie die Bilder beispielsweise nicht auf öffentlichen Webseiten.

Ausgewählte Informationen auf dem Sperrbildschirm anzeigen lassen

Der Sperrbildschirm kann nicht nur „gut aussehen", er kann auch wichtige Informationen liefern. Dazu können Sie bestimmten Apps erlauben, Statusinformationen und Benachrichtigungen auch dann anzuzeigen, wenn der Sperrbildschirm aktiviert ist. Eine App können Sie dazu auserwählen, ständig ihre aktuellen Infos innerhalb des Sperrbildschirms anzuzeigen.

1. Dazu können Sie im unteren Bereich der Sperrbildschirm-Einstellungen (siehe oben) zunächst eine App festlegen, die auf dem Sperrbildschirm ausführliche Infos anzeigen darf. Klicken Sie auf das Symbol darunter, um zu sehen, welche Apps dafür zur Auswahl stehen. Diese eine App darf detaillierte Informationen auf dem Sperrbildschirm anzeigen, etwa den nächsten Termin im Kalender mit Uhrzeit und Bezeichnung.

2. Darunter können Sie mehrere Apps für das Anzeigen kurzer Statusinfos auswählen. Diese zeigen dann nur ein Symbol auf dem Sperrbildschirm, etwa eine Sonne für gutes Wetter oder ein Mail-Symbol, wenn neue Nachrichten vorliegen.

3. Durch Antippen der freien +-Symbole können Sie weitere Apps hinzufügen. In der so geöffneten Liste finden Sie alle installierten Apps, die diese Funktion unterstützen. Auch Apps, die Sie aus dem Windows Store installiert haben, werden also hier aufgeführt, sofern sie dafür geeignet sind.

4. Um eine der Apps wieder vom Sperrbildschirm zu entfernen, tippen Sie auf ihr Symbol und wählen in der Liste dann entweder eine andere App oder ganz oben den Menüpunkt *Kein* aus.

Per PIN oder Bildcode anmelden

Wird der Sperrbildschirm angezeigt, müssen Sie sich anschließend jeweils wieder mit Ihrem Benutzerkennwort anmelden, um den PC zu „entsperren". Am klassischen PC mit Tastatur ist das meist auch die schnellste Methode. Bei der Fingerbedienung eines Tablets ohne Tastatur aber eher umständlich. Hier bietet Windows Ihnen zwei Alternativen.

Anmelden per PIN-Code

PIN-Codes sind vom Smartphone, der EC-Karte und ähnlichen Objekten mit Schutzbedarf bekannt. Ihr wesentlicher Vorteil gegenüber einem klassischen Passwort: Man braucht nur zehn Zifferntasten anstelle einer kompletten Tastatur. Dieses Zifferfeld zeigt Windows automatisch auf dem Bildschirm an, sodass man auf diese Weise wesentlich komfortabler entsperren kann.

1. Um das Entsperren per PIN einzustellen, öffnen Sie in den Einstellungen den Bereich *Konten/Anmeldeoptionen*.

2. Klicken oder tippen Sie hier bei *PIN* auf *Hinzufügen*.

3. Geben Sie dann zur Bestätigung des Vorgangs einmal Ihr Benutzerkennwort ein.

4. Nun können Sie die PIN-Nummer, mit der Sie sich anmelden möchten, eintippen. Und das gleich noch ein zweites Mal zur Bestätigung.

Wenn Sie sich nun auf dem Sperrbildschirm anmelden möchten, wird anstelle des Kennworts die PIN abgefragt. Wenn Sie in das Eingabefeld tippen, wird automatisch eine numerische Bildschirmtastatur angezeigt. Hier tippen Sie einfach die Ziffern Ihrer PIN ein. Nach der letzten (korrekten!) Ziffer wird das Gerät sofort entsperrt. Ein ⏎ am Ende wie beim Kennwort ist nicht erforderlich.

Mit einem Bild anstelle von Kennwort oder PIN anmelden

Wer es mit dem Merken von Zeichen- und Zahlenkombinationen nicht so hat, für den stellt Windows eine praktische Alternative zum Entsperren des PCs bereit. Dabei sehen Sie bei der Anmeldung ein Bild, und Sie tippen einfach in einer bestimmten Reihenfolge auf festgelegte Punkte darin. Das lässt sich leichter merken als kryptische Zeichenketten und bietet genauso viel Sicherheit. Selbstverständlich können Sie selbst festlegen, welches Bild verwendet werden soll und wohin genau für die Anmeldung getippt wird.

1. Um das Entsperren per Bildcode einzustellen, öffnen Sie in den *Einstellungen* den Bereich *Konten/Anmeldeoptionen*.

2. Klicken oder tippen Sie hier bei *Bildcode* auf *Hinzufügen*.

3. Aus Sicherheitsgründen wird nun noch einmal Ihr reguläres Kennwort für die Windows-Anmeldung abgefragt.

4. Klicken oder tippen Sie dann auf *Bild auswählen* und geben Sie im folgenden Dialog das Bild an, das Sie anstelle eines Kennworts verwenden möchten. Nehmen Sie ein Bild, das einige markante und eindeutige Stellen beinhaltet. Klicken Sie dann auf *Öffnen*.

5. Anschließend können Sie das Bild noch etwas anpassen und dann mit *Dieses Bild verwenden* endgültig auswählen.

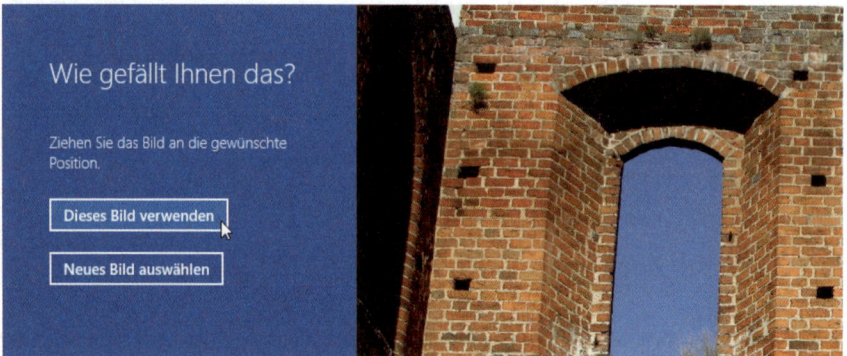

6. Nun geht es an das Festlegen des eigentlichen Bildcodes, der immer aus drei Bewegungen besteht, die Sie an bestimmten Stellen des Bildes ausführen. Dabei haben Sie drei Möglichkeiten, die Sie beliebig variieren können (siehe folgender Hinweis):

   ■ Sie tippen einen Punkt im Bild kurz an,

   ■ Sie ziehen eine Linie von einem Punkt A zu einem Punkt B Ihrer Wahl oder

   ■ Sie können an einer bestimmten Stelle des Bildes eine kreisende Bewegung ausführen.

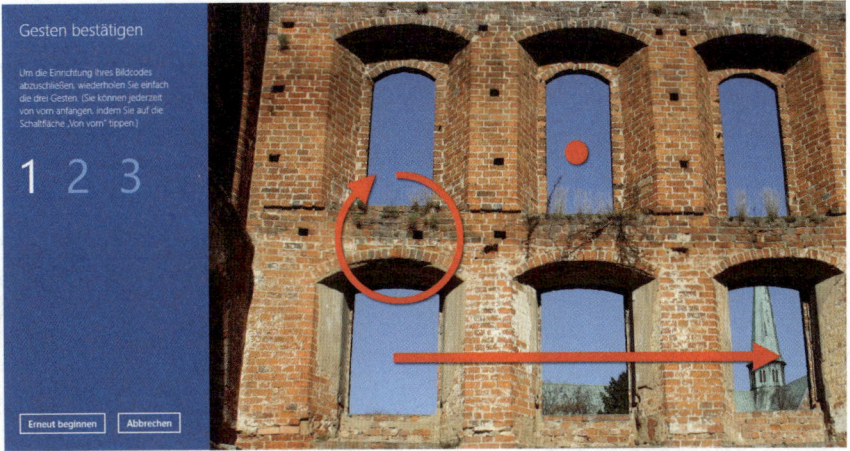

So könnte eine Passwortgeste z. B. aussehen.

Mit *Erneut beginnen* können Sie jederzeit von vorne beginnen, wenn es nicht geklappt hat oder Sie den Bewegungsablauf verändern möchten.

7. Haben Sie Ihre drei Bewegungen festgelegt, bittet Windows automatisch um Bestätigung. Wiederholen Sie dazu dieselben Gesten direkt noch einmal. So können Sie testen, ob die gewählte Kombination sicher reproduzierbar ist und eindeutig erkannt wird.

8. Hat die Wiederholung geklappt, ist der Bildcode festgelegt, und Sie können sich ab sofort auf diese Weise anmelden. Klicken Sie unten auf *Fertig stellen*, um den Vorgang abzuschließen.

Eventuell klappt nicht alles beim ersten Versuch. Dann fordert der Assistent Sie auf, das einmal vorgegebene Muster präziser nachzuziehen. Sie können aber auch jederzeit mit einem neuen Muster ganz von vorne anfangen.

Am Anfang ist der Vorgang vielleicht etwas mühsam, aber nur so stellen Sie sicher, dass Sie das festgelegte Muster später jederzeit genau nachvollziehen können. Außerdem bekommt man nach einigen Versuchen ein Gefühl dafür, welche Muster sich gut eignen und später schnell und präzise ausgeführt werden können.

HINWEIS ⟩ Gute Bewegungsmuster zur sicheren Anmeldung

Wie Sie den Bildcode genau gestalten, bleibt Ihnen überlassen. Sie können also dreimal kurz tippen oder auch ebenso einmal tippen, einmal kreisen und einmal eine Linie ziehen. Verwenden Sie dafür verschiedene Stellen im Bild, die Sie sich gut merken und eindeutig wiederfinden können. Diese drei Bewegungen müssen Sie in Zukunft immer wiederholen können, wenn Sie sich anmelden möchten. Windows hat zwar eine gewisse Toleranz gegen Abweichungen, aber aus Sicherheitsgründen ist diese nicht zu groß. Sie sollten also immer wieder in etwa dieselbe Bewegung an etwa derselben Stelle ausführen.

Mit der Passwortgeste anmelden

Haben Sie einen Bildcode festgelegt, zeigt Windows beim Start ab sofort anstelle der Kennwortabfrage dieses Bild an. Wiederholen Sie nun jeweils die festgelegte Geste. Halten Sie sich dabei an die Reihenfolge und steuern Sie möglichst genau die festgelegten Stellen im Bild an. Auch hier können Sie mit *Erneut beginnen* jederzeit neu beginnen.

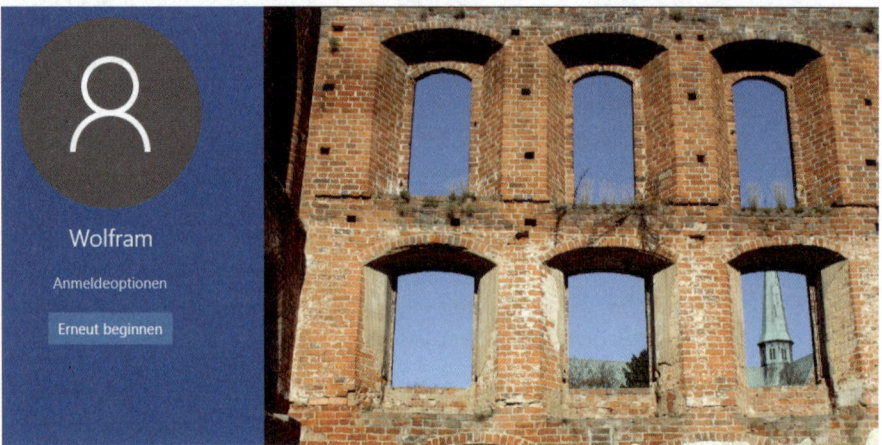

Sollte das Bewegungsmuster zu sehr von der erstellten Vorlage abweichen, lehnt Windows die Anmeldung ab.

TIPP ☑ **Trotzdem mit Kennwort anmelden**

Sollte es Probleme mit der Passwortgeste geben, können Sie jederzeit auf das klassische Kennwort ausweichen. Klicken Sie dazu oben links auf *Zu Kennwort wechseln*.

6. Windows mit mehreren realen oder virtuellen Monitoren nutzen

Die klassische Variante „ein PC – ein Monitor" kommt bei Bildschirmarbeitern zunehmend aus der Mode und der Trend geht zum Zweitmonitor. Der kann Ihnen im wahrsten Sinne des Wortes neue Perspektiven eröffnen. Windows bedient nämlich ohne Weiteres mehr als einen Bildschirm. Bei modernen Grafikkarten ist in der Regel ohnehin bereits ein zweiter Bildschirmausgang vorgesehen, es gibt sogar Modelle mit drei und mehr Ausgängen. Und falls die Hardware doch keinen echten Mehrbildschirmbetrieb hergibt, bleibt immer noch die Alternative, virtuelle Desktops zu verwenden, der Ihnen das Multimonitorvergnügen – mit Abstrichen – auf einem einzigen Bildschirm ermöglicht.

6.1 Die Desktop-Arbeitsfläche über mehrere Bildschirme verteilen

Eine Möglichkeit, mehrere Bildschirme sinnvoll zu nutzen, ist das Erweitern des Desktops über zwei (oder mehr) Monitore. Zusätzlich zum bislang genutzten Bildschirm gewinnen Sie so die Arbeitsfläche eines weiteren Displays, um dort Fenster zu öffnen und zu bearbeiten. Ein Szenario wäre es, dort Informationsprogramme wie E-Mail, Feeds und Webseiten permanent im Blick zu haben, während Sie auf dem Hauptmonitor produktiv arbeiten. Oder aber Sie verwenden auf dem Hauptmonitor eine Anwendung, die dort den gesamten Platz einnimmt. Weitere kleine Hilfsprogramme lassen Sie auf dem zweiten Monitor laufen.

Windows für den Multimonitorbetrieb einstellen

Voraussetzung für den Multimonitorbetrieb ist eine Grafikkarte mit zwei separaten Ausgängen, was mittlerweile aber selbst Billig-PCs mit Onboard-Grafik ermöglichen. Wenn an der Rückseite Ihres PCs zwei Grafikausgänge zu sehen sind – etwa ein DVI- und ein HDMI-Anschluss –, ist die Wahrscheinlichkeit sehr hoch, dass Sie die beiden parallel verwenden können. Schließen Sie an beide Anschlüsse Monitore an und schalten Sie diese ein. Optimalerweise sollte dies vorm Starten des PCs erfolgen, damit Windows die angeschlossenen Bildschirme automatisch erkennen kann. Während des PC-Starts ist es eher willkürlich, welcher Monitor was anzeigt (deshalb sollten auch beide eingeschaltet sein). Danach aber können Sie die Anzeigeeinstellungen so vornehmen, dass Windows beide Bildschirme in Ihrem Sinne nutzt.

1. Öffnen Sie in den *Einstellungen* den Bereich *System/Bildschirm.*

2. Hier finden Sie rechts eine große Anzeige mit stilisierten Displays, die durchnummeriert sind. Sollte hier nur ein Bildschirm angezeigt werden, selbst wenn zwei angeschlossen sind, hat Windows den zweiten Monitor noch nicht eingeschlossen.

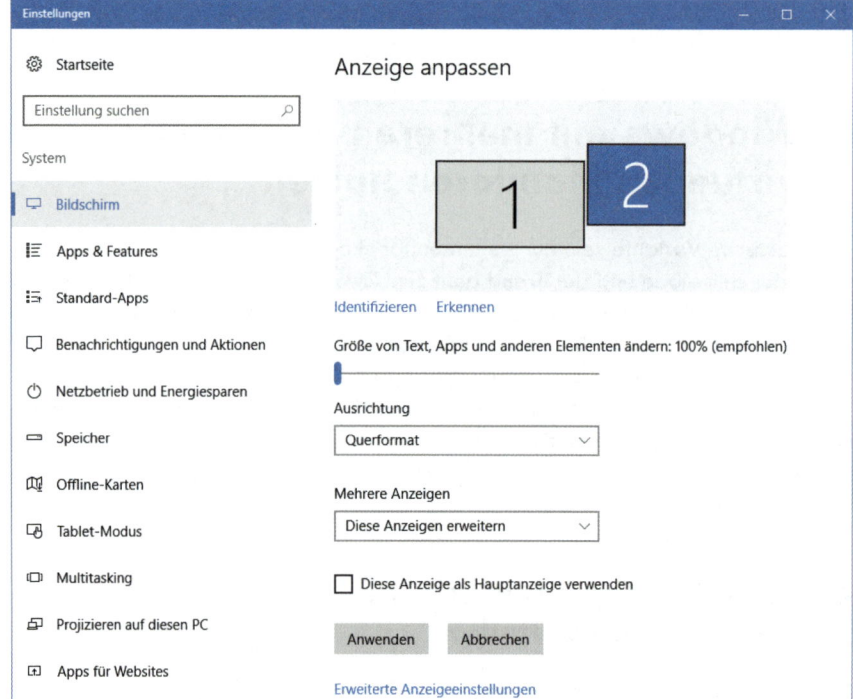

3. Aktivieren Sie dann darunter im Auswahlfeld *Mehrere Anzeigen* die Option *Diese Anzeigen erweitern.*

4. Klicken Sie dann unten auf die *Anwenden*-Schaltfläche, um die neue Konstellation zu testen.

5. Der zweite Bildschirm sollte sich nun einschalten und zunächst einfach nur einen leeren Desktophintergrund anzeigen. Sollte es Probleme bei der Darstellung geben,

tun Sie einfach gar nichts. Windows schaltet nach 15 Sekunden automatisch in die alten Einstellungen zurück. Passt hingegen alles, klicken Sie im Rückfragefenster auf *Beibehalten*, um diese Anzeigeeinstellungen dauerhaft zu verwenden.

Anschließend können Sie direkt die Probe aufs Exempel machen. Bewegen Sie den Mauszeiger einfach mal aus dem ersten Bildschirm „heraus". Er wird dann von Windows automatisch auf den zweiten Bildschirm versetzt und Sie können dort arbeiten. Falls es mit den Richtungen noch nicht ganz passt (z. B. wenn Sie einen Monitor links verlassen müssen, obwohl der zweite Bildschirm rechts steht), beachten Sie den nachfolgenden Abschnitt.

HINWEIS ⊳ Auflösung und Frequenz getrennt optimieren

Wenn beide Monitore Bilder liefern, können Sie Auflösung und Frequenz gegebenenfalls noch weiter optimieren. Klicken Sie dazu ganz unten auf *Erweiterte Anzeigeeinstellungen*. Diese Einstellungen werden für beide Bildschirme getrennt verwaltet, sodass Sie die beiden Geräte auch mit unterschiedlichen Auflösungen und jeweils optimalen Bildwiederholfrequenzen laufen lassen können. Wichtig: Wählen Sie jeweils zuvor oben den Bildschirm aus, bei dem Sie etwas ändern möchten.

Die Bildschirme optimal anordnen

Auf dem Schreibtisch sind die Möglichkeiten, mehrere Bildschirme anzuordnen, meist beschränkt. Bei der Arbeit mit mehreren Monitoren ist es aber wichtig, dass der Wechsel zwischen den Bildschirmen möglichst logisch und intuitiv erfolgt. Deshalb müssen Sie Ihre Geräte nicht so anordnen, wie Windows das gern hätte, sondern können das System so einstellen, dass es sich den realen Gegebenheiten anpasst.

Der Schlüssel hierfür ist wiederum die stilisierte Darstellung der Displays in den Anzeigeeigenschaften. Hier können Sie einen der beiden Monitore mit der linken Maustaste ergreifen und an die Position ziehen, die der realen Konstellation in etwa entspricht. Lassen Sie den Mauszeiger dort los. Windows ordnet die Bild-

schirme dann entsprechend an. Wichtig: Klicken Sie nun noch einmal unten rechts auf *Anwenden*, damit die Änderung wirksam wird.

TIPP ☑ Bildschirme identifizieren

Falls Sie sich bei dem ganzen Hin und Her einmal nicht mehr sicher sein sollten, welches nun Bildschirm 1 und welches Bildschirm 2 ist, klicken Sie unter der Anzeige auf *Identifizieren*. Windows blendet dann auf jedem Monitor für ein paar Sekunden die zugehörige Nummer ein.

Mit mehreren Monitoren optimal arbeiten

Das Arbeiten mit mehreren Monitoren ist erst mal nicht besonders kompliziert:

1. Wenn Sie eine Anwendung oder App starten, wird diese nach wie vor auf dem ersten Monitor geöffnet.

2. Ergreifen Sie das Anwendungsfenster bei der Fenstertitelleiste und ziehen Sie es mit gedrückt gehaltener linker Maustaste auf den zweiten Bildschirm.

3. Lassen Sie dort an der gewünschten Position die Maustaste los.

4. Wenn Sie möchten, können Sie dieses Fenster dort auch wieder maximieren. Es füllt dann den zweiten Bildschirm vollständig.

Beim Umschalten z. B. mit Alt + ⇆ werden alle geöffneten Anwendungen zur Auswahl angezeigt und es wird dann die gewählte Anwendung auf dem Bildschirm in den Vordergrund geholt, die Sie ausgewählt haben. Wenn Sie auf dem zweiten Bildschirm ein Programm starten, wird dieses Fenster standardmäßig auf dem ersten Bildschirm angezeigt, sofern Sie es nicht beim letzten Verwenden auf dem zweiten Bildschirm geschlossen hatten. Wichtige Systemmeldungen werden immer auf dem ersten Bildschirm angezeigt. Programme mit 3D-Grafikausgabe oder Videowiedergabe können meist nur auf dem ersten Bildschirm ausgeführt werden bzw. die Wiedergabe im Vollbildmodus erfolgt auf diesem Monitor, wenn die Ausgabe auf dem Zweitmonitor nicht möglich ist.

Tastenkürzel für den Multimonitorbetrieb

Wer nicht immer gleich zur Maus greifen will, für den gibt es ein paar praktische Tastenkürzel speziell für die Fensterverwaltung auf mehreren Monitoren:

- ⇧ + ⊞ + ← bzw. → verschiebt das aktive Fenster auf den linken bzw. rechten Monitor. Bei mehr als zwei Monitoren kann man das auch wiederholt machen.

- ⊞ + ← bzw. → dockt (auch bei einem einzelnen Monitor) das aktuelle Fenster am linken bzw. rechten Bildschirm an. Befindet sich aber daneben ein weiterer Monitor, verschiebt ein weiteres Betätigen der Pfeiltaste bei gehaltener ⊞-Taste das Fenster an den näheren Rand dieses Monitors, dann in dessen Mitte und schließlich an dessen entfernten Rand. So kann man bei mehreren Monitoren mit wenigen Tastendrücken ein Fenster ganz von rechts nach links bzw. umgekehrt verschieben.

Die erste Tastenkombination ist übrigens auch ein praktischer Trick, wenn man ein Fenster nicht sehen kann, beispielsweise weil man es zuletzt auf dem rechten Bildschirm genutzt hat, dieser aber gerade abgeschaltet ist (siehe auch den nachfolgenden Abschnitt). Einfach mit dem Task-Manager zu diesem Fenster wechseln und dann „blind" ⇧ + ⊞ + ← drücken, dann wird das Fenster auf dem eingeschalteten Bildschirm sichtbar.

HINWEIS ▷ Im Multimonitorbetrieb kein Tablet-Modus

Wenn man den Multimonitorbetrieb einerseits und den Tablet-Modus andererseits kennt, stellt sich die Frage, wie sich beides vereinen lässt. Microsoft hat darauf eine einfache Antwort gefunden: gar nicht. Sind zwei oder mehr Geräte an den PC angeschlossen, lässt sich der Tablet-Modus nicht mehr aktivieren.

Windows merkt sich die Position von Anwendungsfenstern – mehr oder weniger

Etwas kompliziert wird es, weil Windows beim Schließen von Fenstern keine ganz konsequente Linie verfolgt. Im Allgemeinen merkt sich das System, in welchem Zustand Sie eine Anwendung beenden, und stellt sie beim nächsten Start so wieder her. Wenn Sie also z. B. ein Programm auf dem zweiten Bildschirm maximieren und dann schließen, wird es beim nächsten Start auch wieder im Vollbild auf dem zweiten Monitor geöffnet. In der Praxis klappt das nicht immer ganz zuverlässig. Manche Programme landen beim nächsten Start dann doch wieder auf dem ersten Bildschirm oder werden doch nicht maximiert wieder geöffnet. Im Großen und Ganzen klappt es aber ganz gut, und an die kleinen Macken gewöhnt man sich schnell.

6.2 Monitor plus Projektor: professionelle Präsentationen mit Bordmitteln

Ein alternativer Verwendungszweck für zwei Bildschirme ist es, einfach auf beiden dasselbe anzuzeigen. Um mit mehreren Personen gemeinsam an einem PC zu arbeiten, kann ein zweiter Monitor mit demselben Inhalt beispielsweise sehr hilfreich sein.

Und für Präsentationen bietet es sich an, neben dem eigentlichen Display noch einen Projektor anzuschließen. So kann der Vortragende sich auf seinen Bildschirm konzentrieren und die Zuschauer genießen die große Leinwand. Um die Oberfläche des PCs auf zwei angeschlossenen Displays bzw. einem Monitor und einem Projektor gleichzeitig anzuzeigen, wählen Sie in den vorangehend beschriebenen Auflösungseinstellungen bei *Mehrere Anzeigen* die Option *Diese Anzeigen duplizieren*.

Die beiden Anzeigensymbole werden dann optisch zu einem verschmolzen. Sie lassen sich dann nicht mehr anwählen und deshalb auch nicht mehr getrennt auswählen, um z. B. die Auflösung anzupassen. Änderungen an den Einstellungen wirken sich nun immer auf beide Displays zugleich aus.

HINWEIS ▷ Beim Duplizieren Einschränkungen bei der Auflösung

Während beim Erweitern des Desktops die angeschlossenen Geräte beliebige unterschiedliche Auflösungen verwenden dürfen, geht dies beim Duplizieren auf beiden Displays nicht. Hier verwendet Windows automatisch die Auflösung des „kleineren" Bildschirms auch für das größere Display. Das kann problematisch sein, wenn es z. B. um das Anschließen eines Projektors geht, der nur bestimmte Auflösungen unterstützt. Alternativ benutzen Sie einfach nur den Projektor und schalten Ihre primäre Anzeige für die Präsentation ab. Das geht mit der Einstellung *Nur auf 2 anzeigen* oder komfortabel mit der Präsentationssteuerung von Windows, auf die ich im Folgenden noch eingehe.

Präsentationen komfortabel steuern

Windows bringt für den Multimonitorbetrieb im Allgemeinen, aber insbesondere für Präsentationen auf einer zweiten Anzeige wie etwa einem Projektor ein komfortables kleines Werkzeug mit. Um dieses zu benutzen, drücken Sie einfach ⊞+Ⓟ. Damit blenden Sie am rechten Bildschirmrand eine Auswahl ein, die Sie per Maus, Pfeiltasten oder Finger bedienen können:

- *Nur PC-Bildschirm*: Der Desktop wird nur auf dem ersten Bildschirm angezeigt, ein eventuell angeschlossener zweiter Monitor oder Projektor wird ignoriert.

- *Duplizieren*: Dieselbe Oberfläche wird auf allen angeschlossenen Bildschirmen angezeigt. So können Sie etwa am Notebook arbeiten bzw. die Präsentation durchführen, während der Bildschirminhalt für Ihre Zuhörer per Projektor an die Wand geworfen wird. In diesem Modus werden allerdings wie vorangehend beschrieben die Auflösungen der beiden Anzeigen angeglichen.

- *Erweitern*: Der Desktop wird vom ersten Bildschirm auf eine vorhandene zweite Anzeige erweitert, sodass Ihnen mehr Platz auf dem Desktop zur Verfügung steht. Bei einer Präsentation besteht bei dieser Variante auch die Option, dass Sie den präsentierten Inhalt auf dem zweiten Bildschirm für Ihr Publikum anzeigen und auf der ersten Anzeige den Ablauf der Präsentation steuern.

- *Nur zweiter Bildschirm*: Die erste Anzeige wird deaktiviert und stattdessen nur das Gerät am zweiten Grafikausgang genutzt. Dieser Modus empfiehlt sich, wenn es bei der doppelten Anzeige Probleme mit abweichenden Auflösungen gibt. Aber auch wenn Sie die erste Anzeige nicht benötigen oder z. B. bei einem Notebook den Akku schonen möchten, können Sie so den ersten Bildschirm vorübergehend einfach abschalten. Keine Angst, wenn das Kabel zum Projektor später entfernt wird, wechselt Windows automatisch wieder zum ersten Bildschirm zurück.

Die Auswahl des gewünschten Modus erfolgt mit den Pfeiltasten oder durch wiederholtes Drücken von ⊞+P (analog zum Taskwechsel mit Alt+⇆). Ist die richtige Variante gewählt, lassen Sie die Tasten los. Alternativ können Sie auch Maus, Fingerspitze oder die Pfeiltasten und ⏎ verwenden. Windows schaltet dann in den gewählten Modus um und die Auswahlleiste wird automatisch ausgeblendet.

6.3 Mit virtuellen Desktops die Arbeitsfläche beliebig vergrößern

Mehrere Bildschirme mit nur einem Monitor? Im ersten Moment vielleicht ein etwas merkwürdiges Konzept, aber es kann durchaus sinnvoll sein. Selbstverständlich kann der Bildschirm auch bei virtuellen Bildschirmen jeweils immer nur einen anzeigen. Aber Sie können sich eben mehrere Bildschirme einrichten, zwischen denen Sie jederzeit mit einem Tastendruck oder Mausklick hin- und herwechseln können. Wenn alle geöffneten Fenster ohnehin maximiert sind, ist der Unterschied zum Taskwechsel minimal. Auf einem virtuellen Bildschirm können Sie aber mehrere Fenster anordnen, z. B. von kleineren Hilfsprogrammen. Wechseln Sie zu diesem virtuellen Monitor, werden alle diese Programme auf einmal angezeigt, und zwar genau so, wie Sie sie zuletzt verlassen haben.

Virtuelle Extramonitore für mehr Platz auf dem Bildschirm

Während man bei früheren Versionen virtuelle Desktops als Zusatzsoftware nachrüsten musste, bringt das aktuelle Windows diese Funktion von Haus aus mit und hat sie gut in das Bedienkonzept integriert. Vielleicht ist Ihnen sogar schon aufgefallen, wie man einen zusätzlichen virtuellen Desktop anlegt. Schlüssel dazu ist die Taskansicht (siehe Seite 97).

1. Öffnen Sie die Taskansicht – entweder mit dem Symbol in der Taskleiste, per Wischgeste vom linken Bildschirmrand oder mit der Tastenkombination ⊞+⇆.

2. Unten rechts über dem Infobereich finden Sie hier ein +-Symbol mit der Beschriftung *Neuer Desktop*. Klicken oder tippen Sie darauf.

3. Daraufhin wird die Taskansicht unten um eine Leiste ergänzt, die jeweils ein Symbol für *Desktop „1"* und den neuen *Desktop „2"* enthält.

Diesen Vorgang können Sie beliebig oft wiederholen. Jedes Mal kommt ein weiterer virtueller Desktop hinzu.

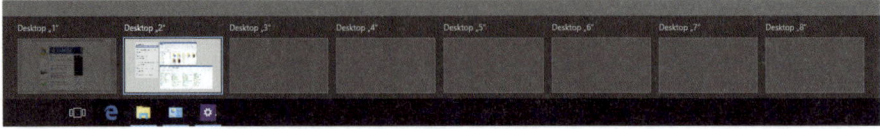

Wenn Sie Tastenkürzel bevorzugen, können Sie mit ⊞+Strg+D einen zusätzlichen virtuellen Desktop anlegen.

Zwischen den virtuellen Bildschirmen hin- und herwechseln

Die Taskansicht stellt Ihnen alle Funktionen zum Nutzen der virtuellen Desktops zur Verfügung. Alternativ gibt es auch Tastenkürzel, mit denen Sie schnell zu einem bestimmten virtuellen Desktop gelangen können. Die Taskansicht bietet sich aber an, wenn Sie nicht genau wissen, auf welchem Desktop sich ein gesuchtes Programmfenster gerade befindet.

1. Öffnen Sie wiederum die Taskansicht mit Ihrer bevorzugten Methode.

2. In der Leiste unten finden Sie ein Symbol für jeden virtuellen Desktop mit einer Mini-Livevorschau dessen Inhalts wieder.

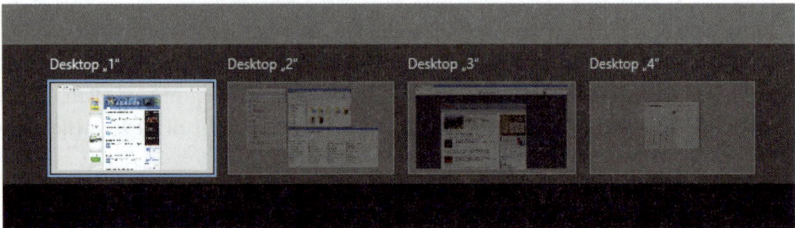

3. Wenn Sie den Mauszeiger über einem der Symbole kurz verharren lassen, wird darüber die Taskansicht für den entsprechenden virtuellen Desktop angezeigt. So können Sie schnell erkennen, ob sich ein gesuchtes Programm bzw. Fenster darauf befindet.

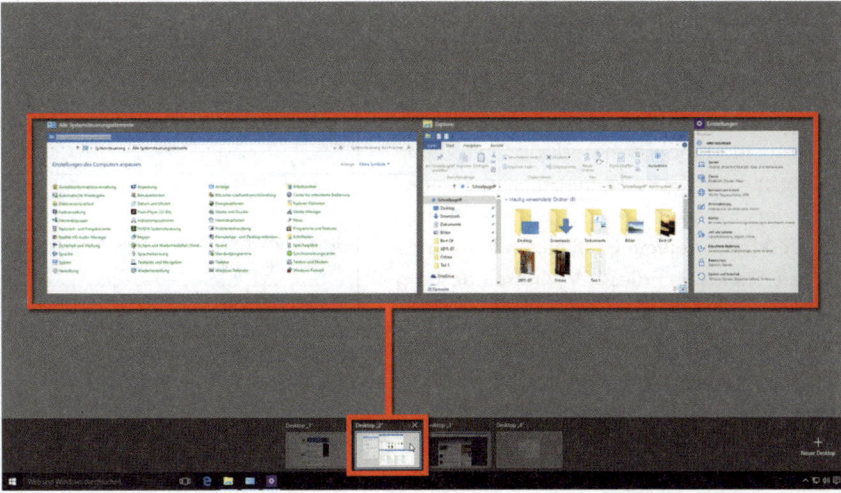

4. Um zu einem Desktop zu wechseln, klicken Sie einfach darauf. Die Taskansicht wird geschlossen und stattdessen dieser virtuelle Bildschirm angezeigt.

Für den kurzen Dienstweg gibt es auch Tastenkombinationen, mit denen Sie schnell von einem zum anderen Desktop wechseln: Mit ⊞+Strg+← wechseln Sie zum links benachbarten Desktop, mit ⊞+Strg+→ geht es in die andere Richtung, jeweils bis Sie beim letzten bzw. ersten Desktop angekommen sind.

TIPP ☑ Die Desktops in der Taskansicht per Tastatur auswählen

Auch die Auswahl in der Taskansicht lässt sich komplett per Tastatur nutzen. Drücken Sie zunächst ⊞+⇆, um die Taskansicht zu öffnen, dann noch einmal ⇆, um die Auswahl nach unten in die Leiste der virtuellen Desktops zu verschieben. Nun können Sie mit ← bzw. ↓ einen der Desktops auswählen und mit ↵ zu diesem wechseln.

Fenster auf den virtuellen Desktops anordnen

Jeder virtuelle Bildschirm ist zunächst einmal ein Desktop für sich. Wenn Sie auf einem Desktop eine Anwendung starten oder ein Dokument öffnen, wird es automatisch auf diesem Desktop angezeigt. Auch die Tastenkombinationen Alt+⇆ bzw. ⊞+⇆ wirken sich standardmäßig immer nur innerhalb des gerade angezeigten Desktops aus. Das können Sie allerdings ändern (siehe im Hinweiskasten).

Um zu einer Anwendung zu wechseln, die auf einem anderen virtuellen Desktop angezeigt wird, müssen Sie also zunächst zu diesem Desktop wechseln. Keine Regel ohne Ausnahme: Von Apps kann es immer nur eine Instanz geben. Wenn eine App bereits geöffnet ist und Sie sie erneut aufrufen, wechselt Windows automatisch zu dem virtuellen Desktop, der diese App gerade anzeigt.

HINWEIS ⊳ Immer alle Fenster anzeigen

Dass beim Taskwechsel immer nur die Fenster des aktuellen Desktops angezeigt werden, ist eigentlich ganz sinnvoll, insbesondere wenn man mehrere Desktops mit vielen Fenstern nutzt. Gerade am Anfang kann es aber verwirrend sein, immer erst den virtuellen Desktop zu einem bestimmten Fenster zu suchen. Sie können dieses Verhalten deshalb umstellen. Öffnen Sie dazu in den *Einstellungen* den Bereich *System/Multitasking* und stellen Sie dort die beiden Optionen unter *Virtuelle Desktops* jeweils auf *Allen Desktops*.

Um ein Fenster auf einem bestimmten virtuellen Desktop anzuzeigen, öffnen Sie die Anwendung bzw. das Dokument, wenn dieser Desktop geöffnet ist. Sie können aber auch vorhandene Fenster auf einen anderen der virtuellen Bildschirme verschieben:

1. Öffnen Sie die Taskansicht mit diesem Fenster.

2. Klicken Sie mit der rechten Maustaste auf die Vorschau des Fensters und wählen Sie im Kontextmenü *Verschieben nach*.

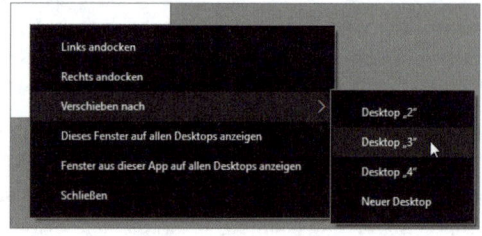

3. Ein Untermenü listet dann alle anderen vorhandenen virtuellen Desktops auf. Alternativ können Sie bei dieser Gelegenheit auch einen neuen virtuellen Desktop anlegen und das Fenster dorthin verschieben.

Ein Fenster auf allen Desktops anzeigen

Man kann virtuelle Desktops nutzen, um voneinander abgetrennte Arbeitsumgebungen zu schaffen. Trotzdem ist es manchmal sinnvoll, ein Fenster auf allen virtuellen Desktops anzuzeigen, beispielsweise um die Musikwiedergabe jederzeit steuern zu können oder um einen Ordner mit wichtigen Dokumenten überall nutzen zu können. Auch das ist mit virtuellen Desktops möglich.

1. Öffnen Sie zunächst die Anwendung, die Sie auf allen Desktops verankern möchten.

2. Wechseln Sie dann zur Taskansicht und bewegen Sie den Mauszeiger auf den Desktop, der das Fenster der Anwendung enthält.

3. Wenn das Fenster in der Vorschau groß angezeigt wird, klicken Sie mit der rechten Maustaste darauf.

4. Im Kontextmenü aktivieren Sie die Funktion *Dieses Fenster auf allen Desktops anzeigen*. Damit sorgen Sie dafür, dass dieses Fenster immer auf dem gerade angezeigten Desktop zu sehen ist. Dabei hat es auf allen Desktops die gleiche Größe und Position. Änderungen auf einem Desktop wirken sich also auf allen Desktops aus.

5. Wenn Sie das Fenster irgendwann schließen, wird es auf allen Desktops geschlossen. Wollen Sie es nur wieder auf einen bestimmten Desktop beschränken, wählen Sie diesen in der Taskansicht aus und verwenden erneut das Kontextmenü, um die Funktion zu deaktivieren. Das Fenster verbleibt auf dem gewählten Desktop und wird von allen anderen entfernt.

Wenn Sie Fenster einer bestimmten Anwendung grundsätzlich immer auf allen Desktops anzeigen möchten, aktivieren Sie dafür im Kontextmenü die Funktion *Fenster aus dieser App auf allen Desktops anzeigen*. Windows „merkt" sich das dann auch beim Schließen des Fensters. Wenn Sie die Anwendung das nächste Mal starten, wird sie automatisch auf allen Desktops angezeigt.

Virtuelle Desktops schließen

Virtuelle Desktops lassen sich in der Taskansicht mit dem kleinen *x*-Symbol rechts über ihrer Vorschau schließen. Alternativ verwenden Sie das Tastenkürzel ⊞+Strg+F4, um den gerade angezeigten virtuellen Desktop zu schließen. Dabei werden die Fenster bzw. Anwendungen und Apps, die sich auf diesem Desktop befinden, allerdings nicht automatisch mitgeschlossen. Stattdessen werden diese auf den „links benachbarten" virtuellen Desktop verschoben. Sie brauchen also nicht zu befürchten, dass durch das Schließen eines Desktops etwa Änderungen in geöffneten Dokumenten verloren gehen. Beim Beenden von Windows werden wie üblich ohnehin alle Programme geschlossen, die virtuellen Desktops an sich bleiben aber erhalten. Wenn Sie drei virtuelle Desktops anlegen und Windows beenden, sind diese Desktops nach einem Neustart wieder da und können direkt genutzt werden.

HINWEIS ▷ Virtuelle Desktops im Multimonitorbetrieb

Virtuelle Desktops lassen sich problemlos auch mit mehreren Bildschirmen nutzen. Ist die Anzeige auf zwei Monitore erweitert, umfasst jeder virtuelle Desktop auch zwei Monitore. Die Taskansicht wird ebenfalls auf beide Bildschirme ausgeweitet und Sie sehen auf jedem Monitor eine Vorschau der virtuellen Desktops und deren Fenster, die sich auf dieser Anzeige befinden.

Tastenkürzel für virtuelle Desktops in der Übersicht

Die folgende Tabelle fasst die für den Umgang mit virtuellen Desktops wichtigen Tastenkürzel zusammen:

Tastenkombination	Funktion
⊞+Strg+D	neuen virtuellen Desktop anlegen
⊞+Strg+←	zum links benachbarten Desktop wechseln
⊞+Strg+↓	zum rechts benachbarten Desktop wechseln
⊞+⇄	Taskansicht mit Desktop-Leiste anzeigen
⊞+Strg+F4	den gerade angezeigten virtuellen Desktop schließen
⊞+K	Verbinden-Leiste anzeigen

Kapitel 7

7. Spracherkennung: Bedienen Sie Windows mit gesprochenen Befehlen

Für körperlich eingeschränkte Menschen ist eine Sprachsteuerung häufig die einzige Möglichkeit, einen PC effektiv nutzen zu können. Aber auch alle anderen Anwender können von Spracherkennungsfunktionen profitieren, wenn sie regelmäßig Texte am PC erstellen. Und die Voraussetzungen dafür sind so niedrig, dass sie praktisch jeder PC erfüllt. Sie benötigen lediglich einen Rechner mit Soundunterstützung und Mikrofoneingang, was heutzutage quasi zur Standardausrüstung gehört. Außerdem benötigen Sie ein Mikrofon. Mit qualitativ hochwertigen Mikrofonen erzielen Sie bessere und zuverlässigere Ergebnisse, aber auch mit einfachen Billigmodellen kann man schon ganz gut arbeiten. Besonders empfehlen sich Headsets, bei denen das Mikrofon von einem Bügel neben dem Kopf gehalten wird. So behalten Sie die Hände zum Arbeiten frei. Es gibt auch spezielle Mikrofone, die Sie am Monitor anbringen können. Diese sind aber nur in leisen Umgebungen geeignet.

HINWEIS ⊳ **Spracherkennung vs. Cortana:**
Auch die digitale Assistentin Cortana (siehe Seite 36) lässt sich per Sprache bedienen. Sie ist allerdings auf das Startmenü beschränkt und dient eher dem Ansagen einfacher Anweisungen bzw. Suchbegriffe. Die im Folgenden vorgestellten Funktionen zur Spracheingabe und -steuerung lassen sich in ganz Windows sowie in vielen Anwendungen nutzen. Sie erfordern kein Microsoft-Konto und sind zum Funktionieren nicht auf eine Onlineverbindung angewiesen.

7.1 So bereiten Sie Ihren PC auf die erfolgreiche Spracherkennung vor

Im Gegensatz zu Cortana können Sie mit der Spracherkennung leider nicht einfach so loslegen. Zunächst muss das Mikrofon angeschlossen und eingerichtet werden. Außerdem sollten Sie die Spracherkennung trainieren, wenn Sie schnell gute Ergebnisse erreichen wollen. Alles in allem ist der Aufwand für die Vorbereitung aber überschaubar und lohnt sich, wenn die Sprachbefehle nachher richtig gut klappen.

TIPP ☑ Mikrofon einrichten

Wichtigstes Instrument für die Spracherkennung ist selbstverständlich das Mikrofon. Dieses muss am richtigen Eingang angeschlossen sein, der in der Regel mit einem Mikrofonsymbol gekennzeichnet ist. Im Zweifelsfall lesen Sie bitte in der Anleitung zur Soundkarte bzw. bei Onboard-Sound in der Anleitung zum PC/Mainboard nach. Beim Einrichten der Spracherkennung überprüft der Assistent die Eignung des Mikrofons und optimiert die Aufnahmeeinstellungen soweit möglich.

1. Öffnen Sie in der Systemsteuerung die Kategorie *Erleichterte Bedienung.* Hier finden Sie unter *Spracherkennung* den Punkt *Spracherkennung starten.*

2. Hiermit aktivieren Sie einen Assistenten, der Sie durch die ersten wichtigen Schritte begleitet. Bestätigen Sie die Begrüßung mit *Weiter.*

3. Wählen Sie dann aus, welche Art von Mikrofon Sie verwenden. Die Mikrofontypen eignen sich von oben nach unten am besten, möglich ist die Spracherkennung aber mit allen. Wählen Sie im Zweifelsfall den Typ, der Ihrem Mikrofon am nächsten kommt.

4. Anschließend gibt Ihnen der Assistent passend zum gewählten Mikrofontyp Tipps zur Positionierung und Nutzung des Mikrofons.

5. Sprechen Sie dann den am Bildschirm angezeigten Satz deutlich und in normaler Lautstärke in das Mikrofon. Der Assistent prüft dabei die aufgezeichneten Daten und stellt fest, ob die Qualität für die Spracherkennung geeignet ist.

6. Anschließend möchte der Assistent wissen, ob die Spracherkennung den Inhalt von Dokumenten und E-Mails überprüfen soll, um typische Wörter und Ausdrücke Ihres Sprachschatzes kennenzulernen und so die Erkennungsleistung zu verbessern. Wenn Sie die Spracherkennung nur für das Steuern des PCs einsetzen wollen, ist das nicht nötig. Wollen Sie aber auch ganze Texte diktieren, kann diese Funktion nicht schaden. Sie können diese Einstellung aber auch später noch ändern.

7. Danach legen Sie fest, wie das Pausieren und Reaktivieren der Spracherkennung erfolgen soll. Der manuelle Aktivierungsmodus ist etwas umständlicher, aber auch zuverlässiger. Hierbei wird die Spracherkennung jeweils durch Klicken auf ein Mikrofonsymbol oder durch die Tastenkombination ⊞+Strg aktiviert. Dabei ist ein versehentliches Reaktivieren ausgeschlossen. Das kann beim Stimmaktivierungsmodus hingegen eventuell auftreten, da die Spracherkennung hierbei durch den gesprochenen Befehl *Zuhören starten* reaktiviert wird. Auch dieses Detail können Sie aber später noch individuell einstellen.

8. Als Nächstes bietet Ihnen der Assistent an, eine Sprachreferenzkarte zu drucken. Diese enthält die wichtigsten Sprachbefehle, mit denen Sie den PC steuern können.

9. Wählen Sie schließlich, ob Windows automatisch die Spracherkennung beim Starten ausführen soll. Andernfalls müssen Sie sie jeweils bei Bedarf manuell aktivieren.

10. Schließlich bietet der Assistent Ihnen an, das Lernprogramm zu starten, das Sie mit den Funktionen der Spracherkennung beispielsweise mithilfe von Videos vertraut macht. Das können Sie jetzt direkt erledigen oder auf einen späteren Zeitpunkt verschieben. Leider liegt ein großer Teil der Onlinehilfe nur in englischer Sprache vor, sodass dies ohnehin nur begrenzt hilfreich ist.

Diesen Vorgang sollten Sie jedes Mal wiederholen, wenn Sie das Mikrofon gewechselt oder sonstige Konfigurationsänderungen an der Audiohardware vorgenommen haben.

Trainieren Sie die Spracherkennung für optimale Ergebnisse

Gleich zu Beginn sollten Sie die Spracherkennung trainieren. Das bedeutet, dass sich die Erkennungsroutine auf Ihre Stimme und Ihre Sprechweise einstellt. Zu diesem Zweck „lesen" Sie dem PC ein wenig vor. Die Spracherkennung analysiert die erfassten Daten und optimiert sich automatisch dementsprechend. Dieser zusätzliche Aufwand lohnt sich, denn die Spracherkennung wird Sie von Anfang an besser verstehen und Ihnen den Einstieg in die Spracherkennung so erleichtern.

1. Öffnen Sie in der Systemsteuerung das Modul *Spracherkennung*.

2. Klicken Sie in den Optionen für die Sprachsteuerung auf C*omputer trainieren, damit er Sie besser versteht.*

3. Der dadurch gestartete Assistent lässt Sie einen Text vorlesen, den die Spracherkennung analysiert.

4. Lesen Sie dazu jeweils den Satz vor, der vom Assistenten angezeigt wird. Sollte der
Satz nicht erkannt worden sein, wiederholen Sie ihn. Lesen Sie die angezeigten Satzzeichen wie Punkte und Kommas mit.

5. Der Fortschrittsbalken am unteren Rand zeigt, wie weit Sie mit dem Training bereits
gekommen sind, und soll Sie motivieren, bis zum Ende durchzuhalten. Mit *Pause* können Sie das Training jederzeit unterbrechen.

7.2 Wie von Zauberhand: So steuern Sie Ihren PC mit gesprochenen Befehlen

Ist die Spracherkennung einmal aktiviert, können Sie sie jederzeit verwenden. Entweder Sie lassen sie bei jedem Windows-Start automatisch aktivieren, sodass sie immer im Hintergrund bereit ist. Mit dem Sprachbefehl *Jetzt zuhören* können Sie sie dann jederzeit in Zuhörbereitschaft versetzen und Ihre Befehle und einen Text einsprechen. Oder aber Sie aktivieren die Spracherkennung nur bei Bedarf, wenn Sie etwa einen Text diktieren oder bequem per Sprachsteuerung surfen wollen. Das Startverhalten können Sie – bei gestarteter Sprachsteuerung – wie gewünscht einstellen.

TIPP ☑ **Spracherkennung reagiert nicht auf den Befehl Zuhören starten?**

Die Spracherkennung und auch die Onlinehilfe dazu behaupten beharrlich, das Kommando für den Stimmaktivierungsmodus sei *Zuhören starten*. Die Spracherkennung lässt sich damit aber trotz zahlreicher Versuche nicht auf Zuruf reaktivieren? Kein Wunder, da konnten sich die Übersetzer von Software und Sprachsteuerung wohl nicht einigen. Der Befehl, mit dem die Spracherkennung wieder aufwacht, lautet in Wirklichkeit *Jetzt zuhören*. Auch der funktioniert allerdings nur, wenn Sie den Stimmaktivierungsmodus gewählt haben. Ohne den können Sie die Spracherkennung nur mit ⊞+Strg oder durch Klicken auf das Mikrofonsymbol wieder aus dem Ruhezustand erwecken.

1. Klicken Sie mit der rechten Maustaste auf das angezeigte Fenster der Sprachsteuerung.

2. Im dadurch geöffneten Kontextmenü wählen Sie *Konfiguration/Spracherkennungs-Systemsteuerung öffnen*.

3. Das bringt Sie in das Modul *Spracherkennung* der Systemsteuerung. Klicken Sie hier links auf *Erweiterte Sprachoptionen*.

4. In diesem Untermenü finden Sie im Bereich *Benutzereinstellungen* die Option *Spracherkennung beim Start ausführen*, die Sie per Mausklick nach Wunsch mit einem Häkchen versehen.

Aktivieren Sie diese Option, wird die Sprachsteuerung ab dem nächsten Windows-Start automatisch aktiviert und als Symbol im Infobereich angezeigt.

Aktivieren Sie die Spracherkennung bei Bedarf

Sie können die Spracherkennung auch nur bei Bedarf aktivieren und so die Startzeit verkürzen und Systemressourcen sparen. Das bietet sich immer dann an, wenn Sie diese Funktion nicht ständig, sondern nur hin und wieder zu bestimmten Zwecken nutzen wollen. In diesem Fall können Sie sich die Suchfunktion des Startbildschirms zunutze machen, um die Sprachsteuerung möglichst schnell zu starten.

1. Öffnen Sie das Windows-Startmenü (beispielsweise mit ⊞).

2. Tippen Sie hier *sprach* ein. Je nachdem, welche Software auf Ihrem PC zusätzlich installiert ist, reichen auch schon weniger Buchstaben oder es sind zusätzliche erforderlich, z. B. *spracherk*.

3. In der Ergebnisliste sollte nun die *Windows-Spracherkennung* aufgelistet sein.

4. Ist dieser Punkt bereits automatisch ausgewählt, reicht ein Druck auf ⏎, um das Programm zu starten. Andernfalls klicken/tippen Sie darauf.

Die Sprachsteuerung selbst per Befehl steuern

Nach dem Start befindet sich die Sprachsteuerung zunächst im Bereitschaftsmodus.
Sie ist zwar eingeschaltet und lauscht, reagiert aber nicht gleich auf jedes Wort,

das Sie sagen. Sie erkennen dies an dem kleinen Fenster am oberen Bildrand mit der
Meldung *Ruhezustand* (mit Sprachaktivierung) bzw. *Aus* (ohne Sprachaktivierung).

Im Ruhezustand reagiert die Spracherkennung nur auf einen einzigen Befehl: *Jetzt
zuhören*. Damit wechselt das Programm in
den Zuhören-Modus. Alternativ bzw. wenn

Sie die Sprachaktivierung nicht gewählt haben, schalten Sie mit der großen runden Mi-
krofon-Schaltfläche im Fenster oder mit ⌗Strg⌗+⌗▦⌗ um. Die runde Schaltfläche leuchtet
dann blau und Sie sehen im Fenster die Meldung *Zuhören*. Nun können Sie Ihre Befehle
und Texte einsprechen.

Soll die Spracherkennung Ihnen nicht mehr lauschen, weil Sie z. B. telefonieren oder
sich mit jemandem unterhalten wollen, sprechen Sie einfach *Nicht mehr zuhören* in das
Mikrofon und das Sprachprogramm wechselt wieder in den Ruhezustand, bis Sie es erneut wecken.

Programme per Sprachbefehl starten

Die Philosophie der Spracherkennung ist eine ganz einfache: Sagen Sie, was Sie sehen.
Wenn Sie in einem Programmfenster Menüs und Schaltflächen mit Beschriftung sehen,
sagen Sie einfach den Text der Schaltfläche oder des Menüs, die bzw. das Sie sonst
mit der Maustaste anklicken würden. Hört sich simpel an, ist es auch. Sie wollen ein Programm per Sprache starten? So geht es:

- Sagen Sie *Start*, um den Startbildschirm zu öffnen.

- Sagen Sie *Mail*, um z. B. die Mail-App zu öffnen.

- Sagen Sie z. B. *Explorer starten*, um den Windows-Explorer aufzurufen.

- Sagen Sie *Desktop*, um den klassischen Desktop zu starten.

Auch innerhalb eines Programms können Sie die Sprachsteuerung nach dem Sagen-was-
Sie-sehen-Prinzip anwenden. Sie wollen eine Datei im Texteditor öffnen?

- Sagen Sie *Datei*, um das *Datei*-Menü zu öffnen.

- Sagen Sie *Öffnen*, um den *Öffnen*-Befehl aus diesem Menü aufzurufen.

- Sagen Sie den Namen der Datei, die Sie öffnen wollen. Gegebenenfalls können
  Sie zuvor auch die Namen von Verzeichnissen, die angezeigt werden, sprechen, um
  dorthin zu wechseln.

- Sagen Sie *Öffnen*, um auf die *Öffnen*-Schaltfläche zu klicken und das Dokument im
  Editor anzuzeigen.

Beliebige Anwendungen per Sprache steuern

Das Steuern per Sprachbefehl stößt dann an seine Grenzen, wenn Schaltflächen und andere Objekte keine Beschriftung haben. Das kann bei Anwendungen vorkommen, die sich nicht an die gängigen Gestaltungsregeln halten. Vor allem aber kommt das z. B. bei Webseiten vor. Auch in solchen Fällen müssen Sie nicht unbedingt zu Maus und Tastatur greifen. Ein spezieller Modus hilft bei der Sprachsteuerung auch ohne Beschriftungen weiter.

1. Sprechen Sie in solchen Fällen den Befehl *Nummern anzeigen*. Halten Sie Ihren Blick dabei am besten auf das Element gerichtet, das Sie benutzen wollen.

2. Die Sprachsteuerung versieht dann alle Elemente, die sich im aktuellen Fenster auswählen und anklicken lassen, mit einer Nummer.

3. Sie brauchen nun nur die Nummer des gewünschten Elements einzusprechen.

4. Die Sprachsteuerung hebt dann das gewünschte Element farbig hervor und versieht es mit dem Text *OK*.

5. Wurden Sie richtig verstanden und das korrekte Element ausgewählt, brauchen Sie nur noch *Okay* zu sagen, um es zu betätigen.

7.3 Die wichtigsten Sprachkommandos zum Steuern und Diktieren

Als Übersicht für einen schnellen Einstieg in die Sprachsteuerung von Windows zeigen Ihnen die folgenden Tabellen, wie Sie typische Befehle, Satzzeichen und Symbole sprechen, damit sie von der Sprachsteuerung verstanden werden. Zusätzlich dienen sie vielleicht auch als Ideengeber, wie Sie sich mit der Sprachsteuerung das Leben und Arbeiten erleichtern können.

Allgemeine Befehle

Die nachfolgende Tabelle umfasst einige allgemeine Befehle zum Steuern des PCs sowie zum Kontrollieren der Sprachsteuerungsfunktionen selbst.

Ihre Absicht	Sagen Sie
Ein Bildschirmelement per Namen anwählen	Klick auf Datei; Klick auf Start; Klick auf Ansicht
Ein Bildschirmelement anklicken	Klick auf Papierkorb; Klick auf Computer; Klick auf Dateiname
Doppelklicken auf ein Element	Doppelklick auf Papierkorb; Doppelklick auf Computer; Doppelklick auf Dateiname
Wechseln zu einem geöffneten Programm	Zu Paint wechseln; Zu WordPad wechseln; Zu Programmname wechseln; Anwendung wechseln
Bildlauf in eine Richtung	Bildlauf nach oben; Bildlauf nach unten; Bildlauf nach links; Bildlauf nach rechts
Einfügen eines neuen Absatzes oder einer neuen Zeile in einem Dokument	Neuer Absatz; Neue Zeile
Markieren eines Wortes in einem Dokument	Wort auswählen
Auswählen eines Wortes und Beginn der Korrektur	Wort korrigieren
Markieren und Löschen bestimmter Wörter	Wort löschen
Anzeigen einer Liste von anwendbaren Befehlen	Was kann ich sagen?
Aktualisieren der Liste der zurzeit verfügbaren Sprachbefehle	Sprachbefehle aktualisieren
Starten der Spracherkennung	Jetzt zuhören
Beenden der Spracherkennung	Nicht mehr zuhören
Verschieben der Mikrofonleiste der Spracherkennung	Spracherkennung verschieben
Minimieren der Mikrofonleiste	Spracherkennung minimieren

Diktieren und Bearbeiten von Text

Die Spracherkennung von Windows lässt sich durchaus auch zum Diktieren von Texten verwenden. Dies wird aber auch nach etwas Training nie völlig fehlerfrei sein. Allerdings können Sie Erkennungsfehler der Diktierfunktion wiederum über Sprachbefehle korrigieren. Angenehmer Nebeneffekt: Die Spracherkennung „lernt" dabei aus ihren Fehlern und verbessert sich dabei ständig.

Ihre Absicht	Sagen Sie
Eine neue Zeile in das Dokument einfügen	Neue Zeile
Einen neuen Absatz in das Dokument einfügen	Neuer Absatz
Einen Tabstopp einfügen	Tabulatortaste drücken
Beim nächsten Befehl den Literalwert verwenden (so fügen Sie beispielsweise das Wort „Punkt" anstelle des Satzzeichens ein)	Literalwert
Die numerische Darstellung einer Zahl einfügen (3 statt drei)	Zahlenwert
Die Einfügemarke vor einem bestimmten Wort	Zu <Wort> wechseln
Die Einfügemarke hinter einem bestimmten Wort	Zur Position nach <Wort> wechseln
Auf das Leerzeichen vor dem nächsten Wort verzichten	Kein Leerzeichen
Zum Anfang des aktuellen Satzes wechseln	Zum Satzanfang wechseln
Zum Anfang des aktuellen Absatzes wechseln	Zum Absatzanfang wechseln
Zum Anfang des Dokuments wechseln	Zum Dokumentanfang wechseln
Zum Ende des aktuellen Satzes wechseln	Zum Satzende wechseln
Zum Ende des aktuellen Absatzes wechseln	Zum Absatzende wechseln
Wechseln zum Ende des aktuellen Dokuments	Zum Dokumentende wechseln
Ein Wort im aktuellen Dokument markieren	Wort auswählen
Einen Wortbereich im aktuellen Dokument markieren	Wortbereich markieren; Wort bis Wort markieren
Den gesamten Text im aktuellen Dokument markieren	Alles markieren
Eine Anzahl von Wörtern links von der Einfügemarke markieren	Markieren der ersten 20 Wörter; Markieren der ersten 10 Wörter
Eine Anzahl von Wörtern rechts von der Einfügemarke markieren	Markieren der nächsten 20 Wörter; Markieren der nächsten 10 Wörter
Den zuletzt diktierten Text markieren	Das hier markieren
Die aktuelle Auswahl aufheben	Auswahl aufheben
Den ersten Buchstaben eines Wortes großschreiben	Großschreibung Wort
Alle Buchstaben des Wortes großschreiben	Großschreibung aller Buchstaben Wort
Alle Buchstaben eines Wortes in Kleinbuchstaben umwandeln	Kleinschreibung Wort

Ihre Absicht	Sagen Sie
Mehrere Wörter in Großbuchstaben umwandeln	Ändern der nächsten <Anzahl> Wörter in Großbuchstaben
Mehrere Wörter in Kleinbuchstaben umwandeln	Ändern der nächsten <Anzahl> Wörter in Kleinbuchstaben
Den vorherigen Satz löschen	Vorherigen Satz löschen
Den nächsten Satz löschen	Nächsten Satz löschen
Den vorherigen Absatz löschen	Vorherigen Absatz löschen
Den nächsten Absatz löschen	Nächsten Absatz löschen
Den markierten oder zuletzt diktierten Text löschen	Das hier löschen

Tasten per Sprachsteuerung simulieren

Nicht immer lässt sich jede Funktion direkt per Sprache befehlen. Aber fast immer gibt es eine Tastenkombination oder Abfolge von Tasten dafür. Mit der Sprachsteuerung können Sie auch Tastenkombinationen und -folgen eingeben, die dann ausgeführt werden.

Ihre Absicht	Sagen Sie
Eine Taste auf der Tastatur drücken	Tastaturtaste drücken; a drücken; Großes b drücken
Eine Tastenkombination drücken	Umschalt plus a drücken; Strg plus a drücken
Steuertasten direkt ohne „drücken" befehlen	Entf; Rücktaste; Eingabetaste; Bild auf; Bild ab; Pos1; Ende; Tab

TIPP ☑ Sofortlösung: So klappt die Erkennung einzelner Buchstaben besser

Die Spracherkennung funktioniert am besten mit ganzen Wörtern und (noch besser) Sätzen. Einzelne Buchstaben sind für das System manchmal weniger gut zu verstehen. Dann hilft es, anstelle der einzelnen Buchstaben das phonetische Alphabet der ICAO bzw. der NATO zu verwenden. Dann sagen Sie z. B. *Alpha* anstatt a. Das Alphabet lautet: Alpha, Bravo, Charlie, Delta, Echo, Foxtrot, Golf, Hotel, India, Juliett, Kilo, Lima, Mike, November, Oscar, Papa, Quebec, Romeo, Sierra, Tango, Uniform, Victor, Whiskey, X-Ray, Yankee, Zulu.

Befehle für Satzzeichen und Sonderzeichen

Die folgende Tabelle zeigt Befehle für das Verwenden der Spracherkennung zum Einfügen von Satzzeichen und Sonderzeichen. Wo mehrere Befehle getrennt durch Semikolon angegeben sind, können Sie Ihre bevorzugte Ausdrucksweise verwenden, um das gewünschte Ergebnis zu erzielen.

Ihre Absicht	Sagen Sie
,	Komma
;	Semikolon
.	Satzendpunkt; Punkt; Dezimaltrennzeichen
:	Doppelpunkt
„	Anführungszeichen unten; doppelte Anführungszeichen unten
"	Anführungszeichen oben; doppelte Anführungszeichen oben
'	Apostroph
,	Einfaches Anführungszeichen unten
'	Einfaches Anführungszeichen oben
>	Größer-als-Zeichen
<	Kleiner-als-Zeichen
/	Schrägstrich
\	Umgekehrter Schrägstrich
~	Tilde
@	at-Zeichen
!	Ausrufezeichen
?	Fragezeichen
#	Nummernzeichen; Pfund-Zeichen
$	Dollar-Zeichen
%	Prozentzeichen
^	Zirkumflexzeichen
(	Runde Klammer links; Klammer auf
)	Runde Klammer rechts; Klammer zu
_	Unterstrich
-	Bindestrich; Minuszeichen; Gedankenstrich
–	Halbgeviertstrich
—	Geviertstrich
=	Gleichheitszeichen
+	Pluszeichen
{	Geschweifte Klammer links; geschweifte Klammer auf
}	Geschweifte Klammer rechts; geschweifte Klammer zu

Ihre Absicht	Sagen Sie
[	Eckige Klammer links; eckige Klammer auf
]	Eckige Klammer rechts; eckige Klammer zu
|	Senkrechter Strich
:-)	Smiley
:-(	Trauriges Smiley
;-)	Zwinkerndes Smiley
™	Symbol für Marke
¾	Dreiviertelzeichen
¼	Einviertelzeichen
½	Einhalbzeichen
£	Pfund-Zeichen
&	Kaufmännisches Und-Zeichen; Und-Zeichen
*	Sternchen
//	Doppelter Schrägstrich
`	Graviszeichen
<	Winkelklammer links
>	Winkelklammer rechts
±	Plus-/Minuszeichen
«	Linkes Chevron
»	Rechtes Chevron
×	Multiplikationszeichen
÷	Divisionszeichen
¢	Centzeichen
¥	Yen-Zeichen
§	Paragrafenzeichen
©	Copyright-Symbol
®	Symbol für eingetragene Marke
°	Gradzeichen
¶	Absatzzeichen
…	Auslassungspunkte; Pünktchen Pünktchen Pünktchen
ƒ	Funktionszeichen

Menüs und beliebige Elemente auf dem Bildschirm steuern

Auch Menüs und andere Fensterelemente lassen sich komfortabel per Sprachsteuerung
ansprechen, sofern sie standardkonform benannt sind. Denn dann kann Windows z. B.
den ausgesprochenen Namen eines Menüs diesem Element zuordnen. Andernfalls gibt
es Hilfsmittel, praktisch jedes beliebige Element der Bedienoberfläche auch per Sprache zu aktivieren.

Ihre Absicht	Sagen Sie
Ein Element mit einer eindeutigen Textbeschriftung (z. B. Menüeinträge) aktivieren	Datei; Bearbeiten; Ansicht; Speichern; Fett
Ein Element anklicken	Klick auf Datei; Klick auf Fett; Klick auf Speichern; Klick auf Schließen
Auf ein Element doppelklicken	Doppelklick auf Computer; Doppelklick auf Papierkorb; Doppelklick auf Ordnername
Ein Element mit der rechten Maustaste anklicken	Rechtsklick auf Computer; Rechtsklick auf Papierkorb; Rechtsklick auf Ordnername
Elemente anklicken, die keine eindeutige Bezeichnung haben	Nummern anzeigen (Auf dem Bildschirm werden alle Elemente des aktiven Fensters mit Nummern versehen. Sprechen Sie die entsprechende Nummer, um das Element auszuwählen.)
Ein nummeriertes Element in einer Liste auswählen	19 Okay; 5 Okay
Ein nummeriertes Element doppelklicken	Doppelklick auf 19; Doppelklick auf 5
Mit der rechten Maustaste auf ein nummeriertes Element klicken	Rechtsklick auf 19; Rechtsklick auf 5

Fenster mit Sprachbefehlen steuern

In der Regel beziehen sich Sprachbefehle jeweils auf das aktive Programm- bzw. Do-
kumentfenster. Sie können aber auch die Fenster und den Windows-Desktop insgesamt
mit gesprochenen Befehlen steuern.

Ihre Absicht	Sagen Sie
Ein Programm starten	Paint öffnen; WordPad öffnen; Programmname öffnen
Zu einem geöffneten Programm wechseln	Zu Paint wechseln; Zu WordPad wechseln; Zu Programmname wechseln; Anwendung wechseln
Ein Programm schließen	Das hier schließen; Paint schließen; Dokumente schließen
Minimieren	Das hier minimieren; Paint minimieren; Dokumente minimieren

Ihre Absicht	Sagen Sie
Maximieren	Das hier maximieren; Paint maximieren; Dokumente maximieren
Wiederherstellen	Das hier wiederherstellen; Paint wiederherstellen; Dokumente wiederherstellen
Alle Fenster minimieren	Desktop anzeigen
Ausschneiden	Das hier ausschneiden; Ausschneiden
Kopieren	Das hier kopieren; Kopieren
Einfügen	Einfügen
Löschen	Das hier löschen; Löschen
Rückgängig machen	Das hier rückgängig machen; Das hier streichen; Rückgängig
Bildlauf in eine Richtung	Bildlauf nach oben; Bildlauf nach unten; Bildlauf nach rechts; Bildlauf nach links
Bildlauf über mehrere Seiten	Bildlauf über 2 Seiten nach unten; Bildlauf über 10 Seiten nach oben
Bildlauf über mehrere andere Einheiten	5 nach oben; 7 nach unten
Zu einem anderen Element in einem Formular oder Programm wechseln	Zu Feldname wechseln; Zu Betreff wechseln; Zu Adresse wechseln; Zu Cc wechseln

Den Mauszeiger per Sprache auf dem Bildschirm platzieren

Wenn gar nichts anderes möglich ist, können Sie die Spracherkennung auch zum Steuern des Mauszeigers verwenden, um so eine beliebige Bildschirmposition zu erreichen. Das ist allerdings teilweise schon etwas mühsam und eher für Menschen mit körperlichen Einschränkungen vorgesehen, denen das Benutzen z. B. einer Maus als Eingabegerät nicht möglich ist.

Ihre Absicht	Sagen Sie
Ein Mausraster auf dem Bildschirm anzeigen	Mausraster
Den Mauszeiger auf die Mitte des Mausrasterquadrats bewegen	Nummer – oder Nummern – des Quadrats; 1; 7; 9; 1; 7; 9
Auf ein Mausrasterquadrat klicken	Auf Nummer des Quadrats klicken
Ein zu ziehendes Element mit dem Mausraster auswählen	Nummer – oder Nummern – des Quadrats, in dem das Element angezeigt wird; 3, 7, 9 (gefolgt von) markieren
Den Bereich im Mausraster markieren, in den Sie das Element ziehen möchten	Nummer – oder Nummern – des Quadrats, in das Sie das Element ziehen möchten; 4, 5, 6 (gefolgt von) klicken

Teil II

Die mitgelieferten Anwendungen und Apps effizient nutzen

Kapitel 8

8. Mit dem Edge-Webbrowser noch sicherer und schneller surfen

Eine der radikalsten Neuerungen von Windows 10 ist der neue Webbrowser. Anstelle des „doppelten Internet Explorer" in Desktop- und Touchoptik gibt es nun einen Browser, der sich sowohl per Finger als auch per Maus und Tastatur komfortabel bedienen lassen soll.

Vor allem aber wurde der Kern des Browsers – die sogenannte Engine – von Grund auf neu entwickelt. Dadurch beherrscht Edge die neuesten Webstandards und -technologien und ist beim Seitenaufbau selbst umfangreicher und komplexer dynamischer Webseiten deutlich schneller als sein Vorgänger. Aber auch bei der Oberfläche des Webbrowsers hat sich einiges verändert – sowohl in der Bedienung als auch im Funktionsumfang.

8.1 Die Basisfunktionen in der Oberfläche des Edge-Browsers

Der Edge-Browser passt sich mit seiner entschlackten und verschlankten Oberfläche gut in das nüchterner gewordene Windows-Design ein. Nur noch wenige Bedienelemente sollen den Anwender ablenken. Zugleich wird so dem eigentlichen Inhalt – also den angezeigten Webseiten – der maximale Platz auf dem Bildschirm eingeräumt.

TIPP ☑ Wo ist die Adressleiste hin?

Falls Sie sich auf den ersten Blick wundern, was aus der Such- und Adressleiste geworden ist: Die gibt es immer noch, aber sie wird nur bei Bedarf eingeblendet. Klicken Sie einfach an die Stelle, wo sie eigentlich sein sollte, wenn Sie etwas eingeben möchten. Dann blendet Edge sie sofort ein und nimmt Ihre Eingaben entgegen.

Im Wesentlichen beschränken sich die Steuerelemente auf eine schmale Zeile oben unterhalb der Register. Zur schnellen Orientierung:

- **Vor** und **Zurück** bzw. **Aktualisieren**,

- eine Webadresse oder auch einen Suchbegriff eingeben,

- bei umfangreicheren Texten zur **Leseansicht** wechseln,

- eine Webseite als **Favoriten** speichern,

- den **Hub** mit Lesezeichen, Leseliste, Verlauf und Downloads einblenden,

- **Notizen** zu Webseiten erstellen,

- Webinhalte mit anderen **Teilen**,

- das **Menü** für weitere Funktionen und Einstellungen öffnen.

Ein gemeinsames Feld für Suchen und Adressen

Adress- und Suchfeld wurden bereits bei den letzten Internet-Explorer-Versionen zusammengelegt. Dieser Eingabebereich dient nicht nur zum Eingeben und Anzeigen von Webadressen. Im Prinzip können Sie von hier aus ganz schnell auf alle Elemente wie Suche, Lesezeichen, Verlauf etc. zugreifen. Mit der richtigen Eingabe finden Sie so jede Webseite ruck, zuck wieder.

1. Platzieren Sie die Einfügemarke mit einem einfachen linken Mausklick in das Feld.

   > ⌕ Webadresse suchen oder eingeben

2. Beginnen Sie nun, die Adresse bzw. den Namen einer Webseite oder einen Suchbegriff einzutippen.

3. Sofort zeigt der Browser eine Liste der infrage kommenden Webseiten an. Er bedient sich dazu der Daten aus dem Verlauf, den Lesezeichen, früheren Eingaben und Vorschlägen von Suchmaschinen.

4. Mit jedem weiteren Buchstaben schränken Sie die Liste jeweils weiter ein.

5. Wenn die von Ihnen gewünschte Seite auf dem Bildschirm angezeigt wird, können Sie direkt darauf klicken, um sie anzuzeigen. Alternativ können Sie die Pfeiltasten und ⏎ benutzen, wenn Sie bei der Tastatur bleiben möchten.

6. Sie können auch so lange weitertippen, bis nur noch genau eine Möglichkeit zur Auswahl angezeigt wird, die Sie dann auswählen.

Wie Sie die verschiedenen Arten von Suchmöglichkeiten gezielt nutzen, beschreiben die nachfolgenden kurzen Abschnitte.

TIPP ☑ Schnelle Orientierung in den Vorschlägen

Bei den Vorschlägen, die der Edge-Browser Ihnen zum jeweils eingetippten Text im Adressfeld macht, färbt er jeweils die Buchstaben, die mit Ihrer Eingabe übereinstimmen, blau ein. So können Sie auf den ersten Blick erkennen, wo in einer vorgeschlagenen Webseite der Begriff vorkommt und ob diese Seite wirklich der gewünschten entspricht.

Webadressen eingeben

Wie gewohnt können Sie im Eingabefeld
Webadressen eintippen. Der Edge-Browser
versteht diese aufgrund ihrer Form automa-

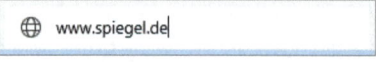

tisch richtig. Protokollbezeichner wie *http://* können Sie dabei in der Regel weglassen.
Nur wenn die Erkennung bei speziellen Geräten beispielsweise im lokalen Netzwerk
versagen sollte, fangen Sie am besten mit *http://* an. Sie brauchen sich dabei auch
nicht von der Vorschlagliste des Edge-Browsers ablenken zu lassen. Tippen Sie einfach
die komplette Adresse ein und drücken Sie ⏎.

Sie können sich die Hilfestellung des Browsers aber auch beim Eintippen von Adressen
zunutze machen. Wenn der Edge-Browser die Adresse bereits von einem früheren Besuch kennt, wird er sie Ihnen in seiner Liste vorschlagen. Sie brauchen also nur so viel
einzutippen, bis Sie die gewünschte Adresse in der Vorschlagliste sehen. Dann wählen
Sie sie dort direkt per Maus oder Tastatur aus.

Webseiten aus Favoriten und Verlauf abrufen

Wenn Sie genau wissen, dass eine Webseite als Favorit gespeichert ist oder sich von
einem kürzlichen Besuch noch in den Verlaufsdaten befindet, können Sie diese noch gezielter abrufen. Sie brauchen keine Adresse zu kennen, sondern lediglich einen eindeutigen Teil der Adresse oder des Titels, also z. B. den Namen des Webangebots. Tippen
Sie diesen ein, schlägt der Edge-Browser alle Webseiten vor, die diesen Begriff als Teil
ihrer Adresse oder ihres Titels verwenden.

HINWEIS ▷ Keine Volltextsuche

Im Verlauf des Edge-Browsers sind nur die Webadresse und der Titel der besuchten
Webseiten gespeichert, nicht aber deren Inhalt. Eine Volltextsuche über den Inhalt ist
also nicht möglich. Wählen Sie also einen Teil der Adresse oder des Seitentitels aus, um
eine Webseite auf diese Weise schnell wiederzufinden.

Suchanfragen durchführen

Um das Eingabefeld für eine klassische Suche zu benutzen, verwenden Sie es so, wie Sie bei früheren Internet-Explorer-Versionen das Suchfeld genutzt hätten. Tippen Sie also einfach den Suchbegriff ein. Der Browser macht Ihnen dabei bereits Vorschläge, wie sich der Begriff sinnvoll vervollständigen ließe. Die können Sie nutzen oder ignorieren. Im Zweifelsfall tippen Sie einfach weiter und schicken die Eingabe mit ⏎ an die voreingestellte Suchmaschine.

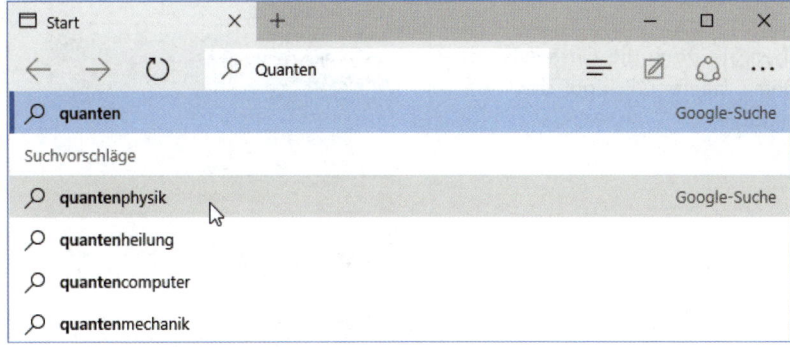

Weitere Suchfunktionen in das Suchfeld integrieren

Standardmäßig verwendet der Edge-Browser für die Onlinesuche die Microsoft-eigene Bing-Suchmaschine. Wer Google oder was auch immer für diesen Zweck bevorzugt, kann das selbstverständlich ändern. Das Suchfeld lässt sich über eine spezielle Webseite um weitere Suchdienste erweitern. Irgendwie ist es aber wenig überraschend, dass Microsoft die Funktion hierzu im Vergleich zu früher gut versteckt und komplizierter gemacht hat. Aber so geht es:

1. Öffnen Sie als Erstes die Webseite des gewünschten Suchdienstes im Edge-Browser, also etwa https://www.google.de. Dabei ist zu beachten, dass dieser Anbieter verschlüsselte Webseiten (also *https://*) und die OpenSearch-1.1-Spezifikation unterstützt, was man aber bei namhaften Anbietern voraussetzen kann.

2. Klicken Sie dann rechts oben auf das Menü-Symbol und wählen Sie im Menü den Punkt *Einstellungen*.

3. In der Einstellungsliste geht es gleich weiter nach unten zur Schaltfläche *Erweiterte Einstellungen anzeigen*.

4. Suchen Sie in dieser noch längeren Liste den Eintrag *In Adressleiste suchen mit* und klicken Sie dort auf die Schaltfläche *Suchmaschine ändern*.

5. Wählen Sie dann den angebotenen Suchdienst aus (neue Anbieter werden hier nur angezeigt, wenn deren Suchseite gerade im Browser geöffnet ist).

6. Klicken Sie dann auf *Als Standard*, um den neuen Suchdienst ab sofort für das Suchen mit dem Adress- und Suchfeld zu verwenden.

7. Schließen Sie dann die *Einstellungen* mit einem erneuten Klick auf das Menü-Symbol.

Ab sofort verwendet das Suchfeld den neu hinzugefügten Suchdienst. Zwischen eingerichteten Suchdiensten können Sie jederzeit in den erweiterten Einstellungen hin- und herwechseln.

Textstellen innerhalb einer Webseite schnell finden

Mit dem Finden von Webseiten allein ist es oft noch nicht getan: Bei umfangreicheren Texten muss man meist noch die passende Stelle suchen. Beim Edge-Browser können Sie jederzeit eine Suchleiste einblenden. Sie unterstützt mit praktischen Suchhilfen, wie etwa dem farblichen Hervorheben aller Fundstellen.

1. Um die Suchfunktion zu aktivieren, drücken Sie (Strg)+(F) oder wählen im Menü den Punkt *Auf Seite suchen*.

2. Der Edge-Browser blendet dann eine Suchleiste oberhalb der angezeigten Webseite ein. Hier können Sie den Suchbegriff eingeben, nach dem Sie innerhalb dieser Seite suchen möchten.

3. Der Edge-Browser markiert schon beim Tippen alle Stellen in der Webseite, an denen die bislang eingetippte Zeichenkombination vorkommt.

4. Mit den beiden Pfeilsymbolen können Sie die verschiedenen Fundstellen in der Seite der Reihe nach ansteuern. Links daneben lässt sich ablesen, wie viele Fundstellen es insgesamt gibt.

5. In dem kleinen *Optionen*-Auswahlfeld können Sie die Funktionsweise der Suche steuern, etwa ob der eingegebene Suchbegriff nur als ganzes Wort gefunden werden soll oder ob Unterschiede in der Groß-/Kleinschreibung berücksichtigt werden sollen.

Die augenschonende Leseansicht für längere Texte

Direkt rechts neben dem Adress- und Suchfeld des Edge-Browsers finden Sie das Symbol für die Leseansicht (auch ⌈Strg⌉+⌈⇧⌉+⌈R⌉). Damit wechseln Sie zu einer augenfreundlicheren Darstellung von Webseiten. Sie eignet sich insbesondere für längere Texte wie Artikel, Blogbeiträge und andere Onlinedokumente. Edge wechselt dabei zu einer dezenten, angenehmen Hintergrundfarbe, verwendet eine spezielle lesefreundliche Schriftart und verzichtet automatisch auf störende Elemente wie Werbebanner, Seitenleisten, Navigationselemente etc. Auch Bilder werden größtenteils weggelassen, wenn sie den Lesefluss stören würden.

1. Wenn bei der aktuell angezeigten Webseite eine Leseansicht zur Verfügung steht (siehe folgenden Hinweis), wird das Symbol in der Adressleiste automatisch aktiviert. Klicken Sie einfach darauf, um zur Leseansicht zu wechseln.

2. Edge wandelt dann sofort die Darstellung der Seite in die Leseansicht um. Die Änderungen dürften direkt ins Auge fallen.

3. Sie können den Text nun nach Belieben lesen. Wollen Sie die Ansicht später verlassen, klicken Sie einfach erneut auf das Symbol. Enthält der Text Verweise auf andere Seiten, können Sie diese auch benutzen. Die Leseansicht wird beim Laden anderer Webseiten automatisch deaktiviert.

4. Sollte die Größe der Schrift nicht Ihren Vorstellungen entsprechen, können Sie wie immer im Browser [Strg]+[+] bzw. [Strg]+[-] für eine sofortige Anpassung in festen Schritten verwenden. [Strg]+[0] kehrt jederzeit zur Standardanzeige (100 %) zurück. Dauerhaft können Sie die Darstellung der Leseansicht in den Einstellungen anpassen (siehe im Folgenden).

HINWEIS ▷ Leseansicht nur bei textlastigen Webseiten

Der Lesemodus von Edge ist nur für Webseiten sinnvoll nutzbar, die zum überwiegenden Teil aus Textinhalt bestehen. Der Browser erkennt selbstständig, wann es sich um solche Webseiten handelt und aktiviert nur dann das Symbol für die Leseansicht.

Die Darstellung der Leseansicht lässt sich in gewissem Umfang an Ihren Bildschirm und Ihre Lesegewohnheiten anpassen. Öffnen Sie dazu die Einstellungen von Edge und suchen Sie in der Liste nach dem Bereich *Lesen*. Hier können Sie:

- Bei *Stil der Leseansicht* die grundlegende Farbgestaltung für diesen Modus wählen.

- Außerdem können Sie die *Schriftgröße in Leseansicht* an den verwendeten Bildschirm und/oder Ihre Augen anpassen.

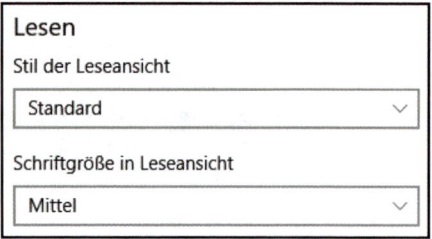

Webseiten mit Notizen und Markierungen versehen

Die wohl innovativste Funktion von Edge ist die Möglichkeit, Webseiten mit Markierungen und Notizen zu versehen. Sie können also einfach im Browser Passagen einer Webseite unterstreichen bzw. farbig hervorheben oder Kommentare „an den Rand schreiben".

Dadurch verändern Sie selbstverständlich nicht die Webseite selbst. Aber Sie können eine Variante der Webseite mit Ihren Ergänzungen beispielsweise als Favoriten speichern und so später jederzeit wieder abrufen. Außerdem können Sie kommentierte Webseiten mit anderen teilen, die sie dann ebenfalls auf dieser Webseite angezeigt bekommen.

1. Um eine Webseite mit Anmerkungen zu versehen, klicken Sie auf das Notizsymbol in der Adressleiste.

2. Edge blendet dann anstelle der Adressleiste eine zusätzliche Symbolleiste mit den Notizfunktionen ein.

- Mit dem *Stift* können Sie Skizzen einfügen, Text unterstreichen, Pfeile einzeichnen etc.

- Mit dem *Textmarker* lassen sich wichtige Textpassagen farbig hervorheben.

- Mit dem *Radierer* können Sie zuvor eingefügte Anmerkungselemente wieder entfernen.

- *Notizen* sind in den Text eingefügte eigene Anmerkungen.

- Mit der *Beschneiden*-Funktion beschränken Sie eine umfangreiche Webseite auf den für Sie interessanten Teil.

- Mit *Speichern* bewahren Sie Ihre Notizen dauerhaft als Favoriten, in der Leseliste oder in der OneNote-App.

- Durch die *Teilen*-Funktion können Sie die Webseite einschließlich Ihrer Notizen an andere freigeben, etwa per Mail oder via OneDrive.

- Mit *Beenden* schließen Sie die Notizfunktion, ohne die Ergänzungen zu speichern.

3. Um beispielsweise eine Textpassage hervorzuheben, wählen Sie das Textmarker-Werkzeug. Dann können Sie mit gedrückter linker Maustaste den Text entlangfahren, den Sie hervorheben möchten. Sehr gut geht dies auch bei einem Touchbildschirm, wo Sie den Text einfach mit der Fingerspitze abfahren.

> Wichtig: Im vorangehend beschriebenen Ordner sind die automatisch erstellten Sprunglisten für „Zuletzt verwendet" oder ähnlich gespeichert. Die individuell angelegten Sprunglisten mit selbst angehefteten Ordner finden Sie statt dessen im Ordner %APPDATA% \Microsoft\Windows\Recent\CustomDestinations, den Sie genau wie vorangehend beschrieben öffnen und bearbeiten können. Bei Problemen sollte man am Besten immer beide Ordner kontrollieren.

4. Um eine eigene Anmerkung einzufügen, verwenden Sie das Notiz-Werkzeug und tippen damit an die Textstelle, zu der Sie etwas anmerken möchten.

5. Nach dem Einfügen Ihrer Anmerkungen sollten Sie diese sichern. Klicken Sie dazu auf das *Speichern*-Symbol.

6. Sie können dann wählen, ob Sie diese Webseite mit Anmerkungen in OneNote, als Favoriten oder in Ihrer Leseliste ablegen möchten. Außerdem können Sie unten den Namen für die zu speichernde Webseite ändern. Klicken Sie dann unten auf *Senden* bzw. *Hinzufügen*.

Spannende Webinhalte mit anderen teilen

Wenn Sie im Web auf spannende Informationen stoßen, die Sie gern mit anderen teilen möchten, geht das ganz unkompliziert mit der *Teilen*-Funktion von Windows. Diese ist auch in Edge integriert. Sie bietet eine Schnittstelle zu anderen Apps, über die die Adresse der aktuell angezeigten Webseite schnell und einfach übermittelt werden kann.

1. Um die aktuell angezeigte Webseite weiterzugeben, klicken Sie einfach auf das *Teilen*-Symbol in der Adressleiste.

2. Damit blenden Sie am rechten Bildschirmrand die *Teilen*-Leiste ein. Diese enthält einen Eintrag für jede App, die mit dieser Art von Inhalt (in dem Fall also eine Webseite) etwas anfangen kann. Standardmäßig sind das zumindest die mitgelieferten *Leseliste-App*, *Mail* und *OneNote*. Wenn Sie weitere Apps installieren, tragen diese sich gegebenenfalls aber auch in diese Liste ein.

3. Mit dem Auswahlfeld ganz oben können Sie entscheiden, ob Sie die Adresse der Webseite oder ein Bildschirmfoto der aktuellen Browserseite teilen möchten. Ein Foto hat den Vorteil, dass es genau den Ausschnitt der Seite zeigen kann, den Sie verbreiten oder aufbewahren möchten. Außerdem „friert" es den Inhalt ein. Teilen Sie stattdessen die Adresse, kann es sein, dass der Inhalt der Seite sich zwischenzeitlich verändert.

4. Klicken Sie dann die gewünschte App in der Liste an und warten Sie, bis der Browser Ihren Wunsch verarbeitet hat. In der Regel wird die App dann im Seitenbereich angezeigt. Hier sehen Sie eine Vorschau auf das erstellte Element. Teilweise müssen oder können Sie auch noch Angaben ergänzen, wie etwa bei E-Mails die Empfängeradresse und den Betreff.

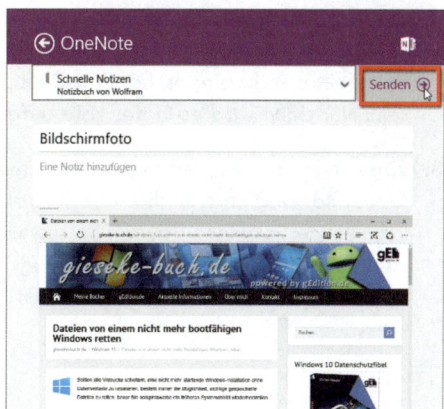

5. Klicken Sie dann oben rechts in der Vorschau auf die Schaltfläche, die je nach App mit Senden, Hinzufügen, Speichern oder ähnlich beschriftet ist, um den Teilen-Vorgang abzuschließen. Die Seitenleiste wird dann ausgeblendet und Sie kehren zum Browser zurück.

Medieninhalte auf anderen Geräten wiedergeben

Mit der Streaming-Funktion von Edge lassen sich Medien, die in Webseiten eingebettet sind, nicht nur im Browser selbst wiedergeben. Sie können solche Inhalte auch an externe Geräte wie Smart-TVs oder Netzwerk-Musikplayer weiterreichen, die dann die Wiedergabe übernehmen. So kann man etwa bequem am PC oder Tablet nach Videos suchen. Hat man etwas Vielversprechendes gefunden, lässt man es am großformatigen TV-Gerät im Wohnzimmer wiedergeben und kann den Film dann bequem auf dem Sofa und mit mehreren Personen anschauen. Mögliche Quellen für passend eingebettete Medien sind beispielsweise Videos von YouTube, Musik von Pandora oder Bilderalben von Facebook. Aber auch bei vergleichbaren Anbietern sollten Sie diese Funktion einfach mal ausprobieren.

1. Wann immer Sie sich auf einer Seite mit einer Medienwiedergabe-Funktion befinden, können Sie im Menü die Funktion *Medien auf Gerät wiedergeben* aufrufen.

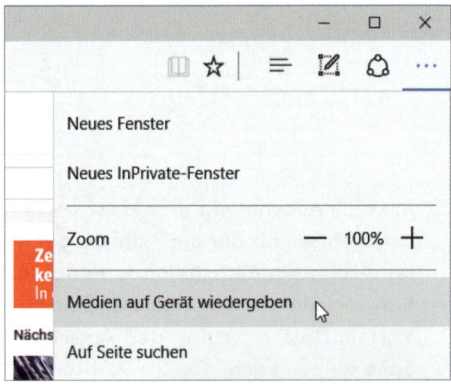

2. Wählen Sie im anschließenden Dialog das Gerät aus, auf dem die Wiedergabe erfolgen soll. Voraussetzungen: Das Gerät muss entweder das DLNA-Protokoll als Medienrenderer oder den Miracast-Standard beherrschen, was für recht viele aktuelle Geräte gelten sollte. Und das Gerät muss zu diesem Zeitpunkt bereits eingeschaltet und empfangsbereit sein. Nur dann wird es in der Liste aufgeführt.

3. Edge stellt nun die Verbindung zum gewählten Gerät her und startet die Wiedergabe. Das kann einige Sekunden dauern. Bei manchen Geräten müssen Sie diesen externen Zugriff auch zunächst per Fernbedienung gestatten.

Problematische Webseiten im klassischen Internet Explorer öffnen

Totgeglaubte leben manchmal länger. Und so ist auch der Internet Explorer bei Windows immer noch an Bord, auch wenn man auf den ersten ebenso wie den zweiten Blick keine Spur davon erkennen kann. Allerdings kann es insbesondere in Firmennetzwerken Webseiten geben, die spezielle Funktionen des Internet Explorer benötigen. Man denke dabei nur an ActiveX oder VBScript – beides proprietäre Technologien, auf die Microsoft im Edge-Browser ganz bewusst verzichtet hat.

Damit sich Webseiten mit solchen Elementen aber zumindest für eine Übergangszeit noch verwenden lassen, kann der Internet Explorer weiter genutzt werden. Und das geht sogar ganz einfach:

1. Zeigen Sie das fragliche Webangebot im Edge-Browser an (auch wenn es dort nicht ordnungsgemäß funktioniert).

2. Klicken Sie dann rechts auf das Menü-Symbol und wählen Sie den Menüpunkt *Mit Internet Explorer öffnen*.

3. Der Edge-Browser startet dann den Internet Explorer und lässt ihn die aktuell angezeigte Webadresse öffnen.

4. Wenn Sie dies zum ersten Mal überhaupt machen, möchte der Internet Explorer eingerichtet werden. Wählen Sie dazu die Option *Empfohlene Sicherheits- und Kompatibilitätseinstellungen verwenden* und klicken Sie auf OK.

Den so geöffneten Internet Explorer können Sie wie in früheren Windows-Versionen nutzen. Er stellt alle bekannten Funktionen bereit und lässt sich auch über die Internetoptionen wie gewohnt konfigurieren.

In diesem Buch gehe ich darauf allerdings nicht weiter ein. Es hat sich beim Internet Explorer buchstäblich nichts verändert und er sollte ohnehin nur in den wenigen Ausnahmesituationen eingesetzt werden, wo man mit dem Edge-Browser nicht weiterkommt. Es ist davon auszugehen, dass Microsoft diese „Notlösung" auch nur für einen überschaubaren Zeitraum unterstützt. Webseiten, die sich mit Edge nicht vollständig nutzen lassen, sollten in absehbarer Zeit auf aktuelle Webstandards und -technologien umgestellt werden.

8.2 Mit dem Hub schnell zu Lesezeichen, Verlauf und Downloads

Um die Oberfläche zu entschlacken, sind beim Edge-Browser einige Bereiche, die zwar wichtig sind, aber nicht ständig benötigt werden, in den Hub ausgelagert. Dabei handelt es sich um einen Seitenbereich innerhalb des Browserfensters, den Sie vorübergehend oder auf Wunsch auch dauerhaft einblenden können.

1. Um den Hub vorübergehend anzuzeigen, klicken Sie in der Adressleiste auf das *Hub*-Symbol.

2. Der Edge-Browser blendet daraufhin eine Seitenleiste am rechten Fensterrand ein.

3. Hier können Sie ganz oben die gewünschten Inhaltskategorien auswählen, von links nach rechts stehen die Symbole für

   - Favoriten,

   - Leseliste,

   - Verlauf sowie

   - Downloads.

4. Innerhalb der Kategorien werden dann die dazugehörenden Inhalte angezeigt, also etwa die Liste der Favoriten, die letzten Einträge des Browserverlaufs und so weiter.

5. Wenn Sie einen konkreten Eintrag anklicken, der dann im Browser angezeigt wird, blendet Edge den Hub-Seitenbereich automatisch wieder aus.

TIPP ☑ Die Hub-Seitenleiste dauerhaft anzeigen

Wenn Sie den Hub häufig nutzen und einen breiten Bildschirm verwenden, möchten Sie die Seitenleiste vielleicht ständig angezeigt haben, um jederzeit schnell darauf zugreifen zu können? Klicken Sie dazu auf das *Anheften*-Symbol oben rechts in der Seitenleiste. Sie bleibt dann dauerhaft

so lange eingeblendet, bis Sie das Anheften rückgängig machen.

Oft besuchte Webseiten als Favoriten merken

Auch wenn das Adress- und Suchfeld Hilfen bietet, Webseiten ohne allzu viel Tippen abzurufen, bietet sich für häufig besuchte Internetangebote immer noch das Speichern als Favoriten an. Solche Favoriten können Sie jederzeit bequem mit wenigen Mausklicks wieder abrufen. Um eine Webseite in den Favoriten zu speichern, gehen Sie wie folgt vor:

1. Öffnen Sie die Webseite, sodass sie im Browserfenster dargestellt wird, und klicken Sie dann in der Adressleiste auf das Sternsymbol.

2. Der Edge-Browser zeigt dann einen Dialog an, in dem Sie die Eigenschaften des neu zu erstellenden Favoriten festlegen können.

3. Als *Name* schlägt er standardmäßig den Titel der angezeigten Webseite vor. Sie können hier aber auch einen beliebigen anderen Text angeben. Gerade bei längeren Titeln empfiehlt es sich, diese zu kürzen, da sie sonst den Rahmen der Favoritenleiste bzw. des Favoritenmenüs sprengen.

4. Bei *Speichern in* wählen Sie den Favoritenordner, in dem der Eintrag erstellt werden soll. Standardmäßig werden neue Favoriten im Hauptordner angelegt. Wie üblich können Sie aber auch andere vorhandene Unterordner auswählen oder mit *Neuen Ordner erstellen* weitere hinzufügen.

5. Klicken Sie dann auf *Hinzufügen*, um den Favoriten anzulegen.

Die gespeicherten Webseiten sind über den Hub zugänglich. Sie können aber auch einfach einen Teil des Namens direkt im Adress- und Suchfeld eintippen, dann schlägt der Browser Ihnen den Favoriten als Vervollständigung vor. Außerdem können Sie Ihre Lieblingsadressen über die Favoritenleiste einblenden.

Favoriten abrufen

Einmal als Favoriten gespeicherte Webseiten können Sie über den Hub jederzeit wieder abrufen:

1. Klicken Sie auf das *Hub*-Symbol in der Symbolleiste.

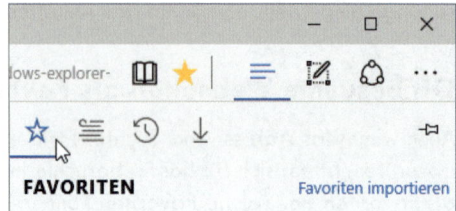

2. Wählen Sie in der Hub-Seitenleiste ganz oben links das Symbol für die Favoriten.

3. Der Seitenbereich zeigt dann die Favoritenordner mit ihren Einträgen an. Klicken Sie hier einfach auf den gewünschten Eintrag.

4. Der Edge-Browser fordert die Seite dann an und stellt sie im aktuell gewählten Browserfenster dar. Gleichzeitig blendet er die Favoriten-Explorerleiste automatisch wieder aus, damit die maximale Breite für die Darstellung der Webseite genutzt werden kann.

Wenn Sie Tabs verwenden, können Sie eine Favoritenseite auch direkt in einem neuen Tab anzeigen, sodass die bisher angezeigten Webseiten erhalten bleiben.

Klicken Sie dazu mit der mittleren Maustaste bzw. mit gedrückter Strg-Taste auf den Eintrag des Favoriten. Alternativ finden Sie im Kontextmenü jedes Eintrags auch den Befehl *In neuem Tab öffnen*.

Mit der Favoritenleiste immer sofort Zugriff auf Ihre Lieblingsseiten

Für Webseiten, die Sie beinahe täglich verwenden, gibt es noch eine weitere Zugangsvariante. Der Edge-Browser verfügt über eine Favoritenleiste, wie sie vom Internet Explorer her bekannt ist. Diese ist zwar standardmäßig ausgeblendet, aber das können Sie jederzeit ändern.

Öffnen Sie dazu über das Menü-Symbol die *Einstellungen* und klicken Sie dort unter *Favoriten* auf *Favoriteneinstellungen anzeigen*. Darin können Sie dann ganz oben die Option *Favoritenleiste anzeigen* auf *Ein* umstellen. Haben Sie sehr viele Adressen in der Favoritenleiste gespeichert, kann es hilfreich sein, anstelle von Symbolen und Namen *Nur Symbole auf der Favoritenleiste anzeigen* zu lassen.

Der Browser blendet daraufhin eine Leiste unterhalb des Adress- und Suchfeldes ein. Hier werden alle Favoriten angezeigt, die Sie in den Ordnern der Favoritenleiste gespeichert bzw. dorthin verschoben haben. Auf diese Weise können Sie steuern, welche Ihrer Favoriten in der Leiste angezeigt werden und welche nicht.

Artikel in der Leseliste für späteres Lesen vormerken

Wozu eine Leseliste, wenn man sich interessante Webseiten als Favoriten merken kann? Tatsächlich sind die Funktionen von Favoriten und Leseliste ganz ähnlich und finden sich auch an denselben Stellen. Der Unterschied liegt eher in der Bedeutung:

- Als Favoriten speichert man Webseiten, deren Inhalt sich regelmäßig ändert bzw. bei denen man immer mal wieder etwas nachschauen will.

- In der Leseliste merkt man sich interessante Inhalte, auf die man beim Surfen durchs Web gestoßen ist und die man zu einem späteren Zeitpunkt in aller Ruhe durchlesen bzw. ansehen möchte.

Die Favoriten sind also so eine Art Adressbuch, während die Leseliste eine To-do-Liste mit zu erledigender Lektüre darstellt. Außerdem ist die Leselisten-Funktion eng mit der bei Windows mitgelieferten Leselisten-App verknüpft. Alles, was Sie durch Edge in der Leseliste ablegen, landet automatisch auch in der Leseliste-App. Wenn Sie für die Windows-Anmeldung ein Microsoft-Konto verwenden, wird der Inhalt der Leseliste-App automatisch mit anderen Geräten verknüpft, auf denen Sie dasselbe Konto verwenden.

Das ermöglicht beispielsweise folgendes Szenario: Wenn Sie am klassischen PC beim Surfen spannende Inhalte in Ihrer Leseliste speichern, finden Sie diese später automatisch in der Leseliste-App Ihres Windows-Tablets vor und können sie ganz entspannt auf der Couch oder im Bett vor dem Schlafengehen lesen.

Um eine Webseite in der Leseliste zu speichern, gehen Sie wie folgt vor:

1. Öffnen Sie die Webseite, sodass sie im Browserfenster dargestellt wird, und klicken Sie dann in der Adressleiste auf das Sternsymbol.

2. Der Edge-Browser zeigt dann einen Dialog an, in dem Sie oben zunächst *Leseliste* als Ziel wählen.

3. Als *Name* wird standardmäßig der Titel der Webseite vorgeschlagen. Sie können hier aber auch einen beliebigen anderen Text angeben. Gerade bei längeren Titeln empfiehlt es sich, diese zu kürzen.

4. Klicken Sie dann auf *Hinzufügen*.

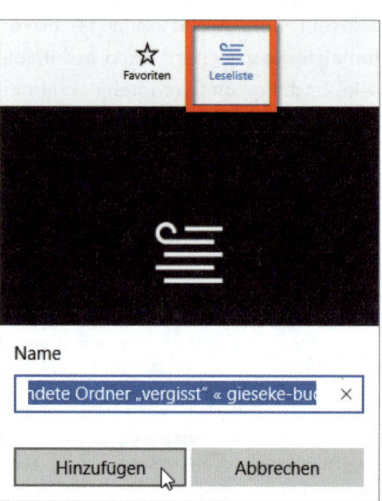

Die so gespeicherten Webseiten können Sie über den Hub im Bereich *Leseliste* abrufen.

Im Surfverlauf Inhalte schnell wiederfinden

Passiert es Ihnen auch ab und zu, dass Sie kürzlich eine tolle Webseite entdeckt haben, diese aber nicht mehr wiederfinden können, weil Sie die Adresse vergessen haben? Der Edge-Browser zeichnet alle Ihre Surfaktivitäten über einen festgelegten Zeitraum auf. Alle Seiten, die Sie in diesem Zeitraum besucht haben, können Sie in den Verlaufsdaten schnell wiederfinden.

1. Blenden Sie den Hub ein, indem Sie in der Symbolleiste rechts auf das entsprechende Symbol klicken.

2. Wechseln Sie in der Hub-Seitenleiste in die Rubrik *Verlauf*.

3. Der Browser zeigt daraufhin in der Leiste die vorliegenden Verlaufsdaten an.

4. Wählen Sie den Tag aus, an dem Sie die Webseiten besucht haben, die Sie jetzt noch einmal sehen wollen. Sollte dieser Tag vor dem Beginn der aktuellen Woche liegen, wählen Sie die entsprechende Woche aus.

HINWEIS ⧽ So organisiert der Verlauf Tage und Wochen

Im Verlauf werden die besuchten Adressen in Tagen, dann in Wochen zusammengefasst. Die jüngsten Einträge finden Sie immer bei *Letzte Stunde* und *Heute*. Der Verlauf der vergangenen Tage wird jeweils unter *Gestern* bzw. dem Namen und Datum des Wochentags abgelegt. Am Ende der Woche werden alle Tage in einem Wocheneintrag zusammengefasst (*Letzte Woche*) und die Aufzeichnung der einzelnen Tage beginnt von vorne. Die ältesten Einträge werden dann unter dem Stichwort *Älter* alle zusammengefasst.

5. Wenn Sie auf den Eintrag des gewünschten Tages bzw. der gewünschten Woche klicken, öffnet der Browser eine Unterliste mit den Adressen, die Sie in diesem Zeitraum besucht haben. Suchen Sie die Website heraus, die Sie abrufen möchten, und klicken Sie auf deren Eintrag.

6. Die Seite wird dann im Browser angezeigt und der Seitenbereich ausgeblendet.

Schnell gefunden – suchen Sie in den Verlaufsdaten

Alternativ zum chronologischen Recherchieren in den Verlaufsdaten können Sie auch nach bestimmten dort vermerkten Seiten suchen. Dazu sollten Sie allerdings einen möglichst eindeutigen Teil der Adresse oder des Titels der gewünschten Seite kennen. Im Verlauf werden ja nur diese Angaben, nicht aber der eigentliche Inhalt der Seiten protokolliert. Für solche Suchen können Sie einfach das Adress- und Suchfeld des Browsers bemühen:

1. Geben Sie im Suchfeld des Edge-Browsers einfach den Begriff ein, nach dem die vermerkten Webseiten durchsucht werden sollen.

2. Schon während der Eingabe überprüft der Browser (unter anderem) die im Verlauf gespeicherten Webseiten und listet alle passenden Seiten unterhalb des Suchfeldes im Abschnitt *Verlauf* auf. Die Vorschläge aus dem Verlauf erkennen Sie am Verlaufssymbol (Uhr mit einem runden Kreis als Rand).

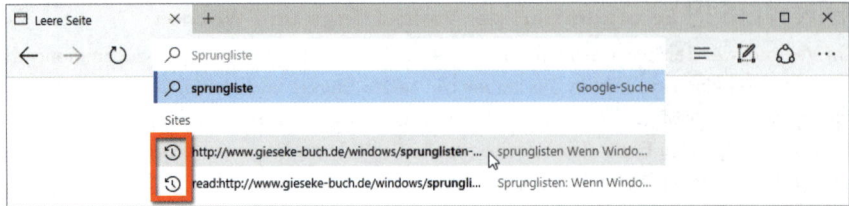

3. Um eine der gefundenen Seiten zu betrachten, klicken Sie sie einfach in der Liste an.

Einträge aus dem Verlauf entfernen

Eventuell ist Ihnen schon aufgefallen, dass die Einträge im Verlauf jeweils mit einem kleinen roten x versehen werden, wenn Sie den Mauszeiger darüber bewegen. Mit

einem Klick darauf entfernen Sie diesen Eintrag aus dem Verlauf. Das bezieht sich allerdings nur auf diesen Eintrag zu diesem Zeitpunkt. Besuchen Sie dieselbe Webseite später erneut, wird wieder ein Eintrag angelegt.

Eine andere Möglichkeit, alle Besuche bei einer bestimmten Website schnell zu „vergessen", bietet das Kontextmenü der Verlaufseinträge. Klicken Sie mit der rechten Maustaste einen beliebigen Eintrag von der fraglichen Webseite an und wählen Sie *Alle Besuche auf „xyz" löschen*.

Schließlich können Sie den gesamten Verlauf mit einem Schlag löschen, wenn das nötig erscheinen sollte. Dazu finden Sie oben rechts in der Verlaufsliste den Link *Gesamtverlauf löschen*.

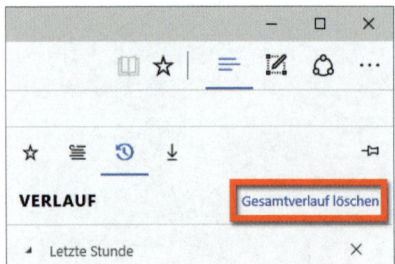

Download-Manager mit SmartScreen-Filter

Der Edge-Browser verfügt über einen Download-Manager, der mehrere Downloads gleichzeitig verwalten und durchführen kann. Er erlaubt es z. B. auch, längere Downloads zwischenzeitlich anzuhalten und zu einem späteren Zeitpunkt fortzusetzen. Und wichtig: Alle Downloads werden vom SmartScreen-Filter auf schädliche Inhalte überprüft. Dadurch sinkt die Wahrscheinlichkeit, sich versehentlich Viren, Trojaner oder Rootkits „einzufangen", erheblich.

1. Beim Starten eines Downloads hat sich nichts verändert. Klicken Sie einfach auf den Link zu der Datei, die Sie herunterladen möchten. Wählen Sie dann, ob Sie die Datei mit *Speichern* im Standardordner *Downloads* oder mit *Speichern unter* in einem anderen Ordner ablegen möchten.

2. Dadurch wird automatisch der Download-Manager aktiviert und beginnt den Download. Er meldet sich mit einer Mitteilung am unteren Rand des Browsers, wo Sie den Fortschritt verfolgen können. Die Datei wird standardmäßig in Ihrem *Downloads*-Ordner gespeichert.

3. Während eines laufenden Downloads können Sie diesen *Anhalten* und später fortsetzen, sofern der Server dies unterstützt. In jedem Fall können Sie das Herunterladen *Abbrechen*. Ansonsten können Sie diese Mitteilung einfach eingeblendet lassen oder mit dem kleinen *x*-Symbol rechts schließen. Der Download läuft dann im Hintergrund weiter.

4. Nach Abschluss der Übertragung tritt der SmartScreen-Filter in Aktion und überprüft die Datei. Sollte er Anlass zur Sorge haben, weist er Sie darauf hin.

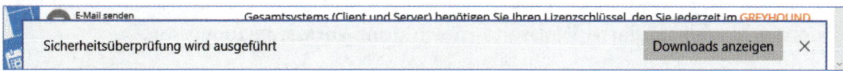

5. Nun können Sie die heruntergeladene Datei *Ausführen*, den *Ordner öffnen*, in dem sie gespeichert wurde, oder eine Liste aller *Downloads anzeigen*.

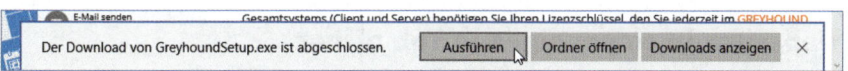

Unabhängig von einem aktuellen Download können Sie den Download-Manager jederzeit über den Hub-Seitenbereich aufrufen. Wählen Sie dort die ganz rechte Rubrik. Hier finden Sie die aktuellen sowie eine Liste der zurückliegenden Downloads und können so jederzeit auf die heruntergeladenen Dateien zugreifen. Mit *Alle löschen* entfernen Sie alle aktuellen Einträge.

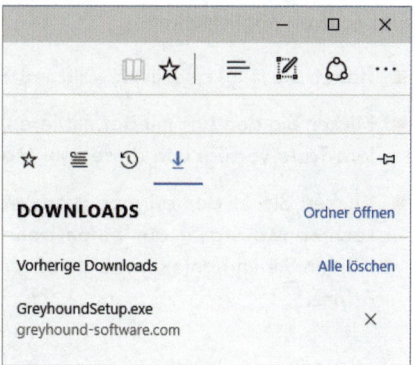

Den SmartScreen-Filter deaktivieren

Unter Umständen kann der SmartScreen-Filter übers Ziel hinausschießen und den Download von Dateien blockieren, auch wenn Sie genau wissen, dass diese unbedenklich sind. Das kann vor allem bei kleineren Websites und unbekannteren Programmen auftreten, die sozusagen unter dem Radar des SmartScreen-Filters laufen. Darüber hat er keine Informationen und stuft diese deshalb vorsichtshalber als Gefahr ein. In solchen Fällen kann man den SmartScreen-Filter deaktivieren, was aber immer nur eine vorübergehende Übergangslösung sein sollte.

1. Öffnen Sie die Einstellungen des Edge-Browsers und klicken Sie dort auf *Erweiterte Einstellungen*.

2. Gehen Sie in der etwas länglichen Liste ganz nach unten. Dort finden Sie die Einstellung *Mich mit SmartScreen-Filter vor schädlichen Websites und Downloads schützen*.

Mich mit SmartScreen-Filter vor schädlichen Websites und Downloads schützen

Ein

3. Stellen Sie den dazugehörenden Schalter auf *Aus* um.

In dieser Konfiguration sollte es keinerlei Problem sein, beliebige Dateien herunterzuladen. Allerdings wird man so auch nicht mehr vor dem Download potenzieller Schadsoftware gewarnt.

8.3 Mit Tabs mehrere Webseiten gleichzeitig besuchen

Das parallele Surfen auf mehreren Webseiten gleichzeitig ist bei Webbrowsern inzwischen eine Selbstverständlichkeit, und auch der Edge-Browser bietet diese Möglichkeit. Schließlich ist es einfach praktisch, mal eben etwas suchen oder nachlesen zu können, ohne die aktuell studierte Webseite gleich ganz verlassen zu müssen.

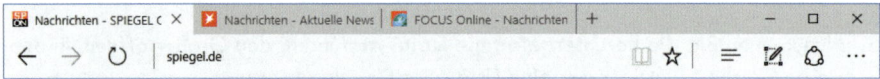

Webseiten in einem eigenen Tab öffnen

Um einen Link in der aktuell angezeigten Webseite in einem separaten Tab zu öffnen, gibt es drei Möglichkeiten:

- Halten Sie [Strg] gedrückt, während Sie einen Link anklicken.

- Klicken Sie den Link mit der mittleren Maustaste an, soweit Ihre Maus über eine mittlere Taste verfügt und diese vom Maustreiber unterstützt wird.

- Klicken Sie in der angezeigten Webseite mit der rechten Maustaste auf einen beliebigen Link und wählen Sie im Kontextmenü den Befehl *In neuem Tab öffnen*.

(-> mehr dazu)

In neuem Tab öffnen

In neuem Fenster öffnen

Ziel speichern unter

Link kopieren

Zur Leseliste hinzufügen

Cortana fragen

Alle drei Varianten führen zum gleichen Ergebnis: Die bisherige Webseite bleibt vorhanden und der Browser öffnet den Link stattdessen in einem neuen Tab. Da dies standardmäßig im Hintergrund erfolgt, sehen Sie auf dem Bildschirm davon zunächst nicht viel. In der Symbolleiste wird aber nun neben dem (optisch hervorgehobenen) Reiter der aktuellen Seite ein zusätzlicher Reiter mit dem Titel des angeklickten Dokuments angezeigt.

Wichtig: Wenn Sie mit Tabs surfen, beziehen sich alle Aktionen, wie z. B. das Aufrufen eines Favoriten oder das Aktualisieren der Webseite immer nur auf den aktuell geöffneten Tab und die darin angezeigte Webseite.

TIPP ☑ Tabs machen das Suchen im Netz viel leichter

Tabs können sich insbesondere beim Suchen nach Informationen im Web als sehr nützlich erweisen. Beim normalen Ablauf erhalten Sie von der Suchmaschine die Ergebnisseite, klicken dort auf die Links, müssen dann wieder zur Ergebnisseite zurück etc. Mit Tabs belassen Sie die Ergebnisseite immer in ihrem eigenen Tab. Um die gefundenen Links zu betrachten, öffnen Sie diese jeweils in einem neuen Tab. Ist die Seite nicht interessant, schließen Sie sie wieder. Wollen Sie eine Seite (vorläufig) nicht aus den Augen verlieren, kehren Sie direkt wieder in den Tab mit den Suchergebnissen zurück und setzen Ihre Recherche von dort aus fort.

Einen neuen leeren Tab anlegen

Eine andere Möglichkeit zum Öffnen eines Tabs bietet sich an, wenn Sie nicht einen Link in einer vorhandenen Webseite anklicken, sondern unabhängig von dieser Webseite eine weitere Seite öffnen wollen, z. B. einen der Favoriten oder durch direktes Eingeben einer Adresse. Für solche Fälle können Sie eine leere Registerkarte anlegen, in die Sie dann auf beliebige Art eine Webseite laden können.

1. Um einen leeren Tab anzulegen, klicken Sie in der Symbolleiste rechts neben den Tab-Reitern auf die +-Schaltfläche. Die ist im Normalzustand inhaltslos grau und zeigt erst dann ihr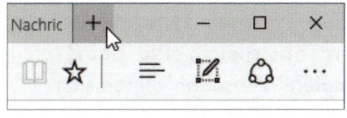
Symbol an, wenn sich der Mauszeiger direkt darüber befindet.

2. Alternativ können Sie auch die Tastenkombination [Strg]+[T] wählen.

3. Der Edge-Browser legt dann einen neuen Tab an und bietet Ihnen darin einige häufig besuchte Webseiten an.

4. Sie können nun diesen Tab ganz regulär benutzen, um z. B. eine Webseite aus der Favoritensammlung zu laden oder von Hand eine Webadresse oben im Adressfeld einzugeben.

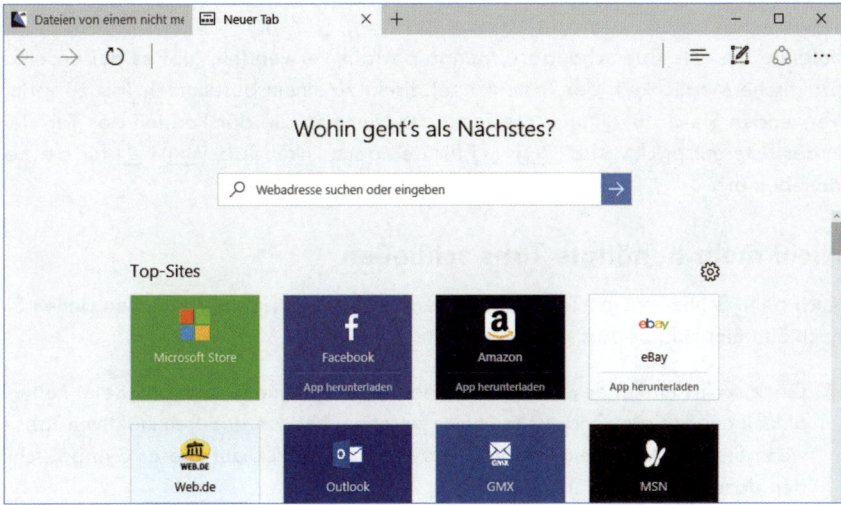

Alle Tabs gleichzeitig aktualisieren

Eine in einem Tab geöffnete Webseite können Sie wie gewohnt z. B. mit F5 aktualisieren. Sie können aber auch alle derzeit geöffneten Webseiten gleichzeitig auf den neuesten Stand bringen, z. B. wenn Sie nach einer Pause an Ihren Arbeitsplatz zurückkehren und sicher sein wollen, dass alle Webseiten noch aktuell sind.

Klicken Sie dazu mit der rechten Maustaste auf einen beliebigen Tab-Reiter und wählen Sie im Kontextmenü *Alle aktualisieren*. Der Browser erneuert dann alle gerade geladenen Webseiten, was je nach Anzahl und Umfang allerdings einige Sekunden dauern kann.

Zwischen den geöffneten Webseiten komfortabel wechseln

Zum Wechseln zwischen den in Tabs gleichzeitig geöffneten Webseiten bieten sich die Tab-Reiter oben an, die für die verschiedenen Tabs nebeneinander angezeigt werden. Solange die Anzahl nicht zu groß und der verfügbare Platz in der Symbolleiste nicht zu klein wird, können Sie dort jeden Tab am Titel der Webseite erkennen und direkt anklicken. Außerdem wird eine Minivorschau des aktuellen Tab-Inhalts eingeblendet, wenn Sie den Mauszeiger über einem der Tab-Reiter verharren lassen. Wer nicht gleich zur Maus greifen will, kann mit Strg + ⇥ durch die einzelnen Tabs der Reihe nach durchschalten, ähnlich wie beim Umschalten zwischen Anwendungen mit Alt + ⇥ .

Solange Sie eine überschaubare Menge an Tabs verwenden, gibt es außerdem eine praktische Möglichkeit, per Tastenkürzel direkt zu einem bestimmten Tab zu springen: Verwenden Sie dafür Strg + die Taste der Nummer, die der Position des Tab-Reiters in der Liste entspricht. Also Strg + 1 für den ganz linken Tab, Strg + 2 für den rechts daneben etc.

Nicht mehr benötigte Tabs schließen

Auch beim Schließen von Tabs gibt es verschiedene Varianten, zwischen denen Sie je nach Situation und Bedarf wählen können:

■ Ganz rechts im Reiter jedes Tabs finden Sie ein kleines *x*-Symbol. Beim Reiter des aktuell angezeigten Tabs ist es immer zu sehen, bei den anderen inaktiven Tabs erst, wenn Sie den Mauszeiger darauf bewegen. Ein Klick auf dieses Symbol schließt den dazugehörenden Tab.

- Wenn Sie mit der rechten Maustaste auf einen der Tab-Reiter klicken und im Kontextmenü den Befehl *Tabs rechts schließen* wählen, werden alle Tabs geschlossen, die sich in der Symbolleiste rechts vom gewählten befinden. Das ist praktisch, wenn Sie beispielsweise beim Suchen mehrere Tabs für Unterseiten geöffnet haben, die Sie so alle loswerden können.

- Im Kontextmenü findet sich außerdem noch eine Variante, die ebenfalls sehr praktisch sein kann: Mit *Andere Tabs schließen* machen Sie alle Tabs zu, bis auf jenen, auf dessen Reiter Sie gerade mit der rechten Maustaste geklickt hatten, um das Kontextmenü zu öffnen. So werden Sie eine kunterbunte Sammlung von Tabs schnell wieder los und können sich auf eine bestimmte Webseite konzentrieren.

8.4 Mit dem Edge-Browser anonym und sicher surfen

Sicherheit und Datenschutz sind beim Edge-Browser sehr wichtige Themen. Hierzu gibt es gleich mehrere Funktionen und Schutzmechanismen, die dem Surfer Schutz und bei Bedarf Anonymität gewährleisten.

Mit dem InPrivate-Modus vorübergehend ganz sicher surfen

Zu den Datenschutzfunktionen des Edge-Browsers gehört das InPrivate-Surfen. In diesem Modus verzichtet der Edge-Browser auf das Speichern aller Arten von Daten, mit denen Ihre Aktivitäten verfolgt werden können. Selbst Cookies werden nur für diese eine Surfsitzung aufbewahrt (um z. B. Onlineshopping zu ermöglichen) und anschließend sofort wieder gelöscht. Der InPrivate-Modus eignet sich deshalb hervorragend, wenn Sie z. B. vorübergehend an einem fremden PC surfen wollen oder wenn Sie Aktivitäten am eigenen PC vor anderen Mitbenutzern geheim halten möchten.

1. Um den InPrivate-Modus zu nutzen, öffnen Sie mit dem Menü-Symbol in der Symbolleiste des Browsers das Menü und wählen dort ganz oben *Neues In-Private-Fenster*.

2. Der Edge-Browser öffnet dann ein neues Fenster mit dem Schriftzug *InPrivate-Browsen*. Darunter finden Sie noch mal einige Hinweise zu diesem Modus.

3. Wichtig ist dabei vor allem auch die Titelleiste des Browserfensters. Sie ist nun mit dem unübersehbaren Hinweis *InPrivate* versehen. Solange diese Markierung sichtbar ist, surfen Sie weiterhin im Datenschutzmodus.

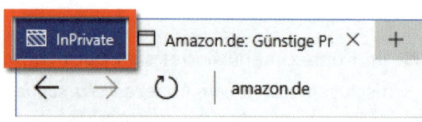

4. Sie können nun wie gewohnt surfen, shoppen und sonstigen Onlineaktivitäten nachgehen.

5. Um den InPrivate-Modus wieder zu beenden, schließen Sie einfach dieses Browserfenster.

Sie können herkömmliche Browserfenster und ein InPrivate-Fenster beliebig parallel nutzen. Der Edge-Browser kann beides sauber trennen und surft in der InPrivate-Sitzung trotzdem mit vollem Datenschutz. Nur Sie selbst sollten darauf achten, in welchem der Fenster Sie gegebenenfalls vertrauliche Daten eingeben.

Mit dem SmartScreen-Filter Onlinebetrügereien vermeiden

Zu den größten Bedrohungen für Websurfer gehört das Phishing, das Abfischen von vertraulichen Informationen und Zugangsdaten. Microsoft hat den Edge-Browser deshalb mit einem Phishingfilter namens SmartScreen versehen. In der Standardeinstellung prüft der alle Webadressen, die Sie öffnen bzw. anklicken.

TIPP ☑ So funktioniert Phishing

Die Bezeichnung Phishing geht auf Phreaking zurück, ein Kunstwort aus Phone und Freak, das als Name für frühe Hacker-Techniken im Telefonnetz verwendet wurde, wie z. B. sich in fremde Verbindungen einzuklinken oder auf Kosten der Telefongesellschaft zu telefonieren. Beim Phishing geht es allerdings darum, Benutzer durch geschickt gemachte E-Mails und Webseiten dazu zu bringen, vertrauliche Daten zu verraten.

Dazu verschickt man z. B. eine offiziell wirkende E-Mail mit einer gefälschten Absenderadresse, die von einer Bank, einer Kreditkartengesellschaft oder einem großen Internetauktionshaus zu kommen scheint. Diese E-Mail fordert dazu auf, z. B. aus Sicherheitsgründen eine bestimmte Webseite aufzusuchen und dort bestimmte Daten anzugeben.

Der Link ist gleich beigefügt und führt direkt zur Website des Phishinggauners. Diese ist ebenfalls täuschend echt nachgemacht, sodass der Betrug nur auffällt, wenn man genau hinsieht und sich z. B. die Adresse der Webseite anschaut. Hier werden Log-in und Passwort oder beim Onlinebanking gleich die TANs abgefragt. Dem Kunden wird vorgetäuscht, die Transaktion sei erledigt oder es wäre ein Fehler aufgetreten und er solle es später erneut versuchen. In der Zwischenzeit verwenden die Identitätsdiebe die gewonnenen Daten, um z. B. auf Kosten des geprellten Kunden einzukaufen oder Geld von seinem Konto in die eigene Tasche zu transferieren.

So schützt der SmartScreen-Filter Sie automatisch

In der Standardeinstellung prüft der Edge-Browser dabei alle Webadressen, die Sie öffnen bzw. anklicken.

1. Wann immer Sie eine Adresse eingeben, einen Link anklicken oder sonst wie eine Webseite im Edge-Browser öffnen, gleicht der SmartScreen-Filter die Adresse mit seiner internen Liste ab. Ist sie darin nicht enthalten, übermittelt er die URL dieser Webseite an einen Server bei Microsoft und lässt sie dort überprüfen. Sie selbst bemerken davon zunächst nichts.

2. Ist die Überprüfung abgeschlossen und die Webseite nicht verdächtig, passiert gar nichts. Die Webseite wird angezeigt, und Sie können unbesorgt weitersurfen.

3. Sollte die Adresse vermerkt sein oder der Edge-Browser aus anderen Gründen stutzig werden, verweigert er zunächst das Anzeigen der Webseite. Stattdessen gibt er einen Warnhinweis aus. Gleichzeitig wird im Adressfeld der rot eingefärbte Hinweis *Unsichere Website* angezeigt. Hier können Sie schnell sehen, ob wirklich die Seite angesteuert wird, die Sie öffnen wollten.

4. Sollten Sie sicher sein, dass der SmartScreen-Filter falsch liegt, können Sie die Seite mit *Ignorieren und fortfahren* trotzdem anzeigen und benutzen. Schlagen Sie die Warnungen des Edge-Browsers aber besser nicht voreilig in den Wind.

5. Hat man Sie tatsächlich ungewollt auf eine unerwünschte Seite gelotst, besteht kein Grund zur Panik. Der Edge-Browser hat diese Seite noch gar nicht geöffnet. Klicken Sie gegebenenfalls auf *Diesen Tab schließen*, um schnell das Weite zu suchen und sich in sichere Gefilde zu begeben.

HINWEIS ⊵ Keine völlige Sicherheit, mehr Datenverkehr

Eines sollte beim Einsatz des SmartScreen-Filters nicht vergessen werden: Er bietet keine völlige Sicherheit vor Gaunern. Das Aufsetzen und wieder Verschwindenlassen einer Phishingsite dauert nur wenige Minuten. Wie beim Rennen zwischen Hase und Igel laufen Phishingfilter trotz aller Bemühungen immer ein Stück hinterher und können niemals schnell genug sein. Trotzdem sind sie besser als gar kein Schutz. Ein anderer Aspekt, der nicht übersehen werden sollte: Der ständige Abgleich des Filters mit den Microsoft-Servern kostet Zeit und Datenvolumen. Wer nicht gerade mit DSL-Flatrate surft, sollte deshalb den manuellen Check nur im Bedarfsfall in Betracht ziehen.

Mit Do Not Track vor Werbenetzwerken schützen

Zu den Schutzfunktionen des Edge-Browsers gehört die Do-Not-Track-Funktion, mit der Anwender den Betreibern von Websites bzw. den dahinter stehenden Werbeagenturen mitteilen können, wenn sie nicht verfolgt und ausspioniert werden möchten. Wohlgemerkt, es geht hierbei um einen „Wunsch" der Anwender, nicht um einen definitiv zu befolgenden „Befehl". Der Nutzer ist ganz und gar auf den guten Willen der Werbetreibenden angewiesen. Wenn die nicht mitmachen, nutzt es eben auch nichts. Diese Idee wurde auch schon von anderen Webbrowsern wie z. B. Mozilla Firefox umgesetzt. Die Begeisterung der Werbeindustrie hält sich bislang aber in Grenzen, wie man sich vorstellen kann. Aber selbstverständlich erfahren Sie, wie Sie diese Funktion nutzen können. Schaden kann es jedenfalls nichts.

1. Öffnen Sie mit dem Menü-Symbol die Einstellungen des Edge-Browsers.

2. Rufen Sie dort ganz unten *Erweiterte Einstellungen anzeigen* auf.

3. Dort finden Sie im Abschnitt *Datenschutz und Dienste* die Option *„Do Not Track"-Anforderungen (nicht nachverfolgen) senden*.

4. Hiermit können Sie steuern, ob Sie diese Funktion nutzen möchten oder nicht (standardmäßig ist sie deaktiviert). Schließen Sie die Einstellungen dann einfach.

Der Edge-Browser sendet dann mit jedem Abruf einer Seite, Grafik etc. eine bestimmte Kennzeichnung mit, die Ihre Absicht an die Betreiber der jeweiligen Website übermittelt. Ob diese sich daran halten und ob die Idee sich wirklich durchsetzen kann, bleibt abzuwarten.

8.5 Den Edge-Browser mit Erweiterungen aufwerten

Als Browsererweiterungen bezeichnet man das Ergänzen der Funktionalität durch Module, die Anwender nach eigenem Bedarf installieren und nutzen können. Diese Erweiterungen können vom Browser-Entwickler selbst angeboten werden, aber auch von anderen unabhängigen Entwicklern. In der Regel sind sie kostenlos. Etablierte Webbrowser wie Firefox und Chrome bieten diese Möglichkeit schon lange, und dementsprechend groß ist das Angebot an Erweiterungen. Auch der Edge-Browser unterstützt mittlerweile Erweiterungen. Die Auswahl ist zwar noch nicht so groß, aber einige sinnvolle Ergänzungen wie AdBlock oder der Passwort-Manager sind dabei.

Erweiterungen in Edge installieren

Um eine Erweiterung zu nutzen, muss sie einmalig heruntergeladen und installiert werden. Danach wird sie bei jedem Browserstart mit aktiviert und stellt ihre Funktionen automatisch zur Verfügung.

1. Um eine Erweiterung zu installieren, öffnen Sie das Menü des Edge-Browsers und wählen dort recht weit unten den Menüpunkt *Erweiterungen*.

2. Dadurch werden in der Seitenleiste die installierten Erweiterungen angezeigt. Anfangs ist diese Liste noch leer, aber das können Sie schnell ändern, indem Sie auf *Erweiterungen aus dem Store abrufen* klicken.

3. Damit öffnen Sie den Windows Store direkt in der passenden Kategorie mit einer Übersicht der verfügbaren Erweiterungen. Wenn Sie einen der hier vertretenen Dienste verwenden, lohnt es sich ggf., auch dessen Erweiterung zu installieren. Ansonsten empfiehlt sich AdBlock als Browsererweiterung zum automatischen Ausblenden von Onlinewerbung.

4. Wenn Sie eine der Erweiterungen anklicken, gelangen Sie zu deren Detailseite und können hier auf die *Kostenlos*-Schaltfläche klicken, um sie zu installieren.

5. Warten Sie kurz ab, bis das Herunterladen beendet ist, und klicken Sie dann auf *Starten*.

6. Sie gelangen nun zurück zum Edge-Browser und werden dort gefragt, ob die Erweiterung in den Browser integriert werden soll. Klicken Sie auf *Aktivieren*, um dies zu gestatten.

7. Im Fall von AdBlock wird anschließend noch eine Webseite mit zusätzlichen Informationen geöffnet.

Das war's auch schon. Ab sofort ist die Erweiterung in Ihrem Edge-Browser aktiv.

Erweiterungen nutzen und steuern

Je nach Verwendungszweck arbeiten Erweiterungen unauffällig im Hintergrund oder machen sich mit Symbolen oder Menüeinträgen bemerkbar. Das ist bei jeder Erweiterung etwas anders, deshalb ist die nachfolgende Beschreibung der AdBlock-Erweiterung nur als Beispiel zu verstehen.

1. AdBlock trägt sich selbst in das Menü des Edge-Browsers ein. Ist das Symbol mit einer Zahl versehen, erkennen Sie daran direkt, dass AdBlock bei der aktuell angezeigten Webseite Elemente ausgeblendet hat. Sie können auf den Eintrag klicken bzw. tippen, um mehr zu erfahren.

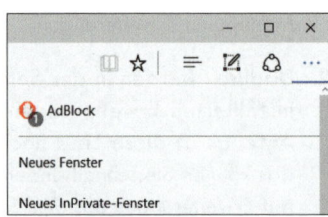

2. Dann sehen Sie in einem eigenen Dialog, wie viele Elemente AdBlock auf dieser Seite und insgesamt entfernt hat. Die Texte darunter sind etwas unglücklich gestaltete Links, die zu verschiedenen Funktionen führen. So können Sie AdBlock vorübergehend ausschalten, wenn eine Webseite damit nicht funktioniert. Sie können auch Ausnahmeregeln definieren, um AdBlock für bestimmte Seiten oder Domains dauerhaft zu deaktivieren. Ganz unten führen Sie die *Einstellungen* zu weiteren erweiterungsspezifischen Optionen.

3. Jede installierte Erweiterung wird in der Liste aufgeführt, die Sie im Edge-Menü unter *Erweiterungen* abrufen können. Mit einem Klick auf den Listeneintrag öffnen Sie einige allgemeine Optionen, die Sie in dieser Form für alle Erweiterungen einstellen können.

4. So können Sie die Erweiterung hier global ein- oder ausschalten. Und Sie können entscheiden, ob die Erweiterung eine *Schaltfläche neben der Adressleiste anzeigen* darf. Gerade bei vielgenutzten Erweiterungen kann das vorteilhaft sein.

5. Ganz unten können Sie mit *Optionen* bei vielen Erweiterungen ebenfalls in die spezifischen Einstellungen gelangen (s. o.). Diese unterscheiden sich aber jeweils. Und schließlich können Sie nicht mehr benötigte Erweiterungen *Deinstallieren*.

8.6 Passwort-Manager: nie mehr Kennwörter für Webseiten merken

Windows bringt einen Passwort-Manager für Webseiten mit. Wenn Sie sich irgendwo – z. B. bei einem Forum oder Onlineshop – anmelden, kann Windows diese Information speichern und Sie bei weiteren Besuchen derselben Website automatisch dort anmelden. Da Sie sich das Passwort nicht mehr merken müssen, können Sie nun endlich bedenkenlos komplexe und einzigartige Passwörter für jedes Konto verwenden, wie es von Sicherheitsexperten empfohlen wird.

Was aber, wenn Sie verschiedene PCs nutzen, von denen aus Sie sich bei Ihren Lieblingswebsites anmelden? Auch hierfür hat Windows eine Antwort: Die Roaming-Funktion (siehe Seite 608) ermöglicht es, unter anderem auch solche gespeicherten Passwörter zwischen Ihren PCs zu synchronisieren, wenn diese über dasselbe Microsoft-Konto verknüpft sind.

Anmeldeinformationen im Browser speichern

Wenn Sie sich mit dem Edge-Browser bei einer Website anmelden, erkennt er dies in der Regel automatisch und bietet Ihnen an, diese Anmeldedaten zu speichern. Klicken Sie auf *Ja*, um diese Informationen zu erfassen.

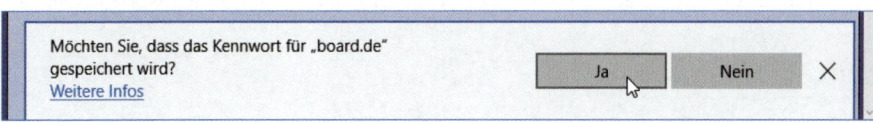

Wollen Sie das nicht, haben Sie zwei Möglichkeiten:

- Wollen Sie in Zukunft bei dieser Website gar nicht mehr gefragt werden, klicken Sie stattdessen auf *Nein*. Dann verzichtet der Browser auf weitere Rückfragen zu dieser Adresse.

- Mit Klick auf das *x*-Symbol ganz rechts lehnen Sie das Speichern dieses Mal ab, werden aber bei erneuten Anmeldungen zur selben Website wieder gefragt und können Ihre Entscheidung dann ändern.

Wenn Sie eine Website aufrufen, für die Ihre Anmeldedaten bereits gespeichert sind, können Sie erneute Anmeldungen verkürzen:

1. Lassen Sie das Anmeldeformular anzeigen, sofern es nicht ohnehin auf der Startseite zu sehen ist.

2. Klicken Sie einfach mit der linken Maustaste in das Forumfeld für Ihren Benutzernamen.

3. Der Browser zeigt dann automatisch eine Auswahlliste mit den Benutzernamen an, die er für diese Webadresse gespeichert hat. Üblicherweise sollte das nur ein Eintrag sein, aber möglicherweise verwenden Sie ja für ein Angebot mehrere Benutzerkonten.

4. Wählen Sie also die Zugangsdaten aus, die Sie für die Anmeldung verwenden möchten. Der Browser füllt dann die Felder für Benutzername und Kennwort automatisch mit den gespeicherten Eingaben aus.

5. Sie brauchen nur noch auf die jeweilige Schaltfläche zum Absenden der Anmeldedaten zu klicken (oder einfach ⏎ zu drücken), um die Anmeldung abzuschließen.

Verwenden Sie die Roaming-Funktion, werden diese Anmeldedaten gegebenenfalls auf andere PCs, die mit demselben Microsoft-Konto verknüpft sind, übertragen. Wenn Sie auf diesen PCs dieselbe Website aufrufen, stehen Ihnen die Anmeldedaten für das vereinfachte Anmelden ebenfalls zur Verfügung.

Zwei Anmerkungen zur Anmeldung möchte ich noch loswerden. Wirklich vollautomatisch kann der Edge-Browser Sie nicht anmelden. Aber viele Websites unterstützen den Einsatz von Cookies, mit denen Sie bei Ihrem Besuch erkannt und automatisch angemeldet werden.

Bei allem Komfort sollte man aber auch die Risiken nicht unterschätzen: Wenn Sie sich bei einer Website anmelden können, ohne Ihr Passwort anzugeben, dann kann das auch jeder andere, der Zugang zu Ihrem PC (bei Roaming: zu irgendeinem Ihrer PCs) erlangt. Deshalb sollten solche Komfortfunktionen nur bei Webseiten verwendet werden, bei denen es vielleicht nicht ganz so auf Sicherheit ankommt. Keinesfalls sollten Sie diese Funktion beispielsweise beim Onlinebanking, bei Ihrem Onlineaktiendepot oder Ähnlichem einsetzen.

Die gespeicherten Anmeldedaten kontrollieren und bearbeiten

Haben Sie Anmeldedaten hinterlegt, möchten Sie sicher trotzdem noch die Kontrolle darüber behalten oder diese Daten irgendwann einfach auch wieder löschen.

Das geht über die Benutzerverwaltung, da die gespeicherten Anmeldedaten mit Ihrem Benutzerkonto verknüpft sind (und deshalb auch nur von Ihnen selbst und nicht von jedem anderen Benutzer des PCs verwendet werden können).

1. Öffnen Sie in der klassischen Systemsteuerung das Modul *Benutzerkonten*.

2. Wenn rechts das richtige Benutzerkonto ausgewählt ist, klicken Sie links im Navigationsbereich auf *Eigene Anmeldeinformationen verwalten*.

3. Im anschließenden Menü ist standardmäßig bereits die Kategorie *Webanmeldeinformationen* vorgewählt, und Sie sehen unten die Liste Ihrer Webanmeldedaten. Mit dem Pfeil rechts hinter jedem Eintrag können Sie diesen ausklappen, um alle gespeicherten Daten sehen zu können.

4. Wenn der Eintrag ausgeklappt ist, finden Sie ganz unten auch den Link *Entfernen*, mit dem Sie die jeweiligen Anmeldeinformationen entfernen können.

5. Auch ganz praktisch: Sollten Sie das Kennwort mangels Benutzung irgendwann mal vergessen, können Sie es hier mit *Einblenden* nachlesen. Dazu wird aus Sicherheits- gründen aber Ihr Windows(!)-Kennwort abgefragt.

9. Schnelle und sichere Kommunikation per E-Mail

Trotz der Beliebtheit sozialer Netzwerk bleibt die „klassische" elektronische Post eine wichtige Kommunikationsform. Ein Windows ohne Mailprogramm ist deshalb schwer vorstellbar. Windows bringt für diesen Zweck eine touchoptimierte Mail-App mit. Wer nur mäßig per E-Mail kommuniziert und keine besonderen Anforderungen stellt, wird damit vielleicht schon zufrieden sein. Für den Desktopbereich empfiehlt sich ansonsten das kostenlose Windows Live Mail, das in der Tradition von Outlook Express und Windows Live ein vollwertiges E-Mail-Programm mit vielen Funktionen bietet.

9.1 E-Post de luxe – E-Mail bequem per Touchscreen

Windows bringt ein E-Mail-Programm in Form einer App mit, die bequem per Finger bedient werden kann. Auch der Mausbedienung verschließt sie sich nicht, aber für den täglichen Einsatz per Maus und Tastatur ist sie wohl nicht optimal. Dafür empfiehlt sich eine leistungsfähigere Alternative wie etwa Windows Live Mail (siehe Seite 207).

HINWEIS ▷ **Microsoft-Konto erforderlich**

Für die Mail-App und auch für einige andere der mitgelieferten Apps gilt: Ein Microsoft-Konto ist für den sinnvollen Einsatz unerlässlich. Es empfiehlt sich sogar, ein solches Konto für die Anmeldung am PC zu verwenden (siehe Seite 605). Einige der Apps sind für ordnungsgemäßes Funktionieren auf eine solche Verknüpfung angewiesen und arbeiten dadurch vom ersten Start an reibungslos. Andernfalls müssen Sie bei den Apps selbst jeweils diese Verknüpfung vornehmen, um sie sinnvoll nutzen zu können.

Die Mail-App mit einem Microsoft-Konto verknüpfen

Wie bereits erwähnt, mit Ihrem Microsoft-Konto kann es direkt losgehen. Sie können die App einfach starten und Ihre Nachrichten abrufen.

1. Beim ersten Start öffnet die Mail-App automatisch den *Hinzufügen*-Dialog. Haben Sie sich bei Windows mit einem Microsoft-Konto angemeldet, ist die dazugehörende E-Mail-Adresse bereits in der App eingetragen. Dann können Sie einfach auf *Bereit* klicken oder tippen und loslegen.

2. Ist Ihr Microsoft-Konto noch nicht eingetragen, wählen Sie stattdessen *Konto hinzufügen*.

3. In der anschließenden Auswahlliste entscheiden Sie sich für *Outlook.com* (auch wenn Ihr Microsoft-Konto noch bei Live.com, Hotmail oder MSN eingerichtet wurde).

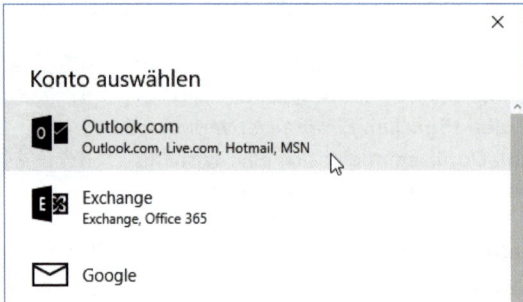

4. Geben Sie nun die E-Mail-Adresse Ihres Microsoft-Kontos und das dazugehörige Kennwort ein. Sollten Sie noch keines haben, können Sie auf *Erstellen Sie ein Konto* klicken und dann eines kostenlos anlegen.

5. Klicken Sie unten auf *Anmelden*. Das Postfach Ihres Microsoft-Kontos wird dann in der Mail-App eingetragen. Die Einstellungen für Posteingangsserver & Co. werden dabei automatisch vorgenommen, sodass Sie ohne weitere Schritte direkt Ihre Nachrichten abrufen können.

Hinweis: Sollten Sie das Einrichten von weiteren Konten beim ersten App-Start verpasst haben, können Sie es jederzeit nachholen: Öffnen Sie dazu in der App die Einstellungen und wählen Sie *Konten/Konto hinzufügen*.

Ein eigenes E-Mail-Konto anlegen

Auf die vorangehend beschriebene Weise können Sie nicht nur E-Mail-Postfächer von Microsoft-Konten einrichten, sondern auch Postfächer von verschiedenen bekannten Mailanbietern wie Google, Yahoo! oder GMX. Dabei reicht es, die E-Mail-Adresse und das Kennwort einzugeben. Die weiteren Zugangsdaten wie Servernamen und Portnummern ermittelt die App automatisch. Anders sieht es aus, wenn Sie ein Postfach von einem kleineren Anbieter, einer Firma oder eines eigenen Servers nutzen möchten. Dann müssen Sie diese Details kennen und selbst angeben:

1. Wählen Sie in diesem Fall in der *Konto auswählen*-Liste ganz unten *Erweitertes Setup*.

2. Wählen Sie dann bei der Frage nach der Kontoart die Option *Internet-E-Mail*, um ein Postfach mit POP3- oder IMAP-Abruf einzurichten.

Erweitertes Setup

Wählen Sie die Kontoart, die Sie einrichten möchten. Wenn Sie nicht sicher sind, wenden Sie sich an Ihren Dienstanbieter.

Exchange ActiveSync
Umfasst Exchange- und andere Konten, die Exchange ActiveSync verwenden.

Internet-E-Mail
POP- oder IMAP-Konten, mit denen Sie E-Mails in einem Webbrowser anzeigen können.

Abbrechen

3. Nun geben Sie auch hier Daten für den Zugang zu diesem Konto ein:

■ Der *Kontoname* ist nur eine Bezeichnung, anhand derer Sie dieses Konto in der Mail-App gegebenenfalls von anderen Konten unterscheiden können. Diesen können Sie ganz frei wählen.

■ *Ihr Name* wird bei versendeten Mails als Absender eingefügt. Hier sollten Sie also angeben, was Sie an dieser Stelle verwenden möchten.

■ *Posteingangsserver* ist der Internetserver, von dem Ihre Mails abgerufen werden. Dessen Adresse erfahren Sie vom Betreiber Ihres Mailservers.

■ Bei *Kontotyp* wählen Sie, ob der Abruf per POP3 oder IMAP4 erfolgen soll. Auch diese Information stellt Ihnen Ihr Mailanbieter zur Verfügung. Eventuell stehen auch beide Verfahren zur Verfügung, dann haben Sie die freie Auswahl.

✕

Internet-E-Mail-Konto

Kontoname
Wolfram@mail.de

Ihr Name
Wolfram Gieseke
Ihre Nachrichten werden unter diesem Namen gesendet.

Posteingangsserver
pop.mail.de

Kontotyp
POP3 ⌄

Benutzername
wolfram
Beispiele: kevinc, kevinc@contoso.com, domäne\kevinc

Kennwort
••••••••

Postausgangsserver (SMTP)
smtp.mail.de ✕

☑ Ausgangsserver erfordert Authentifizierung
☑ Denselben Benutzernamen und dasselbe Kennwort zum Senden von E-Mails verwenden
☑ SSL für eingehende E-Mails erforderlich
☑ SSL für ausgehende E-Mails erforderlich

Abbrechen   Anmelden

■ Darunter tragen Sie *Benutzername* (üblicherweise Ihre E-Mail-Adresse) und *Kennwort* für den Zugriff auf Ihr Postfach ein.

- Unten können Sie schließlich die Adresse für den *Postausgangsserver* angeben, falls diese sich vom Posteingangsserver unterscheidet.

- Die Optionen ganz unten können Sie in den meisten Fällen bei den Standardeinstellungen belassen. Ansonsten benötigen Sie auch hier die Informationen Ihres Mailanbieters, beispielsweise ob SSL für das Verschlüsseln von Nachrichten unterstützt wird (das sollte heutzutage aber Standard sein).

4. Sind alle Daten eingetragen, tippen bzw. klicken Sie ganz unten auf *Anmelden*.

E-Mail mit der Mail-App lesen

Sind die Konten einmal eingerichtet, können Sie die Mail-App jederzeit starten, um Ihre neuesten Nachrichten abzurufen und zu lesen.

Dabei erfolgt der Abruf in regelmäßigen Intervallen automatisch. Sie können aber auch jederzeit manuell die neuesten Mails abrufen, indem Sie oberhalb der Nachrichtenliste auf das *Sync*-Symbol klicken.

- Am linken Rand können Sie oben zwischen Ihren Konten hin- und herwechseln, wenn Sie mehr als eines eingerichtet haben.

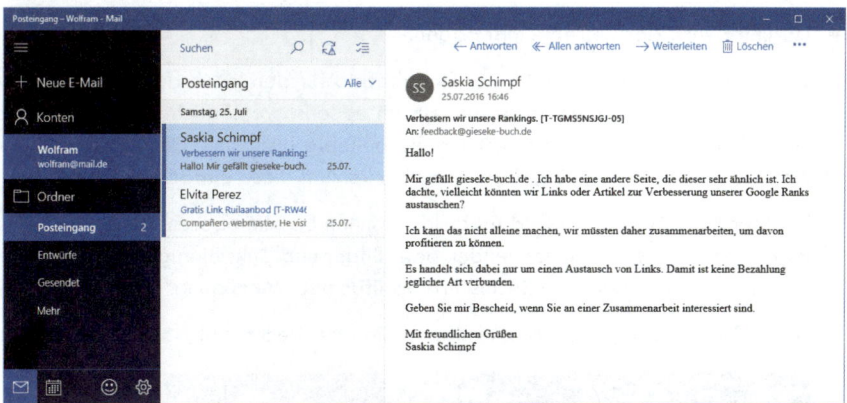

- Darunter finden Sie die Ordner des aktuell gewählten Postfachs vor. Hier findet sich der *Posteingang*, aber auch andere Ordner wie *Entwürfe* oder *Gesendet*. Mit *Mehr* zeigen Sie weitere Ordner.

■ Rechts neben der Ordnerliste sehen Sie die Nachrichtenliste des jeweils gewählten Ordners. Hier sind Absender, Betreff und Eingangsdatum verzeichnet. Außerdem ist der Anfang jeder Nachricht angegeben.

■ Um eine Nachricht zu lesen, tippen oder klicken Sie auf den dazugehörigen Eintrag in der Liste. Dann wird der Inhalt rechts daneben angezeigt.

■ Oberhalb des Nachrichteninhalts finden Sie Symbole für die wichtigsten Aktionen wie das Antworten oder Weiterleiten sowie das Löschen der gewählten Nachricht.

Eigene Nachrichten schreiben und versenden

Wann immer Sie eine E-Mail empfangen, können Sie mit der *Antworten*-Schaltfläche oben rechts direkt eine Antwort darauf verfassen. Außerdem finden Sie überall in der Mail-App oben links eine Schaltfläche *+ Neue E-Mail*, mit der Sie jederzeit ein Formular zum Erstellen einer E-Mail öffnen können. Alles Weitere ist eigentlich selbsterklärend:

■ Oben bei *An:* geben Sie die Empfängeradresse ein. Soll die Nachricht an mehrere Adressen gehen, trennen Sie diese durch Kommata oder verwenden zusätzlich die Felder *Cc* und *Bcc* (ganz rechts).

■ Darunter wird der Betreff eingetragen.

■ Unterhalb der Betreffzeile ist das Eingabefeld für den Inhalt der Nachricht (etwas umständlich beschrieben, aber Sie müssen es sonst womöglich suchen, weil es sich nicht gerade hervortut). Hier können Sie beliebig lostippen. Die Signaturzeile der App wird automatisch eingefügt, aber Sie können diese einfach löschen.

■ Während Sie im Eingabefeld tätig sind, können Sie am oberen Rand verschiedene Formatierungsfunktionen verwenden oder Bilder und Links einfügen. Unter *Optionen* steht Ihnen außerdem eine Rechtschreibprüfung zur Verfügung.

■ Ist die E-Mail fertig, klicken oder tippen Sie oben rechts auf das *Senden*-Symbol.

9.2 Volle E-Mail-Funktionen mit Windows Live Mail

Die mitgelieferte Mail-App ist einfach und komfortabel zu bedienen, bietet aber nur Basisfunktionen. Wer täglich viele E-Mails abwickelt und dabei Spam kontrollieren möchte, stößt schnell an ihre Grenzen. Für den Desktopbereich gibt es aber weiterhin Windows Live Mail, das Sie unter http://windows.microsoft.com/de-de/windows-live/essentials kostenlos herunterladen können. Es entspricht im Funktionsumfang seinen Vorgängern Outlook Express und Windows Mail und reicht für private E-Mail-Kommunikation allemal.

Windows Live Mail

Beim ersten Start erkennt Live Mail, dass noch kein Konto eingerichtet ist, und startet deshalb automatisch einen Assistenten, mit dem Sie das in wenigen Schritten nachholen können. Sollten Sie den Assistenten „verpasst" haben, können Sie ihn jederzeit erneut starten. Klicken Sie dazu im *Konten*-Menü ganz links auf die Schaltfläche *E-Mail*.

TIPP ☑ E-Mail-Konten und -Postfächer übernehmen

In Kapitel 37 ist beschrieben, wie Sie unter anderem Ihre E-Mail-Kontodaten oder auch komplette Postfächer von einer früheren Windows-Version oder auch von einem anderen PC importieren und unter Windows 10 weiterverwenden können. In diesem Fall brechen Sie den Assistenten beim ersten Start ab und folgen den Anweisungen aus Kapitel 37.

1. Geben Sie im ersten Schritt oben die *E-Mail-Adresse* Ihres Kontos ein. Darunter können Sie außerdem das *Kennwort* für den Abruf festlegen. Die Option *Dieses Kennwort speichern* sorgt dafür, dass Sie das Passwort nicht bei jedem Abruf erneut eintippen müssen.

2. Bei *Anzeigename für Ihre gesendeten Nachrichten* geben Sie Ihren „echten" Namen oder gegebenenfalls auch einen Spitznamen o. Ä. ein. Beachten Sie dabei, dass Ihre Nachrichten mit diesem Namen verschickt werden. Je nach Verwendungszweck des E-Mail-Kontos sollte der Name also im Zweifelsfall lieber etwas seriöser ausfallen.

3. Handelt es sich um ein Konto bei einem bekannten Mailanbieter wie Microsoft, Google, Yahoo! oder GMX, reichen diese Angaben in der Regel schon. Ansonsten wählen Sie die Option *Servereinstellungen manuell konfigurieren*. Dann sind die nachfolgend beschriebenen Schritte erforderlich, nachdem Sie auf *Weiter* geklickt haben.

4. Bei der manuellen Konfiguration des Postfachs geben Sie im zweiten Schritt die Servereinstellungen an. Wählen Sie dazu aus, ob es sich um einen POP- oder IMAP-Server handelt. Geben Sie dann die Adresse des Servers sowie gegebenenfalls die weiteren Verbindungsdetails an. Verwendet der Postausgangsserver eine eigene Adresse, muss auch diese angegeben werden. Was hier genau eingegeben werden muss, erfahren Sie im Zweifelsfall von Ihrem Mailanbieter.

5. Klicken Sie dann unten rechts auf *Weiter* und anschließend auf *Fertig stellen*.

Direkt im Anschluss werden Ihre Nachrichten zum ersten
Mal abgerufen. Sie können dies aber auch jederzeit mit
dem *Alles Aktualisieren*-Symbol ganz oben im Schnellzugriff in der Multifunktionsleiste des Mailprogramms veranlassen.

Mehrere E-Mail-Postfächer verwalten

Wenn Sie mehrere E-Mail-Konten bei verschiedenen Anbietern haben, ist das für Windows Live Mail auch kein Problem, da es verschiedene Konten gleichzeitig verwalten
kann. Beim Abholen Ihrer elektronischen Post nimmt es dann Kontakt zu den verschiedenen Posteingangsservern auf und sammelt automatisch alle Nachrichten für Sie ein.

1. Um ein zusätzliches Benutzerkonto anzulegen, öffnen Sie im Hauptfenster von Windows Live Mail mit *Datei/Optionen/E-Mail-Konten* die Verwaltung für Ihre E-Mail-
   Konten.

2. Klicken Sie dann rechts oben
   auf *Hinzufügen* und wählen Sie
   im Untermenü *E-Mail-Konto*.

3. Nun startet erneut der Assistent zum Einrichten eines E-Mail-Kontos, den Sie im vorangehenden Abschnitt bereits kennengelernt haben. Geben Sie wiederum alle Daten zu dem zusätzlichen E-Mail-Postfach an.

4. Wenn Sie mehrere Postfächer verwenden, sollten Sie festlegen, welches das Standardpostfach ist. Dieses wird beim Abschicken von E-Mails automatisch verwendet, solange Sie beim Erstellen der Nachricht nicht ausdrücklich eine andere Absenderadresse wählen. Markieren Sie dazu das Konto, das als Standard verwendet werden soll, in der Liste und klicken Sie am rechten Rand des Menüs auf die *Als Standard*-Schaltfläche.

Im Hauptfenster von Windows Live Mail finden Sie im Navigationsbereich links einen Eintrag für jedes der eingerichteten Konten vor. Das als Standard gewählte Postfach wird dabei ganz oben aufgeführt.

Sie können hier jeweils das gewünschte Konto bzw. dessen Ordner auswählen, deren Nachrichten dann rechts angezeigt werden.

Die Schnellansichten ganz oben in der Liste sind kontenübergreifend und zeigen Ihnen beispielsweise alle ungelesenen E-Mails in allen Konten an.

Retrolook: Windows Live Mail wie Outlook Express/ Windows Mail nutzen

Standardmäßig sieht Windows Live Mail etwas anders aus als die bekannten Vorgänger. Das liegt aber nur an der leicht geänderten Aufteilung der Arbeitsfläche. Diese besteht aus drei Spalten statt wie bislang aus einer Ordnerspalte und daneben übereinanderliegend Nachrichtenliste und Nachrichtenvorschau. Sie können aber schnell zum vertrauten Layout zurückkehren.

1. Wechseln Sie in das *Ansicht*-Menü.

2. Klicken Sie hier ganz rechts auf die Schaltfläche *Layout* und darin auf das Symbol *Lesebereich*.

3. Im Untermenü finden Sie verschiedene Optionen zum Gestalten des Lesebereichs vor. Wählen Sie hier *Unten in der Nachrichtenliste*, um dem klassischen vertikalen Layout möglichst nahezukommen.

4. Wenn Sie die Kalenderfunktion von Windows Live Mail nicht nutzen, können Sie die Kalenderübersicht rechts mit *Kalenderbereich ausblenden*.

So präsentiert sich Live Mail in der aus früheren Mailprogrammen bekannten Form.

E-Mails vom Posteingangsserver abrufen

Damit Sie empfangene Nachrichten lesen können, müssen diese vom Posteingangsserver im Internet abgerufen und auf Ihren lokalen PC übertragen werden. Windows
Live Mail ist standardmäßig auch so eingestellt, dass es diese Abfrage beim Start automatisch erledigt. Dies können Sie aber auch jederzeit manuell erledigen:

1. Um den Kontakt zum Mailserver herzustellen, öffnen Sie im Menüband von Windows
   Live Mail die Kategorie *Privat* und klicken
   dort auf die *Senden/Empfangen*-Schalt-
   fläche (das Fenster muss breit genug sein,
   um sie sehen zu können!). Wenn Sie mehrere E-Mail-Konten verwenden, können Sie
   mit dem unteren Bereich dieser Schaltfläche
   flexibel einstellen, welche genau synchronisiert werden sollen.

2. Befinden sich zu versendende Nachrichten im Postausgang, nimmt Windows Live Mail
   dann Kontakt zum Server für ausgehende Nachrichten auf und schickt diese ab.

3. Ebenfalls verbindet sich Windows Live Mail mit dem Server für eingehende Nach-
   richten und sucht nach neuen Botschaften für Sie. Wird es fündig, überträgt es die
   Nachrichten und legt sie im Ordner *Posteingang* ab. Dort können Sie erhaltene
   E-Mails lesen.

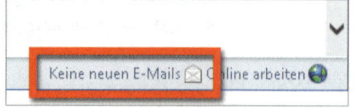

4. Im Gegensatz zu früheren Windows-Mailpro-
   grammen wird beim Synchronisieren nun nicht
   mehr automatisch ein Statusfenster angezeigt.
   Stattdessen können Sie den Vorgang anhand
   kurzer Meldungen in der Statusleiste verfolgen. Hier werden auch Fehler angezeigt, falls
   beim Übertragungsvorgang welche auftreten.

5. Mit einem Doppelklick öffnen Sie den Statusdialog. Mit Details können Sie jederzeit nähere Informationen zur Übertragung einblenden. Dies ist besonders nützlich,
   wenn es mal Probleme geben sollte. Dann finden Sie in den *Details* die genaue
   Fehlermeldung und können feststellen, mit welchem Konto bzw. Server es Unstim-
   migkeiten gibt.

Erhaltene E-Mails lesen

Wenn Windows Live Mail beim Kontakt zum Posteingangsserver Nachrichten für Sie vorfindet, lädt es diese herunter und legt sie im Ordner *Posteingang* ab.

1. Um die neu eingetroffenen Nachrichten zu lesen, öffnen Sie den Ordner *Posteingang*. Wählen Sie hierzu im Navigationsbereich am linken Fensterrand das Konto und darin den Ordner.

2. Daraufhin zeigt das E-Mail-Programm rechts den Inhalt dieses Ordners an. In der Liste der Nachrichten finden Sie jeweils die wichtigsten Daten zu den erhaltenen E-Mails.

■ In der Spalte *Von* steht der Absender. Das E-Mail-Programm versucht stets, den wirklichen Namen des Absenders anzugeben. Ist dieser nicht bekannt, verwendet das Programm stattdessen die E-Mail-Adresse.

■ In der Spalte *Betreff* finden Sie die Betreffzeile der jeweiligen Nachricht wieder. So erkennen Sie auf einen Blick, worum es in der E-Mail geht.

■ Unter *Datum* wird das Eingangsdatum verzeichnet, zu dem die Nachricht empfangen wurde.

3. Im Vorschaufenster (je nach Einstellung rechts neben oder unter der Nachrichtenliste) zeigt Windows Live Mail bereits den Inhalt der ausgewählten Nachricht an. Kürzere Nachrichten kann man direkt in diesem Fenster lesen.

4. Für umfangreichere Nachrichten empfiehlt es sich, mit einem Doppelklick auf den Eintrag in der Liste die jeweilige Nachricht ausführlich anzeigen zu lassen. Hier finden Sie in der Symbolleiste auch noch weitere Funktionen zum Verarbeiten der Nachricht für den direkten Zugriff.

Dank Windows-Suche E-Mail-Nachrichten schnell wiederfinden

Windows Live Mail greift für das Verwalten der E-Mail-Nachrichten auf die Windows-Suche zurück. Dementsprechend können Sie sich durch Suchen und Filtern auch in umfangreichen Postfächern orientieren und schnell genau die Mails finden, die Sie gerade benötigen.

Mit Schnellansichten die wichtigen Nachrichten rasch im Blick

Wer seine E-Mails sammelt und/oder stets gut gefüllte Nachrichtenordner hat, wird sich über eine der neuen Funktionen möglicherweise besonders freuen: Windows Live Mail liefert mit den Schnellansichten ein Werkzeug, mit dem Sie sich jederzeit schnell auf die wirklich wichtigen Nachrichten konzentrieren können. Sie können diese Ansichten über den gleichnamigen Abschnitt ganz oben im Ordnerbereich auswählen.

- Die Ansicht *Ungelesene E-Mails* lässt alle bereits gelesenen Nachrichten verschwinden, also alle Nachrichten, die Sie für mindestens einige Sekunden geöffnet hatten. (Die genaue Dauer, ab wann eine Nachricht als gelesen gilt, können Sie mit *Extras/Optionen* auf der Registerkarte *Lesen* ganz oben einstellen.)

- Mit *Ungelesen von Kontakten* zeigen Sie alle Nachrichten an, die Sie von Personen erhalten haben, deren E-Mail-Adresse in Ihren Kontakten gespeichert ist. So finden Sie schnell die persönlichen Nachrichten, und allgemeinere Dinge wie Newsletter oder Werbung bleiben außen vor.

- *Ungelesene Feeds* bezieht sich auf die Fähigkeit von Windows Live Mail, neben E-Mail auch die von Ihnen abonnierten Webfeeds anzuzeigen.

Neben den standardmäßig angebotenen Schnellansichten gibt es weitere Ansichten, die Sie nach Bedarf auswählen und in die Liste aufnehmen können.

1. Bewegen Sie dazu den Mauszeiger an den rechten Rand der Schaltfläche *Schnellansichten*, bis Sie dort ein Werkzeugsymbol anklicken können.

2. Damit erhalten Sie eine Übersicht über weitere verfügbare Schnellansichten. Hier finden sich praktische Ergänzungen, wie etwa *Gesamter Posteingang* (alle gelesenen und ungelesenen Nachrichten in allen Konten) oder *Alle Junk-Mails* zur schnellen Kontrolle des Spamfilters (siehe Seite 229). Wollen Sie eine davon nutzen, aktivieren Sie sie mit einem Häkchen.

3. Wenn Sie auf OK klicken, werden die ausgewählten Ansichten zusätzlich im Ordnerbereich angezeigt.

Bestimmte E-Mail-Nachrichten schnell und bequem finden

Windows Live Mail bringt ein eigenes Suchfeld mit, das Sie im Programmfenster mittig über der Nachrichtenliste finden. Wenn Sie sich mit der Suchfunktion z. B. im Windows-Explorer bereits vertraut gemacht haben, wird Ihnen der Umgang mit der Suche in Windows Live Mail leichtfallen. Betrachten Sie den gerade angezeigten Mailordner als Dateiordner und die einzelnen E-Mails als Dateien (tatsächlich sieht es für Windows intern genauso aus).

Wenn Sie nun einen Suchbegriff in das Suchfeld eintippen, durchsucht Windows Live Mail ähnlich wie der Windows-Explorer alle E-Mails im aktuellen Ordner nach diesem Begriff.

Dabei berücksichtigt es sowohl den Betreff als auch die Adressinformationen und den eigentlichen Inhalt der Nachrichten, soweit er aus Text besteht. Sie können mit dem Suchfeld also sowohl nach Absendernamen bzw. -adressen als auch nach Schlüsselwörtern in den Betreffzeilen oder im eigentlichen Text suchen.

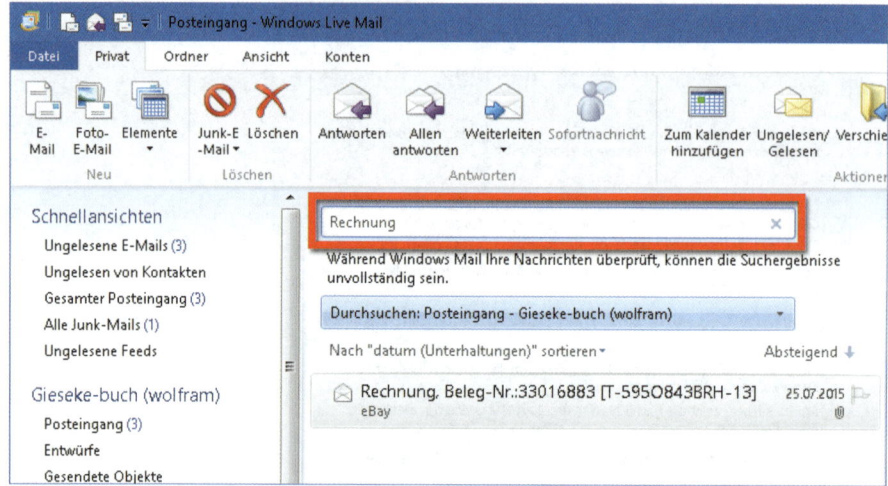

Tippen Sie Ihren Suchbegriff einfach ein, und Windows Live Mail reduziert die angezeigten Nachrichten automatisch auf die E-Mails, in denen der Begriff irgendwo auftaucht. Um eine Suche wieder zu löschen und alle Nachrichten im Ordner wieder anzeigen zu lassen, drücken Sie im Suchfeld [Esc] oder klicken dort ganz rechts auf das kleine x-Symbol.

E-Mail-Nachrichten in Ordnern organisieren

Im Navigationsbereich von Windows Live Mail auf der linken Seite finden Sie Ihre E-Mail-Konten mit deren Ordnern. Darin organisiert Windows Live Mail Ihre Nachrichten. Die Bedeutung der standardmäßigen Ordner ist wie folgt:

- **Posteingang** – In diesem Ordner werden alle empfangenen Nachrichten einsortiert, nachdem Windows Live Mail sie von einem Posteingangsserver abgerufen hat.

- **Entwürfe** – Wenn Sie während des Schreibens einer E-Mail gestört werden und diesen Vorgang abbrechen, kann die Nachricht auf Wunsch als Entwurf gespeichert werden. Sie finden sie dann in diesem Ordner vor und können die Arbeit daran später fortsetzen.

- **Gesendete Objekte** – In diesem Ordner bewahrt Windows Live Mail Kopien aller Nachrichten auf, die Sie versendet haben. So entsteht automatisch ein Archiv Ihrer elektronischen Korrespondenz.

- **Junk-E-Mail** – Hierin sammelt Windows Live Mail automatisch solche Mails, die es als unerwünschte Werbe- oder Phishingmails erkannt hat. Auf dieses Thema gehe ich ab Seite 229 ausführlicher ein.

- **Gelöschte Objekte** – Wenn Sie eine empfangene Nachricht löschen, landet sie in diesem Ordner. Auch eine gelöschte E-Mail ist also noch nicht unwiederbringlich verloren.

- **Postausgang** – Hierbei handelt es sich um eine eigene Kategorie, in der alle Nachrichten landen, die Sie erstellt haben. Sie werden dort so lange gespeichert, bis sie an einen Postausgangsserver übermittelt werden konnten.

Diese Standardordner werden automatisch verwaltet, das heißt, Windows Live Mail verschiebt die jeweiligen Nachrichten von ganz allein in die Ordner, in die sie gehören. Sie können zusätzlich eigene Ordner anlegen und so Ihre Korrespondenz organisieren und z. B. Geschäftliches von Privatem trennen.

1. Um einen eigenen E-Mail-Ordner anzulegen, klicken Sie mit der rechten Maustaste auf den Namen des Kontos im Navigationsbereich.

2. Wählen Sie im kontextabhängigen Menü dann den Befehl *Neuer Ordner*.

3. Windows Live Mail öffnet daraufhin den *Ordner erstellen*-Dialog. Hier geben Sie den Ordnernamen an. Außerdem können Sie festlegen, in welchem der anderen Ordner dieser neue Ordner als Unterkategorie angelegt werden soll. Übernehmen Sie die Einstellung mit *OK*.

4. Der neue Ordner wird daraufhin in die Ordnerliste aufgenommen.

Ein auf diese Weise hinzugefügter individueller Ordner kann von Windows Live Mail nicht automatisch verwendet werden, da das Programm nicht wissen kann, welche Arten von Nachrichten Sie in diesem Ordner haben wollen. Allerdings lassen sich in Windows Live Mail Filterregeln erstellen, die Nachrichten anhand bestimmter Kriterien erkennen und z. B. in einen bestimmten Ordner transferieren können (*Ordner/Nachrichtenregeln*). Außerdem können Sie Nachrichten jederzeit manuell in diesen Ordner verschieben:

1. Um eine Nachricht in einen Ordner zu verschieben oder zu kopieren, markieren Sie ihren Eintrag in der Nachrichtenliste.

2. Klicken Sie dann einfach mit der linken Maustaste auf den Eintrag und halten Sie diese Taste gedrückt.

3. Ziehen Sie nun den Mauszeiger mit weiterhin gedrückter Maustaste nach links auf den Ordner, in den Sie die Nachricht verschieben wollen.

4. Befindet sich der Mauszeiger genau darüber, lassen Sie die Maustaste los. Die Nachricht wird daraufhin in den gewählten Ordner verschoben.

TIPP ☑ **Nachrichten kopieren statt verschieben**

Sie können eine Nachricht auch in einen anderen Ordner kopieren, statt sie gleich ganz dorthin zu verschieben. Halten Sie dazu während des Loslassens der Maustaste ⌴Strg⌴ gedrückt. Dann wird in dem gewählten Ordner eine Kopie der Nachricht erstellt und das Original bleibt an Ort und Stelle vorhanden.

Schutz vor gefährlichen E-Mail-Inhalten

Wie alle E-Mail-Programme stellt auch Windows Live Mail ein potenzielles Einfallstor für Angriffe von außen dar. Denn leider sind E-Mail-Nachrichten ein beliebtes Mittel zum Verbreiten von Trojanern und für andere Schadsoftware. Mit den richtigen Einstellungen können Sie sich vor solchen Gefahren schützen.

1. Öffnen Sie mit *Datei/Optionen/Sicherheitsoptionen* die Sicherheitseinstellungen des Programms und wechseln Sie hier in die Registerkarte *Sicherheit*.

2. Ganz oben im Bereich *Virenschutz* finden Sie hier alle entscheidenden Einstellungen für die Sicherheit beim E-Mail-Empfang. Zunächst wählen Sie die zu verwendende Sicherheitszone aus, die Windows Live Mail beim Umgang mit HTML-E-Mails verwenden soll.

3. Standardmäßig verwendet Windows Live Mail die Einstellungen der *Internetzone*, wenn eine mit HTML formatierte E-Mail angezeigt werden soll. Sicherer ist es, wenn Sie in solchen Fällen die Einstellungen der *Zone für eingeschränkte Sites* aktivieren. Diese sind in der Regel weitaus restriktiver und lassen das Ausführen gefährlicher Inhalte nicht zu.

4. Besonders hilfreich bei Mailviren, die sich automatisch an andere Empfänger weiterversenden, ist die Option *Warnen, wenn andere Anwendungen versuchen, E-Mails zu senden*. Sie verhindert, dass ein E-Mail-Virus unbemerkt Zugriff auf Ihr Adressbuch nehmen und Nachrichten verschicken kann.

5. Schließlich sollten Sie noch die Option *Bilder und andere externe Inhalte in HTML-E-Mails blockieren* einschalten. Diese Option reduziert unnötigen Datenverkehr und verhindert die Spionage durch Webbugs und ähnliche Technologien, die auf HTML-Elementen in E-Mails beruhen.

E-Mails beantworten und schreiben

Bislang habe ich Ihnen gezeigt, wie Sie empfangene E-Mails abrufen und lesen. Aber selbstverständlich können Sie auch selbst aktiv werden und eigene Nachrichten verfassen bzw. auf erhaltene Botschaften antworten.

Eigene Nachrichten verfassen

Das Erstellen einer E-Mail besteht aus zwei Schritten, wobei sich eine Parallele zum klassischen Briefeschreiben ziehen lässt. Zum einen gehört dazu das Verfassen der eigentlichen Nachricht. Zum anderen muss auch bei elektronischen Nachrichten eine Art Briefumschlag erstellt werden. Dieser enthält die Adressen von Empfänger und Absender sowie zusätzlich eine Betreffzeile. Im Unterschied zum klassischen Brief füllt man bei E-Mails allerdings erst den elektronischen Briefumschlag aus, bevor man die Nachricht verfasst.

1. Um eine neue E-Mail zu verfassen, wählen Sie im Hauptfenster von Windows Live Mail in der Kategorie *Privat* ganz links im Menüband die Schaltfläche *E-Mail*. (Ganz schnell per Tasten geht es auch mit Strg + N.)

2. Das Programm zeigt daraufhin ein leeres Formular für eine neue Nachricht an. Es unterteilt sich in den Briefkopf oben und in das Inhaltsfeld zum Erstellen der Nachricht im unteren Bereich.

3. Zunächst sollten Sie den Briefkopf ausfüllen. Bei *Von* hat Windows Live Mail bereits Ihre Absenderadresse eingetragen. Haben Sie mehrere E-Mail-Konten angelegt, können Sie das Auswahlfeld benutzen, um eines der anderen Konten als Absenderangabe einzustellen.

4. Im Feld *An* geben Sie die E-Mail-Adresse des Empfängers ein. Wollen Sie die Nachricht gleich an mehrere Empfänger verschicken, drücken Sie nach jeder Adresse ↵.

5. Mit *Cc und Bcc anzeigen* blenden Sie zusätzliche Eingabefelder ins Formular ein. Hier können Sie weitere Empfängeradressen eingeben, die eine Kopie der Nachricht erhalten sollen.

HINWEIS ⊳ Wozu die Adressfelder Cc und Bcc?

In den Feldern Cc und *Bcc* können Sie zusätzliche Empfängeradressen eingeben. Diese Felder werden standardmäßig nicht angezeigt. Sie können sie bei Bedarf mit Cc *und Bcc anzeigen* einblenden. Alle in Cc enthaltenen Empfängeradressen erhalten eine Kopie der Nachricht. Dies gilt auch für diejenigen im *Bcc*-Feld. Allerdings gibt es einen wichtigen Unterschied. Jeder Empfänger einer E-Mail kann die im Feld *An* und Cc aufgeführten Adressen sehen. Wenn Sie also ein und dieselbe Nachricht an zehn Adressen gleichzeitig schicken, sieht jeder Adressat die Adressen der neun anderen Empfänger. Dies kann z. B. aus Gründen des Datenschutzes unerwünscht sein. Die Adressen, die Sie bei *Bcc* angeben, erfahren die jeweils anderen Adressaten nicht. Jeder der zehn Empfänger würde also nur seine eigene Adresse sehen und gar nicht merken, dass von der Nachricht auch Kopien an andere verschickt wurden.

6. Ein erneutes ⎣⇥⎦ bringt Sie schließlich in das Eingabefeld *Betreff*. Geben Sie hier mit wenigen markanten Wörtern das Thema der Nachricht an, ähnlich wie bei der Betreffzeile eines klassischen Briefs.

7. Damit haben Sie sozusagen den Briefkopf ausgefüllt, der alle Daten enthält, die der Brief für das ordnungsgemäße Erreichen des Empfängers haben muss. Mit einem weiteren ⎣⇥⎦ gelangen Sie in das große Eingabefeld, in dem Sie die eigentliche Nachricht eingeben. Hier können Sie nach Lust und Laune Text schreiben, als wenn Sie mit einem Textverarbeitungsprogramm arbeiten würden.

8. Haben Sie das Verfassen der Nachricht beendet, klicken Sie auf die Schaltfläche *Senden* links neben dem Adressfeld.

Windows Live Mail speichert die Nachricht daraufhin in einem speziellen Ordner namens *Postausgang*. Dort verbleibt sie bis zur nächsten Onlineverbindung. Dann wird sie automatisch mit auf den Weg geschickt. Diese Technik ermöglicht es Ihnen, mehrere Nachrichten zunächst zu verfassen und dann alle auf einmal mit einer Onlineverbindung loszuschicken, anstatt für jede einzelne Nachricht eine eigene Verbindung aufzubauen. So sparen Sie Zeit und Onlinekosten.

Auf erhaltene E-Mails antworten

Es gibt noch eine weitere mindestens ebenso häufig genutzte Möglichkeit, E-Mails zu verfassen, nämlich das Beantworten von Nachrichten. Während man bei der klassischen Briefpost auf eine erhaltene Nachricht einfach einen eigenen neuen Brief als Antwort schreibt, gelten bei der elektronischen Post für diese spezielle Form von Nachrichten besondere Regeln, die sich aus den Möglichkeiten des elektronischen Mediums ergeben.

1. Um auf eine erhaltene Nachricht zu ant-
    worten, markieren Sie diese in der Liste der
    Nachrichten und wählen dann im Menüband
    in der Kategorie *Privat* das Symbol *Antwor-
    ten*. Hat die Nachricht außer Ihnen noch wei-

    tere Empfänger gehabt, können Sie alternativ *Allen antworten* benutzen, damit Ihre Antwort nicht nur an den ursprünglichen Verfasser, sondern auch an alle anderen Empfänger der ursprünglichen Nachricht weitergeleitet wird.

2. Ähnlich wie beim Verfassen einer neuen Nachricht öffnet Windows Live Mail dar-
    aufhin ein Formular. Diesmal ist es allerdings nicht ganz leer, sondern einige Felder
    sind bereits ausgefüllt. So wurde in das *An*-Feld der Absender der ursprünglichen
    Nachricht als Empfänger der Antwort eingetragen. Ebenso wurde in die Betreffzeile
    das alte Thema übernommen. Allerdings wurde ihm das Kürzel *Re:* vorangestellt, an
    dem der Empfänger sofort erkennen kann, dass es sich um eine Antwort auf seine
    Nachricht handelt.

    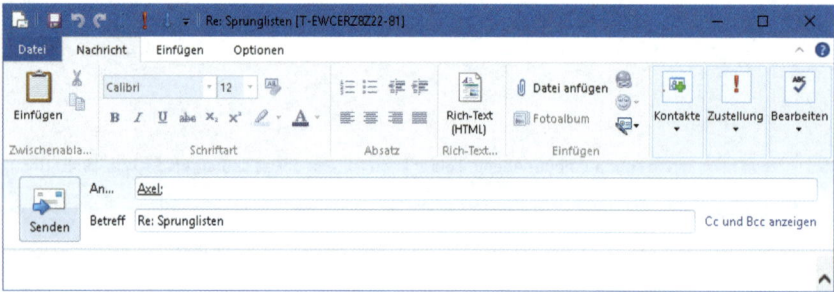

3. Im Textfeld der Nachricht hat Windows Live Mail die gesamte ursprüngliche Nach-
    richt eingefügt. Dies hilft Ihnen dabei, die wichtigen Teile der Nachricht, auf die Sie
    sich beziehen, zu zitieren.

HINWEIS ⊳ So zitieren Sie richtig

Die Zitate in einer Antwortnachricht sollen dem Empfänger dabei helfen, Ihre Botschaft gleich richtig einordnen und verstehen zu können. Wer viel per E-Mail kommuniziert, schickt jeden Tag eine ganze Reihe von Nachrichten los. Wenn man auf alle diese Nachrichten teilweise Tage später Antworten bekommt, kann man schon mal die Orientierung verlieren. Deshalb sollte eine Antwort jeweils kurz die Stelle zitieren, auf die sie sich bezieht. Dabei gilt: So wenig wie möglich und so viel wie nötig zitieren. Eine 20 Zeilen lange Nachricht zu zitieren und „Das stimmt" darunter zu schreiben, ist nicht besonders sinnvoll. Versuchen Sie stets, die wirklich wichtigen Kernsätze herauszugreifen und zu zitieren.

4. Kürzen Sie die zitierten Zeilen auf ein sinnvolles Maß und fügen Sie Ihre Antworten und Kommentare dazwischen ein.

-----Ursprüngliche Nachricht-----
From: Axel
Sent: Saturday, July 25, 2015 4:45 PM
To: Wolfram Gieseke
Subject: Sprunglisten

Hallo Wolfram,

deinen aktuellen Artikel finde ich gut, habe das Phänomen im Büro auch
hin und wieder. Und nur da nutze ich diese Dinge. Aber ich dachte, es
liegt vielleicht am Netzlaufwerk. Ich mache das nämlich mit
Excel-Dateien, die auf dem NAS liegen. Und manchmal sind sie weg -
ärgerlich.

---

5. Wenn Sie die Antwort fertiggestellt haben, schicken Sie sie genau wie eine komplett selbst erstellte Nachricht mit der Menüfunktion *Datei/Nachricht senden* oder der *Senden*-Schaltfläche auf den Weg bzw. in den Postausgang.

Nachrichten absenden

Damit die E-Mail dem Empfänger zugestellt werden kann, muss sie zunächst auf den Weg gebracht werden. Hier kommt der Postausgangsserver ins Spiel. Er erfüllt die genau entgegengesetzte Rolle zum Posteingangsserver, das heißt, er nimmt die Nachrichten entgegen, die Sie verschicken wollen, und leitet sie an das Postfach des Empfängers weiter. Während das Erstellen eigener Nachrichten und das Beantworten von E-Mails genau wie das Lesen ohne Onlineverbindung erfolgen konnte, ist zum Senden der Nachrichten wiederum eine Internetverbindung erforderlich.

1. Um die geschriebenen Nachrichten zu versenden, benutzen Sie genau wie beim Empfangen die *Senden/Empfangen*-Schaltfläche im Menüband in der Kategorie *Privat*.

2. Windows Live Mail nimmt daraufhin Kontakt zum Postausgangsserver auf und schickt alle erstellten Nachrichten ab, die im Ordner *Postausgang* zwischengespeichert sind.

Probleme bei der E-Mail-Zustellung

Das Versenden einer E-Mail wird immer funktionieren, allerdings ist es noch kein Garant dafür, dass die Nachricht ihren Empfänger auch erreicht. Aus verschiedenen Gründen kann das Zustellen einer Nachricht scheitern. Das kommt in der Praxis zwar eher selten vor, aber trotzdem sollten Sie darauf gefasst sein, denn in diesem Fall bekommen Sie die E-Mail postwendend zurückgeschickt, entweder mit einer Fehlermeldung oder mit einer Warnung. Die folgenden Informationen können Ihnen dabei helfen, die Ursachen für das Problem zu erkennen und gegebenenfalls zu beheben.

TIPP ☑ Kann eine E-Mail „verloren gehen"?

Egal, was Sie machen oder was einer E-Mail auf dem Weg vom Absender zum Empfänger zustößt, sie geht so gut wie nie verloren. Nur im recht unwahrscheinlichen Fall eines technischen Defekts bei einem der am Transport beteiligten Internetserver könnte eine E-Mail theoretisch kommentarlos verschwinden. In der Praxis sind solche Fälle aber extrem selten. Wann immer es ein anderweitiges Problem gibt, das die Zustellung einer Nachricht zum Empfänger verhindert, wird die Nachricht an den Absender zurückgeschickt. Das passiert üblicherweise sofort, nachdem das Problem auftrat. Wenn Sie also eine E-Mail abschicken und innerhalb von 24 Stunden keine Fehlermeldung oder Warnung (Details siehe im Folgenden) erhalten, können Sie davon ausgehen, dass die Nachricht angekommen ist.

Als unzustellbar zurückgeschickte Nachrichten enthalten ein Fehlerprotokoll, das den Kontakt zu dem Mailserver wiedergibt, der den Weitertransport oder Empfang der Nachricht abgelehnt hat. Die Ablehnung erfolgt üblicherweise mit einer Begründung, der Sie entnehmen können, was genau schiefgelaufen ist. Im abgebildeten Beispiel war die E-Mail-Adresse des Empfängers auf dem Zielsystem unbekannt, was beispielsweise bei einem Buchstabendreher im Namen schnell passieren kann.

Diese Fehlermeldung wird üblicherweise am Anfang der Nachricht eingefügt, gefolgt vom Inhalt der ursprünglichen Nachricht. Für einen erneuten Versuch müssen Sie die E-Mail also nicht komplett neu eintippen, sondern können den Text von hier übernehmen. Es gibt eine ganze Reihe an Fehlermeldungen, ebenso wie es eine Reihe von verschiedenen Fehlerursachen gibt. In der folgenden Tabelle stelle ich Ihnen die wichtigsten Fehlermeldungen vor und erkläre, was sie zu bedeuten haben und was Sie dagegen unternehmen können. Der genaue Wortlaut der Fehlermeldung kann je nach Mailserver-Software leicht variieren.

Fehlermeldung	Bedeutung
Unknown User	Der adressierte Benutzer, also der Teil der E-Mail-Adresse vor dem @-Symbol, ist auf dem angegebenen Internetrechner nicht bekannt. Ursache ist meist ein Tippfehler in der Adresse (z. B. olfas@mail.bib.de statt olafs@mail.bib.de).
Host Unknown	Der Internetrechner, also der Teil der E-Mail-Adresse hinter dem @-Symbol, konnte nicht gefunden werden. Auch hier ist meist eine falsche bzw. falsch getippte Adresse schuld (z. B. olafs@mial.bib.de statt olafs@mail.bib.de).
Unknown Domain oder Unroutable Mail Domain	Auch hier liegt der Fehler in der Bezeichnung des Internetrechners, genauer in einer falschen Domainbezeichnung (z. B. olafs@mail.bob.de statt olafs@mail.bib.de).
Unresolvable oder Unroutable	Aus der E-Mail-Adresse kann keine korrekte Internetadresse abgeleitet werden. Häufigste Ursache: ein falscher oder fehlender Trennpunkt (z. B. olafs@mailbib.de statt olafs@mail.bib.de).
Network Unreachable	Der durch die E-Mail-Adresse bezeichnete Zielrechner kann zurzeit nicht erreicht werden. Schuld daran ist meist ein technischer Defekt. Am besten einfach später erneut probieren.
Service Unavailable, Connection timed out oder Connection refused	Der Zielrechner kann oder will keine E-Mails entgegennehmen. Ursache dafür kann ein technischer Defekt oder eine falsche Konfiguration des Rechners sein. Vielleicht soll er auch absichtlich keine E-Mail empfangen können. Sollte der Fehler bei mehreren Versuchen immer wieder auftreten, sollten Sie die Korrektheit der E-Mail-Adresse überprüfen.

Warnungen bei Zustellproblemen

Neben solchen Fehlermeldungen kann eine E-Mail auch als Warnung zurückkommen. Eine Warnung bedeutet nicht, dass die Nachricht gar nicht zugestellt werden konnte, sondern dass die Nachricht noch nicht zugestellt wurde. Üblicherweise kann ein Mailserver eine E-Mail innerhalb von wenigen Minuten an den nächsten Rechner übermitteln. Manchmal klappt das aber wegen technischer Probleme oder Überlastung nicht so schnell. Wenn eine bestimmte Wartefrist überschritten wurde, wird der Absender der Nachricht von dem Problem in Kenntnis gesetzt. Andernfalls würde er davon ausgehen, dass seine Nachricht den Empfänger bereits erreicht hat. Eine solche Warnung erkennen Sie an der Betreffzeile mit dem Schlüsselwort *Warning*. Außerdem wird am Anfang jeder Warnnachricht die folgende eindeutige Zeile eingefügt:

```
**      THIS IS A WARNING MESSAGE ONLY      **
**    YOU DO NOT NEED TO RESEND YOUR MESSAGE    **
```

Anschließend folgt wiederum ein Protokoll, aus dem Sie ersehen können, wo genau es hakt. Außerdem ist dort vermerkt, wie lange der Mailserver noch versuchen wird, die Nachricht zuzustellen – in der Regel mehrere Tage. Sollte er nach dieser Zeit immer noch nicht erfolgreich gewesen sein, wird er den Versuch aufgeben und sich noch einmal mit einer „richtigen" Fehlermeldung bei Ihnen melden. In der Regel kommt es jedoch nicht so weit. Entscheidend bei einer solchen Warnung ist, dass Sie gar nichts unternehmen müssen. Es handelt sich dabei lediglich um eine Mitteilung, dass sich die Zustellung Ihrer Nachricht verzögert. Nur wenn die Nachricht sehr eilig ist, sollten Sie eine Warnung als Grund nehmen, den Empfänger eventuell auf einem anderen Weg schneller zu erreichen.

Erste Hilfe: Sofortmaßnahmen bei E-Mail-Problemen

Damit Sie im Fall einer unzustellbaren E-Mail schnell und richtig reagieren können, habe ich für Sie einen kleinen Maßnahmenkatalog zusammengestellt:

- Werten Sie die Fehlermeldung aus, um möglichst genau festzustellen, was schiefgelaufen ist.

- Wenn es kein Tippfehler o. Ä. Ihrerseits war, sondern an einer technischen Störung lag, versuchen Sie es später noch einmal. Lassen Sie zwischen den Versuchen aber etwas Zeit verstreichen.

- In den weitaus meisten Fällen liegt das Problem in einer fehlerhaften E-Mail-Adresse. Kontrollieren Sie die Adresse deshalb genau. Vielleicht hat sich ja einfach ein Tippfehler eingeschlichen?

- Stimmt die E-Mail-Adresse genau mit Ihren Unterlagen überein, sind diese vielleicht nicht in Ordnung. Wenn Sie eine E-Mail-Adresse z. B. am Telefon erfragt haben, kann man Ihnen eine falsche Auskunft erteilt haben oder Sie haben sich einfach verhört. Auch auf Visitenkarten kann sich mal ein Druckfehler einschleichen oder vielleicht sind die Unterlagen einfach veraltet.

- Setzen Sie sich notfalls auf einem alternativen Weg mit dem Empfänger in Verbindung und erfragen Sie die korrekte Adresse. Vielleicht kennen Sie auch sonst jemanden, der bestimmt die richtigen Angaben weiß.

- Versuchen Sie nicht, eine als unzustellbar zurückgekommene Nachricht einfach noch mal mit den gleichen Empfängerdaten loszuschicken. Was beim ersten Mal nicht geklappt hat, wird beim zweiten Mal auch nicht funktionieren. Ausnahme: die bereits beschriebenen vorübergehenden Störungen bei Mailserver oder Netzwerk: auch in diesem Fall aber eine angemessene Wartezeit verstreichen lassen. Versuchen Sie nicht, die richtige E-Mail-Adresse zu raten, nach dem Motto „Wenn er nicht so heißt, dann vielleicht so …". Die Erfolgsaussichten sind eher gering, sodass Sie damit nur Zeit und Onlinegebühren verschwenden. Da ist ein kurzes Telefonat mit einer Nachfrage nach der korrekten Adresse allemal sinnvoller.

E-Mail-Anhänge – nicht ungefährlich: Dateien per E-Mail

Wenn Sie ein umfangreiches Dokument per E-Mail verschicken wollen, könnten Sie dessen Inhalt in ein Nachrichtenformular von Windows Live Mail übertragen und dort einfügen. Dies wäre aber recht umständlich und bringt außerdem das Problem mit sich, dass dabei Inhalte und Formatierungen des Dokuments verloren gehen können. Deshalb gibt es für solche Fälle einen sinnvolleren Weg. Sie können die Datei, in der das Dokument gespeichert ist, einer E-Mail als Anhang mitgeben. Dann wird die Datei dem Empfänger gemeinsam mit der Nachricht zugestellt.

Dateien per E-Mail versenden

Das Versenden einer Datei per E-Mail unterscheidet sich vom Erstellen und Abschicken einer einfachen Nachricht nur durch einen zusätzlichen Schritt, nämlich das Auswählen einer Datei als Anhang:

1. Öffnen Sie zunächst wie gewohnt beispielsweise mit *Datei/Neu/E-Mail* ein Formular zum Verfassen einer E-Mail.

2. Füllen Sie den Briefkopf mit der Empfängeradresse und der Betreffzeile aus.

3. Schreiben Sie in den Brieftext zumindest eine kurze Nachricht an den Empfänger, in der Sie ihm mitteilen, was die Datei enthält und eventuell welche Anwendung er benötigt, um die Datei zu betrachten. Darüber hinaus können Sie auch beliebigen weiteren Text in die Nachricht aufnehmen.

4. Benutzen Sie anschließend im Menüband in der Kategorie *Nachricht* das *Datei anfügen*-Symbol, um eine Datei zum Verschicken auszuwählen.

5. Windows Live Mail öffnet daraufhin einen *Öffnen*-Dialog, in dem Sie die Datei auswählen, die per E-Mail verschickt werden soll. Wenn Sie die Auswahl mit der Schaltfläche *Öffnen* bestätigen, wird die Datei als Anlage in die E-Mail eingefügt. Dazu wird der Briefkopf um eine weitere Zeile ergänzt, die alle eingefügten Anlagen enthält. Mit einem rechten Mausklick auf den Dateinamen dort können Sie einen Anhang vor dem Versenden auch wieder entfernen. Durch beliebiges Wiederholen dieses Vorgangs können Sie auch mehrere Dateien an eine E-Mail anhängen.

6. Senden Sie diese Datei wie gewohnt ab. Beachten Sie, dass das Übermitteln einer E-Mail mit Dateianhang je nach Umfang erheblich länger als das Versenden einer einfachen Textnachricht dauern kann.

Dateien per E-Mail in Empfang nehmen

Auch Sie selbst können Dateien per E-Mail in Empfang nehmen, wenn der Absender eine Nachricht an Sie mit einem Dateianhang versehen hat:

1. Wenn Sie eine E-Mail mit Dateianhang erhalten, erkennen Sie dies bereits in der Übersicht Ihres Posteingangs. E-Mails mit Anhang werden hier mit einem Büroklammersymbol gekennzeichnet.

2. In der Vorschau ist diese Nachricht ebenfalls mit einem Symbol links im Briefkopfbereich versehen. Hier ist dieses Symbol zugleich eine Schaltfläche. Mit einem Klick wird der Anhang — wenn möglich — direkt geöffnet. Handelt es sich bei dem Dateianhang z. B. um ein Bild, wird es teilweise direkt in der Nachricht angezeigt.

3. Mit einem Klick der rechten Maustaste öffnen Sie das Kontextmenü für die angehängte Datei. Um die Datei auf Ihrem PC zu speichern, wählen Sie unten den Menüeintrag *Speichern unter*. Mehrere Dateien können Sie mit *Alles speichern* auf einmal im selben Verzeichnis ablegen.

Schutz vor Viren per E-Mail

Das Versenden von Dateien ist kein Sicherheitsrisiko, solange Sie keine Dateien verschicken, die vertrauliche Daten enthalten. Anders sieht es beim Empfang von Dateien aus. Hier sollten Sie große Vorsicht walten lassen, denn E-Mail-Dateianhänge sind ein beliebter Verbreitungsweg von Computerviren und gefährlichen Trojaner-Programmen. Deshalb sollten Sie unaufgefordert zugesandte Dateien grundsätzlich nicht öffnen oder ausführen, sondern direkt löschen. Um ganz auf Nummer sicher zu gehen, können Sie Windows Live Mail so einstellen, dass es potenziell gefährliche Dateianhänge grundsätzlich nicht speichert oder ausführt. Die Dateianhänge gehen dabei nicht verloren, aber der Zugriff darauf wird verweigert. Im Falle eines Falles kann man also trotzdem an wichtige Daten gelangen.

1. Um den Empfang gefährlicher Dateien zu blockieren, öffnen Sie im Hauptfenster von Windows Live Mail mit *Datei/Optionen/Sicherheitsoptionen* die Sicherheitseinstellungen.

2. Wechseln Sie dort in die Rubrik *Sicherheit*.

3. Aktivieren Sie hier im Bereich *Virenschutz* die Option *Speichern oder Öffnen von Anlagen, die möglicherweise einen Virus enthalten könnten, nicht zulassen*.

4. Übernehmen Sie die Einstellungsänderung mit OK.

5. Wenn Sie auf diese Weise den Empfang von gefährlichen Anhängen unterbunden haben, werden Sie feststellen, dass bei bestimmten Dateitypen die Funktionen zum Öffnen bzw. Speichern der Datei nicht mehr anwählbar sind. In solchen Fällen können Sie die Dateien nur nutzen, wenn Sie die oben beschriebene Einstellung zuvor rückgängig machen.

Diese Schutzmaßnahme ist ein sinnvoller Schritt, garantiert aber noch keine Sicherheit. Wenn Sie aber den Windows Defender oder ein anderes Antivirenprogramm einsetzen, wird dieses spätestens beim Öffnen oder Speichern einer per E-Mail empfangenen Datei aktiv. Enthält diese Datei destruktiven Code, würde der Virenwächter also Alarm schlagen.

Mit dem Junk-E-Mail-Filter Werbespam vermeiden

Windows Live Mail bringt einen Junk-E-Mail-Filter mit, der Sie vor den inzwischen leider allgegenwärtigen Spam-E-Mails schützen soll. Nun kann ein Filter nicht verhindern, dass Sie Spamnachrichten erhalten. Aber er kann solche Mails beim Empfang von Nachrichten automatisch erkennen und in einen speziellen Ordner umleiten, in dem Sie sie gar nicht erst zu Gesicht bekommen (sofern Sie das nicht ausdrücklich wollen).

So arbeitet der Junk-E-Mail-Filter

Der Junk-E-Mail-Filter von Windows Live Mail analysiert alle eintreffenden Nachrichten, bevor sie in den Eingangsordner eingestellt werden. Basierend auf dem Absender einer Nachricht und dem Nachrichteninhalt nimmt er für jede Nachricht eine Bewertung vor, die darüber Auskunft gibt, mit welcher Wahrscheinlichkeit es sich dabei um Spam handelt. Überschreitet diese Wahrscheinlichkeit einen bestimmten Schwellenwert, behandelt er solche Nachrichten als Junk-E-Mail. Solche E-Mails werden nicht in den Eingangsordner eingestellt, sondern in einen speziellen Ordner namens *Junk-E-Mail* verschoben.

Damit Sie keine wichtigen Mails verpassen, werden Sie informiert, wenn der Filter von sich aus aktiv wird. Auf Dauer kann es aber etwas nerven, wenn man diesen Hinweis mehrmals am Tag wegklicken muss. Dann hilft die Option *Diese Meldung nicht mehr anzeigen*. Dann ist das regelmäßige Kontrollieren der aussortierten Mails aber umso wichtiger.

Die ausgefilterten Junk-E-Mails kontrollieren

Der Junk-E-Mail-Filter ist nicht absolut zuverlässig, und das wäre auch zu viel verlangt. Es wird Ihnen bestimmt irgendwann passieren, dass Sie eine E-Mail in Ihrem Eingangsordner vorfinden, die Sie als Spam bezeichnen würden.

In solchen Fällen klicken Sie einfach in der Kategorie *Privat* der Multifunktionsleiste im Bereich *Löschen* auf das *Junk-E-Mail-*Symbol. Die gewählte Nachricht wird dann in den Junk-E-Mail-Filter verschoben. Zugleich lernt der Filter von Ihrer Entscheidung und wird ähnliche Mails in Zukunft automatisch als Spam behandeln.

Noch schlimmer aber ist es, wenn der Junk-E-Mail-Filter versehentlich erwünschte Nachrichten als Spam erkennt und herausfiltert. Aus diesem Grund sollten Sie regelmäßig einen Blick in den Ordner *Junk-E-Mail* werfen und die Mails kontrollieren, die sich dort gesammelt haben.

1. Lassen Sie sich in Windows Live Mail den Inhalt des Ordners *Junk-E-Mail* anzeigen.

2. Gehen Sie die Liste der Nachrichten durch und kontrollieren Sie, ob sich darunter nicht vielleicht eine erwünschte E-Mail befindet.

3. Sollten Sie eine solche Mail finden, markieren Sie sie und klicken im *Privat*-Menü auf die Schaltfläche *Dies ist keine Junk-E-Mail*. (Diese Schaltfläche ist nur zu sehen, wenn das Fenster groß genug ist. Andernfalls finden Sie die Funktion im Untermenü der *Löschen*-Schaltfläche.) Alternativ öffnen Sie mit der rechten Maustaste das Kontextmenü der Nachricht und rufen dort die Menüfunktion *Junk-E-Mail/Junk-E-Mail-Markierung aufheben* auf. Die Nachricht wird dann nicht mehr als Spam behandelt und automatisch in den Posteingangsordner verschoben.

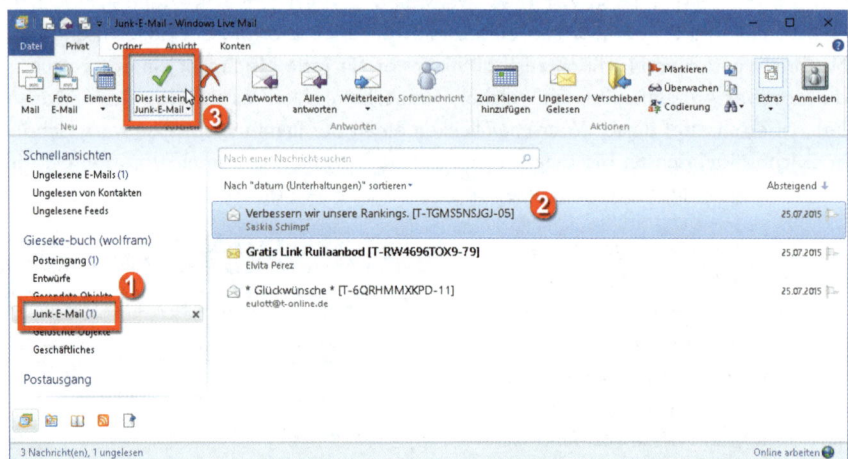

4. Haben Sie alle Nachrichten kontrolliert und befinden sich darunter wirklich nur noch Spammails, markieren Sie am besten den gesamten Ordner mit ⟨Strg⟩+⟨A⟩ und löschen die Nachrichten dann. Auf diese Weise wird der Spamordner geleert, und Sie müssen beim nächsten Nachsehen nicht noch einmal dieselben E-Mails kontrollieren. Sie können hierfür auch das *Löschen*-Symbol verwenden, das sich oben im *Privat*-Menü findet.

TIPP ☑ E-Mails endgültig löschen

Durch das Löschen werden die Junk-E-Mails zunächst nur in den Ordner *Gelöschte Objekte* verschoben und nicht wirklich gelöscht. Um das nachzuholen, klicken Sie mit der rechten Maustaste auf den Ordner *Gelöschte Elemente* und rufen im Kontextmenü die Funktion *Ordner "Gelöschte Elemente" leeren* auf. Alternativ können Sie den Papierkorb auch jeweils beim Beenden von Windows Live Mail leeren lassen. Öffnen Sie dazu die Einstellungen und wechseln Sie dort in die Rubrik *Erweitert*. Klicken Sie hier unten rechts auf *Wartung*. Aktivieren Sie im anschließenden Menü ganz oben die Option *Ordner "Gelöschte Elemente" beim Beenden leeren*. So sparen Sie automatisch Speicherplatz.

Optimaler Spamschutz durch Feintuning der Filterfunktion

Der Junk-E-Mail-Filter von Windows Live Mail lässt sich durch verschiedene Einstellungen und Maßnahmen optimieren. So können Sie z. B. die Adressen von persönlichen Kommunikationspartnern in einer Liste hinterlegen, um deren Einstufung als Spamabsender grundsätzlich zu verhindern. Umgekehrt können Sie aber auch typische Absender von Werberamsch auf eine rote Liste setzen und dem Junk-E-Mail-Filter damit auf die Sprünge helfen.

Standardmäßig arbeitet der Junk-E-Mail-Filter in der niedrigsten Wirkungsstufe, um möglichst keine erwünschten E-Mails fälschlich als Spam einzuordnen. Wenn Ihnen dabei immer noch zu viel Werbemails durchkommen, können Sie den Filter auch schärfer einstellen, wodurch allerdings das Risiko falscher Einstufungen von erwünschten E-Mails steigt.

1. Öffnen Sie im *Datei*-Menü mit *Optionen/Sicherheitsoptionen* die Einstellungen des Spamfilters in der Registerkarte *Optionen*.

2. Hier können Sie einen von mehreren Graden der Effektivität einstellen:

   ■ **Keine automatische Filterung**: Hiermit deaktivieren Sie den Junk-E-Mail-Filter fast komplett. Er filtert dann nur noch Nachrichten aus, wenn sie von Absendern stammen, die unter *Blockierte Absender* eingetragen sind.

   ■ **Niedrig**: Dies ist die Standardeinstellung, bei der alle eintreffenden Nachrichten untersucht werden. Allerdings muss die Prüfung eine relativ hohe Wahrscheinlichkeit von Spam ergeben, damit eine E-Mail als Junk-E-Mail eingestuft wird. Alle zusätzlichen Informationen wie blockierte Absender, Domänen und Sprachen werden berücksichtigt.

   ■ **Hoch**: Mit dieser Stufe können Sie den Junk-E-Mail-Filter schärfer schalten. Es reicht dann eine niedrigere Spamwahrscheinlichkeit für das Einstufen als Junk-E-Mail aus. Sie werden hiermit also in der Regel eine größere Zahl von

Werbemails zuverlässig herausfiltern können. Allerdings steigt auch die Wahrscheinlichkeit von falschen Einstufungen zulässiger Mails. Auch hier werden die Informationen über sichere und blockierte Absender unabhängig davon berücksichtigt.

■ **Nur sichere Absender**: In dieser ultimativen Filtereinstellung werden nur Nachrichten in den Eingangsordner eingestellt, die von Absendern von der sicheren Liste stammen, also nur von solchen Kommunikationspartnern, die Sie ausdrücklich als zulässig eingestuft haben. Alle anderen Nachrichten werden grundsätzlich als Junk-E-Mails herausgefiltert. Spammails werden Sie mit dieser Einstellung wohl kaum noch bekommen. Allerdings können Ihnen auch erwünschte Mails leicht durch die Lappen gehen, wenn z. B. einer der Kommunikationspartner seine E-Mail-Adresse ändert oder wenn Sie es versäumen, eine neue Adresse rechtzeitig in die sichere Liste aufzunehmen.

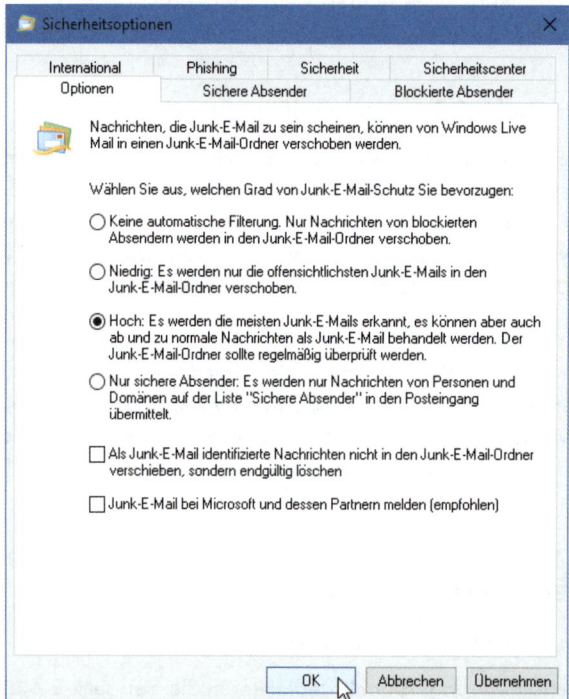

3. Wählen Sie den gewünschten Filtergrad des Junk-E-Mail-Filters aus und klicken Sie unten auf OK. Die Einstellung tritt sofort in Kraft.

So landen Freunde und Kollegen garantiert nicht im Spamordner

Eine sichere Liste hilft Ihnen dabei, fälschliche Einstufungen bei E-Mails von bekannten Kommunikationspartnern zuverlässig zu vermeiden. Kommt eine E-Mail von einer der Adressen auf dieser Liste an, betrachtet der Junk-E-Mail-Filter sie unabhängig vom Inhalt grundsätzlich nicht als Spam. Besonders praktisch: Die in Ihren Kontakten vermerkten E-Mail-Adressen können Sie automatisch auf die sichere Liste setzen lassen.

1. Öffnen Sie im *Datei*-Menü mit *Optionen/Sicherheitsoptionen* die Einstellungen des Spamfilters und wechseln Sie auf die Registerkarte *Sichere Absender*.

2. Hier finden Sie eine Liste von E-Mail-Adressen, die als sichere Absender betrachtet werden. Mit *Hinzufügen* können Sie weitere Adressen eingeben. Sie können hier sowohl konkrete E-Mail-Adressen als auch allgemeinere Domainnamen wie beispielsweise „firma.de" angeben. In letzterem Fall werden alle Absender von dieser Domain als sichere Absender eingestuft.

3. Wichtig sind auch die Optionen am unteren Fensterrand: Mit *Meine Kontakte sind auch vertrauenswürdige Absender* sorgen Sie dafür, dass alle in den Windows-Kontakten vermerkten E-Mail-Adressen automatisch als sichere Absender gelten, von denen kein Spam kommen kann.

4. Mit der Option *Meine E-Mail-Empfänger automatisch der Liste sicherer Absender hinzufügen* nehmen Sie alle E-Mail-Adressen, an die Sie Nachrichten adressieren, ebenfalls automatisch in die Liste der sicheren Absender auf. Dies gilt dann allerdings auch, wenn Sie z. B. auf eine erhaltene E-Mail antworten.

Bestimmte Absender als Spamversender blockieren

So wie es eine sichere Liste gibt, deren Adressen grundsätzlich nicht als Spamversender betrachtet werden, gibt es auch das Gegenteil: Eine rote Sperrliste bezeichnet Absender, deren Nachrichten immer als Spam eingestuft werden sollen, unabhängig vom konkreten Inhalt.

1. Öffnen Sie in den *Sicherheitsoptionen* die Registerkarte *Blockierte Absender*.

2. Hier finden Sie ähnlich wie bei den sicheren Absendern eine Liste vor, die Sie mit Adressen füllen können. Da dieses manuelle Eintragen aber nicht besonders praktisch ist, gibt es noch eine Alternative.

3. Wenn Sie in einem Mailordner eine Spamnachricht vorfinden, z. B. weil sie dem Junk-E-Mail-Filter durch die Lappen gegangen ist, markieren Sie diese Nachricht. Sie können auch gleich mehrere solcher E-Mails auswählen.

4. Klicken Sie dann mit der rechten Maustaste auf die Auswahl und wählen Sie im Kontextmenü *Junk-E-Mail/Absender zur Liste blockierter Absender hinzufügen*. Die Absenderadresse wird dann automatisch in die Sperrliste eingetragen.

5. Alternativ können Sie auch *Domäne des Absenders zur Liste blockierter Absender hinzufügen* verwenden. Dann blockieren Sie nicht nur die Adresse (z. B. *kurt@spam-versand.de*), sondern alle Absender von dieser Domäne (hier also alles mit *...@spam-versand.de*). Allerdings sollten Sie damit etwas vorsichtig sein, da Spamversender teilweise auch gefälschte Absenderadressen von großen Firmen oder E-Mail-Providern verwenden. Mit einer Domänensperrung erhalten Sie dann vielleicht plötzlich überhaupt keine E-Mails von *...@gmx.de* mehr – egal ob Spam oder nicht.

Nachrichten aus bestimmten Ländern grundsätzlich als Spam behandeln

Spamversender sind sehr kreativ, wenn es um vermeintliche Absenderadressen geht, um Sperrlisten aus dem Weg zu gehen. Dies lässt sich aber auch gegen sie verwenden. Wenn Sie nicht gerade persönliche Bekannte in – sagen wir mal – Tadschikistan haben, ist wohl nicht davon auszugehen, dass Sie E-Mails aus diesem Land erwarten. Ähnliches gilt für die Sprache: Wenn Sie kein Vietnamesisch lesen können, dürften E-Mails in dieser Sprache wohl kaum interessant für Sie sein. Der Junk-E-Mail-Filter bietet Ihnen die Möglichkeit, Nachrichten aufgrund solcher Eigenschaften grundsätzlich herauszufiltern.

Falsche Einschätzungen sind dabei kaum zu erwarten, denn selbst wenn eine vietnamesische E-Mail kein Spam ist, hilft Ihnen das mangels Sprachkenntnissen schließlich kaum weiter, oder?

1. Öffnen Sie die *Sicherheitsoptionen* und wechseln Sie auf die Registerkarte *International*.

2. Klicken Sie hier auf *Liste blockierter Domänen auf oberster Ebene*.

3. Im anschließenden Menü können Sie auswählen, aus welchen Ländern Sie nicht ernsthaft mit E-Mails rechnen. Am einfachsten ist es, Sie klicken zunächst rechts auf *Alle auswählen*. Dann brauchen Sie nur die Häkchen bei den Ländern zu entfernen, aus denen Ihre E-Mail-Kommunikationspartner stammen. Schließen Sie den Dialog dann mit OK.

HINWEIS ⊳ Was sollte nicht blockiert werden?

Aus welchen Ländern Sie E-Mails bekommen, wissen Sie selbst am besten. Spielt sich das meiste auf Deutsch ab, sollten Sie zumindest *AT* (Österreich), *CH* (Schweiz) und *DE* (Deutschland) nicht ankreuzen. Ansonsten überlegen Sie, in welchen Ländern Sie Bekannte, Freunde, Verwandte, Geschäftspartner etc. haben. Auch international verwenden viele E-Mail-Adressen *.com*, *.net* oder *.org*, die von dieser Länderliste ohnehin nicht berücksichtigt werden. Die Gefahr, jemanden unverdienterweise auszuschließen, ist also relativ gering. Bei den Codierungen sollten Sie zumindest *Westeuropäisch*, *Lateinisch 9* und *US_ASCII* zulassen. Wenn Sie auch mit Bekannten z. B. in Griechenland kommunizieren, empfiehlt es sich aber, deren Sprachschema ebenfalls zuzulassen.

4. Mit *Liste blockierter Codierungen* öffnen Sie ein ähnliches Menü für die Spracheinstellungen. Jede E-Mail wird mit einem bestimmten Sprachschema erstellt, das von dem PC abhängt, auf dem sie geschrieben wird. Ist darauf z. B. ein arabisches Windows installiert, bekommt die E-Mail ein arabisches Sprachschema. Wenn Sie

ohnehin kein Arabisch beherrschen, können Sie solche Mails aber sowieso nicht lesen. Deshalb können Sie E-Mails mit einem solchen Sprachschema auch getrost als Junk-E-Mail blockieren.

Gefährliche Phishingmails automatisch erkennen und aussortieren

Neben dem Junk-E-Mail-Filter bzw. parallel zu diesem bringt Windows Live Mail auch einen Phishingfilter mit. Dieses Thema spielt bei E-Mails ebenfalls eine große Rolle. So werden regelmäßig gefälschte E-Mails versendet, die angeblich von einer Bank stammen, in denen man einen großen Gewinn gemacht hat oder die eine tolle Geschäftsmöglichkeit enthalten. Tatsächlich geht es nur darum, Besucher auf gefälschte Webseiten zu locken und sie zum Preisgeben vertraulicher Angaben wie Kreditkartennummern oder Bankdaten zu verleiten.

Solche E-Mails lassen sich allerdings mit denselben Mitteln wie Spamnachrichten erkennen. Deswegen beschäftigt sich der Junk-E-Mail-Filter von Windows Live Mail nicht nur mit Werbemüll, sondern auch mit Phishingbotschaften. Diese werden genauso beim Empfang automatisch erkannt und in den Junk-E-Mail-Ordner transferiert. Das Ganze passiert automatisch und ohne Ihr Zutun. Sie können den Phishingschutz allerdings über einige wenige Optionen konfigurieren.

1. Öffnen Sie in den *Sicherheitsoptionen* die Registerkarte *Phishing*.

2. Mit der Option *Posteingang vor Nachrichten mit potenziellen Phishinglinks schützen* schalten Sie den Phishingfilter generell ein oder aus. Der Junk-E-Mail-Filter ist davon aber nicht betroffen. Er läuft gegebenenfalls unabhängig weiter, sortiert dann aber eben nur noch Spam aus.

3. Die Option *Phishing-E-Mail in den Junk-E-Mail-Ordner verschieben* sorgt dafür, dass die als Phishingmails erkannten Nachrichten automatisch im Junk-E-Mail-Ordner landen.

9.3 Kontakte sammeln und soziale Netzwerke einbinden

Ohne Adressen kommt man beim E-Mail-Schreiben nicht weit. Mit der Kontakte-App können Sie solche Adressen, aber auch noch viele andere Daten zu Ihren Kontaktpersonen erfassen und aus verschiedenen Anwendungen heraus abrufen. Dabei lässt sich die App mit vorhandenen Konten etwa auch bei Google oder iCloud verknüpfen, sodass Sie ganz einfach Ihre vorhandenen Kontakte von anderen Geräten abrufen und synchronisieren können.

Neue Kontakte anlegen

Wenn Sie neue Kontakte anlegen möchten, können Sie dies mit der App jederzeit schnell und nach Maß erledigen:

1. Klicken Sie dazu auf das +-Symbol im Navigationsbereich auf der linken Seite der App.

2. Wenn Sie ein Microsoft-Konto für die Anmeldung verwenden, möchte die App beim ersten neuen Kontakt wissen, in welchem Konto neue Kontakte in Zukunft standardmäßig gespeichert werden sollen. Je nach Art der Windows-Anmeldung steht hier ein Microsoft-Konto sowie Outlook zur Auswahl. Sie können mit *Schließen* auch auf diese Vorgabe verzichten und das Konto bei jedem neuen Kontakt manuell auswählen.

3. Im anschließenden Dialog geben Sie die Daten Ihrer Bekannten, Kollegen und Freunde ein:

   ■ Ganz oben bei **Speichern unter** wählen Sie das Konto, in dem dieser Kontakt gespeichert werden soll. Am besten verwenden Sie immer die gleiche Einstellung, um Ihre Kontakte nicht unnötig über verschiedene Cloud-Dienste zu verstreuen. Aber vielleicht wollen Sie auf diese Weise auch private und geschäftliche Kontakte trennen.

   ■ Bei **Name** geben Sie den Namen der Person (oder auch Firma, Verein etc.) ein.

   ■ Darunter können Sie eine oder mehrere Telefonnummern angeben. Wählen Sie die Art der Nummer (Handy, private Nummer, Firmenanschluss etc.) und tippen Sie dann die Nummer ein. Mit + *Telefon* fügen Sie beliebige weitere Nummern hinzu.

   ■ In gleicher Weise lassen sich eine oder mehrere E-Mail-Adressen für jeden Kontakt hinterlegen.

   ■ Ebenso können Sie eine oder mehrere Adressen angeben.

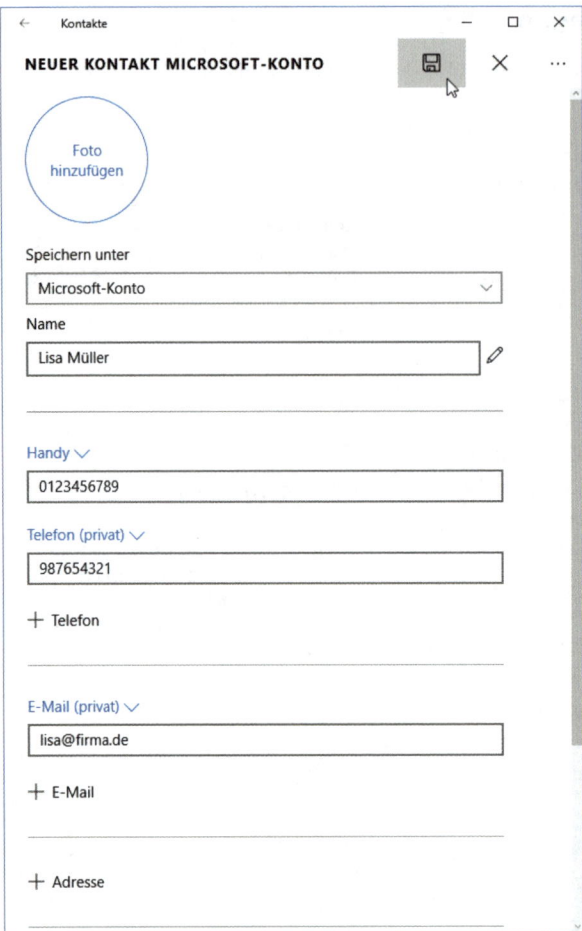

■ Bei *Sonstige* lassen sich nach Bedarf bei jedem Kontakt weitere Informationen hinzufügen, etwa Geburtstag, Firma, Website oder Notizen.

4. Ist alles eingegeben, klicken Sie oben rechts auf das *Speichern*-Symbol, um die Daten zu übernehmen.

Kontakte mit Bildern versehen

Wenn Sie möchten, können Sie Ihre Kontakte mit aussagekräftigen Bildern versehen. Das gibt dem Ganzen eine attraktive und persönliche Note. Außerdem lässt sich so die Herkunft von Mails, Chatanrufen und anderen Nachrichten oft auf den ersten Blick zuordnen.

1. Öffnen Sie den Kontakt in der Kontakte-App zum Bearbeiten (wenn Sie ihn nicht ohnehin gerade erst anlegen).

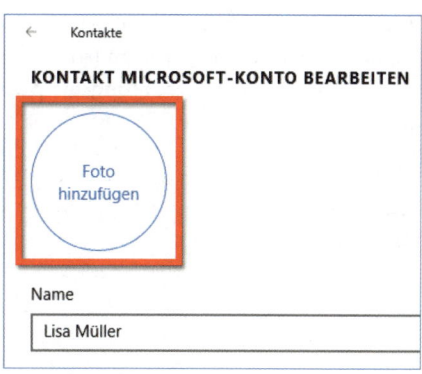

2. Klicken bzw. tippen Sie dann oben links auf den *Foto hinzufügen*-Kreis.

3. Damit öffnen Sie die Fotos-App mit einem Überblick der auf dem PC gespeicherten Aufnahmen.

4. Wählen Sie hier ein geeignetes Bild der Kontaktperson aus.

5. Dieses wird in einem Kreis angezeigt, dessen Position und Größe Sie frei verändern können. Platzieren Sie ihn so, dass er beispielsweise das Gesicht der Person möglichst formatfüllend anzeigt.

6. Klicken Sie dann oben rechts auf das Häkchen, um den gewählten Bildausschnitt als Kontaktbild zu verwenden.

7. Zurück in der Kontakte-App ist das Kreissymbol für diesen Kontakt nun mit dem gewählten Bild versehen.

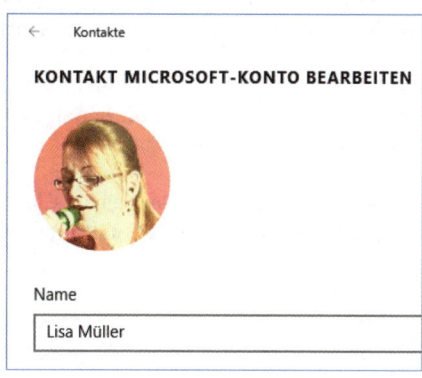

Sie können diesen Vorgang jederzeit wiederholen, um ein anderes Bild zu wählen oder den Bildausschnitt anzupassen.

Adressen aus den Kontakten in E-Mails übernehmen

So eine Kontaktverwaltung ist kein Selbstzweck. Selbstverständlich können Sie auf die gespeicherten Kontakte auch zugreifen. Windows stellt dafür Schnittstellen bereit, die andere Apps nutzen können. Das können Sie z. B. bei der mitgelieferten Mail-App (siehe Seite 202) ausprobieren.

Wenn Sie hier eine neue Mail verfassen und das Empfängerfeld ausfüllen möchten, tippen Sie einfach den Namen (bzw. einen Teil davon) ein. Findet sich zum eingetippten Namen bzw. Namensanfang ein passender Kontakt, wird dieser automatisch vorgeschlagen.

Wählen Sie den gewünschten Kontakt einfach in der Liste aus. Das erspart Merk- und Tipparbeit und verringert vor allem die Gefahr von Tippfehlern bei den meist längeren E-Mail-Adressen.

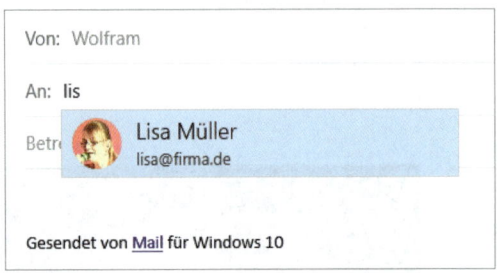

Kontakte aus der Cloud abrufen und synchronisieren

Wenn Sie schon Kontakte beispielsweise mit Ihrem Smartphone gespeichert haben, sind diese in der Cloud für Ihren Abruf verfügbar, selbst wenn es sich dabei nicht um ein Microsoft-Windows-Gerät, sondern ein iPhone oder ein Android-Smartphone handelt. Deren Daten finden sich üblicherweise in der iCloud oder bei Google.

Die Kontakte-App lässt sich mit diesem Konto (oder auch mehreren) verknüpfen. Damit importieren Sie nicht nur die Kontakte ruck, zuck von Ihrem Smartphone oder Tablet. Die Daten werden auch automatisch synchronisiert.

Sie können also in Zukunft Kontakte am PC ebenso wie am Smartphone erstellen oder bearbeiten. Die neuen Daten finden sich nach kurzer Zeit auf den anderen Geräten ebenso wieder.

1. Um die Kontakte-App mit einem Cloud-Konto zu verknüpfen, öffnen Sie in der App die Einstellungen mit dem Menü-Symbol unten links.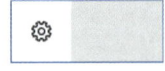

2. Klicken Sie hier auf *Konto hinzufügen* und wählen Sie dann aus, bei welchem Anbieter die Adressdaten hinterlegt sind.

3. Geben Sie dann die Zugangsdaten zu Ihrem Konto bei diesem Cloud-Dienst an. Je nach Anbieter müssen Sie dann noch bestätigen, dass die App auf die gewünschten Daten zugreifen darf.

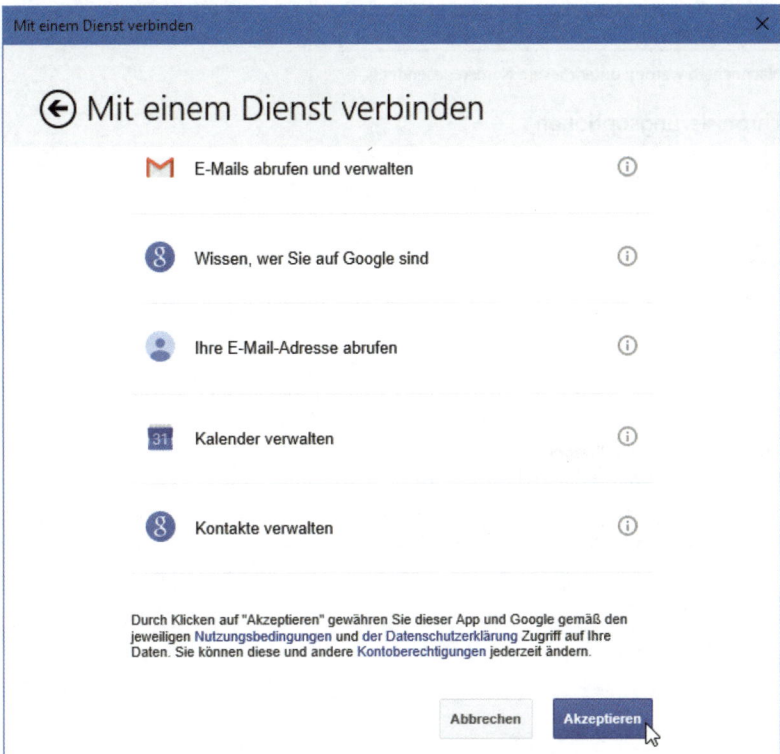

Anschließend werden die Daten zum ersten Mal abgerufen, sodass sich Ihre Kontaktliste nach kurzer Zeit füllen sollte.

Den so eingerichteten Dienst finden Sie in den Einstellungen in der Kontenliste wieder. Hier können Sie die Synchronisierungseinstellungen anpassen, etwa ob neben Kontakten auch E-Mails und Kalenderdaten synchronisiert werden dürfen und wie häufig der Abruf erfolgen soll.

Kapitel 10

10. Schon dabei: nützliche Apps aus dem Lieferumfang

Schon ab Werk bringt Windows vorinstallierte Apps mit. Einige davon, insbesondere im Multimediabereich, stelle ich in den entsprechenden Kapiteln dieses Buches näher vor. Es sind aber auch einige nützliche Apps dabei, die man ganz allgemein gut gebrauchen kann, wie etwa ein vielseitiger Wecker, ein Touchtaschenrechner oder der praktische Sprachrekorder für kurze Tonmitschnitte und Audionotizen.

HINWEIS ▷ Ab Werk nur in der App-Liste
Auf der Startseite finden Sie „ab Werk" nur einige wenige der vorinstallierten Apps. Erst recht gilt das, wenn Sie Ihre Startseite schon individuell angepasst haben. Sie müssen deshalb die Liste der Apps im Startmenü bemühen. Hier können Sie die Apps aber markieren und dann mit *An „Start" anheften* dauerhaft auch auf der Startseite verankern.

10.1 Nie mehr verschlafen mit der App Alarm & Uhr

Windows bringt einen eigenen Wecker mit, der gleichzeitig auch als Stoppuhr und Countdown-Zähler dienen kann. Er weckt zwar auch nicht besser als vergleichbare Apps, ist dafür aber sehr stilvoll und optimal mit dem Finger zu bedienen.

Lassen Sie sich von Windows pünktlich wecken

Die Windows-eigene Wecker-App ist konsequent fingerbedienbar, was aber auch Mausnutzer nicht zu stören braucht:

1. Wenn Sie die App starten, landen Sie automatisch in der Kategorie *Alarm*. Hier werden die festgelegten Alarmzeiten aufgeführt. Zunächst finden Sie dabei nur den Eintrag *Guten Morgen*, der Sie jeden Werktag morgens wecken würde. Allerdings ist er standardmäßig ausgeschaltet.

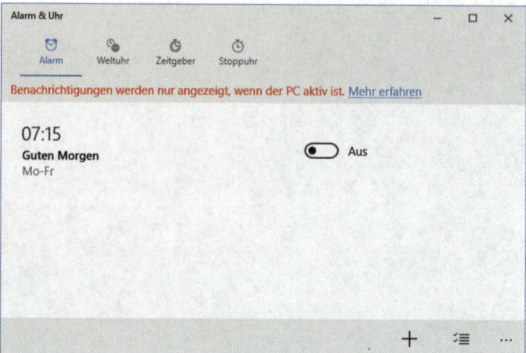

2. Klicken oder tippen Sie auf diesen Eintrag, um ihn zu ändern. Alternativ klicken Sie unten auf das Plussymbol, um eine neue Weckzeit anzulegen:

- Selbstverständlich darf die Uhrzeit selbst nicht fehlen.

- Darunter können Sie einen Namen für jede Weckzeit festlegen.

- Bei *Wiederholungen* wählen Sie exakt die Tage aus, an denen dieser Weckalarm ausgelöst werden soll.

- Mit *Sound* wählen Sie den Weckton, dabei können Sie mit einem Klick auf das Play-Symbol ganz links jederzeit eine Vorschau abspielen.

- Die Erinnerungszeit kommt ins Spiel, wenn Sie den Alarm nicht gleich beenden, sondern erst mal nur „wegdrücken". Dann meldet sich der Wecker nach der angegebenen Zeit wieder.

3. Haben Sie alles perfekt eingestellt, tippen Sie schließlich unten auf das Speichern-Symbol.

Haben Sie auf diese Weise eine Weckzeit festgelegt, meldet sich Ihr Windows-PC zur eingestellten Zeit mit dem Weckklang. Voraussetzung dafür ist, dass der PC dann auch eingeschaltet ist. Bei Tablets kein Problem, da diese ohnehin meist im Stand-by-Modus vor sich hinschlummern. Auch hier sollten Sie sich aber gegebenenfalls am Abend vergewissern, dass der Akku noch bis zum nächsten Morgen für das Wecken reicht. Bei einem „richtigen" PC müssen Sie darauf achten, dass dieser nicht ausgeschaltet wird, sondern nur im Stand-by-Modus döst. Er wacht dann automatisch rechtzeitig auf, um Sie zu wecken. Am besten probieren Sie es aber einmal aus, bevor Sie sich, einen wichtigen Termin vor Augen, darauf verlassen.

TIPP ☑ Einfacher wecken mit Cortana

Falls Sie den Abschnitt zum Sprachassistenz-System Cortana noch nicht gelesen haben (siehe Seite 149): Sie können sich auch auf diese Weise leicht wecken lassen. Sagen Sie Cortana einfach per Sprachbefehl: „Weck mich morgen um 7:00 Uhr!" Dann wird automatisch eine entsprechende Weckzeit angelegt, die aber nur einmalig verwendet wird.

10.2 Touchtaschenrechner statt Kopfrechnen

Ein Rechner gehört traditionell schon seit ewigen Zeiten zum Windows-Betriebssystem. Die aktuelle Version macht da keine Ausnahme und bringt einen vollwertigen Rechner mit Verlaufsfunktion mit, der auch über zahlreiche wissenschaftliche Berechnungsfunktionen sowie praktische Umrechnungsmöglichkeiten verfügt. Und er lässt sich sowohl per Finger wie auch per Maus/Tastatur gut und intuitiv bedienen.

Rechnen mit Verlaufsfunktion

Viel zur Bedienung eines Taschenrechners am Bildschirm will ich gar nicht erwähnen. Das Funktionsprinzip ist wohl jedem vertraut, und die Umsetzung insbesondere mit einem Touchbildschirm macht die App intuitiv und schnell benutzbar. Eine Anmerkung verdient aber die Verlaufsfunktion zum Merken von Zwischenergebnissen.

1. Die Rechner-App zeichnet jeden Rechenschritt mit Ergebnis auf. Am besten sehen Sie das, wenn Sie das Fenster breit genug machen, sodass der Verlauf rechts angezeigt wird.

2. Haben Sie sich beispielsweise verrechnet, müssen Sie nicht komplett von vorne anfangen, sondern können jederzeit zum letzten korrekten Schritt der Rechnung zu-

rückkehren und von dort aus weitermachen. Klicken Sie dazu einfach rechts auf den entsprechenden Eintrag.

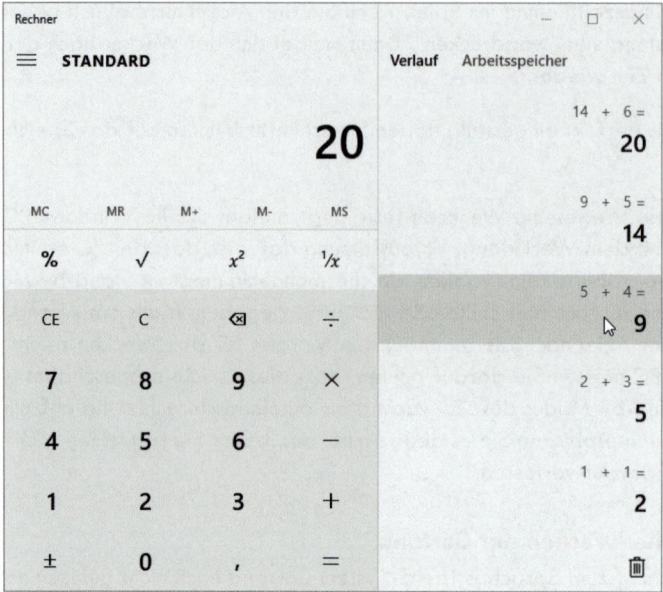

3. Dieser wird dann links als aktueller Basiswert übernommen, mit dem Sie einfach wei-terrechnen können.

Praktisch – wichtige Umrechnungen nur wenige Fingertipps entfernt

Neben den Grundrechenfunktionen und wissenschaftlichen Formeln verfügt die Rechner-App über einen praktischen Konverter, mit dem Sie ungewohnte Maße schnell in ver-traute Einheiten umwandeln können. Dieser beherrscht eine Vielzahl von gängigen ebenso wie exotischen Ma-ßen. Nebenbei kann man noch erstaunliche Erkenntnisse gewinnen, etwa dass 1 britischer Teelöffel so groß wie 1,2 amerikanische Teelöffel ist. Wer hätte das gedacht ...

1. Tippen bzw. klicken Sie in der Rechner-App oben rechts auf das Menü-Symbol.

2. Wählen Sie im so eingeblendeten Menü unterhalb der Überschrift *Konverter* den Bereich aus, dem die zu be-rechnenden Maßeinheiten angehören.

3. Nun können Sie in das obere Feld einen Wert eingeben und darunter die Maßeinheit auswählen, in der dieser vorliegt. Verwenden Sie dafür die virtuelle Tastatur rechts daneben oder einfach auch eine real vorhandene.

4. Wählen Sie dann für das Feld darunter die Maßeinheit aus, in die Sie die angegebene Zahl umrechnen möchten.

Das Ergebnis können Sie unmittelbar im unteren Feld ablesen. Ganz unten am Bildschirmrand erhalten Sie außerdem noch ein paar andere naheliegende Umrechnungen für diesen Wert.

10.3 Nutzen Sie den Sprachrekorder für schnelle Aufnahmen zwischendurch

Eine weitere hilfreiche App ist der *Sprachrekorder*. Er ermöglicht es, schnell und einfach Aufnahmen mit einem vorhandenen Mikrofon durchzuführen – etwa um Klänge aus der Umgebung aufzunehmen oder auch um eine kurze Notiz zu diktieren.

1. Starten Sie die Sprachrekorder-App und tippen oder klicken Sie dann direkt auf die Mikrofongrafik in der Mitte des Bildschirms, um die Aufnahme zu beginnen.

2. Sprechen Sie nun einfach grob in Richtung des Mikrofons. Bei einem Tablet ist das Mikrofon so eingebaut, dass Sie Ihr Gesicht einfach nur ungefähr dem Bildschirm zuwenden müssen. Die App zeigt den Aufnahmepegel optisch an, sodass Sie einen deutlichen Ausschlag erkennen sollten, wenn Sie laut genug sprechen.

3. Sie können die Aufnahme jederzeit unterbrechen und wieder fortsetzen, indem Sie das kleine Pausensymbol unterhalb des Kreises verwenden.

4. Mit dem Fähnchensymbol haben Sie schon während der laufenden Aufnahme die Möglichkeit, eine besondere Stelle zu markieren, die Sie später dann schnell wiederfinden können.

5. Um die Aufnahme zu beenden, tippen bzw. klicken Sie auf das Stoppsymbol mitten im Aufnahmekreis.

6. Die App legt dann eine Datei mit Ihrer Aufnahme an. Die Liste der Aufnahmen finden Sie rechts oben in der Übersicht (dafür muss man das App-Fenster gegebenenfalls breit genug ziehen).

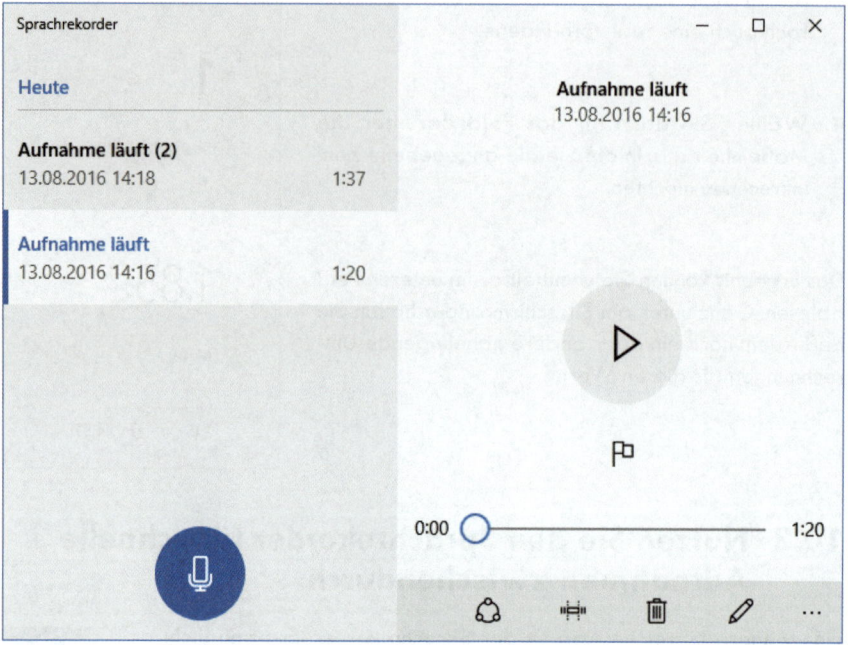

Sie haben anschließend noch die Möglichkeit, die Aufnahme nicht nur anzuhören, sondern auch zu kürzen, also am Anfang und am Ende unnötige Teile wegzuschneiden. Sie können misslungene oder nicht mehr benötigte Aufnahmen auch löschen. Es kann sinnvoll sein, Aufnahmen mit einem aussagekräftigen Namen zu versehen. Außerdem können Sie die *Teilen*-Funktion nutzen, um Aufnahmen an andere Apps weiterzureichen. Auf diese Weise können Sie eine Aufnahme beispielsweise per E-Mail versenden.

Kapitel 11

11. Hyper-V: per Virtualisierung praktisch jede Anwendung nutzen

Der mit Windows 7 eingeführte Windows Virtual PC ist längst schon wieder Geschichte. Seit Windows 8 setzt Microsoft bei der Virtualisierungstechnologie auf Hyper-V. Auch das aktuelle Windows ist damit ausgestattet, allerdings erst ab der Pro-Edition. Nutzer der Home-Editionen können aber mit VirtualBox eine ähnliche Lösung kostenlos nachrüsten. Beide Systeme stelle ich in diesem Kapitel vor.

HINWEIS ⟩ **Was heißt hier virtuell?**

Virtualisierung bedeutet in diesem Zusammenhang, dass Sie auf Ihrem vorhandenen Windows-System eine Software installieren, die die Hardware eines typischen Windows-PCs emuliert und somit einen zusätzlichen – virtuellen – PC erstellt, der praktisch nur in Form von Daten auf Ihrer Festplatte existiert. Mit der Virtualisierungssoftware können Sie diese PC-Emulation jederzeit starten und darin ganz normal ein Windows-System installieren, z. B. ein Windows XP für ältere Anwendungen oder ein zusätzliches aktuelles Windows zum Testen neuer Programme. Die Virtualisierung ist sehr aufwendig und hat deshalb ihre Grenzen, insbesondere bezogen auf die Geschwindigkeit des Systems. Auf einem zeitgemäßen PC sollte sie zum Arbeiten mit einem zusätzlichen virtuellen Windows aber ausreichen. Beim Einsatz eines virtuellen Systems können Sie auf zusätzliche Festplatten und Partitionen verzichten. Außerdem ist das emulierte Windows (Gastsystem) in seiner eigenen virtuellen Welt komplett von Ihrem eigenen Windows (dem Wirtssystem) entkoppelt und kann z. B. nicht auf dessen Daten zugreifen. Datenverluste oder -beschädigungen lassen sich also ausschließen. Deshalb eignet sich ein virtuelles System auch gut zum Testen von unbekannter Software oder Vorabversionen.

11.1   Wichtig: die Voraussetzungen für Hyper-V

Hyper-V ist eine Virtualisierungslösung, die professionellen Ansprüchen genügt. Die Kehrseite der Medaille ist, dass sie vergleichsweise hohe Hürden in Form von Hard- und Softwarevoraussetzungen aufbaut. Andernfalls lässt das Programm sich nicht nutzen bzw. gar nicht erst installieren.

■ Ganz grundlegend: Hyper-V läuft unter der 64-Bit-Version von Windows. Unter 32 Bit können Sie nur das Verwaltungsprogramm Hyper-V-Administrator installieren, das aber allein keine virtuellen Maschinen ermöglicht. Dies ist nur mit dem Hyper-V-Kern möglich, der lediglich auf 64-Bit-Systemen zur Installation angeboten wird.

■ Damit zusammen hängt auch die Anforderung an den Arbeitsspeicher: Mindestens 4 GByte RAM müssen es sein, damit kann man dann aber auch schon zwei oder drei virtuelle Maschinen betreiben. Da die 32-Bit-Version von Windows keine vollen 4 GByte Arbeitsspeicher adressieren kann, kommt sie auch dafür nicht in Betracht.

■ Der vorhandene Prozessor muss logischerweise 64 Bit unterstützen sowie Hardware-DEP und **S**econd **L**evel **A**ddress **T**ranslation (SLAT) ermöglichen. Die meisten aktuellen Prozessoren von Intel und AMD können das, bei älteren PCs könnte es aber daran scheitern (siehe Hinweisbox).

HINWEIS ⊳ DEP und SLAT?

Data **E**xecution **P**revention (DEP) ist ein Sicherheitsfeature, das das direkte Manipulieren von Arbeitsspeicher und somit eine typische Strategie von Malware verhindert. Windows kann das in Grenzen auch in Software umsetzen, für Hyper-V aber muss es der Prozessor direkt in Hardware erledigen. Wichtiger Hinweis: Die meisten aktuellen Prozessoren und Mainboards können das, oft aber ist diese Funktion standardmäßig deaktiviert. Wenn es beim Aktivieren von Hyper-V eine entsprechende Meldung gibt, schauen Sie im BIOS Ihres PCs nach, ob Sie dort eine entsprechende Einstellung finden. SLAT dürfte noch etwas seltener anzutreffen sein, da es selbst unter den aktuell angebotenen Prozessoren nicht alle beherrschen. Ob Ihrer es kann, können Sie selbst feststellen: Laden Sie sich das kostenlose Programm coreinfo.exe von Microsoft herunter (*http://technet.microsoft.com/en-us/sysinternals/cc835722*). Führen Sie es in einer Eingabeaufforderung mit Administratorrechten mithilfe des Kommandos *coreinfo -v* aus. Die Antwort besteht aus einer kurzen Liste, bei der die unterste Zeile die entscheidende ist. Steht hier in der Mitte ein *, ist der Prozessor für Hyper-V ausgestattet. Bei einem − hingegen fehlt die erforderliche Technologie, und Hyper-V wird sich nicht aktivieren lassen.

Hyper-V aktivieren

Standardmäßig werden die für Hyper-V benötigten Funktionen zwar installiert, aber nicht aktiviert. Bevor Sie also mit virtuellen Anwendungen experimentieren können, müssen Sie diese Funktionen zunächst einschalten:

1. Öffnen Sie die *Einstellungen*, indem Sie in der klassischen Systemsteuerung das Modul *Programme und Features* öffnen.

2. Klicken Sie in den *Einstellungen* links auf *Windows-Features aktivieren oder deaktivieren*.

3. Suchen Sie in der Liste der Funktionen dann den Eintrag *Hyper-V* und setzen Sie dort ein Häkchen. Die untergeordneten Einträge werden automatisch mitaktiviert.

4. Wenn Sie nun unten auf OK klicken, bereitet Windows das Zuschalten dieser Funktionen vor und führt es durch. Anschließend muss der PC neu gestartet werden, bevor Sie Hyper-V benutzen können.

Sollte Ihnen die Hyper-V-Plattform nicht zur Installation angeboten werden bzw. sollte es einen Fehlerhinweis geben, erfüllt Ihr PC eventuell nicht die Hardwarevoraussetzungen für Hyper-V (siehe vorangehenden Abschnitt).

11.2 Richten Sie eine virtuelle Testumgebung ein

Haben Sie Hyper-V installiert, können Sie sich eine Testumgebung einrichten. Dabei handelt es sich um eine virtuelle Maschine, die einen PC vollständig emuliert, mit virtuellen Prozessoren, virtueller Festplatte, virtuellen USB-Schnittstellen etc. Die Parameter dieser Maschine können Sie selbst bestimmen, also z. B. wie viel Arbeitsspeicher verfügbar sein soll, wie viel Festplattenspeicher etc. Diese virtuelle Maschine können Sie dann wie einen realen PC starten und darauf ein Betriebssystem installieren, das als Anwendung innerhalb von Windows läuft.

Die Verbindung zum Hyper-V-Server herstellen

Hyper-V auf Ihrem PC besteht aus zwei Komponenten: Da ist zum einen der Hyper-V-Server, der mit dem Aktivieren der Funktion automatisch bei jedem Start aktiv wird. Für die konkrete Nutzung der Virtualisierung verwenden Sie den Hyper-V-Manager, den Sie im Startmenü schnell durch Eintippen von *hyper* finden. Beim ersten Start des Hyper-V-Managers muss dieser einmalig mit dem Server verbunden werden. Prinzipiell könnte er sich auch via Netzwerk mit einem Hyper-V-Server auf einem anderen PC verbinden, deshalb ist dieser Schritt nötig.

Wählen Sie dazu im Menü *Aktion/Verbindung mit dem Server herstellen* und im anschließenden Dialog die Option *Lokaler Computer*, bevor Sie auf OK klicken.

Einen virtuellen Netzwerkadapter einrichten

Soll das virtuelle System Zugang zu Netzwerk und Internet haben, benötigt es einen virtuellen Netzwerkadapter. Dieser kann in verschiedenen Modi betrieben werden, was wichtige Auswirkungen auf die Sicherheit von realem und virtuellem System hat.

1. Wählen Sie im Hyper-V-Manager die Menüfunktion *Aktion/Manager für virtuelle Switches*, um einen virtuellen Netzwerkadapter einzurichten.

2. Wählen Sie dann aus, was für eine Art von Adapter Sie verwenden möchten, und klicken Sie auf *Virtuellen Switch erstellen*:

- *Extern*: Der virtuelle Netzwerkadapter wird direkt mit dem physischen Netzwerkadapter des Wirtssystems verbunden. Das virtuelle System hat somit genau dieselben Zugriffsmöglichkeiten (und bietet dieselben Angriffspunkte) wie der reale PC.

- *Intern*: Der virtuelle Netzwerkadapter wird nur mit dem realen PC sowie gegebenenfalls anderen virtuellen Maschinen auf diesem PC verknüpft und kann mit diesem Daten in einem eigenen lokalen Netzwerk austauschen. Er erhält aber keine Verbindung zum Netzwerk des realen PCs.

- *Privat*: Der virtuelle Netzwerkadapter wird nur mit anderen virtuellen Netzwerkadaptern auf demselben PC verbunden. Die virtuellen Systeme können also untereinander Daten austauschen, aber keinesfalls auf reale PCs oder Netzwerke zugreifen.

3. Legen Sie dann einen Namen für diesen virtuellen Netzwerkadapter fest. Sollten mehrere reale Netzwerkadapter vorhanden sein und Sie einen Adapter vom Typ *Extern* einrichten, können Sie außerdem wählen, mit welchem der realen Adapter dieser verbunden werden soll. Vor allem wenn Ihr PC sowohl einen Ethernet- als auch einen WLAN-Adapter besitzt, sollten Sie hier den richtigen auswählen (den der PC auch sonst verwendet). Klicken Sie dann unten auf OK.

4. Beim Einrichten der virtuellen Netzwerkverbindung kann die Verbindung des (realen) PCs kurzzeitig unterbrochen werden. Darauf weist der Manager hin und bittet um Genehmigung. Sollte beispielsweise gerade ein Download oder eine andere wichtige Verbindung laufen, können Sie diese noch in Ruhe zu Ende bringen, ehe Sie die Änderung durch Hyper-V durchführen lassen.

Die Eigenschaften der virtuellen Maschine bestimmen

Um eine virtuelle Maschine zu erstellen, legen Sie im Hyper-V-Manager die Parameter dieses virtuellen Systems fest.

1. Wählen Sie im Hyper-V-Manager im Menü *Aktion/Neu/Virtueller Computer*. Damit starten Sie einen Assistenten, der Sie durch alle erforderlichen Schritte begleitet.

2. Klicken Sie auf *Weiter* und legen Sie dann einen Namen für das virtuelle System fest. Außerdem können Sie mit *Virtuellen Computer an einem anderen Speicherort speichern* einen alternativen Speicherordner festlegen, wenn Sie z. B. auf einem anderen Laufwerk mehr Speicherplatz zur Verfügung haben.

3. Wählen Sie dann, was für eine Generation von virtuellem Computer Sie erstellen möchten. Dies ist wichtig, da diese Eigenschaft im Gegensatz zu den meisten anderen später nicht mehr geändert werden kann. Welche Wahl ist sinnvoll?

   - **Generation 1** für alle 32-Bit-Windows-Systeme, für Windows-Systeme in 64 Bit bis Windows 7 einschließlich sowie alle Nicht-Windows-Systeme (z. B. Linux).

   - **Generation 2** für Windows-Systeme ab Windows 8 in 64 Bit. Nur Generation 2 verfügt über eine UEFI-basierte Firmware für diese Systeme.

4. Nun geht es an den Arbeitsspeicher, der der virtuellen Maschine zur Verfügung stehen soll. Bedenken Sie, dass dieser vom realen Speicher abgeht. Lassen Sie also dem Wirtssystem stets genug RAM „zum Leben" übrig, um die Stabilität und Leistungsfähigkeit nicht zu gefährden.

5. Bei den Netzwerkeinstellungen können Sie den virtuellen Netzwerkadapter auswählen, den Sie zuvor erstellt haben. Soll die virtuelle Maschine keine Konnektivität haben, wählen Sie *Nicht verbunden*.

6. Dann geht es an den Festplattenspeicher für das virtuelle System. Legen Sie fest, wie die Datei dafür heißen soll, wo sie gespeichert werden soll und wie groß sie werden darf.

7. Schließlich können Sie direkt das Installieren eines Betriebssystems veranlassen. Am besten verschieben Sie das allerdings mit *Betriebssystem zu einem späteren Zeitpunkt* erst einmal. Ich gehe im nachfolgenden Abschnitt ausführlich darauf ein.

8. Kontrollieren Sie die Zusammenfassung der Konfiguration und klicken Sie schließlich unten auf *Fertig stellen*, um die virtuelle Maschine endgültig zu erstellen.

Das Betriebssystem für den virtuellen PC installieren

Bis hierhin haben Sie einen virtuellen PC erschaffen, der die Hardware eines realen Rechners in Software nachbildet. Aber so wie ein realer PC erst mit einem Betriebssystem sinnvoll nutzbar ist, muss auch auf dem virtuellen PC ein Betriebssystem installiert werden. Dazu benötigen Sie eine Installations-CD/-DVD des gewünschten Systems, die Sie in das Laufwerk des realen PCs einlegen. Alternativ können Sie auch eine ISO-Imagedatei verwenden, die als virtuelles Laufwerk in den virtuellen PC eingebunden werden kann. Dann kann die Installation starten.

1. Wählen Sie im Hyper-V-Manager im Bereich *Virtuelle Computer* das zuvor erstellte System aus. Unten rechts finden Sie unter dem Namen dieses Systems unter anderem das Kommando *Verbinden*. Alternativ können Sie dafür auch das *Aktion*-Menü verwenden. Damit stellen Sie die Verbindung zur virtuellen Maschine her und zeigen deren Fenster auf dem Bildschirm an. Das virtuelle System ist nun aber noch nicht gestartet (bzw. eingeschaltet).

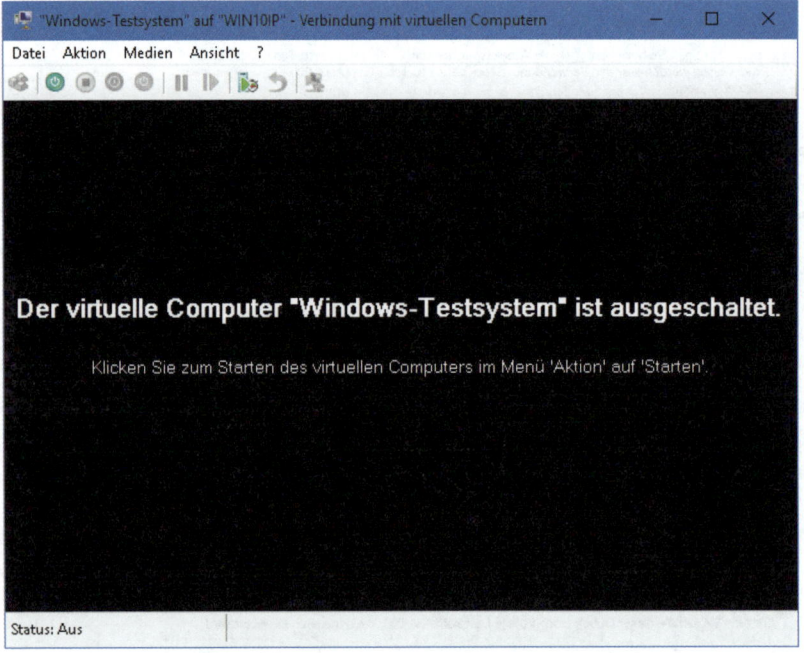

2. Das ist auch gut so, denn zunächst muss das Installationsmedium im *Medien*-Menü dieses Fensters festgelegt werden:

    ■ Verwenden Sie eine CD/DVD, wählen Sie hier ... *aufzeichnen*, um das reale Laufwerk des Wirtsrechners als virtuelles Laufwerk in das Gastsystem einzufügen. So kann der virtuelle PC auf das reale Laufwerk zugreifen.

    ■ Verwenden Sie eine ISO-Imagedatei, klicken Sie stattdessen auf *Datenträger* und wählen dann die zu verwendende Datei aus. Diese wird als virtuelles Laufwerk in das Gastsystem eingebunden.

3. Klicken Sie nun im Fenster der virtuellen Maschine auf den grünen Start-Button oder wählen Sie im Menü *Aktion/Starten*. Das ist so, als würden Sie an einem realen PC den Einschalt-knopf drücken.

Der virtuelle PC fährt nun also hoch, bemerkt das (virtuell) eingelegte Installations-medium und startet die Installation. Diese läuft wie bei einem realen PC ab. Der ge-naue Verlauf hängt davon ab, welches System Sie installieren.

11.3 Mit virtuellen Maschinen effizient arbeiten

Ein einmal eingerichtetes und installiertes virtuelles System können Sie nun jederzeit mit dem Hyper-V-Manager starten und eine Verbindung dazu herstellen. Das virtu-elle System läuft standardmäßig in einem Fenster. Mit *Ansicht/Vollbildmodus* bzw. [Strg]+[Alt]+[Pause] können Sie jederzeit zur Vollbilddarstellung und zurück wechseln.

Datenaustausch per Zwischenablage

Eine einfache Möglichkeit, Daten vom Wirtssystem in das Gastsystem zu bekommen, bietet die Zwischenablage. Mit dem Menüpunkt *Zwischenablage/Text aus*

Zwischenablage eingeben fügen Sie den Inhalt der Zwischenablage des Wirtssystems an der Einfügemarke des Gastsystems ein. Dieser Weg klappt allerdings nur in der beschriebenen Richtung vom Wirt zum Gast und nicht umgekehrt.

Dateien per Netzwerk austauschen

Geht es um ganze Dateien, können Sie das Netzwerk zum Austausch zwischen Wirt und Gast nutzen. Aktivieren Sie dabei in beiden Systemen die entsprechenden Funktionen zu Dateifreigabe und Netzwerkerkennung. Windows gibt als Wirtssystem dann automatisch die öffentlichen Ordner auch für das virtuelle Gastsystem frei. Zusätzlich können Sie beliebige Ordner per Netzwerkfreigabe für den Datenaustausch bereitstellen. Die Zugriffsrechte können über die gewohnten Einstellungen geregelt werden, sodass das Gastsystem z. B. nur lesenden Zugriff auf freigegebene Ordner erhält.

Das virtuelle System beenden

Wenn Sie die Arbeit mit dem virtuellen System vorläufig beenden wollen, gibt es verschiedene Möglichkeiten:

- Sie können das virtuelle System so wie ein reales herunterfahren. Ist der Vorgang abgeschlossen, beendet Hyper-V die virtuelle Maschine automatisch. Verwenden Sie hierfür einfach die Funktionen und Dialoge des virtuellen Systems.

- Sie können die virtuelle Maschine mit *Anhalten* vorübergehend anhalten. Hyper-V legt das virtuelle System dann still, kann es aber jederzeit per Mausklick fortsetzen. Das klappt jedoch nur, solange das reale Wirtssystem läuft. Wenn Sie dieses herunterfahren, wird auch das virtuelle System beendet.

- Mit *Speichern* erreichen Sie so etwas wie einen Ruhezustand für das virtuelle System. Hyper-V speichert den aktuellen Zustand des Gastsystems und kann ihn später genau so wiederherstellen.

  Das dauert ein wenig, aber dafür können Sie zu einem späteren Zeitpunkt an exakt derselben Stelle weiterarbeiten.

- Sie können die virtuelle Maschine schließen bzw. mit *Ausschalten* abrupt beenden. Das ist so, als zögen Sie bei einem realen PC den Netzstecker. Es geht

schnell, kann aber unter Umständen zu Datenverlusten führen.

Das virtuelle System in einem bestimmten Zustand speichern und wiederherstellen

Vor allem, wenn es um das Testen von z. B. unbekannter Software geht, bekommt die Prüfpunkt-Funktion von Hyper-V eine wichtige Rolle. Damit können Sie einen Schnappschuss des gesamten Systems zum aktuellen Zeitpunkt erstellen und diesen später wiederherstellen. Ein Test könnte also so aussehen:

1. Prüfpunkt des Systems vor dem Test erstellen.

2. Test durchführen.

3. Den angelegten Prüfpunkt wiederherstellen.

Durch die Verwendung eines Prüfpunktes wäre das virtuelle System nach dem Test wieder in exakt demselben Zustand wie vorher. Selbst wenn die getestete Anwendung mutwillig oder versehentlich Daten zerstört, das System beschädigt oder es z. B. mit Viren oder Trojanern verseucht hätte, würden sich nach dem Wiederherstellen keine Spuren mehr davon finden. Denn ein Prüfpunkt umfasst nicht nur das System selbst und seine Konfiguration, sondern auch den Inhalt der virtuellen Festplatte.

Um eine solche Momentaufnahme anzulegen, verwenden Sie die Menüfunktion *Aktion/ Prüfpunkt*. Sie können dann einen Namen für diesen Prüfpunkt vergeben, um ihn später leicht identifizieren zu können. Andernfalls verwendet Hyper-V eine Standardbezeichnung.

Um den letzten Prüfpunkt später wiederherzustellen, verwenden Sie die Menüfunktion *Aktion/Zurücksetzen*. Das virtuelle System wird dann angehalten und der im Prüfpunkt gespeicherte Zustand wiederhergestellt. Haben Sie mehrere Prüfpunkte erstellt und wollen zu einem anderen zurückkehren, nutzen Sie dafür den Hyper-V-Manager. Hier finden Sie im Bereich *Prüfpunkte* alle Schnappschüsse der gerade gewählten virtuellen Maschine.

11.4 Freeware-Virtualisierung: VirtualBox als kostenlose Alternative

Hyper-V glänzt mit optimaler Hardwareunterstützung und einer guten Integration in die Windows-Infrastruktur. Aber in diesen Genuss kommen nur Nutzer ab der Pro-Edition. Wer die Basis-Edition oder eine beliebige 32-Bit-Version verwendet, kann Hyper-V nicht einsetzen.

Auf Virtualisierung müssen Sie deshalb aber nicht verzichten. Als kostenlose Alternative bietet sich das Virtualisierungsprogramm VirtualBox (https://www.virtualbox.org/wiki/ Downloads) an. Es bietet einen durchaus vergleichbaren Funktionsumfang und darf zumindest für private Zwecke kostenlos genutzt werden.

Mit VirtualBox eine virtuelle Testumgebung einrichten

Die Virtualisierungssoftware VirtualBox erlaubt es Ihnen, einen virtuellen PC zu emulieren, der das aktuelle Windows oder auch eine ältere Version in einer sicheren Testumgebung innerhalb Ihres vorhandenen Windows-Systems ausführt. Auch bei VirtualBox muss hierzu zunächst ein virtuelles System eingerichtet werden, in dem Sie anschließend Windows installieren können.

Zu diesem Einrichten gehören das Festlegen der Systemkonfiguration und das Anlegen einer virtuellen Festplatte. Hierfür sollte ausreichend freier Festplattenplatz (ca. 30 GByte) vorhanden sein.

1. Öffnen Sie VirtualBox und klicken Sie oben rechts auf die *Neu*-Schaltfläche. Starten Sie den Assistenten für neue virtuelle Maschinen dann mit *Weiter*.

2. Geben Sie einen beliebigen Namen für das zu erstellende virtuelle System ein und wählen Sie den Typ des Gastbetriebssystems aus.

Die richtigen Einstellungen dafür sind oben *Microsoft Windows* und darunter die Windows-Version, die Sie anschließend installieren möchten. VirtualBox konfiguriert dann ein virtuelles System, das für den Einsatz mit der gewünschten Windows-Version optimiert ist.

3. Nun geht es um die Größe des Hauptspeichers. Diesen muss sich das virtuelle mit dem realen Windows teilen. Deshalb empfiehlt es sich, der virtuellen Maschine in etwa die Hälfte des physischen Arbeitsspeichers zur Verfügung zu stellen. Keinesfalls sollten Sie den gesamten Hauptspeicher dem virtuellen System überlassen, da der PC dann langsam und instabil werden dürfte. Im Zweifelsfall übernehmen Sie einfach den Vorschlag des Assistenten.

4. Eine sinnvolle Empfehlung gibt der Assistent auch im nächsten Schritt für die Größe der virtuellen Festplatte. Übernehmen Sie diese also gegebenenfalls (siehe Hinweis) und wählen Sie *Festplatte erzeugen*.

HINWEIS ⟩ **Die optimale Größe der virtuellen Festplatte**

Die Festplatte für das virtuelle System ist ebenfalls nur virtuell. Für das installierte Windows sieht es wie eine reale Festplatte aus, tatsächlich werden die Daten aber in einer Datei auf Ihrer realen Festplatte abgelegt. Für aktuelle Windows-Versionen sollte die virtuelle Festplatte mindestens 20 GByte groß sein, für Windows XP würden sicher auch 10 GByte reichen. Wenn Sie außerdem noch umfangreiche Software im virtuellen Windows installieren möchten, können Sie das Laufwerk auch gleich größer dimensionieren. Prinzipiell sollte der Wert eher zu groß als zu klein sein, denn die virtuelle Festplatte wird dynamisch belegt. Die reale Datei ist also nicht von Anfang an so groß, wie Sie es hier vorgeben. Stattdessen wächst sie nach Bedarf allmählich an. Der hier festgelegte Wert ist also eine Maximalvorgabe, die die Größe vorgibt, die nicht überschritten werden darf.

5. Verwenden Sie als Dateityp für die zu erstellende virtuelle Festplatte die Vorgabe *VDI* (**V**irtualBox **D**isk **I**mage) und die Speicherart *dynamisch alloziert*. Mit *feste Größe* würde VirtualBox die Datei sofort in voller Größe einrichten. Das dauert zunächst etwas länger, beschleunigt dann aber die Windows-Installation und das Arbeiten mit der virtuellen Testumgebung.

6. Legen Sie dann den Speicherort und die Größe der virtuellen Festplatte fest. Verfügen Sie über mehrere Laufwerke, wählen Sie eines mit reichlich freiem Speicherplatz dafür aus (klicken Sie dazu auf das kleine Symbol rechts neben dem Namen der Festplatte).

7. Kontrollieren Sie schließlich kurz die Zusammenfassung und klicken Sie dann unten rechts auf *Erzeugen*.

Das Ganze dauert nur wenige Sekunden, zumindest wenn Sie den Festplattentyp *dynamisch alloziert* gewählt haben. Mit *feste Größe* benötigt das Erstellen der virtuellen Festplatte einige Zeit, da bereits die Datenstruktur der gesamten Festplattenkapazität angelegt wird. Anschließend finden Sie im Hauptfenster von VirtualBox einen Eintrag Ihrer neuen virtuellen Maschine vor. Auf dieser können Sie nun im nächsten Schritt Windows installieren.

Die fertig eingerichtete virtuelle Maschine für das Installieren von Windows.

Ein virtuelles Windows installieren

Wenn Sie eine virtuelle Maschine angelegt haben, können Sie sie wie einen realen PC einschalten und hochfahren lassen. Wie bei einem realen PC ohne installiertes Betriebssystem passiert dabei aber nicht viel.

Zunächst muss das Windows-Betriebssystem nun auf dem virtuellen PC installiert werden. Ich beschränke mich dabei auf die wenigen Schritte, die erforderlich sind, um die Windows-Installationsprozedur in der virtuellen Maschine zu starten. Ab da geht es wie auf einem „echten" PC weiter. Für das aktuelle Windows etwa wird diese Prozedur ab Seite 796 Schritt für Schritt beschrieben.

1. Wählen Sie in VirtualBox die zuvor erstellte virtuelle Maschine aus und klicken Sie in der Symbolleiste auf *Ändern*.

2. Öffnen Sie in den Einstellungen der virtuellen Maschine die Rubrik *Massenspeicher*.

3. Wählen Sie dort rechts im Bereich *Massenspeicher* unter *Controller* den Eintrag *leer* aus.

4. Klicken Sie dann bei *Attribute* ganz rechts auf das CD-/DVD-Symbol und im Menü auf *Datei für virtuelles CD/DVD-ROM-Medium auswählen*, wenn Sie Windows von einer Imagedatei installieren möchten. Geben Sie dazu im Auswahldialog an, wo die ISO-Datei gespeichert ist. Liegt Ihnen eine Installations-DVD vor, legen Sie diese ein und wählen im Menü das entsprechende DVD-Laufwerk Ihres PCs aus.

5. Schließen Sie die Einstellungen der virtuellen Maschine mit OK.

6. Zurück im Hauptfenster klicken Sie auf *Starten*. VirtualBox startet dann den virtuellen PC.

7. Bestätigen Sie den Hinweis zur Host-Taste mit OK (siehe folgenden Hinweis).

Ab jetzt läuft die Installation ganz regulär wie auf einem realen PC ab. Lesen Sie also am besten ab Seite 796 weiter, um die Schritte der Installation kennenzulernen. Nur noch ein Hinweis: Sollte bei einem Neustart während der Installation der Hinweis auf dem Bildschirm erscheinen, eine Taste zu drücken, um von CD/DVD zu starten, ignorieren Sie das.

Alternativ können Sie auch nach der ersten Phase der Installation eine reale DVD aus dem Laufwerk entnehmen bzw. in den Einstellungen der virtuellen Maschine für das virtuelle CD-/DVD-Laufwerk *Medium entfernen* wählen. Sollten Sie schon gedrückt haben, entfernen Sie das Medium und starten die virtuelle Maschine neu, um die Installation regulär fortzusetzen.

HINWEIS ⊠

Mit der Host-Taste zwischen realem und virtuellem System wechseln

Wenn das virtuelle System im Vollbildmodus ausgeführt wird, sieht es ganz wie ein reales System aus, das direkt auf Ihrem PC läuft. Allerdings gelangen Sie dann nicht mehr einfach mit dem Mauszeiger heraus, da dieser ebenfalls im virtuellen System „gefangen" ist. Deshalb gibt es eine spezielle Host-Taste, mit der Sie jederzeit vom virtuellen ins reale System und umgekehrt wechseln können. Standardmäßig liegt die Host-Taste auf ⌈Strg⌉ rechts auf der Tastatur. Das können Sie in den Einstellungen von VirtualBox anpassen. Den Status der Host-Taste bzw. in welchem System Sie sich gerade befinden, können Sie unten rechts in der Statusleiste von VirtualBox ablesen.

Mehr Leistung: VirtualBox-Gasterweiterungen installieren

Um den virtuellen PC optimal nutzen zu können, sollten Sie die Gasterweiterungen von VirtualBox im virtuellen Windows installieren. Dadurch werden verschiedene Treiber und Dienste eingerichtet, die das System optimieren und den Datenaustausch zwischen Wirts- und Gastsystem erlauben.

1. Nach der Installation, wenn das virtuelle Windows läuft, wählen Sie dazu die Menüfunktion *Geräte/Gasterweiterungen installieren*.

2. VirtualBox fügt dann ein virtuelles Laufwerk in das Gastsystem ein. Windows erkennt dieses automatisch und zeigt Ihnen eine Benachrichtigung auf dem Bildschirm an. Klicken Sie darauf, um eine Aktion für dieses Speichermedium auswählen zu können.

3. Wählen Sie in dieser Aktionsliste den Eintrag *VboxWindowsAdditions.exe ausführen*, um das Einrichten der Gasterweiterungen zu starten.

4. Folgen Sie dann den Anweisungen des Assistenten. Im Grunde genommen brauchen Sie dazu nur mehrmals hintereinander auf *Weiter* und abschließend auf *Fertig stellen* zu klicken.

Das virtuelle System wie ein reales nutzen

Das Nutzen eines virtuell installierten Windows unterscheidet sich kaum von einem realen Windows:

- Statt einen echten PC einzuschalten, starten Sie das virtuelle System in VirtualBox. Wenn Sie dann in den Vollbildmodus wechseln, können Sie das Gastsystem genau wie ein reales verwenden.

- Während der Arbeit können Sie jederzeit zwischen dem Gastsystem und Ihrem regulären Windows hin- und herwechseln.

- Im installierten Gast-Windows können Sie beliebig Anwendungen installieren und nutzen. Die Programme bemerken nichts davon, dass sie in einer virtuellen Umgebung ausgeführt werden, und sollten genauso wie auf einem „echten" PC laufen. Nur bei sehr hardwarespezifischer Software oder Anwendungen, die eigene hardwarenahe Treiber benötigen, kann es Einschränkungen geben.

- Für Neustarts oder zum Beenden nutzen Sie die normalen Funktionen von Windows. Fahren Sie das System herunter, wird zum Schluss eben nicht der PC ausgeschaltet, sondern Sie landen wieder im VirtualBox-Hauptprogramm.

Daten zwischen dem virtuellen Windows und dem realen Wirtssystem austauschen

Das virtuelle Windows ist ein komplett eigenes System, das innerhalb Ihres vorhandenen Windows läuft. Deshalb ist der Datenaustausch nicht ganz so leicht möglich. Sie können nicht wie gewohnt einfach Dokumente aus Ihren persönlichen Ordnern öffnen und bearbeiten. Ganz ohne Datenaustausch sind die allermeisten Anwendungen aber wenig sinnvoll.

Deshalb gibt es verschiedene Methoden, Informationen zwischen dem realen und dem virtuellen Windows hin- und herzubewegen. Geht es um kleine Datenmengen oder einzelne Texte, Zahlen oder Bilder, ist häufig die Windows-Zwischenablage die schnellste Lösung. Die Zwischenablagen des realen Wirtssystems und des virtuellen Gastsystems sind miteinander verknüpft.

Was Sie also im einen System kopieren oder ausschneiden, das können Sie anschließend im anderen System einfügen und umgekehrt.

Reale Verzeichnisse als virtuelle Netzwerkordner einbinden

Geht es um größere Datenmengen oder ganze Dateien bzw. Ordner, ist die Zwischenablage keine praktikable Lösung. Hier bietet sich eine andere Variante an. Ein direkter Zugriff vom virtuellen System auf reale Festplatten ist aus Sicherheitsgründen nicht möglich.

Aber VirtualBox kann ausgewählte Ordner einer realen Festplatte als Netzlaufwerke innerhalb des virtuellen Systems freigeben. Hierbei können Sie kontrollieren, ob im virtuellen System z. B. nur ein lesender Zugriff möglich sein soll.

1. Um eine solche Freigabe einzurichten, gehen Sie im virtuellen System gegebenenfalls in den Fenstermodus und rufen dann im Fenster des virtuellen Systems die Menüfunktion *Geräte/Gemeinsame Ordner* auf.

2. Klicken Sie an der rechten Seite oben auf die Plusschaltfläche.

3. Im anschließenden Dialog wählen Sie den Ordner von der realen Festplatte aus, den Sie im virtuellen System als Netzlaufwerk freigeben möchten.

4. Hierfür können Sie einen beliebigen Ordnernamen festlegen, unter dem dieses Verzeichnis als Netzwerkordner im virtuellen System angezeigt werden soll.

5. Wichtig: Soll das virtuelle System nur lesend auf den Ordner zugreifen und selbst keine Daten verändern dürfen, aktivieren Sie die Option *Nur lesbar*.

6. Damit die Freigabe bei jedem Start des virtuellen Systems automatisch wieder eingerichtet wird, setzen Sie ein Häkchen bei *Automatisch einbinden*. Klicken Sie dann unten auf *OK*.

7. Die Freigabe ist sofort aktiv. Wenn Sie im virtuellen System den Windows-Explorer öffnen, wird der neue Netzlaufwerkordner angezeigt und kann uneingeschränkt genutzt werden.

Kapitel 12

12. Noch mehr Apps aus dem Store installieren

Der Windows Store ist ein Onlinemarktplatz, in dem man kostenlose und kostenpflichtige Windows-Programme finden, gegebenenfalls erwerben und/oder kostenlos herunterladen kann. Allerdings ist der Windows Store dabei nur eine mögliche Option. Desktop-Anwendungen können auch von anderen Quellen heruntergeladen oder ganz klassisch per Installationsmedium eingerichtet werden. Für Touch-Apps hingegen ist der Windows Store der einzige Weg, sie auf das Gerät zu bekommen.

HINWEIS ▷ Desktopsoftware im Windows Store

Der Windows Store bietet nur Touch-Apps zum Download und zum Kauf an. Software für den klassischen Desktop ist dort zwar auch verzeichnet, diese Einträge enthalten letztlich aber nur Links auf anderweitige Bezugsquellen für diese Programme. Dementsprechend stehen auch die Mechanismen des Windows Store z. B. zum Einspielen von Updates nur für Touch-Apps zur Verfügung und nicht für Desktop-Anwendungen.

12.1 Melden Sie sich beim Windows Store an

Damit Sie den Windows Store nutzen können, müssen Sie sich dort einmalig mit einem kostenlosen Microsoft-Konto registrieren. Das sorgt dafür, dass der Store Ihnen die heruntergeladenen und vor allem eventuell gekauften Apps zuordnen kann, sodass Sie diese auch bei einer Neuinstallation oder bei einem Wechsel des PCs nicht verlieren. Wenn

Sie Ihren PC ohnehin mit einem Microsoft-Konto verbunden haben (siehe Seite 605), ist dieser Schritt nicht mehr nötig. Ansonsten bittet die Store-App Sie spätestens beim ersten Herunterladen einer App um diese Anmeldung.

1. Alternativ können Sie diesen Vorgang auch jederzeit anstoßen, indem Sie in
   der Store-App oben links
   neben dem Suchfeld auf
   das Benutzer-Symbol klicken und im Menü *Anmelden* wählen.

2. Für den Windows Store ist ein Microsoft-Konto erforderlich. Sollten Sie schon eines etwa bei MSN, Outlook.com, Hotmail oder Live.com haben, können Sie dieses nutzen. Geben Sie dazu die Zugangsdaten ein und klicken Sie auf *Anmelden*.

3. Sollten Sie noch kein passendes Konto haben, können Sie es mit *Erstellen Sie ein Konto* schnell einrichten. Das Konto an sich ist kostenlos. Nur wenn Sie auch Apps kaufen möchten, müssen Sie (gegebenenfalls später) Zahlungsinformationen dafür hinterlegen (mehr dazu auf Seite 275).

12.2 Spannende Apps finden und installieren

Der Windows Store lädt mit seiner Oberfläche geradezu zum Stöbern ein. Hier können Sie sich zunächst einmal unverbindlich umschauen, Beschreibungen lesen, sich an Bewertungen von anderen Benutzern orientieren etc.

Direkter Weg zu den Top-Apps

Die Startseite des Stores soll Ihnen schon mal gründlich den Mund wässrig machen. Ganz oben links können Sie von der Startseite zu den verschiedenen Bereichen wechseln, denn neben Apps und Spielen (die aber letztlich auch nur Apps sind) kann man im Store auch Musik, Filme und TV-Serien käuflich erwerben. Darunter finden Sie in verschiedenen Abschnitten interessante Inhalte, unterteilt in Themenblöcke wie *Beliebteste, Top kostenlos, Neue Musik, Neue Filme, Meistverkauft* usw. Die Inhalte werden für jeden Benutzer persönlich zusammengestellt. Die Mischung basiert auf Ihrer bisherigen Auswahl sowie Inhalten, für die Sie sich in der Vergangenheit interessiert haben.

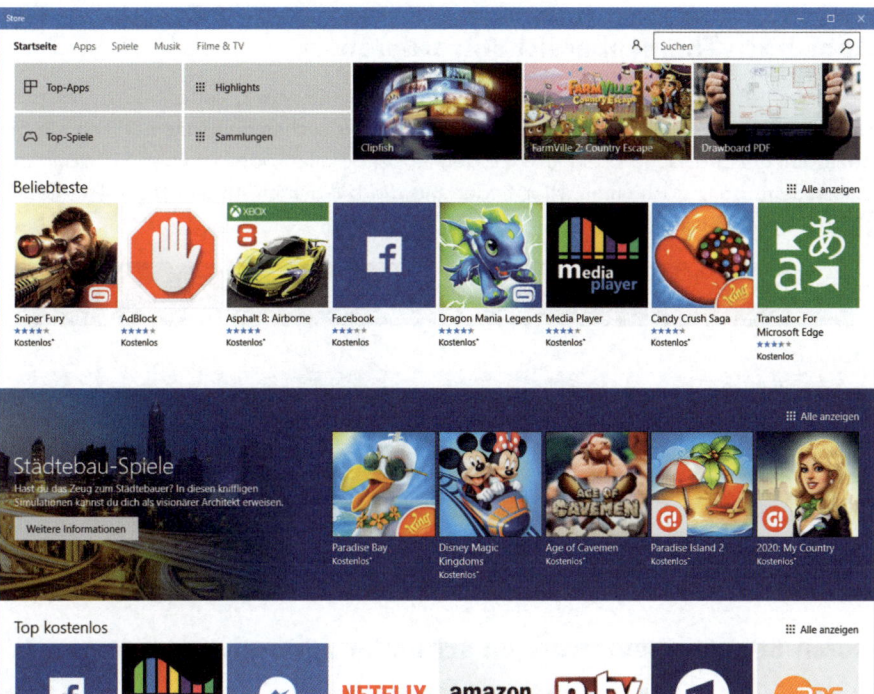

Für jeden dieser Bereiche sehen Sie direkt auf der Startseite der Store-App immer nur eine kleine Auswahl der besten Apps. Um aus diesem Bereich mehr Apps zu sehen, klicken oder tippen Sie ganz rechts über diesem Bereich auf *Alle anzeigen*. Dann erhalten Sie die komplette Auflistung der Apps in diesem Bereich, wobei Sie gegebenenfalls sehr weit scrollen oder wischen müssen, um alle Einträge zu sehen.

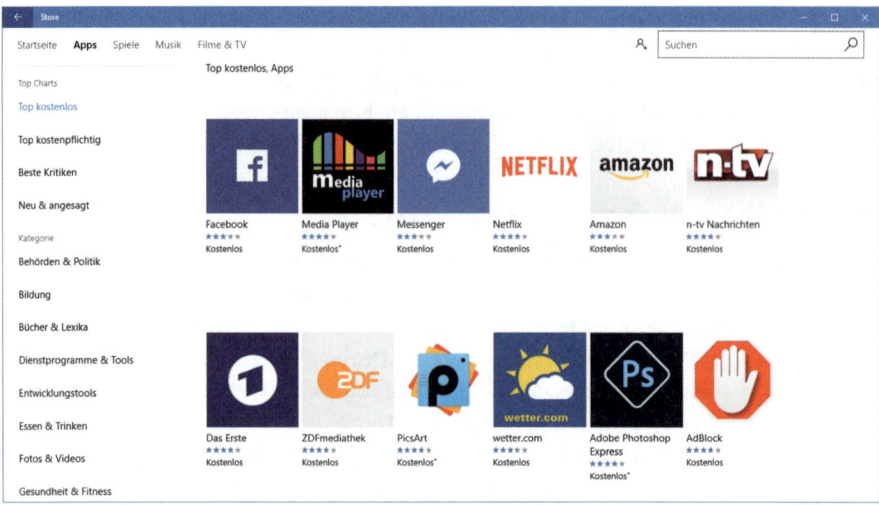

Apps nach Themenbereichen sortieren

Sie können die Inhalte auch nach Themenbereichen wie Musik, Reise, Sport, Unterhaltung, Produktivität usw. sortieren, um so zielgenauer suchen zu können. Wechseln Sie dazu auf der Startseite oben links zu den Apps. Scrollen oder wischen Sie dann auf dieser Seite ganz nach unten. Hier finden Sie die bekannten App-Kategorien, die Sie einfach anwählen können.

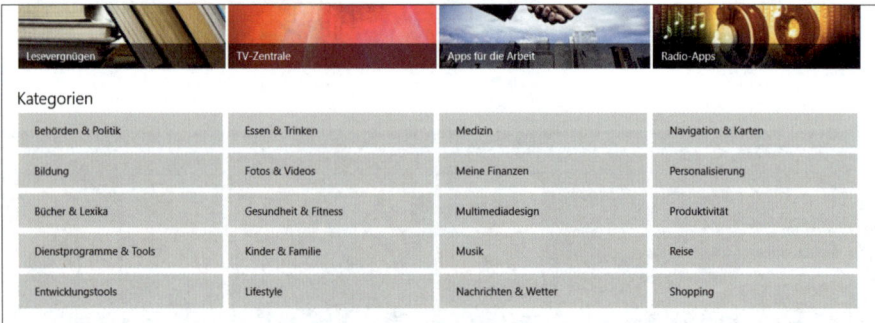

Durch Benutzerbewertungen schneller zur optimalen App

Bewertungen durch Benutzer, die eine App oder ein Spiel bereits kennen, sind die beste Beurteilungshilfe, bevor man eine App herunterlädt oder gar kauft. Die Store-App rückt diese wichtige Information in den Mittelpunkt und macht vor allem transparenter, wie eine App genau von ihren Benutzern bewertet wird. Und auch weitere wichtige Informationen finden Sie in der Beschreibung jeder App (von oben nach unten):

- Ganz oben finden Sie eine Beschreibung der App. Falls diese nicht vollständig auf den Bildschirm passt, können Sie sich mit dem Link *Mehr* den Rest anzeigen lassen.

- Darunter sehen Sie Bildschirmfotos der App, um sich einen visuellen Eindruck verschaffen zu können. Bei Universal-Apps, die sowohl auf PCs und Tablets als auch auf

Smartphones mit Windows-Betriebssystem laufen, können Sie zwischen Abbildungen der PC- und der Telefon-Oberfläche umschalten.

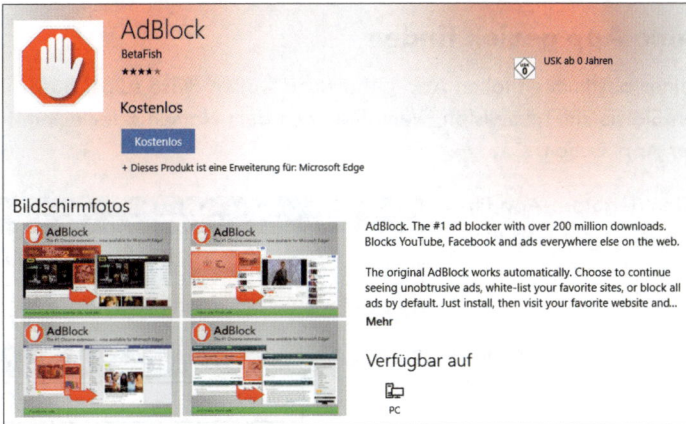

- Anschließend finden Sie weitere Details, wie beispielsweise die Systemanforderungen oder die Berechtigungen, die die App benötigt. Darunter werden ähnliche Apps von anderen Anbietern als Alternative aufgelistet.

- Dann kommen auch schon die Bewertungen und Rezensionen anderer Benutzer, wobei eine Tabelle Aufschluss gibt, wie sich die durchschnittliche Bewertung genau zusammensetzt. So erkennen Sie schnell, ob eine App einheitlich gut bewertet wird oder ob die Meinungen der Anwender doch eher geteilt sind.

- Darunter lesen Sie einzelne Rezensionen, die von den meisten Anwendern als hilfreich bewertet wurden. Auch diese helfen dabei, schnell zu erkennen, ob eine App auch das hält, was Name und Beschreibung versprechen. Gerade wenn es sehr viele Bewertungen sind, kann man sich mit *Alle anzeigen* noch einen besseren Überblick verschaffen.

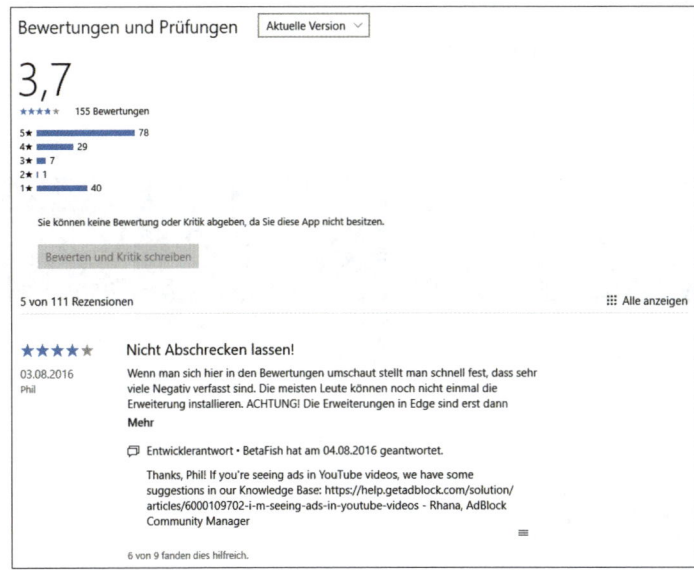

Installieren können Sie Apps oben über die Schaltfläche, die mit *Kostenlos* bzw. bei Kauf-Apps mit dem Preis beschriftet ist.

Eine bestimmte App gezielt finden

Sie haben von einer bestimmten tollen App gehört und wollen diese selbst ausprobieren? Dann finden Sie sie am schnellsten, wenn Sie nach dem Namen oder einem typischen Begriff der App suchen.

1. Auf allen Seiten der Store-App finden Sie oben rechts ein Eingabefeld *Suchen*.

2. Tippen Sie hier einfach einen Suchbegriff ein.

3. Sowie Sie genügend Zeichen eingegeben haben und die Suche etwas Passendes dazu gefunden hat, bietet sie Ihnen das direkt unter dem Suchfeld an.

4. Alternativ können Sie einfach jederzeit ↵ drücken, um die Suchergebnisse direkt in der Store-App zu sehen, wo Sie auch noch ein bisschen mehr erfahren. So wird hier z. B. zu jeder App gleich eine Bewertung angezeigt.

5. Tippen Sie auf einen der Einträge, um die Details zur App anzuzeigen und diese gegebenenfalls wie vorangehend beschrieben zu installieren.

12.3 Kostenpflichtige Apps sicher bezahlen

Im Windows Store werden nicht nur kostenlose Apps zum Download angeboten. Ebenso gibt es kostenpflichtige Apps, für die Sie bezahlen müssen. Die Zahlung wickelt unabhängig vom Softwareanbieter immer Microsoft selbst ab.

Als Bezahlmöglichkeiten stehen Kreditkarte (Visa, Mastercard, American Express), das Lastschrift-Verfahren sowie der Onlinezahlungsdienstleister PayPal zur Auswahl. Haben Sie Ihre Zahlungsinformationen einmal hinterlegt, können Sie diese beliebig oft verwenden und jeweils mit wenigen Klicks oder Fingertipps Apps erwerben.

HINWEIS ⬨ **Zahlen per PayPal**

Wenn Sie PayPal als Zahlungsdienstleister wählen, brauchen Sie im Store zunächst nur eine Rechnungsadresse anzugeben. Dafür werden Sie anschließend auf die PayPal-Website umgeleitet, auf der Sie sich mit Ihren PayPal-Zugangsdaten ausweisen müssen. Das sieht genauso aus wie bei einer PayPal-Transaktion, nur müssen Sie diesmal nicht direkt etwas bezahlen. Stattdessen ermächtigen Sie Microsoft, in Zukunft Beträge, die durch Ihre App-Käufe im Store anfallen, immer über Ihr PayPal-Konto abzurechnen.

1. Klicken oder tippen Sie in der App auf Ihr Benutzersymbol oben neben der Suchleiste. Wählen Sie im so geöffneten Menü am rechten Rand *Zahlungsoptionen*.

2. Die Store-App leitet Sie nun an den Browser weiter und bittet Sie, sich mit dem Kennwort Ihres Microsoft-Kontos dort anzumelden.

3. Hier können Sie mit *Zahlungsoption hinzufügen* Ihre bevorzugte Bezahlmethode festlegen. Wählen Sie dazu zunächst oben die Art der Zahlung aus. Dementsprechend verändert sich das Formular, das Sie darunter ausfüllen müssen. Wie bereits geschildert, erledigt Microsoft die gesamte Abwicklung der Zahlung. Sie brauchen also nicht zu befürchten, dass Ihre Kontodaten an alle Anbieter im Store weitergereicht werden, von denen Sie Apps oder Inhalte erwerben.

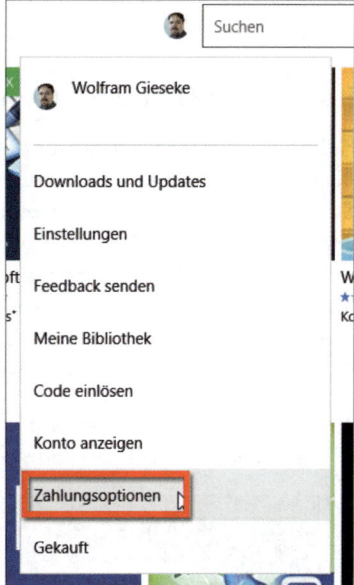

Hinzuzufügende Zahlungsmethode auswählen

○ Kredit-/Debitkarte

● Lastschrift

○ PayPal

Für Einkäufe in | Deutschland   ▼ |

| Abbrechen | Weiter |

4. Auch eine Rechnungsadresse müssen Sie angeben. Trotzdem wird für Rechnungen und sonstigen Schriftverkehr die E-Mail-Adresse verwendet, die Ihrem Microsoft-Konto zugeordnet ist.

5. Tippen oder klicken Sie schließlich ganz unten auf *Weiter*.

Anschließend steht die eingerichtete Zahlungsart in der Store-App zum Bezahlen von Apps und auch Inhalten wie Musik oder Filmen zur Verfügung. Falls Sie deswegen besorgt sind: Käufe laufen nicht nach dem Schema „Klicken und automatisch bezahlen" ab. Jede einzelne Transaktion muss immer nochmals mit Ihrer Zugangsberechtigung bestätigt werden.

Kostenpflichtige Apps kaufen

Haben Sie eine Zahlungsart für den Windows Store eingerichtet, können Sie jederzeit auch kostenpflichtige Apps herunterladen. Da Sie sich mit einem Microsoft-Konto im Store registriert haben, wird dieser Kauf beim Download auch bei Microsoft vermerkt. Selbst wenn Sie z. B. Windows auf Ihrem PC neu installieren, bleiben Ihre App-Käufe also erhalten, und Sie können die Apps nach der Installation wieder kostenlos herunterladen. Außerdem dürfen Sie gekaufte Apps auf bis zu fünf Windows-PCs herunterladen und nutzen. Voraussetzung ist, dass diese PCs alle mit dem Microsoft-Konto verknüpft sind, das Sie beim Kauf verwendet haben.

1. Wenn eine App kostenpflichtig ist, finden Sie in ihren Details anstelle der Schaltfläche *Kostenlos* den Kaufpreis vor. Klicken oder tippen Sie darauf.

2. Anschließend müssen Sie den Zugriff auf Ihr Microsoft-Konto mit Ihrer Zugangsberechtigung autorisieren. Selbst wenn Sie Ihren PC also mal jemand anderem überlassen, kann der nicht sofort auf Ihre Rechnung Apps, Musik oder Filme kaufen.

3. Nun werden die Details des Kaufes noch einmal zusammengefasst. Dies ist die letzte Chance, den Kauf abzubrechen oder auch die Zahlweise zu *Ändern*. Wenn Sie auf *Kaufen* klicken, wird das Geld abgebucht, und Sie können auch später nicht mehr vom Kauf zurücktreten.

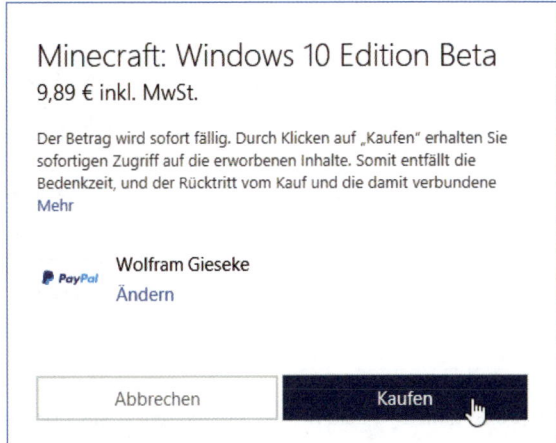

Anschließend wird die gekaufte App umgehend heruntergeladen und steht direkt zur Verfügung.

12.4 Die installierten Apps kontrollieren und aktualisieren

Gerade weil das Herunterladen und Installieren mit dem Windows Store buchstäblich nur einen Mausklick entfernt ist, ist es verführerisch, hier mal zu probieren und dort mal zu testen. Das ist auch alles kein Problem (solange der Speicherplatz Ihres PCs es hergibt). Bei Bedarf können Sie sich schnell einen Überblick über Ihre aus dem Store installierten Apps verschaffen und gegebenenfalls aufräumen.

1. Starten Sie die Store-App und klicken Sie auf Ihr Benutzersymbol links neben dem Suchfeld.

2. Wählen Sie im so geöffneten Menü den Punkt *Meine Bibliothek.*

3. Die Store-App präsentiert Ihnen dann eine Übersicht der Apps, die Sie auf Ihrem PC installiert haben. Das sind nicht notwendigerweise nur solche, die Sie wirklich selbst installiert haben. Einige der Apps aus dem Store hat Windows auch schon bei der Installation mitgebracht.

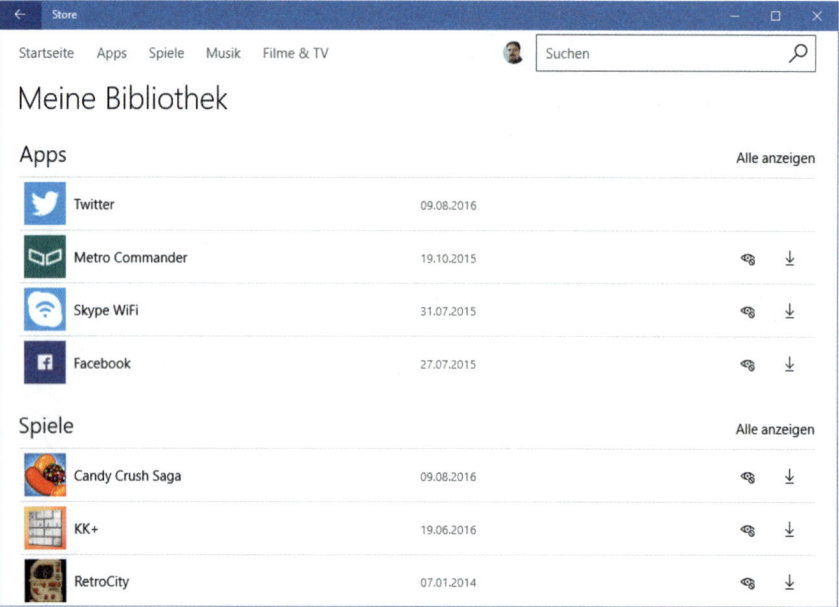

4. Wie üblich können Sie auf jeden Eintrag klicken bzw. tippen, um mehr über eine konkrete App zu erfahren.

Updates für Apps herunterladen

Einer der großen Vorteile des Windows Store ist, dass er selbst das Aktualisieren der Apps erledigt, wenn das nötig ist. Meist brauchen Sie sich also gar nicht darum zu kümmern. Sollten doch mal Eingriffe nötig sein, erkennen Sie dies im Store an einer Meldung rechts neben Ihrem Benutzersymbol.

1. Tippen oder klicken Sie darauf, um die Seite mit den App-Updates zu öffnen. Alternativ können Sie jederzeit über das Menü Ihres Benutzersymbols in der App eine Übersicht der *Downloads und Updates* öffnen

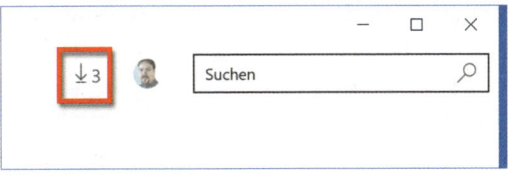

2. Hier sind für alle Apps die aktuelle Version sowie der Zeitpunkt des letzten Updates angegeben. Sollte es bei einer App Probleme mit dem Aktualisieren geben, wird dies eingeblendet und Sie können mit *Details anzeigen* gegebenenfalls mehr erfahren.

3. Mit *Nach Updates suchen* oben rechts starten Sie jederzeit eine Suche nach neuen Aktualisierungen.

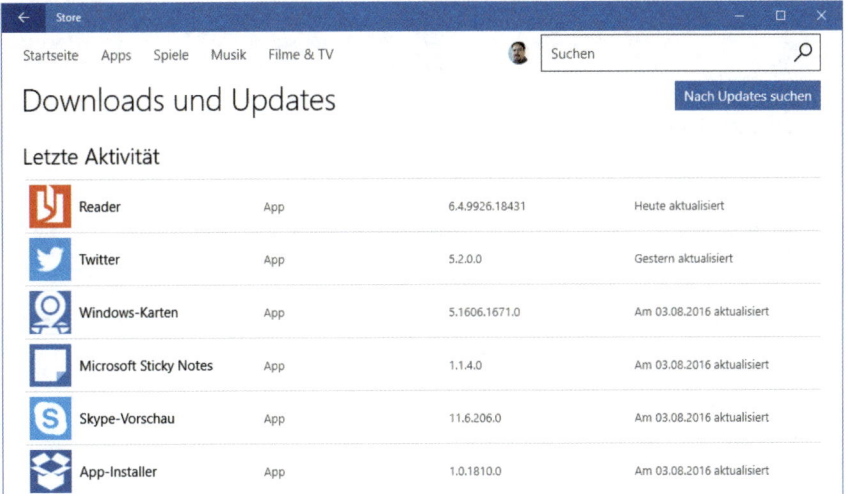

Die Updates werden im Hintergrund ressourcenschonend übertragen und angewendet. Sie können Ihren PC währenddessen uneingeschränkt weiter nutzen.

Apps auf ein anderes Laufwerk verschieben

Grundsätzlich belegen heruntergeladene Apps Speicherplatz auf dem Systemlaufwerk, auf dem auch Windows selbst installiert ist. Allerdings ist es mittlerweile eine gängige Konfiguration, Windows auf einer schnellen, aber relativ kleinen SSD zu installieren und für Dokumente und andere umfangreiche Daten eine zweite, klassische Magnetfestplatte mit reichlich Speicherplatz zu verwenden. Insbesondere in diesem Fall kann es sinnvoll sein, umfangreichere Apps auf diese andere Festplatte zu verschieben. Sie starten dann zwar eventuell etwas langsamer, benötigen aber keinen kostbaren Speicherplatz auf der SSD.

1. Um eine installierte App auf ein anderes Laufwerk zu verschieben, öffnen Sie in den *Einstellungen* die Rubrik *System/Apps & Features*.

2. Hier finden Sie eine Liste aller installierten Programme. Im obersten Feld können Sie auch den *App-Namen eingeben*, um schneller zu einer bestimmten App zu gelangen.

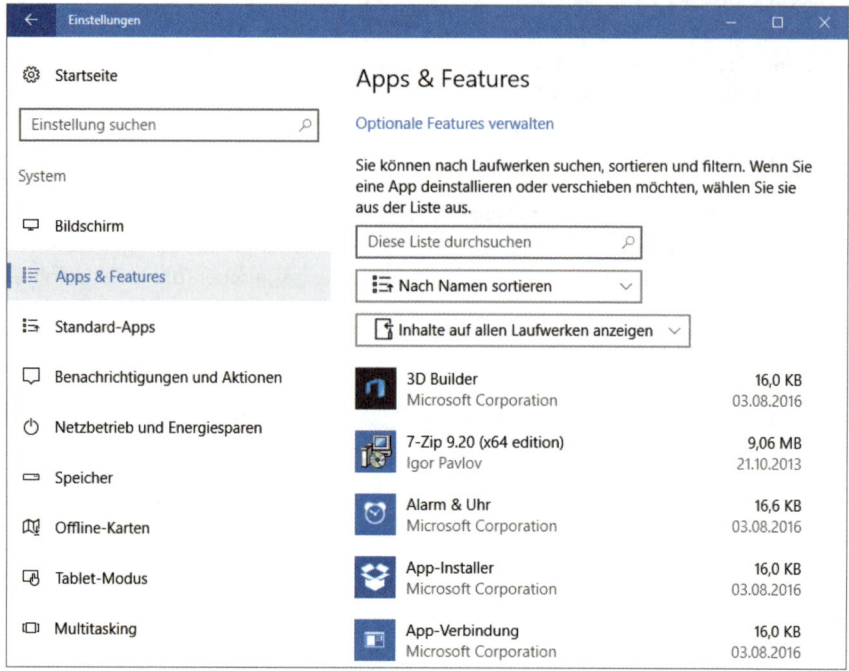

3. Haben Sie die gesuchte App ausgemacht, öffnen Sie ihren Eintrag und klicken dort auf die *Verschieben*-Schaltfläche.

HINWEIS ▷ Verschieben-Schaltfläche wird nicht angezeigt?

Die *Verschieben*-Funktion ist grundsätzlich nur für Apps verfügbar, nicht für klassische Windows-Anwendungen. Außerdem kann sie nur für Apps verwendet werden, die nachträglich aus dem Store installiert wurden. Die mit Windows ausgelieferten Apps von Microsoft lassen sich auf diese Weise leider nicht verschieben.

4. Wählen Sie im anschließenden Dialog das Laufwerk bzw. die Partition aus, wo diese App in Zukunft gespeichert werden soll.

5. Klicken Sie dann erneut auf *Verschieben*.

Das Verschieben erfolgt im Hintergrund, sodass Sie direkt weiterarbeiten können. Die verschobene App lässt sich allerdings erst wieder verwenden, nachdem der Vorgang abgeschlossen wurde.

Den Standard-Speicherort für neue Apps ändern

Der vorangehende Abschnitt beschreibt, wie Sie eine App auf ein anderes Laufwerk verschieben können, um Speicherplatz beispielsweise auf einem knapp bemessenen SSD-Laufwerk zu sparen. Um das nicht bei jeder neu heruntergeladenen App wiederholen zu müssen, können Sie den Standard-Speicherort für Apps verändern. Alle Apps, die ab diesem Zeitpunkt neu heruntergeladen werden, landen dann automatisch auf dem gewünschten Laufwerk.

1. Öffnen Sie in den *Einstellungen* die Rubrik *System/Speicher*.

2. Suchen Sie auf der rechten Seite unter *Speicherorte* den Eintrag *Speichert neue Apps in*.

3. Wählen Sie hier das Laufwerk aus, auf dem neue Apps in Zukunft abgelegt werden sollen.

4. Klicken Sie dann rechts daneben auf die *Anwenden*-Schaltfläche.

Das war es schon. Ab sofort landen alle neu installierten Apps auf dem gewählten Laufwerk und der Speicherplatz auf dem Systemlaufwerk bleibt für Wichtigeres frei. Hinweis: Bereits installierte Apps werden dadurch nicht verschoben. Hier bleibt nur die Möglichkeit, sie wie vorangehend beschrieben manuell auf das andere Laufwerk zu verlagern.

Apps bei Problemen zurücksetzen

Falls es mit einzelnen Apps Probleme gibt und diese nicht mehr starten oder nicht wie beabsichtigt funktionieren, kann man diese zurücksetzen. Dabei werden alle gespeicherten Daten und Einstellungen einer App entfernt (was selbstverständlich nicht für Dateien gilt, die ggf. mit dieser App erstellt oder bearbeitet wurden). Beim nächsten Start finden Sie die App dann wieder genau wie beim ersten Start vor und die Probleme damit gehören – hoffentlich – der Vergangenheit an. Diese Möglichkeit besteht allerdings nur bei Apps, nicht bei klassischen Desktop-Anwendungen.

1. Öffnen Sie in den *Einstellungen* den Bereich *System/Apps & Features*. Hier werden – ggf. nach kurzer Wartezeit – alle installierten Programme angezeigt.

2. Suchen Sie die problematische App in der Liste heraus und klicken Sie auf ihren Eintrag.

3. Dieser wird dann erweitert und zeigt unter anderem einen Link namens *Erweiterte Optionen* an, den Sie anklicken können.

4. Im anschließenden Dialog erfahren Sie einige Details über die App, etwa den belegten Speicherplatz sowie gegebenenfalls installierte Add-ons. Vor allem aber können Sie mit der Schaltfläche *Zurücksetzen* diese App wieder in den Auslieferungszustand versetzen.

Teil III

Dateien und Dokumente – optimal organisieren, gezielt durchsuchen und zuverlässig sichern

Kapitel 13

13. Windows-Explorer: neue Oberfläche und Funktionen

Der Windows-Explorer gehört traditionell zu den beliebtesten Kandidaten für Veränderungen bei neuen Windows-Versionen – zumindest wenn es nach den Microsoft-Entwicklern geht. Die Anwender sehen das oft anders, und für sie gibt es bei Windows 10 recht gute Nachrichten. Zumindest wenn Sie den Schritt über Windows 8 gemacht haben. Wer direkt von Windows 7 kommt, wird sich einigermaßen umgewöhnen müssen. In diesem Kapitel erfahren Sie, wie und wo Sie die bewährten Funktionen für Dateien und Ordner wiederfinden und welche neuen Tricks der Windows-Explorer gelernt hat.

13.1 In der Multifunktionsleiste finden Sie oft genutzte Funktionen schnell wieder

Für Windows-8-Nutzer ist die flexible Multifunktions-Oberfläche beim Windows-Explorer nichts Neues. Wer allerdings von Windows 7 kommt, wird feststellen, dass sich hier einiges getan hat. Microsoft hat den zentralen Datei-Manager auf die Multifunktionsleiste – auf gut Englisch auch gern als Ribbon-Oberfläche bezeichnet – umgestellt.

Sie kombiniert die bislang verwendeten Menüs und eher statischen Symbolleisten zu einem komplexen Bedienfeld mit verschiedenen Kategorien, die sich jeweils dynamisch den ausgewählten Inhalten anpassen. So werden automatisch unterschiedliche Ribbons angezeigt, abhängig davon, ob Sie z. B. Musikdateien, Videos oder Bibliotheken auswählen. Damit Sie sich schnell orientieren und oft genutzte Funktionen schnell wiederfinden können, hier zunächst ein kurzer Überblick über die Elemente und Kategorien der Ribbon-Oberfläche.

HINWEIS ⊠ Wozu die Multifunktionsleiste?

Microsoft hat insbesondere im Zusammenhang mit Office-Anwendungen festgestellt, dass Benutzer immer wieder das Hinzufügen neuer Funktionen nachgefragt haben, die es tatsächlich in den vorhandenen Versionen bereits gab. Sie waren eben nur so tief in Untermenüs und Dialogen versteckt, dass sie dort einfach nicht gefunden bzw. wahrgenommen wurden. Andererseits kann man aber bei einer gewissen Funktionsvielfalt nun mal nicht alle Funktionen direkt in der Symbolleiste oder auch nur in der obersten Ebene der Menüs präsentieren. Deshalb will man mit der Multifunktionsleiste einen Zugang schaffen, der einerseits weniger überladen wirkt, andererseits aber immer die gerade benötigten Funktionen auf kurzen Wegen bereitstellt. Dieses Vorhaben ist mit der Multifunktionsleiste im Großen und Ganzen durchaus gelungen. Wer viele Jahre mit der klassischen Bedienung gearbeitet hat, wird sich an die scheinbare Bevormundung durch die Ribbons erst gewöhnen müssen. Andererseits liegen die Vorteile auf der Hand. So findet sich die Möglichkeit, die Anzeige versteckter Dateien bei Bedarf ein- oder auszuschalten, nun direkt in der Multifunktionsleiste. Bislang musste man sich jedes Mal tief in die Ordneroptionen klicken, um diese simple Änderung vorzunehmen.

Mehr Arbeitsfläche durch Minimieren der Multifunktionsleiste

Die Multifunktionsleiste ist eine feine Sache, aber sie benötigt auch einiges an Platz auf dem Bildschirm. Beim Arbeiten mit Dateien benötigen Sie die Funktionen jedoch vielleicht nicht ständig, wenn Sie mehr mit der Maus (Drag-and-drop) sowie gängigen Tastenkürzeln arbeiten. Deshalb sind die Symbolleisten standardmäßig ausgeblendet und werden nur bei Anklicken einer der Kategorien kurzzeitig angezeigt. Gerade beim

Kennenlernen des neuen Bedienkonzepts bietet es sich aber an, die Multifunktionsleiste erst mal dauerhaft anzuzeigen. So können Sie besser die vielen Funktionen entdecken und das dynamische Konzept dahinter erkennen.

1. Klicken Sie ganz rechts in der Kopfzeile der Multifunktionsleiste auf das kleine Pfeilsymbol. Alternativ können Sie auch mit der rechten Maustaste auf eine beliebige Kategorie der Multifunktionsleiste klicken und im so geöffneten Kontextmenü den Befehl *Menüband minimieren* wählen.

2. Damit zeigen Sie die Multifunktionsleiste dauerhaft auf dem Bildschirm an.

3. Sind Sie gut mit der neuen Leiste vertraut, können Sie sie auf dieselbe Weise wieder ausblenden. An ihrer Stelle finden Sie dann so etwas wie die klassische Menüleiste vor. Als Einträge enthält sie die Kategorien der Multifunktionsleiste.

4. Um die Menüs der Multifunktionsleiste zu nutzen, klicken Sie auf den entsprechenden „Menüpunkt". Dann wird diese Kategorie der Multifunktionsleiste vorübergehend eingeblendet.

5. Haben Sie eine Funktion ausgewählt, wird die Leiste automatisch wieder ausgeblendet.

HINWEIS ▷ **Unterschiedliches Aussehen der Multifunktionsleiste**

Die Multifunktionsleiste ist nicht nur insofern dynamisch, als sie sich den bearbeiteten Inhalten anpasst. Sie passt sich auch an die Breite des Windows-Explorer-Fensters an. Ist dieses zu schmal, um alle Elemente einer Kategorie in voller Größe darzustellen, speckt die Leiste automatisch ab. So werden erst die Textbeschriftungen weggelassen. Reicht das noch nicht, wird ein Bereich in einer Schaltfläche zusammengefasst, sodass sich die Optionen erst nach Anklicken in einem Untermenü erschließen. Daraus ergeben sich zwei Konsequenzen: Machen Sie das Windows-Explorer-Fenster immer möglichst breit, sodass der volle Umfang angezeigt werden kann. Und zweitens: Sollte bei Ihnen am PC etwas anders aussehen, als hier im Buch abgebildet, verbreitern Sie einfach das Fenster, um die Darstellung anzugleichen.

Basisfunktionen im Schnellzugriff in der Titelleiste

Nicht direkt zur Multifunktionsleiste gehören die Schnellzugriffssymbole in der Titelleiste des Anwendungsfensters. Sie erlauben es, wichtige Funktionen jederzeit mit nur einem Mausklick auszuführen. Standardmäßig finden Sie hier Symbole für das Erstellen eines neuen Ordners sowie das Anzeigen der Eigenschaften einer gewählten Datei. Zusätzlich können Sie weitere Symbole hinzufügen, wenn Sie sie häufiger benötigen.

1. Klicken Sie neben den vorhandenen Symbolen auf das kleine Pfeilsymbol.

2. Damit klappen Sie ein Menü auf, in dem Sie weitere Symbole für verschiedene Funktionen vorfinden. Auch die bereits vorhandenen Symbole sind hier aufgeführt und können gegebenenfalls ausgeblendet werden. Klicken Sie einfach auf einen der Einträge, um das Häkchen davor zu setzen bzw. zu entfernen.

3. Mit dem Klick wird das Menü automatisch wieder ausgeblendet. Sie können es aber beliebig oft für weitere Änderungen öffnen.

Kurze Wege mit der Multifunktionsleiste

Die Multifunktionsleiste befindet sich am oberen Rand des Anwendungsfensters, wo sich früher Menü- und Symbolleisten befanden, die durch die Ribbons ersetzt werden. Sie besteht aus verschiedenen Elementen.

Das Datei-Menü

Ganz oben links finden Sie das *Datei*-Menü. Dieses ist sozusagen ein Überbleibsel aus der guten alten Menüleiste. Manche Funktionen lassen sich einfach nicht sinnvoll in die Menüs der Multifunktionsleiste integrieren, nicht zuletzt, weil sie prinzipiell jederzeit gebraucht werden könnten. Hierzu zählen z. B. die Funktionen zum Öffnen, Speichern und Neuanlegen von Dokumenten, zum Drucken oder für allgemeine Einstellungen und die Hilfe. Diese erreichen Sie hier bei Bedarf jederzeit mit zwei Mausklicks. Bei einigen Funktionen wird gegebenenfalls rechts ein Untermenü geöffnet, in dem weitere Optionen zu dieser Funktion zur Verfügung stehen.

Die Standardkategorien

Die Multifunktionsleiste selbst besteht in der Regel aus mehreren Kategorien. Diese können Sie über die Registerkarten oben anwählen. Welche Kategorien genau angezeigt werden, hängt davon ab, welche Elemente Sie unten ausgewählt haben. Sind Dateien darunter, finden Sie in der Regel mindestens drei Kategorien:

- *Start* enthält die eigentlichen Funktionen zum Umgang mit Dateien und Ordnern wie z. B. Kopieren, Verschieben, Öffnen, Auswählen etc. Normalerweise sollte deshalb diese Kategorie geöffnet sein, wenn Sie mit der Anwendung arbeiten.

- *Freigeben* bietet verschiedene Möglichkeiten, ausgewählte Dateien und Dokumente an andere weiterzugeben. Dazu finden Sie in dieser Kategorie z. B. Funktionen, mit denen Sie Daten per E-Mail oder Fax versenden, auf eine DVD brennen oder ausdrucken können.

- *Ansicht* umfasst verschiedene Einstellungen für die Darstellung der Ordner und Dateien. Hier finden Sie z. B. die Funktionen zum Filtern und Gruppieren von Dateien sowie zum Anpassen der Darstellung von Ordneransichten an Ihre Vorlieben. Außerdem können Sie hier das Aussehen des Windows-Explorer insgesamt verändern, indem Sie Elemente wie den Navigationsbereich oder die Vorschauleiste nach Bedarf ein- oder ausblenden.

TIPP ☑ Schnell zwischen den Menüs der Multifunktionsleiste wechseln

In allen Multifunktionsleisten können Sie mithilfe des Scrollrads an Ihrer Maus schnell zwischen den verschiedenen Kategorien wechseln. Bewegen Sie den Mauszeiger auf eine beliebige Stelle der Multifunktionsleiste und drehen Sie dann am Scrollrad, um zwischen den Menüs „durchzuschalten".

Zusätzliche dynamische Kategorien

Zu den beschriebenen festen Kategorien werden weitere dynamisch eingeblendet, wenn Sie bestimmte Arten von Dateien auswählen. So gibt es z. B. eigene Kategorien für Audio-, Video- und Bilddateien. Diese umfassen jeweils spezielle Funktionen für diese Art von Dokumenten und ersparen es einem unter Umständen, die Dateien extra in einer separaten Anwendung öffnen zu müssen, nur um vergleichsweise simple Aktionen damit auszuführen.

Damit diese hilfreichen dynamischen Kategorien nicht „übersehen" werden, markiert der Windows-Explorer sie zusätzlich mit einer farbigen Überschrift, die in die Titelleiste des Explorer-Fensters hineinragt.

13.2 Wie geht das jetzt? – Die wichtigsten Rezepte für den neuen Explorer

Wenn Sie das Dateimanagement bislang hauptsächlich per Maus und Drag-and-drop erledigt haben, müssen Sie sich gar nicht großartig umstellen. Sind Sie allerdings ein Anhänger von Symbolleisten und Menüs, ist eine Neuorientierung angesagt. In jedem Fall gibt es aber auch einige neue Wege zu entdecken, die Ihnen das Arbeiten erleichtern können.

»Dieser PC« anstatt »Computer« – das lässt sich ändern

In der Navigationsleiste des Windows-Explorer heißt Ihr PC plötzlich nicht mehr *Computer*, sondern *Dieser PC*. Das ist reine Kosmetik, denn es ändert sich dadurch nicht wirklich etwas. Sie können diese Bezeichnung auch getrost ändern und Ihren Computer wieder „Computer" nennen oder ihm auch einen ganz anderen Namen geben.

1. Öffnen Sie den Windows-Explorer und klicken Sie mit der rechten Maustaste rechts in der Navigationsleiste auf den Eintrag *Dieser PC*.

2. Wählen Sie im Kontextmenü dann den Befehl *Umbenennen*.

3. Dadurch wird der Name des Eintrags zu einem Eingabefeld, und Sie können die gewünschte Bezeichnung wie etwa das traditionelle *Computer* eintippen. Ebenso können Sie aber auch einen beliebigen anderen Namen für Ihren PC vergeben.

4. Beenden Sie die Eingabe mit ⏎, und schon hat Ihr PC dauerhaft den neuen Namen im Windows-Explorer sowie in anderen Dateiauswahldialogen.

Dateien flexibel kopieren und verschieben

Wenn Sie Dateien oder ganze Ordner verschieben oder kopieren, wird Ihnen der Fortschrittsdialog im Windows-Explorer gefallen, der nicht nur informativ ist, sondern auch praktische Eingriffsmöglichkeiten bietet.

1. Wann immer eine Kopier- oder Verschiebeaktion in Gang ist, blendet Windows anstelle der altbekannten „Datei-flattert-von-A-nach-B-Animation" einen aussagekräftigen Fortschrittsdialog ein. In seiner einfachen

   Version bietet er zunächst auch nur einen Balken nebst Prozentangabe.

2. Möchten Sie es genauer wissen, klicken Sie unten links auf die runde Schaltfläche *Mehr Details*.

3. Dadurch erhalten Sie eine präzise grafische Darstellung des Vorgangs, der Sie die Übertragungsgeschwindigkeit im Verlauf entnehmen können. Für umfangreichere Aktionen schätzt Windows außerdem die verbleibende Zeit.

4. Ist der Vorgang beendet, verschwindet der Dialog automatisch vom Bildschirm. Ob Sie die einfache oder die ausführliche Variante bevorzugen, merkt sich Windows und zeigt diese bei der nächsten Dateioperation automatisch wieder an.

TIPP ☑ Dateioperationen anhalten

Haben Sie eine kleine, aber feine Neuerung beim Dateimanagement schon bemerkt? Der Fortschrittsdialog hat nun eine Pause-Taste. Mit diesem Symbol können Sie die Aktion jederzeit anhalten, z. B. wenn Sie eine umfangreichere Transaktion lieber auf später verschieben möchten, weil Sie den PC gerade dringend für etwas Wichtigeres benötigen.

Einfach kurz darauf klicken, dann wird die aktuelle Aktion angehalten. Klicken Sie später erneut darauf, wird sie nahtlos fortgesetzt. Einzige Ausnahme: Wenn Sie während der Pause etwas an den Quelldateien verändert haben, kann die Dateioperation nicht fortgesetzt werden.

Bequemeres Übertragen in andere Ordner

Bislang war es relativ umständlich, mit dem Windows-Explorer den Zielordner für Datei-aktionen auszuwählen. Entweder man positionierte zwei Explorer-Fenster nebeneinander und zog die Dateien direkt hinüber, oder man nutzte die Zwischenablage als temporä-ren Speicher. Beim neuen Windows-Explorer kommt die Möglichkeit hinzu, den Zielord-ner für das Kopieren oder Verschieben ganz bequem auszuwählen:

1. Öffnen Sie den Ordner, der die Quelldateien enthält, und markieren Sie diese wie gewohnt.

2. Klicken Sie nun in der Kategorie *Start* der Multifunktionsleiste im Bereich *Organisie-ren* auf die *Verschieben nach*- bzw. *Kopieren nach*-Schaltfläche.

3. Damit klappen Sie eine Liste der zuletzt besuchten Ordner auf. Klicken Sie darin auf den Ordner, in den die ausgewählten Dateien kopiert bzw. verschoben werden sollen.

4. Sollte sich der gewünschte Ordner nicht in der Liste befinden, weil Sie ihn länger nicht mehr geöffnet haben, klicken Sie ganz unten auf *Speicherort auswählen* und geben den Zielordner dann in einem üblichen Auswahldialog an.

Mit dem Anklicken des gewünschten Zielordners wird direkt ohne weitere Rückfragen die Dateiaktion durchgeführt.

Bei Konflikten zwischen Dateiversionen zielgenau entscheiden

Wenn Sie eine Datei in einen Ordner kopieren oder verschieben, in dem bereits eine Datei gleichen Namens vorhanden ist, entsteht zwangsläufig ein Konflikt. Schließlich kann Windows nicht wissen, ob es die im Zielordner bereits vorhandene Dateiversion bewahren oder durch die andere Version ersetzen soll. Die Rückfrage an den Benutzer, die in diesem Fall unausweichlich ist, wurde übersichtlicher gestaltet und funktioniert nun zweistufig.

1. Sobald Windows einen Konflikt feststellt, blendet es zunächst einen übersichtlichen Dialog ein. Wenn Sie direkt entscheiden können, was mit der Datei passieren soll, können Sie

   - die Datei im Zielordner ersetzen lassen oder

   - die Aktion für diese Datei überspringen, also die Datei im Zielordner unangetastet lassen.

2. Sollten Sie nicht direkt erkennen können, welche Datei Sie nun beibehalten wollen, können Sie mit *Info für beide Dateien vergleichen* die zweite Stufe des Konfliktdialogs aufrufen.

3. Dann zeigt Windows in einem neuen Dialog alle Details zu den beiden Dateien an. Hier können Sie Informationen wie Alter und Umfang der Datei(en) ablesen. Bei Bild- und Videodateien wird zusätzlich eine Minivorschau des Inhalts angezeigt.

4. Setzen Sie jeweils ein Häkchen bei der Datei, die Sie beibehalten wollen. Bei mehreren Dateien können Sie sich bei jeder Datei anders entscheiden oder die gleiche Entscheidung für alle Dateien treffen, indem Sie das Häkchen ganz oben bei *Dateien von* bzw. *Dateien bereits enthalten in* setzen.

5. Klicken Sie dann unten auf *Weiter*, um den Dateitransfer fortzusetzen.

HINWEIS ▷ Beide Dateiversionen behalten

Sie müssen sich nicht zwangsläufig für eine der zwei Dateiversionen entscheiden, sondern können auch beide Versionen im Zielordner erhalten. Setzen Sie dazu Häkchen auf beiden Seiten. Dann bleibt die vorhandene Datei erhalten, und die andere Version wird zusätzlich dorthin kopiert. Dabei wird ihr Name um eine Zahl ergänzt, damit die Dateien unterschieden werden können.

Die optimale Ordneransicht schnell und flexibel wählen

Der Windows-Explorer beherrscht weiterhin die verschiedenen Ansichtsvarianten für den Inhalt von Ordnern. Von der sehr kompakten Liste bis zu extra großen Symbolen bzw. Vorschaugrafiken ist für jeden Zweck etwas dabei. Allerdings hat sich durch die Multifunktionsleiste auch hier die Bedienung etwas verändert, und es ist eine praktische Abkürzung für die meistgenutzten Ansichten hinzugekommen.

1. Die Ansicht für den aktuellen Ordner wählen Sie nun in der Kategorie *Ansicht* der Multifunktionsleiste. Hier finden Sie im Bereich *Layout* ein großes Auswahlfeld mit den verschiedenen Ansichten.

2. Wenn Sie den Mauszeiger auf einem der Einträge kurz verharren lassen, wechselt die Anzeige des Ordners vorübergehend zu dieser Variante. Damit haben Sie also eine Art Echtzeitvorschau.

3. Wichtig: Das Auswahlfeld kann nicht alle Ansichten gleichzeitig anzeigen. Mit den kleinen Pfeilschaltflä- 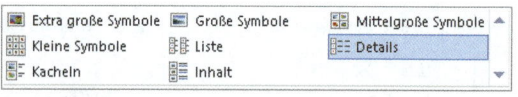 chen am rechten Rand können Sie den Inhalt deshalb nach oben oder unten verschieben. Oder Sie klicken auf die untere Schaltfläche, um das Auswahlfeld vorübergehend zu vergrößern, sodass alle Varianten auf einmal sichtbar sind.

4. Um eine der Ansichten für den aktuellen Ordner zu wählen, klicken Sie einfach auf den entsprechenden Eintrag. Windows merkt sich die gewählte Einstellung und zeigt den Ordner wieder so an, wenn Sie ihn beim nächsten Mal öffnen.

TIPP ☑ Stufenloser Wechsel der Ansichten per Mausrad

Ein Schieber, mit dem man wie bei Windows 7 quasi stufenlos durch die verschiedenen Ordneransichten wechseln konnte, ist nicht mehr vorhanden. Sie können aber nach wie vor die Maus für diese Funktion verwenden. Halten Sie dazu die [Strg]-Taste gedrückt und bewegen Sie das Mausrad nach oben bzw. nach unten, um die Ordneransicht stufenlos zu vergrößern bzw. zu verkleinern.

Schneller Wechsel zwischen Details und Symbolen

So angenehm die vielen Möglichkeiten bei der Ordneransicht sind, in der Praxis beschränkt man sich meist doch auf eine oder wenige Varianten. Dem trägt Microsoft Rechnung, indem es kleine Symbole für die Ansichten *Details* und *Große Symbole* unten rechts im Explorer-Fenster fest verankert. Egal welche Kategorie der Multifunktionsleiste Sie gerade geöffnet haben, über diese Symbole können Sie jederzeit eine dieser beiden Ansichten aktivieren.

Einfacher Umgang mit ZIP-Archiven

Schon frühere Windows-Versionen unterstützten den Umgang mit ZIP-Archiven. Bis auf das Entpacken per Doppelklick waren diese Funktionen allerdings in den Untiefen der Kontextmenüs versteckt. Beim aktuellen Windows lassen sich ZIP-Archive hingegen ganz einfach und intuitiv erstellen:

1. Öffnen Sie den Ordner mit den zu packenden Dateien und markieren Sie alle Dateien, die in das ZIP-Archiv gelangen sollen. Selbstverständlich können Sie auch Ordner auswählen, die dann mit ihrer gesamten Struktur ins Archiv übernommen werden.

2. Wechseln Sie anschließend in der Multifunktionsleiste in die Kategorie *Freigeben* und klicken Sie dort auf *ZIP*.

3. Der Windows-Explorer erstellt danach direkt eine Archivdatei mit allen ausgewählten Dateien im aktuellen Ordner. Als Archivname wird der Dateiname der ersten Datei vorgeschlagen. Diesen Vorschlag übernehmen Sie mit [↵] oder ersetzen ihn durch eine passendere Bezeichnung.

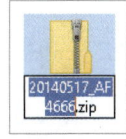

Für das Entpacken von ZIP-Archiven bringt der Windows-Explorer eine eigene Kategorie mit, die automatisch eingeblendet wird, wann immer Sie eine ZIP-Datei auswählen.

Sie bietet neben einer Auswahl der meistgenutzten Ordner nur den Menüpunkt *Alle extrahieren*, mit dem Sie den bereits von früheren Windows-Versionen bekannten Assistenten zum Entpacken von Archiven starten. Er erlaubt es, den Inhalt eines Archivs in einen beliebigen Ordner zu extrahieren. Wollen Sie nur den Inhalt des Archivs inspizieren, reicht wie gewohnt ein Dop-

pelklick auf die ZIP-Datei. Anschließend können Sie einzelne oder mehrere Dateien auch per Drag-and-drop aus dem Archiv holen.

13.3 Neue (und neu entdeckte) Explorer-Funktionen

Neben einer veränderten Optik für bekannte Aktionen bringt der Windows-Explorer auch einige neue Funktionen mit. Und ebenfalls nicht unwichtig: Manche Funktionen waren auch früher schon vorhanden, aber so unpraktisch versteckt, dass sie selten oder nie eingesetzt wurden. Sie lassen sich dank der Multifunktionsleiste jetzt direkt und unkompliziert nutzen.

Häufig genutzte Ordner und Dokumente im Schnellzugriff

Die von früheren Windows-Versionen bekannten Favoriten im Windows-Explorer sind immer noch vorhanden. Allerdings wurden sie umbenannt und im Funktionsumfang erweitert. Sie finden sich nun unter der Bezeichnung *Schnellzugriff* ganz oben im Navigationsbereich des Windows-Explorer. Von Haus aus umfasst die Liste einige Standardordner. Weitere Elemente werden dynamisch hinzugefügt, wenn sie zuletzt häufiger verwendet wurden. Sie können den Inhalt des Schnellzugriffs aber auch selbst beeinflussen.

1. Den Schnellzugriff des Windows-Explorer finden Sie in der Navigationsleiste ganz oben. Wird nur die Kategorie *Schnellzugriff* ohne Inhalt angezeigt, klicken Sie auf das kleine Pfeilsymbol links daneben, um den Inhalt auszuklappen. Alternativ können Sie auch einen Doppelklick auf den Schriftzug ausführen.

2. Von Haus aus gehören zu den Schnellzugriffen der *Desktop*, der *Downloads*-Ordner sowie die Bibliotheken *Dokumente* und *Bilder*. Um einen dieser Ordner aufzurufen, klicken Sie einfach auf den entsprechenden Eintrag.

3. Der Windows-Explorer öffnet dann rechts im Hauptbereich eben diesen Ordner und zeigt seinen Inhalt an. Gleichzeitig springt die Pfad-Anzeige links im Navigationsbereich an die entsprechende Stelle der Ordnerhierarchie Ihres PCs.

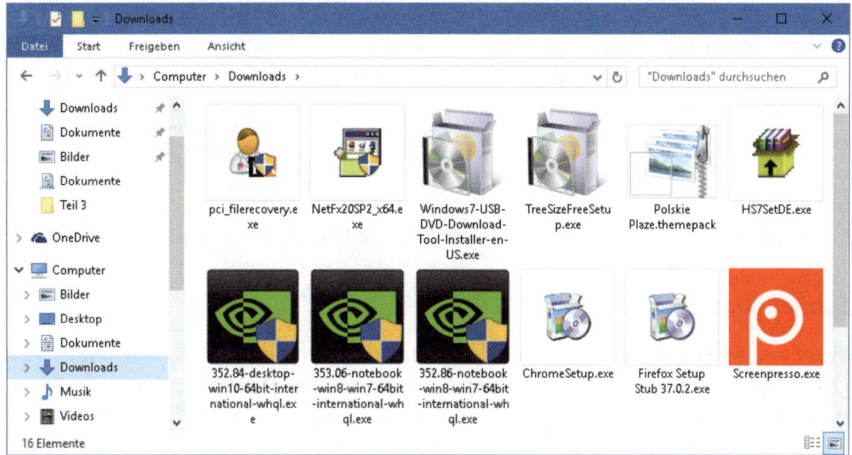

Eigene Ordner als Schnellzugriff direkt zugänglich machen

Wirklich sinnvoll wird der Schnellzugriff im Windows-Explorer, wenn Sie selbst Ordner als Schnellzugriffsziele festlegen. So können Sie häufig genutzte Ordner oder besonders tief verschachtelte Verzeichnisse jederzeit mit ein bis zwei Mausklicks erreichen.

1. Starten Sie den Windows-Explorer und öffnen Sie darin den Ordner, den Sie dem Schnellzugriff hinzufügen möchten. Der Windows-Explorer sollte also genau das anzeigen, was Sie sehen möchten, wenn Sie diesen Schnellzugriff abrufen.

2. Klicken Sie dann mit der rechten Maustaste links in der Navigationsleiste auf *Schnellzugriff*.

3. Wählen Sie im Kontextmenü den Befehl *Aktuellen Ordner an Schnellzugriff anheften*.

4. Der Windows-Explorer fügt dem Schnellzugriff daraufhin einen neuen Eintrag hinzu, der den Namen des ausgewählten Ordners trägt. Genau wie bei den standardmäßigen Einträgen können Sie diesen Ordner nun jederzeit öffnen, indem Sie ihn dort anklicken.

Schnellzugriffe entfernen

Die Einträge des Schnellzugriffs haben ein Kontextmenü, über das Sie die wichtigsten Funktionen abrufen können. Teilweise wirken diese sich auf den durch den Eintrag bezeichneten Ordner selbst aus, teilweise nur auf den Favoriten. Letzteres gilt insbesondere für das Löschen. Mit *Von Schnellzugriff lösen* können Sie den

Eintrag aus der Favoritenliste entfernen. Der Ordner selbst bleibt davon unberührt.

Schnellzugriffe umbenennen

Einen wichtigen Unterschied zu den Favoriten früherer Windows-Versionen gibt es beim Umbenennen. Bislang konnte man den Namen von einmal eingerichteten Favoriten ändern, ohne dass der zugrunde liegende Ordner davon betroffen war. Beim Schnellzugriff können Sie die angezeigte Bezeichnung nicht verändern. Sie können aber den Namen des Ordners selbst wechseln. Dann wird der Eintrag im Schnellzugriff entsprechend angepasst.

Die dynamischen Einträge im Schnellzugriff

Wer aus früheren Windows-Versionen noch den Eintrag *Zuletzt besucht* in den Favoriten kennt, der muss sich etwas umgewöhnen. Einen solchen Eintrag gibt es nun nicht mehr. Stattdessen hängt Windows automatisch sowohl Ordner als auch Dateien an den Schnellzugriff an, die Sie in letzter Zeit regelmäßig geöffnet haben. Das Ganze passiert komplett ohne Ihr Zutun. Diese dynamisch erstellten Einträge verschwinden nach einiger Zeit auch wieder, wenn Sie die entsprechenden Elemente nicht mehr so oft nutzen. Trotzdem haben Sie eine gewisse Kontrolle darüber, welche Elemente im Schnellzugriff angezeigt werden und welche nicht.

TIPP ☑ **Dynamische Einträge im Schnellzugriff erkennen**

Die festen und die dynamischen Einträge stehen im Schnellzugriff gleichberechtigt untereinander. Erst kommen die festen, darunter die dynamischen. Außerdem sind die festen bzw. selbst gewählten Einträge rechts mit einem Stecknadelsymbol versehen. Die dynamischen tragen dieses Symbol nicht, was eine eindeutige Unterscheidung ermöglicht.

Sollte Sie ein dynamisch eingefügtes Element im Schnellzugriff stören, können Sie es leicht loswerden:

1. Klicken Sie den Eintrag mit der rechten Maustaste an.

2. Wählen Sie im Kontextmenü den Befehl *Aus Schnellzugriff entfernen*. Ab sofort wird dieses Element nicht mehr im Schnellzugriff angezeigt.

Falls Sie die ständigen Änderungen im Schnellzugriff durch diese Automatikfunktion eher irritieren, können Sie diesen Teil des Schnellzugriffs auch ganz deaktivieren.

1. Öffnen Sie dazu im Windows-Explorer im Bereich *Ansicht* der Multifunktionsleiste die *Optionen*.

2. Hier finden Sie in der Rubrik *Allgemein* unten den Bereich *Datenschutz*.

3. Darin können Sie getrennt für Dateien und Ordner festlegen, ob diese im Schnellzugriff angezeigt werden sollen. Sie können also beispielsweise die Funktion für Ordner beibehalten, aber für einzelne Dateien deaktivieren.

Welchen Ordner soll der Explorer standardmäßig anzeigen?

Wenn man den Windows-Explorer ohne weitere Vorgaben startete, zeigte er bislang automatisch den Inhalt des Ordners *Computer* an (heißt jetzt *Dieser PC*). War die Anzeige von *Bibliotheken* aktiviert, wurden diese als Startordner gewählt.

Bei Windows 10 können Sie dieses Verhalten erstmals – wenn auch nur in gewissen Grenzen – beeinflussen. Standardmäßig zeigt der Windows-Explorer hier den *Schnellzugriff* (siehe Seite 296) links im Navigationsbereich an, sodass Sie von dort aus direkt zu wichtigen Ordnern weiternavigieren können. Bevorzugen Sie das alte Verhalten, den zentralen Ordner *Dieser PC* (entsprechend *Computer* bei älteren Versionen) anzuzeigen, lässt sich auch diese Variante aktivieren:

1. Öffnen Sie in der Kategorie *Ansicht* der Multifunktionsleiste ganz rechts die Optionen.

2. Hier können Sie in der Rubrik *Allgemein* ganz oben wählen, ob der Explorer beim Start den *Schnellzugriff* oder *Dieser PC* anzeigen soll.

3. Übernehmen Sie die Änderung unten mit *OK*.

Gute Nachrichten für Windows-7-Fans: Das gibt es endlich wieder

Gute Nachrichten gleich zu Beginn: Manchmal nimmt sich Microsoft die Kritik der Anwender zu Herzen und gibt auch mal Fehler (indirekt) zu. So beschwerten sich zahlreiche Anwender von Windows 7 über Elemente, die ihnen im Windows-Explorer plötzlich fehlten. In meinem Blog beschäftigten sich die meistgelesenen Artikel damit, wie sich diese Funktionen nachrüsten lassen. Das wird nun nicht mehr nötig sein, denn sie sind wieder von Haus aus dabei.

Die Nach-oben-Schaltfläche

Beim Explorer von Windows 7 verzichtete Microsoft auf die Nach-oben-Schaltfläche, mit der man mit einem Mausklick jeweils zum übergeordneten Ordner wechseln konnte. Zwar gab es dafür Alternativen, etwa das Adressfeld oder die Tastenkombination

[Alt]+[↑] (die übrigens nach wie vor funktioniert), aber viele Anwender kritisierten diese „Verschlimmbesserung" sehr. Offenbar ist die Botschaft angekommen, denn seit Windows 8 bringt der Windows-Explorer wieder eine solche Schaltfläche mit, gleich links neben dem Adressfeld.

Die Statuszeile

Auch die Statuszeile haben viele Anwender vermisst, genauer ausgedrückt, die Anzeige der Anzahl und Größe der ausgewählten Da-

teien in selbiger. Diese erlaubt eine sehr einfache Abschätzung des Speicherumfangs, etwa wenn man eine bestimmte Anzahl von Dateien auf einen USB-Stick übertragen möchte. Beim aktuellen Windows können Sie diese Angaben wieder direkt in der Statusleiste ablesen. Hinweis: Der Speicherumfang wird nur angezeigt, wenn Sie eine oder mehrere Dateien auswählen. Sowie sich ein Ordner in der Auswahl befindet, verzichtet der Explorer auf diese Angabe.

Die Dateiauswahl invertieren

In der Kategorie *Start* der Multifunktionsleiste finden Sie ganz rechts den Bereich *Auswählen*. Neben den bekannten Funktionen *Alles auswählen* und *Nichts auswählen* finden Sie hier zusätzlich die Option *Auswahl umkehren*, die die aktuelle Auswahl invertiert. Alle Dateien, die zuvor im aktuellen Ordner angewählt waren, sind anschließend nicht mehr gewählt, und gleichzeitig werden alle zuvor nicht gewählten Dateien nun als ausgewählt markiert – eine schon seit vielen Jahren immer wieder nachgefragte Funktion, die der Windows-Explorer nun an prominenter, leicht erreichbarer Stelle bietet.

Wozu dieses Invertieren gut sein soll? Ein einfaches Beispiel mag verdeutlichen, wie Sie diese Funktion zeitsparend einsetzen können. Nehmen wir an, Sie möchten in einem Ordner mit 100 Dateien 98 Dateien auswählen, aber zwei eben nicht. Nun könnten

Sie umständlich alle 98 gewünschten Dateien nach und nach auswählen, oder aber Sie wählen erst mal alles aus und dann die beiden Streichkandidaten wieder ab. Mit dem Invertieren der Auswahl geht es einfacher und schneller.

1. Wählen Sie zunächst genau die beiden Dateien aus, die Sie eigentlich gar nicht auswählen möchten — und zwar nur diese beiden.

2. Klicken Sie dann auf *Auswahl umkehren*. Nun kehrt der Windows-Explorer Ihre Auswahl um. Anschließend sind alle Dateien bis auf die beiden unerwünschten Dateien ausgewählt. Und fertig.

Dateiverknüpfungen in beliebigen Ordnern erstellen

Bei früheren Windows-Versionen war das Erstellen von Verknüpfungen relativ umständlich. Man musste die Verknüpfung zunächst im Ordner der Ursprungsdatei anlegen und dann von dort aus in den gewünschten Ordner verschieben. Das geht nun etwas direkter:

1. Wählen Sie zunächst die Datei(en) aus, für die Sie Verknüpfungen erstellen wollen. Kopieren Sie diese in die Zwischenablage, entweder mit [Strg]+[C] oder mit der Schaltfläche *Kopieren* links in der Kategorie *Start* der Multifunktionsleiste.

2. Wechseln Sie nun mit dem Windows-Explorer in den Ordner, in dem Sie die Verknüpfung erstellen möchten.

3. Klicken Sie hier im Bereich *Zwischenablage* der Kategorie *Start* auf die Schaltfläche *Verknüpfung einfügen*. Dann erstellt der Windows-Explorer in diesem Ordner eine Verknüpfung zu jeder Datei, die sich gerade in der Zwischenablage befindet.

Dateieigenschaften auf die Schnelle entfernen

Dateien können neben ihrem eigentlichen Inhalt immer mehr zusätzliche Eigenschaften haben. Ein gutes Beispiel dafür sind Bilder, in deren Eigenschaften inzwischen häufig vermerkt ist, wann, mit welcher Kamera und welchen Einstellungen das Bild aufgenommen und mit welcher Software es anschließend bearbeitet wurde. Teilweise wird sogar der Ort vermerkt, an dem ein Bild aufgenommen wurde. Mit dem aktuellen Windows-Explorer können Sie solche Eigenschaften einfacher überprüfen und vor allem entfernen, bevor Sie eine Datei an andere weitergeben.

1. Markieren Sie die fragliche Datei. Sie können auch gleich mehrere Dateien auswählen. Allerdings können Sie dann nur die Eigenschaften betrachten, die alle Dateien gemeinsam haben.

WORK SHOP

2. Wenn Sie in der Kategorie *Start* der Multifunktionsleiste nun im Bereich *Öffnen* auf die Schaltfläche *Eigenschaften* klicken, zeigt der Windows-Explorer die Eigenschaften dieser Datei(en) an.

3. Klicken Sie stattdessen bei derselben Schaltfläche am unteren Rand auf den Pfeil, öffnen Sie ein zusätzliches Menü. Wählen Sie darin *Eigenschaften entfernen*, um alle zusätzlichen Informationen aus der ausgewählten Datei zu entfernen.

4. Windows öffnet dann einen Dialog mit den erweiterten Eigenschaften. Hier finden Sie aber vor jedem Eintrag ein Häkchen. Damit können Sie wählen, ob diese Information gelöscht werden soll (Häkchen) oder nicht (kein Häkchen). Wollen Sie schnell alle erweiterten Informationen aus der Datei entfernen, können Sie unten mit der Schaltfläche *Alle auswählen* bei allen Einträgen Häkchen setzen.

5. Mit der Option *Folgende Eigenschaften aus dieser Datei entfernen* lassen Sie die Angaben direkt aus der ausgewählten Datei entfernen. Wollen Sie hingegen eine neue Version der Datei ohne Zusatzinformationen erstellen, wählen Sie *Kopie erstellen, in der alle möglichen Eigenschaften entfernt sind*. Die Löschfunktion belässt dann die Informationen in der Ausgangsdatei und erstellt stattdessen eine Kopie des Dokuments ohne die ausgewählten Angaben. Diese neue Datei wird unter dem gleichen Namen mit dem Zusatz *Kopie* abgelegt und kann bedenkenlos an andere weitergegeben werden.

6. Klicken Sie dann ganz unten auf *OK*, um die ausgewählten Daten zu entfernen.

TIPP ☑ **Erweiterte Angaben aus vielen Dateien auf einmal entfernen**

Beim Weitergeben von Dateien geht es oft nicht nur um ein Dokument, sondern gleich um mehrere oder auch einen ganzen Ordner. In solchen Fällen müssen Sie nicht alle Dokumente mühsam einzeln säubern. Markieren Sie einfach im Windows-Explorer alle betroffenen Dateien und lassen Sie diese wie beschrieben bereinigen. Der Vorgang läuft genauso ab, nur dass die gewählten Angaben eben aus allen ausgewählten Dateien auf einmal entfernt bzw. entsprechende Kopien erstellt werden.

Irritierende Dateien ausblenden

Schon lange gibt es bei Windows die Möglichkeit, Dateien zu verstecken. Sie werden dann im Windows-Explorer einfach nicht angezeigt, obwohl sie vorhanden sind. Bislang allerdings hat diese Funktion mehr Schaden als Nutzen gebracht, weil es relativ kompliziert war, versteckte Dateien trotzdem anzeigen zu lassen. Und die Eigenschaft *Versteckt* lässt sich auch nur durch ein Häkchen in den Untiefen der Dateieigenschaften steuern. Die Multifunktionsleiste integriert nun eine ähnliche Funktion direkt in die Bedienoberfläche und schafft damit praktische Möglichkeiten für mehr Übersicht in umfangreichen Ordnern.

1. In der Kategorie *Ansicht* finden Sie rechts im Bereich *Ein-/ausblenden* die Option *Ausgeblendete Elemente*. Sie ist standardmäßig deaktiviert, das heißt, versteckte Dateien werden nicht angezeigt.

2. Setzen Sie ein Häkchen bei dieser Option, um eventuell versteckte Dateien im aktuellen Ordner einzublenden. Diese Einstellung gilt pauschal für alle Ordner, bis Sie das Häkchen wieder entfernen.

3. Versteckte Dateien werden entsprechend der gewählten Sortierung etc. im Ordner angezeigt. Allerdings werden sie mit einem „Grauschleier" dargestellt, sodass Sie sie von nicht versteckten Dateien sofort unterscheiden können.

Dateien selbst verstecken

Dass die Bedienelemente rund um versteckte Dateien nun direkt in die Multifunktionsleiste integriert sind, gibt Ihnen die Möglichkeit, diese Funktionalität ganz einfach für eigene Zwecke zu nutzen, um z. B. wichtige Dateien vor versehentlichem Löschen oder Ändern zu schützen. Auch als simple Schutzmaßnahme vor neugierigen Augen kann das dienen, aber etwas versiertere Anwender (bzw. eben Leser dieses Buches) werden Sie damit nicht täuschen können.

1. Markieren Sie die zu versteckende(n) Datei(en).

2. Klicken Sie in der Multifunktionsleiste auf die Schaltfläche *Ausgewählte Elemente ausblenden*. Damit erhalten die ausgewählten Elemente die Eigenschaft *Versteckt*. Solange oben die Option *Ausgeblendete Elemente* deaktiviert ist, werden sie nun nicht mehr angezeigt.

3. Um eine versteckte Datei wieder dauerhaft sichtbar zu machen, setzen Sie das Häkchen bei *Ausgeblendete Elemente* und markieren die nun sichtbare Datei.

4. Die Schaltfläche *Ausgewählte Elemente ausblenden* wird nun farbig unterlegt, um zu verdeutlichen, dass die gewählte Datei bereits versteckt ist. Klicken Sie erneut darauf, um die Datei wieder dauerhaft sichtbar zu machen.

13.4 Passen Sie den Windows-Explorer individuell an

Auch mit der Multifunktionsleiste gibt es noch immer zahlreiche Möglichkeiten, das Erscheinungsbild und die Funktionsweise des Windows-Explorer Ihren persönlichen Vorlieben anzupassen. Wenn Ihnen der gute alte Windows-Explorer mit Menü- und Symbolleisten besser gefallen hat, können Sie die Multifunktionsleiste sogar dafür verwenden, diese Optik und Funktionalität – zumindest weitestgehend – wiederherzustellen.

Navigationsbereich, Vorschau und Details nach Bedarf einblenden

Die drei eigenständigen Bereiche für Navigation, Vorschau und Details sind bereits von früheren Windows-Versionen bekannt und im Prinzip auch so erhalten geblieben. Allerdings wird der Detailbereich nun nicht mehr am unteren Rand angezeigt, sondern genauso wie die Vorschau am rechten Fensterrand. Das führt dazu, dass Sie entweder den Vorschaubereich oder den Detailbereich oder keinen von beiden anzeigen können, niemals aber beide gleichzeitig.

Was nun genau angezeigt wird, steuern Sie in der Kategorie *Ansicht* der Multifunktionsleiste ganz links unter *Bereiche*:

- Mit *Navigationsbereich* öffnen Sie ein kleines Menü, in dem Sie die Anzeige und Funktionsweise des Navigationsbereichs steuern.

- Mit *Vorschaufenster* steuern Sie die Anzeige des Vorschaubereichs.

- *Detailbereich* regelt, ob rechts ein Bereich mit näheren Einzelheiten zu den jeweils ausgewählten Dateien angezeigt wird.

Die letzten beiden schließen sich gegenseitig aus. Ist also einer dieser Bereiche aktiv und Sie klicken auf den jeweils anderen, wird der bisher angezeigte ausgeblendet und durch den nun gewählten ersetzt. Klicken Sie erneut auf die Schaltfläche eines bereits angezeigten Bereichs, wird dieser ausgeblendet, und es steht mehr Platz für das Anzeigen von Ordnern zur Verfügung.

Die Funktionsweise des Navigationsbereichs anpassen

Den Navigationsbereich können Sie nicht nur pauschal ein- oder ausblenden. Im zuständigen Menü finden Sie weitere Optionen, mit denen Inhalt und Funktionsweise dieses Bereichs individuell angepasst werden können. Hier geht es nicht um gut oder schlecht, sondern einfach um Ihre bevorzugte Arbeitsweise.

- Wenn Sie bei früheren Windows-Versionen regelmäßig mit der Ordner-Explorerleiste gearbeitet haben, sind Sie es gewohnt, dass diese Ihnen ständig durch das Dateisystem folgt. Wechseln Sie also z. B. rechts in einen anderen Ordner oder Unterordner, aktualisiert sich die Leiste links automatisch, sodass der neue Ordner angezeigt und ausgewählt wird. Wenn Sie im Menü die Option *Erweitern, um Ordner zu öffnen* anwählen, verhält sich der aktuelle Windows-Explorer in dieser Hinsicht genauso.

- Wenn Sie mit den neuen Kategorien in der Navigationsleiste nicht so recht warm werden wollen und lieber wieder zur vollständigen Ordnerstruktur zurückkehren möchten, wählen Sie *Alle Ordner anzeigen*. Der Windows-Explorer verzichtet dann auf die verschiedenen Kategorien im Navigationsbereich und stellt stattdessen ausgehend vom Desktop alles in einer komplexen Struktur dar. Lediglich die Favoriten verbleiben als separate Kategorie, was aber wohl auch sinnvoll ist.

- Bibliotheken werden anders als in früheren Windows-Versionen standardmäßig nicht mehr explizit als eigene Gruppe im Navigationsbereich angezeigt. Wenn Sie Bibliotheken aber intensiv nutzen, können Sie dies ändern, indem Sie die Option *Bibliotheken anzeigen* aktivieren.

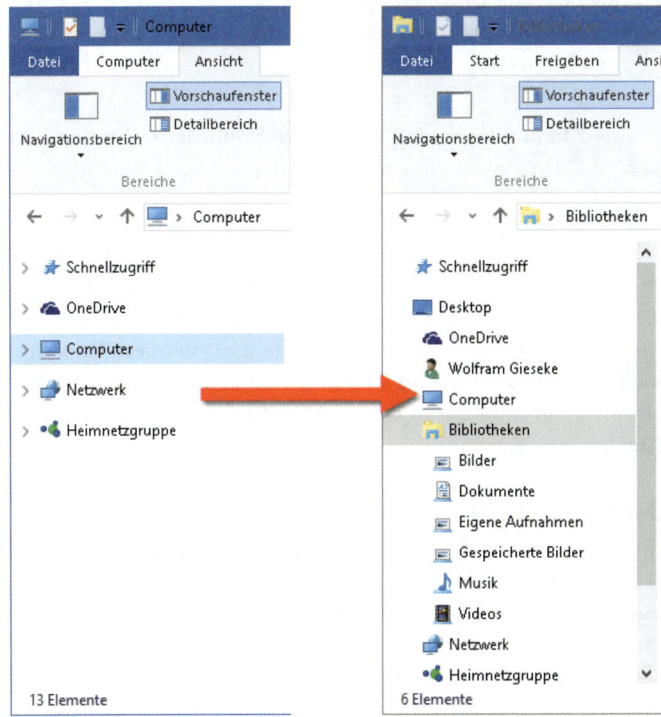

Anstelle der Standardansicht des Navigationsbereichs lässt sich die Darstellung früherer Windows-Versionen annähernd wiederherstellen.

Die Schnellzugriffsleiste individuell gestalten

Ist Ihnen schon aufgefallen, dass der Windows-Explorer neben der Multifunktionsleiste noch ein weiteres Bedienelement mitbringt, das Sie individuell anpassen können? Gemeint ist die Schnellzugriffsleiste, die sich – standardmäßig – oben in der Titelleiste des Fensters befindet. Dort sehen Sie ganz rechts das Symbol für das Fenstermenü, das unverrückbar ist. Die Symbole rechts daneben aber stehen für bestimmte Funktionen des Windows-Explorer und lassen sich anpassen. Sie erlauben es, regelmäßig benutzte Funktionen jederzeit direkt mit einem Mausklick abrufen zu können, ohne dafür erst in die entsprechende Kategorie der Multifunktionsleiste wechseln zu müssen.

Eigene Symbole in die Schnellzugriffsleiste aufnehmen

Sie können praktisch jede Funktion, die sich irgendwo in irgendeiner Kategorie der Multifunktionsleiste befindet, in die Schnellzugriffsleiste einfügen.

1. Öffnen Sie dazu die Kategorie, in der die dazugehörende Schaltfläche enthalten ist.

2. Klicken Sie dann mit der rechten Maustaste auf diese Schaltfläche.

3. Wählen Sie im so geöffneten Menü den Befehl *Zur Symbolleiste für den Schnellzugriff hinzufügen*.

Der Windows-Explorer fügt der Schnellzugriffsleiste dann das Symbol für diese Funktion hinzu. Ab sofort bewirkt ein Klick auf dieses Symbol dasselbe wie ein Klick auf die eigentliche Schaltfläche in der Multifunktionsleiste. Handelt es sich bei dem hinzugefügten Element um eine Schaltfläche, die zunächst eine Auswahlliste öffnet, dann öffnet auch der Klick auf das Symbol in der Schnellzugriffsleiste erst mal diese Liste, aus der Sie dann die gewünschte Auswahl treffen. Sie können also z. B. auch das Element zur Auswahl der Ordneransicht aus der Kategorie *Ansicht* in die Schnellzugriffsleiste einfügen und dort in vollem Umfang nutzen.

TIPP ☑ **Die Reihenfolge der Elemente in der Schnellzugriffsleiste**

Die Reihenfolge der Elemente lässt sich nicht beliebig gestalten. Neu hinzugefügte Elemente werden stets rechts angefügt und behalten dann dort ihre Position. Wenn Sie eine bestimmte Reihenfolge der Symbole in der Schnellzugriffsleiste erreichen möchten, müssen Sie also planvoll vorgehen und beim Hinzufügen schon diese Reihenfolge beachten. Die Elemente lassen sich aber beliebig oft hinzufügen und auch wieder entfernen, sodass Sie gegebenenfalls etwas „basteln" können, bis Sie die für Ihre Zwecke optimale Reihenfolge hinbekommen.

Symbole aus der Schnellzugriffsleiste entfernen

Sie können alle Symbole auch wieder aus der Schnellzugriffsleiste entfernen. Klicken Sie dazu mit der rechten Maustaste auf das fragliche Symbol der Schnellzugriffsleiste und wählen Sie im Kontextmenü den Befehl *Aus Symbolleiste für den Schnellzugriff entfernen*.

HINWEIS ⊠
Die Schnellzugriffsleiste unterhalb der Multifunktionsleiste anzeigen

Der Windows-Explorer bietet Ihnen die Möglichkeit, die Schnellzugriffsleiste aus der Titelzeile des Fensters in eine eigene Leiste unterhalb der Multifunktionsleiste zu verschieben.

Durch diese zusätzliche Zeile geht Ihnen zwar etwas Platz auf dem Bildschirm verloren, aber dafür ist der Weg zu den Symbolen der Schnellzugriffsleiste nun etwas kürzer.

Es bleibt also vollkommen Ihrer persönlichen Vorliebe überlassen, welche Variante Sie bevorzugen. Um die Position der Schnellzugriffsleiste zu verändern, klicken Sie in dieser Leiste auf das ganz rechte Symbol eines Pfeils nach unten. Damit öffnen Sie ein Menü, in dem Sie nach Belieben die Option *Unter dem Menüband anzeigen* bzw. *Über dem Menüband anzeigen* wählen.

Das Erscheinungsbild von Ordnern flexibel steuern

Prinzipiell haben Sie beim Umgang mit Ordnern im Windows-Explorer maximale Freiheit. Jeder Ordner kann anders aussehen. Windows speichert die entsprechenden Angaben und ruft sie beim nächsten Öffnen dieses Ordners automatisch wieder ab. Steht für Sie die Funktionalität im Vordergrund und haben Sie nicht vor, bestimmte Ordner individuell zu gestalten, können Sie aber auch einheitliche Einstellungen für alle Ordner eines Typs verwenden. Dann präsentieren sich diese Ordner immer im gleichen Outfit.

Ordnertypen für Multimedia-Inhalte

Für Ordner, die überwiegend oder ausschließlich bestimmte Arten von Multimediadateien beinhalten, kennt der Windows-Explorer spezielle Ordnertypen. Diese legen z. B. eine bestimmte Ansicht fest. Wird die Detailansicht verwendet, steuert der Ordnertyp außerdem, welche Dateiinformationen in den Spalten des Explorers angezeigt werden.

Der Vorteil beim Verwenden der Ordnertypen besteht darin, dass Sie Änderungen an diesem Typ einfach an alle anderen Ordner weiterreichen können, die denselben Typ verwenden. Soll also bei Musikordnern z. B. die Spielzeit oder das Erscheinungsjahr der einzelnen Titel angezeigt werden, ändern Sie dies in einem Musikordner und geben diese Änderung dann an alle anderen Musikordner weiter. Standardmäßig sind den eigenen und öffentlichen Ordnern für Musik, Bilder und Video die entsprechenden Ordnertypen zugeordnet. Sie können aber beliebigen Ordnern einen der Typen zuweisen.

1. Öffnen Sie den Ordner, für den Sie einen anderen Typ festlegen möchten.

2. Klicken Sie mit der rechten Maustaste auf eine freie Stelle in der Inhaltsliste dieses Ordners und wählen Sie im Kontextmenü ganz unten den Punkt *Eigenschaften*.

TIPP ☑ Ordner anpassen und Bibliotheken

Bibliotheken sind keine echten Ordner, sondern virtuelle Zusammenfassungen mehrerer Ordner. Deshalb können Sie die Ansicht nicht anpassen, solange Sie sich innerhalb einer Bibliothek befinden. Nutzen Sie im Kontextmenü der Bibliothekseinträge den Befehl *Ordnerpfad öffnen*, um im Windows-Explorer den „realen" Ordner zu lokalisieren, den Sie dann anpassen können.

3. Wechseln Sie im anschließenden Dialog ganz rechts in die Rubrik *Anpassen*.

4. Hier können Sie im Bereich *Ordnertyp* eine von mehreren Vorlagen für diesen Ordner festlegen:

- *Allgemeine Elemente* ist die Standardvorlage, die bei allen unbestimmten Ordnern genutzt wird. Sie verwendet die Detailansicht mit Spalten zu den grundlegenden Dateiinformationen wie Name, Änderungsdatum, Typ und Größe.

- *Dokumente* unterscheidet sich von *Allgemeine Elemente* standardmäßig nicht. Allerdings können Sie diesen Ordnertyp verwenden, um auch Verzeichnisse, die überwiegend Dokumente enthalten, individuell anzupassen.

- *Bilder* eignet sich naheliegenderweise insbesondere für Ordner mit Bildinhalten. Dieser Ordnertyp verwendet die Ansicht *Große Symbole*, die bereits eine akzeptable Vorschau auf die einzelnen Bilder bietet. Schalten Sie auf *Details* um, sehen Sie zusätzlich zu den Standardangaben eventuelle Markierungen, die für die Bilder festgelegt wurden.

- *Musik* verwendet eine Detailansicht, die speziell für Angaben zu Musiktiteln geeignet ist. Sie zeigt neben dem Dateinamen die Titelnummer, den Titel des Musikstücks, die Interpreten und das Album an.

- *Videos* verwendet genau wie *Bilder* die Ansicht *Große Symbole* für eine Vorschau auf die enthaltenen Videoclips. Schalten Sie auf *Details* um, erhalten Sie zusätzlich zu den Standardangaben eine Spalte mit den Längen der Clips.

5. Mit der Option *Vorlage für alle Unterordner übernehmen* sorgen Sie dafür, dass nicht nur der aktuelle Ordner diese Vorlage zugewiesen bekommt, sondern auch alle enthaltenen Unterordner.

6. Übernehmen Sie den geänderten Ordnertyp mit *OK*.

Einheitliche Einstellungen für alle Ordner eines Typs

Wenn nicht jeder Ordner anders aussehen soll, können Sie das Erscheinungsbild Ihrer Ordner ganz einfach vereinheitlichen. Zwar lässt sich nicht eine Ansicht für alle Ordner erzwingen, aber zumindest die verschiedenen Ordnertypen können jeweils einheitlich angezeigt werden.

1. Starten Sie den Explorer bzw. öffnen Sie einen beliebigen Ordner.

2. Wählen Sie im Explorer in der Menüband-Kategorie *Ansicht* ganz rechts das Symbol *Optionen*.

3. Wechseln Sie in den Ordneroptionen wiederum in die Kategorie *Ansicht*. Hier finden Sie im Bereich *Ordneransicht* zwei Schaltflächen, die das Erscheinungsbild Ihrer Ordner auf einen Schlag vereinheitlichen können:

- Mit *Für Ordner übernehmen* verwenden Sie das Erscheinungsbild des aktuellen Verzeichnisses für sämtliche anderen Ordner dieses Typs. Achten Sie dabei darauf, dass der aktuelle Ordner so eingerichtet ist, wie Sie Ihre Ordner bevorzugen.

- *Ordner zurücksetzen* versetzt alle Verzeichnisse in den Zustand zurück, in dem sie sich direkt nach der Installation befunden haben. Diese Variante ist besonders speichersparend, da sie die Informationen, die jeder Ordner über sein Erscheinungsbild gespeichert hat, entfernt. Dadurch werden die Ordner gezwungen, wieder die ursprüngliche Ansicht zu verwenden.

Ordnern individuelle Symbole zuordnen

Standardmäßig werden Ordner durch das übliche gelbe Aktensymbol gekennzeichnet. Vielleicht ist Ihnen aber schon aufgefallen, dass manche der Systemordner andere Grafiken verwenden, z. B. einen vereinfachten Aktenordner mit einem zusätzlichen Symbol darauf. Tatsächlich kann jeder einzelne Ordner ein ganz individuelles Symbol verwenden. In der Praxis ist es zwar eher mühsam, jedem Ordner sein eigenes Symbol zuzuordnen. Bei manchen wichtigen Ordnern kann es aber sehr praktisch sein. Insbesondere wenn man mit der Symbol- oder Kachelansicht arbeitet, kann man so hervorgehobene Ordner sehr schnell ausmachen.

1. Um einem Ordner ein eigenes Symbol zuzuordnen, klicken Sie mit der rechten Maustaste auf sein Symbol und wählen im kontextabhängigen Menü die Funktion *Eigenschaften*.

2. Im anschließenden Menü finden Sie in der Rubrik *Anpassen* ganz unten den Bereich *Ordnersymbole*. Hier sehen Sie die standardmäßig verwendete Grafik und können mit *Anderes Symbol* eine Auswahl anderer Bilder öffnen.

3. In der Symbolauswahl finden Sie eine umfangreiche Liste von Symbolen, die Windows an verschiedenen Stellen verwendet. Für die meisten Zwecke dürfte sich hier schon etwas Geeignetes finden. Wenn es noch nicht reicht, können Sie mit einem Klick auf *Durchsuchen* aber auch beliebige andere Programm- und Symboldateien öffnen und nach geeigneten Symbolen durchsuchen.

4. Klicken Sie anschließend auf *OK*, um die geänderten Ordnereinstellungen zu speichern.

TIPP ☑ Spezielle Symbole finden

Wenn Sie als Symbol z. B. das Icon einer bestimmten Anwendung verwenden wollen, geht dies meist ganz problemlos. Öffnen Sie in der Symbolauswahl die Programmdatei dieser Anwendung. In der Regel sind in dieser Datei alle Symbole gespeichert, die das Programm verwendet. So können Sie einfach das Symbol aus einer Anwendung heraus übernehmen, um damit z. B. den Ordner zu kennzeichnen, in dem diese Anwendung installiert ist.

Die Ordneranzeige für die Vorschauansichten steuern

In den Vorschauansichten „oberhalb" von *Kleine Symbole* werden Ordner mit Bildern und Videos nicht durch ein festes Symbol dargestellt, sondern durch eine miniaturisierte Ansicht ihres Inhalts. Standardmäßig verwendet der Explorer dazu die ersten beiden Elemente im jeweiligen Ordner. Sie können hier aber auch ein bestimmtes Bild oder Video angeben, das für die Vorschau verwendet werden soll. Dies kann hilfreich sein, um z. B. ein Bild oder Video anzuzeigen, das typisch für diesen Ordner ist und Ihnen dementsprechend eine sofortige visuelle Zuordnung ermöglicht.

1. Um für einen Ordner die Vorschauansicht zu ändern, klicken Sie mit der rechten Maustaste auf sein Symbol und wählen im kontextabhängigen Menü die Funktion *Eigenschaften*.

2. Im anschließenden Menü finden Sie in der Rubrik *Anpassen* mittig den Bereich *Ordnerbilder*. Mit *Datei auswählen* öffnen Sie einen Dialog, in dem Sie eines der im Ordner enthaltenen Bilder als Miniaturansicht festlegen können.

3. Mit *Wiederherstellen* können Sie jederzeit die standardmäßige Vorschau reaktivieren. Dabei haben Sie allerdings keinen Einfluss darauf, welche Bilder dafür verwendet werden.

4. Mit OK übernehmen Sie die neuen Einstellungen.

Wenn das übergeordnete Verzeichnis in der Miniaturansicht dargestellt wird, zeigt sich der Ordner dort mit dem festgelegten Bild in Miniversion. Gerade für Bildersammlungen eignet sich dieser Trick sehr gut, wenn die Bilder etwa thematisch sortiert sind. Man kann aber auch Bilder speziell für diesen Zweck erstellen und in wichtigen Verzeichnissen ablegen.

Das Kontextmenü für Dateien, Ordner und Laufwerke optimal nutzen und anpassen

Das Kontextmenü, das sich mit einem Klick der rechten Maustaste bei den meisten Objekten auf dem Windows-Bildschirm öffnen lässt, ist längst kein Geheimtipp mehr. Hat man sich einmal daran gewöhnt, möchte es die meisten nicht mehr missen, denn es versammelt in der Regel alle in einer Situation erforderlichen Befehle und Funktionen und bietet so oftmals praktische Abkürzungen.

Einfaches und erweitertes Kontextmenü

Das Kontextmenü kommt nun in vielen Fällen in zwei Varianten daher:

- Mit dem einfachen, gewohnten rechten Mausklick erhalten Sie die „simple" Variante mit den wichtigsten Funktionen.

- Halten Sie während des Rechtsklicks die ⇧-Taste gedrückt, wird stattdessen eine „erweiterte" Fassung angezeigt. Diese enthält alle Funktionen der einfachen Version, aber meist noch einige mehr.

Ein gutes Beispiel hierfür sind Ordner. Die folgende Abbildung stellt die beiden Varianten (links ohne und rechts mit ⇧) gegenüber.

Das erweiterte Kontextmenü für Ordner enthält drei zusätzliche Funktionen:

- *In neuem Prozess öffnen*
  Hiermit starten Sie einen neuen Windows-Explorer in einem eigenen Prozess und öffnen den Ordner darin. Sollte es in diesem Prozess zu Störungen kommen, sind der „normale" Windows-Explorer und somit auch der Desktop nicht davon betroffen.

- *Eingabeaufforderung hier öffnen*
  Hiermit öffnen Sie eine Eingabeaufforderung mit diesem Ordner als Startverzeichnis. Eine praktische Hilfe, wenn Sie per Befehlszeile etwas in einem bestimmten Ordner zu erledigen haben, da so das umständliche *cd...* dorthin entfällt.

- *Als Pfad kopieren*
  Mit diesem Befehl übertragen Sie den vollständigen Pfad des Ordners in die Zwischenablage, um ihn an einer anderen Stelle mit Strg+V wieder einfügen zu können.

Hierbei handelt es sich durch die Bank um praktische Funktionen, die aber nur einzelne Anwender in bestimmten Situationen gebrauchen können. Genau deshalb werden sie standardmäßig nicht angezeigt, sondern eben nur auf Wunsch im erweiterten Kontextmenü. Solche erweiterten Kontextmenüs gibt es auch für alle Dateien. Hier werden ähnliche Funktionen wie etwa *Als Pfad kopieren* ergänzt. Abhängig vom Dateityp gibt es bei manchen Dokumenten auch zusätzliche Funktionen mit dem als Standardanwendung festgelegten Programm. Auch das erweiterte Kontextmenü für Laufwerke bietet ein paar zusätzliche Funktionen an.

Auch das Menü »Senden an« kann mehr

Eine weitere Besonderheit im erweiterten Kontextmenü ist das *Senden an*-Untermenü, mit dem Sie ausgewählte Dateien und Ordner an Anwendungen und Funktionen übergeben können. Öffnen Sie das Kontextmenü durch die gehaltene ⇧-Taste, wird automatisch auch das *Senden an*-Untermenü erweitert. Es zeigt nun erheblich mehr Ziele an, die Sie auswählen können.

Bestimmen Sie selbst, welche Befehle in welchem Kontextmenü angezeigt werden

Sie können zu einem großen Teil selbst Einfluss darauf nehmen, welche Einträge im einfachen und welche im erweiterten Menü erscheinen. Nutzen Sie bestimmte Einträge praktisch nie, verbannen Sie diese einfach ins erweiterte Menü. Und umgekehrt können Sie gern genutzte Funktionen aus dem erweiterten ins Standard-Kontextmenü verlagern, sodass sie ohne zusätzlichen Tastendruck stets zur Verfügung stehen. Dies alles geht über Eingriffe mit dem Registry-Editor (Details hierzu auf Seite 946).

1. Öffnen Sie im Registry-Editor den Schlüssel *HKEY_CLASSES_ROOT*. Hier sind alle bekannten Dateiobjekte versammelt.

2. Die Objekte beinhalten in der Regel einen Unterschlüssel namens *shell*. Dieser enthält einen Eintrag für jeden Menüeintrag, der sich verändern lässt.

3. Wenn Sie einen der Einträge für einen Menüeintrag auswählen, sehen Sie in der rechten Hälfte dessen Eigenschaften. Steht hier ein Eintrag *Extended*, dann gehört dieser Eintrag zum erweiterten Menü.

4. Soll der Eintrag im einfachen Menü angezeigt werden, entfernen Sie die *Extended*-Eigenschaft einfach.

5. Wollen Sie umgekehrt einen der Standardeinträge in das erweiterte Menü verbannen, legen Sie bei dessen Eigenschaften mit *Bearbeiten/Neu/Zeichenfolge* einen Eintrag mit dem Namen *Extended* an. Der Wert der Zeichenfolge kann beliebig oder einfach leer sein.

Welches Objekt findet sich wo?

Die Verteilung der Objekte in der Registry unter *HKEY_CLASSES_ROOT* ist anfangs etwas verwirrend. Deshalb hier kurz und kompakt die wichtigsten Punkte:

- Ordner verbergen sich hinter *HKEY_CLASSES_ROOT\Directory*. Zusätzliche Einstellungen können auch bei *HKEY_CLASSES_ROOT\Folder* zu finden sein.
- Laufwerke konfigurieren Sie über *HKEY_CLASSES_ROOT\Drive*.
- Allgemeine Menüeinträge für alle Arten von Dateien erledigen Sie in *HKEY_CLASSES_ROOT**.
- Zusätzlich können Sie Menüeinträge für einzelne Dateitypen ergänzen, die dann zusätzlich zu den unter *HKEY_CLASSES_ROOT** angegebenen angezeigt werden. Hierfür müssen Sie den passenden Dateityp in der langen Liste finden. Lassen Sie sich dabei nicht von den kurzen .xyz-Schlüsseln am Anfang der Liste verführen. Stattdessen müssen Sie die Liste weiter unten nach den passenden Einträgen durchsuchen. Das ist etwas mühsam, aber das Ganze ist meist logisch aufgebaut. So finden Sie Word-Dokumente z. B. unter *Word.Document* oder Programmdateien unter *exefile*.

13.5 Dateimanagement per Touch auf dem Tablet-PC

Im Bereich des Dateimanagements bietet die Touchoberfläche von Hause aus keine Alternative zum Windows-Explorer. Allerdings gibt es ein paar Tricks, mit denen Sie den Windows-Explorer so einstellen, dass er sich möglichst gut auch auf einem Touchscreen ohne Maus und Tastatur verwenden lässt. Es ist keine perfekte Lösung, aber zumindest machen Sie sich das Leben auf diese Weise möglichst leicht. Alternativ gibt es Dateiverwaltungs-Apps wie *Metro Commander*, die sich zumindest für Basisfunktionen gut verwenden lassen.

TIPP ☑ Große Symbole machen das Arbeiten einfacher

Ein Hinweis ist so offensichtlich, dass ich ihn nur der Form halber erwähne: Die *Ansicht*-Optionen des Windows-Explorer bieten die Möglichkeit, die Größe der Symbole für Dateien und Ordner zu wählen. Je größer die Symbole, desto einfacher lassen sie sich auf einem Touchscreen antippen. Wollen Sie grundsätzlich mit einer bestimmten angenehmen Symbolgröße arbeiten, finden Sie in den Ordneroptionen in der Kategorie *Ansicht* die Möglichkeit, die für den aktuell angezeigten Ordner gewählten Einstellungen für alle Ordner zu übernehmen.

Einfach antippen statt doppelklicken

Um Ordner abzurufen, Anwendungen zu starten oder Dokumente zu öffnen, kommt beim Windows-Explorer üblicherweise der klassische Doppelklick mit der linken Maustaste zum Einsatz. Das ist so weit auch kein Problem, denn stattdessen können Sie einfach die Datei oder den Ordner doppelt antippen. In der Praxis erweist sich das aber oft als suboptimale Lösung. Denn zum einen wird ein Doppeltipp nicht ganz so zuverlässig wie ein Doppelklick erkannt und erfordert etwas mehr Konzentration. Zum anderen ist es einfach ein störender Bruch in der Bedienlogik, wenn man auf der Touchoberfläche immer nur einmal tippt, aber im Windows-Explorer jeweils doppelt tippen muss. Dies lässt sich aber relativ einfach lösen:

1. Öffnen Sie im Windows-Explorer in der Multifunktionsleiste das *Ansicht*-Menü und klicken (oder tippen) Sie dort ganz rechts auf *Optionen*.

2. Wählen Sie in den Einstellungen in der Kategorie *Allgemein* mittig die Option *Öffnen durch einfachen Klick*.

3. Übernehmen Sie die Änderung mit *OK*. Ab sofort können Sie auch im Windows-Explorer (und ebenso auf dem Desktop) Dokumente und Anwendungen durch einfaches Antippen öffnen.

Tipps zum schnellen Markieren von Dateien per Fingerspitze

Das Auswählen von Dateien im Windows-Explorer ist bei reiner Touchbedienung kein ganz leichtes Unterfangen. Insbesondere wenn Sie, wie im vorangegangenen Abschnitt beschrieben, das Öffnen durch einen einfachen Klick aktiviert haben, lässt sich selbst eine einzelne Datei nur mit gewissen Verrenkungen auswählen. Mehrere Dateien können Sie immer auswählen, indem Sie mit dem Finger darüber streichen und dabei vom Start- bis zum Endpunkt ein virtuelles Rechteck beschreiben, das alle darin enthaltenen Dateien markiert. Das klappt aber nur mit etwas Konzentration und Geschick und kommt auch nur infrage, wenn zusammenhängende Dateien ausgewählt werden sollen. Etwas mehr Flexibilität auch für dicke Finger bieten die Elementkontrollkästchen, die Sie mit der gleichnamigen Option im *Ansicht*-Menü des Windows-Explorer jederzeit ein- und ausschalten können. Sie versehen jede Datei mit einem kleinen Kästchen, das Sie mit einem gezielten Tipp oder Klick aktivieren oder deaktivieren können.

Kontrollkästchen im Windows-Explorer aktivieren

Damit Sie die Kontrollkästchen zum Markieren von Dateien verwenden können, muss diese Funktion einmalig aktiviert werden. In früheren Windows-Versionen ging das nur recht umständlich über eine Option in den Datei- und Ordneroptionen (die als Alternative übrigens nach wie vor vorhanden ist). Die neue Multifunktionsleiste macht diese Einstellung aber auch direkt zugänglich und somit viel praktischer einsetzbar.

1. Öffnen Sie im Windows-Explorer das *Ansicht*-Menü der Multifunktionsleiste.

2. Hier finden Sie im Bereich *Ein-/ausblenden* ganz oben die Option *Elementkontrollkästchen*.

3. Setzen Sie hier ein Häkchen, werden die Kästchen in den Dateilisten aktiviert. Um die Kästchen wieder zu verbannen, entfernen Sie das Kästchen wieder.

Dateien per Häkchen auswählen

Haben Sie die Kontrollkästchen im Windows-Explorer aktiviert, können Sie diese Methode jederzeit bei Bedarf anwenden. Sie existiert parallel zu den bereits vorhandenen Möglichkeiten, sodass Sie immer die Vorgehensweise wählen können, die Ihnen gerade am besten in den Kram passt. Um Dateien per Kontrollkästchen auszuwählen, gehen Sie so vor:

1. Der Eintrag bzw. das Symbol jeder Datei ist nun um ein Kästchen ergänzt. Je nach der gewählten Ansichtseinstellung befindet sich dieses links bzw. links oben neben der Datei. Leider sind die Kästen bei der Touchbedienung erst sichtbar, wenn sie bereits angewählt wurden. Deshalb bieten sich die Ansichten *Liste*, *Details* oder *Inhalt* besonders an, da die Position des Kästchens hier genau links neben dem Dateisymbol ist.

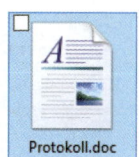

2. Tippen Sie auf den Bereich des Kästchens. Dadurch setzen Sie einen Haken in das Kästchen, und diese Datei bzw. dieser Ordner gehört nun zur aktuellen Auswahl.

3. Auf gleiche Weise können Sie nun weitere Dateien oder Ordner „ankreuzen", um die Auswahl zu erweitern. Allerdings müssen Sie dabei darauf achten, bei weiteren Dateien nicht irgendwohin, sondern genau auf das Kästchen zu klicken. Nur dann bleibt die bisherige Auswahl erhalten, und die neue Datei wird hinzugefügt. Ebenso können Sie mit einem Klick auf ein vorhandenes Häkchen dieses wieder entfernen, um die entsprechende Datei aus der Auswahl herauszunehmen.

Die per Häkchen erstellte Auswahl bleibt so lange erhalten, bis Sie auf das Symbol einer anderen Datei (nicht auf deren Kontrollkästchen) oder auf einen leeren Bereich des Ordners klicken. Dann wird die gesamte Auswahl aufgehoben.

TIPP ☑ Den ganzen Ordner auf einmal aus- oder abwählen

Wenn Sie die Kontrollkästchen im Windows-Explorer aktivieren und die Detailansicht verwenden, wird automatisch ein Kontrollkästchen oben links im Bereich mit dem Ordnerinhalt angezeigt.

Dieses steuert den Auswahlstatus aller Dateien und Unterverzeichnisse des aktuell geöffneten Ordners. Mit einem Klick darauf setzen Sie ein Häkchen und wählen damit gleichzeitig auch alle Elemente des Ordners aus. Ein weiterer Klick entfernt das Häkchen und hebt damit die Auswahl auf. So können Sie alle Dateien und Ordner in einem Schritt auswählen.

Per Fingertipp kopieren, ausschneiden und einfügen

Mit dem Auswählen von Dateien ist es nicht getan. In der Regel wollen Sie mit den ausgewählten Dateien und/oder Ordnern auch etwas anfangen. Typische Aktionen wie das Kopieren, Ausschneiden und Einfügen lassen sich im Menü *Start* der Multifunktionsleiste noch recht gut erreichen, da sie dort mit eigenen, relativ großen Symbolen aufgeführt sind. Auch über das Kontextmenü von ausgewählten Objekten sind diese und noch weitere Funktionen zu erreichen, allerdings sind die Menüeinträge dort klein und schwer per Finger zu erwischen. Mit einem kleinen Trick treffen Sie aber trotzdem immer ins Schwarze:

1. Wählen Sie zunächst die Datei(en) aus, die Sie bearbeiten möchten.

2. Tippen Sie nun lange irgendwo auf die Auswahl, bis ein Rechteck angezeigt wird.

3. Wenn Sie dann loslassen, zeigt der Windows-Explorer das Kontextmenü für die ausgewählten Objekte an.

4. Tippen Sie irgendwo in dieses Kontextmenü und lassen Sie den Finger auf dem Bildschirm ruhen.

5. Wenn Sie nun den Finger über dem Kontextmenü auf und ab bewegen, können Sie die verschiedenen Menüpunkte auswählen. Welcher gerade gewählt ist, wird durch eine eindeutige farbige Markierung angezeigt.

6. Ist der gewünschte Menüpunkt markiert, entfernen Sie den Finger vom Touchscreen. So können Sie die benötigte Funktion immer zielgenau im ersten Anlauf aufrufen.

TIPP ☑ Die Bildschirmdarstellung für Touchbedienung optimieren

Der Windows-Explorer profitiert von einer weiteren globalen Einstellung in Bezug auf die Touchbedienung in noch größerem Maße: Wenn Sie in den Anzeige-Einstellungen die Größe von Text, Apps und anderen Elementen ändern (beispielsweise auf 150 %), werden auch im Explorer die Elemente und Symbole sowie die Räume dazwischen vergrößert, sodass man auch mit dickeren Fingern zielgenau treffen kann.

Touch-Dateimanagement mit Metro Commander

Auf einem Tablet bietet sich für den Umgang mit Dateien eine Touch-App wie z. B. *Metro Commander* an, deren Basisversion Sie kostenlos aus dem Windows Store installieren können. Sie stellt eine komfortable, touchoptimierte Oberfläche zur Verfügung, mit der sich zumindest grundlegende Aktionen wie Kopieren, Verschieben, Löschen oder Umbenennen erledigen lassen. Dabei unterstützt die App neben dem Zugriff auf lokale Daten auch das Einbinden eines OneDrive-Speicherplatzes.

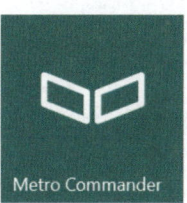

1. Beim ersten Start der App werden Sie zunächst gefragt, ob Sie *Metro Commander* auf dem Touchscreen oder in der klassischen Desktop-Ansicht verwenden möchten. Für einen Tablet-PC empfiehlt sich der fingerfreundliche Touchscreen-Modus, aber Sie können in den *Einstellungen* jederzeit zwischen Desktop- und Touchscreen-Darstellung wechseln.

> Wir haben einen klassischen Desktop für Maus und Tastatur hinzugefügt. Diese Option kann später in den Einstellungen verändert werden.
>
> **Zum Touchscreen-Modus wechseln**   **Klassische Ansicht ausprobieren**

2. Wählen Sie dann oben den Ordner aus, in dem Sie Dateien verwalten möchten. Sie können hier die Standardbibliotheken *Musik*, *Bilder* und *Videos* sowie Onlinespeicher auswählen, wobei letztere zunächst eingerichtet werden müssen (siehe im Folgenden).

3. Der Inhalt des ausgewählten Ordners wird dann im Hauptbereich links angezeigt.

Weitere Ordner als Favoriten hinzufügen

Neben den Standardbibliotheken mit eigenen Symbolen in der App können Sie beliebige eigene Ordner als Favoriten hinzufügen, die dann ebenfalls jederzeit schnell zugänglich sind.

1. Tippen Sie oben auf das *Durchsuchen*-Symbol.

2. Navigieren Sie dann im Dateiauswahl-Dialog zu dem gewünschten Ordner, wählen Sie diesen aus und tippen Sie auf *Ordner auswählen*.

3. Wenn der Inhalt des Ordners in der App angezeigt wird, tippen Sie oben auf das *Favoriten*-Symbol.

4. Die App erstellt dann einen Favoriten für diesen Ordner und zeigt ihn dauerhaft oben rechts in der Symbolleiste an. Mit einem Tipp darauf können Sie diesen Ordner jederzeit schnell öffnen.

5. Zusätzlich können Sie Favoriten an den Startbildschirm anheften. Das Antippen dieser Kachel im Startmenü öffnet diesen Ordner dann direkt in der App *Metro Commander*.

Metro Commander mit einem OneDrive-Konto verknüpfen

Metro Commander kann auch Cloud-Speicher von OneDrive oder Dropbox wie einen lokalen Ordner einbinden. Dann können Sie mit der App genauso komfortabel auf die Dateien Ihres Onlinespeichers zugreifen und vor allem ganz einfach lokale Dateien auf das Cloud-Laufwerk übertragen und umgekehrt.

1. Um den Zugriff auf OneDrive einzurichten, tippen Sie oben auf das *OneDrive*-Symbol.

2. Wenn Sie ein lokales Benutzerkonto verwenden und Ihr OneDrive-Lauf-werk nicht ohnehin schon eingebunden haben, geben Sie die E-Mail-Adresse und das Kennwort Ihres Microsoft-Kontos an.

3. Genehmigen Sie dann der App *Metro Commander* den Zugriff auf Ihr OneDrive-Laufwerk mit *Ja*.

Dateiverwaltung mit Metro Commander

Metro Commander verwendet in seiner Oberfläche eine zweigeteilte Ansicht, bei der im Hauptbereich links und rechts zwei verschiedene Ordner angezeigt werden. So können Sie links einen beliebigen Ordner A auswählen und rechts einen beliebigen Ordner B, um Dateien von A nach B zu kopieren oder zu verschieben. Für beide Ordner finden Sie an den jeweiligen Seiten die Navigationselemente *Hoch*, *Zurück*, *Vorwärts* sowie *Aktualisieren*.

Mit den Symbolen oben können Sie direkt zu bestimmten Ordnern springen. Standard-mäßig werden diese in der linken Hälfte geöffnet. Wenn Sie aber zuvor auf die Pfad-leiste der rechten Hälfte tippen, wird diese eingefärbt und die weiteren Aktionen be-ziehen sich auf diesen Bereich.

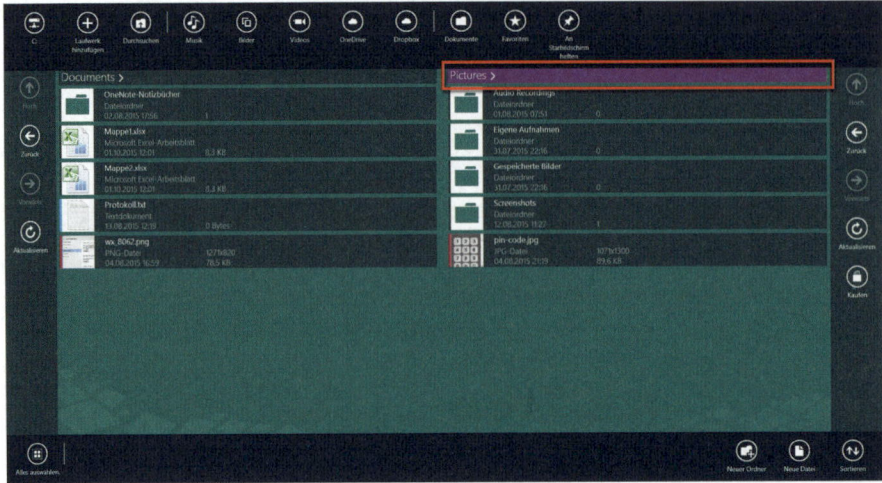

Um Dateien auszuwählen, ziehen Sie ihr Symbol mit dem Finger jeweils kurz nach links oder rechts. Sie können immer eine oder auch mehrere Dateien bzw. Ordner gleichzeitig auswählen. Dann werden in der unteren App-Leiste links die Aktionen angezeigt, die mit den ausgewählten Objekten möglich sind. Transferaktionen beziehen sich dabei auf den jeweils auf der anderen Seite angezeigten Ordner.

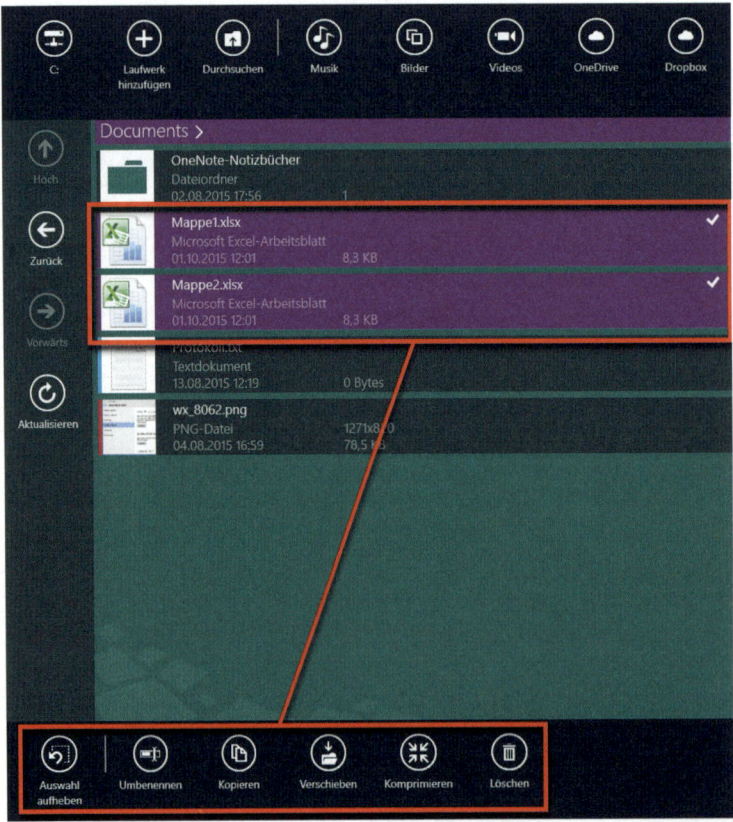

Wenn Sie also z. B. in der linken Hälfte eine Datei auswählen und dann unten auf *Kopieren* tippen, wird diese Datei in den Ordner kopiert, der gerade rechts angezeigt wird. Beachten Sie dabei, dass Aktionen wie z. B. das Löschen (*Remove*) ohne Rückfrage sofort ausgeführt werden.

TIPP ☑ Der optimale Arbeitsablauf

Der Umgang mit dem *Metro Commander* unterscheidet sich etwas vom Windows-Explorer, dürfte aber alten Anhängern von Norton Commander & Co. vertraut sein: Bringen Sie zunächst den Ausgangsordner auf den Bildschirm, in dem sich eine Datei befindet, die Sie z. B. kopieren möchten – egal ob in der linken oder rechten Hälfte. Navigieren Sie dann in der jeweils anderen Hälfte zum Zielordner, sodass dessen Inhalt angezeigt wird. Wählen Sie dann die Datei(en) aus und tippen Sie in der App-Leiste auf die gewünschte Aktion.

13.6 Retrolook: So sieht der Windows-Explorer (fast) wie der alte aus

Wenn Sie sich mit dem neuen Windows-Explorer nicht anfreunden können und altbekannte Funktionen und Designs bevorzugen, kennen Sie jetzt die Funktionen, mit denen Sie sich diesen Wunsch selbst verwirklichen können – zumindest so weit wie möglich. Denn die Anpassungsfähigkeit der verschiedenen Bedienelemente des Windows-Explorer bewirkt, dass dieser sich fast so wie der „gute alte" Datei-Manager früherer Windows-Version anfühlt und die Umgewöhnung so leicht wie möglich vonstattengeht. Ich gehe an dieser Stelle nicht noch mal auf alle Details der Einstellungen ein, die auf den vorangegangenen Seiten ausführlich dargestellt wurden. Stattdessen zeige ich Ihnen hier nur den groben Fahrplan „zurück in die Zukunft".

So arbeitet der Navigationsbereich wie früher die Ordnerleiste

Damit der Navigationsbereich wie in alten Zeiten aussieht und funktioniert, aktivieren Sie in dessen Menü unter *Navigationsbereich* die Optionen *Erweitern, um Ordner zu öffnen* und *Alle Ordner anzeigen*. Wenn Sie Bibliotheken im Windows-Explorer nutzen wollen, sollten Sie deren Anzeige aktivieren.

Platzieren Sie alle wichtigen Funktionen als Symbole in der Schnellzugriffsleiste

Gehen Sie nun die Kategorien der Multifunktionsleiste durch und übernehmen Sie all die Funktionen, die Sie regelmäßig benutzen oder die Sie vom alten Windows-Explorer gewohnt sind, in die Schnellzugriffsleiste: einfach mit der rechten Maustaste draufklicken und dann *Zur Symbolleiste für den Schnellzugriff hinzufügen* wählen. Achten Sie dabei gegebenenfalls auf die Reihenfolge, wenn die Symbole eine bestimmte Anordnung haben sollen.

Verschieben Sie die Schnellzugriffsleiste nach unten

Es ist reine Geschmackssache, aber wenn Sie eher auf die Retrovariante stehen, sollten Sie die Schnellzugriffsleiste wie oben beschrieben unterhalb der Multifunktionsleiste anzeigen lassen. Besonders wenn Sie einige Symbole selbst hinzugefügt haben, ist es aber auch sinnvoll, da bei der Darstellung in der Fensterzeile nur eine gewisse Anzahl Symbole tatsächlich mit einem Mausklick erreichbar ist. Mit diesen

Symbolen für Ihre wichtigsten Funktionen stellt die Schnellzugriffsleiste dann eine Art Symbolleiste im Windows-Explorer dar.

Blenden Sie die Multifunktionsleiste aus

Klicken Sie oben rechts auf das kleine Pfeilsymbol, um die Multifunktionsleiste aus- und nur bei Bedarf kurzzeitig einzublenden. Nicht von ungefähr hinterlässt die eingeklappte Multifunktionsleiste so eine Art Menüzeile. Allerdings verbergen sich dahinter eben nicht mehr die klassischen Menüs, sondern schon die verschiedenen Multifunktionskategorien.

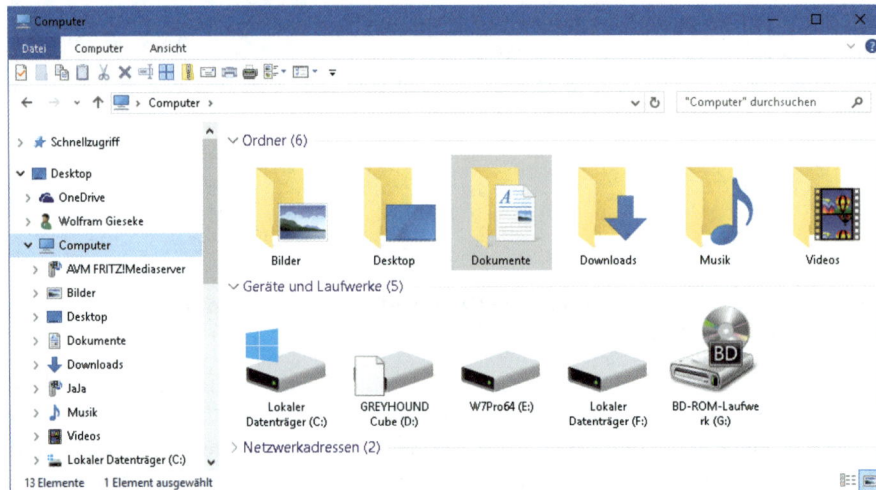

Windows-Explorer im Retrostil: So sieht es doch schon (fast) wie früher aus.

13.7 Tastenkürzel: So steuern Sie den neuen Explorer schnell und direkt

Wie gehabt, lässt sich der Windows-Explorer mit diversen Tastenkürzeln steuern. Dazu muss man zwar die richtigen Tastenkombinationen kennen, aber dann kann man sich in vielen Situationen Zeit und den Griff zur Maus sparen. Das Schöne daran: Jeder braucht sich einfach nur die Tastenkombinationen zu merken, die er regelmäßig benutzt.

Tastenkürzel für wichtige Grundfunktionen des Windows-Explorer

Tastenkürzel	Funktion
Strg + N	Neues Explorer-Fenster.
Strg + W	Das Explorer-Fenster schließen.
Strg + ⇧ + N	Einen neuen Ordner anlegen.
Ende	Direkt an das Ende des aktuellen Ordners.
Pos 1	Direkt zum Anfang des aktuellen Ordners.
F11	Vollbildmodus ein- bzw. ausschalten.
Alt + ⏎	Die Eigenschaften des ausgewählten Elements öffnen.
Alt + P	Den Vorschaubereich ein- und ausblenden.
Alt + ⇧ + P	Den Detailbereich ein- und ausblenden.
Entf	Ausgewählte Elemente löschen.
→	Unterordner anzeigen bzw. zum ersten angezeigten Unterordner wechseln (im Navigationsbereich)
Alt + →	Den nächsten Ordner anzeigen (nach Alt + ←).
Alt + ←	Den vorherigen Ordner anzeigen.
Alt + ↑	Den übergeordneten Ordner anzeigen.
Strg + Mausrad	Größe/Darstellung der Anzeige ändern.
Strg + E oder Strg + F	Das Suchfeld selektieren.
Strg + A	Den gesamten Inhalt des aktuellen Ordners markieren
F2	Das gewählte Element umbenennen.

Die Multifunktionsleiste per Tastatur steuern

Sogar die neue Multifunktionsleiste des Windows-Explorer können Sie (fast) komplett über Tasten steuern. Und die Leiste verrät Ihnen sogar jederzeit, wie das geht.

1. Drücken Sie (Alt) und lassen Sie die Taste wieder los.

2. In der Multifunktionsleiste sind nun oben an verschiedenen Stellen kleine Kästchen mit einzelnen Zeichen eingeblendet. So finden Sie für jede Kategorie einen Buchstaben, z. B. R für Start.

3. Tippen Sie diesen Buchstaben ein, um in diese Kategorie zu wechseln.

4. In dieser Kategorie finden Sie nun wiederum Kästchen mit Buchstaben für alle Elemente dieser Kategorie. Drücken Sie den entsprechenden Buchstaben, um die gewünschte Funktion auszuwählen.

5. Sollte dieses Bedienelement eine Auswahlliste öffnen, verwenden Sie die Pfeiltasten und (↵), um den gewünschten Eintrag auszuwählen.

Kapitel 14

14. Effektives Dokumentenmanagement auch bei großen Dateimengen

Insbesondere für den Umgang mit umfangreichen Ordnern und allgemein großen Dateisammlungen bringt Windows eine Vielzahl von praktischen Funktionen und Hilfen mit. Das beginnt mit dem Stapeln und Filtern von Dateien, dessen praktischer Nutzen weit über das bislang bekannte Sortieren und Gruppieren hinausgeht. In Verbindung mit der Suchfunktion lassen sich virtuelle Ordner erstellen, die zwar nur vorübergehend Dateien mit einem bestimmten Kriterium enthalten, sich aber wie normale Ordner bearbeiten lassen. Und schließlich können Sie Dokumente mit einer Vielzahl von zusätzlichen Eigenschaften versehen, die ein schnelles und flexibles Dokumentenmanagement ermöglichen. All dies bietet Ihnen also ein echtes Dokumentenmanagement, mit dem Sie Dokumente nicht nur jederzeit

wiederfinden, sondern auch z. B. projekt- oder inhaltsbezogen sammeln können, um sie für eine Sicherung oder Präsentation zusammenzustellen.

14.1 Dateien für den schnellen Zugriff sortieren und automatisch gruppieren

Schon in früheren Windows-Versionen konnte der Explorer Dateien nicht nur in einer Liste anzeigen, sondern stellte Funktionen zum Sortieren und Gruppieren der Dateien zur Verfügung. So lassen sich Dateien z. B. nach Erstellungsdatum sortieren oder anhand ihrer Größe oder ihres Typs gruppieren. Diese Funktionen sind selbstverständlich weiterhin vorhanden. Und sie wurden noch weiter ausgebaut und sind komfortabler und flexibler als jemals zuvor.

Dateien nach verschiedenen Kriterien sortieren

Um Dateien anhand ihrer verschiedenen Eigenschaften zu organisieren, empfiehlt sich die detaillierte Ansicht (*Ansicht/Details*). Dann werden die Dateien in einer Tabelle mit ihren Eigenschaften aufgeführt. Die Spaltenüberschriften erlauben ein schnelles Sortieren der Dateien und stellen die weiteren Funktionen zum Gruppieren, Filtern und Stapeln bereit.

1. Mit einem Mausklick auf einen der Spaltentitel sortieren Sie den gesamten Inhalt des aktuell angezeigten Ordners anhand dieser Eigenschaft. Klicken Sie auf *Name*, werden die Dateien also alphabetisch sortiert, klicken Sie z. B. auf *Änderungsdatum*, sortiert der Windows-Explorer die angezeigten Dateien nach dem Termin der letzten Bearbeitung.

2. Ein erneuter Klick auf denselben Spaltentitel kehrt die Sortierung um. Ein zweiter Klick auf *Name* würde die Dateien also statt von A nach Z von Z nach A umsortieren etc.

3. Die Spalte, nach der die Dateianzeige aktuell sortiert ist, erkennen Sie an dem kleinen Pfeilsymbol oben in der Mitte des Spaltenkopfes. Dieses verrät zugleich die aktuelle Sortierrichtung, entweder nach oben (aufsteigend) oder nach unten (absteigend).

Die Anzeige von Dateieigenschaften im Explorer individuell anpassen

Zum Sortieren stehen Ihnen alle Dateieigenschaften zur Verfügung, die Windows Dateien zuordnen kann. Allerdings zeigt der Windows-Explorer standardmäßig nur eine kleine Auswahl davon an. Für alle würde der Platz auch gar nicht reichen. Sie können sich aber genau die Dateieigenschaften, die Sie gerade benötigen, auf den Bildschirm und in den Windows-Explorer holen.

1. Klicken Sie dazu mit der rechten Maustaste auf einen beliebigen Spaltentitel (z. B. ganz links *Name*).

2. Im Kontextmenü zeigt der Windows-Explorer daraufhin einige gebräuchliche Dateieigenschaften wie *Typ*, *Größe* und *Titel* an. Ein Häkchen links neben einem Eintrag zeigt an, dass er gerade aktiv ist und im Explorer angezeigt wird. Das ermöglicht Ihnen, die Verwendung dieser Eigenschaften zu steuern, indem Sie bei den gewünschten Spalten ein Häkchen setzen und es bei den unerwünschten gegebenenfalls entfernen.

3. Ganz unten im Kontextmenü finden Sie den Eintrag *Weitere*, hinter dem sich die eigentliche Vielfalt der Dateieigenschaften versteckt.

4. Damit öffnen Sie ein Menü, in dem alle dem System bekannten Arten von Dateieigenschaften verzeichnet sind. Die Liste ist sehr umfangreich und leider völlig ungeordnet. Es lohnt sich aber, sie sich einmal komplett anzusehen, denn gerade für Mediendateien wie Musik, Bilder und Videos gibt es zahlreiche Detaileigenschaften, die je nach Einsatzgebiet sehr hilfreich sein können.

5. Um eine der Eigenschaften als Spalte im Windows-Explorer einzufügen, setzen Sie ein Häkchen in das Kästchen links davon. Alternativ können Sie auch eine Eigenschaft auswählen und ihren Status mit *Anzeigen* bzw. *Ausblenden* verändern. Sie sollten allerdings nicht zu viele Spalten hinzufügen, ohne auch einige der bisherigen zu entfernen. Wenn die Spalten insgesamt die Bildschirmbreite überschreiten, kann immer nur ein Teil davon dargestellt werden, was nicht gerade hilfreich ist.

6. Auch die Reihenfolge der Spalten von links nach rechts können Sie hier beeinflussen. Sie entspricht der Anordnung der Eigenschaften in der Liste. Mit den Schaltflächen *Nach oben* und *Nach unten* verändern Sie die Position einer Eigenschaft sowohl in dieser Liste als auch in der Anordnung der Spalten im Explorer-Fenster.

Die Spaltenbreite in der Detailansicht automatisch optimieren

Die Detailansicht gehört schon seit Langem zum Windows-Explorer und ist für nicht wenige Benutzer die meistgenutzte Ansicht, da sie nun mal die meisten Informationen sowie Funktionen zum Sortieren, Gruppieren, Stapeln etc. bietet. Nur passt die Breite der Spalten eigentlich nie so recht, und manchmal ist es sehr mühsam, alle gewünschten Informationen auf den Bildschirm zu bekommen. Mit etwas Hilfe geht es aber fast wie von selbst. Klicken Sie mit der rechten Maustaste auf eine Detailspalte. Im Kontextmenü finden Sie neben den Detailkategorien ganz oben zwei Befehle:

- *Größe der Spalte anpassen* – Hiermit passen Sie die Größe der angeklickten Spalte an ihren Inhalt an. Die Spalte wird dabei genauso breit gemacht, dass der längste Inhalt gerade noch angezeigt werden kann.

- *Größe aller Spalten anpassen* – Diese Variante macht genau dasselbe, nur direkt für alle Spalten, die gerade angezeigt werden.

Auf diese Weise können Sie alle Spalten in der Detailansicht jederzeit mit zwei Mausklicks optimal einstellen: so breit wie nötig – so schmal wie möglich.

Dateien und Ordner durch Gruppieren zusammenfassen

Eine andere Möglichkeit, Ordnung und System in längere Dateilisten zu bekommen, ist das Gruppieren von Einträgen. Es ähnelt im Prinzip dem Sortieren, da auch hierbei eine bestimmte Dateieigenschaft wie z. B. der Typ oder das Datum als Kriterium verwendet wird.

Allerdings erstellt der Windows-Explorer hierbei nicht einfach eine lange Liste, sondern unterteilt die gewählte Dateieigenschaft in verschiedene Bereiche und ordnet die Dateien jeweils einem der Bereiche zu. So entsteht eine übersichtlichere Unterteilung der Dateien, die z. B. das Präsentieren, aber auch das weitere Auswählen und Bearbeiten der Dokumente ermöglicht.

1. Um einen Ordner gruppiert darzustellen, klicken Sie im Menü *Ansicht* im Bereich *Aktuelle Ansicht* auf die Schaltfläche *Gruppieren nach*. Alternativ finden Sie diesen Befehl auch im Kontextmenü, wenn Sie mit der rechten Maustaste auf eine freie Stelle in der Dateiliste klicken.

2. Im Untermenü können Sie dann die Dateieigenschaft auswählen, anhand derer Sie die Dokumente gruppieren möchten. Standardmäßig stehen hier die Eigenschaften zur Auswahl, die auch als Spalten in der Detailansicht angezeigt werden. Der Windows-Explorer unterteilt die gewählte Dateieigenschaft dann in mehrere Gruppen und ordnet jede Datei einer dieser Gruppen zu.

3. Sollte die gewünschte Eigenschaft nicht zur Auswahl stehen, können Sie sie hinzufügen, indem Sie im Untermenü ganz unten auf *Spalten auswählen* klicken (siehe hierzu auch Seite 329).

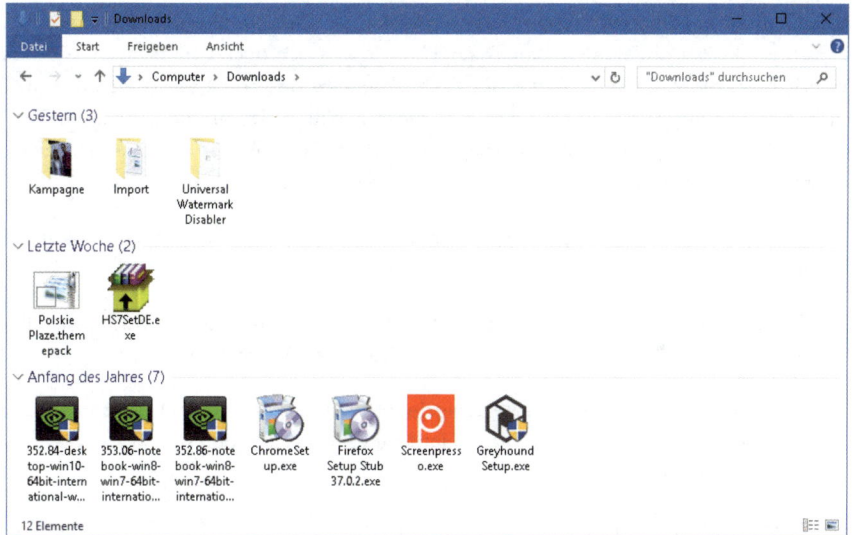

TIPP ☑ Das automatische Gruppieren von Dateieigenschaften

Die Unterteilung einer Dateieigenschaft erledigt der Windows-Explorer ganz automatisch. Bei manchen Dateieigenschaften bieten sich Gruppen an. So wird z. B. die Eigenschaft *Typ* in die verschiedenen Dateitypen gruppiert, die im Ordner vorhanden sind. Gruppieren Sie einen Ordner nach Namen, verwendet der Explorer z. B. die Gruppen *A–H, I–P* sowie *Q–Z*. Sehr praktisch kann das Gruppieren anhand eines Datums sein. Hierbei legt der Windows-Explorer abhängig von den vorhandenen Dateien (und deren Datumsangaben) Gruppen wie *Anfang des Jahres, Letzte Woche, Heute* oder – wenn ein Zugriffsdatum wirklich lange her ist – *Vor langer Zeit* an. So lassen sich Dokumente sehr gut in Bezug auf ihre Aktualität oder z. B. auch dann, wenn es um das Sichern von Dateien geht, unterscheiden.

14.2 Umfangreiche Ordner durch Filtern schnell durchschauen

Neben dem Sortieren und Gruppieren von Dateien gibt es ein weiteres Werkzeug, mit dem Sie noch flexibler und effektiver arbeiten können: Das Filtern von Dateien erlaubt es Ihnen, virtuelle Ordner zu erzeugen, die nur Dateien enthalten, die bestimmte Eigenschaften wie Name, Typ, Erstellungsdatum oder Urheber gemeinsam haben. Solche Filter können beliebig mit sich selbst und den anderen Funktionen zum Dateimanagement kombiniert werden, sodass sich sogar spezielle Anforderungen – wie etwa „alle Bilddateien von Benutzer X, die in den letzten vier Wochen gespeichert wurden und mindestens y mal z Bildpunkte groß sind" – damit verwirklichen lassen.

Durch Filter auch in umfangreichen Ordnern schnell fündig werden

Filter erlauben es, den Inhalt eines Ordners nur teilweise darzustellen und sich so auf die wesentlichen Dateien und Dokumente zu konzentrieren. Dazu ist es möglich, die Anzeige auf bestimmte Dateieigenschaften einzuschränken. So können Sie sich z. B. in einem Ordner nur die enthaltenen Unterverzeichnisse oder nur Dateien eines bestimmten Typs oder Autors anzeigen lassen. Diese Filter lassen sich auch kombinieren, sodass der Windows-Explorer Ihnen z. B. nur die Textdokumente des heutigen Tages anzeigt. Gerade bei umfangreicheren Ordnern hilft diese Funktion dabei, die gesuchten Dateien so schnell wie möglich zu lokalisieren, selbst wenn Sie z. B. den genauen Dateinamen gerade nicht parat haben.

1. Öffnen Sie den Ordner, dessen Dateianzeige Sie durch einen Filter einschränken wollen.

2. Wählen Sie die Dateieigenschaft aus, auf der der Anzeigefilter basieren soll, und klicken Sie in deren Spaltentitel auf die Pfeilschaltfläche ganz rechts.

3. Im Menü finden Sie hier die verschiedenen Werte, die diese Eigenschaft bei den Dateien im Ordner annimmt. Diese Einträge entsprechen den beim Gruppieren verwendeten Rubriken.

4. Wählen Sie die Eigenschaft aus, zu der die Dateien angezeigt werden sollen. Um z. B. die Dateiliste im Windows-Explorer auf Programmdateien zu beschrän-

ken, benutzen Sie das Menü in der Spalte *Typ* und wählen *Anwendung* aus. Wollen Sie nur Dateien eines bestimmten Benutzers (z. B. Ihre eigenen) sehen, öffnen Sie das Menü in der Spalte *Autoren* und wählen einen entsprechenden Benutzernamen aus.

5. Der Windows-Explorer blendet dann alle Dateien aus, die nicht dieser Vorgabe entsprechen, also z. B. alle Einträge, die kein Ordner sind, bzw. alle Dateien, die nicht von dem ausgewählten Benutzer stammen. Diese Dateien werden selbstverständlich nicht gelöscht oder verschwinden anderweitig aus dem Ordner, sie werden einfach nur vorübergehend nicht angezeigt.

TIPP ☑ Mehrere Anzeigefilter kombinieren

Sie sind im Windows-Explorer nicht auf einen Anzeigefilter beschränkt, sondern können mehrere miteinander kombinieren. So können Sie z. B. sowohl Dateiordner als auch ZIP-komprimierte Ordner als Filter für den Dateityp verwenden. Der Explorer zeigt dann nur Dateien beider Typen an und blendet alle anderen aus. Ebenso können Sie aber auch Filter für verschiedene Dateieigenschaften miteinander verbinden. Wenn Sie z. B. bei *Autoren* einen bestimmten Benutzer wählen und dann bei *Dateityp Textdokument* oder *Word-Dokument*, zeigt Ihnen der Windows-Explorer nur noch die Textdokumente dieses einen Benutzers an.

Dateien anhand des Bearbeitungsdatums anzeigen

Besonders interessant ist der Anzeigefilter für Dateien in Verbindung mit den Datums-eigenschaften von Dateien, wie z. B. *Erstelldatum*, *Änderungsdatum* oder *Letzter Zugriff*. Der Windows-Explorer bietet hier flexible Möglichkeiten zur Auswahl des Filters, da er sich in diesem Fall nicht auf Kategorien wie beim Gruppieren bzw. Stapeln beschränkt. Stattdessen können Sie ganz flexibel Tag, Woche, Monat, Jahr oder einen beliebigen Zeit-raum dazwischen auswählen und sich die Dateien anzeigen lassen, die zu diesem Zeit-punkt neu erstellt oder bearbeitet wurden. Dadurch eröffnen sich ganz neue Möglichkei-ten, wenn es z. B. darum geht, in einem umfangreichen Archiv Dokumente wiederzufinden.

1. Klicken Sie auf die Pfeilschaltfläche der Spalte mit dem Datum, das Sie als Grund-lage für den Anzeigefilter verwenden wollen. Hierfür bietet sich z. B. *Änderungs-datum* an, da diese Spalte meist standardmäßig angezeigt wird und sowohl neue als auch bearbeitete Dateien berücksichtigt.

2. Im Spaltenmenü sehen Sie hier ein Element zur Datumsauswahl, in dem der aktuelle Monat ausgewählt und das heutige Datum blau markiert ist. Um einen anderen Tag oder Zeitraum festzulegen, haben Sie verschiedene Möglichkeiten:

- Um einen bestimmten Tag auszuwählen, stellen Sie zunächst oben den Monat ein. Soll er zu einem frü-heren Jahr gehören, kli-cken Sie zunächst auf den Monat selbst, um aus der Monatsauswahl eine Jah-resauswahl zu machen. Stellen Sie dann das Jahr ein, wählen Sie den gewünschten Monat und klicken Sie schließ-lich auf den Tag. Der Windows-Explorer zeigt dann nur noch Dateien an, die an diesem Tag erstellt bzw. verändert wurden.

- Um alle Dateien eines bestimmten Monats an-zuzeigen, wechseln Sie ebenfalls zunächst in die Jahresansicht und wählen dann den ge-wünschten Monat aus.

- Für alle Dateien eines bestimmten Jahres klicken Sie zunächst auf den angezeigten Monat, dann auf das an dieser Stelle angezeigte Jahr. So gelangen Sie zur Jahresauswahl und können dort das Jahr einstellen, für das Sie die Dateien anzeigen wollen.

- Um alle Dateien einer bestimmten Woche anzeigen zu lassen, wechseln Sie wie oben beschrieben zunächst in den entsprechenden Monat. Klicken Sie dann mit der linken Maustaste auf den ersten Tag der gewünschten Woche. Anschließend klicken Sie mit gedrückter ⇧-Taste auf den letzten Tag dieser Woche. Damit markieren Sie alle Tage dieser Woche für die Anzeige. Alternativ können Sie auch den Mauszeiger mit gedrückter linker Maustaste über einen Datumsbereich ziehen und diesen so auswählen.

- Auf die oben beschriebene Weise können Sie auch beliebige Zeiträume auswählen. Setzen Sie zunächst eine Markierung auf den ersten Tag oder den ersten Monat oder das erste Jahr des Zeitraums und anschließend bei gedrückter ⇧-Taste eine zweite auf das Ende des Zeitraums. Damit wählen Sie immer den gesamten Zeitraum zwischen diesen beiden Terminen aus. Eine solche Markierung kann sich über mehrere Tage, Wochen, Monate oder Jahre erstrecken.

3. Alternativ stehen Ihnen auch die vom Gruppieren bekannten festen Rubriken für die Datumseigenschaften zur Verfügung. Sie finden sie unterhalb der Datumsauswahl als einfache Einträge. Welche genau angezeigt werden, hängt vom Alter der Dateien im aktuellen Ordner ab.

4. Um die Auswahl abzuschließen, klicken Sie jeweils einfach neben dem Menü in das Explorer-Fenster. Das Menü wird dann geschlossen, und der Windows-Explorer zeigt die gefilterte Dateiliste an.

Um einen Anzeigefilter aufzuheben, den Sie zuvor über die freie Datumswahl festgelegt haben, öffnen Sie das Menü für diesen Filter erneut und entfernen das Häkchen links oben neben *Datum bzw. Datums-*

bereich auswählen. Anschließend haben Sie keinerlei Anzeigefilter für diese Anzeigeeigenschaft, und der Windows-Explorer sollte wieder alle Dateien anzeigen (sofern nicht noch andere Filter im Spiel sind).

Filter deaktivieren

Beim Verwenden von Anzeigefiltern besteht die Gefahr, das Vorhandensein eines Filters zu vergessen. So kann es passieren, dass Sie eine Datei suchen, die Sie partout nicht finden können, obwohl Sie sich sicher sind, dass sie da sein muss. Grund dafür kann ein Anzeigefilter sein, den Sie irgendwann zuvor aktiviert haben. Deshalb ist etwas Umsicht angesagt, wenn Sie diese Funktion einsetzen. Der Windows-Explorer kommt Ihnen entgegen, indem er Ansichtsfilter nur so lange aktiv lässt, wie Sie den aktuellen Ordner nicht verlassen. Wechseln Sie einmal in ein Unterverzeichnis oder einen ganz anderen Ordner, wird der Filter sofort deaktiviert, selbst wenn Sie anschließend sofort zu diesem Ordner zurückkehren.

Außerdem können Sie in der Zeile mit den Spaltentiteln auf einen Blick erkennen, ob Filter aktiv sind. Ganz am rechten Rand der betroffenen Spalte finden Sie dann ein Häkchen anstelle der sonst üblichen Pfeilschaltfläche. Es dient ebenso als Schaltfläche, signalisiert aber auch die Aktivität von Filtern. Haben Sie mehrere Dateieigenschaften als Filter kombiniert, wird in jeder dieser Spalten ein Häkchen angezeigt. Um Anzeigefilter wieder zu entfernen, gibt es verschiedene Möglichkeiten:

- Um einen einzelnen Anzeigefilter zu entfernen, gehen Sie genauso vor wie beim Auswählen des Filters. Rufen Sie das entsprechende Spaltenmenü auf und entfernen Sie diesmal das Häkchen des Eintrags. Diese Vorgehensweise wirkt sich immer nur auf diesen einen Anzeigefilter aus. Eventuelle weitere, die mit diesem kombiniert waren, bleiben zunächst unberührt.

- Der Windows-Explorer verwendet für das Erstellen der gefilterten Anzeige den Windows-Suchindex und einen dynamisch erzeugten virtuellen Ordner. Das erkennen Sie durch einen Blick auf das Adressfeld des Explorers: Hier steht nicht der eigentliche Ordner ganz rechts, sondern die herausgefilterte Dateieigenschaft. Wenn Sie mehrere Filterkriterien kombinieren, finden Sie im Adressfeld gleich mehrere virtuelle Unterordner des aktuellen Verzeichnisses.

Um den jeweils zuletzt gewählten Filter zu deaktivieren, klicken Sie einfach ganz links oben auf die *Zurück*-Schaltfläche des Windows-Explorer. Damit verlassen Sie diesen virtuellen Unterordner und kehren zum nächsthöheren Ordner ohne diesen Filter zurück. Mehrere kombinierte Anzeigefilter deaktivieren Sie durch wiederholtes Klicken auf *Zurück*. Sie können die Filter auf diese Weise aber nur in der umgekehrten Reihenfolge des Aktivierens ausschalten. Um alle Anzeigefilter auf einmal zu deaktivieren, klicken Sie im Adressfeld direkt auf den ganz rechten realen Ordner, der immer dem ursprünglichen Ordner entspricht, in dem Sie die Anzeigefilter aktiviert hatten.

- Falls Ihnen das alles zu kompliziert ist: Rufen Sie das aktuelle Verzeichnis einfach erneut im Windows-Explorer auf (z. B. über das Adressfeld). Der Windows-Explorer ist nicht nachtragend und stellt den Ordner dann ganz frisch und vollständig ohne Anzeigefilter dar.

Eigene Dokumente ist das aktuelle Verzeichnis – die Unterordner sind virtuelle Ordner als Anzeigefilter.

14.3 Dokumente Themen, Projekten, Kunden etc. zuordnen

Windows kennt über 200 verschiedene Dateieigenschaften, die jeweils abhängig vom Typ eines Dokuments zum Einsatz kommen. Dabei gibt es sehr spezielle Informationen, die nur bei ganz bestimmten Dateitypen vergeben werden, wie z. B. bei Digitalfotos detaillierte Angaben zu den verwendeten Aufnahmeeinstellungen wie Objektiv, Blende und Verschlusszeit. Es gibt aber auch einige allgemeine Dateieigenschaften, die bei fast allen Dateitypen eingesetzt werden können. Dazu zählen Informationen wie der Autor bzw. Urheber der Datei, die Zugehörigkeit zu einer bestimmten Kategorie von Dokumenten oder Kommentare. Um mit diesen Dateieigenschaften zu arbeiten, gibt es im Windows-Explorer verschiedene Elemente:

- Den Detailbereich können Sie mit der gleichnamigen Schaltfläche im *Ansicht*-Menü jederzeit rechts im Fenster des Windows-Explorer einblenden. Hier stellt der Explorer dynamisch jeweils die wichtigsten Informationen zur gerade ausgewählten Datei zusammen.

Welche das genau sind, hängt von der Art der Datei ab. Hier können Sie die Angaben nicht nur ablesen, sondern zumindest teilweise auch bearbeiten.

- Der Detailbereich beschränkt sich jeweils nur auf die wesentlichen Angaben. Sämtliche Detailinformationen zu einer Datei finden Sie in den Dateieigenschaften. Hier können Sie grundsätzlich alle Infos zur Datei ablesen und – soweit möglich – auch bearbeiten.

- Nur betrachten, nicht aber verändern können Sie die Dateieigenschaften in der Ansicht *Details* des Windows-Explorer. Welche Informationen hier angezeigt werden, hängt vom Typ des Ordners ab. Sie können die dargestellten Spalten aber selbst beeinflussen (siehe Seite 329). Der besondere Vorteil der Detailspalten: Hiermit können Sie die Darstellung der Dateien anhand beliebiger Eigenschaften sortieren, gruppieren und filtern.

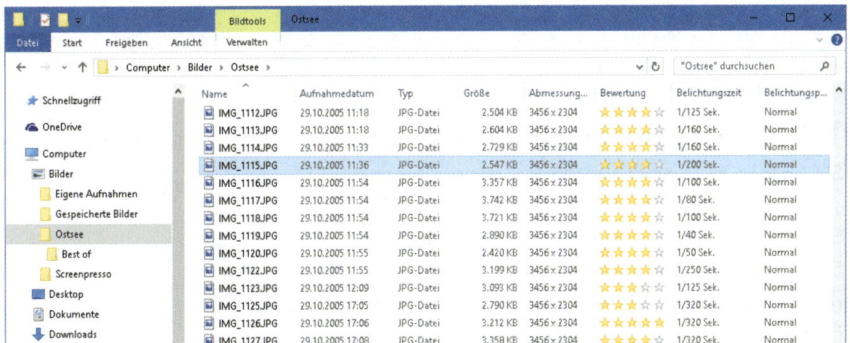

Dateiinfos direkt im Detailbereich bearbeiten

Der Detailbereich des Windows-Explorer bietet die Möglichkeit, die wichtigsten Dateieigenschaften einzusehen und auch zu bearbeiten. Dabei bleibt es den Regeln des Programms überlassen, welche Informationen genau angezeigt werden und sich bearbeiten lassen. Die wichtigsten Eigenschaften stehen aber eigentlich bei allen gängigen Dateitypen zur Verfügung.

1. Klicken Sie im Detailbereich direkt rechts neben dem Eintrag *Markierungen* auf die dort angegebene Markierung bzw. – falls noch keine Markierung angegeben wurde – auf den Text *Markierung hinzufügen*.

2. Die Angabe verwandelt sich dann in ein Eingabefeld, in das Sie den neuen Begriff eintippen können.

Aufnahmedatum:	29.10.2005 11:36
Markierungen:	Ostsee;
Bewertung:	★ ★ ★ ★ ☆

3. Hinter den eingetippten Text wird automatisch ein Semikolon gesetzt. Dieses dient der Trennung von verschiedenen Begriffen, wenn Sie einer Datei z. B. mehrere Mar-

Aufnahmedatum:	29.10.2005 11:36
Markierungen:	Ostsee; Urlaub;
Bewertung:	★ ★ ★ ★ ☆

kierungen zuweisen wollen. Für den zweiten Begriff setzen Sie die Einfügemarke hinter das Semikolon und tippen dort weiter. Auch die zweite Markierung wird automatisch mit einem Semikolon versehen etc., sodass Sie prinzipiell beliebig viele Begriffe eingeben können.

4. Um die Eingabe abzuschließen, drücken Sie nach dem (letzten) Begriff einfach ⏎. Das letzte Semikolon kann dabei ruhig stehen bleiben, da es gegebenenfalls automatisch entfernt wird. Alternativ können Sie auch unten auf die *Speichern*-Schaltfläche klicken.

Aufnahmedatum:	29.10.2005 11:36
Markierungen:	Ostsee; Urlaub
Bewertung:	★ ★ ★ ★ ☆

Auf die gleiche Weise machen Sie Ihre Angaben zu allen weiteren Dateieigenschaften, die im Dialog angezeigt werden.

TIPP ☑ Die Eigenschaften mehrerer Dateien gleichzeitig ändern

Sie können im Detailbereich nicht nur die Eigenschaften für eine Datei bearbeiten. Wenn Sie oben mehrere Dateien auswählen, werden die Eigenschaften aller dieser Dateien im Detailbereich unten angezeigt – soweit das möglich ist. Handelt es sich um Dateien desselben Typs, also z. B. nur um Bilddateien, sehen Sie exakt die gleichen Eigenschaften wie bei nur einem Bild, aber eben aus allen Bildern kombiniert.

Bei Eigenschaften, bei denen jeweils nur ein Wert möglich ist (z. B. *Titel* oder *Kommentar*), wird *(mehrfache Werte)* angezeigt, wenn die verschiedenen Dateien sich in dieser Eigenschaft unterscheiden. Sie können diese Werte wie auch bei einer einzelnen Datei verändern. Allerdings wirkt sich die Änderung dann eben auf alle Dateien gleichzeitig aus. Zu beachten ist insbesondere, dass die *(mehrfache Werte-)*Eigenschaften bei allen Dateien komplett durch die neu eingegebenen Angaben ersetzt werden.

Etwas komplizierter wird es, wenn Sie mehrere Dokumente verschiedenen Dateityps gleichzeitig markieren. Dann zeigt der Detailbereich nur die Dateieigenschaften an, die beide Dateiarten gemeinsam haben, und auch nur diese lassen sich für alle markierten Dateien auf einmal verändern.

Zusätzliche Detailinformationen in den Dateieigenschaften bearbeiten

Da im Detailbereich nur die wesentlichen Eigenschaften einer Datei angezeigt und bearbeitet werden können, müssen Sie für speziellere Angaben in die Dateieigenschaften wechseln. Hier werden definitiv alle Detailangaben zur Datei angezeigt und lassen sich dort auch – soweit möglich – bearbeiten. Auch hier können Sie zuvor mehrere Dateien markieren, um die Informationen für mehrere Dokumente einheitlich anzupassen.

1. Klicken Sie mit der rechten Maustaste auf die Datei, deren Eigenschaften Sie bearbeiten wollen, und wählen Sie im Kontextmenü ganz unten den Befehl *Eigenschaften*.

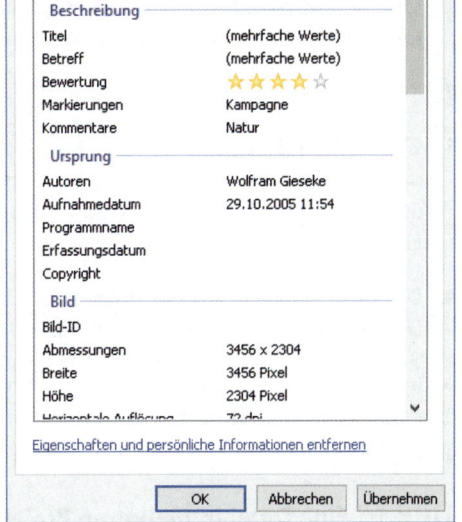

2. Wechseln Sie hier auf die Registerkarte *Details*.

3. Damit öffnen Sie den Dialog *Details*, in dem Sie alle Eigenschaften sehen und bearbeiten können.

4. Das Auswählen und Editieren der einzelnen Angaben erfolgt ganz genauso wie im Detailbereich des Windows-Explorer.

5. Handelt es sich dabei um eine editierbare Eigenschaft, wird ein Textfeld eingeblendet, in dem Sie die Bearbeitung vornehmen können. Um von einem Wert zu einem anderen zu wechseln, platzieren Sie den Mauszeiger in dem neuen Bearbeitungsfeld.

6. Haben Sie alle Änderungen abgeschlossen, übernehmen Sie sie mit OK und schließen damit gleichzeitig den Dialog.

TIPP ☑ Manche Angaben sind nicht editierbar

Nicht alle Angaben zu einer Datei lassen sich zum Bearbeiten auswählen. Manche Informationen werden automatisch vom Betriebssystem oder einer Anwendung eingetragen, und es wäre wenig sinnvoll, sie zu ändern. Dies gilt z. B. für die Angabe, von wem und mit welchem Programm eine Datei zuletzt gespeichert wurde. Ebenso werden alle Datumsangaben automatisch eingetragen und können vom Benutzer nicht verändert werden. Auch statistische Angaben zu einem Dokument wie z. B. Seitenumfang und Wörterzahl bei einem Word-Text werden automatisch ermittelt und sind nicht veränderbar (außer in der Datei selbst).

Alle Dateien eines Projekts mit einem Schlüsselwort markieren

Die erweiterten Eigenschaften bieten sich an, um logische Zusammenhänge zwischen Dateien herzustellen. So können Sie z. B. alle Dateien, die zu einem bestimmten Projekt gehören, mit einem entsprechenden Schlüsselbegriff versehen. Alle diese Dokumente können Sie dann sehr schnell ausfindig machen, egal in welchen Ordnern die Dateien gespeichert sind und um was für Dokumentarten es sich handelt. Sie erhalten eine Liste mit allen Dateien des Projekts, die Sie z. B. für Sicherungszwecke oder zur Übergabe der Daten an Kollegen oder Kunden verwenden können.

1. Markieren Sie alle Dateien, die zu dem Projekt gehören, im Windows-Explorer. Befinden sich die Dateien in verschiedenen Ordnern, wiederholen Sie diese Schritte für jeden Speicherort. Beachten Sie dabei, dass Sie nur Dateien markieren, keine Ordner. Vielleicht hilft Ihnen auch die Suchfunktion, eine Liste aller gewünschten Dateien in einem virtuellen Ergebnisordner zusammenzustellen.

2. Klicken Sie dann unten im Detailbereich auf *Markierung hinzufügen*.

3. Geben Sie hier eine eindeutige Bezeichnung ein, z. B. den Namen des Projekts, und übernehmen Sie die geänderten Eigenschaften mit ⏎ oder einem Klick unten auf *Speichern*.

4. Das neue Schlüsselwort wird bei allen dazugehörenden Dateien ab sofort in den Dateieigenschaften sowie im Detailbereich angezeigt.

Außerdem können auf diese Weise selbst festgelegte Eigenschaften auch für das effiziente Suchen nach Dateien verwendet werden. Wie Sie alle einem Projekt zugeordneten Dateien mittels einer Dateisuche ruck, zuck finden, beschreibe ich im Folgenden.

TIPP ☑ Eine Datei in mehreren Projekten

Selbstverständlich können einzelne Dateien auch zu verschiedenen Projekten gleichzeitig gehören. Tragen Sie dazu einfach mehrere Stichwörter als Markierungen ein. Diese müssen jeweils durch ein Semikolon getrennt werden, aber dafür sorgt das Eingabefeld automatisch.

Alle Dokumente eines Autors/Benutzers finden

Die erweiterten Dateieigenschaften sollen im Windows-Explorer nicht nur nett aussehen, sondern beim Organisieren Ihrer Datenbestände helfen. Das wird dadurch gewährleistet, dass alle Dateiinformationen bei der neuen Dateisuche berücksichtigt werden können. Sie können also Dateien allein anhand der vorhandenen Zusatzinformationen auf der Festplatte finden und so z. B. alle Dateien zu einem bestimmten Projekt oder mit einem bestimmten Schlüsselwort ausfindig machen.

Um die Dateisuche von Windows geht es in Kapitel 15, und dort stelle ich auch die Suche anhand der erweiterten Eigenschaften ausführlicher vor. An dieser Stelle deshalb als Vorgeschmack ein kleines Beispiel, das zeigt, wie Sie alle Dateien eines bestimmten Autors ganz schnell zusammensuchen können.

1. Geben Sie im Windows-Explorer oben rechts im Suchfeld den Namen des Autors so an, wie er in den Dateieigenschaften vermerkt ist.

2. In der Dateiliste werden dann direkt Dateien angezeigt, auf die diese Eigenschaft zutrifft. Allerdings ist dieses Ergebnis etwas mit Vorsicht zu genießen. Da Windows nicht ahnen kann, was Sie genau suchen, zeigt es hier alle Dateien an, in deren Eigenschaften oder Inhalt der angegebene Text enthalten ist.

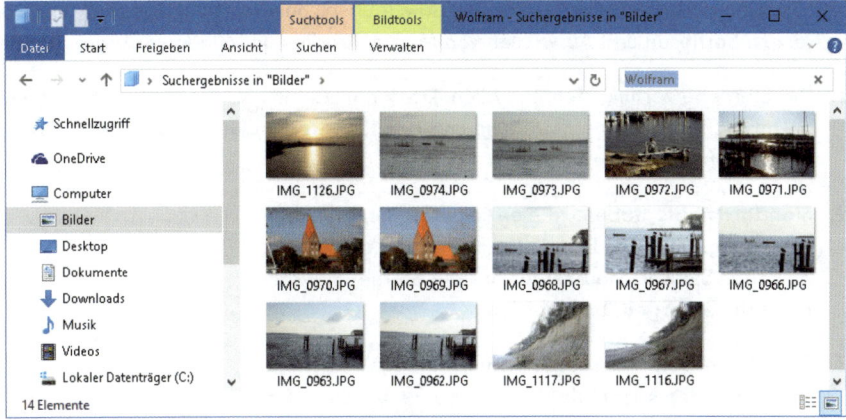

3. Um wirklich nur die Dokumente zu finden, deren Autor den angegebenen Namen hat, wechseln Sie gegebenenfalls mit *Ansicht/Details* in die Detailansicht. Stellen Sie sicher, dass hier die Spalte *Autoren* angezeigt wird. Ist das nicht der Fall, können Sie dies wie auf Seite 329 beschrieben anpassen.

4. Klicken Sie dann auf den kleinen Pfeil rechts in der Spaltenüberschrift *Autoren* und wählen Sie im so geöffneten Menü den Namen des gesuchten Autors aus.

Sollte er nicht aufgeführt sein, bedeutet dies, dass es in der Auswahl kein Dokument von diesem Autor gibt.

5. Der Windows-Explorer filtert dann die angezeigten Dateien und zeigt nur noch die an, die vom gesuchten Autor stammen. Dabei werden sowohl Dokumente berücksichtigt, die allein von ihm verfasst wurden, als auch solche, an denen er als Mitautor beteiligt war. Entscheidend ist, dass sein Name in der Dateieigenschaft *Autoren* enthalten ist.

14.4 Die Qualität von Mediendateien per Sterne-Ranking bewerten

Eine sehr praktische und anschauliche Zusatzinformation stellen Bewertungen dar. Hier können Sie Mediendateien mit einer Anzahl von Sternen zwischen null und fünf versehen. So können Sie z. B. Musikstücke mit Sternchen bewerten und Ihren Lieblingsstücken jeweils volle fünf Sterne geben. Da die Bewertung genau wie alle anderen erweiterten Eigenschaften auch für die Dateisuche verwendet werden kann, können Sie so ganz einfach und schnell eine Liste mit Ihren Lieblingssongs zusammenstellen und abspielen lassen. Auch an anderen Stellen greift Windows auf solche Bewertungen zurück, beispielsweise zum Sortieren und Auswählen von Mediendateien im Windows Media Player.

1. Die Sternebewertung steht bei allen Arten von Dateien zur Verfügung. Sie erkennen sie an der Bezeichnung *Bewertung* und den fünf Sternen im Vorschaubereich bzw. im *Eigenschaften*-Dialog.

2. Standardmäßig haben Dateien keine Sterne, also keine Bewertung. Um einer Datei eine Bewertung zuzuweisen, bewegen Sie den Mauszeiger auf die Sterne, die dann farblich hervorgehoben werden.

3. Ziehen Sie den Mauszeiger dann auf den Stern entsprechend der Anzahl der Sterne, die Sie für diese Datei vergeben möchten. Die Sterne unterhalb und links vom Mauszeiger werden dadurch markiert. Klicken Sie also z. B. auf den dritten Stern, wenn Sie insgesamt drei Sterne zuordnen wollen.

4. Wichtig: Haben Sie die Bewertung anhand der Sternchen vorgenommen, klicken Sie unten auf *Speichern*. Das Ranking wird dann gespeichert und die entsprechende Anzahl von Sternen dauerhaft farblich hervorgehoben.

Finden Sie alle Musikstücke mit Fünfsternebewertung

Die vergebene Bewertung kann beim Suchen, Sortieren und Filtern von Dateien helfen, wenn Sie beispielsweise angeben, dass nur Dateien mit einer Fünfsternebewertung gefunden werden sollen. Sie können sie aber auch als Sortierkriterium bei umfangreicheren Dateilisten verwenden, um z. B. die Dateien mit der besten Bewertung ganz oben in der Liste anzuzeigen.

1. Tippen Sie im Suchfeld des Windows-Explorer z. B. *.mp3* ein, um zunächst alle Ihre Musikdateien zu erfassen.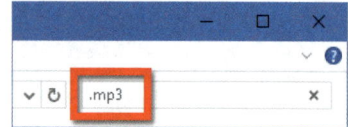

2. In der Dateiliste sehen Sie dann alle Dateien mit dieser Endung.

3. Stellen Sie sicher, dass in der Detailansicht die Spalte *Bewertung* angezeigt wird. Andernfalls passen Sie die Eigenschaftsspalten entsprechend an (siehe Seite 329).

4. Nun können Sie die Sortier- und Filterfunktionen des Windows-Explorer nutzen, um die besonders gut bewerteten Stücke zu ermitteln. Wenn Sie z. B. zweimal hintereinander (nicht doppelt) auf die Spaltenüberschrift *Bewertung* klicken, werden die Dateien so sortiert, dass die am besten bewerteten ganz oben stehen.

5. Oder aber nutzen Sie die Filterfunktion, wenn Sie z. B. nur die Musikstücke mit fünf Sternen in der Liste haben möchten: Klicken Sie dazu auf das kleine Pfeilsymbol rechts neben *Bewertung* und wählen Sie im Untermenü die gewünschte Bewertung aus. Der Windows-

Explorer blendet dann alle Musikclips mit weniger als fünf Sternen aus. Übrig bleibt eine Liste mit den am besten bewerteten Musikstücken Ihrer Sammlung, die Sie auswählen und vom Windows Media Player abspielen lassen können.

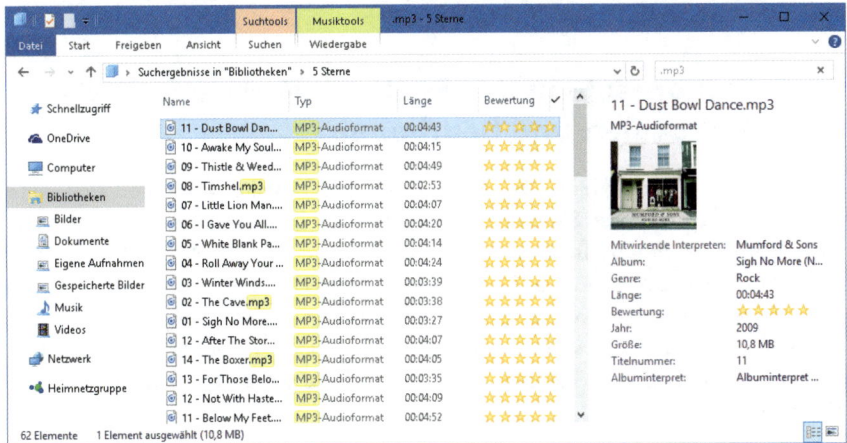

Dieser Abschnitt verwendet einige Funktionen der Windows-Dateisuche, die ab Seite 340 ausführlicher vorgestellt werden. Falls nicht alle Musikstücke angezeigt werden, die Sie erwarten, liegt das an den Einstellungen für den Suchindex, die auf Seite 372 genauer erklärt werden.

Metainformationen von Bild- und Musikdateien nutzen

Die auf den vorangehenden Seiten vorgestellten erweiterten Dateieigenschaften stehen bei allen oder zumindest vielen Arten von Dateien im Vorschaubereich zur Verfügung. Darüber hinaus gibt es aber noch eine Vielzahl von speziellen Dateieigenschaften, die nur bei bestimmten Dateitypen wie z. B. Bild- oder Musikdateien verwendet werden. Sie werden im Vorschaubereich nur dann angezeigt, wenn eine entsprechende Datei ausgewählt wurde:

- Bei Musikdateien werden zusätzliche Angaben wie zum Künstler, zum Albumtitel, zum Veröffentlichungsjahr, zur Spieldauer, zur Qualität und zum Kopierschutz gemacht. Außerdem können Sie z. B. das Genre festlegen.

- Bei Videoclips erfahren Sie im Detailbereich, mit welchem Codec und mit welcher Bitrate der Clip erstellt wurde. Außerdem können Sie die Qualität schon anhand der Frame- und Datenrate beurteilen, ohne sich das Video dazu überhaupt anschauen zu müssen.

- Bei Bilddateien werden zusätzliche Angaben z. B. zum Bildformat, zur Größe des Bildes, zur Bittiefe und – soweit bekannt – zur Kamera gemacht, mit der die Aufnahme erstellt wurde.

WICHTIG ☑ Interne Vermerke vor dem Weitergeben von Dateien entfernen

Das Speichern von zusätzlichen Informationen in Dokumenten ist eine praktische Organisationshilfe, hat aber auch seine Risiken. So kann es beim Weitergeben von Dateien passieren, dass der Empfänger zusammen mit den Dokumenten gleich noch Kommentare und interne Anmerkungen zu lesen bekommt. Bevor Sie Dokumente und sonstige Dateien für andere Personen bereitstellen, sollten Sie deshalb sicherstellen, dass keine erweiterten Informationen mehr darin sind, die andere Personen nicht lesen sollten. Wie das am schnellsten geht, lesen Sie auf Seite 301.

14.5 Dokumente in der Explorer-Vorschau direkt betrachten und bearbeiten

Der Windows-Explorer bietet bei Dokumenten in bekannten Formaten eine einfache Dateivorschau. So müssen Sie beispielsweise bei der Suche nach einem bestimmten Dokument nicht gleich jede Datei umständlich in der eigentlichen Anwendung öffnen und betrachten. Stattdessen können Sie sich direkt im Windows-Explorer mit einem kurzen Blick davon überzeugen, ob Sie die richtige Datei gefunden haben. Über eine Schaltfläche im Menüband lässt sich die Vorschaufunktion komfortabel steuern. So können Sie bei Bedarf jederzeit eine Vorschau abrufen, sparen ansonsten aber den Platz, den die Vorschau benötigt hätte.

HINWEIS ▷ **Welche Dateitypen werden im Vorschaubereich dargestellt?**
Damit der Inhalt eines Dateityps im Vorschaubereich des Explorers angezeigt werden kann, muss Windows entsprechende Informationen über diese Art von Dokument haben. Dies fällt in den Aufgabenbereich der Software, mit der dieser Dateityp bearbeitet wird. Standardmäßig bringt Windows die Unterstützung für einige grundlegende Dateitypen wie einfache Textdateien und verschiedene Bildformate mit. Installieren Sie z. B. Anwendungen aus dem Microsoft-Office-Paket, richten diese auch die Unterstützung für den Vorschaubereich des Windows-Explorer ein. Microsoft ist mit seinen Produkten dabei naheliegenderweise vorbildlich. Bei anderer Software liegt es beim jeweiligen Hersteller, ob sich der Vorschaubereich auf das reine Anzeigen des Inhalts beschränkt oder ob er zusätzliche Funktionen bietet.

1. Um den Vorschaubereich zu aktivieren, öffnen Sie im Menüband die Kategorie *Ansicht* und klicken dort fast ganz links auf die *Vorschaufenster*-Schaltfläche.

2. Der Windows-Explorer blendet daraufhin am rechten Fensterrand einen zusätzlichen Bereich ein. Dessen Inhalt hängt davon ab, was links im Inhaltsbereich des Ordners ausgewählt wurde.

3. Wenn Sie links Ordner oder Dateien auswählen, deren Inhalt nicht im Vorschaubereich angezeigt werden kann, zeigt der Windows-Explorer dort nur die Meldung *Es ist keine Vorschau verfügbar* an.

4. Wählen Sie links eine Datei aus, für die der Windows-Explorer eine Vorschau darstellen kann, wird sie rechts im Vorschaubereich angezeigt. Hier können Sie den Inhalt betrachten und begrenzt bearbeiten.

5. Falls Sie im Windows-Explorer mehrere Dateien und/oder Ordner gleichzeitig auswählen, wird im Vorschaubereich stets der Inhalt der Datei angezeigt, die Sie zuletzt angeklickt haben.

TIPP ☑ **Nur Dateisymbol statt Inhaltsvorschau?**

Falls der Vorschaubereich auch bei Standardformaten wie einfachen Textdateien (*.txt*) nur ein Symbol anstelle des Inhalts anzeigt, überprüfen Sie die Einstellungen des Windows-Explorer: In den Ordneroptionen finden Sie in der Rubrik *Ansicht* ganz unten die Option *Vorschauhandler im Vorschaufenster anzeigen*. Diese muss eingeschaltet sein, damit die Inhaltsvorschau funktioniert.

Inhalte direkt aus dem Vorschaubereich übernehmen

Je nach Art der ausgewählten Datei zeigt der Vorschaubereich nicht nur den Inhalt des Dokuments an, sondern gewährt auch Bearbeitungsmöglichkeiten. Darunter sind allerdings nur solche Funktionen zu verstehen, die den Inhalt der Datei nicht verändern. Der Vorschaubereich ist kein Editor und verfügt z. B. auch nicht über eine Schaltfläche zum Speichern veränderter Dateien. Aber auch solche passiven Bearbeitungsfunktionen können hilfreich sein. So können Sie z. B. Inhalte aus einem Office-Dokument direkt aus dem Vorschaubereich in die Zwischenablage kopieren und so in ein anderes Programm bzw. Dokument übernehmen, ohne dazu erst umständlich die entsprechende Office-Anwendung zu starten und die fragliche Datei darin zu öffnen.

1. Markieren Sie bei aktiviertem Vorschaubereich im Windows-Explorer die Datei, aus der Sie etwas übernehmen wollen. Der Explorer zeigt deren Inhalt dann im Vorschaufenster an.

2. Markieren Sie im Vorschaubereich den Teil des Dokuments, den Sie kopieren möchten. Sie können dazu die Maus verwenden, ganz genau so, als ob Sie den Text direkt in der dazugehörigen Office-Anwendung markieren würden.

3. Wollen Sie den kompletten Inhalt der Datei auswählen, geht dies ebenfalls wie gewohnt mit dem Tastenkürzel [Strg]+[A].

4. Haben Sie den gewünschten Dokumentinhalt ausgewählt, verwenden Sie die Tastenkombination [Strg]+[C]. Damit übernehmen Sie den markierten Inhalt in die Zwischenablage. Von dort aus können Sie ihn beliebig in einer anderen Anwendung einfügen.

Mit dem Vorschaubereich die Mediensammlung durchforsten

Videoclips und Musikaufnahmen können Sie direkt im Vorschaubereich abspielen. Sehr praktisch ist das, um mal eben in ein Musikstück reinzuhören oder in einen Videoclip reinzuschauen. Wenn es gefällt, setzen Sie die Wiedergabe mit einem Mausklick nahtlos im Windows Media Player fort. Oder Sie nehmen einfach den nächsten Titel ins Visier.

1. Wenn Sie im Windows-Explorer ein Musikstück z. B. im MP3-Format auswählen, sehen Sie rechts im Vorschaubereich ein kleines Steuerelement. Außerdem versucht Windows, das passende Coverbild zu dieser Musik darzustellen.

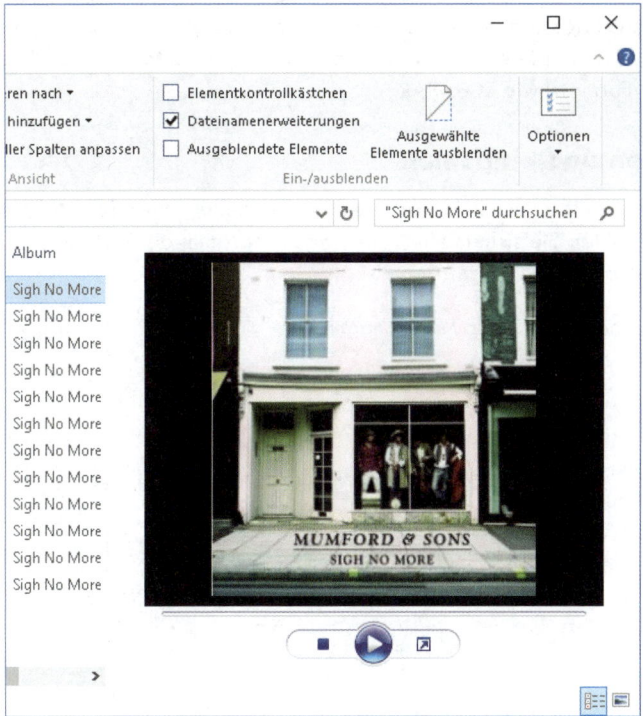

2. Um die Wiedergabe zu starten, klicken Sie einfach mit der Maustaste auf die Wiedergabe-Taste. Mit der Stopp-Taste links daneben können Sie wieder anhalten.

3. Wollen Sie die Wiedergabe im Windows Media Player fortsetzen, klicken Sie auf das kleine Pfeilsymbol ganz rechts. Der Media Player übernimmt die Wiedergabe dann genau an der aktuellen Position.

Die Vorschau von Videoclips und Filmen funktioniert genauso. Die Wiedergabe des Videos erfolgt dabei direkt im Vorschaubereich und passt sich automatisch dem dort verfügbaren Platz an. Wollen Sie statt der kleinen Vorschau eine bildschirmfüllende Darstellung, doppelklicken Sie auf das Video im Vorschaubereich. Ein weiterer Doppelklick stellt den Ausgangszustand wieder her. Auch hier können Sie aber jederzeit die Darstellung an den Windows Media Player abgeben, um z. B. etwas mehr Komfort bei der Wiedergabe zu haben.

14.6 ZIP-Archive und RAR-Dateien mit 7-Zip komfortabel nutzen

Der Windows-Explorer unterstützt von Haus aus Archivdateien, die im ZIP-Format komprimiert sind. Dieses im Internet immer noch weitverbreitete Format erkennen Sie an der Endung .zip. Genauer gesagt unterstützt der Windows-Explorer eine Funktion namens „komprimierte Ordner", die technisch nichts anderes als ZIP-Archive sind. Den Inhalt solcher Archive kann man im Explorer gut betrachten, denn ein Doppelklick öffnet sie wie den Inhalt eines regulären Ordners. Das Auspacken der Dateien ist aber schon etwas umständlicher. Und der Windows-Explorer unterstützt eben wirklich nur das ZIP-Format. Deshalb möchte ich Ihnen das kostenlose Open-Source-Programm 7-Zip (www.7-zip.org) als Ergänzung empfehlen. Es bietet wesentlich mehr Komfort und unterstützt auch neuere, leistungsfähigere Formate wie etwa RAR.

7-Zip installieren und einrichten

Nach dem Herunterladen lässt sich 7-Zip ganz einfach in den üblichen Schritten installieren. Anschließend sollten Sie sicherstellen, dass das Programm als Standardanwendung für alle Archiv-Dateitypen eingetragen ist.

1. Rufen Sie im Startmenü den *7-Zip File Manager* auf.

2. Öffnen Sie mit *Extras/Optionen* die Einstellungen.

3. Hier finden Sie in der Rubrik *System* alle Archivtypen, die 7-Zip kennt. Die Häkchen entscheiden darüber, welche es standardmäßig bearbeiten soll.

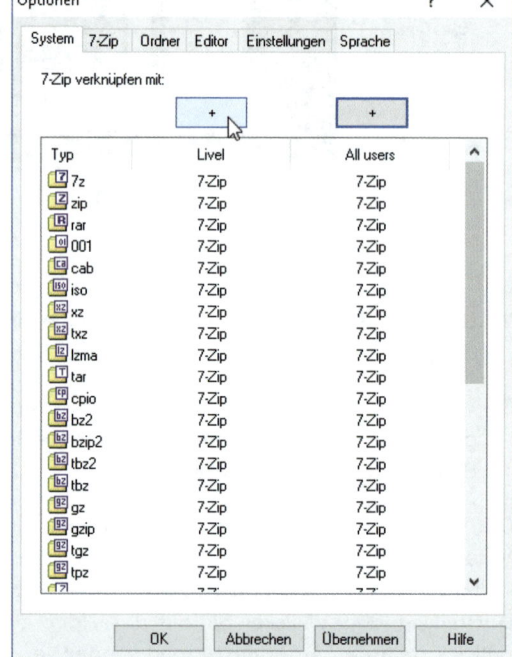

4. Wenn Sie nur 7-Zip nutzen, klicken Sie am besten einfach ggf. mehrfach auf die Plus-schaltflächen, bis bei allen Dateitypen *7-Zip* eingetragen ist.

5. Übernehmen Sie die geänderten Einstellungen dann mit OK.

Archivdateien mit 7-Zip benutzen

Haben Sie 7-Zip wie beschrieben installiert, können Sie ZIP- und andere Archive, die Windows von Haus aus kennt, weiterhin wie gewohnt per Doppelklick öffnen und betrachten. 7-Zip reißt sich nicht gleich alle Packformate unter den Nagel. Wollen Sie aber 7-Zip nutzen, klicken Sie mit der rechten Maustaste auf das Archiv und wählen im Kontextmenü nun *7-Zip/Öffnen*.

- Um die im so geöffneten Archiv enthaltenen Dateien zu entpacken, klicken Sie auf die *Entpacken*-Schaltfläche in der Symbolleiste. Sie können dann das Verzeichnis auswählen, in das die dekomprimierten Dateien geschrieben werden sollen.

- Wollen Sie nur bestimmte Dateien aus einem Archiv entpacken, markieren Sie diese und führen das Entpacken erst dann aus.

- Gibt es Probleme mit einem Archiv, können Sie die Integrität mit *Überprüfen* kontrollieren.

- Mit *Hinzufügen* können Sie einem Archiv weitere eigene Dateien hinzufügen.

Archiv schnell und einfach auspacken

Seine besondere Stärke spielt 7-Zip aber durch seine Integration in das Kontextmenü des Windows-Explorer aus. Bei allen Dateitypen, für die das Programm als Standardanwendung eingetragen ist, finden Sie im kontextabhängigen Menü der rechten Maustaste den Eintrag *7-Zip* mit diversen Unterpunkten. Die wichtigsten sind:

- *Dateien entpacken* – die Dateien werden in einem einstellbaren Ordner ausgepackt.

- *Hier entpacken* – das gesamte Archiv wird im selben Ordner entpackt.

- *Entpacken nach "..."* – es wird ein Ordner mit dem Namen der Archivdatei erstellt und der Inhalt des Archivs dort hinein entpackt.

- *Archiv überprüfen* – die Integrität des Archivs wird überprüft (ein Virencheck o. Ä. findet dabei aber nicht statt).

■ *Archivieren und versenden* – die ausgewählten Dateien werden in ein Archiv verpackt und dieses zum Versenden an das Standard-E-Mail-Programm übergeben.

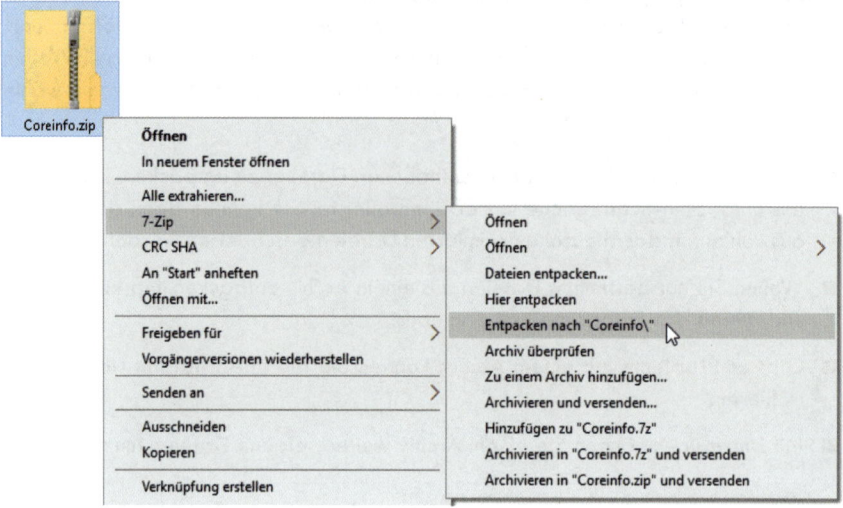

TIPP ☑ Eigene Archive erstellen

7-Zip trägt sich auch in das allgemeine Kontextmenü für alle Dateiarten ein. Dort bietet es Ihnen die Möglichkeit, die Datei (bzw. alle gerade ausgewählten Dateien und Ordner) in ein Archiv zu verpacken. Dabei schlägt es automatisch den Namen der Datei oder des Ordners als Archivname vor (*Hinzufügen zu "..."*). Wenn Sie damit einverstanden sind, können Sie auf diese Weise mit zwei Mausklicks ein ZIP-Archiv mit wichtigen Dateien erstellen.

14.7 Wo stecken die großen Speicherfresser?

Egal wie viel Platz eine Festplatte verspricht: Sie füllt sich im Laufe der Zeit scheinbar von ganz allein, und früher oder später geht der freie Platz zur Neige. Oftmals ist das der Zeitpunkt für eine gründliche Inventur, denn meist finden sich in den Datenbeständen alte Dateien, Backups, Downloadarchive etc., die verzichtbar sind und unnötig Speicherplatz kosten. Aber diese Speicherplatzfresser muss man eben erst einmal aufspüren. Mit den richtigen Tricks und gegebenenfalls einem kleinen Zusatzprogramm können Sie Ihren Datenbestand analysieren und schnell feststellen, wo der meiste Speicherplatz verloren geht.

Analyse: Was verbraucht wie viel Speicherplatz?

Windows bietet eine praktische Funktion, sich einen schnellen Überblick über den vorhandenen Speicherplatz und dessen Verteilung zu verschaffen:

1. Öffnen Sie in den *Einstellungen* den Bereich *System* und darin die Kategorie *Speicher*.

2. Rechts sehen Sie dann zunächst eine Übersicht der vorhandenen Datenträger und deren Füllstand. Wählen Sie hier z. B. das Systemlaufwerk C: Ihres Computers aus.

3. Nun kann es kurze Zeit dauern, bis Windows alle Daten zusammengetragen hat. Dann sehen Sie:

■ die Menge des verfügbaren sowie des genutzten Speicherplatzes auf diesem Laufwerk,

■ die Menge des Speicherplatzes, der vom System durch installierte Apps belegt wird.

4. Mit einem Klick auf den jeweiligen Eintrag gelangen Sie zu einer detaillierten Übersicht. Teilweise können Sie von dort aus zu den Dateien oder den dazugehörenden Einstellungen gelangen.

5. Besonders interessant:

   ■ Mit *Apps und Spiele* gelangen Sie zu einer genauen Auflistung der installierten Programme nebst Speicherbedarf, wo Sie einzelne Anwendungen auch direkt deinstallieren können.

   ■ Bei *Temporäre Dateien* erhalten Sie die Möglichkeit, Speicherplatz freizugeben, indem nicht mehr benötigte Dateien und Downloads gelöscht werden oder der Papierkorb geleert wird. Insbesondere nach einem Funktionsupdate von Windows können Sie oft mehrere GByte große Daten der vorherigen Windows-Version entfernen.

Große Dateien mit Bordmitteln finden

Für eine erste Analyse können Sie einfache Windows-Bordmittel verwenden, wenn Sie sich beim Speichern von Dateien in den von Windows vorgegebenen Bahnen der Bibliotheken und eigenen Dateien bewegen. Diese Bestände sind im Dateiindex erfasst. Dadurch lassen sich die größten Dateien einfach ausfindig machen:

1. Öffnen Sie im Windows-Explorer links unter *Computer* Ihre lokale Festplatte (in der Regel C:), darin den Ordner *Benutzer* sowie gegebenenfalls einen konkreten Benutzernamen (um nur dessen Dateien zu finden).

2. Tippen Sie nun rechts im Suchfeld einen Punkt (.) ein.

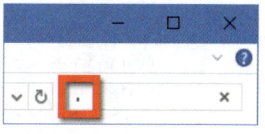

3. Der Explorer listet alle Dateien auf, die sich in Ihren persönlichen Dateien befinden. Wichtig: Warten Sie, bis der grüne Fortschrittsbalken im Adressfeld die Vollständigkeit des Ergebnisses signalisiert.

4. Wählen Sie dann als Sortierkriterium in der *Details*-Ansicht die *Größe* aus. Dadurch werden die größten Dateien ganz oben aufgeführt, und Sie können genau erkennen, welche Dateien das sind und wie viel Speicherplatz diese benötigen.

Visueller Überblick mit TreeSize

Noch besser können Sie Speicherplatzverschwendern mit einem kleinen Zusatztool wie TreeSize auf die Spur kommen, das Sie in der kostenlosen Free-Version unter www. jam-software.de/treesize_free herunterladen können. Es analysiert den exakten Inhalt aller Ordner und deren Unterordner (was nach dem Start ein wenig dauern kann). Das Programm bittet um Administratorrechte, um wirklich alle Ordner durchsuchen zu können, was sinnvoll ist.

Dann sortiert es die analysierten Ordner nach ihrem Speicherplatzbedarf und zeigt diese zugleich mit einem dicken Balken an. So erkennen Sie auf den ersten Blick, in welchen Ordnern besonders viel Speicherplatz belegt wird. Diese können Sie genau wie beim Windows-Explorer „aufklappen" und wiederum deren Unterordner betrachten etc. So finden Sie schnell die Ordner und Dateien, die den Löwenanteil des Speicherverbrauchs zu verantworten haben.

TreeSize erlaubt das gezielte Suchen nach den größten Speicherfressern.

Kapitel 15

15. Mit der Windows-Suche benötigte Daten stets schnell finden

Wie schon seine Vorgänger bringt das aktuelle Windows einen Suchindex mit, der alle Ihre Dateien automatisch erfasst. Dabei berücksichtigt er neben naheliegenden Eigenschaften wie dem Dateinamen auch die zahlreichen Dateiinfos und

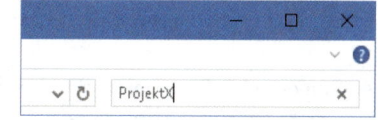

bei textbasierten Dokumenten sogar den Inhalt. Dadurch werden komplexe Suchanfragen mit flexiblen Filtern bis hin zu Volltextsuchen möglich, die in der Regel innerhalb weniger Sekunden beantwortet werden. Das Speichern von Suchen als virtuelle Ordner ermöglicht darüber hinaus den einfachen Zugriff auf immer wieder benötigte Suchmuster.

15.1 Suchen direkt aus dem Startmenü

Eine gewisse Zwiegespaltenheit des aktuellen Windows zwischen klassischem Desktop und der neuen Touchoberfläche lässt sich auch beim Suchen nicht verleugnen. Schließlich sind die Suchfunktionen im Windows-Explorer umfangreich und flexibel, aber sie lassen sich per Touchscreen kaum sinnvoll nutzen. Nicht zuletzt deshalb finden sich im Startmenü grundlegende Suchmöglichkeiten in fingerfreundlicherer Form wieder.

1. Sobald das Startmenü angezeigt wird, können Sie mit einer Hardwaretastatur direkt den Suchbegriff eintippen. Für die virtuelle Tastatur tippen Sie unten rechts im Infobereich auf das Tastatursymbol.

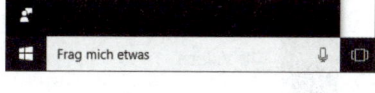

2. Tippen Sie nun in das Suchfeld den gesuchten Begriff ein, präsentiert Ihnen der Suchassistent Treffer für dieses Wort gegebenenfalls sowohl aus dem Web als auch aus lokalen Quellen wie Fotos, Musik etc.

3. Die Suche wird automatisch durchgeführt und verfeinert sich mit jedem eingetippten Zeichen immer weiter.

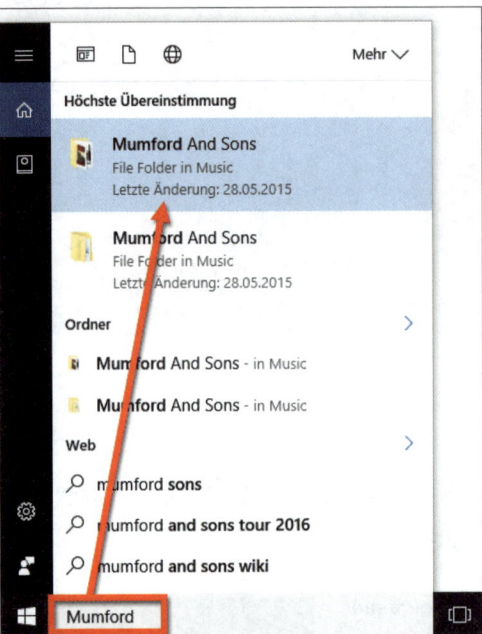

4. Um ausschließlich bestimmte Arten von Daten zu suchen, klicken bzw. tippen Sie oben rechts über der Liste auf das *Mehr*-Menü. Hier können Sie festlegen, auf welchen Bereich sich die Suche konzentrieren soll. Suchen Sie beispielsweise Musikdateien, wählen Sie oben bei *Anzeigen* den Begriff *Musik*.

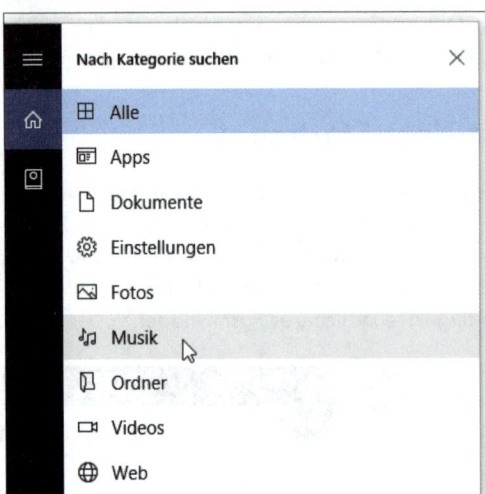

5. Dann zeigt der Suchassistent nur noch Treffer aus diesem Bereich an. So gefundene Musiktitel beispielsweise können Sie einfach durch Anklicken bzw. Antippen abspielen.

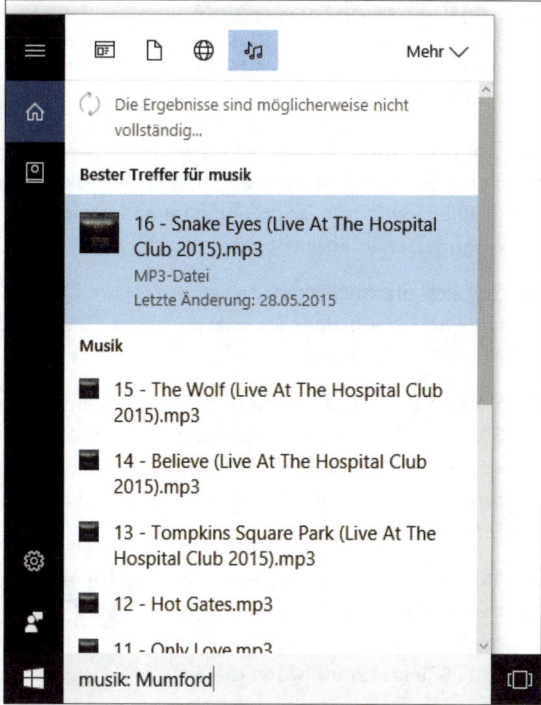

15.2 So nutzen Sie die Suchfunktionen im Windows-Explorer

An den grundlegenden Suchfunktionen für Dateien und Dokumente hat sich im Vergleich zum Vorgänger nichts geändert. Die Dateisuche ist mit einer eigenen Kategorie in die Multifunktionsleiste integriert, die vor allem komplexere Dateisuchen einfacher macht.

Anstatt sich kryptische Suchparameter merken zu müssen, können Sie Suchbedingungen wie Dateigröße oder -typ nun einfach „zusammenklicken". Diese Kategorie *Suchen* wird automatisch eingeblendet, wenn Sie die Einfügemarke im Suchfeld des Windows-Explorer platzieren (was z. B. auch mit Strg+F geht), während die Multifunktionsleiste angezeigt wird.

Die Suchen-Kategorie wird ggf. automatisch eingeblendet, wenn Sie das Suchfeld verwenden.

Wo soll gesucht werden?

Ganz links in der *Suchen*-Kategorie können Sie festlegen, in welchen Bereichen die Suche stattfinden soll:

- Standardmäßig ist hier *Alle Unterordner* aktiviert, das heißt, der Windows-Explorer durchsucht den aktuell geöffneten Ordner sowie alle darin enthaltenen Unterordner nach dem eingegebenen Suchbegriff.

- Soll sich die Suche auf den angezeigten Ordner beschränken und Unterordner ignorieren, klicken Sie stattdessen auf *Aktueller Ordner*.

- Wollen Sie die Suche auf den gesamten Computer ausdehnen, klicken Sie auf die gleichnamige Schaltfläche. Sie können also jederzeit (und von jedem beliebigen Ordner aus) eine computerweite Suche durchführen, indem Sie einfach den Suchbegriff eingeben und dann ganz links auf *Dieser PC* klicken.

- Nach dem Durchführen einer Suche wird automatisch die Schaltfläche *Erneut suchen in* aktiv. Sie ist z. B. interessant, wenn die Suche nicht erfolgreich war. Dann können Sie die Suche damit leicht auf Ihre Bibliotheken oder auch ins Internet verlagern, um dort hoffentlich die benötigten Informationen zu finden.

Zusätzliche Einschränkungen für die Suche angeben

Im Bereich *Verfeinern* der *Suchen*-Kategorie können Sie weitere Kriterien angeben, die die gesuchten Dateien neben dem eigentlichen Suchbegriff einschränken. Bei Windows 7 wurden solche Parameter etwas umständlich im Suchfeld selbst ausgewählt bzw. eingegeben. Beim aktuellen Windows finden Sie hingegen eigene Schaltflächen und Auswahlfelder für die wichtigsten Eigenschaften von Dokumenten:

- Mit *Änderungsdatum* können Sie den Zeitraum beschränken, in dem gesucht werden soll. Die damit geöffnete Auswahlliste stellt einige naheliegende Varianten wie *Gestern*, *Letzte Woche* oder *Dieses Jahr* bereit.

  Wenn Sie auf einen dieser Einträge klicken, fügt der Windows-Explorer automatisch den entsprechenden Suchparameter in das Suchfeld ein. Sie können diesen Parameter aber auch noch genauer bestimmen, wie der nachfolgende Abschnitt zeigt.

- Bei *Art* wählen Sie die Art der Dateien, also z. B. *Dokument* oder *E-Mail*.

TIPP ☑ Dateitypen über ihre Endung ermitteln

Nicht immer müssen Sie sich die Mühe machen, zu einem gesuchten Dateityp erst die „offizielle" Bezeichnung zu ermitteln. Es reicht, wenn Sie die Dateien

dung für diese Art von Dokumenten kennen. Dann können Sie dieses Kürzel mit in die Suchanfrage aufnehmen. Suchen Sie z. B. eine bestimmte JPEG-Bilddatei, verwenden Sie *typ:jpg*.

- Ein weiterer möglicher Suchparameter ist die Größe; geben Sie also die Größe der gesuchten Datei vor. Auch hier finden Sie in der Auswahlliste einige Vorgaben, unter denen Sie in den meisten Fällen etwas Passendes finden sollten.

- Mit *Andere Eigenschaften* schließlich können Sie weitere Suchparameter in das Suchfeld einfügen. Was hier genau angeboten wird, hängt vom Inhalt des gerade gewählten Ordners ab. Insofern entspricht diese Schaltfläche der von Windows 7 bekannten Funktion, bei der naheliegende Suchparameter direkt im Suchfeld zur Auswahl angeboten wurden. Wichtig ist hierbei: Im Gegensatz zu den anderen Elementen in diesem Bereich fügen Sie mit *Andere Eigenschaften* keine vollständigen Parameter ins Suchfeld ein, sondern immer nur eine Hälfte, z. B. *name:*. Die zweite Hälfte, also den

Wert des Parameters, müssen Sie jeweils selbst ergänzen, also z. B. *name:Lisa*.

Weitere praktische Funktionen der Suchkategorie

Die Suchkategorie der Multifunktionsleiste bietet noch einige weitere praktische Funktionen rund um das Suchen von Dateien und Dokumenten. So können Sie im Bereich *Optionen* mit *Zuletzt ausgeführte Suchvorgänge* jeweils eine Liste der zuletzt durchgeführten Recherchen abrufen. Damit lassen sich Suchen schnell wiederholen. Da der Windows-Explorer dabei jeweils das Suchfeld mit den verwendeten Suchbegriffen und -parametern füllt, können Sie diese auch einfach bearbeiten und so eine zuvor verwendete Suche mit veränderten Vorgaben wiederholen.

TIPP ☑ Die Suchhistorie schnell löschen

Ganz unten in der Liste der zurückliegenden Suchvorgänge findet sich der sehr praktische Menüpunkt *Suchverlauf löschen*. Damit können Sie die Liste der Suchen sofort vollständig löschen. So können Sie ein unübersichtliches Suchprotokoll schnell aufräumen oder auch die zurückliegenden Aktivitäten vor neugierigen Mitnutzern verbergen.

Die Schaltfläche *Erweiterte Optionen* macht einige wichtige Einstellungen für die Funktionsweise der Suche direkt zugänglich.

So können Sie diese Option „mal schnell zwischendurch" verändern, ohne jedes Mal in die Tiefen der Einstellungsmenüs hinabtauchen zu müssen:

■ Mit *Indizierte Orte ändern* können Sie in einem speziellen Dialog detailliert festlegen, welche Bereiche Windows für das schnelle Suchen indizieren soll. Dies entspricht den Indizierungsoptionen früherer Windows-Versionen, ist nun aber einfacher zu erreichen.

■ Im unteren Bereich *An nicht indizierten Orten* bestimmen Sie, was durchsucht werden soll, wenn Sie die Dateisuche auf einen Bereich ausdehnen, der nicht von der Indizierung erfasst ist. Je mehr Kontrollkästchen Sie hier aktivieren, desto größer ist die Chance, die gesuchte Datei zu finden. Allerdings verlangsamen die Optionen den Suchvorgang jeweils deutlich, weil die entsprechenden Zugriffe recht zeitraubend sind.

15.3 Effizient suchen mit Verknüpfungen und Suchparametern

Die Dateisuche von Windows lässt sich einfach und intuitiv benutzen: Sie suchen eine Datei mit einem bestimmten Namen oder ein Dokument zu einem bestimmten Thema? Tippen Sie diesen Begriff einfach ein, und Windows liefert die dazu passenden Dateien. Aber die Suchfunktion kann bei Bedarf weitaus mehr. Mit Verknüpfungen mehrerer Suchbegriffe, Platzhaltern und zusätzlichen Suchparametern können Sie beliebig komplexe Suchen durchführen und so auch in umfangreichen Dokumenten- oder Mediensammlungen schnell und zielsicher die gesuchten Inhalte aufspüren.

Mit Suchoperatoren komplexe Suchen durchführen

Suchbegriffe bestehen nicht immer nur aus einem einzelnen Begriff. Gerade wenn es um den Inhalt von Dokumenten geht, kann ein einzelner Begriff sehr häufig in verschiedenen Dateien enthalten sein. Dann lässt sich ein bestimmtes Dokument gezielter mit zwei oder mehr Schlüsselwörtern finden. Diese Wörter werden durch Operatoren miteinander verknüpft, um der Suchfunktion mitzuteilen, in welchem Verhältnis die einzelnen Suchbegriffe zueinander stehen sollen.

Dokumente finden, die mehrere Begriffe enthalten

Die einfachste und häufigste Verknüpfung ist die UND-Verknüpfung. Sie besagt, dass nur Dateien gefunden werden sollen, in denen alle angegebenen Suchbegriffe vorkommen. Wenn Sie z. B. einen Brief an eine Versicherung wegen Zahnersatz suchen, geben Sie diese beiden Begriffe in das Suchfeld ein. Die Suche findet dann alle Dokumente, die diese beiden Begriffe gleichzeitig enthalten.

Die Windows-Dateisuche verwendet standardmäßig die UND-Verknüpfung, wenn Sie mehr als einen Suchbegriff eingeben. Deshalb müssen Sie auch keinen speziellen Suchoperator angeben, um diese Verknüpfungsart zu nutzen. Es gibt aber trotzdem einen solchen Operator. Er lautet UND oder +. Ihn anzugeben, ist dann sinnvoll, wenn Sie ihn bei einer komplexen Suche z. B. mit einer ODER-Verknüpfung verbinden möchten.

Dokumente finden, die einen von mehreren Begriffen enthalten

Das Gegenstück zur UND-Verknüpfung ist ODER. Wenn Sie mehrere Suchbegriffe auf diese Weise verknüpfen, findet die Suche alle Dokumente, in denen einer der angegebenen Suchbegriffe auftaucht. Es dürfen auch mehrere dieser Wörter enthalten sein, aber das Vorhandensein eines einzigen reicht bereits, um die Seite als Treffer zu qualifizieren. Diese Art der Verknüpfung eignet sich beispielsweise, wenn es mehrere Bezeichnungen oder auch Schreibweisen für das Gesuchte gibt oder wenn es um zwei eng verwandte Themenbereiche geht. Wenn Sie z. B.

die finanziellen Unterlagen zum erwähnten Zahnersatz suchen, könnten Sie als Suchbegriffe *Zahnersatz ODER Kostenvoranschlag* verwenden.

UND- und ODER-Suchen kombinieren

Besonders sinnvoll und effektiv ist der ODER-Operator in Kombination mit UND. Um beim Beispiel zu bleiben, können Sie dadurch Dokumente suchen, die etwas mit dem Zahnersatz und der Krankenversicherung oder der Zahnarztpraxis zu tun haben. So können

Sie einen grundlegenden Begriff zum gesuchten Thema verwenden und mit zwei alternativen Ergänzungen versehen, um möglichst alle relevanten Dokumente zu finden. Im Suchfeld können Sie die unterstützten Verknüpfungen und Suchoperatoren beliebig kombinieren. Zu kompliziert sollten Sie es allerdings auch nicht machen. Die Windows-Dateisuche hat damit zwar kein Problem, aber irgendwann durchschaut man die komplexen Verschachtelungen selbst nicht mehr und wundert sich nur noch über das Ergebnis.

Mit Ausschlussoperatoren suchen

Bislang ging es immer um Begriffe, die in einem Dokument enthalten sein sollen. Sie können aber Begriffe auch ausdrücklich ausschließen. Um beim Beispiel zu bleiben: Sie suchen die Rechnung vom Zahnarzt, aber eben nicht die vom

Zahnersatz, sondern von anderen Routinebehandlungen. Die Zauberformel dafür lautet: *Zahnarzt NOT Zahnersatz* oder auch *Zahnarzt -Zahnersatz*. Die Suche findet dabei alle Dokumente, in denen die Begriffe vor einem NOT bzw. - enthalten sind, die Begriffe danach aber nicht. So lässt sich die Anzahl der gefundenen Dokumente effektiv einschränken, insbesondere wenn viele ähnliche Dokumente zu einem Thema dabei sind, das in diesem Fall nicht gewünscht ist.

Groß-/Kleinschreibung beim Suchen verwenden

Die Groß- oder Kleinschreibung ist ein wichtiger Faktor bei der Steuerung von Suchen. Sie haben dabei die Wahl zwischen einer sensitiven und einer nicht sensitiven Suche. Die Suchfunktion kümmert sich standardmäßig nicht um die Groß- oder Kleinschreibung, sondern

vergleicht nur anhand der Buchstabenreihenfolge, wobei kleine und große Buchstaben gleichgesetzt werden. Wenn Sie als Suchbegriff *H2O* eingeben, finden Sie also Dokumente, in denen H2O, H2o oder h2o steht. Das Vernachlässigen der Groß-/Kleinschreibung führt in der Regel zu einer größeren Zahl von Treffern. Es ist besonders zu empfehlen, wenn es für einen Suchbegriff unterschiedliche Schreibweisen geben kann. Bei der sensitiven Suche hingegen wird die Groß-/Kleinschreibung des oder der Suchbegriffe beachtet, d. h., es werden nur Seiten gefunden, in denen die Suchbegriffe in exakt der gleichen Schreibweise enthalten sind. Eine für Groß-/Kleinschreibung sensitive Suche führen Sie durch, wenn Sie den entsprechenden Suchbegriff in Anführungszeichen setzen. Dann wird er nur in exakt der vorgegebenen Schreibweise gefunden.

Ganze Phrasen als Suchbegriffe nutzen

Als Phrase bezeichnet man einen aus mehreren Wörtern bestehenden Ausdruck. Einfachstes Beispiel für eine Phrase ist ein Eigenname wie z. B. Neil Armstrong.

Aber auch sein berühmter Ausspruch (auf Deutsch) „Ein kleiner Schritt für einen Mann, ein großer Schritt für die Menschheit" ist ein Beispiel für eine Phrase. Sie könnten eine solche Phrase einfach so ins Suchfeld eintippen. Dann würden Dokumente mit allen enthaltenen Begriffen gesucht werden. Darunter wäre sicher auch das gesuchte Dokument, aber eventuell eben auch jede Menge andere. Während Sie mit *Neil AND Armstrong* alle Dokumente finden, die irgendwo den Namen Neil und irgendwo den Namen Armstrong enthalten, finden Sie mit *"Neil Armstrong"* nur Seiten, in denen der Name auch genauso auftaucht. Wenn Sie also Dokumente mit einem bestimmten Namen suchen oder sich vielleicht an eine konkrete Textstelle erinnern, sollten Sie diese deshalb in Anführungszeichen setzen. So finden Sie nur Dokumente, in denen exakt diese Phrase enthalten ist.

Suchkriterien selbst formulieren

Das Suchfeld des Windows-Explorer bietet Ihnen immer nur einige wenige zur aktuellen Dateiauswahl passende Kriterien an. Sie können aber jederzeit alle beliebigen Dateieigenschaften als Such- bzw. Filterkriterium verwenden. Dazu müssen Sie allerdings die genaue Schreibweise der Dateieigenschaft sowie des gewünschten Wertes kennen. Dabei handelt es sich letztlich immer um ein Paar der Form *<Kriterium>:<Eigenschaft>*. Mit ein wenig Übung lassen sich die wichtigsten Kriterien merken und gewinnbringend einsetzen. Dabei können und ggf. müssen verschiedene Schreibweisen genutzt werden, um komplexere Dateieigenschaften angemessen zu beschreiben:

- *Autor:Peter* – findet Dokumente, deren Autor „Peter" heißt.

- *Autor:Peter Claudia* – findet Dokumente, deren Autor „Peter" heißt und in denen das Wort „Claudia" vorkommt.

- *Autor:(Peter Müller)* – findet Dokumente, deren Autor „Peter Müller" heißt.

- *Autor:(Peter OR Claudia)* – findet Dokumente, deren Autor „Peter" oder „Claudia" heißt.

Neben dem allgegenwärtigen *<Eigenschaft>:<Wert>* gibt es außerdem noch die Variante *<Eigenschaft>:=<Wert>*. Der Unterschied: Die Angabe : erwartet lediglich, dass der angegebene Wert in der Eigenschaft enthalten sein muss. Die Angabe := hingegen verlangt, dass der Inhalt von *<Eigenschaft>* exakt mit *<Wert>* übereinstimmt. Nehmen wir an, ein Dokument hat den Autor „Peter Müller". Der Suchfilter *Autor:Peter* würde dieses Dokument zulassen, da „Peter" ein Teil von „Peter Müller" ist. *Autor:=Peter* hingegen würde diese Datei ignorieren und nur solche Dokumente finden, bei denen die *Autor*-Eigenschaft exakt mit „Peter" angegeben ist.

Die Suche auf bestimmte Arten von Dateien beschränken

Eine relativ häufige Aufgabe dürfte es sein, nur Dateien eines bestimmten Typs zu finden. Hierzu können Sie die *Typ*-Spalte in der Suchliste verwenden und sich in den Suchergebnissen einen entsprechenden Filter zusammenklicken. Oder aber Sie fügen diese Bedingung von vornherein in die Suchanfrage ein, was Ihnen mehr Flexibilität gibt.

Die folgende Tabelle zeigt die Dateitypen für die wesentlichen Arten von Dokumenten und Daten an.

Dateityp	Bezeichnung	Angabe im Suchfeld
Kontakte	Kontaktdatei	*typ:kontakt*
E-Mail	z. B. Windows-Live-Mail-E-Mail	*typ:mail*
Instant Messenger Chats	Im	*typ:im*
Notizen/Journaleinträge	Journaldokument	*typ:journal*
Dokumente	verschiedene Arten von Dokumenten wie Office, Web, RTF, XML usw.	*typ:dok*
Word-Dokumente	Microsoft Office Word	*typ:word*
Excel-Arbeitsmappen	Microsoft Office Excel	*typ:xls*
PowerPoint-Präsentationen	Microsoft Office PowerPoint	*typ:ppt*
Musik	verschiedene Audioformate	*typ:audio*
Bilder	verschiedene Bildformate	*typ:bild*
Video	verschiedene Videoformate	*typ:video*
Ordner	Dateiordner	*typ:dateiordner*
Programme	Anwendungen	*typ:anwendung, typ:exe*
TV-Aufzeichnungen (Media Center)	WTV	*typ:tv*
Weblinks	Internetverknüpfung	*typ:url*

TIPP ☑ Dateitypen über ihre Endung ermitteln

Nicht immer müssen Sie sich die Mühe machen, zu einem gesuchten Dateityp erst die „offizielle" Bezeichnung zu ermitteln. Es reicht, wenn Sie die Dateiendung für diese Art von Dokumenten kennen. Dann können Sie dieses Kürzel in Verbindung mit dem *typ:*-Filter angeben. Suchen Sie z. B. eine bestimmte JPEG-Bilddatei, verwenden Sie einfach *typ:jpg*.

Suchen anhand des Datums

Ein wichtiges Suchkriterium kann auch das Datum sein. Dabei unterscheidet Windows drei verschiedene Datumsangaben:

- Erstelldatum: der Zeitpunkt, an dem eine Datei angelegt wurde.

- Änderungsdatum: der Zeitpunkt, an dem eine Datei zuletzt verändert, also gespeichert wurde.

- Letzter Zugriff: der Zeitpunkt, an dem zuletzt auf eine Datei zugegriffen wurde, egal ob lesend oder schreibend.

Letztere Angabe ist eher weniger interessant, da z. B. schon das Anzeigen des Ordners, in dem sich eine Datei befindet, als Zugriff auf diese Datei gewertet wird. Die ersten beiden Angaben aber lassen sich gut zum Eingrenzen einer Suche nutzen.

Suche	Findet
änderungsdatum:heute	alle Dateien, die heute verändert wurden
erstelldatum:letzte Woche	alle Dateien, die letzte Woche neu angelegt wurden
datum:letzten Monat	alle Dateien, die im letzten Monat angelegt oder verändert wurden
datum:letztes Jahr	alle Dateien, die im letzten Jahr angelegt oder verändert wurden
änderungsdatum: 01.08.2009..20.08.2009	alle Dateien, die zwischen dem 01.08.2009 und dem 20.08.2009 (einschließlich) verändert wurden
erstelldatum: >01.08.2009<20.08.2009	alle Dateien, die zwischen dem 01.08.2009 und dem 20.08.2009 (ausschließlich) erstellt wurden
vor:15.08.2009	alle Dateien, die vor dem 15.08.2009 verändert oder erstellt wurden
nach:	alle Dateien, die nach dem 15.08.2009 verändert oder erstellt wurden

Die Dateigröße als Suchkriterium einsetzen

Auch die Dateigröße kann als gutes Suchkriterium genutzt werden, etwa wenn Sie nur Bilder in einer hohen Auflösung (und in dementsprechender Dateigröße), Dokumente mit einem größeren Umfang oder längere Musikstücke suchen. Auch hier stehen vielfältige Möglichkeiten zur Verfügung, die gesuchte Größe anzugeben:

Suche	Findet
größe:leer	Dateien mit 0 KByte
größe:sehr klein	Dateien mit 0 bis 10 KByte
größe:klein	Dateien mit 10 bis 100 KByte
größe:mittel	Dateien mit 100 KByte bis 1 MByte
größe:groß	Dateien mit 1 MByte bis 16 MByte
größe:sehr groß	Dateien mit 16 MByte bis 128 MByte
größe:riesig	Dateien mit mehr als 128 MByte
größe:>500KB	Dateien mit mehr als 500 KByte
größe:<500KB	Dateien mit weniger als 500 KByte
größe:>100KB<500KB	Dateien mit 100 bis 500 KByte (ausschließlich)
größe:>=100KB<=500KB oder größe:100KB..500KB	Dateien mit 100 bis 500 KByte (einschließlich)

Suchen anhand gängiger Dateieigenschaften

Neben den Standardeigenschaften wie Dateiname, -größe oder Änderungsdatum können Dateien in Windows noch eine Vielzahl von erweiterten Eigenschaften haben, die teilweise vom Dateityp abhängig sind. Diese alle aufzuzählen, würde den Rahmen sprengen, aber zumindest auf die wichtigsten, oft gebrauchten Merkmale möchte ich Sie hinweisen:

Suche	Findet
titel:Protokoll	Dateien, in deren Titeleigenschaft das Wort „Protokoll" enthalten ist
an:lisa@firma.de	Nachrichten an die Adresse *lisa@firma.de*
von:klaus@kunde.de	Nachrichten des Absenders *klaus@kunde.de*
album:Help!	Musiktitel vom Album „Help!"
interpret:Elvis	Musikstücke von Interpreten mit dem Namen „Elvis"
genre:jazz	Musikstücke aus dem Genre „Jazz"
ordner:bilanz	alle Dateien und Ordner, die in einem Ordner enthalten sind, dessen Bezeichnung das Wort „Bilanz" enthält
markierung:Projekt	Dateien, die eine Markierung bzw. ein Schlüsselwort mit dem Inhalt „Projekt" enthalten
thema:Termin	E-Mails, deren Betreffzeile das Wort „Termin" enthält
kommentar:überarbeiten	Dokumente, die einen Kommentar mit dem Wort „überarbeiten" enthalten
Breite:>1000	Bilder mit einer Breite über 1.000 Pixel
Höhe:<=500	Bilder mit einer Höhe kleiner oder gleich 500 Pixel
aufnahmedatum:letzte Woche	alle Bilder, die in der letzten Woche mit der Digitalkamera aufgenommen wurden
kanal:12	alle TV-Sendungen, die von Kanal 12 aufgenommen worden sind
episode:Hochzeit	Episoden einer aufgezeichneten TV-Serie, deren Name das Wort „Hochzeit" enthält

TIPP ☑ Die richtige Schreibweise im Suchfeld

Das Suchfeld hilft Ihnen dabei, die richtige Schreibweise für Dateieigenschaften zu verwenden bzw. unbekannte Eigenschaften leicht zu erkennen: Während Sie ein Kriterium eintippen, werden die Buchstaben schwarz angezeigt. Wenn Sie die Eingabe mit dem Doppelpunkt abschließen, färbt das Suchfeld die Schrift blau ein, wenn es sich dabei um eine zulässige Dateieigenschaft handelt. Bleibt der Text also nach dem : immer schwarz, dann überprüfen Sie die Schreibweise, ob sich eventuell ein Tippfehler eingeschlichen hat.

15.4 Suchstrategien in der Praxis: So finden Sie alles im Handumdrehen

Wie Sie die Windows-Dateisuche im Prinzip für beliebig komplexe und detaillierte Suchen einsetzen, konnten Sie auf den vorangegangenen Seiten lesen. Um Sie mit dem praktischen Umgang mit dieser wichtigen und hilfreichen Funktion wirklich vertraut zu machen, möchte ich Ihnen nun noch einmal drei typische Suchaufgaben präsentieren und Ihnen zeigen, wie Sie diese schnell und einfach erledigen.

Wo hatte ich gestern die Datei noch mal gespeichert?

Das kann immer mal vorkommen: Am Vortag hatte man ein Dokument erstellt oder eine Datei per Mailanhang erhalten und dann auf die Schnelle weggespeichert. Aber wo nur? Mit der Dateisuche können Sie sich jederzeit alle Dateien anzeigen lassen, die Sie gestern erstellt oder bearbeitet haben.

1. Öffnen Sie den Windows-Explorer und blenden Sie den *Suchen*-Bereich der Multifunktionsleiste ein. Wenn Sie einen Bestandteil von Name oder Inhalt kennen, können Sie diesen auch angeben, um das Ergebnis von vornherein sinnvoll einzuschränken. Dies muss aber nicht unbedingt sein.

2. Klicken Sie in der *Suchen*-Kategorie im Bereich *Verfeinern* auf *Änderungsdatum*.

3. Wählen Sie im so geöffneten Untermenü den Zeitraum *Gestern* aus.

4. Der Windows-Explorer zeigt Ihnen dann alle Dateien an, die Sie gestern bearbeitet und gespeichert haben. Ist die Liste zu umfangreich, können Sie weitere Verfeinerungen vornehmen, indem Sie in der *Suchen*-Kategorie z. B. *Art* auf *Dokument* einschränken.

Alle Musiktitel eines Interpreten finden und abspielen

Wer seine Musiksammlung auf dem PC verwaltet und hören möchte, der sucht sicher immer mal wieder einen speziellen Titel oder ein bestimmtes Album. Ist die Musiksammlung
innerhalb der Bibliotheken gespeichert und mit passenden MP3-Tags versehen, kann die
Windows-Dateisuche jedes gewünschte Stück innerhalb von Sekundenbruchteilen finden.
Ein einzelnes Musikstück oder ein bestimmtes Album können Sie somit finden, wenn Sie
einfach den Titel im Suchfeld eintippen. Das klappt übrigens auch gut bei der Touchvariante der Suche. Als etwas komplexeres Beispiel für den optimalen Einsatz des Windows-Explorer zeige ich Ihnen, wie Sie sich alle Stücke Ihres Lieblingsinterpreten schnell
und strukturiert auf den Bildschirm holen.

1. Tippen Sie im Windows-Explorer rechts oben
   ins Suchfeld den Namen des Interpreten ein.

2. Sofort sehen Sie in der Ergebnisliste sämtliche Dateien, die irgendwo den Namen
   dieses Interpreten enthalten. Bei einer etwas umfangreicheren Sammlung werden
   Sie feststellen, dass dies nicht nur die reinen Musikdateien sind, sondern auch Ordner, Coverbilder und Ähnliches.

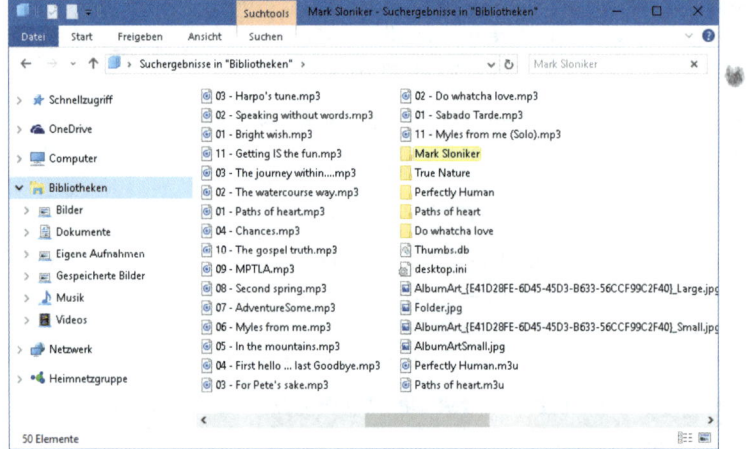

3. Um solche unerwünschten Nebenfunde auszuschließen, öffnen Sie
   den *Suchen*-Bereich der Multifunktionsleiste (sofern er nicht schon
   offen ist), klicken dort auf *Art* und wählen *Musik*. Nun sehen Sie nur
   noch die reinen Musikdateien. Um ein bestimmtes Album abzuspielen, kann alternativ auch *Wiedergabeliste* eine sinnvolle Wahl sein.

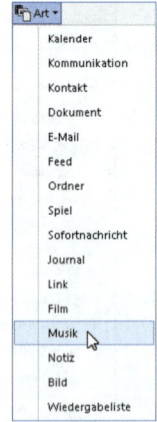

4. Haben Sie gleich mehrere Alben eines Interpreten in Ihrer Sammlung, ist es oft sinnvoll, diese Struktur auch in den Suchergebnissen
   widerzuspiegeln. Klicken Sie dazu im *Ansicht*-Menü auf *Gruppieren
   nach* und wählen Sie im Untermenü das Kriterium *Album* aus. Gegebenenfalls müssen Sie diese Dateieigenschaft mit *Spalten auswählen* erst anzeigen lassen, um sie auswählen zu können (siehe
   Seite 329). Dann zeigt der Windows-Explorer die gefundenen
   Songs sauber nach Album unterteilt.

5. Möchten Sie die Titel jedes Albums nun noch jeweils in der richtigen Abspielreihen-
    folge sehen, können Sie die Darstellung anhand des Kriteriums *Titelnummer* sortieren
    lassen.

Die Fotos vom letzten Urlaub suchen und anzeigen

Wer regelmäßig Schnappschüsse mit einer Digitalkamera macht und diese auf den PC
importiert (siehe Kapitel 20), kommt schnell zu einer umfangreichen und eventuell unübersichtlichen Sammlung. Dem kann man durch konsequente Organisation und z. B. dem
Verwenden von Schlüsselwörtern entgegensteuern. Aber auch einfache Hilfsmittel wie
z. B. das Aufnahmedatum können helfen, etwa wenn es darum geht, mal eben schnell
die Bilder vom letzten Sommerurlaub ausfindig zu machen.

1. Wenn Sie alle Ihre Aufnahmen in der *Bilder*-Bibliothek gespeichert haben, öffnen
    Sie diese im Windows-Explorer. Ansonsten wählen Sie den Ordner, in dem sich die
    Bilder befinden.

2. Blenden Sie dann den *Suchen*-Bereich der Multifunktionsleiste ein. Hier können Sie
    zunächst im Bereich *Verfeinern* im *Art*-Untermenü die Einstellung
    Bild wählen, um wirklich nur Bilddateien anzuzeigen.

3. Tippen Sie dann darunter auf *Andere Eigenschaften* und wählen
    Sie in diesem Untermenü den Punkt *Aufnahmedatum* (dieser wird
    nur angezeigt, wenn der gerade geöffnete Ordner im Wesent-
    lichen Bilddateien enthält).

4. Der Windows-Explorer zeigt nun rechts unterhalb des
    Suchfeldes einen Dialog an, in dem Sie den Zeitraum
    festlegen können, aus dem die gesuchten Bilder stam-
    men sollen. Sie können hier Jahre, Monate, Wochen
    oder aber einen ganz exakten Zeitraum in Tagen fest-
    legen.

5. In der Dateiliste sehen Sie anschließend nur noch die Bilder, die innerhalb dieses Zeitraums aufgenommen wurden. Wenn Sie den Termin des Urlaubs richtig im Kopf haben, sollten Sie also nun genau Ihre Reiseschnappschüsse sehen können.

15.5 Oft gesuchte Dokumente in virtuellen Ordnern jederzeit verfügbar machen

Wie schon bei früheren Windows-Versionen können Sie eine ausgeführte Suche als virtuellen Ordner speichern. Virtuelle Ordner sind im Gegensatz zu realen, physisch auf der Festplatte vorhandenen Verzeichnissen dynamisch erstellte Dateilisten, die im Windows-Explorer ganz genauso wie herkömmliche Ordner angezeigt und bearbeitet werden können.

Der Explorer verwendet solche virtuellen Ordner, um die Ergebnisse von Suchen darzustellen. Der besondere Clou daran ist: Sie können jede einmal formulierte Suche als virtuellen Ordner speichern. Diese können Sie dann später jederzeit mit einem Mausklick wiederholen und damit den Inhalt des virtuellen Ordners anzeigen lassen.

So speichern Sie einmal ausformulierte Suchen, um sie beliebig oft wiederholen zu können, wobei die Suchergebnisse dabei selbstverständlich jeweils aktualisiert werden:

1. Sowie das Suchfeld des Windows-Explorer einen beliebigen Inhalt hat, können Sie im Bereich *Optionen* die Schaltfläche *Suche speichern* anklicken.

2. Damit öffnen Sie einen Dialog *Speichern unter*, in dem der Windows-Explorer den Inhalt des Suchfeldes als Namen für die zu speichernde Suche vorgibt. Sie können die Bezeichnung verändern oder ersetzen, aber ändern Sie nur den Teil vor dem Punkt. Die Dateiendung – sofern angezeigt – sollte erhalten bleiben (*.search-ms*).

3. Klicken Sie dann auf *Speichern*.

4. Für diese Suchen wird automatisch eine Verknüpfung in Ihrem Benutzerordner unter *Suchvorgänge* angelegt.

Beispielsweise über den Navigationsbereich des Windows-Explorer können Sie diesen virtuellen Ordner später jederzeit abrufen und öffnen. Klicken Sie dazu einfach auf seinen Eintrag. Aber auch im Eingabefeld des Startmenüs können Sie den Namen der Suche einfach eintippen, dann wird sie automatisch als bester Treffer vorgeschlagen und kann mit ⏎ abgerufen werden.

TIPP ☑ Noch schneller zu gespeicherten Suchen!

Mit einem kleinen Trick können Sie gespeicherte Suchen noch schneller erreichen. Zwar können die Suchvorgänge selbst nicht als Schnellzugriff gespeichert werden, aber Sie können den Ordner *Suchvorgänge* dort anpinnen. Ziehen Sie dazu einfach das Symbol des Ordners auf das Schnellzugriff-Symbol im Navigationsbereich (mehr zum Schnellzugriff auf Seite 296).

15.6 Die schnelle Windows-Dateisuche auf zusätzliche Laufwerke ausdehnen

Die Leistungsfähigkeit und Geschwindigkeit der Windows-Dateisuche basiert auf einem Indizierungsdienst. Dieser erfasst automatisch und unauffällig im Hintergrund regelmäßig die Dateien und Dokumente. Dazu nutzt er z. B. Zeiten, in denen der PC nicht anderweitig ausgelastet ist. Auf diesen Index greift die Suchfunktion bei Anfragen zurück.

Da die Dateien dann nicht alle einzeln abgefragt werden müssen, sondern alle relevanten Informationen im Index sofort zugänglich sind, können Suchen erheblich beschleunigt werden. Das automatische Indizieren verbraucht allerdings auch Ressourcen.

Deshalb können Sie den Dienst mit einigen Optionen steuern und so z. B. festlegen, welche Arten von Dateien er wie ausführlich indizieren soll und welche Ordner berücksichtigt werden sollen.

Weitere Ordner in die Überwachung durch den Index aufnehmen

Standardmäßig überwacht der Suchindex für jeden Benutzer dessen eigene Dateien, Offlinedateien sowie Einträge im Startmenü. Solange Sie neue Dateien und Ordner konsequent innerhalb von *Eigene Dateien* anlegen, reicht das völlig aus, und alle Ihre Dokumente werden automatisch vom Index erfasst. Sie können aber auch Ordner aus anderen Bereichen vom Index berücksichtigen lassen.

1. Um die Optionen für den Indexdienst zu bestimmen, öffnen Sie in der klassischen Systemsteuerung das Modul *Indizierungsoptionen*. Alternativ können Sie auch beim Windows-Explorer im *Suchen*-Bereich der Multifunktionsleiste *Erweiterte Optionen* und im Untermenü dann *Indizierte Orte ändern* wählen.

2. Hier finden Sie ganz oben Angaben zum Status des Indexdiensts und zur Anzahl der derzeit indizierten Dateien.

3. Im Bereich *Diese Orte indizieren* können Sie sehen und festlegen, welche Bereiche der Indexdienst berücksichtigt. Wenn Sie z. B. keine Offlinedateien verwenden, können Sie diese Funktion deaktivieren, um das Indizieren zu beschleunigen.

4. Mit einem Mausklick auf die *Ändern*-Schaltfläche können Sie die Suchbereiche verändern. Klicken Sie sich dazu im anschließenden Dialog zu den Ordnern durch, die vom Indexdienst berücksichtigt werden sollen, und setzen Sie dort ein Häkchen. Der entsprechende Ordner wird dann mit in die Liste aufgenommen. Die Indizierung erfolgt sowohl für die Dateien im Ordner selbst als auch für den Inhalt sämtlicher Unterordner und deren Ordner.

TIPP ☑ Mit dem Umfang des Suchindex nicht übertreiben!

Der schnelle Suchindex legt vielleicht die Idee nahe, einfach den gesamten Computer zu überwachen, also sämtliche vorhandenen Festplattenlaufwerke in den Index aufzunehmen. Das ist aber keine gute Idee, denn die Geschwindigkeit des Suchindex hängt von seinem Umfang ab. Je mehr Ordner Sie in die Überwachung aufnehmen, desto länger werden die Antworten beim Suchen dauern. Es empfiehlt sich also, wirklich nur solche Ordner in den Index aufzunehmen, die eigene Dateien enthalten. Fragen Sie sich einfach, wie groß die Wahrscheinlichkeit ist, dass Sie in einem bestimmten Ordner jemals nach einer Datei suchen werden. Keinesfalls sollten Ordner wie *Programme* oder *Windows* überwacht werden. Auch der Platzbedarf des Index steigt mit dem Umfang, ebenso der Aufwand zum Aktualisieren der Indexeinträge.

Welche Arten von Dateien sollen indiziert werden?

Neben den Ordnern können Sie auch bestimmen, welche Arten von Dateien der Indexdienst berücksichtigen soll. So können Sie die Suchfunktion schlank und schnell halten, indem Sie sich auf die Dokumenttypen beschränken, mit denen Sie üblicherweise arbeiten.

1. Klicken Sie in den *Einstellungen* für den Suchindex unten auf die *Erweitert*-Schaltfläche.

2. Im anschließenden Dialog können Sie zunächst festlegen, ob Sie auch *Verschlüsselte Dateien indizieren* lassen möchten, was den Aufwand zum Erstellen des Index allerdings erheblich erhöht. Diese Option ist auch nur sinnvoll, wenn Sie überhaupt mit verschlüsselten Dateien arbeiten.

3. Wechseln Sie dann auf die Registerkarte *Dateitypen*. Hier finden Sie eine Liste der registrierten Dateitypen.

4. Per Häkchen legen Sie jeweils fest, ob die Dateien eines bestimmten Typs überhaupt indiziert werden sollen.

5. Mit den Optionen darunter steuern Sie, ob bei entsprechenden Dokumenten nur Namen und Dateieigenschaften erfasst werden sollen oder ob auch der Dokumentinhalt für die Volltextsuche erfasst und gespeichert werden soll.

Den Index bei Bedarf manuell erneuern

Der Indexdienst läuft üblicherweise vollautomatisch im Hintergrund und sucht sich selbst regelmäßig passende Gelegenheiten, um den Index auf dem aktuellen Stand zu halten. Falls Sie darauf nicht warten wollen, können Sie aber auch manuell eine neue Bestandsaufnahme in die Wege leiten. Das lohnt sich z. B., wenn Sie umfangreiche Änderungen am Dateibestand vorgenommen haben und diese beim Suchen sofort berücksichtigt werden sollen.

1. Öffnen Sie wiederum in der klassischen Systemsteuerung das Modul *Indizierungsoptionen* und klicken Sie dort auf die *Erweitert*-Schaltfläche.

2. Im anschließenden Dialog finden Sie im Bereich *Problembehandlung* die Schaltfläche *Neu erstellen*.

3. Bestätigen Sie den Sicherheitshinweis mit einem Klick auf OK.

4. Der Index wird nun gelöscht und anschließend komplett neu aufgebaut. Den Fortschritt verfolgen Sie in den Indizierungsoptionen.

5. Sie können den Dialog jetzt bereits schließen und parallel anderweitig mit dem PC weiterarbeiten. Beachten Sie aber, dass Suchanfragen und die Anzeige von erweiterten Dateieigenschaften nur eingeschränkt funktionieren, solange der Index nicht vollständig erneuert ist. Dieser Vorgang dauert mindestens einige Minuten, bei sehr vielen Dateien unter Umständen auch deutlich länger. Ist er beendet, sehen Sie in den *Indizierungsoptionen* die Meldung *Die Indizierung wurde abgeschlossen*.

Den Speicherplatz des Suchindex auf ein anderes Laufwerk verlagern

Die Daten, die der Indizierungsdienst permanent sammelt, werden standardmäßig auf dem Systemlaufwerk gespeichert. Sollte es dort zu Problemen durch zu geringen Speicherplatz kommen, können Sie diese Daten auch auf ein anderes Laufwerk verlagern. Es muss sich dabei aber um ein NTFS-formatiertes Laufwerk handeln und es sollte sich nicht auf einem Wechselspeichermedium wie z. B. einem USB-Stick befinden.

1. Öffnen Sie die erweiterten Index-
   einstellungen wie vorangehend
   beschrieben. Hier finden Sie ganz
   unten den Bereich *Indizierungsort*.

2. Klicken Sie dort auf die Schaltfläche *Neu auswählen*.

3. Geben Sie im anschließenden Auswahldialog das Laufwerk und den Ordner an,
   wo die Indizierungsdaten in Zukunft gespeichert werden sollen. Mit *Neuer Ordner
   erstellen* können Sie an der gewünschten Stelle ggf. einen neuen Ordner für diesen
   Zweck anlegen.

4. Klicken Sie dann zweimal auf die *OK*-Schaltfläche.

Windows beendet dann den Indizierungsdienst, transferiert die Indexdaten an den
neuen Speicherplatz und startet den Indizierungsdienst dann neu. Dies kann ein wenig
Zeit in Anspruch nehmen. Währenddessen steht die Suchfunktion nur eingeschränkt zur
Verfügung.

Das Suchen außerhalb des Suchindex beschleunigen

Der Suchindex erfasst nur bestimmte Ordner und deren Inhalte. Sie können aber auch
Laufwerke und Ordner durchsuchen, die nicht dazugehören. Dann läuft die Suche deutlich langsamer ab, da eben keine aufbereiteten Daten vorhanden sind, sondern die
Ordner tatsächlich erst untersucht werden müssen. Damit das trotzdem möglichst flott
geht, gibt es einige Optionen zum Beschleunigen.

1. Öffnen Sie im Windows-Explorer
   die Ordneroptionen und wechseln
   Sie dort in die Rubrik *Suchen*.

2. Im Bereich *Beim Durchsuchen nicht
   indizierter Orte* sorgt die Option
   *Immer Dateinamen und -inhalte su-
   chen* dafür, dass die dann zeit-
   aufwendige Volltextsuche auch
   bei nicht indizierten Dokumenten
   durchgeführt wird. Damit wird
   das Suchen außerhalb des Index
   gründlich, aber unter Umständen
   auch sehr zeitraubend.

3. Die Option *Systemverzeichnisse einbeziehen* können Sie deaktivieren, da die darin
   enthaltenen Dateien beim Suchen in der Regel nicht benötigt werden.

4. Die Option *Komprimierte Dateien (.ZIP, .CAB usw.) einbeziehen* kann das Suchen außerhalb des Index wiederum deutlich ausbremsen, insbesondere wenn in einem Ordner mehrere oder besonders große solcher Dateien vorhanden sind. Wenn Sie Archive aber ausdrücklich durchsuchen möchten, sollten Sie diese Option einschalten. Alternativ wäre es aber eine Möglichkeit, die Ordner mit solchen Archiven in den regulären Suchindex aufzunehmen, um das Suchen zu beschleunigen.

Probleme mit Dateisuche und Indizierungsdienst lösen

Wie bei vielen anderen Aspekten und Funktionsbereichen stellt Windows auch für die Such- und Indizierungsfunktionen einen Assistenten zum Erkennen und Lösen von Problemen bereit. Auf diesen können Sie zurückgreifen, wenn die Suche nicht (mehr) wie erwartet funktionieren sollte, wenn etwa bestimmte Dateien nicht gefunden werden, obwohl sie sicher vorhanden sind und im Index eingetragen sein sollten.

1. Öffnen Sie die Indizierungsoptionen und klicken Sie dort ganz unten auf den Link *Problembehandlung für Suche und Indizierung*.

2. Im anschließenden Dialog können Sie angeben, welches Problem mit der Suchfunktion Sie bemerkt haben. Passt keine der Beschreibungen, wählen Sie ganz unten *Das bei mir aufgetretene Problem ist oben nicht aufgeführt* und geben dann im nächsten Schritt eine kurze Beschreibung des Problems ein.

3. Der Assistent analysiert dann die Einstellungen und Daten und sucht nach möglichen Fehlerquellen. Einige erkannte Probleme kann er selbst beheben. In anderen Fällen kann der Assistent nur Hinweise geben, wie Sie das Problem selbst lösen können.

Der Windows-Suchdienst und alternative Desktopsuchen?

Wenn Sie eine alternative Desktopsuche installieren und anstelle der Windows-eigenen Suche verwenden, erfasst dieses Programm die Dateien und Informationen Ihres PCs in einem eigenen Index. Allerdings wird der Indizierungsdienst von Windows deshalb nicht automatisch deaktiviert. Er läuft parallel weiter und macht mehr oder weniger dasselbe noch einmal. Das erscheint auf den ersten Blick sinnlos. Allerdings sollten Sie dieses Verhalten etwas differenzierter betrachten. Der Windows-Index wird nämlich nicht nur für die eigentliche Dateisuche verwendet. Einige praktische Funktionen des Windows-Explorer, wie etwa Filtern oder Gruppierungen von Dateien, verwenden virtuelle Ordneransichten. Diese werden blitzschnell aus den Indexdaten gewonnen. Gibt es keinen Index mehr, stehen solche Funktionen nicht mehr zur Verfügung. Deshalb sollten Sie es sich gut überlegen, ob Sie auf solche Funktionen verzichten wollen.

Den Indizierungsdienst deaktivieren

Wenn Sie sicher sind, dass Sie auf den Windows-eigenen Suchindex und alle damit verbundenen Funktionen verzichten wollen, können Sie die Indizierung anhalten und so Ressourcen sparen.

1. Öffnen Sie in der Systemsteuerung das Modul *Verwaltung*.

2. Innerhalb dieses Moduls öffnen Sie den Bereich *Dienste*. Bestätigen Sie ggf. die Rückfrage der Benutzerkontensteuerung bezüglich der Microsoft Management Console mit einem Klick auf *Fortsetzen*.

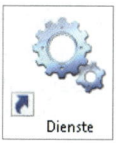

3. Suchen Sie im anschließenden Fenster in der Liste recht weit unten den Punkt *Windows-Search* und doppelklicken Sie darauf.

4. Klicken Sie in den Eigenschaften dieses Dienstes zunächst unter *Dienststatus* auf *Beenden*. Warten Sie kurz, bis Windows den Dienst beendet hat.

5. Wählen Sie dann weiter oben bei *Starttyp* die Einstellung *Deaktiviert*.

6. Klicken Sie zum Schluss unten auf *OK*, um diese Einstellungsänderung dauerhaft zu machen.

15.7 Die Volltextsuche mit Plug-ins für weitere Dokumenttypen erweitern (IFilter)

Die Volltextsuche innerhalb von Dokumenten funktioniert von Haus aus nur für einige wenige Dokumenttypen. Das liegt daran, dass der Indizierungsdienst die Struktur der Dokumente kennen muss, um den Inhalt erfassen und analysieren zu können. Bei einer simplen Textdatei ist das kein großes Kunststück, aber z. B. Office-Dokumente enthalten neben dem eigentlichen Textteil zahlreiche Informationen über Layout, Formate, Bearbeitungshistorie usw. Für eine Volltextsuche muss der eigentliche Text aus diesen Informationen herausgesiebt werden. Das aber geht nur mit detaillierten Kenntnissen zum Dokumentformat. Diese kann der Indizierungsdienst aber lernen, wenn die dazu erforderlichen IFilter installiert sind. Ein solcher Filter ermöglicht den Zugriff auf den Textinhalt eines bestimmten Dokumenttyps.

Einige IFilter werden mit den entsprechenden Anwendungen automatisch mitgeliefert und installiert. Wenn Sie z. B. eine Microsoft-Office-Anwendung installieren, kann die Dateisuche anschließend automatisch auch die entsprechenden Office-Dokumente erfassen. Für andere Arten von Dokumenten können Sie passende IFilter aus dem Internet herunterladen. Zentrale Anlaufstelle dafür ist die Website www.ifilter.org. Hier finden Sie unter dem Stichwort *Download IFilters* eine Liste der kostenlos verfügbaren IFilter. Dabei handelt es sich lediglich um ein Adressverzeichnis. Die Links führen zu verschiedenen Webseiten, von denen Sie die eigentlichen IFilter herunterladen können.

IFilter installieren

Die IFilter-Dateien kommen in verschiedenen Formen daher. Meist handelt es sich um *.msi*-Dateien. Diese speziellen Setup-Dateien können einfach per Doppelklick gestartet werden und installieren dann den entsprechenden Filter. Manche IFilter bringen auch ein eigenes Setup-Programm mit, das Sie einfach ausführen. In beiden Fällen empfiehlt es sich aber, den Indizierungsdienst von Windows vor der Installation eines IFilters vorübergehend zu deaktivieren. Nach erfolgreicher Installation starten Sie den Dienst wieder und stoßen eine Neuerstellung des Index an, um die Dokumente des neu „hinzugelernten" Filters möglichst schnell in der Erfassung zu haben. Der zusätzliche Filter wird vom Indizierungsdienst automatisch genutzt, weitere Schritte sind nicht erforderlich.

Den Windows-Suchdienst steuern

Um zusätzliche Filter reibungslos installieren zu können, sollte der Indizierungsdienst von Windows vorübergehend deaktiviert werden. Dies ist über die Diensteverwaltung möglich:

1. Öffnen Sie in der Systemsteuerung das Modul *Verwaltung* und darin den Punkt *Dienste*.

2. Lokalisieren Sie hier in der Liste den Dienst *Windows Search* und wählen Sie ihn aus.

Dienste

3. Klicken Sie dann links oben neben der Liste auf *beenden*. Dies dauert nur wenige Sekunden.

4. Minimieren Sie das *Dienste*-Fenster und installieren Sie nun den oder die zusätzlichen IFilter.

5. Rufen Sie das *Dienste*-Fenster anschließend wieder auf und klicken Sie nun auf *neu starten*, um den Windows-Search-Dienst wieder zu reaktivieren.

Anschließend berücksichtigt die Windows-Dateisuche auch den Inhalt der neu hinzu-gelernten Dokumenttypen. Allerdings müssen diese erst in den vorhandenen Index auf-genommen werden. Das geht am schnellsten und zuverlässigsten, wenn Sie den Index wie vorangehend beschrieben einmal neu erstellen lassen.

Kapitel 16

16. Verwalten Sie Ihre Dateien mit Bibliotheken noch effektiver

Die ursprünglich mit Windows 7 eingeführten Bibliotheken wurden beibehalten und funktionieren auch weiterhin in ähnlicher Weise. In Bibliotheken können verschiedene Ordner zu einer Datensammlung zusammengefasst werden. Eine Bibliothek enthält dann alle Dateien aus den Ordnern, die zu dieser Bibliothek gehören. So können Sie Dokumente, die z. B. thematisch zusammengehören, aber über verschiedene Ordner verteilt sind, zentral zusammenfassen und so jederzeit schnell darauf zugreifen.

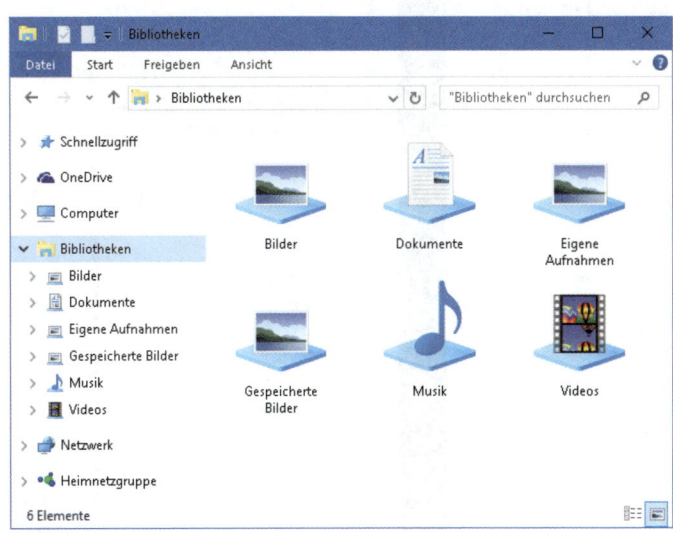

TIPP ☑ **Wo sind die Bibliotheken hin?**

Wenn Sie nach der Installation von Windows 10 den Windows-Explorer öffnen, zeigt dieser eventuell keine Bibliotheken mehr im Navigationsbereich an. Denn das Anzeigen der Bibliotheken ist optional. Die Standardeinstellung nach der Installation ist,

dass dieser Eintrag ausgeblendet wird. Wenn Sie mit Bibliotheken arbeiten und diese wieder sicht- und nutzbar machen möchten, klicken Sie mit der rechten Maustaste auf eine freie Stelle im Navigationsbereich, um das Kontextmenü für diesen Bereich zu öffnen. Wählen Sie darin dann *Bibliotheken anzeigen*. Schon ist alles wie gewohnt.

16.1 Die vorhandenen Standardbibliotheken sinnvoll nutzen

Windows bringt von Haus aus bereits einige Bibliotheken mit. Dies sind *Bilder, Dokumente, Eigene Aufnahmen, Gespeicherte Bilder, Musik* und *Videos*, die jeweils den entsprechenden Inhalten zugeordnet sind. Für den Zugriff auf diese Bibliotheken gibt es verschiedene Möglichkeiten:

■ In der Navigationsleiste haben die Bibliotheken einen eigenen Eintrag. Hier können Sie das Bibliotheksverzeichnis aufrufen, Sie können aber auch die einzelnen Bibliotheken direkt anwählen. Lediglich die für jeden Benutzer unterschiedlichen Bibliotheken *Eigene Aufnahmen* und *Gespeicherte Bilder* werden in der Liste links nicht aufgeführt, können aber rechts im Ordner aller Bibliotheken ausgewählt werden.

■ Tippen Sie im Eingabefeld des Startmenüs den vollständigen Namen einer Bibliothek ein, wird diese ganz oben in der Auswahlliste angezeigt. Drücken Sie dann einfach ⏎, um diese Bibliothek zu öffnen.

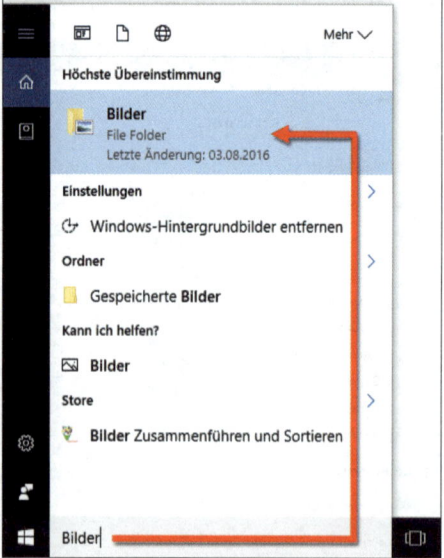

16.2 So ziehen Sie optimalen Nutzen aus der Arbeit mit Bibliotheken

Alle Funktionen für den Umgang mit Bibliotheken sind im Windows-Explorer in die Multifunktionsleiste integriert. Wann immer Sie die Übersicht der Bibliotheken oder auch den Inhalt einer bestimmten Bibliothek öffnen, wird in der Multifunktionsleiste automatisch die Kategorie *Bibliothekstools* eingeblendet, wo Sie mit *Verwalten* Zugriff auf alle wichtigen Funktionen und Einstellungen für diese Bibliothek haben. Manche Funktionen finden sich aber auch an anderer Stelle wieder, etwa im Kontextmenü.

Den Umfang einer Bibliothek steuern

Jede Bibliothek umfasst mehrere Ordner. Welche das genau sind, legen Sie ganz links mit *Bibliothek verwalten* fest. Damit rufen Sie eine Übersicht der Ordner für diese Bibliothek auf. Wollen Sie einen der Ordner aus der Bibliothek herausnehmen, markieren Sie ihn hier und klicken rechts auf *Entfernen*. Ebenso können Sie mit *Hinzufügen* weitere Ordner einbinden. Das geht aber auch komfortabler, wie Sie im Folgenden noch lesen werden.

Den Standardspeicherort einer Bibliothek festlegen

Bibliotheken funktionieren im Prinzip genau wie Ordner, das heißt, Sie können in einer Bibliothek auch Dokumente speichern bzw. neue Dateien anlegen. Wenn eine Bibliothek aber eine Zusammenstellung mehrerer Ordner ist, stellt sich die Frage, in welchen dieser Ordner neue Dateien gespeichert werden sollen. Deshalb kann für jede Bibliothek ein Standardspeicherort voreingestellt werden. Alle Dateien, die in dieser Bibliothek gespeichert werden, landen dann in diesem Ordner. Das gilt selbstverständlich nicht, wenn Sie innerhalb der Bibliothek einen der enthaltenen Ordner auswählen und die Datei ausdrücklich darin speichern.

1. Um den Standardspeicherort für die aktuell geöffnete Bibliothek zu bestimmen, klicken Sie in der Multifunktionsleiste auf *Speicherort festlegen*.

2. Damit öffnen Sie ein Untermenü, in dem alle dieser Bibliothek hinzugefügten Verzeichnisse aufgeführt sind. Klicken Sie darin auf den Ordner, in dem standardmäßig alle in der Bibliothek neu erstellten Dateien landen sollen.

3. Zusätzlich haben Sie hier die Möglichkeit, einen öffentlichen Speicherort festzulegen. Das Prinzip ist genau dasselbe. Allerdings kommt diese Voreinstellung dann zur Anwendung, wenn Sie die Bibliothek mit anderen Benutzern teilen und diese Dateien darin erstellen. So können Sie unterscheiden zwischen Dateien,

die Sie selbst neu erstellen, und solchen, die von anderen neu erstellt werden.

Einzelne Bibliotheken nicht in der Navigationsleiste anzeigen

Wie Sie Bibliotheken insgesamt im Navigationsbereich anzeigen lassen oder nicht, wurde zu Beginn dieses Abschnitts bereits beschrieben. Sie können zusätzlich für jede Bibliothek einzeln festlegen, ob diese im Navigationsbereich aufgeführt werden soll oder nicht. Wenn Sie einige der vorinstallierten Bibliotheken gar nicht nutzen, können Sie diese so verschwinden lassen. Ebenso lässt sich so das Anzeigen von Bibliotheken verhindern, die Sie womöglich nur für interne Verwaltungszwecke wie etwa Netzwerkfreigaben eingerichtet haben.

1. Öffnen Sie dazu die entsprechende Bibliothek im Windows-Explorer.

2. Wird die Bibliothek derzeit im Navigationsbereich angezeigt, ist die Schaltfläche *Im Navigationsbereich anzeigen* farbig unterlegt. Klicken Sie darauf, um das zu ändern.

3. Soll die Bibliothek später erneut angezeigt werden, wiederholen Sie diese Schritte, sodass die Option für diese Bibliothek wieder farbig unterlegt wird. Dann ist die Bibliothek auch wieder in der Liste zu finden.

Die Darstellung der Bibliothek für den Inhalt optimieren

Windows kann Bibliotheken genau wie Ordner auf verschiedene Arten darstellen. Die Darstellungsweisen eignen sich jeweils für bestimmte Inhalte wie etwa Bilder oder Musik. Diese Einstellung wirkt sich darauf aus, wie der Inhalt angezeigt wird und welche Kriterien z. B. zum Arrangieren des Inhalts zur Verfügung stehen. Damit auch Ihre eigenen Bibliotheken perfekt dargestellt werden, können Sie angeben, welche Art von Inhalt sie überwiegend haben werden.

1. Öffnen Sie die Bibliothek im Windows-Explorer.

2. Klicken Sie in der Kategorie *Bibliothekstools* der Multifunktionsleiste auf *Bibliothek optimieren für*.

3. Dadurch öffnen Sie ein Auswahlmenü mit den verschiedenen Inhaltsarten. Wählen Sie hier die Variante aus, die zum typischen Inhalt Ihrer Bibliothek am ehesten passt.

4. Ist der Inhalt bunt gemischt und passt damit einfach nicht in eine der vorhandenen Kategorien, wählen Sie *Allgemeine Elemente* für eine neutrale Anzeige der Bibliotheksinhalte.

Von der Bibliothek zu konkreten Ordnern und Dateien

Innerhalb einer Bibliothek können Sie mit den Dateien und Ordnern ganz wie gewohnt arbeiten, also Dokumente öffnen und speichern, kopieren, umbenennen etc. Die Änderungen, die sich dadurch ergeben, wirken sich auch immer auf die tatsächlichen Dateien und Ordner aus. Wenn Ihnen die Bibliothek allerdings zu unübersichtlich ist oder eine andere Notwendigkeit besteht, sie zu verlassen, können Sie jederzeit in einen konkreten Ordner wechseln.

1. Klicken Sie den Ordner oder die Datei mit der rechten Maustaste an.

2. Wählen Sie im so geöffneten Kontextmenü fast ganz unten die Funktion *Ordnerpfad öffnen* für Ordner bzw. *Dateipfad öffnen* für Dateien.

3. Der Windows-Explorer wechselt dann in den Ordner, der das zuvor gewählte Objekt enthält, also den Ordner der gewählten Datei bzw. das übergeordnete Verzeichnis eines gewählten Ordners. Dieses wird angezeigt und das gewählte Objekt darin direkt markiert, sodass Sie es auch in umfangreichen Verzeichnissen schnell finden können.

Die Bibliothek nach Ordnern strukturieren

Wenn Sie bei früheren Windows-Versionen bereits intensiv mit Bibliotheken gearbeitet haben, sind Sie vielleicht an die Ordneransicht gewöhnt, mit der Sie den Inhalt einer Bibliothek anhand der Ordner sortieren konnten, aus denen die Dateien stammten. Diese Möglichkeit besteht nach wie vor. Allerdings ist sie nicht mehr standardmäßig gewählt.

1. Öffnen Sie im Windows-Explorer die Bibliothek, für die Sie diese Ansichtsweise aktivieren möchten.

2. Wechseln Sie dann in der Multifunktionsleiste in die Kategorie *Ansicht*.

3. Hier finden Sie im Bereich *Aktuelle Ansicht* ganz oben die Schaltfläche *Gruppieren nach*, mit der Sie eine Liste der möglichen Ansichtsarten öffnen.

4. Wann immer Sie sich innerhalb einer Bibliothek befinden, wird hier die Option *Ordnerpfad* angeboten (die ja auch nur für aus mehreren Ordnern bestehende Bibliotheken sinnvoll ist). Damit erreichen Sie eine Darstellung des Bibliotheksinhalts, die in etwa der von Windows 7 entspricht.

Fügen Sie einer Bibliothek weitere Ordner hinzu

Wie bereits erwähnt, können Sie in den Einstellungen einer Bibliothek weitere Ordner hinzufügen. Dies geht aber auch auf einem direkteren, schnelleren Weg:

1. Markieren Sie den Ordner, den Sie einer Bibliothek hinzufügen möchten, im Windows-Explorer.

2. Wechseln Sie in der Multifunktionsleiste in die Kategorie *Start*.

3. Klicken Sie im Bereich *Neu* auf *Einfacher Zugriff* und dann im dadurch geöffneten Menü auf *In Bibliothek aufnehmen*. Alternativ finden Sie diesen Befehl auch im Kontextmenü des Ordners.

4. Im dazugehörigen Untermenü finden Sie eine Liste aller vorhandenen Bibliotheken. Wählen Sie einfach die aus, zu der dieser Ordner hinzugefügt werden soll.

5. Der Ordner ist ab sofort Teil dieser Bibliothek. In den Einstellungen der Bibliothek können Sie anschließend noch die Position des Ordners regeln sowie ihn gegebenenfalls zum standardmäßigen Speicherort für Dokumente in dieser Bibliothek machen.

TIPP ☑ Bibliotheken wie bei Windows 7 verwalten

Wenn Ihnen die über die Multifunktionsleiste verteilten Symbole nicht
zusagen und Sie alle Einstellungen
rund um eine Bibliothek lieber wie
bei Windows 7 in einem zentralen
Dialog vornehmen möchten, geht
auch das. Klicken Sie die Bibliothek
mit der rechten Maustaste an und
wählen Sie im Kontextmenü *Eigenschaften*. Dann erhalten Sie einen
solchen Dialog, mit dem Sie praktisch alle Eigenschaften der Bibliothek auf einmal festlegen und steuern können.

16.3 Mit Bibliotheken eigene Datensammlungen zusammenstellen

Neben den vorgefertigten Standardbibliotheken für Dokumente und Medien liegt der
besondere Nutzen dieser Funktion darin, dass Sie beliebig eigene Bibliotheken erstellen können. Auf diese Weise können Sie einfach Dateien, die an verschiedenen Stellen
gespeichert sind, zentral zusammenfassen. Das erleichtert den Zugang zu verschieden-
artigen Daten, die gemeinsam zu einem Thema oder Projekt gehören. Es erlaubt aber
z. B. auch, sehr einfach und flexibel Dateien für andere Benutzer bereitzustellen. Denn
Bibliotheken lassen sich genau wie Ordner im Netzwerk freigeben.

1. Öffnen Sie im Windows-Explorer die Übersicht der vorhandenen Bibliotheken.

2. Klicken Sie dann oben in der Multifunktionsleiste in der Kategorie *Start* auf die
   Schaltfläche *Neues Element*.

3. In deren Untermenü finden Sie nun ausschließlich die Option *Bibliothek*.

4. Der Windows-Explorer fügt dann in den Ordner ein neues Bibliothekssymbol mit dem provisorischen Namen *Neue Bibliothek* ein.
   Tippen Sie einfach eine passende Bezeichnung ein und drücken Sie
   ⏎.

5. Damit ist Ihre neue Bibliothek fertig und einsatzbereit. Sie
   wird ab sofort in den Auswahlmenüs aufgeführt, sodass Sie
   wie beschrieben beliebig Ordner in diese Bibliothek aufnehmen können.

Ein aussagekräftiges Symbol für eigene Bibliotheken festlegen

Eigene Bibliotheken werden standardmäßig mit einem generischen Bibliothekssymbol
versehen. Dieses können Sie durch ein individuelles Symbol ersetzen, sodass Sie verschiedene Bibliotheken auf den ersten Blick unterscheiden können.

1. Öffnen Sie die entsprechende Bibliothek im Windows-Explorer und wechseln Sie mit
   der Multifunktionsleiste in die Kategorie *Bibliothekstools*.

2. Klicken Sie dort auf die Schaltfläche
   Anderes Symbol.

3. Im anschließenden Dialog finden Sie eine
   reichhaltige Auswahl an Symbolen aus den
   verschiedensten Bereichen. Wählen Sie ein
   passendes aus und klicken Sie unten auf *OK*.
   Ab sofort symbolisiert der Windows-Explorer diese Bibliothek mit dem gewählten Icon.

Kapitel 17

17. Wichtige Dokumente systematisch sichern und wiederherstellen

Solange alles glattgeht, macht man sich über Sicherungsstrategien meist keine großen Gedanken. Allerdings ist ein Datenverlust leider jederzeit möglich. Ein Hardwaredefekt beschädigt die Festplatte, ein Blitzschlag oder eine Überspannung im Stromnetz zerstört den kompletten PC oder aber er geht durch Diebstahl verloren. Betriebssystem und Anwendungen lassen sich neu installieren. Was aber ist mit persönlichen Dokumenten, den Steuerunterlagen oder der digitalen Bildersammlung der letzten Jahre? Solche Informationen sind unter Umständen unwiederbringlich verloren. Dieses Risiko können Sie vermeiden, denn Windows bringt schon von Haus aus Bordmittel mit, mit denen Sie wichtige Daten sichern können. Diese Sicherungskopien lassen sich im Falle eines Falles schnell wieder einspielen, sodass Sie nicht nur keine Daten, sondern auch nur wenig Zeit verlieren.

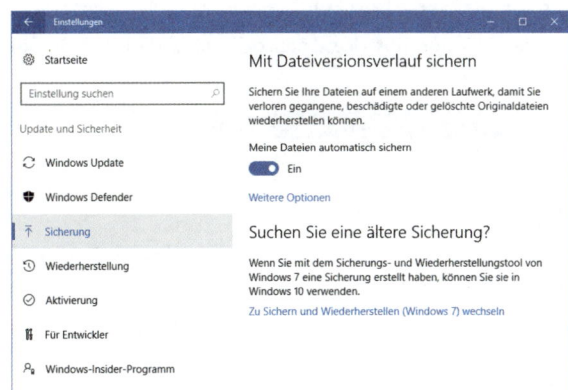

17.1 Dateiversionsverlauf – ältere Versionen von Dokumenten schnell finden und zurückspielen

Windows bringt mit dem Dateiversionsverlauf eine praktische Funktion mit, die das Sichern wichtiger Dateien komfortabel und zuverlässig macht und vor allem einen einfachen und flexiblen Zugriff auf vorherige Versionen Ihrer Dokumente ermöglicht. Der Dateiversionsverlauf zeichnet die Geschichte Ihrer Dateien nahtlos auf und erlaubt es, nicht nur irgendeine oder die jeweils letzte Version eines Dokuments wiederherzustellen. Sie können – abhängig vom verfügbaren Speicherplatz – beliebige frühere Versionen in verschiedenen Bearbeitungsstadien abrufen und zurückholen. Das kann sehr praktisch sein, wenn ein Fehler oder ein versehentliches Entfernen wichtiger Informationen z. B. erst nach einiger Zeit auffällt.

Ständige Sicherungen im Hintergrund – den Dateiversionsverlauf aktivieren

Die Zeitkapsel für Dateien ist nach der Installation standardmäßig deaktiviert. Immerhin benötigt diese Funktion einigen Speicherplatz, deshalb sollte man genau überlegen, ob und in welchem Umfang Dokumente gesichert werden sollen. Unerlässliche Bedingung für den Dateiversionsverlauf ist allerdings ein zusätzliches Laufwerk. Dabei kann es sich um eine Partition auf einer anderen Festplatte handeln oder auch um einen USB-Stick oder ein externes USB-Laufwerk. Sicherungen auf derselben Festplatte sind wenig sinnvoll, da die Sicherungen im Fall eines Defekts dann gemeinsam mit den Originalen verloren gehen würden, deshalb lässt sich der Verlauf in einer solchen Konfiguration gar nicht erst aktivieren.

1. Öffnen Sie den Windows-Explorer und wechseln Sie gegebenenfalls in einen Ordner, in dem die *Start*-Kategorie der Multifunktionsleiste angezeigt wird.

2. Hier finden Sie im Bereich *Öffnen* den Punkt *Verlauf*, mit dem Sie Zugriff auf die Historie der unten gewählten Dateien bzw. des geöffneten Ordners haben.

3. Solange der Dateiversionsverlauf noch nicht aktiviert ist, finden Sie hier aber nur eine Meldung, dass nichts gefunden wurde, sowie die Möglichkeit, diese Funktion einzuschalten. Klicken Sie dazu rechts oben auf das Zahnradsymbol und wählen Sie im Menü *Dateiversionsverlauf einrichten*.

4. Im anschließenden Dialog bietet Ihnen Windows ein Laufwerk an, das sich als Speicherort für die Sicherungen eignet. Das Festplattenlaufwerk, auf dem Windows selbst installiert ist, kommt dafür nicht infrage (auch nicht eine andere Partition auf dieser Platte). Stattdessen unterstützt der Dateiversionsverlauf folgende Alternativen:

- extern angeschlossene Laufwerke wie USB-Sticks oder USB-Festplatten, aber auch externe eSATA-Laufwerke,

- intern angeschlossene zusätzliche Festplatten oder

- Netzlaufwerke.

Ist ein solches Laufwerk vorhanden, wählt Windows dies automatisch aus. Kontrollieren Sie in diesem Fall bei *Dateien kopieren nach*, ob das Laufwerk Ihrer Wahl dazu auserkoren wurde. Andernfalls können Sie links bei *Laufwerk auswählen* die gewünschte Partition festlegen.

5. Klicken Sie dann auf *Einschalten*, um den Dateiversionsverlauf zu aktivieren.

6. Die Funktion wird dann zunächst mit sinnvollen Voreinstellungen verwendet, die Sie nach Bedarf anpassen können.

Was und wie oft sichern? – Den Dateiversionsverlauf individuell anpassen

Standardmäßig berücksichtigt der Dateiversionsverlauf sämtliche Bibliotheken, Ihren Desktop, die Kontakte sowie die Browserfavoriten und erstellt davon einmal pro Stunde eine neue Sicherung. Das hört sich viel an, aber es werden immer nur die Dinge gesichert, die sich seit dem letzten Mal verändert haben bzw. neu hinzugekommen sind.

Alte Sicherungen werden durch neue nicht überschrieben, sondern es wird jeweils eine neue Sicherung eines Dokuments erstellt, sodass nach und nach mehrere Versionen jedes Dokuments entstehen – aber eben nur, wenn sich am Dokument auch etwas verändert hat. Diese Versionen werden standardmäßig endlos aufgehoben. Bei einem sich immer wieder verändernden Dokument haben Sie durch den Dateiversionsverlauf also auch später alle Zwischenschritte immer wieder im Zugriff. Das alles sind aber nur die Voreinstellungen, die Sie nach Ihren Bedürfnissen individuell anpassen können.

1. Wann immer Sie den Dateiversionsverlauf aufrufen, finden Sie oben rechts ein kleines Zahnradsymbol, mit dem Sie die Einstellungen dieser Funktion steuern können.

2. Klicken Sie dort im Untermenü auf *Dateiversionsverlauf einrichten*.

3. Damit gelangen Sie in die zentrale Übersicht des Dateiversionsverlaufs.

4. Klicken Sie hier links oben auf *Erweiterte Einstellungen*.

5. Im anschließenden Menü können Sie oben festlegen, wie oft das *Speichern von Dateikopien* vorgenommen werden soll. Ein sinnvoller Wert hängt davon ab, wie intensiv Sie am PC arbeiten. Eine neue Sicherung alle zehn Minuten bietet maximale Sicherheit, da Sie maximal zehn Minuten Arbeit verlieren können, aber sie generiert auch sehr viele Sicherungsversionen. Das verbraucht Speicherplatz und macht das Auffinden eines bestimmten Sicherungsstands umso schwieriger. Eine Sicherung pro Tag oder alle zwölf Stunden dürfte in vielen Fällen ausreichen, aber das muss jeder für sich individuell entscheiden.

6. Darunter bestimmen Sie, wie lang die *Aufbewahrung gespeicherter Versionen* dauern soll. Dabei empfiehlt sich die Variante *Bis Platz benötigt wird*. Dann erstellt der Dateiversionsverlauf immer weiter neue Versionen. Sollte der Platz auf dem dafür festgelegten Datenträger einmal ausgehen, werden automatisch jeweils die ältesten Sicherungen gelöscht. So arbeitet das Programm immer unauffällig im Hintergrund und passt sich dem verfügbaren Platz an. Haben Sie hingegen sehr viel Platz und wollen die Anzahl der Versionen trotzdem begrenzen, legen Sie einen bestimmten Zeitraum fest, in dem ältere Versionen maximal aufbewahrt werden.

Bestimmte Ordner vom Sichern ausnehmen

Standardmäßig berücksichtigt der Dateiversionsverlauf sämtliche Bibliotheken. Solange Sie alle Ihre Dokumente und Daten in diesem Bereich ablegen, werden also alle Ihre Dateien gesichert. Es kann aber sinnvoll sein, bestimmte Bereiche davon auszunehmen, vor allem weil sie ansonsten zu einem enormen Speicherverbrauch auf dem Sicherungslaufwerk führen würden. Wenn Sie z. B. viel mit digitalen Bildern arbeiten, würde jede kleine Änderung, wie etwa nur das Einfügen von Name oder Beschriftung (Tags) eines Bildes, zu einer neuen Version führen. Wenn Sie also z. B. 50 Bilder à ca. 4 MByte haben und allen diesen Bildern einfach die neue Beschriftung „Urlaub2012" zuordnen, wären das mal eben 200 MByte Speicherplatz auf dem Sicherungsmedium.

Für eine stattliche externe USB-Festplatte ist das noch kein großes Problem, aber ein kleiner USB-Stick mit wenigen GByte Kapazität wäre bei einer solchen Sicherungsstrategie bald voll. Deshalb kann es sinnvoll sein, einzelne Ordner von der Sicherung auszunehmen.

1. Öffnen Sie die Einstellungen des Dateiversionsverlaufs und klicken Sie oben links auf *Ordner ausschließen*.

2. Im anschließenden Dialog klicken Sie unten auf *Hinzufügen* und wählen dann den Ordner aus, dessen Inhalt nicht gesichert werden soll. Sie können hier eine komplette Bibliothek auswählen oder auch einen einzelnen darin enthaltenen Ordner.

3. Wiederholen Sie diesen Vorgang für alle Ordner, die nicht gesichert werden sollen. Für jeden dieser Ordner wird ein Eintrag in der Liste erzeugt. Hier können Sie den Ordner dann später gegebenenfalls auch wieder mit *Entfernen* herausholen.

4. Klicken Sie dann unten rechts auf *Änderungen speichern*.

Der Dateiversionsverlauf berücksichtigt die in dieser Liste vermerkten Ordner nun nicht mehr.

TIPP ☑ **Volle Kontrolle über die zu sichernden Ordner**
Die Bibliotheksfunktion von Windows bietet Ihnen die Möglichkeit, ganz genau und flexibel zu kontrollieren, was der Dateiversionsverlauf sichert und was nicht. Hierzu können Sie eine eigene Bibliothek (z. B. *Sichern*) anlegen. Die anderen Bibliotheken nehmen Sie wie vorangehend beschrieben von der Sicherung aus. Nun können Sie im Windows-Explorer genau nur die Ordner, die der Dateiversionsverlauf sichern soll, der Bibliothek *Sichern* zuordnen.

Das Laufwerk für die Sicherung verlagern

Sollte der Platz auf dem Sicherungsdatenträger doch mal zu eng werden, können Sie ihn ohne Weiteres auf ein anderes, größeres Laufwerk verlagern. Sie haben dabei die Möglichkeit, den vorhandenen Datenbestand auf das neue Sicherungslaufwerk zu übertragen, sodass die vorhandenen Sicherungsversionen beibehalten und anschließend an der neuen Stelle weiter ergänzt werden.

1. Öffnen Sie die Einstellungen des Dateiversionsverlaufs und klicken Sie oben links auf *Laufwerk auswählen*.

2. Im anschließenden Menü sehen Sie alle für den Dateiversionsverlauf nutzbaren Lauf-werke, wobei dasjenige ausgewählt ist, das bislang als Sicherungsmedium benutzt wird. Ändern Sie die Auswahl auf das neue Laufwerk Ihrer Wahl und klicken Sie unten auf OK.

3. Windows bietet Ihnen nun an, die be-reits vorhandenen Sicherungsdaten auf das neue Laufwerk zu übertra-gen. Bestätigen Sie das mit Ja.

4. Warten Sie ab, bis der Dateitransfer abgeschlossen ist. Anschließend kön-nen Sie den Dateiversionsverlauf wie-der uneingeschränkt verwenden.

Auf Dateien aus dem Dateiversionsverlauf zugreifen

Ist der Dateiversionsverlauf aktiv, können Sie jederzeit auf die gespeicherten früheren Versionen der gesicherten Dateien zugreifen und diese zurückspielen. Das Programm unterstützt Sie dabei in der Auswahl, welche von mehreren gesicherten Versionen die richtige ist.

1. Wählen Sie als Erstes aus, für welche(s) Objekt(e) Sie den Verlauf einsehen möchten. Handelt es sich um eine bestimmte Datei, markieren Sie diese im Windows-Explorer. Geht es hingegen um einen ganzen Ordner (gegebenenfalls samt Unterordnern), öffnen Sie diesen im Windows-Explorer, ohne etwas zu markieren.

2. Öffnen Sie die Kategorie Start in der Multifunktionsleiste des Windows-Explo-rer und klicken Sie im Bereich Öffnen auf Verlauf.

3. Haben Sie im Windows-Explorer einen Ordner geöffnet, zeigt Ihnen der Dateiversionsverlauf an, für welche Dateien dieses Ordners Sicherungen vorhanden sind. Oben können Sie dabei den Zeitpunkt ablesen, zu dem diese Sicherung angelegt wurde.

4. Mit dem Steuerelement unten in der Mitte können Sie nun weiter in der Versionshistorie des Ordners zurückgehen und sehen, welche früheren Versionen der einzelnen Dateien gesichert wurden.

5. Wollen Sie den gesamten Stand eines Ordners auf den gerade angezeigten früheren Zeitpunkt zurücksetzen, klicken Sie unten auf die runde Schaltfläche *Stellt die Daten am ursprünglichen Speicherort wieder her*. Alternativ können Sie auch nur bestimmte Dateien der Sicherung auswählen. Der Dateiversionsverlauf ersetzt dann die aktuelle Variante der Dateien durch die Versionen aus der gewählten Sicherung.

Die vorhandenen neueren Dateien werden bei dieser Vorgehensweise ersatzlos überschrieben. Wie Sie das vermeiden können und wie Sie den Inhalt der Dateien zum Wiederfinden einer bestimmten früheren Version nutzen können, erfahren Sie in den nachfolgenden Abschnitten.

Den Inhalt von gesicherten Dokumenten vergleichen

Der Dateiversionsverlauf bietet Ihnen die Möglichkeit, nicht nur die formalen Eigenschaften von gesicherten Dateiversionen (also Größe, Speicherzeitpunkt etc.), sondern auch den Inhalt zu untersuchen. So können Sie z. B. nach einer ganz bestimmten Version einer Datei suchen, um diese wiederherzustellen. Dabei gibt es zwei Möglichkeiten:

- Wenn Sie eine bestimmte Datei ausgewählt und dann deren Verlauf geöffnet haben, wird direkt der Inhalt angezeigt. Mit dem Steuerelement zeigen Sie dann jeweils den Inhalt einer früheren Version der Datei an. So können Sie sich durch die Versionshistorie „hangeln", bis Sie die gewünschte Fassung gefunden haben.

- Lassen Sie sich einen ganzen Ordner im Verlauf anzeigen, sehen Sie für jedes Dokument zunächst nur das Dateisymbol. Sie können es aber mit einem Doppelklick „öffnen", erhalten dann ebenfalls eine Vorschau auf den Inhalt und können die gewünschte Version heraussuchen.

Auch hier können Sie jederzeit mit der *Stellt die Daten am ursprünglichen Speicherort wieder her*-Schaltfläche die frühere Version zurückspielen. Das bezieht sich dann allerdings immer nur auf die Datei, deren Inhalt gerade angezeigt wird.

HINWEIS ⟩ Ganze Ordner aufgrund des Dateiinhalts wiederherstellen

Wenn Sie den Inhalt einer bestimmten Datei benutzen, um einen Zeitpunkt auszuwählen, zu dem Sie einen ganzen Ordner zurücksetzen möchten, gibt es eine kleine Klippe zu umschiffen: Wechseln Sie aus der Inhaltsvorschau einer Datei zurück zur Ordneransicht (mit dem Zurück-Pfeil oben links), wechselt der Dateiversionsverlauf nicht automatisch in die Ordneransicht zu dem Zeitpunkt, den Sie mit der Inhaltsvorschau ausgewählt hatten. Vielmehr gelangen Sie zurück zu dem Zeitpunkt, der in der Ordneransicht zuvor eingestellt war. Bei solchen Szenarien merken Sie sich also in der Inhaltsvorschau den Zeitpunkt (Datum und Uhrzeit stehen darüber), wechseln dann in der Ordneransicht zu ebenfalls diesem Zeitpunkt und führen erst dann die Wiederherstellung durch.

Gesicherte Dateien an einem anderen Ort wiederherstellen

Mit der zentralen *Wiederherstellen*-Schaltfläche ersetzen Sie jeweils die aktuell vorhandenen Dateien durch eine ältere Version. Die aktuelle Version wird dabei ersatzlos entfernt und überschrieben. Das ist sicher nicht in jedem Fall so gewünscht. Nun könnten Sie selbstverständlich vor dem Wiederherstellen manuell Kopien der aktuellen Dateien anlegen, was aber umständlich und unnötig ist. Der Dateiversionsverlauf bietet die Alternative, die aktuellen Dateien eben nicht zu überschreiben, sondern die früheren Versionen stattdessen an einer anderen Stelle wiederherzustellen.

1. Wählen Sie hierzu wie vorangehend beschrieben die frühere Version einer oder mehrerer Dateien aus, die Sie wiederherstellen möchten.

2. Klicken Sie dann aber nicht auf die Schaltfläche *Stellt die Daten am ursprünglichen
   Speicherort wieder her*, sondern stattdessen
   oben rechts auf das Zahnradsymbol und
   im dadurch geöffneten Menü auf *Wiederherstellen in*.

3. Anschließend wählen Sie den Ordner aus,
   in dem die Wiederherstellung erfolgen
   soll.

Der Dateiversionsverlauf erstellt dann im gewählten Ordner die gesamte Ordnerstruktur der wiederhergestellten Dateien. Wenn Sie also im Ordner *Dokumente\Firma\
Projekt* eine Wiederherstellung der Dateien vornehmen und dafür den Ordner *C:\Rettung*
als Ziel auswählen, finden Sie die wiederhergestellten Dateien anschließend unter
C:\Rettung\Dokumente\Firma\Projekt wieder.

Daten zurückholen, wenn Dateien und Ordner komplett gelöscht sind

Die bisherige Beschreibung des Dateiversionsverlaufs ging immer davon aus, frühere
Versionen von noch bestehenden Dateien wiederherzustellen. Was aber, wenn es sich
um Ordner bzw. Dateien handelt, die bereits – absichtlich oder versehentlich – gelöscht
wurden? Dann brauchen Sie in der Ordnerhierarchie nur weit genug oben anzufangen.
Handelt es sich also z. B. um einen Unterordner der *Bilder*-Bibliothek, öffnen Sie diese
Bibliothek im Windows-Explorer und klicken auf *Verlauf*. Dann können Sie sich durch
eine „zeitlose" Ordnerhierarchie klicken, die sowohl aktuell noch vorhandene als auch
längst gelöschte Verzeichnisse und Dateien enthält.

Alternativ können Sie auch das Sicherungslaufwerk selbst nach Dateien durchsuchen,
denn die Sicherung erfolgt nicht in Form eines komplexen Archivs, sondern letztlich durch
simples Kopieren und Umbenennen von Dateien.

1. Öffnen Sie im Windows-Explorer das Laufwerk, das Sie als Sicherungsmedium für
   den Dateiversionsverlauf festgelegt haben. Darauf finden Sie einen Ordner namens
   FileHistory.

2. Wählen Sie darin den Ordner mit Ihrem Benutzerkonto aus, darin den Ordner mit
   dem Namen Ihres PCs und darin das Verzeichnis *Data*.

3. Hierin finden Sie die (gesicherten) Datenstrukturen Ihrer Laufwerke wieder, also C
   für das Laufwerk C:, dann *Users*, dann erneut Ihre Benutzerkennung und darin die
   eigentlichen gesicherten Daten:

   - *Contacts*, *Desktop* und *Favorites* enthalten Ihre Kontakte, den Inhalt Ihres Desk-
     tops sowie Browserfavoriten.

   - Daneben finden Sie alle Bibliotheken, sofern Sie diese nicht von der Sicherung
     durch den Dateiversionsverlauf ausgenommen haben.

Die Struktur der Bibliotheken mit Dateien und Unterverzeichnissen entspricht den Originalen. Lediglich die Dateinamen sind verändert, da sie neben dem eigentlichen Namen noch das Datum und die Uhrzeit enthalten, an denen die jeweilige Sicherung angelegt wurde. Gibt es mehrere Versionen einer Datei, finden Sie also mehrere Dateien mit demselben Namen vor, die sich nur durch die Ergänzung eines anderen Datums unterscheiden.

Der Dateiversionsverlauf erstellt für jede gespeicherte Version eines Dokuments eine Dateikopie.

Sicherungsbestände aufräumen und Speicherplatz freigeben

Da es sich bei den Datenbeständen des Dateiversionsverlaufs um simple Dateistrukturen handelt, können Sie auch durchaus manuell darin aufräumen, um z. B. Platz auf dem Sicherungsmedium zu schaffen. Öffnen Sie dazu wie vorangehend beschrieben die Dateistrukturen auf dem Sicherungslaufwerk und entfernen Sie Ordner und Dokumente, die Sie sicher nicht mehr benötigen werden oder bei denen Sie beispielsweise die endgültig fertiggestellten Fassungen anderweitig extern gesichert haben. So können Sie insbesondere nicht mehr benötigte Speicherplatzfresser aussortieren.

Allerdings entfernen Sie auf diese Weise nur die Dateien, nicht aber die Informationen darüber im Dateiversionsverlauf. Diese gelöschten Sicherungen werden also nach wie vor angezeigt, aber sobald Sie darauf zugreifen, meldet das Programm, dass diese Daten nicht mehr verfügbar sind. Eine nicht ganz so flexible, aber in vielen Fällen ausreichende Möglichkeit, die Bestände des Dateiversionsverlaufs nach Bedarf auszudünnen, bieten die Einstellungen des Verlaufs selbst.

1. Öffnen Sie hier *Erweiterte Einstellungen* und klicken Sie rechts unterhalb der Auswahlfelder auf den Link *Versionen bereinigen*.

2. Im anschließenden Dialog geben Sie an, bis zu welchem Zeitpunkt Sie frühere Versionen von Dateien behalten möchten. Wählen Sie z. B. *Älter als 3 Monate* aus, entfernt die Funktion alle Versionen aus dem Dateiversionsverlauf, die vor diesem Zeitpunkt angelegt wurden.

3. Klicken Sie auf *Bereinigen*, um die Säuberungsaktion durchzuführen.

17.2 Wichtige Dateien und Ordner klassisch als Backup sichern

Der Dateiversionsverlauf ist zwar hilfreich, aber nur bedingt zuverlässig, da der Benutzer nur begrenzte Kontrolle darüber hat, wann eine Sicherung angelegt und wie lange sie aufbewahrt wird. Für eine robuste Datensicherung über einen längeren Zeitraum ist das nicht ausreichend. Hier wäre eine gezielte Sicherung von Dateien oder auch ein komplettes Backup der Festplatte sinnvoller, was am besten in regelmäßigen Abständen automatisch auf ein sicheres Medium erfolgt.

Für diesen Zweck beinhaltet Windows 10 weiterhin die schon von Windows 7 bekannte Systemabbildsicherung, bei der Sie mit einem eigenen Sicherungsassistenten den Umfang der Datenbackups festlegen und eigene Sicherungen manuell erstellen können. Außerdem kann der Assistent einen einmal definierten Sicherungsauftrag nach einem festgelegten Zeitplan immer wieder durchführen, sodass Sie stets über eine aktuelle Komplettsicherung Ihrer Dokumente verfügen. Allerdings wurde diese Funktion gut versteckt, sodass man sich etwas anstrengen muss, um sie wiederzufinden.

Vorab: Wohin mit den Sicherungsdaten?

Der Sicherungsassistent von Windows unterstützt verschiedene Sicherungsmedien. Welche geeignet sind, hängt von der Ausstattung Ihres PCs sowie vom Umfang der zu sichernden Dateien ab:

- **Interne Festplatten:** Eine zweite in den PC eingebaute Festplatte eignet sich durchaus für Backups. Ist eine solche Festplatte ohnehin vorhanden, ist dies eine einfache und schnelle Lösung. Wichtig ist allerdings, dass es sich wirklich um eine zweite physische Festplatte handelt und nicht nur um eine zusätzliche Partition auf derselben Festplatte wie Betriebssystem und Dateien. Nur so bietet die Sicherung Schutz bei Hardwaredefekten. Einschränkend muss außerdem gesagt werden, dass diese Lösung bei massiven Beschädigungen z. B. durch Überspannung bzw. Blitzschlag nicht optimal ist, da die zweite Festplatte dabei ebenfalls beschädigt werden kann.

- **Externe Festplatten:** Eine sehr gute und praktische Lösung sind externe Festplatten, die per USB an den PC angeschlossen werden. Hierbei sollte allerdings unbedingt USB 2.0 oder 3.0 zum Einsatz kommen. Optimalerweise wird die USB-Festplatte nur für das Sichern der Daten angeschlossen und sonst an einem sicheren Ort verwahrt. Bei Sicherungen per Zeitplan ist dies aber eher unpraktisch. Hinweis: USB-Sticks werden vom Sicherungsassistenten nicht als Ziel für geplante Sicherungen akzeptiert, selbst wenn sie ausreichend Kapazität haben.

- **Beschreibbare Datenträger:** Theoretisch immer noch machbar, aber angesichts der heute üblichen Datengrößen eher unpraktisch. CDs sind mittlerweile viel zu klein, DVDs mögen für überschaubare Datenmengen noch geeignet sein und ein gutes Preis-Leistungs-Vermögen haben. Blu-rays haben zwar eine höhere Kapazität, sind aber auch teurer. Ist der Brenner ohnehin vorhanden, man muss nicht zu oft sichern und/oder möchte die Sicherungen länger aufbewahren, dann mögen solche Datenträger noch sinnvoll sein. In der Regel ist eine externe Festplatte aber eine sinnvollere Investition.

- **Netzwerklaufwerke:** Ist der PC mit anderen Rechnern vernetzt, kann die Sicherung auch auf einem Netzlaufwerk erfolgen. Dies bietet sich insbesondere an, wenn es im Netzwerk einen zentralen Fileserver gibt, der seinerseits über Backupfunktionen verfügt. Die Sicherung ins Netzwerk ist schnell und zuverlässig. Allerdings gilt auch hier, dass im Fall einer massiven Beschädigung z. B. bei einem Brand im Zweifelsfall auch der Rechner beschädigt wird, auf dem sich die Sicherungsdateien befinden.

Regelmäßige automatische Sicherungen konfigurieren

Nach der Installation von Windows ist der Sicherungsassistent zunächst inaktiv. Um das zu ändern, müssen Sie ihm einmalig einen Sicherungsauftrag erteilen. Dieser Auftrag kann dann gleich mit einem regelmäßigen Zeitplan versehen werden, damit der Assistent ihn ab sofort automatisch in bestimmten Abständen durchführt.

1. Interessanterweise findet sich diese Funktion nur über Umwege in der klassischen Systemsteuerung, fast so, als wenn Microsoft sie verstecken wollte. Am einfachsten geht es so: Geben Sie in der Systemsteuerung im Suchfeld oben rechts die Zahl 7 ein. Dann erhalten Sie den Eintrag *Sichern und Wiederherstellen (Windows 7)* ganz oben in der Trefferliste.

2. Damit finden Sie die Ihnen vielleicht von Windows 7 geläufigen Funktionen zum Sichern und Wiederherstellen von Dateien und System wieder. Außerdem finden Sie hier auch Abkürzungen zu den Funktionen der Systemwiederherstellung.

3. Wenn der Sicherungsassistent noch nie eingesetzt wurde, klicken Sie rechts auf den Link *Sicherung einrichten*. Andernfalls ist bereits ein Sicherungsauftrag definiert, den Sie mit *Einstellungen ändern* anpassen können.

4. Der Assistent untersucht dann zunächst, welche Sicherungsgeräte zur Auswahl stehen. Schließen Sie also externe Sicherungsmedien wie z. B. USB-Festplatten am besten schon vorher an. Da ein Backup auf die Systemfestplatte nicht sinnvoll wäre, steht diese nicht zur Verfügung. Weitere Festplatten sowie Brenner-Laufwerke werden aber aufgeführt. Die sinnvollste Variante markiert der Assistent mit dem Kommentar *[Empfohlen]*. Wählen Sie einfach selbst das Laufwerk aus, auf dem Sie sichern möchten.

5. Wollen Sie das Backup über ein Netzwerk auf einen Fileserver oder einen anderen PC ausführen, klicken Sie unten auf *In Netzwerk speichern*. Geben Sie im folgenden Schritt den Netzwerkpfad zu dem gewünschten Speicherort sowie die für diesen Netzwerkzugriff erforderlichen Benutzerdaten an. Dieses Laufwerk wird dann mit in die Laufwerkauswahl für den Speicherort aufgenommen.

6. Als Nächstes können Sie wählen, welche Daten gesichert werden sollen:

    ■ Mit *Auswahl durch Windows* überlassen Sie die genaue Zusammenstellung dem Betriebssystem. Wenn Sie für das Speichern von Daten ohnehin die von Windows vorgegebenen Strukturen wie Standardordner (*Eigene Dokumente*, *Eigene Bilder* etc.) bzw. Bibliotheken verwenden, ist das die richtige Wahl. Solche Dateien und Ordner werden dann automatisch berücksichtigt.

■ Verwenden Sie eigene Ordnerstrukturen oder auch mehrere Laufwerke für Ihre Daten, sollten Sie hingegen auf die Option *Auswahl durch Benutzer* zurückgreifen. Dann können Sie im nachfolgenden Schritt genau angeben, welche Ordner gesichert werden sollen.

7. Haben Sie sich für eine individuelle Auswahl entschieden, legen Sie nun fest, welche Ordner genau dazugehören sollen. Ihre Standardordner und -bibliotheken sind standardmäßig bereits erfasst, können aber abgewählt werden.

Stellen Sie ganz unten außerdem ein, ob auch jedes Mal ein Systemabbild gesichert werden soll. Dies können Sie z. B. auch nur bei Bedarf nach größeren Änderungen manuell erstellen und so die automatischen Sicherungen schlanker und schneller halten.

8. Der Sicherungsassistent präsentiert Ihnen dann eine Zusammenfassung der gewählten Einstellungen. Kontrollieren Sie hier Ihre Auswahl. Außerdem können Sie mit einem Klick auf *Zeitplan ändern* festlegen, wann und wie häufig die automatische Sicherung ausgeführt werden soll.

9. Klicken Sie im abschließenden Schritt noch auf *Zeitplan ändern*, um gegebenenfalls die Häufigkeit anzupassen, mit der die Sicherung durchgeführt werden soll. Wählen Sie dazu den Tag der Sicherung aus und geben Sie die Uhrzeit an.

TIPP ☑ Muss der PC zur Sicherung angeschaltet sein?

Es bietet sich an, einen Zeitpunkt für die Sicherung zu wählen, zu dem Ihr Rechner üblicherweise angeschaltet ist. Das ist auch kein Problem, da die Sicherung im Hintergrund erfolgt und Sie währenddessen ungestört weiterarbeiten können. Außer erhöhter Festplattenaktivität werden Sie davon kaum etwas bemerken. Aber auch wenn der PC zum fraglichen Termin mal ausgeschaltet sein sollte, macht das nichts. Der Assistent bemerkt beim nächsten Start automatisch, dass er eine Sicherung verpasst hat, und holt diese dann nach. Auch das geschieht wiederum unauffällig im Hintergrund.

10. Klicken Sie dann unten auf die Schaltfläche *Einstellungen speichern und Sicherung ausführen*. Der Assistent legt dann sofort eine erste Komplettsicherung an. Mit *Details anzeigen* können Sie den Fortschritt genau verfolgen. Oder aber Sie schließen die Dialoge und arbeiten einfach weiter.

TIPP ☑ Wie viel Platz benötigen die Sicherungsdateien?

Der Speicherplatzbedarf der Sicherungsdaten hängt vom Umfang der zu sichernden Dateien und von der Regelmäßigkeit der Änderungen ab. Der Assistent erstellt bei einem neuen Sicherungsauftrag jeweils zuerst eine Komplettsicherung. Bei den weiteren Sicherungen per Zeitplan handelt es sich um Deltasicherungen, bei denen nur die Dateien berücksichtigt werden, die seit der letzten Sicherung verändert wurden. Dadurch laufen die weiteren Sicherungen schneller ab, und der Speicherplatzbedarf reduziert sich erheblich. Den Platzbedarf der Sicherungen können Sie leicht im Auge behalten: Auf dem Datenträger, den Sie für die Sicherungsdaten ausgewählt hatten, finden Sie einen Ordner mit dem Netzwerknamen Ihres PCs. Wenn Sie mit der rechten Maustaste darauf klicken und im Kontextmenü *Eigenschaften* abrufen, finden Sie dort unter *Größe* die Menge des Speicherplatzes, den dieser Ordner derzeit belegt.

Nach Datenverlusten Dateien aus Sicherungen zurückspielen

Wenn Sie regelmäßige Sicherungen durch den Assistenten durchführen lassen, stehen Sie im Fall eines Datenverlusts gut da. Nun können Sie auf die gesicherten Daten zurückgreifen und fehlende, beschädigte oder versehentlich veränderte Dateien einfach wiederherstellen.

1. Öffnen Sie dazu wiederum den Bereich *Sichern und Wiederherstellen (Windows 7)* in der klassischen Systemsteuerung.

2. Klicken Sie hier im Bereich *Wiederherstellen* auf die Schaltfläche *Eigene Dateien wiederherstellen*.

3. Der so gestartete Assistent bietet Ihnen standardmäßig die zuletzt erstellte Sicherung für das Wiederherstellen an. Ist der Missgriff gerade eben erst passiert, finden

Sie hier vermutlich die entsprechende Datei. Ist die gesuchte Datei älteren Datums, können Sie mit einem Klick auf den Link *Anderes Datum auswählen* eine frühere Sicherung anwählen.

4. Ist die richtige Sicherung eingestellt, geht es daran, die Dateien und/oder Ordner auszuwählen, die Sie wiederherstellen wollen. Klicken Sie für Dateien rechts auf die Schaltfläche *Nach Dateien suchen*. Anschließend können Sie durch die gesicherten Daten hin zu der Stelle navigieren, an der die gewünschte Datei gespeichert war. Im Auswahlfenster sehen Sie jeweils das Datum der letzten Änderung der gesicherten Datei als Auswahlhilfe. Wählen Sie die Datei oder auch mehrere Dateien aus und übernehmen Sie sie mit *Dateien hinzufügen* in die Liste der wiederherzustellenden Dateien.

5. Wenn Sie ganze Ordner wiederherstellen wollen, verwenden Sie stattdessen die Schaltfläche *Nach Ordnern suchen* und verfahren dann analog.

TIPP ☑ Dateien und Ordner in der Sicherung suchen

Wenn Sie den Namen eines gesuchten Dokuments oder zumindest einen Teil davon kennen, den genauen Speicherort aber nicht mehr rekonstruieren können, ist die Suchfunktion ein praktischer Helfer. Mit einem Klick auf die *Suchen*-Schaltfläche rechts öffnen Sie eine lange Liste aller in der gewählten Sicherung enthaltenen Dateien und Ordner. Oben können Sie nun den Namen der gesuchten Datei eintippen. Dabei reicht auch ein beliebiger Teil des Namens aus. Wenn Sie dann ⏎ drücken oder rechts auf *Suchen* klicken, wird die Liste auf die Einträge reduziert, die zu diesem Suchtext passen. Um Dateien oder Ordner aus der Liste auszuwählen, setzen Sie vor ihrem Eintrag ein Häkchen. Klicken Sie dann unten auf *OK*, um die markierten Elemente in die Wiederherstellungsliste aufzunehmen.

6. Mit den beschriebenen Mitteln können Sie die Dateien und Ordner auswählen, die Sie wiederherstellen wollen. Sie werden alle in der Wiederherstellungsliste verzeichnet. Ist die Auswahl komplett, klicken Sie unten auf *Weiter*.

7. Nun können Sie noch die Wiederherstellungsoptionen konfigurieren. Normalerweise dürfte es reichen, wenn die Daten *Am Ursprungsort* wiederhergestellt werden. Die Dateien und Ordner werden also genau dahin geschrieben, wo der Sicherungsassistent sie erfasst hatte. Eine eventuell noch vorhandene neuere Version wird dabei überschrieben.

8. Wollen Sie neuere Dateiversionen durch das Wiederherstellen nicht beeinträchtigen, können Sie sie an einem anderen Ort wiederherstellen lassen. Wählen Sie dazu die Option *An folgendem Ort* und geben Sie einen beliebigen Ordner dafür an. Mit der Option *Dateien in den ursprünglichen Unterordnern wiederherstellen* bewahren Sie die Verzeichnisstruktur der wiederhergestellten Dateien. Der oben festgelegte Ordner fungiert dann als Stammverzeichnis, von dem aus die relevanten Ordner wiederhergestellt werden. Stammen die gesicherten Dateien von verschiedenen Laufwerken, können Sie mit *Unterordner für den Laufwerksbuchstaben erstellen* sogar die Laufwerkstruktur unterhalb des Wiederherstellungsordners restaurieren. So lassen sich auch größere Mengen an wiederhergestellten Dateien gut strukturieren.

9. Klicken Sie dann unten auf die Schaltfläche *Wiederherstellen*.

10. Warten Sie kurz, bis die ausgewählten Dateien wiederhergestellt sind. Sie erhalten dann die Meldung *Die Dateien wurden erfolgreich wiederhergestellt*.

17.3 Mit einem Systemabbild das gesamte System für den Notfall sichern

Windows bietet neben dem Sichern von Dateien zusätzlich ein Systemabbild des gesamten PCs an. Dabei werden sowohl das Windows-Betriebssystem als auch die installierten Anwendungen sowie Ihre persönlichen Dokumente berücksichtigt. Kurzum, es wird ein komplettes Abbild der Festplatte(n) gesichert. Dieses erlaubt es Ihnen, den PC relativ schnell und unkompliziert wieder in den Zustand zu versetzen, in dem er sich zum Zeitpunkt der Imagesicherung befunden hatte.

Sinn eines Systemimages ist es in der Regel nicht, einzelne Dateien wiederherstellen zu können. Vielmehr geht es darum, im Fall eines schwerwiegenden Fehlers, wie beispielsweise eines Festplattencrashs, möglichst schnell wieder zu einem lauffähigen System zu kommen (nachdem eine neue Festplatte eingebaut wurde). Eine Neuinstallation von Windows und allen Anwendungen sowie das Wiederherstellen der Dokumente würde viel Zeit kosten. Das Zurückspielen des Images hingegen geht relativ flott und läuft fast automatisch.

HINWEIS ⟩ Was umfasst das Systemabbild?

Beim Systemabbild wird der gesamte Inhalt der Systempartition – auf der Windows installiert ist – gesichert. Es umfasst also das gesamte Windows-System inklusive aller Systemeinstellungen und -dateien. Ebenso fallen darunter alle installierten Programme, sofern Sie diese im Standardpfad C:*Programme* bzw. bei x64-Systemen auch C:*Programme (x86)* installiert haben. Außerdem werden auch alle gespeicherten Dokumente, Bilder etc. berücksichtigt, sofern Sie diese unter *Eigene Dateien* oder aber anderswo auf der Systempartition abgelegt haben. Sofern ohnehin nur ein Laufwerk auf Ihrem PC eingerichtet ist, wird also immer der gesamte Inhalt gesichert.

Verfügen Sie über weitere Laufwerke, können Sie deren Inhalt ggf. mit in die Sicherung einbeziehen. Weitere Laufwerke, die nicht von der Komplettsicherung berücksichtigt werden, bieten aber auch zusätzliche Möglichkeiten. Bei der Wiederherstellung der Komplettsicherung werden auch die eventuell noch vorhandenen Dokumente durch die ursprünglich gesicherten Dateien ersetzt, selbst wenn diese ältere Versionen beinhalten. Wenn Sie die anderen Laufwerke für regelmäßige Sicherungskopien Ihrer Dokumente verwenden, können Sie nach einer Systemwiederherstellung aus diesen Backups auch die aktuellen Versionen Ihrer Dokumente schnell wieder restaurieren.

Ein Systemabbild anlegen

Ganz wichtig bei einer Komplettsicherung ist es, wann Sie diese anlegen. Während sich Dateisicherungen relativ häufig oder sogar täglich empfehlen, sieht dies bei einer Komplettsicherung anders aus. Zum einen dauert sie weitaus länger, zum anderen benötigt sie deutlich mehr Speicher. Sie kann auch nicht während des laufenden Betriebs im Hintergrund durchgeführt werden. Eine regelmäßige Sicherung nach Zeitplan empfiehlt sich hierfür also nicht und ist auch nicht vorgesehen. Vielmehr sollten Sie zu einem bestimmten Zeitpunkt ganz bewusst eine Komplettsicherung anlegen, auf die Sie dann im Bedarfsfall zurückgreifen können.

TIPP ☑ Der richtige Zeitpunkt für ein Systemabbild

Um den passenden Moment für eine Komplettsicherung zu bestimmen, sollten Sie immer davon ausgehen, in welchem Zustand Sie Ihren PC im Falle eines Falles wiederherstellen wollen. Wenn Sie Windows installiert und angepasst sowie die benötigten Anwendungen installiert haben, wäre das z. B. ein guter Zeitpunkt für eine Komplettsicherung. Sie könnten dann diesen „jungfräulichen" Zustand jederzeit wiederherstellen.

Allerdings nimmt man ja doch immer mal wieder Änderungen an der Konfiguration vor, installiert weitere Programme, richtet kleine Helferlein ein etc. Um diese Veränderungen zu berücksichtigen, ist es empfehlenswert, von Zeit zu Zeit eine neue Komplettsicherung anzulegen. Dabei können ja durchaus der Speicherplatz bzw. die Medien der ursprünglichen Komplettsicherung überschrieben werden. Wie häufig Sie die Komplettsicherung erneuern, hängt davon ab, wie viel sich an Ihrem System verändert. Überlegen Sie sich einfach, wie groß der Aufwand wäre, um die Änderungen seit der letzten Komplettsicherung noch einmal vorzunehmen. Wird er zu groß, legen Sie eine neue Sicherung an.

1. Öffnen Sie auch hierfür in der Systemsteuerung die Windows-7-Dateiwiederherstellung (siehe Seite 401).

2. Klicken Sie dort rechts im Navigationsbereich auf *Systemabbild erstellen*.

3. Der Assistent sucht dann nach Sicherungsgeräten, die sich für ein Systemabbild eignen. Dies sind aufgrund des Platzbedarfs insbesondere beschreibbare DVD-Medien. Aber auch Netzlaufwerke auf einem anderen PC oder einem Speichergerät im Netzwerk sind möglich. Das Speichern des Systemabbilds auf einer Festplatte hingegen ist nur erlaubt, wenn neben der Systemplatte weitere Festplatten vorhanden sind. Abhängig von diesen Faktoren zeigt der Assistent Ihnen dann die möglichen Optionen an. Wählen Sie das gewünschte Gerät für die Sicherung aus. Entscheiden Sie sich für DVDs, sind keine weiteren Schritte nötig. Nur wenn Sie mehrere DVD-Brenner an Ihren PC angeschlossen haben sollten, wählen Sie ggf. einen davon aus. Auch bei der Sicherung auf eine Festplatte müssen Sie noch das Laufwerk auswählen, auf das die Sicherungsdaten geschrieben werden sollen.

4. Haben Sie neben der Systempartition weitere Laufwerke in Ihrem PC, können Sie diese miteinbeziehen. Allerdings steigt der Speicherplatzbedarf der Sicherung dadurch ggf. stark an. Bedenken Sie außerdem, dass alle gesicherten Laufwerke beim Wiederherstellen nur komplett wiederhergestellt werden können. Dabei werden eventuell noch vorhandene neuere Versionen der Dateien ggf. durch die ältere Fassung vom Zeitpunkt der Sicherung überschrieben.

5. Der Assistent fasst dann noch mal die Details der Sicherung zusammen (was und wohin es gesichert werden soll). Hierbei gibt er auch den Speicherplatzbedarf an, je
nach gewähltem Sicherungsgerät in GByte oder in Anzahl an DVDs.

6. Klicken Sie dann unten auf die Schaltfläche *Sicherung starten*, um das Erstellen des Systemabbilds zu starten. Nun brauchen Sie nur etwas Geduld, bis das Systemabbild erstellt wurde. Bei einer Sicherung auf DVD werden Sie zwischendurch zum Einlegen der Datenträger aufgefordert.

7. Anschließend bietet Ihnen der Assistent an, gleich noch einen Systemreparaturdatenträger zu erstellen. Dies ist sinnvoll, wenn Sie kein bootfähiges Installationsmedium zur Verfügung haben.

HINWEIS ▷ Fehlermeldung wegen zu wenig Speicherplatz

Möglicherweise scheitert das Erstellen eines Systemabbilds mit dem Hinweis, es wäre auf den zu sichernden Partitionen nicht ausreichend Speicherplatz für Volumenschattenkopien vorhanden. Auch wenn die gewählten Laufwerke scheinbar ausreichend freien Speicherplatz haben, ist diese Fehlermeldung (leider) berechtigt. Auslöser ist die zusätzlich vom System reservierte Minipartition, die nur in der Datenträgerverwaltung sichtbar ist und die zwangsläufig zu einem Systemabbild gehört. Bei älteren Systemen, die per Upgrade-Installation auf Windows 10 aktualisiert wurden, ist die Partition so klein, dass sie mittlerweile fast vollständig gefüllt ist. Der verbleibende Platz genügt den Ansprüchen der Volumenschattenkopien (mindestens 50 MByte) nicht mehr. Man kann dies nur als einen Fehler von Windows bezeichnen, da der Benutzer hierauf selbst keinen Einfluss hat. Trotzdem ist unter diesen Umständen keine Systemsicherung möglich. Einzige Abhilfe: Diese Partition nachträglich vergrößern. Mit Bordmitteln (Datenträgerverwaltung) wird dies nur in seltenen Fällen möglich sein, wenn im Anschluss an diese Partition noch freier Platz auf dem Datenträger vorhanden ist bzw. sich schaffen lässt.

In den (meisten) anderen Fällen kann nur ein Partitionstool Abhilfe schaffen, das auch volle Partitionen verschieben und so den benötigten Speicherplatz schaffen kann, beispielsweise *http://www.partitionwizard.com/free-partition-manager.html*.

Eine Systemsicherung wieder einspielen

Sollte im Falle eines Falles Ihr Windows-System z. B. aufgrund eines Hardwaredefekts nicht mehr lauffähig sein, können Sie auf das zuvor erstellte Systemabbild zurückgreifen. Selbstverständlich sollte das Problem bzw. seine Ursache zunächst behoben werden, also z. B. eine neue, intakte Festplatte eingebaut werden. Eine erneute Installation des Betriebssystems auf diesem Laufwerk ist nicht notwendig. Sie können stattdessen direkt das gesicherte Systemimage zurückspielen.

Einzige Voraussetzung: Diese Festplatte muss groß genug sein, also am besten so groß wie die alte oder größer. Andernfalls ist nicht genug Platz vorhanden, um das Systemimage wiederherzustellen.

Systemimage mit der Wiederherstellungsumgebung einspielen

Das Wiederherstellen einer Komplettsicherung kann nicht im laufenden Windows erfolgen. Schließlich wird dabei die gesamte Systempartition überschrieben, womit dem laufenden System sozusagen der Boden unter den Füßen weggezogen würde. Stattdessen gibt es eine spezielle Wiederherstellungsumgebung, die direkt beim Systemstart aktiviert werden kann:

1. Öffnen Sie die *Einstellungen* und wechseln Sie dort in die Kategorie *Update und Sicherheit/Wiederherstellung*.

2. Klicken Sie hier rechts bei *Erweiterter Start* auf *Jetzt neu starten* und warten Sie, bis Sie nach dem Neustart eine *Option auswählen* können.

3. Wählen Sie in diesem Menü den Punkt *Problembehandlung*, dann *Erweiterte Optionen* und schließlich *Systemimage-Wiederherstellung* aus.

4. Der PC startet dann neu, was etwas länger als gewohnt dauern kann.

5. Anschließend befinden Sie sich im Systemimage-Wiederherstellungsmodus. Wählen Sie zunächst aus, welches Benutzerkonto für die Wiederherstellung genutzt werden soll (also in der Regel Ihr eigenes). Geben Sie anschließend das dazugehörige Kennwort an.

6. Ein Assistent sucht dann nach Komplettsicherungen, die für diese Windows-Installation vorhanden sind, und bietet Ihnen automatisch an, die neueste davon wiederherzustellen. Sollten Sie auf einen älteren Stand zurückgreifen wollen, wählen Sie unten *Systemabbild auswählen*.

7. Anschließend können Sie mit der gleichnamigen Option den Datenträger formatieren und neu partitionieren lassen. Dies ist wichtig, wenn Sie für das Wiederherstellen des Systems eine neue Festplatte eingebaut haben, die noch nicht formatiert ist. Aber auch, wenn Sie seit dem Erstellen der Komplettsicherung die Partitionierung des Systems verändert haben, sollten Sie diese Option wählen, andernfalls kann es beim Wiederherstellen Probleme geben. Haben Sie an den Laufwerken gar nichts verändert, können Sie auf die Option verzichten und die Wiederherstellung so etwas beschleunigen.

8. Im anschließenden Schritt können Sie die gewählten Wiederherstellungsdaten noch einmal überprüfen. Klicken Sie dann unten auf *Fertig stellen*.

9. Nun folgen noch einmal ein Hinweis und eine Rückfrage, ob Sie auch wirklich die Systemwiederherstellung durchführen und dabei die vorhandenen Daten löschen wollen. Bestätigen Sie mit *Ja*.

10. Jetzt wird das Systemimage endgültig wiederhergestellt. Aufgrund des Umfangs der dabei bewegten Dateien (mindestens einige GByte) wird dieser Vorgang eine Weile dauern. Sie können den PC solange aber ruhig

sich selbst überlassen. Weitere Benutzereingaben sind bis zum Ende der Wiederherstellung nicht notwendig. Nur bei einer Wiederherstellung von DVD-Medien ist zwischendurch Scheibenwechseln angesagt.

11. Nachdem das System vollständig wiederhergestellt wurde, ist ein Neustart fällig, den der Assistent nach einer Wartepause selbst veranlasst. Mit einem Klick auf *Jetzt neu starten* können Sie den Vorgang verkürzen. Den-

ken Sie daran, eventuelle Änderungen in den Booteinstellungen des BIOS an dieser Stelle rückgängig zu machen, sodass der PC wieder von der Festplatte bootet. Anschließend startet die wiederhergestellte Windows-Installation ganz normal.

Die Systemwiederherstellung mit einem Installationsmedium durchführen

Sollte die Beeinträchtigung Ihres PCs so nachhaltig sein, dass Windows sich nicht mehr starten lässt, ist die vorangehend beschriebene Vorgehensweise nicht möglich. In diesem Fall können Sie die Wiederherstellungsumgebung von einem Installationsmedium (DVD oder USB-Stick) bzw. einem Systemreparaturdatenträger starten.

1. Legen Sie dabei diesen Datenträger ein und sorgen Sie dafür, dass der Rechner von diesem bootet. Je nach Rechner müssen Sie dazu die Bootreihenfolge im BIOS verändern oder aber einfach während des Startvorgangs eine Taste drücken.

2. Beim Start von einem Installationsmedium wird zunächst wie bei einer Neuinstallation ein Fenster zur Sprachauswahl angezeigt. Übernehmen Sie die meist korrekten Standardeinstellungen oder passen Sie diese ggf. an. Klicken Sie unten rechts auf *Weiter*.

3. Wichtig: Anstelle von *Jetzt installieren* klicken Sie im nächsten Schritt unten links auf *Computerreparaturoptionen*.

4. Sie gelangen so zu dem in der vorangehenden Anleitung beschriebenen Schritt 3 und können ab da so wie dort geschildert verfahren.

17.4 Cloud-Backup: Onlinespeicher im Internet als Sicherungsmedium nutzen

Als „Cloud" bezeichnet man die riesige, schwer definierbare Datenwolke im Internet. Sie wird aus den vielen Möglichkeiten gebildet, Daten online zu speichern und zwischen stationären und mobilen Geräten zu synchronisieren. Auch wenn das Konzept etwas abstrakt erscheint, nutzen viele diese Cloud heute schon – womöglich ohne sich dessen bewusst zu sein. Wenn Sie z. B. für Ihre E-Mail-Kommunikation ein webbasiertes Postfach verwendet, machen Sie sich diese Cloud zunutze. Ihre Nachrichten werden nicht mehr lokal auf Ihrem PC gespeichert, sondern nur noch auf dem Server Ihres E-Mail-Betreibers. Sie können jederzeit von jedem Ort aus mit beliebigen Geräten (PC, Mobilgerät, internetfähiges TV-Gerät etc.) darauf zugreifen.

Auch beim Speichern von Daten kann Ihnen die Cloud wertvolle Dienste leisten. Das Auslagern von wichtigen Dokumenten bringt den Vorteil, dass Sie eine zusätzliche Kopie „außer Haus" haben. Diese ist selbst bei einer echten Katastrophe wie z. B. einem Brand, der neben dem PC womöglich auch die Sicherungsmedien wie USB-Laufwerke oder selbst gebrannte CDs/DVDs in Mitleidenschaft ziehen würde, ungefährdet.

Positiver Nebeneffekt: Auf eine solche Kopie in der Datenwolke können Sie auch von unterwegs jederzeit zugreifen, falls Sie mal Unterlagen vergessen haben oder überraschend benötigen.

HINWEIS ▷ Datenschutz beim Onlinespeichern

Die Anbieter von Onlinespeicherplatz wie Google Drive oder OneDrive sorgen in der Regel mit automatischen Backups etc. für die Sicherheit der ihnen anvertrauten Daten. Um einen wichtigen Aspekt allerdings müssen Sie sich selbst kümmern, nämlich den inhaltlichen Schutz Ihrer Daten. Sensible Daten, z. B. sehr persönliche, sollten am besten nur verschlüsselt übermittelt werden. Schließlich geben Sie diese Daten beim Hochladen in die Obhut anderer und können niemals sicher sein, was diese damit anstellen.

Vorteil für OneDrive – direkt ins Betriebssystem integriert

Microsoft selbst mischt im Markt der Cloud-Speicherdienste mit OneDrive kräftig mit. Deshalb integriert Windows den OneDrive-Zugriff direkt in das Betriebssystem. Wenn Sie sich mit einem Microsoft-Konto anmelden, geschieht das direkt beim Einrichten Ihres Benutzerkontos, da zu jedem Microsoft-Konto ohnehin ein OneDrive-Speicher gehört.

Um die Verbindung zu einem OneDrive-Konto herzustellen, meldet sich Windows auch gern direkt nach dem Start mit einem Anmelde-Dialog. Geben Sie hier die E-Mail-Adresse und das Kennwort für Ihr Microsoft-Konto ein.

Sollten Sie noch keines haben oder für diesen Zweck ein neues, separates verwenden wollen, können Sie einfach eines anlegen. Solche Konten sind zumindest in der Basisversion kostenlos. Wer mehr Speicherplatz oder zusätzliche Leistungen wie etwa Office Online haben möchte, kann dies mit kostenpflichtigen Abos ergänzen.

OneDrive konfigurieren

Sollten Sie den Anmelde-Dialog beim Start verpasst haben, können Sie ihn jederzeit per Klick auf das OneDrive-Symbol im Infobereich nachholen. Mit einem Rechtsklick darauf öffnen Sie das Kontextmenü, in dem Sie unter anderem die *Einstellungen* öffnen können:

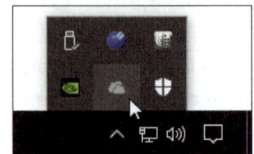

- In der Rubrik *Einstellungen* lässt sich dort das Autostartverhalten steuern. Wenn Sie OneDrive gar nicht nutzen möchten, entfernen Sie den Haken bei *OneDrive beim Anmelden bei Windows automatisch starten*.

- Eine praktische Funktion ist das automatische Speichern von Fotos und Videos in der Cloud. Wenn Sie Bilder auf Ihren PC importieren (bzw. mit einem Windows-Tablet Bilder aufnehmen), werden diese automatisch in die Cloud hochgeladen. So hat man sofort eine Sicherungskopie und kann Bilder unkompliziert mit anderen teilen.

- In der Rubrik *Konto* können Sie im Bereich *OneDrive* auf *Ordner wählen* klicken. Im anschließenden Dialog legen Sie fest, welcher der Cloud-Ordner stets mit Ihrem PC synchronisiert werden soll. Standardmäßig werden alle synchronisiert, aber bei Bedarf bzw. um Transfervolumen zu sparen, können Sie dies einschränken.

OneDrive genau wie ein lokales Laufwerk nutzen

Ist der OneDrive-Zugang einmal eingerichtet, können Sie auf dem Desktop und in den dazugehörigen Anwendungen Ihren OneDrive-Speicher genauso wie ein direkt in den PC eingebautes Laufwerk oder eine angeschlossene USB-Festplatte nutzen:

- Im Windows-Explorer finden Sie links im Navigationsbereich nun einen eigenen *OneDrive*-Eintrag. Darüber können Sie den Onlinespeicherplatz jederzeit öffnen und darauf zugreifen. Der Datenaustausch kann wie gewohnt erfolgen, also beispielsweise auch per Drag-and-drop mit anderen Ordnern.

- Ebenso können Sie in Desktop-Anwendungen Dokumente direkt von OneDrive öffnen oder sie dorthin speichern. Auch hier können Sie Ihr OneDrive in den Dialogen direkt auswählen und wie bei einem lokalen Ordner verwenden. Spezielle Funktionen wie beispielsweise das automatische Speichern von Dokumenten alle x Minuten klappen hierbei ebenfalls wie gewohnt.

Durch die Integration von OneDrive direkt in das Windows-Betriebssystem ist eine vollkommen transparente Nutzung des Onlinespeichers möglich. Der Anwender bemerkt dabei in der Praxis keinen Unterschied, ob er seine Dokumente auf seiner Festplatte oder direkt im Onlinespeicher ablegt (abgesehen von einer zeitlichen Verzögerung bei umfangreicheren Dokumenten). Selbst beim Suchen nach Dateien berücksichtigt Windows automatisch die Dokumente, die auf einem verbundenen OneDrive abgelegt sind.

Dieser unkomplizierte Zugriff macht das Nutzen von OneDrive sehr viel attraktiver. Insbesondere wenn Sie mehrere verschiedene Rechner nutzen (beispielsweise einen PC und ein Tablet), brauchen Sie sich um das Abgleichen von Datenbeständen keine Gedanken mehr zu machen.

17.5 Letzte Chance: gelöschte Dateien auf Festplatten oder Speicherkarten wiederherstellen

Wenn alle Wiederherstellungsmöglichkeiten erschöpft sind und keine brauchbare Version einer gelöschten Datei gesichert wurde, bleibt nur noch eine Hoffnung: Solange der Speicherbereich auf dem Datenträger nicht mit neuen Dateien überschrieben wurde, sind die Daten physisch noch vorhanden und lassen sich mit etwas Glück wiederherstellen. Windows selbst kann solche Dateien allerdings nicht wiederherstellen.

Gelöschte Dateien per Undelete zurückholen

Dazu benötigen Sie ein spezielles Undelete-Tool wie z. B. PC-Inspector File Recovery, das Sie unter www.pcinspector.de kostenlos herunterladen können. Es kann gelöschte Dateien erkennen und – soweit möglich – restaurieren. Das funktioniert unter Umständen sogar, wenn ein Datenträger wie z. B. ein USB-Stick oder die Speicherkarte einer Digitalkamera bereits formatiert wurde.

1. Klicken Sie nach dem Start des Programms zunächst auf das Symbol oben links.

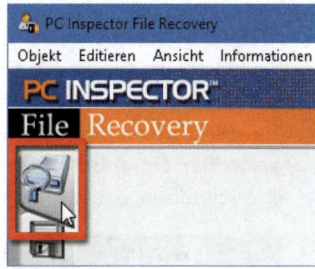

2. Im anschließenden Dialog wählen Sie den Datenträger sowie gegebenenfalls das Laufwerk aus, in dem nach gelöschten Dateien gesucht werden soll. Klicken Sie schließlich auf das grüne Häkchen. File Recovery analysiert dann diesen Datenträger.

3. Zurück im Hauptprogramm, erhalten Sie in der Kategorie *Gelöscht* eine Liste der gelöschten Dateien, die eventuell wiederhergestellt werden können. In der Spalte *Zustand* können Sie ablesen, wie gut die Chancen dafür tatsächlich sind.

4. Markieren Sie die gewünschten Dateien und wählen Sie *Objekt/Speichern unter*. Sie können im folgenden Dialog dann ein Laufwerk auswählen, um diese Dateien wiederherzustellen. Wichtig: Wählen Sie dazu ein anderes Laufwerk aus. Würden Sie die Dateien auf dem Laufwerk wiederherstellen, auf dem sich die Reste der gelöschten Datei befinden, würden Sie eben diese Reste eventuell beim Speichern überschreiben, und die Daten wären dann endgültig unrettbar verloren.

Kapitel 18

18. CDs, DVDs und Blu-ray Discs für Datensicherungen und Präsentationen

Windows bringt verschiedene Möglichkeiten mit, CDs, DVDs oder Blu-ray Discs (BD) zu brennen. Diese Funktionen sind direkt in verschiedene Komponenten wie beispielsweise den Windows Media Player integriert. Aber auch der Explorer kann Dateien und Ordner direkt auf Silberscheiben brennen, z. B. um wichtige Dokumente zu archivieren oder größere Datenmengen zu anderen PCs mitnehmen zu können.

Welche Medien und Geschwindigkeiten dabei zum Einsatz kommen können, hängt von der vorhandenen Brennerhardware ab. Windows erkennt den eingebauten bzw. angeschlossenen Brenner und bindet ihn automatisch ein. Dabei bietet es zwei verschiedene Brennverfahren an, die sich in Handhabung und Einsatzbereichen grundlegend unterscheiden.

HINWEIS ⊳ Blu-ray Disc (BD) und DVD

Windows unterstützt von Haus aus den Einsatz von Blu-ray Discs und DVDs. Das bedeutet, dass entsprechende Laufwerke von Windows erkannt und eingebunden werden. Außerdem können solche Scheiben durch die Brennfunktionen von Windows z. B. direkt aus dem Windows-Explorer mit Daten beschrieben werden. Auch der Lesezugriff auf Daten ist möglich.

Allerdings fehlen dem Windows Media Player die notwendigen Codecs, um DVDs und Blu-ray-Videos direkt abzuspielen. Hierfür muss zusätzliche Software installiert werden, die von Fremdanbietern angeboten oder auch durch den Hersteller des optischen Laufwerks beigelegt wird.

18.1 Rohlinge optimal für das Schreiben von Daten formatieren

Die Voraussetzung für das Erstellen von Datenträgern im Windows-Explorer ist das Einlegen eines Rohlings in das Brennerlaufwerk. Anschließend muss dieser formatiert werden, wobei Windows zwei verschiedene Brennmethoden zur Verfügung stellt, die jeweils Vor- und Nachteile haben. Erst wenn dieser Schritt erledigt ist, können Sie Dateien und Ordner auf dem Datenträger sichern.

1. Legen Sie einen leeren Rohling in das Brennerlaufwerk ein. Die automatische Wiedergabe von Windows erkennt den eingelegten Rohling nach kurzer Wartezeit und zeigt einen Dialog an. Tippen oder klicken Sie darauf.

2. Dadurch öffnen Sie einen zweiten Dialog, in dem Sie einen Vorgang für den Datenträger auswählen können. Wählen Sie hier die Option *Dateien auf Datenträger brennen*.

3. Geben Sie im anschließenden Dialog oben einen beliebigen Titel für den Datenträger ein.

4. Wählen Sie dann die Methode aus, mit der der Datenträger erstellt werden soll. Beide Varianten werden im nachfolgenden Abschnitt ausführlicher vorgestellt. Wenn Sie nun auf *Weiter* klicken, wird der Datenträger formatiert und fertig vorbereitet.

5. Bei der Variante *Wie ein USB-Speicherstick* kann dies einige Zeit in Anspruch nehmen. Scheiben nach der Methode *Mit einem CD/DVD-Player* stehen hingegen sofort zur Verfügung (mehr dazu im nachfolgenden Abschnitt).

TIPP ☑ Automatische Wiedergabe verpasst?

Der Dialog beim Einlegen eines Datenträgers wird nur für einige Sekunden angezeigt. Sollten Sie ihn verpasst haben, kein Problem. Öffnen Sie einfach das Brennerlaufwerk mit dem leeren Rohling im Windows-Explorer. Dann wird die Auswahl automatisch angezeigt.

Das UDF-Format ist flexibel einsetzbar

Für das von Windows empfohlene Livedateisystem (*Wie ein USB-Speicherstick*) wird das **U**niversal **D**isc **F**ormat (UDF) verwendet. Es ist wesentlich leistungsfähiger als das klassische ISO-Format und kann dadurch größere Dateien und Datenmengen sichern. Außerdem fallen viele der Beschränkungen des ISO-Formats weg.

Einer der größten Vorteile ist das Packetwriting. Hierbei muss der Datenträger nicht wie beim ISO-Format immer in einem Rutsch beschrieben werden, stattdessen können Sie nach und nach immer wieder Dateien auf den Datenträger kopieren, sie dort gegebenenfalls auch wieder löschen etc. Der Rohling ist dadurch genauso flexibel einsetzbar wie z. B. ein USB-Stick oder eine Medienspeicherkarte. Er kann ohne Weiteres zwischendurch entnommen und später wieder eingelegt und weiterbeschrieben werden. Allerdings bringt UDF auch Nachteile mit sich:

- Der Datenträger muss vor der Verwendung aufwendig formatiert werden. Das erledigt Windows zwar automatisch, aber es dauert eine ganze Weile, bis der Rohling zum Schreiben vorbereitet ist.

- CDs und DVDs im UDF-Format können nur mit Einschränkungen in anderen Geräten verwendet werden. Andere PCs mit dem gleichen Betriebssystem sind in der Regel kein Problem. Soll die Scheibe aber in einem PC mit einem älteren Betriebssystem oder einem klassischen DVD-Spieler verwendet werden, kommt das UDF-Format nicht infrage. In solchen Fällen müssen Sie das ISO-Format verwenden.

Das ISO-Format bringt Kompatibilität mit älteren Systemen und klassischen Abspielgeräten

Alternativ zum UDF-Format unterstützt Windows auch das Brennen von Datenträgern im Mastered-Format (*Mit einem CD/DVD-Player*). Dieses Format bietet die größtmögliche Kompatibilität, da die Datenträger praktisch von jedem System eingelesen werden können, das ein CD- bzw. DVD-Laufwerk unterstützt. Auch klassische DVD-Abspielgeräte können mit solchen Datenträgern etwas anfangen, sofern sie mit Daten-CDs umgehen können, um z. B. Bilder oder MP3-Dateien abzuspielen. Mit dieser Wahl können Sie also nicht viel falsch machen, aber auch sie hat Nachteile:

- Die Dateien und Ordner für den Datenträger müssen zunächst auf der Festplatte zwischengespeichert und dann in einem Rutsch gebrannt werden. Das organisiert Windows zwar unauffällig im Hintergrund, aber der Speicherplatz wird trotzdem belegt, bis der Datenträger endgültig gebrannt wurde.

- Wenn Sie den Datenträger zwischenzeitlich entfernen wollen, ohne die Daten gebrannt zu haben, wird Windows nervös. Es muss dann überredet werden, die zwischengespeicherten Daten trotzdem beizubehalten.

- Damit der Datenträger auf anderen PCs oder CD-/DVD-Abspielern verwendet werden kann, muss er jeweils finalisiert werden.

18.2 Dateien und Ordner per Drag-and-drop auf die Datenscheibe schaffen

Haben Sie einen Rohling in den Brenner eingelegt und für die Aufnahme formatiert, können Sie damit beginnen, die Dateien und Ordner auszuwählen, die Sie auf diesem Datenträger sichern wollen. Die Vorgehensweise unterscheidet sich dabei zunächst kaum, egal ob Sie sich für das UDF- oder das ISO-Format entschieden haben.

Dateien und Ordner für das Brennen auswählen

Um Dateien auf den Datenträger zu schreiben, stehen Ihnen verschiedene Möglichkeiten zur Verfügung:

- Sie können die gewünschten Dateien im Windows-Explorer markieren und die *Brennen*-Schaltfläche in der Symbolleiste verwenden.

- Wählen Sie im Kontextmenü einer oder mehrerer ausgewählter Dateien den Befehl *Senden an/DVD-Laufwerk* o. Ä. (der genaue Wortlaut des Eintrags hängt vom eingebauten Laufwerk und dem eingelegten Rohling ab).

■ Ziehen Sie die markierten Dateien und Ordner per Drag-and-drop von ihrem Speicherplatz auf das Symbol des Brennerlaufwerks im Windows-Explorer. Alternativ
dazu können Sie Funktionen zum Kopieren und Einfügen verwenden. Auch das Verschieben bzw. Ausschneiden und Einfügen von Dateien funktioniert. Allerdings sollten Sie dabei besondere Umsicht walten lassen, da das Verschieben einer Datei
auf das Brennerlaufwerk eben (insbesondere im Fall von ISO-Datenträgern) noch
nicht bedeutet, dass die Datei auch tatsächlich schon physisch auf den Datenträger
geschrieben wurde.

■ Ebenso können Sie den üblichen *Speichern-* bzw. *Speichern unter*-Dialog von Anwendungen verwenden, um Dokumente direkt auf einem Datenträger zu speichern. Wählen Sie dazu einfach das Brennerlaufwerk als Ziel für die Speicherung aus.

Dateien mit dem Livedateisystem auf UDF-Medien brennen

Wenn Sie den Datenträger als UDF formatiert haben, erfolgt das Übertragen der Dateien unmittelbar. Da das länger dauert als das Schreiben z. B. auf eine Festplatte, kann es zu einer kurzen Wartepause kommen. Ein

Fortschrittsdialog zeigt an, wie weit der Schreibvorgang fortgeschritten ist.

Anschließend befinden sich die Dateien oder Ordner bereits auf dem Datenträger und können von dort wieder eingelesen oder auch gelöscht werden. Sie können den UDF-Datenträger jederzeit entnehmen und später wieder einlegen. Ebenso können Sie ihn in einen anderen PC einlegen und dort auf die gespeicherten Daten zugreifen. Eine abschließende Aufbereitung des Datenträgers für die Verwendung auf anderen Geräten ist nicht erforderlich.

Dateien von UDF-Datenträgern entfernen

Einer der Vorteile von UDF im Vergleich zum ISO-Format ist die Möglichkeit, einmal gebrannte Dateien wieder vom Datenträger löschen zu können. Ebenso können Sie eine bereits vorhandene Datei auf dem Datenträger durch eine neuere Version derselben ersetzen. Dies funktioniert sowohl bei einmal beschreibbaren (CD-R bzw. DVD+/-R) als auch bei wiederbeschreibbaren (CD-RW bzw. DVD+/-RW) Datenträgern. Allerdings wird nur bei wiederbeschreibbaren Medien der Speicherplatz beim Löschen auch wieder freigegeben. So oder so unterscheidet sich das Löschen von Dateien auf einem solchen Datenträger kaum von der sonstigen Vorgehensweise:

1. Öffnen Sie das Brennerlaufwerk mit dem eingelegten Datenträger. Sie sehen im Windows-Explorer dann den derzeitigen Inhalt des Rohlings.

2. Markieren Sie die Datei(en), die Sie entfernen wollen.

3. Drücken Sie [Entf] oder wählen Sie im Kontextmenü den Befehl *Löschen*.

4. Bestätigen Sie die Sicherheitsrückfrage zum Löschen der Datei. Beachten Sie dabei, dass es bei Löschoperationen auf UDF-Datenträgern keinen Papierkorb gibt. Die Dateien werden also grundsätzlich unwiderruflich gelöscht.

5. Das eigentliche Entfernen der Dateien dauert wie auch das Schreiben etwas länger als üblich und wird durch einen Fortschrittsdialog dokumentiert.

Dateien auf ISO-Datenträger brennen

Bei einem ISO-Datenträger ist der Ablauf etwas anders. Hier brennt Windows die Dateien nicht unmittelbar auf den Rohling, sondern speichert sie zunächst in einem temporären Ordner auf der Festplatte zwischen. Deshalb läuft das Kopieren, Verschieben und Speichern von Dateien auch sehr flott ab. Allerdings bleibt der Datenträger eben auch die ganze Zeit noch leer.

Anstelle eines Fortschrittsdialogs bekommen Sie jeweils einen Hinweis im Infobereich angezeigt, wenn neue Dateien im temporären Speicher für den Brenner landen. Um die Daten endgültig auf die Silberscheibe zu bekommen, müssen Sie den Brenn-Assistenten bemühen. Der überträgt dann alle Dateien aus dem Zwischenspeicher auf den Datenträger. Das sollten Sie allerdings erst machen, wenn Sie wirklich alle gewünschten Dateien und Ordner auf das Brennerlaufwerk kopiert haben.

1. Öffnen Sie das Brennerlaufwerk im Windows-Explorer. Sie sehen hier alle die Dateien und Ordner, die sich zurzeit im Zwischenspeicher für den Datenträger befinden und somit auf das Medium gebrannt werden würden. Sie sehen allerdings nicht den tatsächlichen Inhalt des Datenträgers, da dieser zu diesem Zeitpunkt noch völlig leer ist.

2. Öffnen Sie oben in der Multifunktionsleiste das *Verwalten*-Menü und klicken Sie dort im Bereich *Medien* auf die Schaltfläche *Brennvorgang abschließen*. Damit starten Sie den Brenn-Assistenten.

3. Hier können Sie im ersten Schritt einen Datenträgertitel eingeben und die Aufnahmegeschwindigkeit einstellen. Achten Sie darauf, dass die Geschwindigkeit zum verwendeten Rohling passt und ihn nicht überfordert. Klicken Sie dann unten auf *Weiter*.

4. Der Assistent bereitet den Datenträger nun für den Schreibvorgang vor, überträgt die Dateien und finalisiert das Medium anschließend, sodass es auch von anderen Laufwerken gelesen werden kann. Dieser Vorgang entspricht dem normalen Brennen einer kompletten CD und kann je nach Umfang der zu brennenden Dateien einige Zeit dauern. Der Assistent gibt die noch verbleibende Zeit jeweils an.

5. Anschließend bietet der Assistent Ihnen gegebenenfalls an, einen anderen Datenträger mit denselben Dateien zu erstellen. Das ist praktisch, wenn Sie gleich mehrere Kopien der Sicherung anfertigen wollen. Ansonsten schließen Sie den Assistenten einfach mit *Fertig stellen.*

TIPP ☑ Das Auswählen der Dateien auf mehrere Sitzungen verteilen

Bei einem UDF-Datenträger ist es kein Problem, die zu brennenden Dateien und Ordner nach und nach, gegebenenfalls auch im Laufe von Tagen oder Wochen, auf die Silberscheibe zu brennen. Aber auch bei einem ISO-Datenträger müssen Sie nicht alles in einem Rutsch erledigen. Sammeln Sie gegebenenfalls die Daten ruhig auch über einen längeren Zeitraum im temporären Verzeichnis, bis sich das Brennen lohnt. Sie können zwischendurch ohne Weiteres andere CDs, DVDs etc. einlegen, um z. B. Musik zu hören oder Filme zu schauen. Windows bekommt das mit und reagiert entsprechend. Sie können dann den Datenträger später wieder einlegen und das Sammeln fortsetzen. Falls Sie die gesammelten Dateien irgendwann doch nicht mehr brennen wollen, können Sie den temporären Speicher auch einfach löschen.

Datenträger löschen

Wenn Sie die Dateien auf einem Datenträger nicht mehr benötigen, können Sie den Inhalt löschen. Dies ist nicht dasselbe wie das Löschen aller gespeicherten Dateien. Hierbei würde das grundlegende Format des Datenträgers erhalten bleiben. Beim Löschen des Datenträgers hingegen werden sämtliche enthaltenen Daten einschließlich des Formats entfernt. Dies ist z. B. unerlässlich, wenn Sie den Datenträger von UDF auf ISO oder umgekehrt umformatieren oder ihn für einen ganz anderen Zweck einsetzen wollen, z. B. um eine Musik-CD oder eine Video-DVD zu brennen.

Wichtig: Das Löschen eines Datenträgers ist grundsätzlich nur bei wiederbeschreibbaren RW-Medien möglich.

1. Legen Sie den zu löschenden Datenträger ein und öffnen Sie den Arbeitsplatz bzw. Computer im Windows-Explorer.

2. Wählen Sie hier das Brennerlaufwerk aus und öffnen Sie in der Multifunktionsleiste das *Verwalten*-Menü. Hier sehen Sie im Bereich *Medien* die Schaltfläche *Datenträger löschen*. Alternativ finden Sie den gleichnamigen Befehl auch im Kontextmenü des Datenträgerlaufwerks.

3. Damit starten Sie den – für diesen Zweck etwas überdimensionierten – Brenn-Assistenten. Klicken Sie hier einfach unten auf *Weiter*.

4. Nun müssen Sie nur noch kurz Geduld haben und den Assistenten seine Arbeit erledigen lassen. Klicken Sie anschließend gegebenenfalls unten auf *Fertig stellen*, um den Assistenten zu schließen. Der Datenträger ist nun wieder „jungfräulich" und kann einer erneuten Verwendung zugeführt werden.

TIPP ☑ Nicht vom Cache täuschen lassen

Nach dem Löschen eines Datenträgers kann es vorkommen, dass Windows den Inhalt weiterhin anzeigt, als wenn nichts gelöscht worden wäre. Dies liegt am Cache, den Windows verwendet, um nicht jedes Mal auf den — relativ langsamen — Datenträger zugreifen zu müssen. Leider merkt der nicht immer gleich, dass der Datenträger gelöscht wurde. Der Spuk lässt sich leicht beenden. Lassen Sie den Datenträger auswerfen und legen Sie ihn anschließend wieder ein. Dann aktualisiert Windows den Cache und bekommt mit, dass es sich um einen völlig leeren Datenträger handelt.

18.3 Wichtige Dokumente zuverlässig auf CD/DVD oder Blu-ray archivieren

CDs, DVDs oder bei entsprechenden Datenmengen auch BDs eignen sich hervorragend als externe Speichermedien für wichtige Dokumente. Sie lassen sich getrennt vom PC an einem sicheren Ort aufbewahren, an dem sie selbst bei größeren Katastrophen wie Diebstählen, Feuer oder Überschwemmungen noch zur Wiederherstellung verwendet werden können, auch wenn der ursprüngliche PC nicht mehr zur Verfügung steht. Mit modernen Brennlaufwerken ist es auch nur eine Sache von wenigen Minuten, eine solche Silberscheibe zu erstellen.

Der größere Aufwand ist oftmals, alle relevanten Dateien für eine Sicherung zusammenzutragen. Genau hierbei aber helfen Ihnen die Such- und Filterfunktionen von Windows. Sie wollen alle paar Tage alle Dokumente sichern, die aber an unterschiedlichen Stellen auf der Festplatte gespeichert sind? Mit der praktischen Dateisuche stellen Sie die Dokumente in Sekunden zusammen und brennen sie auf eine Sicherungsscheibe. Und da Sie die Zusammenstellung als virtuellen Ordner speichern können, geht es beim nächsten Mal sogar noch schneller!

1. Legen Sie einen leeren CD-, DVD- oder Blu-ray-Rohling ein und wählen Sie das ISO-Format (*Mit einem CD/DVD-Player*), um maximale Kompatibilität für Ihre Sicherungsdaten zu erreichen.

2. Öffnen Sie nun im Windows-Explorer Ihre Bibliotheken oder auch Ihr Benutzerverzeichnis und tippen Sie in das Suchfeld einen Stern (*) ein.

3. Damit erhalten Sie eine Liste aller Dateien auf Ihrem PC. Wichtige Einschränkung: Es werden nur die Dateien aufgeführt, die von der Dateisuche berücksichtigt werden – also alles, was Sie unter *Dokumente* und in Bibliotheken ablegen. Wie Sie gegebenenfalls weitere Ordner und Laufwerke in die Dateisuche mit einbeziehen, ist auf Seite 372 beschrieben.

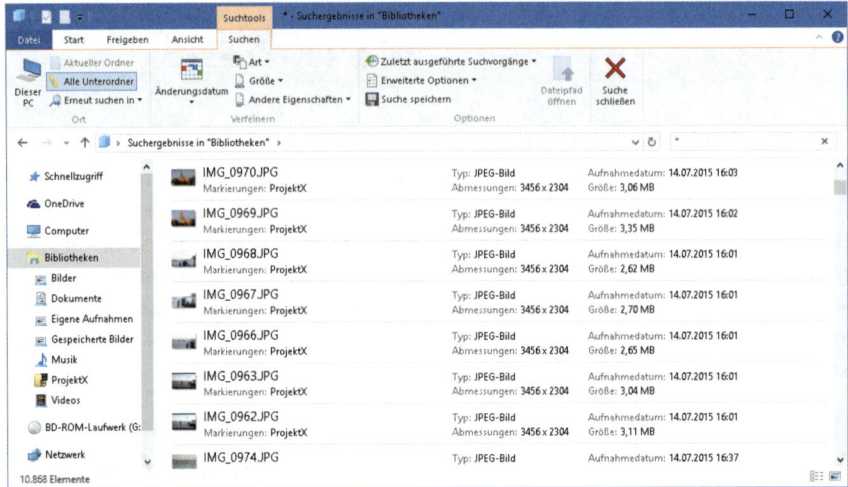

4. Nun können Sie die Filterfunktionen der Suche nutzen, um das Ergebnis auf die Arten von Dokumenten zu beschränken, die Sie sichern möchten. Öffnen Sie dazu im *Suchen*-Bereich das *Art*-Untermenü und wählen Sie die gewünschte Dateiart, beispielsweise *Dokument*.

5. Falls Sie genau diese Sicherung regelmäßig durchführen möchten, bietet es sich an, die Konfiguration dieser Suche zu speichern, um sie in Zukunft jederzeit schnell wieder abrufen zu können. Klicken Sie dazu im *Suchen*-Menü der Multifunktionsleiste auf *Suche speichern*. Verwenden Sie als Bezeichnung z. B. *Projekt-Dokumente*. Sie können die Suche dann jederzeit unter diesem Namen bei den gespeicherten Suchen im Navigationsbereich abrufen (siehe auch Seite 372).

6. Für die Sicherung der so ermittelten Dateien brauchen Sie nur noch alle angezeigten Dateien zu markieren (z. B. mit Strg+A), gehen dann ins *Freigeben*-Menü der Multifunktions-

    leiste und klicken dort auf die Schaltfläche *Auf Datenträger brennen*.

7. Windows kopiert die Dateien dann sofort in den temporären Ordner zum Brennen. Dieser wird auch direkt in einem zusätzlichen Fenster angezeigt. Hier brauchen Sie nur noch im *Verwalten*-Menü auf die

    Schaltfläche *Brennvorgang abschließen* zu klicken. Damit starten Sie den Brenn-Assistenten, der den Brennvorgang erledigt.

18.4 ISO-Images mit Bordmitteln auf CD/DVD brennen

ISO-Images sind Dateien, die das Abbild einer CD oder DVD beinhalten. Mit einem speziellen Programm können Sie den Inhalt der ISO-Datei auf einen Rohling brennen und so das Abbild wieder im Original herstellen. Bislang war dazu zusätzliche Software nötig. Windows bringt ein eigenes, einfaches Tool mit, um ISO-Dateien auf CD bzw. DVD zu brennen.

HINWEIS ⊳ Was genau ist eine ISO-Datei?

In einer ISO-Datei befindet sich der gesamte Inhalt einer CD bzw. DVD. Ob auf der Silberscheibe Musik, Videos oder einfach nur Daten enthalten sind, spielt dabei keine Rolle. ISO-Dateien bieten die Möglichkeit, die Inhalte von CDs und DVDs auf der Festplatte eines PCs zu speichern oder auch via Internet zu verbreiten. Genau das wird zunehmend mit dem Onlineverkauf von Software wie eben z. B. dem Betriebssystem Windows gemacht. Anstatt Millionen von DVDs herzustellen und zu verschicken, wird die Software als ISO-Abbild der Installations-DVD zum Download angeboten. Damit kann sich der Anwender dann die eigentliche DVD selbst brennen oder die Imagedatei als virtuelles Laufwerk einbinden (siehe Seite 438). Das geht wesentlich schneller und spart bei allen Beteiligten Ressourcen – sowohl finanzielle als auch ökologische.

1. Um eine vorliegende ISO-Datei zu brennen, klicken Sie mit der rechten Maustaste auf das Symbol dieser Datei.

2. Wählen Sie im Kontextmenü den Befehl *Datenträgerabbild brennen*. Alternativ finden Sie in der Symbolleiste des Windows-Explorer eine gleichnamige Schaltfläche.

3. Damit öffnen Sie das Dienstprogramm zum Brennen von ISO-Datenträgerabbildern. Hier ist bei *CD/DVD-Brenner* standardmäßig bereits Ihr Brennerlaufwerk eingestellt. Sollten mehrere vorhanden sein, wählen Sie gegebenenfalls das gewünschte aus.

4. Soll das Programm die CD/DVD nach dem Brennvorgang auf eventuelle Fehler hin untersuchen, schalten Sie das Kontrollkästchen *Datenträger nach dem Brennen überprüfen* ein. Dadurch verlängert sich der gesamte Vorgang allerdings deutlich.

5. Stellen Sie schließlich sicher, dass ein geeigneter Rohling im Brennerlaufwerk eingelegt ist, und klicken Sie unten auf die *Brennen*-Schaltfläche. Das Programm führt nun den Brennvorgang durch.

18.5 ISO-Imagedateien per Mausklick als virtuelles Laufwerk einbinden

Das Verteilen von Software per ISO-Imagedatei findet immer mehr Verbreitung. Nicht zuletzt Microsoft bringt sein Windows-Betriebssystem (unter anderem) auf diese Weise unters Volk. Und auch beim Onlinekauf von Software wird immer öfter ein direkter Download als Imagedatei angeboten, anstatt erst ein paar Tage auf den Paketdienst zu warten. Eine solche ISO-Datei kann man auf eine CD/DVD brennen oder einen USB-Stick damit erstellen. Oder aber man bindet die Imagedatei selbst direkt als virtuelles Laufwerk in den Windows-Explorer ein. Bislang war das nur mit zusätzlichen Programmen möglich. Windows bringt eine solche Funktion ganz einfach selbst mit.

1. Öffnen Sie im Windows-Explorer den Ordner, der die ISO-Datei enthält.

2. Klicken Sie mit der rechten Maustaste auf die Datei und wählen Sie im Kontextmenü den Befehl *Bereitstellen*.

3. Windows bindet die Imagedatei dann als separates virtuelles Laufwerk ein. Im Windows-Explorer finden Sie es unter *Computer* als virtuelles DVD-Laufwerk vor.

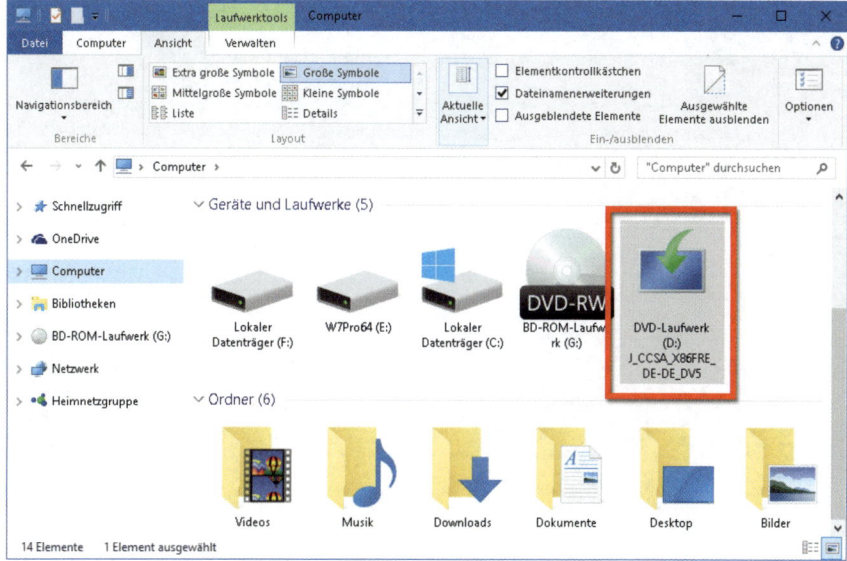

4. Sie können auf das virtuelle Laufwerk wie auf ein reales zugreifen, es also beispielsweise öffnen, den Inhalt öffnen, ausführen oder kopieren. Einzige Einschränkung: Wie bei einer CD/DVD kann der Inhalt nur gelesen, nicht aber verändert werden.

5. Um ein virtuelles Laufwerk nach dem Gebrauch wieder zu entfernen, klicken Sie mit der rechten Maustaste darauf und wählen den *Auswerfen*-Befehl.

Teil IV

Multimedia – Bilder, Audio, Video genießen und selbst gestalten

Kapitel 19

19. Die Multimedia-Apps von Windows nutzen

Für die wichtigen Anwendungsbereiche Bilder, Musik und Filme bringt Windows bereits ab Werk praktische Apps mit. Besonders auf Tablet-PCs mit Touchbedienung ermöglichen sie eine einfache und komfortable Nutzung von Medien. Aber auch mit Maus und Tastatur lassen sie sich nutzen und neben der reinen Wiedergabe auch für einfache Bearbeitungsfunktionen sinnvoll einsetzen.

19.1 Tablet-Bilder: Bilder per Touchscreen-App verwalten und bearbeiten

Die Fotos-App gehört zum Lieferumfang von Windows. Sie ist für die Touchbedienung optimiert, lässt sich aber auch per Maus und Tastatur nutzen. Neben dem Importieren, Anzeigen und Verwalten von Bildern einschließlich der Einbindung von Cloud-Speicher bringt sie eine ordentliche Werkzeugkiste mit, die das grundlegende Bearbeiten von Bildern erlaubt. Kleine Fehler bei Schnappschüssen sind damit schnell ausgebügelt, „nette" Bildchen in kurzer Zeit zu sehens- und teilenswerten Erinnerungen aufgemotzt.

TIPP ☑ Zurück zur guten alten Windows-Fotoanzeige

Oftmals drängt sich die Fotos-App unerwünscht in den Vordergrund, denn Microsoft hat sie zum Standardbetrachter für
Bilder vorbestimmt. Auch wenn Sie also
z. B. im Windows-Explorer ein Bild doppelt anklicken, um es zu betrachten, wird
die Touch-App gestartet. Wenn Sie das
nervt, brauchen Sie nur einmal mit der
rechten Maustaste auf eine Bilddatei zu
klicken und im Kontextmenü *Öffnen mit*
und dann *Andere App auswählen* anzuklicken. Achten Sie im anschließenden Dialog darauf, dass *Immer diese App zum
Öffnen von JPG-Dateien verwenden* aktiv
ist, und wählen Sie unten in der Liste die
Windows-Fotoanzeige aus. Dann ist alles
wie früher. Leider müssen Sie das für alle
betroffenen Bilddateitypen wiederholen,
also z. B. BMP, PNG etc.

Die Fotos-App als komfortabler Bildbetrachter

Wenn Sie einen PC mit Touchscreen nutzen, ist die Fotos-App ein komfortabler Ersatz für
Windows-Explorer und Fotoanzeige. Das entspannte Blättern durch eine Fotosammlung
per Wischgeste hat schon etwas. Aber selbstverständlich können Sie die App auch mit
Maus und Tastatur bedienen.

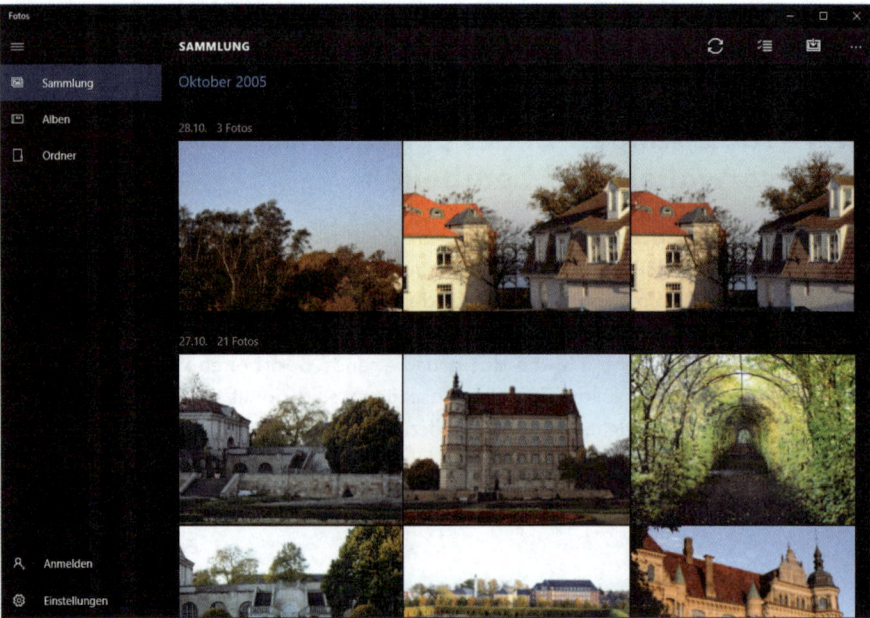

Nach dem Start zeigt Ihnen die App die lokale Bildbibliothek Ihres PCs an. Tippen Sie Ordner und Bilder an, die Sie sehen möchten. Mit passenden Gesten „wischen" Sie sich bequem durch Ordner und Sammlungen.

Um ein bestimmtes Bild groß anzuzeigen, klicken oder tippen Sie einfach darauf. Es wird dann (fast) fenster- bzw. bildschirmfüllend angezeigt. Die kleine Symbolleiste oben lässt sich durch einfaches Klicken/Tippen ins Bild jederzeit ein- oder ausblenden.

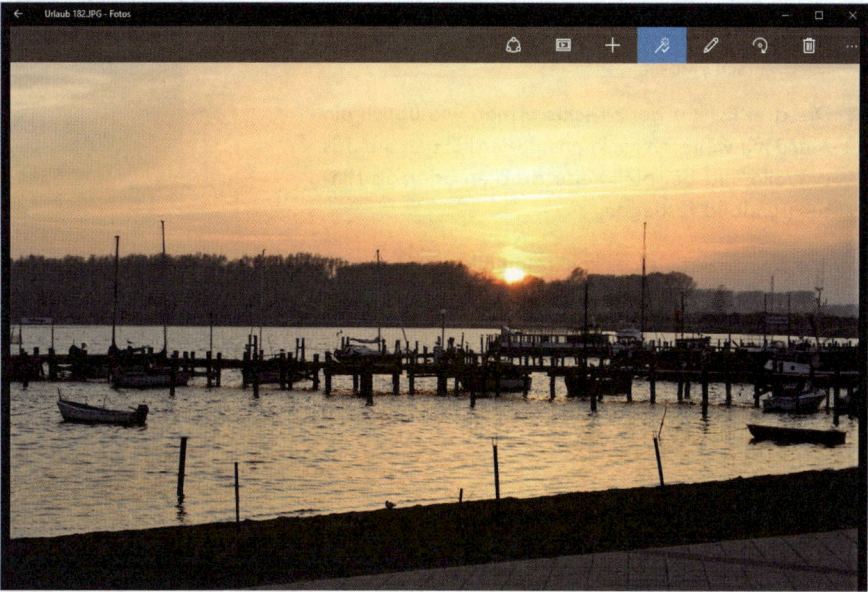

In der Symbolleiste finden Sie die wichtigsten Funktionen zur Bildbetrachtung und Bearbeitung (von links nach rechts):

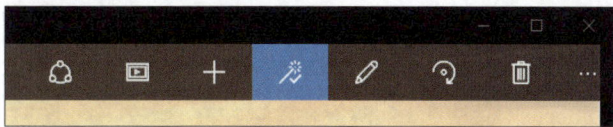

- Mit dem *Teilen*-Symbol können Sie das gerade gewählte Bild beispielsweise per E-Mail schnell und direkt an andere weitergeben (auch ⊞+H).

- Selbstverständlich können Sie auch eine ganze Bildersammlung bildschirmfüllend als Diashow abspielen. Verwenden Sie dafür in der Symbolleiste das Wiedergabesymbol oder auch F5.

- Mit dem Plussymbol fügen Sie ein Bild zu einem bestimmten Album hinzu, so können Sie Ihrer Fotosammlung eine individuelle Struktur verleihen.

- *Erweitern* (E) optimiert automatisch Grundwerte wie Kontrast, Helligkeit und Farbsättigung, um jedes Bild möglichst „schön" anzeigen zu können. Diese Maßnahmen beziehen sich nur auf die Darstellung der Bilder, die Bilddateien selbst werden dabei nicht verändert. Mit der Schaltfläche können Sie diese Funktion jederzeit ein- und ausschalten und sehen sofort den Unterschied in der Darstellung.

- Mit dem Stiftsymbol (Strg)+(E)) wechseln Sie in den Bearbeitungsmodus (mehr dazu im nachfolgenden Abschnitt).

- Sollte die Ausrichtung eines Bildes beim Import nicht automatisch korrekt erkannt worden sein, können Sie das mit dem kreisrunden Pfeil korrigieren (Strg)+(R)).

- Wenn das angezeigte Bild nicht gefällt, lassen Sie es mit dem Mülleimersymbol oder (Entf) im Papierkorb verschwinden.

- Die drei Punkte ganz rechts öffnen wie üblich ein Menü mit weiteren Funktionen. Hier können Sie das aktuelle Bild beispielsweise drucken oder als Hintergrundbild festlegen.

Um von der Anzeige eines konkreten Bildes wieder in die Sammlung zurückzugelangen, verwenden Sie das Pfeilsymbol ganz oben links. Per Tastatur können Sie stattdessen (Esc) oder (⇦) drücken.

Bilder von der Kamera in die Fotos-App importieren

Die Fotos-App bietet Ihnen die Möglichkeit, Bilder von Kameras, Smartphones und ähnlichen Mobilgeräten auf den PC zu übertragen und direkt in Ihre Bildersammlung einzufügen.

1. Verwenden Sie dazu in der Bilderübersicht oben rechts in der Symbolleiste das *Importieren*-Symbol.

2. Wählen Sie im anschließenden Dialog aus, von welchem der angeschlossenen Geräte bzw. Laufwerke Bilder übernommen werden sollen.

3. Die App untersucht dann, ob es auf dem Gerät Bilder gibt, die sich noch nicht in Ihrer Sammlung auf dem PC befinden. Es findet also ein aktiver Abgleich statt. Das bedeutet, Sie können beispielsweise Ihre Digitalkamera einfach immer wieder an den PC anschließen und diesen Vorgang durchführen. Es werden jeweils nur die neuen Bilder importiert und bereits vorhandene ignoriert, sodass keine unnötigen Dubletten entstehen.

4. Das Ergebnis der Analyse wird als Vorschau angezeigt. Hier können Sie noch einzelne Bilder abwählen, auf die Sie verzichten möchten. Klicken Sie dann auf *Fortfahren*, um die gewählten Bilder auf den PC zu übertragen.

5. Im folgenden Schritt können Sie nach Bedarf noch den Import-Ordner auswählen und das Schema für das Anlegen von Unterordnern (*Monat* oder *Tag*) wählen. Außerdem bestimmen Sie, ob die importierten Elemente automatisch von der Kamera gelöscht werden sollen. Klicken Sie dann auf *Importieren*.

6. Das Übertragen der Bilder erfolgt im Hintergrund. Sie können also mit der Fotos-App oder auch einer anderen beruhigt weiterarbeiten. Das ist vor allem praktisch, wenn es um eine größere Anzahl von Bildern geht, die womöglich über eine langsame USB-Verbindung eingelesen werden müssen.

7. Zusätzlich erhalten Sie nach abgeschlossenem Import noch eine Erfolgsmeldung auf dem Bildschirm. Die frisch importierten Bilder sind ab sofort Teil Ihrer Sammlung. Sie finden sie am schnellsten über den Zeitraum, in dem sie aufgenommen wurden.

HINWEIS ▷ Nicht nur die Fotos-App kann Bilder importieren. Wer sich auf den Desktop konzentriert, findet dort eine ganz ähnliche Möglichkeit, die letztlich zum selben Ergebnis führt (siehe Seite 467).

Bilder schnell und bequem bearbeiten

Die Fotos-App stellt eine ganze Reihe von Bearbeitungsfunktionen zur Verfügung. Mit einem „echten" Bildbearbeitungsprogramm lässt sich das sicher nicht vergleichen, aber um Schnappschüsse zu optimieren, aufzuhübschen oder auch kleinere Bildfehler zu korrigieren oder zumindest zu verstecken, reicht es allemal. Und die App lässt sich sowohl per Touch als auch per Maus unkompliziert und weitestgehend intuitiv nutzen.

1. Um Zugriff auf die Bearbeitungsfunktionen zu erhalten, müssen Sie zunächst ein konkretes Bild zum Betrachten auswählen.

2. Damit wechseln Sie in den Bearbeitungsmodus. Hier finden Sie am linken Bildrand Symbole für verschiedene Aufgabenbereiche, wie *Allgemeine Korrekturen*, *Filter*, *Licht*, *Farbe* sowie verschiedene *Effekte*. Wählen Sie zunächst einen dieser Bereiche aus.

3. Am rechten Bildrand sehen Sie dann die verschiedenen Bearbeitungsfunktionen, die diesem Bereich zugeordnet sind. Klicken Sie auf eine Funktion, um diese zu aktivieren.

4. Was dann passiert, hängt von der gewählten Funktion ab:

   ■ In einigen Fällen bewirkt das Auswählen des Werkzeugs direkt eine Bildveränderung.

   ■ Bei Werkzeugen, etwa zum Bearbeiten von Licht und Farbe, wird eine kreisrunde Skala angezeigt, mit der Sie die Stärke der Änderung einstellen können. Die Auswirkungen sehen Sie direkt am Bildschirm.

■ Andere Werkzeuge blenden Bearbeitungswerkzeuge direkt in das Bild ein. Diese können Sie mit Maus oder Fingerspitze erfassen und verschieben. Dadurch lässt sich der gewünschte Effekt platzieren und fein einstellen.

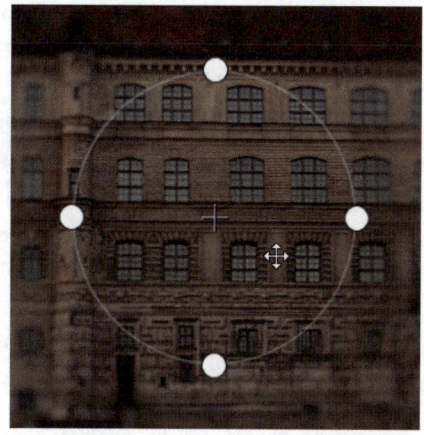

Bilder automatisch optimieren und speichern

Alle Bearbeitungsmöglichkeiten der Fotos-App werde ich an dieser Stelle nicht ausführlich vorstellen. Schließlich sind sie leicht zu erkunden, und durch die sofortige Darstellung der Veränderung am Bildschirm kann man gut damit experimentieren. Aber ich möchte Ihnen anhand der praktischen Funktion für das automatische Verbessern die prinzipielle Vorgehensweise zeigen. Wichtig ist dabei vor allem, die Bilder so zu speichern, dass die Änderungen entweder im Original oder in einer Bildkopie gespeichert werden.

1. Wählen Sie in der Fotos-App ein Bild aus, sodass es groß auf dem Bildschirm angezeigt wird.

2. Klicken oder tippen Sie dann in der Symbolleiste auf das Stiftsymbol.

3. Wählen Sie für dieses Beispiel links *Allgemeine Korrekturen* und dann rechts *Verbessern*. Die App versucht sich dann an einer automatischen Optimierung von Helligkeit, Kontrast und Farbsättigung, was nicht immer, aber oft gute Ergebnisse bringt. Die Auswirkung sehen Sie direkt bei der Darstellung des Bildes.

4. Gleichzeitig stehen Ihnen oben in der Symbolleiste verschiedene Möglichkeiten zur Verfügung (von links nach rechts):

■ Mit *Rückgängig* können Sie alle Bearbeitungsschritte nacheinander wieder zurücknehmen und zum Originalbild zurückkehren (Strg+Z).

■ Haben Sie Schritte rückgängig gemacht, können Sie sie auch *Wiederholen* (Strg+Y). So können Sie quasi durch die verschiedenen Versionen eines Bildes hin- und herschalten.

- Sehr praktisch ist das *Vergleichen*-Symbol, denn solange Sie dieses anklicken oder antippen, wird der Ausgangszustand des Bildes angezeigt, sodass Sie sehr einfach einen Vorher-Nachher-Vergleich anstellen können.

- *Kopie speichern* speichert das optimierte Bild in einer separaten Datei. Die Datei des Originalbildes bleibt dabei unverändert. Anschließend haben Sie zwei Versionen dieses Bildes in Ihrem Dateibestand.

- Über *Speichern* überschreiben Sie hingegen das ursprüngliche Bild durch die optimierte Version. Achtung: Dabei geht das Originalbild unwiederbringlich verloren!

- *Abbrechen* (ESC) verwirft alle Änderungen am Bild ohne jegliches Speichern und kehrt zur Anzeige des Originalbildes zurück.

Die Einstellungen für die Fotos-App

Solange die Fotos-App die Bilderübersicht anzeigt, können Sie unten rechts mit dem Zahnradsymbol die Einstellungen dieser App öffnen. Darin lässt sich das Verhalten der App anpassen und es können weitere Ordner als Bildquellen eingefügt werden:

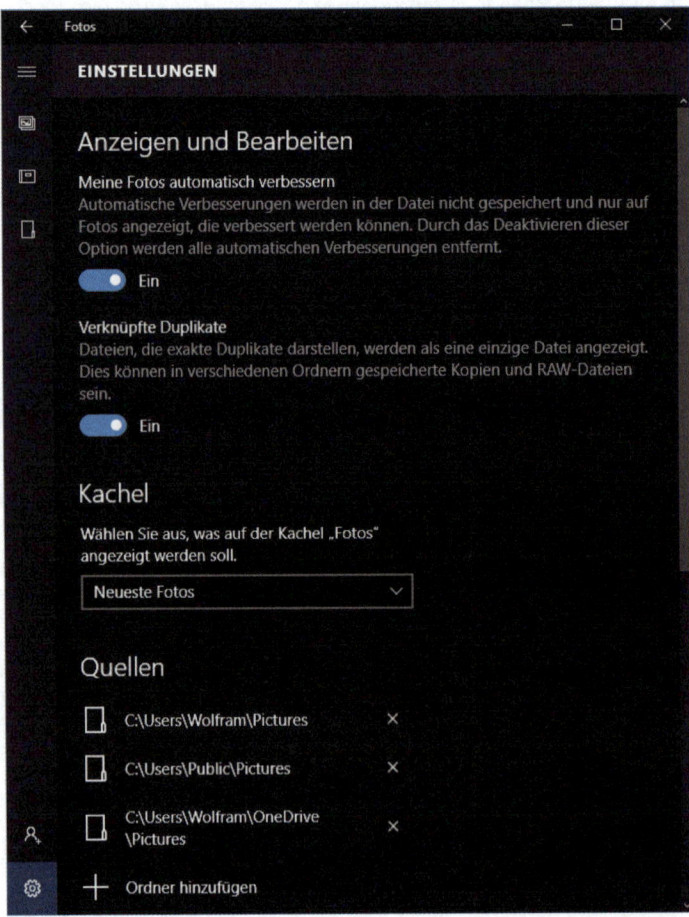

- Mit *Meine Fotos automatisch verbessern* können Sie das automatische Optimieren beim Anzeigen von Bildern steuern.

- *Verknüpfte Duplikate* sorgt dafür, dass zwei Versionen eines Bildes in verschiedenen Dateien innerhalb der App nur als ein Bild angezeigt wird. Das wirkt sich vor allem aus, wenn Sie Bilder in der App verändert und dann als Kopie gespeichert haben (siehe vorangehenden Abschnitt).

- Wenn die *Kachel* der Fotos-App im Startmenü als Live-Kachel konfiguriert ist, zeigt sie standardmäßig die neuesten Fotos im Wechsel an. Alternativ können Sie hier ein bestimmtes Foto auswählen, das dann immer von der Kachel angezeigt wird.

- Im Bereich *Quellen* können Sie weitere Ordner mit Bildern hinzufügen, die nicht in Ihrer Bilder-Bibliothek enthalten sind.

- Ob die App automatisch Ihre in der Cloud gespeicherten Bilder mit anzeigt, steuern Sie mit der Option *Meine Fotos und Videos von OneDrive anzeigen*.

19.2 Kamera-App – Schnappschüsse mit dem Tablet aufnehmen

Die meisten Tablet-PCs verfügen über eine Kamera, mit der Sie Bilder und Videos aufnehmen können. Die Kamera-App erlaubt Ihnen, mit dieser Kamera schnelle Schnappschüsse sowie Videoclips zu erstellen. Die Bedienung ist dabei denkbar einfach.

Kamera

TIPP ☑ Zugriff auf Standortinformationen

Beim allerersten Verwenden der Kamera fragt Windows nach, ob die Kamera Zugriff auf Ihre Standortinformationen haben darf. Dadurch können Bilder automatisch mit Informationen zum Aufnahmeort versehen werden. Das können Sie erlauben oder auch nicht. So oder so können Sie diese Vorgabe in den Einstellungen der App später jederzeit nachträglich verändern.

1. Wenn Sie die Kamera-App starten, zeigt sie automatisch das Vorschaubild der eingebauten Kamera an.

2. Richten Sie nun das Tablet so aus, dass es das gewünschte Motiv und den optimalen Bildausschnitt anzeigt.

3. Tippen Sie dann auf das Auslösersymbol am rechten Bildschirmrand.

4. Sie hören ein (künstlich erzeugtes) Auslösegeräusch, die Aufnahme wird erstellt und in Ihrer *Bilder*-Bibliothek im Ordner *Eigene Aufnahmen* gespeichert.

Fotogalerie

Kamera-einstellungen

Menü

Videomodus

Auslöser

Wollen Sie statt Bilder lieber Videos aufnehmen, können Sie jederzeit in den Video-modus wechseln. Tippen Sie dazu auf das kleine Filmkamerasymbol neben dem Aus-löser. Die Änderungen sind nur minimal, aber dadurch wechselt das Symbol auf der Auslöserfläche. Ab sofort starten Sie damit eine Videoaufnahme und halten sie mit ei-nem erneuten Betätigen wieder an. Zum Aufnehmen von Fotos können Sie jederzeit in den Fotomodus zurückwechseln. Für ein schnelles Video zwischendurch können Sie den Auslöser auch einfach im Fotomodus länger gedrückt halten. Dieses Verhalten ist in den Einstellungen steuerbar.

TIPP ☑ Von der Kamera zu den eigenen Aufnahmen

Sie wollen Ihre Bilder kontrollieren und dazu zu Ihren eigenen Aufnahmen wechseln? Tippen Sie in der Kamera-App oben links auf das Bildsymbol. Damit öffnen Sie die Fotos-App mit Ihrer Bildersammlung. Die neuesten Bilder werden dort ganz oben auf-geführt, sodass Sie die zuletzt gemachte(n) Aufnahme(n) hier schnell wiederfinden. Um zur Kamera zurückzugelangen, schließen Sie die Fotos-App einfach.

Aufnahmeparameter verändern

Abhängig von der eingebauten Kamerahardware lassen sich die Aufnahmeparameter der Kamera verändern.

1. Tippen Sie dazu oben in der Mitte auf den kleinen Einstellungsbereich, um ihn aus-zuklappen.

2. Der konkrete Inhalt hängt vom verwendeten Gerät ab, einige Basisfunktionen sind aber immer vorhan-den. So können Sie mit dem kleinen Kamerasymbol zwischen der Front- und der Rückseitenkamera um-schalten, was sich sofort in der Bildvorschau bemerkbar macht.

3. Mit +/– lässt sich die Belichtung und somit die Helligkeit der Aufnahme steuern. Üblicherweise macht das eine Automatik, aber in schwierigen Lichtsituationen wie etwa ausgeprägtem Gegenlicht kann es sinnvoll sein, manuell einzugreifen.

Grundlegende Aufnahmeeinstellungen

Im Menü der Kamera-App können Sie weitere, grundlegende Einstellungen vornehmen. Klicken Sie dazu oben rechts auf das Menü-Symbol.

- Unter *Fototimer* können Sie eine Verzögerung vor jeder Aufnahme konfigurieren. Das dient weniger als Selbstauslöser (dafür sind maximal zehn Sekunden wohl etwas wenig), sondern erleichtert das Fotografieren: Wird das Bild direkt beim Berühren des Bildschirms aufgenommen, kann es durch diese Bewegung leicht verwackeln. So aber starten Sie die Aufnahme und haben dann ein paar Sekunden Zeit, um das Tablet wieder ganz ruhig und stabil auf das Motiv auszurichten.

- Unter *Einstellungen* finden Sie eine ganze Reihe von Optionen. So können Sie hier festlegen, ob beim längeren Drücken des Auslösers ein Video, eine Fotoserie oder gar nichts aufgenommen werden soll.

- Bei *Seitenverhältnis* lässt sich das Bildformat für Fotos zwischen 4:3, 16:9 und – abhängig von den Fähigkeiten der Kamera – ggf. auch 16:10 wählen.

- Mit *Bildschirmraster* können Sie eines von verschiedenen Hilfsrastern wählen, das über die Bildvorschau gelegt wird. Es hilft dabei, das Tablet gerade zu halten und einen geeigneten Bildausschnitt für die Aufnahmen zu wählen.

- Für *Videos* können Sie die Datenrate der *Videoaufzeichnung* wählen sowie eine *Flimmerreduzierung* für Aufnahmen unter Kunstlichtbedingungen aktivieren.

- Unterhalb dieser direkten Optionen finden Sie noch Links zu weiteren Windows-Einstellungen, die unter anderem das Verwenden von Positionsdaten oder den Speicherort für Fotos beeinflussen.

19.3 Tablet-Player: Musik bequem per Touchscreen abspielen

Für den Mediengenuss auf einem Touchscreen bringt Windows von Haus aus die App *Groove-Musik* mit. Sie verknüpft Ihre lokale Musiksammlung auf dem PC nahtlos mit einem kommerziellen Musikmarktplatz, über den Sie Lücken in Ihrer persönlichen Sammlung ganz einfach schließen können – gegen das nötige Kleingeld, versteht sich. Dafür wird das Ganze optisch sehr ansprechend präsentiert, sodass es richtig Spaß macht, auf einem Tablet-PC durch die eigene Musiksammlung zu „wischen".

HINWEIS ⊳ **Wie kommt Ihre Musik auf ein Windows-Tablet?**

Die Musik-App selbst bietet leider keine Möglichkeit, eine Musiksammlung z. B. in Form von MP3-Dateien auf einen Tablet-PC zu importieren. Der einzige „vorgesehene" Weg führt über den integrierten Groove-Musik-Marktplatz. Als Alternative bleibt Ihnen aber die Möglichkeit, mit dem Windows-Explorer die entsprechenden Dateien von einem anderen PC oder etwa einem USB-Stick in Ihre Musikbibliothek zu kopieren. Solche Dateien werden automatisch von der App erfasst und berücksichtigt.

Spielen Sie Ihre Lieblingsmusik komfortabel ab

Beim ersten Start der App erfasst *Groove-Musik* zunächst Ihre lokale Musiksammlung. Diese beinhaltet alle Dateien, die in der Musikbibliothek gespeichert sind. Das kann beim ersten Mal je nach Umfang etwas länger dauern. Danach wird die Sammlung bei jedem Start der App jeweils nur aktualisiert.

1. Zugriff auf Ihre eigene Musik erhalten Sie mit der Navigationsleiste am linken Rand. Mit dem Hamburger-Menü ganz oben können Sie diese ausklappen, um die Symbole mit Beschriftung anzuzeigen.

2. Die App bietet hier Kategorien wie *Alben*, *Künstler* oder *Songs* an, die Sie gespeichert haben. Welche Darstellung Sie bevorzugen, können Sie jederzeit in der Menüleiste wählen.

3. Recht praktisch zum bequemen Stöbern ist *Künstler*, da Sie so erst den Interpreten, dann das Album und schließlich gegebenenfalls noch einen bestimmten Titel gezielt für die Wiedergabe auswählen können.

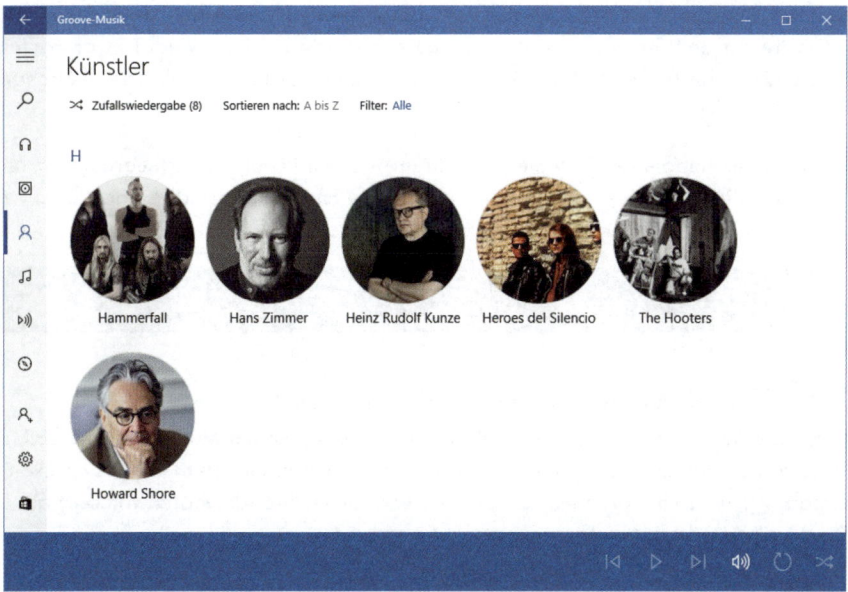

4. In der Übersicht eines Albums können Sie mit dem Wiedergabesymbol das gesamte Album abspielen.

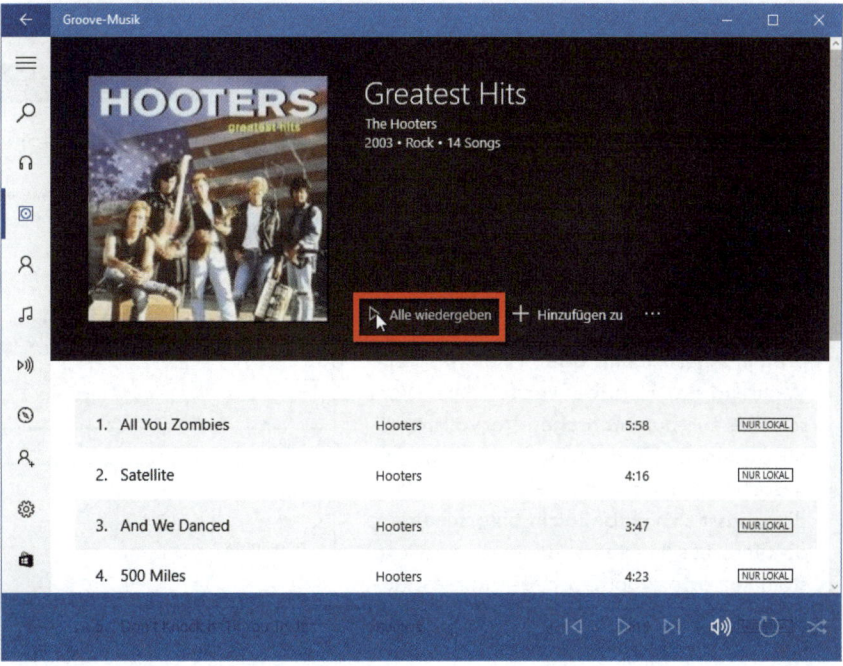

5. Oder Sie wählen einen bestimmten Titel aus und klicken bzw. tippen dort auf dessen Wiedergabesymbol.

6. Damit startet die Wiedergabe, und am unteren Bildschirmrand wird die Menüleiste mit den Steuerelementen eingeblendet. Diese verschwindet zwar nach kurzer Zeit wieder, aber Sie können sie jederzeit per Rechtsklick oder Wischgeste
   zurückholen.

7. Mit den Symbolen können Sie die Wiedergabe und Lautstärke steuern. Ganz rechts
   finden Sie Möglichkeiten, die Zufalls- und die Endloswiedergabe nach Ihren Wünschen einzustellen.

HINWEIS ⟩ Musikwiedergabe nicht beenden

Wenn die Musik-App Sie bei der Arbeit am PC ein wenig mit Musik berieseln soll, dürfen Sie die App nicht schließen, sondern nur minimieren. Im Tablet-Modus drücken Sie
einfach ⊞, um zum Startmenü zu wechseln, und setzen Ihre Aktivitäten von dort aus fort.
Die Musik-App bleibt im Hintergrund aktiv und die Musik spielt weiter.

Bestimmte Titel oder Alben finden

Auch die Musik-App bietet eine Suche, mit der Sie bestimmte Interpreten, Titel oder
Alben schnell finden können – sowohl in Ihrer eigenen Musiksammlung als auch in den
Onlineangeboten.

1. Tippen oder klicken Sie links in der Menüleiste auf das
   Lupensymbol. Damit klappen Sie das ausführliche Menü
   aus und aktivieren dort automatisch das Suchfeld.

2. Tippen Sie hier den Namen eines Interpreten, eines Albums oder eines Titels ein.
   Während der Eingabe werden Ihnen Vorschläge zur automatischen Vervollständigung gemacht, sodass Sie meist nicht den
   gesamten Namen eintippen müssen. Allerdings lässt sich dabei nicht unterscheiden,
   ob diese aus Ihrer eigenen Musiksammlung
   stammen oder vom Groove-Musik-Marktplatz.

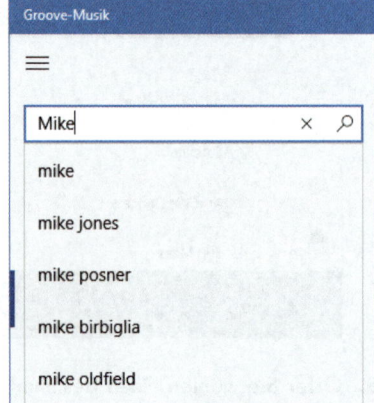

3. Tippen Sie deshalb im Zweifel auf das Lupensymbol rechts im Eingabefeld (oder auf $\boxed{\leftarrow}$), um die Suche abzuschließen.

4. Die App zeigt Ihnen dann eine ausführliche Trefferliste, die sich nur auf Ihre persönliche Musiksammlung bezieht (sofern Sie die Suche in diesem Bereich gestartet haben). Von hier aus können Sie gefundene Künstler oder Alben öffnen. Gefundene Songs lassen sich direkt aus der Trefferliste abspielen.

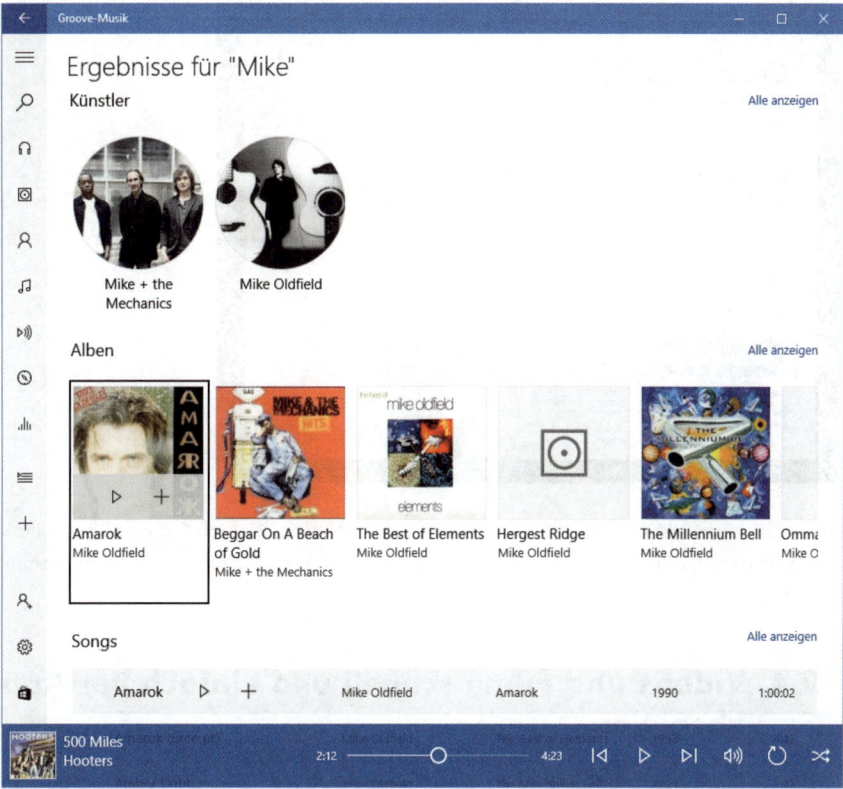

Mit Groove-Musik neue Musik entdecken und streamen

Die App *Groove-Musik* kann nicht nur auf Ihre eigene Musiksammlung, sondern auch auf den Groove-Musik-Marktplatz zugreifen. Das ist eine Onlineplattform, über die Sie Musik per Flatrate streamen können. Wenn Ihr PC nicht ohnehin mit einem Microsoft-Konto verbunden ist, müssen Sie sich allerdings einmalig dafür anmelden. Solange das nicht geschehen ist, blendet die Musik-App einen *Anmelden*-Link ein.

Ein wenig drängt die App Ihnen die kommerziellen Angebote sogar auf, beispielsweise wenn Sie nur Ihre eigene Musiksammlung durchsuchen möchten, dabei aber immer wieder auf passende Angebote von der Kaufplattform hingewiesen werden.

Zum Testen können Sie sich für einen kostenlosen Probemonat anmelden. Der wandelt sich nach Ablauf allerdings automatisch in ein kostenpflichtiges Monatsabo um.

Wenn Ihnen Groove-Musik zusagt, können Sie sich zwischen dem Monatsabo und einem insgesamt etwas günstigeren Jahresabo entscheiden. Beide Abos sind mit Ihrem Microsoft-Konto verknüpft. Dadurch können Sie das Abo auf allen Windows-Geräten verwenden, die ebenfalls mit diesem Konto verbunden sind.

Wenn Sie nicht gleich zum Abonnenten werden möchten, können Sie aber auch im Windows Store im Bereich *Musik* einzelne Alben oder Songs kaufen und Ihrer Sammlung hinzufügen.

19.4 Videos und Filme schnell und einfach per App abspielen

Nicht nur für Musik bringt Windows eine touchorientierte App mit. Auch wer Filme und Videos am Tablet-PC per Fingerbedienung finden und wiedergeben möchte, wird fündig. Die App dafür heißt etwas irritierend *Filme & TV*.

Ähnlich wie Groove-Musik kann sie zum einen die lokale Videosammlung wiedergeben und ist zum anderen ein Zugang zu einem Onlinemarktplatz, wo Sie Filme und Serien gegen Bezahlung schauen können. Auf den letzteren Aspekt gehe ich nicht ausführlicher ein, denn wo Sie Filme und Serien online kaufen (oder nicht), ist letztlich eine Geschmacks- und Preisfrage.

1. Wenn Sie die *Filme & TV*-App starten, benutzen Sie deshalb am besten direkt die Menüleiste am linken Rand und öffnen dort den Bereich *Videos*. Der umfasst die lokale Videosammlung des PCs, also alles, was innerhalb der Video-Bibliothek abgelegt ist.

2. Die App listet dann alle Videos auf, die aktuell in der Bibliothek vorhanden sind. Diese werden – soweit vorhanden – nach Titel oder anhand des Dateinamens sortiert. Einfluss nehmen kann man darauf nicht.

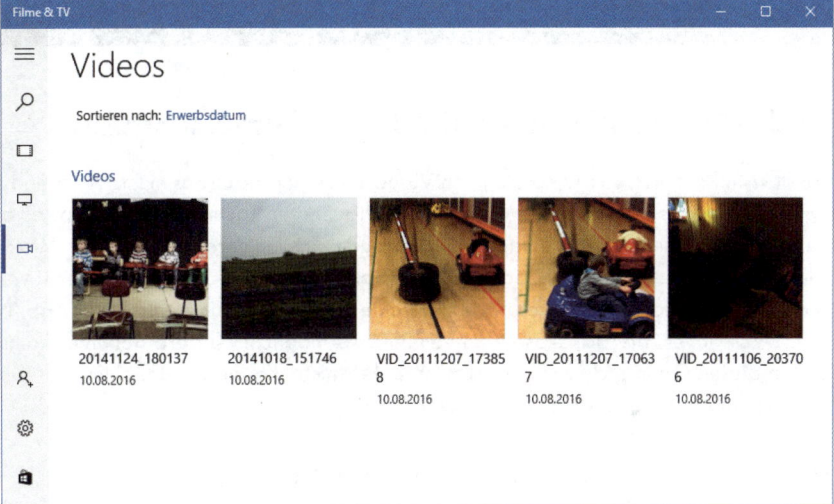

3. Um ein Video abzuspielen, tippen bzw. klicken Sie es an. Es wird dann von der App wiedergegeben. Am unteren Rand finden Sie ein paar einfache Elemente zur Steuerung der Wiedergabe. Nach kurzer Zeit ohne Interaktion werden diese automatisch ausgeblendet und machen Platz für das Video.

4. Mit dem Pfeil oben links gelangen Sie jederzeit in die Video-Übersicht der App zurück.

HINWEIS ⟩ Um ein laufendes Video bildschirmfüllend anzuzeigen, verwenden Sie das Doppelpfeil-Symbol in der Steuerleiste. Ein weiterer Klick bzw. Tipp darauf schaltet die App in den Desktop-Fenstermodus zurück.

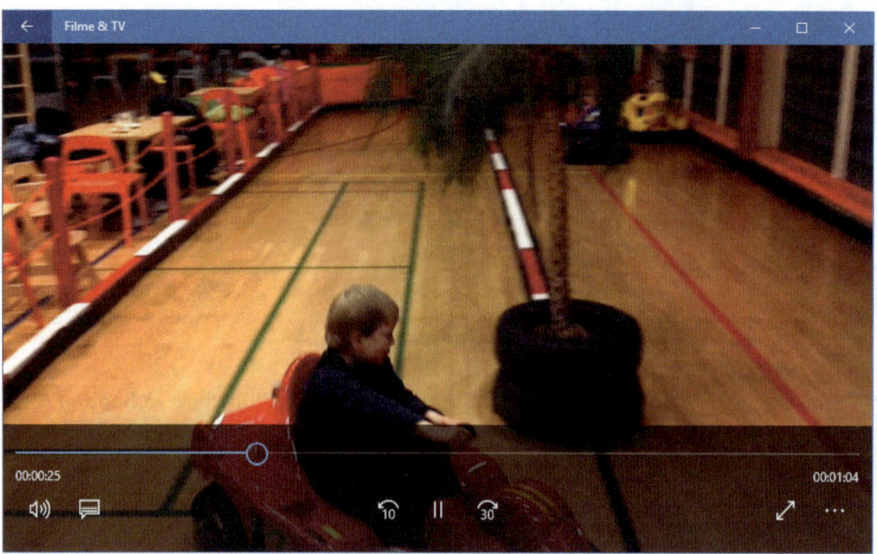

19.5 Mit der Windows DVD-App Filme schauen

Windows unterstützt das Abspielen von Video-DVDs von Haus aus nicht. Während sich diese Fähigkeit früher mit dem Windows Media Center nachrüsten ließ, gibt es auch dieses nun nicht mehr. Um Altkunden beim Upgrade nicht zu verärgern, hat sich Microsoft aber etwas ausgedacht: Wer per Upgrade von einem Windows 7 oder 8 mit Media Center auf Windows 10 umsteigt, dem installiert Microsoft automatisch die App *Windows DVD-Player*, die das Abspielen von DVDs ermöglicht. Andere Benutzer kommen nicht in diesen Genuss, denn diese App ist anders nicht mal gegen Bezahlung zu beziehen. Hier bleiben nur andere Alternativen.

TIPP ☑ Alternativen für die DVD-Wiedergabe

Wer mit Windows DVDs schauen möchte und nicht in den Genuss der Windows-DVD-App kommt, muss sich nach Alternativen umschauen. Kauft man ein DVD-Laufwerk nach, liegt diesem häufig ein DVD-Player bei. Ansonsten kann man solche Software auch separat erwerben. Eine kostenlose Alternative ist der VLC media player (*www.videolan.org/vlc*). DVDs sind nur eines von vielen Formaten und Funktionen, die dieses Programm beherrscht. Wer sich an der etwas spröden Oberfläche nicht stört, sollte es auch als Alternative zum Windows Media Player ruhig mal ausprobieren.

1. Wenn die App *Windows DVD-Player* auf Ihrem PC installiert ist (ggf. mit einem Blick ins Startmenü überprüfen), brauchen Sie einfach nur eine DVD einzulegen.

2. Nach kurzer Anlaufzeit wird eine Meldung im Infobereich angezeigt. Tippen bzw. klicken Sie darauf, um die Wiedergabeoptionen anzuzeigen. Sollten Sie den Moment verpassen, können Sie die App auch einfach direkt starten.

3. In den Wiedergabeoptionen wählen Sie den Punkt *Play DVD/Win-
   dows DVD-Player*. Sollten weitere
   DVD-fähige Apps oder Programme installiert sein, können Sie auch
   diese auswählen. Ansonsten bietet
   Ihnen der Punkt *Neue DVD-App suchen* die Möglichkeit, einen DVD-
   Player im Store zu erwerben.

4. Geben Sie der App nach
   dem Start kurz Zeit, die
   DVD einzulesen. Lassen
   Sie sich dabei nicht von
   der Aufforderung beir-
   ren, eine DVD müsse erst
   noch eingelegt werden.

5. Der *Windows DVD-Player* öffnet automatisch das Startmenü der DVD, von der aus
   Sie das Abspielen steuern können.

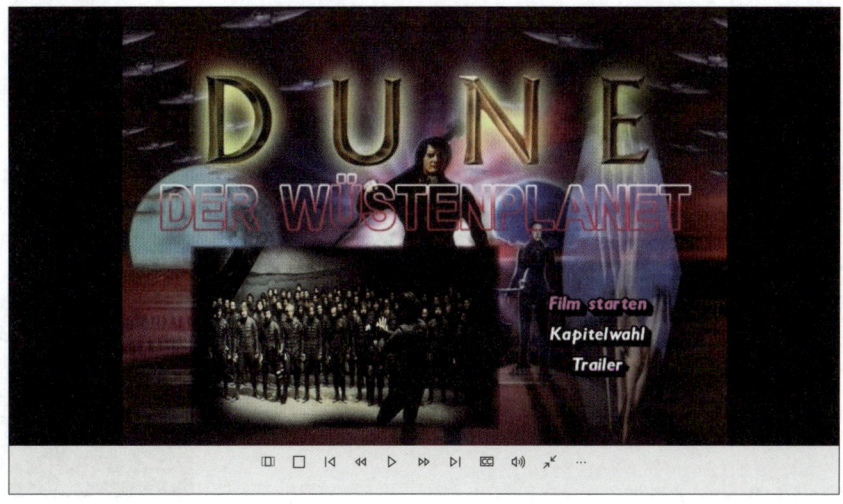

6. Während die Wiedergabe läuft, steht Ihnen am unteren Bildschirmrand eine Steuerleiste mit den wichtigsten Funktionen zur Verfügung. Hier können Sie pausieren und fortsetzen, vor- und zurückspulen bzw. zum nächsten oder vorherigen Kapitel springen. Wichtig ist auch der Wechsel zum Vollbildmodus für eine ungestörte, bildschirmfüllende Wiedergabe.

7. Hinter den drei Punkten verbirgt sich ein kleines Menü, das den direkten Weg zum Haupt- und Titelmenü ebnet.

Um die Wiedergabe zu beenden, können Sie die App einfach schließen.

19.6 Sinnvolle Ergänzungen zu den mitgelieferten Medien-Apps

Windows bringt mit seinen Medien-Apps bereits eine gute Basis mit, aber manche Funktionen fehlen eben doch. Deshalb möchte ich noch zwei kostenlose Apps aus dem Store vorstellen, mit denen sich diese Lücken schnell schließen lassen.

Streamen Sie Ihre Musiksammlung vom lokalen Server auf Ihr Tablet

Die mitgelieferte Musik-App konzentriert sich auf das Wiedergeben der lokalen Musiksammlung sowie auf den Zugriff auf Xbox Musik. Für eine weitere gern genutzte Anwendung – das Streamen von Musik von einem Musikserver im lokalen Netzwerk – ist sie leider nicht geeignet. Dafür finden Sie im Windows Store aber mit *Multimedia 8* eine gute Alternative. Mit dieser App können Sie auf UPnP- bzw. DLNA-fähige Streamingserver zugreifen. Das sind z. B. Windows-PCs, bei denen diese Funktion im Windows Media Player aktiviert ist. Aber auch eigenständige Musikserver oder Netzwerkrouter mit entsprechenden Zusatzfunktionen (etwa einige Modelle der beliebten FRITZ!Box) eignen sich dafür.

1. Nach dem Start der App tippen Sie auf die Schaltfläche *media servers*.

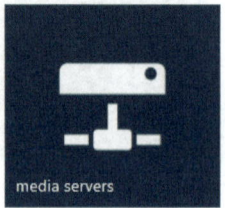

2. Sie erhalten dann eine Übersicht über die Medienserver, die in Ihrem derzeitigen Netzwerk vorhanden sind. Tippen Sie auf den Server, von dem Sie Musik streamen möchten.

3. Abhängig vom verwendeten Server werden Ihnen nun die verschiedenen Arten von Medien angezeigt, die dieses Gerät Ihnen anbietet. Tippen Sie also gegebenenfalls auf *Musik*.

4. Auch das weitere Vorgehen hängt vom konkret verwendeten Server ab. In der Regel haben Sie aber die Möglichkeit, die Musiksammlung auf dem Server nach Alben, Interpreten, Titeln oder Genres zu durchsuchen. Meist können Sie auch auf gespeicherte Wiedergabelisten oder direkt auf die Ordnerstruktur des Servers zugreifen. Eventuell gibt es sogar eine freie Suchfunktion.

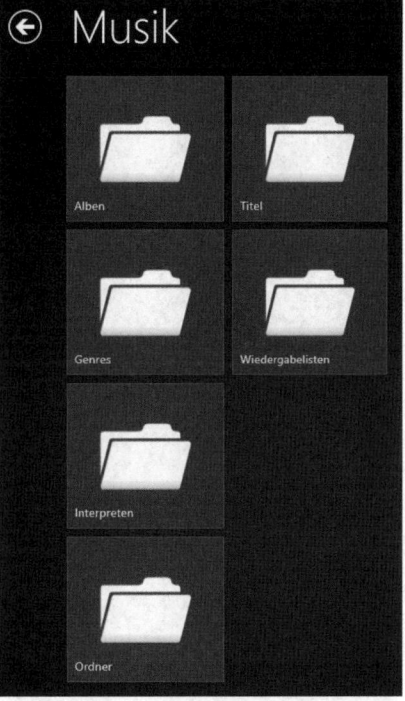

5. Um z. B. Musik eines bestimmten Interpreten abzurufen, tippen Sie auf das gleichnamige Symbol. Sie erhalten dann eine alphabetische Liste aller Interpreten, von denen Musik auf Ihrem Server gespeichert ist.

6. Wählen Sie hier den gewünschten Interpreten aus, um eine Liste aller von ihm gespeicherten Titel bzw. Alben abzurufen.

7. Tippen Sie darin auf das gewünschte Album. Alternativ können Sie sich
mit *Alle Titel* eine Liste aller Songs
anzeigen lassen. Diese Alternative bietet sich an, um z. B. alle Titel
dieses Interpreten in einer zufälli-
gen Mischung abzuspielen.

8. In der Albumansicht zeigt Ihnen die
App alle Songs dieses Albums. Einen einzelnen Song können Sie einfach durch Antippen abspielen. Alternativ lassen sich auch mehrere
oder alle Titel für die Wiedergabe auswählen. Beachten Sie dazu
auch die Funktionen, die Sie in der
App-Leiste am unteren Bildschirmrand einblenden können.

Während der Wiedergabe eines Titels zeigt die App das dazugehörige Coverbild an,
sofern eines vorliegt. Außerdem können Sie Wiedergaben über die Laufleiste unten
steuern. Mit der Trim-Schaltfläche unten rechts steht sogar eine simple Bearbeitungs-
funktion zum Kürzen längerer Stücke zur Verfügung.

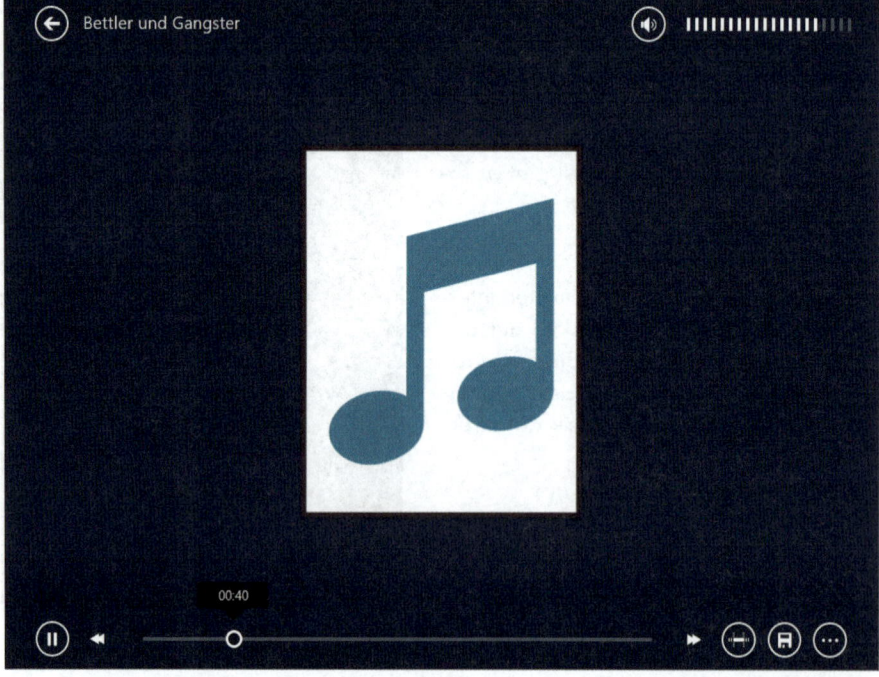

Podcasts bequem per App abonnieren und hören

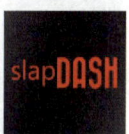

Eine weitere beliebte Art des Medienkonsums sind Podcasts aller Art, die sich direkt aus dem Internet abrufen und abspielen lassen. Windows selbst bringt dafür keine fertige App mit. Das ist auch nicht unbedingt nötig, da sich die meisten Podcasts auch direkt im Webbrowser wiedergeben lassen. Wer solche Angebote intensiv nutzt, wird aber eine App wie *SlapDash Podcasts* schätzen.

Diese App erlaubt nicht nur den Zugriff auf einen riesigen internationalen Podcast-Katalog. Sie können auch beliebig selbst Podcasts definieren, die Sie dann jederzeit über die komfortable Oberfläche der App aufrufen können. Wenn Sie zusätzlich ein Benutzerkonto bei SlapDash registrieren, können Sie Ihre Abonnements sogar auf verschiedenen Rechnern und über eine Weboberfläche von überall her benutzen.

1. Um einen beliebigen Podcast in SlapDash Podcasts zu abonnieren, öffnen Sie zunächst dessen Übersichtsseite im Webbrowser und kopieren dort die Feed-Adresse für diesen Podcast in die Zwischenablage.

2. Öffnen Sie dann in der SlapDash-App die App-Leiste am unteren Bildschirmrand und tippen Sie dort ganz links auf *Add Podcast*.

3. Fügen Sie dann im so geöffneten Formular die zuvor ermittelte Feed-Adresse ein und tippen Sie auf *Add*.

4. Die App prüft diese Adresse und zeigt Ihnen die Informationen zu diesem Feed an. Eventuell finden sich unter der Adresse auch gleich mehrere Feeds. Tippen Sie zur Bestätigung auf den Feed, den Sie abonnieren möchten.

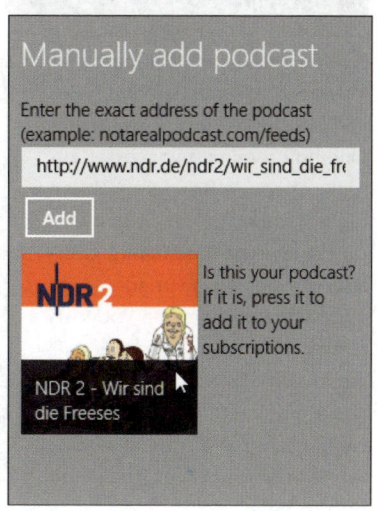

Ihre abonnierten Podcasts finden Sie in der App im Bereich *Subscribed*. Tippen Sie dort auf das Symbol eines Podcasts, um dessen Sendungen abzurufen. Daneben bei *Latest Episodes* werden außerdem jeweils die neuesten Episoden aller abonnierten Podcasts angezeigt, sodass Sie sie direkt abrufen können.

In der Übersicht eines Podcasts sehen Sie jeweils die letzten Sendungen mit Veröffentlichungsdatum und einer kurzen Inhaltsangabe. Tippen Sie auf einen der Einträge, um diese Sendung abzurufen.

Haben Sie einen Podcast zur Wiedergabe ausgewählt, können Sie mit -30 und +30 jeweils eine halbe Minute vor- oder zurückgehen. Außerdem können Sie mit dem Fortschrittsbalken direkt an eine bestimmte Stelle in der Sendung springen, was vor allem bei längeren Podcasts hilfreich sein kann. Andererseits merkt sich die App automatisch, wenn Sie einen Podcast abbrechen, und setzt ihn beim nächsten Abruf unaufgefordert an dieser Stelle fort.

Kapitel 20

20. Digitalfotos und Bilder sammeln, organisieren und optimieren

Digitalfotos gehören heute praktisch zum Alltag. Fast jeder hat ein Handy mit Kamerafunktion in der Tasche, und auch leistungsfähige Digitalkameras sind immer kleiner und günstiger geworden. Da ist ein Schnappschuss schnell gemacht.

Um in der Fülle der Bilder den Überblick zu behalten, ist eine Software hilfreich, die das Erfassen und Verwalten der Bildersammlung genauso zum Kinderspiel macht, wobei sich mit Bordmitteln des Windows-Explorer schon einiges sinnvoll erledigen lässt.

Komfortabler wird es, wenn Sie zusätzlich das kostenlose Desktop-Programm Fotogalerie herunterladen und installieren. Damit können Sie Bilder von Digitalkameras, Scannern und anderen Quellen erfassen, archivieren und mit Schlagwörtern versehen. Filter und Suchfunktionen helfen Ihnen, bestimmte Bilder jederzeit schnell wiederzufinden.

Auch einfache Bearbeitungsmöglichkeiten wie das Rotieren und Beschneiden von Bildern, das Korrigieren von Helligkeit und Kontrast oder das Wegretuschieren der lästigen roten Augen stehen zur Auswahl und ersparen in vielen Fällen den Griff zu komplexeren Bildbearbeitungsprogrammen. Schließlich bietet die Fotogalerie vielfältige Möglichkeiten, Bilder weiterzuverwerten und dauerhaft aufzubewahren, wie das Archivieren auf CD, das Erstellen von Bildpräsentationen oder das Übermitteln an einen Fotodienstleister zum Erstellen echter Fotoabzüge.

20.1   Den Bilderimport von Digitalkamera und Scanner flexibel steuern

Für den Bilderimport auf den PC stehen auch für Desktop-Nutzer komfortable Assistenten bereit, die einen automatischen Import von Bildern in die Sammlung ermöglichen.

Gegenüber dem „händischen" Kopieren per Windows-Explorer hat dies verschiedene Vorteile. Zum einen kann der Import-Assistent abgleichen, welche Bilder bereits vorhanden sind. So fügt er automatisch nur neue Aufnahmen hinzu. Zum anderen kann beim Import bereits eine Verschlagwortung der Bilder stattfinden, sodass sie sich anschließend besser finden lassen.

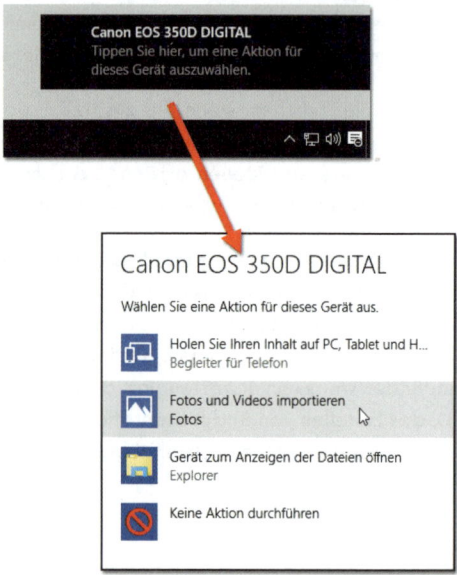

1. Verbinden Sie hierzu die Digitalkamera mit dem PC. Windows erkennt die Verbindung automatisch und meldet ein neues Gerät. Klicken Sie auf die Meldung.

2. Nun können Sie eine Aktion für dieses Gerät auswählen. Klicken Sie dabei auf *Fotos und Videos importieren*. Sollten Sie die erste Meldung verpasst haben, klicken Sie einfach mit der rechten Maustaste auf den Eintrag der Kamera im Windows-Explorer und wählen im Kontextmenü *Bilder und Videos importieren*.

3. Alternativ können Sie auch bei angeschlossener Kamera in der Anwendung *Fotogalerie Datei/Fotos und Videos importieren* aufrufen. Damit starten Sie einen Import-Assistenten, bei dem Sie im ersten Schritt die Kamera auswählen. Klicken Sie dann unten auf *Importieren*.

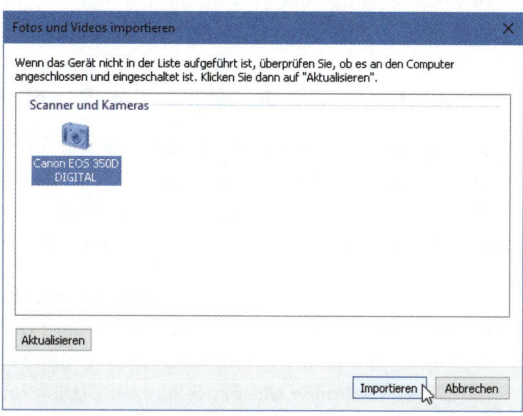

4. Bei beiden Varianten durchsucht der Assistent die Kamera dann nach neuen Bildern und Videos. Wählen Sie die Option *Alle neuen Elemente jetzt importieren*. Außerdem können Sie die Bilder mit einem Stichwort markieren. Dieses wird in den erweiterten Dateiei-

genschaften des Bildes gespeichert und dient später der effizienten Verwaltung der Bilder. Außerdem fließt es in den Dateinamen ein, den der Assistent automatisch wählt. Mit einem Klick auf *Weitere Optionen* können Sie an dieser Stelle weitere Importeinstellungen vornehmen, auf die der nächste Abschnitt ausführlicher eingeht.

5. Anschließend startet der eigentliche Transfer. Je nach Umfang und Geschwindigkeit der Verbindung kann das einige Sekunden bis Minuten dauern. Die Fortschrittsanzeige stellt dar, welches Bild gerade übertragen wird und wie lange der Vorgang noch dauert.

Falls Sie die Bilder nach dem Import direkt vom Speicherchip der Kamera löschen wollen, setzen Sie vor dem Abschluss des Vorgangs ein Häkchen bei *Nach dem Import löschen*.

6. Ist der Transfer abgeschlossen, finden Sie die importierten Bilder direkt in Ihrer Fotosammlung vor. Dabei ist es egal, ob Sie in der Fotos-App, in der Fotogalerie-Anwendung oder mit dem Windows-Explorer in der Bilderbibliothek nachschauen. In den letzteren beiden wurde ein neuer Ordner mit dem aktuellen Datum sowie gegebenenfalls dem gewählten Schlagwort angelegt. In der Fotos-App finden Sie die Bilder schnell über das Aufnahmedatum.

Das Importieren von der Kamera im Detail steuern

Der Import-Assistent verwendet eine Reihe von Standardeinstellungen für den Speicherort und das automatische Benennen der einzulesenden Bilder. Diese Voreinstellungen sind nicht verkehrt, aber Sie können auch andere Optionen wählen, wenn Ihnen z. B. das Schema der automatischen Namensvergabe nicht passt.

1. Um die Importoptionen zu verändern, klicken Sie im ersten Schritt des Import-Assistenten unten links auf *Weitere Optionen*. Alternativ können Sie auch in der Fotogalerie mit *Datei/Optionen* die Einstellungen öffnen und dort in die Rubrik *Importieren* wechseln.

2. Hier wählen Sie oben den Ordner aus, in den die Bilder bzw. Videos eingefügt werden sollen. Das bietet sich z. B. an, wenn Sie für Ihre Bilddateien ein separates Laufwerk verwenden. Wenn Sie die Fotogalerie zum Verwalten der Bilder einsetzen wollen, sollten Sie aber darauf achten, dass Sie einen Ordner verwenden, der von der Fotogalerie erfasst wird (siehe Seite 479).

3. Die Auswahlfelder *Ordnername* und *Dateiname* steuern die automatische Benennung von Bildern. Hier finden Sie jeweils verschiedene Varianten und Kombinationen von Angaben, aus denen Ordnername und Dateiname gebildet werden können. Sollen die Dateien nicht umbenannt werden, können Sie z. B. für den Dateinamen *Originaldateiname* wählen. Dann wird der von der Kamera vergebene Name für die Bilddatei beibehalten.

4. Bei *Weitere Optionen* sind die unteren beiden am wichtigsten. *Dateien nach dem Importieren vom Gerät entfernen* gibt den Speicherplatz der Bilder auf der Kamera praktischerweise immer gleich automatisch frei. *Fotos beim Importieren drehen* ist ebenfalls sehr nützlich, da Windows Aufnahmen im Hochformat dann immer gleich automatisch richtig positioniert. Das funktioniert allerdings nur, wenn die Digitalkamera diese Funktion unterstützt.

TIPP ☑ RAW-Codecs für Digitalbilder verwenden

Üblicherweise erstellen Digitalkameras ihre Bilder direkt im JPEG-Format und optimieren sie bereits. Bessere Modelle können aber auch die ungefilterten und unkomprimierten Rohdaten der Bilder ausgeben. Wer selbst aus seinen Aufnahmen das Beste herausholen möchte, der sollte mit diesem RAW-Format arbeiten. Voraussetzung dafür ist eine Fotosoftware, die mit RAW-Daten umgehen kann. Zum Betrachten reichen aber die Windows-Bordmittel aus, wenn Sie einen RAW-Codec installiert haben. Leider gibt es nicht „den" RAW-Codec, weil jeder Kamerahersteller hier sein eigenes Süppchen kocht. Sie können sich aber auf der Website Ihres Kameraherstellers den passenden Codec für Ihr Modell herunterladen. Wenn der installiert ist, kann Windows auch mit den RAW-Aufnahmen Ihrer Kamera umgehen.

Bilder mit einem Scanner einlesen

Vielleicht liegen einzelne Bilder, die Sie verwenden wollen, nicht immer schon als digitale Dateien vor, sondern auf Papier, so z. B. ausbelichtete Fotos, Zeitungsausschnitte, Dokumente oder sonstige Unterlagen. In solchen Fällen können Sie zu einem Scanner greifen, mit dem sich solche Papiervorlagen in digitale Bilder umwandeln lassen. Windows und die Fotogalerie unterstützen diese Vorgehensweise mit einer integrierten Scannerfunktion, mit der Sie Bilder einlesen und direkt in Ihre Bildersammlung übernehmen können.

1. Rufen Sie in der Fotogalerie die Menüfunktion *Importieren* auf (im *Start*-Bereich ganz rechts). Auf ähnliche Weise können Sie Scanner auch in anderen Bildbearbeitungsprogrammen nutzen.

2. Wählen Sie im Importdialog den Scanner aus. Meist wird ohnehin nur dieses Gerät angezeigt, aber wenn Sie z. B. mehrere Scanner oder zeitgleich eine Digitalkamera angeschlossen haben, werden diese ebenfalls aufgelistet.

3. Gegebenenfalls nach einer kurzen Wartezeit wird der Scandialog angezeigt. Wählen Sie hier zunächst auf der linken Seite oben ein passendes Profil für die Papiervorlage aus, also z. B. *Foto* für ausbelichtete Bilder. Dadurch kann sich das Programm darauf einstellen und bessere Scanergebnisse erzielen.

4. Anschließend sollten Sie erst einmal einen *Vorschau*-Scan durchführen. Der liest das Bild zunächst relativ schnell in einer groben Voransicht ein. Diese erlaubt Ihnen, den genauen Scanbereich festzulegen und eventuelle Optimierungen bezüglich Bildhelligkeit und -kontrast vorzunehmen. Klicken Sie dazu unten auf die Schaltfläche *Vorschau* und haben Sie etwas Geduld.

5. Anschließend zeigt das Programm den gesamten Scanbereich im Vorschaufenster an. Die Qualität der Vorschau ist nicht besonders gut, da sie vor allem schnell sein soll. Der endgültige Scan wird wesentlich besser aussehen! Wenn Sie nur einen Teil der Vorlage einlesen wollen, können Sie den Scanbereich jetzt manuell anpassen. Ziehen Sie dazu mit der Maus an den vier Ecken des Bereichs, bis es passt.

6. Auf der linken Seite können Sie nun die weiteren Scanparameter festlegen:

- Für farbige Vorlagen ist bei *Farbformat* die Wahl klar. Um z. B. Schriftstücke einzulesen, eignen sich *Graustufe* bzw. *Schwarz und Weiß* besser.

- Bei *Dateiformat* geben Sie an, mit welchem Dateityp das Bild gespeichert werden soll. Neben dem gängigen *JPG* stehen hier auch *Bitmap*, *PNG* und *TIFF* zur Auswahl.

- Ganz wichtig für die Bildqualität ist das Eingabefeld *Auflösung (DPI)*. Der optimale Wert hängt hierbei vom Verwendungszweck ab. Für großformatige Scans, die Sie in guter Qualität ausdrucken oder dauerhaft aufbewahren wollen, sollten Sie aber nicht weniger als 600 dpi wählen. Bilder für die Verwendung in Webseiten hingegen kommen auch mit 150 dpi aus.

- Sollte das Vorschauergebnis schon auf den ersten Blick zu dunkel ausfallen, können Sie mit den Parametern *Helligkeit* und *Kontrast* den Scanvorgang beeinflussen.

TIPP ☑ Bildoptimierungen besser verschieben

Halten Sie sich beim Scannen nicht zu lange mit Optimierungsversuchen auf. Denken Sie daran, dass Sie nur eine grobe Vorschau des Bildes sehen. Solange diese nicht erheblich zu dunkel oder (eher selten) zu hell ist, brauchen Sie an *Helligkeit* und *Kontrast* nicht viel zu drehen. Das können Sie besser später noch am fertig eingescannten Bild erledigen, da Sie eine viel genauere Kontrolle über das Ergebnis haben.

7. Haben Sie alle Einstellungen so weit getroffen, können Sie das eigentliche Einlesen des Bildes in der endgültigen Qualität beginnen. Klicken Sie dazu unten auf die *Scannen*-Schaltfläche. Nun beginnt der Scanner mit dem Einlesen und Übertragen des Bildes, was je nach Geschwindigkeit des Gerätes einige Sekunden dauern kann.

8. Anschließend können Sie wie beim Importieren von einer Digitalkamera direkt eine Beschriftung angeben, mit der dieses Bild in der Fotogalerie markiert wird.

9. Nun gelangen Sie zurück zur Fotogalerie, in der Sie das eingescannte Bild in der Kategorie *Zuletzt importiert* am schnellsten wiederfinden. Sollten noch Optimierungsschritte erforderlich sein, können Sie die Korrekturfunktionen der Fotogalerie dafür verwenden.

20.2 Digitalbilder mit Bordmitteln sammeln und sinnvoll organisieren

Wenn Sie lieber mit dem klassischen Desktop als mit der Touchoberfläche arbeiten, bietet der Windows-Explorer mit seinen erweiterten Dateieigenschaften und den vielfältigen Möglichkeiten zum Suchen und strukturierten Anzeigen von Dateien ein gutes Grundwerkzeug. Damit können Sie auch umfangreichere digitale Bildersammlungen ohne zusätzliche Software im Griff behalten. Kombiniert mit seinen vielfältigen Darstellungsmöglichkeiten ist er schon ein kleines Bildverwaltungsprogramm.

Ordnerdarstellung mit Bildervorschauen nutzen

Der Windows-Explorer bietet verschiedene Darstellungsweisen mit einer Inhaltsvorschau, die bei Bilddateien eine mehr oder weniger kleine Vorschau auf das eigentliche Bild liefern. Diese bieten sich für den Umgang mit Bildersammlungen besonders an. Die verschiedenen Ansichten können auf einer Skala beinahe stufenlos verändert werden.

1. Wenn Sie im Windows-Explorer unten rechts direkt auf eines der kleinen Symbole klicken, wechseln Sie zwischen den Ansichtsvarianten *Details* und *Große Symbole* hin und her. Praktisch, wenn man mal eine Bildvorschau und mal die Dateieigenschaften sehen möchte.

2. In der Kategorie *Ansicht* im Menüband des Windows-Explorer können Sie in einem eigenen Menü die gewünschte Ansicht noch genauer einstellen.

3. Die insgesamt acht Einträge (wenn Sie das Auswahlfeld erweitern, sehen Sie alle auf einmal) stehen für vordefinierte Ansichtsarten, die

Sie hier direkt anwählen können. Für das Betrachten von Bildern eignen sich dabei besonders die Einträge *Mittelgroße Symbole* und darüber.

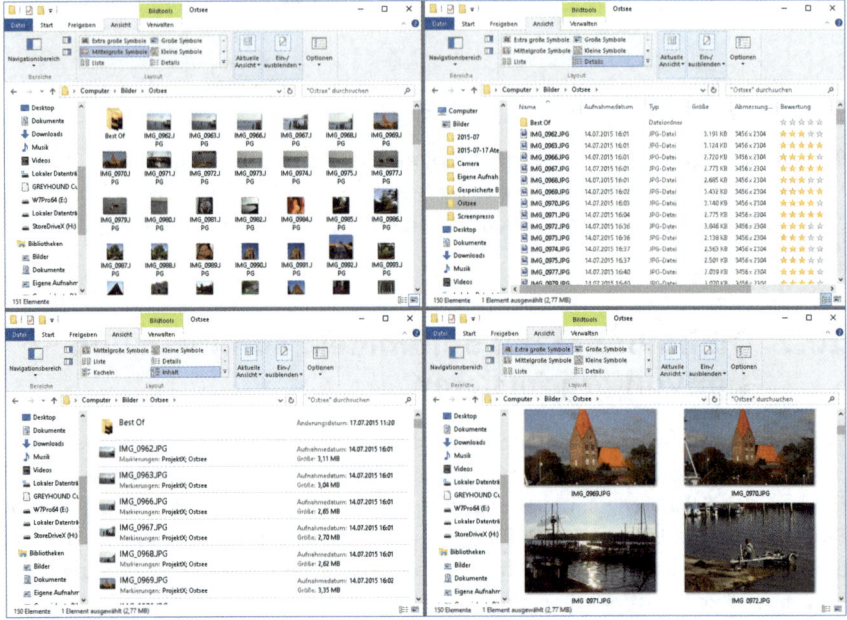

4. Alternativ können Sie aber mit gedrückter ⌈Strg⌉-Taste am Mausrad drehen (wenn Ihre Maus so etwas hat). Dadurch erreichen Sie auch Ansichten zwischen den vordefinierten Stufen und können so z. B. ganz genau einstellen, wie groß die Bilder im Explorer angezeigt werden sollen.

Die Inhaltsansicht bringt es auf den Punkt

Die Inhaltsansicht hat auch für den Umgang mit Bilddateien Vorteile zu bieten. Sie kombiniert bei Bildern eine – wenn auch etwas kleine – Vorschau auf das Bild mit den wesentlichen Informationen wie Name, Aufnahmedatum, Abmessungen und Größe.

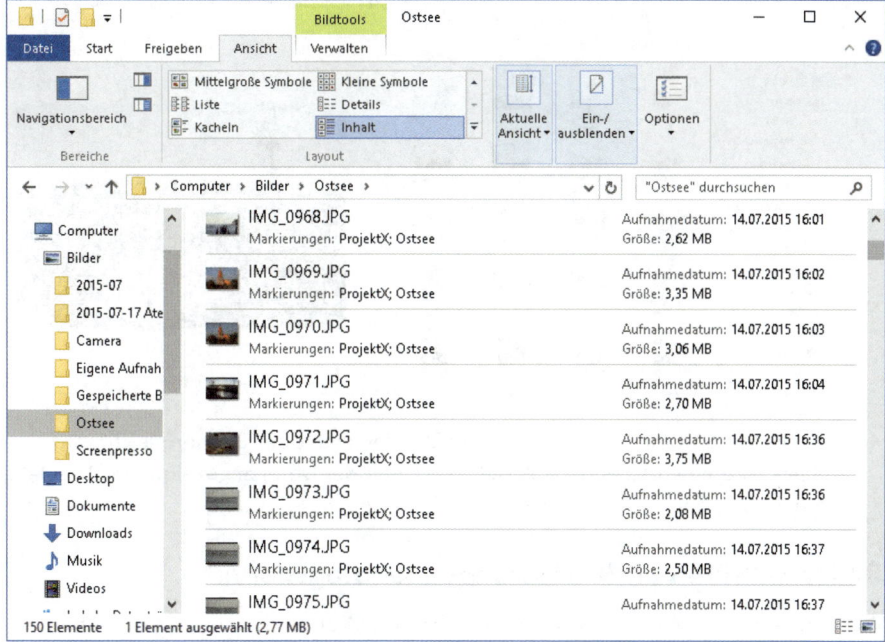

Bildvorschau direkt im Windows-Explorer

Die verschiedenen Dateiansichten zeigen zwar den Bildinhalt direkt im Explorer an, sind aber in der Größe begrenzt. Wollen Sie Dateien im Detail sehen oder z. B. vergleichen, müssen Sie aber trotzdem nicht gleich zu einem externen Bildbetrachter greifen. Die Vorschaufunktion zeigt Ihnen das jeweils ausgewählte Bild als große Vorschau an. So können Sie sich direkt im Windows-Explorer mit einem kurzen Blick davon überzeugen, ob Sie die richtige Datei gefunden haben.

1. Um den Vorschaubereich zu aktivieren, klicken Sie im Menüband in der Kategorie *Ansicht* fast ganz links die *Vorschaufenster*-Schaltfläche an. Oder Sie drücken einfach ⌈Alt⌉+⌈P⌉, um das Vorschaufenster jeweils ein- oder auszuschalten.

2. Der Windows-Explorer blendet daraufhin am rechten Fensterrand einen zusätzlichen Bereich ein und zeigt darin das aktuell ausgewählte Bild an. Dabei verwendet er stets den maximal zur Verfügung stehenden Platz.

3. Durch Maximieren des Fensters, durch Ausblenden des Navigationsbereichs oder durch Verschieben der Trennung zwischen Ordner und Vorschaubereich nach links können Sie also die Größe der Vorschau optimieren.

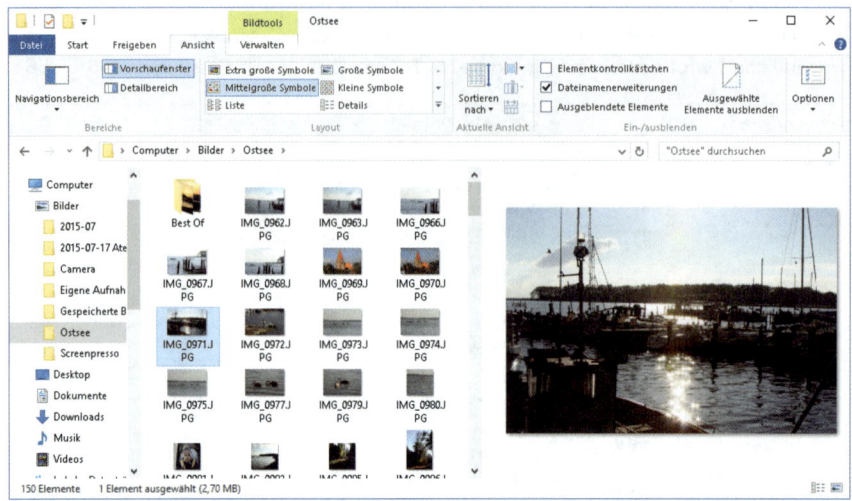

4. Falls Sie im Windows-Explorer mehrere Dateien und/oder Ordner gleichzeitig auswählen, wird im Vorschaubereich stets der Inhalt der Datei angezeigt, die Sie zuletzt angeklickt haben.

Bilder mithilfe von Markierungen katalogisieren

Die Dateieigenschaften von Windows erlauben es, Bilder zu katalogisieren. Aufnahme- und Bearbeitungsdatum werden ohnehin automatisch gespeichert. Aber auch inhaltliche Zusammenhänge können Sie auf diese Weise herstellen. So lassen sich z. B. alle Bilder, die an einem bestimmten Ort gemacht wurden, mit einem entsprechenden Schlüsselbegriff versehen. Diese Bilder können Sie dann später schnell wiederfinden, egal wo und unter welchem Namen sie gespeichert sind. Ebenso lassen sich Schlüsselwörter bezüglich des Inhalts oder des Verwendungszwecks von Bildern hinzufügen, etwa was das Motiv oder den Auftraggeber angeht.

1. Markieren Sie alle fraglichen Bilder im Windows-Explorer. Befinden sich die Dateien in verschiedenen Ordnern, wiederholen Sie diese Schritte für jeden Speicherort. Beachten Sie dabei, dass Sie nur Dateien markieren, keine Ordner.

2. Klicken Sie dann unten im Detailbereich auf *Markierung hinzufügen*.

3. Geben Sie hier eine eindeutige Bezeichnung ein, z. B. den Namen des Projekts, und übernehmen Sie die geänderten Eigenschaften mit ⏎ oder mit einem Klick unten auf *Speichern*.

4. Das neue Schlüsselwort wird bei allen dazugehörigen Dateien sofort unten in der Titelleiste des Windows-Explorer angezeigt.

HINWEIS ▷ Keine Markierungen möglich?

Falls Sie bei Ihren Bilddateien im Windows-Explorer keine Markierungen vornehmen und auch sonst keine weiteren Eigenschaften sehen bzw. bearbeiten können, liegt dies am Programm, das als Standardanwendung für diesen Dateityp festgelegt ist. Haben Sie hier beispielsweise einen alternativen Bildbetrachter festgelegt, der diese Funktion nicht unterstützt, können Sie die Eigenschaften solcher Bilder nicht im Windows-Explorer direkt bearbeiten, sondern nur in dieser Anwendung. Um das zu ändern, setzen Sie als Standardanwendung für Bilder wieder eine der mitgelieferten Anwendungen oder Apps von Microsoft ein.

Die Qualität von Bildern per Sterne-Ranking bewerten

Windows erlaubt es Ihnen, die Qualität von Bildern und anderen Arten von Multimedia-Dateien sehr anschaulich mit Sternchen zu bewerten. Diese Sternchen sind nicht nur ein praktisches visuelles Hilfsmittel, sondern sie ermöglichen es auch, Bilder anhand ihrer Qualität zu filtern und z. B. für Präsentationen nur die besten Aufnahmen zu verwenden.

1. Die Sterne-Bewertung steht bei Bildern unter der Bezeichnung *Bewertung* im Detailbereich zur Verfügung. Alternativ können Sie diese Einstufung auch im *Eigenschaften*-Dialog vornehmen.

2. Standardmäßig haben Bilder keine Sterne, also keine Bewertung. Um einem Bild eine Bewertung zuzuweisen, bewegen Sie den Mauszeiger auf die Sterne.

3. Ziehen Sie den Mauszeiger dann auf den Stern entsprechend der Anzahl der Sterne, die Sie für diese Datei vergeben möchten. Die Sterne unterhalb und links vom Mauszeiger werden dadurch markiert. Klicken Sie also z. B. den vierten Stern an, wenn Sie insgesamt vier Sterne zuordnen wollen.

4. Wichtig: Haben Sie die Bewertung anhand der Sternchen vorgenommen, klicken Sie unten rechts auf *Speichern*. Das Ranking wird dann gespeichert und die entsprechende Anzahl von Sternen dauerhaft farblich hervorgehoben.

Finden Sie alle Bilder mit Fünf-Sterne-Bewertung

Anhand der vergebenen Bewertung können Sie Ihre Bilder suchen und filtern und so z. B. nur Bilddateien mit einer Bewertung von fünf Sternen finden. Sie können die Bewertung aber auch als Sortierkriterium bei umfangreichen Bildersammlungen verwenden, um z. B. die Bilder mit der besten Bewertung ganz oben in der Liste anzuzeigen.

1. Tippen Sie oben rechts im Suchfeld des Windows-Explorer z. B. .jpg ein, um zunächst alle Ihre Bilder zu erfassen.

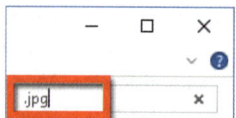

2. Der Explorer zeigt dann alle Dateien im aktuell gewählten Ordner und in dessen Unterordnern an, die dieses Kriterium erfüllen.

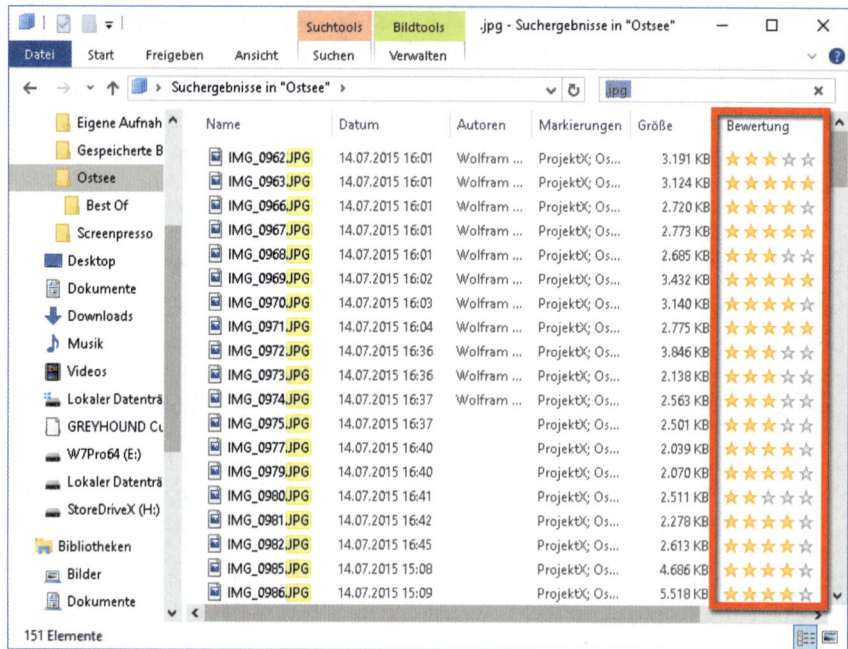

3. Stellen Sie sicher, dass in der Detailansicht die Spalte *Bewertung* angezeigt wird. Andernfalls passen Sie die Eigenschaftsspalten entsprechend an.

4. Nun können Sie die Sortier- und Filterfunktionen des Windows-Explorer nutzen, um die besonders gut bewerteten Bilder zu ermitteln. Wenn Sie z. B. zweimal hintereinander (nicht doppelt) auf die Spaltenüberschrift *Bewertung* klicken, werden die Bilder so sortiert, dass die am besten bewerteten ganz oben stehen.

5. Oder nutzen Sie die Filterfunktion, wenn Sie z. B. nur die Bilddateien mit fünf Sternen als Liste haben möchten: Klicken Sie dazu auf das kleine Pfeilsymbol rechts neben *Bewertung* und wählen Sie im Untermenü die gewünschte Bewertung aus. Der Windows-Explorer blendet dann alle Dateien mit weniger als fünf Sternen aus. Übrig bleibt eine Liste mit den am besten bewerteten Bildern.

Bewertung	✓ Ordnerpfad	
★★★★★	☐	📁 2 Sterne
★★★★★	☐	📁 3 Sterne
★★★★★	☐	📁 4 Sterne
★★★★★	☑	📁 5 Sterne
★★★★★	☐	📁 Nicht angegeben
★★★★	C:\Benutzer\Livel\...	
★★★★	C:\Benutzer\Livel\...	

20.3 Bildersammlungen mit der Fotogalerie intelligent und effizient organisieren

Hier und da mal ein Schnappschuss und auf Reisen die Kamera stets dabei – da kommt schnell eine umfangreiche Bildersammlung zustande. Um darin immer alles schnell wiederzufinden, bedarf es einer guten Organisation. Das lässt sich mit der Fotos-App nur in begrenztem Umfang leisten. Der Windows-Explorer stellt viele Möglichkeiten bereit, die aber teilweise zu allgemein und nicht speziell für Bilder vorgesehen sind. Eine clevere Alternative ist deshalb die Anwendung *Fotogalerie* aus dem Windows-Essentials-Paket von Microsoft (http://windows.microsoft.com/de-de/windows-live/essentials). Früher wurde dieses Programm sogar mal mit Windows ausgeliefert, heute kann man es nach wie vor kostenlos nachrüsten.

Eine der Stärken der Fotogalerie besteht darin, Bilder aus verschiedenen Quellen zu erfassen und zu verwalten. Eigenschaften wie Bildernamen, Aufnahmedatum oder Schlagworte werden dabei automatisch berücksichtigt. Sie können aber auch mithilfe von individuellen Markierungen Ihre Bilder z. B. thematisch katalogisieren und so ein strukturiertes Bildarchiv aufbauen, in dem Sie Ihre Fotos langfristig aufbewahren und bei Bedarf immer wieder schnell finden können.

HINWEIS ▷ Lästige Rückfrage beim Start der Fotogalerie?

Meldet sich die Fotogalerie bei jedem Start mit einer lästigen Rückfrage wegen der Dateitypen? Damit möchte das Programm erreichen, als Standardanwendung für die gängigen Bildtypen eingestellt zu werden. Das können Sie mit *Ja* bestätigen oder aber es mit *Nein* bei der standardmäßigen Bild- und Faxanzeige von Windows oder gegebenenfalls einem anderen installierten Bildbetrachter belassen. In jedem Fall sollten Sie zuvor die Option *Für diese Dateitypen nicht erneut anzeigen* wählen, um diesen Dialog auf Dauer loszuwerden.

Bilder und Videos in die Fotogalerie importieren

Die Fotogalerie erfasst automatisch alle vorhandenen und neu hinzukommenden Bilder in der gleichnamigen Bibliothek des Windows-Explorer. Wenn Sie Ihre Bilder und Fotos immer in diesem Bereich speichern, werden diese automatisch auch in die Fotogalerie aufgenommen. Ebenso wird die Video-Bibliothek berücksichtigt. Haben Sie Dateien in anderen Ordnern oder z. B. auf einem anderen Laufwerk gespeichert, können Sie aber auch diese Daten von der Fotogalerie überwachen lassen. Dazu müssen Sie die entsprechenden Ordner der Galerie hinzufügen.

1. Starten Sie die Fotogalerie. Im Startmenü reicht es z. B., *gal* einzugeben, um ihr Symbol schnell zu finden.

2. Um Bilder von Ihrer Festplatte zu importieren, wählen Sie im Stammmenü den Befehl *Ordner hinzufügen.*

3. Sie sehen dann eine Übersicht der bereits überwachten Ordner. Klicken Sie hier rechts auf die Schaltfläche *Hinzufügen*, um einen weiteren einzufügen.

4. Geben Sie im anschließenden Ordnerauswahldialog das Verzeichnis an, in dem sich die zu erfassenden Bilder befinden. Klicken Sie dann unten auf *Ordner aufnehmen.*

5. Das Programm analysiert nun den vorgegebenen Ordner und erfasst die darin enthaltenen Dateien. Dies geschieht im Hintergrund, sodass Sie also parallel schon mit der Fotogalerie weiterarbeiten können. Allerdings reagiert das Programm in dieser Phase eventuell etwas träge und die neuen Bilder stehen erst nach und nach zur Verfügung.

6. Anschließend finden Sie die neu hinzugekommenen Bilder in der Galerie. Suchen Sie dazu in der Navigationsleiste am linken Rand die Kategorie *Alle Fotos und Videos.* Der hinzugefügte Ordner ist hier als Eintrag aufgeführt. Wählen Sie ihn aus, werden die darin enthaltenen Bilder in der Galerie angezeigt.

Mithilfe der verschiedenen Kategorien durch die Bildersammlung navigieren

Die Navigationsleiste am linken Rand der Fotogalerie ist eine Möglichkeit, in dem Gesamtbestand an Bildern und Videos eine bestimmte Gruppe von Bildern ausfindig zu machen. Sie bildet die Ordnerstruktur nach, in der die Bilder abgelegt sind, und lässt sich ähnlich wie der Windows-Explorer nutzen.

Zusätzlich kann die Anzeige der Bilder rechts nach verschiedenen Kriterien strukturiert werden, z. B. nach Datum, Markierung oder Bewertung. Wechseln Sie hierzu in das *Ansicht*-Menü. Darin können Sie ganz links im Bereich *Liste anordnen* auswählen, welches Kriterium Sie zum Sortieren verwenden möchten.

Mit der Windows-Suche auch Bilder schnell und gezielt finden

Wenn es um das gezielte Auffinden eines bestimmten Bildes oder einer sehr kleinen Auswahl von Bildern geht, helfen die Kategorien im Navigationsbereich nicht immer weiter. Für solche Fälle bietet die Fotogalerie Ihnen zusätzlich eine Suchfunktion, mit der Sie die gesamte erfasste Bildersammlung durchforsten können. Diese Funktion basiert auf der Windows-Dateisuche und funktioniert dementsprechend ganz ähnlich wie die Suche im Windows-Explorer. Als Suchbegriff können Sie alle textbasierten Eigenschaften der Dateien verwenden, also nicht nur den Dateinamen, sondern z. B. auch Titel, Markierungen, Kommentare, Urheber etc.

TIPP ☑ Navigationsbereich und Suche sind kombiniert

Die Bildsuche der Fotogalerie bezieht sich immer auf die links gewählte Kategorie. Es werden also stets nur die Bilder und Videos in den dort ausgewählten Bereichen durchsucht. Um eine Suche im gesamten Bestand durchzuführen, sollten Sie deshalb links immer erst ganz oben die Kategorie *Alle Fotos und Videos* auswählen, bevor Sie den Suchbegriff eingeben.

1. Klicken Sie im *Suchen*-Menü ganz rechts auf die Schaltfläche *Textsuche*.

2. Hiermit blenden Sie einen zusätzlichen Suchbereich ein, in den Sie den gewünschten Begriff eintippen. Be-

reits nach dem ersten Buchstaben beginnt die Suchfunktion, die angezeigten Bilder zu reduzieren. Sie entfernt alle Einträge, die diesen Buchstaben nicht in irgendeiner ihrer textbasierten Dateieigenschaften enthalten.

3. Dieser Vorgang setzt sich mit jedem weiteren Buchstaben fort, sodass die Bildauswahl immer weiter eingeschränkt wird.

4. Sie müssen den Suchbegriff nicht unbedingt komplett ausschreiben. Ist Ihnen die verbleibende Auswahl an Bildern klein genug oder wird ohnehin nur noch ein Bild angezeigt, belassen Sie es einfach dabei.

5. Um die Suchauswahl wieder aufzuheben, klicken Sie rechts im Suchfeld auf das kleine x.

Organisieren Sie Ihre Bilder mit Markierungen

Eine zusätzliche Möglichkeit, Ihrer Bildersammlung eine individuelle Struktur zu verleihen, sind Markierungen, die Sie einzelnen oder mehreren Bildern zuordnen können. Dabei kann ein Bild beliebig viele solcher Schlüsselwörter erhalten. Später können Sie nach verwendeten Markierungen suchen, und die Fotogalerie stellt Ihnen alle Bilder zusammen, die diese enthalten. Jedes Bild in der Fotogalerie können Sie auf einfache Weise mit einem oder mehreren Stichwörtern versehen.

1. Dazu sollten Sie im *Ansicht*-Menü den *Bereich „Markieren und beschriften"* einblenden. Er zeigt am rechten Fensterrand jeweils ausführlichere Informationen zum ausgewählten Bild an.

2. Wann immer Sie ein Bild oder auch mehrere Bilder in der Galerie markiert haben, finden Sie am rechten Fensterrand im Infobereich eine Schaltfläche zum Hinzufügen von Markierungen. Wenn Sie einfach darauf klicken, wird an dieser Stelle ein Eingabefeld eingeblendet.

3. Hier können Sie nun eine Markierung eingeben, die dieses Bild beschreibt bzw. kategorisiert. Ein bestimmtes Schema müssen Sie dabei nicht befolgen.

Wählen Sie einfach solche Begriffe, die Ihnen naheliegend und logisch erscheinen.

4. Zusätzlich zum Eingabefeld öffnet sich eine Auswahl, die die bereits verwendeten Markierungen enthält. Dies hilft bei der konsequenten Verfolgung der eigenen Struktur und verhindert z. B. Verwirrung durch verschiedene Schreibweisen der Schlüsselbegriffe.

5. Haben Sie das gewünschte Schlüsselwort eingetippt oder ausgewählt, drücken Sie einfach ⏎.

6. Die Beschriftung wird im Vorschaubereich direkt darunter angegeben. Hier finden Sie immer alle Schlüsselwörter, die Sie dem ausgewählten Bild bislang zugewiesen haben. Sind gerade mehrere Bilder ausgewählt, sehen Sie alle vorkommenden Beschriftungen sowie in Klammern die Anzahl der Bilder mit der jeweiligen Beschriftung.

TIPP ☑ Beschriftungen direkt beim Importieren festlegen

Der Import-Assistent für Bilder (siehe Seite 468) gibt Ihnen die Möglichkeit, Bilder direkt beim Einlesen und Speichern von einer Digitalkamera mit Beschriftungen zu versehen. Auf diese Weise können Sie Bilder von Anfang an mit speziellen Schlüsselwörtern z. B. zum Thema oder zum Ort der Aufnahme markieren. Selbstverständlich können Sie diese Beschriftungen anschließend in der Fotogalerie bei einzelnen Bildern noch beliebig durch weitere Begriffe ergänzen.

Bilder zu einem Thema anhand der Markierung schnell finden

Haben Sie (einige oder alle) Bilder mit Beschriftungen versehen, können Sie diese Information nutzen, um die Bilder schnell zu finden.

1. Wählen Sie zunächst links im Navigationsbereich den Ordner aus, in dem Sie nach Markierungen suchen möchten. Um alle Elemente zu berücksichtigen, klicken Sie einfach ganz oben auf *Alle Fotos und Videos*.

2. Drücken Sie dann ⟨Strg⟩+⟨A⟩, um alle Elemente auszuwählen.

3. Blenden Sie dann wiederum den *Bereich "Markieren und beschriften"* ein. Hier werden alle Schlüsselwörter angezeigt, die in den derzeit ausgewählten Dateien als Markierung angegeben sind.

4. Wenn Sie auf eines dieser Stichwörter klicken, zeigt die Fotogalerie nur noch die Bilder an, die mit dieser Markierung versehen sind.

Dabei aber bitte etwas Vorsicht: Mit dem kleinen x ganz rechts auf der Schaltfläche würden Sie diese Markierung von allen ausgewählten Bildern entfernen!

TIPP ☑ Markierungen als Stichwörter im Dateisystem

Die Schlüsselwörter, die Sie in der Fotogalerie Bildern zuordnen, werden nicht nur innerhalb dieser Anwendung genutzt. Windows speichert sie zugleich in den erweiterten Dateieigenschaften als Stichwörter. Dadurch werden sie auch im Windows-Explorer angezeigt und können im Rahmen der Dateisuche als Suchkriterien verwendet werden. Es gilt aber auch der Umkehrschluss: Schlüsselwörter, die Sie z. B. im Windows-Explorer für eine Bilddatei hinterlegen, werden automatisch auch von der Fotogalerie verwendet, sofern dieses Bild darin erfasst ist.

20.4 Kleine Bildfehler schnell korrigieren

Die Fotogalerie beschränkt sich nicht nur auf das bloße Verwalten Ihrer Bilder. Sie kann auch behilflich sein, wenn ein Bild mal nicht ganz perfekt gelungen ist oder falls Sie z. B. aus einem großen Bild nur einen kleineren Ausschnitt verwenden möchten. Hierfür gibt es eine kleine Auswahl an oft benötigten Korrekturwerkzeugen, die Sie auf jedes Bild anwenden können. Spezielle Grafikprogramme können das vielleicht noch etwas besser, aber für viele einfache Fälle dürften die eingebauten Funktionen der Fotogalerie schon ausreichen.

Farbstiche entfernen oder Helligkeit und Kontrast optimieren

Die meisten Digitalkameras bemühen sich, durch automatische Einstellungen ein optimales Ergebnis zu erreichen. Das klappt mal mehr und mal weniger. Gerade in schwierigen Situationen und bei wenig Licht sind die Automatiken aber oft überfordert und produzieren unter- oder überbelichtete Bilder oder deutliche Farbstiche. Kein Grund zum Ärgern, denn oftmals lassen sich solche Aufnahmen noch retten. Die Fotogalerie bietet ein praktisches Tool, mit dem Sie komfortabel ausprobieren können, wie sich Korrekturen an den verschiedenen Parametern auswirken. Nur wenn Sie mit dem Ergebnis zufrieden sind, übernehmen Sie die Änderungen dauerhaft.

1. Um ein Bild zu korrigieren, wählen Sie es in der Galerie mit einem Doppelklick zum Bearbeiten aus.

2. Das Bild wird dann groß angezeigt, und oben in der Symbolleiste können Sie mit *Feinabstimmung* rechts Schieberegler für Belichtung und Farbe einblenden. Diese erlauben beliebiges Experimentieren, bis Sie ein befriedigendes Ergebnis erzielt haben.

3. Mit den Schiebereglern können Sie beliebig experimentieren. Das Ergebnis sehen Sie jeweils sofort bzw. mit minimaler Verzögerung auf dem Bildschirm. Wichtig ist aber noch oben rechts die Schaltfläche *Auf das Original zurücksetzen*. Damit nehmen Sie jeweils Änderungen am Bild zurück oder stellen den Originalzustand wieder her.

TIPP ☑ Automatische Optimierung

Bevor Sie Hand an einzelne Bildparameter legen, können Sie auch der automatischen Optimierung durch die Fotogalerie eine Chance geben. Klicken Sie dazu oben in der Symbolleiste auf *Automatisch anpassen*. Kleinere Probleme behebt diese Funktion oft ganz passabel, und gegebenenfalls können Sie das Ergebnis noch manuell nachbessern. Bei sehr starken Fehlbelichtungen greift die Optimierungsfunktion aber manchmal selbst kräftig daneben. In solchen Fällen können Sie die Auswirkung aber sofort mit der Schaltfläche ganz unten rückgängig machen.

4. Wenn Sie mit den Änderungen an einem Bild zufrieden sind, klicken Sie oben rechts auf die Schaltfläche *Datei schließen*.

TIPP ☑ Änderungen auch später noch zurücknehmen

Bei allen Bildern, die Sie mit der Fotogalerie korrigieren, merkt sich das Programm die Originalversion. Sie können also jederzeit – unabhängig davon, wie oft Sie das Bild in der Zwischenzeit bearbeitet haben – zur ursprünglichen Version zurückkehren. Öffnen Sie es dazu wie vorangehend beschrieben zum Korrigieren und klicken Sie diesmal als Erstes auf die Schaltfläche *Auf das Original zurücksetzen*. Dies stellt das Ursprungsbild wieder her.

Bilder rotieren und ausschneiden

Nicht immer erkennen Digitalkameras zuverlässig, ob eine Aufnahme im Quer- oder im Hochformat gemacht wird. Dann werden die Bilder auf dem Bildschirm quer angezeigt. Mit der Fotogalerie können Sie solche Fehler schnell beheben.

1. Wählen Sie das Bild aus, das Sie korrigieren wollen.

2. Klicken Sie unten in der Steuer-
    leiste auf das Symbol zum Dre-
    hen im oder entgegen dem Uhrzeigersinn.

3. Alternativ können Sie auch die Tastenkombinationen Strg + , bzw. Strg + . ver-
    wenden.

TIPP ☑ Schiefe Bilder begradigen

Wenn die Kamera im Eifer des Gefechts mal nicht ganz gerade ausgerichtet war, kann
man das hinterher am Monitor leider meist recht deutlich sehen. Bei der *Feinabstimmung*
unter *Foto ausrichten* finden Sie eine Korrekturmöglichkeit. Hier können Sie Ihre Bilder
einfach per Schieberegler begradigen. Die dabei notwendigen Beschneidungen an der
Bildgröße nimmt das Programm automatisch vor.

Einen Bildausschnitt erstellen

Erst beim Betrachten der Fotos am PC wird häufig deutlich, dass der Bildausschnitt bei
einer Aufnahme nicht optimal gewählt war. Vielleicht ist der Aufnahmewinkel zu groß
geraten, sodass das eigentliche Objekt gar nicht richtig zur Geltung kommt. Oder
an den Bildrändern lassen sich störende Elemente erkennen, die den Gesamteindruck
schmälern. In solchen Fällen bietet die Fotogalerie eine Reparaturfunktion, mit der Sie
einen kleineren Ausschnitt eines Bildes erstellen können.

1. Wählen Sie hierzu bei
    den *Anpassungen* die
    Funktion *Zuschneiden*.

2. Im Bildbereich wird daraufhin ein Rechteck eingeblendet, das den auszuschneiden-
    den Teil des Bildes festlegt. Sie können die Ecken und Kanten dieser Fläche beliebig
    mit der Maus greifen und nach innen oder außen ziehen, um die Größe des Bild-
    ausschnitts festzulegen.

3. Wenn Sie den Mauszeiger auf das Innere der Fläche bewegen, verwandelt er sich in ein Pfeilkreuz. Nun können Sie mit gedrückter linker Maustaste die gesamte Auswahl in alle Richtungen bewegen.

4. Wollen Sie das Bild für einen bestimmten Zweck zurechtschneiden, finden Sie rechts im Auswahlfeld *Proportion* eine Reihe von festen Größenverhältnissen, z. B. für den Ausdruck in DIN A4 oder für das Entwickeln von Bildern in gängigen Fotogrößen wie 9 x 13.

5. Haben Sie den gewünschten Bildausschnitt gewählt, legen Sie ihn rechts mit *Übernehmen* endgültig fest.

Auch diese Bearbeitung ist nicht unbedingt dauerhaft, sondern kann mit der Wiederherstellen-Funktion später zurückgenommen werden, um wieder das Ursprungsbild zu erhalten.

Die lästigen roten Augen nachträglich entfernen

Ein häufig auftretendes Problem bei Fotos von Gesichtern sind die unvermeidlichen roten Augen, die bei ungünstigen Lichtverhältnissen entstehen können. Zwar bieten die meisten Kameras inzwischen extra Funktionen, um das zu vermeiden, in der Praxis funktionieren sie aber gerade bei spontanen Schnappschüssen nicht. Mit dem Reparaturwerkzeug der Fotogalerie haben Sie solche kleinen Schönheitsfehler aber ruck, zuck wegretuschiert.

1. Wählen Sie im *Anpassungen*-Menü die Funktion *Rote-Augen-Effekt*.

2. Nun brauchen Sie nur noch mit dem Mauszeiger den Bereich zu markieren, in dem sich das rote Auge befindet. Klicken Sie dazu mit der linken Maustaste z. B. an die obere rechte Ecke des Bereichs. Ziehen Sie die Maus dann zur schräg gegenüberliegenden Ecke (also in dem Fall unten links) und lassen Sie die Maustaste dort los.

3. Das Programm reduziert nun die roten Farbanteile in dem ausgewählten Bereich. Dadurch wird er zwar etwas dunkler, aber dafür verschwinden die roten Augen. Sollte eine Behandlung noch nicht ausreichen, wiederholen Sie den Vorgang notfalls ein bis zwei weitere Male.

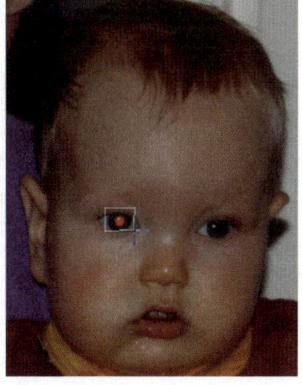

20.5 Bilder erfolgreich am PC und anderswo präsentieren

Eine umfangreiche Bildersammlung soll nicht nur Selbstzweck sein, sondern die Möglichkeit bieten, die Bilder auch angemessen zu betrachten bzw. anderen zu präsentieren. Hierzu bietet der Windows-Explorer eine einfache Diashow und die Fotogalerie eine etwas raffiniertere, die Bilder nicht nur einfach hintereinander anzeigt, sondern sehr attraktiv präsentieren kann. Ebenso stellt die Fotogalerie Ihnen verschiedene Funktionen zur Verfügung, mit denen Sie Ihre Bilder in digitaler Form oder auf Papier dauerhaft bewahren können.

Bilder als einfache Diashow präsentieren

Der Windows-Explorer bringt eine einfache Diashow zum automatischen Anzeigen einer Bildersammlung mit.

1. Im Windows-Explorer finden Sie bei Ordnern mit Bildern darin im *Verwalten*-Menü der Multifunktionsleiste die Schaltfläche *Diashow*, mit der Sie jederzeit eine Diashow der in diesem Ordner befindlichen Bilder starten können.

2. Wenn Sie eines der Bilder in der Windows-Fotoanzeige betrachten, können Sie hier auch auf das große Diashow-Element unten in der Mitte klicken (oder [F11] drücken), um denselben Effekt zu erreichen.

3. In beiden Fällen spielt Windows anschließend die Diashow im Vollbildmodus auf dem Bildschirm ab.

4. Um die Diashow zu beenden, drücken Sie [Esc]. Alternativ können Sie im Kontextmenü der Diashow auf *Beenden* klicken.

Die Wiedergabe der Diashow steuern

Während die Diashow läuft, können Sie Geschwindigkeit und Reihenfolge der Bilder nach Ihrem Geschmack beeinflussen. Dazu klicken Sie mit der rechten Maustaste in das gerade angezeigte Bild und öffnen so ein Kontextmenü.

■ Im oberen Bereich des Menüs können Sie die Bildwiedergabe direkt steuern und auch mit *Anhalten* stoppen oder zu einem vorherigen Bild mit *Zurück* zurückkehren.

■ Mit *Unsortiert* wählen Sie den Zufallsmodus für die Wiedergabe, während *Schleife* die Endloswiedergabe bis zum manuellen Beenden aktiviert.

- Darunter finden Sie drei Varianten für die Geschwindigkeit, in der die Wieder-gabe abläuft.

- Mit *Beenden* ganz unten brechen Sie die Diashow ab. Dies geht gegebenenfalls auch schneller mit (Esc).

TIPP ☑ Per Mausklick zum nächsten Bild

Wollen Sie einfach nur das nächste Bild in der Diashow abrufen, müssen Sie nicht auf das Steuerelement zurückgreifen. Klicken Sie einfach mit der linken Maustaste irgend-wo auf das aktuelle Bild und die Diashow springt ein Bild weiter.

TIPP ☑ Diashow als Bildschirmschoner

Sie können die Windows-Diashow auch als Bildschirmschoner einsetzen. Dann wird der Monitor Ihres PCs in Ruhepausen nicht mit irgendwelchem grafischen Schnickschnack ver-ziert, stattdessen werden z. B. die Bilder vom letzten Urlaub angezeigt. Dabei stehen genau die gleichen Funktionen wie bei einer manuellen Diashow zur Auswahl. Wie Sie einen solchen Diashow-Bildschirmschoner einstellen, ist in Kapitel 5 beschrieben.

Effektvolle Bildwiedergabe mit der Fotogalerie

Die Fotogalerie bringt eine eigene Diashow-Funktion mit. Diese erlaubt zusätzlich das Präsentieren von Bildersammlungen mit interessanten Effekten wie Überblendungen und virtuellen Zooms und Schwenks über die dargestellten Bilder. Klicken Sie dazu im *Start*-Menü der Fotogalerie auf das Diashow-Symbol. Wenn Sie den unteren Teil des Symbols anklicken, können Sie in einem Untermenü direkt den visuellen Stil der Präsen-tation auswählen.

Die visuellen Varianten der Diashow

Wie bereits erwähnt präsentiert sich diese Diashow mit verschiedenen Varianten. Den Wechsel zu einer der Varianten können Sie jeweils während einer Diashow vornehmen. Die einmal gewählte Variante bleibt gespeichert und wird so lange standardmäßig verwendet, bis Sie eine andere Wahl treffen. Wann immer Sie den Mauszeiger bewegen, wird am oberen Bildschirmrand eine Steuerleiste eingeblendet. Hier können Sie im Auswahlmenü *Design ändern* die verschiedenen Stile anwählen. Da der Wechsel jeweils sofort erfolgt, können Sie die verschiedenen Stile auf diese Weise bequem ausprobieren. Deshalb folgt hier nur eine kurze Beschreibung:

- *Schwarzweiß*: Die Bilder werden in Schwarz-Weiß und mit dezenten Schwenks angezeigt. Dazwischen wird wie bei *Ausblenden* überblendet.

- *Kino*: Diese Einstellung sorgt für viel Bewegung in den Bildern durch Schwenks und Drehungen. Die Übergänge werden mit gelegentlichen optischen Effekten wie Unschärfen und Reflexionen aufgewertet.

- *Zeitgenössisch*: Auch dieser Stil ist von viel Bewegung und variationsreichen Übergängen geprägt. Insgesamt ist die Optik aber recht geradlinig und weniger verspielt.

- *Schwenken und Zoomen*: Hier schwenkt eine virtuelle Kamera über das Bild oder zoomt auf einen Teilausschnitt. Die Diashow wird dadurch belebt, und mit Musikuntermalung entsteht fast schon ein Video. Die Bildübergänge entstehen durch einfache kurze Überblendungen. Das Schwenken und Zoomen wird auch bei den anderen Stilen verwendet. Hier erhält man es aber in Reinkultur ohne weitere Effekte. Dadurch ist diese Präsentation belebt, aber nicht zu unruhig.

- *Ausblenden*: Die einfachste und „ruhigste" Variante. Die Bilder werden einfach nacheinander angezeigt, als Übergangseffekt wird sanft von einem ins andere Bild überblendet.

- *Sepia*: Ähnlich wie *Schwarzweiß*, nur dass anstelle von echtem Schwarz-Weiß ein Sepia-Farbton verwendet wird, wie man ihn von alten bzw. leicht ausgeblichenen Schwarz-Weiß-Fotografien kennt.

Drucken Sie ausgewählte Bilder auf Papier aus

Wenn Sie über einen geeigneten Drucker verfügen, können Sie Ihre Bilder direkt selbst zu Papier bringen. Ein spezieller Druck-Assistent unterstützt Sie dabei und erlaubt verschiedene praktische Druckvarianten.

1. Wählen Sie in der Fotogalerie die Bilder aus, die Sie ausdrucken möchten, und wählen Sie dann im *Datei*-Menü *Drucken/Abzüge*.

2. Damit öffnen Sie den Druck-Assistenten für Bilder, der standardmäßig jedes Bild einzeln auf einer DIN-A4-Seite ausgibt. Sie haben aber die Wahl, den Druckauftrag durch eine Reihe von Optionen zu variieren.

3. Wählen Sie zunächst oben den Drucker, die gewünschte Papiergröße und die Qualität. Passen Sie diese Einstellungen den Fähigkeiten Ihres Druckers an.

4. Auf der rechten Seite finden Sie eine Spalte mit Druckvarianten, bei denen Sie z. B. auf einer Seite gleich zwei, vier oder neun Bilder entsprechend verkleinert unterbringen können. Sehr hilfreich kann auch ganz unten die Variante *Kontaktabzug* sein, die Ihnen eine kompakte Miniübersicht über die Bilder z. B. für Referenzzwecke ausdruckt.

5. Sollen die Bilder gleich mehrmals ausgegeben werden, stellen Sie die gewünschte Anzahl bei *Kopien pro Bild* ein.

6. Klicken Sie dann unten rechts auf *Drucken*, um den eigentlichen Druckvorgang zu starten.

Bilder per E-Mail verschicken

Bilder per E-Mail zu verschicken, ist keine große Kunst. Sie müssen sie dazu einfach nur als Datei an eine E-Mail-Nachricht anhängen. Der Weg über die Fotogalerie bietet aber mehr Komfort und vorteilhafte Zusatzfunktionen. So können Sie hierüber nicht nur bequem mehrere Bilder auf einmal verschicken, sondern das Programm reduziert auf Wunsch auch automatisch die Größe der Bilder, damit der Transport via Internet nicht zu aufwendig wird.

1. Markieren Sie in der Fotogalerie die Bilder, die Sie per E-Mail versenden möchten, und verwenden Sie dann im *Start*-Menü der Multifunktionsleiste im Bereich *Teilen* die Schaltfläche *E-Mail*.

2. Wählen Sie im anschließenden Dialog die Bildgröße aus, die die Bilder für den Versand erhalten sollen. (Die Originaldateien bleiben davon unberührt.)

3. Das Programm erstellt dann die Bilddateien für den Versand und öffnet automatisch ein E-Mail-Formular, in dem diese Dateien bereits angehängt sind. Sie brauchen nur die Nachricht selbst einzugeben und die E-Mail abzuschicken.

Bilder auf eine Daten-CD brennen

Mit *Datei/CD brennen* kopieren Sie die markierten Bilddateien auf einen CD- bzw. DVD-Rohling. Die Funktion unterstützt sowohl das Livedateisystem UDF als auch das Mastered-ISO-Format. Die Vorgehensweise ist dabei im Prinzip genau die gleiche wie beim Kopieren beliebiger anderer Dateien auf CD/DVD. Die Schritte dazu werden in Kapitel 18 ausführlich beschrieben.

Aus einer Bilderfolge eine Videopräsentation erstellen

Schließlich stellt Ihnen die Fotogalerie mit der Schaltfläche *Film* im *Erstellen*-Menü eine weitere praktische Möglichkeit zur Verfügung, Bilder zu präsentieren. Dahinter verbirgt sich eine Abkürzung zum Movie Maker (siehe Seite 524), mit dem Sie eigene Videos erstellen, bearbeiten und veröffentlichen können. Die Fotogalerie importiert die ausgewählten Bilder dabei direkt in ein Movie-Maker-Projekt, sodass Sie sofort anfangen können.

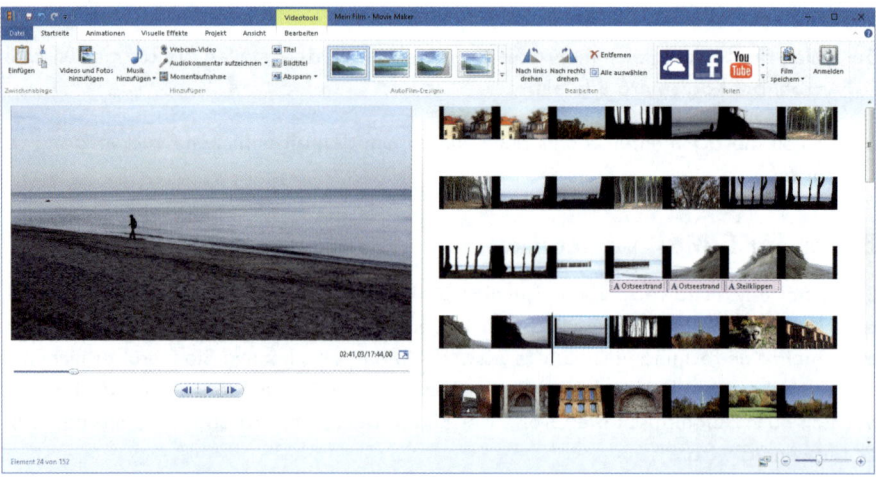

Der Movie Maker analysiert das vorhandene Bildmaterial und erstellt daraus automatisch einen Film. Diesen können Sie so übernehmen oder mit den Funktionen des Movie Maker weiterbearbeiten, um kurze, attraktive Präsentationen auch aus unbewegten Bildern zu machen.

1. Optimieren Sie gegebenenfalls die gewünschte Reihenfolge der Bilder im Storyboard.

2. Wählen Sie nach Bedarf *Animationen* und *Visuelle Effekte* aus, die Sie auf die Bilder bzw. Bildübergänge anwenden, um eine interessante Darstellung zu erreichen.

3. Importieren Sie mit *Startseite/Musik hinzufügen* eine Musikdatei und unterlegen Sie diese als Hintergrundmusik.

4. Im Bereich *Freigeben* des *Startseite*-Menüs finden Sie dann verschiedene Möglichkeiten, einen fertigen Film als Videodatei auf Ihrem PC zu speichern oder als Präsentation im Internet zu veröffentlichen.

Bilder ins Internet hochladen und Freunden zugänglich machen

Zahlreiche Onlinedienste machen es inzwischen leicht, Bilder mit Freunden, Verwandten oder Kollegen zu teilen. Dazu veröffentlichen Sie Ihre Bilder im Internet und schicken anderen den Link dazu z. B. per E-Mail zu. Diese können die Bilder dann ansehen, herunterladen, ausdrucken etc. Selbstverständlich behalten Sie dabei die Kontrolle darüber, wer was sehen darf. Die Fotogalerie unterstützt verschiedene populäre Onlineplattformen. Dadurch können Sie Ihre Bilder direkt aus der Fotogalerie heraus auswählen und veröffentlichen. Im Folgenden zeige ich die Vorgehensweise am Beispiel des OneDrive-Dienstes, den Sie kostenlos in Anspruch nehmen können. Andere Dienste wie z. B. Flickr oder Facebook unterscheiden sich im Detail, funktionieren aber im Prinzip genauso.

1. Wählen Sie zunächst in der Fotogalerie die Bilder aus, die Sie veröffentlichen möchten.

2. Wechseln Sie dann zum *Erstellen*-Menü und lokalisieren Sie den Bereich *Veröffentlichen*. Dort finden Sie Symbole für verschiedene Onlineplattformen wie OneDrive, Facebook oder YouTube.

3. Sollten Sie beim gewählten Dienst nicht ohnehin schon eingeloggt sein, müssen Sie das vor dem Veröffentlichen nachholen. Geben Sie dazu Ihren Benutzernamen und das dazugehörige Kennwort an und klicken Sie auf *Anmelden*. Mit den Optionen *Kennwort und ID speichern* sowie *Automatisch anmelden* können Sie diesen Schritt in Zukunft automatisieren.

4. Geben Sie nun einen Namen für das zu veröffentlichende Album an und klicken Sie dann unten auf *Veröffentlichen*. Die Fotogalerie überträgt die Bilder daraufhin an den Onlinedienst und nimmt die Veröffentlichung gemäß Ihren Vorgaben vor.

5. Anschließend erhalten Sie eine kurze Erfolgsmeldung. Hier können Sie sich das ver- öffentlichte Album direkt *Online anzeigen* lassen. Oder Sie beenden den Assistenten einfach mit *Schließen*.

Kapitel 21

21. Audio- und Videogenuss mit dem Media Player

Die Wiedergabe von Musik und Videos gehört heutzutage zur Kernfunktionalität von PCs, und Windows gibt sich dabei keine Blöße. Für den klassischen Desktop ist der bewährte Windows Media Player an Bord, der in diesem Bereich praktisch alle Bedürfnisse abdeckt. Da dieser sich per Touch allerdings nicht optimal bedienen lässt, können Sie Musik und Videos auch durch Apps wiedergeben lassen. Diese bieten zwar einen geringeren Funktionsumfang, lassen sich dafür aber komfortabler und intuitiver bedienen.

21.1 Windows Media Player für den Multimedia-Desktop

Der Windows Media Player ist das multimediale Herzstück des klassischen Desktops. Er spielt nicht nur Audio- und Videoclips ab, sondern kann den PC auch zur Abspielstation für Audio-CDs machen sowie deren Inhalt als MP3-Dateien auf Ihren PC kopieren.

Gleichzeitig erfasst und verwaltet er die auf dem PC gespeicherte Audio- und Videosammlung und transferiert diese nach Ihren Vorgaben auf Mobilgeräte wie MP3-Player, Smartphones oder Tablets. Selbst Musik-CDs kann der Media Player nach Ihren Vorgaben zusammenstellen und brennen – entweder als konventionelle Audio-CDs oder als platzsparende MP3-CDs.

HINWEIS ▷ Windows Media Player – das Formatwunder

Windows bringt schon bei der Installation eine weitreichende Unterstützung für die unterschiedlichsten Audioformate mit. Zu den Highlights gehören H.264, Apples AAC, DivX und Xvid. Beim Zugriff auf die Medienbibliotheken anderer PCs via Netzwerk unterstützt der Windows Media Player neben der eigenen Software auch das populäre iTunes von Apple.

So spielt der Media Player Ihre Medien ab

Zu den Kernaufgaben des Windows Media Player gehört das Abspielen von Musik- und Videodateien. Das erledigt er auch klaglos in fast allen Formaten. Die Bedienung erfolgt über die zentrale Steuerleiste, deren wesentliche Funktionen Sie hier im Überblick sehen.

Die Steuerleiste des Windows Media Player erlaubt komfortables Bedienen.

TIPP ☑ Alle Bedienelemente nur bei Mindestbreite

Eine kleine Falle lauert für Benutzer, die den Windows Media Player gern in einem möglichst kleinen Fenster darstellen: Die Bedienelemente der neuen Oberfläche werden abhängig vom verfügbaren Platz dynamisch eingeblendet. Wenn Sie das Fenster des Windows Media Player also nicht auf eine bestimmte Mindestbreite vergrößern, stehen Ihnen nicht alle Funktionen zur Verfügung. Am einfachsten erkennen Sie das an der Lautstärkeregelung: Wird diese nicht als Regler, sondern nur als kleiner Pfeil angezeigt, ist das Fenster zu klein für alle Bedienelemente.

Der Designmodus macht auch was fürs Auge her

Neben dem normalen Fenster des Windows Media Player gibt es noch weitere Darstellungsmöglichkeiten, mit denen der Player kompakter und platzsparender auf den Bildschirm gebracht werden kann. Sie eignen sich für die Wiedergabe von kleinen Videoclips und vor allem für das Abspielen von Musik.

1. Um vom Standardfenster aus in den Designmodus zu wechseln, wählen Sie das Menü *Ansicht/Design* oder drücken (Strg)+(2).

2. Der Windows Media Player wechselt daraufhin in den Designmodus, in dem Form und Aussehen der Oberfläche von einer Vorlage bestimmt werden. Von Haus aus verwendet der Media Player hier eine Standardvorlage. Sie können aber auch einen anderen Skin wählen (siehe hierzu den nachfolgenden Abschnitt).

3. In diesem Modus sind abhängig vom gewählten Skin nur ein kleines Kontrollfeld und der Wiedergabebereich zu sehen. Wenn Sie mehrere Dateien bzw. eine Playlist wiedergeben lassen, können Sie diese aber auch einsehen: Klicken Sie dazu auf den gepunkteten Bereich etwa in der Mitte vom linken Rand des Fensters.

4. Der Windows Media Player blendet dann ein zusätzliches Fenster mit der aktuellen Playlist ein. Hierin können Sie auch bequem direkt zu anderen Songs in der Liste wechseln.

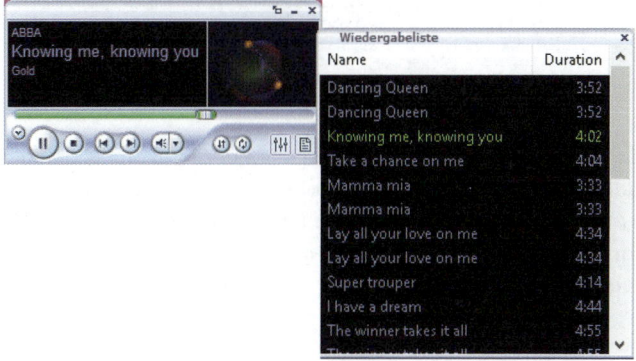

Andere Designs für den Windows Media Player wählen

Das Besondere am Designmodus ist, dass Sie den Windows Media Player darin mit zahlreichen weiteren Designs ausstatten können, die ihm ein völlig anderes Aussehen verleihen. Am normalen Fenstermodus ändert das zwar nichts, aber im Designmodus kann der Player so fast beliebige Formen annehmen. Eine große Auswahl alternativer Oberflächen finden Sie im Internet, aus dem Sie die Designs kostenlos herunterladen und dann beliebig verwenden können.

1. Um das Design des Windows Media Player zu verändern, wechseln Sie in den normalen Fenstermodus. Wählen Sie hier im Menü (gegebenenfalls mit [Alt] einblenden) den Befehl *Ansicht/Designauswahl*.

2. Der Player zeigt dann die Designauswahl an. Hier können Sie auf der linken Seite eines der installierten Designs auswählen. Rechts sehen Sie jeweils eine Vorschau darauf.

3. Sind Sie mit der Auswahl zufrieden, belassen Sie es einfach bei der Einstellung und wechseln zu einer beliebigen anderen Funktion des Windows Media Player.

4. Die mitgebrachten Designs demonstrieren schon ganz gut die Wandlungsfähigkeit des Windows Media Player. Online haben Sie allerdings eine wesentlich größere Auswahl. Das von Microsoft angebotene zentrale Design-Verzeichnis für den Media Player wurde zwar eingestellt. Sie können aber mit einer beliebigen Suchmaschine und einem Suchbegriff wie „Media Player Skin" immer noch viele hübsche Designs finden.

5. Um eines herunterzuladen, klicken Sie auf den dazugehörigen Downloadlink.

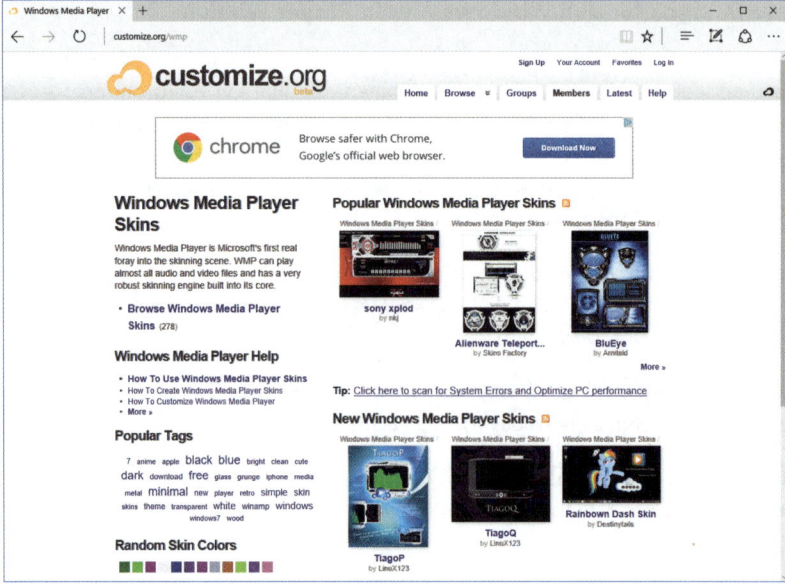

6. Bestätigen Sie dann den speziellen Sicherheitshinweis zum Download von Designs für den Windows Media Player mit *Ja* und warten Sie, bis das Herunterladen abgeschlossen ist.

7. Klicken Sie anschließend auf *Jetzt anzeigen*, um das neue Design direkt zu aktivieren.

Auch so kann der Windows Media Player aussehen.

TIPP ☑ Zurück zum Fenstermodus

Angesichts der virtuosen Designs kann es manchmal ganz schön problematisch sein, alle Bedienelemente zu finden. Damit Sie im Zweifelsfall nicht daran scheitern, zum Fenstermodus zurückzukehren, hier noch ein kleiner Tipp: Die Tastenkombination Strg+1 funktioniert unabhängig vom Design immer.

Kompakt und schön anzusehen: der Miniplayer

Wenn es um die platzsparende Wiedergabe geht, bietet sich die Miniplayer-Funktion an. Dabei wandelt sich der Windows Media Player von seiner gewohnten Gestalt in eine kompakte Version um und lässt trotz geringer Größe noch das Anzeigen von Informationen und Visualisierungen sowie das Bearbeiten der Wiedergabeliste zu.

1. Um in den Miniplayer zu wechseln, klicken Sie im Windows-Media-Player-Fenster unten rechts auf das Symbol *Zur aktuellen Wiedergabe wechseln*.

2. Der Windows Media Player wechselt daraufhin in den Miniplayer-Modus. Dieser enthält zunächst – soweit vorhanden – nur ganz minimalistische Angaben zu Titel, Interpret und Album sowie gegebenenfalls ein Bild des Albumcovers.

3. Wenn Sie den Mauszeiger auf das Fenster bewegen, werden automatisch weitere Elemente eingefügt. So finden Sie unten die Elemente zur Steuerung der Wiedergabe wie in der großen Version des Windows Media Player.

4. Der Miniplayer kann auch die vom großen Windows Media Player bekannten Visualisierungen anzeigen. Klicken Sie dazu mit der rechten Maustaste irgendwo in den Miniplayer. Im so geöffneten Kontextmenü können Sie *Visualisierungen* einstellen sowie weitere Anzeigeoptionen konfigurieren.

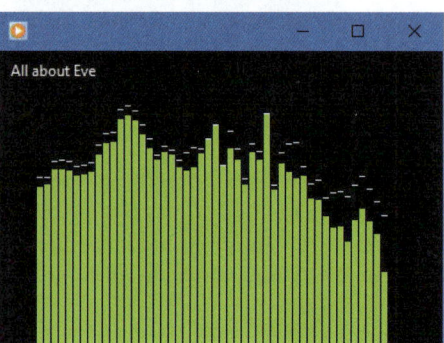

5. Oben rechts im Miniplayer finden Sie das Symbol *Zur Bibliothek wechseln*, mit dem Sie wieder zur großen Version des Windows Media Player zurückkehren. Alternativ können Sie auch auf die Schaltfläche unten rechts klicken, um direkt in den bildschirmfüllenden Vollbildmodus zu wechseln.

TIPP ☑ Die gewünschte Ansicht per Tastendruck

Die drei verschiedenen Ansichten des Windows Media Player – Bibliothek, Designmodus und Miniplayer – lassen sich jederzeit schnell wechseln: Strg+1 bringt Sie zur
Bibliothek, Strg+2 wechselt zum Designmodus und Strg+3 ruft den Miniplayer auf.

Den Windows Media Player per Sprungliste bedienen

Wem der Miniplayer immer noch zu groß ist, der kann den Windows Media Player wie
gewohnt einfach minimieren. Früher wurde dabei angeboten, eine Symbolleiste in die
Taskleiste zu integrieren, um die Wiedergabe dort steuern zu können. Dies ist nicht mehr
nötig, denn der Windows Media Player profitiert wie kaum ein anderes Programm von
den Sprunglisten in der Taskleiste.

1. Wenn Sie den Windows Media Player minimieren, verschwindet er komplett im Hintergrund. Nur sein Symbol in der Taskleiste bleibt natürlich bestehen.

2. Sobald Sie, ohne zu klicken, den Mauszeiger da-
   rauf bewegen, wird mit kurzer Verzögerung eine
   Minivorschau des Windows Media Player bzw. des
   Miniplayers angezeigt. Da diese für das Erkennen
   von Details zu klein ist, blendet Windows zusätzlich
   Interpret und Titel der aktuellen Wiedergabe ein.

3. Unterhalb der Minivorschau finden Sie drei Steuerelemente, mit denen Sie die Wiedergabe anhalten
   bzw. fortsetzen sowie zum nächsten oder vorherigen
   Stück wechseln können, ohne dazu das Windows-
   Media-Player-Fenster wieder anzeigen zu müssen.

4. Lassen Sie den Mauszeiger kurz auf der
   Minivorschau verharren, zeigt Windows
   eine Vorschau des Fensters in realer Größe an. Hier können Sie dann auch die Details der aktuellen Wiedergabe erkennen.
   Bewegen Sie den Mauszeiger weg, blendet
   Windows die Vorschau sofort wieder aus.

5. Schließlich kann Ihnen noch die Sprungliste gute Dienste beim Steuern des Windows
   Media Player leisten. Klicken Sie dazu mit
   der rechten Maustaste auf das Symbol in
   der Taskleiste.

6. In der Sprungliste können Sie auf häufig genutzte Wiedergabelisten bzw. Alben direkt
   zugreifen, Favoriten abrufen oder aber einfach die gesamte Musiksammlung zufallsge-
   steuert abspielen lassen.

21.2 Videoclips und Filme am PC abspielen

Videos abzuspielen, ist für den Windows Media Player eine leichte Übung, unabhängig davon, in welchem Format die Videoclips zur Verfügung stehen. Während der Wiedergabe stehen Ihnen die gleichen Schaltflächen und Steuerelemente zur Verfügung, die auch für die Audiowiedergabe gelten. Die Wiedergabe des Videobildes erfolgt innerhalb des Windows-Media-Player-Fensters:

HINWEIS ▷ Keine DVD-Wiedergabe

Im Gegensatz zu früheren Windows-Versionen beherrscht der Windows Media Player schon seit Windows 8 von Haus aus keine DVD-Wiedergabe mehr. Auf die dafür erforderlichen Codecs hat Microsoft wegen der anfallenden Lizenzkosten verzichtet. Bei Windows 10 fällt auch das Media Center als Wiedergabemöglichkeit weg. Wer DVDs am PC schauen will, muss – genau wie bei Blu-rays – einen separaten Player eines anderen Herstellers nachrüsten. Ausnahme: Wurde Windows 10 als Upgrade eines vorhandenen Windows mit Media Center installiert, wird automatisch die App *Windows DVD-Player* installiert, mit der DVDs abgespielt werden können (siehe Seite 460).

1. Um das Video möglichst großflächig anzuzeigen, sollten Sie das Windows-Media-Player-Fenster maximieren.

2. Sollte das Video trotz maximaler Größe des Windows-Media-Player-Fensters nur klein angezeigt werden, hat es eine geringe Auflösung. Dies ist z. B. bei Videos aus dem Internet häufiger der Fall. Dann können Sie eine Vergrößerungsfunktion des Windows Media Player verwenden, indem Sie im Menü die Funktion *Ansicht/Videogröße/200%* wählen. Alternativ erreichen Sie das auch mit einem Klick der rechten Maustaste irgendwo auf das Video und dann im kontextabhängigen Menü mit der Funktion *Video/200%* oder mit dem Tastenkürzel Alt + 3.

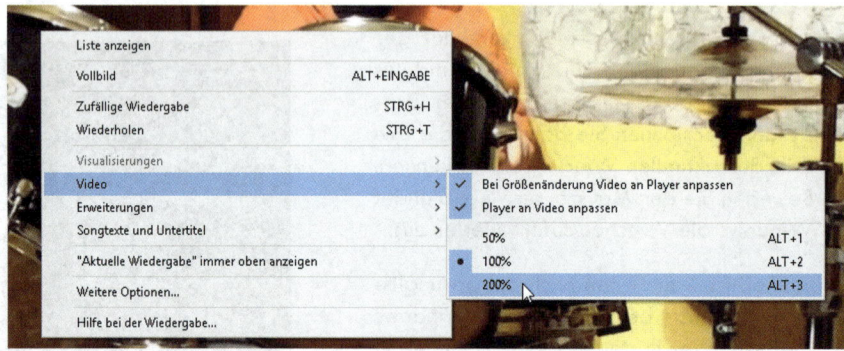

3. Um ein längeres Video oder einen ganzen Film in Ruhe zu betrachten, können Sie auch ganz auf die Bedienelemente des Windows Media Player verzichten und stattdessen den Vollbildmodus wählen. In diesem wird nur das eigentliche Videobild so groß wie möglich auf dem Monitor angezeigt. Wählen Sie dazu die Menüfunktion *Ansicht/Vollbild* oder drücken Sie Alt + ↵. Mit der gleichen Tastenkombination oder mit Esc gelangen Sie zur normalen Ansicht des Windows Media Player zurück. Mausbenutzer erreichen dasselbe alternativ jeweils mit einem Doppelklick im Wiedergabebereich.

21.3 Die komplette Mediensammlung in der Medienbibliothek erfassen

Der Windows Media Player dient nicht nur dem Abspielen von Audio und Video. Er kann auch alle diese Dateien in seiner Medienbibliothek sammeln und verwalten. Sie ist über die gleichnamige Schaltfläche in der Symbolleiste des Windows-Media-Player-Fensters zugänglich. Dadurch behalten Sie den Überblick über alle Mediendateien, die sich auf Ihrem PC befinden. Dank der zentralen Verwaltung durch die Medienbibliothek spielt es keine Rolle, wo sich die einzelnen Dateien genau befinden. Sie können jederzeit über Eigenschaften wie Titel, Urheber oder Genre darauf zugreifen.

Erfassen Sie Ihre vorhandenen Mediendateien in der Bibliothek

Sind bereits Mediendateien auf Ihrem PC vorhanden, muss der Windows Media Player diese zunächst erfassen. Dazu überwacht der Player standardmäßig automatisch die Musik- und Videodateien in Ihrem persönlichen Bereich, sodass sich Ihre Medienbibliothek von ganz allein füllt. Sie können aber steuern, welche Ordner der Windows Media Player genau berücksichtigen soll. So können Sie auch Verzeichnisse auf anderen Laufwerken in die Medienbibliothek integrieren oder z. B. einzelne Ordner Ihres persönlichen Bereichs ausdrücklich von der Überwachung ausnehmen.

1. Wählen Sie in der Menüleiste den Befehl *Datei/Bibliothek verwalten/Musik*, um z. B. weitere Musikordner zu berücksichtigen.

2. Damit öffnen Sie die Einstellungen für die automatische Ordnerüberwachung, in der Sie festlegen, wo der Windows Media Player nach Multimedia-Dateien suchen soll. Standardmäßig sind hier die Ordner *Eigene Musik* sowie *Öffentliche Musik* gewählt.

3. Um einen zusätzlichen Ordner etwa auf einem anderen Laufwerk in die Musikbibliothek aufzunehmen, klicken Sie rechts auf die Schaltfläche *Hinzufügen*.

4. Wählen Sie im anschließenden Dialog einfach den Ordner aus, der weitere Musikdateien enthält, und fügen Sie ihn mit *Ordner aufnehmen* in die Musikbibliothek ein.

So finden Sie in Ihrer Medienbibliothek alles schnell wieder

Da der Windows Media Player seine Medienbibliothek automatisch erfasst und aufbaut, können Sie diese von Anfang an verwenden, um Mediendateien schnell aufzufin-
den und abzuspielen. Dazu reicht es, wenn Sie ein wesentliches Merkmal der gesuchten
Datei(en) wie beispielsweise den Titel, den Urheber oder das Genre kennen.

1. Um in die Medienbibliothek zu gelangen, klicken Sie in der Symbolleiste des
Windows Media Player auf die *Medienbibliothek*-Schaltfläche oben links.

2. Der Windows Media Player zeigt die verschiedenen Kategorien der Bibliothek an.
Von hier aus können Sie sich bis zum gesuchten Musik- oder Videoclip „durchklicken".

3. Alternativ erfolgt der Zugriff über die gleichnamigen Einträge
links im Navigationsbereich. Hier finden Sie Filter für verschiedene Eigenschaften, nach denen Sie den Inhalt der Bibliothek
filtern können.

   Wenn Sie eine davon per Mausklick auswählen, werden rechts
   die Clips entsprechend dieser Eigenschaft angezeigt.

4. Einen alternativen Zugang stellt das Suchfeld oben rechts dar:
Genau wie beim Windows-Explorer können Sie damit den aktuell angezeigten Inhalt der Medienbibliothek filtern, sodass
nur die Einträge angezeigt werden, die den angegebenen
Begriff beinhalten. Um also z. B. einen bestimmten Musiktitel
schnell zu lokalisieren, tippen Sie hier einfach seinen Namen
ein, und der Windows Media Player zeigt alle Songs an, die
zu der Vorgabe passen.

5. Wenn Sie den gesuchten Medienclip gefunden haben, müssen Sie ihn lediglich doppelt anklicken oder markieren und auf das große Wiedergabesymbol unten klicken.

TIPP ☑ Den Lieblingssong auch ohne Bibliothek schnell finden

Um mal eben einen bestimmten Musiktitel abzuspielen, müssen Sie nicht immer erst in die Medienbibliothek des Windows Media Player wechseln. Tippen Sie den Titel des Songs einfach direkt im Startmenü ein. Die Windows-Dateisuche erfasst auch alle Mediendateien, sofern sie an den üblichen Stellen gespeichert sind. Wenn der Songtitel in den Dateieigenschaften angegeben ist oder dem Dateinamen entspricht, werden Sie die entsprechende Musikdatei als Suchergebnis in der Kategorie *Dateien* angezeigt bekommen und können sie von dort direkt abspielen.

Erstellen Sie eigene Wiedergabelisten nach Wunsch

Die Medienbibliothek bietet verschiedene Möglichkeiten, die Wiedergabe Ihrer Musiksammlung zu gestalten. Sie können einzelne Songs, ganze Alben oder alles von einem bestimmten Künstler abspielen. Oder aber Sie lassen einfach alle Songs eines bestimmten Genres wiedergeben. Sie können sich aber auch ganz eigene Wiedergabelisten für verschiedene Zwecke, Orte oder Stimmungen individuell zusammenstellen. War das früher ein etwas umständlicher Vorgang mit einem eigenen Editor, hat Microsoft diese Funktion nun wesentlich intuitiver und einfacher gemacht und komplett in die Oberfläche des Windows Media Player integriert.

1. Stellen Sie sicher, dass am rechten Rand des Player-Fensters der Listenbereich angezeigt wird. Ist das nicht der Fall, blenden Sie ihn mit *Organisieren/Layout/Liste anzeigen* ein.

2. Suchen Sie nun in der Medienbibliothek die gewünschten Titel heraus und ziehen Sie sie einfach nach rechts in den Listenbereich. Dabei können Sie die einzelnen Titel oder auch gleich mehrere auf einmal einfügen. Wiederholen Sie das beliebig oft,

bis alle gewünschten Titel im Listenbereich enthalten sind. Selbstverständlich können Sie dabei Titel von beliebig vielen Interpreten und Alben mischen.

3. Als Alternative können Sie die Dateisammlung auch außerhalb des Windows Media Player z. B. im Windows-Explorer zusammenstellen und von dort an den Media Player schicken. Wählen Sie dazu im Kontextmenü der ausgewählten Dateien *Hinzufügen zu/Wiedergabeliste*.

4. Die Aufstellung im Listenbereich können Sie beliebig erweitern und bearbeiten. Auch die Reihenfolge der Titel lässt sich verändern. Ergreifen Sie dazu den Titel, dessen Position Sie ändern möchten, mit der linken Maustaste und ziehen Sie ihn mit gehaltener Taste an die gewünschte Stelle.

5. Um die Wiedergabeliste zu speichern, klicken Sie oben über der Liste auf *Liste speichern*. Geben Sie dann im Eingabefeld einen Namen für diese Wiedergabeliste an.

Die so erstellte Liste wird automatisch gespeichert und kann ab sofort in der Medienbibliothek unter *Wiedergabelisten* abgerufen werden. Neben dem Abspielen kann sie auch dazu verwendet werden, die enthaltenen Titel auf eine CD zu brennen oder sie mit einem mobilen MP3-Player zu synchronisieren.

21.4 Musik von Audio-CDs auf den PC kopieren

Wenn Sie Musik direkt aus dem Internet herunterladen, können Sie sie ganz einfach in die Medienbibliothek einfügen: nur an der richtigen Stelle (*Eigene Musik*) speichern und fertig. Etwas anders sieht es aus, wenn Sie zu den hartnäckigen CD-Käufern gehören oder noch eine umfangreiche CD-Sammlung haben. Der Windows Media Player macht es leicht, solche Schätze in den PC zu „überspielen". Dabei werden die Musikstücke von der CD eingelesen, in ein passendes Format umgewandelt und in die Medienbibliothek eingefügt. So stehen sie nicht nur jederzeit zum Hören zur Verfügung, sondern können auch unkompliziert z. B. via Netzwerk im ganzen Haus gehört, auf einen MP3-Player transferiert oder für eigene CD-Zusammenstellungen genutzt werden.

Klangformat und -qualität optimal auswählen

Da der Windows Media Player verschiedene Formate und Qualitätsstufen beim Speichern der Audiodaten kennt, sollten Sie vor dem Kopieren einer Musik-CD zuerst sicherstellen, dass der geeignete Modus gewählt ist.

1. Öffnen Sie dazu oben in der Menüleiste des Windows Media Player das Menü *Extras* und wählen Sie darin die Funktion *Optionen*.

2. Damit öffnen Sie das *Optionen*-Menü mit den Einstellungen des Windows Media Player. Wechseln Sie hier auf die Registerkarte *Musik kopieren*, indem Sie oben in der Leiste mit den Registerbezeichnungen auf den gleichnamigen Eintrag klicken.

3. In dieser Rubrik können Sie oben festlegen, in welche Ordner die kopierten Audiodateien gespeichert werden sollen. Wählen Sie hier am besten ein Verzeichnis in Ihrem persönlichen Bereich, damit der Windows Media Player die neuen Musiktitel gleich automatisch erkennt und in die Medienbibliothek einordnet.

4. In der unteren Hälfte des Fensters legen Sie im Bereich *Einstellungen zum Kopieren von Medium* fest, in welchem Format und mit welcher Qualitätsstufe der Windows Media Player die Kopien der Musikstücke anlegen soll. Öffnen Sie dazu das Auswahlfeld mit der Bezeichnung *Format* und wählen Sie zunächst das gewünschte Format aus (Infos hierzu finden Sie im Tipp auf der nächsten Seite).

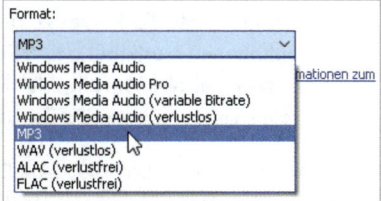

5. Anschließend können Sie bei den meisten Formaten weiter unten mit dem Schieberegler *Audioqualität* noch die Qualität der Kopie genau-

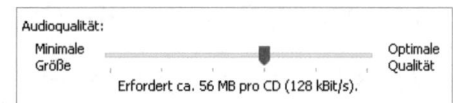

er einstellen. Die Minimaleinstellung (128 kBit/s) liefert für viele Ohren schon eine ansprechende Qualität. Höhere Einstellungen verbessern diese noch, führen aber auch zu größeren Dateien. Dies kann z. B. bei der Verwendung eines MP3-Players mit knappem Speicher ein Kriterium sein, um einen sinnvollen Kompromiss zu finden.

6. Schließlich sollten Sie noch die Option *Kopierschutz für Musik* abwählen, falls diese aktiviert ist. Andernfalls können Sie die erstellten Kopien auf anderen PCs oder Abspielgeräten nicht ohne Weiteres wiedergeben.

7. Übernehmen Sie die gewählten Einstellungen mit OK.

TIPP ☑ Die richtigen Einstellungen je nach Verwendungszweck

Welche Einstellungen Sie für Format und Qualität wählen, hängt davon ab, was Sie mit den kopierten Daten anfangen wollen. Wenn Sie die Musikstücke nur kurzzeitig zum Kopieren einer CD auf dem PC speichern, sollten Sie das Format *Windows Media Audio (verlustlos)* verwenden. Es erstellt exakte Eins-zu-eins-Kopien der Musikstücke, die sich gut als Ausgangspunkt für eine neue Audio-CD eignen. Da die Dateien aber sehr groß werden (pro Audio-CD etwa 600 MByte), eignet sich dieses Format nicht dazu, Audio-CDs dauerhaft in der Medienbibliothek des PCs aufzuheben.

In solchen Fällen sollten Sie lieber das Format MP3 wählen, da dieses von praktisch allen Abspielgeräten optimal unterstützt wird. Mit der niedrigsten Bitrate von 128 kBit/s bietet es bereits eine akzeptable Klangqualität. Bitraten jenseits von 192 kBit/s können nur noch geschulte Ohren von einer Original-CD unterscheiden.

Alle oder einzelne Musiktitel von einer Audio-CD einlesen

Eine geeignete Wahl bei Klangformat und -qualität müssen Sie nur einmal treffen. Dann können Sie jederzeit mit diesen Einstellungen Audio-CDs in Ihre Medienbibliothek einfügen.

1. Wenn Sie die Audio-CD einlegen, startet der Windows Media Player standardmäßig mit der Wiedergabe. Um diese CD zu kopieren, wechseln Sie gegebenenfalls in den Bibliotheksmodus ([Strg]+[1]).

2. Der Windows Media Player zeigt daraufhin eine Übersicht über die auf der Audio-CD enthaltenen Musiktitel an. Wird diese CD zum ersten Mal in diesen PC eingelegt, versucht er gegebenenfalls, die Daten aus dem Internet zu beschaffen. Das funktioniert allerdings nur, wenn die Zugriffsoptionen dafür passend gewählt sind (siehe Tipp).

3. Sollten zu dieser Musik-CD keine Daten vorliegen, können Sie auch selbst welche eingeben. Markieren Sie dazu einfach den jeweiligen Titel mit einem einfachen Mausklick, sodass er optisch hervorgehoben wird. Klicken Sie dann noch einmal auf die jeweilige Angabe, die Sie eingeben möchten. Das Feld verwandelt sich in ein Eingabefeld, in das Sie einen Text Ihrer Wahl eintippen und das Sie mit [↵] schließen können.

TIPP ☑ Infos zu CDs automatisch aus dem Netz beziehen

Der Windows Media Player kann Informationen zu einer CD, wie Name, Interpret, Genre, Veröffentlichungsjahr und Angaben zu den einzelnen Titeln, automatisch aus dem Netz beziehen. Dazu identifiziert er die CD anhand eines eindeutigen Codes und ruft aus einer Onlinedatenbank die Informationen zu diesem Code ab. Das klappt aber nur, wenn Sie dem Windows Media Player die Erlaubnis dazu geben. Aktivieren Sie dazu in den Optionen des Players auf der Registerkarte *Datenschutz* die Optionen *Medieninformationen aus dem Internet anzeigen* sowie *Musikdateien durch Abrufen von Medieninfo aus dem Internet aktualisieren.*

4. Sollten Sie nur bestimmte Titel einer Musik-CD einlesen wollen, können Sie das mithilfe der Häkchen ganz links in den jeweiligen Einträgen der Titelliste steuern. Standardmäßig sind alle Häkchen gesetzt, also werden alle Titel kopiert. Bei den Stücken, die Sie nicht verwenden wollen, entfernen Sie einfach den Haken. Der Windows Media Player berücksichtigt diese Titel beim Kopieren dann nicht.

5. Haben Sie die Titelliste so weit vorbereitet, können Sie mit dem eigentlichen Übertragen der Audiodaten beginnen. Klicken Sie dazu oben auf *CD kopieren*. Sollte diese Schaltfläche nicht sichtbar sein, wurde sie mangels Platz versteckt. Klicken Sie dann auf den kleinen Doppelpfeil rechts in der Symbolleiste oder blenden Sie den Listenbereich aus, um mehr Platz in der Symbolleiste zu schaffen.

6. Der Windows Media Player beginnt daraufhin, die Stücke von der Titelliste zu kopieren. Dies geht relativ flott, da die Titel nicht in normaler Abspielgeschwindigkeit eingelesen werden, sondern in der höchstmöglichen Geschwindigkeit, die das CD-Laufwerk zum Auslesen von Audio-CDs erlaubt. Sie können den Ablauf an dem kleinen Fortschrittsbalken erkennen, der jeweils beim gerade eingelesenen Titel in der Spalte *Kopierstatus* angezeigt wird.

7. Ist bei allen Titeln als Kopierstatus die Meldung *In Medienbibliothek kopiert* vermerkt, ist der Windows Media Player fertig. Sie haben nun eine digitale Kopie der Audio-CD auf Ihrem PC, die Sie über die Medienbibliothek jederzeit abrufen und abspielen können.

21.5 Eigene Audio- und MP3-Scheiben zusammenstellen

Der Windows Media Player erlaubt es nicht nur, vorhandene Audio-CDs zu kopieren, Sie können auch aus Ihrer Musikbibliothek die besten Stücke heraussuchen und sich daraus eine ganz eigene CD zusammenstellen.

Dazu müssen Sie lediglich die Audio-CDs, von denen Sie einen oder mehrere Titel verwenden wollen, auf den Rechner kopieren. Dabei können Sie sich durchaus schon auf die Titel beschränken, die Sie später weiterverwenden wollen, und alle anderen ignorieren. Das spart Zeit und Speicherplatz.

Eine individuelle Musikmischung auf eine Audio-CD brennen

Das Zusammenstellen einer Audio-CD ist ganz ähnlich wie das Erstellen einer eigenen Wiedergabeliste. Sie legen fest, welche Titel in welcher Reihenfolge enthalten sein sollen. Allerdings müssen Sie dabei die Speicherplatzbeschränkung einer Audio-CD beachten. Dann brauchen Sie die CD nur noch vom Brenner fertigstellen zu lassen. So geht es im Detail:

1. Legen Sie einen leeren CD-Rohling in das Brennerlaufwerk ein. Warten Sie, bis sich das Fenster *Automatische Wiedergabe* von Windows meldet. Klicken Sie dann auf *Eine Audio-CD brennen*. Sollte die automatische Wiedergabe nicht funktionieren, starten Sie den Windows Media Player von Hand und klicken oben rechts auf *Brennen*.

2. Im Windows Media Player sehen Sie wie üblich Ihre Medienbibliothek mit dem Navigationsbereich ganz links. Rechts im Listenbereich wird nun die leere CD als Brennliste angezeigt.

3. Ziehen Sie genau wie beim Erstellen einer Wiedergabeliste diejenigen Musikstücke nach rechts
in die Brennliste, die auf der CD enthalten sein
sollen. Beachten Sie dabei die Reihenfolge der
Stücke, da sie später auf der CD auch in dieser
Reihenfolge abgespielt werden. Sie können die
Titel entweder gleich in der gewünschten Folge
in die Liste übernehmen oder die Abfolge anschließend manuell verändern.

4. Behalten Sie beim Einfügen der Musikstücke
oben die verbleibende freie Spielzeit der eingelegten CD im Auge. Sie wird jeweils nach dem
Einfügen von Musikstücken aktualisiert und zeigt
an, wie viel noch auf den Rohling passt.

5. Haben Sie die gewünschte Abfolge von Titeln
ausgewählt, klicken Sie oben auf *Brennen starten*.

6. Der Windows Media Player konvertiert nun die
Stücke dieser Wiedergabeliste – wenn notwen-
dig – und schreibt sie dann auf den CD-Rohling.
Anschließend wirft er die CD gleich aus.

Platzsparende MP3-CDs und -DVDs zusammenstellen und brennen

Fast alle CD-Abspielgeräte wie z. B. Autoradios, tragbare CD-Spieler oder DVD-Player
können mittlerweile auch MP3-CDs abspielen. Solche CDs haben gegenüber klassischen Audio-CDs den Vorteil, dass sie bei vergleichbarer Klangqualität zehnmal so
viel Speicherplatz bieten. So passen auf eine MP3-CD ca. zehn komplette Musikalben.
Auf eine DVD passt schon eine ganze Musiksammlung. Allerdings handelt es sich bei
solchen Formaten eben auch nicht um klassische Audio-CDs, sondern technisch gesehen um ganz normale Datenscheiben, die eben einfach nur bestimmte Dateien (eben
MP3-Dateien) enthalten. Deshalb lassen sie sich nur von speziellen Abspielgeräten
wiedergeben, die Daten-CDs einlesen sowie enthaltene MP3-Dateien erkennen und
abspielen können. Mit dem Windows Media Player können Sie beliebige Teile Ihrer
Musiksammlung auf eine MP3-CD oder -DVD brennen und sie so auf anderen Abspielgeräten verwenden.

1. Legen Sie einen geeigneten CD- oder DVD-Rohling ein oder wechseln Sie wie beim
Erstellen von Audio-CDs zur Registerkarte *Brennen*.

2. Klicken Sie dann oberhalb der Brennliste rechts auf das kleine Brennoptionensymbol und wählen Sie im so geöffneten Untermenü *Daten-CD oder -DVD*.

3. Der Windows Media Player analysiert dann das eingelegte Medium und zeigt Ihnen oben rechts an, wie viel Speicherplatz darauf zur Verfügung steht. Sie werden sofort feststellen, dass Sie nun weitaus mehr Titel auf eine CD brennen können, von einer DVD ganz zu schweigen.

4. Jetzt können Sie wie gewohnt Alben, Wiedergabelisten oder auch einzelne Musiktitel aus Ihrer Medienbibliothek nach ganz rechts in die Brennliste herüberziehen.

5. Behalten Sie dabei den vorhandenen Speicherplatz auf dem Medium im Auge. Er darf nicht überschritten werden.

6. Haben Sie alle gewünschten Stücke in die Brennliste aufgenommen, klicken Sie darunter auf die *Brennen starten*-Schaltfläche, um die CD bzw. DVD zu erstellen.

21.6 Den MP3-Player komfortabel mit Ihrer Lieblingsmusik befüllen

Nicht erst seit dem iPod sind kleine, mobile MP3-Player für viele ein beliebter Begleiter bei Sport, Freizeit, Reisen und anderen Gelegenheiten. Klein und robust, sind sie immer dabei und machen den Musikgenuss unabhängig von PC oder Hi-Fi-Anlage möglich. Handelt es sich allerdings um ein Modell mit begrenztem Speicher, muss es regelmäßig neu betankt werden, damit das Musikhören nicht irgendwann langweilig wird.

TIPP ☑ Kann ich meinen MP3-Player synchronisieren?

Der Windows Media Player arbeitet mit einer Vielzahl von MP3-Playern reibungslos zusammen. Wenn sich Ihr Gerät als USB-Massenspeicher am PC anmeldet (also als separates Laufwerk im Windows-Explorer geführt wird), gibt es in der Regel keine Probleme. Manche Geräte sind allerdings auf spezielle Treiber angewiesen und lassen sich nur mit einer eigenen Software des Herstellers synchronisieren. Sie können es aber einfach ausprobieren: Verbinden Sie Ihren MP3-Player mit Ihrem PC und schauen Sie dann beim Windows Media Player in der Rubrik *Synchronisieren* nach, ob er dort als Gerät erkannt wird.

Der Windows Media Player kann sich mit mobilen MP3-Playern, die eine USB-Schnittstelle zum PC besitzen, verbinden und deren Inhalt bequem und schnell synchronisieren. So benötigen Sie keine zusätzliche Software und können die Vorzüge von Medienbibliothek und Wiedergabelisten nutzen, um Ihren Mobilplayer komfortabel mit stets frischer Musik zu laden und diesen Vorgang sogar weitestgehend zu automatisieren.

1. Um Ihren tragbaren MP3-Player zu betanken, klicken Sie in der Symbolleiste des Windows Media Player auf die Schaltfläche *Synchron*.

2. Daraufhin wird am rechten Rand des Fensters der portable Player samt Inhalt angezeigt. Sollte hier die Meldung *Schließen Sie ein Gerät an* stehen, müssen Sie den Player noch mit Ihrem PC verbinden.

3. Ist das mobile Gerät mit dem Rechner verbunden und vom Windows Media Player erkannt, wird sein Name und die Speicherbelegung im oberen Bereich angezeigt.

4. Darunter finden Sie nun eine Synchronisierungsliste. In diese ziehen Sie – genau wie beim Erstellen einer Wiedergabeliste oder beim Brennen einer CD – die Musikstücke, die Sie auf den Player transferieren möchten. Die Reihenfolge der Stücke ist in diesem Fall weniger wichtig, da die meisten MP3-Player die Abspielreihenfolge nach anderen Kriterien festlegen.

TIPP ☑ Ganze Alben oder Playlists transferieren

Sie müssen nicht unbedingt jeden Titel einzeln transferieren, Sie können auch ein Album oder eine Wiedergabeliste nach rechts auf die Liste des Mobilplayers ziehen. Der Windows Media Player überträgt dann stattdessen die zu diesem Album bzw. zu dieser Liste gehörenden Titel in der vorgegebenen Reihenfolge auf das Gerät.

5. Durch das Übertragen der Titel in die Liste allein werden noch keine Daten übertragen. Sie können die Liste also beliebig bearbeiten, Titel wieder entfernen und die Reihenfolge verändern. Behalten Sie dabei den Umfang der Titel im Auge, sodass er die Kapazität des Mobilplayers nicht übersteigt.

6. Entspricht die Transferliste Ihren Vorstellungen, klicken Sie auf *Synchronisierung starten*.

7. Der Windows Media Player beginnt dann, die neu ausgewählten Titel der Reihe nach auf das mobile Gerät zu übertragen. In der Statusanzeige können Sie verfolgen, wie weit er damit ist. Steht unten in der Synchronisierungsliste *Die Synchronisierung ist abgeschlossen*, können Sie den MP3-Player wieder vom PC trennen.

MP3-Player vollautomatisch mit neuer Musik bestücken

Der Windows Media Player bietet mit seiner Bibliothek und den Wiedergabelisten sehr flexible Möglichkeiten, mobile Abspielgeräte mit Musik zu betanken. Es geht aber noch komfortabler:

Bei einer vollautomatischen Synchronisierung schließen Sie den Player an, warten kurz, bis der Windows Media Player automatisch Ihre Lieblingsmusik darauf übertragen hat, und ziehen den Player dann wieder ab – alles andere geschieht von ganz allein. Mit wenigen Einstellungen können Sie einen solchen vollautomatischen Musiktransfer realisieren.

1. Verbinden Sie den Player, den Sie automatisch betanken wollen, mit dem PC.

2. Klicken Sie dann auf der *Synchron*-Schaltfläche unten auf das kleine Pfeilsymbol und wählen Sie im dadurch geöffneten Menü den Befehl *Synchronisierung einrichten*.

3. Im anschließenden Menü können Sie einen Namen für das Gerät festlegen. Klicken Sie dann auf *Fertig stellen*.

4. Öffnen Sie das Menü nun erneut und klicken Sie wiederum auf *Synchronisierung einrichten*.

5. Diesmal öffnen Sie damit ein anderes Menü, in dem Sie zunächst oben links die Option *Gerät automatisch synchronisieren* aktivieren.

6. Nun können Sie links bei *Verfügbare Wiedergabelisten* eine oder mehrere Listen auswählen und mit *Hinzufügen* in die rechte Hälfte (*Zu synchronisierende Wiedergabelisten*) verschieben. Aus diesen Abspiellisten wählt der Media Player dann die Inhalte

für den Transfer aus. Die Reihenfolge bestimmt dabei, welche Titel beim Synchronisieren bevorzugt werden.

7. Mit der Option *Mischen* sorgen Sie für eine zufällige Verteilung der Titel.

8. Mit einem Klick ganz unten auf *Fertig stellen* starten Sie eine erste Synchronisierung mit den gewählten Vorgaben. In Zukunft wird diese jedes Mal automatisch durchgeführt, wenn der Windows Media Player gestartet ist und Sie dieses mobile Gerät mit dem PC verbinden. Da für die Auswahl der Titel eine Zufallsfunktion verwendet wird, bekommen Sie immer einen anderen Mix auf den Player.

21.7 Die Musiksammlung vom PC im ganzen Haus und unterwegs hören

Vernetzte Wohnungen und Häuser bzw. Drahtlosnetzwerke via WLAN machen es möglich: Die auf dem PC gespeicherte Musiksammlung kann nicht nur am Rechner selbst oder via MP3-Player abgespielt werden. Auch der wohnzimmertaugliche Mini-PC, das Tablet oder spezielle Medienabspieler mit Netzwerkanschluss können auf die Daten zugreifen und erlauben einen schrankenlosen Musik- und Videogenuss in allen Räumen oder auch im sonnigen Garten. Der Windows Media Player unterstützt Sie dabei optimal. Er kann sowohl seine Medienbibliothek anderen Geräten zur Verfügung stellen als auch seinerseits auf Bibliotheken im Netzwerk zugreifen. Und er erlaubt es sogar, andere Abspielgeräte vom PC aus fernzusteuern. So bestimmen Sie bequem aus dem Sessel, was wo läuft.

Die Medienbibliothek mit anderen Nutzern im Netzwerk teilen

Der Windows Media Player ist in der Lage, seine Medienbibliothek für andere PCs oder Netzwerkabspieler freizugeben. Diese können dann auf die Daten zugreifen und sie abspielen. Dabei kann es sich um andere PCs handeln, auf denen ebenfalls der Windows Media Player läuft. Es können aber auch spezielle Wiedergabegeräte sein, die per WLAN oder Ethernet mit dem PC verbunden sind und den UPnP-AV-Standard beherrschen. Der ermöglicht Ihnen, auf die freigegebenen Mediendateien zuzugreifen. Voraussetzung dafür ist allerdings, dass Sie die Medienbibliothek Ihres Windows Media Player für andere PCs freigeben.

1. Um die Funktion zum gemeinsamen Nutzen von Medien zu aktivieren, klicken Sie in der Symbolleiste auf die Schaltfläche *Streamen*. Gegebenenfalls müssen Sie den Listenbereich rechts ausblenden, damit diese Schaltfläche in die Symbolleiste passt.

2. Wählen Sie im so geöffneten Untermenü die Funktion *Medienstreaming aktivieren*.

3. Klicken Sie im anschließenden Dialog wiederum auf die gleichnamige Schaltfläche *Medienstreaming aktivieren*.

4. Danach brauchen Sie nur noch unten auf *OK* zu klicken. Damit ist die Medienfreigabe vollzogen und Ihre Bibliothek für andere Geräte zugänglich.

Den Medienzugriff anderer Geräte steuern

Mit der Freigabe geben Sie nicht jegliche Kontrolle über Ihre Medienbibliothek ab. Selbstverständlich können Sie bestimmen, wer Zugriff haben soll und wer nicht. Und auch, welche Medien genau bereitgestellt werden sollen, können Sie – in Grenzen – festlegen.

1. Um die Medienfreigabe zu kontrollieren, klicken Sie wiederum auf die *Streamen*-Schaltfläche und wählen im Untermenü den Punkt *Weitere Streamingoptionen*.

2. Hier finden Sie in der Mitte eine Liste der derzeit für den Zugriff infrage kommenden Geräte und können sie damit steuern. Dabei gibt es verschiedene Ansätze, die Sie mit den beiden Schaltflächen rechts darüber wählen:

   - *Alle zulassen*: Standardmäßig erlaubt der Windows Media Player allen geeigneten Netzwerkgeräten den Zugriff. Sollen einzelne Geräte keinen Zugriff erhalten, können Sie diese in der Liste ausdrücklich blockieren. Diese Variante ist die komfortablere, da Sie nicht jedes neue Gerät einzeln zulassen müssen.

   - *Alle blockieren*: Die restriktivere Variante ist es, standardmäßig alle Geräte zu blockieren und nur diejenigen zuzulassen, bei denen das ausdrücklich erwünscht ist. Wählen Sie hierzu in der Liste bei den gewünschten Geräten *Zugelassen*.

3. Welche Mediendateien genau freigegeben werden, können Sie über die Bewertung steuern. Dies kann sowohl pauschal für alle als auch individuell für einzelne Geräte erfolgen. Für die pauschale Einstellung klicken Sie oben auf *Standardeinstellungen auswählen*. Individuelle Einstellungen nehmen Sie jeweils beim Eintrag eines Gerätes mit *Anpassen* vor. Der so aufgerufene Dialog ist bei beiden Varianten identisch.

4. Hier können Sie für jeden Empfänger die freigegebenen Mediendateien mit einer bestimmten Anzahl an Bewertungssternen beschränken, um wirklich nur lohnenswerte Medienclips bereitzustellen. Außerdem lässt sich hier gegebenenfalls der Jugendschutz aktivieren und einstellen, sodass auch wirklich nur familientaugliche Inhalte im Wohnzimmer ankommen.

5. Klicken Sie abschließend zweimal auf OK, um die Einstellungen für das Freigeben Ihrer Mediensammlung zu aktivieren.

Die Musikwiedergabe anderer PCs und Geräte via Netzwerk steuern

Die Play-to-Funktion erlaubt es, Musik vom PC aus auf angeschlossene Geräte zu übertragen und so deren Wiedergabe zu steuern. Es reicht also, dass ein solches Gerät eingeschaltet ist. Alles andere können Sie bequem vom PC aus per Windows Media Player steuern. So lässt sich der Musikgenuss im Wohnzimmer komfortabel steuern, und bei Partys sorgt der per Wiedergabeliste vorprogrammierte PC automatisch für die richtige Untermalung.

Aber auch im kommerziellen Umfeld lässt sich diese Funktion praktisch einsetzen, etwa wenn es um die Musikberieselung in einem Ladengeschäft geht, die auf diese Weise einfach vom Büro aus gesteuert werden kann. Voraussetzung hierfür sind Wiedergabegeräte mit Netzwerkanschluss (kabelgebunden oder drahtlos), die den DLNA-Standard unterstützen (**D**igital **L**iving **N**etwork **A**lliance).

Das sind gar nicht so wenige, denn unter anderem gehören populäre Spielkonsolen wie die neueren Modelle von Xbox und Playstation dazu. Aber auch andere, reine Musikspieler bieten diese Funktion an. Außerdem können andere PCs auf diese Weise genutzt werden, sofern der Windows Media Player oder eine andere DLNA-fähige Software darauf installiert ist.

1. Geben Sie zunächst den Musikabspieler im Windows Media Player für den Zugriff auf Ihre Medienbibliothek frei (siehe dazu den vorangehenden Abschnitt).

2. Ganz wichtig: Greifen Sie nun erst einmal vom Wiedergabegerät aus auf die Me-dienbibliothek Ihres PCs zu, indem Sie von dort mindestens einen Titel auswählen und anspielen. Dieses dient quasi als Bestätigung, dass der Kontakt zwischen PC und Wiedergabegerät gewünscht wird. Ansonsten ließen sich die Geräte via Netzwerk ungewollt übernehmen und fremdsteuern. Bei einzelnen Produkten gibt es eventuell andere Möglichkeiten, den Fernsteuerungszugriff ausdrücklich zuzulassen.

Diese Prozedur müssen Sie als Vorbereitung nur einmalig durchführen. Danach können Sie jederzeit am PC bestimmen, was auf dem Wiedergabegerät gespielt wird:

1. Wählen Sie in der Musikbibliothek aus, was Sie abspielen möchten, und zwar so, als wollten Sie es am PC selbst hören. Sie können ganze Alben oder Wiedergabelisten verwenden oder auch eigene Wiedergabelisten hierfür erstellen.

2. Anstatt die Wiedergabe wie gewohnt direkt zu starten, klicken Sie aber mit der rechten Maustaste auf die gewünschte Musik und wählen im Kontextmenü den Be-fehl *Umwandlung in Gerät/<Name des Wiedergabegerätes>*.

3. Damit startet direkt die Wiedergabe der Musik auf dem Wiedergabegerät. Gleichzeitig wird ein Dialog zum Steu-ern der Wiedergabe angezeigt. Hier finden Sie nicht nur die Wiedergabe-liste, sondern können auch zwischen den Titeln wechseln sowie die Lautstär-ke steuern.

4. Wenn Sie den Dialog schließen, wird die Wiedergabe auf dem Audiogerät auto-matisch beendet. Lassen Sie das Fenster also offen bzw. minimieren Sie es für die Dauer der Wiedergabe.

21.8 Via Internet von überall auf die eigene Medienbibliothek zugreifen

Mit dem Windows Media Player können Sie nicht nur über das lokale Netzwerk auf die Medienbibliothek zugreifen, sondern auch über das Internet. Das eröffnet völlig neue Nutzungsmöglichkeiten. Wozu z. B. einen MP3-Player mit sich herumschleppen, wenn Sie vom PC im Büro aus Ihre Lieblingsmusik abspielen können? Sogar von unterwegs ist ein Zugriff via Smartphone und Mobilflatrate denkbar. Damit das klappt, müssen Sie Ihr Benutzerkonto allerdings mit einem Microsoft-Konto verknüpft haben (siehe Seite 605).

Sicherlich wollen Sie Ihre Mediensammlung nicht einfach für das gesamte Internet freigeben, sodass jeder darauf zugreifen kann. Deshalb ist die Internetfreigabe mit einem Microsoft-Konto verknüpft. Nur wer dessen Zugangsdaten kennt, kann auch auf die freigegebenen Daten zugreifen.

Den Internetzugriff auf Heimmedien zulassen

Die Streaming-Funktion ist aus Sicherheitsgründen standardmäßig nicht aktiviert. Wenn Sie sie nutzen möchten, müssen Sie sie deshalb einmalig einschalten.

1. Um die Online-ID für Ihren Windows Media Player festzulegen, klicken Sie in der Symbolleiste auf die *Streamen*-Schaltfläche und wählen im Untermenü *Internetzugriff auf Heimmedien zulassen*.

2. Bestätigen Sie die anschließende Rückfrage der Benutzerkontensteuerung mit *Ja*.

3. Und schon ist die Freigabe eingerichtet.

Via Internet auf die freigegebenen Medien zugreifen

Wenn Sie die Medienfreigabe via Internet wie vorangehend beschrieben auf dem PC mit der freizugebenden Medienbibliothek eingerichtet haben, können Sie von anderen PCs aus darauf zugreifen.

Einzige Voraussetzung: Diese PCs müssen mit demselben Microsoft-Konto verknüpft sein. Dann können Sie auf diesen PCs den Windows Media Player starten und finden im Navigationsbereich unten unter *Andere Medienbibliotheken* einen Eintrag für die freigegebene Medienbibliothek.

Eventuell dauert es nach dem Start eine kurze Weile, bis die beiden Windows Media Player sich über das Internet gefunden und synchronisiert haben. Dann können Sie auf diese entfernte Medienbibliothek genauso zugreifen, als würden Sie direkt am PC zu Hause sitzen. Abhängig von der Internetanbindung (beider PCs) wird es aber eventuell nicht ganz so zügig gehen wie gewohnt.

TIPP ☑ Verbindungsprobleme via Portfreigabe lösen

Die für die Internetfreigabe notwendige Kommunikation erfordert die Freigabe bestimmter Ports in der Firewall bzw. im Router. Prinzipiell versucht Windows, diese Freigaben selbst einzurichten, was allerdings nur gelingen kann, wenn UPnP aktiviert ist. Klappt der Kontakt zwischen den Windows Media Playern nicht, liegt es im Zweifelsfall daran, dass diese Portfreigaben nicht konfiguriert werden konnten. Rufen Sie bei Problemen *Streamen/Internetzugriff auf Heimmedien zulassen* auf und klicken Sie im anschließenden Dialog auf *Verbindungen diagnostizieren*. Windows analysiert dann die Verbindung und weist auf Probleme hin. Außerdem verrät es Ihnen unter *Portweiterleitungsinformationen* genau, welche Ports Sie gegebenenfalls manuell freigeben müssen, um die Kommunikation zu ermöglichen.

Kapitel 22

22. Eigene Videofilme erstellen und gestalten

Der digitale Camcorder gehört für viele heute bei Reisen und anderen Erlebnissen ganz selbstverständlich ins Handgepäck. Am PC lassen sich die Aufnahmen dann schnell einlesen, sichten und optimieren, um eine ansehnliche Erinnerung daraus zu machen.

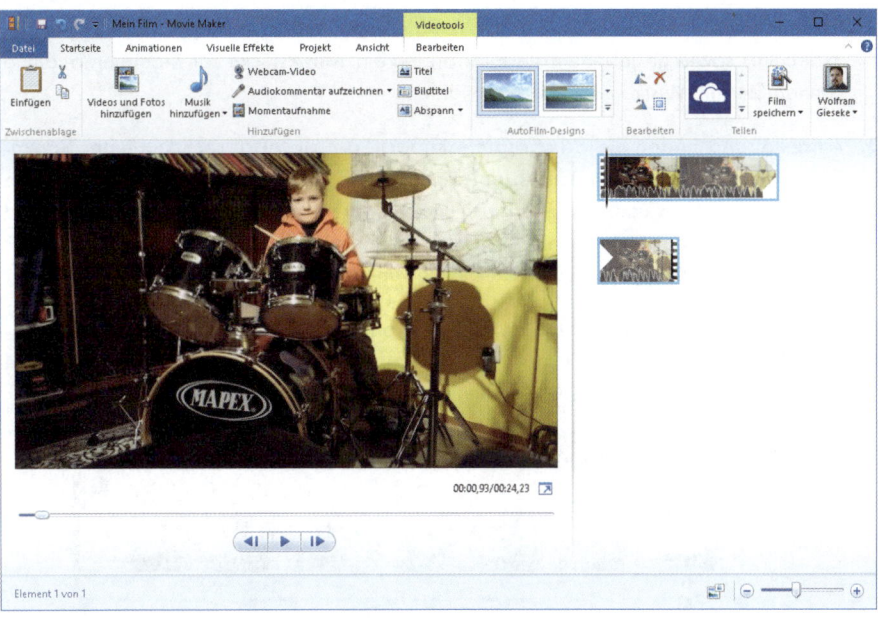

Ein eigenes Programm zur Videobearbeitung bringt Windows von Haus aus nicht mit. Aber Sie können aus dem kostenlosen Windows-Essentials-Paket den Movie Maker nachrüsten (windows.microsoft.com/de-de/windows-live/movie-maker). Mit diesem Programm können Sie aufgenommene Szenen in einer beliebigen Reihenfolge montieren, die Szenenübergänge dazwischen gestalten, Titel einblenden und den Film mit Musik unterlegen. Außerdem verfügt das Programm über eine Reihe von Videofiltern, mit denen Sie Schwächen des Ausgangsmaterials ausgleichen oder spezielle Effekte wie z. B. eine künstliche Alterung der Aufnahmen erreichen können.

22.1 Ganz schnell: So wird Ihr Urlaubsfilm in einer Stunde fertig

Wenn Sie gerade aus dem Urlaub zurückkommen, wollen Sie Ihre Impressionen und Erlebnisse schnell mit Verwandten und Freunden teilen. Zum aufwendigen Bearbeiten und Nachvertonen der Aufnahmen haben Sie auf die Schnelle aber weder Zeit noch Lust. Mit dem Movie Maker können Sie aus Ihrer Sammlung von Urlaubsszenen in einer Stunde einen ansprechenden Film samt Musikuntermalung machen. Den brennen Sie auf eine DVD oder machen auch gleich mehrere Kopien, mit denen Sie Bekannte und Kollegen neidisch auf Ihren Urlaub (und Ihre Videoschnittkünste) machen können.

Mit folgendem Schnellkurs lassen sich die Fähigkeiten des Movie Maker rasch erkunden. Anschließend erfahren Sie mehr zu den verschiedenen Funktionen.

1. Schließen Sie die Digicam an den PC an und überspielen Sie den oder die Videoclips auf den PC. Verwenden Sie hierfür gegebenenfalls die beigelegte Software des Camcorder-Herstellers.

2. Starten Sie den Movie Maker und lesen Sie unter *Videos und Fotos hinzufügen* die Videoclips sowie gegebenenfalls Bilddateien ein. Musikstücke zur Klanguntermalung können Sie mit *Musik hinzufügen* auswählen.

3. Anschließend finden Sie das gesamte importierte Material rechts in einer Sammlung wieder, die zugleich den Ablauf des fertigen Films festlegt. Nun haben Sie die Chance, einzelne Clips auszusortieren und vor allem die Reihenfolge der Clips und Bilder zu verändern. Dafür erfassen Sie einfach eines der Elemente und ziehen es mit gedrückter linker Maustaste an die gewünschte Position im Film.

4. Klicken Sie dann in der Rubrik *Startseite* etwa mittig auf die Schaltfläche bei *Auto-Film-Designs* und wählen Sie dort eine Vorlage aus. (Die standardmäßig gewählte ganz linke Vorlage bedeutet, dass kein AutoFilm erzeugt wird.)

5. Sollten Sie dem Projekt noch keine Musikdateien hinzugefügt haben, weist die AutoFilm-Funktion Sie darauf hin. Mit *Ja* können Sie das nun noch nachholen. Mit *Nein* verzichten Sie darauf, erhalten dadurch aber einen „Stummfilm".

6. Der Assistent analysiert dann die vorhandenen Clips und versieht sie automatisch mit abwechslungsreichen Übergängen und Effekten. Titel und Hintergrundmusik – soweit vorhanden – werden auch gleich hinzugefügt.

7. Wollen Sie Anfang und Abspann mit einem eigenen Titel versehen, suchen Sie die entsprechenden Stellen in der Übersicht und doppelklicken auf den vorhandenen Text (standardmäßig *Mein Film* und *Ende*).

8. Sie können den Text dann im Vorschaubereich beliebig bearbeiten.

9. Wählen Sie schließlich in der Rubrik *Startseite* ganz rechts im Bereich *Teilen* eine der Ausgabemöglichkeiten, z. B. das Brennen auf eine DVD oder das Hochladen zur Videoplattform YouTube.

22.2 Mediendateien in den Movie Maker importieren

Der Movie Maker kann vorhandene Videos, Bilder und Audiodateien verarbeiten. Zu Beginn eines Projekts sollten Sie jeweils die Dateien importieren, die Sie verwenden wollen. Dabei geht es in erster Linie darum, diese Elemente zu sammeln. Der Movie Maker übernimmt zwar zunächst die Importreihenfolge auch als Szenenabfolge für den Film, aber das können Sie anschließend noch beliebig verändern.

1. Rufen Sie in der Rubrik *Startseite* die Funktion *Videos und Fotos hinzufügen* auf. Damit öffnen Sie einen Auswahldialog für alle Arten von Video- und Bilddateien.

2. Geben Sie im Auswahldialog die Dateien an, die Sie im Film verwenden wollen. Sie können mehrere Dateien auf einmal einfügen. Sie können den Dialog auch beliebig oft bemühen, um Dateien aus verschiedenen Ordnern zu importieren.

3. Alle importierten Mediendateien werden rechts im Movie Maker angezeigt. Hier stehen Ihnen eine Miniaturansicht mit Vorschau auf den Inhalt und eine Detailansicht mit allen Angaben zur Verfügung. Mit Letzterer können Sie die Mediensammlung auch sortieren.

22.3 Filme und Videosequenzen schneiden und gestalten

Mit dem Movie Maker können Sie Ihre Videos beliebig montieren, das heißt, Sie können sich von der ursprünglichen chronologischen Reihenfolge, in der die Aufnahmen erstellt bzw. importiert wurden, lösen und die Szenen auch nach ganz anderen Kriterien zusammenstellen.

1. Die Videoclips, die Sie zuvor von einer digitalen Quelle überspielt oder von der Festplatte importiert haben, finden Sie in Ihrer Sammlung rechts im Movie-Maker-Fenster vor.

2. Die hier vorhandenen Clips und Bilder gehören automatisch zum Film, und die Reihenfolge der Elemente (von links nach rechts und dann von oben nach unten) gibt den Ablauf des Films vor.

3. Um den Ablauf des Films zu verändern, also z. B. einen anderen Clip an den Anfang zu stellen, ergreifen Sie dieses Element mit gedrückter linker Maustaste und ziehen es einfach an die gewünschte Position. Die anderen Clips werden automatisch entsprechend versetzt.

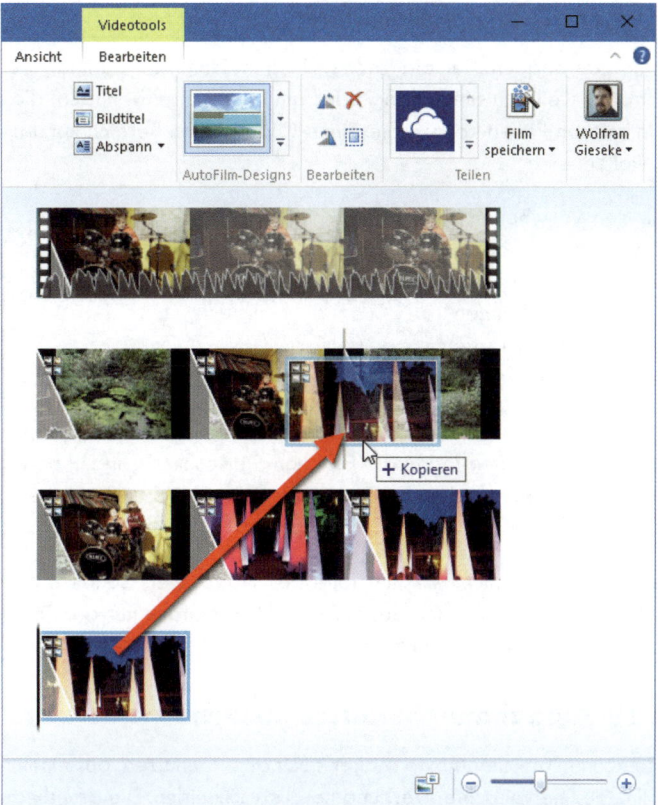

4. Um Elemente nachträglich doch wieder zu entfernen, wählen Sie diese einfach per Mausklick aus und drücken (Entf) oder wählen im Kontextmenü der rechten Maustaste *Entfernen*. Die markierten Elemente werden dann ohne Rückfrage entfernt. Wohlgemerkt, das Löschen bezieht sich nur auf dieses Videoprojekt, die zugrunde liegenden Dateien bleiben unbeeinträchtigt.

5. Um sich einen Eindruck von dem montierten Film zu verschaffen, können Sie ihn mit einem Klick auf *Wiedergabe* jederzeit abspielen.

TIPP ☑ Wichtige Tasten für Filmtüftler

Ausdauernde Hobbyregisseure sollten sich ein paar Tasten für die schnelle Bedienung des Movie Maker merken: Die (Leer)-Taste startet die Wiedergabe des aktuellen Projekts bzw. setzt sie an der aktuellen Position fort. Ein erneutes Drücken der (Leer)-Taste hält sie wieder an. Mit (Pos 1) springen Sie jederzeit an den Anfang des Films zurück. Mit (Pos 1) und dann der (Leer)-Taste starten Sie die Wiedergabe also schnell von Beginn an. Mit den Pfeiltasten können Sie die verschiedenen Elemente des Videos durchlaufen. Die Wiedergabeposition springt dabei immer mit.

Lange Videoclips auf den interessanten Teil kürzen

Häufig ist eine komplette Sequenz für die Verwendung im Film nicht optimal, weil sie zu lang geraten ist oder weil sich am Anfang oder am Ende Dinge befinden, die man nicht zeigen will. In solchen Fällen können Sie einen Clip auf den Bereich kürzen, den Sie genau zeigen wollen.

1. Verwenden Sie den Vorschaumonitor, um die Position im Clip anzusteuern, ab der die Wiedergabe beginnen soll. Alternativ können Sie auch die Wiedergabemarke in der Übersicht rechts verwenden. Diese lässt sich allerdings etwas weniger präzise steuern.

2. Wählen Sie dann im *Bearbeiten*-Menü die Funktion *Startpunkt festlegen* bzw. *Endpunkt festlegen*, um den Beginn oder das Ende des wiederzugebenden Bereichs zu definieren.

3. Der Movie Maker schneidet nicht wirklich Teile des Videos weg, sondern berücksichtigt beim Abspielen bzw. Erstellen des fertigen Films einfach nur den Teil eines Clips, der zwischen Start- und Endpunkt liegt.

Werbung aus TV-Aufnahmen herausschneiden

Auf ähnliche Weise können Sie den Movie Maker auch dazu benutzen, aus einem aufgenommenen TV-Film die unerwünschte Werbung herauszuschneiden. Die grundlegende Vorgehensweise dabei: Sie erstellen ein neues Projekt im Movie Maker und importieren dort den aufgenommenen Film. Dann markieren und entfernen Sie sämtliche Werbepausen. Anschließend erstellen Sie aus dem Projekt eine neue Videodatei, die nun den Film ohne kommerzielle Einlagen enthält.

1. Legen Sie mit *Neues Projekt* im Movie-Maker-Menü ein neues, leeres Projekt an und importieren Sie den Film. Sollte er aus mehreren Teilen bestehen, können Sie auch alle importieren und bei der Gelegenheit eine einzige Datei daraus machen.

2. Verwenden Sie nun den Schieber unter dem Vorschaubild rechts, um den Beginn der ersten Werbepause im Film zu finden. Suchen Sie dabei möglichst das letzte Bild des Films vor Beginn der Werbung.

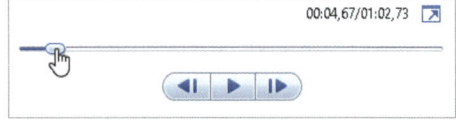

3. Benutzen Sie im *Bearbeiten*-Menü das *Teilen*-Werkzeug. Der Movie Maker trennt den Film dann an dieser Stelle in zwei Abschnitte.

4. Fahren Sie mit dem Schieberegler fort und suchen Sie das Ende der Werbung bzw. den Wiederbeginn des Films. Sollte ein Teil des Films nach der Werbung wiederholt werden, wie das ja oft üblich ist, lassen Sie diesen gleich mit verschwinden.

5. Rufen Sie dann wieder die *Teilen*-Funktion auf. Der Movie Maker nimmt erneut eine Teilung vor, sodass Sie nun den langen Anfang des Films, den kurzen Teil mit der Werbung und anschließend den langen Rest des Films im Storyboard vorfinden.

6. Die mittlere kurze Szene entfernen Sie jetzt einfach, indem Sie sie markieren und Entf drücken bzw. mit der rechten Maustaste darauf klicken und *Entfernen* wählen.

Wiederholen Sie die Schritte 2 bis 5, bis alle Werbeszenen aus dem Film entfernt sind. Anschließend erstellen Sie aus dem Projekt einen Film, der nur den Film ohne Werbung enthält.

Szenenwechsel in Filmen interessant gestalten

Die Übergänge zwischen zwei Szenen gestaltet der Movie Maker standardmäßig abrupt, das heißt, es wird einfach vom letzten Bild der vorherigen auf das erste Bild der nächsten Szene gewechselt. Sie können Ihren Film aber auch mit verschiedenen Videoübergängen versehen. Das bietet sich insbesondere an, wenn mit einem Schnitt auch ein thematischer Wechsel beim Bildinhalt ansteht.

1. Zeigen Sie die Auswahl der Videoübergänge an, indem Sie das *Animationen*-Menü öffnen.

2. Die Videoübergänge bieten eine Reihe von Möglichkeiten, eine Szene optisch in die nächste übergehen zu lassen. Um die Wirkung der verschiedenen Übergänge zu sehen, bewegen Sie einfach den Mauszeiger darauf. Im Wiedergabebereich wird dann eine Vorschau angezeigt.

3. Wollen Sie einen der Videoübergänge zwischen zwei Szenen verwenden, wählen Sie in der Clipzusammenstellung den zweiten Clip aus und klicken dann die gewünschte Übergangsanimation an.

4. Sollte ein Übergang doch nicht so wie geplant wirken, können Sie ihn wieder entfernen, indem Sie stattdessen ganz links die leere Schaltfläche für *Kein Übergang* wählen.

Professionellen Titel und Nachspann einfügen

Ohne einen Titel ist ein Film nicht komplett. Mit dem Movie Maker können Sie aber nicht nur einen Schriftzug am Anfang Ihres Videos einblenden. Das Programm erlaubt Ihnen vielmehr, neben einem Titel mit Animationseffekten auch Untertitel und einen richtigen Abspann zu erstellen.

1. Um Ihrem Film einen Titel voranzustellen, platzieren Sie die Bearbeitungsmarke z. B. mit [Pos1] ganz an den Beginn. Klicken Sie dann in der Rubrik *Startseite* auf *Titel*.

2. Der Movie Maker fügt daraufhin einen schwarzen Clip mit einem Standardtext zu Beginn des Films ein. Diesen können Sie beliebig bearbeiten.

3. Gleichzeitig wechselt das Menü oben in die *Texttools*. Hier stehen Ihnen Formatierungen zum Gestalten der Schrift zur Verfügung. Ebenso können Sie die Dauer der Texteinblendung verändern (Standard sind vier Sekunden).

4. Der Movie Maker verwendet standardmäßig ganz einfache Effekte und Animationen für die Titel. Rechts in den *Texttools* können Sie aber ein Menü öffnen, in dem Ihnen eine Auswahl an verschiedenen Animationen zur Verfügung steht, mit denen sich viele unterschiedliche Effekte erreichen lassen, wie man sie aus Film und Fernsehen kennt.

Einen Abspann fügen Sie auf die gleiche Weise ein. Geben Sie hier z. B. mehrere Beteiligte in mehreren Zeilen an (einfach mit [↵] trennen). Dieser Text kann dann z. B. wie bei einem „richtigen" Abspann von unten nach oben über den Bildschirm laufen (das Format dafür trägt die Bezeichnung *Fensterinhalt verschieben*).

22.4 Den fertigen Film erstellen und veröffentlichen

Haben Sie Ihren Film mit dem Movie Maker fertig gestaltet, können Sie ihn als Datei speichern oder aber auch gleich bei einer Onlinevideoplattform wie YouTube veröffentlichen. Dazu stellt das Programm eine ganze Reihe von Formaten zur Verfügung. Welches davon Sie wählen, hängt ganz davon ab, wie Sie den Film weiterverwenden wollen. Die entstehende Datei können Sie dann am PC beliebig wiedergeben, archivieren oder auch in anderen Programmen weiterbearbeiten.

1. Wenn Sie Ihr Filmprojekt im Movie Maker abgeschlossen haben, klicken Sie im Movie-Maker-Menü auf *Film speichern* und wählen das gewünschte Format aus. So können Sie den Film z. B. direkt für bestimmte Mobilgeräte optimieren oder für die Wiedergabe am PC in einem hochauflösenden Format speichern.

2. Geben Sie dann einen Dateinamen an und wählen Sie einen Ordner aus, in dem die Videodatei gespeichert werden soll.

3. Damit sind auch schon alle Einstellungen erledigt. Der Assistent beginnt nun damit, die Daten zu speichern. Da hierzu je nach vorhandenem Material einiger Umrechnungsaufwand nötig ist, kann dieser Vorgang abhängig von der Länge des Films einige Zeit in Anspruch nehmen. Eine Fortschrittsanzeige nebst Abschätzung der Restzeit hält Sie so lange auf dem Laufenden.

HINWEIS ⯈ Videos direkt bei YouTube & Co. veröffentlichen

Als Alternative zum Speichern als Datei auf der Fest-
platte bietet Ihnen der Movie Maker die Möglichkeit,
den fertigen Film direkt zu einer Videoplattform im
Internet hochzuladen. Von Haus aus unterstützt der
Movie Maker einige beliebte Plattformen wie YouTube,
Facebook, Flickr oder OneDrive.

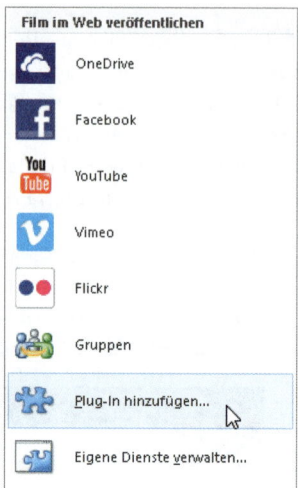

Weitere Anbieter können per Plug-in nachgerüstet
werden. Wählen Sie hierzu im *Datei*-Menü im Bereich
Teilen die gewünschte Plattform. Mit *Plug-In hinzufügen* öffnen Sie eine Webseite, von der Sie Erweiterungen herunterladen können. Für das Hochladen Ihrer
Filme melden Sie sich mit Ihren Benutzerdaten bei der
jeweiligen Onlineplattform an. Je nach Plattform können weitere Angaben zum Film wie etwa Titel, Schlag-
wörter, Beschreibungen und Bewertungen eingetragen
werden, dann können Sie den Film hochladen.

Teil V

Netzwerk und Internet – den PC verbinden und online nutzen

Kapitel 23

23. Ein Netzwerk als Heimnetzgruppe in Sekunden einrichten

Das Vernetzen mehrerer (oder auch vieler) PCs ist technisch schon lange kein Problem mehr, und praktisch jeder PC oder Tablet-PC bringt dafür die Voraussetzungen in Form eines Netzwerkanschlusses oder einer WLAN-Funktion für Drahtlosnetzwerke mit. Windows macht das Einrichten eines einfachen Netzwerks von zwei oder mehr PCs so schnell und unkompliziert wie möglich. Erreicht wird die Heimnetzgruppe, die nach dem Motto „Benutzen Sie Ihr Netzwerk, wir erledigen den Rest" arbeitet. Diese Netzwerkvariante lässt sich buchstäblich mit zwei Mausklicks einrichten. Über ein Kennwort können andere PCs dem Netzwerk beitreten und so ganz einfach Dateien und Drucker miteinander teilen.

HINWEIS ⊠ **Heimnetzgruppe nur für Heimnetzwerke!**

Das Einrichten eines Heimnetzgruppennetzwerks bzw. das Beitreten zu einem solchen Netzwerk funktioniert nur, wenn das Finden des PCs durch andere Geräte im aktiven Netzwerk zugelassen ist (siehe auch Seite 551).

23.1 Schnell und unkompliziert zum eigenen Heimnetzwerk

Das Einrichten einer Heimnetzgruppe geht so schnell und einfach, wie Sie vermutlich noch nie ein Netzwerk eingerichtet haben. Im Prinzip erledigt Windows die gesamte Arbeit für Sie. Sie können höchstens (müssen aber nicht) festlegen, welche Ressourcen Sie in diesem Netzwerk mit anderen teilen wollen. Anschließend steht das Netzwerk sofort zur Verfügung, und andere PCs können als Teilnehmer beitreten. Einziger Wermutstropfen: Diese praktische Technik unterstützen neben der aktuellen Version nur Windows-8- und Windows-7-PCs. Wollen Sie ein Netzwerk gemeinsam mit XP- und/oder Vista-Rechnern aufziehen, müssen Sie auf die klassischen Vernetzungsmethoden zurückgreifen, die immer noch dabei sind.

HINWEIS ⊠ **Netzwerkhardware**

Die Heimnetzgruppenfunktionen beziehen sich ausschließlich auf die softwareseitige Konfiguration des Netzwerks. Sie setzen voraus, dass die notwendige Netzwerkhardware vorhanden und korrekt angeschlossen ist. Das ist heutzutage aber auch kein großes Problem. Praktisch alle PCs verfügen von Haus aus über einen Netzwerkanschluss. Sie benötigen also nur die Netzwerkkabel. Sollen mehr als zwei PCs miteinander verbunden werden, ist außerdem ein zentraler Verteiler, z. B. ein Netzwerk-Switch, erforderlich. Oftmals ist ein solcher in den Internetrouter integriert, der beispielsweise den DSL-Zugang zum Internet ermöglicht. Auch hier brauchen die Kabel aber nur angeschlossen zu werden. Eine Konfiguration der Hardware ist nicht notwendig. Windows erkennt vorhandene Netzwerkhardware in der Regel automatisch und richtet die Treiber für gängige Komponenten ein.

1. Öffnen Sie in der klassischen Systemsteuerung das Modul *Heimnetzgruppe*. Alternativ finden Sie diese Einstellung auch in den *Einstellungen* unter *Netzwerk und Internet/WLAN* bzw. *Ethernet*, jeweils im Bereich *Verwandte Einstellungen*. Solange noch keine Heimnetzgruppe eingerichtet ist, können Sie auch im Windows-Explorer den gleichnamigen Eintrag im Navigationsbereich wählen.

2. Damit gelangen Sie zu den Einstellungen für Heimnetzgruppen. Hier sollte bislang die Meldung *Derzeit ist keine Heimnetzgruppe im Netzwerk vorhanden* stehen. Andernfalls besteht bereits eine Heimnetzgruppe, der Sie beitreten können (siehe Seite 539).

3. Um eine Heimnetzgruppe einzurichten, klicken Sie auf die Schaltfläche *Heimnetzgruppe erstellen*.

4. Nach einem Klick auf *Weiter* können Sie im nächsten Schritt zunächst wählen, welche Arten von Daten und Geräten Sie in der Heimnetzgruppe mit anderen teilen möchten. Standardmäßig werden Bilder, Musik und Videos sowie vorhandene Drucker freigegeben. Zusätzlich können Sie Ihre Dokumente bereitstellen. Diese Einstellungen lassen sich aber auch später noch beliebig verändern.

5. Klicken Sie unten auf die *Weiter*-Schaltfläche, um die Heimnetzgruppe einzurichten. Windows unternimmt dann alle notwendigen Schritte. Dies dauert nur wenige Sekunden.

6. Anschließend teilt Windows Ihnen ein Kennwort mit. Dieses kann auf anderen PCs eingegeben werden, um sie ebenso ohne komplexe Einstellungen dieser Heimnetzgruppe anzuschließen. Sie können das Passwort wie empfohlen niederschreiben, müssen es aber nicht. Es kann auch später noch jederzeit an diesem PC abgefragt werden.

7. Klicken Sie dann unten rechts auf *Fertig stellen*. Das war auch schon alles. Die Heimnetzgruppe ist sofort einsatzbereit. Windows bietet Ihnen an, die Einstellungen für die Heimnetzgruppe gleich noch einmal zu überprüfen und gegebenenfalls zu ändern. Was es damit auf sich hat, lesen Sie im Folgenden.

HINWEIS ▷ Das Heimnetzgruppenkennwort

Das Kennwort beim Einrichten einer Heimnetzgruppe dient der Sicherheit. Schließlich soll ja nicht jeder unkontrollierten Zugang zu Ihrem Netzwerk haben. Auf anderen PCs, die der Heimnetzgruppe beitreten wollen, muss exakt dieses Kennwort eingegeben werden. Dann stellt Windows die Verbindung zwischen den PCs automatisch her. Das Kennwort muss allerdings nur ein einziges Mal zum Anschluss an die Heimnetzgruppe eingegeben werden. Deshalb macht es auch nichts, dass es zufällig ausgewählt und deshalb recht kryptisch ist.

Das Kennwort einer Heimnetzgruppe in Erfahrung bringen

Das Kennwort der Heimnetzgruppe legt Windows beim Einrichten des Netzwerks automatisch fest und zeigt es dann auch an. Wenn Sie es bei dieser Gelegenheit nicht notiert haben, ist das aber nicht tragisch. Sie können das Kennwort auch später noch auf jedem PC in Erfahrung bringen, der bereits Mitglied dieser Heimnetzgruppe ist (zumindest aber auf dem Rechner, auf dem Sie die Heimnetzgruppe ursprünglich eingerichtet haben).

1. Öffnen Sie in der klassischen Systemsteuerung das Modul *Heimnetzgruppe*.

2. Wenn Ihr PC bereits zu einer Heimnetzgruppe gehört, finden Sie in diesem Menü recht weit unten den Punkt *Kennwort für die Heimnetzgruppe anzeigen oder drucken*.

3. Nach einem Klick darauf zeigt Windows Ihnen das derzeit gültige Kennwort für die Heimnetzgruppe an.

HINWEIS ⬦ Das Heimnetzgruppenkennwort ändern

Windows bietet Ihnen in diesem Menü auch an, das Kennwort für die Heimnetzgruppe zu ändern. Das ist nicht unbedingt nötig, mag aus Vorsichtsgründen aber von Zeit zu Zeit sinnvoll sein. Vor allem können Sie so statt des automatisch generierten kryptischen Passworts ein etwas besser merkbares Kennwort wählen. Allerdings ist dabei eines zu beachten: Das Kennwort muss immer auf allen PCs geändert werden, damit diese wieder Kontakt zur Heimnetzgruppe aufnehmen können. Andererseits bietet sich so eine Möglichkeit, einen PC bzw. Benutzer wieder loszuwerden, der sich der Heimnetzgruppe bereits angeschlossen hat. Wenn einfach alle anderen Mitglieder das Heimnetzgruppenkennwort ändern und es diesem nicht mitteilen, ist er effektiv aus der Gruppe ausgeschlossen.

Weitere PCs einer Heimnetzgruppe hinzufügen

Wenn in einem Netzwerk eine Heimnetzgruppe eingerichtet ist, können Sie dieser beliebig weitere PCs hinzufügen. Allerdings müssen folgende Voraussetzungen erfüllt sein:

■ Auf den PCs muss Windows ab Version 7 laufen, ältere Versionen (beispielsweise Windows XP oder Vista) werden nicht unterstützt.

■ Für das aktive Netzwerk muss das Finden des PCs durch andere Teilnehmer aktiviert sein (siehe Seite 551).

■ Das Kennwort für die Heimnetzgruppe muss bekannt sein.

■ Mindestens ein anderer PC, der der Heimnetzgruppe bereits angehört, muss eingeschaltet sein.

Ist dies gegeben, kann der PC jederzeit der Heimnetzgruppe beitreten:

1. Öffnen Sie in der klassischen Systemsteuerung das Modul *Heimnetzgruppe*.

2. Ist im Netzwerk bereits eine Heimnetzgruppe vorhanden, können Sie hier ablesen, wer diese Heimnetzgruppe auf welchem PC eingerichtet hat. Um dieser Gruppe beizutreten, klicken Sie unten auf *Jetzt beitreten*.

3. Klicken Sie nun auf *Weiter* und wählen Sie aus, welche Ihrer Dateien und Geräte Sie für die Mitglieder dieser Heimnetzgruppe freigeben möchten (siehe vorherigen Abschnitt).

4. Tippen Sie im anschließenden Schritt das Kennwort der Heimnetzgruppe ein und klicken Sie auf *Weiter*. Wenn Sie auf dem zweiten PC mit dem Microsoft-Konto angemeldet sind, das auch die Heimnetzgruppe auf dem ersten PC eingerichtet hat, entfällt dieser Schritt und Sie erhalten auch ohne Kennwort Zugang zur Gruppe.

HINWEIS ▷ Groß-/Kleinschreibung beachten!

Beim Eingeben des Heimnetzgruppenkennworts müssen Sie unbedingt die Groß- und Kleinschreibung der Buchstaben beachten, damit das Kennwort akzeptiert wird!

5. Ihr PC wird nun dieser Heimnetzgruppe angeschlossen, was einige Sekunden dauern kann. Anschließend haben Sie sofort Zugriff auf die freigegebenen Ressourcen. Umgekehrt haben auch die anderen PCs und Nutzer der Gruppe Zugang zu den von Ihnen bereitgestellten Dokumenten und Diensten (siehe Schritt 3).

Eine Heimnetzgruppe wieder verlassen

Jeder PC, der Mitglied einer Heimnetzgruppe geworden ist, kann diese selbstverständlich wieder verlassen.

1. Öffnen Sie in der klassischen Systemsteuerung das Modul *Heimnetzgruppe*.

2. Klicken Sie im anschließenden Menü fast ganz unten auf den Link *Heimnetzgruppe verlassen*.

3. Bestätigen Sie das Verlassen der Heimnetzgruppe im nächsten Schritt mit einem Klick auf *Heimnetzgruppe verlassen*.

4. Windows benötigt dann nur wenige Sekunden, um alle Einstellungen entsprechend zu ändern. Anschließend hat Ihr PC keinen Zugriff mehr auf die Heimnetzgruppe. Andererseits können die anderen Rechner aber auch nicht mehr auf die Daten Ihres PCs zugreifen.

23.2 Dateien, Ordner und Bibliotheken in einer Heimnetzgruppe gemeinsam nutzen

Mit dem Einrichten einer Heimnetzgruppe teilen sich die angeschlossenen PCs automatisch eine Reihe von Daten wie z. B. Bilder, Musik und Videos. Auch an die PCs angeschlossene Drucker werden automatisch allen Teilnehmern zur Verfügung gestellt. Für die meisten Anwendungsbereiche sind Sie also allein mit dem Herstellen der Heimnetzgruppenverbindung schon bestens gerüstet. Trotzdem können Sie (müssen aber nicht) genauer bestimmen, welche Daten anderen zur Verfügung gestellt werden sollen. So können Sie die Freigaben erweitern. Sie können aber z. B. auch bestimmte Bereiche Ihrer Mediensammlung von der Freigabe ausnehmen, wenn Sie diese für sich allein behalten möchten.

HINWEIS ⊠ Heimnetzgruppen und Bibliotheken

Die Datenfreigabe in einer Heimnetzgruppe ist eng mit den Bibliotheken im Windows-Explorer verzahnt. Deshalb ist es für das Verständnis der folgenden Seiten hilfreich, wenn Sie mit diesem Konzept bereits vertraut sind. Es wird in Kapitel 16 detailliert vorgestellt.

1. Öffnen Sie in der klassischen Systemsteuerung das Modul *Heimnetzgruppe*.

2. Wenn Ihr PC zu einer Heimnetzgruppe gehört, finden Sie im anschließenden Menü oben unter *Bibliotheken und Geräte, die Sie von diesem Computer freigeben* eine Übersicht über die derzeit freigegebenen Daten.

3. Um Änderungen vorzunehmen, klicken Sie darunter auf den Link *Für die Heimnetzgruppe freigegebene Elemente ändern*. Im anschließenden Dialog können Sie bestimmen, welche Daten freigegeben werden sollen und welche nicht:

- Die Einträge *Bilder*, *Musik* und *Videos* beziehen sich dabei jeweils auf die gleichnamigen Bibliotheken und umfassen dementsprechend standardmäßig die Inhalte z. B. Ihres *Musik*-Ordners. Haben Sie Bibliotheken um weitere Ordner ergänzt, sind die ebenfalls mit eingeschlossen.

- *Dokumente* bezieht sich demgemäß auf die Bibliothek *Dokumente*, die standardmäßig den Ordner *Dokumente* in Ihrem Benutzerverzeichnis sowie gegebenenfalls weitere hinzugefügte Ordner umfasst. Geben Sie diese Bibliothek frei, erlauben Sie also anderen Benutzern den Zugriff auf alle Ihre persönlichen Dokumente.

- Die Einstellung bei *Drucker und Geräte* entscheidet darüber, ob lokal angeschlossene Geräte wie z. B. Drucker freigegeben werden, sodass jeder Benutzer von jedem PC aus auf jedes Gerät zugreifen kann.

Diese Einstellungen bestimmen, welche Daten Sie auf Ihrem PC für andere Teilnehmer der Heimnetzgruppe bereitstellen. Prüfen Sie also gut, ob und welche Medien und Dokumente Sie mit anderen teilen möchten.

Umgekehrt heißt es nicht, dass Sie automatisch auf diese Arten von Dateien auf anderen PCs zugreifen können. Jeder Teilnehmer einer Heimnetzgruppe entscheidet für sich, welche Daten er den anderen Mitgliedern zur Verfügung stellt und welche nicht.

Eigene Bibliotheken für andere Benutzer bereitstellen

Standardmäßig unterstützt eine Heimnetzgruppe die ohnehin vorhandenen Bibliotheken für Bilder, Musik, Videos und Dokumente. Sie können aber auch selbst erstellte Bibliotheken für die Heimnetzgruppe freigeben. So lassen sich Dateien erfassen, die nicht unbedingt in die klassischen Kategorien hineinpassen.

TIPP ☑ Eine Bibliothek speziell für die Freigabe im Netzwerk anlegen

Wenn Sie nur sehr selektiv ganz bestimmte Dateien für die Heimnetzgruppe freigeben möchten, bietet sich dafür eine eigene Bibliothek an. Entfernen Sie in diesem Fall die Häkchen bei allen Standardbibliotheken und erstellen Sie stattdessen eine Bibliothek mit genau den Ordnern, die Sie teilen möchten. Geben Sie dann nur diese Bibliothek, wie im Folgenden beschrieben, frei. So haben Sie die volle Kontrolle über die Dateien Ihres PCs, die für andere zugänglich sind. Wie Sie eigene Bibliotheken erstellen und deren Inhalt festlegen, lesen Sie in Kapitel 16.

1. Starten Sie den Windows-Explorer über sein Symbol in der Taskleiste.

2. Wählen Sie im Navigationsbereich den Eintrag *Bibliotheken* aus (falls der nicht angezeigt wird, siehe Seite 382) So erhalten Sie automatisch eine Übersicht über die vorhandenen Bibliotheken. Neben den Standardbibliotheken finden Sie hier auch solche, die Sie zuvor selbst erstellt haben.

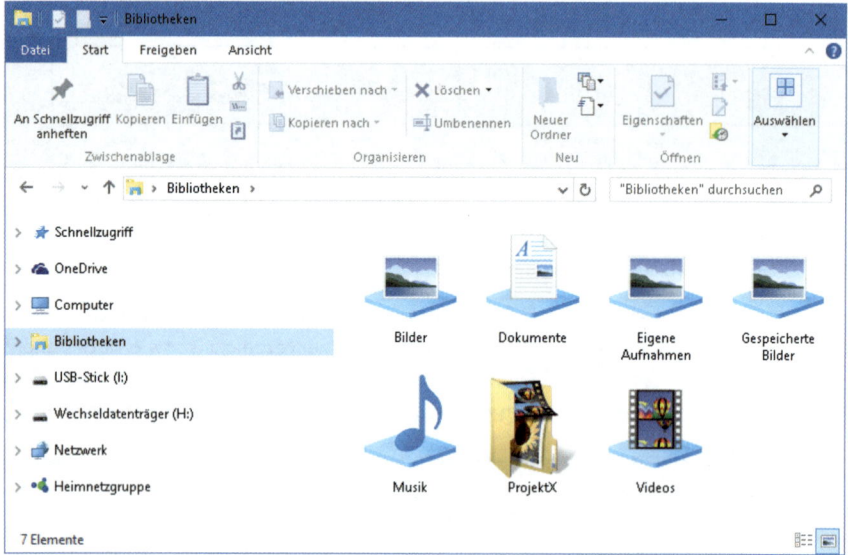

3. Klicken Sie mit der rechten Maustaste auf die freizugebende Bibliothek und wählen Sie im Kontextmenü den Befehl *Freigeben für/Heimnetzgruppe*. Dabei haben Sie die Wahl, ob die anderen Heimnetzgruppenmitglieder die Dateien in dieser Bibliothek nur anzeigen oder auch bearbeiten dürfen.

Damit ist diese Bibliothek für die Heimnetzgruppe freigegeben. Wollen Sie die Freigabe wieder aufheben, wiederholen Sie die Schritte, wählen diesmal aber den Befehl *Freigeben für/Freigabe beenden*.

Einzelne Dateien und Ordner in der Heimnetzgruppe freigeben oder schützen

Unabhängig von den Bibliotheken können Sie auch einzelne Ordner oder Dateien freigeben. Und Sie können einzelne Ordner und Dateien ausdrücklich von der Freigabe ausnehmen. Diese werden dann vor fremden Zugriffen geschützt, selbst wenn sie zu einer Bibliothek gehören sollten, die in einer Heimnetzgruppe freigegeben ist.

1. Markieren Sie den oder die Ordner bzw. Dokumente im Windows-Explorer.

2. Klicken Sie mit der rechten Maustaste auf die Auswahl und wählen Sie im Kontextmenü den Befehl *Freigeben für*.

3. Im Untermenü können Sie dann die Freigabeoptionen für diesen Ordner bzw. diese Dateien bestimmen:

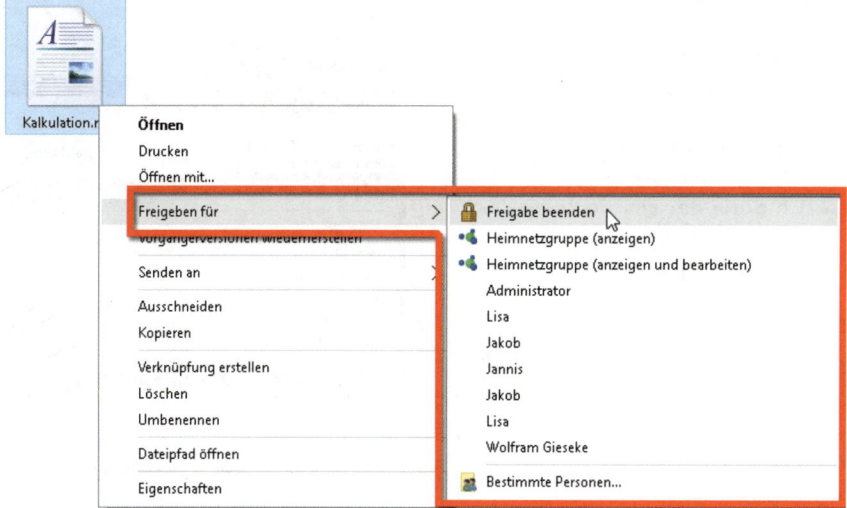

- *Freigabe beenden*: Die Elemente werden nicht freigegeben und sind für andere Benutzer nicht einsehbar.

- *Heimnetzgruppe (anzeigen)*: Die Elemente werden für die Teilnehmer der Heimnetzgruppe zum Lesen bzw. Betrachten, Anhören etc. freigegeben, können aber nicht verändert werden.

- *Heimnetzgruppe (anzeigen und bearbeiten)*: Die Elemente können von Teilnehmern der Heimnetzgruppe sowohl betrachtet als auch bearbeitet werden.

- *Administrator* und weitere Nutzer: Es folgt eine kurze Liste von Benutzern, denen Sie direkt im Kontextmenü den Lesezugriff auf diese Elemente erlauben können.

■ *Bestimmte Personen*: Hiermit öffnen Sie ein Menü, in dem Sie weitergehende Freigabemöglichkeiten haben. Hier lässt sich für verschiedene Benutzer getrennt die Art des erlaubten Zugriffs genau festlegen. Außerdem sind hier alle lokalen Benutzer Ihres PCs aufgelistet, sodass Sie bestimmte Dateien differenziert für diese freigeben können.

Welche Dateien sind in der Heimnetzgruppe freigegeben?

Mit den verschiedenen Freigaben für Bibliotheken, Dateien und Ordner, die sich auch noch widersprechen können, könnte es eventuell schon mal etwas unübersichtlich werden. Es gibt aber eine recht schnelle Möglichkeit, um festzustellen, ob ein Objekt für die Heimnetzgruppe freigegeben ist oder nicht:

1. Klicken Sie mit der rechten Maustaste auf die Datei oder den Ordner.

2. Wählen Sie im Kontextmenü den Befehl *Eigenschaften*.

3. Wechseln Sie in den Eigenschaften zur Registerkarte *Sicherheit*.

4. Betrachten Sie hier die Liste *Gruppen- oder Benutzernamen*. Befindet sich darin der Eintrag *HomeUsers*, ist das Objekt für die Heimnetzgruppe freigegeben.

5. Wenn Sie den Eintrag anklicken, sehen Sie in der Liste darunter, welche Berechtigungen die Heimnetzgruppenteilnehmer für dieses Objekt genau haben.

23.3 Andere Geräte in die Heimnetzgruppe einbinden

Neben Windows-PCs können noch weitere Geräte von einer Heimnetzgruppe profitieren. Dabei handelt es sich um Abspielgeräte für Medienstreams gemäß dem UPnP-AV-Protokoll, also z. B. Medienabspieler mit Netzwerkanschluss, die Musik und/oder Videos von einem Server im Netzwerk wiedergeben können. Solche Geräte können auf die in einer Heimnetzgruppe freigegebenen Audio- und Videodaten zugreifen. Dazu müssen sie allerdings einmalig freigeschaltet werden.

1. Stellen Sie sicher, dass der Streaming-Client physisch mit dem Netzwerk verbunden und eingeschaltet ist.

2. Öffnen Sie in der klassischen Systemsteuerung das Modul *Heimnetzgruppe*.

3. Klicken Sie im folgenden Dialog im Bereich *Bibliotheken und Geräte, die Sie von diesem Computer freigeben* unten auf den Link *Für alle Geräte in diesem Netzwerk, z. B. Fernsehgeräte und Spielkonsolen, die Wiedergabe meiner freigegebenen Inhalte zulassen*.

4. Im anschließenden Menü sehen Sie eine Liste der vorhandenen Netzwerkclients, mit denen die Heimnetzgruppe kommunizieren kann (der Eintrag *Medienprogramme auf diesem PC und Remoteverbindungen* bezieht sich auf den PC selbst). Mit der Option *Zugelassen* können Sie den Zugriff auf die freigegebenen Medien durch dieses Gerät steuern.

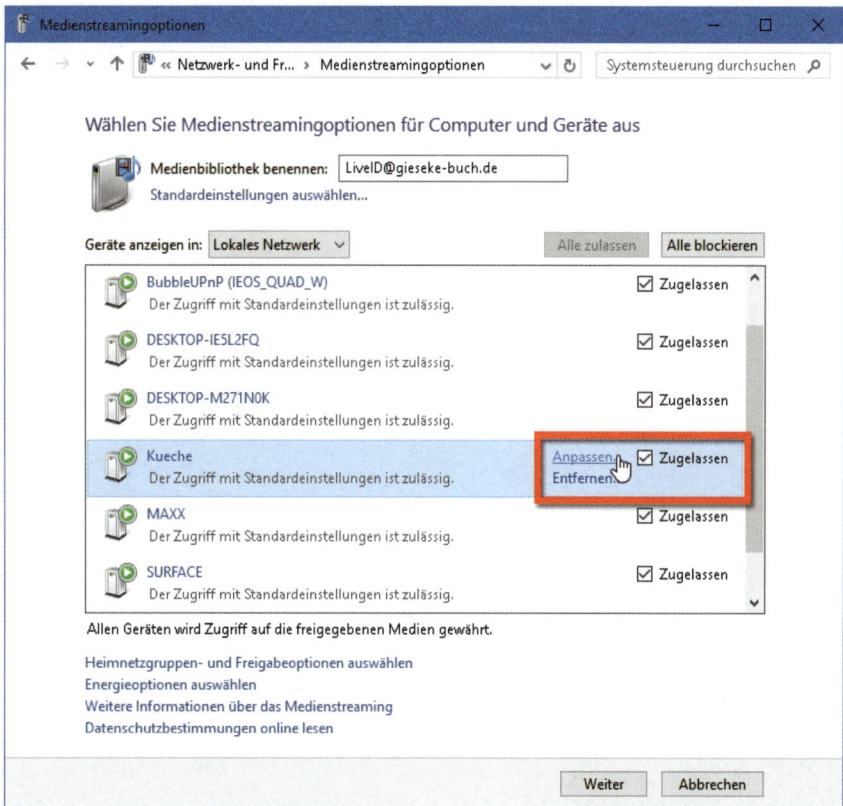

5. Mit einem Klick auf *Anpassen* können Sie außerdem einen Zusatzdialog öffnen, in dem Sie genauer festlegen, welche Arten von Medien auf diesem Gerät freigegeben werden sollen. Sie können hier sogar einstellen, dass z. B. nur Bilder ab einer gewissen Bewertungsqualität auf dem Fernseher angezeigt werden.

Kapitel 24

24. Netzwerk und Internetzugang klassisch einrichten und steuern

Die vorangehend vorgestellte Heimnetzgruppe ist eine einfache Variante für die Vernetzung mehrerer PCs. Aber auch die herkömmlichen Netzwerk- und Freigabefunktionen sind beim aktuellen Windows noch an Bord. Und sie sind sogar unumgänglich, da Heimnetzgruppen nur mit PCs ab Windows 7 hergestellt werden können. Geht es hingegen um ein gemischtes Netzwerk zusammen mit älteren PCs oder ganz anderen vernetzten Geräten, müssen Sie sogar auf die klassischen Netzwerkfreigaben zurückgreifen.

24.1 So finden Sie sich mit dem Netzwerk- und Freigabecenter zurecht

Wie schon bei früheren Windows-Versionen sorgt das Netzwerk- und Freigabecenter mit einem praktischen Symbol im Infobereich als zentrale Anlaufstelle für alles, was mit Netzverbindungen zu tun hat.

1. Sie erreichen das Netzwerk- und Freigabecenter z. B. über die klassische Systemsteuerung im Bereich *Netzwerk und Internet.*
   Häufig gibt es aber auch eine Abkürzung
   an Stellen, an denen der Weg ins Netz-

werk- und Freigabecenter naheliegend ist. Außerdem zeigt Windows standardmäßig
ein Symbol für den Netzwerkstatus im Infobereich an. Klicken Sie mit der rechten
Maustaste darauf und wählen Sie im Menü dann *Netzwerk- und Freigabecenter öffnen.*

2. Im Netzwerk- und Freigabecenter finden Sie rechts in der oberen Hälfte die Informationen zum aktiven Netzwerk. Wichtig ist hier z. B. der Typ des Netzwerks (z. B. *Priva-*
   tes Netzwerk). Bei *Zugriffstyp* sehen Sie, ob Sie auf lokale Ressourcen und/oder das
   Internet zugreifen können. *Verbindungen* gibt die physische Komponente an, die dieses
   Netzwerk benutzt, also z. B. eine Ethernet-Verbindung oder einen WLAN-Adapter.

3. Im Bereich *Netzwerkeinstellungen ändern* sehen Sie die wichtigsten Aufgabenbereiche rund um Netzwerkverbindungen.

4. In der Navigationsleiste am linken Rand des Netzwerk-
   und Freigabecenters finden Sie Verknüpfungen zu den
   wichtigsten weiteren Netzwerkeinstellungen.

5. Ein Klick darauf öffnet den entsprechenden Konfigu-
   rationsdialog oder Assistenten. So öffnen Sie etwa
   mit *Adaptereinstellungen ändern* eine Liste der hardwaremäßig vorhandenen Netzwerkverbindungen, also
   die eingebauten bzw. angeschlossenen Ethernet- oder
   WLAN-Adapter.

6. Wird der neue Dialog nicht in einem neuen Fenster
   angezeigt, sondern verdrängt das Netzwerk- und
   Freigabecenter vom Bildschirm, können Sie nach er-
   ledigter Aufgabe immer oben links auf die *Zurück*-
   Schaltfläche klicken, um direkt ins Netzwerk- und Freigabecenter zurückzukehren.

24.2 Den PC mit dem lokalen Netzwerk verbinden

Ein lokales Netzwerk entsteht, wenn mehr als zwei Netzwerkkomponenten per Kabel (oder auch drahtlos) miteinander verbunden sind. Die meisten PCs mit Internetzugang benutzen inzwischen zumindest ein kleines lokales Netzwerk: Wenn der Internetzugang über einen Router mit DSL-Modem hergestellt wird, an den der PC per LAN oder WLAN angeschlossen ist, ist das bereits ein lokales Netzwerk. Windows macht es dem Anwender in solchen Fällen leicht. Verwenden Sie etwa einen DSL-Router mit DHCP, passiert schon bei der Installation alles vollautomatisch, und Sie haben meist ohne weitere Schritte Kontakt zum lokalen Netzwerk und zum Internet. Aber auch das manuelle Herstellen der Verbindung ist nicht viel schwieriger.

Alles vollautomatisch mit DHCP

Wenn Sie einen DSL-Router benutzen und dieser über eine DHCP-Funktion verfügt (was bei den meisten der Fall ist), sollten Sie diese auch nutzen. Das **D**ynamic **H**ost Configuration **P**rotocol (DHCP) sorgt dafür, dass eine zentrale Instanz in einem Netzwerk (in diesem Fall der DSL-Router) allen angeschlossenen Geräten automatisch eine eindeutige Netzwerkadresse zuteilt und sie mit allen Informationen versieht, die für den Netzwerkzugang erforderlich sind.

Beim Router müssen Sie dazu in der Regel nur ein Häkchen an der passenden Stelle der Webkonfiguration setzen. Dies erspart Ihnen aber das manuelle Konfigurieren sämtlicher anderen angeschlossenen PCs und sonstigen Geräte. Außerdem müssen Änderungen z. B. in Bezug auf den Internetanbieter auch immer nur beim Router vorgenommen werden. Bei den meisten Routern ist dieser DHCP-Modus standardmäßig ab Werk eingeschaltet, sodass Sie nicht mal irgendwelche Einstellungen ändern müssen, sondern alles sofort funktioniert.

Die geänderten Einstellungen werden dann per DHCP automatisch an alle angeschlossenen Teile des Netzwerks weiter übermittelt. Wenn Sie nicht darauf angewiesen sind, dass z. B. ein bestimmter PC immer dieselbe numerische Netzwerkadresse erhält, spricht absolut nichts gegen DHCP. Und selbst diese Anforderung lässt sich bei vielen Routern realisieren.

Windows arbeitet in einem Netzwerk mit DHCP direkt nach der Installation, ohne dass irgendein Konfigurationsschritt erforderlich wäre. Beim ersten Start nach der Installation wird das vorhandene Netzwerk automatisch erkannt und eingerichtet. Sie müssen lediglich gegebenenfalls auf Nachfrage festlegen, ob Ihr PC für andere Geräte in diesem Netzwerk sichtbar sein soll. Im eigenen lokalen Netzwerk ist das sinnvoll. Wenn Sie sich aber beispielsweise bei einem öffentlichen Hotspot, im Hotel-WLAN oder anderen weniger vertrauenswürdigen Netzen anmelden, sollten Sie jeweils darauf verzichten.

TIPP ☑ Die Freigabeeinstellungen nachträglich ändern

Schnell vertippt man sich im Eifer des Gefechts mal und deaktiviert bei einer neuen Verbindung das Teilen. Dann kann man anschließend aber keinerlei Freigabefunktionen mehr verwenden. Kein Problem, diese Einstellung lässt sich anpassen, die Möglichkeit dazu ist nur gut versteckt: Öffnen Sie mit dem Symbol im Infobereich die Netzwerkliste und klicken Sie dort auf den Eintrag des Netzwerks. Im anschließenden Menü wählen Sie *Erweiterte Freigabeoptionen ändern*. Im dadurch angezeigten Dialog können Sie alle Freigabeoptionen sowohl für private als auch öffentliche Netze für diese Verbindung nachträglich anpassen.

Den Zugang zum lokalen Netzwerk manuell herstellen

Wenn Ihr lokales Netzwerk keinen DHCP-Server bereitstellt, können Sie den Zugang zum Netzwerk selbstverständlich auch manuell herstellen. Dafür benötigen Sie vor allem zwei Informationen:

- eine IP-Adresse, die in Ihrem lokalen Netzwerk gültig ist, aber noch von keinem anderen Gerät verwendet wird, sowie

- die Subnetzmaske, die in Ihrem Netzwerk verwendet wird (in der Regel 255.255.255.0).

Wenn der Internetzugang über das lokale Netzwerk erfolgen soll, sind außerdem weitere Angaben unerlässlich:

- die IP-Adresse des Gateways, über das der Kontakt zum Internet hergestellt wird (z. B. der Router), und

- die Adresse von mindestens einem, besser zwei DNS-Servern. Die DNS-Server werden von Ihrem Internetprovider betrieben und können gegebenenfalls dort erfragt werden.

Mit diesen Daten gerüstet, können Sie die Netzwerkverbindung konfigurieren:

1. Ohne einen DHCP-Server kann Windows in seinen Standardeinstellungen nicht automatisch eine Verbindung zum lokalen Netzwerk herstellen. In diesem Fall sehen Sie im Infobereich ein Netzwerksymbol mit einem Warnzeichen. Im Netzwerk- und Freigabe- 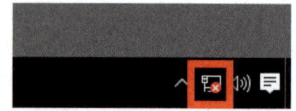 center wird in solchen Situationen die Meldung *Sie sind zurzeit mit keinem Netzwerk verbunden* angezeigt. Das zeigt Ihnen, dass zwar die physische Verbindung besteht (also alle Kabel richtig eingesteckt sind), aber mangels korrekter Konfiguration keine logische Verbindung hergestellt werden kann.

2. Klicken Sie links im Aufgabenbereich auf *Adapterein-stellungen ändern*.

3. Damit gelangen Sie in die Übersicht über die Netz-werkverbindungen, in der Sie die aktive Verbindung mit einem Doppelklick öffnen und dann deren *Eigen-schaften* anzeigen.

4. Wählen Sie dort in der Liste der Elemente *Internetpro-tokoll Version 4 (TCP/IPv4)* aus und klicken Sie darun-ter rechts erneut auf *Eigenschaften*.

5. Aktivieren Sie im anschließenden Dialog oben die Option *Folgende IP-Adresse ver-wenden* und geben Sie die Daten Ihres Netzwerks an:

■ Bei *IP-Adresse* tragen Sie die IP-Nummer ein, die dieser PC verwenden soll. Sie muss zu den anderen IP-Nummern in Ihrem Netzwerk passen, darf aber von kei-nem anderen verwendet werden. In der Regel bedeutet das: Die ersten drei Teile der Nummer (z. B. 192.178.1) sollten bei allen Adressen identisch sein, und der letzte Teil muss sich bei allen unterscheiden.

■ Die Subnetzmaske lautet in privaten Netzwerken in der Regel 255.255.255.0. Wichtig hierbei: Diese Angabe muss bei allen angeschlossenen Geräten iden-tisch sein, sonst klappt die Kommunikation nicht.

■ Bei *Standardgateway* geben Sie gegebenenfalls die IP-Nummer des PCs oder Netzwerkgerätes an, das die Verbindung zum Internet herstellt, also z. B. des Routers.

HINWEIS ⊳ Die richtigen Netzwerkdaten verwenden

Vorsichtshalber sei darauf hingewiesen: Bei den Adressen auf der Abbildung handelt es sich um Beispieldaten. Was genau an deren Stelle bei Ihrer Netzwerkverbindung eingetragen wird, erfragen Sie bitte in der Konfiguration bzw. Dokumentation Ihres Netzwerkrouters oder bei dem zuständigen Netzwerkadministrator beispielsweise in einem Firmennetzwerk.

6. Wählen Sie für den Internetzugang außerdem die Option *Folgende DNS-Server-adressen verwenden* und tragen Sie in den Feldern darunter mindestens einen DNS-Server Ihres Internetanbieters ein.

7. Klicken Sie anschließend zweimal auf *OK* und einmal auf *Schließen*. Sie gelangen zurück ins Netzwerk- und Freigabecenter, in dem sich der Status des Netzwerks gegebenenfalls nach einer kurzen Wartepause aktualisiert.

Mit dem Netzwerk-Assistenten eine Verbindung zum Internet herstellen

Das Netzwerk- und Freigabecenter stellt einen komfortablen Assistenten zur Verfügung, mit dem sich praktisch alle Arten von Netzwerkverbindungen schnell und unkompliziert einrichten lassen. Sie müssen dafür nur die jeweils benötigten Daten wie Benutzernamen, Passwörter u. Ä. bereithalten, da der Assistent diese abfragt. Das folgende Beispiel zeigt, wie Sie Windows für den Zugang per DSL-Modem konfigurieren.

HINWEIS ⊳ Zugangskonfiguration im Router

Wenn Sie für den Zugang zum Internet einen Router mit eingebautem Modem verwenden, erfolgt die Konfiguration des Zugangs in diesem Router bzw. ist im Zweifelsfall schon geschehen, wenn Sie den Router zuvor bereits erfolgreich eingesetzt haben. In diesem Fall reicht es aus, wenn Sie beim Windows-PC den Zugang zum lokalen Netzwerk erfolgreich einstellen. Das geht am besten per DHCP (siehe Seite 551). Ansonsten müssen Sie beim manuellen Konfigurieren darauf achten, die Adresse des DSL-Routers als Gateway anzugeben. Die nachfolgenden Schritte sind bei dieser Konfiguration dann gar nicht erforderlich.

1. Wählen Sie im Netzwerk- und Freigabecenter unter *Netzwerkeinstellungen ändern* den Punkt *Neue Verbindung oder neues Netzwerk einrichten*.

2. Damit starten Sie den Assistenten, in dem Sie in der Liste den Punkt *Verbindung mit dem Internet herstellen* wählen und unten auf *Weiter* klicken.

Wollen Sie eine ISDN- oder analoge Modemverbindung einrichten, können Sie an dieser Stelle auch schon *Einwählverbindung einrichten* auswählen.

3. Bestimmen Sie dann, auf welche technische Weise die Verbindung erfolgen soll. Der Assistent stellt Ihnen dabei die Optionen zur Auswahl, zu denen er die passende Hardware erkannt hat. Für einen direkten Breitbandzugang z. B. per DSL-Modem wählen Sie die Option *Breitband (PPPoE)*.

4. Geben Sie im nächsten Schritt dann die Benutzerinformationen für Ihren Internetzugang ein, die Sie vom Provider erhalten haben.

Sollten Sie noch keinen Internetprovider gewählt haben, hilft auf die Schnelle der
Link *Es gibt keinen Internetdienstanbieter* weiter. Er gibt Ihnen Informationen und Tipps
zu diesem Thema.

5. Klicken Sie dann unten rechts auf die Schaltfläche *Verbinden*, um die Verbindung
aufzubauen und zu testen. Sollte alles geklappt haben, sehen Sie anschließend den
Webbrowser mit der voreingestellten Startseite als Bestätigung.

6. Klappt alles, erhalten Sie die Meldung *Die Verbindung kann jetzt verwendet werden*.
In Zukunft können Sie diese Verbindung jederzeit manuell oder automatisch bei Bedarf herstellen.

24.3 IPv6 – das aktuelle Internetprotokoll in Windows nutzen

Parallel zum bewährten Standard-Internetprotokoll IPv4 unterstützt Windows auch das neuere IP-Protokoll IPv6. Bei früheren Windows-Versionen ließ sich diese Funktion allenfalls rudimentär und mit einigen Kunstgriffen nachrüsten. Schon seit Vista aber unterstützt Windows das IPv6-Protokoll gleichberechtigt mit IPv4 und ist somit bestens für IPv6 gerüstet, das immer mehr Verbreitung findet und seine Vorteile in Zukunft ausspielen wird.

IPv6: Technik und Terminologie

Der wesentliche Grund für ein neues Internetprotokoll ist der verfügbare Adressraum, also die Anzahl von IP-Adressen, die zur Verfügung stehen. Da jede Adresse nur einmal vergeben werden kann, ist dieser nun einmal endlich. Viele Internetprovider arbeiten zwar mit einem Pool von dynamischen Adressen, andernfalls wäre die Adressknappheit heute auch schon viel deutlicher zu spüren. Angesichts von DSL-Flatrates und immer mehr Geräten mit Onlinezugang – vom Handy über Autos bis hin zum Kühlschrank – wird das Problem in Zukunft aber immer größer werden.

IPv4 stellt einen Adressraum von etwa vier Milliarden Adressen zur Verfügung. Das klingt nicht wenig, und bei der Entwicklung dieses Protokolls dachte man auch nicht daran, dass es jemals nicht reichen könnte. Allerdings ist der Adressraum auch nicht gleichmäßig verteilt. Die frühen Internetteilnehmer aus den USA und Europa haben sich große Teilnetze gesichert, während andere Teile der Welt, die erst später in diese Technologie einstiegen, sich mit dem Rest begnügen mussten. Gerade im asiatischen Raum sind die Adressen deshalb heute schon knapp.

IPv6 begegnet diesem Problem mit einer neuen Form der Adressierung, bei der die Adressen jeweils aus 128 Bit bestehen. Dadurch vergrößert sich der verfügbare Adressraum auf ca. 340 Sextillionen, was erst mal wieder ein paar Jahre reichen sollte. Darüber hinaus bringt IPv6 weitere neue Technologien und Funktionen mit sich, die inzwischen allerdings teilweise auch mit dem alten IPv4 genutzt werden können:

- sichere Internetverbindungen mit IPSec für besseren Schutz vor manipulierten oder belauschten Verbindungen;

- Multicast-Verbindungen von einem Sender zu mehreren Empfängern, um z. B. Audio- und Videostreams effizienter verbreiten zu können;

- automatisches Anpassen der Bandbreite mit **Q**uality **o**f **S**ervice (QoS), um z. B. ungestörte VoIP-Verbindungen zu gewährleisten, auch wenn im Hintergrund Datentransfers laufen;

- automatische Konfiguration der Netzwerkparameter, um das Einrichten von Verbindungen zu erleichtern;

- feste Adressen für mobile Geräte, unter denen diese unabhängig vom jeweiligen Standort (z. B. auch in Gastnetzen) erreichbar sind.

TIPP ☑ IPv6 einsetzen

Prinzipiell empfiehlt es sich, schon heute IPv6 einzusetzen, wenn dies möglich ist. Das neue Protokoll bietet gegenüber dem Vorgänger keine Nachteile, aber einige Vorteile und zusätzliche Funktionen. Allerdings müssen zwei Voraussetzungen erfüllt sein: Die lokale Netzwerkhardware – insbesondere der Netzwerkrouter – muss IPv6 unterstützen. Ebenso muss der Internetprovider Ihnen einen IPv6-Zugang anbieten. Sonst ist der Einsatz nur mit umständlichen Tricks und Umwegen möglich.

Die IPv6-Funktionen von Windows

Bei Windows sind IPv4 und IPv6 gleichberechtigt. Für alle internetfähigen Netzwerkadapter werden deshalb standardmäßig beide Protokolle eingerichtet. Das ist auch in Ordnung so. Sollte eines der Protokolle nicht zum Einsatz kommen können, wird es automatisch ignoriert. Sie müssen also nicht bei jeder Netzverbindung zwischen IPv4 und IPv6 wählen. Wenn Ihr Netzwerk IPv6-fähig ist, können Sie die Einstellungen dafür wie folgt vornehmen:

1. Lassen Sie sich die Einstellungen der Netzwerkverbindung anzeigen. Öffnen Sie dazu ggf. im Netzwerk- und Freigabecenter mit dem Befehl *Adaptereinstellungen ändern* links in der Navigationsleiste die Übersicht über die Netzwerkverbindungen.

2. Klicken Sie mit der rechten Maustaste auf die fragliche Netzwerkverbindung und wählen Sie im Kontextmenü den Befehl *Eigenschaften*. Geben Sie ggf. Ihre Zustimmung zum Ausführen des Konfigurationsprogramms.

3. In den Eigenschaften finden Sie im Bereich *Diese Verbindung verwendet folgende Elemente* den Eintrag *Internetprotokoll Version 6 (TCP/IPv6)*, nicht zu verwechseln mit dem fast gleichlautenden Eintrag für das IPv4-Protokoll. Wählen Sie diesen Eintrag aus und klicken Sie dann darunter auf die Schaltfläche *Eigenschaften*.

4. Im anschließenden Dialog können Sie ähnlich wie bei IPv4 die Konfiguration für die Internetverbindung vornehmen. Üblicherweise erfolgt die Zuweisung dieser Adressen bei IPv6 automatisch, was allein schon wegen der unhandlicheren hexadezimalen Adressen sinnvoll ist. Selbstverständlich können Sie aber z. B. für Ihr lokales Heimnetzwerk nach wie vor alles manuell angeben.

Kapitel 25

25. Windows drahtlos mit Internet und anderen Geräten verbinden

Drahtlose Netzwerke ermöglichen den Verzicht auf aufwendige und/oder störende Verkabelungen zwischen den Geräten und sind nicht zuletzt deshalb schnell und einfach eingerichtet. Windows unterstützt Sie dabei nach Kräften. So können Sie mit Ihrem PC den Kontakt nicht nur zu einem WLAN-Netz herstellen, sondern bei Bedarf auch zu verschiedenen wechselnden Netzen. Gerade für Notebook-Benutzer, die regelmäßig in verschiedenen Umgebungen arbeiten (z. B. zu Hause, in der Firma, im Internetcafé), ist das ideal. Windows speichert die Verbindungsdaten verschiedener Netze, erkennt deren Vorhandensein automatisch und stellt sich entsprechend darauf ein.

Mit einem Windows-PC können Sie aber auch selbst Zentrum eines WLAN-Netzwerks z. B. zu Hause werden und anderen Geräten Ressourcen wie den Internetzugang drahtlos bereitstellen. Auch die Verbindung zu anderen Geräten per Bluetooth beherrscht Windows. So können Sie bequem drahtlose Eingabegeräte und Headsets verwenden oder unterwegs die Internetverbindung Ihres Smartphones an Ihr Notebook oder Tablet weiterreichen.

25.1 Stellen Sie den Zugang zu einem WLAN-Netzwerk her

Ist Ihr PC mit einem WLAN-Adapter ausgerüstet, erkennt Windows vorhandene Drahtlosnetzwerke automatisch und kann sich auch sofort damit verbinden. Allerdings ist der direkte Zugang zu WLAN-Netzen meist nicht ohne Weiteres möglich oder sollte es zumindest nicht sein. Verschlüsselte Funkverbindungen sorgen dafür, dass sich nur berechtigte Benutzer mit dem Netzwerk verbinden dürfen. Deshalb muss der Zugang zu einem geschützten WLAN einmalig konfiguriert werden. Voraussetzung dafür ist, dass Sie das Kennwort für den Drahtloszugang kennen.

1. Erkennt Windows das Vorhandensein eines Drahtlosnetzwerks, versucht es, automatisch eine Verbindung damit herzustellen. Sie erkennen das an der geänderten Netzwerkanzeige im Infobereich.

2. Mit einem Klick auf dieses Symbol öffnen Sie den Netzwerkstatus am rechten Bildschirmrand. Hier sind alle Drahtlosverbindungen aufgeführt, die momentan zur Verfügung stehen. Tippen Sie auf das Netzwerk, das Sie verwenden möchten. Wenn die Verbindung bereits besteht, brauchen Sie die weiteren Schritte nicht durchzuführen, sondern können sofort weiterarbeiten.

3. Ist der Eintrag mit einer *Verbinden*-Schaltfläche versehen, können Sie darauf tippen, um die Verbindung herzustellen. Wenn Sie zuvor die Option *Automatisch verbinden* anhaken, stellt Windows diese Verbindung zukünftig automatisch her, wenn dieses Netzwerk in Reichweite ist.

4. Handelt es sich um ein verschlüsseltes WLAN, fragt der Assistent nach dem Netzwerksicherheitsschlüssel für die Verschlüsselung. Wenn der WLAN-Router dies unterstützt, können Sie nun auch eine entsprechende Taste am Router drücken und so den Zugang Ihres Tablet-PCs zu diesem Drahtlosnetzwerk autorisieren.

5. Der Assistent versucht jetzt, mit den gewählten Parametern eine Verbindung zum WLAN-Funknetzwerk aufzubauen. Ob das gelingt, hängt nicht nur vom korrekten Kennwort ab, sondern auch von anderen Faktoren wie der Reichweite des Netzes, dem verwendeten Funkstandard sowie eventuellen weiteren Sicherheitsmaßnahmen wie z. B. Zugangssperren anhand von Hardwareadressen (MAC-Adresse).

6. Konnte die Verbindung hergestellt werden, geben Sie an, wie Sie es bei diesem Netzwerk mit der Sichtbarkeit Ihres PCs für andere Teilnehmer halten möchten. Verbinden Sie sich mit einem öffentlichen Netzwerk, empfiehlt sich, aus Sicherheitsgründen *Nein* zu wählen (mehr dazu auf Seite 551).

7. Konnte die Verbindung erfolgreich hergestellt werden, wird das Empfangssymbol in der Taskleiste ohne Einschränkung angezeigt. Wenn Sie darauf klicken, sehen Sie in der Verbindungsübersicht beim Eintrag dieses Netzwerks die Meldung *Verbunden*.

Kontakt zu einem WLAN ohne Kennung aufnehmen

Wenn ein vorhandenes WLAN nicht in der Empfangsliste angezeigt wird, kann das rein technische Ursachen haben, wenn etwa die Entfernung zwischen Sender und Empfänger zu groß ist. Dies lässt sich dann nur durch räumliche Veränderungen oder durch Optimieren der Sende- und Empfangsleistung der beiden Komponenten ändern. Das Problem kann aber auch in der Konfiguration des Drahtlosnetzwerks liegen. Wenn dieses so eingestellt ist, dass es seine Sendekennung SSID standardmäßig versteckt, antwortet es nicht auf die Kontaktversuche Ihres PCs. In solchen Fällen müssen Sie dem kontaktsuchenden PC die SSID des WLANs mitteilen. Wenn er sie kennt, kann er Kontakt zum WLAN aufnehmen und erhält dann auch eine Antwort.

1. Öffnen Sie das Netzwerk- und Freigabecenter und klicken Sie dort im Bereich *Netzwerkeinstellungen ändern* auf *Neue Verbindung oder neues Netzwerk einrichten*.

2. Wählen Sie im nächsten Schritt die Variante *Manuell mit einem Funknetzwerk verbinden* aus und klicken Sie auf *Weiter*.

3. Geben Sie anschließend die Daten für den WLAN-Zugang so an, wie Sie sie vom Betreiber erhalten haben. Ganz oben bei *Netzwerkname* geben Sie dabei die SSID des WLANs an.

4. Aktivieren Sie dann ganz unten die Option *Verbinden, selbst wenn das Netzwerk keine Kennung aussendet*.

5. Klicken Sie schließlich unten auf *Weiter*, um die Verbindung hinzuzufügen, und beenden Sie den Assistenten mit *Schließen*.

WLAN-Verbindungen entfernen

Um einen einmal eingerichteten WLAN-Zugang zu löschen, gibt es bei Windows eine kleine Übersicht der bislang verwendeten WLAN-Verbindungen. Dort können Sie auch die Verbindungsdaten für ein Drahtlosnetzwerk „vergessen". Dabei ist es belanglos, ob dieses WLAN gerade in Reichweite ist oder nicht.

1. Klicken Sie in der Netzwerkübersicht am rechten Bildschirmrand unten auf *Netzwerkeinstellungen*. Dadurch gelangen Sie in die WLAN-Optionen der *Einstellungen*.

2. Hier finden Sie den Link *Bekannte Netzwerke verwalten*.

3. Damit öffnen Sie eine Liste aller Drahtlosnetzwerke, bei denen Sie sich bislang angemeldet und deren Zugangsdaten Sie gespeichert haben. Nur falls Sie sich über den Umfang wundern: Wenn Sie sich mit einem Microsoft-Konto angemeldet haben, finden Sie hier auch alle Verbindungen, die Sie mit anderen Rechnern hergestellt haben, während Sie mit demselben Microsoft-Konto dort angemeldet waren.

4. Hier können Sie einzelne Einträge anklicken. Diese werden dann hervorgehoben und zusätzlich wird die Schaltfläche *Nicht speichern* angezeigt. Damit „vergisst"

Windows diese Verbindung sofort, sie wird nicht mehr in der Liste angezeigt und der PC kann sich nicht mehr bei diesem Netzwerk anmelden.

TIPP ☑ WLAN-Passwörter ändern

Ein Weg, das Passwort einer bestehenden WLAN-Verbindung zu ändern, ist bei Windows zwar vorgesehen, aber er funktioniert nur, solange man mit diesem Netzwerk verbunden ist (siehe im nachfolgenden Abschnitt die Sicherheitseinstellungen). In der Praxis wird man diesen Weg aber nur selten gehen können. Die einfache Vorgehensweise in diesem Fall: Die WLAN-Verbindung löschen und anschließend mit dem neuen Passwort neu einrichten.

Die WLAN-Einstellungen für verschiedene Standorte schnell und bequem wechseln

Wenn Sie nicht nur mit einem (Drahtlos-)Netzwerk arbeiten, sondern regelmäßig verschiedene Netzwerke nutzen, kommt Windows Ihnen entgegen. So können Sie auf die beschriebene Weise die Zugangsdaten beliebig vieler Drahtlosnetzwerke hinterlegen. Windows erkennt automatisch, wenn eines der Netzwerke in Reichweite ist, und verbindet sich mit diesem bzw. gibt Ihnen gegebenenfalls die Möglichkeit, die Verbindung manuell herzustellen.

Problematisch könnte es nur werden, wenn Sie sich in der Reichweite mehrerer Draht-losnetze befinden. Das kann z. B. der Fall sein, wenn Sie zu Hause nicht nur Ihr eigenes WLAN finden, sondern auch das vom Nachbarn oder das öffentliche Netzwerk eines In-ternetcafés in der Nähe. In solchen Fällen bietet Windows eine praktische Lösung: Über die Verbindungseigenschaften können Sie festlegen, welches Netzwerk im Zweifelsfall den Vorrang erhalten soll, wenn mehrere Zugänge infrage kommen.

1. Öffnen Sie das *Netzwerk- und Freigabecenter* und klicken Sie dort am linken Rand oben auf *Adaptereinstellungen ändern.*

2. Damit sehen Sie eine Liste aller Netzwerkverbindungen. Unter *WLAN* ist das Funk-netzwerk aufgeführt, mit dem Sie gerade verbunden sind. Öffnen Sie es mit einem Doppelklick.

3. Klicken Sie im anschließenden Menü auf *Drahtloseigenschaften.*

4. Auf der Registerkarte *Verbindung* finden Sie die Informationen zu diesem Drahtlos-netzwerk sowie Optionen, die im Zusammenspiel die automatische Verbindung mit Netzwerken regeln:

   ■ Die Option *Automatisch verbinden, wenn dieses Netzwerk in Reichwei-te ist* sorgt dafür, dass die Verbin-dung mit einem anderen Netzwerk gegebenenfalls abgebrochen wird, wenn dieses WLAN in Reichweite kommt. Das kann dann wichtig sein, wenn Sie z. B. mit einem Notebook in Bewegung sind oder wenn das bevorzugte Netzwerk aufgrund technischer Probleme vorüberge-hend ausgefallen ist. Diese Option kann deshalb hilfreich, aber auch problematisch sein, z. B. als leicht

   zu übersehende Fehlerquelle („Warum bricht die Verbindung mit dem WLAN plötzlich ab?").

   ■ Soll die Verbindung zu diesem Netzwerk unter allen Umständen so lange wie möglich beibehalten werden, schalten Sie die Option *Bei hergestellter Verbin-dung mit diesem Netzwerk andere Drahtlosnetzwerke suchen* aus.

   ■ Die untere Option *Verbinden, selbst wenn das Netzwerk seinen Namen nicht sen-det (SSID)* ist für Netzwerke interessant, die keine Kennung ausstrahlen (siehe Seite 563).

Idealerweise setzen Sie diese Funktion so ein, dass Sie bei bevorzugten Netzwerken die erste Option ein- und die zweite ausschalten. Dann wechselt Ihr PC immer auto-matisch zu einem bevorzugten Netzwerk, wenn eines in Reichweite kommt. Bei ande-ren Verbindungen würde ich diese Einstellung genau umkehren, sodass diese Netz-werke wirklich nur dann angewählt werden, wenn keine anderen verfügbar sind.

5. Auf der Registerkarte *Sicherheit* finden Sie Einstellungsmöglichkeiten zur Verschlüsselung. Hier können Sie Korrekturen vornehmen, falls sich die WLAN-Konfiguration geändert hat.

Wechselnde Netzwerke per Infobereichsymbol wählen

Mit dem Netzwerksymbol im Infobereich und der dazugehörigen Netzwerkübersicht macht Windows den Wechsel zwischen verschiedenen Netzwerken einfacher als jemals zuvor. Selbst per Touchscreen können Sie mit wenigen Tippern zu einem anderen Netz wechseln. Und so geht es:

1. Tippen bzw. klicken Sie auf das Netzwerksymbol im Infobereich.

2. In der Verbindungsübersicht sehen Sie nun, welche Netzwerke momentan in Reichweite sind. Das aktuell verwendete steht üblicherweise ganz oben und ist mit dem Zusatz *Verbunden* versehen.

3. Um zu einer anderen Verbindung zu wechseln, tippen Sie auf den dazugehörenden Eintrag in der Liste.

4. Hier können Sie nun auf *Verbinden* tippen, um zu dieser Verbindung zu wechseln.

5. Windows beendet dann eine eventuell bislang aktive Verbindung und stellt an deren Stelle die ausgewählte Verbindung her.

6. Mit der Option *Automatisch verbinden* sorgen Sie dafür, dass die Verbindung zu diesem Zugangspunkt in Zukunft automatisch hergestellt wird, wenn er sich in Reichweite befindet. Bei mehreren verfügbaren Netzwerken gelten die Regeln aus dem vorangegangenen Abschnitt.

Mehr Akkulaufzeit bei WLAN-Verbindungen mit mobilen PCs

WLAN und tragbare PCs wie Notebooks und Tablet-PCs gehen oft Hand in Hand. Dabei spielt die Akkulaufzeit eine wesentliche Rolle, und hier kann es bei der Verwendung von WLANs Probleme geben.

Windows betreibt Drahtlosadapter standardmäßig immer mit relativ hoher Sendeleistung, um möglichst große Reichweiten und problemlose Verbindungen zu gewährleisten. Diese Sendeleistung aber zieht den Akku spürbar schneller leer. Das ist ärgerlich, denn in vielen Fällen wäre das gar nicht nötig, und die WLAN-Verbindung würde mit geringerem Energieverbrauch genauso gut zustande kommen. Deshalb sollten Sie unbedingt ausprobieren, ob Sie diese Standardeinstellung ändern können:

1. Öffnen Sie in der klassischen Systemsteuerung die *Energieoptionen* und wählen Sie dort den Energiesparplan, der beim mobilen Einsatz üblicherweise verwendet wird (z. B. *Energiesparmodus*).

2. Klicken Sie bei diesem Eintrag auf *Energiesparplaneinstellungen ändern* und anschließend auf *Erweiterte Energieeinstellungen ändern*.

3. Suchen Sie in der Liste der Einstellungen die Option *Drahtlosadaptereinstellungen/Energiesparmodus/Auf Akku* und wählen Sie hier einen Energiesparmodus aus.

Am meisten Strom sparen Sie mit *Maximaler Energiesparmodus*, aber testen Sie besser erst mal, ob die WLAN-Verbindung damit immer noch uneingeschränkt genutzt werden kann. Ansonsten probieren Sie die anderen Einstellungen aus.

25.2 WLAN und Datenschutz – Drahtlosverbindungen mit anderen teilen

Bei den WLAN-Verbindungen hat Microsoft eigentlich eine gute Idee gehabt, für die man aber viel Kritik einstecken musste: Anstatt WLAN-Kennwörter herumzuschicken oder auf Zettel zu schreiben, kann man Freunden über soziale Netzwerke Zugang zum eigenen WLAN verschaffen, ganz ohne mühseliges Abtippen.

Leider wurde diese Idee von vielen Kritikern missverstanden, denn sie bedeutet keinesfalls, dass man automatisch alle eingerichteten WLAN-Zugangsdaten mit allen Onlinefreunden teilt. Trotzdem hat sich Microsoft in der aktuellen Windows-Version der Kritik gebeugt und diese Funktion wieder entfernt. Es sind aber noch WLAN-Einstellungen verblieben, die man in Bezug auf Datenschutz und Sicherheit gründlich prüfen sollte.

Verbindung mit vorgeschlagenen öffentlichen Hotspots herstellen

Windows kann Sie automatisch mit öffentlichen WLAN-Hotspots verbinden, für deren Zugang kein Kennwort erforderlich ist. Dazu wird die Standortinformation Ihres PCs ausgewertet und mit den Daten erfasster offener WLANs abgeglichen. Befindet sich ein solches Drahtlosnetzwerk in Reichweite, werden Sie automatisch damit verbunden. Solche offenen Netze sollten grundsätzlich mit Vorsicht und den richtigen Einstellungen genutzt werden, da sie eben auch für alle anderen offen sind. Keinesfalls sollte man die Ressourcen seines PCs mit einem solchen Netzwerk teilen. Und auch beim Internetzugang ist zu bedenken, dass alles, was Sie in einem solchen Netzwerk unverschlüsselt übertragen, von jedem anderen Teilnehmer desselben Netzwerks „abgehört" werden kann. Achten Sie also darauf, für sensible Informationen wie Zugangsdaten nur sichere Verbindungen zu verwenden.

Vor allem aber ist diese Funktion keine Einbahnstraße: Microsoft verklausuliert es in der Beschreibung etwas, aber wer von offenen Netzen profitieren will, wird dabei gleichzeitig zum Datenlieferanten. Wenn Sie mit Ihrem Gerät ein offenes WLAN nutzen, wird diese Information an Microsoft übertragen, damit dieses WLAN ggf. in die Datenbank aufgenommen und anderen Benutzern empfohlen werden kann.

1. Die für öffentliche Hotspots zuständige Option finden Sie in den Einstellungen unter *Netzwerk und Internet/WLAN*.

2. Wollen Sie auf das Verwenden vorgeschlagener Hotspots verzichten, schalten Sie hier die Option *Verbindung mit vorgeschlagenen öffentlichen Hotspots herstellen* auf *Aus*.

Selbstverständlich können Sie trotzdem weiterhin öffentliche Hotspots verwenden. Nur müssen Sie dies dann jeweils manuell und ganz bewusst durchführen. Ebenso teilen Sie keine Informationen mehr über die von Ihnen genutzten öffentlichen Hotspots.

Das eigene offene Netzwerk nicht durch Microsoft verbreiten lassen

Wie beschrieben funktioniert die Vermittlung von offenen Netzwerken in beide Richtungen: Nutzer werden auf offene Netzwerke in der Umgebung aufmerksam gemacht, gleichzeitig versorgen sie Microsoft mit Informationen über ebensolche Netzwerke. Wer privat oder in seinem Unternehmen ein offenes WLAN betreibt, der möchte auf solche „Werbung" aber vielleicht lieber verzichten.

Microsoft empfiehlt eine Möglichkeit, sein offenes Netz vor der automatischen Erfassung durch diesen Mechanismus zu schützen. Dazu soll man den Namen (also die SSID) des Netzwerks mit dem Zusatz „_optout" versehen. Der kann an beliebiger Stelle des Namens stehen, also beispielsweise „WLAN_Bar_optout" oder „Bar_optout_WLAN". Ob man sich den Namen seines Netzwerks von Microsoft auf diese Weise vorschreiben lassen will, muss jeder selbst wissen.

25.3 Ein eigenes WLAN einrichten

Windows kann sich nicht nur als Client in einem vorhandenen Drahtlosnetzwerk anmelden. Ist kein solches vorhanden und können oder wollen Sie keinen eigenen WLAN-Access-Point aufstellen, der das Netzwerk aufspannt, kann Ihr PC auch selbst zur Zentrale eines kleinen Drahtlosnetzwerks werden.

Dazu können Sie eine Ad-hoc-Verbindung mit einem anderen WLAN-Gerät aufbauen, z. B. um einem Notebook oder Tablet den Internetzugang über den Onlineanschluss Ihres PCs zu ermöglichen oder Musik und Videos von Ihrem PC zu einem Drahtlos-Client im Wohnzimmer zu streamen, der sie dort über den TV-Bildschirm abspielt.

Ad hoc oder Infrastruktur – so funktioniert ein WLAN

Ein WLAN kann auf zwei verschiedene Weisen arbeiten:

- **Ad-hoc-Modus:** Der Ad-hoc-Modus verbindet PCs direkt miteinander. Diesen einfachen Modus können Sie verwenden, wenn z. B. ein PC über einen Internetzugang verfügt und ein weiterer PC diesen Zugang mittels Internetverbindungsfreigabe per WLAN mitnutzen soll. Der Ad-hoc-Modus erlaubt es, zwei PCs mit WLAN-Adaptern ohne Strippenziehen oder sonstigen Aufwand miteinander zu verbinden.

- **Infrastrukturmodus:** Im Infrastrukturmodus gibt es eine zentrale Basisstation, z. B. einen WLAN-Router mit DSL-Zugang. Dieser stellt einen Internetzugang für mehrere PCs zentral zur Verfügung. Diese Variante erlaubt das Aufbauen größerer, strukturierter Funknetzwerke. Sie müssen diesen Modus immer wählen, wenn ein WLAN-Router bzw. eine andere Art von Basisstation im Spiel ist, selbst wenn sich abgesehen davon nur ein einziger PC im Drahtlosnetz befindet.

WLAN-Karten und -Adapter

Anstelle von Netzwerkkarten benötigen PCs für den WLAN-Zugang einen WLAN-Adapter. Das ist im Prinzip das Gleiche wie eine Netzwerkkarte, aber eben für ein drahtloses Netzwerk. Hier gibt es verschiedene Möglichkeiten:

- **WLAN-Erweiterungskarten:** Genau wie bei Netzwerkkarten gibt es auch WLAN-Erweiterungskarten, die fest in den PC eingebaut werden. Hierbei ist darauf zu achten, dass die Antenne möglichst nicht fest an der Außenseite der Karte verbaut ist bzw. bei Bedarf auch eine externe Antenne angeschlossen werden kann. Die typischen Aufstellorte von PCs mitsamt diversen Kabeln an der Rückseite sind für Antennen nicht optimal und können die Reichweite einschränken.

- **USB-WLAN-Adapter:** Eine andere Möglichkeit sind USB-WLAN-Adapter, die – wie der Name nahelegt – einfach in eine USB-Buchse des PCs gesteckt werden. Da das PC-Gehäuse dazu nicht geöffnet werden muss, ist die Installation wesentlich simpler und auch für Laien kein großes Problem. Kompakte USB-Sticks mit eingebauter Antenne sind wiederum nicht zu empfehlen, da die Reichweite beeinträchtigt sein kann. Allerdings kann man notfalls mit einem USB-Verlängerungskabel Abhilfe schaffen und den WLAN-Adapter damit an einer geeigneten Stelle platzieren. Noch besser ist es aber, gleich eine Variante zu wählen, die per Kabel angeschlossen wird und somit reichweitengünstig platziert werden kann.

Die WLAN-Basisstation

Wann immer mehr als zwei PCs miteinander verbunden, für ein drahtloses Netzwerk zentrale Dienste wie z. B. ein Internetzugang bereitgestellt oder die drahtlosen PCs mit einem kabelgebundenen Netzwerk verbunden werden sollen, ist eine WLAN-Basisstation erforderlich. Diese errichtet ein WLAN-Netzwerk, in dem sich die Rechner der näheren Umgebung anmelden und mit der Basisstation sowie anderen PCs kommunizieren können. Reine WLAN-Basisstationen sind eher selten. Meist ist die Funktionalität in andere Geräte integriert, z. B. in einen DSL-Router mit Netzwerkswitch für Anschlüsse eines kabelgebundenen Netzwerks und ggf. anderen Funktionen wie VoIP.

In Bezug auf die WLAN-Leistung sollten Sie bei der Auswahl einer Basisstation insbesondere auf die Übertragungskapazität achten. Hier gibt es verschiedene Standards mit unterschiedlichen Übertragungsleistungen. Abgesehen davon, dass Sie eine ausreichend hohe Kapazität für Ihre Zwecke wählen sollten, müssen alle WLAN-Komponenten vor allem die gleichen Standards beherrschen. Wenn die WLAN-Adapter in den PCs nur mit einer niedrigen Kapazität übertragen können, nutzt eine Highspeed-Basisstation auch nichts. Die wichtigsten WLAN-Standards sind:

- **IEEE 802.11** überträgt maximal 2 Mbps (MBit/s). Allerdings gibt es kaum noch Produkte, die ausschließlich diesen Standard verwenden. Fast alle Geräte sind aber abwärtskompatibel.

- **IEEE 802.11b** überträgt maximal 11 Mbps, was z. B. für den Internetzugang per DSL ausreicht (T-DSL 1000 überträgt z. B. ohnehin „nur" 1.024 KBit/s).

- **IEEE 802.11g** überträgt maximal 54 Mbps und eignet sich damit nicht nur für umfangreiche Dateitransfers zwischen PCs, sondern auch für Multimedianwendungen wie z. B. das Streamen von Musik und Video.

- **IEEE 802.11n** kann brutto bis zu 600 Mbps übertragen und ist für alle üblichen Netzwerkanwendungen gut gerüstet. Dieses wird wohl auch vorläufig der De-facto-Standard für die üblichen WLAN-Komponenten bleiben.

- **IEEE 802.11ac** kann auf der Frequenz 5.0 GHz brutto bis zu 6,9 GBit/s übertragen.

Bei der Planung der Kapazität eines WLANs ist zu beachten, dass es sich bei den angegebenen Kapazitäten um theoretische Maximalwerte handelt. In der Praxis liegen die tatsächlich nutzbaren Datenraten nur etwa bei der Hälfte dieser Werte. Außerdem ist die reale Kapazität abhängig von der Empfangsqualität. Ist ein PC sehr weit von der Basisstation entfernt, ist die Übertragungskapazität häufig deutlich geringer, als wenn er direkt daneben steht. Schließlich muss beachtet werden, dass sich alle in einem WLAN angemeldeten Geräte die verfügbare Qualität teilen. Funken zehn PCs gleichzeitig, erhält also jeder einzelne (etwas vereinfacht gesagt) nur ein Zehntel der Gesamtkapazität.

Die Reichweite des WLANs

Ein wichtiger und viel diskutierter Punkt ist die Reichweite eines WLANs, und pauschale Aussagen zu diesem Thema sind wenig sinnvoll. Die tatsächliche Reichweite hängt von zu vielen Faktoren ab. Dazu gehört die Qualität der eingesetzten Hardware, die Leistungsfähigkeit der internen oder externen Antennen sowie der Raum zwischen Empfänger und Sender (bzw. PC und Basisstation). Innerhalb eines normalen Raums oder notfalls auch Großraumbüros sollte der Kontakt immer möglich sein. In einem Haus hängt die Reichweite von den Wänden dazwischen ab. Bei Leichtbauweise dämpft jede Wand nur wenig, und es können auch mehrere Räume oder Stockwerke überbrückt werden.

Stahlbetonwände oder sonstiges Metall dämpfen das Signal wesentlich stärker, sodass schon im Nachbarzimmer Endstation sein kann. Im Freien sind bei Sichtkontakt größere Reichweiten möglich, mit Standardhardware zwischen 100 und 300 m. Befinden sich Gebäude oder z. B. auch dichte Bäume zwischen Sender und Empfänger, verringert das die Reichweite wiederum. Generell lässt sich sagen, dass man mit guten externen Antennen sowohl die Sende- als auch die Empfangsleistung steigern und damit die Reichweite erhöhen kann. Allerdings hängt der Erfolg auch hier von den baulichen Gegebenheiten ab, da eine massive Stahlbetonwand oftmals mehr Leistung dämpft als eine externe Antenne an Gewinn bringt.

Die Sicherheit im drahtlosen Netz

Bei einem drahtlosen Netz ist die Sicherheit ein besonders wichtiger Aspekt. Bei einem klassischen Netzwerk muss ein Eindringling physikalischen Kontakt zu irgendeinem Punkt des Netzwerks haben, was meist nicht ohne Weiteres geht. Bei einem WLAN-Netzwerk muss er sich nur in der Reichweite des Netzwerks befinden, um einen physikalischen Kontakt herzustellen. Deshalb sind hier zusätzliche Sicherungsmaßnahmen erforderlich, um den unbefugten Zugang zu verhindern. Dabei sind insbesondere zwei Standards zu unterscheiden:

- **W**ired **E**quivalent **P**rivacy (WEP) ist eine veraltete Verschlüsselungstechnik, die aufgrund ihrer geringen Schlüssellänge als unsicher gilt, also nachweislich geknackt werden kann. Sie sollte deshalb nicht mehr als ausschließliche Sicherheitsmaßnahme in einem WLAN eingesetzt werden.

- Der Nachfolger von WEP heißt **Wi-Fi P**rotected **A**ccess (WPA) und gilt als sicher, solange ausreichend lange und komplexe Passwörter verwendet werden. Es kann allerdings nur eingesetzt werden, wenn die Basisstation und die WLAN-Adapter aller Geräte WPA-fähig sind.

Bietet ein Gerät nur WEP als WLAN-Verschlüsselung, sollte es in dieser Form nicht mehr betrieben werden, weil es das gesamte WLAN zum unsicheren WEP-Verfahren zwingen würde. Möglichkeiten zur Abhilfe:

- Bei PCs oder Notebooks kann die eingebaute WLAN-Hardware deaktiviert und stattdessen für wenig Geld ein aktueller WLAN-Adapter per USB nachgerüstet werden. Es gibt winzige Modelle, die nur einige Millimeter aus dem USB-Anschluss herausstehen und damit selbst für Notebooks praktikabel sind.

- Manche Geräte haben alternativ zum WLAN einen Ethernet-Anschluss, der von der Problematik nicht betroffen ist. Eventuell kann das Gerät per Kabel vernetzt werden oder über einen WLAN-Adapter am Ethernet-Anschluss verbunden werden.

- Wenn diese Möglichkeiten nicht funktionieren, sollte eine Neuinvestition in ein Gerät mit aktuellen Standards eingeplant werden.

Ein eigenes WLAN für drahtlose Verbindungen errichten

Zentrum eines Infrastrukturnetzwerks ist in der Regel eine WLAN-Basisstation. Die Konfiguration des Netzwerks sollte mit dieser Basisstation erfolgen. In der Regel verfügen WLAN-Router hierzu über eine Konfigurationsoberfläche, die per Webbrowser bedient werden kann. Das Einrichten läuft bei jedem Modell anders ab, deshalb hier nur ein grober Überblick über die notwendigen Schritte:

- Aktivieren der WLAN-Funktionalität.

- Festlegen einer Netzwerk-ID (SSID) sowie die Entscheidung, ob diese sichtbar oder unsichtbar (sicherer) sein soll.

- Gegebenenfalls Auswahl von Funkkanal, Übertragungsmodus und Übertragungsrate (wobei in der Regel die Standardeinstellungen beibehalten werden können).

- Aktivieren des Zugriffsschutzes, am besten WPA, und Festlegen des Schlüssels.

- Eventuell zusätzliches Einrichten einer Zugangssperre anhand der MAC-Adresse.

Windows kann Ihnen bei der Einstellung des WLAN-Routers helfen. Allerdings unterstützen bislang nur wenige Modelle diese Konfigurationsart. Probieren Sie es einfach aus, indem Sie im Netzwerk- und Freigabecenter auf *Neue Verbindung oder neues Netzwerk einrichten* klicken und dann *Ein neues Netzwerk einrichten* wählen. Windows versucht dann, den WLAN-Router zu ermitteln und mit ihm zu kommunizieren. Sollte das nicht möglich sein, können Sie die Weboberfläche des Gerätes manuell aufrufen. Folgen Sie in diesem Fall den Anweisungen des Router-Handbuches. Den WLAN-Zugang von Windows 10 konfigurieren Sie anschließend wie auf Seite 561 beschrieben.

25.4 Hardware drahtlos per Bluetooth einbinden

Drahtlose Verbindungen per Bluetooth werden von immer mehr Geräten verwendet. Dies gilt nicht nur für Smartphones und Tablets, die so mit einem PC synchronisiert werden können, auch Headsets, Tastaturen oder GPS-Empfänger verwenden den Kurzstreckendrahtlosfunk inzwischen praktisch als Standard. Dies klappt in der Regel auch reibungslos, wenn die Verbindung einmal richtig eingerichtet wurde.

1. Um die Verbindung zu einem Bluetooth-Gerät herzustellen, benutzen Sie das Bluetooth-Symbol im Infobereich der Startleiste. Mit einem Doppelklick öffnet

es direkt den Bereich *Geräte/Bluetooth* der *Einstellungen*. Hier sind gegebenenfalls auch Geräte aufgeführt, die per Bluetooth mit Ihrem PC verbunden sind.

HINWEIS ⊳ **Kein Bluetooth-Symbol trotz vorhandener Hardware?**

Ihr PC verfügt über Bluetooth-Hardware, die laut Geräte-Manager korrekt installiert ist, aber es findet sich kein Bluetooth-Symbol im Infobereich? Eventuell ist es einfach nur ausgeblendet, weil es lange Zeit nicht mehr (oder überhaupt noch nie) genutzt wurde. Klicken Sie auf das kleine Pfeilsymbol ganz links im Infobereich. Das damit geöffnete Zusatzfeld enthält die ausgeblendeten Symbole. Hier sollte sich das typische Bluetooth-Logo befinden. Durch die Benutzung wird es automatisch in den regulären Infobereich verschoben und ist vorläufig wieder dauerhaft sichtbar. Alternativ können Sie in den Eigenschaften des Infobereichs festlegen, dass dieses Symbol immer zu sehen sein soll.

2. Wenn Sie die Bluetooth-Verwaltung in den PC-Einstellungen öffnen, beginnt diese automatisch, nach Bluetooth-Geräten in Reichweite zu suchen.

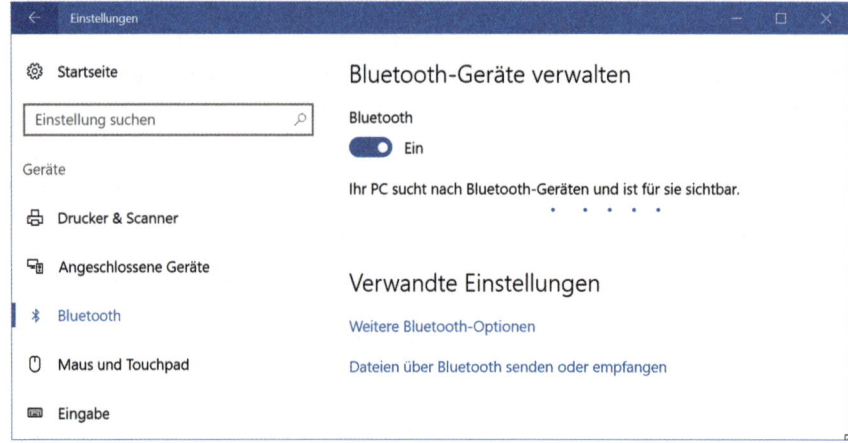

TIPP ☑ Bluetooth-Geräte müssen sichtbar sein

Um ein Gerät via Bluetooth mit dem PC zu verbinden, muss dessen Bluetooth-Funktion eingeschaltet und der Bluetooth-Modus auf sichtbar geschaltet sein. Bei speziellen Bluetooth-Geräten wie Headsets oder Tastaturen ist das in der Regel standardmäßig der Fall. Anders sieht es bei Tablets bzw. Smartphones aus. Hier muss der Bluetooth-Betrieb meist ausdrücklich aktiviert werden. Für das initiale Herstellen der Verbindung ist es außerdem unerlässlich, dass der Bluetooth-Empfänger des Mobilgerätes auf sichtbar geschaltet ist.

3. Sie brauchen nun nur das andere Gerät ebenfalls kopplungsbereit zu machen und kurz zu warten. Wird Windows fündig, meldet es ein kopplungsbereites Gerät. Wählen Sie den Eintrag des Gerätes aus und klicken Sie dort auf *Koppeln*.

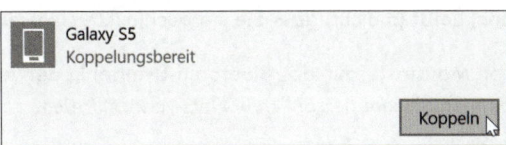

4. Windows stellt nun eine Verbindung zu dem Gerät her. Dabei muss eine Autorisierung erfolgen, damit nicht einfach jeder einen Kontakt zu Ihrem Bluetooth-Gerät herstellen kann. Hierzu wird eine Codenummer verwendet. Meist reicht es, wenn Sie diese Nummer vergleichen und auf dem Mobilgerät sowie dem PC bestätigen. Eventuell müssen Sie auch den am PC angezeigten Code auf dem Smartphone eintippen oder umgekehrt.

5. Anschließend wird das neu verbundene Gerät auch schon in den *Einstellungen* unter *Geräte/Bluetooth* aufgeführt und kann benutzt werden.

In den meisten Fällen können Sie das Bluetooth-Gerät nun direkt nutzen, also etwa mit der Bluetooth-Tastatur tippen oder mit dem Bluetooth-Headset telefonieren oder Musik hören. Bei einigen Geräten muss allerdings auch erst eingestellt werden, wozu sie genutzt werden sollen.

Die benötigten Dienste bei Bluetooth-Geräten steuern

Bluetooth-Geräte können prinzipiell verschiedene Dienste parallel anbieten. Bei einfachen Geräten wie Tastaturen, Mäusen oder Headsets sind es meist nur ein oder zwei. Bei Tablets und Smartphones aber kann die Auswahl etwas größer sein. Diese können als Modem dienen, Daten mit dem PC austauschen, Audiodaten an den PC übertragen, sich synchronisieren lassen etc. Im Zweifelsfall aktivieren Sie lieber zu viel als zu wenig Dienste. Dass sie angeboten werden, heißt ja nicht, dass Sie sie auch nutzen müssen.

1. Klicken Sie dazu mit der rechten Maustaste auf das Bluetooth-Symbol in der Taskleiste und wählen Sie im Kontextmenü *Einem persönlichen Netzwerk beitreten*.

2. Damit öffnen Sie eine Übersicht der angemeldeten Bluetooth-Geräte, in der Sie das einzustellende Gerät mit einem Doppelklick auswählen.

3. Wechseln Sie im anschließenden Dialog in die Kategorie *Dienste*. Windows listet hier die Dienste auf, die dieses Gerät via Bluetooth zur Verfügung stellt.

4. Sie können nun per Häkchen entscheiden, welche dieser Dienste verwendet werden sollen und welche nicht. Diese Entscheidung können Sie auch später noch jederzeit revidieren, sollte sich Ihr Nutzungsverhalten ändern.

Die Verwendung von Bluetooth optimal anpassen

Die Bluetooth-Integration in Windows ist an sich intuitiv und arbeitet größtenteils automatisch. Ist Bluetooth aktiviert, wird automatisch das Bluetooth-Symbol im Infobereich angezeigt, sonst nicht. Wird ein einmal gekoppeltes Gerät eingeschaltet bzw. in Reichweite gebracht, stellt Windows die Verbindung her und Sie können es direkt nutzen. Benötigen Sie es nicht mehr, schalten Sie es einfach aus. Das Verhalten von Bluetooth lässt sich aber mit einigen Optionen individuell anpassen.

1. Klicken Sie dazu mit der rechten Maustaste auf das Bluetooth-Symbol im Infobereich und wählen Sie im Kontextmenü *Einstellungen öffnen*. Alternativ bzw. wenn das Symbol dort nicht angezeigt wird, finden Sie dies in den Einstellungen unter *Geräte/ Bluetooth/Weitere Bluetooth-Optionen*.

2. Hier können Sie in der Rubrik *Optionen* steuern, in welcher Form Bluetooth sich bemerkbar machen darf.

   ■ Oben bei *Suche* legen Sie fest, ob Ihr PC für andere Bluetooth-Geräte sichtbar sein soll.

   ■ Bei *Benachrichtigungen* lässt sich einstellen, ob Verbindungsversuche anderer Geräte mitgeteilt

   werden sollen. In öffentlichen Umgebungen kann es sinnvoll sein, diese zumindest vorübergehend abzustellen.

   ■ Ob das Bluetooth-Symbol im Infobereich angezeigt werden soll, können Sie ganz unten bestimmen. Wenn Sie Bluetooth ohnehin immer eingeschaltet haben und alle Geräte eingerichtet sind, können Sie es ebenso gut ausblenden. Über die *Einstellungen* können Sie die Funktionen trotzdem jederzeit erreichen bzw. das Symbol bei Bedarf wieder anzeigen.

3. In der Rubrik *Hardware* finden Sie eine Liste der Geräte, die mit Ihrem PC verbunden sind, sowie einige Eigenschaften dieser Geräte.

25.5 Überall-Internet per Mobilfunk

Notebook und Tablet sind mit einem Überall-Internet-Zugang noch vielseitiger und praktischer nutzbar. Dank der ständig wachsenden Zahl an öffentlichen WLAN-Hotspots lässt sich auch oft ein geeignetes Plätzchen finden. Noch unabhängiger macht Internet via Mobilfunk. UMTS-Netze sind zumindest in Ballungszentren inzwischen flächendeckend verfügbar und ggf. mit einer Flatrate auch erschwinglich. In ländlicheren Gegenden steht meist zumindest eine Beschleuniger-Technologie wie EDGE zur Verfügung. Aber selbst das praktisch überall verfügbare GPRS reicht notfalls zum E-Mail-Versenden und Aufrufen einfacher Webseiten. Windows verbindet alle diese Zugangswege zentral im Netzwerk- und Freigabecenter und macht vor allem das Wechseln zwischen verschiedenen Zugängen schnell und ggf. sogar vollautomatisch möglich.

Überall-Internet per Handy-Mobilfunk

Der mobile Internetzugang per WLAN-Hotspot ist die einfachere, schnellere und meist auch kostengünstigere Variante. Leider stehen WLANs aber eben nur an bestimmten Standorten zur Verfügung und haben nur eine begrenzte Reichweite. Selbst in Großstädten gibt es deshalb viele Ecken, an denen kein öffentliches WLAN verfügbar ist.

Das sieht beim Internetzugang via Mobilfunknetz ganz anders aus. Hier gibt es allenfalls im „tiefsten Wald" oder in Bergregionen noch weiße Flecken auf der Versorgungskarte. Ansonsten ist zumindest ein Basiszugang via GPRS möglich, der E-Mail und Websurfen in akzeptabler Geschwindigkeit ermöglicht. Beschleunigungstechniken wie EDGE und HSDPA machen den Zugang sogar richtig flott. In Großstädten und Ballungszentren steht außerdem zunehmend UMTS zur Verfügung, was mit seiner Geschwindigkeit einem DSL-Zugang kaum nachsteht. Die nachfolgende Tabelle führt die verschiedenen Technologien mit ihren theoretischen Übertragungsgeschwindigkeiten „laut Werbung" sowie den in der Praxis erfahrungsgemäß eher zu erwartenden realen Werten auf.

Zugangstechnologie	Download (theoretisch)	Upload	Download (Praxis)
GSM (CSD)	14,4 KBit/s	14,4 KBit/s	annährend erreichbar
GSM HSCSD	115,2 KBit/s	28,8 KBit/s	28,8–43,2 KBit/s
GPRS	171,2 KBit/s	26,8 KBit/s	bis zu 53,6 KBit/s
EDGE	473 KBit/s	108,8 KBit/s	bis zu 220 KBit/s
UMTS	384 KBit/s	64 KBit/s	annährend erreichbar
HSPA (HSDPA & HSUPA)	7,2 MBit/s	5,8 MBit/s	3,6 MBit/s
HSPA+	42,2 MBit/s	5,8 MBit/s	Teilnehmer können in der Praxis nur einen Teil der Kapazität nutzen
LTE	100 MBit/s	50 MBit/s	
LTE Advanced	1 GBit/s	500 MBit/s	

Die Internetverbindung des Handys nutzen

Die einfachste Variante, mit dem Notebook oder Tablet ohne eigene Mobilfunk-Hardware unterwegs online zu gehen, ist ein Handy bzw. Smartphone, das seinerseits über eine Internetverbindung verfügt. Wenn Sie das Gerät per USB-Kabel oder drahtlos per WLAN bzw. Bluetooth mit dem PC verbinden, kann es seine Internetverbindung für die Nutzung durch diesen freigeben.

TIPP ☑ Tethering und die Mobilfunkbetreiber

Das Tethering – also das Nutzen der Internetverbindung eines Handys/Smartphones durch ein weiteres Gerät – wird von einigen Mobilfunkbetreibern nicht gern gesehen. Der Grund dafür liegt darin, dass mit einem ausgewachsenen Notebook wesentlich mehr Daten in kürzerer Zeit abgerufen werden können, als dies mit einem Smartphone typischerweise möglich ist. Deshalb verbieten die Betreiber diese Nutzung teilweise ausdrücklich oder belegen sie mit Zusatzkosten. Dies sollten Sie mit Ihrem Anbieter klären, bevor Sie diese Art des Internetzugangs nutzen. Sonst kann es bei der nächsten Abrechnung eine unangenehme Überraschung geben.

1. Stellen Sie die Verbindung zwischen PC und Handy via USB, WLAN oder Bluetooth her.

2. Aktivieren Sie auf dem Handy ggf. die Internetverbindung, sofern diese nicht bei Bedarf automatisch hergestellt wird.

3. Rufen Sie dann auf dem Handy die Funktion für die Internetverbindungsfreigabe (bzw. das Tethering) auf. Dies funktioniert bei allen Plattformen etwas anders:

   ■ Bei Windows Mobile verwenden Sie dafür *Einstellungen/Internetfreigabe*.

   ■ Beim iPhone finden Sie die Funktion unter *Einstellungen/Allgemein/Netzwerk/ Internet-Tethering*.

   ■ Aktuelle Android-Geräte bieten diese Funktion in den *Einstellungen* unter *Drahtlos und Netzwerke/Mehr* und dann *Internet-Tethering* bzw. *Tethering & mobiler Hotspot* an.

4. Nach dem Aktivieren des Tethering via WLAN finden Sie in der Verbindungsübersicht des PCs ein neues Drahtlosnetzwerk vor. Verbinden Sie sich damit und geben Sie das Kennwort ein, das in den Smartphone-Einstellungen für das Tethering festgelegt ist.

5. Beim ersten Zugriff auf diese Verbindung müssen Sie ggf. noch die Art des Netzwerks auswählen (Heim- oder Arbeitsnetzwerk oder öffentliches Netzwerk). Aus Sicherheitsgründen empfiehlt sich das öffentliche Netzwerk, da diese Einstellungen maximalen Schutz bieten. Für weitere Verbindungen mit demselben Netz merkt Windows sich diese Einstellung.

Kapitel 26

26. Ordner, Dateien und Desktop im Netzwerk freigeben

Ist Ihr Windows-PC mit anderen (Windows-)PCs verbunden, können Sie mit diesen Ihre Dateien und andere Ressourcen wie z. B. Drucker teilen. Hierzu geben Sie bestimmte Ordner für den Zugriff aus dem Netzwerk frei, sodass andere Netzteilnehmer den Inhalt genauso wie lokale Ordner auf der eigenen Festplatte lesen sowie gegebenenfalls auch

verändern können. Auch Ihren lokalen Drucker können Sie auf diese Weise für andere Benutzer freigeben, sodass diese ihre Dokumente damit ausdrucken können. Umgekehrt können Sie von freigegebenen Ressourcen der anderen PCs profitieren, indem Sie z. B. Zugriff auf deren Dateien erhalten. Die grundlegenden Freigabeeinstellungen finden sich bei Windows gemeinsam mit den Netzwerkfunktionen im Netzwerk- und Freigabecenter.

26.1 Die Dateifreigabe aktivieren

Standardmäßig sind die Funktionen zur Freigabe von Ressourcen im Netzwerk größtenteils deaktiviert. Dies dient der Sicherheit, damit nicht andere Benutzer Zugriff auf Ihre Daten haben, ohne dass Sie das wissen. Das Freigabekonzept beruht deshalb darauf, dass Sie die Funktionen einmalig aktivieren müssen, bevor Sie sie nutzen können. Durch mehrere Einstellungsmöglichkeiten lassen sich die verschiedenen Funktionen und Stufen der Freigabe flexibel auswählen.

Netzwerkerkennung und Dateifreigabe aktivieren

Grundvoraussetzung für ein reibungsloses Funktionieren der Freigabefunktionen ist die automatische Netzwerkerkennung. Dadurch kommunizieren die beteiligten PCs miteinander, und Ihr Windows-System kann z. B. erfahren, welche Ressourcen im Netzwerk freigegeben sind.

HINWEIS ⊳ **Freigabeeinstellungen für verschiedene Netze**

Sie können unterschiedliche Freigabeeinstellungen für verschiedene Arten von Netzen vornehmen. Windows unterscheidet privates und öffentliches Profil. Das private Profil ist beispielsweise für Ihr eigenes Heimnetzwerk und andere Netzwerke gedacht, in denen Sie vertrauliche Daten austauschen wollen und können. Das öffentliche Profil hingegen kommt etwa bei Hotspots, Hotel-Netzwerken oder Gastzugängen in Firmennetzwerken zum Einsatz, wo es Internetzugang ermöglicht, alle Zugriffe auf Ihre Daten aber unterbindet. Für beide Arten von Netzen können Sie die wesentlichen Einstellungen getrennt vornehmen. Welches Profil zum Einsatz kommt, bestimmen Sie in den Eigenschaften der jeweiligen Verbindung (siehe Seite 551). Die nachfolgend beschriebenen Einstellungen sollten Sie für das private Profil vornehmen.

1. Öffnen Sie das Netzwerk- und Freigabecenter und klicken Sie links im Navigationsbereich auf *Erweiterte Freigabeeinstellungen ändern*.

2. Damit öffnen Sie den Einstellungsbereich für diese Funktion. Wählen Sie hier die Option *Netzwerkerkennung einschalten*.

3. Um das Freigeben von Dateien auf Ihrem PC zu ermöglichen, sollten Sie außerdem unter *Datei- und Druckerfreigabe* die Option *Datei- und Druckerfreigabe aktivieren* wählen. Damit erlauben Sie den Benutzern anderer PCs im Netzwerk zunächst einmal grundsätzlich, auf Dateien Ihres PCs zuzugreifen. Konkrete Freigaben sind damit aber noch nicht erteilt, darauf gehe ich im Folgenden ein.

4. Die dritte Einstellung unter *Heimnetzgruppen-Verbindungen* regelt, wie die Freigabe von Ressourcen gesteuert wird. In einer reinen Windows-Umgebung können Sie dem Betriebssystem die Verwaltung der Heimnetzgruppenverbindungen überlassen. Sowie aber andere Geräte im Spiel sind, sollten Sie *Benutzerkonten und Kennwörter zum Herstellen von Verbindungen mit anderen Computern verwenden* auswählen.

5. Übernehmen Sie die veränderten Einstellungen mit *Änderungen speichern*.

Einer Netzwerk-Arbeitsgruppe beitreten

Arbeitsgruppen legen fest, welche PCs in einem physischen Netz logisch zusammengehören. Sie beschleunigen die Netzwerkerkennung und erleichtern den Zugriff auf freigegebene Dateien. Bei einem klassischen lokalen Netzwerk zu Hause oder in einer kleinen Firma sollten alle PCs zur selben Arbeitsgruppe gehören.

Wenn alle PCs Windows 10, 8 oder 7 verwenden, können Sie statt der Arbeitsgruppe auch eine Heimnetzgruppe aufmachen. Sind aber andere Windows-Versionen im Spiel, geht für zuverlässige und schnelle Verbindungen an einer Arbeitsgruppe kein Weg vorbei.

1. Um einer Arbeitsgruppe beizutreten, öffnen Sie in der klassischen Systemsteuerung das Modul *System*. Hier sehen Sie unter *Einstellungen für Computernamen, Domäne und Arbeitsgruppe*, welcher Arbeitsgruppe Ihr PC derzeit angehört.

2. Um einer anderen Arbeitsgruppe beizutreten, klicken Sie rechts auf *Einstellungen ändern* und im anschließenden Dialog auf die Schaltfläche *Ändern*.

3. Nun können Sie im Menü *Ändern des Computernamens bzw. der Domäne* ganz unten im Bereich *Mitglied von* die Option *Arbeitsgruppe* wählen und den Namen Ihrer Arbeitsgruppe eingeben.

4. Windows versetzt Ihren PC dann sofort in die neue Arbeitsgruppe. Klappt das reibungslos, werden Sie anschließend angemessen begrüßt.

5. Manche Dinge ändern sich einfach nie: Seit Version 3.11 (erschienen im Jahr 1994) verlangt Windows für den Wechsel der Arbeitsgruppe nach wie vor einen Neustart.

TIPP ☑ Netzwerkarbeitsgruppen

Arbeitsgruppen für Windows-Dateifreigaben entstehen einfach dadurch, dass alle PCs, die an einer Arbeitsgruppe beteiligt sein sollen, in ihren Netzwerkeinstellungen denselben Arbeitsgruppennamen verwenden. Dabei spielt es keine Rolle, ob alle PCs Windows 10 oder auch ältere Windows-Versionen nutzen. Ein Arbeitsgruppenname kann seit Windows 3.11 immer angeführt werden. Geben Sie also einfach nur allen Ihren PCs den gleichen Arbeitsgruppennamen mit. Der Vorteil ist ein beschleunigter Zugriff auf die Ressourcen. Außerdem ist das Hantieren mit Netzwerkfreigaben einfacher, wenn sich nicht jeder PC in seiner eigenen Arbeitsgruppe befindet.

26.2 Dateien und Ordner im Netzwerk freigeben

Ist die Freigabe grundsätzlich aktiviert, können Sie Ordner auf Ihrem PC für den Zugriff aus dem Netzwerk freigeben. Windows unterscheidet dabei zwei Varianten:

- Bei der Freigabe der öffentlichen Ordner geben Sie die öffentlichen Ordner Ihres PCs und deren gesamten Inhalt pauschal für alle Benutzer aus dem lokalen Netzwerk frei. Diese Variante ist einfach umzusetzen, lässt Ihnen aber keine Kontrolle darüber, wer auf Ihre Daten wie zugreifen darf.

- Alternativ können Sie ausgewählte Ordner ganz gezielt für bestimmte Benutzer freigeben. Dabei haben Sie eine sehr flexible Kontrolle über berechtigte Benutzer und Zugriffsrechte.

Freigabe auf die simple Art: der öffentliche Ordner

Windows bringt schon von Haus aus einen öffentlichen Ordner für z. B. Bilder, Musik und Videos mit, auf den alle Benutzer des PCs Zugriff haben. Die Netzwerkfreigabe gibt Ihnen die Möglichkeit, diesen Ordner auch allen Teilnehmern des lokalen Netzwerks zugänglich zu machen.

TIPP ☑ Die öffentlichen Ordner

Windows verfügt über eine ganze Reihe an öffentlichen Ordnern. Am besten verschaffen Sie sich einen Überblick darüber, bevor Sie diese Art der Freigabe wählen. Öffnen Sie dazu im Windows-Explorer den Ordner C:\Benutzer\Öffentlich.

Das Freigeben von Dateien und Ordnern besteht dann darin, diese in den öffentlichen Ordner zu kopieren bzw. zu verschieben. Viel einfacher geht es kaum. Allerdings hat diese simple Methode auch ihre Nachteile:

- Sie können den öffentlichen Ordner nur pauschal freigeben oder pauschal sperren. Eine Kontrolle darüber, welche Benutzer Zugriff darauf haben, ist nicht möglich. Zumindest aber können Sie für Teilnehmer des lokalen Netzwerks die Art des Zugriffs beschränken, also z. B. einen reinen Lesezugriff ohne das Recht zum Verändern oder Löschen zulassen.

- Bei sehr großen oder sehr vielen Dateien kann es zeitraubend und umständlich sein, diese in den öffentlichen Ordner zu übertragen. Wenn Sie dafür Kopien verwenden und die Originaldateien in ihrem Ursprungsordner belassen, verschwenden Sie außerdem viel Speicherplatz.

Über das Netzwerk- und Freigabecenter können Sie festlegen, ob der öffentliche Ordner freigegeben werden soll und welchen Zugriff die Benutzer darauf haben sollen.

1. Klicken Sie dazu im Netzwerk- und Freigabecenter wiederum auf *Erweiterte Freigabeeinstellungen ändern.*

2. Öffnen Sie dann in den Einstellungen den Bereich *Alle Netzwerke.* Hier finden Sie ganz oben den Abschnitt *Freigabe des öffentlichen Ordners.*

3. Wählen Sie darunter die Option *Freigabe einschalten, sodass jeder Benutzer mit Netzwerkzugriff in Dateien in den Ordnern "Öffentlich" lesen und schreiben kann.*

4. Übernehmen Sie die neue Einstellung mit *Änderungen speichern.*

Einzelne Ordner für ausgewählte Benutzer gezielt freigeben

Die Alternative zum pauschalen Freigeben des öffentlichen Ordners ist das gezielte Freigeben einzelner Ordner. Diese können sich an beliebiger Stelle des Dateisystems befinden. Sie müssen nur selbst die Zugriffsrechte dafür haben.

1. Um einen Ordner freizugeben, wählen Sie ihn im Windows-Explorer aus und öffnen dann oben in der Multifunktionsleiste die Kategorie *Freigeben*.

2. Im Bereich *Freigeben für* können Sie dann direkt andere Benutzer desselben PCs auswählen, die ebenfalls Zugriff auf diesen Ordner erhalten sollen. Dieser Zugriff umfasst dann aber immer nur Leserechte.

3. Wollen Sie auch Schreibrechte vergeben, wählen Sie stattdessen den untersten Punkt der Liste *Bestimmte Personen*.

4. Damit öffnen Sie den *Dateifreigabe*-Dialog, in dem Sie entscheiden können, wer welche Zugriffsrechte für diesen Ordner haben soll. Hier sind zunächst Sie selbst als Besitzer eingetragen. Wenn Sie den Ordner so freigeben, haben Sie selbst von einem anderen PC aus Zugriff darauf, aber sonst niemand.

5. Um einem anderen Benutzer den Zugriff zu erlauben, wählen Sie ihn oben aus. Hier sind nur die Benutzer aufgeführt, die auf diesem PC selbst eingerichtet sind. Sie können mit dieser Freigabe dann sowohl an diesem PC als auch an anderen PCs im lokalen Netzwerk auf den Ordner zugreifen. Mit der Einstellung *Jeder* erfassen Sie gleich alle lokalen Benutzer dieses PCs. Übernehmen Sie den gewählten Benutzer mit *Hinzufügen* in die Liste darunter.

6. Haben Sie einen Benutzer in die Liste eingeordnet, können Sie noch festlegen, welche Zugriffsrechte er auf diesen Ordner haben soll. Klicken Sie dazu rechts in der Spalte *Berechtigungsebene* auf den aktuellen Status. Damit öffnen Sie ein Auswahlfeld, in dem Sie diesen Status verändern können:

- Mit *Lesen* kann ein Benutzer die Dateien im Ordner nur öffnen und lesen, aber keine Veränderungen speichern.

- Mit *Lesen/Schreiben* darf ein Benutzer Dokumente bearbeiten und seine Änderungen speichern.

- Mit *Entfernen* löschen Sie einen Benutzer wieder aus der Liste der Zugriffsberechtigten.

7. Haben Sie die Einstellungen vorgenommen, klicken Sie unten auf die *Freigabe*-Schaltfläche, um die Freigabedaten zu aktualisieren.

Diese Art der Freigabe ist standardmäßig nur für Benutzer möglich, die ein Benutzerkonto mit Kennwort auf diesem PC eingerichtet haben. Sie können aber nicht nur auf diesem PC darauf zugreifen: Wenn sie sich mit demselben Kontonamen und Kennwort auf einem anderen PC im lokalen Netzwerk anmelden, erhalten sie ebenfalls Zugang auf die freigegebenen Ordner.

Dateien auch für Benutzer ohne Konto und Kennwort freigeben

Die vorangehend beschriebene Freigabevariante lässt sich nur für Benutzer vornehmen, die ein Konto auf diesem PC haben. Benutzer anderer PCs, die dort ihr eigenes Benutzerkonto haben, können darauf nicht zugreifen. Dies lässt sich aber ändern. Sie können die Freigaben auch für Netzwerkteilnehmer unabhängig von deren Kontodaten vornehmen. Dies geht allerdings mit einem erhöhten Sicherheitsrisiko einher.

1. Öffnen Sie das Netzwerk- und Freigabecenter und klicken Sie dort wiederum links im Arbeitsbereich auf *Erweiterte Freigabeeinstellungen ändern*.

2. Suchen Sie hier im Bereich *Alle Netzwerke* ganz unten den Abschnitt *Kennwortgeschütztes Freigeben*.

3. Wählen Sie die Option *Kennwortgeschütztes Freigeben ausschalten* und klicken Sie unten auf *Änderungen speichern*.

4. Wenn Sie nun wieder in die Freigabeeinstellungen eines Ordners zurückkehren, finden Sie zusätzlich den Benutzer *Gast* vor. Fügen Sie diesen in die Liste der Befugten ein, können alle Teilnehmer im lokalen Netzwerk auch ohne passendes Benutzerkonto auf diesen Ordner zugreifen. Das gilt ebenfalls, wenn sich Benutzer an diesem PC als Gast anmelden.

TIPP ☑ Freigaben für Gäste sind riskant!

Wenn Sie auf die Kontrolle der Freigaben per Benutzerkonto und Kennwort verzichten, gehen Sie ein erhöhtes Risiko ein. Jeder Teilnehmer, der sich irgendwie Zugang zu Ihrem Netzwerk verschafft (z. B. durch ein unsicher konfiguriertes WLAN), hat dann Zugriff auf sämtliche freigegebenen Daten. Sie sollten deshalb sicherstellen, dass diese Daten nicht vertraulich und z. B. auch nicht urheberrechtlich geschützt sind.

Dateien und Ordner mit der klassischen Windows-Methode freigeben

Sollten Sie sich mit den neuen Freigabevarianten von Windows nicht anfreunden können, steht Ihnen weiterhin die bereits seit Windows XP bekannte Funktion zur Freigabe zur Verfügung.

1. Öffnen Sie dazu die Eigenschaften des freizugebenden Ordners, z. B. indem Sie mit der rechten Maustaste darauf klicken und im Kontextmenü *Eigenschaften* wählen.

2. Gehen Sie im Menü zur Registerkarte *Freigabe*.

3. Klicken Sie dort auf die Schaltfläche *Erweiterte Freigabe*.

4. Das damit geöffnete Menü entspricht genau der Freigabefunktion von Windows XP.

26.3 Problemloser Zugriff auf freigegebene Netzwerkordner

Sind Ordner einmal für den Zugriff aus dem lokalen Netzwerk freigegeben, können Sie jederzeit darauf zugreifen – sofern Benutzerkonto bzw. sonstige Zugangsberechtigungen passen. Dabei gibt es zwei Möglichkeiten: Sie greifen über das Netzwerk jeweils bei Bedarf auf einzelne Ordner zu oder Sie binden häufig genutzte Ordner als Netzlaufwerke in den Windows-Explorer ein, sodass Sie jederzeit flott darauf zugreifen können.

Netzwerkordner bei Bedarf öffnen

Das zentrale Schlüsselwort für den Zugriff auf freigegebene Ordner ist naheliegenderweise das Netzwerk. Sie finden es z. B. im Navigationsbereich des Windows-Explorer sowie auch in Dateiauswahldialogen. Im Netzwerk werden alle PCs angezeigt, mit denen Ihr Rechner gerade verbunden ist. Für jeden einzelnen PC können Sie dort die freigegebenen Ordner auflisten und abrufen. Um Dateien aus dem Netz öffnen und bearbeiten zu können, müssen Sie diese also nicht erst extra auf Ihren PC übertragen, sondern können sie einfach über das Netzwerk aufrufen. Im folgenden Beispiel verwende ich das *Öffnen*-Menü des Texteditors WordPad. Er nutzt das gleiche Menü wie die meisten anderen Windows-Anwendungen.

1. Rufen Sie das Dateimenü mit *Datei/Öffnen* oder mit einem Klick auf das *Öffnen*-Symbol in der Symbolleiste auf.

2. Wählen Sie hier in der Ordnerleiste am linken Fensterrand unten *Netzwerk* aus. Sie erhalten daraufhin eine Auflistung der verfügbaren Netzwerkressourcen (und zwar genau so, als hätten Sie die Netzwerkumgebung direkt aufgerufen).

3. Wählen Sie hier mit einem Doppelklick die Ressource aus, auf die Sie zugreifen wollen. Sie wird genau wie ein herkömmlicher Ordner geöffnet, und der Inhalt wird angezeigt. Nun können Sie eine der enthaltenen Dateien öffnen oder gegebenenfalls auch in weitere Unterordner der Ressource wechseln.

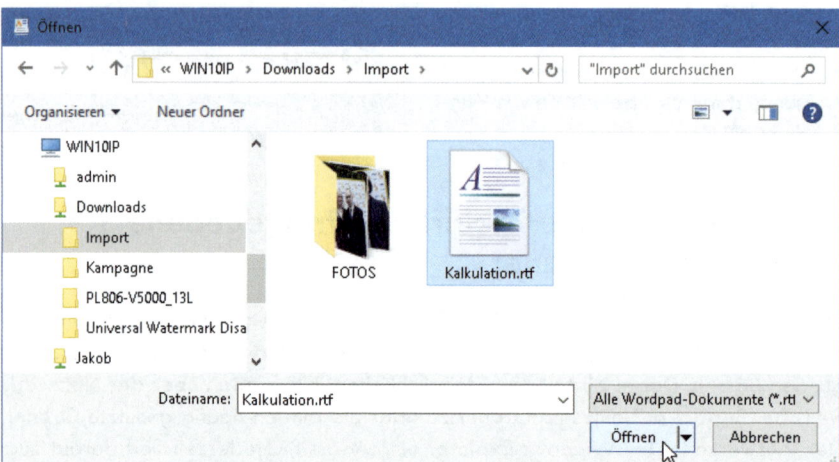

Beim Speichern können Sie erneut so vorgehen, als würde es sich um eine Datei auf dem lokalen PC handeln. Haben Sie die Datei aus dem Netzwerk geöffnet, reicht ein einfaches *Datei/Speichern* bzw. ein Klick auf das *Speichern*-Symbol in der Symbolleiste aus, um den veränderten Inhalt der Datei zu speichern. Wollen Sie eine neu angelegte Datei in einem Netzwerkordner ablegen, rufen Sie im *Speichern unter*-Dialog wiederum das Netzwerk auf und suchen dort einen geeigneten Speicherplatz.

Einzige Einschränkung beim Speichern von Dateien: Wenn der gewählte Ordner beim Freigeben nur für das Lesen, nicht aber für das Schreiben von Daten vorgesehen wurde, erhalten Sie beim Schreibversuch eine Fehlermeldung. In diesem Fall müssen Sie eine andere Ressource suchen, die das Verändern und Speichern von Dateien zulässt, oder Sie lassen die Freigabeeinstellungen entsprechend ändern.

Dauerhafter Zugriff auf freigegebene Ordner als Netzlaufwerk

Die oben beschriebene Methode ist sehr flexibel, kann aber auch umständlich sein. Wenn im Netzwerk viele Ressourcen freigegeben sind oder wenn Sie nur einen bestimmten Teil der freigegebenen Daten in einem weitverzweigten Unterordner benötigen, ist das Auffinden des entsprechenden Ordners unter Umständen recht aufwendig. Wird er nur gelegentlich benötigt, mag das noch akzeptabel sein.

Wenn Sie aber einen bestimmten Netzwerkordner regelmäßig benötigen, kann das auf Dauer schon nerven. Für solche Fälle bietet Windows die Möglichkeit, einzelne Netzwerkressourcen dauerhaft zugänglich zu machen. Diese erhalten dann einen der noch freien Laufwerkbuchstaben und sind somit direkt über den Arbeitsplatz zugänglich. Das verkürzt die Wege zu den benötigten Dokumenten.

1. Um eine solche dauerhafte Zuordnung vorzunehmen, öffnen Sie in der Multifunktionsleiste des Windows-Explorer die Kategorie *Start* und klicken dort im Bereich *Neu* auf *Einfacher Zugriff/Als Laufwerk zuordnen*.

2. Dadurch öffnen Sie den Dialog *Netzlaufwerk verbinden*. Hier wählen Sie zunächst aus, welchen Laufwerkbuchstaben diese Netzwerkressource bekommen soll. Im Auswahlfeld *Laufwerk* finden Sie eine Liste aller verfügbaren Laufwerkbuchstaben, die nicht zu einem physisch vorhandenen oder einem anderen Netzlaufwerk gehören.

3. Im Feld *Ordner* geben Sie den Netzwerkordner ein, auf den Sie über diesen Lauf-werkbuchstaben zugreifen wollen. Dabei müssen Sie eine bestimmte Schreibweise beachten: Beginnen Sie stets mit einem \\, gefolgt vom Namen des Rechners, auf dem sich die Ressource befindet, gefolgt von einem \ und schließlich der Ressource selbst. Wenn Sie z. B. den Ordner *Daten* auf dem Rechner *OLAF* einbinden wollen, müssen Sie ihn als Ordner *OLAF**Daten* angeben.

4. Einfacher geht es, wenn Sie auf die *Durchsuchen*-Schaltfläche klicken. Dann können Sie den gewünschten Ordner in einem komfortablen Auswahldialog angeben, der alle verfügbaren freigegebenen Ordner anzeigt.

TIPP ☑ Mit anderem Benutzernamen anmelden

Sollte die gewünschte Ressource nicht für Ihr Benutzerkonto freigegeben sein, können Sie für den Zugriff auch die Kontodaten eines anderen Benutzers wählen. Aktivieren Sie dazu die Option *Verbindung mit anderen Anmeldeinformationen herstellen* und geben Sie auf Nachfrage die erforderlichen Daten an.

5. Wenn Sie dann unten auf *Fertig stellen* klicken, erstellt Windows die Netzwerkverbindung und verknüpft sie mit dem angegebenen Laufwerkbuchstaben. Anschließend finden Sie die Verknüpfung im Arbeitsplatz in der Liste der Laufwerke vor und können wie auf jedes andere Laufwerk darauf zugreifen.

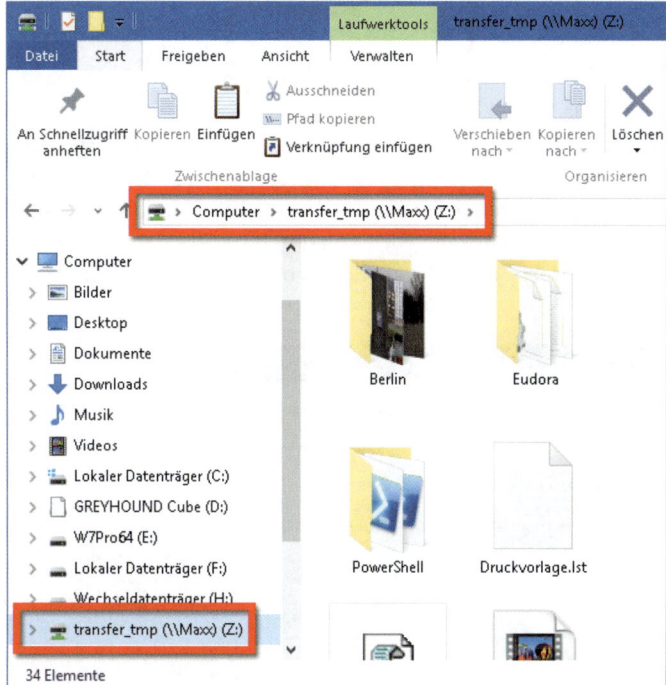

Die Besonderheit bei einem so eingerichteten Netzlaufwerk ist, dass Windows diese Verknüpfung bei jedem Start automatisch wiederherstellt (es sei denn, Sie haben beim Verbinden des Laufwerks die Option *Verbindung bei Anmeldung wiederherstellen* deaktiviert).

Wann immer Sie Ihren PC einschalten und Windows starten lassen, finden Sie das einmal eingerichtete Laufwerk also immer sofort wieder vor. Einschränkungen: Das funktioniert nur, wenn das Netzwerk intakt ist und der PC, auf dem sich die verbundene Ressource befindet, ebenfalls eingeschaltet ist.

Verbundene Netzlaufwerke trennen

Selbstverständlich können Sie eine einmal hergestellte Verbindung trotz des dauerhaften Charakters auch wieder auflösen.

1. Öffnen Sie im Windows-Explorer Ihren Computer. In der Multifunktionsleiste wird dann automatisch die Kategorie *Computer* angezeigt.

2. Klicken Sie dort im Bereich *Netzwerk* auf den unteren Teil der Schaltfläche *Netzlaufwerke verbinden* und wählen Sie im Untermenü die Funktion *Netzlaufwerk trennen*.

3. Sollten Sie mehr als ein Laufwerk verbunden haben, zeigt Windows Ihnen daraufhin eine Übersicht aller Netzlaufwerke an. Markieren Sie hier das Laufwerk, das Sie trennen wollen, und klicken Sie dann unten auf die OK-Schaltfläche. Sollte nur ein Netzlaufwerk eingebunden sein, wird ohne weitere Rückfrage automatisch dieses getrennt, es sei denn, es sind gerade Verbindungen zu diesem Laufwerk geöffnet.

4. Sollten zum Zeitpunkt der Trennung auf diesem Netzlaufwerk noch Ordner oder Dateien geöffnet sein, kann es unter Umständen zu Datenverlusten kommen. Windows warnt Sie deshalb in diesem Fall. Prüfen Sie dann, ob alle infrage kommenden Dateien ordnungsgemäß gesichert sind, und bestätigen Sie den Hinweis mit einem Klick auf *Ja*.

5. Daraufhin nimmt Windows die Trennung des Netzlaufwerks vor. Diese ist dauerhaft und gilt daher auch über den nächsten Neustart hinaus.

26.4 Mit Offlinedateien unterwegs wie im lokalen Netzwerk arbeiten

Bei Notebooks und anderen mobilen PCs kommt es häufiger vor, dass sie nur zeitweise mit einem Netzwerk z. B. zu Hause oder im Büro verbunden sind. Möchten Sie Dateien aus diesem Netzwerk auch unterwegs verwenden, müssten Sie diese auf die lokale Festplatte des mobilen PCs kopieren. Mit Offlinedateien lässt sich dieser umständliche Vorgang komfortabel automatisieren. Sie bieten die Möglichkeit, Dateien aus dem Netzwerk auf dem Rechner zu bearbeiten, auch wenn gar kein Kontakt zum Netzwerk besteht. Das Synchronisierungscenter sorgt dafür, dass bei der nächsten Verbindung die Offlineinhalte abgeglichen und wieder auf den neuesten Stand gebracht werden.

HINWEIS ⬒ So funktionieren Offlinedateien

Wenn Sie Dateien oder Ordner aus dem Netzwerk für die Offlinenutzung auswählen, erstellt Windows automatisch eine lokale Kopie dieser Daten auf dem PC. Ist der PC mit dem Netzwerk verbunden, nutzen Sie wie gewohnt die „echten" Dateien. Besteht die Verbindung nicht mehr, können Sie trotzdem ganz normal weiterarbeiten. Windows lenkt Ihre Zugriffe auf die Netzwerkdateien völlig transparent auf die lokale Kopie dieser Dateien um. Damit die echten Dateien und die lokalen Kopien immer auf dem aktuellen Stand bleiben, synchronisiert Windows sie automatisch, sobald wieder eine Verbindung mit dem Netzwerk besteht. Eventuell können dabei Konflikte auftreten. Diese werden allerdings registriert und Sie können sie notfalls manuell auflösen.

Netzwerkdokumente als Offlinedateien lokal bereitstellen

Voraussetzung für das Auswählen von Dateien für die Offlinenutzung ist der Zugriff auf diese Dateien per Netzwerk. Nur wenn Sie Dateien auf einem anderen Rechner via Netzwerk erreichen können, lässt sich dafür auch eine Offlinenutzung einrichten.

1. Öffnen Sie über das Netzwerk auf dem anderen PC oder Server den Netzwerkordner, der die Ordner und/oder Dateien enthält, die Sie offline nutzen möchten.

2. Wählen Sie die Datei(en) oder Ordner aus. Sie können sowohl eine oder mehrere einzelne Dateien als auch ganze Ordner im Offlinemodus verwenden. Wenn Sie einen Ordner auswählen, werden automatisch sämtliche darin enthaltenen Dateien sowie Unterordner einschließlich deren Inhalte erfasst.

HINWEIS ⬒ Speicherplatzbedarf

Auch wenn die Versuchung groß ist, gleich komplette Laufwerke offline zu nutzen, sollten Sie es nicht übertreiben. Windows legt eine lokale Kopie aller ausgewählten Daten an, was einen entsprechenden Speicherbedarf bedeutet. Außerdem dauert das Synchronisieren länger, je mehr Dateien abgeglichen werden müssen. Damit das Ganze möglichst effizient funktioniert, sollten Sie sich also auf die Dateien beschränken, für die eine Offlinenutzung wirklich sinnvoll ist.

3. Klicken Sie Ihre Auswahl dann mit der rechten Maustaste an und rufen Sie im Kontextmenü den Befehl *Immer offline verfügbar* auf.

4. Windows erstellt dann eine lokale Kopie der Netzwerkdateien auf Ihrem PC und bereitet die Offlineverwendung dieser Daten vor. Je nach Umfang der ausgewählten Dateien dauert dies ggf. ein wenig. Anschließend stehen die Dateien für die Offlinenutzung zur Verfügung.

Den Speicherplatz von Offlinedateien wieder freigeben

Wenn Sie als Offlinedateien eingerichtete Daten nicht mehr in dieser Form benötigen, sollten Sie die Offlinenutzung wieder aufheben. So wird der Speicherplatz, den diese Dateien lokal benötigen, wieder freigegeben. Auch das Synchronisieren geht dann wieder schneller bzw. kann ganz entfallen. Die Vorgehensweise ist dabei die gleiche wie vorangehend beschrieben. Klicken Sie im Kontextmenü erneut auf den Punkt *Immer offline verfügbar*. Diesmal wird das Häkchen davor entfernt und der Offlinestatus der Dateien aufgehoben.

Offlinedateien ohne Kontakt zum Netz lokal bearbeiten

Der Umgang mit Offlinedateien unterscheidet sich praktisch nicht vom Umgang mit anderen Netzwerkdateien. Das Besondere daran ist ja gerade, dass Windows diese Dateien für Sie so einrichtet, dass Sie stets genauso darauf zugreifen können, egal ob Sie nun gerade mit dem Netzwerk verbunden sind oder nicht. Im Prinzip können Sie sich also im Offlinemodus genauso verhalten, als wenn Ihr PC noch mit dem Netzwerk verbunden wäre. Einzige Schwierigkeit: die Offlinedateien lokalisieren. Denn der *Netzwerk*-Ordner ist leer, da ja nun mal keine Verbindung zum Netzwerk besteht. Aber auch hier gibt es Möglichkeiten, die Offlinedateien komfortabel aufzuspüren.

Alle Offlinedateien mit dem Synchronisierungscenter finden

Das Synchronisierungscenter ist als zentrales Synchronisierungswerkzeug auch für Offlinedateien zuständig und „weiß", welche Offlinedateien wo eingerichtet sind. Deshalb erlaubt es Ihnen auch jederzeit den Zugang zu Ihren Offlinedateien.

1. Öffnen Sie in der Systemsteuerung das *Synchronisierungscenter*.

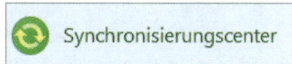

2. Doppelklicken Sie hier auf *Offlinedateien*, um Zugriff auf Ihre als Offlinedateien eingerichteten Ressourcen zu erlangen.

3. Das Synchronisierungscenter listet dann die Dateien bzw. Ordner auf, für die Sie die Offlinenutzung eingerichtet haben. Ein weiterer Doppelklick auf den entsprechenden Eintrag öffnet die jeweilige Ressource.

TIPP ☑ Sofortlösung: Mit dem kompletten Pfad schnell zur Offlinedatei

Wenn Sie den kompletten Pfad zu einer Offlinedatei (oder einem solchen Ordner) kennen, können Sie diesen auch komplett angeben, z. B. im Adressfeld des Explorers oder in einem Datei-öffnen-Dialog. Geben Sie den Pfad genauso an, wie er im Netzwerk verwendet wird. Windows sorgt im Offlinemodus automatisch dafür, dass der Pfad auf die entsprechende Offlineressource umgelenkt wird.

Offlineordner als Netzlaufwerke direkt im Arbeitsplatz einblenden

Der Zugriff über das Synchronisierungscenter ist auf Dauer vielleicht etwas umständlich. Wenn Sie Offlineressourcen regelmäßig nutzen, bietet sich deshalb eine Alternative an. Definieren Sie den entsprechenden Ordner als Netzlaufwerk mit einem eigenen Laufwerkbuchstaben. Dann können Sie über den Explorer und den Arbeitsplatz jederzeit schnell darauf zugreifen – egal, ob Sie mit dem Netzwerk verbunden sind oder im Offlinemodus arbeiten.

1. Starten Sie den Explorer und rufen Sie dort im Menüband *Start/Einfacher Zugriff/ Als Laufwerk zuordnen* auf.

2. Wählen Sie im anschließenden Dialog den Laufwerkbuchstaben aus, unter dem dieser Ordner bereitstehen soll. Hier gilt es, nur darauf zu achten, dass es nicht zu Überschneidungen mit anderen Laufwerkzuordnungen z. B. für USB-Sticks usw. kommt.

3. Geben Sie dann bei *Ordner* den genauen Netzwerkpfad zum gewünschten Verzeichnis an. Geht es um eine einzelne Datei, verwenden Sie an dieser Stelle den Ordner, in dem diese gespeichert ist. Besteht die Netzwerkverbindung gerade, können Sie den Pfad mit *Durchsuchen* komfortabel auswählen. Befinden Sie sich schon im Offlinemodus, öffnen Sie den Ordner z. B. über das Synchronisierungscenter und kopieren den Pfad dort aus dem Adressfeld.

4. Klicken Sie dann unten auf die Schaltfläche *Fertig stellen*.

Ab sofort finden Sie den Ordner im Explorer unterhalb von *Computer* als Eintrag mit eigenem Laufwerkbuchstaben vor. Als zusätzlichen Service für solche Ordner zeigt der Explorer unten in der Statusleiste den Synchronisierungsstatus der Dateien an. Sollten Sie ein solches Netzlaufwerk später wieder aufheben wollen, erledigen Sie dies wieder im Explorer. Klicken Sie mit der rechten Maustaste auf das Symbol des Netzwerkordners und wählen Sie im Kontextmenü den Befehl *Trennen*.

Veränderte Dateien mit dem Synchronisierungscenter abgleichen

Wenn man zwei Sätze von Daten an verschiedenen Stellen vorhält, ist das zentrale Problem der Abgleich zwischen beiden Versionen. Im Klartext: Sie bearbeiten ein wichtiges Dokument auf Ihrem Notebook, während Sie nicht mit dem Netzwerk verbunden sind.

Die Änderungen erfolgen also in der Offlinedatei. Später sollen die Änderungen aber auch in der Originalversion der Datei im Netzwerk nachgetragen werden, damit diese auf dem neuesten Stand ist. Bei Offlinedateien übernimmt das Synchronisierungscenter von Windows diese Aufgaben für Sie. Es gleicht die Dateien während der Verbindung mit dem Netzwerk ab und sorgt dafür, dass Änderungen der einen Version in die andere übernommen werden. Dies kann größtenteils automatisch erfolgen. Sie können bei Bedarf aber auch manuelle Synchronisierungen vornehmen.

TIPP ☑ Gelöschte Dateien beim Synchronisieren

Einen besonderen Status beim Synchronisieren haben gelöschte Dateien. Wird eine Datei im Netzwerk gelöscht, die Sie als Offlinedatei verwenden, löscht Windows diese Datei beim nächsten Synchronisieren auch auf Ihrem Notebook. Bis dahin steht sie Ihnen noch zur Verfügung. Wollen Sie die Datei aufbewahren, können Sie sie einfach kopieren bzw. unter einem anderen Namen speichern. Löschen Sie Ihrerseits eine Offlinedatei, dann wird diese nicht beim Synchronisieren im Netzwerk gelöscht. Ganz im Gegenteil wird sie beim nächsten Verbinden mit dem Netzwerk wiederhergestellt.

So synchronisiert Windows Offlinedateien automatisch

Im Prinzip kümmert sich Windows von ganz allein und recht zuverlässig um das Synchronisieren Ihrer Offlinedateien. Das heißt, es gleicht die vorhandenen Dateien ab, und wenn es einen Unterschied gibt, wird die nicht geänderte Datei auf der einen Seite durch die geänderte Datei von der anderen Seite ersetzt. Hinterher befinden sich also beide Datensammlungen auf dem gleichen Stand.

- Wann immer Sie eine Verbindung zu einem Netzwerk mit für die Offlinenutzung eingerichteten Dateien herstellen, führt Windows automatisch eine Synchronisierung durch.

- Auch während der PC mit dem Netzwerk verbunden ist, werden Änderungen an den Dateien sofort an die lokale Kopie weitergegeben.

Im Prinzip brauchen Sie sich also um nichts zu kümmern, als z. B. das Notebook mit dem Netzwerk zu verbinden und die Verbindung dann wieder zu trennen, wenn Sie mit dem Notebook unterwegs sein möchten. Trotzdem können Sie über Zeitpläne zusätzliche Synchronisierungsvorgänge veranlassen.

1. Öffnen Sie das Synchronisierungscenter und wählen Sie dort die Offlinedateien aus.

2. Klicken Sie oberhalb der Liste auf die Schaltfläche *Zeitplan*.

3. Klicken Sie im nächsten Schritt zunächst unten auf *Weiter*. Entscheiden Sie dann, ob weitere Synchronisierungen nach Zeitplan oder beim Eintreten eines Ereignisses ausgelöst werden sollen.

4. Wenn Sie sich für einen Zeitplan entscheiden, können Sie anschließend den Starttermin und ein Wiederholungsintervall festlegen. So können Sie z. B. jeden Tag pünktlich kurz vor Feierabend eine Synchronisierung anberaumen, um auch ja die aktuellsten Versionen mitnehmen zu können. Oder Sie lassen z. B. alle 30 Minuten eine
   Synchronisierung durchführen, um im Fall von Netzwerkproblemen auf Nummer sicher zu gehen.

5. Alternativ können Sie das Synchronisieren an bestimmte Ereignisse knüpfen. So können Sie Leerlaufzeiten des PCs für Synchronisierungen nutzen oder beim Sperren
   von Windows und beim Entsperren von Windows die Offlinedateien jeweils auf den
   neuesten Stand bringen.

6. Mit *Weitere Optionen* können Sie jeweils zusätzliche Bedingungen für das Starten oder vorzeitige Beenden von Synchronisierungen festlegen. So können Sie vermeiden, dass der PC nur zum Synchronisieren aus einem Stromsparmodus geweckt wird, oder Sie können die Synchronisierung bei Akkubetrieb vermeiden bzw. beenden.

Manuelle Synchronisierung der Offlinedateien nach Bedarf

Unabhängig vom automatischen Synchronisieren von Windows bzw. durch eigene Zeitpläne können Sie auch jederzeit einen Synchronisierungsvorgang von Hand anstoßen, z. B. wenn Sie gerade Änderungen an Offlinedateien vorgenommen haben und sicherstellen möchten, dass diese Änderungen umgehend abgeglichen werden.

1. Im Infobereich der Startleiste finden Sie ein Symbol für das Synchronisierungscenter.

2. Klicken Sie mit der rechten Maustaste darauf und wählen Sie dann im Kontextmenü den Befehl *Alle synchronisieren*.

3. Alternativ können Sie das Synchronisierungscenter z. B. über die Systemsteuerung öffnen und dort auf die Schaltfläche *Synchronisieren* klicken.

Mit Konflikten beim Synchronisieren umgehen

In den meisten Fällen ist das Synchronisieren ein simpler Abgleich. Das Synchronisierungscenter weiß, wann die letzte Synchronisierung erfolgte. Hat sich seitdem beim nächsten Abgleich an einer der beiden Dateiversionen etwas verändert, wird die andere unveränderte Version durch die neuere Fassung ersetzt. Anschließend sind beide Dateiversionen wieder identisch.

Es gibt aber eine Situation, die nicht so einfach zu handhaben ist: wenn sich nämlich beide Versionen einer Datei seit dem letzten Synchronisieren verändert haben – wenn also z. B. Sie auf Ihrem Notebook an einem Dokument gearbeitet haben, während ein Kollege in Ihrer Abwesenheit die Version dieses Dokuments im Netzwerk verändert hat. Windows kann bei solchen Konflikten nicht selbst entscheiden, welche der beiden Varianten nun die gültige sein soll. Deshalb meldet es solche Vorkommnisse und lässt Sie selbst entscheiden, was das Richtige ist.

1. Stellt Windows beim Synchronisieren einen solchen Konflikt fest, wird das Synchronisierungssymbol im Infobereich mit einem gelben Warndreieck ergänzt. Sie können sich des Problems sofort annehmen oder es aber auch vorerst verschieben. Der Konflikt wartet dann solange ungelöst im Synchronisierungscenter.

2. Im Synchronisierungscenter werden eventuell vorhandene Konflikte ganz rechts unter der Statusangabe angezeigt. Diese Information ist zugleich ein Link auf die Konflikte selbst.

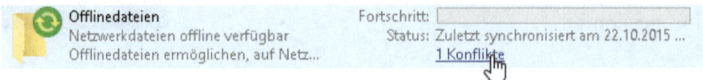

3. Mit dem Klick darauf rufen Sie eine Liste der Dateien ab, bei denen Konflikte vorliegen. Mit den etwas kurzen Details müssen Sie sich nicht zufriedengeben. Mit einem Doppelklick auf den Eintrag oder einem Klick oben auf die Schaltfläche *Auflösen* gehen Sie dem Konflikt an den Kragen.

4. Generell haben Sie beim Auflösen von Konflikten drei Möglichkeiten:

    ■ Sie können die Version, die auf diesem Computer gespeichert ist, beibehalten.

- Sie können die Version aus dem Netzwerk übernehmen, verlieren dabei aber die Änderungen an Ihrer Offlineversion. Windows gibt Ihnen zu beiden Dateien Größe und Änderungsdatum an und stellt die größere und neuere Datei heraus.

- Wenn Sie sich nicht entscheiden können, bleibt die Option *Beide Versionen behalten*. Dann erstellt Windows auf Ihrem PC eine Kopie Ihrer Offlinedatei und ersetzt diese anschließend durch die Version aus dem Netzwerk. Sie haben dann beide Varianten vorliegen und können die verschiedenen Bearbeitungen ggf. manuell zusammenführen.

Offlinedateien durch Verschlüsselung schützen

Gerade wenn Offlinedateien auf mobilen Geräten verwendet werden, stellen sie eine Gefahr dar. Handelt es sich dabei um Firmeninterna, Geschäftsgeheimnisse oder andere sensible Daten, können sie durch Diebstahl leicht in die falschen Hände gelangen. Windows bietet deshalb die Option, Offlinedateien zu verschlüsseln. Sie werden dann mittels EFS verschlüsselt.

Wichtig für diesen Schutz ist allerdings, dass der Zugang zum Notebook durch ein Kennwort geschützt ist. Kann ein Dieb das Gerät einschalten und Windows starten, ohne sich authentifizieren zu müssen, nutzt die Verschlüsselung auch nichts.

1. Um das Verschlüsseln der Offlinedateien zu veranlassen, klicken Sie im Synchronisierungscenter links im Aufgabenbereich auf *Offlinedateien verwalten*.

2. Wechseln Sie dort in die Rubrik *Verschlüsselung*.

3. Klicken Sie dort auf die Schaltfläche *Verschlüsseln*. Windows aktiviert dann die Verschlüsselung und verschlüsselt die bereits vorhandenen Offlinedateien. Dies kann je
nach Umfang ein wenig dauern.

4. Klicken Sie dann unten auf *OK*, um die Einstellungen für Offlinedateien zu schließen.

Die hier gewählte Einstellung gilt stets für alle Offlinedateien. Bereits vorhandene
werden ggf. nachträglich verschlüsselt. Für in Zukunft noch hinzuzufügende Offlinedateien wird die Verschlüsselung dann automatisch sofort angewendet. Wollen Sie die
Verschlüsselung später aufheben, wiederholen Sie den Vorgang, klicken aber diesmal auf die *Entschlüsseln*-Schaltfläche. Das Entschlüsseln von Offlinedateien schützt
grundsätzlich nur die Offlinekopien auf Ihrem PC. Für die Originaldateien im Netzwerk müssen Verschlüsselung oder andere Schutzmaßnahmen unabhängig davon organisiert werden.

Kapitel 27

27. Einstellungen per Cloud abgleichen: auf allen PCs stets die gleiche Umgebung

Mehr noch als iPhones/iPads oder Android-Geräte greift Windows das Thema Cloud und Onlinesynchronisierung auf und integriert es in den Kern des Betriebssystems. Windows bietet die Möglichkeit, anstelle eines lokalen Benutzerkontos ein Microsoft-Konto zu verwenden und so Daten und Einstellungen mit anderen Windows-PCs zu synchronisieren, die dasselbe Konto verwenden. Egal, an welchem PC Sie sich mit diesem Konto anmelden, Sie finden automatisch immer die gleiche Umgebung vor. Aber auch außerhalb des Windows-Ökosystems können Sie Geräte wie Smartphones und Tablets mit Ihrem PC synchronisieren.

27.1 Das Benutzerkonto mit einem Microsoft-Konto verknüpfen

Neben klassischen lokalen Benutzerkonten bietet Windows die Möglichkeit, sich am lokalen PC mit einem Microsoft-Konto anzumelden. Genauer ausgedrückt ist das sogar das Standardverfahren und man muss beim Erstellen eines Benutzers schon genau hinschauen, um stattdessen ein rein lokales Benutzerkonto zu bekommen. Ein Microsoft-Konto hat den Vorteil, dass der Zugriff auf Microsoft-Dienste wie Mail, Kalender oder Onlinespeicher erleichtert wird. Und es ermöglicht das als Roaming bezeichnete Verknüpfen Ihrer lokalen Einstellungen mit einem Onlinekonto in der Cloud.

Was bringt das konkret? Sie können mehrere Benutzerkonten auf verschiedenen PCs mit ein und demselben Onlinekonto verknüpfen. Dann tauschen die verschiedenen Windows-PCs bzw. -Tablets Ihre persönlichen Einstellungen wie etwa Desktop-Gestaltung, Webfavoriten, Anmeldedaten für WLANs etc. untereinander aus und gleichen sie ständig ab. Wenn Sie also z. B. am PC im Büro ein neues Hintergrundbild wählen, finden Sie diese abends am PC zu Hause ebenso vor. Oder wenn Sie sich am Schreibtisch-PC eine Webseite in der Leseliste merken, können Sie diese später jederzeit am Tablet-PC mit der Leseliste-App abrufen und entspannt lesen.

Ein lokales Konto in ein Microsoft-Konto umwandeln

Voraussetzung für dieses automatische Synchronisieren ist ein Microsoft-Konto, das Sie kostenlos einrichten können. Wenn Sie bereits eins haben, können Sie es selbstverständlich verwenden. Andernfalls können Sie sich schnell eins zulegen. Vielleicht haben Sie das bei der Windows-Installation auch gleich erledigt. Dann müssen Sie nur beachten, auf allen anderen Windows-PCs dasselbe Microsoft-Konto zu verwenden. Sollten Sie bislang ein lokales Benutzerkonto verwenden, können Sie dies auf ein Microsoft-Konto umstellen.

1. Um Ihr Windows mit einem Microsoft-Konto zu verbinden, öffnen Sie in den *Einstellungen* den Bereich *Konten* und darin die Kategorie *Ihre Infos*.

2. Wenn Sie bislang ein lokales Konto verwenden, finden Sie hier auf der rechten Seite einen Link *Stattdessen mit einem Microsoft-Konto anmelden*.

3. Geben Sie dann die E-Mail-Adresse und das Kennwort Ihres Microsoft-Kontos ein.

Wenn Sie schon ein Konto haben, verwenden Sie dessen entsprechende Adresse. Andernfalls können Sie mit *Erstellen Sie ein Konto!* schnell und kostenlos ein Microsoft-Konto erstellen.

4. Anschließend können Sie die Werbeflut eindämmen, indem Sie die entsprechenden Angebote von Microsoft dankend ablehnen. Servicevertrag und Datenschutzbestimmungen müssen aber mit *Weiter* akzeptiert werden.

5. Nun müssen Sie noch einmal das Kennwort des alten, lokalen Kontos angeben. Klicken Sie dann auf *Weiter*.

6. Nun wird das Benutzerkonto umgestellt. Abschließend können Sie eine PIN festlegen, mit der Sie sich anstelle des Kennworts anmelden. Insbesondere bei Mobilgeräten ist ein Zahlencode schneller eingetippt als ein Passwort. Sie können diesen Schritt aber ebenso gut überspringen.

Wichtig: Nach Abschluss des Vorgangs erhalten Sie eine Bestätigungsmail von Microsoft an die verknüpfte E-Mail-Adresse. Klicken Sie auf den enthaltenen Link, um die Verknüpfung zu bestätigen. Unter Umständen fordert Windows Sie auch dazu auf, Ihre Identität zu bestätigen. Dann müssen Sie eine E-Mail an die hinterlegte Adresse senden lassen. Diese E-Mail enthält einen Sicherheitscode, den Sie im nächsten Schritt am PC eintippen.

Steuern Sie, welche Daten automatisch synchronisiert werden

Wenn Sie Ihr Benutzerkonto mit einem Microsoft-Konto verknüpft haben, können Sie detailliert festlegen, welche Arten von Daten und Einstellungen synchronisiert werden sollen.

1. Öffnen Sie dazu in den *Einstellungen* den Bereich *Konten* und darin die Kategorie *Einstellungen synchronisieren*.

2. Mit der Option *Synchronisierungseinstellungen* können Sie die Abgleichfunktion für diesen PC insgesamt ein- oder ausschalten.

3. Darunter finden Sie eine Liste der Einstellungen, die Windows per Roaming synchronisieren kann. Standardmäßig ist alles aktiviert. Möchten Sie beispielsweise auf verschiedenen Geräten abweichende Desktop-Designs verwenden, schalten Sie die Option *Design* auf *Aus*.

Ein Microsoft-Konto in ein lokales Konto umwandeln

Manche Benutzer möchten auch den umgekehrten Weg gehen. Vielleicht haben Sie bei der Installation bzw. Erstanmeldung ein Microsoft-Konto gewählt, weil sich der Eindruck aufdrängte, dass dies die einzige Möglichkeit sei? Oder Sie möchten einfach so wenig von Ihren Daten wie möglich in die Cloud transferieren? Kein Problem: Selbst wenn Sie sich bislang mit einem Microsoft-Konto angemeldet haben, können Sie auf ein lokales Benutzerkonto wechseln, ohne dass Sie Daten oder Einstellungen verlieren.

1. Um Ihr Windows mit einem Microsoft-Konto zu verbinden, öffnen Sie in den *Einstellungen* den Bereich *Konten* und darin die Kategorie *Ihre Infos*.

2. Hier finden Sie rechts die Angaben zu Ihrem Microsoft-Konto. Darunter findet sich der Link *Stattdessen mit einem lokalen Konto anmelden*.

3. Nun geben Sie wie von dieser Kontoart gewohnt einen Benutzernamen und das Kennwort (zweimal) ein sowie einen Kennworthinweis als Gedächtnisstütze gegen vergessene Passwörter.

4. Klicken Sie schließlich auf *Abmelden und fertig stellen*. Windows meldet Sie dann ab. Melden Sie sich anschließend mit dem gewählten Benutzernamen und Kennwort wieder an.

Natürlich können Sie auch mit lokalem Benutzerkonto Cloud-Funktionen wie OneDrive nutzen und Ihre Kontakte und Termine synchronisieren, wenn Sie dies wünschen. Sie müssen sich dann nur in den entsprechenden Apps jeweils mit Ihrem Cloud-Konto anmelden.

Sync-Dienste nur in einzelnen Apps nutzen

Wenn Sie sich bei Windows mit einem Microsoft-Konto anmelden, wird dieses bei allen Apps automatisch zum Synchronisieren von Daten verwendet. Das heißt aber im Umkehrschluss nicht, dass Sie Synchronisierungsfunktionen in Apps nur nutzen können, wenn Sie ein Microsoft-Konto zur Anmeldung verwenden. Auch mit lokaler Benutzeranmeldung können Sie Apps synchronisieren lassen, indem Sie das Konto nur für diese einzelne App verwenden. Allerdings muss man dabei etwas aufpassen, um nicht doch versehentlich komplett zu einem Microsoft-Konto zu wechseln.

Wann immer eine App für das Synchronisieren ein Microsoft-Konto benötigt, fragt sie automatisch mit einem Dialog nach Ihrem Microsoft-Konto. Sie können nun die Daten eines vorhandenen Kontos angeben oder auch ein neues Konto erstellen und dieses verwenden. Wichtig ist der nächste Schritt, in dem nach dem aktuellen Windows-Kennwort gefragt wird. Wenn Sie hier wie verlangt Ihr Windows-Kennwort (oder auch die PIN) eingeben, stellen Sie die Windows-Anmeldung komplett

> **Möchten Sie sich mit Ihrem Microsoft-Konto bei diesem Gerät anmelden?**
>
> Ab sofort können Sie dieses Gerät mithilfe des Kennworts für Ihr Microsoft-Konto oder mithilfe Ihrer PIN entsperren (sofern Sie eine PIN eingerichtet haben). Auf diese Weise können Sie Hilfe von Cortana anfordern und nach Ihrem Gerät suchen, wenn Sie es verloren haben. Außerdem werden Ihre Einstellungen automatisch synchronisiert.
>
> Um Ihre Identität zu bestätigen, benötigen wir ein letztes Mal Ihr aktuelles Windows-Kennwort. Wenn Sie sich das nächste Mal bei Windows anmelden, verwenden Sie das Kennwort Ihres Microsoft-Kontos.
>
> Wenn Sie kein Windows-Kennwort besitzen, lassen Sie das Feld leer, und wählen Sie "Weiter".
>
> Aktuelles Windows-Kennwort
>
> [   ]
>
> Stattdessen nur bei dieser App anmelden
>
> Weiter

von einem lokalen Benutzerkonto auf das angegebene Microsoft-Konto um! Wenn Sie dies nicht wollen, klicken Sie stattdessen unterhalb des Kennwortfeldes auf den Link *Stattdessen nur bei dieser App anmelden*. Da wird das Konto nur mit dieser App verknüpft, und für Windows insgesamt bleibt es bei der lokalen Benutzeranmeldung. Diese Variante können Sie bei beliebig vielen Apps durchführen. So lassen sich alle Apps mit all ihren Funktionen nutzen, ohne dass Sie sich deswegen auch bei Windows mit einem Microsoft-Konto anmelden müssten.

27.2 Termine in der Cloud sichern und mit anderen Geräten synchronisieren

Mit der Kalender-App bringt Windows einen kompletten Kalender mit. Hier können Sie alle Ihre Termine eintragen und sich rechtzeitig daran erinnern lassen. Aber das ist sozusagen nur die Oberfläche, denn die App synchronisiert alle Daten automatisch mit Ihrem Microsoft-Konto. Dadurch sind sie bei Bedarf auch auf anderen Geräten oder per Web-

Kalender

browser verfügbar. Ebenso macht es nichts, falls Sie Windows zurücksetzen, der PC mal defekt sein oder womöglich verschwinden sollte. Die Daten sind im Internet gespeichert, und Sie brauchen ein anderes Gerät nur wieder mit demselben Konto zu verbinden, um Ihren Kalender wie gewohnt nutzen zu können.

Wenn Sie den Kalender zum ersten Mal starten, muss zunächst festgelegt werden, wie die Synchronisierung erfolgen soll. Wenn Sie Ihr Benutzerkonto insgesamt mit einem Microsoft-Konto verbunden haben, ist dieses bereits in der App eingetragen. Mit *Konto hinzufügen* können Sie gegebenenfalls weitere Konten registrieren, beispielsweise von Google oder iCloud.

> # Konten
>
> Das Wichtigste zuerst. Fügen wir zunächst Ihre Konten hinzu.
>
> ✉ Gieseke
>
> + Konto hinzufügen
>
> Bereit

Sie können auch ganz auf das Einbinden von Konten verzichten, wenn Sie Ihre Termine nur lokal an diesem PC verwalten möchten.

Termine im Kalender eintragen

Um einen Termin in Ihrem Kalender anzulegen, klicken Sie am besten in der Terminübersicht auf das gewünschte Datum. So öffnen Sie ein kleines Formular, in dem Sie direkt den Namen des Termins eintragen. Zusätzlich können Sie Uhrzeit und Dauer angeben, wenn Sie die Option *Ganztägig* deaktivieren. Bei Bedarf können Sie noch den Ort ergänzen sowie – wenn Sie mehr als ein Kalender-Konto pflegen – das Konto zum Speichern auswählen. Bei den meisten Terminen reichen diese Angaben schon aus.

Falls nicht, öffnen Sie mit *Weitere Details* ein ausführlicheres Formular mit mehr Einstellungsmöglichkeiten. Dieses erreichen Sie auch jederzeit mit der Schaltfläche + *Neues Ereignis* oben links in der App.

Das ausführliche Formular gibt Ihnen zusätzliche Möglichkeiten, etwa Termine über mehrere Tage anzulegen. Außerdem können Sie festlegen, ob und wann Sie an den Termin erinnert werden möchten. Bei *Ereignis* können Sie eine Agenda für den Termin oder einfach wichtige Notizen dazu hinterlegen.

Wiederkehrende Termine und Erinnerungen festlegen

Auch wiederkehrende Termine wie Geburtstage, Jahrestage oder auch monatliche Verpflichtungen lassen sich im Kalender festlegen. Einmal richtig eingetragen, werden sie automatisch immer wieder angezeigt.

1. Tippen Sie dazu in den Eigenschaften eines Termins oben rechts auf das kreisförmige *Wiederholen*-Symbol. Dadurch blenden Sie einige zusätzliche Einstellungen für diesen Termin ein.

2. Hier legen Sie zunächst den Starttermin fest, also das erste bzw. nächste Vorkommen dieses Ereignisses.

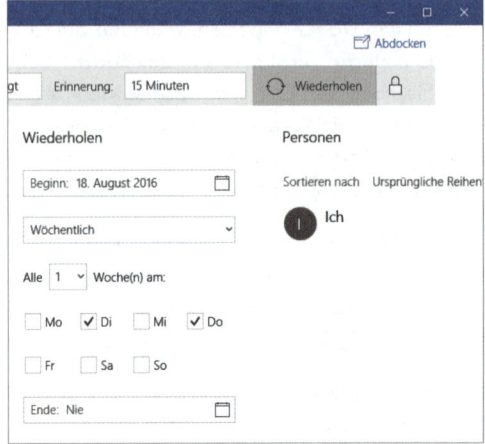

3. Darunter können Sie das Wiederholungsintervall einstellen, also etwa *Wöchentlich* für regelmäßige Termine oder *Jährlich* für Geburts- und Jahrestage. Sie können sich ebenso täglich zu einer bestimmten Zeit etwa an das Einnehmen von Medikamenten erinnern lassen.

4. Von der Auswahl oben hängen die weiteren Einstellungsmöglichkeiten ab. Haben Sie etwa ein wöchentliches Intervall gewählt, können Sie dann den oder auch die Wochentage auswählen, an denen der Termin eintritt. Bei *Jährlich* wählen Sie den genauen oder auch ungefähren Tag, beispielsweise am ersten Samstag im Monat.

5. Ist ein Ende für die Wiederholungen abzusehen, können Sie dieses auch schon eintragen. Mit der Einstellung *Nie* laufen die Wiederholungen, bis Sie den Termin löschen.

So erinnert Ihr Kalender Sie rechtzeitig

Haben Sie eine Erinnerung mit einem bestimmten Vorlauf in den Eigenschaften eines Termins definiert, meldet sich Windows zu diesem Zeitpunkt automatisch mit einem Hinweis im Infobereich. Diesen können Sie *Schließen* oder sich nach einiger Zeit *Erneut erinnern* lassen.

Mit der richtigen Ansicht immer im Bilde

Standardmäßig präsentiert sich die Kalender-App mit einer Monatsübersicht. Wenn Sie es etwas detaillierter mögen, können Sie oben rechts zu anderen Ansichten wechseln. Hier findet sich beispielsweise auch eine Tagesansicht mit einer stundenweisen Übersicht eines Tages. Sehr praktisch, wenn man viele Termine hat. Alternativ finden Sie auch eine Wochen- und Arbeitswochenansicht (letztere ohne Wochenende).

Mit den Pfeilen unterhalb dieser Auswahl können Sie zwischen den Tagen, Wochen und Monaten hin- und herwechseln. Sollten Sie sich dabei mal verfransen, gelangen Sie mit der *Heute*-Schaltfläche ganz links jederzeit wieder zum aktuellen Datum zurück.

Die Kalender-App mit Ihrem Cloud-Kalender verbinden

Möglicherweise haben Sie ja bereits einen Kalender auf Ihrem Smartphone, wo er über den jeweiligen Anbieter mit der Cloud verknüpft ist? Handelt es sich um ein Windows-Smartphone, brauchen Sie ihn nur mit demselben Microsoft-Konto zu verknüpfen und finden auf beiden Geräten automatisch stets dieselben Termine vor. Aber auch mit den wesentlich weiter verbreiteten iPhones und Android-Smartphones ist das möglich, denn Sie können für die Kalender-App auch ein iCloud- oder Google-Konto verwenden.

1. Öffnen Sie dazu die Einstellungen der Kalender-App mit dem Zahnradsymbol unten im Navigationsbereich.

2. Öffnen Sie dort den Bereich *Konten verwalten* und klicken Sie dann auf *Konto hinzufügen*.

3. Wählen Sie nun nach Bedarf ein Microsoft-Konto (Outlook.com etc.), Exchange, Google oder iCloud aus.

4. Je nach Anbieter geben Sie dann die Zugangsdaten zu diesem Konto an und ermächtigen Windows, Daten mit diesem Konto abzugleichen.

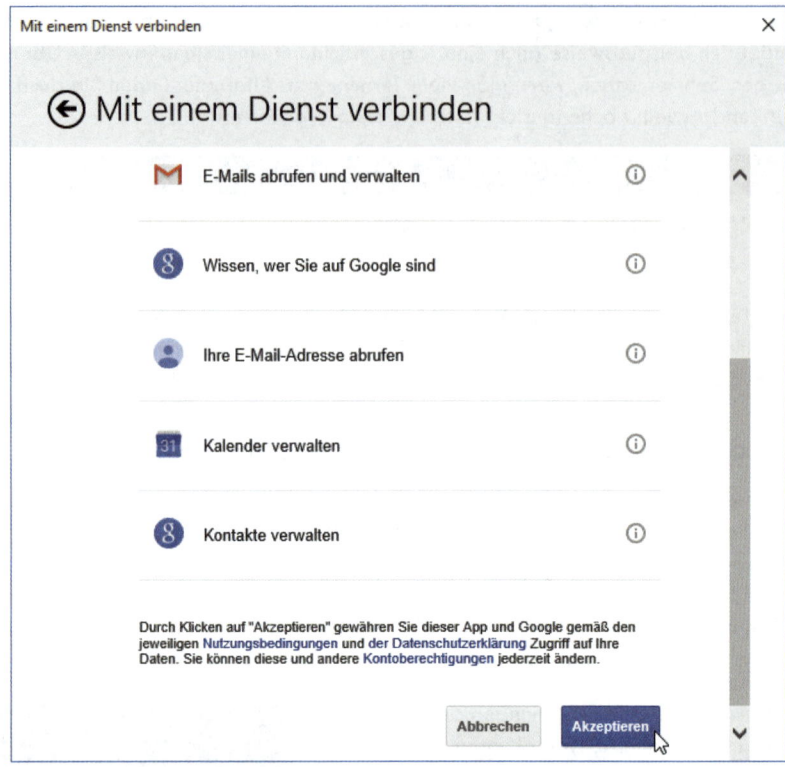

Wichtiger Hinweis: Damit ermächtigen Sie Windows nicht nur, Termine mit Ihrem Cloud-
Konto abzugleichen, sondern gegebenenfalls auch Kontakte, E-Mail und Ähnliches.
Wenn Sie das nicht wünschen, sollten Sie gleich nach dem Verbinden in den Einstellun-
gen auf dieses Konto klicken und dann *Synchronisierungseinstellungen für Postfach* wäh-
len. Im anschließenden Dialog können Sie unter *Synchronisierungsoptionen* alles außer
Kalender deaktivieren.

Kapitel 28

28. Den PC aus der Ferne per Remotezugriff steuern und reparieren

PCs in einem vernetzten Umfeld ermöglichen nicht nur das Austauschen von Dateien. Auch ein Fernzugriff ist möglich, wobei der Benutzer nicht direkt am PC sitzt, sondern an einem beliebigen Rechner im Netzwerk. So kann man von überall im selben Haus auf seinen eigenen PC zugreifen. Prinzipiell funktioniert dies via Internet sogar von der ganzen Welt aus. Neben den offensichtlichen Vorteilen ergibt sich daraus insbesondere in Bezug auf die Administration ein besonderer Vorzug. Windows ist für die Fernwartung gerüstet. Ein Systemadministrator kann also – ohne seinen Arbeitsplatz zu verlassen – auf einen der PCs im Netzwerk zugreifen. Und ebenso kann man diese Fernwartungsverbindung nutzen, um einem Benutzer bei bestimmten Aufgaben zu assistieren oder auch als Experte für andere Anwender Veränderungen oder Reparaturen an deren Systemkonfiguration vorzunehmen.

Insgesamt bringt Windows von Haus aus drei verschiedene Varianten von Fernzugriffen mit, die sich teilweise überschneiden. Um Verwirrung zu vermeiden, zunächst ein grober Überblick:

■ Die einfachste Form ist die **Remotehilfe-App**, die sich – wie der Name schon andeutet – am besten für das Hilfeholen oder -anbieten eignet. Sie ist einfach zu bedienen und auch für Touch-Apps geeignet. Allerdings erfordert sie ein Microsoft-Konto.

■ Die **Remoteunterstützung** ist die erweiterte Desktop-Variante der Remotehilfe. Sie benötigt kein Microsoft-Konto und bietet zusätzliche Funktionen sowie Einstellungsmöglichkeiten. Dafür eignet sie sich aber primär für den Windows-Desktop und darauf laufende Anwendungen.

■ Der **Remotedesktop** nutzt dieselbe zugrunde liegende Technologie, ist aber weniger auf Hilfestellung ausgerichtet als auf das komfortable Arbeiten an einem entfernten PC. Wer von zu Hause aus noch mal schnell etwas am PC in der Firma erledigen muss oder sich einfach den Weg vom Arbeitszimmer zum Server unten im Keller ersparen möchte, ist hier gut aufgehoben. Allerdings müssen Remotedesktop-Sitzungen vorbereitet und der PC dafür konfiguriert werden.

28.1 Den Rechner für Fernzugriffe freigeben

Windows eröffnet die Möglichkeit, einen PC komplett von einem anderen Rechner aus zu nutzen. Dazu können Sie von einem anderen Computer aus über ein lokales Netzwerk, eine Internetverbindung oder auch eine Modem-Direktverbindung den Kontakt zu Ihrem PC herstellen. Auf dem entfernten Rechner erhalten Sie dann exakt den gleichen Bildschirm wie bei der Arbeit direkt am PC und können wie gewohnt Programme starten, Dokumente bearbeiten, Einstellungen vornehmen usw. Diese Lösung eignet sich z. B. hervorragend für alle, die regelmäßig an verschiedenen Arbeitsplätzen tätig sind. Aber auch, wenn Sie z. B. zu Hause auf dem Sofa sitzen, können Sie auf diese Weise etwa von einem Netbook aus auf Ihren Haupt-PC zugreifen. Das hört sich alles stark nach einer freigegebenen Remoteunterstützungssitzung an? Tatsächlich ist die zugrunde liegende Technik auch dieselbe. Der Unterschied ist aber, dass bei einer Remoteunterstützung an jedem Rechner eine Person sitzt und beide gemeinsam auf einen PC zugreifen. Beim Remotedesktop aber haben Sie exklusiven Zugriff auf den entfernten PC und können diesen so nutzen, als ob Sie direkt davor sitzen würden.

HINWEIS ⊠ **Einschränkungen beim Remotedesktop**

Die Funktion des Remotedesktops ist nicht bei allen Windows-Editionen in gleichem Umfang verfügbar. Grundsätzlich können alle Editionen als Ziel einer Remotedesktopverbindung dienen. Allerdings kann man diese Verbindung nur von einem PC mit der Windows-Edition Pro oder höher aus initiieren. Bei der Home-Edition fehlt das Client-Programm, mit dem man die Remotesitzung starten kann. Ein im Funktionsumfang etwas eingeschränkter Ersatz ist die Remotedesktop-App von Microsoft (siehe Seite 618). Ansonsten bietet sich als Alternative ein Programm wie TeamViewer an (*www.teamviewer. com/de/download*). Es ist für den privaten Einsatz kostenlos, muss allerdings auf beiden Rechnern installiert sein, die damit verbunden werden sollen.

Den Remotedesktop aktivieren und für Benutzer freigeben

Auf dem PC, der als Ziel einer Remotedesktopverbindung gelten soll, muss diese Funktion aus Sicherheitsgründen vor der ersten Verwendung ausdrücklich aktiviert werden.

Außerdem können Sie festlegen, welche Benutzer sich über den Remotedesktop anmelden dürfen. Dies stellt eine wichtige Schutzfunktion dar, denn ein am Remotedesktop angemeldeter Benutzer kann alles machen, was er auch bei der Arbeit direkt am PC selbst machen darf. Deshalb sollten Sie die Remotedesktopnutzung nur für solche Benutzer freigeben, die sie unbedingt benötigen und die damit auch sicherheitsbewusst umgehen können.

1. Um den Remotedesktop zu aktivieren, öffnen Sie die Systemsteuerung und wählen dort das Modul *System*.

2. In den Systemeigenschaften klicken Sie links oben auf den Link *Remoteeinstellungen*, um diese Rubrik der Systemeinstellungen zu öffnen. Bestätigen Sie ggf. die Rückfrage der Benutzerkontensteuerung für diese sicherheitsrelevante Option.

3. Aktivieren Sie hier im Bereich *Remotedesktop* die Option *Remoteverbindung mit diesem Computer zulassen*. Wenn die PCs, die eine Verbindung zu diesem Rechner per Remotedesktop herstellen, ausschließlich mit einer Windows-Version ab Vista laufen, aktivieren Sie zusätzlich die untere Option *Verbindungen nur von Computern zulassen, auf denen Remotedesktop mit Authentifizierung auf Netzwerkebene ausgeführt wird*. Diese Variante ist noch sicherer und wird von allen Windows-Versionen ab Vista unterstützt.

4. Klicken Sie anschließend rechts unten auf die Schaltfläche *Benutzer auswählen*, um festzulegen, welche Benutzer sich per Remotedesktop am Rechner anmelden dürfen.

5. Im Menü *Remotedesktopbenutzer* sehen Sie die Liste der berechtigten Benutzer. Hier können Sie auch weitere Benutzer hinzufügen oder bestehende Zugriffsberechtigungen entfernen.

6. Wenn alle vorgesehenen Benutzer eingetragen sind, übernehmen Sie die Liste mit OK.

7. Zurück in den Systemeigenschaften klicken Sie dann ein weiteres Mal auf *OK*, um die Aktivierung des Remotedesktops endgültig durchzuführen.

HINWEIS ⟩ Benutzer ohne Passwort

Wenn Sie ein Benutzerprofil ohne Passwort bzw. mit einem null Zeichen langen Passwort eingerichtet haben, können Sie diesen Benutzer nicht für die Anmeldung per Remotedesktop verwenden. Aus Sicherheitsgründen dürfen sich nur Benutzer mit einem Passwort per Remotedesktop anmelden.

28.2 Remotehilfe als App: Fernsteuern von PCs per Touchbedienung

Neben dem klassischen Remotedesktopprogramm (auf das ich anschließend noch eingehe) gibt es die Remotehilfe-App von Microsoft. Sie eignet sich besonders für Konstellationen, bei denen ein Benutzer einem anderen via Internet helfen will bzw. Hilfe von einem anderen benötigt.

Die Remotehilfe bietet eine einfache, auch per Finger gut bedienbare Oberfläche für das Herstellen von Remoteverbindungen. Sie ersetzt den klassischen Remotedesktop allerdings nicht, sondern unterscheidet sich in wichtigen Punkten:

- Die Verbindung kann nur interaktiv über einen Sicherheitscode hergestellt werden, während man sich per Remotedesktop auch ohne Zutun eines lokalen Benutzers anmelden kann.

- Die Remotedesktop-App bietet praktisch keine Konfigurationsmöglichkeiten, während der klassische Client Zusatzfunktionen und verschiedene Optionen bietet.

- Die fingeroptimierte Variante gibt auf Touchgeräten wie Tablet-PCs auch Berührungen einschließlich deren Intensität an den entfernten Rechner weiter. Es lassen sich damit also auch entfernte Touch-Apps in vollem Umfang steuern.

Eine Verbindung mit der Remotehilfe-App herstellen

Mit der Remotehilfe-App können Fernsteuerungsverbindungen zwischen zwei beliebigen PCs hergestellt werden. Als verbindendes Element dient dabei ein Sicherheitscode. Einer der beiden Benutzer initiiert die Verbindung, erhält den Sicherheitscode und übermittelt diesen beispielsweise per E-Mail oder Telefon an den anderen. Der gibt diesen Code innerhalb einer bestimmten Frist bei sich ein. So finden beide PCs und Benutzer automatisch zueinander. Damit das klappen kann, müssen sich beide Benutzer in der App mit einem Microsoft-Konto anmelden.

1. Eine Remotehilfe sollte immer von dem Benutzer initiiert werden, der einem anderen helfen soll. Dazu wählt man nach dem Start der App den Punkt *Unterstützung gewähren*.

2. Sie erhalten dann einen *Sicherheitscode*. Diesen übermitteln Sie an den anderen Benutzer, mit dessen PC die Verbindung hergestellt werden soll. Das kann per E-Mail oder Telefon geschehen, aber auch auf einem beliebigen anderen Kanal wie beispielsweise WhatsApp oder Skype.

3. Sehr praktisch ist als Ergänzung der Link *Anweisungen bereitstellen*. Damit öffnen Sie eine kurze Schrittanleitung, die Sie dem Hilfesuchenden zusammen mit dem Sicherheitscode zukommen lassen können. Dadurch erfährt der, wie er die Remotehilfe-App startet und welche Schritte er ausführen muss, um den Kontakt herzustellen.

HINWEIS ⊳ Was muss der hilfesuchende Benutzer tun?

Der Benutzer, der seinen PC für den anderen zur Remotehilfe freigeben möchte, startet ebenfalls die Remotehilfe-App, wählt dann aber den Punkt *Unterstützung anfordern*. Hier kann er den Sicherheitscode eintippen, den er vom hilfegebenden Benutzer erhalten hat. Anschließend erlaubt er dem anderen Benutzer den Zugriff auf seinen Desktop und seine Daten. Dadurch wird die Verbindung hergestellt und sein PC für die Fernsteuerung durch den anderen freigegeben.

Konnte die Verbindung hergestellt werden, zeigt Ihnen die Remotehilfe-App den kompletten Desktop des Hilfesuchenden auf dem Bildschirm an.

Die Remoteverbindung steuern

Der Helfende kann den Desktop des Hilfesuchenden so bedienen, als wenn er direkt an diesem entfernten Rechner sitzen würde. Nur die Kapazität der Netzwerkverbindung schränkt die Möglichkeiten ein. So würden Spiele oder Videowiedergaben eher wie eine Diashow aussehen und empfehlen sich deshalb nicht. „Normales" Arbeiten am entfernten PC ist aber praktisch uneingeschränkt möglich.

Der Hilfesuchende kann die Aktionen des Helfenden am Bildschirm „live" verfolgen. Ebenso können seine Aktionen vom Helfenden an dessen Bildschirm beobachtet werden. Wenn man nebenbei noch telefoniert, um Dinge zu erklären und Fragen zu beantworten, lassen sich viele Probleme so sehr einfach lösen.

Der Hilfesuchende erkennt die laufende Sitzung an einem dünnen Rahmen um seinen Desktop und an einem kleinen Fenster oben. Darüber lässt sich die Fernsteuerung bei Bedarf auch pausieren oder beenden. Der Hilfesuchende kann also jederzeit wieder die Kontrolle über seinen PC erlangen.

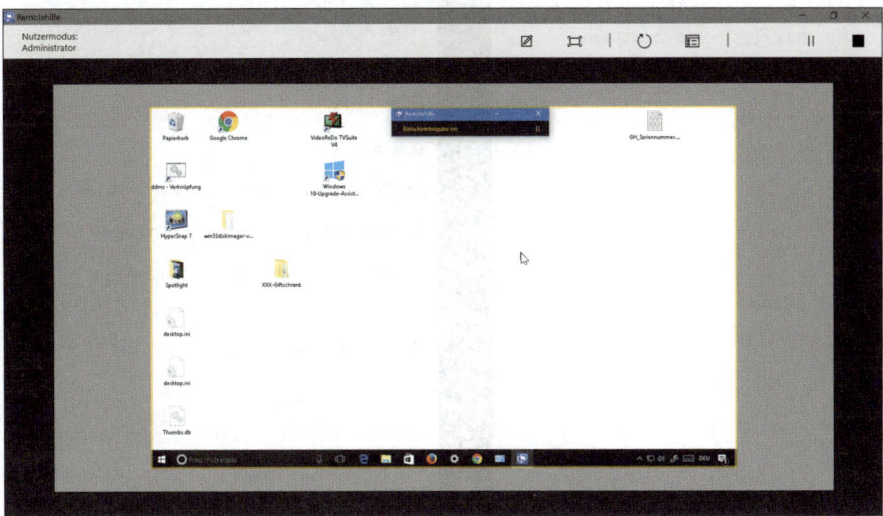

Vom entfernten PC abmelden

Um die Verbindung zu beenden, kann der Helfende die Stopp-Schaltfläche rechts oben verwenden. Der Hilfesuchende kann mit dem Remotehilfe-Fenster auf seinem Desktop die Sitzung jederzeit pausieren. Solange wird der Bildschirminhalt nicht mehr an den Helfenden übertragen.

Das kann man beispielsweise verwenden, um unbeobachtet Passwörter einzugeben oder vertrauliche Informationen zu betrachten. Um die Remotehilfe zu beenden, schließt man einfach dieses Fenster mit dem roten x und bestätigt die Rückfrage mit *Schließen*.

Alternativ melden Sie sich einfach beim entfernten Rechner auf die gewohnte Weise vom System ab. Dadurch wird automatisch auch die Remotesitzung geschlossen.

28.3 Verbindungen mit dem klassischen Remotedesktopclient herstellen

Wenn Ihnen die Möglichkeiten der Touch-App für Fernsteuerverbindungen nicht ausreichen, können Sie auch die klassische Remotedesktopanwendung nutzen. Diese hat Microsoft zwar ein wenig versteckt, aber sie ist noch immer mit allen Funktionen und Anpassungsmöglichkeiten vorhanden:

1. Tippen Sie im Startmenü *remote* ein und wählen Sie unter den angebotenen Programmen nicht die Touch-App, sondern den Eintrag *Remotedesktopverbindung* für das Desktopprogramm.

2. Geben Sie im Anmeldedialog den Namen bzw. die IP-Adresse des Rechners an, zu dem Sie eine Desktopverbindung aufbauen möchten.

3. Klicken Sie dann unten auf die *Verbinden*-Schaltfläche, um die Remotedesktopverbindung herzustellen.

4. Nun müssen Sie sich zunächst mit Benutzername und Kennwort beim entfernten System anmelden. Der Dialog hierfür kommt bereits von dessen Betriebssystem und sieht dementsprechend unterschiedlich aus.

5. Eventuell beschwert sich das Programm vor dem Verbindungsaufbau, weil die Identität bzw. ein Zertifikat nicht überprüft werden kann. Sie werden selbst am besten wissen, ob Sie die Verbindung trotzdem zulassen möchten. Mit der Option *Nicht erneut nach Verbindungen mit diesem Computer fragen* können Sie solche Rückfragen in Zukunft vermeiden.

6. Nach erfolgreicher Anmeldung sehen Sie auf Ihrem Bildschirm den Desktop des entfernten PCs, und zwar so, als ob Sie direkt an dessen Bildschirm sitzen würden. Einziger Unterschied ist eine kleine Leiste mittig am oberen Rand des Bildschirms. Hiermit können Sie das Fenster mit der Remotedesktopverbindung minimieren oder maximieren.

7. Mit dem kleinen Pin-Symbol links lässt sich auch diese Leiste ausblenden. Sie verschwindet dann und kommt nur zum Vorschein, wenn Sie den Mauszeiger kurz oben am Bildschirmrand verharren lassen.

8. Um die Remotedesktopverbindung zu beenden, melden Sie sich wie gewohnt am entfernten System ab bzw. beenden dieses durch Herunterfahren. Die Verbindung wird dabei automatisch geschlossen. Alternativ können Sie das Fenster mit der Remotedesktopverbindung einfach schließen. Dabei werden allerdings die laufenden Anwendungen nicht geschlossen, sodass es zu Datenverlusten kommen kann.

28.4 Per Remoteunterstützung Hilfe am PC geben oder empfangen

Eine Remoteunterstützung erlaubt es, einem Anwender zu helfen, der mit seinem PC Probleme hat oder aus anderen Gründen Anleitung und Hilfe benötigt. Ein Administrator oder Supportmitarbeiter verbindet sich dazu mit dem PC des Hilfsbedürftigen und kann dessen Oberfläche aus der Ferne betrachten und bedienen. Hierzu wird der Zugriff auf den PC via Netzwerk freigegeben. Das heißt aber nicht, dass jeder einfach zugreifen darf. Für eine Remotesitzung bedarf es einer gezielten Einladung. Trotzdem ist diese Funktion aus Sicherheitsgründen standardmäßig deaktiviert. Bevor Sie den PC für eine Remoteunterstützung freigeben können, müssen Sie sie deshalb einmalig einschalten und konfigurieren.

1. Öffnen Sie in der Systemsteuerung den Bereich *System und Sicherheit* und klicken Sie dort unter *System* auf *Remotezugriff zulassen*.

2. Dadurch gelangen Sie in die Rubrik *Remote* der *Systemeigenschaften*. Stellen Sie hier sicher, dass oben im Bereich *Remoteunterstützung* die Option *Remoteunterstützungsverbindungen mit diesem Computer zulassen* aktiviert ist.

3. Klicken Sie nun darunter auf die *Erweitert*-Schaltfläche.

4. Hier können Sie zusätzlich festlegen, ob Sie auch das Remotesteuern dieses Computers zulassen möchten. Dadurch kann z. B. ein Administrator von seinem Rechner aus vorübergehend die komplette Kontrolle über den PC übernehmen, um z. B. Konfigurationsaufgaben zu erledigen.

5. Klicken Sie dann zweimal auf OK, um die Einstellungen für die Remoteunterstützung zu übernehmen.

Einladungsdateien für den Remotezugriff erstellen

Eine Remoteunterstützung muss immer von einem der beiden Partner eingeleitet werden. Üblicherweise wird der Hilfesuchende den Fachmann auf seinen PC einladen. Im Prinzip kann aber auch der Fachmann seinerseits seine Hilfe anbieten, etwa wenn der Hilfesuchende nicht weiß, wie er eine Remoteunterstützung einleiten soll.

1. Öffnen Sie dazu wiederum in der Systemsteuerung den Bereich *System und Sicherheit*.

2. Klicken Sie dort unter *System* diesmal auf *Remoteunterstützung starten*.

3. Wollen Sie jemand anderen auf Ihren PC einladen, klicken Sie im anschließenden Dialog oben auf *Eine vertrauenswürdige Person zur Unterstützung einladen*.

4. Sie haben dann die Möglichkeit, eine Einladung per E-Mail zu versenden oder als Datei zu speichern. Diese Einladung enthält alle Daten, die der Eingeladene benötigt, um die Verbindung herzustellen.

5. Bei einer Datei geben Sie einfach einen Speicherort an. Für eine Einladung per E-Mail erstellt Windows im Mailprogramm eine fertige Mail mit einem Standardtext und der Einladungsdatei als Anhang. Diese brauchen Sie nur noch zu vervollständigen und abzuschicken.

Anschließend wird das Programm der Remoteunterstützung auf dem Bildschirm angezeigt. Es bleibt dort sozusagen in Lauerstellung, bis der um Hilfe Gebetene Ihre Einladung annimmt. Sie können das Programm solange minimieren, aber beenden Sie es
keinesfalls. Dadurch würde die Einladung verfallen und Sie müssten den ganzen Vorgang erneut erledigen.

Das Programm verrät Ihnen auch das Verbindungskennwort, das Sie dem Helfer mitteilen müssen, damit dieser Remotezugriff auf Ihren PC erhält. Dies dient dem Schutz
vor Missbrauch.

Remoteunterstützungssitzungen via Netzwerk durchführen

Wenn der Eingeladene Ihre Einladung auf seinem PC ausführt und das von Ihnen über-
mittelte Kennwort eingibt, kommt die Verbindung zwischen Ihren beiden PCs zustande.
Allerdings werden Sie zunächst noch einmal gefragt, ob Sie die Remoteverbindung zu
diesem Zeitpunkt zulassen möchten. Klicken Sie dazu auf *Ja*.

Nun besteht eine Remoteunterstützungsverbindung zwischen den PCs. Der Eingeladene
sieht dabei auf seinem Bildschirm in einem Fenster den gesamten Bildschirm Ihres PCs.
Er kann also genau nachvollziehen, was Sie dort machen, welche Programme oder Dokumente Sie gerade geöffnet haben und was deren Inhalt ist.

So folgen Sie Einladungen zur Remoteunterstützung

Wenn Sie selbst eine Einladung erhalten haben, einem anderen Benutzer bei einem Problem zu helfen, können Sie von sich aus die Verbindung zu dessen PC herstellen.

1. Führen Sie dazu einfach die Einladungsdatei aus, die Sie per E-Mail oder auf einem anderen Weg erhalten haben.

2. Geben Sie dazu das Kennwort ein, das Ihnen der Benutzer unabhängig von der Einladung übermittelt hat.

3. Windows versucht nun, Kontakt zu dem anderen PC aufzunehmen. Wenn der andere Benutzer dem zustimmt, wird die Remoteunterstützungsverbindung hergestellt. Sie sehen auf Ihrem Bildschirm dann ein Fenster, das oben eine Symbolleiste mit den Befehlen zum Steuern der Remoteunterstützung enthält. Darunter wird der Bildschirminhalt des anderen PCs angezeigt. Sollte die Fenstergröße für den Bildschirminhalt nicht ausreichen, können Sie die Laufleisten rechts und unten benutzen.

Möglichkeiten bei der Remoteunterstützung

Die Remoteunterstützung bietet eine Reihe von Möglichkeiten. Neben dem reinen Betrachten des Bildschirms kann der Eingeladene auch vorübergehend die Kontrolle über den PC übernehmen. Außerdem sind Kommunikationsmöglichkeiten vorgesehen, um sich während der Sitzung miteinander auszutauschen.

Kommunikation per Chat

Die beiden Benutzer der beteiligten PCs können während der Sitzung per Textnachrichten miteinander kommunizieren. Dazu finden Sie die Schaltfläche *Chat* im Remoteunterstützungsprogramm. Hiermit blenden Sie eine Chatkonsole ein.

Geben Sie hier einfach unten Ihre Nachrichten ein und drücken Sie dann ⏎ bzw. klicken Sie auf *Senden*. Die Nachricht wird dann oben angezeigt und gleichzeitig auch dem anderen Benutzer zugestellt. Der hat auf seinem PC ebenfalls eine Chatkonsole und kann dasselbe machen. Ein erneuter Klick auf *Chat* beendet die Kommunikation vorläufig wieder.

TIPP ☑ Schneller Kontakt per Telefon

Die Chatfunktion ist ganz nett, aber noch einfacher und besser geht es, wenn man während der Remoteunterstützung gleichzeitig via Telefon Kontakt hält. Dabei lässt sich alles schneller und einfacher besprechen, und der Experte kann z. B. jeweils kurz erklären, was er gerade macht.

Die Kontrolle über den PC übernehmen

Zu den wichtigsten Funktionen der Remoteunterstützung gehört die Möglichkeit, dass der eingeladene Fachmann vorübergehend die Kontrolle über den PC erlangt. Der Benutzer kann solange am Monitor die Schritte des Experten beobachten, aber bei Bedarf auch selbst eingreifen. Selbstverständlich können Sie sich die alleinige Kontrolle auch jederzeit wieder zurückholen.

1. Die Übernahme der Kontrolle wird vom Eingeladenen initiiert. Der klickt dazu bei sich auf die Schaltfläche *Steuerung anfordern*.

2. Nun wird vorsichtshalber beim Benutzer des PCs noch mal nachgefragt, ob er dies wirklich zulassen will. Bestätigen Sie das mit *Ja*.

3. Bejaht der Benutzer die Erlaubnis, kann der Eingeladene nun mit seiner Maus und Tastatur direkt den anderen PC steuern. Dies geht so lange, bis einer von beiden die Fernsteuerung mit *Freigabe*

beenden abbricht oder ESC drückt. Wenn Sie als Einladender die Fernsteuerung beenden, erhält der Eingeladene diesbezüglich einen kurzen Hinweis.

Beide Teilnehmer können die Remoteunterstützungssitzung jederzeit abbrechen. Dazu beenden Sie einfach das jeweilige Remoteunterstützungsprogramm auf Ihrer Seite.

Die Netzwerkumgebung für die Remoteunterstützung optimieren

Das Fernsteuern eines PCs ist bezogen auf die Kapazität der Netzverbindung nicht übermäßig anspruchsvoll. Innerhalb eines lokalen Netzwerks sollte es überhaupt kein Problem darstellen, und auch mit einer flotten Internetverbindung oder DSL lässt sich in der Regel gut leben. Langsamere Verbindungen allerdings können den Zugriff recht träge und mühsam werden lassen. Für solche Fälle gibt es Maßnahmen, wie sich die Menge der zu übertragenden Daten verringern und so der Arbeitsfluss steigern lässt:

■ Die beste Performance erhalten Sie, wenn auf beiden beteiligten PCs Windows Vista oder neuer eingesetzt wird. Diese Windows-Betriebssysteme enthalten speziell für diese Funktion eine Reihe von Optimierungen, die aber nur zum Tragen kommen, wenn an beiden Enden der Verbindung eine Windows-Version ab Vista werkelt.

■ Auf dem PC, der den Remotezugriff erlaubt, sollten nur die nötigsten Anwendungen und Fenster geöffnet sein.

■ Während die Steuerung an den entfernten Helfer übergeben ist, sollte der lokale Benutzer auf Eingaben und Mausbewegungen möglichst verzichten.

■ Je weniger aufwendig die Desktopdarstellung ist, desto flotter läuft die Remoteverbindung. Notfalls kann die Bildschirmauflösung reduziert und eine kleinere Farbtiefe gewählt werden.

■ Weitere Vorteile ergeben sich durch den Verzicht auf aufwendige grafische Desk-topeffekte. Auch Programme oder Dokumente mit komplexen grafischen Darstellungen sollten möglichst vermieden werden.

Ein Teil dieser Maßnahmen wird vom Remoteunterstützungsprogramm aktiv unterstützt. So können Sie die Bildschirmauflösung und visuelle Effekte bequem per Schieberegler herunterregeln. Das ist nicht nur einfacher, sondern die Änderungen können mit dem Beenden der Remoteunterstützung auch ganz einfach wieder zurückgenommen werden.

1. Klicken Sie im Remoteunterstützungsprogramm (auf der Seite des um Hilfe Bittenden) auf die *Einstellungen*-Schaltfläche.

2. Ziehen Sie hier bei Bedarf den Schieberegler nach unten, um die Funktion des Programms an geringere Bandbreiten anzupassen.

3. Sollten sich beide Rechner im selben lokalen Netzwerk befinden und es zu keinerlei Bandbreiteneinschränkungen kommen, können Sie den Regler auch nach oben bewegen, um weitere Komfortfunktionen, wie z. B. das Ziehen vollständiger Fenster über den Desktop, für den Helfer zu ermöglichen.

4. Klicken Sie unten auf *OK*, um die Änderungen zu übernehmen und mit der Sitzung fortzufahren.

Remoteunterstützung gegen unbefugten Zugriff absichern

Die Vorstellung, dass eine andere (womöglich fremde) Person an einem anderen PC Zugriff auf Ihren Rechner hat und damit alles Mögliche anstellen kann, sollte erst mal ein paar Alarmglocken erklingen lassen. Denn potenziell ist das eine riesige Sicherheitslücke. Allzu viel Paranoia sollte allerdings auch nicht gleich aufkommen, denn eine Reihe von Sicherheitsmaßnahmen ist in diese Technologie eingebaut, die Missbrauch verhindern sollen:

- Remoteunterstützungsverbindungen sind grundsätzlich mit einem Passwort geschützt. Nur wer dieses kennt, erhält Zugang zu Ihrem PC.

- Sie behalten während des gesamten Vorgangs die Kontrolle über den Zugriff. Die Verbindung kommt nur mit Ihrer Einwilligung zustande und auch jeder weitere Schritt, wie z. B. das Freigeben für die Fernsteuerung, erfolgt nur mit Ihrem Einverständnis.

- Einladungen zur Remoteunterstützung verfallen automatisch nach einer festgelegten Frist (standardmäßig nach sechs Stunden). Außerdem gelten sie nur für eine Sitzung. Wird diese beendet, verfällt die Einladung automatisch und kann nicht weitergenutzt werden. Das minimiert die Gefahr, dass eine Einladung in die falschen Hände gerät.

Abgesehen von diesen Sicherungen können und sollten Sie selbst geeignete Maßnahmen treffen, um den Missbrauch dieser Funktion zu verhindern:

- Wählen Sie Personen, denen Sie eine Einladung zur Remoteunterstützung zukommen lassen, mit Bedacht aus. Hierfür kommen nur Personen infrage, denen Sie vertrauen und die Sie auch persönlich in Ihr Haus und an Ihren PC lassen würden.

- Legen Sie die Verfallszeit für Einladungen so kurz wie möglich fest. Standardmäßig sind sechs Stunden vorgegeben, was aber schon recht lang ist. In den meisten Fällen sollten eine Stunde oder auch nur 15 Minuten reichen, wenn für Details z. B. zuvor schon ein Termin abgemacht ist.

- Verwenden Sie ein sicheres Passwort für die Einladung und schicken Sie dieses auf keinen Fall mit der Einladungs-E-Mail mit. Wählen Sie stattdessen einen anderen Kommunikationsweg wie z. B. Telefon oder SMS.

- Machen Sie Einladungen ungültig, wenn sie nicht mehr benötigt werden. Dazu genügt es, das Remoteunterstützungsprogramm zu beenden.

- Wenn auf beiden PCs Windows Vista oder neuer eingesetzt wird, verwenden Sie verschlüsselte Einladungen, um ein Abfangen und Missbrauchen der Einladung zu verhindern (siehe hierzu die nachfolgende Anleitung).

- Deaktivieren Sie die Funktion für die Remoteunterstützung, wann immer sie nicht benötigt wird. Generell sollte sie auf allen PCs deaktiviert sein. Nur wenn konkrete Unterstützung erforderlich ist, schalten Sie die Funktion vorübergehend ein.

Einige der vorangehend angesprochenen Sicherheitsmaßnahmen lassen sich in den Einstellungen für die Remoteunterstützung vornehmen:

1. Öffnen Sie wiederum in der Systemsteuerung den Bereich *System und Sicherheit* und klicken Sie dort unter *System* auf *Remotezugriff zulassen*.

2. Dadurch gelangen Sie in die Rubrik *Remote* der Systemeigenschaften. Klicken Sie dort rechts auf die Schaltfläche *Erweitert*.

3. Hier können Sie im Bereich *Einladungen* festlegen, wie lange Einladungen zur Remoteunterstützung maximal gelten sollen. Die Standardeinstellung von sechs Stunden ist schon recht großzügig bemessen. Sie können hier auch wesentlich kürzere Intervalle bis hin zu nur einer Minute angeben.

4. Wenn auf allen beteiligten PCs Windows Vista oder neuer zum Einsatz kommt, aktivieren Sie außerdem die Option *Einladungen erstellen, die nur auf Computern verwendet werden können, auf denen Windows Vista oder höher ausgeführt wird*. Die Einladungen werden dann verschlüsselt, sodass es Hackern noch schwerer gemacht wird, sie für ihre Zwecke zu missbrauchen.

Teil VI

Sicherheit – PC, Daten und Anwender schützen

Kapitel 29

29. Mit dem Info-Center Windows aktuell und sicher halten

In früheren Zeiten für notorische Sicherheitsprobleme bekannt, hat Microsoft das Windows-System mit den letzten Versionen konsequent auf Sicherheit getrimmt. Zwar ist es als meistverbreitetes Betriebssystem immer noch Ziel vieler Angriffe, aber wer seinen PC stets auf dem aktuellen Stand hält und sinn-

voll vor Schädlingen schützt, ist recht sicher unterwegs. Ein wichtiges Element ist dabei, den Benutzer stets ins Bild zu setzen und auf wichtige Updates ebenso wie unsichere Konfigurationen hinzuweisen und direkte Abhilfe zu ermöglichen. Wichtiges Element ist dabei ein dezentes Symbol im Infobereich, das sich bei Sicherheitsproblemen automatisch meldet und dann eine Abkürzung zu den relevanten Einstellungen bietet. Diese führt in den meisten Fällen ins Info-Center, das Sie über alle sicherheitsrelevanten Funktionen Ihres PCs auf dem Laufenden hält.

29.1 Das Benachrichtigungssymbol im Infobereich

Das Benachrichtigungssymbol im Infobereich kanalisiert alle Informationen über den aktuellen Status Ihres Windows-Betriebssystems. Dabei hält es sich wohltuend zurück. Weniger wichtige Hinweise, etwa dass der Windows Defender mal wieder einen

Scan machen sollte, werden dem Benutzer nicht direkt aufgezwungen, sind aber über das Symbol schnell abrufbar. Bei kritischen Situationen wie z. B. Problemen mit dem Antivirenprogramm oder dem Ausfall der Firewall gibt es aber trotzdem einen deutlichen Hinweis. So brauchen Sie diese wichtigen Schutzfunktionen nicht ständig selbst im Auge zu behalten, sind aber trotzdem jederzeit über den Sicherheitsstatus im Bilde.

1. Üblicherweise wird das Symbol einfach unauffällig mit hellem Umriss auf dunklem Hintergrund dargestellt. Das bedeutet: Das System ist sicher, und es sind keine unmittelbaren Maßnahmen erforderlich.

2. Liegen Warnhinweise vor, verändert sich das Aussehen des Symbols und es wird zusätzlich die Anzahl der neuen, ungelesenen Mitteilungen angezeigt.

3. Mit einem Klick darauf erfahren Sie, was los ist. Das Info-Center zeigt die aktuellen Meldungen an. Wird hier *Keine neuen Benachrichtigungen* angezeigt, ist mit Ihrem PC alles in bester Ordnung.

4. Liegen Meldungen vor, können diese meist direkt angeklickt werden und führen Sie dann ohne Umwege zu den entsprechenden Einstellungen oder Funktionen, mit denen das Problem behoben werden kann. Solange es keine wichtigen Meldungen sind, erfordern sie aber nicht unbedingt ein sofortiges Eingreifen.

5. Wenn das Problem erfolgreich korrigiert wurde, verschwindet die dazugehörige Meldung automatisch aus dem Info-Center. Wollen Sie nichts unternehmen, aber auch nicht mehr ständig darauf hingewiesen werden, können Sie einzelne Meldungen mit dem x-Symbol löschen oder die Liste oben mit *Alle löschen* komplett leeren.

Die richtige Reaktion auf kritische Sicherheitshinweise

Neben eher harmlosen Dingen wie einem verpassten Update von Virensignaturen gibt es deutlich kritischere Situationen – etwa dann, wenn Firewall oder Antivirenprogramm plötzlich deaktiviert sind und den PC schutzlos zurücklassen. In solchen Fällen gibt es zusätzliche Sicherheitshinweise:

1. So erscheint beim ersten Auftreten der kritischen Situation
   ein ausführlicher Hinweis im
   Infobereich. Dieser wird aber
   nach kurzer Zeit automatisch
   ausgeblendet.

2. Haben Sie die Möglichkeit zum direkten Anklicken des Hinweises verpasst, macht
   das nichts. Öffnen Sie einfach mit dem Benachrichtigungssymbol das Info-Center.

3. Hier finden Sie die Nachricht. Diese
   können Sie nicht nur lesen, sondern
   meist auch anklicken. Die Wirkung
   ist dabei unterschiedlich: Häufig
   führt ein Klick Sie zu den entsprechenden Einstellungen. Teilweise,
   wie in diesem Beispiel, führt der
   Klick auch direkt eine Konfigura-
   tionsänderung herbei, die den kritischen Zustand beendet.

Lästige sinnlose Warnung loswerden

Einige der Hinweise im Info-Center sind nur begrenzt hilfreich. Das kann nervig werden,
weil außer dem System selbst auch andere Apps Benachrichtigungen absetzen können.
Wenn bestimmte Hinweise lästig und überflüssig sind, können Sie diese deaktivieren.
Dies klappt allerdings nicht immer zuverlässig. Einige hartnäckige Hinweise von Windows selbst können Sie auf diese Weise leider nicht loswerden. Dafür ist der Bereich
Sicherheit und Wartung der klassischen Systemsteuerung der bessere Ansprechpartner
(siehe Seite 640).

1. Beschwert sich das Info-Center mit einem für Sie unnötigen Hinweis, klicken Sie mit
   der rechten Maustaste auf diese Meldung.

2. Klicken Sie dann im Kontextmenü auf *Benachrichtigungen
   für diese Gruppe ausschalten*.

3. Die Meldung wird dadurch
   ausgeblendet und gleichzeitig
   bekommen Sie keine weiteren
   Hinweise auf denselben Sach-
   verhalt.

4. Das eigentliche Problem ist damit selbstverständlich nicht gelöst. Deshalb sollten Sie
   diesen Schritt nur gehen, wenn Sie sicher sind, dass dieses Thema anderweitig gut
   gelöst ist und auch auf Dauer bleibt.

Vorübergehende Ruhe vor Warnhinweisen

Damit Sie nicht beispielsweise beim Spielen oder beim Filmgenuss von Warnmitteilungen belästigt werden, kennt das Info-Center den Ruhemodus. Ist dieser aktiviert, werden neue Meldungen einfach nur gesammelt. Es gibt aber (abgesehen vom Aussehen des Benachrichtigungssymbols) keine sichtbaren Hinweise auf vorliegende Probleme.

1. Um den Ruhemodus zu aktiveren, öffnen Sie das Info-Center und klicken unten auf die *Ruhezeiten*-Schaltfläche.

2. Diese wird dann als aktiv einge-
färbt. Sie erhalten nun keine op-
tischen oder akustischen Hinweise
auf Probleme mehr.

3. Tippen Sie später erneut auf die *Ruhezeiten*-Schaltfläche, um die Hinweise wieder zu aktivieren.

Die Ruhezeiten sind als vorübergehende Lösung vorgesehen, um nicht zu unpassender Zeit gestört zu werden. Als dauerhafte Möglichkeit, Probleme auszublenden, eignen sie sich nicht. Nur wer regelmäßig einen Blick auf das Benachrichtigungssymbol bzw. ins Info-Center wirft, sollte *Ruhezeiten* dauerhaft aktiviert lassen.

29.2 Wartungscenter: alle sicherheitsrelevanten Fakten auf einen Blick

Zusätzlich zum Info-Center bringt Windows weiterhin in der klassischen Systemsteuerung das Modul *Sicherheit und Wartung* mit. Es überwacht sozusagen ständig die

Lebenszeichen Ihres Windows. Im Zweifelsfall finden Sie hier nicht nur Hinweise auf Probleme, sondern auch kurze Wege zu den Lösungen. In der Kategorieansicht der Systemsteuerung finden Sie es unter *System und Sicherheit*.

Ohne konkrete Probleme präsentiert sich das Wartungscenter aufgeräumt und übersichtlich.

Die Informationen des Wartungscenters unterteilen sich in die Bereiche *Sicherheit* und *Wartung*. Jeder dieser Bereiche kann mit einem einfachen Mausklick auf das kleine Pfeilsymbol rechts ausgeklappt werden, um den Status und die Einstellungen im Einzelnen zu begutachten sowie gegebenenfalls zu ändern. In der Kategorie *Sicherheit* finden Sie eine Übersicht über alle sicherheitsrelevanten Komponenten von Windows:

■ *Netzwerkfirewall* – Hier können Sie den Status der Windows-Firewall ablesen.

■ *Virenschutz* – Zeigt an, ob ein Antivirenprogramm installiert und funktionstüchtig ist.

■ *Internetsicherheitseinstellungen* – Verrät, ob die Einstellungen der Internetsicherheit dem empfohlenen Standard entsprechen oder ein Risiko darstellen.

■ *Benutzerkontensteuerung* – Zeigt an, wie die Benutzerkontensteuerung derzeit konfiguriert ist, und umfasst einen Link zu dieser Einstellung.

■ *Windows SmartScreen* – Zeigt den Status des SmartScreen-Schutzes an und gibt Ihnen die Möglichkeit, dessen Verhalten zu steuern.

Der Bereich *Wartung* umfasst einige Funktionen, die nicht unmittelbar mit der Sicherheit des Systems zu tun haben, die aber für die „Gesundheit" des PCs trotzdem sehr wichtig sind:

■ *Nach Lösungen für Problemberichte suchen* – Hier sehen Sie, ob Ihr Windows nach Onlinelösungen für Probleme sucht, bzw. können schauen, ob Lösungen für berichtete Probleme vorhanden sind.

■ *Automatische Wartung* – Die automatische Wartung führt regelmäßige Aufgaben zum Optimieren von Windows durch. Hier können Sie ablesen, wann diese Wartung zuletzt durchgeführt wurde.

- *Heimnetzgruppe* – Dieser Punkt zeigt an, ob Ihr PC Mitglied einer Heimnetzgruppe ist, und ermöglicht Ihnen Zugriff auf die entsprechenden Einstellungen.

- *Dateiversionsverlauf* – Windows bringt eine neue automatische Sicherungsfunktion mit, die verschiedene Versionen Ihrer Dokumente aufbewahren und bei Bedarf einspielen kann. Hier können Sie ablesen, ob diese Funktion aktiv ist und wie der aktuelle Status ist (siehe auch Seite 390).

- *Laufwerkstatus* – Zeigt an, ob alle angeschlossenen Laufwerke ordnungsgemäß funktionieren und ob eventuell Reparatur- oder Optimierungsmaßnahmen vorgenommen werden müssen.

- *Gerätesoftware* – Sollte aktuellere Software für Ihr Windows-Gerät vorliegen, erfahren Sie das hier.

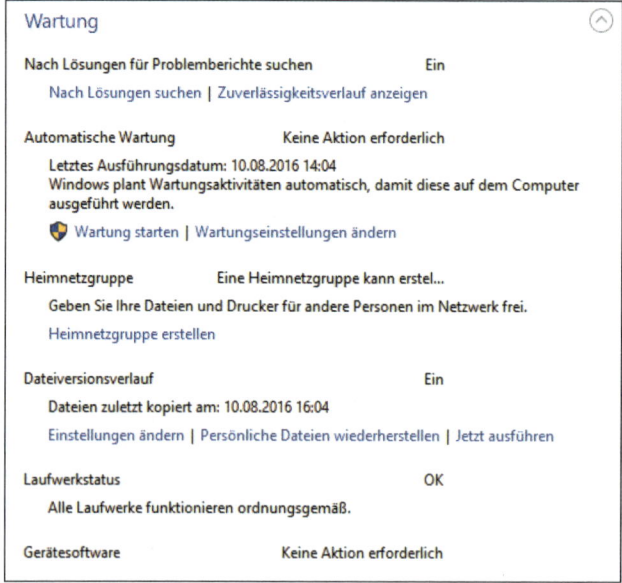

So zeigt das Wartungscenter Probleme eindeutig auf

Solange nichts vorliegt, gibt sich das Wartungscenter eher zugeknöpft. Liegen aber Sicherheitsprobleme vor, passt es sich dynamisch an und zeigt genau, wo der Hase im Pfeffer liegt. Und es liefert – wenn möglich – auch gleich konkrete Hinweise und Hilfestellungen dazu, wie das Problem gelöst werden kann.

Dabei verwendet es einen Farbcode: Kritische Sicherheitsprobleme werden rot markiert und sollten unmittelbar gelöst werden. Nicht unmittelbar bedrohliche Angelegenheiten werden gelb hervorgehoben. Sie sollten zwar auch nicht zum Dauerzustand werden, lassen sich aber notfalls ein wenig aufschieben.

- Zu jedem kritischen oder weniger kritischen Eintrag finden Sie in der Regel eine Schaltfläche, die Sie zu einem Lösungsvorschlag führt. Ist z. B. eine wichtige Systemfunktion deaktiviert, können Sie sie hier direkt wieder einschalten. Handelt es sich um eine fehlerhafte, unsichere Konfiguration, rufen Sie damit die entsprechenden Einstellungen auf.

- Außerdem bietet das Wartungscenter bei jeder Art von Problem die Möglichkeit, weitere Meldungen hierzu zu unterdrücken. Das schafft das Problem zwar nicht aus der Welt, erspart einem aber zumindest den ständigen Hinweis darauf.

- Schließlich finden Sie ganz unten bei *Falls Ihr Problem nicht aufgeführt ist, versuchen Sie es mit einer der folgenden Optionen* weitere allgemeine Möglichkeiten zum Problemlösen. So kann Windows per Problembehandlung manches Problem selbst erkennen und beheben. Oder aber Sie setzen den PC per Systemwiederherstellung in einen früheren Zustand zurück, als das akute Problem noch nicht auftrat.

Die Warnhinweise des Wartungscenters nach Bedarf steuern

Standardmäßig meldet das Wartungscenter Hinweise zu allen Arten von Problemen, die sich dann von Fall zu Fall unterdrücken lassen. Sie können aber auch von vornherein festlegen, dass bestimmte Arten von Meldungen gar nicht erst angezeigt werden.

1. Klicken Sie dazu im Wartungscenter oben links auf *Einstellungen für „Sicherheit und Wartung" ändern.*

2. Im anschließenden Menü können Sie genau festlegen, zu welchen Bereichen überhaupt Sicherheitsbzw. Wartungsmeldungen angezeigt werden sollen. Entfernen Sie einfach die Häkchen bei den Themen, zu denen Sie keine Meldungen sehen wollen. Die Einstellung bezieht sich sowohl auf eingeblendete Meldungen auf dem Desktop als auch im Info-Center sowie auf die Übersicht im Wartungscenter selbst.

3. Übernehmen Sie die veränderten Einstellungen dann mit OK.

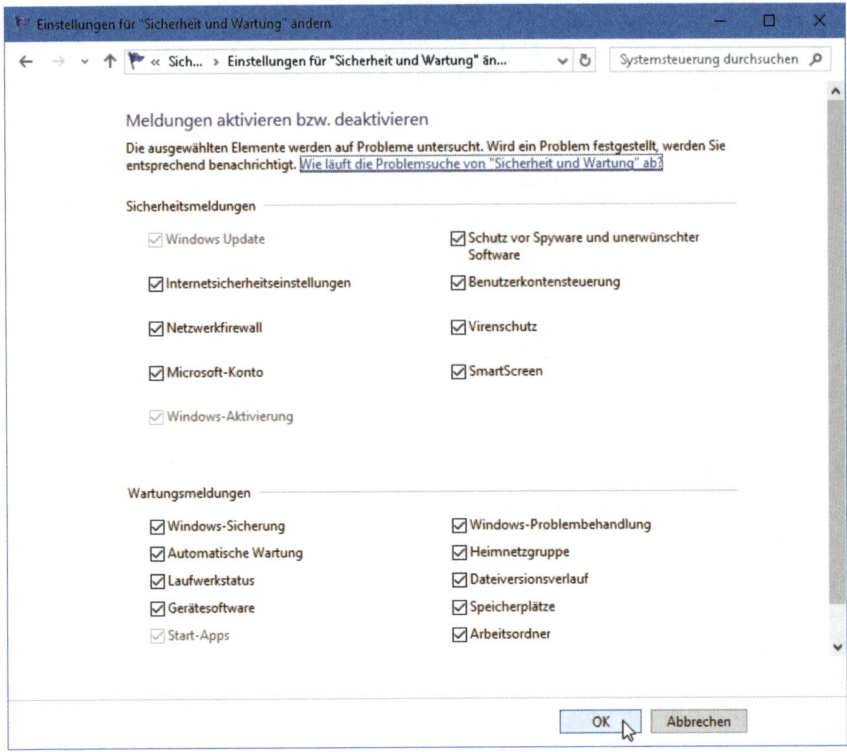

In den Wartungscentereinstellungen können Sie genau festlegen, wann Hinweise erfolgen sollen.

HINWEIS ▷ Gilt auch für Meldungen bei kritischen Problemen!

Wenn Sie Hinweise für einen Bereich deaktivieren, gilt das für jede Art von Meldung in diesem Bereich. Auch für die Sicherheit kritische Situationen wie das Fehlen des Virenschutzes oder das Deaktivieren der Windows-Firewall werden dann nicht mehr vom System gemeldet. Deshalb sollte das Unterdrücken von Sicherheitsmeldungen nicht zu großzügig gehandhabt werden.

29.3 Ganz bequem: Windows vollautomatisch auf dem neuesten Stand halten

Ohne Onlineupdates wäre die Sicherheit eines Betriebssystems heute praktisch nicht mehr zu gewährleisten. Ständig werden neue Sicherheitslücken oder auch andere Fehler entdeckt und erfordern das Einspielen von Aktualisierungen.

Bei Windows ist die Updatefunktion fest in das Betriebssystem integriert und arbeitet standardmäßig vollautomatisch. Wer wissen will, was Microsoft ihm mindestens einmal pro Monat so auf die Festplatte schaufelt, kann das aber auch selbst kontrollieren.

Die einfachste Variante beim Update ist noch immer der vollautomatische Ablauf: Windows nimmt hierzu regelmäßig von allein Kontakt zum Updateserver auf und lädt vorliegende Patches gegebenenfalls im Hintergrund herunter, wobei es dafür sorgt, dass die Internetverbindung dadurch nicht allzu merklich belastet wird. Anschließend werden die Updates installiert. Einzelne Komponenten und Dienste werden dabei notfalls ganz automatisch beendet und neu gestartet. Nur wenn ein Neustart notwendig wird, setzt Windows den Anwender davon in Kenntnis. Dies ist mittlerweile aber nur noch bei relativ wenigen systemnahen Updates erforderlich.

Alles in allem bekommt der Anwender also wenig von Updates mit, und sein System ist immer auf dem Stand, auf dem Microsoft es haben will. Auch für diese komfortabelste Version lohnt sich aber ein Blick in die Einstellungen, in denen Sie z. B. den Zeitpunkt für das Herunterladen von Updates auf eine Zeit legen können, in der der PC üblicherweise eingeschaltet, aber meist nicht gerade mit wichtigen Aufgaben beschäftigt ist.

1. Öffnen Sie die *Einstellungen* und wechseln Sie dort in die Kategorie *Update und Sicherheit*. Darin landen Sie automatisch in der Untergruppe *Windows Update*.

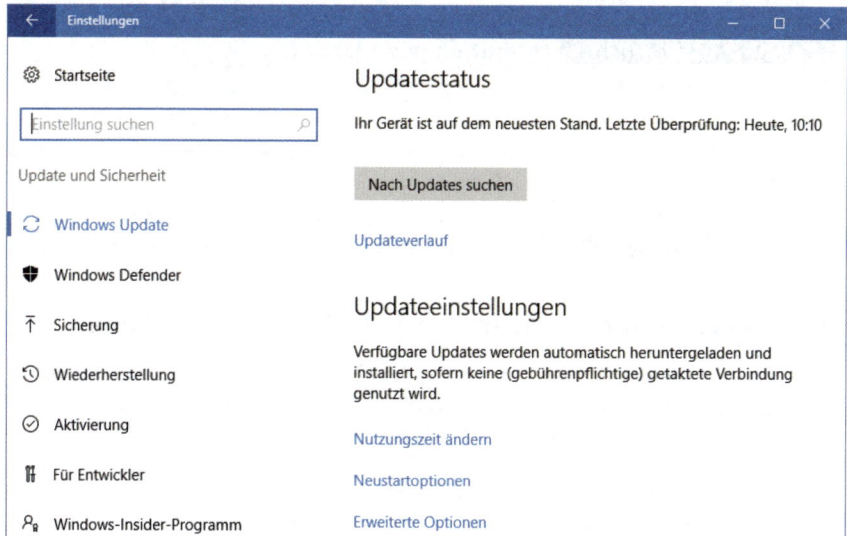

2. Rechts oben sehen Sie dann direkt den Updatestatus Ihres PCs. Wird hier nicht auf wichtige Updates hingewiesen, besteht kein akuter Handlungsbedarf. Sie können aber trotzdem mit *Nach Updates suchen* sicherstellen, dass auch keine eventuell weniger wichtigen Aktualisierungen vorliegen.

3. Liegen Updates vor, können Sie sich über die *Details* informieren und das Herunterladen und Installieren des Updates begleiten, was je nach Umfang ein Weilchen dauern kann.

4. Noch immer erfordern manche Aktualisierungen einen Neustart des PCs. In solchen Fällen führt Windows diesen automatisch zu einem Zeitpunkt durch, der außerhalb der typischen Nutzungszeiten liegt. Bis dahin können Sie den PC ganz normal weiternutzen und ggf. auch abschalten. Beim nächsten Start wird das Update dann automatisch eingespielt. Oder Sie klicken auf *Jetzt neu starten*, um den Vorgang gleich hinter sich zu bringen.

TIPP ☑ Ausführliche Informationen zu Updates

Microsoft versieht Updates in der Regel mit einer Referenznummer, die auf die Wissensdatenbank (Knowledge Base) der Firma verweist. Diese Referenznummer besteht aus dem Kürzel KB und einigen Ziffern, also z. B. KB123456. Wenn Sie mit einer beliebigen Suchmaschine nach dieser Referenznummer suchen, finden Sie meist sehr schnell den entsprechenden Artikel aus der Microsoft-Wissensdatenbank sowie gegebenenfalls weitere Informationsquellen zu dem Update bzw. dem zugrunde liegenden Problem.

Den Neustart auf einen späteren Zeitpunkt verschieben

Neustarts sind bei Updates nicht mehr so häufig nötig. Aber wenn sie es sind, ist der Zeitpunkt fast immer unpassend. Schließlich will man mit dem PC etwas anfangen und ihm nicht beim Neustart zusehen.

In solchen Situationen besteht die Möglichkeit, den fälligen Neustart auf einen bestimmten späteren Zeitpunkt zu verschieben.

1. Klicken Sie dazu unten bei *Updateeinstellungen* auf *Neustartoptionen*.

2. Steht ein Neustart an, können Sie hier einen benutzerdefinierten Neustart aktivieren und einen Tag sowie eine Uhrzeit dafür angeben.

3. Wählen Sie dazu einen Zeitpunkt, wenn der PC eingeschaltet ist, damit Update und Neustart dann auch ausgeführt werden können.

Mehr Kontrolle: den Update-Zeitraum selbst bestimmen

Wer gern möglichst die Kontrolle über die Vorgänge auf seinem PC behalten möchte, ist mit den Standardvorgaben für Updates möglicherweise nicht zufrieden. Schließlich kommt man so immer wieder in die Situation, dass Windows einen Neustart durchführen möchte, wenn Sie eigentlich mit dem PC arbeiten wollen. Um das zu vermeiden, können Sie die Nutzungszeit ändern und so nervige Neustart-Aufforderungen vermeiden. Wählen Sie dafür aber einen Zeitraum, in dem der PC üblicherweise eingeschaltet ist.

1. Klicken Sie hierzu in den Einstellungen von *Windows Update* auf den Link *Nutzungszeit ändern*.

2. Hier können Sie *Startzeit* und *Endzeit* des Zeitraums festlegen, in dem Sie nicht von Neustarts belästigt werden möchten.

3. Klicken Sie unten auf *Speichern*, um den neuen Zeitraum zu übernehmen.

Hinweis: Die Einstellung wirkt sich nur auf Updates aus, die einen Windows-Neustart erfordern. Updates, die im laufenden Betrieb eingespielt werden können (und das sind die meisten), führt Windows so oder so vollautomatisch durch.

HINWEIS ⊠ Die Downloaddauer bei Updates

Der Download von Windows-Updates ist nicht unbedingt mit einem „normalen" Datei-download zu vergleichen. Microsoft hat sehr darauf geachtet, dass durch das Herun-terladen der Updates die Arbeit mit dem PC nicht beeinträchtigt wird. Das gilt insbe-sondere für die Netzwerk- bzw. Internetverbindung. Wird diese zeitgleich von anderen Anwendungen benutzt, fährt Windows den Anteil der Updatedownloads am Daten-verkehr auf ein Minimum zurück. Dadurch kann es passieren, dass der Download der Aktualisierungen sogar tagelang dauert, wenn Sie z. B. ein Filesharing-Programm oder eine intensiv genutzte Serveranwendung rund um die Uhr laufen lassen. Benutzen Sie den Internetanschluss hingegen gerade gar nicht, ist der Download meist innerhalb ei-niger Sekunden bis weniger Minuten erledigt. Im Allgemeinen brauchen Sie sich deswe-gen aber auch keine Gedanken zu machen. Lediglich bei aktuellen sicherheitskritischen Updates ist es sinnvoll, andere Aktivitäten vorübergehend einzustellen, um den Down-load möglichst schnell durchzuführen.

Feature-Updates mit neuen Funktionen

Mit Windows 10 hat Microsoft seine Entwicklungsphilosophie grundlegend verändert. So soll Windows 10 auf lange Sicht das letzte Windows bleiben und nicht alle paar Jahre durch eine neue Version abgelöst werden. Dafür wird es beständig weiterentwickelt, sodass Updates nicht nur Fehler beheben und Sicherheitslücken schließen, sondern neue Funktionen ergänzen und vorhandene Funktionen, Einstellungen und auch das Aussehen verändern. Solche Veränderungen soll es aber nicht ständig geben, sondern nur durch größere Updates etwa alle halbe Jahr. Deshalb unterscheidet Microsoft zwischen ver-schiedenen Arten von Updates:

- Es gibt weiterhin alle paar Wochen normale Updates, die im Wesentlichen der Sta-bilität und Sicherheit dienen und meist nicht unmittelbar auf der Oberfläche erkenn-bare Veränderungen mit sich bringen.

- Daneben gibt es in der Regel ungefähr alle halbe Jahr sogenannte Feature-Up-dates, die neue Funktionen mit sich bringen bzw. bestehende Funktionen verändern.

Die kleinen Updates werden wie beschrieben über den bekannten Update-Mechanis-mus heruntergeladen und eingespielt. In den meisten Fällen werden sie im Hintergrund direkt installiert, ohne dass der Benutzer etwas davon mitbekommt. In manchen Fällen ist ein Neustart erforderlich. Feature-Updates werden ebenfalls über den Windows-Update-Mechanismus verteilt. Allerdings handelt es sich um größere, unübersehbare Eingriffe, die immer mindestens einen Neustart und teilweise auch Interaktion mit dem Benutzer erfordern.

1. In solchen Fällen werden Sie nach dem Neustart von einem Assistenten begrüßt, der Sie durch die erforderlichen Schritte führt. Klicken Sie auf *Weiter*, um damit zu be-ginnen. Hinweis: Mit dem Link *Ich bin nicht …* links unten können Sie an dieser Stelle zu einem anderen Benutzerkonto wechseln.

2. Die weiteren Schritte hängen davon ab, welche Funktionen Microsoft mit dem neuen Update ergänzt oder verändert. Wurde beispielsweise die digitale Assistentin Cor-tana erweitert, können Sie ggf. neu entscheiden, ob Sie diese Funktion verwenden

möchten. Klicken Sie dementsprechend auf *Cortana verwenden* oder *Jetzt nicht*. Sie können die hier anstehenden Entscheidungen in jedem Fall später in den *Einstellungen* nachholen bzw. rückgängig machen.

3. Im Rahmen eines Feature-Updates versucht Microsoft immer wieder gern, Sie zu den eigenen Apps für Standardfunktionen wie Webbrowser, Bilder und Musik zu bekehren. Wenn Sie das nicht wünschen, sollten Sie an dieser Stelle auf *Standard-Apps selbst auswählen lassen* klicken.

4. Sie können dann im nächsten Schritt das Häkchen bei den Anwendungen entfernen, bei denen das Update Ihre bisher verwendeten Standard-Apps nicht verändern soll. Auch diese Einstellungen kann man ggf. später noch korrigieren, aber an dieser Stelle geht es am einfachsten und schnellsten.

5. Sind alle Voreinstellungen erledigt, startet Windows nochmals neu und richtet alles entsprechend den Vorgaben ein. Das dauert manchmal ein wenig, läuft aber automatisch ohne weitere Interaktion durch.

6. Anschließend begrüßt Sie der Update-Assistent bei der aktuellen Version von Windows. Alle Ihre Dateien und Einstellungen sind noch immer vorhanden und Sie können sich direkt daranmachen, die neuen Funktionen zu erkunden.

Wenn das Feature-Update auf sich warten lässt

Feature-Updates liefert Microsoft in mehreren Wellen aus, um die eigene Server-Infrastruktur nicht zu überlasten. Die Regeln, wer zu welcher Welle gehört und wie lange warten muss, sind leider völlig intransparent, sodass man manchmal lange warten muss, obwohl in den Medien überall von neuen Funktionen berichtet wird und alle Bekannten und Kollegen das Update auch schon zu haben scheinen. Wer dann nicht länger warten möchte, kann das Update jederzeit von Hand starten.

1. Gehen Sie auf die Webseite www.microsoft.com/de-de/software-download/windows10 und klicken Sie hier auf die Schaltfläche *Jetzt aktualisieren.*

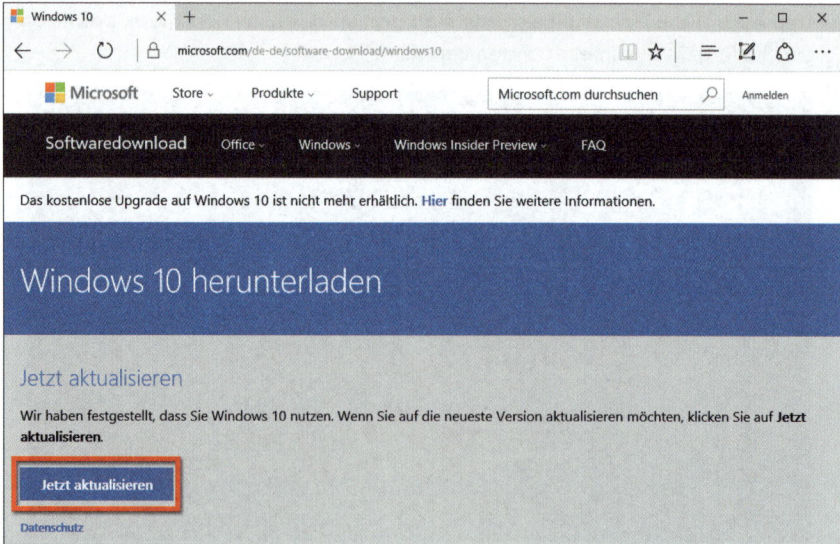

2. Der Browser lädt dann eine kleine Datei namens *Windows10UpgradeXYZ.exe* herunter, wobei XYZ für eine Versionsnummer steht. Führen Sie diese Datei nach dem Download direkt aus.

3. Anschließend finden Sie auf Ihrem Desktop den *Windows 10-Up-grade-Assistenten* vor. Gleichzeitig wird dieser auch direkt gestartet.

4. Auf der Startseite zeigt er die Versionsnummer des aktuell installierten Windows und die des aktuellen Updates an. So haben Sie eine Kontrolle, was installiert werden soll. Allerdings handelt es sich dabei um die internen Build-Nummern von Microsoft. Mithilfe von Google & Co. kann man eventuelle Unklarheiten bezüglich dieser Nummern schnell beseitigen.

5. Nun brauchen Sie nur noch auf *Jetzt aktualisieren* zu klicken, um das Update zu starten.

6. Der Assistent prüft dann, ob alle Voraussetzungen für das Update erfüllt sind, und beginnt mit dem Herunterladen und Überprüfen der Daten. Anschließend wird das laufende Windows automatisch aktualisiert. Auch das geschieht im Hintergrund und stört das gleichzeitige Arbeiten am PC allenfalls minimal. Währenddessen können Sie das Fenster *Minimieren* und ganz normal mit Ihrem PC weiterarbeiten.

7. Abschließend muss ein Neustart durchgeführt werden. Der erfolgt mit einiger Verzögerung automatisch. Sie können an dieser Stelle auch sofort *Jetzt neu starten*. Oder wenn es gerade nicht passt, das Update mit *Später neu starten* noch etwas hinauszögern. Mit dem nächsten Neustart wird es dann automatisch durchgeführt.

Funktionsupdates zeitweise zurückstellen

Microsoft unterscheidet, wie bereits erwähnt, zwischen einfachen Updates, die im wesentlichen Fehler korrigieren oder Sicherheitslücken schließen, und Feature-Updates, die neue Funktionen bringen oder vorhandene Funktionen wesentlich verändern.

Ab der Pro-Edition von Windows 10 ist es möglich, solche neuen Windows-Funktionen erst nach einigen Monaten „Probezeit" zu installieren. Wer befürchtet, dass Updates sich negativ auswirken, kann sie so erst mal bei anderen Benutzern „reifen" lassen. Dies gilt allerdings nicht für sicherheitsrelevante Updates bzw. reine Fehlerkorrekturen für vorhandene Funktionen.

1. Um Feature-Updates nur verzögert zu installieren, klicken Sie in den Einstellungen für Windows Update auf *Erweiterte Optionen*.

2. Aktivieren Sie hier die Option *Featureupdates zurückstellen*. Sollte diese Option nicht vorhanden sein, ist Ihre Windows-Edition dazu nicht berechtigt oder der Gruppenadministrator Ihres Netzwerks hat diese Funktion per Gruppenrichtlinie deaktiviert.

Installierte Updates überprüfen

Wenn das Installieren von Updates automatisch im Hintergrund erfolgt, kann man nie sicher sein, welche Aktualisierungen bereits vorgenommen wurden und welche noch nicht. Ob ein bestimmtes Update bereits auf Ihrem PC eingespielt wurde, können Sie aber schnell herausbekommen.

1. Öffnen Sie in den Einstellungen *Update und Sicherheit/Windows Update* und klicken Sie dort auf *Updateverlauf*.

2. Damit öffnen Sie den Updateverlauf, der eine Liste aller durchgeführten Updates umfasst. Neben Name und Installationsdatum verrät jeder Eintrag auch, ob diese Aktualisierung erfolgreich installiert werden konnte.

Sollte bei einem Update keine erfolgreiche Installation gemeldet werden, prüfen Sie zunächst, ob diese Aktualisierung vielleicht zu einem späteren Zeitpunkt bereits erfolgreich nachgeholt werden konnte. Andernfalls sollten Sie einen erneuten Versuch starten, dieses Update zu installieren.

Updates bei Problemen mittels Rollback rückgängig machen

Sollten durch ein Update wider Erwarten Probleme auftreten oder eine wichtige Anwendung nun nicht mehr wie gewünscht funktionieren, können Sie Updates auch rückgängig machen. Die Änderungen durch das Update werden dann auch rückgängig gemacht und die vorherigen Versionen der entsprechenden Dateien wiederhergestellt. Dies sollte allerdings eine Ausnahme für wirklich problematische Situationen bleiben. Prinzipiell sind gerade wichtige Updates für die Sicherheit Ihres PCs unerlässlich. Außerdem kann das Deinstallieren einzelner Updates wiederum neue Probleme verursachen. Deshalb ist es bei manchen Updates auch von vornherein ausgeschlossen.

1. Öffnen Sie in den Einstellungen *Update und Sicherheit/Windows Update* und klicken Sie dort auf *Updateverlauf*.

2. Klicken Sie im Updateverlauf ganz oben auf *Updates deinstallieren*.

3. Damit öffnen Sie eine Liste der installierten Updates. Diese können Sie z. B. anhand der Spalte *Installiert am* (ganz rechts) sortieren lassen, um die zuletzt installierten Updates nach oben zu bringen.

4. Wählen Sie das fragliche Update aus und klicken Sie dann auf *Deinstallieren*.

HINWEIS ▷ Deinstallieren nicht möglich?

Bei manchen Updates wird keine *Deinstallieren*-Schaltfläche angezeigt, wenn Sie den Eintrag auswählen. Solche Updates können nicht deinstalliert werden. Dies hat in der Regel technische Gründe, etwa weil bestimmte Komponenten dann nicht mehr funktionieren würden. Bei weiter zurückliegenden Updates kann es auch daran liegen, dass die Deinstallationsinformationen inzwischen gelöscht wurden, um den Speicherplatz freizugeben. Auch in solchen Fällen ist kein Deinstallieren mehr möglich.

Kapitel 30

30. Schützen Sie sich gegen Angriffe aus dem Netz

Eine Firewall gehört schon seit einigen Jahren zum Lieferumfang von Windows. Das ist auch sinnvoll, denn eine solche Schutzfunktion bietet zwar keine vollkommene Sicherheit, aber einen guten Basisschutz. Da eine Firewall an sich ein recht

komplexes Instrument ist, das in den Detaileinstellungen zumindest Grundwissen über Netzwerke erfordert, hat Microsoft die Windows-Firewall quasi zweigeteilt. Wer einfach nur sichere Einstellungen ohne viel Aufwand haben möchte, kann die Firewall mit einigen wenigen Grundeinstellungen in seinem Sinn konfigurieren. Wer aber in die Details gehen und spezifische Einstellungen für besondere Szenarien konfigurieren will, kann in den erweiterten Einstellungen sozusagen an jeder kleinen Schraube selbst drehen.

30.1 Die klassische Windows-Firewall für zuverlässigen Basisschutz

Angesichts der Gefahren im Internet ist eine Firewall eine unerlässliche Maßnahme. Sie filtert unerwünschte und potenziell gefährliche Pakete und Anfragen aus dem Datenstrom heraus und verhindert so, dass sie auf den PC gelangen. So werden die Zugänge des PCs vor unerwünschten Gästen geschützt, und auch bösartige Angriffe wie Portscans und Denial-of-Service-Attacken werden abgewehrt. Windows bringt hierfür einen Basisschutz in Form seiner klassischen Windows-Firewall mit.

Sichere Basiskonfiguration der Firewall

Die Windows-Firewall kann für jegliche Arten von Internetverbindung verwendet werden. Dabei spielt es keine Rolle, ob es sich um eine Einwählverbindung, einen DSL-Zugang über ein lokales Netzwerk oder auch um ein Drahtlosnetzwerk handelt. Die Firewall-Einstellungen können auf die jeweilige Rechner- und Zugangskonfiguration und das persönliche Sicherheitsbedürfnis abgestimmt werden. Hierzu unterscheidet die Firewall — wie auch das Netzwerk- und Freigabecenter — grundsätzlich zwei Arten von Netzwerken:

- Das sind zum einen **private Netzwerke** zu Hause oder an einem Arbeitsplatz, wo der PC mit anderen, prinzipiell vertrauenswürdigen PCs verbunden ist. Standardmäßig sind hier der Datenaustausch und das Teilen von Ressourcen möglich, und die Firewall-Einstellungen sind weniger restriktiv bzw. lassen problematische Aktivitäten gegebenenfalls nach einer Rückfrage zu.

- **Gast- oder öffentliche Netzwerke** wie z. B. offene WLAN-Hotspots oder Firmennetze, die von vielen Anwendern genutzt werden, behandelt Windows wesentlich restriktiver. Datenaustausch und Ressourcenfreigabe sind hier standardmäßig nicht möglich. Eine vom öffentlichen Netzwerk bereitgestellte Internetverbindung kann selbstverständlich genutzt werden, unterliegt aber einer strengen Kontrolle bezüglich der Art der übertragenen Daten.

1. Um die *Windows-Firewall* einzustellen, öffnen Sie zunächst das gleichnamige Modul der klassischen Systemsteuerung.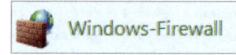

2. Im anschließenden Menü können Sie nun den aktuellen Status von Netzwerk und Firewall sowie die Grundkonfiguration der Firewall einsehen. Hier zeigt sich die Unterscheidung in private und öffentliche Netzwerke deutlich.

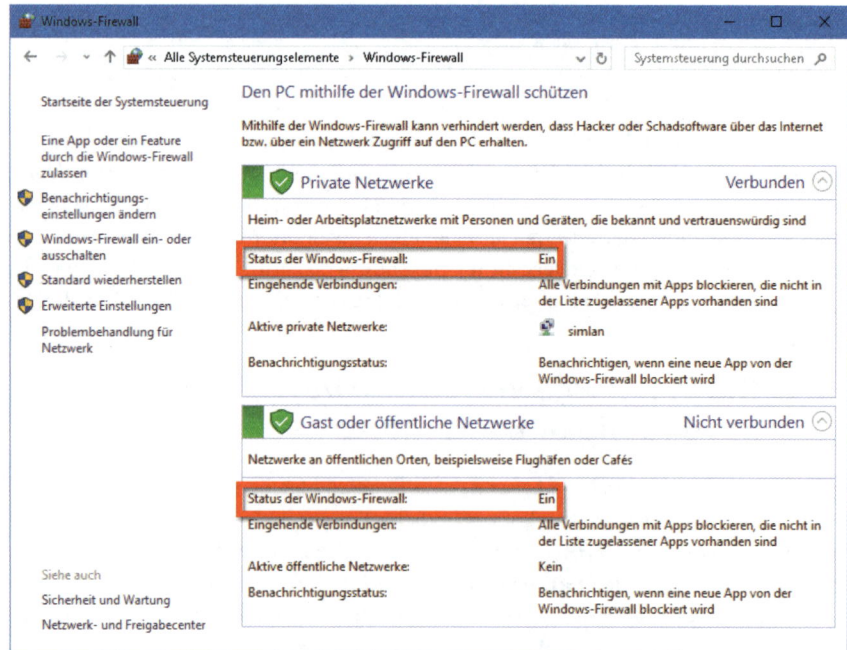

Für jeden Bereich ist eine eigene Übersicht vorhanden, und Sie können dieselben – getrennten – Einstellungen für beide Arten von Netzwerken vornehmen.

3. Um die Konfiguration der Firewall zu verändern, klicken Sie links auf *Windows-Firewall ein- oder ausschalten*. So öffnen Sie die eigentlichen Firewall-Einstellungen. Auch hier ist alles zweigeteilt, und alle Einstellungen können separat für geschlossene und öffentliche Netze vorgenommen werden:

- Standardmäßig ist die Schutzfunktion mit *Windows-Firewall aktivieren* eingeschaltet und läuft mit Basisregeln, die die üblichen Internetanwendungen zulassen. Nicht angeforderte Datenpakete von anderen Rechnern werden dabei verworfen, wenn diese nicht ausdrücklich als Ausnahmen definiert sind. Somit sind Sie vor Portscans, Trojanern etc. schon recht gut geschützt.

- Insbesondere für mobile PCs, die hin und wieder an öffentlichen Netzwerken wie z. B. WLANs betrieben werden, ist die Option *Alle eingehenden Verbindungen blockieren, einschließlich der in der Liste der zugelassenen Apps* gedacht. Sie ignoriert auch definierte Ausnahmeregeln und bietet so noch mehr Schutz.

- Die Option *Benachrichtigen, wenn eine neue App von der Windows-Firewall blockiert wird* setzt Sie davon in Kenntnis, wenn die Firewall aktiv ins Geschehen eingreift. Das kann sinnvoll sein, da ansonsten Anwendungen mit Internetzugriff nicht funktionieren und Sie nicht erfahren, warum das so ist. Sollten die Meldungen der Firewall nervig sein, können Sie sie aber so unterdrücken.

- Die Firewall mit *Windows-Firewall deaktivieren* auszuschalten, empfiehlt sich nur, wenn Sie stattdessen andere, mindestens ebenbürtige Schutzmaßnahmen ergreifen.

4. Wenn Sie die geänderte Einstellung mit OK übernehmen, wird die Firewall-Funktion entsprechend Ihrer Auswahl eingestellt. Dies ist ohne Neustart möglich, sodass Sie den Modus auch während des Betriebs jederzeit schnell wechseln können.

Schalten Sie Onlineprogrammen den Internetzugang frei

Die Windows-Firewall überwacht nicht nur den von außen ankommenden Datenverkehr, sondern achtet auch auf Programme, die vom PC aus Daten ins Internet übertragen wollen. Schließlich könnte es sich dabei ja um Trojaner oder andere schwarze Schafe handeln. Nimmt ein Programm Kontakt mit dem Internet auf, vergleicht die Windows-Firewall dieses mit ihrer internen Liste und wird aktiv, wenn das Programm dort nicht verzeichnet oder gar gesperrt ist. Das kann freilich auch passieren, wenn Sie selbst eine Internetanwendung zum ersten Mal starten. Dann müssen Sie Windows beibringen, dieses Programm zu akzeptieren.

HINWEIS ⊳ Nachricht beim Blockieren von Programmen

Damit das interaktive Freischalten von Anwendungen für den Internetzugriff gelingen kann, muss in den Einstellungen der Windows-Firewall die Option Benachrichtigen, wenn eine neue App von der Windows-Firewall blockiert wird eingeschaltet sein (siehe vorangegangenen Abschnitt).

1. Wenn ein Programm auf das Internet zugreifen möchte, das die Windows-Firewall bislang nicht in der internen Liste verzeichnet hat, blockiert sie dessen Zugriff zunächst. Sie erhalten dazu ein Hinweisfenster.

2. Haben Sie dieses Programm selbst aufgerufen und wollen es online benutzen, können Sie zunächst wählen, ob der Zugriff nur in geschlossenen privaten Netzwerken oder auch an öffentlichen Hotspots erlaubt sein soll.

3. Klicken Sie dann unten auf *Zugriff zulassen*.

4. Wurde das Programm versehentlich gestartet oder handelt es sich um ein Programm, das gar keine Internetfunktionen haben sollte, oder haben Sie vielleicht gar kein Programm gestartet, klicken Sie unten rechts auf die Schaltfläche *Abbrechen*. Damit wird dieses Programm auf die rote Liste gesetzt.

Die Zugangserlaubnis für ein Internetprogramm zurückziehen

Wenn Sie einem Internetprogramm den Zugriff aufs Internet gestattet haben, fragt Windows nicht mehr nach, sondern startet das Programm immer sofort. Das liegt daran, dass die Windows-Firewall alle Programme, denen Sie den Zugriff einmal erlaubt haben, in einer Liste speichert, um wiederholte Nachfragen zu vermeiden. Sie können ein Programm aber wieder aus dieser Liste streichen.

1. Öffnen Sie die Windows-Firewall-Einstellungen und klicken Sie dort links oben auf *Eine App oder ein Feature durch die Windows-Firewall zulassen.*

2. Klicken Sie im anschließenden Dialog zunächst oben auf die Schaltfläche *Einstellungen ändern.*

3. Suchen Sie in der Liste darunter einen Eintrag mit dem Namen des Programms. Wählen Sie diesen aus und klicken Sie dann ganz unten rechts auf die Schaltfläche *Entfernen.*

4. Bestätigen Sie die Sicherheitsrückfrage mit *Ja* und übernehmen Sie die Änderung schließlich mit *OK.* Beim nächsten Start dieser Anwendung fragt die Windows-

Firewall wieder nach, und Sie können das Programm nun z. B. für den Internetzugang sperren.

HINWEIS ⊳ Internetanwendungen via Netzwerkports freischalten

Die Basiseinstellungen der Windows-Firewall sind komplett anwendungsorientiert. Freigaben können also immer nur für ein konkretes Programm ausgestellt werden. Sie können auch bestimmte Netzwerkports z. B. für VoIP-Internettelefonie, P2P-Tauschbörsen oder Instant Messaging freigeben, die dann von beliebigen Anwendungen genutzt werden können. Solche Einstellungen können aber nur in den erweiterten Einstellungen der Windows-Firewall vorgenommen werden (siehe im Folgenden).

30.2 Erweiterte Firewall-Einstellungen für flexiblen Schutz

Die Basisoptionen der Windows-Firewall lassen nur Grundeinstellungen sowie das Freigeben oder Sperren konkreter Anwendungen zu. Wer mehr will, muss sich mit den erweiterten Einstellungen beschäftigen. Deren Optionen und Möglichkeiten sind vielfältig und erfordern etwas mehr Kenntnisse als bei der klassischen Variante. Vor allem aber sind die Konfigurationsmöglichkeiten wohl etwas zu umfangreich und komplex, um sie als Symbol innerhalb der Systemsteuerung zu präsentieren. Deshalb führt der entsprechende Link Sie in die Tiefen der Computerverwaltung.

1. In den Basiseinstellungen der Windows-Firewall finden Sie diesen Link unter der Bezeichnung *Erweiterte Einstellungen*.

2. Damit gelangen Sie direkt in die auf den ersten Blick vielleicht etwas verwirrenden erweiterten Firewall-Einstellungen.

3. Im mittleren Bereich sehen Sie in der Übersicht die aktuellen Statusinformationen zur erweiterten Windows-Firewall. Achten Sie hierbei vor allem auf die Angaben zu dem Profil, bei dem *ist aktiv* vermerkt ist. Hier können Sie sehen, ob die Firewall derzeit aktiviert ist und wie sie mit eingehenden und ausgehenden Verbindungen standardmäßig umgeht.

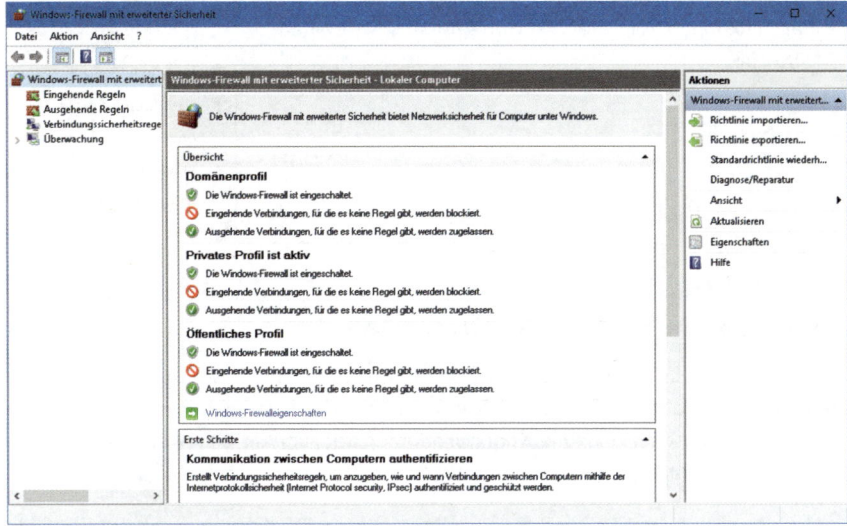

TIPP ☑ Welches Profil ist das richtige?

Die erweiterte Windows-Firewall kann mit Einstellungen für verschiedene Szenarien versehen werden. Wenn Ihr PC mit einem Firmennetzwerk verbunden ist, das von einem Domänencontroller koordiniert wird, sind die Einstellungen unter *Domänenprofil* entscheidend. Für den klassischen Heim-PC, der allein steht oder nur mit einem kleinen lokalen Netzwerk verbunden ist, gelten die Einstellungen unter *Privates Profil*. Wenn Sie mit Ihrem PC an einem öffentlichen Netz teilnehmen, z. B. per WLAN in einem Internetcafé, werden die Einstellungen bei *Öffentliches Profil* verwendet. Die Optionen selbst unterscheiden sich nicht. Sie können aber verschiedene Einstellungen wählen, wenn der PC sich z. B. im Firmennetzwerk anders verhalten soll als zu Hause.

4. Weitere Informationen zur Firewall erhalten Sie über die Navigationsleiste ganz links. Dem Eintrag der Windows-Firewall ist ein Symbol vorangestellt. Genau wie in einer Ordnerleiste können Sie den Eintrag mit einem Klick darauf aufklappen und so weitere Unterbereiche zum Vorschein bringen, etwa die Listen mit den vordefinierten Ausnahmen für eingehende und ausgehende Datenverbindungen oder die Einstellungen zum Überwachen der Firewall.

5. Ganz rechts im Fenster sehen Sie die Leiste *Aktionen*. Diese ist kontextabhängig und verändert sich, wenn Sie links einen der Bereiche auswählen. Sie stellt jeweils die Funktionen zur Verfügung, die für die verschiedenen Bereiche relevant sind, wie z. B. das Anlegen neuer Ausnahmen. Außerdem finden Sie immer Funktionen zum Steuern der Ansicht sowie einen *Hilfe*-Link.

Die erweiterte Firewall konfigurieren

Die erweiterten Einstellungen der Windows-Firewall erlauben Ihnen wesentlich flexiblere und tiefer greifende Eingriffe in diese wichtigen Schutzmechanismen. Deshalb sollten Sie dabei auf eine sinnvolle Konfiguration achten, um die Netzwerkfunktionen Ihres PCs nicht zu beeinträchtigen.

1. Um die erweiterte Firewall einzustellen, wählen Sie links ganz oben den Eintrag *Windows-Firewall mit erweiterter Sicherheit* und klicken dann im mittleren Bereich im Abschnitt *Übersicht* ganz unten auf den Link *Windows-Firewalleigenschaften*.

2. Damit öffnen Sie einen Einstellungsdialog, in dem Sie zunächst die richtige Regis- terkarte wählen sollten. Geht es um Einstellungen für ein öffentliches Netzwerk, sind Sie bei *Öffentliches Profil* richtig. Einstellungen für ein lokales, vertrauenswürdiges Netzwerk hingegen werden in *Privates Profil* konfiguriert. Inhaltlich sind beide Re- gisterkarten identisch, deshalb ist an dieser Stelle etwas Umsicht erforderlich.

3. Um die Firewall zu aktivieren, setzen Sie das Auswahlfeld *Firewallstatus* auf *Ein*.

4. Danach sollten Sie unbedingt die Grundeinstellungen der Firewall überprüfen und gegebenenfalls anpassen:

- *Eingehende Verbindungen* legt fest, wie die Firewall mit Verbindungen um- geht, die von außerhalb an den Rechner herangetragen werden. Mit *Blockie- ren (Standard)* verhindert das Programm alle Verbindungen, die nicht vom PC selbst angefordert wurden und für die keine Ausnahmeregelungen bestehen. Mit *Alle blockieren* unterbinden Sie jegliche Datenpakete von außerhalb. Die- se Einstellung verhindert aber unter Umständen Internetdienste wie P2P-Da- teitausch, Messaging oder Internettelefonie. Auf keinen Fall empfehlenswert ist hier die Einstellung *Zulassen*, da Ihr PC damit wie das sprichwörtliche Scheu- nentor offen steht.

- Etwas anders sieht die optimale Einstellung bei *Ausgehende Verbindungen* aus. Hier ist *Zulassen (Standard)* die übliche Einstellung. Sie lässt alle Datenverbin- dungen zu, die vom PC selbst aus nach draußen abgehen. Nur wenn für be- stimmte Programme, Protokolle oder Ports Einschränkungen festgelegt werden, unterbindet die Firewall diese Verbindungen. Mit *Blockieren* würden sämtliche abgehenden Verbindungen unterbunden, und Ihr PC wäre praktisch völlig von der Außenwelt isoliert. Das mag in manchen speziellen Situationen wünschens- wert sein, in der Regel aber sicherlich nicht.

5. Klicken Sie anschließend noch im Bereich *Einstellungen* auf die Schaltfläche *Anpassen*.

6. Im nächsten Dialog können Sie das grundlegende Verhalten der Windows-Firewall mit einigen Optionen steuern.

7. Sehr wichtig ist der Eintrag *Benachrichtigung anzeigen* oben im Bereich *Firewallein-stellungen*. Ist er aktiviert, wird der Benutzer informiert, wenn eine Anwendung auf seinem PC eine Verbindung herstellt, um Daten von außerhalb zu empfangen. Ver-fügt der Benutzer über Administratorrechte, kann er dann entscheiden, dies zuzu-lassen oder zu blockieren. Kommt es allerdings sehr häufig zu solchen Rückfragen, kann es hilfreich sein, diese Option zu deaktivieren. Dann gelten die in den Einstel-lungen festgelegten Standardregeln.

8. Klicken Sie dann zweimal auf *OK*, um die jeweiligen Dialoge zu schließen und die gewählten Einstellungen zu aktivieren.

30.3   Die Firewall für wichtige Dienste wie VoIP, Onlinespiele oder P2P durchlässig machen

Die Windows-Firewall filtert ein- und ausgehende Daten und lässt nur solche Pakete passieren, die zuvor von einer Anwendung oder einem Dienst des PCs ausdrücklich an-gefordert wurden. Beispiel: Wenn der Internet Explorer eine Webseite abruft, schickt er eine Anforderung an den entsprechenden Webserver. Dieser beantwortet sie mit den Daten der Webseite. Diese Antwort wird von der Firewall durchgelassen, da sie sich der Anforderung durch den Internet Explorer direkt zuordnen lässt. Es handelt sich also um erwünschte Daten.

Datenpakete, zu denen sich keine Aufforderung direkt zuordnen lässt, werden hingegen blockiert. Auch hier ein vereinfachtes Beispiel: Bei der Internettelefonie per VoIP will Sie jemand erreichen. Dazu schickt sein VoIP-Programm ein entsprechendes Datenpaket an Ihren PC. Dieses wurde allerdings nicht ausdrücklich angefordert (denn Sie wissen ja nicht, dass jemand Sie jetzt gerade erreichen will).

Also blockiert die Firewall diese Daten, und Sie erfahren nichts von dem Anrufversuch. Daraus folgt nun nicht, dass sich Firewall und VoIP nicht vereinbaren lassen. Sie müssen aber in der Firewall eine Ausnahmeregel definieren, die Datenpakete mit VoIP-Anrufen grundsätzlich durchgehen lässt.

1. Wählen Sie in der Verwaltungskonsole der Firewall ganz links in der Navigationsleiste den Unterbereich *Eingehende Regeln*, in dem Sie Ausnahmeregeln für ein-gehende Datenverbindungen festlegen können.

2. Wechseln Sie dann auf die ganz rechte Seite des Fensters in den Bereich *Aktionen* und klicken Sie hier ganz oben auf *Neue Regel*. Damit starten Sie einen Assistenten, der Sie komfortabel durch die Schritte zum Definieren einer Firewall-Regel führt.

3. Wählen Sie im ersten Schritt, auf welcher Basis die Regel erstellt werden soll. Der Assistent kann Ausnahmeregeln an einem Programm, einem Port oder an vordefinierten Windows-Diensten festmachen. Alternativ können Sie mit *Benutzerdefiniert* auch eine „leere" Regel erstellen, die sich anschließend ganz detailliert bearbeiten lässt. Das ist aber eher eine Lösung für spezielle Situationen und fortgeschrittene Netzwerkkenntnisse. Um Datenverbindungen für einen bestimmten Internetdienst wie etwa VoIP freizuschalten, verwenden Sie die Option *Port*.

4. Im nächsten Schritt geben Sie an, welche Ports genau freigegeben werden sollen. Wählen Sie dazu zunächst, ob es sich um TCP- oder UDP-Verbindungen handelt. Darunter wählen Sie dann die Option *Bestimmte lokale Ports* und geben den oder die Portnummern an. Mehrere Nummern werden dabei durch Kommata getrennt. Um etwa Anrufe bei VoIP zu erhalten, muss der Port 5060 für UDP-Verbindungen freigeschaltet werden.

TIPP ☑ Welche Ports müssen freigeschaltet werden?

Jeder Internetdienst verwendet andere Ports. Eine pauschale Aussage, welche Ports freigeschaltet werden müssen, ist deshalb nicht möglich. Lediglich eine Faustregel kann aus Sicherheitsgründen gelten: so viele wie nötig, aber so wenige wie möglich. Welche Ports ein bestimmter Dienst benötigt, erfahren Sie meist in der Hilfe des dazugehörigen Programms oder in den FAQs des Dienstanbieters. Achten Sie dabei nicht nur auf die Portnummern selbst, sondern auch auf die Verbindungsart (TCP oder UDP) und die Richtung der Daten (ein- bzw. ausgehend oder beides).

5. Dann legen Sie fest, was für Verbindungen auf diesem Port zugelassen werden. In den meisten Fällen sollten Sie sich für *Verbindung zulassen* entscheiden. In bestimmten Situationen kann es erforderlich sein, nur sichere, verschlüsselte Verbindungen zuzulassen, z. B. wenn es um Funktionen eines **v**irtuellen **p**rivaten **N**etzwerks (VPN) geht.

6. Schließlich wählen Sie aus, für welche Bereiche die Regel gelten soll. Dies bezieht sich wieder auf die Unterscheidung zwischen Domänenprofil, privatem und öffentlichem Profil.

7. Zum Schluss können Sie einen Namen und eine Beschreibung der Regel angeben. Beide dienen nur Ihrer eigenen Orientierung, um die Regel in der womöglich recht langen Liste wiederzufinden und auch nach längerer Zeit noch sofort zu verstehen, wofür diese Regel gedacht war.

Auf diese Weise können Sie Ausnahmeregeln für beliebige Internetdienste wie z. B. VoIP, P2P-Filesharing, Onlinespiele oder Messaging-Dienste definieren, damit Sie diese uneingeschränkt nutzen und Ihren PC trotzdem per Firewall absichern können.

30.4 Unerwünschte Updates und Datenschnüffeleien per Firewall unterbinden

Die erweiterte Firewall erlaubt auch detaillierte Vorgaben für ausgehende Daten. Dadurch lassen sich unerwünschte Anwendungen und Dienste auf dem PC effektiv unterbinden. Das folgende Beispiel zeigt, wie Sie sich das zunutze machen können, um z. B. Updates einer Anwendung bzw. deren „Nach-Hause-Telefonieren" zu verhindern, wenn sich dies nicht anderweitig deaktivieren lässt. Überlegen Sie allerdings jedes Mal genau, ob nicht z. B. die ständige Benachrichtigung anstehender Updates doch sinnvoll ist.

Schädlinge können mittlerweile fast alle Programmschwächen ausnutzen, um Schaden anzurichten; ständig aktuell gehaltene Software kann davor schützen. Zumindest für die Software von bekannten, vertrauenswürdigen Softwarefirmen sollte man das Internetupdate eher nicht sperren. Aber es gibt ja auch andere Software, die in erster Linie an Informationen über Ihr (Internet-)Verhalten interessiert ist.

Durch eine entsprechende Firewall-Regel wird nicht die Anwendung selbst blockiert, sondern nur deren Internetkonnektivität. Das ist dann also so, als ob das Programm auf einem PC ohne Internetverbindung laufen würde. Der Vorgang ist im Prinzip der gleiche wie bei der vorangehend beschriebenen Filterregel für eingehende Verbindungen. Deshalb beschränke ich mich auf die wesentlichen Einstellungen.

1. Wählen Sie links in der Navigationsleiste die Unterrubrik *Ausgehende Regeln*.

2. Klicken Sie rechts bei *Aktionen* auf *Neue Regel*.

3. Wählen Sie im ersten Schritt des Assistenten die Option *Programm*, um eine Anwendung (bzw. deren Internetfunktionen) zu blockieren.

4. Im nächsten Schritt aktivieren Sie die Option *Dieser Programmpfad* und wählen dann mit *Durchsuchen* die Programmdatei der Anwendung aus.

5. Geben Sie nun als Aktion *Verbindung blockieren* an, damit alle Verbindungen, die diese Anwendung ins Internet aufbauen möchte, von der Firewall blockiert werden.

6. Wählen Sie schließlich wieder das bzw. die Profile aus, für die die Regel gelten soll, und tragen Sie einen Namen sowie eine Beschreibung für die neue Regel ein.

Kapitel 31

31. So schützt der Defender Sie kostenlos vor Spyware und Viren

Mit dem Windows Defender bringt Windows einen Basisschutz gegen Viren und sonstige Malware mit – nach dem Hin und Her der vergangenen Jahre (siehe Hintergrundbox) sicher ein richtiger Schritt. Wer die Microsoft Security Essentials kennt, wird mit dem Windows Defender schnell zurechtkommen, denn er hat mehr mit diesem Programm gemeinsam als mit seinem halbherzigen Vorgänger aus früheren Windows-Versionen.

HINTERGRUND ⊳ Windows Defender vs. Microsoft Security Essentials

Die Produktpolitik von Microsoft in Bezug auf Sicherheitssoftware ist nicht leicht zu verstehen. Erst überließ man dieses Feld viele Jahre komplett anderen Anbietern. Dann brachte Windows Vista das Anti-Malwareprogramm Defender mit, das aber keinen vollwertigen Virenscanner enthielt, sodass immer noch Zusatzsoftware erforderlich war. Irgendwann veröffentlichte Microsoft mit dem Zusatztool Microsoft Security Essentials einen kostenlosen Basisschutz gegen Malware und Viren. Installierte man dieses Programm, wurde der Windows Defender aber automatisch deaktiviert. Seit Windows 8 ist nun wieder der Defender dabei, der mittlerweile aber auch zumindest einen Basisschutz gegen Viren bietet und in Aussehen und Funktionsumfang eher den früheren Security Essentials ähnelt. Der aktuelle Windows Defender kann also als Nachfolger der Microsoft Security Essentials betrachtet werden. Dieses Hin und Her muss man nicht verstehen, sondern kann es nur geduldig hinnehmen. Unter dem Strich bleibt, dass das aktuelle Windows von Haus aus einen robusten Basisschutz gegen verschiedenartige Schädlinge mitbringt, der zuverlässig über Windows Update auf dem laufenden Stand gehalten wird. Wer auf Nummer sicher gehen will, kann aber selbstverständlich auch ein anderes Sicherheitsprogramm installieren. Der Windows Defender wird dann gegebenenfalls automatisch deaktiviert.

Zugang zu den Defender-Einstellungen

Der Windows Defender wird bei der Windows-Installation grundsätzlich erst mal installiert und aktiviert. Nur wenn ein alternatives Sicherheitsprogramm vorhanden ist, das alle Funktionen des Defender übernimmt, deaktiviert Windows ihn automatisch. Nach der Installation erfolgen zunächst eine Aktualisierung und eine schnelle Überprüfung des Systems. Später sorgt dann Windows Update dafür, dass die Virensignaturen stets aktuell bleiben. Das alles läuft vollautomatisch ab, sodass Sie sich nicht darum kümmern müssen. Einmal aktiviert, beruht der Schutz des PCs auf zwei Säulen:

- Das System wird regelmäßig mit einem Scan überprüft. Die Zeitplanung dafür lässt sich individuell anpassen.

- Der Echtzeitschutz überwacht laufend Dateiaktionen und ausgeführte Programme und sucht dabei nach Spuren von Viren.

In der Regel werden Sie den Windows Defender nur selten manuell aufrufen müssen. Wollen Sie die Einstellungen ändern oder einen manuellen Scan vornehmen, rufen Sie dafür den Windows Defender über den gleichnamigen Eintrag in der Systemsteuerung auf. Alternativ finden Sie im Infobereich ebenfalls ein kleines Symbol des Windows Defender, das Sie lediglich doppelt anzuklicken brauchen, um den Defender zu öffnen.

HINTERGRUND ▷ Was taugt der Windows Defender?

Nachdem der Windows Defender schon bei Windows 8 dabei war, kann man ihn nun besser einschätzen und mit anderen Antivirenlösungen vergleichen. Verschiedentliche Tests zeigen, dass der Defender im Vergleich mit anderen kostenlosen Antivirenprogrammen nicht schlecht abschneidet. Die Erkennungsleistung ist solide und die gute, unauffällige Integration ins Betriebssystem einschließlich Updatemechanismus kann als Pluspunkt gewertet werden. Schwächen offenbart der Defender bei sehr neuen Schädlingen bzw. unbekannten Abarten von Computerviren. Das liegt zum einen an den vergleichsweise langsamen Updates (kommerzielle Programme beziehen teilweise mehrmals täglich Updates, der Defender alle x Tage), zum anderen am Fehlen von effizienten Erkennungsheuristiken. Kommerzielle Produkte bietet darüber hinaus meist weitere Schutzfunktionen, die etwa abgerufene Webseiten überwachen, das versehentliche Weitergeben sensibler Daten auf unsicheren Webseiten verhindern etc. Allerdings machen sich viele dieser Programme auch deutlich stärker bei Speicher und Prozessor bemerkbar.

31.1 Manuelle Überprüfung nach Bedarf durchführen

Neben den automatischen Überprüfungen nach Zeitplan lassen sich auch jederzeit manuelle Überprüfungen durchführen. So können Sie z. B. ergänzend zu den regelmäßigen schnellen Überprüfungen hin und wieder auch mal eine gründliche vollständige Überprüfung durchführen. Oder Sie begrenzen eine Überprüfung auf einen bestimmten Ordner oder ein einzelnes Laufwerk.

1. Die manuellen Überprüfungen führen Sie direkt in der Rubrik *Startseite* aus. Hier finden Sie rechts eine Auswahl für die Art der Überprüfung, z. B. *Vollständig*.

2. Wählen Sie die gewünschte Variante aus und klicken Sie dann darunter auf *Jetzt überprüfen*.

3. Der Windows Defender beginnt nun mit der Überprüfung der Dateien. Je nach Umfang kann das vor allem bei einer vollständigen Prüfung etwas dauern. Sie können das Programm aber in der Zeit minimieren und weiterarbeiten.

4. Solange nichts Ungewöhnliches gefunden wird, wechselt der Windows Defender nach Abschluss der Überprüfung wieder zur Startseite. Solange hier nur in Grün *Der PC wird zu seinem Schutz überwacht* steht, ist alles in Ordnung.

Die Überprüfung auf bestimmte Laufwerke oder Ordner beschränken

Sie können auch gezielt einzelne Ordner oder Laufwerke überprüfen. So lässt sich z. B. eine DVD oder ein USB-Stick ungewisser Herkunft schnell kontrollieren, bevor Sie auf die Daten zugreifen.

1. Wählen Sie dazu die Option *Benutzerdefiniert*.

2. Nach dem Klick auf *Jetzt überprüfen* können Sie dann in einem zusätzlichen Dialog die zu überprüfenden Bereiche auswählen.

3. Setzen Sie dazu die Häkchen bei den entsprechenden Ordnern bzw. Laufwerken.

4. Klicken Sie dann auf *OK*, um die Überprüfung dieser Bereiche zu starten.

Ausgewählte Dateien oder Ordner direkt überprüfen

Geht es darum, einzelne Dateien oder Ordner zu scannen, die man gerade herunterge-laden oder beispielsweise von einem USB-Stick kopiert hat, kann man eine Überprüfung auch direkt aus dem Windows-Explorer anstoßen. Dazu markieren Sie einfach das oder die Element(e) und klicken die Auswahl mit der rechten Maustaste an. Im Kontextmenü finden Sie die Option *Mit Windows Defender überprüfen*. Sie führt einen Scan der aus-gewählten Elemente durch und zeigt das Ergebnis im Defender-Fenster an.

31.2 Virensignaturen überwachen und aktualisieren

Ein Sicherheitsprogramm steht und fällt mit der Aktualität seiner Signaturdateien. Nur wenn diese ständig aktualisiert werden, ist der Anwender vor neuen Bedrohungen ge-schützt. Die Signaturen des Windows Defender sind in den Windows-Update-Prozess mit einbezogen und werden darüber regelmäßig aktualisiert. Allerdings ist Windows Update recht zurückhaltend und wartet gern auf Leerlaufzeiten des PCs, um den Benutzer nicht bei seinen Aktivitäten zu behindern. Dadurch können neue Updates schon mal auf sich warten lassen. Deshalb sollten Sie die Situation im Auge behalten und sicherstellen, dass Ihr PC regelmäßig aktuelle Virensignaturen erhält. Wenn Ihr PC beinahe täglich läuft und dabei auch mal zehn Minuten und mehr Leerlauf eintritt, sollten die automatischen Up-dates häufig genug durchgeführt werden. Ansonsten helfen Sie regelmäßig manuell nach.

1. Direkt auf der Startseite für den schnellen Überblick können Sie ablesen, wie alt die aktuell verwendeten Signaturen sind.

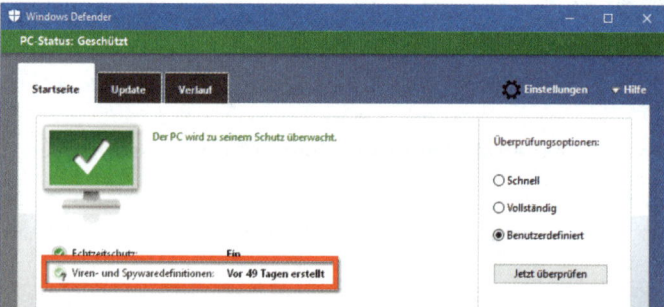

Ups, höchste Zeit für ein Update der Virensignatur!

2. Besteht Handlungsbedarf, wechseln Sie in die Kategorie *Update*, in der Sie noch mal genauere Angaben zur letzten Aktualisierung und dem jetzigen Stand der Signatu-ren finden.

3. Mit einem Klick auf die Schaltfläche *Aktualisieren* können Sie jederzeit manuell den Download der neuesten Signaturen veranlassen. Dieser dauert einige Zeit, Sie können das Programm so lange aber auch minimieren oder schließen und anderweitig weiterarbeiten.

Anschließend ist der Windows Defender erst mal wieder auf dem neuesten Stand und kann Sie zuverlässig schützen.

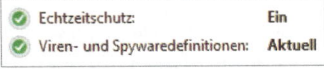

31.3 Im Falle eines Falles: So gehen Sie mit gefundener Malware um

Der Windows Defender läuft permanent im Hintergrund und kontrolliert alle Dateioperationen (sofern Sie nicht den Echtzeitschutz deaktiviert haben). Wird er fündig, geschieht auch das ohne großes Aufsehen. Nur an der Änderung des Benachrichtigungssymbols erkennen Sie gegebenenfalls, dass etwas passiert ist. Wenn Sie das Info-Center öffnen, erfahren Sie Näheres.

Grundsätzlich verschiebt der Defender alle als schädlich befundenen Dateien in einen speziellen Quarantäne-Ordner, sodass sie nicht mehr versehentlich geöffnet werden können. Dort verbleiben sie neutralisiert. Diesen Quarantäne-Ordner können Sie jederzeit einsehen und nachschauen, ob und welche Dateien sich darin angesammelt haben.

1. Starten Sie den Windows Defender und öffnen Sie den *Verlauf*.

2. Ist hier die Option *Unter Quarantäne gestellte Elemente* gewählt, zeigt die Liste unten alle Objekte an, die sich derzeit in Quarantäne befinden. Wenn die Liste leer ist, klicken Sie unten auf *Details einblenden*, um wirklich alle Informationen sehen zu können.

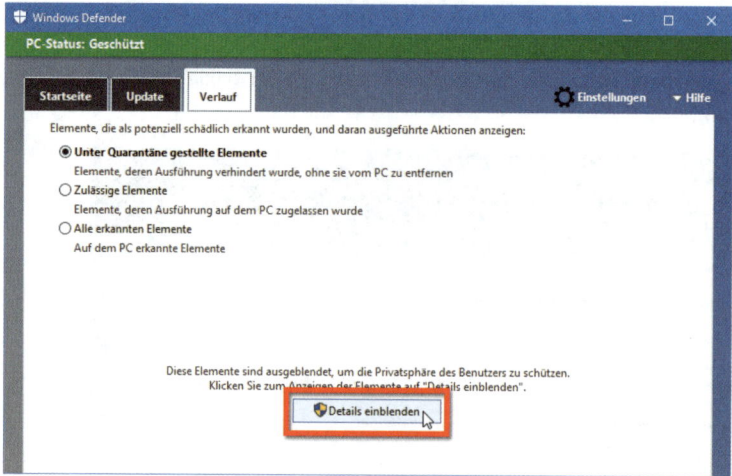

3. Um eines der Elemente in Quarantäne näher zu untersuchen, klicken Sie es in der Liste an. Im Bereich darunter können Sie dann erfahren, welche Datei genau betroffen ist und um welchen Schädling es sich handelt. Mit dem Link *Online weitere Informationen zu diesem Element abrufen* können Sie auch Näheres darüber erfahren.

4. Mit den Häkchen vor den Einträgen können Sie mehrere Objekte auf einmal auswählen und dann entscheiden, was damit geschehen soll. Um das oder die markierten Objekte endgültig zu entfernen, klicken Sie auf *Entfernen*. Um alle Elemente aus der Liste zu entfernen, verwenden Sie *Alle entfernen*.

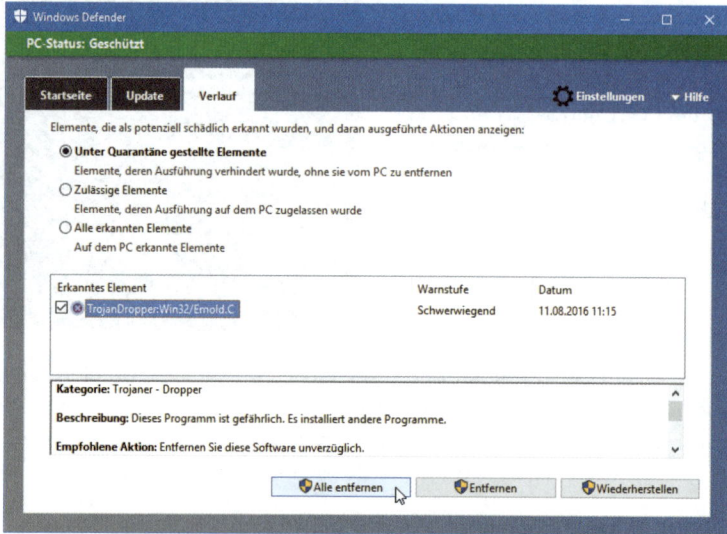

5. Sind Sie ganz sicher, dass der Windows Defender danebenliegt und ein angezeigtes Objekt definitiv keinen Schädling enthält, können Sie es mit *Wiederherstellen* aus der Quarantäne entlassen. Die Datei wird dann an der ursprünglichen Stelle im Dateisystem wieder eingefügt.

31.4 Weitere Einstellungen für den Windows Defender

Die Arbeitsweise des Windows Defender lässt sich mit einigen Einstellungen anpassen. So kann der Echtzeitschutz zumindest vorübergehend deaktiviert werden, um Probleme durch Fehlalarme zu lösen. Aus demselben Grund besteht auch die Möglichkeit, einzelne Dateien, Ordner oder Prozesse von der Überwachung auszunehmen, was der sinnvollere Ansatz ist. Diese Optionen gehören zu den *Einstellungen*, können aber auch direkt aus der Oberfläche des Windows Defender geöffnet werden.

1. Klicken Sie in Fenster des Windows Defender oben rechts auf die Schaltfläche *Einstellungen*. Daraufhin werden automatisch die modernen Einstellungen im Bereich *Update und Sicherheit/Windows Defender* geöffnet.

2. Hier können Sie ganz oben den *Echtzeitschutz* deaktivieren. Beachten Sie, dass die Selbstüberwachung von Windows dadurch anspringt und Warnungen dazu im Info-Center anzeigt. So kann man nicht vergessen, den Echtzeitschutz später wieder zu reaktivieren. Und selbst wenn man es vergessen sollte: Er wird nach einiger Zeit automatisch wieder eingeschaltet. Deshalb eignet sich diese Vorgehensweise auch nicht zum nachhaltigen Lösen von Problemen durch einen übereifrigen Defender.

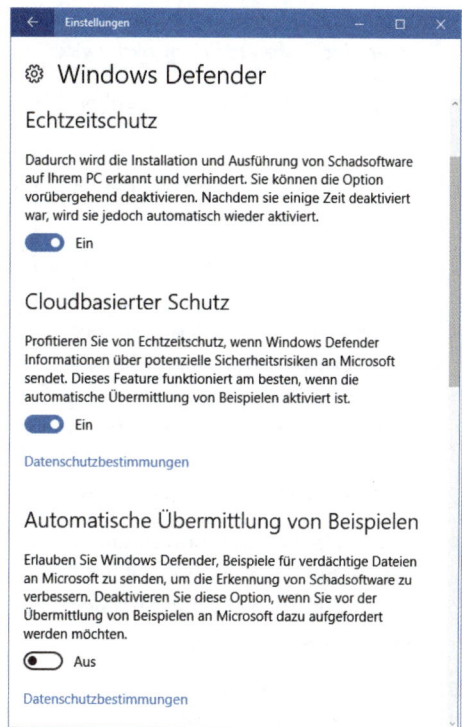

3. Die Optionen *Cloudbasierter Schutz* und *Automatische Übermittlung von Beispielen* gehören eng zusammen. In beiden Fällen geht es darum, dass Ihr PC eigene Erkenntnisse über Schadsoftware bzw. „saubere" Programme an Microsoft übermittelt. Diese Erkenntnisse fließen in die Weiterentwicklung der Signaturen ein, sodass auch andere Benutzer davon profitieren können. Umgekehrt können auch Sie sich dadurch an den Erfahrungen anderer orientieren, beispielsweise in Form von konkreten Empfehlungen.

TIPP ☑ Benachrichtigungen über Ergebnisse der letzten Prüfung abschalten

Der Windows Defender teilt regelmäßig mit, wenn er eine Prüfung durchgeführt hat. Dies wird dann im Benachrichtigungsbereich angezeigt. Allerdings bringt diese Nachricht eben auch nur die Erkenntnis, dass eine Überprüfung stattgefunden hat und keine Sicherheitsrisiken gefunden wurden. Wenn diese Benachrichtigungen Sie stören, stellen Sie diese Funktion in den Einstellungen des Windows Defender ab. Schalten Sie dazu *Erweiterte Benachrichtigungen* aus. Sollte der Defender fündig werden oder sonstige wichtige Hinweise haben, werden Sie trotzdem weiterhin darüber informiert.

Dateien, Ordner und Programme von der Überwachung ausschließen

In seltenen Fällen kann es durch den Windows Defender zu Problemen kommen. Dann lassen sich Anwendungen möglicherweise nicht installieren oder ordnungsgemäß ausführen. Ob es am Windows Defender liegt, kann man ausprobieren, indem man den Echtzeitschutz vorübergehend deaktiviert (siehe vorangehenden Abschnitt). Diesen Test sollte man aber nur machen, wenn man ganz sicher ist, dass von der fraglichen Anwendung auch wirklich keine Gefahr ausgeht. Stellt man auf diese Weise fest, dass ein Problem durch den Windows Defender verursacht wird, kann man Ausnahmen festlegen, bei denen der Defender nicht aktiv wird:

1. Öffnen Sie dazu wie vorangehend beschrieben die Einstellungen des Windows Defender.

2. Klicken Sie dort im Bereich *Ausschlüsse* auf *Ausschluss hinzufügen*.

3. Nun können Sie wählen, auf welcher Basis der Ausschluss erfolgen soll. Sie können einzelne Dateien, ganze Ordner, bestimmte Datei-

> **Ausschlüsse**
>
> Da ausgeschlossene Dateien von Windows Defender nicht überprüft werden, ist Ihr PC anfälliger für Schadsoftware.
>
> Ausschluss hinzufügen

typen oder festgelegte Prozesse definieren. Generell sollte man aus Sicherheitsgründen so wenige Ausschlüsse wie möglich vornehmen. Wenn beispielsweise eine bestimmte Anwendung nicht funktioniert, sollte man nicht gleich den gesamten Installationsordner ausnehmen, sondern nur die Anwendung selbst (mit *Prozesse*).

4. Klicken Sie bei der gewünschten Option auf das +-Symbol und wählen Sie dann die auszuschließende Ressource aus.

5. Je nach Ausschlussart wählen Sie dann in einem passenden Dialog Datei, Ordner oder Programmdatei aus bzw. geben die Dateiendung an.

Solche Ausschlüsse sind ein probates Mittel, um akute Probleme nachhaltig zu lösen. Man sollte die festgelegten Ausnahmen aber im Auge behalten und von Zeit zu Zeit kontrollieren. Ziel sollte es immer sein, auf Dauer ohne eine solche Ausnahme auszukommen. Teilweise lernt der Windows Defender im Laufe der Zeit dazu. Teilweise lassen sich Probleme mit Anwendungsprogrammen auch durch neue Versionen dauerhaft ohne Ausnahme beheben.

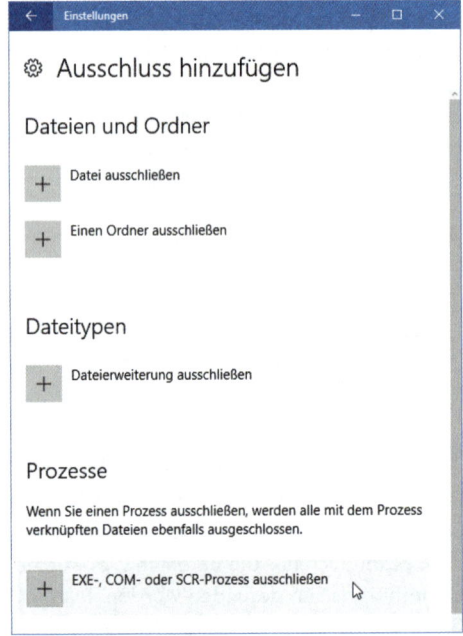

Rootkits und hartnäckige Schädlinge ermitteln

Wie alle Antivirenprogramme hat der Windows Defender seine Grenzen, etwa wenn es an das Aufstöbern und Entfernen von Rootkits geht, die sich geschickt verstecken und über aktive Abwehrmaßnahmen gegen Virenprogramme verfügen. In solchen Fällen hilft der Offline-Modus des Windows Defender weiter. Dabei wird Windows beendet und stattdessen ein spezielles Notfall-Windows gestartet, das den Defender ausführt. Dadurch werden die üblichen Startmechanismen für Rootkits und Trojaner umgangen. Der Windows Defender kann nun völlig ungestört die Daten des inaktiven Windows auf der Festplatte analysieren und nach verdächtigen Spuren durchsuchen. Der ganze Vorgang dauert ca. 15 Minuten. Es ist sinnvoll, ihn hin und wieder durchzuführen. Auf alle Fälle sollten Sie dies tun, wenn ein konkreter Verdacht auf eine Infektion besteht. Wichtig: Schließen Sie alle geöffneten Dokumente, bevor Sie die folgenden Schritte ausführen!

1. Um den Offline-Modus des Windows Defender zu nutzen, öffnen Sie dessen Einstellungen (*Update und Sicherheit/Windows Defender*) und suchen dort in der Liste rechts ziemlich weit unten den Abschnitt *Windows Defender Offline*.

2. Klicken Sie dort auf *Offline überprüfen*.

3. Sie werden nun automatisch abgemeldet und Windows wird in einem speziellen Modus neu gestartet, in dem nur der Windows Defender ausgeführt wird.

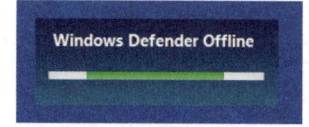

4. Dieser führt automatisch eine Schnellüberprüfung durch. Das sieht genauso aus, wie Sie es vom Defender gewohnt sind. Durch den speziellen Windows-Modus kann er aber gründlicher prüfen und lässt sich nicht durch die üblichen Rootkit-Tricks aufs Glatteis führen.

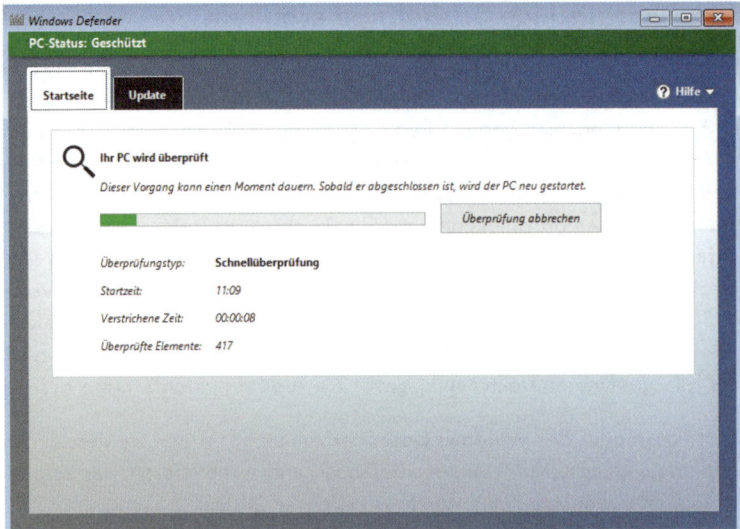

5. Nach Abschluss der Überprüfung wird der spezielle Windows-Modus beendet und das reguläre Windows startet neu. Anschließend können Sie im Verlauf des Windows Defender überprüfen, ob im Offline-Modus problematische Dateien auf Ihrem PC gefunden wurden. Sollte der Defender fündig geworden sein, meldet sich aber ohnehin das Info-Center und weist Sie darauf hin.

Den Windows Defender deaktivieren

Zwei Möglichkeiten, den Windows Defender zu deaktivieren, sind auf den vorangegangenen Seiten bereits beschrieben worden: Sie können den Echtzeitschutz komplett, allerdings immer nur vorübergehend abschalten. Oder Sie nehmen einzelne Elemente dauerhaft von der Überwachung aus. So lassen sich spezifische Fehlalarme oder andere Probleme in der Regel beseitigen.

Eine weitere Möglichkeit, den Windows Defender zu deaktivieren, ist das Installieren eines anderen Antivirenprogramms. Windows erkennt diese Art von Software automatisch und deaktiviert dann die eigene Sicherheitskomponente. Es wäre wenig sinnvoll bzw. eher sogar kontraproduktiv, zwei „konkurrierende" Virenscanner auf einem PC zu betreiben.

Kapitel 32

32. Die Benutzerkontensteuerung sicher und komfortabel nutzen

Zentrales Sicherheitselement zum Schutz vor bösartiger Software ist bei Windows die Benutzerkontensteuerung. Sie ermöglicht es, standardmäßig mit eingeschränkten Rechten zu arbeiten, wodurch gefährliche Angriffe vermieden werden können. Nur wenn bestimmte Aktionen wie etwa das Installieren einer Anwendung höhere Zugriffsrechte erfordern, werden diese kurzfristig auf Nachfrage eingeräumt. Als Anwender können Sie dabei selbst einstellen, wie diese Schutzfunktion in bestimmten Situationen reagieren soll. So lassen sich allzu häufige, unnötige Rückfragen vermeiden und ein Kompromiss aus Sicherheit und Komfort finden.

32.1 Mythos Benutzerkontensteuerung: So ergänzen sich die verschiedenen Berechtigungsstufen

Die User Account Control (UAC) oder auf Deutsch Benutzerkontensteuerung basiert nach wie vor auf verschiedenen Typen von Benutzerkonten. Gleichzeitig sieht sie aber vor, dass ein Benutzer eine Anwendung mit erhöhten Zugriffsrechten ausführen kann, wenn seine eigenen Berechtigungen dafür nicht ausreichen. Der entscheidende Unterschied zu früher: Wenn ein Programm Administratorrechte erfordert, muss der Benutzer sich nicht gleich als Administrator anmelden und somit auch alle anderen Anwendungen mit erhöhten Rechten (und erhöhtem Risiko) laufen lassen. Stattdessen braucht er nur diesem einen Programm vorübergehend höhere Rechte zuzuweisen. Alles andere läuft mit den normalen Berechtigungen weiter. Die Änderungen am Konzept wirken sich auch auf die Benutzerkonten aus. Nach wie vor gibt es drei Typen, die aber nun teilweise eine andere Bedeutung haben:

- Der **Systemadministrator** unterliegt als Superuser des PCs keinerlei Beschränkungen. Die Anwendungen, die er startet, haben also völlig unbegrenzten Zugriff auf das System, mit allen Vor- und Nachteilen. Dieses Konto soll nun allerdings nur noch in Ausnahmefällen überhaupt verwendet werden. Dementsprechend wird es auf dem Anmeldebildschirm auch nicht zur Auswahl angeboten.

- Benutzer, die regelmäßig Änderungen an Systemeinstellungen vornehmen müssen oder Software installieren wollen, können ein **Administrator**-Konto erhalten. Dieses ist aber nicht wie bisher mit dem Systemadministrator identisch, sondern läuft normalerweise mit den Berechtigungen eines Standardnutzers. Wenn Anwendungen erhöhte Rechte benötigen, reicht für einen Administrator aber das Bestätigen eines entsprechenden Hinweises per OK-Klick, um diesem Programm höhere Berechtigungen zu verschaffen. So kann der Benutzer sich darauf verlassen, dass er bei systemkritischen Zugriffen zuvor informiert wird und selbst entscheiden kann.

- Normale Anwender sollten als **Standardbenutzer** angemeldet werden. Als solche können sie keine Systemeinstellungen verändern oder Anwendungen installieren. Allerdings sind ihnen einige häufig genutzte Möglichkeiten freigestellt, etwa das Einrichten eines Druckers oder das Beantworten von Meldungen der Windows-Firewall. Wenn ein Standardbenutzer Systemeinstellungen verändern oder Anwendungen ausführen will, die höhere Rechte erfordern, wird ebenfalls ein Hinweisfenster angezeigt. Für ihn reicht allerdings nicht der Klick auf OK, sondern er muss die Log-in-Daten des Systemadministrators oder eines Benutzers aus der Administratorgruppe angeben, um die Berechtigungen für das Programm zu erhöhen.

HINWEIS ⊳ Systemadministrator vs. Administratorgruppe

Durch die Namensgebung etwas verwirrend ist das Verhältnis zwischen dem lokalen Systemadministrator (der standardmäßig auch noch den Benutzernamen *Administrator* trägt) und dem Administrator-Kontotyp. Beide haben die gleichen Rechte. Der Unterschied ist: Der Systemadministrator darf alles ohne Rückfrage. Für ihn ist die Benutzerkontensteuerung praktisch außer Kraft gesetzt. Die Mitglieder der Administrator-Benutzergruppe dürfen auch alles. Allerdings erfolgt vor systemkritischen Eingriffen jeweils ein Hinweis mit der Bitte um Bestätigung. Diese Benutzer werden bei administrativen Tätigkeiten also immer mal wieder von einem Hinweisfenster unterbrochen. Dafür haben sie die Sicherheit, dass sie bei der alltäglichen Arbeit sofort gewarnt werden, wenn eine Anwendung höhere Zugriffsrechte anfordert, als ihr gemäß Standard zusteht.

Die Privilegien des Administratorkontos

Der Kontotyp *Administrator* (nicht der Systemadministratorbenutzer!, siehe oben) ist das richtige Benutzerprofil für alle Anwender, die immer mal wieder Software installieren und/oder Änderungen an der Systemkonfiguration vornehmen wollen. Auch die meisten Heimanwender, die sich selbst um die Pflege ihres PCs kümmern, werden wohl ein solches Konto wählen. Im Gegensatz etwa zu Windows XP ist dies auch die richtige (weil sichere) Entscheidung.

Bei der Anmeldung erhalten Benutzer dieses Typs allerdings zunächst nur die gleichen Berechtigungen wie Standardbenutzer (siehe nachfolgenden Abschnitt), also nur eingeschränkte Rechte, die die Sicherheit des PCs nicht gefährden. Wenn ein Administratorbenutzer etwas unternimmt, das Administratorrechte erfordert, bemerkt die Benutzerkontensteuerung dies automatisch und wird aktiv. Sie zeigt dann ein Hinweisfenster an, das angibt, welches Programm höhere Rechte erfordert. Der Benutzer kann die Ausführung dann fortsetzen oder eben abbrechen. Mit *Weitere Details anzeigen* erhalten Sie zusätzliche Informationen zum Vorgang, die eventuell eine zusätzliche Entscheidungshilfe geben. Die Idee dahinter ist, dass auch Administratorbenutzer unbesorgt und ungefährdet arbeiten können. Sie haben zwar das Potenzial, jederzeit auch systemkritische Änderungen durchzuführen, allerdings nur nach einer Bestätigung. Selbst wenn sich bösartige Software wie z. B. ein Trojaner einschleichen würde, könnte diese nicht ohne ausdrückliche Genehmigung durch den Benutzer aktiv werden.

Voraussetzung für das Funktionieren dieses Prinzips ist allerdings, dass die Administratorbenutzer eben auch wirklich genau hinsehen, bevor sie Änderungen und Zugriffe zulassen. Hierin dürfte wohl auch eine absehbare Schwäche dieses Systems liegen. Wenn die Benutzer mit Bestätigungsdialogen überflutet werden, stumpfen sie womöglich früher oder später ab und klicken nur noch reflexartig auf *Ja* oder *Zulassen*. Wenn das der Fall ist, wäre das System letztlich unsicherer als das alte, da die Anwender sich in einer trügerischen Sicherheit wiegen. Auch hier zeigt sich mal wieder, dass zwischen Sicherheit und Komfort meist eben nur Kompromisse möglich sind.

TIPP ☑ Sofortlösung: Eingabeaufforderung ohne Administratorrechte

An einigen Stellen hat Microsoft – aus Sicherheitsgründen – auch für Administratorkonten zusätzliche Hürden eingebaut. Beachtet man diese nicht, kann dies zu Problemen führen, weil bestimmte Dinge nicht funktionieren, obwohl sie es – scheinbar – sollten. Ganz wichtig ist dies bei der Kommandozeile in der Eingabeaufforderung, die von erfahreneren Benutzern gern mal für Abkürzungen und Konfigurationsaufgaben genutzt wird. Auch wenn Sie mit Administratorrechten angemeldet sind, wird die Kommandozeile standardmäßig immer nur mit den Rechten eines Standardbenutzers ausgeführt. Deshalb erhalten auch alle in der Konsole eingegebenen Befehle bzw. die dadurch gestarteten Programme nur Standardrechte. Manche Programme funktionieren dann nicht oder lassen sich gar nicht starten. Für solche Fälle sollten Sie die Eingabeaufforderung mit der rechten Maustaste und dem Menüeintrag *Als Administrator ausführen* aufrufen. Dann erben auch die in der Konsole ausgeführten Befehle und Programme diesen Status.

Sichere Hausmannskost als Standardbenutzer

Aus dem eingeschränkten Benutzer früherer Windows-Versionen ist nun der Standardbenutzer geworden. Dieser Kontotyp ist für solche Benutzer vorgesehen, die mit einem
fertig eingerichteten System und der darauf vorhandenen Software arbeiten wollen.
Das Installieren weiterer Anwendungen oder das Ändern von Systemeinstellungen ist
solchen Benutzern nicht erlaubt. Allerdings haben auch sie grundlegende Berechtigungen, z. B. für das Einrichten von Druckern oder das Reagieren auf Meldungen der Windows-Firewall.

Ein Standardbenutzer kann also völlig unbesorgt mit Windows arbeiten. Bösartige
Software kann er sich aufgrund seiner beschränkten Zugriffsrechte nicht einfangen,
bzw. sie kann sich zumindest nicht dauerhaft im System festsetzen. Aber auch für Benutzer, die hin und wieder Programme installieren oder Einstellungen verändern wollen, ist ein Standardbenutzer-Konto keine schlechte Wahl. Auch von diesem Konto aus
lassen sich solche Aktionen erledigen, ohne dass Sie sich ab- und als Administrator
anmelden müssen.

Wann immer ein Standardbenutzer etwas unternimmt, zu dem Administratorrechte er-
forderlich sind, wird wiederum die Benutzerkontensteuerung aktiv. Sie erkennt, dass die
Berechtigung des Benutzers dazu nicht ausreicht, und meldet sich mit einem Hinweisfens-
ter. Hier hat der Anwender nun die Möglichkeit, das Kennwort eines Benutzers aus der
Administratorgruppe einzugeben. Dazu werden alle Administratorbenutzer aufgeführt.
Wählen Sie einfach das Konto aus, dessen Kennwort Sie verwenden wollen.

Hintergedanke der Lösung ist auch, dass ein Administrator dem Benutzer während der
Aktion „über die Schulter schaut" und sein Kennwort eingibt, um die Maßnahme zu autorisieren. In Firmennetzwerken wird es außerdem möglich sein, dass ein Administrator
sein Kennwort in einer solchen Situation per Remote Access eingeben kann, ohne also
unbedingt persönlich am PC anwesend zu sein.

Den echten Systemadministrator aktivieren

Immer wieder möchten Benutzer als echter Systemadministrator arbeiten. Ich rate davon immer ab, weil der Systemadministratorbenutzer das Sicherheitskonzept der Benutzerkontensteuerung aushebelt. Er darf (fast) alle Eingriffe vornehmen und das ganz ohne Warnungen und Rückfragen. Eine wirkliche Notwendigkeit dafür besteht nicht, denn als Benutzer mit einem normalen Administratorkonto kann man das alles auch, muss eben nur hin und wieder Rückfragen der Benutzerkontensteuerung bestätigen. Es kann aber Situationen geben, in denen das wiederholte Bitten um Bestätigung lästig wird. Wer in solchen Fällen als echter Systemadministrator arbeiten möchte, muss dieses Konto dafür nur aktivieren, dann kann er es jederzeit verwenden.

1. Öffnen Sie in der Systemsteuerung die *Verwaltung* und dort die *Computerverwaltung*.

2. Wählen Sie hier im Navigationsbereich links *Lokale Benutzer und Gruppen/Benutzer* aus (Benutzer der Home-Edition siehe folgender Tipp).

3. Nun werden rechts die vorhandenen Benutzer angezeigt. Doppelklicken Sie auf den Eintrag *Administrator*.

4. In den so geöffneten Eigenschaften dieses Kontos entfernen Sie das Häkchen bei der Option *Konto ist deaktiviert*.

5. Bestätigen Sie die Änderungen mit OK und schließen Sie Computerverwaltung und Systemsteuerung.

Ab sofort steht Ihnen dieses Konto beispielsweise bei der Anmeldung zur Auswahl zur Verfügung. Sie sollten sich im Anschluss am besten einmal direkt damit anmelden und dabei ein Passwort für dieses Konto vergeben, sodass es nicht von anderen missbraucht werden kann.

Das Administratorkonto darf vieles ohne Rückfrage erledigen, hat aus Sicherheitsgründen aber auch Einschränkungen. So kann beispielsweise der Windows Store nicht geöffnet werden und demzufolge können keine Apps heruntergeladen und installiert werden.

TIPP ☑ **Administrator bei der Home-Edition aktivieren**

Bei der Home-Edition von Windows fehlen die Einstellungen für Benutzer und Gruppen, in denen sich das Administratorkonto aktivieren ließe. Hier ist deshalb ein kleiner Trick erforderlich: Öffnen Sie eine Eingabeaufforderung mit Administratorrechten und geben Sie darin den Befehl *net user administrator /active:yes* ein. Anschließend ist das Konto aktiviert und kann benutzt und mit einem Passwort versehen werden. Wollen Sie das sofort erledigen, können Sie auch die Variante *net user administrator * /active:yes* verwenden, bei der direkt ein Passwort abgefragt und eingetragen wird. Sollten Sie das Administratorkonto später wieder deaktivieren wollen, geht dies mit *net user administrator /active:no*.

32.2 So schützt die Benutzerkontensteuerung PC und Daten

Ein wichtiger Vorteil bei der Benutzerkontensteuerung von Windows ist für den Anwender die Möglichkeit, selbst einzustellen, wie diese Schutzfunktion in bestimmten Situationen reagieren soll. So lassen sich allzu häufige unnötige Rückfragen vermeiden, und Sie können einen Kompromiss aus Sicherheit und Komfort für sich finden.

1. Öffnen Sie in der Systemsteuerung das Modul *Wartungscenter*. In der Kategorieansicht finden Sie es unter *Sicherheit und Wartung*.

2. Klicken Sie hier links im Aufgabenbereich auf den Link *Einstellungen der Benutzerkontensteuerung ändern*.

3. Im anschließenden Menü können Sie über den Schieberegler festlegen, wie die Benutzerkontensteuerung in welchen Situationen reagieren soll.

- *In folgenden Situationen immer benachrichtigen* – Das wäre dann wieder so in etwa das frühe Vista-Niveau – wohl nur für Übervorsichtige oder für ganz besonders brenzlige Situationen zu empfehlen (wenn überhaupt).

- *Nur benachrichtigen, wenn von Apps Änderungen am Computer vorgenommen werden (Standard)* – Diese Standardeinstellung ist mit der vorherigen fast identisch, allerdings erfolgt dabei jeweils ein Umschalten auf den „sicheren Desktop". Die Warnungen können so keinesfalls übersehen und müssen unbedingt beantwortet bzw. bestätigt werden, bevor es weitergeht. Das verhindert, dass böswillige Programme die Benutzerkontensteuerung manipulieren können, erhöht dafür aber wieder den Nervfaktor. Für unerfahrene Benutzer ist es jedoch keine schlechte Wahl, da Situationen mit Sicherheitsrückfrage so eindeutiger sind.

- *Nur benachrichtigen, wenn von Apps Änderungen am Computer vorgenommen werden (Desktop nicht abblenden)* – Diese Einstellung reduziert die Rückmeldungen auf ein absolut erträgliches Maß und bietet trotzdem Sicherheit. Und sie verzichtet auf den irritierenden Wechsel zum „sicheren Desktop" während der Rückmeldung. Für erfahrene Benutzer ist dies empfehlenswert.

- *In folgenden Situationen nie benachrichtigen* – Das ist komfortabel, aber riskant, denn so können kritische Dinge hinter dem Rücken des Benutzers ablaufen. Dadurch wird die an sich ja sinnvolle Benutzerkontensteuerung quasi deaktiviert. Deshalb ist diese Einstellung nicht zu empfehlen.

32.3 Passen Sie die Benutzerkontensteuerung an Ihre Bedürfnisse an

Durch die vorangehende Einstellung lässt sich das Verhalten der Benutzerkontensteuerung nun zumindest grob an die eigenen Kenntnisse und das individuelle Sicherheitsbedürfnis anpassen.

Zusätzlich bieten Gruppenrichtlinien die Möglichkeit, die verschiedenen Aspekte dieser Schutzfunktion noch feiner zu bestimmen und so auch sehr individuelle Probleme mit der Benutzerkontensteuerung zu lösen.

Leider sind diese nur in den Editionen ab der Pro-Version vorhanden. In der „kleineren" Edition lässt sich die gleiche Wirkung aber durch Eingriffe in die Registry erreichen.

Die Benutzerkontensteuerung per Gruppenrichtlinie beeinflussen

Bei den Windows-Editionen Pro, Enterprise und Education gehört der Gruppenrichtlinien-Editor zum Lieferumfang. Mit diesem lässt sich die Benutzerkontensteuerung in einigen Details individuell einstellen. So können Sie das Verhalten von Windows den eigenen Vorlieben bzw. der bevorzugten Arbeitsweise anpassen.

1. Öffnen Sie in der Systemsteuerung das Modul *Verwaltung* und dort den Bereich *Lokale Sicherheitsrichtlinie*.

2. Wählen Sie dort links in der Navigationsspalte die Kategorie *Sicherheitseinstellungen/Lokale Richtlinien/Sicherheitsoptionen*.

3. Ganz oben in der rechten Liste wird dann eine Reihe von Einstellungen zu diesem Bereich aufgeführt, die mit *Benutzerkontensteuerung* beginnen. Die Bedeutung und die Funktion der einzelnen Abschnitte werden im Folgenden erläutert.

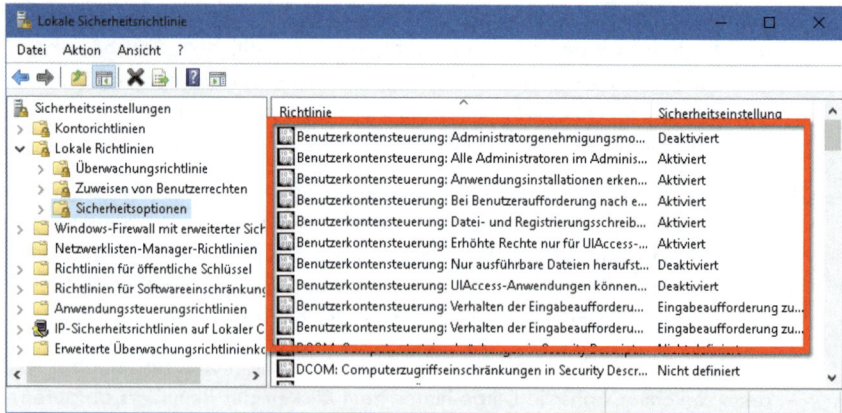

Die Benutzerkontensteuerung per Registry manipulieren

Bei der Windows-Home-Edition gehört der Gruppenrichtlinien-Editor nicht zum Liefer-umfang und lässt sich auch nicht nachrüsten. Allerdings lassen sich fast alle seiner Ein-stellungen auch über Parameter in der Registry verändern. So auch die Optionen für die Benutzerkontensteuerung. Welche Registry-Schlüssel das sind und welche Werte sinnvoll sind, finden Sie in den nachfolgenden Abschnitten jeweils in Klammern angegeben. Die Vorgehensweise ist dabei wie folgt:

1. Tippen Sie im Startbildschirm den Befehl *regedit* ein und drücken Sie ⏎. Damit rufen Sie den Registrierungs-Editor auf.

2. Öffnen Sie im Registrierungs-Editor den Schlüssel *HKEY_LOCAL_MACHINE\SOFT-WARE\Microsoft\Windows\CurrentVersion\Policies\System*.

3. In der rechten Hälfte des Programmfensters wird nun eine Reihe von Einstellungen angezeigt, mit denen Sie das Verhalten der Benutzerkontensteuerung beeinflussen können.

4. Wie bei Registry-Einstellungen üblich, doppelklicken Sie auf einen Eintrag in der Lis-te. Sie erhalten dann einen Dialog für diesen Eintrag, in dem Sie die Konfiguration per Option oder per Auswahlfeld verändern können.

Welche Anpassungsmöglichkeiten Ihnen die Einstellungen bieten, beschreiben die nach-folgenden Abschnitte.

Administratorbenutzer von Rückfragen verschonen

Eine Möglichkeit der Anpassung besteht darin, die Benutzer der Administratorgruppe von den ständigen Warnhinweisen und Bestätigungen zu verschonen. Dies lässt sich über die Einstellung *Verhalten der Eingabeaufforderung für erhöhte Rechte für Administratoren im Administratorgenehmigungsmodus* erreichen (Registry: *ConsentPromptBehaviorAdmin*). Sie kann auf verschiedene Werte gesetzt werden:

- Keine Aufforderung: Mit der Einstellung *Erhöhte Rechte ohne Eingabeaufforderung* bzw. 0 unterdrücken Sie die Sicherheitshinweise vollständig. In diesem Fall gelten die Rückfragen allerdings automatisch als bestätigt. Eine Anwendung, die höhere Rechte einfordert, bekommt diese also automatisch und ohne Rückfrage zugeteilt. Dies entspricht fast dem Zustand bei Windows XP und sollte mit entsprechender Vorsicht verwendet werden.

- *Eingabeaufforderung zu Anmeldeinformationen* bzw. 1 ist die sicherste Wahl für diese Option. Wenn eine Anwendung höhere Rechte einfordert, muss der Administratorbenutzer dies nicht nur per *Fortsetzen* bestätigen, sondern mit seinem Kennwort autorisieren. Diese Variante kann in Situationen sinnvoll sein, in denen die Gefahr besteht, dass jemand unberechtigt Zugriff auf einen PC hat, auf dem der Administrator angemeldet ist. Selbst dann können ohne Kenntnis von dessen Passwort keine Manipulationen am System erfolgen. Sie können wählen, ob für die Aufforderung auf den sicheren Desktop umgeschaltet werden soll oder nicht.

- *Eingabeaufforderung zur Zustimmung* bzw. 2 ist die Standardeinstellung für diese Option. Das Erteilen höherer Rechte muss der Administratorbenutzer per Klick auf *Fortsetzen* bestätigen. Auch hier kann bei Bedarf das Umschalten auf den sicheren Desktop gewählt werden.

Aus Administratorbenutzern echte Systemadministratoren machen

Zum Sicherheitskonzept von Windows gehört, dass selbst Benutzer der Administratorgruppe nur als Standardbenutzer arbeiten, solange keine höheren Rechte erforderlich sind. Dieses Verhalten können Sie mit der Einstellung *Alle Administratoren im Administratorbestätigungsmodus ausführen* (Registry: *EnableLUA*) steuern.

- *Aktiviert* bzw. 1 entspricht der Standardeinstellung, d. h., die Administratoren arbeiten als Standardbenutzer. Wichtig: Diese Wahl ist die sicherere!

- Manche Situationen können es erfordern, diese neue Funktion mit *Deaktiviert* bzw. 0 abzuschalten. Dann arbeiten alle Benutzer mit einem Administratorkonto genau wie der lokale Systemadministrator selbst mit völlig uneingeschränkten Rechten und ohne jede Rückfrage.

Das Deaktivieren dieser Einstellung ist prinzipiell nicht zu empfehlen, denn es setzt das Sicherheitskonzept von Windows praktisch schachmatt. Wenn Sie allerdings massive Probleme mit älteren Anwendungen haben, die mit der Benutzerkontensteuerung überhaupt nicht zurechtkommen, kann diese Variante sinnvoll sein. Da alles, was Sie dann tun, mit vollen Administratorrechten erfolgt, gilt dies auch für die Problemprogramme, die dann störungsfrei laufen sollten. Eine dauerhafte Lösung sollte das aus Sicherheitsgründen jedoch nicht sein.

Keine Rückfragen für Standardbenutzer

Auch für die Standardbenutzer lässt sich das Verhalten der Benutzerkontensteuerung einstellen. Mit der Einstellung *Verhalten der Eingabeaufforderung für erhöhte Rechte für*

Standardbenutzer (Registry: *ConsentPromptBehaviorUser*) regeln Sie, was passieren soll, wenn eine Anwendung bei einem Standardbenutzer höhere Rechte einfordert:

- *Eingabeaufforderung zu Anmeldeinformationen* bzw. 1 ist die Standardeinstellung für diese Option. Dann wird wie beschrieben ein Hinweisdialog eingeblendet, in dem ein Administratorkennwort eingegeben werden muss, um den Vorgang zu autorisieren. Es gibt dabei eine Variante mit und eine ohne sicheren Desktop.

- *Keine Aufforderung* bzw. 0: Wollen Sie solche Rückfragen bei Standardbenutzern vermeiden, wählen Sie stattdessen die Einstellung *Anforderung für erhöhte Rechte automatisch ablehnen*. Die Benutzerkontensteuerung verzichtet dann auf den Hinweis. Allerdings gibt es einen wichtigen Unterschied zur gleichen Option für Administratorbenutzer: Dem Programm werden die höheren Rechte in diesem Fall stillschweigend verweigert! Ist die Anwendung tatsächlich auf Administratorrechte angewiesen, wird sie also nicht korrekt funktionieren können. Diese Option bietet sich für unerfahrene Standardbenutzer an, die keinesfalls irgendwelche Änderungen an der Systemkonfiguration vornehmen sollen und die durch die Rückfragen der Benutzerkontensteuerung nur unnötig verwirrt würden.

Softwareinstallationen automatisch mit höheren Rechten versehen

Bei der Installation von Software sind fast immer Administratorrechte erforderlich, sei es, um Einträge in der Registry vorzunehmen, oder sei es, weil Dateien ins *Programme*-Verzeichnis kopiert werden müssen. Windows ist (meistens) in der Lage, Installationsprogramme anhand einer Heuristikfunktion automatisch zu erkennen und sie dementsprechend mit höheren Rechten auszuführen. Auch dann ist allerdings eine Bestätigung bzw. Autorisierung durch den Benutzer erforderlich.

Mit der Einstellung *Anwendungsinstallationen erkennen und erhöhte Rechte anfordern* (Registry: *EnableInstallerDetection*) steuern Sie die heuristische Erkennung von Installationsprogrammen. Standardmäßig ist diese Funktion aktiviert (1), was auch sinnvoll ist. Deaktivieren (0) sollte man sie nur, wenn Anwendungen dadurch Probleme verursachen, z. B. weil die Heuristikfunktion nicht präzise genug arbeitet.

Das Umschalten auf den sicheren Desktop bei Rückfragen vermeiden

Wann immer Windows eine Rückfrage wegen eines sicherheitsrelevanten Vorgangs anzeigt, schaltet es dazu auf den sogenannten sicheren Desktop um. Dabei wird die gesamte Benutzeroberfläche ausgeblendet und nur das Rückfragefenster angezeigt. Das geschieht, um auszuschließen, dass die Benutzerkontensteuerung umgangen werden kann, indem z. B. ein Programm den Mausklick auf die *Fortsetzen*-Schaltfläche ausführt. Das Rückfragefenster kann nur von einem menschlichen Benutzer bedient werden.

Wenn Sie das Umschalten aber stört oder falls Ihre Grafikkarte mit dem Wechsel Probleme haben sollte, können Sie den sicheren Desktop vermeiden. Das Rückfragefenster wird dann einfach auf dem normalen Desktop angezeigt und alle anderen Programmfenster sind währenddessen ebenfalls zugänglich. Bearbeiten Sie dazu den Wert *Bei Benutzeraufforderung nach erhöhten Rechten zum sicheren Desktop wechseln* (Registry: *PromptOnSecureDesktop*). Standardmäßig ist der sichere Desktop aktiviert (1).

Kapitel 33

33. Mit verschiedenen Benutzern sicher an einem PC arbeiten

Bei der Installation von Windows richten Sie automatisch ein Benutzerkonto ein. Dieses wird standardmäßig für den Administratorbenutzer angelegt. Wenn Sie der einzige Nutzer Ihres PCs sind, können Sie es dabei belassen. Aufgrund des Schutzes durch die Benutzerkontensteuerung ist es nicht mehr notwendig, zusätzlich ein eingeschränktes Konto für die tägliche gefahrlose Arbeit am PC einzurichten.

Trotzdem können Sie selbstverständlich zusätzliche Benutzerkonten anlegen, um z. B. weiteren Personen das Arbeiten am PC zu ermöglichen. So arbeitet jeder in seiner eigenen Umgebung und kann vor allem seine eigenen Dokumente verwenden, die vor dem Zugriff der anderen geschützt sind.

33.1 Beim PC-Start ohne Passworteingabe vollautomatisch anmelden

Sicherheit ist wichtig, aber der Komfort sollte nicht zu kurz kommen. Ein Beispiel dafür ist das Anmelden bei Windows mit Benutzername und Kennwort. In der Firma oder einer sonstigen Umgebung, in der andere Menschen Zugriff auf den PC haben, sollte das eine Selbstverständlichkeit sein. Was aber im trauten Heim, wo kein anderer Zutritt zum Arbeitszimmer hat und vielleicht auch nicht gerade Staatsgeheimnisse auf der Festplatte gespeichert sind? Hier darf der Komfort ggf. ruhig ein wenig größer geschrieben werden und die Anmeldung vollautomatisch erfolgen.

1. Öffnen Sie eine Einga-
   beaufforderung, tippen
   Sie hier den Befehl *control userpasswords2* ein
   und drücken dann $\boxed{\leftarrow}$.

2. Wählen Sie im anschließenden Dialog in der
   Liste den Benutzer aus,
   der in Zukunft beim Systemstart automatisch angemeldet werden soll.

3. Entfernen Sie dann oberhalb der Liste das Häkchen bei *Benutzer müssen
   Benutzernamen und Kennwort eingeben*.

4. Klicken Sie nun unten auf
   OK.

5. Geben Sie im anschlie-
   ßenden Dialog zur Be-
   stätigung zweimal das
   Kennwort dieses Benut-
   zers an.

Ab sofort wird dieser Benutzer beim Windows-Start automatisch angemeldet. Sie brauchen ihn dazu nicht auszuwählen und auch kein Kennwort einzutippen. Soll sich doch mal ein anderer Benutzer anmelden können, dann melden Sie den Standard-benutzer einfach ab. Dann wird der gewohnte Bildschirm zur Auswahl des Benutzer-kontos angezeigt.

HINWEIS ▷ Achtung, Sicherheitslücke!

Der beschriebene Trick bringt angenehmen Komfort, ist aber in Bezug auf die Sicherheit leider nicht ganz ohne. Sie sollten ihn nur verwenden, wenn ausschließlich Sie selbst bzw. absolut vertrauenswürdige Personen Zugang zu Ihrem PC haben. Immerhin reicht es nun, den Einschaltknopf zu betätigen, um Zugang zu sämtlichen Daten zu erlangen. Dies gilt z. B. auch für einen Einbrecher, der den PC entwendet und dann ungehinderten Zugang zu allen Daten hat.

33.2 Zusätzliche Konten für weitere Benutzer anlegen

Soll ein PC von mehreren Personen genutzt werden, bietet es sich an, für jeden Benutzer auch ein eigenes Konto einzurichten. Sicherlich ist das gerade in einer Familie nicht unbedingt notwendig, aber es hat viele Vorteile. So kann sich jeder seine eigene Arbeitsumgebung einrichten, z. B. was die Desktop-Gestaltung angeht. Außerdem erhält jeder Benutzer automatisch seinen eigenen Bereich für Dateien, sodass nichts durcheinandergerät. Auch wenn jeder sein eigenes E-Mail-Konto nutzen will, geht das so am einfachsten.

Im Vergleich zu früheren Windows-Versionen ist das Hantieren mit Benutzerkonten etwas umständlicher geworden. Zwar gibt es in der Systemsteuerung nach wie vor ein gleichnamiges Modul, in dem Sie auch einige Einstellungen vornehmen können, aber beispielsweise das Anlegen neuer Benutzerkonten ist nur in den modernen Einstellungen möglich. Zusätzlich muss man hier noch darauf achten, zusätzliche Konten wirklich nur lokal auf dem PC anzulegen und nicht gleich ein zusätzliches Microsoft-Konto daraus zu machen.

HINWEIS ▷ Microsoft-Konto für eigene E-Mail-Adresse und Kinderschutz

Es gibt Ausnahmen, bei denen das Hinzufügen eines Familienmitglieds sinnvoll sein kann. So erhält man mit einem Microsoft-Konto automatisch auch eine eigene E-Mail-Adresse. Vor allem aber, wenn Sie für Kinder oder Jugendliche Schutzfunktionen wie Zeitlimits, Beschränken auf bestimmte Webseiten und Apps etc. einrichten wollen, ist ein Microsoft-Konto empfehlenswert. Die entsprechenden Funktionen – bei früheren Windows-Versionen unter dem Namen Family Safety integriert oder zumindest nachrüstbar – sind nun an ein Microsoft-Konto gebunden und lassen sich nur darüber konfigurieren (siehe Seite 697).

1. Öffnen Sie die *Einstellungen* und wechseln Sie dort in die Kategorie *Konten* und dann in die Untergruppe *Familie & weitere Kontakte*. Sie erreichen diese Einstellung auch direkt aus der Benutzerverwaltung der klassischen Systemsteuerung mit dem Link *Neue Benutzer in den PC-Einstellungen hinzufügen*.

2. Nun wäre es vermutlich intuitiv, ein *Familienmitglied hinzufügen* zu lassen. Genau das würde ich aber nicht tun. Denn dies geht nur über das Anlegen eines weiteren Microsoft-Kontos. Das kostet zwar nichts außer etwas Mühe, ist aber unnötig, wenn dieser Benutzer ohnehin nur den lokalen PC mitbenutzen soll. Wählen Sie also besser unter *Andere Personen* die Funktion *Diesem PC eine andere Person hinzufügen*.

3. Sollte der neue Benutzer ohnehin über ein Microsoft-Konto (z. B. Windows Live Mail, Outlook.com etc.) verfügen, können Sie dieses verwenden und die Synchronisierungs-funktion von Windows nutzen (siehe Seite 605). Um ein klassisches lokales Benutzerkonto anzulegen, wählen Sie erst unten *Ich kenne die Anmeldeinformationen für diese Person nicht* und dann im nächsten Schritt *Benutzer ohne Microsoft-Konto hinzufügen*.

4. Im nächsten Schritt geben Sie Name, Kennwort und Kennworthinweis für den neuen Benutzer an. Tippen Sie dann unten auf *Weiter*.

5. Anschließend gelangen Sie zurück in die Kontenübersicht, in der das neue Benutzerkonto schon direkt aufgeführt wird.

Das Kennwort eines Benutzerkontos ändern

Sicherheitsexperten empfehlen, wichtige Kennwörter regelmäßig zu ändern. Windows bietet Ihnen dazu zwei Möglichkeiten. Hinweis: Verwenden Sie ein lokales Konto, sehen die Dialoge etwas anders aus, der grundlegende Ablauf ist aber der gleiche.

1. In den touchoptimierten *Einstellungen* können Sie jeweils nur das eigene Benutzerkonto bearbeiten, mit dem Sie gerade angemeldet sind. Wählen Sie dazu in der Kategorie *Konten/Anmeldeoptionen* unter *Kennwort* die Schaltfläche *Ändern*.

2. Nun müssen Sie sich zunächst noch einmal mit dem alten Konto anmelden. Bei einem Microsoft-Konto geben Sie das bisherige Kennwort ein und klicken unten auf *Anmelden*. Sollten Sie das Kennwort nicht mehr wissen und deshalb ändern wollen, klicken Sie auf *Ich habe mein Kennwort vergessen*. Bei einem lokalen Konto entfällt dieser Schritt.

3. Geben Sie dann einmal das alte Kennwort sowie zweimal das neue ein. Das neue Kennwort darf nicht kürzer als acht Zeichen sein und sollte von den folgenden Elementen mindestens zwei verschiedene umfassen: Großbuchstaben, Kleinbuchstaben, Zahlen, Symbole (+, -, ., % etc.). Andernfalls beschwert Windows sich über mangelnde Sicherheit. Klicken Sie dann unten auf *Weiter*.

In der klassischen Systemsteuerung können Sie die Kennwörter anderer Konten bearbeiten, die gerade nicht angemeldet sind.

1. Öffnen Sie dazu die *Benutzerkonten* und dort die Kontenübersicht mit *Anderes Konto verwalten*.

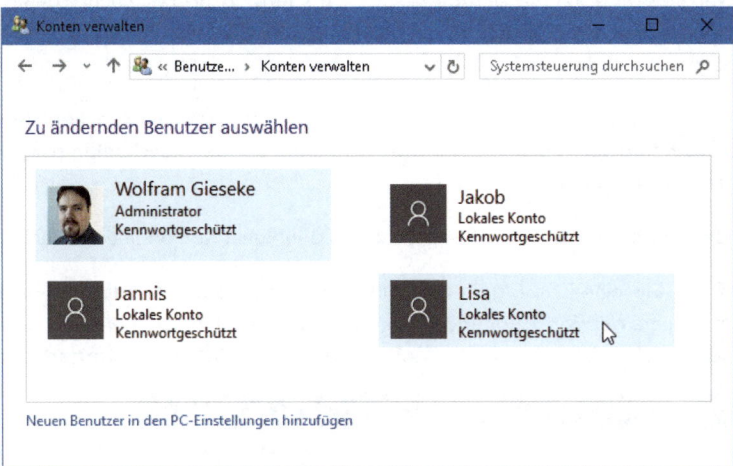

2. Wählen Sie das Konto aus, dessen Eigenschaften Sie bearbeiten möchten, und klicken Sie im anschließenden Dialog auf *Kennwort ändern*.

3. Tippen Sie dann das neue Kennwort zweimal ein, um Vertipper auszuschließen.

4. Zusätzlich können Sie einen Kennworthinweis hinterlegen, der als Gedankenstütze dienen soll. Allerdings ist dieser Hinweis für alle anderen Benutzer auch sichtbar, sodass er nicht zu offensichtlich sein sollte.

5. Klicken Sie dann unten auf *Kennwort ändern*.

Kontoname und Kontotyp nachträglich verändern

Praktisch alle Einstellungen eines Benutzerkontos können jederzeit angepasst werden. Bei Kennwort und Kontobild ist das naheliegend, aber selbst so elementare Eckdaten wie den Benutzernamen oder den Kontotyp (Administrator oder Standardbenutzer) können Sie verändern, wenn die Umstände dies erfordern. Windows nimmt dann automatisch alle Änderungen vor, damit das Benutzerkonto auch mit den neuen Einstellungen wieder reibungslos funktioniert.

1. Öffnen Sie in der Systemsteuerung den Bereich *Benutzerkonten* und klicken Sie dort auf *Anderes Konto verwalten*, um die Übersicht über die Benutzerkonten sowie das zu ändernde Konto aufzurufen.

2. Im anschließenden Menü finden Sie ganz oben den Punkt *Kontonamen ändern*.

3. Damit öffnen Sie einen Dialog, in dem Sie den neuen Namen für diesen Benutzer eingeben können. Mit der Schaltfläche *Namen ändern* veranlassen Sie die Änderung, und Windows führt automatisch alle Maßnahmen durch, die dazu erforderlich sind.

4. Zurück im Kontomenü können Sie mit dem Menüpunkt *Kontotyp ändern* diesem Benutzerkonto ein anderes Berechtigungsschema zuweisen.

5. Wählen Sie dazu im anschließenden Dialog den jeweils anderen Kontotyp aus und klicken Sie dann unten auf *Kontotyp ändern*. Windows verändert automatisch alle Zugriffsrechte dieses Kontotyps entsprechend.

HINWEIS ▷ **Eigenes Profilbild fürs Konto?**
Vielleicht ist Ihnen von früheren Windows-Versionen die Möglichkeit geläufig, Ihrem Benutzerkonto ein eigenes Profilbild zuzuordnen. Das geht auch beim aktuellen Windows, allerdings nicht mehr in den Benutzerkonten-Einstellungen. Stattdessen gehört diese Funktion nun zu den Gestaltungsmöglichkeiten der modernen Einstellungen.

33.3 Konten für Kinder und Jugendliche anlegen und kontrollieren

Wer bei Windows 7 oder 8 die Family-Safety-Funktion genutzt hat, um kontrollierte Benutzerkonten für Kinder und Jugendliche einzurichten, wird diese auf den ersten Blick vermissen. Tatsächlich bietet das aktuelle Windows eine vergleichbare Funktion. Es lassen sich Benutzerkonten speziell für Kinder einrichten. Die Kontrolle dieser Konten erfolgt dann aber über Einstellungen im Webbrowser. Dort kann für einzelne Benutzer genau eingestellt werden, wann, wie und wie lange diese den PC verwenden dürfen. Ebenso lassen sich die erlaubten Apps auswählen bzw. beschränken. Ein Webfilter schützt beim Surfen vor ungeeigneten Webseiten und Bildern, und individuelle Zeitlimits schränken Uhrzeit und Dauer der Benutzung ein. Über eine Protokollfunktion können Sie notfalls nachträglich kontrollieren, ob der Nachwuchs online auch keinen Unsinn angestellt hat. So können Sie dem Junior auch mal relativ unbesorgt den PC überlassen.

HINWEIS ▷ **Kinder- und Jugendschutz nur mit Microsoft-Konto**
Eine Einschränkung für die nachfolgend beschriebenen Funktionen gleich vorweg: Sie setzen ein Microsoft-Konto voraus, und zwar sowohl beim Kind/Jugendlichen als auch beim Erwachsenen, der Konten für seine Kinder steuern möchte. Microsoft-Konten für Kinder sind schnell erstellt und machen wenige Umstände, insbesondere wenn das Kind schon eine eigene E-Mail-Adresse hat. Da die Kontrolle solcher Konten aber über einen Onlinedienst von Microsoft erfolgt, muss auch der Erwachsene ein Microsoft-Konto verwenden. Diesen „Preis" muss man zahlen, wenn man die Kinder- und Jugendschutzfunktionen von Microsoft nutzen möchte.

Ein Benutzerkonto speziell für Kinder einrichten

Jedes Kind, dessen Zugang zum PC kontrolliert werden soll, benötigt ein eigenes Benutzerkonto. Dieses ist technisch ein Standardbenutzerkonto ohne Administratorrechte. Als „Kinderkonto" kann es aber mit zusätzlichen Einschränkungen versehen werden. Der Weg zu einem solchen Konto ist leider etwas umständlich und umfasst einige Schritte.

1. Öffnen Sie in den *Einstellungen* die Rubrik *Konten/Familie & weitere Kontakte*.

2. Klicken Sie hier im Bereich *Ihre Familie* auf *Familienmitglied hinzufügen*.

3. Wählen Sie im nächsten Schritt *Kind hinzufügen*. Wenn dieses Kind bereits ein Microsoft-Konto hat, können Sie dessen E-Mail-Adresse direkt angeben. Hat es keine E-Mail-Adresse oder eine Adresse bei einem anderen Anbieter, klicken Sie stattdessen auf *Die Person, die ich hinzufügen möchte, besitzt keine E-Mail-Adresse*.

4. Sie haben anschließend zwei Möglichkeiten:

- Hat das Kind noch gar keine E-Mail-Adresse, erstellen Sie ein neues Microsoft-Konto. Geben Sie dazu Vorname und Nachname an und wählen Sie eine E-Mail-Adresse @*outlook*.de aus. Sollte der gewünschte Name schon vergeben sein, erhalten Sie Unterstützung bei der Wahl einer geeigneten Alternative.

- Wenn das Kind bereits eine E-Mail-Adresse bei einem beliebigen Anbieter hat, klicken Sie auf den Link *Stattdessen eine vorhandene E-Mail-Adresse verwenden*. Tippen Sie dann Vorname und Nachname sowie ein Passwort ein, mit dem diese Person sich in Zukunft anmelden wird.

5. Der weitere Verlauf unterscheidet sich leicht zwischen Microsoft-Konto und eigenem E-Mail-Konto. In beiden Fällen wird aber eine Einladung an die hinterlegte E-Mail-Adresse gesendet. In dieser Einladung befindet sich ein Link, mit dem das Kind – bzw. Sie selbst als „Vormund" – die Einladung dieses Kindes in Ihre Familie annehmen. Dabei wird auch das Alter des Kindes abgefragt. Dies ist wichtig, weil der Kinderschutz diese Angabe automatisch als Vorgabewert für die Altersfreigabe bei Apps und anderen Inhalten verwendet.

6. Anschließend wird das Konto dieses Kindes in den *Einstellungen* (siehe Schritt 1) aufgeführt.

Auf die beschriebene Weise können Sie weitere Konten für andere Kinder anlegen, sodass sich bei mehreren Kindern bzw. Jugendlichen individuelle Einstellungen entsprechend dem Alter und dem digitalen Sachverstand vornehmen lassen. Selbstverständlich können die Einstellungen auch im Laufe der Zeit „mitwachsen" und den sich ständig weiterentwickelnden Kenntnissen und Fähigkeiten angepasst werden.

Konten für Kinder und Jugendliche verwalten

Die Konten für Kinder werden in den Anmeldedialogen zur Auswahl angeboten, sodass die Kinder sich mit ihrem eigenen Konto bei Windows anmelden können. Außerdem finden Sie für jedes auf diese Weise eingerichtete Konto einen Eintrag in den *Einstellungen* unter *Konten/Familie und weitere Benutzer*. Hier können einzelne Konten jederzeit vorübergehend blockiert werden. Vor allem aber finden Sie den wichtigen Link *Familieneinstellungen online verwalten*, der Sie zu den Einstellungen bringt, die auf den folgenden Seiten ausführlicher vorgestellt werden.

Wichtig: Wenn Sie diese Seiten aufrufen, müssen Sie sich mit Ihrem Microsoft-Konto – also nicht dem des Kindes – anmelden. Sie erhalten dann eine Übersicht der Ihrem Benutzerkonto zugeordneten Kinderkonten. Wählen Sie eines der Konten aus, um Einstellungen dafür vornehmen zu können.

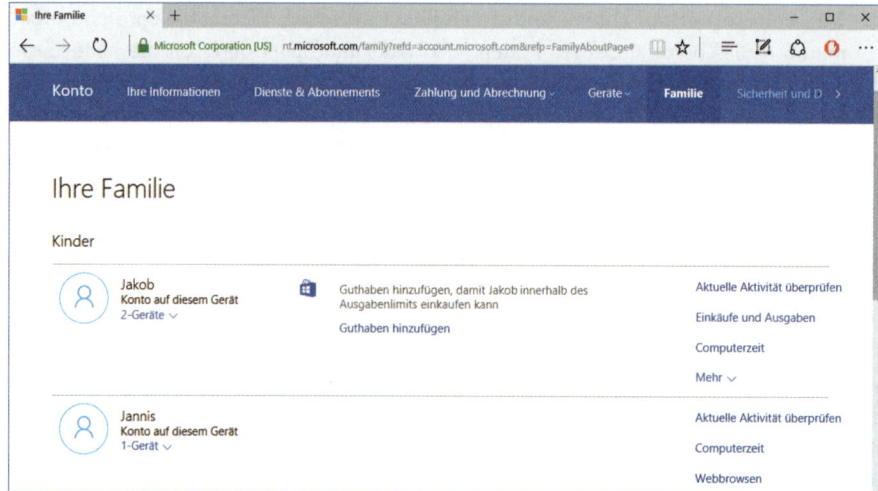

Mit *Aktuelle Aktivität überprüfen* können Sie sich einen schnellen Überblick verschaffen, wann und wie lange das Kind zuletzt angemeldet war und was es dabei getan hat, also etwa welche Apps und Programme es benutzt hat. Diese Informationen werden gesammelt, solange Sie Aktivitätsberichte eingeschaltet haben. Auf Wunsch können Sie sich wöchentlich einen Bericht mit einer Übersicht der Aktivitäten per E-Mail senden lassen. In der Navigationsleiste am linken Rand finden Sie die weiteren Einstellungen, auf die die nachfolgenden Abschnitte eingehen.

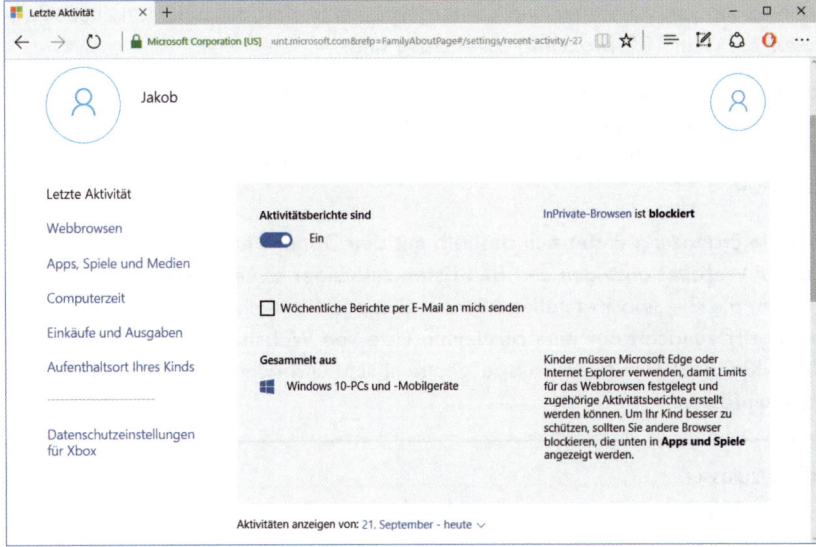

Ungeeignete Inhalte beim Websurfen blockieren

Eine wichtige Komponente beim Kinderschutz ist das Vermeiden ungeeigneter Inhalte. Ohne eine solche Funktion sollte man seinen Nachwuchs keinesfalls die Onlinewelt erkunden lassen, denn Bilder und Videos mit gewalttätigen oder pornografischen Inhalten sind immer nur zwei bis drei Mausklicks entfernt. In der Rubrik *Webbrowsen* sollte die Funktion *Ungeeignete Websites blockieren* deshalb eingeschaltet sein.

Sie sorgt dafür, dass nur Webseiten im Browser angezeigt werden, die als jugendfrei eingestuft werden. Außerdem sorgt Bing mit SafeSearch dafür, dass Suchergebnisse, die für Kinder nicht geeignet sind, gar nicht erst angezeigt werden.

Das ist ein guter Ansatz, bietet aber keineswegs völlige Sicherheit:

- Diese Einstellungen beziehen sich nur auf den Edge-Browser. Sie müssen deshalb sicherstellen, dass das Kind keinen anderen Webbrowser verwenden kann.

- Die Einstufung von Webseiten und Suchergebnissen basiert auf automatischen Algorithmen, die nicht 100-prozentig zuverlässig sind.

- Andererseits schießen diese Algorithmen auch gern mal über das Ziel hinaus. Das kann gerade für ältere Kinder und Jugendliche frustrierend sein, weil sie dann die gesuchten und ihnen eigentlich auch zustehenden Informationen und Inhalte nicht finden.

Eine sinnvolle Ergänzung findet sich deshalb mit der Option *Nur Websites auf der Liste zulässiger Websites anzeigen* und den Listen zulässiger sowie blockierter Websites weiter unten, die Sie selbst erstellen können. Gerade für kleine Kinder bietet es sich an, den Zugriff zunächst auf eine bestimmte Liste von Websites zu beschränken, die speziell für Kinder dieser Altersgruppe gemacht sind und sicherlich keine ungeeigneten Inhalte umfassen.

Nur diese zulassen

Geben Sie die URL einer Website ein, die Sie zulassen möchten:

| example.com | Zulassen |

http://www.kika.de	Entfernen
http://www.maus.de	Entfernen
http://www.sesamstrasse.de	Entfernen

Diese immer blockieren

Geben Sie die URL einer Website ein, die Sie blockieren möchten:

| example.com | Blockieren |

| http://www.youtube.com | Entfernen |

Bei Jugendlichen mit mehr Freiheiten kann man den entgegengesetzten Mechanismus verwenden, um bestimmte unerwünschte Webseiten pauschal zu blockieren.

Legen Sie fest, was Ihre Kinder am PC tun dürfen

Neben dem Surfen nutzen Kinder den PC gern zum Spielen, Musik hören, Video gucken. Dabei kann der Kinderschutz kontrollieren, welche Inhalte Ihr Kind konsumieren darf und welche nicht. Hierzu können Sie eine pauschale Altersgrenze angeben, aber auch für einzelne Apps bzw. Programme direkt bestimmen, ob diese Ihnen geeignet erscheinen. Allerdings hat diese Funktion Grenzen, die unbedingt beachtet werden sollten.

1. Damit Windows das Verwenden ungeeigneter Software unterbindet, muss in der Rubrik *Apps, Spiele und Medien* die Funktion *Ungeeignete Apps und Spiele blockieren* eingeschaltet sein. Damit wird der Zugriff auf nicht kindgerechte Apps grundlegend unterbunden.

2. Die Einstellungen darunter orientieren sich standardmäßig an dem beim Anlegen des Kinderkontos angegebenen Alter. Sie können diese Einstellungen aber anpassen, wenn Sie Ihnen unangemessen erscheinen oder weil das Kind im Laufe der Zeit ja älter wird. Abhängig von dieser Auswahl werden die darunter gezeigten Bewertungen für Apps, Filme und Spiele verwendet.

Folgende Grenzen dieser Inhaltskontrolle sollten beachtet werden:

- Dieser Kontrollmechanismus bezieht sich auf den Windows Store. Es können also nur Inhalte kontrolliert werden, die aus dem Store heruntergeladen werden.

- Apps, die ihrerseits aus anderen Quellen Inhalte aus dem Netz herunterladen und abspielen, unterliegen nicht dieser Kontrolle. Ein alternativer Mediaplayer etwa kann als solcher für Kinder geeignet sein, bietet aber womöglich auch die Option, Inhalte aus dem Netz zu beziehen, die nicht kindgerecht sind.

- Programme und Spiele jenseits des App-Stores entziehen sich ebenfalls dieser Kontrollmechanismen. Mit einem Standardbenutzerkonto haben Kinder allerdings keine Rechte, heruntergeladene Software zu installieren und/oder auszuführen. Aber auch Sie sollten keine Software installieren, die eventuell über Umwege den Zugang zu nicht kindgerechten Inhalten ermöglicht.

Apps, die nicht der vorgegebenen Altersstufe entsprechen, können vom Kind gar nicht erst aus dem Store heruntergeladen werden. Wie in der Abbildung bleibt die Schaltfläche ausgegraut und es wird ein Hinweis auf das Mindestalter angezeigt.

Einzelne Apps und Spiele blockieren

Eine Möglichkeit, die Schwächen des Alterseinstufungssystems auszugleichen, ist das gezielte Blockieren einzelner Spiele oder Anwendungen. Dies wird nur durch einen Umstand etwas mühsam: Eine Anwendung muss mindestens einmal mit dem Benutzerkonto des Kindes gestartet worden sein. Erst dann wird sie im Aktivitätsbericht angezeigt und kann blockiert werden. Dafür gilt dieser Mechanismus nicht nur für Apps aus dem Store, sondern für alle Anwendungen und Spielen

1. Um Anwendungen bzw. Spiele zu blockieren, öffnen Sie die Rubrik *Letzte Aktivität*.

2. Hier finden Sie etwas weiter unten unter *Apps und Spiele* eine Liste der vom Kind zuletzt ausgeführten Anwendungen und Spiele. Zu jedem Eintrag wird die Dauer der Benutzung angezeigt. Bei Apps finden Sie außerdem einen jeweils passenden Link zum Windows Store, um sich darüber zu informieren.

3. Damit eine der Anwendungen vom Kind in Zukunft nicht mehr ausgeführt werden darf, klicken Sie bei deren Eintrag rechts auf *Blockieren*.

Alle so blockierten Anwendungen werden in der Rubrik *Apps, Spiele und Medien* ganz unten im Bereich *Blockierte Apps und Spiele* aufgeführt. Hier können Sie eine Blockade bei Bedarf auch zurücknehmen.

Wenn der Nachwuchs trotzdem spielen will

Wenn ein Spiel oder eine andere App durch den Jugendschutz gesperrt ist, kann es/ sie nicht gestartet werden. Stattdessen wird ein deutlicher Hinweis angezeigt, dass dieses Programm nur nach Zustimmung durch einen Erwachsenen ausgeführt werden darf. Gleichzeitig kann das Kind per E-Mail Ihre Zustimmung anfordern, dieses Programm in Zukunft verwenden zu dürfen.

Eine maßvolle Nutzung automatisch durch Zeitlimits regeln

Eine sehr sinnvolle Funktion des Kinderschutzes ist die automatische Begrenzung der Computernutzung. Gerade Kinder sollten nicht den ganzen Tag vor dem Computer verbringen und spielen oder surfen. Schließlich muss noch Zeit für Hausaufgaben und andere Aktivitäten bleiben, und hin und wieder mal an die frische Luft zu gehen, soll ja auch ganz gesund sein. Allerdings sind viele Eltern die Diskussionen mit dem Nachwuchs irgendwann leid und lassen schnell mal fünfe gerade sein.

Mit dem Kinderschutz ist aber eine klare Regelung möglich: Beispielsweise täglich eine Stunde zwischen 15:00 und 19:00 Uhr, an Wochenenden steht der Kollege Computer auch mal länger zur Verfügung. Windows erzwingt die Einhaltung dieses Plans, indem der Zugang zum Computer außerhalb dieser festgelegten Zeiten einfach verweigert wird.

1. Um eine zeitliche Beschränkung des Zugangs festzulegen, schalten Sie in der Rubrik *Computerzeit* für das Konto des Kindes die Funktion *Zeitlimits für die Gerätenutzung meines Kindes festlegen* ein.

2. Sie können dann für jeden Wochentag wählen, von wann bis wann der Computer zur Verfügung stehen soll. So ist eine flexible Unterscheidung beispielsweise von Schultagen und Wochenenden möglich.

3. Zusätzlich können Sie eine Beschränkung pro Tag festlegen, also etwa eine Stunde Computernutzung, die in der Zeit zwischen 15:00 und 19:00 Uhr erfolgen kann.

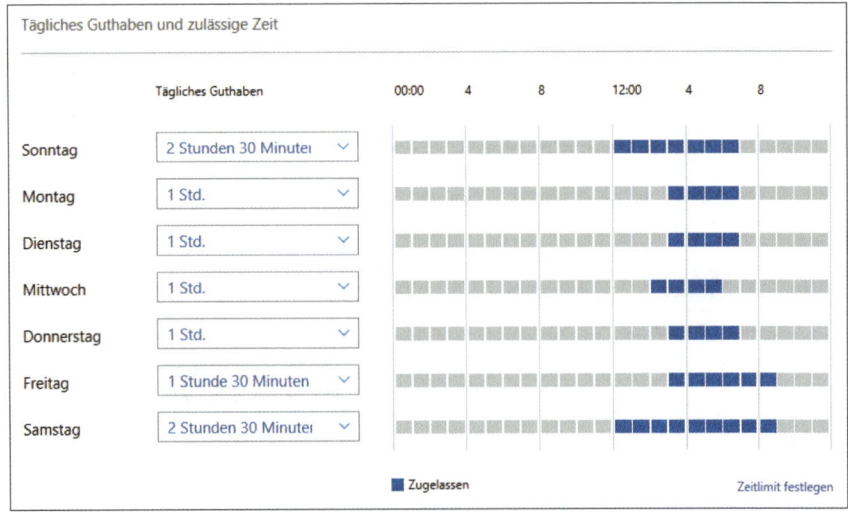

Versucht Ihr Kind nun, sich außerhalb der zulässigen Zeiten anzumelden, wird dies von Windows schlicht abgelehnt.

Ist Ihr Kind bereits angemeldet, wenn die vorgesehene Nutzungszeit abläuft, weist Windows darauf hin und nimmt die Abmeldung ggf. automatisch vor. Wenn eine Zeitbegrenzung aktiv ist, wird unten rechts im Infobereich ein Symbol eingeblendet. Ruht der Mauszeiger darüber, lässt sich ablesen, wie lange die Nutzung des PCs noch erlaubt ist.

33.4 Die Zugriffsrechte von Benutzern im Detail kontrollieren

Windows verwendet das Dateisystem NTFS (**N**ew **T**echnology **F**ile **S**ystem). Es hat vor allem in Bezug auf Benutzer und Sicherheit den Vorteil, dass sich zu jedem Ordner und jeder einzelnen Datei sehr detailliert festlegen lässt, welche Benutzer Zugriff darauf haben sollen und wie dieser Zugriff genau aussehen soll. Umgekehrt kann auch der Zugriff auf einzelne Objekte ausdrücklich verboten werden.

Mit Berechtigungen festlegen, wer was darf

Die Zugriffsrechte für Dateien und Ordner verbergen sich in deren Eigenschaften. Sie können sie jederzeit bearbeiten, wenn Sie entweder der Besitzer der Datei bzw. des Ordners sind oder allgemein Administratorrechte haben. „Besitzer" einer Datei sind Sie, wenn Sie diese Datei selbst erstellt haben oder wenn ein Ordner oder eine Datei beim Anlegen Ihres Benutzerkontos vom Betriebssystem für Sie erstellt wurde.

1. Um die Zugriffsrechte einer Datei oder eines Ordners einzusehen sowie ggf. zu verändern, zeigen Sie diese im Explorer an und öffnen die Eigenschaften. Klicken Sie dazu mit der rechten Maustaste darauf und wählen Sie im Kontextmenü den gleichnamigen Befehl. Wichtig: Markieren Sie immer nur eine Datei bzw. einen Ordner.

2. Wechseln Sie in den Eigenschaften in die Rubrik *Sicherheit*.

3. Hier sehen Sie oben im Bereich *Gruppen- oder Benutzernamen*, für welche Benutzer bzw. Benutzergruppen Berechtigungen für diese Datei vorgesehen sind. Dass ein Benutzer hier eingetragen ist, heißt allerdings nicht automatisch, dass er Zugriffsrechte auf die Datei hat. Um zu erfahren, welche Rechte ein Benutzer bzw. eine Benutzergruppe hat, markieren Sie deren Eintrag in der Liste.

4. Wie die Berechtigungen im Einzelnen aussehen, können Sie dann unten bei *Berechtigungen für …* ablesen. Hier können die verschiedenen Zugriffsrechte (siehe folgender Hinweis) sowohl zugelassen als auch verweigert werden.

5. Um die Zugriffsrechte zu verändern, klicken Sie rechts auf die *Bearbeiten*-Schaltfläche. Damit öffnen Sie einen ganz ähnlichen Dialog. Allerdings können Sie hier in der unteren Liste tatsächlich Häkchen für die Zugriffsrechte setzen und entfernen.

6. Klicken Sie dann unten auf *OK* bzw. *Übernehmen*. Beachten Sie dabei ggf. Warnhinweise des Betriebssystems in Bezug auf Konflikte zwischen den Berechtigungen und mögliche anderweitige Probleme.

HINWEIS ▷ Die Standardzugriffsrechte

NTFS unterscheidet verschiedene Arten von Zugriffsrechten auf Dateien und Ordner:

- *Ändern* – vorhandene Objekte öffnen, bearbeiten und speichern.
- *Lesen, Ausführen* – Dokumente öffnen bzw. Programme ausführen.
- *Lesen* – Dokumente öffnen.
- *Schreiben* – Dateien erstellen und speichern.

Neben diesen Grundberechtigungen gibt es noch spezielle Berechtigungen, die aber letztlich nur Kombinationen verschiedener Grundberechtigungen sind. Mit *Vollzugriff* erfassen Sie jeweils alle Grundberechtigungen auf einmal.

Generell ist beim Verändern von Zugriffsrechten ein wenig Umsicht zu üben, denn diese unscheinbaren Eigenschaften können eine mächtige Waffe sein. Prinzipiell ist es möglich, dass Sie sich selbst den Zugriff auf wichtige Dateien entziehen. Wenn davon auch das Recht betroffen ist, die Dateieigenschaften zu bearbeiten, dann können Sie diesen Schritt auch nicht ohne Weiteres rückgängig machen.

HINWEIS ▷ Zulassen vs. Verweigern

Zulassen und Verweigern sind zwei gegensätzliche Berechtigungen, die durchaus für Konflikte sorgen können. Schließlich kann ein Benutzer Mitglied zweier Benutzergruppen A und B sein. Wenn nun für Gruppe A der Zugriff auf eine Ressource zugelassen, Gruppe B aber der Zugriff auf dieselbe Ressource verweigert wird, entsteht ein Konflikt. Dieser wird gelöst, indem Verweigerungen grundsätzlich höher bewertet werden als Zulassungen. Wird einem Benutzer also der Zugriff durch eine Regel zugelassen und durch eine andere verweigert, behält letztlich die Verweigerung die Oberhand. Generell empfiehlt es sich aber, dem ausdrücklichen Zulassen von Zugriffen den Vorrang zu geben, also Benutzern einfach nur positive Rechte für genau die Ressourcen zu verleihen, die sie benötigen. Dies ist einfacher und auf Dauer besser durchschaubar, als etwa erst einmal alle Ressourcen freizugeben und dann nur einzelne, unerwünschte Objekte zu sperren.

Weiteren Benutzern den Zugriff auf exklusive Dateien erlauben

Zu den hilfreichsten Möglichkeiten der Zugriffsrechte gehört es, anderen Benutzern den Zugriff auf eigene Dateien zu ermöglichen. Hierzu fügt man sie der Liste der berechtigten Gruppen und Benutzer hinzu und legt dann fest, welche Berechtigungen ihnen genau zustehen sollen.

1. Öffnen Sie wie vorangehend beschrieben die Rubrik *Sicherheit* in den Eigenschaften der Datei bzw. des Ordners, zu dem Sie Zugang gewähren möchten.

2. Klicken Sie dort rechts auf die Schaltfläche *Bearbeiten*.

3. Verwenden Sie im anschließenden Dialog die Schaltfläche *Hinzufügen*.

4. Tippen Sie nun den Namen des Benutzers ein, dem Sie Zugriffsrechte einräumen möchten. Sollten Sie den genauen Namen nicht kennen, klicken Sie auf *Erweitert* und verwenden dann *Jetzt suchen*, um eine Liste aller infrage kommenden Benutzer abzurufen.

5. Der neu hinzugefügte Benutzer wird dann in der Liste *Gruppen- oder Benutzernamen* oben angezeigt. Er ist dort auch automatisch ausgewählt.

6. Sie können nun im unteren Bereich die genauen Berechtigungen einstellen, die Sie diesem Benutzer für die ausgewählte Datei bzw. den Ordner einräumen möchten.

7. Klicken Sie schließlich auf *OK*, um die neuen Zugriffsrechte wirksam werden zu lassen.

Den Besitz von anderen Dateien oder Ordnern übernehmen

Bei NTFS hat jede Datei und jeder Ordner einen Besitzer. Das ist in der Regel derjenige Benutzer, der dieses Objekt irgendwann einmal erstellt hat. Ausnahmen sind Dateien und Ordner, die Windows für Sie erstellt hat, z. B. als es Ihr Benutzerkonto eingerichtet hat. Allerdings können die Besitzrechte an Dateien und Ordnern nachträglich wechseln. So können Sie z. B. Dateien von einem anderen Benutzer übernehmen, wenn Sie sich in Zukunft exklusiv damit beschäftigen wollen oder wenn das Konto dieses Benutzers vielleicht sogar entfernt werden soll.

HINWEIS ⟩ Administratoren und Besitzer

Für Administratoren bzw. Benutzer mit Administratorkonto sind die Besitzverhältnisse relativ unbedeutend. Sie können sich jederzeit Zugang zu allen Daten verschaffen, egal wer der Besitzer ist. Standardbenutzer sind nur Besitzer ihrer eigenen Dateien und können nur auf andere Dateien zugreifen, wenn ihnen dieser Zugang ausdrücklich gewährt wurde. Daraus ergibt sich auch, dass eine Änderung der Besitzverhältnisse nur von einem Benutzer mit Administratorrechten oder vom bisherigen Besitzer eines Objekts herbeigeführt werden kann.

1. Öffnen Sie wie vorangehend beschrieben die Rubrik *Sicherheit* in den Eigenschaften der Datei bzw. des Ordners, dessen Besitzverhältnisse Sie verändern möchten.

2. Klicken Sie dort unten auf die Schaltfläche *Erweitert*.

3. In diesem Dialog wird oben in der Zeile *Besitzer* der aktuelle Urheber und Inhaber der Datei angezeigt. Klicken Sie rechts daneben auf *Ändern*, um einen anderen Besitzer festzulegen.

4. Im anschließenden Dialog geben Sie den Namen des neuen Besitzers ein. Mit *Erweitert* und dann *Jetzt suchen* können Sie alle auf dem PC registrierten Benutzerkonten nach dem gewünschten durchsuchen. Klicken Sie dann mehrmals auf *OK*, bis alle Dialoge geschlossen sind.

Ab sofort befindet sich das gewählte Objekt im Besitz des neuen Inhabers. Beachten Sie, dass der bisherige Benutzer dadurch aber nicht automatisch sämtliche Rechte an dem Objekt verliert. Hierzu müssten Sie ihn aus der Liste der zugangsberechtigten Benutzer entfernen bzw. seine Zugriffsrechte ggf. Ihren Vorstellungen entsprechend modifizieren.

33.5 Effizientes Rechtemanagement mit Benutzergruppen

Neben Benutzern gehören zum Sicherheitskonzept von Windows auch Benutzergruppen. Sie fassen verschiedene Benutzer zusammen und ermöglichen so ein effizientes Rechtemanagement. Um z. B. allen Benutzern den Zugriff auf einen bestimmten Ordner zu ermöglichen, reicht es, dieses Recht dieser Benutzergruppe zuzuordnen. Alle Mitglieder dieser Gruppe erhalten es dann automatisch. Benutzergruppen sind in allen Windows-Editionen enthalten. Allerdings erlauben es nur die Editionen Pro, Enterprise und Education, zusätzliche Benutzergruppen anzulegen und zu bearbeiten.

Gruppen anlegen und Benutzer zuordnen

In der Windows-Pro-Edition können Sie über die Computerverwaltung eigene Benutzergruppen einrichten und diesen Gruppen Benutzer zuordnen:

1. Öffnen Sie in der Systemsteuerung das Modul *Verwaltung* und dort den Bereich *Computerverwaltung*.

2. Wählen Sie dort in der Navigationsspalte links die Kategorie *Computerverwaltung/ System/Lokale Benutzer und Gruppen/Gruppen*.

3. Sie finden dann in der Mitte eine Liste der bereits eingerichteten Gruppen. Wundern Sie sich nicht über den Umfang, denn Windows bringt von Haus aus bereits eine Reihe von Benutzergruppen mit (siehe weiter unten).

4. Um eine neue Benutzergruppe anzulegen, klicken Sie mit der rechten Maustaste auf einen freien Bereich und wählen im Kontextmenü den Befehl *Neue Gruppe*.

5. Im nachfolgenden Menü geben Sie zunächst ganz oben den Gruppennamen an. Regeln gibt es dafür nicht. Es empfiehlt sich allerdings, kurze, einfache und aussagekräftige Namen zu verwenden. Darunter können Sie eine kurze Beschreibung zum Zweck dieser Gruppe angeben.

6. Im Feld *Mitglieder* wird festgelegt, welche Benutzer Mitglieder dieser Gruppe sein sollen. Klicken Sie dazu auf die Schaltfläche *Hinzufügen*.

7. Im anschließenden Dialog *Benutzer auswählen* geben Sie den Namen eines Benutzers ein, den Sie dieser Gruppe zuordnen wollen. Sie können auch gleich die Namen mehrerer Benutzer eingeben, indem Sie die einzelnen Namen jeweils mit einem Semikolon trennen. Wenn Sie sich bei den Namen bzw. Schreibweisen nicht sicher sind, können Sie mit *Erweitert* eine Suchfunktion aufrufen. Übernehmen Sie den oder die Benutzernamen mit *OK*.

8. Zurück im *Neue Gruppe*-Menü können Sie mit einem erneuten Klick auf *Hinzufügen* noch mehr Mitglieder in die Gruppe aufnehmen. Abschließend nutzen Sie die *Erstellen*-Schaltfläche, um die neue Gruppe endgültig anzulegen.

Auch später können Sie einer Gruppe noch beliebig Benutzer hinzufügen. Wiederholen Sie dazu den beschriebenen Ablauf. Anstatt eine neue Gruppe anzulegen, öffnen Sie aber die vorhandene mit einem Doppelklick und nutzen dort wiederum die *Hinzufügen*-Schaltfläche. Beachten Sie dabei, dass Änderungen in der Gruppenzugehörigkeit erst bei der nächsten Anmeldung des betroffenen Benutzers wirksam werden.

Rechte für Benutzergruppen festlegen

Das Zuweisen von Rechten für eine Benutzergruppe geschieht analog zum Zuweisen von Rechten für einzelne Benutzer. Die Benutzergruppen können in den entsprechenden Dialogen anstelle von bzw. gemeinsam mit einzelnen Benutzern ausgewählt werden. Der Unterschied ist: Rechte, die Sie einer Benutzergruppe zugestehen, werden automatisch für alle Benutzer wirksam, die dieser Gruppe angehören. Um einer Benutzergruppe z. B. den Zugriff auf einen bestimmten Ordner freizugeben, gehen Sie wie folgt vor:

1. Zeigen Sie den gewünschten Ordner im Explorer an, klicken Sie mit der rechten Maustaste darauf und wählen Sie ganz unten den Kontextbefehl *Eigenschaften*.

2. Wechseln Sie in den Eigenschaften in die Rubrik *Sicherheit*. Hier sehen Sie in der oberen Hälfte den Bereich *Gruppen- oder Benutzernamen*, in dem alle Benutzer und Gruppen aufgelistet sind, für die bislang Regeln für diesen Ordner erstellt wurden.

3. Klicken Sie darunter rechts auf die Schaltfläche *Bearbeiten* und im anschließenden Dialog auf *Hinzufügen*.

4. Tippen Sie dann den Namen der Benutzergruppe ein, der Sie Rechte an diesem Ordner einräumen möchten. Klicken Sie rechts auf *Namen überprüfen*. Windows ersetzt dann die eingetippte Bezeichnung ggf. durch den vollständigen „offiziellen" Namen dieser Benutzergruppe. Klicken Sie anschließend unten auf *OK*, um diese Benutzergruppe hinzuzufügen.

5. Die Liste der Gruppen- und Benutzernamen wird dann um diesen Eintrag erweitert. Wählen Sie ihn in der Liste aus.

6. Nun können Sie unten im Bereich *Berechtigungen für ...* genau einstellen, welche Rechte die Benutzer dieser Gruppe an diesem Ordner haben sollen und welche nicht. Mit *Vollzugriff* können Sie es sich einfach machen und sämtliche Rechte einräumen. Genaueres zu den Berechtigungen und ihren Auswirkungen erfahren Sie auf Seite 707.

7. Klicken Sie anschließend zweimal auf *OK*, um die Änderungen wirksam werden zu lassen.

Übersicht über die speziellen Systemgruppen und ihre Funktionen

Windows kennt schon ab der Installation eine Reihe von Benutzergruppen, mit denen die Zugriffsrechte gesteuert werden. Diese Gruppen können Sie sich zunutze machen, wobei allerdings etwas Umsicht erforderlich ist. Keinesfalls sollten Sie eine dieser Gruppen löschen oder die vorgesehenen Berechtigungen verändern, da dies die Funktionstüchtigkeit des Betriebssystems beeinträchtigen könnte. Die nachfolgende Übersicht stellt die wichtigsten Standardbenutzergruppen und ihre Funktionen dar.

Administratoren

Diese Benutzer verfügen über vollen Zugriff auf alle Ressourcen und können anderen Benutzern Benutzerrechte und Zugriffssteuerungsberechtigungen gewähren. Das Administratorkonto ist standardmäßig Mitglied dieser Gruppe. Da diese Gruppe über uneingeschränkte Rechte verfügt, sollten Sie beim Hinzufügen von Benutzern zu dieser Gruppe sehr vorsichtig sein. Zu den Rechten dieser Gruppe gehören:

- Netzwerkzugriff auf diesen Computer

- Anpassen des Arbeitsspeichers für Prozesse

- Lokale Anmeldungen zulassen

- Anmelden über Terminaldienste zulassen

- Sichern von Dateien und Verzeichnissen

- Ändern der Systemzeit

- Ändern der Zeitzone

- Erstellen und Verändern der Auslagerungsdatei

- Erstellen globaler Objekte

- Erstellen symbolischer Verknüpfungen

- Debuggen von Programmen

- Erzwingen des Herunterfahrens von einem entfernten PC aus

- Laden und Entfernen von Gerätetreibern

- Anmelden als Stapelverarbeitungsauftrag

- Verwalten von Überwachungs- und Sicherheitsprotokollen

- Ändern der Umgebungsvariablen für Firmware

- Ausführen von Volumen-Wartungsaufgaben

- Entfernen des Computers aus der Dockingstation

- Wiederherstellen von Dateien und Verzeichnissen

- Herunterfahren des Systems

- Übernehmen des Besitzes von Dateien und Objekten

Benutzer

Die Mitglieder dieser Gruppe sind Standardbenutzer und können die Aufgaben durchführen, die nicht zum Administrationsbereich gehören. Sie dürfen keine Verzeichnisse freigeben oder lokale Drucker einrichten. Zu ihren Berechtigungen gehören:

- Am Rechner aus dem Netzwerk anmelden

- Lokal am PC anmelden

- Ändern der Zeitzone

- Priorität eines Prozesses vergrößern

- Den PC aus einer Dockingstation entfernen

- Das System herunterfahren

Distributed COM-Benutzer

Mitglieder dieser Gruppe können DCOM-Objekte auf einem Computer starten, aktivieren und verwenden, haben aber ansonsten keine Standardbenutzerrechte.

Ereignisprotokollleser

Mitgliedern dieser Benutzergruppe ist der Einblick in das Ereignisprotokoll gestattet, ansonsten haben sie keine Standardbenutzerrechte.

Gäste

Für Mitglieder dieser Gruppe wird bei der Anmeldung ein temporäres Profil angelegt, das bei der Abmeldung wieder gelöscht wird. Das Gast-Benutzerkonto ist standardmäßig Mitglied dieser Gruppe, Sie können aber auch andere Benutzer als Gäste erstellen, die sich dann mit ihrem eigenen Benutzernamen anmelden können. Gastbenutzer haben ansonsten keine Standardbenutzerrechte.

Hauptbenutzer

Diese Benutzergruppe ist standardmäßig leer und existiert vor allem aus historischen Gründen. Bei früheren Windows-Versionen diente sie dazu, Benutzern bestimmte Administratorrechte und -berechtigungen für allgemeine Systemaufgaben zu geben. Dies ist bei Windows 8 aufgrund der Benutzerkontensteuerung nicht mehr erforderlich. Da manche älteren Anwendungen aber auf diese Benutzergruppe angewiesen sind, wurde sie aus Gründen der Abwärtskompatibilität beibehalten. Sie müsste für solche Fälle allerdings mit den entsprechenden Benutzern gefüllt werden.

IIS_USRS

Diese Benutzergruppe ist für die Internetinformationsdienste (Internet Information Services, IIS) erforderlich. Läuft auf Ihrem PC z. B. ein Webserver, verfügt er über die Berechtigungen dieser Gruppe. Sie besitzt sonst keine Standardbenutzerrechte.

Kryptografie-Operatoren

Mitglieder dieser Gruppe dürfen alles machen, was mit Verschlüsselung und den damit verbundenen Zertifikaten zu tun hat, haben aber ansonsten keine Standardbenutzerrechte.

Leistungsprotokollbenutzer

Mitglieder dieser Gruppe haben Zugriff auf Systemmonitore, Protokolle und Warnungen auf dem Computer – lokal und über Remoteclients, auch wenn sie keine Administratorbenutzer sind. Der Zugriff kann direkt am PC oder via Netzwerk aus der Ferne erfolgen. Ansonsten gibt es keine Standardbenutzerrechte. Im Gegensatz zur nachfolgenden Gruppe können sie die entsprechenden Funktionen des Systems konfigurieren.

Leistungsüberwachungsbenutzer

Ähnlich wie Leistungsprotokollbenutzer, allerdings haben Systemmonitorbenutzer eben nur Zugriff auf die verschiedenen Funktionen des Systemmonitors. Der Zugriff kann direkt am PC oder via Netzwerk aus der Ferne erfolgen. Ansonsten gibt es keine Standardbenutzerrechte.

Netzwerkkonfigurations-Operatoren

Benutzer, die zu dieser Gruppe gehören, dürfen Änderungen an TCP/IP-Einstellungen vornehmen und TCP/IP-Adressen erneuern und freigeben. Abgesehen davon hat sie keine Standardbenutzerrechte. Standardmäßig gehören dieser Gruppe keine Mitglieder an. Wenn ein Benutzer Änderungen an der Netzwerkkonfiguration vornehmen können soll, ohne gleich zum Administrator ernannt zu werden, dann ist dies die richtige Gruppe.

Remotedesktopbenutzer

Alle Benutzer dieser Gruppe haben die Berechtigung, sich per Remotedesktop von einem anderen PC aus auf dem Rechner anzumelden und damit zu arbeiten. Sie haben dementsprechend dieses spezielle Recht:

- Anmeldung via Netzwerk über Terminaldienste

Remoteverwaltungsbenutzer

Alle Benutzer dieser Gruppe haben die Berechtigung, diesen Rechner von einem anderen PC aus zu verwalten. Sie haben dementsprechend dieses spezielle Recht:

- Zugriff über Verwaltungsprotokolle auf WMI-Ressourcen

Replikations-Operator

Diese Benutzergruppe ermöglicht Replikationsfunktionen im Netzwerk. Sie sollte bei Bedarf nur ein Mitglied haben, nämlich das Domänenbenutzerkonto, das zum Anmelden der Replikationsdienste eines Domänen-Controllers genutzt wird. Andere Benutzerkonten sollten nicht Mitglied dieser Gruppe werden. Sie hat dementsprechend keine sonstigen Standardbenutzerrechte.

Sicherungs-Operatoren

Mitglieder dieser Gruppe dürfen Dateien und Ordner auf dem PC sichern und wiederherstellen, und zwar unabhängig davon, ob ggf. andere Berechtigungen zum Schutz dieser Dateien vorhanden sind. Zu diesem Zweck hat das Recht zum Ausführen einer Sicherung Vorrang vor allen Dateiberechtigungen. Spezielle Rechte:

- Netzwerkzugriff auf diesen Computer
- Lokales Anmelden zulassen
- Sichern von Dateien und Verzeichnissen
- Anmelden als Stapelverarbeitungsauftrag
- Wiederherstellen von Dateien und Verzeichnissen
- Herunterfahren des Systems

33.6 Schutzmaßnahmen gegen vergessene Benutzerkennwörter

Leider geht mit Passwörtern immer das Risiko einher, sie zu vergessen. Das macht den Einsatz riskant, insbesondere wenn es keinen Nachschlüssel und keine Hintertür in das System gibt. Vor allem aber verleitet es Benutzer dazu, möglichst einfache und nahe-liegende Passwörter zu verwenden, die sich eben nicht so leicht vergessen lassen.

Um diesen beiden Problemen zu begegnen, bringt Windows Schutzmechanismen mit, die das Ausschließen aus dem System wegen eines vergessenen Passworts verhindert.

Zum einen hilft der Kennworthinweis. Der wird bei einem neuen Kennwort stets mit angegeben und sollte so gewählt werden, dass er den Benutzer – und möglichst nur ihn – an das gewählte Kennwort erinnert. Wann immer man bei der Windows-Anmeldung nicht das korrekte Kennwort eingibt, wird dieser Hinweis automatisch angezeigt und hilft hoffentlich dabei, sich zu erinnern.

Einen Kennwortrücksetzdatenträger erstellen

Zusätzlich kann jeder Benutzer für sein eigenes Konto einen USB-Stick als „Kennwort-rücksetzdiskette" erstellen, auf dem das Kennwort gespeichert wird. An einem sicheren Ort aufbewahrt, dient dieser USB-Stick als Notfallmaßnahme für den Fall eines Falles. Das empfiehlt sich insbesondere, wenn es nur einen Administratorbenutzer im System gibt. Während Standardbenutzer einfach einen Administrator um ein neues Passwort bitten können, hat der nämlich keine so einfache Rückversicherung.

Das Zurücksetzen des Kennwortes per USB-Stick ist allerdings nur für lokale Windows-Benutzerkonten vorgesehen. Wenn Sie ein Microsoft-Konto zum Anmelden an Ihren PC verwenden, können Sie die Onlinemechanismen nutzen, um dieses zurückzusetzen. In diesem Fall wird der Menüpunkt zum Erstellen einer Kennwortrücksetzdiskette gar nicht erst angeboten.

HINWEIS ▷ USB-Stick anstatt Diskette

Lassen Sie sich vom Namen dieser Funktion nicht irritieren. Es heißt immer noch Kenn-wortrücksetzdiskette, obwohl PCs mit Diskettenlaufwerken mittlerweile zu einer vom Aus-sterben bedrohten Spezies gehören. Das liegt aber nur am Übersetzer der Windows-Bildschirmtexte. Sie können ebenso einen USB-Stick oder eine Speicherkarte verwenden, um die Informationen zum Zurücksetzen des Kennworts zu speichern. Gut eignet sich dafür ein älterer USB-Stick oder auch eine Speicherkarte mit geringer Kapazität, die deshalb z. B. in der Digitalkamera ohnehin nicht mehr verwendet werden kann. Es wer-den nur wenige KByte Speicherplatz benötigt, und ein anderweitig nicht mehr genutztes Speichermedium können Sie getrost an einem sicheren Ort verwahren.

Wann immer Sie ein Benutzerkonto eingerichtet haben und dieses sein endgültiges Kennwort zugeteilt bekommen hat, sollten Sie eine Kennwortrücksetzdiskette erstellen bzw. den Benutzer des Kontos dazu anhalten.

Beachten Sie dabei: Diese Maßnahme bezieht sich stets auf den aktuell angemeldeten Benutzer. Selbst ein Administrator kann also keine Kennwortrücksetzdiskette für andere Benutzer erstellen. Der Benutzer muss das selbst erledigen, es sei denn, der Administrator meldet sich mit den Zugangsdaten dieses Benutzers an und übernimmt das für ihn.

1. Stecken Sie einen USB-Stick oder eine Speicherkarte ein.

2. Öffnen Sie die Systemsteuerung und geben Sie hier oben rechts im Suchfeld den Begriff „kennwortrück" ein. Nur dann bietet Ihnen die Systemsteuerung den Punkt *Kennwortrücksetzdiskette erstellen* an.

3. Damit starten Sie einen Assistenten, der Sie durch die erforderlichen Schritte führt.

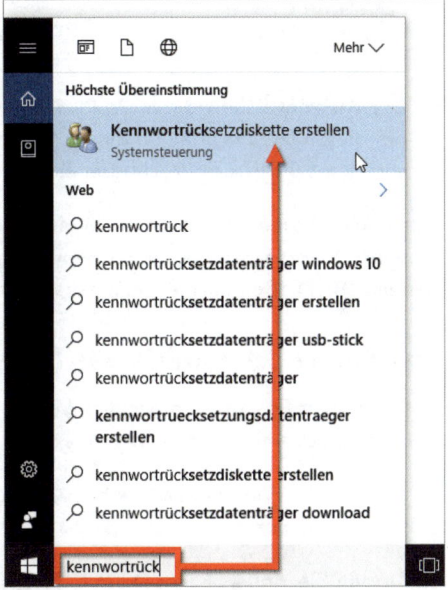

4. Wählen Sie – soweit erforderlich – das Speichermedium aus, auf dem die Informationen abgelegt werden sollen.

5. Tippen Sie dann Ihr aktuelles Benutzerkennwort ein und klicken Sie unten auf *Weiter*. Das soll den Missbrauch dieser Funktion durch Unbefugte verhindern.

6. Der Assistent sichert dann die Rücksetzinformationen auf dem Medium. Verwahren Sie diesen Datenträger an einem geschützten Ort, an dem er vor Beschädigungen und dem Zugriff Unberechtigter sicher ist.

Dieses Rücksetzmedium ist an das Benutzerkonto gebunden und unabhängig von Ihrem Passwort. Selbst wenn Sie Ihr Passwort also ändern sollten, können Sie das Rücksetzmedium anschließend immer noch verwenden.

Das Kennwort mithilfe des Datenträgers zurücksetzen

Sollten Sie Ihr Passwort tatsächlich vergessen haben, können Sie auf das Speichermedium zurückgreifen und sich so wieder Zugang zu Ihrem Benutzerkonto verschaffen:

1. Starten Sie Windows und wählen Sie auf dem Anmeldebildschirm wie üblich Ihren Benutzernamen aus.

2. Tippen Sie dann als Passwort einen beliebigen Text ein.

3. Windows beschwert sich verständlicherweise über das falsche Passwort. Klicken Sie auf *OK*, um diesen Hinweis zu bestätigen.

4. Im Anmeldefenster finden Sie nun neben der erneuten Eingabe des Kennworts weitere Informationen. Zum einen zeigt Windows den *Kennworthinweis* an, der beim Anlegen Ihres Kontos hinterlegt worden ist. Zum anderen können Sie das Kennwort nun mit dem vorbereiteten Speichermedium zurücksetzen.

5. Stecken Sie dazu den vorbereiteten USB-Stick ein und klicken Sie auf *Kennwort zurücksetzen*.

6. Damit starten Sie wiederum einen Assistenten, bei dem Sie zunächst das Speichermedium mit den Rücksetzinformationen auswählen.

7. Geben Sie nun ein neues Kennwort (wie immer zweimal) sowie einen neuen Kennworthinweis an. Der Assistent überprüft dann das Speichermedium und ändert die Kontodaten entsprechend. Das neue Kennwort gilt ab sofort für dieses Benutzerkonto.

Anschließend gelangen Sie zurück zur Anmeldeseite, wo Sie sich nun erstmals mit dem neu festgelegten Kennwort anmelden können.

33.7 Nicht mehr benötigte Benutzerkonten umfassend und zuverlässig löschen

Selbstverständlich können Sie ein einmal eingerichtetes Benutzerkonto auch wieder entfernen, wenn es nicht mehr benötigt wird. Allerdings stellt sich dabei die Frage, was mit den Dateien geschehen soll, die dieser Benutzer in seinem persönlichen Bereich erstellt und gespeichert hat. Windows kann diese Dateien automatisch löschen oder aber konservieren, sodass sie trotz des gelöschten Benutzerkontos erhalten bleiben.

1. Wählen Sie das zu löschende Benutzerkonto wie vorangehend beschrieben zum Bearbeiten aus.

2. Wählen Sie im Kontomenü unten den Punkt *Konto löschen*.

3. Legen Sie dann fest, was mit den Dateien dieses Benutzers geschehen soll. Dies bezieht sich auf die Dateien, die er auf seinem Desktop sowie in seinen persönlichen Ordnern gespeichert hat:

■ Mit *Dateien löschen* lassen Sie alle diese Dateien rückstandsfrei entfernen. Es bleiben dann höchstens solche Dateien des Benutzers erhalten, die er außerhalb der üblichen Ordnerstruktur oder auf anderen Laufwerken angelegt hat.

■ Wollen Sie die Dateien des Benutzers erhalten, klicken Sie auf *Dateien behalten*. Windows legt dann auf Ihrem Desktop einen Ordner mit dem Namen des Benutzers an und verschiebt dessen Dateien dorthin.

4. Klicken Sie im anschließenden Dialog auf die Schaltfläche *Konto löschen*, um das Benutzerkonto endgültig zu entfernen.

Kapitel 34

34. Dokumente und Laufwerke durch Verschlüsseln schützen

Sensible persönliche Dokumente oder Geschäftsunterlagen sollten besonders geschützt werden. Dabei geht es nicht nur darum, dass sie von anderen Benutzern desselben PCs eingesehen oder von Hackern ausgeschnüffelt werden könnten. Was wäre, wenn das Notebook/Netbook unterwegs abhandenkommt oder der PC bei einem Einbruch entwendet wird? Dann ist nicht nur die Hardware futsch, sondern vertrauliche Informationen gelangen womöglich in falsche Hände, was häufig die schlimmere Folge ist. Windows bringt als Schutz davor verschiedene Möglichkeiten mit, Dokumente vor unbefugten Augen und Zugriffen zu schützen:

- Mit der Verschlüsselung auf Ebene des Dateisystems können einzelne Dokumente oder auch ganze Ordner geschützt werden.

- Mit BitLocker lässt sich das gesamte Festplattenlaufwerk schützen, sodass Windows als solches nur startet, wenn es mit der entsprechenden Berechtigung autorisiert ist.

- BitLocker To Go erweitert diesen Schutz auf die beliebten USB-Sticks und Speicherkarten. Auf diese kann dann nur noch zugreifen, wer das richtige Passwort kennt. So können auf diese bequeme und flexible Weise auch vertrauliche Daten weitergegeben werden.

34.1 Dateien durch Verschlüsselung vor fremden Augen schützen

Zu den Funktionen des von Windows verwendeten NTFS gehört das Verschlüsseln einzelner Dateien oder auch ganzer Ordner samt Inhalt. Jeder Anwender kann so sensible Dokumente verschlüsseln, dass nur er ihren Inhalt sehen und weiterbearbeiten kann. Selbst Administratoren können sich nicht ohne Weiteres Zugang zu solchen Dateien verschaffen. Wichtig ist dabei aber der Umgang mit dem als Zugangsschlüssel verwendeten Zertifikat. Sollte dieses verloren gehen, sind auch die verschlüsselten Daten ein für alle Male weg. Leider steht diese Dateisystemverschlüsselung nur den „höheren" Windows-Editionen ab „Pro" zur Verfügung.

Dateien und Ordner per EFS verschlüsseln

Das Verschlüsseln von Dateien und Ordnern ist sozusagen der leichteste Teil. Dazu bedarf es lediglich einer kleinen Einstellung in den Dateieigenschaften.

1. Wählen Sie den oder die Dateien bzw. Ordner im Explorer aus, die Sie verschlüsseln möchten.

2. Klicken Sie mit der rechten Maustaste auf die Auswahl und wählen Sie im Kontextmenü ganz unten *Eigenschaften*.

3. Klicken Sie in den *Eigenschaften* auf der Registerkarte *Allgemein* unten rechts auf die Schaltfläche *Erweitert*.

4. Aktivieren Sie im anschließenden Dialog *Erweiterte Attribute* ganz unten die Option *Inhalt verschlüsseln, um Daten zu schützen*. Klicken Sie dann auf *OK*.

5. Zurück in den Eigenschaften der Datei klicken Sie erneut unten auf *OK*.

6. Windows zeigt dann eine Verschlüsselungswarnung an. Hier können Sie festlegen, ob Sie wirklich nur diese eine Datei oder auch den gesamten übergeordneten Ordner verschlüsseln möchten. Mit der Option *Immer nur die Datei verschlüsseln* können Sie solche Rückfragen für die Zukunft vermeiden.

Damit ist das Verschlüsseln auch schon erledigt. Am Zugriff auf die Dateien und Ordner ändert sich dadurch nichts. Das gilt allerdings nur für Sie selbst. Andere Benutzer können so verschlüsselte Dateien nun nicht mehr öffnen, selbst wenn sie entsprechende Zugriffsberechtigungen dafür haben. Um die Verschlüsselung einer Datei später wieder aufzuheben, wiederholen Sie den Vorgang einfach und entfernen diesmal das Häkchen der Verschlüsselungsoption.

HINWEIS ⚏ Grün ist die Farbe der Verschlüsselung

Wundern Sie sich nicht, wenn der Name einer verschlüsselten Datei auf einmal grün im Windows-Explorer aufgeführt wird. Damit signalisiert der Explorer eben diesen Verschlüsselungsstatus der Datei. So lässt sich auf den ersten Blick erkennen, welche Dateien verschlüsselt sind. Das ist wichtig, denn verschlüsselte Dateien lassen sich nicht ohne Weiteres weitergeben, z. B. per USB-Stick, DVD oder E-Mail. Sie können zwar auf einen anderen PC übertragen werden, lassen sich dort aber mangels Verschlüsselungszertifikat nicht öffnen.

Wichtig: EFS-Zertifikate sichern, um Datenverluste zu vermeiden

Windows verwendet für die Verschlüsselung ein Zertifikat, das an Ihr Benutzerkonto gebunden ist. Wenn Sie eine verschlüsselte Datei öffnen möchten, wird dieses Zertifikat abgefragt und der Inhalt damit entschlüsselt. Da nur Ihr Benutzerkonto über ein solches Zertifikat verfügt, können auch nur Sie die Datei öffnen. Allerdings ist damit ein Risiko verbunden.

Sollte Ihr Benutzerkonto z. B. durch einen Hardwaredefekt und eine damit verbundene Windows-Neuinstallation verloren gehen, ist auch kein Zugriff auf verschlüsselte Dateien mehr möglich. Zwar können Sie nach der Neuinstallation ein Benutzerkonto mit gleichem Namen und Kennwort erneut anlegen, aber es ist eben nicht dasselbe Konto und verfügt nicht über das erforderliche Zertifikat.

Deshalb empfiehlt es sich, das Zertifikat auf einem externen Speicher zu sichern, um es in solchen Fällen einspielen zu können und um den Zugriff auf verschlüsselte Dokumente wieder zu ermöglichen.

1. Wenn Sie erstmals eine Datei oder einen Ordner verschlüsseln, wird Ihr persönliches Zertifikat automatisch erstellt, und das Info-Center bietet Ihnen an, dieses zu sichern. Klicken Sie dazu auf den Hinweis.

Sollten Sie den Moment verpasst haben, öffnen Sie wie vorangehend beschrieben die Eigenschaften einer bereits verschlüsselten Datei, klicken dort auf *Erweitert* und dann auf *Details*. Wählen Sie anschließend in der Liste oben Ihr Benutzerkonto aus und klicken Sie auf *Schlüssel sichern*.

2. Damit starten Sie einen Assistenten, der Sie durch die notwendigen Schritte führt. Klicken Sie zunächst zweimal auf *Weiter*, um zu den wesentlichen Schritten zu gelangen.

3. Aktivieren Sie die Option *Kennwort* und geben Sie dann ein sicheres Passwort ein, mit dem das Zertifikat geschützt werden soll. Selbstverständlich dürfen Sie dieses Kennwort keinesfalls vergessen, da Sie es im Falle eines Falles benötigen, um das Zertifikat wieder einzuspielen.

4. Wählen Sie dann Laufwerk, Pfad und Dateiname aus, unter denen Sie das Zertifikat speichern wollen. Hier bietet sich insbesondere ein externes Speichermedium wie ein USB-Stick an. Auch das Brennen auf eine CD oder DVD ist empfehlenswert. Das Speichern auf dem PC selbst bietet nur geringen Schutz, da die Datei z. B. bei einem Hardwaredefekt eventuell ebenfalls beschädigt wird.

5. Schließlich fasst der Assistent nochmals alle Einstellungen zusammen. Klicken Sie hier auf *Fertig stellen*, um die Sicherungsdatei mit dem Zertifikat zu erstellen.

Dieses Sichern des Zertifikats brauchen Sie nur einmalig nach dem ersten Verschlüsseln vorzunehmen. Anschließend verwendet Windows automatisch immer wieder dasselbe Zertifikat, von dem Sie nun ja bereits eine Sicherung haben.

TIPP ☑ Zertifikate auch später noch sichern

Sollten Sie den Zeitpunkt zum Sichern Ihres Zertifikats verpasst haben, können Sie dies auch später noch nachholen. Klicken Sie einfach auf das Symbol im Infobereich. Das bringt Sie in die Einstellungen Ihres Benutzerkontos. Klicken Sie darin links im Aufgabenbereich auf *Dateiverschlüsselungszertifikate verwalten*. Hier können Sie unter anderem das Zertifikat sichern.

Gesicherte Zertifikate wiederherstellen

Sollten Sie in die Verlegenheit kommen, nicht mehr auf verschlüsselte Dokumente zugreifen zu können, ist eine zuvor erstellte Sicherungskopie Ihres Zertifikats Ihre Rettung. Diese können Sie mit einem Assistenten einspielen und sich so wieder Zugang verschaffen.

1. Verbinden Sie das Speichermedium, auf dem Sie die Sicherungskopie abgelegt haben, mit Ihrem PC. Lokalisieren Sie darauf die Datei mit dem Zertifikat und öffnen Sie sie per Doppelklick.

2. Damit starten Sie einen Assistenten, in dem Sie nach einem Klick auf *Weiter* zunächst die Option *Aktueller Benutzer* wählen.

3. Bestätigen Sie dann die ausgewählte Datei mit den Schlüsselinformationen.

4. Mit einem erneuten Klick auf *Weiter* gelangen Sie zur Kennworteingabe. Tippen Sie hier das beim Sichern festgelegte Passwort ein und klicken Sie wiederum auf *Weiter*.

5. Belassen Sie es im nächsten Schritt bei der Einstellung *Zertifikatspeicher automatisch auswählen* und gehen Sie mit *Weiter* zum letzten Schritt.

6. Klicken Sie hier auf *Fertig stellen*, um das Zertifikat zu importieren. Anschließend sollte der Zugriff auf die geschützten Dokumente dauerhaft wieder möglich sein.

Weiteren Benutzern den Zugriff auf verschlüsselte Laufwerke ermöglichen

Ein verschlüsseltes Dokument ist einem bestimmten Benutzer zugeordnet und kann nur von diesem verwendet werden. Windows kann Dokumente aber auch mehrfach verschlüsseln, sodass sie mehr als einem Benutzer zur Verfügung stehen, aber trotzdem vor den Augen aller anderen geschützt sind. Voraussetzung ist allerdings, dass die weiteren Benutzer auch die Zugriffsberechtigungen für die Dateien haben und dass für sie ein Schlüsselzertifikat vorhanden ist, sie also auf dem PC bereits mindestens einmal eine Datei verschlüsselt haben.

1. Der Besitzer einer Datei, der diese ursprünglich für sich selbst verschlüsselt hat, kann weitere Benutzer hinzufügen. Klicken Sie dazu wiederum in den allgemeinen Eigenschaften des Objekts auf *Erweitert*.

2. Klicken Sie dann rechts neben der Option *Inhalt verschlüsseln, um Daten zu schützen* auf die Schaltfläche *Details*.

3. Hier sehen Sie oben, für welche Benutzer die Datei bislang verschlüsselt wurde. Mit einem Klick darunter auf *Hinzufügen* können Sie weitere Benutzer angeben.

4. Wählen Sie hier das Zertifikat des Benutzers aus, für den die Datei bzw. der Ordner zusätzlich verschlüsselt werden soll. Wird ein bestimmter Benutzer hier nicht angezeigt, ist für ihn kein Zertifikat vorhanden, weil er vermutlich selbst noch nie eine Datei verschlüsselt hat.

5. Klicken Sie dann viermal auf *OK*, um alle Dialoge zu schließen.

Anschließend dürfen beide Benutzer unabhängig voneinander auf die verschlüsselten Daten zugreifen. Prinzipiell können Sie auf diese Weise beliebig vielen Benutzern den Zugriff auf verschlüsselte Dateien erlauben.

34.2   Mit BitLocker Festplatten und USB-Sticks verschlüsseln

Mit der BitLocker-Laufwerkverschlüsselung lassen sich komplette Laufwerke so verschlüsseln, dass sie nur durch berechtigte Benutzer verwendet werden können. Das ist insbesondere für mobile Computer wie Notebooks und Tablet-PCs sinnvoll, denn so bleiben die Daten auch im Fall eines Verlusts oder Diebstahls sicher und vertraulich. Selbstverständlich können aber auch Benutzer von Desktop-PCs mit entsprechendem Sicherheitsbedürfnis diese Funktion nutzen. So lässt sich sicherstellen, dass vertrauliche Daten z. B. nur nach dem Einstecken eines bestimmten USB-Sticks zugänglich sind.

Standardmäßig ist BitLocker an einen im System vorhandenen TPM-Kryptochip geknüpft. Anstelle eines fest verdrahteten Chips kann aber auch ein handelsüblicher USB-Stick als Autorisierung für den Zugriff verwendet werden. Die BitLocker-Technologie ist allerdings nur in den Windows-Editionen Pro und Enterprise verfügbar.

HINWEIS ▷ Verschlüsselung mit Vorsicht genießen

Bevor Sie Ihr Windows-Laufwerk und wichtige Daten per BitLocker verschlüsseln, sollten Sie sich über eventuelle Nebenwirkungen im Klaren sein. Die Verschlüsselung ist sehr sicher, und laut Microsoft soll es auch keine Hintertüren darin geben, durch die sie leicht ausgehebelt werden kann. Ob dem wirklich so ist, wird sich noch zeigen. Vorläufig muss davon ausgegangen werden, dass ein verschlüsseltes Laufwerk ohne den passenden Schlüssel nicht wieder entschlüsselt werden kann. Wenn Sie den Schlüssel z. B. auf einem USB-Stick speichern, darf dieser also keinesfalls verloren gehen. Auch ein Defekt wäre das Aus für den Datenzugriff. Von wichtigen Daten sollten Sie deshalb vor der Verschlüsselung unbedingt Sicherheitskopien machen und diese an einem sicheren Ort hinterlegen. Nutzen Sie außerdem die Möglichkeiten, Sicherheitskopien des Schlüssels anzulegen und mit einem Ersatzstick zu arbeiten (siehe nachfolgenden Abschnitt).

So schützt BitLocker Ihre Daten

Im Gegensatz zur EFS-Dateiverschlüsselung verschlüsselt BitLocker immer gleich komplette Laufwerke. Es werden also nicht nur einzelne Ordner oder Dokumente geschützt, sondern das komplette Laufwerk einschließlich installierter Anwendungen und dem Betriebssystem selbst. Als Schlüssel kann ein eingebauter TPM-Chip dienen, der zusätzlich durch eine PIN-Eingabe bei jedem Start abgesichert ist. Alternativ startet Windows nur beim Vorhandensein eines bestimmten USB-Sticks. Dadurch ergeben sich verschiedene Sicherheitsstufen:

■ **Schutz durch einen TPM-Chip ohne PIN**

Diese Variante ist die komfortabelste, da Sie beim Rechnerstart keine weiteren Schritte zu unternehmen brauchen. Allerdings ist der Schutz eingeschränkt, da es reicht, Zugriff auf den Rechner zu haben, um das System zu starten. Diese Variante schützt z. B. davor, dass die Festplatte aus einem PC entfernt und in einen anderen eingebaut wird und die Daten dort ausgelesen werden. Wird allerdings der komplette Rechner entwendet (z. B. ein Notebook), bietet diese Variante keinen Schutz.

■ **Schutz durch einen TPM-Chip mit PIN**

Durch das Eingeben einer PIN bei jedem Einschalten des PCs wird der Rechner effektiv vor Datendiebstahl gesichert. Wer die PIN nicht kennt, kann zwar in den Besitz des Gerätes gelangen, er kann aber nicht Windows starten und auf die enthaltenen Daten zugreifen.

■ **Schutz durch einen USB-Schlüssel**

Bei dieser Variante startet Windows nur, wenn ein bestimmter USB-Stick beim Start angeschlossen ist. Auch das schützt effektiv vor Datendiebstahl, allerdings nur, wenn der USB-Stick getrennt vom PC aufbewahrt wird. Liegt er z. B. mit in der Notebook-Tasche, stellt er für einen kompetenten Dieb kein Hindernis dar.

BitLocker mit USB-Stick anstatt TPM-Chip

Standardmäßig erfordert BitLocker das Vorhandensein eines TPM-Chips in der PC-Hardware. Allerdings ist dies auch heute noch keine Selbstverständlichkeit. Deshalb können Sie über die Gruppenrichtlinien einstellen, dass BitLocker auch mit einem USB-Stick anstelle des TPM-Chips zusammenarbeiten soll. Dies ist weniger sicher, da ein USB-Stick gestohlen werden, anderweitig abhandenkommen oder einfach kaputtgehen kann. In allen diesen Fällen wäre kein Zugang zum System und den gespeicherten Daten mehr möglich.

1. Wenn Sie in der klassischen Systemsteuerung im Modul *BitLocker-Laufwerkverschlüsselung* mit *BitLocker aktivieren* den Dienst starten und kein TPM-Chip in Ihrem PC installiert ist, beschwert sich das Programm direkt und verweigert die weitere Arbeit.

2. Öffnen Sie in diesem Fall das Startmenü und tippen Sie in das Suchfeld *gpedit.msc* gefolgt von ⏎ ein.

3. Damit starten Sie den Gruppenrichtlinieneditor, in dem Sie mit der Navigationsleiste links die Kategorie *Computerkonfiguration/Administrative Vorlagen/Windows-Komponenten/BitLocker-Laufwerkverschlüsselung/Betriebssystemlaufwerke* auswählen.

4. Rechts werden nun die Einstellungen für diesen Bereich angezeigt. Lokalisieren Sie hier die Option *Zusätzliche Authentifizierung beim Start anfordern* und doppelklicken Sie darauf.

5. Wählen Sie im Einstellungsdialog oben die Option *Aktiviert* und klicken Sie unten auf *OK*.

6. Schließen Sie den Gruppenrichtlinieneditor. Wenn Sie BitLocker nun erneut starten, sollte der Warnhinweis bezüglich des fehlenden TPM-Chips verschwunden sein. Eventuell müssen Sie Windows zwischenzeitlich einmal neu starten.

Ein Laufwerk mit BitLocker verschlüsseln

Um ein Laufwerk mit BitLocker zu sichern, muss es einmalig komplett verschlüsselt werden. Bei allen weiteren Zugriffen erledigt Windows die Ver- und Entschlüsselung dann im Hintergrund in Echtzeit. Die initiale Verschlüsselung kann hingegen je nach Umfang und Füllstand des Laufwerks bis zu einigen Stunden dauern.

Der PC kann in dieser Zeit aber weiter genutzt werden, wenn auch eventuell mit einigen Einschränkungen hinsichtlich der Performance. Sie können die Verschlüsselung notfalls aber auch unterbrechen und später damit fortfahren. Ebenso können Sie Windows herunterfahren und den PC ausschalten. Die Verschlüsselung wird dann beim nächsten Start automatisch fortgesetzt.

1. Rufen Sie in der Systemsteuerung das Modul *Bit-Locker-Laufwerkverschlüsselung* auf.

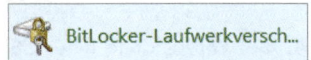

2. Im folgenden Dialog sehen Sie zunächst eine Übersicht über die Laufwerke. Diejenigen, die mit einem Link *BitLocker aktivieren* versehen sind, können mit BitLocker verschlüsselt werden. Alle anderen kommen dafür nicht in Betracht, z. B. weil es sich dabei um FAT32-Laufwerke handelt. Wählen Sie also das Systemlaufwerk Ihrer

Windows-Installation aus und klicken Sie in diesem Feld auf *BitLocker aktivieren*. Damit starten Sie einen Assistenten, der Sie durch die weiteren Schritte führt.

3. Bestätigen Sie die ersten Schritte mit *Weiter* und wählen Sie dann aus, ob Sie einen TPM-Chip, einen USB-Stick oder ein Kennwort als Schlüssel für BitLocker verwenden möchten. Ist kein TPM-Chip eingebaut, steht diese Variante allerdings ohnehin nicht zur Auswahl. Haben Sie einen TPM-Chip, können Sie sich zwischen der Verwendung ohne PIN und mit PIN entscheiden.

4. Bei Verwendung eines USB-Sticks wählen Sie im nächsten Schritt das Wechsellaufwerk aus, das Sie für diesen Zweck benutzen möchten. Am besten stecken Sie hierzu nur den einen USB-Stick ein, der verwendet werden soll, um Verwechslungen zu vermeiden.

5. Der Assistent erstellt dann einen Wiederherstellungsschlüssel. Mit diesem Schlüssel können Sie den Zugang zu Ihren Daten retten, falls BitLocker Sie am Zugriff hindern sollte (z. B. weil der USB-Stick mit dem Zugangscode defekt oder verloren gegangen ist). Sie können sich den Schlüssel anzeigen lassen und notieren. Alternativ können Sie ihn auch ausdrucken oder in einer Datei speichern. Diese Speicherung darf allerdings keinesfalls auf dem zu verschlüsselnden Laufwerk erfolgen, da Sie hierauf ja im Zweifelsfall keinen Zugriff haben. Nutzen Sie stattdessen beispielsweise einen USB-Stick oder drucken Sie den Schlüssel für die sichere Verwahrung aus. Am besten verwenden Sie mehrere oder auch alle Möglichkeiten gleichzeitig und verwahren die so entstandenen Kopien des Schlüssels an einem sicheren Ort.

6. Ob Sie nur den bereits verwendeten Speicherplatz sofort verschlüsseln und weiteren später verschlüsseln lassen oder gleich alles verschlüsseln, bleibt Ihnen überlassen. Letzteres ist bei einem bereits genutzten PC sicherer, dauert aber auch länger.

7. Dann kann das eigentliche Verschlüsseln des Laufwerks beginnen. Klicken Sie dazu unten auf die *Weiter*-Schaltfläche. Sollte ein Neustart erforderlich sein, führen Sie ihn durch.

Den PC während des Verschlüsselungsvorgangs nutzen

Die Verschlüsselung eines ganzen Laufwerks kann einige Stunden in Anspruch nehmen. Während der Verschlüsselung des Laufwerks können Sie den PC uneingeschränkt weiterverwenden, allerdings wirkt sich die laufende Verschlüsselung schon spürbar auf die Performance aus. Wenn Sie können, sollten Sie den Rechner deshalb in dieser Zeit also einfach sich selbst überlassen, dann geht es am schnellsten. Sie können den PC übrigens auch ausschalten. Die Verschlüsselungsfunktion bemerkt das und richtet sich danach. Beim nächsten Start setzt sie ihre Tätigkeit also automatisch fort, bis die Verschlüsselung vollständig ist.

1. Solange die Verschlüsselung des Laufwerks läuft, finden Sie unten rechts im Infobereich ein Symbol dafür vor.

2. Mit einem Doppelklick darauf öffnen Sie einen Dialog mit den Statusinformationen zum Verschlüsselungsvorgang.

3. Hier können Sie ablesen, wie weit die Verschlüsselung bereits fortgeschritten ist.

4. Ist die Verschlüsselung vollständig, wird das Symbol automatisch aus dem Infobereich ausgeblendet. Zusätzlich erhalten Sie einen deutlichen Hinweis. Ab sofort können Sie Ihren PC wieder uneingeschränkt nutzen und Ihre Daten sind vor Diebstahl geschützt.

Windows von einem verschlüsselten Laufwerk starten

Im Prinzip können Sie mit Windows von einem verschlüsselten Laufwerk ganz genauso wie sonst auch arbeiten. Das Betriebssystem erledigt das Ver- und Entschlüsseln unmerklich im Hintergrund in Echtzeit. Nur der Start unterscheidet sich, da jeweils beim ersten Zugriff auf das Laufwerk die Berechtigung überprüft werden muss. Dies kann je nach Konfiguration durch das Abfragen des TPM-Moduls im PC, durch den Zugriff auf den präparierten USB-Stick oder durch Eintippen eines festgelegten Kennworts erfolgen. Dafür ist die Start-PIN vorgesehen. Haben Sie diese vor dem Verschlüsseln des Laufwerks auf einem USB-Stick gespeichert, muss dieser Stick eingestöpselt werden. Verfügt Ihr PC über einen TPM-Chip, müssen Sie je nach Einstellung eine PIN eingeben, oder es wird einfach nur das Vorhandensein des Chips überprüft.

1. Haben Sie z. B. ein BitLocker-Kennwort für den Start festgelegt, wird dieses nach dem Einschalten des PCs abgefragt. Tippen Sie die Zeichen einfach ein und drücken Sie dann ⏎.

2. Sollten Sie eine BitLocker-Wiederherstellung durchführen müssen, weil das Kennwort falsch ist oder das System einen präparierten USB-Stick nicht erkennt, drücken Sie stattdessen Esc.

3. Nun kommt der große Auftritt des Wiederherstellungsschlüssels, den Sie während des Einrichtens der Verschlüsselung aufgeschrieben, ausgedruckt oder anderweitig hinterlegt haben, sodass er jetzt greifbar ist.

4. Geben Sie die acht Zahlenblöcke Ihres Wiederherstellungsschlüssels ein. Dafür verwenden Sie die Zifferntasten oder die Funktionstasten F1 bis F10, die für die Ziffern 1 bis 9 sowie 0 stehen.

5. Drücken Sie schließlich ↵, wenn alles fertig eingegeben ist. Nun wird der Startvorgang regulär fortgesetzt.

Die Verschlüsselung eines Laufwerks wieder aufheben

Selbstverständlich können Sie die Verschlüsselung eines Laufwerks auch wieder rückgängig machen, um dieses ohne USB-Stick, Start-PIN und sonstige Umstände nutzen zu können.

1. Öffnen Sie dazu erneut das Modul *BitLocker-Laufwerkverschlüsselung* in der Systemsteuerung. Hier finden Sie für jedes BitLocker-geschützte Laufwerk eine Reihe von Optionen. So können Sie hier z. B. auch das BitLocker-Kennwort ändern.

2. Mit einem Klick auf *BitLocker deaktivieren* entfernen Sie die Verschlüsselung von diesem Laufwerk.

3. Bestätigen Sie dann das Zurücknehmen der Laufwerkverschlüsselung, indem Sie auf die Schaltfläche *BitLocker deaktivieren* klicken.

4. Das Entschlüsseln dauert erneut etwa so lange wie das ursprüngliche Verschlüsseln. Sie können aber auch diesmal den PC zwischendurch abschalten und das Entschlüsseln ein anderes Mal fortsetzen lassen. Aber erst wenn die Verschlüsselung vollständig entfernt ist, können Sie Windows wieder ohne Systemstartschlüssel starten.

TIPP ☑ BitLocker-Schutz anhalten

Den BitLocker-Schutz mit *Schutz anhalten* vorübergehend zu deaktivieren, empfiehlt sich, wenn Sie z. B. ein BIOS-Update vornehmen oder die Startdateien des PCs reparieren wollen oder müssen. BitLocker ist dann vorübergehend deaktiviert, damit Sie auf die erforderlichen Dateien zugreifen können. Anschließend können Sie den Schutz wieder reaktivieren. Diese Variante ist in den genannten Fällen einfacher und schneller, als die Verschlüsselung erst vollständig zu entfernen, um sie später erneut durchzuführen.

34.3 BitLocker To Go: Daten auf USB-Sticks und Speicherkarten schützen

BitLocker kann nicht nur Ihre eingebauten Festplattenlaufwerke schützen, sondern auch Wechselspeichermedien wie USB-Sticks und Speicherkarten. Auch diese lassen sich verschlüsseln, sodass der Zugriff nur nach dem Eingeben des dazugehörigen Passworts erlaubt wird.

Dabei ist es nicht notwendig, auf „fremden" PCs spezielle Software zu installieren. Zumindest für andere Windows-PCs bringen die verschlüsselten Mobilspeicher alles Notwendige selbst mit.

Wechselmedien durch Verschlüsselung schützen

Um ein Speichermedium zu schützen, müssen Sie es einmalig verschlüsseln. Dabei spielt es keine Rolle, ob zu diesem Zeitpunkt bereits Daten auf dem Speicher sind. Diese werden mit verschlüsselt und können dann sicher genutzt werden.

1. Schließen Sie zunächst das Speichermedium, das Sie mit BitLocker schützen möchten, an den PC an.

2. Öffnen Sie dann in der Systemsteuerung das Modul *BitLocker-Laufwerkverschlüsselung*.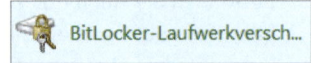

3. Hier werden in der Liste unter *Wechseldatenträger – BitLocker To Go* alle Wechselspeichermedien wie USB-Sticks oder Speicherkarten angezeigt, die gerade mit dem PC verbunden sind. Wählen Sie das Gerät aus, das Sie verschlüsseln möchten, und klicken Sie dort rechts auf *BitLocker aktivieren*. Warten Sie dann kurz, während BitLocker das Speichermedium initialisiert.

4. Wählen Sie nun, wie das Laufwerk vor der Verwendung jeweils entschlüsselt werden soll. Steht Ihnen eine Smartcard nebst einem entsprechenden Lesegerät zur Verfügung, ist dies die komfortabelste Methode. Das Speichermedium kann dann an anderen PCs ohne diese Smartcard allerdings nicht genutzt werden. Mit *Kennwort zum Entsperren des Laufwerks verwenden* sind Sie deshalb flexibler. Das Kennwort muss mindestens acht Zeichen umfassen, sonst wird es nicht akzeptiert.

5. Anschließend bietet BitLocker Ihnen an, einen Wiederherstellungsschlüssel auszu-drucken, in einer Datei zu speichern oder in Ihrem Microsoft-Konto abzulegen. Mit diesem können Sie Zugang zu den verschlüsselten Daten erlangen, sollten Sie das gewählte Kennwort mal vergessen. Bewahren Sie den Wiederherstellungsschlüssel so oder so an einem sicheren Ort auf – allerdings keinesfalls auf dem verschlüssel-ten Speichermedium selbst, denn dort nutzt es Ihnen gar nichts. Erst wenn Sie eine der Varianten gewählt haben, können Sie unten auf *Weiter* klicken.

6. Aktivieren Sie im nächsten Schritt am besten die Option *Gesamtes Laufwerk verschlüs-seln*, da der etwas höhere Zeitaufwand dafür bei Wechselspeichern in der Regel nicht so ins Gewicht fällt.

7. Klicken Sie dann unten rechts auf *Verschlüsselung starten*. BitLocker verschlüsselt nun das Laufwerk. Sie sollten das Speichermedium während dieses Vorgangs nicht entfernen. Sollte es unbedingt erforderlich sein, können Sie den Vorgang anhalten, dann den Speicher entfernen und das Ganze später fortsetzen.

8. Ist das Verschlüsseln vollständig durchgeführt, erhalten Sie eine Erfolgsmeldung. Sie können das Speichermedium nun sicher nutzen.

BitLocker-geschützte Speichermedien benutzen

Ein mit BitLocker genutztes Speichermedium können Sie prinzipiell wie sonst auch verwenden. Einziger Unterschied: Jedes Mal, wenn Sie das Speichermedium mit dem PC verbinden, müssen Sie nun das Kennwort eingeben (oder die ent-

sprechende Smartcard muss vorliegen). In der Praxis blendet Windows beim Einstecken des Speichermediums automatisch einen Hinweis ein, der Ihnen sagt, dass dieses Medium BitLocker-geschützt ist. Klicken Sie darauf, um den Zugang zu autorisieren. Alternativ finden Sie im Kontextmenü eines so geschützten Datenträgers den Befehl *Laufwerk entsperren*.

Wird die Passwortabfrage angezeigt, tippen Sie einfach das festgelegte Kennwort ein und drücken ⏎. Anschließend können Sie das Speichermedium und die darauf gespeicherten Daten wie gewohnt benutzen.

TIPP ☑ Passwort vergessen?

Sollten Sie das Kennwort für ein BitLocker-geschütztes Speichermedium einmal vergessen haben, können Sie nur über den Wiederherstellungsschlüssel an Ihre Daten kommen. Klicken Sie in diesem Fall im Kennwortfenster auf den Link *Weitere Optionen* und dann auf *Wiederherstellungsschlüssel eingeben*. Dann können Sie den Wiederherstellungsschlüssel angeben und so Zugriff auf die Daten erhalten.

BitLocker To Go auf älteren Windows-Systemen

Mit BitLocker To Go geschützte Speichermedien lassen sich nicht nur auf Ihrem Windows-10-PC einsetzen, sondern selbstverständlich auf jedem anderen auch. Unter Windows 7 und 8 funktioniert das ebenfalls wie hier beschrieben. Selbst PCs mit Windows XP und Vista kommen mit solchen geschützten Speichermedien klar. Dafür wird auf

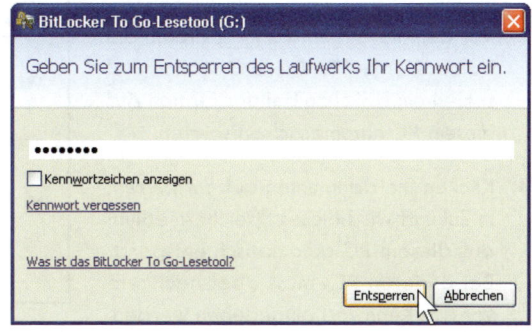

dem Speicher eine kleine Anwendung installiert, die beim Einstecken automatisch gestartet wird und das Kennwort abfragt. Ist dieses richtig eingegeben, gelingt auch hier der Zugriff.

Einzige Einschränkung: Der verschlüsselte Speicherstick wird nicht wie sonst üblich in das Dateisystem eingebunden, sondern kann nur über das automatisch gestartete BitLocker-To-Go-Lesetool genutzt werden. Sie können die dort angezeigten Dateien und Ordner aber über die Zwischenablage in das reguläre Dateisystem übernehmen. Ziehen Sie die Objekte aus dem BitLocker-Programm dazu mit der Maus auf den Desktop oder in einen Ordner auf dem lokalen PC. Erst dann können Sie die Dateien betrachten und bearbeiten.

Speichersticks beim Einstecken automatisch entschlüsseln

Wenn Sie ein Speichermedium regelmäßig z. B. an Ihrem eigenen PC benutzen, ist das ständige Eingeben des Kennworts vielleicht zu nervig. In solchen Fällen können Sie festlegen, dass der Speicherstick beim Einstecken in diesem PC automatisch angemeldet wird, ohne dass Sie aktiv werden müssen. So viel Komfort wird aber mit weniger Sicherheit erkauft. Das System prüft schließlich nicht, wer den Speicherstick einsteckt. Er kann also auch von Dritten verwendet werden, die Zugang zu Ihrem PC haben.

1. Um ein Speichermedium in Zukunft automatisch anmelden zu lassen, tippen Sie bei der nächsten Anmeldung noch einmal Ihr Kennwort ein.

2. Vor dem Betätigen von ⏎ klicken Sie dann aber auf *Weitere Optionen* und setzen ein Häkchen bei der Option *Auf diesem PC automatisch entsperren*.

3. Klicken Sie dann unten auf *Entsperren*. In Zukunft wird dieses Speichermedium auf diesem PC automatisch entsperrt. Bei anderen PCs muss aber nach wie vor das Kennwort eingegeben werden.

Den BitLocker-Schutz von Speichermedien wieder entfernen

Sollten Sie den BitLocker-Schutz nicht mehr benötigen, können Sie ihn jederzeit wieder entfernen. Dabei brauchen Sie sich auch keine Sorgen über die auf dem Speicher abgelegten Daten zu machen. Diese werden mit entschlüsselt und stehen anschließend wieder unverschlüsselt zur Verfügung.

1. Schließen Sie das Speichermedium an den PC an und entsperren Sie es mit dem Kennwort.

2. Öffnen Sie dann in der Systemsteuerung das Modul *BitLocker-Laufwerkverschlüsselung*.

3. Wählen Sie in der Liste unter *Wechseldatenträger – BitLocker To Go* das verschlüsselte Laufwerk aus und klicken Sie in dessen Aktionsliste auf *BitLocker deaktivieren*.

4. Bestätigen Sie den Vorgang im anschließenden Dialog mit einem Klick auf *BitLocker deaktivieren*.

5. Windows entfernt nun die BitLocker-Verschlüsselung von dem Laufwerk. Dies kann je nach Größe des Speichers ein wenig dauern. Sie sollten das Speichermedium während dieses Vorgangs nicht entfernen. Sollte es unbedingt erforderlich sein, können Sie den Vorgang anhalten, dann den Speicher entfernen und das Ganze später fortsetzen.

6. Ist das Entfernen der Verschlüsselung abgeschlossen, erhalten Sie eine Erfolgsmeldung. Sie können das Speichermedium nun wieder ganz regulär verwenden.

34.4 Es geht auch ohne BitLocker: mit VeraCrypt kostenlos und sicher verschlüsseln

BitLocker ist leider nur in den teureren Windows-Editionen ab „Pro" verfügbar und lässt sich für Home-Editionen nicht nachrüsten. Aber glücklicherweise gibt es Alternativen wie die kostenlose Verschlüsselungssoftware VeraCrypt (veracrypt.codeplex.com/), den Nachfolger der nicht mehr weiterentwickelten TrueCrypt. Dieses Programm bietet ebenfalls sichere Verschlüsselung und die Möglichkeit, ganze Laufwerke zu schützen.

Außerdem enthält es die Möglichkeit, einen sicheren Container für sensible Daten anzulegen. Anstatt gleich ein ganzes Laufwerk zu verschlüsseln, legen Sie stattdessen nur die wirklich schützenswerten Daten in einer sicher verschlüsselten Datei ab. VeraCrypt stellt Ihnen diese als separates Laufwerk unter Windows zur Verfügung, sodass der Zugriff jederzeit schnell und unkompliziert erfolgen kann. Solche Container lassen sich auch problemlos auf andere PCs übertragen und dort – ebenfalls mit VeraCrypt – nutzen.

HINWEIS ▷ VeraCrypt in Deutsch

Nach der Installation spricht VeraCrypt standardmäßig Englisch. Es kann aber auch Deutsch, was sich schnell im Menü mit *Settings/Language*, dann der Auswahl *Deutsch* und einem Klick unten auf *OK* aktivieren lässt. Die nachfolgenden Abbildungen sind mit dieser Einstellung angefertigt worden.

Einen VeraCrypt-Container anlegen

Um Daten mit VeraCrypt sicher aufzubewahren, benötigen Sie zunächst einen Container, der mit einem Assistenten schnell angelegt ist.

1. Klicken Sie im VeraCrypt-Hauptprogramm links unten auf die Schaltfläche *Volumen erstellen* oder wählen Sie die Menüfunktion *Volumen/Neues Volumen erstellen*.

2. Wählen Sie im ersten Schritt die Option *Eine verschlüsselte Containerdatei erstellen* und klicken Sie unten auf *Weiter*. Wie Sie hier aber schon sehen, bietet VeraCrypt auch andere Funktionen wie etwa das Verschlüsseln ganzer Laufwerke und Wechselspeicher sowie sogar das Verschlüsseln eines Systemlaufwerks.

3. Nun können Sie entscheiden, ob Sie einen versteckten verschlüsselten Container erstellen wollen. Dieser ist für Uneingeweihte gar nicht erst zu entdecken, sodass Sie auch niemand dazu zwingen kann, das Passwort für den Zugang preiszugeben. Für

erste Versuche sollten Sie sich aber mit *Standard VeraCrypt-Volumen* auf einen einfachen, sichtbaren Container beschränken.

4. Wählen Sie dann aus, wo und mit welchem Dateinamen der Container gespeichert werden soll. Sie können hierfür einen beliebigen Speicherort wählen, also eine Festplatte, aber auch einen Wechselspeicher (z. B. einen USB-Stick).

5. Nun legen Sie fest, welche Verschlüsselung Ihr Container verwenden soll. VeraCrypt unterstützt verschiedene Verschlüsselungsalgorithmen sowie Kombinationen davon, die allesamt als sicher gelten können, solange Sie nicht gerade Ihr Patent für kalte Kernfusion damit speichern möchten. Je mehr verschlüsselt wird, desto sicherer sind Ihre Daten, aber Sie sollten auch nicht vergessen, dass das Öffnen und Speichern der verschlüsselten Daten dann entsprechend länger dauert. Für den Anfang ist der AES-Algorithmus, der beispielsweise auch von offiziellen US-Behörden eingesetzt wird, sicherlich kein schlechter Kompromiss zwischen Geschwindigkeit und Sicherheit.

HINWEIS ▷ Verschlüsselungsverfahren vergleichen

VeraCrypt bietet die für an Verschlüsselung Interessierten wichtige Möglichkeit, die verschiedenen unterstützten Verfahren in einem Benchmarktest auf dem eigenen PC zu vergleichen. So kann man schnell erkennen, wie groß die Unterschiede in der Verarbeitungsgeschwindigkeit zwischen sicheren und sehr sicheren Verfahren sind. So braucht die sehr sichere AES-Variante Twofish (Serpent) etwa zehnmal so lange für dieselbe Datenmenge wie das einfachere Standard-AES. Daraus lässt sich vielleicht folgende Strategie ableiten: einen kleinen Container mit höchster Verschlüsselung für die sehr sensiblen Daten. Und einen größeren mit Standard-AES für die nicht ganz so wichtigen Dinge, die man aber öfter mal schnell braucht, ohne lange auf das Entschlüsseln warten zu wollen.

6. Geben Sie dann an, wie groß der Container sein soll. Beachten Sie dabei die Wahl der richtigen Größenordnung rechts neben dem Eingabefeld (KB = Kilobyte/KByte, MB = Megabyte/MByte, GB = Gigabyte/GByte). Wenn Sie sich in Schritt 8 für einen dynamisch wachsenden Container entscheiden, gibt diese Zahl dessen maximale Größe an.

7. Tippen Sie dann das Kennwort ein, mit dem der Zugriff auf Ihren Container geschützt werden soll. Dieser Punkt sollte nicht unterschätzt werden, denn die aufwendigste und sicherste Verschlüsselung nutzt nichts, wenn das Passwort erraten oder mit einfachen Mitteln durch Ausprobieren ermittelt werden kann. Eine Alternative zum Kennwort ist eine Schlüsseldatei. Dabei wählen Sie eine beliebige Binärdatei (beispielsweise JPG, MP3 oder ZIP) auf dem PC aus. So brauchen Sie sich nur zu merken, welche Datei es war. Wird diese Datei allerdings verändert oder gelöscht, ist der Zugang zum Container für immer verschlossen.

HINWEIS ⊳ Wirklich sichere Kennwörter

Wenn Sie wirklich sensible Daten mit VeraCrypt schützen möchten, empfehle ich Ihnen eher einen Kennsatz anstelle eines Kennworts. Am besten wirklich einen vollständigen Satz einschließlich Satzzeichen, in den idealerweise auch noch Ziffern und Sonderzeichen eingebaut sind. Beispiel: „VeraCrypt verschlüsselt 100%ig sicher!" Eine andere sichere Variante ist es, ganz auf Wörter zu verzichten und stattdessen ein scheinbar wildes Buchstabengewirr zu verwenden, das mit keiner Wörterbuchanalyse geknackt werden kann. Wenn Sie beispielsweise ein Gedicht oder einen Liedtext auswendig kennen, könnten Sie von jedem Wort nur den Anfangsbuchstaben verwenden: GuaeHssbFul.HsdF,DB.KDdKOn?

8. Nun legen Sie noch das Dateisystem des im Container enthaltenen virtuellen Laufwerks fest. Geben Sie dazu zunächst an, ob Sie Dateien mit mehr als 4 GByte Größe im Container speichern möchten. Abhängig davon bietet Ihnen der Assistent dann geeignete Dateisysteme an. Mit FAT können Sie kaum etwas falsch machen. Legen Sie Wert darauf, dass die speziellen Windows-Dateieigenschaften im Container erhalten bleiben, können Sie aber auch NTFS wählen. Mit der Option *Dynamisch* wächst die Datei erst im Laufe der Zeit allmählich entsprechend den gespeicherten Daten. Allerdings verringert dies die Sicherheit der Daten und ist deshalb nicht zu empfehlen.

9. Klicken Sie dann auf *Formatieren*, um das virtuelle Laufwerk in der angegebenen Datei zu erstellen. VeraCrypt legt nun den Container nach Ihren Vorgaben an.

10. Klicken Sie schließlich auf *OK*, um den Assistenten zu beenden.

VeraCrypt-Container als virtuelle Laufwerke einbinden

Um einen erstellten Container nutzen zu können, muss er als Laufwerk in das Windows-Dateisystem eingebunden sein. So wird er im Windows-Explorer und in beliebigen Dialogen zum Öffnen und Speichern von Dateien wie ein herkömmliches Laufwerk angezeigt.

1. Wählen Sie im VeraCrypt-Hauptprogramm mit *Datei* den zuvor angelegten Container aus.

2. Legen Sie dann oben in der Liste den Laufwerkbuchstaben fest, den Sie dafür verwenden möchten, beispielsweise „V" wie **V**eraCrypt.

3. Klicken Sie dann unten links auf *Einbinden*.

4. Schließlich brauchen Sie nur noch das festgelegte Kennwort für diesen Container anzugeben.

Nun können Sie sich im Windows-Explorer selbst davon überzeugen, dass Ihr verschlüsselter Dateicontainer jetzt als eigenes Laufwerk zugänglich ist. Wichtig: Dieses Einbinden müssen Sie jedes Mal wiederholen, bevor Sie auf die geschützten Daten zugreifen können. Ein automatisches Einbinden des Containers wäre zwar komfortabler, würde aber auch die Schutzfunktion von VeraCrypt verringern. Denn dann hätte jeder, der Zugang zu Ihrem Windows-PC hat, automatisch auch Zugang zu Ihren verschlüsselten Daten.

Verschlüsselte Container loswerden

Wenn Sie für einen VeraCrypt-Container keine Verwendung mehr haben und den Speicherplatz freigeben möchten, brauchen Sie die entsprechende Containerdatei einfach nur zu löschen. Das geht im VeraCrypt-Programm, aber auch einfach mit dem Windows-Explorer, wenn Sie den Speicherort kennen.

35. Wichtige Einstellungen für Datenschutz und Privatsphäre

Spätestens seit Markteinführung von Windows 10 geriet das Thema Datenschutz in den Fokus der Öffentlichkeit. Schon bei den Vorgängerversionen war der Trend, das Betriebssystem immer stärker mit Onlineressourcen in der „Cloud" zu vernetzen deutlich sichtbar. Ebenso eine Zunahme von Funktionen, die allgemein gern mit dem Begriff „nach Hause telefonieren" umschrieben werden.

Windows 10 treibt diese Entwicklung auf die — vorläufige? — Spitze und enthält eine Vielzahl solcher Funktionen. Erschwerend kommt hinzu, dass sich zwar fast alle diese Funktionen über eigene Einstellungen durch den Anwender beeinflussen lassen. Aber Microsoft hat diese Optionen wenig benutzerfreundlich wie mit einer Gießkanne quer durch die Systemdialoge verstreut. Einen globalen „Aus"-Schalter sucht man vergebens, ebenso wie einen roten Faden oder einen Assistenten, der einen durch alle Schritte begleitet.

In diesem Kapitel möchte ich diese Aufgabe übernehmen und Sie zu den Windows-Einstellungen führen, die für Datenschutz und Privatsphäre (oder neudeutsch „Privacy") wichtig sind. Ich zeige Ihnen, wo Sie diese Optionen finden, was sie bedeuten und welche Einstellungen empfehlenswert sind — soweit eine allgemeine Empfehlung sinnvoll ist.

Denn bei allem berechtigten Interesse an einem verschwiegenen, vertrauenswürdigen Windows sollte man sich auch klar machen: Nicht jede Datenübermittlung an Microsoft ist grundsätzlich falsch oder überflüssig. Einige Funktionen lassen sich dadurch besser oder überhaupt erst sinnvoll nutzen. Und auch das möchte ich mit diesem Ratgeber erreichen: Sie in die Lage zu versetzen, in diesen Fragen eine informierte und Ihren individuellen Bedürfnissen entsprechende Entscheidung zu treffen.

35.1 Microsoft-Konto oder lokale Anmeldung

Eine ganz grundlegende Entscheidung mit großen Auswirkungen auf den Datenschutz ist die Frage, wie Sie sich bei Ihrem Windows anmelden. Standardmäßig wünscht sich Windows 10 eine Verbindung zu einem Microsoft-Konto. Das beginnt schon bei der Installation, wo üblicherweise das meistgenutzte Benutzerkonto eingerichtet wird. Hier tut Windows so, als ob es nur eine Anmeldung per Microsoft-Konto gäbe. Die Alternative – nämlich das Anmelden mit einem lokalen Konto ohne jegliche Verbindung zu irgendwelchen Onlinediensten – ist gut versteckt und nur über Umwege möglich.

Ein Microsoft-Konto können Sie bei einem der verschiedenen von Microsoft betriebenen aktuellen oder ehemaligen Onlinedienste wie Outlook.com, Live.com., Hotmail.com usw. haben. Die Namen und die zugrundeliegenden Webdienste unterscheiden sich, aber letztlich läuft es immer auf dasselbe hinaus. Eine solche Anmeldung mit einem Microsoft-Konto hat durchaus Vorteile, unter anderem:

- Das Konto wird automatisch in allen installierten Microsoft-Apps verwendet, also beispielsweise im Store, für Mail, Kalender, Musik usw. Verwenden Sie beispielsweise die E-Mail-Adresse dieses Kontos, können Sie nach der Anmeldung direkt auf neue Nachrichten zugreifen. Haben Sie schon mal Musik mit diesem Konto gekauft, steht Ihnen diese automatisch zur Verfügung usw.

- Eine recht praktische Funktion ist das Synchronisieren des Kontos, auch Roaming genannt. Wenn Sie dasselbe Konto auf mehreren PCs verwenden, werden die Einstellungen zwischen diesen PCs automatisch abgeglichen. Beispiel: Sie wählen auf dem einen PC ein neues Hintergrundbild aus und beim nächsten Anmelden am anderen PC zeigt dieser dasselbe Hintergrundbild an. Das gilt für viele andere Einstellungen ebenso, etwa eingerichtete WLAN-Zugänge, den Browserverlauf oder die Leseliste mit vorgemerkten Webartikeln.

- Über die Sprachassistentin Cortana lassen sich Informationen über Gerätegrenzen hinweg nutzen. So können Sie sich gefundene Informationen wie etwa Routen direkt auf Ihr Smartphone senden lassen. Allerdings werden eben auch alle Eingaben in Cortana nicht lokal, sondern auf Microsoft-Servern analysiert. So landen alle Ihre Suchen und sonstigen Cortana-bezogenen Eingaben bei Microsoft, auch wenn Sie eigentlich nur lokal in Ihren eigenen Dokumenten suchen wollten.

Der Nachteil eines Microsoft-Kontos, insbesondere im Hinblick auf den Datenschutz, liegt wohl auf der Hand. Durch dieses Konto lassen sich alle Daten, die von Windows an Microsoft übermittelt werden, personalisieren, also einer ganz bestimmten Person – nämlich Ihnen – zuordnen. Außerdem sind mit einem Microsoft-Konto unter Umständen ganz konkrete persönliche Angaben verbunden, etwa wenn Sie mit diesem Konto schon mal etwas eingekauft haben, Zahlungsinformationen für den Windows Store hinterlegt haben usw.

Wer auf die Funktionen eines Microsoft-Kontos verzichten kann bzw. bereit ist, kleine Komforteinschränkungen hinzunehmen, kann Windows genauso gut mit einem lokalen Konto benutzen. Funktionelle Einschränkungen (über das hier Beschriebene hinaus) gibt es dadurch nicht. Dadurch bringt man zwar nicht automatisch alle „Schnüffelfunktionen" von Windows zum Schweigen, aber man sorgt zumindest dafür, dass diese Funktionen nur noch anonyme Daten an Microsoft liefern.

Auch diese Anonymität ist relativ, da der Softwarehersteller immer noch alle Daten von einem bestimmten Gerät einander zuordnen kann. Aber diese Zuordnung bezieht sich dann eben erst mal nur auf ein Gerät und nicht auf eine Person und deren Aktivitäten ggf. an mehreren Geräten. Wie Sie lokale Konten anlegen bzw. ein Microsoft-Konto in ein lokales Benutzerkonto ohne Synchronisierungs- und Cloud-Funktionen umwandeln, ist in Kapitel 27 beschrieben.

Sonderfall: Windows Insider-Programm

Sehr viel beigetragen zum schlechten Ruf von Windows 10 in Bezug auf Datenschutz hat das Windows-Insider-Programm, durch das jeder Interessierte schon früh Vorabversionen aus der aktuellen Weiterentwicklung von Windows beziehen kann, um diese zu testen, sich zu informieren oder eben neue Funktionen schon frühzeitig nutzen zu können.

Die Teilnahme am Insider-Programm kostet kein Geld, aber sie ist nicht umsonst. Wer mitmachen möchte, bezahlt mit Daten, denn in den Insider-Previews erhebt Microsoft eine Vielzahl von Informationen bis hin zum Inhalt eingetippter Texte.

Diese werden an Server des Softwarekonzerns übermittelt und dienen der Überwachung und statistischen Auswertung des Insider-Programms, aber auch dem Nachstellen konkreter Fehlersituationen. Wer am Insider-Programm teilnehmen möchte, der muss dieser Übermittlung in den Teilnahmebedingungen zustimmen. Und längst nicht alle diese Telemetrie-Funktionen lassen sich abschalten.

Sehr deutlich wird dies in den Einstellungen bei *Datenschutz/Feedback und Diagnose*: Beim regulären Windows kann man hier mit der Einstellung *Diagnose und Nutzungsdaten* steuern, wie viele Daten der eigene PC preisgeben darf. Zwar lässt sich selbst mit der niedrigsten Option *Einfach* nicht jegliche Telemetrie unterbinden, aber sie wird auf grundlegende Angaben wie Versionsnummern von installierten Programmen und Treibern beschränkt.

Nimmt man hingegen am Insider-Programm teil, steht diese Einstellung automatisch auf *Vollständig* und lässt sich auch nicht verändern. Wer Insider sein will, muss also die digitalen Hosen zwangsläufig ganz runterlassen. Das bedeutet im Extremfall, dass Microsoft-Mitarbeiter sich ohne Kenntnis des Anwenders per Remoteverbindung auf den PC „aufschalten", das System analysieren und sogar betroffene Dokumente einsehen dürfen.

Auch sonst gibt es klare Unterschiede zwischen dem Insider-Programm und den regulären Windows-Versionen und -Updates, etwa bei Lizenzbedingungen, bei denen Microsoft sich beim regulären Windows deutlich weniger Freiheiten herausnimmt.

Das Fazit daraus kann also nur lauten: Wer sich um seine Privatsphäre und den Schutz seiner Daten sorgt, der sollte um das Insider-Programm von Windows einen großen Bogen machen und jeweils auf das Aktualisieren der regulären Windows-Versionen warten. Das heißt allerdings nicht, dass in diese keinerlei Telemetrie-Funktionen eingebaut wären, aber dazu mehr auf den nachfolgenden Seiten.

35.2 Die datenschutzbezogenen Einstellungen von Windows

Was Windows in Bezug auf Datenschutz so problematisch macht, ist weniger, dass sich seine Geschwätzigkeit nicht eindämmen ließe. Es ist vielmehr, dass die dafür zuständigen Einstellungen auf eine Vielzahl von Optionen verteilt sind. Und die finden sich nicht zentral an einem Ort, sondern an verschiedenen Stellen in den Windows-Einstellungen, aber auch in einzelnen Anwendungen.

In diesem Kapitel mache ich den Versuch, alle relevanten Funktionen zusammenzustellen, verständlich zu beschreiben und – sofern sinnvoll – auch meine Empfehlung dafür zu geben. Damit der Überblick nicht verloren geht, sind die Beschreibungen nach einem einheitlichen Schema aufgebaut:

[Name der Einstellung]

[Anwendung bzw. App und dort die Stelle, an der die Einstellung zu finden ist]

[Erklärung der Einstellung sowie ggf. der wählbaren Optionen ...]

[Standardeinstellung „ab Werk"]

[Empfehlung]

Steht bei Empfehlung *Keine*, bedeutet dies in der Regel, dass das Deaktivieren einer Einstellung zugleich auch die zugrunde liegende Funktion abschaltet. In solchen Fällen ist es einfach eine Ermessensfrage, ob Ihnen diese Funktion wichtig genug ist, um dafür Ihre Daten mit Microsoft zu teilen.

Grundsätzliche Datenschutzoptionen in den Einstellungen

Ja, es gibt tatsächlich eine Kategorie *Datenschutz* in den *Einstellungen* von Windows 10. Diese umfasst auch eine ordentliche Anzahl von Einstellungen, macht aber insgesamt allenfalls die Hälfte der datenschutzrelevanten Optionen aus. Trotzdem ist es sinnvoll, die Reise in die Tiefen der Windows-Einstellungen an dieser Stelle mit ein paar grundlegenden Einstellungen in der Rubrik *Allgemein* zu beginnen.

Apps die Verwendung der Werbungs-ID für App-übergreifende Erlebnisse erlauben (bei Deaktivierung wird Ihre ID zurückgesetzt)

Einstellungen: *Datenschutz/Allgemein*

Eine Werbungs-ID ermöglicht es, Anzeigen in Apps auf Ihre persönlichen Interessen zu-zuschneiden. Manche empfinden das sogar als Vorteil, andere nicht. In jedem Fall kann diese Option ohne nennenswerte Nachteile ausgeschaltet werden.

Standard: *Ein*

Empfehlung: *Aus*

SmartScreen-Filter einschalten, um von Windows Store-Apps verwendete Webinhalte (URLs) zu überprüfen

Einstellungen: *Datenschutz/Allgemein*

Ist diese Option eingeschaltet, wird jede Webadresse, die innerhalb einer App besucht wird, durch Microsoft mit einer Liste vermutlich bösartiger Seiten abgeglichen und ggf. blockiert. Dabei kommt derselbe SmartScreen-Filter wie beim Edge-Browser zum Ein-satz. Allerdings kann er hier unabhängig davon gesteuert werden. Aus Sicherheitsgrün-den halte ich diese Einstellung für sinnvoll. Wer eine alternative Sicherheitslösung ein-setzt oder auf diesen Schutz bewusst verzichten möchte, kann sie deaktivieren.

Standard: *Ein*

Empfehlung: *Ein*

Informationen zu meinem Schreibverhalten an Microsoft senden, um die Eingabe- und Schreibfunktionen in Zukunft zu verbessern

Einstellungen: *Datenschutz/Allgemein*

Hiermit erfasst Microsoft Erkenntnisse beim Tippen auf der virtuellen Tastatur sowie beim Verwenden der Handschrifterkennung einschließlich des automatischen Vervollständigens von Wörtern (wenn Sie beispielsweise bei einer Zeichenkombination eine bestimmte Vervollständigung wählen, wird diese in Zukunft bei derselben Zeichenkombination als erste Wahl angeboten). Wenn man die virtuelle Tastatur und Handschrifterkennung regelmäßig nutzt, lernen diese Funktionen dadurch hinzu und passen sich dem Benutzer an. Deshalb kann es durchaus sinnvoll sein, die Option eingeschaltet zu lassen. Wer diese Funktionen nie oder nur selten nutzt, kann getrost darauf verzichten.

Standard: *Ein*

Empfehlung: *Aus*

HINWEIS ⊳ Der Schalter für Informationen zum Schreibverhalten ist grau?

Wenn Sie diesen Schalter nicht umstellen können, ist das kein Grund zur Sorge. Er ist dann ohnehin deaktiviert. Das hängt mit der gewählten Einstellung für Diagnose- und Nutzungsdaten (siehe dort) zusammen. Nur wenn dort mindestens die Stufe *Verbessert* gewählt ist, werden überhaupt Daten zum Schreibverhalten erfasst und übermittelt.

Websites den Zugriff auf die eigene Sprachliste gestatten, um die Anzeige lokal relevanter Inhalte zu ermöglichen

Einstellungen: *Datenschutz/Allgemein*

Wenn eine Website weiß, welche Sprache ein Besucher bevorzugt, kann sie ihre Seiten ggf. automatisch in der passenden Sprache präsentieren. Ist diese Option eingeschaltet, darf jede Webseite Informationen über Ihre bevorzugte(n) Sprache(n) abrufen und auswerten. In der Praxis wird dies selten umgesetzt und wirklich notwendig ist es auch nicht, da man in der Regel auch manuell die gewünschte Sprachversion auswählen kann. Insofern kann man diese Information guten Gewissens schützen.

Standard: *Ein*

Empfehlung: *Aus*

Apps auf anderen Geräten das Öffnen von Apps gestatten und auf der Oberfläche dieses Geräts weiterarbeiten

und

Apps auf anderen Geräten das Öffnen von Apps über Bluetooth gestatten und auf der Oberfläche dieses Geräts weiterarbeiten

Einstellungen: *Datenschutz/Allgemein*

Diese beiden Einstellungen beziehen sich auf eine neue Funktion in Windows 10, die den fließenden Wechsel zwischen verschiedenen Geräten ermöglicht. Wenn Sie beispielsweise ein Dokument am PC bearbeiten und dann zu Ihrem Tablet oder Smartphone wechseln, bietet Windows Ihnen an, die Arbeit mit dem am PC noch geöffneten Dokument an diesem Gerät direkt fortzusetzen. Diese Übergabe kann per WLAN, Cloud oder Bluetooth erfolgen. Das hört sich erst mal praktisch an, kann aber problematisch werden, wenn man seine Geräte mit anderen Benutzern teilt. Dann bekommen die plötzlich das Angebot, an Ihrem Dokument zu arbeiten und dabei dessen Inhalt einzusehen. Solange Sie diese Funktion von Windows nicht nutzen, sollten Sie diese beiden Optionen deshalb ausschalten.

Standard: *Ein*

Empfehlung: *Aus*

Standortbezogene System- und App-Einstellungen

Windows kann aus verschiedenen Quellen Informationen über den aktuellen Standort Ihres PCs beziehen. Selbst wenn kein GPS-Empfänger verbaut ist, können Informationen über verfügbare WLANs (teilweise recht genau) oder Daten der Interneteinwahl und verwendeten IP-Adresse (eher ungenau) eine Ortsbestimmung ermöglichen. Diese Angaben werden für ortsbezogene Dienste verwendet, aber auch zur Auswertung an Microsoft oder die Entwickler einzelner Apps übermittelt. Die relevanten Einstellungen hierzu finden Sie in den *Einstellungen* in der Rubrik *Datenschutz/Position*.

Position

Einstellungen: *Datenschutz/Position*

Die *Position*-Einstellung bezieht sich auf das ganze Gerät und steuert, ob die Benutzer die Standorterkennung jeweils für sich aktivieren dürfen. Schalten Sie diese Einstellung aus, wird die Standorterkennung für alle Benutzer deaktiviert und lässt sich nur durch Benutzer mit Administratorrechten wieder einschalten.

Standard: *Ein*

Empfehlung: Keine

Positionsdienst

Einstellungen: *Datenschutz/Position*

Die *Positionsdienst*-Einstellung bezieht sich jeweils auf das eigene Benutzerkonto. Sie lässt sich nur steuern, wenn die obere Position eingeschaltet ist. Dann können Sie nach Belieben festlegen, ob System und Apps Ihren Standort erfahren dürfen oder nicht.

Standard: *Ein*

Empfehlung: Keine

Ungefährer Standort

Einstellungen: *Datenschutz/Position*

Wenn die exakte Positionsermittlung etwa per GPS nicht erlaubt (oder möglich) ist, bleibt immer noch die Möglichkeit, den ungefähren Standort beispielsweise anhand des

Interneteinwahlknotens zu ermitteln. Diese Variante ist ungenauer und von begrenztem Nutzen, aber hinsichtlich des Datenschutzes genau deshalb auch weniger bedenklich.

Standard: *Ein*

Empfehlung: Keine

Positionsverlauf

Einstellungen: *Datenschutz/Position*

Im Positionsverlauf bewahrt Windows ermittelte Standortdaten ca. 24 Stunden lang auf. Apps können so nicht nur erfahren, wo Sie sich gerade aufhalten, sondern auch, wo Sie in der Zeit zuvor gewesen sind. Diese Funktion lässt sich nicht pauschal deaktivieren. Aber Sie können den Verlauf jederzeit löschen. Ebenso wird er gelöscht, wenn der Rechner neu gestartet wird. Außerdem können Sie einzelnen Apps den Zugriff auf den Standortverlauf entziehen (siehe im Folgenden)

Standard: –

Empfehlung: Löschen

Apps auswählen, die Ihre Position verwenden dürfen

Einstellungen: *Datenschutz/Position*

Unter dieser Überschrift finden Sie eine Liste aller Apps, die auf diesem Rechner bislang Standortinformationen angefordert haben. Apps, die darüber hinaus Zugriff auf die Standorte der letzten 24 Stunden haben wollen, sind mit der Anmerkung *Verwendet den Positionsverlauf* gekennzeichnet. Sie können für jede App festlegen, ob diese auch weiterhin auf Standortdaten zugreifen darf. Leider lässt sich der Zugriff auf den Positionsverlauf nicht separat steuern. Sie können solche Apps also nur komplett von Positionsinformationen abschneiden.

Standard: *Ein*

Empfehlung: nur bei den wirklich gewünschten Apps *Ein*

Geofence

Einstellungen: *Datenschutz/Position*

Beim Geofence legt man bestimmte örtliche Bereiche fest, beispielsweise den Umkreis Ihres Hauses, Ihrer Arbeitsstelle, Ihres Supermarkts, Baumarkts usw. Apps können darauf reagieren, wenn Sie ein dermaßen gekennzeichnetes Gebiet betreten oder verlassen. So können Sie sich beispielsweise von Cortana beim Betreten des Supermarkt-Bereichs daran erinnern lassen, Milch zu kaufen. Auch Apps im Bereich der Heimautomatisierung machen von Geofence Gebrauch, etwa um automatisch festzustellen, wann Bewohner das Haus verlassen bzw. heimkehren. Wenn Sie eine App mit Geofence-Funktionen verwenden, merken Sie das in der Regel, da Sie diese Bereiche selbst definieren müssen. Ansonsten können Sie in dieser Liste sehen, welche Apps Gebrauch von Geofence-Funktionen machen.

Standard: –

Empfehlung: Keine

Hardwarebezogene Datenschutzeinstellungen

Ein weiterer datenschutzrelevanter Bereich ist der Zugriff auf Hardwarekomponenten wie Kamera, Mikrofon oder auch Kommunikationstechnik wie NFC. Diese sind auf verschiedene Untergruppen in der Rubrik *Datenschutz* verteilt.

Apps die Verwendung meiner Kamera erlauben

Einstellungen: *Datenschutz/Kamera*

Diese Einstellung legt fest, ob Apps die in Ihrem PC verbauten Kameras verwenden dürfen oder nicht. Insbesondere Social-Media-Apps haben häufig Funktionen, mit denen Sie aus der App heraus Bilder aufnehmen und direkt mit anderen teilen können. Auch Apps zur Bildbearbeitung verfügen oftmals über eine eigene Aufnahmefunktion. Dies birgt immer auch die Gefahr, dass Apps ganz eigenständig Aufnahmen machen, ohne dass Sie dies wünschen oder auch nur bemerken. Wenn Sie die Kamera Ihres Gerätes grundsätzlich nicht nutzen möchten, sollten Sie diese Einstellung ausschalten. Ansonsten ist es sinnvoller, die Funktion aktiv zu lassen und stattdessen zu steuern, welchen Apps Sie Zugriff auf die Kamera erlauben möchten.

Standard: *Ein*

Empfehlung: *Ein*

Apps auswählen, die Ihre Kamera verwenden können

Einstellungen: *Datenschutz/Kamera*

Hier finden Sie eine Liste der installierten Apps, die Zugriff auf die Kamera haben möchten. Für jede App können Sie diesen Zugriff ein- oder ausschalten. Nur eine App taucht hier nicht auf, nämlich die Kamera-App von Windows selbst. Sie darf immer auf die Kamera zugreifen, solange der Zugriff grundsätzlich mit der oberen Einstellung erlaubt ist.

Standard: *Ein*

Empfehlung: nur bei den wirklich gewünschten Apps *Ein*

Apps die Verwendung meines Mikrofons erlauben

Einstellungen: *Datenschutz/Mikrofon*

Diese Einstellung legt fest, ob Apps das in Ihrem PC verbaute Mikrofon verwenden dürfen oder nicht. Die Bedeutung entspricht dem Prinzip der Kamera-Einstellungen, also hier global der Zugriff auf das Mikrofon, darunter die einzelnen Apps, die darauf zugreifen möchten.

Standard: *Ein*

Empfehlung: Keine

Apps auswählen, die Ihr Mikrofon verwenden können

Einstellungen: *Datenschutz/Mikrofon*

Hier finden Sie eine Liste der installierten Apps, die Zugriff auf das Mikrofon haben möchten. Für jede App können Sie diesen Zugriff ein- oder ausschalten.

Standard: *Ein*

Empfehlung: nur bei den wirklich gewünschten Apps *Ein*

Funksteuerung durch Apps zulassen

Einstellungen: *Datenschutz/Funkempfang*

Neben WLAN können Geräte weitere Drahtlostechnologien verwenden, die keine ausdrückliche Anmeldung erfordern, beispielsweise Bluetooth oder Near Field Communication (NFC). Wenn Sie diese Technologie nicht einsetzen, sollten Sie diese Funktion grundsätzlich deaktivieren.

Standard: *Ein*

Empfehlung: *Aus*

Mit Geräten synchronisieren

Einstellungen: *Datenschutz/Weitere Geräte*

Neben WLAN und Bluetooth können Geräte weitere Drahtlostechnologien verwenden, die keine ausdrückliche Anmeldung erfordern, beispielsweise Near Field Communication (NFC). Wenn Sie diese Technologie nicht einsetzen, sollten Sie diese Funktion grundsätzlich deaktivieren.

Standard: *Ein*

Empfehlung: *Aus*

Apps auswählen, die sich mit Geräten synchronisieren dürfen

Einstellungen: *Datenschutz/Weitere Geräte*

Hinter diesem Link verbirgt sich eine Liste aller installierten Apps, die Drahtlostechniken wie NFC verwenden möchten. So können Sie den Einsatz dieser Technologie auf solche Apps begrenzen, bei denen Sie dies ausdrücklich wünschen.

Standard: *Ein*

Empfehlung: nur bei den wirklich gewünschten Apps *Ein*

Vertrauenswürdige Geräte verwenden

Einstellungen: *Datenschutz / Weitere Geräte*

Eine weitere Möglichkeit, den Einsatz von NFC zu steuern, ist die Liste der vertrauenswürdigen Geräte. Hier werden alle entsprechenden Geräte, zu denen schon mal eine Verbindung bestand, aufgeführt. Gegebenenfalls werden außerdem die Dienste aufgelistet, die das jeweilige Gerät bereitstellt. So können Sie genau steuern, welche Funktionen bei welchem Gerät erlaubt sind. Dies muss allerdings regelmäßig kontrolliert werden, da die Standardeinstellung für neue Geräte und deren Dienste immer *Ein* ist.

Standard: *Ein*

Empfehlung: *Aus*

Zugriffe auf persönliche Daten wie Konten, Nachrichten, Kontakte und Kalender begrenzen

Besonders wichtig ist, wer (bzw. welche Apps) Zugriff auf persönliche Informationen wie Kontakte, Nachrichten, Termine, aber auch Ihre Kontoinformationen haben soll. Hier gibt es ja aus der Vergangenheit bekannte Fälle, in denen etwa Facebook direkt nach der Anmeldung erst mal alle gespeicherten Kontakte der Benutzer ausgelesen und deren Bekannte dann auch gleich registriert hat. Es ist also wichtig, darauf zu achten, welche Rechte man welchen Apps zugesteht.

Apps den Zugriff auf meinen Namen, mein Bild und andere Kontoinfos erlauben

Einstellungen: *Datenschutz/Kontoinformationen*

Wenn Sie diese Funktion einschalten, können Apps von Ihrem Microsoft-Konto – sofern Sie eines verwenden und nicht nur lokal angemeldet sind – beispielsweise Ihren Namen, Ihr Benutzerbild und andere Daten wie etwa Ihr Alter abrufen.

Standard: *Ein*

Empfehlung: *Aus*

Apps auswählen, die Zugriff auf die Kontoinformationen haben

Einstellungen: *Datenschutz/Kontoinformationen*

Hier werden die installierten Apps aufgeführt, die Zugriff auf Ihre Kontodaten haben möchten. Für jede dieser Apps können Sie festlegen, ob Sie dies erlauben möchten oder nicht.

Standard: *Ein*

Empfehlung: nur bei den wirklich gewünschten Apps *Ein*

Apps den Zugriff auf meine Kontakte erlauben

Einstellungen: *Datenschutz/Kontakte*

Der Zugriff auf Kontakte lässt sich nicht pauschal deaktivieren. Hier bleibt nur die Liste der installierten Apps, die auf Kontaktdaten zugreifen möchten. Darin können Sie jeder App einzeln den Zugriff verweigern.

Standard: *Ein*

Empfehlung: nur bei den wirklich gewünschten Apps *Ein*

Apps den Zugriff auf meinen Kalender erlauben

Einstellungen: *Datenschutz/Kalender*

Wenn Sie diese Funktion einschalten, können Apps Zugriff auf Ihre Termine und Aufgaben anfordern. Wenn Sie den Windows-eigenen Kalender nicht nutzen, ist diese Einstellung belanglos. Ansonsten ist es sinnvoller, die Funktion aktiv zu lassen und stattdessen zu steuern, welchen Apps Sie Zugriff auf Ihre Termine erlauben möchten.

Standard: *Ein*

Empfehlung: *Ein*

Apps mit Kalenderzugriff auswählen

Einstellungen: *Datenschutz/Kalender*

Hier werden die installierten Apps aufgeführt, die Zugriff auf Ihre Termine haben möchten. Für jede dieser Apps können Sie festlegen, ob Sie dies erlauben möchten oder nicht.

Standard: *Ein*

Empfehlung: nur bei den wirklich gewünschten Apps *Ein*

Apps den Zugriff auf meine Anrufliste erlauben

Einstellungen: *Datenschutz/Anrufliste*

Mit dieser Funktion können Apps Zugriff auf die Liste Ihrer durchgeführten und erhaltenen Anrufe bekommen. Wenn Sie mit Ihrem PC ohnehin nicht telefonieren (auch nicht skypen), ist diese Einstellung belanglos. Ansonsten ist es sinnvoller, die Funktion zu deaktivieren, da die zum Telefonieren verwendeten Apps meist eine eigene Historie führen. Nur wenn Sie zum Telefonieren mehrere Apps im Wechsel nutzen, kann es sinnvoll sein, dies zu erlauben. Dann sollten Sie es aber mit den nachfolgenden Einstellungen auf die verwendeten Apps beschränken.

Standard: *Ein*

Empfehlung: *Aus*

Apps auswählen, die Zugriff auf die Anrufliste haben

Einstellungen: *Datenschutz/Anrufliste*

Hier werden die installierten Apps aufgeführt, die Zugriff auf Ihre Anrufliste haben möchten. Für jede dieser Apps können Sie festlegen, ob Sie dies erlauben möchten oder nicht.

Standard: *Ein*

Empfehlung: nur bei gewünschten Apps *Ein*

Apps den Zugriff und das Senden von Mails erlauben

Einstellungen: *Datenschutz/E-Mail*

Ist diese Funktion eingeschaltet, dürfen Apps auf Ihre E-Mails Zugriff nehmen und auch selbst E-Mails versenden. Wenn Sie anstelle der Windows-eigenen Mail-App eine alternative E-Mail-Anwendung nutzen, ist diese Einstellung belanglos. Dann können Sie sie eingeschaltet lassen, damit zumindest andere Apps bei Bedarf Mails versenden können. Sie können dann immer noch steuern, welchen Apps Sie das zugestehen möchten.

Standard: *Ein*

Empfehlung: *Ein*

Apps auswählen, die die Berechtigung für den Zugriff und das Senden von E-Mails haben

Einstellungen: *Datenschutz/E-Mail*

Hier werden alle installierten Apps aufgeführt, die Zugriff auf Mails haben bzw. selbst E-Mails versenden möchten. Für jede dieser Apps können Sie festlegen, ob Sie das erlauben möchten oder nicht.

Standard: *Ein*

Empfehlung: nur bei gewünschten Apps *Ein*

Apps das Lesen und Senden von Nachrichten (SMS oder MMS) erlauben

Einstellungen: *Datenschutz/Messaging*

Unter Messaging versteht Windows das Lesen und Senden von SMS oder MMS. Deshalb ist diese Funktion nur bei Geräten relevant, die über die entsprechende Hardware (GSM-Modul und SIM-Karte) verfügen. In dem Fall können Sie den Zugriff von Apps auf diese Funktionen hier pauschal blockieren. Das empfiehlt sich in jedem Fall, wenn Ihr Rechner dazu zwar in der Lage ist, Sie dies aber nicht nutzen möchten.

Standard: *Ein*

Empfehlung: *Aus*

Apps für das Lesen oder Senden von Nachrichten auswählen

Einstellungen: *Datenschutz/Messaging*

Diese Liste umfasst alle installierten Apps, die SMS- oder MMS-Nachrichten lesen oder schreiben möchten. Es empfiehlt sich dringend, hier alle Apps auszuschalten, mit denen Sie nicht SMS oder MMS lesen und schreiben möchten.

Standard: *Ein*

Empfehlung: nur bei den wirklich gewünschten Apps *Ein*

Apps den Zugriff auf meine Benachrichtigungen erlauben

Einstellungen: *Datenschutz/Benachrichtigungen*

Benachrichtigungen, die Windows im Info-Center anzeigt, können auch von Apps mitgelesen werden, die so auf bestimmte Nachrichten reagieren können. Beispielsweise könnte eine App bei einem Hinweis auf Speicherknappheit automatisch Laufwerke bereinigen. Andererseits eröffnet das die Möglichkeit, Informationen „mitzuschneiden". Deshalb bietet es sich an, diese Funktion zu deaktivieren oder auf Apps zu begrenzen, die Sie ausdrücklich zulassen möchten.

Standard: *Ein*

Empfehlung: *Aus*

Apps mit Zugriff auf Ihre Benachrichtigungen auswählen

Einstellungen: *Datenschutz/Benachrichtigungen*

Diese Liste umfasst alle installierten Apps, die Benachrichtigungen mitlesen möchten. Es empfiehlt sich dringend, hier alle Apps auszuschalten, bei denen Sie dafür keinen sinnvollen Grund erkennen.

Standard: *Ein*

Empfehlung: nur bei gewünschten Apps *Ein*

Systemdiagnose und Benutzerfeedback begrenzen

Microsoft möchte am liebsten möglichst viel über seine Nutzer und das, was sie tun, wissen. Teilweise werden diese Informationen in Form von Feedback direkt nachgefragt, was weniger schädlich als nervig ist. Schließlich kann man dabei genau kontrollieren, was man antwortet. Der weitaus größte Teil fließt aber unmerklich und vollautomatisch durch Diagnosefunktionen ab. In der Rubrik *Feedback und Diagnose* kann man sich diesem Datenstrom zumindest zum größten Teil entgegenstemmen.

Mein Feedback soll von Windows angefordert werden

Einstellungen: *Datenschutz/Feedback und Diagnose*

Gern fragt Windows den Anwender nach seiner Meinung zu bestimmten Aspekten wie beispielsweise neuen Funktionen oder dem Auftreten bestimmter Probleme. Die Antworten werden selbstverständlich an Microsoft übermittelt und ausgewertet. Allerdings kann man solche Fragen einfach ignorieren. Dann ist es allerdings sinnvoller, sie von vornherein ganz zu unterbinden, indem man hier die Einstellung *Nie* wählt.

Standard: *Automatisch*

Empfehlung: *Nie*

Diagnose- und Nutzungsdaten

Einstellungen: *Datenschutz/Feedback und Diagnose*

Windows erfasst ständig Daten über sich selbst und seine Tätigkeit, etwa welche Hardware im PC verbaut ist, welche Treiberversionen installiert sind, welche Programme wann und wie oft ausgeführt werden usw. Diese Daten werden regelmäßig an Microsoft übermittelt und dort statistisch ausgewertet. Das ist aus Sicht der Windows-Entwickler absolut sinnvoll, da sie so erfahren, was ihre Kunden eigentlich mehrheitlich mit Windows machen, welche Anwendungen wie häufig eingesetzt werden, welche Hardware verwendet wird, wo gehäuft Probleme auftauchen usw. Aus Sicht der Anwender sieht dies etwas anders aus, denn dass Microsoft genau erfasst, wer wann was mit seinem Windows-PC tut, hinterlässt ein ungutes Gefühl. Welche Daten diese Diagnose genau erfasst, lässt sich hier – in Grenzen – steuern. Hinweis: In den Insider-Vorabversionen unterscheiden sich die Bezeichnungen dieser Einstellungen teilweise.

- ■ *Einfach*

  Das ist die Minimaleinstellungen, denn ganz deaktivieren lassen sich die Diagnosefunktionen nicht (Ausnahme siehe Hinweiskasten). Mit dieser Einstellung überwacht Windows sich selbst, installierte Programme und Hardwaretreiber, um ggf. aktualisierte Versionen von Systemkomponenten und Treibern zu installieren. Ohne diese Einstellung würde also Windows-Update nicht funktionieren. Außerdem werden Fehlfunktionen bei Windows sowie Abstürze bei Anwendungen grundlegend an Microsoft übermittelt, allerdings ohne spezifische Detailinformationen. Zusätzlich werden die Eckdaten der Hardwareausstattung wie etwa Prozessortyp, Speichergröße, Bildschirm- und Kameraauflösung oder ggf. die Akkukapazität weitergegeben. Diese Daten dienen also ausschließlich dem statistischen Erfassen von Problemen. Bei Geräten mit Mobilfunkmodul wird allerdings auch die IMEI übermittelt.

- ■ *Verbessert*

  Hiermit wird zusätzlich erfasst, was Sie mit Ihrem Windows anstellen, also welche Funktionen bzw. Anwendungen Sie wie häufig und wie lange verwenden. Außerdem werden Systemereignisse wie fehlgeschlagene Updates oder Treiberaktualisierungen gemeldet. Bei Fehlfunktionen (beispielsweise Programmabstürzen) werden Problemberichte erstellt, die in Einzelfällen auch Speicherinhalte zum Zeitpunkt des Absturzes umfassen können. Solche Speicher-Snapshots können konkrete persönliche Informationen wie etwa den Inhalt eines gerade bearbeiteten Dokuments oder im Webbrowser eingetippte Zugangsdaten enthalten.

- ■ *Vollständig*

  Hier kommt zu den übermittelten Daten noch hinzu, dass in Einzelfällen Microsoft-Mitarbeiter ohne Wissen und ausdrückliche Zustimmung (die ist mit dieser Option erteilt) eine Remote-Verbindung zum Rechner aufbauen dürfen. Dort können sie verschiedene Diagnosewerkzeuge nutzen, um ein bestimmtes aufgetretenes Problem genauer zu analysieren. Auch Einblicke in die Registry sowie in Dateien, die im Umfeld eines Problems verwendet wurden, sind möglich.

HINWEIS ⊠ Noch weniger Diagnosedaten senden

Es besteht eine Möglichkeit, die Menge der übermittelten Diagnosedaten noch weiter bis auf praktisch null zu reduzieren. Dies gilt aber leider nur für die Editionen Enterprise und Education sowie die Windows-10-Varianten Mobile Enterprise, Server und IoT. Hier kann zusätzlich über eine Gruppenrichtlinie (*Computerkonfiguration/Administrative Vorlagen/ Windows-Komponenten/Datensammlung und Vorabversionen/Telemetrie zulassen*) eine

---

Stufe 0 gewählt werden. Diese Einstellung kann man auch in der Pro-Edition vornehmen, sie wird dort aber ignoriert. Das ist auch gut so, denn es werden dann nicht mal mehr Informationen über den Versionsstand von Systemkomponenten übermittelt, wodurch Windows Update außer Kraft gesetzt wird und die Sicherheit des Systems gefährdet ist. Deshalb sollte diese Einstellung auch bei anderen Windows-Versionen nur vorgenommen werden, wenn die Update-Versorgung auf anderem Wege sichergestellt ist.

Cloudbasierter Schutz

Einstellungen: *Update und Sicherheit/Windows Defender*

Ist diese Option eingeschaltet, übermittelt der Windows Defender automatisch Informationen über seine Tätigkeit an Microsoft. Dies umfasst in jedem Fall Angaben zu erkannter Malware, die für das statistische Auswerten und Erkennen von neuen Infektionswellen verwendet werden. Hierzu gehört auch, wenn Sie eine zunächst als Malware eingestufte Datei anschließend als zulässig bewerten. Solche Informationen werden auch mit anderen Benutzern geteilt. Umgekehrt profitieren Sie auch von den daraus gewonnenen Erkenntnissen in Form einer besseren Trefferquote bei der Erkennung von Malware. Ein unmittelbarer Nachteil entsteht Ihnen aus dem Deaktivieren dieser Funktion aber nicht.

Standard: *Ein*

Empfehlung: *Ein*

Automatische Übermittlung von Beispielen

Einstellungen: *Update und Sicherheit/Windows Defender*

Hier wird gesteuert, ob der Defender bei erkannter Malware die fragliche Datei automatisch an Microsoft übermitteln darf. Dies ist insofern problematisch, als diese Datei auch andere persönliche Inhalte haben kann. Außerdem ist nicht jede Datei, die der Defender als Malware erkennt, auch tatsächlich bösartig. Es empfiehlt sich deshalb, diese Option zu deaktivieren. Sie werden dann jeweils gefragt, wenn der Defender Daten übermitteln möchte, und können ablehnen oder zustimmen.

Standard: *Ein*

Empfehlung: *Aus*

Datenschutzlücken in der Oberfläche schließen

Ja, es gibt auch Datenschutzlücken in der Windows-Oberfläche. Der Sperrbildschirm ist ein Zwitterwesen, das einerseits den PC vor unerwünschten Zugriffen schützen soll, andererseits dem Benutzer wichtige Informationen zukommen lassen möchte, ohne dass dieser jedes Mal das Gerät entsperren muss. Und dieser Spagat zwischen Schutz und Komfort kann schiefgehen. Denn was auf dem Sperrbildschirm angezeigt wird, ist unter Umständen eben nicht nur dem berechtigten Benutzer zugänglich.

Benachrichtigungen auf dem Sperrbildschirm anzeigen

Einstellungen: *System/Benachrichtigungen und Aktionen*

Diese Einstellung ist insofern problematisch, als der Sperrbildschirm von jedem angezeigt werden kann. Wenn Sie Ihren PC gesperrt eingeschaltet lassen und er währenddessen neue Nachrichten empfängt, werden Benachrichtigungen auf dem Sperrbildschirm angezeigt. Jeder, der physischen Zugang zu Ihrem PC hat, kann diese einsehen und somit beispielsweise den Betreff einer eingegangenen E-Mail oder SMS oder auch die Beschreibung eines anstehenden Termins lesen. Wenn Sie dies vermeiden möchten, sollten Sie diese Einstellung deaktivieren.

Standard: *Ein*

Empfehlung: *Aus*

Weckzeiten, Erinnerungen und eingehende VOIP-Anrufe auf dem Sperrbildschirm anzeigen

Einstellungen: *System/Benachrichtigungen und Aktionen*

Genau wie bei der vorangehend beschriebenen Einstellung kann das dazu führen, dass Ihr gesperrter PC Informationen anzeigt, die von anderen Personen in Ihrer Abwesenheit gelesen werden können. Diese können so erfahren, was für Termine Sie haben oder von wem Sie in Abwesenheit Anrufe erhalten. Wenn Sie dies vermeiden möchten, sollten Sie diese Einstellung deaktivieren.

Standard: *Ein*

Empfehlung: *Aus*

App zum Anzeigen ausführlicher Statusinfos auswählen

Einstellungen: *Personalisierung/Sperrbildschirm*

Mit dieser Einstellung bestimmen Sie eine App, die auf dem Sperrbildschirm nicht nur ein Symbol, sondern ausführlichere Informationen anzeigen darf. Ist dies beispielsweise Ihr Kalender oder Facebook, kann es dazu führen, dass auf dem Sperrbildschirm zumindest in Kurzform persönliche Informationen angezeigt werden. Diese kann jeder einsehen, der physikalischen Zugang zum Rechner hat. Selbst wenn der Bildschirm abgeschaltet ist, lässt er sich ja meist mit einem einfachen Tastendruck zum Leben erwecken. Zugang zum Rechner erlangt man dadurch nicht, aber der Sperrbildschirm – und mit ihm die Informationen dieser App – werden angezeigt. Wenn Sie diesbezüglich Bedenken haben, sollten Sie hier also *Kein* oder alternativ eine App wie *Wetter* wählen, deren Anzeige datenschutzmäßig unproblematisch ist.

Standard: *Kalender*

Empfehlung: *Kein*

35.3 Datenschutzoptionen im Edge-Browser

Eine wichtige Rolle für den Datenschutz spielt auch der mit Windows ausgelieferte Edge-Webbrowser. Er verwendet eine ganze Reihe von Funktionen, die für mehr Komfort sorgen, zu diesem Zweck allerdings insbesondere die von Ihnen besuchten Webadressen an Microsoft übermitteln.

Dieses Verhalten kann man in den Einstellungen von Edge beeinflussen. Klicken Sie hierzu auf das Menü-Symbol oben rechts, wählen Sie im Menü den Eintrag *Einstellungen* und klicken Sie dort wiederum auf die Schaltfläche *Erweiterte Einstellungen anzeigen*.

Im so geöffneten Untermenü finden Sie alle relevanten Optionen im Bereich *Datenschutz und Dienste*.

HINWEIS ⟩ Datenschutz bei anderen Browsern

Die hier beschriebenen Einstellungen beziehen sich ausschließlich auf den Edge-Browser von Microsoft. Wenn Sie einen anderen Webbrowser verwenden, haben diese Optionen darauf keine Wirkung. Andere Webbrowser verwenden teilweise ähnliche Funktionen. Chrome etwa übermittelt Informationen an Google, sofern man dies nicht ausdrücklich unterbindet. Firefox ist von Haus aus recht schweigsam, aber selbst hier gibt es Funktionen wie etwa Suchvorschläge bei der Eingabe im Suchfeld, für die Ihre Eingaben an die eingestellte Suchmaschine übermittelt werden.

Speichern von Kennwörtern anbieten

Das Speichern von Kennwörtern ist eine Komfortfunktion und als solche nicht ganz unproblematisch. Wenn jemand anderes Zugang zu Ihrem PC und Ihrer Windows-Anmeldung erlangt, kann er sich so in Ihrem Namen bei Webangeboten anmelden. Wenn Sie ein Microsoft-Konto verwenden und das Synchronisieren von Kennwörtern nicht deaktiviert haben, werden Ihre Kennwörter außerdem an Microsoft-Server übermittelt. Wichtig: Wenn Sie das Speichern von Kennwörtern deaktivieren, werden die bislang gemerkten Passwörter nicht automatisch gelöscht. Das müssen Sie manuell erledigen, indem Sie auf *Meine gespeicherten Kennwörter* klicken und in der so geöffneten Liste alle Einträge entfernen.

Standard: *Ein*

Empfehlung: *Aus*

Formulareinträge speichern

Mit den Formulareinträgen auf Webseiten verhält es sich ganz ähnlich wie mit den Kennwörtern. Edge kann diese speichern, damit Sie beispielsweise Ihre Adresse nicht immer wieder vollständig einzutragen brauchen. Auch hier erkauft man sich Komfort mit etwas mehr Risiko und dem Problem, dass diese Daten bei einem Microsoft-Konto in der Cloud synchronisiert werden.

Standard: *Ein*

Empfehlung: *Aus*

„Do Not Track"-Anforderungen (nicht nachverfolgen) senden

Mit „Do Not Track" signalisiert Ihr Webbrowser den Betreibern von Websites, dass Sie nicht mittels Cookies und anderen ID-Tricks identifiziert und nachverfolgt werden möchten. Ob sich die Betreiber daran halten oder diese Vorgabe einfach ignorieren, bleibt aber denen überlassen, denn das Prinzip basiert auf Freiwilligkeit. In jedem Fall kann es nicht schaden, diese Option aktiviert zu lassen.

Standard: *Ein*

Empfehlung: *Ein*

Cortana soll mich bei Microsoft Edge unterstützen

Ist diese Option aktiv, werden Ihre Surfaktivitäten an Microsoft übermittelt und ausgewertet, um die digitale Sprachassistentin Cortana besser auf Ihre Interessen abzustimmen. Cortana ist ein Thema für sich, dem in diesem Kapitel deshalb auch ein eigener Abschnitt gewidmet ist. Wer dieses Kapitel liest, wertet seine Privatsphäre sicherlich höher als die bislang noch eher eingeschränkten Assistenzfunktionen von Cortana und sollte diese Option deshalb ausschalten.

Standard: *Ein*

Empfehlung: *Aus*

In Adressleiste suchen mit

Standardmäßig verwendet Edge die Microsoft-Suchmaschine Bing, lässt sich aber auf Google oder einen beliebigen anderen Suchdienst umstellen. Wann immer Sie etwas im kombinierten Adress- und Suchfeld des Browsers eingeben, was keine eindeutige Webadresse ist, leitet der Browser das als Suchanfrage an die entsprechende Suchmaschine weiter. Das gilt sogar im Fall von simplen Tippfehlern. Völlig abschalten lässt sich das nicht, aber Sie können hier einen Suchdienst Ihrer Wahl eintragen, dem Sie vielleicht mehr Vertrauen entgegenbringen. Öffnen Sie dazu die Suchseite dieses Anbieters und wählen Sie dann hier in der Liste *Neu hinzufügen*.

Standard: *Bing*

Empfehlung: eine Suchmaschine Ihrer Wahl

Such- und Website-Vorschläge bei der Eingabe anzeigen

Dass beim Eintippen einer Webadresse oder eines Suchbegriffs direkt Vorschläge für das automatische Ergänzen der bisherigen Eingabe gemacht werden, ist an sich ganz praktisch. Oft spart das viel Tipparbeit und manchmal ergibt sich die Antwort auf eine Frage schon allein aus diesen Suchvorschlägen, sodass man die eigentliche Suche gar nicht mehr durchzuführen braucht. Aber diese Vorschläge kommen von der eingestellten Suchmaschine (siehe oben) und bedeuten, dass jede Ihrer Eingaben im Adress- und Suchfeld umgehend an eben diese übermittelt wird. Ich persönlich möchte trotzdem nicht darauf verzichten, aber wer es mit Datenschutz absolut ernst meint, sollte das wohl tun.

Standard: *Ein*

Empfehlung: *Aus*

Cookies

Cookies sind kleine Datenspuren, die Websites in winzigen Dateien auf Ihrem PC hinterlassen können. Anhand derer können Sie bei zukünftigen Besuchen gleich wiedererkannt werden. Das klingt nach völliger Überwachung, hat aber auch angenehme Nebeneffekte, etwa dass Sie beim Besuch von Onlineforen automatisch wiedererkannt werden, ohne jedes Mal Benutzername und Kennwort eintippen zu müssen. Wer darauf verzichten kann, sollte allerdings *Alle Cookies blockieren* wählen. Die Einstellung *Nur Cookies von Drittanbietern blockieren* ist ein Kompromiss, bei dem Cookies von der eigentlich besuchten Seite zugelassen werden, solche, die etwa durch eingebettete Werbung verursacht werden, aber blockiert bleiben.

Standard: *Keine Cookies blockieren*

Empfehlung: *Alle Cookies blockieren*

Websites das Speichern geschützter Medienlizenzen auf meinem Gerät erlauben

Wenn Sie im Webbrowser Musik oder Videofilme zum Streamen käuflich erwerben, kann diese Information in Form einer Lizenzdatei auf Ihrem PC gespeichert werden.

Dadurch können Sie die einmal gekauften Inhalte auch später jederzeit wieder abrufen. Problematisch ist, dass damit auch das Platzieren einer eindeutigen ID auf Ihrem Rechner einhergeht, mit der Sie vom selben Anbieter oder dessen Netzwerk jederzeit wiedererkannt werden können. Wenn Sie diese Option deaktivieren, können Sie also auf diese Weise keine Käufe mehr tätigen und auch bereits auf diese Weise gekaufte Streaming-Inhalte nicht mehr nutzen. Andererseits: Wenn Sie ohnehin keine Streamingkäufe im Webbrowser tätigen, sollten Sie die Option in jedem Fall deaktivieren.

Standard: *Ein*

Empfehlung: *Aus*

Seitenvorhersage verwenden, um den Browser zu beschleunigen sowie das Lesen und die gesamte Nutzung zu verbessern

Mit der Seitenvorhersage versucht der Browser zu erahnen, welche Webseiten Sie als Nächstes aufrufen werden. Diese lädt er im Hintergrund bereits vor, sodass sie quasi sofort angezeigt werden können, wenn Sie sie denn tatsächlich abrufen. Das Problem dabei ist, dass diese Analyse nicht lokal erfolgt, sondern Edge die aktuell angezeigte Webseite dafür an Microsoft übermittelt. Dort wird sie von einem Online-Algorithmus analysiert und dem Browser dann zurückübermittelt, welche Seiten er im Hintergrund laden soll.

Standard: *Ein*

Empfehlung: *Aus*

Mich mit SmartScreen-Filter vor schädlichen Websites und Downloads schützen

Der SmartScreen-Filter warnt Sie, wenn Sie Webseiten aufrufen, die dafür bekannt sind, schädliche Inhalte bis hin zu Malware zu verbreiten. Dafür wird aber jeder Ihrer Seitenaufrufe an Microsoft übermittelt, da der SmartScreen-Filter nicht lokal im Browser tätig ist, sondern ein Cloud-Dienst. Wer dessen Schutz in Anspruch nehmen möchte, muss also mit seinen Daten bezahlen. Trotzdem halte ich diese Funktion insbesondere bei weniger versierten Internetnutzern für einen hilfreichen Schutz, der diesen Preis wert ist, und würde eher dazu raten, sie eingeschaltet zu lassen.

Standard: *Ein*

Empfehlung: *Ein*

Das Synchronisieren von Favoriten und Leseliste verhindern

Seit dem Herbst-Update 2015 beherrscht der Edge-Browser das Synchronisieren von Favoriten und Leseliste zwischen verschiedenen Geräten. Wenn Sie sich mit einem Microsoft-Konto anmelden, werden diese Informationen automatisch mit allen anderen Windows-Geräten abgeglichen, die dasselbe Konto verwenden. Diese Funktion ist durchaus praktisch und komfortabel. Aber zum einen bedeutet es, dass diese Daten Ihren Rechner verlassen und über die Cloud ausgetauscht werden. Und zum anderen kann auch folgendes Szenario eintreten: Sie speichern bestimmte Webseiten als Favoriten oder in der Leseliste auf einem Gerät ab, das Sie ganz allein verwenden. Durch die Synchronisierung werden diese Daten dann aber auch auf einem Gerät zugänglich, das Sie beispielsweise mit Ihrem Partner oder der Familie gemeinsam nutzen.

Die Option, mit der Sie das vermeiden können, finden Sie in den Einstellungen des Edge-Browsers (nicht in den erweiterten Einstellungen) unter der Überschrift *Inhalt synchronisieren*. Setzen Sie hier den Schalter auf *Aus*. Die Einstellung gilt für

dieses Gerät, nicht für Ihr Microsoft-Konto. Sie müssen diese Einstellung also auf jedem Gerät vornehmen, können so aber auch flexibel einstellen, welche Geräte miteinander synchronisiert werden sollen und welche nicht.

35.4 Datenschutzeinstellungen per Programm steuern

Zum Abschluss und „Abrunden" dieses Kapitels möchte ich Ihnen ein Programm vorstellen, mit dem Sie sich den Umgang mit den datenschutzrelevanten Funktionen von Windows erleichtern können. Es handelt sich dabei um das kostenlose O&O *Shutup10*. Dieses Programm kennt einen großen Teil dieser Optionen und erlaubt es, diese in einer einheitlichen, komfortablen Oberfläche einzustellen. Zusätzlich bietet das Programm kompakte Erläuterungen zu diesen Einstellungen an und bringt Empfehlungen mit, durch die Sie Windows 10 mit wenigen Mausklicks sinnvoll auf Verschwiegenheit trimmen können.

Tools für Datenschutzeinstellungen: Vor- und Nachteile

Auf den ersten Blick hört sich so ein Tool praktisch an und sicher ist es das auch, wenn man schnell Einstellungen erhalten möchte, die das Verhalten von Windows einigermaßen datenschutzkompatibel gestalten. Allerdings bedeutet ein solches Programm auch immer, dass man sich mit den Grenzen abfinden muss, die von den Entwicklern dieses Produkts aufgestellt wurden:

- Das Programm kennt zwar viele, aber eben nicht alle relevanten Einstellungen.

- Die Beschreibungen zu den einzelnen Einstellungen sind knapp gehalten. Sie sind nie völlig falsch, aber teilweise etwas zu verkürzt oder missverständlich. Man muss manchmal zwischen den Zeilen lesen bzw. benötigt Hintergrundwissen, um die Beschreibungen richtig einordnen zu können.

- Die vorgefertigten Empfehlungen sind pauschale Lösungen, die für eine Vielzahl von Anwendern „ganz in Ordnung" sind, aber für niemanden wirklich perfekt. Außerdem sind es subjektive Einschätzungen der Entwickler, denen so sicher nicht jeder zustimmen würde.

- Man muss sich darauf verlassen, dass das Programm seine Aufgabe kompetent und zuverlässig erfüllt.

Es spricht sicher nichts dagegen, ein solches Programm einzusetzen, sonst würde ich es an dieser Stelle auch nicht vorstellen. Aber ich halte es für sinnvoller, sich zuvor mit den vielen Einstellungen in Windows und deren Bedeutung und Auswirkungen vertraut zu machen. Dann können Sie informierte Entscheidungen im Sinne Ihrer individuellen Anforderungen treffen. Wenn Sie sich mit diesem Wissen die einheitliche, kompakte Oberfläche des Programms für einen schnellen Zugang zu vielen Funktionen zunutze machen, ist das keine schlechte Idee.

O&O ShutUp10 installieren

Sie können das Programm unter http://www.oo-software.com/de/ shutup10 herunterladen und uneingeschränkt kostenlos nutzen. Es wird als ZIP-Archiv angeboten. Dieses muss lediglich in ein Verzeichnis entpackt werden. Eine Installation im eigentlichen Sinne ist nicht notwendig. Um das Programm zu starten, führen Sie einfach die Programmdatei aus dem entpackten Archiv aus.

OOSU10.exe

Ohne Installation hinterlässt das Programm keine Spuren in der Windows-Registry oder den Systemdateien. Sie können es jederzeit wieder entfernen, indem Sie den angelegten Ordner löschen. Die mittels des Programms beeinflussten Windows-Optionen werden durch das Löschen des Programms nicht verändert, bleiben also bei den zuletzt (ggf. durch das Programm) gewählten Einstellungen.

WICHTIG ⟩ Systemwiederherstellungspunkt anlegen

Bevor Sie sich mit dem Programm ans Werk machen, Windows seine Geschwätzigkeit auszutreiben, ist es unbedingt sinnvoll, einen Systemwiederherstellungspunkt anzulegen. Sollten die mithilfe des Programms vorgenommenen Änderungen anschließend zu Fehlfunktionen führen oder andere negative Auswirkungen haben, können sie dadurch zuverlässig und unkompliziert rückgängig gemacht werden. Das Programm bietet zwar lobenswerterweise selbst das Erstellen eines Wiederherstellungspunktes an, wenn Sie die erste Änderung vornehmen möchten. Allerdings bietet es keine Erfolgskontrolle dafür und meiner Erfahrung nach klappt das Erstellen auf diese Weise nicht zuverlässig. Deshalb sollten Sie dafür die Windows-eigene Funktion verwenden.

Einzelne Einstellungen individuell vornehmen

Die Oberfläche des Programms besteht aus einer langen Liste von Einstellungen, die in verschiedene Bereiche unterteilt ist. Zu jedem Eintrag finden Sie am linken Rand ein Schaltersymbol. Ist der Schalter nach links gesetzt und das Symbol rot, ist diese Programmoption nicht deaktiviert. Schalten Sie eine Einstellung ein, wird der Schalter nach rechts gesetzt und das ganze Symbol grün.

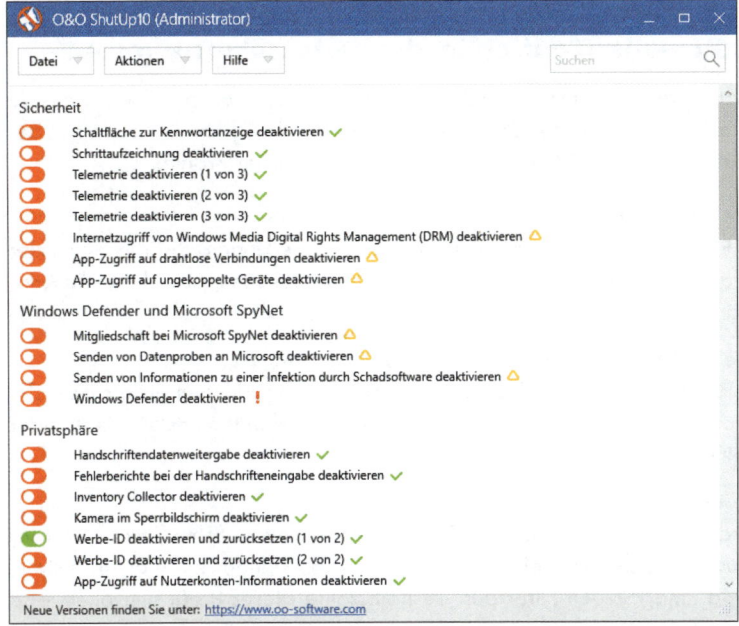

Mit der Interpretation dieses Verhaltens muss man etwas vorsichtig sein. Nehmen wir als Beispiel die Einstellung *Windows Defender deaktivieren*. Damit können Sie den Windows Defender abschalten. Ist diese Einstellung des Programms **nicht** eingeschaltet, bedeutet das, das Programm hat den Windows Defender **nicht** deaktiviert, er ist also aktiv. Um den Windows Defender zu deaktivieren, müssten Sie also diese Einstellung des Programms einschalten.

Nebenbei bemerkt: Den Windows Defender sollten Sie auf diese Weise keinesfalls deaktivieren. Er sollte nur abgeschaltet werden, wenn stattdessen ein anderes Antivirenprogramm installiert wurde. In dem Fall deaktiviert Windows den Defender aber ohnehin automatisch. Das ist eines der Beispiele, bei denen O&O ShutUp10 etwas „streitbar" ist.

Wenn Sie sich über die Bedeutung einer Option im Unklaren sind, klicken Sie auf den Namen der Einstellung. Dadurch klappen Sie eine kurze Beschreibung dieser Einstellung auf. Ein erneuter Klick versteckt die Erklärung wieder, damit die Programmoberfläche schön aufgeräumt bleibt.

Sicherheit

 Schaltfläche zur Kennwortanzeige deaktivieren ✓

Wenn Sie sich auf einer Website anmelden, können Sie mit einem Klick auf das Augen-
Symbol für einige Sekunden das eingegebene Passwort anzeigen lassen, um dessen
Richtigkeit zu prüfen. Dabei besteht aber die Gefahr, dass Ihnen jemand über die Schulter
schaut und so Ihr Passwort ausspäht. Wollen Sie dieses Risiko nicht eingehen, dann
deaktivieren Sie diese Funktion.

Windows automatisch auf optimalen Datenschutz trimmen

Neben dem Zugriff auf die einzelnen Funktionen bietet das Programm so etwas wie
vorgefertigte Profile. Damit können Sie mit einem Schlag alle Optionen nach einer bestimmten Vorgabe einstellen. O&O ShutUp10 kennt drei solcher Profile:

- *Empfohlene Einstellungen*
  Bei diesem Profil wählt das Programm nur solche Einstellungen, die die Entwickler
  uneingeschränkt empfehlen, weil sie den Datenschutz erhöhen, aber keine Funktionen einschränken.

- *Empfohlene und eingeschränkt empfohlene Einstellungen*
  Mit diesem Profil werden zusätzlich zu den empfohlenen Optionen auch einige Einstellungen vorgenommen, die bestimmte Funktionen von Windows deaktivieren oder
  zumindest einschränken.

- *Alle Einstellungen*
  Hiermit werden alle Einstellungen des Programms auf einen Schlag aktiviert. Dies
  wirkt sich auch auf sicherheitsrelevante Funktionen von Windows wie etwa Update,
  Defender und SmartScreen-Filter aus. Deshalb sollte dieses Profil sinnvollerweise
  nicht zum Einsatz kommen.

Wie sich die verschiedenen Profile konkret auswirken, können Sie in der Liste der Einstellungen ablesen. Hinter jeder Einstellung finden Sie ein Symbol für das Profil, mit dem
diese Einstellung aktiviert werden würde. So können Sie sich einen Eindruck verschaffen, ob etwa die empfohlenen Einstellungen Ihren Anforderungen genügen. Um eines
der Profile zu aktivieren, wählen Sie oben links *Aktionen* und dann den entsprechenden
Menüpunkt. Das Programm führt dann alle zu diesem Programm gehörenden Einstellungen durch.

Es spricht übrigens nichts dagegen, zunächst eines der Profile für eine schnelle Basisein-
stellung zu verwenden und anschließend die einzelnen Einstellungen nach Bedarf den
eigenen Vorstellungen anzupassen.

Werksreset – zurück zu den Grundeinstellungen

Sollten Sie in der Vielzahl der Einstellungen doch mal den Überblick verloren haben,
gibt es einen praktischen „Werksreset". Dieser stellt alle Optionen, die das Programm
berücksichtigen kann, auf den Zustand, in dem sie mit Windows standardmäßig installiert werden. Die Vorgehensweise dabei ist genau dieselbe wie beim Einstellen mithilfe
eines Profils. Wählen Sie oben links *Aktionen* und dann im Menü den Eintrag *Alle Änderungen rückgängig machen ("Werkseinstellungen")*.

Teil VII

Wartungshandbuch: Windows pflegen und optimieren

Kapitel 36

36. Windows einfach und ohne Probleme installieren

Bei der Installation von Windows gibt es verschiedene Varianten. Da das Upgrade von Windows 7 oder Windows 8 zumindest zeitweilig kostenlos ist, dürfte dies die häufigste Variante sein. Man kann das neue Windows aber auch problemlos auf einem komplett leeren PC einrichten. Vorsichtige Tester wünschen sich vielleicht die Möglichkeit, Windows 10 zunächst nur probeweise parallel zu einer bereits vorhandenen Version zu installieren. Hierbei müssen ein paar Feinheiten beachtet werden, damit anschließend altes und neues Betriebssystem friedlich koexistieren können.

36.1 Hardwarecheck: Das benötigen Sie für Windows 10

Die gute Nachricht als Erstes: Wenn Sie einen PC besitzen, auf dem bereits Windows 8 oder Windows 7 ordentlich läuft, brauchen Sie sich bezüglich der Hardwareleistung keine Gedanken zu machen. Laut Microsoft sind die Hardwareanforderungen von Windows 10 identisch mit denen der Windows-Vorgänger. Das bedeutet, dass es problemlos auf den meisten PCs laufen sollte, die in den letzten Jahren verkauft wurden.

Kritische Punkte bei älteren PCs könnten insbesondere der Arbeitsspeicher und die Grafikkarte sein. Notfalls läuft Windows 10 aber auch mit dem Basis-Desktop ohne Grafikeffekte. Die nachfolgende Tabelle führt die minimale sowie die empfohlene Hardwareausrüstung auf.

	Minimum	Empfohlen
Prozessor	32 Bit mit 1 GHz Takt	32 Bit oder 64 Bit Dual-Core-Prozessor
Arbeitsspeicher	1 GByte (64 Bit: 2 GByte)	2 GByte oder mehr
Grafikkarte	DirectX-9-kompatibel	DirectX-11-kompatibel mit mindestens 128 MByte Grafikspeicher und WDDM-1.0-Treiber
Bildschirm	1.024 x 600	1.920 x 1.080
Festplatte	16 GByte (64 Bit: 20 GByte)	SATA-Festplatte mit 100 GByte oder mehr
Optisches Laufwerk	– (Installation via USB-Stick/ Netzwerk erforderlich)	DVD-ROM
Audio	–	Ja
Internet	–	Ja

HINWEIS ▷ Prozessor-Besonderheiten

In der Regel sollte es kein Problem sein, aber einige spezielle Anforderungen an den Prozessor möchte ich erwähnen. Diese galten schon für Windows 8 und es gibt nur wenige Prozessormodelle, wo es zum Problem werden könnte: Prinzipiell muss der Prozessor die Befehlssätze PAE/NX und SSE2 unterstützen. Will man die 64-Bit-Version einsetzen, sind außerdem CMPXCHG16b, PrefetchW und LAHF/SAHF gefragt. Wird die Installation mit einem entsprechenden Hinweis verweigert, sollte man zunächst im BIOS prüfen, ob diese Funktion eventuell vorhanden, aber deaktiviert ist.

Neue Hardware für Windows 10 erforderlich?

Wenn Ihr PC die Hardwareanforderungen für Windows 10 nicht oder nur gerade so erfüllt, wird die Arbeit mit dem neuen System eventuell nicht unbedingt die reine Freude werden. Ist der PC schon einige Jahre alt, ist es vermutlich kostengünstiger, gleich zu einem neuen Komplett-PC zu greifen. Der muss ja nicht unbedingt das Neueste vom Neuen enthalten. Rechner, die die Hardwareanforderungen von Windows erfüllen, sind schon recht günstig und beispielsweise auch gebraucht zu haben. Sind nur bestimmte Komponenten nicht leistungsfähig genug, kann der PC vielleicht durch punktuelle Hardwareerneuerung auf den aktuellen Stand gebracht werden:

■ Sollte die Festplattenkapazität nicht ausreichen, ist der Einbau einer neuen bzw. zusätzlichen Festplatte in der Regel kein Problem. Die Kosten dafür halten sich in Grenzen und der Umbau kann mit etwas Geschick selbst erledigt werden. Durch den Einbau einer SSD-Festplatte lässt sich außerdem das Starten von Windows und von umfangreicheren Anwendungen spürbar beschleunigen. Bewährt hat sich ein Tandem aus kleiner SSD für System und Anwendungen und einer großen klassischen Festplatte für Dokumente, Medien usw. Eine Alternative bei beschränktem Einbauplatz ist eine Hybrid-Festplatte, die großen Speicher in Form von klassischen Magnetplatten mit einem mehrere GByte großen Flash-Speicher kombiniert. Die Software sorgt dafür, dass oft genutzte Daten aus dem Flash-Speicher und somit sehr flott kommen. Ein praktischer Kompromiss aus Geschwindigkeit und Kapazität.

■ Zusätzlicher Arbeitsspeicher lässt sich ebenfalls nachrüsten. Ein Upgrade etwa von 2 GByte auf 4 GByte dürfte für die Performance von Windows eine deutliche Verbesserung bringen. Wichtig ist allerdings, dass noch Speicherbänke frei sind und der neue Speicherriegel zum vorhandenen passt. Hier schützt eine fachkundige Beratung ggf. vor einem Fehlkauf.

■ Die Grafikkarte spielt eine wichtige Rolle, wenn Sie mit Ihrem PC auch spielen oder z. B. Videos anschauen und bearbeiten möchten. Windows selbst stellt keine so hohen Anforderungen an die Grafikhardware. DirectX-Karten mit ausreichendem Grafikspeicher gibt es schon für relativ wenig Geld, erst recht gebraucht. Dabei greifen Sie am besten zu einem leisen bzw. passiv gekühlten Modell, sonst wird der Flüster-PC leicht zum Brüllwürfel. Auch PCs mit Onboard-Grafik verfügen häufig über einen Steckplatz für eine „richtige" Grafikkarte.

■ Ein Prozessor-Update kann für die Performance auch einen großen Sprung bedeuten, aber die Zeiten sind vorbei, wo sich mal eben ein schnellerer Prozessor ins Mainboard einsetzen ließ. Heutzutage sind meist auch gleich eine neue Hauptplatine und womöglich auch neue Speicherriegel fällig. Da ist schnell ein Kostenbereich erreicht, bei dem man auch gleich ein neues Komplett-System kaufen kann, das mit Windows keine Probleme hat.

■ Der Austausch eines noch vorhandenen CD-Laufwerks gegen ein DVD- oder gleich ein Blu-ray-Laufwerk ist meist problemlos möglich. Notfalls lassen letztere sich auch extern per USB anschließen, wenn mindestens USB 2.0 vorhanden ist.

All dies gilt leider nur für herkömmliche PCs uneingeschränkt. Bei Notebooks lässt sich die Hardware nur sehr begrenzt und für meist viel Geld erweitern. Läuft das Notebook mit Windows 7 oder 8 gut, kann auch Windows 10 verwendet werden. Sie sollten aber in diesem Fall beim Notebook-Hersteller in Erfahrung bringen, ob ggf. aktuelle Treiber benötigt werden und verfügbar sind.

32 Bit, 64 Bit – welche Version ist die richtige?

Windows 10 gibt es in einer 32-Bit-und in einer 64-Bit-Variante. Die beiden haben eine etwas andere technologische Grundlage, sehen auf der Oberfläche aber gleich aus und fühlen sich auch gleich an.

Da mittlerweile die meisten PCs mit 64-Bit-Hardware ausgestattet sind, sollte man in der Regel auch ein 64-Bit-Windows installieren. Beachtenswerte Unterschiede gibt es vor allem bei den drei folgenden Themen, die immer wieder als Vorteile von 64-Bit-Systemen angeführt werden.

HINWEIS ▷ 32 Bit vs. 64 Bit: die Unterschiede

Die 64-Bit-Architektur ist eine Weiterentwicklung der 32-Bit-Architektur, die – vereinfacht ausgedrückt – mit doppelt so großen Datenwörtern arbeitet. Wo ein 32-Bit-System pro Takt eben 32 Bit verarbeitet, berechnet ein 64-Bit-System doppelt so viel. Anders ausgedrückt, ein 64-Bit-PC benötigt für die gleiche Datenmenge die halbe Zeit. Das ist etwas verkürzt dargestellt, aber tatsächlich können 64-Bit-Systeme eine deutlich höhere Performance an den Tag legen, wenn sie mit spezieller 64-Bit-Software betrieben werden.

Ein Nebeneffekt ist das Knacken einer wichtigen Speichergrenze: 32-Bit-Systeme können maximal 4 GByte Arbeitsspeicher adressieren, 64-Bit-Systeme hingegen können theoretisch 16 Exabyte Speicher verwenden, auch wenn die Obergrenze in der Praxis bislang eher bei 1 TByte (1.000 GByte) liegt. Ebenfalls wichtig: Die 64-Bit-Architektur ist abwärtskompatibel und kann weiterhin 32-Bit-Software ausführen. Umgekehrt ist das nicht möglich.

Mehr Performance?

Ein 64-Bit-System kann eine höhere Leistung erbringen, wenn es mit spezieller 64-Bit-Software betrieben wird. Dazu gehört nicht nur eine 64-Bit-Variante von Windows, sondern auch 64-Bit-Anwendungssoftware. Nur wenn Sie solche Software unbedingt einsetzen wollen, ist ein 64-Bit-System sinnvoll. Auf einem solchen System kann auch herkömmliche 32-Bit-Software laufen, aber sie wird nicht schneller abgearbeitet, eventuell kann sie sogar geringfügig langsamer laufen.

Mehr Speicher?

Wenn Sie Anwendungen nutzen wollen, die 4 GByte und mehr Arbeitsspeicher benötigen, ist ein 64-Bit-System praktisch die einzige Möglichkeit, dieses zu erreichen. Es gibt allerdings nur wenige sehr spezielle Anwendungen, für die dies zutrifft. Typische PC-Software aus dem Office-Bereich oder auch PC-Spiele sind für 32-Bit-Systeme konzipiert und kommen mit dem dort verfügbaren Arbeitsspeicher locker aus. Da 64-Bit-Software im Vergleich einen höheren Speicherbedarf hat, relativiert sich der Vorteil bei der Speicherkapazität auch teilweise wieder.

HINWEIS ⟩ Wie viel Speicher ist bei 64 Bit wirklich drin?

Von der theoretisch möglichen Speichermenge bleibt in der Praxis meist nicht viel übrig. Das macht aber auch nichts, denn solche Unmengen an Datenspeicher brauchen (heutzutage) höchstens Großrechenanlagen. In der Praxis sieht es so aus: Die einfache Windows-Edition kann maximal 16 GByte Arbeitsspeicher adressieren. Höhere Editionen erlauben jeweils bis zu 192 GByte RAM. Allerdings ist das Betriebssystem oftmals nicht der limitierende Faktor, denn die meisten Mainboards gerade aus dem Budgetsegment nehmen solche Speichermengen ohnehin nicht auf.

Mehr Stabilität?

64-Bit-Systeme gelten als wesentlich stabiler als ihre 32-Bit-Pendants. Dieser Vorteil wird allerdings durch starke Restriktionen erkauft. So akzeptieren die 64-Bit-Windows-Editionen nur Hardwaretreiber mit einer speziellen digitalen Signatur. Da längst nicht für alle Geräte solche signierten Treiber zur Verfügung stehen, lässt sich nicht jedes Produkt, das unter 32 Bit problemlos eingesetzt werden kann, auch unter 64 Bit nutzen. Vor dem Umstieg auf ein 64-Bit-System sollte deshalb unbedingt die Verfügbarkeit geeigneter Treiber geklärt werden. Leider beschränkt sich das Problem nicht nur auf klassische Hardwaretreiber, sondern betrifft auch systemnahe Software wie z. B. Antivirenprogramme.

Fazit

Mit aktueller Hardware und einer 64-Bit-Windows-Edition können Sie ohne Weiteres auf 64 Bit umsteigen. Sie sollten dabei aber die Problematik bei den Gerätetreibern im Auge behalten. Ein 64-Bit-Windows sieht genauso aus wie ein 32-Bit-Windows, sodass keine Umstellung bei der Benutzung notwendig ist. 32-Bit-Programme können bis auf wenige Ausnahmen weiterhin genutzt werden. Spürbar profitieren werden Sie von 64 Bit aber nur, wenn Sie spezielle 64-Bit-Software einsetzen, die für diese Architektur optimiert wurde.

Die Unterschiede der Editionen

Im Wesentlichen gibt es vier verschiedene Editionen. Praktisch können die meisten Anwender aber nur zwischen zweien davon frei wählen: **Home** und **Pro**. **Enterprise** ist nur über spezielle Handelskanäle für Geschäftskunden verfügbar. Bei **Education** ist es ähnlich, nur dass diese über Bildungseinrichtungen wie Universitäten und Schulen mit entsprechenden Microsoft-Verträgen bezogen werden können.

Wie bei den Vorgängern gibt es auch wieder N-Varianten der Editionen, bei denen der Media Player und weitere Medienwiedergabefunktionen aus wettbewerbsrechtlichen Gründen fehlen. Die folgende Tabelle konzentriert sich auf die Unterschiede zwischen den Editionen und zählt nicht die zahlreichen Funktionen auf, die allen Windows-Versionen gemeinsam sind.

	Home	Pro	Enterprise	Education
Geräteverschlüsselung	+	+	+	+
Domain Join		+	+	+
Gruppenrichtlinien		+	+	+
BitLocker		+	+	+
Enterprise-Modus für IE		+	+	+
Assigned Access 8.1		+	+	+
Remote Desktop Server			+	+
DirectAccess			+	+
Windows To Go Creator			+	+
BranchCache			+	+
AppLocker			+	+
Startbildschirm mit Richtlinien steuern			+	+
Installieren eigener Business-Apps	+	+	+	+
Verwaltung von Mobilgeräten	+	+	+	+
Azure Active Directory-Unterstützung		+	+	+
Business Store		+	+	+
Granulare UX-Steuerung			+	+
Einfaches Upgrade Pro -> Enterprise		+	+	+
Einfaches Upgrade Home -> Education	+			+
Microsoft Passport	+	+	+	+
Enterprise Data Protection		+	+	+
Credential Guard			+	+
Device Guard			+	+
Windows Update	+	+	+	+
Windows Update für Geschäftskunden		+	+	+
Verzögerte Updates für Geschäftskunden		+	+	+
Dauerhaftes Blocken neuer Features			+	

Hinweis: Wer in der Aufstellung Windows RT sucht, tut dies vergeblich. Dieses Experiment beendet Microsoft mit Windows 10 auch schon wieder. Es wird von Windows 10 keine RT-Variante mehr geben. Windows 8 RT soll per Update zumindest einige der neuen Features von Windows 10 nachträglich erhalten. Ein Upgrade auf Windows 10 wird für die vorhandenen RT-Geräte aber nicht möglich sein.

36.2   Keine freie Partition? – Vorhandene Laufwerke mit Bordmitteln neu aufteilen

Sie möchten Windows parallel zu einem vorhandenen System installieren, haben aber keine Partition dafür frei? Sofern auf einer vorhandenen Partition genügend freier Speicherplatz vorhanden ist (mindestens 20 GByte), lässt sich dieses Problem lösen. Windows kann den freien Speicherplatz einer Partition in eine eigene Partition umwandeln. Wenn es allerdings darum geht, mehrere kleine Partitionen zu einer ausreichend großen für Windows zusammenzulegen, kann der Installationsassistent weiterhelfen.

Vor der Installation eine neue, freie Partition erstellen

Wenn Sie in Ihrem PC nur eine große Partition mit ausreichend freiem Speicherplatz zur Verfügung haben, können Sie noch unter Windows 7 oder 8 einen Teil dieses freien Speicherplatzes in eine eigene Partition auslagern und auf dieser das neue Windows installieren. Nutzen Sie hierfür die Datenträgerverwaltung, mit der Sie Festplatten und sonstige Datenträger verwalten können. Die folgende Anleitung zeigt die Schritte unter Windows 7, bei Windows 8 (oder auch Windows 10) verlaufen sie entsprechend und unterscheiden sich nur optisch ein wenig.

HINWEIS ▷ Vorsicht bei Änderungen an Partitionen

Die Datenträgerverwaltung ist ein mächtiges Werkzeug. Deshalb ist beim Verwenden der Funktionen große Vorsicht geboten, denn eine falsche Aktion auf der falschen Partition kann deren gesamten Inhalt löschen. Einen gewissen Schutz bietet die Tatsache, dass zumindest Änderungen an der gerade aktiven Systempartition nur sehr eingeschränkt möglich sind. Für andere Laufwerke gilt das aber nicht unbedingt. Gehen Sie deshalb sehr umsichtig mit diesem Werkzeug um und sichern Sie wichtige Daten ggf. vorher auf ein externes Medium.

1. Starten Sie in der Systemsteuerung das Modul *Verwaltung* und darin das Untermodul *Computerverwaltung*.

Computerverwalt...

2. Wählen Sie hier in der linken Spalte die Kategorie *Datenträgerverwaltung*.

3. Daraufhin sehen Sie in der rechten Fensterhälfte die an den PC angeschlossenen Laufwerke und (bei Festplatten) deren Partitionen. Zu jeder Partition erhalten Sie Informationen zu Größe und verwendetem Dateisystem. Die Hintergrundfarbe gibt außerdem an, ob es sich um eine primäre oder erweiterte Partition oder ein logisches Laufwerk handelt.

4. Um eine der Partitionen zu bearbeiten, wählen Sie sie mit einem einfachen Mausklick aus. Sie können dann mit der rechten Maustaste oder mit *Aktion/Alle Aufgaben* die

Funktionen abrufen, die für diese Partition zur Auswahl stehen, z. B. die Partition als aktiv markieren oder formatieren.

Laufwerke nachträglich verkleinern

Mit der Datenträgerverwaltung können Sie ein vorhandenes Laufwerk nachträglich verkleinern. Ein Teil des zu diesem Laufwerk gehörenden Speicherplatzes wird dadurch freigegeben und kann als separates Laufwerk formatiert oder wiederum einem anderen Laufwerk zugeschlagen werden. So können Sie z. B. ungenutzten Speicherplatz auf einer Partition für andere Zwecke einsetzen. Das Verkleinern eines Laufwerks erfolgt dabei ohne Datenverlust. Was bereits auf dem Laufwerk gespeichert ist, bleibt also erhalten. Allerdings können Sie das Laufwerk deshalb auch maximal um die Menge des freien Speicherplatzes verringern.

1. Um ein Laufwerk zu verkleinern, wählen Sie es in der Datenträgerverwaltung aus und rufen dann den Menübefehl *Aktion/Alle Aufgaben/Volume verkleinern* auf.

2. Die Datenträgerverwaltung ermittelt dann, wie viel Speicherplatz von diesem Laufwerk maximal abgezwackt werden kann, und verwendet diesen Wert als Voreinstellung. Beachten Sie, dass das verbleibende Laufwerk dann allerdings praktisch voll wäre. Reduzieren Sie den Wert bei *Zu verkleinernder Speicherplatz in MB* ggf. auf eine sinnvolle Größe.

3. Klicken Sie dann unten auf die Schaltfläche *Verkleinern*.

4. Und lassen Sie die Datenträgerverwaltung dann am besten in
Ruhe arbeiten, bis die Verkleinerung abgeschlossen ist. Dort,

| (C:) 73,06 GB NTFS Fehlerfrei (Startpartition, Auslagerungsdatei, . | 1,46 GB Nicht zugeordnet |

wo bislang ein großes Laufwerk war, werden anschließend zwei kleinere angezeigt.

Das neue Laufwerk hat zunächst die Bemerkung *Nicht zugeordnet*. Das bedeutet, dass
es sich um unformatierten Speicher handelt, der in dieser Form nicht genutzt werden
kann. Der Setup-Assistent von Windows kann diesen Speicherplatz aber später für die
Windows-Installation nutzbar machen.

Laufwerke nachträglich um Speicherkapazität erweitern

Im Gegenteil zum Verkleinern und Aufteilen von Laufwerken können Sie vorhandene
Laufwerke auch vergrößern. Wenn eine vorhandene Partition für eine Windows-Installation zu klein ist, können Sie sie also nachträglich vergrößern. Voraussetzung dafür ist
allerdings, dass auf demselben Datenträger, der das volle Volume beherbergt, noch
freier, nicht zugeordneter Speicher vorhanden ist. Diesen können Sie notfalls aus einer
anderen Partition entnehmen (siehe vorangegangenen Abschnitt).

1. Wählen Sie hierbei einen Datenträger aus, der das vorhandene, volle Laufwerk sowie frei verfügbaren Speicherplatz umfasst. Markieren Sie das bestehende Laufwerk und rufen Sie den Menübefehl *Aktion/Alle Aufgaben/Volume erweitern* auf.

2. Starten Sie den Assistenten mit *Weiter*. Im zweiten Schritt schlägt er Ihnen vor, den
gesamten verfügbaren ungenutzten Speicherplatz auf dem Datenträger dem vorhandenen Laufwerk zuzuschlagen. Sollten Sie nur einen Teil des Speichers hierfür
verwenden wollen, können Sie diesen Wert unten bei *Speicherplatz in MB* verringern.

3. Überprüfen Sie dann die Zusammenfassung des Assistenten und starten Sie den Vorgang mit *Fertig stellen*.

Mit dem Installationsassistenten eine Partition für Windows frei machen

Wenn Ihr PC über mehrere Laufwerke und Partitionen verfügt, aber keine davon genügend Speicherplatz für eine Windows-Installation aufweist, können Sie mit dem Installationsassistenten Abhilfe schaffen. Dieser ist in der Lage, mehrere kleinere Partitionen auf einer Festplatte zu einer größeren zusammenzulegen. Allerdings ist ein Datenverlust auf den aufgelösten Partitionen in diesem Fall unvermeidlich. Führen Sie diese Schritte also nur durch, wenn sich auf den Partitionen keine schützenswerten Daten mehr befinden.

TIPP ☑ Partitionen nur beim Booten von Installationsmedium bearbeiten

Die Funktionen zum Verändern von Partitionen stehen nur zur Verfügung, wenn Sie den PC bei einer Neuinstallation von der Installations-DVD booten. Starten Sie die Installation von einem vorhandenen Betriebssystem aus, sind diese Funktionen deaktiviert, da sie das laufende System gefährden könnten.

1. Suchen Sie in der Übersicht einen Datenträger, der insgesamt genügend Speicherplatz für die Windows-Installation bietet. Dieser kann auf mehrere Partitionen verteilt sein. Entscheidend ist die einheitliche Bezeichnung der Partitionen (z. B. *Datenträger 0 Partition X*).

2. Wählen Sie eine der Partitionen aus und entfernen Sie diese mit *Löschen*. Achtung: Die auf der Partition gespeicherten Daten gehen dabei verloren!

3. Markieren Sie dann die andere Partition desselben Datenträgers und wählen Sie unten *Erweitern*. Geben Sie an, wie viel vom nun frei verfügbaren Speicherplatz des Datenträgers zu dieser Partition hinzugefügt werden soll. Maximal können Sie so den Speicherplatz dieser Partition und den der gelöschten addieren. Bestätigen Sie die Sicherheitsrückfrage.

4. Der Installationsassistent fügt nun den freien Speicherplatz der ausgewählten Partition hinzu. Im Ergebnis machen Sie so also aus zwei kleineren Partitionen eine große. Sie können diese beliebig fortsetzen und so z. B. auch drei kleinere Partitionen zu einer zusammenlegen. Allerdings funktioniert das natürlich nur innerhalb eines Datenträgers. Partitionen auf verschiedenen Festplatten können nicht zu einer Partition zusammengelegt werden.

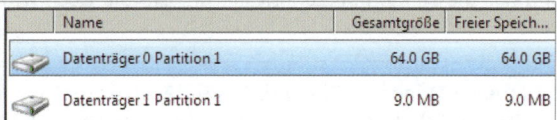

36.3 Ein vorhandenes Windows 7 oder 8.1 auf Windows 10 aktualisieren

Vorhandene Installationen von Windows 7 oder 8 lassen sich per Upgrade-Installation auf Windows 10 aktualisieren. Dabei bleiben vorhandene Anwendungen und Einstellungen (Dateien und Dokumente sowieso) unangetastet und lassen sich anschließend größtenteils uneingeschränkt sofort weiternutzen. Voraussetzung dafür ist lediglich das Ausführen eines Upgrade-Assistenten.

Die Upgrade-Möglichkeiten von einem vorhandenen Windows

Leider hat Microsoft die Upgrade-Installation auf bestimmte Szenarien beschränkt. Das heißt nicht, dass Sie beispielsweise von Windows 7 Home nicht ohne Weiteres zu Windows 10 Pro wechseln könnten. Aber es geht eben nicht per praktischer Upgrade-Installation, sondern nur durch eine komplette Neuinstallation. Dabei müssen Sie selbst dafür sorgen, dass Ihre Einstellungen, Dateien und Programme vom alten Windows zum neuen Windows gelangen.

HINWEIS ▷ Upgrade – Pro und Kontra

Ein simples Upgrade vom vorhandenen Windows 7 oder 8 auf ein neues Windows 10 und hinterher ist alles wieder wie vorher, nur besser? Das hört sich verführerisch an. Allerdings sollten Sie auch das „Kleingedruckte" lesen, das Sie deshalb hier mal in normaler Schriftgröße finden: Idealerweise klappt das Upgrade reibungslos und Sie haben hinterher wirklich ein Windows 10, in dem Sie alle Daten und Einstellungen aus Ihrem alten Windows sofort wieder vorfinden.

In der Praxis ist es aber längst nicht immer so. Vielmehr kommt es gar nicht so selten vor, dass beim Upgrade eben nicht alles perfekt umgestellt werden kann. Dann lassen sich manche Programme hinterher nicht mehr nutzen und müssen mühsam deinstalliert und neu installiert werden, damit sie wieder laufen. Schlimmstenfalls handeln Sie sich mit dem Upgrade regelmäßige und hartnäckige Fehlermeldungen ein, die nur mühsam zu beseitigen sind. Eventuell bleibt dann am Ende doch nur eine Neuinstallation.

Der Upgrade-Prozess dauert länger als eine saubere Neuinstallation, unter ungünstigen Umständen deutlich länger. Führen Sie ein Upgrade deshalb nur aus, wenn Sie notfalls ein paar Stunden Zeitreserve haben. Schließlich sollten Sie bedenken, dass gerade Systeme, die schon ein, zwei bis drei Jahre in Betrieb sind, oftmals „organisch gewachsen" sind. Sie enthalten jede Menge Ballast in Form von nutzlosen Registry-Einträgen und Datei- und Treiberleichen, die das System ausbremsen.

Diese Bremsen übernehmen Sie bei einem Upgrade mit in das schöne neue Windows, das dadurch dann womöglich schon gar nicht mehr so schön und neu wirkt. Deshalb sollten Sie sorgsam abwägen, ob die Vorteile eines Upgrades die Risiken für Sie aufwiegen. Ansonsten empfehle ich Ihnen, die Gelegenheit für einen sauberen Neuanfang zu nutzen, frisch zu starten und nur die Dinge neu zu installieren, die Sie auch wirklich benötigen.

Die schlechte Nachricht für alle treuen Windows-XP- und -Vista-Benutzer gleich vorneweg: Für solche Installationen gibt es kein Upgrade zur aktuellsten Windows-Version mehr. Nur für Windows 7 und 8 gibt es – abhängig von der Edition – Upgrade-Möglichkeiten:

Vorhandene Windows-Edition ...	... kann per Upgrade umgewandelt werden zu
Windows 7 Starter	Windows 10 Home
Windows 7 Home (Basic & Premium)	Windows 10 Home
Windows 7 Professional	Windows 10 Pro
Windows 8.1	Windows 10 Home
Windows 8.1 Pro	Windows 10 Pro

Weitere Einschränkungen, die beim Upgrade beachtet werden müssen:

- Windows-8-Systeme (gemeint ist Windows 8.0) sind generell nicht upgrade-fähig. In diesem Fall muss zunächst das – kostenlose – Upgrade auf Windows 8.1 durchgeführt werden. Anschließend kann Windows 8.1 per Upgrade in Windows 10 umgewandelt werden. Bei Windows 7 muss das Service Pack 1 installiert sein, damit das Upgrade gelingt.

■ Das Upgrade darf nur innerhalb einer Sprachversion erfolgen, also z. B. ein deutschsprachiges Windows 7 Home Premium zu einem deutschsprachigen Windows 10 Home.

■ Auch die „Computersprache" muss übereinstimmen. Ein Windows-8-32-Bit-System kann nicht per Upgrade zu einem Windows-10-64-Bit-System werden.

Der Installationsassistent von Windows überprüft während der Installation, ob die Voraussetzungen für ein Upgrade vorliegen, und verweigert dieses andernfalls. Im Zweifelsfall können Sie es also auf einen Versuch ankommen lassen.

TIPP ☑ Windows-Upgrade per Installationsmedium

Wenn Sie bereits ein Installationsmedium für Windows 10 auf DVD oder USB-Stick haben, können Sie das Upgrade auch von diesem durchführen und sich so den umfangreichen Download per Windows-Update ersparen. Legen Sie dazu das Installationsmedium bei laufendem Alt-Windows ein und öffnen Sie es im Windows-Explorer. Starten Sie dort das Programm *setup.exe* und folgen Sie den Anweisungen.

Das Windows-10-Upgrade herunterladen und installieren

Auch wenn das kostenlose Upgrade-Angebot von Microsoft inzwischen abgelaufen ist, können Sie weiterhin Ihr vorhandenes Windows 7 oder 8.1 per Upgrade-Installation auf Windows 10 aktualisieren.

Dabei bleiben vorhandene Daten und Programme erhalten, sodass Sie nach dem Upgrade direkt weiterarbeiten können. Alles, was Sie dazu benötigen, ist eine Windows-10-Lizenz und ein Installationsdatenträger. Oder Sie verwenden dafür das Setup-Tool von Microsoft:

1. Öffnen Sie im Webbrowser die Seite www.microsoft.com/de-de/software-download/ windows10 und laden Sie sich dort das Windows-10-Setup-Programm herunter.

Sie möchten Windows 10 auf Ihrem PC installieren?

Laden Sie zum Einstieg das Medienerstellungstool herunter und führen Sie dieses aus. Weitere Informationen zur Verwendung des Tools finden Sie in den nachfolgenden Anweisungen.

Datenschutz

2. Nach dem vollständigen Download starten Sie dieses Programm und wählen die Option *Jetzt Upgrade für diesen PC ausführen.*

3. Alles Weitere läuft nun automatisch: Die Installationsdateien werden heruntergeladen und überprüft, gegebenenfalls noch ausstehende Updates werden durchgeführt,
   die Kompatibilität Ihres PCs wird sichergestellt.

4. Während dieses Vorgangs kann es zu einem oder mehreren Neustarts kommen.
   Nach einem Neustart müssen Sie sich eventuell neu anmelden, um weitere Schritte
   auszuführen.

5. Spannend wird es wieder, wenn die Lizenzbedingungen angezeigt werden. Diese müssen Sie wie üblich akzeptieren, um den Vorgang fortzusetzen.

6. Nun kommt noch ein sehr wichtiger Punkt unter der Überschrift *Worum Sie sich kümmern sollten*. Hier sind zum einen potenzielle Probleme nach dem Upgrade aufgeführt. So beispielsweise der Hinweis, dass ein bisher installiertes Windows Media Center unter Windows 10 nicht mehr verfügbar ist. Das lässt sich nicht ändern, sondern nur mit *Bestätigen* akzeptieren. Sollte eine für Sie nicht hinnehmbare Einschränkung darunter sein, können Sie den Vorgang jetzt aber noch abbrechen.

7. Ebenfalls sehr wichtig ist an dieser Stelle der etwas unscheinbare Link *Ändern der zu behaltenden Elemente*. Klicken Sie darauf, legen Sie im anschließenden Dialog fest, welche Arten von Daten Sie zum neuen Windows mitnehmen möchten. Standardmäßig wählt der Assistent die Option *Persönliche Dateien und Apps behalten*, um möglichst sowohl Dateien als auch Apps und Einstellungen zu übernehmen.

8. Abschließend folgt noch mal eine Zusammenfassung der gewählten Einstellungen. Hier haben Sie die letzte Gelegenheit, Ihre Wahl zu ändern. Dann wird es mit *Installieren* ernst.

9. Nun macht sich der Assistent daran, das vorhandene Windows auf Ihrem PC durch die neue Version zu ersetzen. Dabei kann es nochmals zu Neustarts kommen, die Sie aber ignorieren können. Lassen Sie den Vorgang einfach laufen, bis Sie die erste Willkommensmeldung von Windows 10 auf dem Bildschirm sehen und um Eingaben gebeten werden. Wie es dann weitergeht, lesen Sie auf Seite 804.

Die Upgrade-Installation rückgängig machen

Nach einer Upgrade-Installation haben Sie 30 Tage Zeit, das neue Windows gründlich zu testen. Innerhalb dieses Zeitraums können Sie mit wenig Aufwand zu Ihrer vorherigen Windows-Version zurückkehren. Danach ist das zwar lizenzrechtlich immer noch möglich, wird aber technisch nicht mehr unterstützt. In diesem Fall bleibt nur eine Neuinstallation der vorherigen Windows-Version mit allen Umständen, die dies mit sich bringt.

1. Um das Upgrade auf die neue Windows-Version innerhalb von 30 Tagen rückgängig zu machen, öffnen Sie die Einstellungen.

2. Wechseln Sie darin in den Bereich *Update und Sicherheit/Wiederherstellung*.

3. Hier finden Sie den Menüpunkt *Zu Windows ... zurückkehren*, den Sie mit *Los geht's* aufrufen. Sollte dieser Menüpunkt nicht angeboten werden, ist die 30-Tage-Frist vielleicht schon verstrichen?

HINWEIS ▷ **Der Ordner windows.old**

Wenn Sie das neue Windows auf dem Laufwerk des alten Windows installieren, ersetzt das neue das alte, das dann nicht mehr lauffähig ist. Die Daten des alten Windows werden in dem Ordner *windows.old* auf diesem Laufwerk archiviert. Das ist auch gut, denn so stehen die Daten für den Notfall noch eine Weile zur Verfügung. (Sie können in dem Ordner einfach navigieren und werden sich dort schnell zurechtfinden.)

Hat die Umstellung geklappt und Sie können auf das Archiv verzichten, können Sie den Ordner z. B. mit der Datenträgerbereinigung endgültig löschen. Das empfiehlt sich auf Dauer auch, denn er belegt einige GByte.

36.4　Sauberer Neustart: Windows ohne Altlasten neu installieren

Selbstverständlich können Sie Windows 10 auch ganz frisch installieren, etwa auf einem neuen PC. Oder Sie können auf Ihrem vorhandenen PC mit einer Neuinstallation frisch und ohne Altlasten starten.

Das gilt auch dann, wenn Sie Windows 10 im Zuge des kostenlosen Upgrade-Angebots erhalten haben. Geben Sie in diesem Fall im Verlauf der Installation den Product Key der vorhandenen Windows-7- oder -8-Lizenz an. Voraussetzung für eine Neuinstallation ist ein Installationsdatenträger in Form eines USB-Sticks bzw. einer auf DVD gebrannten ISO-Datei (siehe auch den vorhergehenden Abschnitt).

HINWEIS ▷ Seit Windows 8 können Sie eine ISO-Datei auch direkt als virtuelles Laufwerk einhängen (siehe Seite 438). Allerdings wäre in diesem Fall keine Neuinstallation möglich. Denn wenn Sie das Setup aus einem vorhandenen Windows heraus starten, kann es nur eine Upgrade-Installation vornehmen. Deshalb ist zwangsläufig ein USB-Stick oder eine DVD als Medium erforderlich. Für das Installieren in einem virtuellen System hingegen würde es reichen, die ISO-Datei direkt im Gastsystem einzuhängen.

Ein eigenes Installationsmedium für Windows erstellen

Sie möchten Windows nicht direkt per Upgrade installieren oder ein Upgrade auf einem PC durchführen, bei dem das Herunterladen der umfangreichen Setup-Dateien nicht praktikabel ist?

Dann benötigen Sie ein Installationsmedium, beispielsweise einen USB-Stick oder eine ISO-Datei. Auch das können Sie mit dem Setup-Tool erreichen, das im vorangegangenen Abschnitt vorgestellt wurde.

1. Laden Sie das Programm herunter und starten Sie es.

2. Wählen Sie im ersten Schritt die Option *Installationsmedium für einen anderen PC erstellen.*

3. Wählen Sie dann die gewünschte Sprache des zu installierenden Windows, die Edition (muss zum Product Key passen) sowie die Architektur (32 oder 64 Bit) aus.

4. Nun entscheiden Sie, was für ein Installationsmedium Sie verwenden möchten:

   ■ Sie können einen *USB-Speicherstick* erstellen. Dieser kann direkt in das Gerät gesteckt werden, auf dem Sie Windows installieren möchten. Wählt man beim Starten den USB-Stick als Laufwerk, beginnt direkt die Installation. Ein USB-Stick sollte mindestens 4 GByte Speicherplatz umfassen. Beachten Sie, dass eventuell vorhandener Inhalt auf dem Stick überschrieben wird.

   ■ Alternativ erstellen Sie eine *ISO-Datei*. Diese kann auf eine DVD gebrannt werden. Ebenso können Sie die Datei aber auch auf anderen Wegen (Netzwerk, USB-Stick etc.) auf einen anderen PC transferieren und dort als virtuelles Medium einhängen, um eine Upgrade-Installation durchzuführen.

5. Wählen Sie anschließend den USB-Stick bzw. den Speicherort für die ISO-Datei aus. Dann geht es auch schon los mit dem Herunterladen der Dateien. Sie können das Fenster des Programms minimieren und wie gewohnt mit Ihrem PC weiterarbeiten.

6. Anschließend wird der USB-Stick mit den Installationsdaten beschrieben bzw. die ISO-Datei an der festgelegten Stelle gespeichert.

Die ISO-Datei auf eine DVD brennen

Haben Sie auf die vorangehend beschriebene Weise eine ISO-Datei heruntergeladen, können Sie damit leicht ein DVD-Installationsmedium erstellen:

1. Klicken Sie mit der rechten Maustaste auf das Symbol der ISO-Datei.

2. Wählen Sie im Kontextmenü den Befehl *Datenträgerabbild brennen*. Alternativ finden Sie in der Kategorie *Verwalten* der Multifunktionsleiste eine gleichnamige Schaltfläche.

3. Damit öffnen Sie das Dienstprogramm zum Brennen von ISO-Datenträgerabbildern. Hier ist bei *CD/DVD-Brenner* standardmäßig bereits Ihr Brennerlaufwerk eingestellt. Sollten mehrere vorhanden sein, wählen Sie das gewünschte aus.

4. Soll das Programm die CD/DVD nach dem Brennvorgang auf eventuelle Fehler hin untersuchen, schalten Sie das Kontrollkästchen *Datenträger nach dem Brennen überprüfen* ein. Dadurch verlängert sich der gesamte Vorgang allerdings deutlich.

5. Stellen Sie schließlich sicher, dass sich ein geeigneter Rohling im Brennerlaufwerk befindet, und klicken Sie unten auf die *Brennen*-Schaltfläche. Das Programm führt nun den Brennvorgang durch.

Vorbereiten der Windows-Installation

Ich beschreibe an dieser Stelle den ersten Teil der Neuinstallation, sozusagen vom Einlegen des Datenträgers bis zum ersten regulären Start des neu installierten Windows.

Der anschließende Vorgang der Erstkonfiguration unterscheidet sich nicht nennenswert von einer Upgrade-Installation und wird für beide Varianten ab Seite 804 beschrieben.

Nach dem Booten vom Installationsmedium startet automatisch die Setup-Prozedur:

1. Wählen Sie im ersten Schritt gegebenenfalls die Installationssprache und das für Sie geeignete Format für Zeit- und Währungsangaben. Die Eingabesprache passt sich dem automatisch an, kann aber auch abweichend eingestellt werden. Klicken Sie dann auf *Weiter*.

2. Klicken Sie im nächsten Schritt auf *Jetzt installieren*. Sollten andere Schritte nötig sein, könnten Sie an dieser Stelle auch C*omputerreparaturoptionen* wählen, um z. B. Startprobleme zu beheben.

3. Nun möchte das Setup den Product Key für Ihre Windows-Installation wissen. Hier können Sie einen erworbenen Windows-10-Lizenzschlüssel eingeben. Sie können diesen Schritt auch *Überspringen* und den Schlüssel zu einem späteren Zeitpunkt noch eingeben. Allerdings lässt sich Windows nicht in vollem Umfang nutzen, solange es nicht mit einem gültigen Schlüssel aktiviert wurde.

TIPP ☑ Den Product Key auf einem Touchscreen eingeben

Wenn Sie Windows auf einem Gerät ohne reale Tastatur installieren, tippen Sie gegebenenfalls auf das Tastatursymbol rechts neben dem Eingabefeld, um die virtuelle Tastatur einzublenden.

Wurde Windows 10 auf diesem PC bereits einmal installiert und aktiviert, brauchen Sie gar keinen Product Key einzugeben und können den Schritt einfach überspringen. Die Lizenz wird anhand der Hardware erkannt und Windows im Anschluss an die Installation automatisch wieder aktiviert. Dies gilt insbesondere auch für PCs, die Windows 10 im Rahmen des kostenlosen Einführungsangebots erhalten haben.

4. Falls Sie keinen Product Key angegeben haben und Ihr Datenträger verschiedene Editionen umfasst, können Sie wählen, welche Edition (Home oder Pro) installiert werden soll. Beachten Sie bitte, dass ein später eingegebener Product Key zur hier gewählten Edition passen muss.

5. Anschließend erwarten Sie die *Lizenzbedingungen* von Microsoft für die Nutzung der Software. Ob Sie das nun alles lesen oder nicht – setzen Sie in jedem Fall das Häkchen bei *Ich akzeptiere die Lizenzbedingungen* und klicken Sie unten rechts auf *Weiter*.

6. Nun folgt die wichtige Auswahl der Installationsmethode:

- Nur falls Sie eine vorhandene Windows-Version durch Windows 10 ersetzen möchten, sollten Sie *Upgrade* wählen. In dem Fall bleiben vorhandene Dokumente, Anwendungen und Einstellungen – soweit möglich – erhalten und können anschließend weitergenutzt werden. Die alte Windows-Version lässt sich aber nicht wiederherstellen.

- In allen anderen Fällen wählen Sie *Benutzerdefiniert*.

7. Entscheiden Sie sich nun, auf welchem Laufwerk Windows installiert werden soll. Bei einem „leeren" PC ohne Betriebssystem dürfte ohnehin nur *Nicht zugewiesener Speicherplatz* angezeigt werden. In dem Fall können Sie einfach unten auf *Weiter* klicken, um Windows den gesamten verfügbaren Speicherplatz zur Verfügung zu stellen. Sind mehrere Laufwerke vorhanden oder bereits Partitionen eingerichtet, finden Sie im nachfolgenden Abschnitt Hinweise dazu, wie Sie optimal vorgehen.

8. Damit ist der Installationsteil mit Benutzerinteraktion erst mal erledigt. Der Assistent beginnt nun, Dateien zu kopieren, auszupacken und zu installieren. Währenddessen wird der PC auch automatisch neu gestartet. Das alles können Sie aber ganz entspannt verfolgen bzw. sich in dieser Zeit mit anderen Dingen beschäftigen.

36.5 Erster Start und Grundeinstellungen

Der zweite Teil der Installation beginnt, wenn alle Dateien kopiert und installiert sind und Windows nach mehreren Reboots zum ersten Mal regulär startet. Hier geht es nun darum, einige Grundeinstellungen vorzunehmen, mit denen die Installation des neuen Betriebssystems dann abgeschlossen werden kann.

Sollten Sie während des ersten Teils der Installation auf das Eingeben eines Product Keys verzichtet haben, fragt das Setup gleich zu Beginn des zweiten Teils noch einmal danach. Auch hier können Sie die Eingabe *Auf später verschieben*. Aber wie bereits erwähnt: Windows wird nur in eingeschränktem Umfang laufen, solange es nicht mit einem gültigen Produktschlüssel aktiviert wurde. Ausnahme: Sie führen die Installation auf einem PC aus, auf dem Windows 10 bereits einmal erfolgreich (beispielsweise per Upgrade-Installation) installiert und aktiviert wurde. Dann können Sie auf einen Product Key ganz verzichten.

Es ist Zeit für die Eingabe des Product Key.

Sie finden ihn auf der Verpackung der Windows-DVD, in der Kaufbestätigungs-E-Mail für Windows oder auf dem Aufkleber mit dem Certificate of Authenticity (Echtheitszertifikat) am PC, am Netzadapter oder im Akkufach Ihres Laptops. (Sie können den Akku herausnehmen, sofern der Laptop angeschlossen ist.)

Geben Sie den Product Key ein.

Er sieht ungefähr so aus: XXXXX-XXXXX-XXXXX-XXXXX-XXXXX

HINWEIS ▷ WLAN-Zugangsdaten

Wenn Ihr PC bzw. Notebook/Tablet nicht per Kabelnetzwerk angeschlossen ist, sondern sich über WLAN verbindet, werden Sie vom Startassistenten gebeten, das zu verwendende Drahtlosnetzwerk auszuwählen, das Kennwort einzugeben sowie zu entscheiden, ob das Teilen Ihrer Ressourcen in diesem Netzwerk zugelassen werden soll. Eine Netzwerkverbindung ist für die Grundeinstellungen nicht unbedingt notwendig, sodass Sie diesen Schritt auf später verschieben können. Es spricht aber auch nichts dagegen, den Rechner gleich in einem WLAN anzumelden, das er später auch benutzen soll.

1. Als Erstes entscheiden Sie, ob Sie für das Einrichten die *Express-Einstellungen* verwenden oder mit *Einstellungen anpassen* eigene Einstellungen vornehmen möchten. Die Express-Variante geht schneller, und alles lässt sich später noch wieder ändern.

   Allerdings sind einige Optionen nicht unproblematisch, beispielsweise dass es Apps standardmäßig erlaubt wird, den Standort des Anwenders zu ermitteln und auszuwerten. Ich zeige deshalb im Folgenden die Schritte der benutzerdefinierten Einstellungen, die bei der Express-Variante übersprungen würden.

2. Dann sind zunächst einige Einstellungen dran, die man dem Datenschutz zuordnen kann. Hier gilt es jeweils abzuwägen. Sicherlich hat es Vorteile, wenn man Microsoft den Zugriff auf bestimmte Daten erlaubt, um beispielsweise Text- und Spracherkennung individuell verbessern zu können. Ob das einem die Preisgabe von Kontakten und Terminen wert ist, muss jeder selbst entscheiden. Werbe-IDs bringen Ihnen persönlich allerdings gar nichts. Das Ermitteln von Standortdaten ist bei mobilen Geräten hilfreich, bei fest installierten PCs aber eher sinnlos.

3. Ähnlich geht es auf der nächsten Seite der Einstellungen weiter. Der SmartScreen-Schutz ist eine sinnvolle Sache, für die Seitenvorhersage hingegen lohnt es sich nicht unbedingt, den gesamten Browserverlauf an Microsoft zu übermitteln. Das automa-

tische Verbinden mit Netzwerken würde ich prinzipiell zunächst deaktivieren. Selbst wer viel unterwegs ist, sollte sich erst mit dieser Funktion vertraut machen.

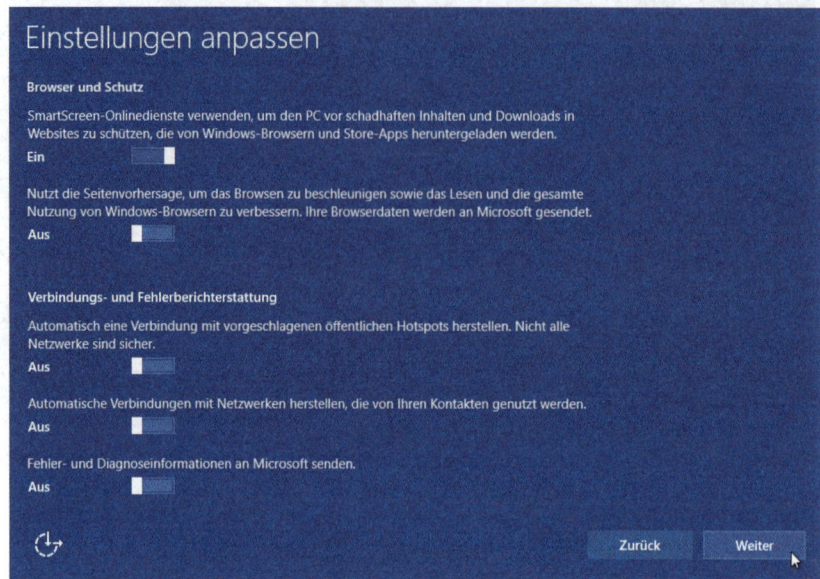

4. Nun geht es ans Einrichten Ihres Benutzerkontos. Standardmäßig sieht Windows vor, den PC mit einem Microsoft-Konto zu verknüpfen. Wenn Sie mehrere PCs mit demselben Microsoft-Konto verbinden, kann Windows Einstellungen wie z. B. Favoriten, Browserverlauf oder Oberflächen-Gestaltung automatisch synchronisieren, sodass Sie überall stets die gleiche Umgebung vorfinden. Wichtig: Wenn Sie diese Verknüpfung nicht wünschen (oder erst später vornehmen möchten), sollten Sie unten auf *Diesen Schritt überspringen* klicken.

5. So gelangen Sie im nächsten Schritt zu einem Dialog, in dem Sie ganz klassisch einen Namen für Ihr Benutzerkonto angeben können. Außerdem tippen Sie hier das Kennwort (zweimal) und einen persönlichen Hinweis auf dieses Kennwort ein.

6. Jetzt kann Windows die Einstellungen endgültig vornehmen und das System für den ersten Start vorbereiten. Nun müssen Sie sich nur noch ein wenig gedulden, während Windows Apps einrichtet und die Konfiguration vervollständigt. Dann sehen Sie zum ersten Mal die Benutzeroberfläche von Windows 10 vor sich.

36.6 Friedliche Koexistenz: Windows 10 parallel zu einem vorhandenen Windows nutzen

Vielleicht möchten Sie nicht gleich komplett auf das neue Windows umsteigen, sondern sich erst einmal herantasten? Dann können Sie es auf demselben PC parallel zum vorhandenen Betriebssystem installieren. In dem Fall existieren beide Windows-Versionen nebeneinander auf Ihrer Festplatte, und Sie können bei jedem Einschalten des PCs entscheiden, welches Windows Sie verwenden möchten.

So funktioniert die Parallelinstallation

Die wichtigste Voraussetzung für eine Parallelinstallation ist eine freie Partition auf (einer) Ihrer Festplatte(n). Diese muss groß genug für eine Windows-Installation sein, sollte also wenigstens über 20 GByte verfügen. „Freie" Partition heißt übrigens nicht, dass die Partition leer sein muss. Eventuell darauf befindliche Daten werden bei der Installation nicht überschrieben.

Allerdings muss es sich dabei um eine NTFS-Partition handeln. Außerdem sollte es nicht die Systempartition eines vorhandenen Systems sein. Sonst würde dieses bei der Installation überschrieben und wäre anschließend nicht mehr lauffähig.

HINWEIS ⊵ **Parallelinstallation nur mit Booten vom Installationsmedium**
Wenn Sie das neue Windows parallel zu einem vorhandenen installieren möchten, verwenden Sie dafür in jedem Fall eine (selbst gebrannte) Installations-DVD bzw. einen entsprechend präparierten USB-Stick (siehe Seite 796). Sie können die Installation theoretisch auch vom vorhandenen Windows aus starten. Aber dann wird eine Upgrade-Installation durchgeführt, die das existierende System ersetzt.

Keine freie Partition vorhanden? – Windows auf einer dynamischen virtuellen Festplatte installieren

Wenn Sie keine Partition für ein paralleles Windows frei haben und auch keine einrichten können oder wollen, gibt es eine weitere einfache Möglichkeit, zumindest für Nutzer ab Windows 7. Seit dieser Versionsnummer unterstützt Windows die Verwendung dynamischer virtueller Festplatten (**V**irtual Dynamic **H**ard **D**isk, kurz VHD). Dabei erstellen Sie auf einer vorhandenen Festplatte eine große Datei, die die Strukturen einer eigenständigen Partition enthält.

Windows kann auf einer solchen virtuellen Festplatte genauso installiert und genutzt werden wie auf einer realen. Der Vorteil dieser Lösung: Sie müssen keine spezielle Partition einrichten, und Sie können die virtuelle Festplatte mitsamt der installierten Testversion später ganz einfach wieder verschwinden lassen, indem Sie lediglich die Datei löschen. Und das Ganze ist einfacher, als es sich im ersten Moment vielleicht anhört.

1. Starten Sie zunächst wie auf Seite 796 beschrieben den PC mit der Installations-DVD oder auch von einem USB-Stick.

2. Klicken Sie auf *Jetzt installieren* und wählen Sie den Installationstyp *Benutzerdefiniert*. Anstatt eine Partition für die Installation festzulegen, drücken Sie dann aber ⇧ + F10, um eine Eingabeaufforderung zu öffnen.

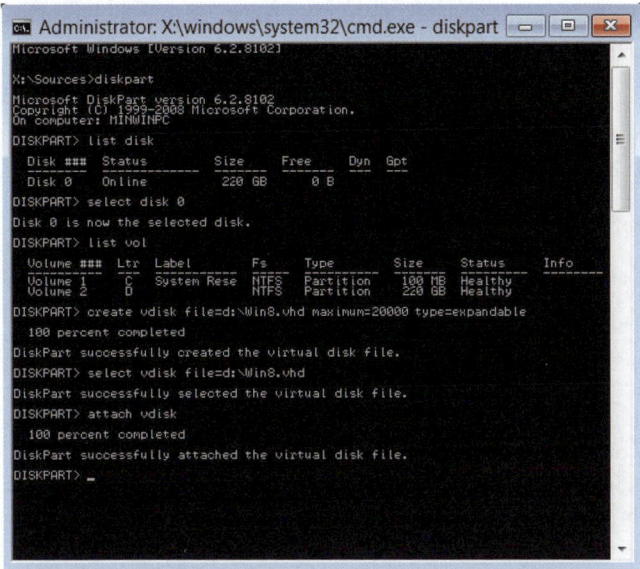

3. Geben Sie das Kommando *diskpart* ein. Dieses funktioniert mit einer eigenen Kommandozeile, in die Sie nun die folgenden Befehle eingeben.

4. Mit *list disk* listen Sie die vorhandenen Festplatten auf. Ist nur eine Disk 0 vorhanden, ist der Fall klar. Ansonsten müssen Sie z. B. anhand der Größenangabe (*Size*) erkennen, auf welcher Festplatte ausreichend Platz vorhanden ist.

5. Verwenden Sie nun die Nummer dieser Festplatte mit dem Befehl *select disk*, also z. B. für die erste Festplatte in der Liste *select disk 0*. Damit wählen Sie diese Festplatte als Ziel der weiteren Aktionen aus.

6. Geben Sie dann *list vol* ein, um alle Partitionen auf der ausgewählten Festplatte anzuzeigen. Suchen Sie sich wiederum eine Partition mit ausreichend freiem Platz aus und merken Sie sich deren Laufwerkbuchstaben (Spalte *Ltr*).

7. Geben Sie dann den Befehl zum Erstellen der dynamischen virtuellen Festplatte auf diesem Laufwerk ein:

create vdisk <Laufwerk>:\<Name>.vhd maximum=20000 type=expandable

- Für *<Laufwerk>* geben Sie den zuvor ermittelten Laufwerkbuchstaben an.

- Für *<Name>* tippen Sie einen einfachen, aussagekräftigen Dateinamen ein.

- *maximum* gibt die maximale Größe der virtuellen Festplatte in MByte an. Sie sollte mindestens 20 GByte betragen, also 20.000 MByte. Größer geht immer, aber den verfügbaren freien Platz sollten Sie nicht überschreiten.

■ *type=expandable* legt fest, dass die Datei nur nach Bedarf wächst. Zunächst ist sie also praktisch leer, und erst mit dem Installieren von Windows, dem Erstellen von Dateien etc. wächst sie nach und nach bis zur maximalen Größe an.

Das Erstellen der Datei für die virtuelle Festplatte dauert gegebenenfalls etwas. Warten Sie die Erfolgsmeldung ab.

8. Geben Sie dann das Kommando *select vdisk file=<Laufwerk>:\<Name>.vhd* ein, wobei Sie die gleichen Parameter wie oben verwenden. Damit wählen Sie die virtuelle Festplatte als Ziel der weiteren Aktionen aus.

9. Geben Sie den Befehl *attach vdisk* ein, um die virtuelle Festplatte einzubinden.

10. Nun fehlt noch das Kommando *create partition primary*, um eine bootfähige Partition anzulegen.

11. Mit *exit* verlassen Sie das diskpart-Programm.

12. Schließen Sie die Eingabeaufforderung und klicken Sie nun – zurück im Installationsassistenten – auf *Refresh*. Daraufhin wird die neu erzeugte Partition in der Liste angezeigt, die Sie nun für die Installation auswählen. Ab da geht die Installation einfach wie beschrieben weiter.

Windows reibungslos parallel installieren

Egal, ob Sie Ihr neues Windows nun auf einer vorhandenen realen oder einer virtuellen Festplatte einrichten: Damit die parallele Installation reibungslos klappt, müssen Sie nur an ein, zwei Stellen etwas aufpassen. Der Rest ist dann eine ganz normale Windows-Installation.

1. Starten Sie den PC mit dem eingelegten Windows-Installationsmedium.

2. Die meisten PCs erkennen automatisch, wenn eine bootfähige DVD eingelegt ist, und bieten an, von dieser zu starten. Drücken Sie also schnell eine

```
Press any key to boot from CD or DVD..._
```

beliebige Taste, wenn eine entsprechende Meldung auf dem Bildschirm erscheint.

3. Sollte diese Meldung nicht erscheinen und stattdessen das vorhandene Windows starten, beenden Sie dieses gleich wieder, starten den PC neu und verändern die Einstellungen im BIOS so, dass der PC standardmäßig vom optischen Laufwerk startet.

4. Die nächsten Schritte entsprechen der ab Seite 799 beschriebenen Installationsprozedur.

5. Wichtig: Geht es darum, die Installationsart auszuwählen, entscheiden Sie sich unbedingt für die untere Option *Benutzerdefiniert*, um das neue Windows parallel zu Ihrem vorhandenen Windows-System zu installieren.

6. Wählen Sie dann im nächsten Schritt eine Partition für die Installation aus. Diese darf keinesfalls die Partition sein, auf der Ihr bisheriges Windows-Betriebssystem installiert ist.

7. Sollte sich auf der gewählten Partition bereits eine Windows-Installation befinden, erkennt der Installationsassistent das und warnt Sie. Stellen Sie in diesem Fall sicher, dass es sich dabei nicht um die Windows-Installation handelt, die Sie eigentlich beibehalten wollten. Andernfalls klicken Sie auf *Abbrechen* und wählen eine andere Partition aus.

8. Damit ist der Installationsteil mit Benutzerinteraktion erledigt. Der Assistent beginnt nun, Dateien zu kopieren, auszupacken und zu installieren. Anschließend geht es ganz normal wie ab Seite 804 beschrieben weiter.

Windows 10 oder was? – Starten Sie das System Ihrer Wahl

Haben Sie das neue Windows parallel zu einem vorhandenen Windows installiert, „übernimmt" das neue System den PC zunächst einmal. Beim Einschalten oder Neustart wird also standardmäßig das neue Windows gestartet. Sie können aber trotzdem jederzeit die ältere vorhandene Windows-Installation nutzen.

HINWEIS ▷ Der neue Bootmanager

Seit Version 8 hat Windows einen generalüberholten Bootmanager dabei. Anstelle des spröden, kommandozeilenartigen Bildschirms sehen Sie nun eine einfache grafische Oberfläche, die Sie auch per Maus bedienen können. Funktionell hat sich dabei nichts Entscheidendes verändert – wählen Sie also aus, welches System Sie starten möchten. Bei der Parallelinstallation zu einem vorhandenen Windows 7 wird dessen Bootmanager durch den neuen ersetzt. Dieser erkennt vorhandene Alt-Versionen und fügt sie in die Auswahlliste ein.

1. Bei jedem Neustart des PCs wird nach dem Ablauf der Selbsttests automatisch der Bootmanager aktiv.

2. Er ermöglicht Ihnen für einige Sekunden die Auswahl des zu startenden Betriebssystems. Wenn Sie in dieser Phase nichts unternehmen, wird automatisch das aktuelle Windows (der oberste Eintrag) gestartet.

3. Wird die Startauswahl angezeigt, verwenden Sie die Pfeiltasten und ⏎ oder die Maus, um z. B. die alternative Startoption *Windows 7* auszuwählen. Bei einem Gerät mit Touchscreen können Sie aber auch an dieser Stelle schon mit dem Finger tippen.

So startet das häufiger genutzte Betriebssystem standardmäßig

Wenn Sie bei einer Parallelinstallation üblicherweise Ihr „altes" Windows und nur hin und wieder das neue Windows verwenden wollen, ist die Auswahl im Bootmanager auf Dauer etwas umständlich. Sie können aber das Verhalten des Windows-Bootmanagers umkehren, sodass er standardmäßig Ihre vorhandene Installation hochfährt und das neuere Windows nur auf ausdrücklichen Wunsch startet. Diese Einstellung können Sie direkt im Bootmanager vornehmen.

1. Wenn der Bootmanager angezeigt wird, wählen Sie ganz unten die etwas unscheinbare Zeile *Standardeinstellungen ändern oder andere Optionen auswählen* mit der Maus oder den Pfeiltasten aus.

2. Wählen Sie im anschließenden Menü den Punkt *Standardbetriebssystem auswählen*.

3. Damit gelangen Sie zu einer Liste aller installierten Windows-Versionen, in der Sie diejenige auswählen, die standardmäßig gestartet werden soll.

4. Zurück im Optionsmenü, können Sie mit *Timer ändern* bei Bedarf auch die Zeit anpassen, die der Bootmanager auf eine Eingabe wartet, bevor er das Standard-
system hochfährt. Hier stehen allerdings nur die drei Varianten *5 Minuten*, *30* oder
5 Sekunden zur Auswahl.

TIPP ☑ Auswahlzeit genauer einstellen

Im Bootmanager haben Sie nur drei feste Optionen für die Startzeit zur Auswahl. Wenn
Ihnen das nicht reicht, gehen Sie den von früheren Windows-Versionen bekannten Weg
über die klassische Systemsteuerung. Wählen Sie dort bei *System* links *Erweiterte Systemeinstellungen* und klicken Sie darin in der Kategorie *Erweitert* im Bereich *Starten und
Wiederherstellen* auf *Einstellungen*. Hier können Sie die gewünschte Zeit nach wie vor
sekundengenau einstellen.

5. Um die Einstellungen zu verlassen, wählen Sie *Weitere Optionen auswählen* und *Fortsetzen*. Dann aktiviert der Bootmanager das gerade frisch eingestellte Standardbetriebssystem.

TIPP ☑ Zurück im Bootmanager

Da man es leicht übersehen kann, beachten Sie diesen Hinweis: Im grafischen Bootmanager gibt es eine Zurück-Funktion, mit der Sie jederzeit zur nächsthöheren Menüebene zurücknavigieren können. Klicken bzw. tippen Sie dazu links oben auf das Pfeilsymbol oder verwenden Sie die [Entf]-Taste Ihrer Tastatur.

Startprobleme beim älteren Windows nach einer Parallelinstallation beheben

Windows 10 lässt sich recht unkompliziert und zuverlässig parallel zu einem vorhandenen Windows installieren. Der Bootmanager sorgt dafür, dass beide Versionen friedlich nebeneinander existieren und Sie beim Start jeweils diejenige auswählen können, mit der Sie gerade arbeiten möchten. Sollte es nach der Installation zu Startproblemen mit dem vorhandenen Windows (z. B. Windows 7) kommen, sind wahrscheinlich die Startinformationen auf dem Laufwerk verloren gegangen oder durcheinandergekommen. Das lässt sich recht schnell beheben.

1. Legen Sie die Installations-DVD der älteren Windows-Version (also Windows 7 oder 8) ein und starten Sie den PC neu. Wenn die Startpartition beschädigt ist, sollte er ohnehin von der DVD starten. Andernfalls müssen Sie gegebenenfalls mithilfe des BIOS dafür sorgen, dass der Rechner von der DVD bootet.

2. Warten Sie, bis das Fenster mit den Installationseinstellungen angezeigt wird, und klicken Sie dann im Fenster unten rechts auf *Weiter*.

3. Klicken Sie im nächsten Schritt anstelle von *Jetzt installieren* unten links auf *Computerreparaturoptionen*.

4. Die Starthilfe ermittelt die vorhandenen Windows-Installationen. In der Regel ist es nur eine, die automatisch ausgewählt wird. Ansonsten markieren Sie die Windows-7-Installation, die Sie reparieren wollen.

5. Das System führt nun automatisch eine *Systemstartreparatur* durch, um mögliche Probleme zu ermitteln und gegebenenfalls zu beheben, die einen ordnungsgemäßen Systemstart verhindern. Diese Analyse kann durchaus eine Weile dauern. Liegen typische Startprobleme vor, werden sie oft schon in dieser Phase erkannt und behoben.

6. Anschließend präsentiert Windows seine Ergebnisse. Optimalerweise sollte hier *Die Starthilfe hat kein Problem erkannt.* stehen. Dann sind Startkonfiguration und Systempartition in Ordnung und keine weiteren Maßnahmen erforderlich.

7. Hat der Assistent Probleme erkannt und gegebenenfalls automatisch repariert, werden Sie darüber informiert. Meist ist ein Neustart des Systems erforderlich, um die Reparatur abzuschließen. Zuvor können Sie sich aber mit *Diagnose- und Reparaturdetails anzeigen* das Protokoll der Reparatur auf den Bildschirm holen. So erfahren Sie, welches konkrete Problem den Start beeinträchtigt hat.

36.7 Nach der Installation: erster Start und schneller Systemcheck

Nach der Installation startet Windows zum ersten Mal ganz regulär. Das ist die Gelegenheit, gleich ein paar wesentliche Dinge zu überprüfen: Läuft das System mit den optimalen Einstellungen? Wurde sämtliche Hardware korrekt erkannt? Gibt es schon wichtige Updates? Das ist auch eine gute Gelegenheit, sich mit einigen Änderungen und neuen Wegen z. B. in der klassischen Systemsteuerung vertraut zu machen.

Alles im Bild? – Bildschirmauflösung optimieren

Bei der Installation versucht Windows automatisch, die vorhandene Grafikhardware und den angeschlossenen Monitor zu erkennen und die Bildschirmauflösung entsprechend einzustellen. Allerdings ist das Ergebnis nicht immer optimal. Am besten überprüfen Sie die Einstellungen gleich nach der Installation und passen sie gegebenenfalls an:

1. Drücken Sie ⊞+Ⓓ, um den klassischen Desktop anzuzeigen.

2. Klicken Sie mit der rechten Maustaste auf eine freie Stelle des Desktops und wählen Sie im Kontextmenü den Befehl *Anzeigeeinstellungen*.

3. Klicken Sie im anschließenden Dialog der Einstellungen ganz unten auf den Link *Erweiterte Anzeigeeinstellungen*.

4. Damit gelangen Sie in das Menü für Anzeige und Bildschirmauflösung. Das Feld *Auflösung* verrät, in welchem Modus der Bildschirm derzeit betrieben wird. Dieser sollte der optimalen Auflösung des Gerätes entsprechen. In der Regel wird diese auch mit dem Hinweis *(empfohlen)* ergänzt. Andernfalls können Sie mit dem Auswahlfeld eine andere Auflösung einstellen.

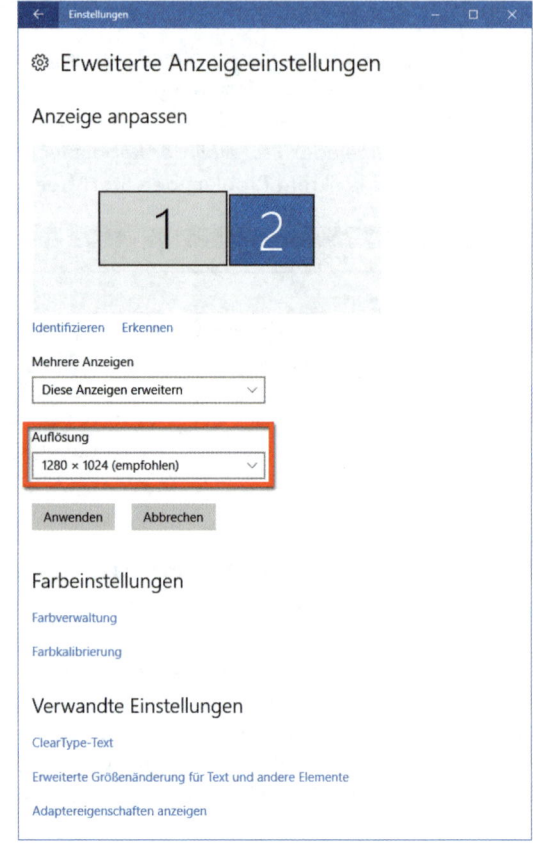

5. Sollten mehrere Bildschirme angeschlossen sein, lässt sich auch gleich der Multimonitorbetrieb konfigurieren. Dazu können Sie das Symbol des zweiten Bildschirms einfach an die Stelle ziehen, wo er in Wirklichkeit in Relation zum Hauptmonitor angeordnet ist.

6. Sollten weitere Einstellungen wie etwa die Bildwiederholfrequenz nicht auf Anhieb passen, öffnen Sie mit einem Klick auf *Adaptereigenschaften anzeigen* ein weiterführendes Menü für Grafikkarte, Monitor, Farbverwaltung etc.

HINWEIS ⊵ Optimale Auflösung nicht verfügbar?

Wenn Sie nur zwischen wenigen Standardauflösungen wählen können und die bislang gewohnte Bildschirmauflösung nicht dabei ist, liegt das in der Regel daran, dass Windows keine passenden Treiber für Ihre Grafikhardware finden konnte und deshalb einen Standardtreiber mit eingeschränkten Fähigkeiten gewählt hat. Das ist z. B. oft bei

Notebook/Tablets mit speziellerer Hardware der Fall. Im Geräte-Manager können Sie das schnell überprüfen (siehe Seite 821). Dann sollten Sie erst mal die passenden Treiber vom PC-Hersteller herunterladen und installieren. Wenn Sie über eine Treiber-CD verfügen, können Sie meist auch diese verwenden, allerdings dürften der Versionsstand in der Regel veraltet sein, sodass sich dies nur als vorübergehende Notfallmaßnahme empfiehlt.

Schnelle Bestandsaufnahme: Läuft alles rund bei Ihrem Windows?

Direkt nach der erfolgreichen Installation bzw. nach der Inbetriebnahme eines neuen Windows-PCs empfiehlt sich eine kurze Bestandsaufnahme: Laufen die wesentlichen Funktionen richtig, und sind insbesondere die sicherheitsrelevanten Einstellungen korrekt gewählt? So verschaffen Sie sich einen schnellen Überblick und erkennen rechtzeitig potenzielle Probleme, die Ihnen früher oder später Schwierigkeiten bereiten könnten.

Der Weg zur Systemsteuerung

Obwohl immer mehr Konfigurationsoptionen in die modernen *Einstellungen* wandern, hat auch die klassische Systemsteuerung weiterhin ihre Berechtigung. Altgediente Windows-Anwender kommen damit vermutlich sogar immer noch schneller zum Ziel. So starten Sie sie am schnellsten:

1. Tippen Sie im Startmenü die Buchstaben *sys* ein.

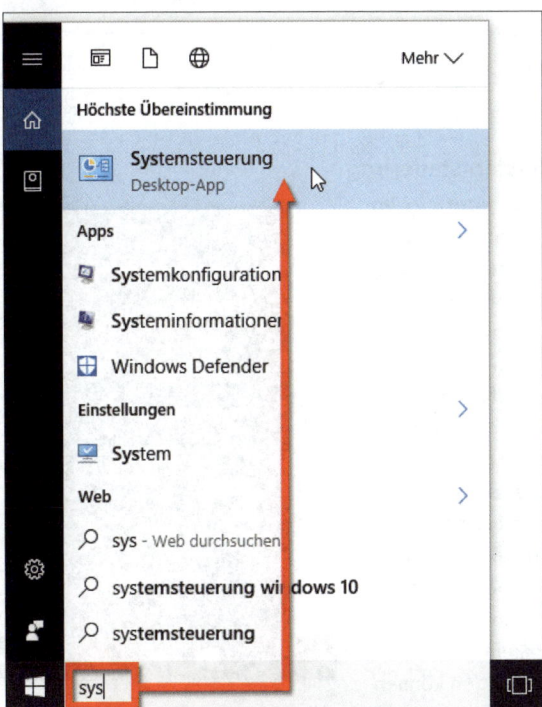

2. In der Liste sehen Sie dann verschiedene Programme, Einstellungen und Suchbegriffe, deren Name mit diesen Buchstaben beginnt. Ganz oben sollte die Systemsteuerung aufgeführt sein. Klicken Sie darauf bzw. drücken Sie einfach ⏎, wenn dieser Listeneintrag ausgewählt ist.

3. Damit öffnen Sie die klassische Systemsteuerung, wie Sie Ihnen von früheren Windows-Versionen bekannt sein dürfte. Hierin haben Sie immer auf die meisten Einstellungen und Details Zugriff.

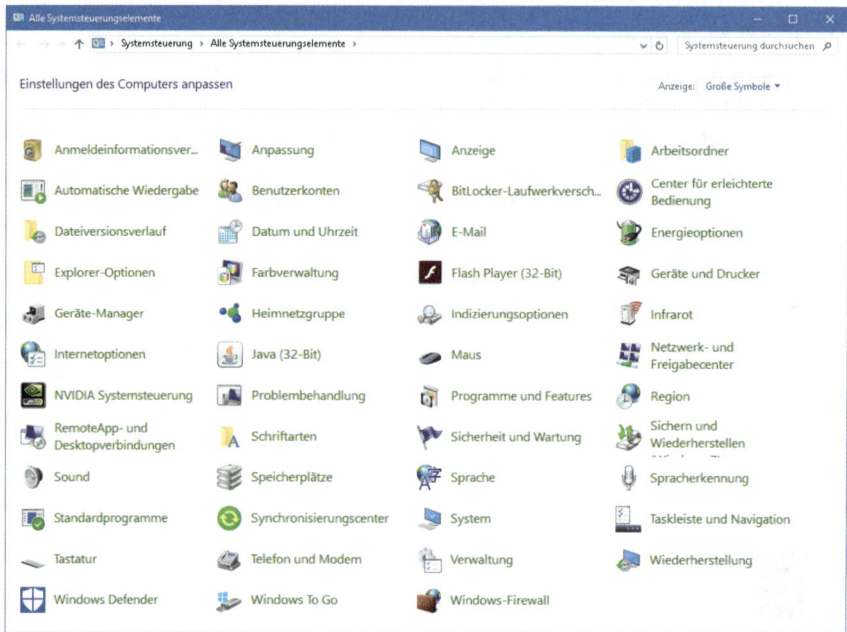

TIPP ☑ Kurzer Weg zur Systemsteuerung

Ein guter Ersatz für die Systemsteuerung im Startmenü ist ein Symbol dafür in der Startleiste. Wenn Sie die klassische Systemsteuerung wie vorangehend beschrieben geöffnet haben, klicken Sie unten in der Startleiste mit der rechten Maustaste auf das dann aktive Symbol. Wählen Sie im Kontextmenü den Befehl *An Taskleiste anheften*, um das Symbol der klassischen Systemsteuerung dauerhaft in der Startleiste zu verankern. So lassen sich die Einstellungen jederzeit schnell erreichen. Wenn Sie das Symbol mit der rechten Maustaste anklicken, finden Sie im Bereich *Zuletzt verwendet* sogar eine Liste der zuletzt geöffneten Einstellungen, sodass Sie schnell direkt dorthin zurückkehren können. Besonders häufig benutzte Einstellungen können Sie auch im Kontextmenü des Symbols anpinnen.

Alles richtig erkannt? – Schneller Hardwarecheck mit dem Geräte-Manager

Auch im aktuellen Windows verrichtet noch immer der bewährte Geräte-Manager seinen Dienst. Er verwaltet die vorhandenen Hardwarekomponenten und deren Treiber und erlaubt schnellen Einblick in die Hardwarekonfiguration. So können Sie auf einen Blick erkennen, ob es mit irgendwelchen Komponenten Probleme gibt.

1. Öffnen Sie die Systemeinstellungen und rufen Sie dort die Kategorie *Hardware und Sound* auf. Darin finden Sie unter dem Stichpunkt *Geräte und Drucker* den Eintrag *Geräte-Manager*.

2. Alternativ können Sie den Geräte-Manager in der Symbol-Übersicht (auf der Startseite der klassischen Systemsteuerung oben rechts bei *Anzeige* die Einstellung *Große Symbole* wählen) direkt aufrufen.

3. Der Geräte-Manager unterteilt die vorhandenen Hardwarekomponenten in verschiedene Rubriken, die ähnlich wie die Ordner und Dateien im Windows-Explorer dargestellt werden. Mit einem Klick auf das Plussymbol einer der Rubriken öffnen Sie diese, und die darin enthaltenen Komponenten werden angezeigt.

4. Wollen Sie ein einzelnes Gerät unter die Lupe nehmen, doppelklicken Sie darauf. Der Geräte-Manager zeigt dann die Eigenschaften dieses Gerätes an. Diese verraten Ihnen alle Informationen zu diesem Gerät und seinen Treibern.

5. In der Regel erkennt Windows automatisch, wenn ein bestimmtes Gerät nicht ordnungsgemäß arbeitet. Dann öffnet der Geräte-Manager die entsprechende Rubrik beim Öffnen automatisch und markiert das fragliche Gerät mit einem farbigen Symbol. So können Sie schnell erkennen, ob und mit welcher Komponente Probleme vorliegen.

Die meiste Hardware wird von Windows bei der Installation automatisch erkannt, und die notwendigen Treiber werden – soweit vorhanden – eingebunden. Gegebenenfalls beschafft Windows die erforderlichen Treiber per Windows Update. Alternativ sollten

Sie auf der Website des Geräteherstellers nachschauen, ob dieser bereits aktuellere Treiber bereitstellt.

Schotten dicht? – Den Sicherheitsstatus des PCs kontrollieren

Sicherheit spielt auch beim aktuellen Windows eine große Rolle. Und das ist auch richtig so, denn die meisten Windows-PCs dürften mehr oder weniger ständig mit dem Internet verbunden und so entsprechenden Gefahren ausgesetzt sein. Wichtig ist dabei, dass die verschiedenen Schutzfunktionen auch eingeschaltet und aktiviert sind. Windows weist die Anwender früher oder später automatisch darauf hin, wenn wichtige Sicherheitsfunktionen deaktiviert oder ungünstig konfiguriert sind. Mit einem Blick in den System- steuerungsbereich *Sicherheit und Wartung* können Sie sich aber jederzeit selbst einen Überblick verschaffen.

Wählen Sie dazu in der Kategorieansicht der klassischen Systemsteuerung unter *System und Sicherheit* den Eintrag *Status des Computers überprüfen*.

Alternativ finden Sie in der Symbolübersicht direkt den Eintrag *Sicherheit und Wartung*.

Da Windows für alle Bereiche Schutzkomponenten mitbringt, sollte es direkt nach der In- stallation keine Sicherheitswarnungen geben. Eventuell sind die Malwaresignaturen nicht auf dem neuesten Stand, aber das erledigt sich automatisch per Windows Update. Im Bereich *Wartung* ist ein Hinweis auf fehlende Sicherungseinstellungen nicht beunruhi- gend. Hier gibt Windows erst Ruhe, wenn Sie eine regelmäßige Sicherung konfiguriert haben (oder diese Art von Warnung deaktivieren).

Keine Sicherheitsprobleme, nur ein Hinweis auf die Sicherungseinstellungen – so sollte sich Windows nach der Installation präsentieren.

Alles aktuell? – Wichtige Sicherheitsupdates gleich einspielen

Ein wichtiges Element der Sicherheitsstrategie von Windows sind regelmäßige Updates. Auf diesem Weg werden zwar Fehlerkorrekturen und Optimierungen für alle Bereiche des Betriebssystems verteilt, aber die Sicherheitsupdates stehen dabei eindeutig im Fokus. Wenn Schwachstellen bekannt werden, behebt Microsoft diese (mehr oder weniger) schnell und stellt entsprechende Aktualisierungen bereit, die Windows automatisch herunterlädt und installiert. Allerdings kann das automatische Update einige Zeit dauern, da Windows dem Datenverkehr hierfür keine besondere Priorität einräumt. Durch andere Downloads, Surfen oder Onlinevideos können sich wichtige Updates folglich verzögern. Nach der Installation ist es daher sinnvoll, ganz bewusst ein Update durchzuführen. Eventuell liegen dann schon welche vor, die gerade auch für die Sicherheit relevant sind.

1. Um sich über Updates zu informieren, rufen Sie in den Einstellungen den Bereich *Update und Sicherheit*/*Windows Update* auf. Die Einstellungen erreichen Sie schnell, wenn Sie mit dem Benachrichtigungssymbol unten rechts im Infobereich das Info-Center öffnen und dort die Schaltfläche *Alle Einstellungen* anklicken.

2. Hier können Sie zunächst den Update-Status Ihres Systems nachlesen: ob es auf dem neuesten Stand ist und wann dies zuletzt überprüft wurde. Ist das nicht gerade erst wenige Minuten her, sollten Sie zur Sicherheit auf *Nach Updates suchen* klicken.

3. Windows ruft dann bei Microsoft Informationen über aktuelle Updates ab und zeigt anschließend an, ob neue Updates für Ihr System verfügbar sind.

> **Windows Update**
> • • • • •
> Es wird nach Updates gesucht...

4. Ist das der Fall, werden diese Updates heruntergeladen und installiert. Bei einigen Aktualisierungen ist anschließend ein Neustart des Systems erforderlich. Darauf weist Windows Sie aber gegebenenfalls deutlich hin. Andernfalls können Sie nach erfolgreicher Aktualisierung einfach weiterarbeiten.

Diese manuelle Variante der Aktualisierung müssen Sie nun nicht mehr ständig durchführen. Standardmäßig erledigt Windows die Update-Aufgaben vollautomatisch.

Gute Verbindung? – Den Zugang zu Internet und Netzwerk prüfen

Für die meisten Windows-PCs dürfte ein Internetzugang selbstverständlich sein. Die gute Nachricht dabei: Gängige Netzwerkkonstellationen wie eine Internetverbindung per DSL-Router oder -Modem erkennt Windows bei der Installation automatisch und richtet sich entsprechend ein. Auch für eine Drahtlosverbindung braucht man lediglich während der Installation ein WLAN-Netzwerk auszuwählen und das Kennwort anzugeben.

In diesen Fällen haben Sie also schon beim ersten Start direkt einen funktionsfähigen Internetzugang und können sofort loslegen. Der einfachste Test dafür ist, im Webbrowser eine Webseite Ihrer Wahl zu öffnen. Wird diese angezeigt, klappt es offenbar mit dem Internet. Wollen Sie es etwas genauer wissen, können Sie sich jederzeit über den Status der Netzwerkverbindungen informieren.

1. Zu diesem Zweck eignet sich am besten das Netzwerksymbol im Infobereich rechts unten in der

   Startleiste. Dieses verrät schon durch sein Aussehen den Netzwerkstatus. Bei einem Kabelnetzwerk zeigt es einen Monitor mit einem Stecker, bei einer WLAN-Verbindung ein Symbol für die Empfangsstärke. Ist eines dieser Symbole ohne Ergänzungen zu sehen, ist alles in bester Ordnung.

2. Sollte ein solches Symbol hingegen mit einem gelben Warnzeichen oder einem roten Kreuz versehen sein, liegt etwas im Argen, und Sie sollten genauer hinsehen.

3. Ausführlichere Informationen erhalten Sie, wenn Sie mit der rechten Maustaste auf das Symbol klicken und im dadurch geöffneten Kontextmenü *Netzwerk- und Freigabecenter öffnen* auswählen.

4. Im Netzwerk- und Freigabecenter sehen Sie ganz oben die aktive Netzwerkverbindung Ihres PCs. Üblicherweise sollte der *Zugriffstyp* auf *Internet* stehen, dann ist Ihr PC mit dem Internet verbunden.

5. Sollte es Probleme mit der Verbindung geben, klicken Sie einfach mal unten auf *Probleme beheben.* Damit starten Sie den Problemlösungsassistenten für Netzwerkeinstellungen, der viele typische Probleme eigenständig erkennen und beheben kann.

36.8 Wechsel von der Home- zur Pro-Edition

Windows wird für Privatanwender in der einfachen Home- und in der Pro-Edition verkauft. Die Home-Variante ist für den typischen Heimanwender durchaus ausreichend. Etwas ambitioniertere Anwender werden aber einige der Pro-Funktionen wie BitLocker-Verschlüsselung, Gruppenrichtlinien, Remote Desktop oder das Verzögern von Updates vermissen (mehr zu den Unterschieden auf Seite 783). Gerade günstige Komplett-PCs werden häufig mit der Home-Edition ausgeliefert, weil das für die Hersteller billiger ist. Wenn Ihnen Funktionen fehlen, bleibt nur der Wechsel zur höherwertigen Pro-Edition.

Das ist auch kein Problem, denn die Daten dafür wurden ohnehin bereits installiert. Bei Bedarf können Sie Ihr Windows Home also jederzeit in ein Windows Pro umwandeln. Die notwendige Lizenz können Sie direkt im Windows Store erwerben.

1. Öffnen Sie in den *Einstellungen* die Rubrik *Update und Sicherheit/Aktivierung.*

2. Klicken Sie in der rechten Hälfte unten auf *Zum Store wechseln.*

3. Damit gelangen Sie zu einer speziellen Seite des Windows Store, die über die App normalerweise nicht direkt geöffnet werden kann. Wählen Sie hier das Upgrade auf die Pro-Edition und erledigen Sie die „Formalitäten".

4. Sollten Sie über einen Produktschlüssel für die Pro-Edition verfügen, der noch auf keinem PC im Einsatz ist, können Sie auch diesen verwenden. Klicken Sie dazu auf den Link *Ich verfüge über einen Windows 10 Pro-Produkt Key* und geben Sie den Schlüssel ein.

Upgrade direkt per Product Key

Die vorangehend beschriebene Methode funktioniert nur in Verbindung mit einem Microsoft-Konto. Es gibt aber eine weitere Möglichkeit, die ohne diese Voraussetzung auskommt. Denn es muss nicht unbedingt ein spezieller Upgrade-Schlüssel von Home zu Pro sein. Sie können einen beliebigen Product Key für die Pro-Edition für das Upgrade verwenden. Nutzen Sie dazu die Schaltfläche *Product Key ändern* (siehe vorangehende Anleitung) und geben Sie diesen Schlüssel ein. Windows aktualisiert sich dann automatisch auf die Pro-Edition, was nur wenige Minuten dauert. Ihre Programme, Dateien und Einstellungen bleiben dabei erhalten.

Kapitel 37

37. Schneller Umzug zum neuen Windows

Der Wechsel von einem Betriebssystem zum anderen ist immer mit vielen Umständen verbunden. Es dauert lange, bis alles wieder so eingestellt und eingerichtet ist, wie man es gewohnt war. Damit Sie auf Ihrem PC schnell wieder Ihre gewohnte Arbeitsumgebung herstellen können, zeige ich Ihnen hier, wie Sie Ihre mühsam erarbeiteten Einstellungen und Daten wie z. B. E-Mail-Postfächer, Konteneinstellungen, Internetfavoriten und Kontaktadressen schnell vom alten PC auf den neuen Windows-Rechner übertragen.

HINWEIS ▷ **Kein EasyTransfer mehr**
Das von früheren Versionen bekannte Microsoft-Programm Windows-EasyTransfer ist für die aktuelle Windows-Version nicht mehr verfügbar. Leider hat Microsoft dieses an sich recht praktische Programm schon mit Windows 8.1 ausgemustert und setzt stattdessen auf die Cloud und das Synchronisieren von Benutzerdaten über ein Microsoft-Konto.

37.1 Komplette Benutzerkonten und persönliche Daten mitnehmen

Um ein Benutzerkonto zum neuen Windows mitzunehmen, gibt es verschiedene Möglichkeiten. Die Universallösung EasyTransfer steht leider nicht mehr zur Verfügung (siehe Hinweis oben), sodass Sie prüfen müssen, welche Variante für Sie infrage kommt.

Windows 7 und 8: Upgrade-Installation

Die einfachste Möglichkeit, vorhandene Konten, Daten und Apps in Windows 10 weiterhin zu nutzen, ist eine Upgrade-Installation von Windows 7 bzw. 8. Dabei bleiben persönliche Einstellungen und Daten weitestgehend erhalten. Die Upgrade-Installation funktioniert aber eben nur, wenn Sie ein vorhandenes Windows auf demselben PC in ein aktuelles umwandeln. Die Vorgehensweise ist auf Seite 789 beschrieben.

Von Windows 8: Migration per Microsoft-Konto

Wenn Sie Daten von einem PC zum anderen mitnehmen möchten, können Sie sich bei Windows 8 (und selbstverständlich auch 8.1) die Synchronisierungsfunktionen eines Microsoft-Kontos zunutze machen. Die Strategie dafür sieht so aus:

1. Wenn Sie auf dem alten PC bislang ein lokales Konto verwenden, wandeln Sie dieses in ein Microsoft-Konto um. Sollten Sie noch kein Microsoft-Konto haben, können Sie für diesen Zweck kostenlos eines anlegen.

2. Legen Sie gegebenenfalls in den *Einstellungen* unter *OneDrive/Synchronisierungseinstellungen* fest, welche Daten synchronisiert werden sollen.

3. Dokumente, die Sie auf dem neuen PC weiternutzen möchten, können Sie im OneDrive-Cloudspeicher sichern. Sollten die Datenbestände sehr umfangreich sein, können Sie aber am besten mit einer lokalen Kopie arbeiten.

4. Geben Sie beim neuen PC am besten direkt bei der Installation dasselbe Microsoft-Konto an. Sie können aber auch hier ein vorhandenes lokales Konto auf dieses Microsoft-Konto umstellen. Die Einstellungen und Apps werden nun auf den neuen PC übernommen. Dokumente lassen sich von OneDrive wieder herunterladen.

5. Anschließend können Sie das Benutzerkonto wieder zu einem lokalen Konto machen, wenn Sie dies bevorzugen.

Versionen vor Windows 7: leider nur über Umwege

Ein Upgrade von Windows Vista oder älter auf das aktuelle Windows ist nicht vorgesehen. Demzufolge lassen sich Benutzerkonten von diesen Windows-Versionen auch nicht einfach übernehmen. Wer von Windows XP oder Vista umsteigen möchte, sollte sich aber Folgendes überlegen:

- Windows 7 und 8 sind Upgrade-berechtigt.
- Vista und Windows XP lassen sich auf Windows 7 bzw. Windows 8 upgraden.
- Lizenzen für Windows 7 und Windows 8 sind günstiger zu bekommen als Lizenzen für das aktuelle Windows.

Daraus lässt sich folgende Strategie ableiten:

1. Erwerben Sie eine Windows-7- und eine Windows-10-Lizenz, beispielsweise eine Systembuilder- oder OEM-Lizenz. Gerade Windows-7-Lizenzen sind mittlerweile sehr günstig zu haben.

2. Aktualisieren Sie Ihr älteres Windows-System zunächst per Upgrade-Installation auf Windows 7.

3. Aktualisieren Sie dann diese Windows-7-Zwischenversion wiederum per Upgrade auf Windows 10.

Das ist zwar einiger Zeit- und Kostenaufwand, aber so können Sie auch Ihr vorhandenes Benutzerkonto mitsamt den persönlichen Daten zu Windows 10 mitnehmen.

Persönliche Ordner und Dateien auf das neue System übertragen

Bei einer Upgrade-Installation (siehe die vorhergehenden Abschnitte) bleiben die persönlichen Ordner und Dateien erhalten. Wenn kein solches Upgrade möglich ist, müssen Sie selbst für das Migrieren Ihrer persönlichen Daten sorgen. Möglicherweise erstellen Sie ja ohnehin Sicherungskopien Ihrer Daten? Dann können Sie diese auch im neuen Windows wieder einspielen.

Ansonsten finden Sie alle Ihre persönlichen Daten unter C:\Users\<Ihr Benutzername>. Alles, was hier liegt, können Sie beispielsweise auf eine externe USB-Festplatte oder einen Netzwerkspeicher kopieren. Nach der Installation des neuen Windows spielen Sie diese Daten einfach wieder zurück. Das macht zwar etwas Mühe, gleichzeitig haben Sie aber eine Sicherheitskopie der Daten, falls bei der Umstellung etwas schiefgehen sollte. Hinweise zum Sichern und Wiederherstellen Ihrer Daten mit Bordmitteln finden Sie ab Seite 400.

37.2 Einstellungen und Daten ganz einfach mit Bordmitteln übernehmen

Wenn es nur darum geht, ganz gezielt bestimmte Einstellungen und Daten vom alten System mit umzuziehen, führen Bordmittel oft schneller, einfacher und direkter zum Ziel. Im Folgenden stelle ich Ihnen einfache Lösungen vor, wie Sie wichtige Einstellungen und Daten wie Favoriten, Kontakte oder E-Mails und Mailkonten ganz einfach von einem zum anderen Windows-PC mitnehmen können.

Die Favoriten vom alten Internet Explorer mitnehmen

Wenn Sie sich mit dem alten Internet Explorer schon eine umfangreiche Favoritensammlung zugelegt haben, möchten Sie mit den Favoriten beim neuen Webbrowser vermutlich nicht gern wieder bei null anfangen. Das ist auch nicht nötig, denn Sie können die gespeicherten Favoriten übernehmen. Speichern Sie zunächst die Favoriten des Internet Explorer in einer Datei:

1. Starten Sie den Internet Explorer unter dem alten Windows und wählen Sie die Menüfunktion *Datei/Importieren und Exportieren*.

2. Klicken Sie auf *Weiter* und wählen Sie dann *In Datei exportieren*.

3. Wählen Sie dann aus, welche Elemente Sie exportieren möchten. Neben den Favoriten können Sie auch Feeds und Cookies zum neuen Windows mitnehmen.

4. Wählen Sie dann den zu exportierenden Favoritenordner aus. Um alle gespeicherten Adressen zu exportieren, belassen Sie es einfach ganz oben bei *Favoriten*. Sie können aber auch einzelne Unterordner der Lesezeichen auswählen.

5. Geben Sie im anschließenden Dialog den Speicherort für die Exportdatei an.

6. Klicken Sie dann unten auf *Weiter* und schließlich auf *Exportieren*, um die Exportdatei zu erstellen. Übertragen Sie diese anschließend zum Windows-8-PC, z. B. per USB-Stick oder CD-R oder auf direktem Weg über ein Netzwerk.

Die gesicherten Favoriten im neuen Windows einlesen

Beim neuen Windows kann der Edge-Browser mit den gesicherten Internet-Explorer-Favoriten erst mal nichts anfangen. Aber der Internet Explorer ist ja noch an Bord. Im ersten Schritt importieren Sie die Favoriten deshalb in den Internet Explorer. Von dort können Sie sie dann in einem zweiten Schritt in den Edge-Browser übernehmen.

1. Starten Sie den Internet Explorer über das Startmenü (unter *Windows-Zubehör*).

2. Blenden Sie im Internet Explorer die Menüzeile ein (z. B. mit ⌈Alt⌋) und wählen Sie *Datei/Importieren und Exportieren*. Wählen Sie im ersten Schritt *Aus Datei importieren*.

3. Wählen Sie dann aus, dass *Favoriten* importiert werden sollen. Für andere Arten von Browserdaten wählen Sie die entsprechende Option.

4. Geben Sie im Dialog mit *Durchsuchen* die Position der gespeicherten Favoritendatei an.

5. Wählen Sie dann, ob die zu importierenden Favoriten in einem bestimmten Lese-zeichenordner eingefügt werden sollen. Mit *Favoriten* werden sie einfach mit in den Hauptordner integriert.

6. Klicken Sie unten auf *Importieren* und schließlich auf *Fertig stellen*, um die Übernah-me der Favoriten abzuschließen. Sie können den Internet Explorer nun schließen.

Die Internet-Explorer-Favoriten in den Edge-Browser übernehmen

Nun brauchen Sie die im Internet Explorer „zwischengespeicherten" Favoriten nur noch in den Edge-Browser zu übernehmen:

1. Starten Sie den Edge-Browser und öffnen Sie den Hub.

2. Wechseln Sie darin in die Rubrik *Favoriten* und klicken Sie dort oben rechts auf *Favoriten importieren*. Sollten Sie bereits einmal Favoriten importiert haben, steht hier statt-dessen *Einstellungen*, was Sie ge-nauso verwenden können.

3. Aktivieren Sie im anschließenden Dia-log im Abschnitt *Favoriten importieren* die Option *Internet Explorer* (oder auch einen der anderen Browser) und klicken Sie dann auf *Importieren*.

4. Der Edge-Browser liest nun die Favori-ten des anderen Webbrowsers ein und übernimmt sie dauerhaft in seine eige-ne Sammlung. Sie finden sie in einem Unterordner namens *Importiert aus …*

Die alte Mailbox bei Windows Live Mail weiterverwenden

Outlook Express bzw. Windows Mail speichert E-Mail-Nachrichten in einem anderen Format als Windows Live Mail. Ein einfaches „Übernehmen" der Maildateien ist deshalb nicht möglich. Sie können die alten Maildaten aber in Windows Live Mail importieren. Dazu müssen Sie zunächst die Mailordner im alten Windows lokalisieren und die darin enthaltenen Dateien auf das neue System übertragen.

Ich zeige die Vorgehensweise am Beispiel von Outlook Express unter Windows XP; bei neueren Windows-Versionen und Windows Mail funktioniert es entsprechend.

1. Starten Sie Outlook Express und rufen Sie die Menüfunktion *Extras/Optionen* auf.

2. Wechseln Sie dort zur Registerkarte *Wartung*.

3. Klicken Sie hier unten rechts auf die Schaltfläche *Speicherordner*.

4. Im anschließenden Dialog sehen Sie den exakten Pfad des Ordners, in dem Outlook Express Ihre Mailordner und Nachrichten speichert.

5. Markieren Sie diese Zeile mit der Maus und drücken Sie [Strg]+[C], um den Pfad in der Zwischenablage zu speichern.

6. Brechen Sie dann die Einstellungs-dialoge ab und beenden Sie Outlook Express.

7. Öffnen Sie mit *Start/Ausführen* den *Ausführen*-Dialog und fügen Sie den Pfad aus der Zwischenablage hier mit [Strg]+[V] ein. Klicken Sie dann auf *OK*.

8. Damit öffnen Sie im Windows-Explorer exakt den Ordner mit Ihren Outlook-Express-Nachrichten.

Transferieren Sie den Inhalt dieses Ordners auf das neue System, z. B. durch das Sichern der Dateien auf einem USB-Stick oder das Übertragen via Netzwerk. Der Umfang der Dateien hängt davon ab, wie viele Nachrichten Sie unter Outlook Express gespeichert haben.

Nachrichten und Konten von einem Windows Live Mail zum anderen übertragen

Wenn Sie unter Ihrem alten Windows bereits mit Windows Live Mail gearbeitet haben, können Sie alle Ihre dort gesammelten Nachrichten und Mailkonten komfortabel zum neuen Windows umziehen und dort nahtlos weiterverwenden.

1. Klicken Sie im „alten" Windows Live Mail im Startmenü auf *E-Mail exportieren* und dann auf *E-Mails*.

2. Wählen Sie im nächsten Schritt *Microsoft Windows Live Mail* als Zielformat aus.

3. Geben Sie dann den Ordner an, in dem Sie Ihre Mails für den Transfer zwischenspeichern möchten. Klicken Sie auf *Weiter*.

4. Nun können Sie noch exakt die Ordner auswählen, die transferiert werden sollen. Mit *Alle Ordner* erwischen Sie alle Nachrichten einschließlich der gelöschten, der Entwürfe etc. Alternativ klicken Sie auf *Ausgewählte Ordner* und markieren dann nur die Postfächer, die gespeichert werden sollen.

5. Mit einem Klick auf *Weiter* werden die Exportdaten dann auch schon erstellt.

Auf die gleiche Weise können Sie ebenfalls Ihre E-Mail-Konten übertragen, wenn Sie zu Beginn im Startmenü von Windows Live Mail *E-Mail exportieren/Konto* wählen.

Gesicherte Mailboxen in Windows Live Mail weiterverwenden

Da Windows Live Mail ein eigenes anderes Format zum Speichern von E-Mails verwendet, ist es mit einem einfachen Kopieren der Mailbox-Dateien nicht getan. Allerdings verfügt Windows Live Mail über eine Importfunktion. Diese kann Nachrichten im eigenen Format, aber auch im Format der „Vorgänger" Outlook Express und Windows Mail und in seine eigenen Mailordner einfügen.

1. Starten Sie Windows Live Mail und rufen Sie die Menüfunktion *Datei/Nachrichten importieren* auf.

2. Wählen Sie im ersten Schritt des Importdialogs das Format aus, in dem Ihre gesicherten Nachrichten vorliegen.

3. Klicken Sie dann auf *Durchsuchen* und navigieren Sie im Auswahldialog zu dem gespeicherten Outlook-Express-Ordner mit den Mailbox-Dateien. Klicken Sie unten auf *OK*, um den Auswahldialog zu beenden und zum Import-Assistenten zurückzukehren.

4. Im nächsten Schritt zeigt Ihnen der Assistent die Mailordner an, die in den gespeicherten Outlook-Express-Daten enthalten sind. Sie können nun wählen, ob Sie alle Ordner oder nur ausgewählte Ordner in Windows Live Mail einfügen wollen. Im letzteren Fall markieren Sie im Auswahlfeld alle Nachrichtenordner, die Sie transferieren wollen. Dies gibt Ihnen die Gelegenheit, womöglich nicht benötigte Ordner wie *Entwürfe* oder *Gelöschte Objekte* gleich loszuwerden.

5. Klicken Sie dann unten auf *Weiter*, um den eigentlichen Importvorgang zu beginnen. Dieser kann je nach Umfang der Nachrichtenordner ein wenig dauern. Schließen Sie den Assistenten nach Abschluss mit *Fertig stellen*.

6. Wenn Sie nun Windows Mail starten, finden Sie Ihre alten Outlook-Express-Mailordner direkt in der Ordnerliste wieder. Hier sind sie zunächst unter *Importierte Ordner* zusammengefasst. Sie können die Mailboxen nun aber auch an beliebige andere Stellen Ihrer Mailordnerstruktur verschieben und genauso wie die Original-Nachrichtenordner von Windows Live Mail verwenden.

E-Mail-Konteneinstellungen vom alten Mailprogramm übernehmen

Neben den Nachrichten gehören die E-Mail-Konten zu den wichtigsten Aspekten bei der elektronischen Briefpost. Freilich können Sie die Zugangsdaten zu Ihrem Postfach bei Windows Live Mail auch wieder von Hand einrichten. Aber womöglich haben Sie gerade nicht mehr alle Angaben zur Hand. Außerdem ist das Übertragen der Daten komfortabler und weniger fehleranfällig.

1. Öffnen Sie im alten Mailprogramm die Konten-Einstellungen und wählen Sie hier das E-Mail-Konto aus, das Sie transferieren wollen.

2. Klicken Sie dann auf die Schaltfläche *Exportieren*.

3. Geben Sie einen Namen und einen Speicherort für die Datei mit den Kontoeinstellungen an und speichern Sie diese. Transferieren Sie diese Datei auf das neue System.

4. Starten Sie dort Windows Live Mail und öffnen Sie hier mit *Datei/Optionen/E-Mail-Konten* die Kontoeinstellungen.

5. Klicken Sie rechts auf die *Importieren*-Schaltfläche.

6. Geben Sie im anschließenden Dialog den Speicherort der Datei mit den Kontoeinstellungen an und öffnen Sie diese.

7. Direkt im Anschluss finden Sie das importierte Konto in den Kontoeinstellungen von Windows Live Mail vor. Sollte beim Importieren eine unpassende Bezeichnung für das Konto ausgewählt werden, können Sie das schnell ändern, indem Sie die Einstellungen mit einem Doppelklick öffnen und die Bezeichnung auf der Registerkarte *Allgemein* ändern.

Auf diese Weise können Sie alle E-Mail-Konten nach Windows Live Mail übertragen. Leider muss der Vorgang auch bei mehreren E-Mail-Konten für jedes Konto einzeln durchgeführt werden. Sie können aber zunächst mit Outlook Express bzw. Windows Mail alle Konten jeweils in eine eigene Datei speichern und dann alle diese Dateien nacheinander in Windows Live Mail importieren.

Importieren Sie Mail-Kontakte ins neue System

Wenn Sie bereits zahlreiche Mailadressen auf einem alten Rechner gesammelt haben, möchten Sie diese sicherlich gern im neuen Windows weiternutzen. Windows Live Mail verfügt dafür über eine Export- und Importfunktion.

HINWEIS ▷ Kontakte online synchronisieren

Wenn Sie bislang schon Windows Live Mail verwendet und mit einem Microsoft-Konto verknüpft haben, werden Ihre Kontakte ohnehin automatisch mit dem Microsoft-Server synchronisiert. In diesem Fall brauchen Sie nur Windows Live Mail oder auch eine andere App mit demselben Microsoft-Konto zu verbinden. Nach dem ersten Synchronisieren liegen Ihre Kontakte dann sofort wieder vor. Der Vorteil dieser Vorgehensweise ist überdies, dass die mit dem Microsoft-Konto verbundenen Daten automatisch auch in anderen Apps vorliegen, etwa in der Kontakte- und der Mail-App.

Der erste Schritt für die Adressdatenübernahme ist das Exportieren des Adressbuches in eine kompakte Datei, die Sie auf das neue System übertragen können.

1. Starten Sie auf dem alten PC Windows Live Mail und wechseln Sie unten rechts zu den Kontakten.

2. Wählen Sie dann oben in der Multifunktionsleiste im Bereich *Extras* das Symbol *Exportieren* und in dessen Untermenü *Kommagetrennte Werte (.CSV)*.

3. Geben Sie im anschließenden Dialog einen Dateinamen und einen Speicherort für die Exportdatei an und klicken Sie auf *Speichern*.

4. Nun können Sie noch wählen, welche Informationen genau exportiert werden sollen. In der Regel können Sie hier aber einfach die Standardeinstellungen beibehalten.

5. Die Exportdatei wird nun am gewählten Speicherort erstellt. Übertragen Sie diese beispielsweise per USB-Stick auf Ihr neues System.

Haben Sie die Adressbuchdatei auf das Zielsystem übertragen, können Sie die Adressen dort wieder in Windows Live Mail übernehmen:

1. Öffnen Sie auch hier wie beschrieben Kontakte und wählen Sie in der Symbolleiste diesmal die *Importieren*-Schaltfläche. Wichtig: Die Auswahl des Formats muss zur erstellten Exportdatei passen. Für den Transfer von Windows Live Mail zu Windows Live Mail also wieder *Kommagetrennte Werte (.CSV)*. Haben Sie bei einer älteren Windows-Version das Adressbuch als WAB-Datei exportiert, können Sie dieses auch hier einlesen.

2. Wählen Sie im anschließenden Dialog die Exportdatei beispielsweise auf einem USB-Stick aus, in der Sie die Adressen des alten Systems gespeichert hatten.

3. Auch beim Import können Sie die einzulesenden Datenfelder gegebenenfalls anpassen. In der Regel sollte das aber nicht notwendig sein. Klicken Sie also einfach auf *Fertig stellen*.

4. Die Daten werden dann eingelesen und verarbeitet. Anschließend stehen Ihnen die alten Kontakte im neuen Windows wieder zur Verfügung.

HINWEIS ⊠ **Adressdaten von beliebigen Anwendungen importieren**

Wenn Sie bislang ein anderes Programm zum Adressensammeln verwendet haben, können Sie über dessen Exportfunktion ebenfalls eine Adressdatei erstellen. Das CSV-Format, in dem die Adressen in einer einfachen Textdatei, durch Kommata getrennt, gespeichert werden, ist der kleinste gemeinsame Nenner, den die meisten Programme beherrschen. Alternativ bietet sich auch das VCF-Format an, mit dem Sie einzelne Adressen in Form einer virtuellen Visitenkarte speichern und in die Kontakte einfügen können. Der Import in Windows Live Mail kann wie vorangehend beschrieben erfolgen.

37.3 Daten und Einstellungen von Firefox, Thunderbird und Co. transferieren

Wenn Sie Anhänger der Open-Source-Programme rund um Firefox und Thunderbird sind, steht Ihnen für den Transfer von Benutzerdaten das Tool MozBackup zur Verfügung. Es erlaubt Ihnen, Daten und Einstellungen des beliebten Webbrowsers Firefox sowie anderer Mozilla-Anwendungen wie Thunderbird, Sunbird, Netscape oder SeaMonkey zu sichern.

Eigentlicher Sinn dieses Programms ist es, Back-ups zu erstellen, die bei Datenverlust wieder eingespielt werden können. Aber auch beim Transferieren der Daten von einem PC zum anderen oder auf ein neues Windows kann das Tool sehr hilfreich sein.

Sicherungen erstellen

MozBackup ist genau wie Firefox und Co. Open-Source-Software. Die offizielle Website für das Tool finden Sie unter mozbackup.jasnapaka.com. Unter mozbackup.jasna paka.com/translations.php gibt es außerdem eine (unter anderem) deutsche Übersetzung der Oberfläche.

Die dort heruntergeladene Datei *Default.lng* braucht nur in das Installationsverzeichnis unter C:*Program Files (x86)**MozBackup* kopiert zu werden, damit das Programm wie hier auf den Abbildungen Deutsch spricht. Für einen Transfer von einem System zu einem anderen muss es auf beiden Systemen installiert sein.

1. Beim Start erkennt MozBackup automatisch, welche Mozilla-Anwendungen auf dem PC installiert sind, und zeigt diese in einer Liste an. Wählen Sie die Anwendung aus, von der Sie eine Sicherung erstellen möchten.

2. Im nächsten Schritt können Sie ggf. ein Profil auswählen, falls mehrere Nutzerprofile für die gewählte Anwendung eingerichtet sind. Ansonsten wählen Sie einfach *default*. Außerdem können Sie einstellen, wo die Sicherungsdatei erstellt werden soll.

3. Aus Sicherheitsgründen bietet Ihnen das Programm dann an, die Sicherung mit einem Passwort zu schützen. Das können Sie tun oder lassen, nur vergessen sollten Sie das festgelegte Passwort keinesfalls, denn für eine spätere Wiederherstellung muss es dann erneut eingetippt werden.

4. Dann zeigt MozBackup an, welche Arten von Daten es bei der gewählten Anwendung sichern kann. Hier können Sie mithilfe der Häkchen festlegen, welche Informationen Sie sichern bzw. transferieren möchten. So sind Verlaufsdaten und Downloadliste bei Firefox vielleicht nicht unbedingt notwendig, Lesezeichen, Cookies und Passwörter können hingegen sehr praktisch sein.

5. Dann geht es auch schon ganz flott und die Sicherungsdatei ist erstellt.

Um Sicherungen für mehrere Mozilla-Anwendungen zu erstellen, führen Sie diese Schritte einfach mehrmals durch. Das gilt auch, wenn Sie z. B. in Firefox mehrere Profile verwenden. Sie erhalten dann einfach mehrere Dateien, die Sie am besten durch eindeutige Benennungen gut unterscheidbar machen.

Sicherungen wieder einspielen

Um eine Sicherung wiederherzustellen, starten Sie wiederum MozBackup. Wollen Sie einen Transfer durchführen, müssen Sie allerdings zuvor die entsprechende Mozilla-Anwendung installiert haben. Das kann MozBackup Ihnen leider nicht abnehmen.

1. Wählen Sie diesmal im ersten Schritt *Profil wiederherstellen* und die entsprechende Anwendung aus.

2. Anschließend müssen Sie ggf. wieder das Profil auswählen, in dem Sie die Daten wiederherstellen möchten. Sollte noch kein passendes Profil vorhanden sein, können Sie es mit *Neues Profil* anlegen. Die meisten Anwender können aber einfach das Standardprofil *default* verwenden.

3. Wählen Sie in diesem Schritt außerdem die Datei aus, in der die Sicherungsdaten gespeichert sind.

4. Nun können Sie wiederum auswählen, welche Arten von Informationen wiederhergestellt werden sollen. Das hängt selbstverständlich auch davon ab, welche Angaben Sie in der Sicherungsdatei gespeichert haben. Sie können jetzt aber auch nochmals einzelne Datentypen abwählen, um diese beim Wiederherstellen zu ignorieren.

5. Bestätigen Sie dann die Sicherheitsrückfrage zum Überschreiben des ausgewählten Profils mit *Ja*.

6. Dann werden die gesicherten Daten ruck, zuck eingespielt und stehen nach einem Start der entsprechenden Anwendung sofort zur Verfügung.

Kapitel 38

38. Drucker lokal oder im Netzwerk einbinden und steuern

Für produktives Arbeiten mit dem PC darf in den meisten Fällen ein Drucker nicht fehlen. Schließlich sollen erstellte Dokumente oftmals auch zu Papier gebracht werden. Dazu muss der Drucker aber zunächst eingerichtet werden. Dabei können sowohl lokal angeschlossene Geräte als auch Netzwerkdrucker genutzt werden. Für die Verwaltung stellt

Windows einen Druck-Manager zur Verfügung, mit dem Sie Ihre Druckaufträge erstaunlich flexibel verwalten können.

38.1 Drucker anschließen und im System einrichten

Für das Anschließen eines Druckers an den PC steht heute eine Vielzahl von Optionen zur Auswahl. Neben USB- und Netzwerkanschluss sind auch Drahtlosverbindungen z. B. per Bluetooth möglich. Windows unterstützt alle diese Anschlussmöglichkeiten. Ist der Drucker per USB-Kabel angeschlossen, wird er in der Regel auch automatisch erkannt und eingerichtet. Bei einer anderen Anschlussart richten Sie den Drucker über die Druckerverwaltung ein.

1. Rufen Sie in der klassischen Systemsteuerung unter *Hardware und Sound* mit *Geräte und Drucker* die Verwaltung für angeschlossene Geräte auf.

2. Klicken Sie hier in der Symbolleiste auf die Schaltfläche *Drucker hinzufügen*. Damit starten Sie den Drucker-Installationsassistenten. Dieser versucht zunächst, das neue Gerät automatisch zu finden und einzubinden.

3. Bei per USB angeschlossenen Druckern dürfte der Assistent in der Regel fündig werden und die weitere Installation einleiten. In anderen Fällen klicken Sie unten auf den Link *Der gewünschte Drucker ist nicht in der Liste enthalten*.

4. Wählen Sie dann die passende Option, um den gewünschten Drucker einzubinden. Handelt es sich noch um einen älteren, lokal angeschlossenen Drucker, wählen Sie *Lokalen Drucker oder Netzwerkdrucker mit manuellen Einstellungen hinzufügen*. (Das Installieren eines Netzwerkdruckers ist auf Seite 849 ausführlicher beschrieben.)

5. Wählen Sie dann bei *Vorhandenen Anschluss verwenden* den Anschluss aus, über den der Drucker mit Ihrem PC verbunden ist. Für einen Drucker am Parallelport z. B. dürfte es sich dabei in der Regel um den Anschluss *LPT1* handeln.

6. Mit *Weiter* gelangen Sie zur Modellauswahl. Markieren Sie hier zunächst in der linken Fensterhälfte den Hersteller des Druckers. Daraufhin wird rechts die Liste der Drucker dieses Herstellers angezeigt, für die Windows eigene Treiber anbieten kann.

TIPP ☑ Kein passender Treiber dabei?

Nicht für alle Druckermodelle bringt Windows von Haus aus einen passenden Treiber mit. Wenn für Ihr Gerät oder auch dessen Hersteller keine Einträge in den Listen stehen, klicken Sie auf die Schaltfläche *Windows Update*. Dann holt sich Windows erst einmal online weitere Druckertreiber vom Microsoft-Server. Anschließend dürften die Listen schon wesentlich umfangreicher sein. Vielleicht ist Ihr Gerät jetzt auch dabei. Wenn nicht, sollten Sie auf der Website des Druckerherstellers nachsehen, ob dieser einen aktuellen Windows-Treiber für das Gerät zur Verfügung stellt. Laden Sie diesen herunter und importieren Sie die Dateien mit einem Klick auf die Schaltfläche *Datenträger*.

7. Anschließend geben Sie einen Druckernamen für diesen Drucker an. Das ist eine beliebige Bezeichnung, mit der Sie den Drucker z. B. in Auswahldialogen erkennen und anwählen können. Sie ist vor allem wichtig, wenn Sie mehrere Drucker verwenden, zwischen denen Sie unterscheiden müssen.

   Verwenden Sie z. B. die genaue Gerätebezeichnung oder eine andere eindeutige Benennung (vielleicht *Laserdrucker* oder *Tintenstrahler*).

8. Geben Sie dann noch an, ob Sie diesen Drucker für das Netzwerk freigeben wollen, sodass er auch von anderen PCs im lokalen Netz genutzt werden kann. Mehr dazu erfahren Sie im nachfolgenden Abschnitt.

9. Nun wird die Treibersoftware für den Drucker installiert. Danach können Sie noch angeben, ob Sie diesen Drucker als Standarddrucker festlegen wollen.

Er wird dann in allen Druckdialogen automatisch als zu verwendender Drucker eingetragen. Außerdem wird immer der Standarddrucker benutzt, wenn Sie Schnelldruckfunktionen ohne Dialog verwenden, also z. B. das Drucken-Symbol in den Symbolleisten von Anwendungen.

10. Abschließend können Sie noch eine Testseite drucken, um die Funktion des Druckers zu überprüfen. Beenden Sie den Assistenten danach mit *Fertig stellen*.

Den so installierten Drucker können Sie anschließend sofort nutzen. Sie finden ihn in der Druckerverwaltung der klassischen Systemsteuerung, aber auch in den *Drucken*-Dialogen der Anwendungen, in denen Sie den Drucker als Ausgabegerät für Ihre Dokumente wählen können.

38.2 Drucker via Netzwerk an mehreren PCs nutzen

Wenn Ihr PC Teil eines lokalen Netzwerks ist, ergeben sich auch für das Drucken weitere Möglichkeiten. So können Sie anstelle eines direkt an den Rechner angeschlossenen Druckers einen Netzwerkdrucker verwenden, der z. B. auch in einem anderen Raum stehen kann. Oder aber Sie geben den lokalen Drucker Ihrerseits frei, sodass er auch von anderen PCs aus mit Druckaufträgen beschickt werden kann. Bei beiden Varianten entfällt die Notwendigkeit, jeden PC mit einem eigenen Drucker zu versehen.

Einen Netzwerkdrucker am lokalen PC einrichten

Wenn sich in Ihrem lokalen Netzwerk ein Drucker befindet, der für die Benutzung von anderen PCs aus freigegeben ist, können Sie diesen im Druck-Manager Ihres PCs anmelden und einrichten. Sie können den Netzwerkdrucker dann genauso wie einen lokal angeschlossenen Drucker nutzen und als Ausgabegerät im *Drucken*-Dialog Ihrer Anwendungen auswählen.

1. Rufen Sie in der klassischen Systemsteuerung mit *Geräte und Drucker* die Verwaltung für angeschlossene Geräte auf und klicken Sie hier in der Symbolleiste auf die Schaltfläche *Drucker hinzufügen*.

2. Einen per Windows-Netzwerk freigegebenen Drucker erkennt der Assistent in der Regel automatisch. Sollten mehrere in der Liste aufgeführt werden, wählen Sie den gewünschten aus und klicken unten auf *Weiter.*

HINWEIS ▷ Drucker und PCs müssen eingeschaltet sein

Der Assistent kann den Drucker nur dann finden, wenn er zu diesem Zeitpunkt eingeschaltet und erreichbar ist. Handelt es sich um ein Gerät, das als lokaler Drucker an einen PC angeschlossen ist und von diesem für das Netzwerk freigegeben wird, muss auch der PC eingeschaltet sein, damit die Druckerfreigabe gefunden und eingerichtet werden kann.

3. Sollte der Drucker nicht automatisch gefunden werden, klicken Sie auf *Der gewünschte Drucker ist nicht in der Liste enthalten.* Sie können dann im nächsten Schritt mit *Durchsuchen* einen Auswahldialog öffnen, in dem Sie den Drucker mithilfe des Windows-Explorer aussuchen und festlegen.

4. Der Assistent versucht, den benötigten Druckertreiber direkt vom Netzwerkdrucker zu beziehen. Sollte via Netzwerk kein passender Treiber angeboten werden, können Sie auch einen entsprechenden Treiber für dieses Druckermodell lokal auf Ihrem PC installieren.

Ist der Netzwerkdrucker einmal als lokaler Drucker eingebunden, können Sie ihn wie jeden direkt an Ihrem PC angeschlossenen Drucker in beliebigen Windows-Anwendungen auswählen und nutzen. Voraussetzung ist allerdings immer, dass der Drucker und gegebenenfalls der freigebende PC zu diesem Zeitpunkt eingeschaltet sind.

Den eigenen Drucker im Netzwerk freigeben

Ähnlich wie Laufwerke und Ordner muss auch ein Drucker ausdrücklich für die Verwendung im Netzwerk freigegeben sein, damit andere Teilnehmer ihn in Anspruch nehmen können. Sie können aber grundsätzlich jeden lokal installierten Drucker ohne Weiteres für die Nutzung durch das Netzwerk freigeben.

1. Wählen Sie in *Geräte und Drucker* den Drucker aus, den Sie für andere Benutzer im Netzwerk freigeben möchten.

2. Klicken Sie mit der rechten Maustaste auf das Symbol dieses Druckers und wählen Sie im Kontextmenü die Funktion *Druckereigenschaften.*

3. Wechseln Sie in den so geöffneten Einstellungen zur Registerkarte *Freigabe*.

4. Schalten Sie hier die Option *Drucker freigeben* ein. Dann können Sie im Eingabefeld darunter einen Freigabenamen für den Drucker angeben. Dieser wird in der Netzwerkumgebung aller PCs in diesem Netz angezeigt und sollte möglichst so gewählt sein, dass alle Teilnehmer sofort wissen, um welchen Drucker es sich dabei handelt.

5. Wenn in Ihrem Netzwerk auch PCs mit anderen Hardware- oder Softwareplattformen arbeiten und auch diese den Drucker nutzen sollen, sollten Sie außerdem zusätzliche Treiber für diese Betriebssysteme installieren. Klicken Sie dazu auf die entsprechende Schaltfläche.

6. Im anschließenden Menü wählen Sie die Plattformen aus, für die zusätzliche Drucker-treiber installiert werden sollen. Achten Sie dabei auch auf die korrekte Umgebung für das jeweilige System. Für PCs liegen Sie normalerweise mit *x86* für 32 Bit und *x64* für 64 Bit richtig. Andererseits kann es nicht schaden, einfach alle verfügbaren Versionen bereitzustellen. Die anderen PCs holen sich automatisch nur die für sie richtige. Klicken Sie dann auf *OK*.

7. Anschließend geben Sie den Pfad für die entsprechenden Druckertreiber an.

8. Zurück in den Freigabeeigenschaften, vollenden Sie die Freigabe mit einem Klick auf die OK-Schaltfläche.

Damit ist die Freigabe Ihres Druckers für das Netzwerk abgeschlossen. Dieser Netz-werkdrucker wird künftig in den Netzwerkumgebungen und den Druckeroptionen aller PCs aufgeführt werden, die derselben Arbeitsgruppe angehören. Alle Benutzer eines solchen Rechners können bequem per Mausklick Dokumente von Ihrem PC aus aus-drucken.

Netzwerkdrucker direkt per TCP/IP einbinden

Ein freigegebener Drucker ist meist an einen PC angeschlossen und über diesen mit dem Netzwerk verbunden. Es gibt aber noch eine weitere Variante, bei der ein Drucker selbst über eine Netzwerkschnittstelle verfügt. Bis vor Kurzem war das nur in teuren Druckern für den Firmeneinsatz üblich oder eine Netzwerkschnittstelle war nur für einen teuren Auf-preis erhältlich. Mittlerweile hält dieses Feature aber bei immer mehr Druckern Einzug.

Der Vorteil ist, dass der Drucker nicht mehr an einen PC angeschlossen sein muss, son-dern direkt mit dem Netzwerk verbunden ist. Somit ist der Drucker nicht mehr davon ab-hängig, dass der PC auch eingeschaltet ist. Das spart Energie und erlaubt den Zugriff rund um die Uhr. Das Einrichten eines solchen Druckers unterscheidet sich allerdings ein wenig von der eines lokalen Druckers. Voraussetzung dafür ist, dass der Drucker selbst korrekt eingerichtet ist und Sie die wesentlichen Parameter wie z. B. die TCP/IP-Adresse bzw. den Hostnamen des Gerätes kennen.

1. Rufen Sie in der klassischen Systemsteuerung mit *Geräte und Drucker* die Verwal-tung für angeschlossene Geräte auf und klicken Sie hier in der Symbolleiste auf die Schaltfläche *Drucker hinzufügen*.

2. Da Netzwerkdrucker meist nicht automatisch ermittelt werden können, brechen Sie die Suche mit *Der gewünschte Drucker ist nicht in der Liste enthalten* ab und wählen im nächsten Schritt die Option *Drucker unter Verwendung einer TCP/IP-Adresse oder eines Hostnamens hinzufügen*.

3. Geben Sie im anschließenden Dialog im Feld *Hostname oder IP-Adresse* die Netzwerkadresse bzw. den Netzwerknamen des gewünschten Druckers ein. Der Anschlussname wird automatisch abgeleitet, Sie können ihn aber auch durch eine andere Bezeichnung ersetzen. Schalten Sie die Option *Den Drucker abfragen und den zu verwendenden Treiber automatisch auswählen* ein, um die weitere Installation möglichst automatisiert zu vollenden.

4. Sollte die Verbindung zum Drucker mit diesen Angaben noch nicht aufgenommen werden können, müssen Sie gegebenenfalls bei *Gerätetyp* den Hersteller des Druckers auswählen.

5. Der Assistent versucht, den benötigten Druckertreiber direkt vom Netzwerkdrucker zu beziehen. Sollte via Netzwerk kein passender Treiber angeboten werden, können Sie auch einen entsprechenden Treiber für dieses Druckermodell lokal auf Ihrem PC installieren. Wählen Sie dazu genau wie beim Einrichten eines lokalen Druckers Hersteller und Modell aus. Oder aber klicken Sie auf *Datenträger*, um den Treiber z. B. von einer CD/DVD zu installieren.

6. Legen Sie schließlich, wie bei einem lokalen Drucker, auch den Druckernamen fest und wählen Sie bei der Druckerfreigabe *Drucker nicht freigeben*. Schließlich können Sie auch hier den Drucker als Standarddrucker für Ihren PC festlegen sowie eine Testseite drucken.

Ist der Netzwerkdrucker einmal als lokaler Drucker eingebunden, können Sie ihn wie jeden direkt an Ihrem PC angeschlossenen Drucker in beliebigen Windows-Anwendungen auswählen und nutzen. Voraussetzung ist allerdings immer, dass der Drucker und gegebenenfalls der freigebende PC zu diesem Zeitpunkt eingeschaltet sind.

38.3 Druckaufträge sammeln und effizient erledigen

Zum Ausdrucken von Dokumenten verwendet Windows eine Warteschlange. Dort reihen die Anwendungsprogramme ihre Druckaufträge ein, und der Drucker holt sie sich nach Verfügbarkeit ab. Solange Sie nur wenige kurze Dokumente drucken, kommt dieser Mechanismus kaum zur Geltung und die Daten wandern ohne spürbare Verzögerung direkt zum Drucker. Wollen Sie jedoch längere Dokumente zu Papier bringen oder wenn es beim Drucken Probleme geben sollte, kann die Warteschlange sehr hilfreich sein.

1. Die Druckerwarteschlange wird automatisch im Hintergrund aktiv, sobald Sie ein Dokument drucken lassen. In der Regel bemerken Sie davon höchstens das kleine Symbol im Infobereich der Startleiste.

2. Um die Warteschlange zu öffnen, doppelklicken Sie auf das Symbol im Infobereich. Alternativ können Sie die Warteschlange auch öffnen, indem Sie über die Systemsteuerung *Geräte und Drucker* öffnen, den Drucker auswählen und in der Symbolleiste dann auf *Druckaufträge anzeigen* klicken.

3. Die Warteschlange besteht aus einer Liste der vorhandenen Druckaufträge. Zu jedem Auftrag bekommen Sie die wichtigsten Informationen wie Dokumentname, Status, Besitzer (Urheber des Druckauftrags), Größe etc.

4. Um die Einstellungen für eines der Dokumente zu verändern, klicken Sie am besten mit der rechten Maustaste darauf. Im kontextabhängigen Menü finden Sie dann die wichtigsten Funktionen vor. Hier können Sie den Druckauftrag anhalten, abbrechen oder neu starten. Mit *Eigenschaften* können Sie außerdem die grundlegenden Eigenschaften für den Ausdruck überprüfen.

5. Im Menü *Drucker* finden Sie außerdem noch einige allgemeine Funktionen zur Steuerung des Druckers. So können Sie hier im Notfall den Drucker anhalten oder auch alle Druckaufträge abbrechen.

HINWEIS ⊳ Fehlermeldung per Benachrichtigung

Sollte es beim Drucken zu Problemen kommen, zeigt Windows dies sofort als Benachrichtigung an. Ein Klick bzw. Tipp darauf bringt Sie direkt zur Warteschlange des betreffenden Druckers. Wie alle Benachrichtigungen wird diese allerdings nur kurze Zeit auf dem Bildschirm angezeigt. Sollten Sie diesen Zeitraum verpasst haben, bleibt Ihnen immer noch das Symbol im Infobereich des Desktops.

Dokumente mit verschiedener Dringlichkeit ausdrucken

Bei einem hohen Druckaufkommen, z. B. wenn sich mehrere Benutzer über ein Netzwerk einen Drucker teilen, kann es immer wieder zu der Situation kommen, dass man auf wichtige Dokumente warten muss, weil erst noch einige weniger wichtige Dinge gedruckt werden, die zuvor abgeschickt wurden. Standardmäßig gilt nämlich das Prinzip: Wer zuerst kommt, mahlt zuerst. Mithilfe der Druckerwarteschlange können Sie Dokumenten beim Ausdruck eine Priorität zuordnen, sodass wichtigere Dinge zuerst gedruckt werden und die weniger wichtigen erst dann, wenn Zeit dafür ist.

1. Öffnen Sie die Warteschlange für den fraglichen Drucker und doppelklicken Sie dort auf Ihren Druckauftrag, um dessen Eigenschaften zu öffnen.

2. Hier finden Sie auf der Registerkarte *Allgemein* etwas unterhalb der Mitte den Bereich *Priorität*. Er besteht aus einem Schieberegler, mit dem Sie die gewünschte Dringlichkeit einstellen können.

3. Standardmäßig werden Druckaufträge mit der Priorität 1 versehen. Wenn Sie Ihrem Dokument eine Priorität von 2 oder mehr verleihen, wird es allen anderen Aufträgen mit normaler Priorität vorgezogen. Dies gilt allerdings erst, wenn der gerade laufende Druckauftrag beendet ist.

Trick: Wichtige Dokumente immer mit hoher Priorität ausdrucken

Leider bietet Windows nicht die Möglichkeit, jeweils beim Erteilen eines Druckauftrags einfach die gewünschte Priorität festzulegen. Es gibt allerdings einen kleinen Umweg, mit dem Sie genau diese Wirkung erzielen können.

1. Richten Sie den gleichen Drucker erneut bei *Geräte und Drucker* ein. Durchlaufen Sie dazu die gesamte Installationsprozedur erneut, nur geben Sie dem Drucker diesmal einen anderen Namen (z. B. *Laserdrucker – Hohe Priorität*).

2. Klicken Sie dann mit der rechten Maustaste auf das Symbol des neuen Druckers und wählen Sie im kontextabhängigen Menü den Eintrag *Druckereigenschaften* (nicht *Eigenschaften*!).

3. Wechseln Sie dann in die Rubrik *Erweitert* und erhöhen Sie hier den Wert von *Priorität*. Wählen Sie einen Wert, der über dem Wert des bisherigen Druckertreibers liegt (also mindestens 2), und übernehmen Sie die neue Eigenschaft mit OK.

4. Wenn Sie nun beim Ausdrucken diesen Treiber auswählen, werden die Dokumente beim Drucken denen vorgezogen, die Sie mit dem anderen Druckertreiber mit niedrigerer Priorität ausdrucken.

Da sich die Priorität in Schritten zwischen 1 und 99 festlegen lässt, können Sie auf diese Weise mehrere virtuelle Druckertreiber für ein und denselben physikalischen Drucker festlegen, die jeweils einer anderen Priorität entsprechen.

Ein Dokument zu einem späteren Zeitpunkt ausdrucken

Die Druckerwarteschlange gibt Ihnen auch die Möglichkeit, ein umfangreiches Dokument später auszudrucken, wenn der Drucker nicht mehr anderweitig gebraucht wird
und das lange Drucken niemanden stört. Dazu müssen Sie nicht einmal selbst vor Ort
sein, wenn der Druck beginnen soll. Legen Sie einfach schon vorher fest, wann Windows
das Dokument drucken soll.

1. Öffnen Sie die Druckerwarteschlange für diesen Drucker z. B. über *Geräte und Drucker*.

2. Unterbrechen Sie das Drucken mit diesem Gerät vorübergehend, indem Sie die
Menüfunktion *Drucker/Drucker anhalten* wählen.

3. Wechseln Sie nun zu der Anwendung und führen Sie den Druckauftrag regulär aus.

4. Anschließend gehen Sie zurück in die Druckerwarteschlange, in der Sie nun Ihren
Druckauftrag vorfinden und darauf doppelklicken, um seine Eigenschaften zu öffnen.

5. Schalten Sie hier ganz unten im Bereich *Zeitplan* die Option *Nur von* ein und geben
Sie den Zeitraum an, in dem das Dokument ausgedruckt werden soll.

6. Übernehmen Sie die geänderten Einstellungen und reaktivieren Sie den Drucker wieder, indem Sie erneut *Drucker/Drucker anhalten* wählen und damit das Häkchen an
dieser Stelle wieder entfernen. Nun müssen Sie nur noch dafür sorgen, dass sowohl
PC als auch Drucker zum vorgesehenen Zeitpunkt eingeschaltet sind.

Wer darf was drucken? – Zugriff auf Netzwerkdrucker steuern

Netzwerkdrucker stehen grundsätzlich allen Benutzern offen, die Zugang zum Netzwerk
haben. Allerdings kann es sinnvoll sein, den Zugriff zu beschränken. So kann etwa ein
höherwertiger Farblaserdrucker nur bestimmten Benutzern zur Verfügung stehen, während das Schwarz-Weiß-Arbeitstier ruhig von allen genutzt werden darf. Zu diesem
Zweck können Sie über die Benutzerverwaltung bestimmen, welche Benutzer welchen
Drucker verwenden dürfen.

1. Öffnen Sie in der Systemsteuerung das Modul *Geräte und Drucker* und wählen Sie
dort den Drucker aus, dessen Zugangsberechtigung Sie bestimmen möchten.

2. Klicken Sie mit der rechten Maustaste auf das Symbol und wählen Sie im Kontext-menü den Befehl *Druckereigenschaften*.

3. Wechseln Sie in den Eigenschaften in die Rubrik *Sicherheit*. Hier finden Sie oben im Bereich *Gruppen- oder Benutzernamen* die Liste der Benutzer, die bislang Zugriff auf diesen Drucker haben.

4. Hier sollten Sie zunächst die Gruppe *Jeder* herausnehmen, indem Sie diese markie-ren und auf die Schaltfläche *Entfernen* klicken. Sie ist dafür verantwortlich, dass alle Benutzer den Drucker verwenden dürfen.

5. Mit *Hinzufügen* können Sie nun ggf. weitere Benutzer oder Benutzergruppen festle-gen, denen der Zugriff auf den Drucker erlaubt sein soll. Tippen Sie dazu im Dia-log den Namen eines Benutzers oder einer Gruppe ein und vervollständigen Sie ihn mit einem Klick auf *Namen überprüfen*. Klicken Sie dann auf *OK*.

Da Sie diese Einstellungen für jeden Drucker individuell vornehmen können, lässt sich so sehr flexibel festlegen, wer welchen Drucker nutzen darf und wer nicht. Noch ein Hin-weis: Bei einer größeren Zahl von Nutzern ist es etwas mühselig, diese Einstellungen je-weils von Hand vorzunehmen. Hier wäre es sinnvoller, mit Benutzergruppen zu arbeiten. Erstellen Sie eine Gruppe mit allen Benutzern, die einen Drucker verwenden dürfen und fügen Sie dann – wie hier beschrieben – diese Gruppe den Berechtigten hinzu. Mehr zu Arbeiten mit Benutzergruppen erfahren Sie in Kapitel 33.

Kapitel 39

39. Festplatten und Laufwerke verwalten und optimieren

Laufwerken kommt als zuverlässige Datenspeicher eine besondere Bedeutung für die Sicherheit Ihrer Daten zu. Defekte in diesem Bereich wirken sich häufig fatal aus. Ein finaler Festplattencrash erfordert nicht nur eine Neuinstallation von Betriebssystem und Anwendungen – ohne vorausschauend angelegte Sicherungen sind womöglich wertvolle Dokumente verloren. Deshalb sollten Sie den Laufwerken – Festplatten wie auch Wechselspeicherlaufwerken (also USB-Sticks, Speicherkarten

und Co.) – hin und wieder etwas Pflege und Aufmerksamkeit widmen. Windows unterstützt Sie dabei mit praktischen Tools.

39.1 Die Datenträgerverwaltung als Steuerungszentrale für alle Laufwerke

Für das Überwachen und Konfigurieren von Datenträgern ist bei Windows die Datenträgerverwaltung zuständig. Sie berücksichtigt sowohl fest angeschlossene Festplattenlaufwerke als auch Wechselspeichermedien wie CD-/DVD-Laufwerke, USB-Sticks oder

Speicherkarten. Wechsellaufwerke werden allerdings jeweils nur angezeigt, wenn sie angeschlossen bzw. Medien eingelegt sind.

1. Starten Sie in der Systemsteuerung das Modul *Verwaltung* und darin das Untermodul *Computerverwaltung*.

Computerv
erwaltung

2. Wählen Sie hier in der linken Spalte die Kategorie *Datenträgerverwaltung*.

3. Daraufhin sehen Sie in der rechten Fensterhälfte die an den PC angeschlossenen Laufwerke und (bei Festplatten) deren Partitionen. Zu jeder Partition erhalten Sie Informationen zu der Größe und zum verwendeten Dateisystem. Die Hintergrundfarbe gibt außerdem an, ob es sich um eine primäre oder erweiterte Partition oder um ein logisches Laufwerk handelt.

4. Um eine der Partitionen zu bearbeiten, wählen Sie sie mit einem einfachen Mausklick aus. Sie können dann mit der rechten Maustaste oder im Menü mit *Aktion/Alle Aufgaben* die Funktionen abrufen, die für diese Partition zur Auswahl stehen, z. B. die Partition als aktiv markieren oder formatieren.

HINWEIS ▷ Vorsicht bei Änderungen an Partitionen

Die Datenträgerverwaltung ist ein mächtiges Werkzeug. Deshalb ist beim Verwenden der Funktionen große Vorsicht geboten, denn eine falsche Aktion auf der falschen Partition kann deren gesamten Inhalt löschen. Einen gewissen Schutz bietet die Tatsache, dass zumindest Änderungen an der gerade aktiven Systempartition nur sehr eingeschränkt möglich sind. Für andere Laufwerke gilt das aber nicht unbedingt. Gehen Sie deshalb sehr umsichtig mit diesem Werkzeug um und sichern Sie wichtige Daten ggf. vorher auf ein externes Medium.

Partitionen für den Einsatz einrichten und formatieren

Normalerweise müssen Festplattenlaufwerke nicht gerade häufig formatiert werden. Wenn sie nicht schon vorformatiert sind, erledigt Windows das bei der Installation notfalls automatisch. Andererseits haben Sie gerade durch die Datenträgerverwaltung von Windows vielfältige Möglichkeiten, auch nachträglich noch Änderungen an der Festplattenkonfiguration vorzunehmen. Vielleicht bauen Sie aber einfach auch irgendwann eine zusätzliche Festplatte ein, weil der Speicherplatz knapp wird. Für solche Fälle können Sie Laufwerke selbstverständlich auch formatieren.

1. Wählen Sie in der Datenträgerverwaltung die Festplatte oder Partition aus, die Sie formatieren möchten. Wurde sie zuvor noch nicht benutzt, erkennen Sie sie an dem Kommentar *Nicht zugeordnet* in der Beschreibung.

2. Hier muss im bislang ungenutzten Speicher zunächst ein Volume, also eine Partition angelegt werden. Wählen Sie dazu *Aktion/Alle Aufgaben/Neues einfaches Volume* aus.

3. Im anschließenden Assistenten können Sie festlegen, ob Sie den gesamten Speicher diesem Volume zuordnen möchten. Sie können auch nur einen Teil benutzen, dann bleibt freier Speicher für weitere Volumes zurück. Klicken Sie dann auf *Weiter*.

4. Bestimmen Sie den Laufwerkbuchstaben, unter dem Sie dieses Volume ansprechen möchten. Standardmäßig verwendet Windows den nächsten verfügbaren Buchstaben. Alternativ können Sie den Speicherplatz auch als Ordner in ein anderes Volume integrieren, um dieses über seine physikalische Größe hinaus zu vergrößern.

5. Nun geht es an die Formatierungseinstellungen. Wählen Sie die Option *Dieses Volume mit folgenden Einstellungen formatieren*. Als zu verwendendes Dateisystem bietet sich für eine Festplatte unter Windows NTFS an. Geben Sie außerdem eine *Volumebezeichnung* ein.

6. Klicken Sie dann auf *Weiter* und bestätigen Sie die Zusammenfassung des Assistenten mit *Fertig stellen*, um das Formatieren durchzuführen.

7. Windows führt nun die Formatierung durch. Währenddessen können Sie mit dem System weiterarbeiten. Nur auf das neue Volume können Sie noch nicht zugreifen. Das steht Ihnen erst zur Verfügung, wenn die Formatierung abgeschlossen ist und in der Beschreibung die verfügbare Größe und die Bemerkung *Fehlerfrei* stehen.

Bezeichnungen und Laufwerkbuchstaben individuell anpassen

Die Datenträgerbezeichnungen und Laufwerkbuchstaben sind – bis auf wenige Ausnahmen – nicht unveränderbar. Sollten Sie die Bezeichnung eines Laufwerks später ändern wollen oder wenn es Konflikte mit einem Laufwerkbuchstaben gibt, können Sie diese Einstellungen bearbeiten.

1. Die Bezeichnung jedes Laufwerks – egal ob Festplattenvolume oder Wechselmedium – können Sie in den Eigenschaften dieses Datenträgers verändern. Dies geht nicht nur in der Datenträgerverwaltung, sondern z. B. auch im Explorer. Klicken Sie mit der rechten Maustaste auf das Symbol des Datenträgers und wählen Sie *Eigenschaften*.

2. Ersetzen Sie in der Rubrik *Allgemein* im Eingabefeld ganz oben die bisherige Bezeichnung durch den neuen Namen und klicken Sie unten auf *OK*.

3. Die Zuordnung der Laufwerkbuchstaben lässt sich nur in der Datenträgerverwaltung verändern und auch nicht für alle Laufwerke. Das momentane Systemlaufwerk z. B. kann keinen anderen Buchstaben erhalten, da dann viele aktuelle Pfade plötzlich nicht mehr stimmen würden. Generell empfiehlt es sich nicht, den Laufwerkbuchstaben von Datenträgern zu verändern, auf denen Software installiert ist. Wählen Sie den Datenträger aus und rufen Sie den Menübefehl *Aktion/Alle Aufgaben/Laufwerkbuchstaben und -pfade ändern* auf.

4. Klicken Sie im anschließenden Dialog auf *Ändern*.

5. Wählen Sie im nächsten Schritt die Option *Folgenden Laufwerkbuchstaben zuweisen* und stellen Sie im Auswahlfeld rechts den gewünschten Buchstaben ein. Hier werden nur die Laufwerkbuchstaben angeboten, die momentan verfügbar sind.

6. Klicken Sie dann auf *OK* und bestätigen Sie die Rückfrage mit *Ja*.

Laufwerke nachträglich vergrößern, verkleinern, zusammenlegen usw.

Die Datenträgerverwaltung gibt Ihnen auch die Möglichkeit, die vorhandenen Laufwerke jederzeit zu verändern. Sie haben bei der Installation nur ein großes Laufwerk angelegt und würden das jetzt doch lieber in zwei kleinere Volumes unterteilen? Kein Problem – oder zumindest durchaus machbar. Aber auch der umgekehrte Weg ist möglich. Wenn auf einem Laufwerk nicht mehr genügend Platz ist, können Sie auf anderen Volumes Platz schaffen und diesen dem vollen Laufwerk zur Verfügung stellen.

Laufwerke nachträglich verkleinern

Mit der Datenträgerverwaltung können Sie ein vorhandenes Laufwerk nachträglich verkleinern. Ein Teil des zu diesem Volume gehörenden Speicherplatzes wird dadurch freigegeben und kann als separates Laufwerk formatiert oder wiederum einem anderen Volume zugeschlagen werden. So können Sie flexibel reagieren, wenn sich die ursprünglich vorgenommene Aufteilung von Festplatten und Laufwerken im Laufe der Zeit doch nicht als optimal erweisen sollte. Das Verkleinern eines Laufwerks erfolgt dabei ohne Datenverlust. Was bereits auf dem Laufwerk gespeichert ist, bleibt also erhalten. Allerdings können Sie das Laufwerk deshalb auch maximal um die Menge des freien Speicherplatzes verringern.

1. Um ein Laufwerk zu verkleinern, wählen Sie es in der Datenträgerverwaltung aus und rufen dann den Menübefehl *Aktion/Alle Aufgaben/Volume verkleinern* auf.

2. Die Datenträgerverwaltung ermittelt dann, wie viel Speicherplatz von diesem Laufwerk maximal abgezwackt werden kann, und verwendet diesen Wert als Voreinstellung. Beachten Sie, dass das verbleibende Laufwerk dann allerdings praktisch

voll wäre. Reduzieren Sie den Wert bei *Zu verkleinernder Speicherplatz in MB* also ggf. auf eine sinnvolle Größe.

3. Klicken Sie dann unten auf die Schaltfläche *Verkleinern*.

4. Und lassen Sie die Datenträgerverwaltung dann am besten in Ruhe arbeiten, bis die Verkleinerung abgeschlossen ist. Dort, wo bislang ein großes Volume war, werden anschließend zwei kleinere angezeigt.

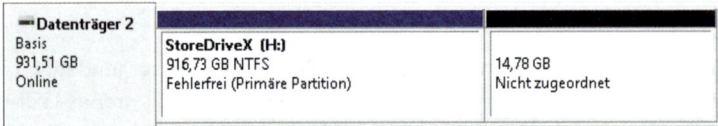

Das neue Volume trägt zunächst die Bemerkung *Nicht zugeordnet*. Das bedeutet, dass es sich um unformatierten Speicher handelt, der in dieser Form nicht genutzt werden kann. Sie müssen ihn erst formatieren, wenn er z. B. als separates Laufwerk unter Windows genutzt werden soll.

Laufwerke nachträglich um Speicherkapazität erweitern

Im Gegensatz zum Verkleinern und Aufteilen von Laufwerken können Sie vorhandene Laufwerke auch vergrößern. Wenn auf einem Volume der Speicherplatz zur Neige geht, können Sie so rechtzeitig Reserven mobilisieren. Voraussetzung dafür ist allerdings, dass auf demselben Datenträger, der das volle Volume beherbergt, noch freier, nicht zugeordneter Speicher vorhanden ist.

1. Wählen Sie hierbei einen Datenträger aus, der das vorhandene volle Laufwerk sowie frei verfügbaren Speicherplatz umfasst. Markieren Sie das bestehende Volume und rufen Sie den Menübefehl *Aktion/Alle Aufgaben/Volume erweitern* auf.

2. Starten Sie den Assistenten mit *Weiter*. Im zweiten Schritt schlägt er Ihnen vor, den gesamten verfügbaren ungenutzten Speicherplatz auf dem Datenträger dem vorhandenen Laufwerk zuzuschlagen. Sollten Sie nur einen Teil des Speichers hierfür verwenden wollen, können Sie diesen Wert unten bei *Speicherplatz in MB* verringern.

3. Überprüfen Sie dann die Zusammenfassung des Assistenten und starten Sie den Vorgang mit *Fertig stellen*.

Speicher von einem Datenträger als Ordner in einen anderen Datenträger einbinden

Das nachträgliche Erweitern eines Laufwerks funktioniert nur, wenn auf dem Datenträger noch freier Speicherplatz vorhanden ist. Ist das nicht der Fall, kommt eine Alternative infrage. Sie können ein Laufwerk von einem Datenträger als Ordner in einen anderen Datenträger einbinden und so für mehr Platz sorgen. Letztlich ist das nichts anderes, als wenn Sie einen Teil der Daten auf einem anderen Datenträger speichern würden. Aber das Dateisystem kümmert sich eben um die Einzelheiten, und manche Anwendung, die unbedingt mehr Speicher an einer bestimmten Stelle erwartet, lässt sich so ggf. zufriedenstellen.

1. Wählen Sie den Speicherbereich, den Sie in ein anderes Volume integrieren möchten, in der Datenträgerverwaltung aus.

2. Handelt es sich noch um freien, nicht zugeordneten Speicher, wählen Sie *Aktion/Alle Aufgaben/Neues einfaches Volume*. Ist das Volume bereits als Laufwerk formatiert, müssen Sie es zuvor mit *Aktion/Alle Aufgaben/Volume löschen* vorbereiten. Eventuell enthaltene Daten gehen dabei allerdings verloren.

3. Starten Sie den Assistenten mit *Weiter* und legen Sie im zweiten Schritt fest, ob Sie den kompletten verfügbaren Speicher für diesen Zweck nutzen möchten. Standardmäßig ist das der Fall, Sie können den Wert bei *Größe des einfachen Volumes in MB* aber reduzieren.

4. Wählen Sie im anschließenden Schritt die Option *In folgendem leeren NTFS-Ordner bereitstellen* und wählen Sie dann mit *Durchsuchen* einen leeren Ordner auf dem Laufwerk aus, das Sie auf diese Weise erweitern möchten. (Sollte dort kein passender Ordner vorhanden sein, können Sie ihn jetzt immer noch anlegen.)

5. Klicken Sie auf *Weiter*. Geben Sie dann die Formatierungsparameter an bzw. übernehmen Sie die voreingestellten Werte. Die Formatierung bezieht sich dabei wohlgemerkt nur auf den neuen, hinzuzufügenden Bereich. Das bereits vorhandene Laufwerk wird davon nicht berührt.

6. Klicken Sie dann auf *Weiter*. Überprüfen Sie im letzten Schritt die Zusammenfassung des Assistenten und starten Sie den Vorgang mit *Fertig stellen*.

Die Datenträgerverwaltung richtet das Volume ein und integriert es in das andere Laufwerk. Der neue Speicherplatz wird dem alten Laufwerk dabei nicht pauschal zugeschlagen, sondern steht nur in dem ausgewählten Ordner zur Verfügung. Dieser stellt sich im Explorer auch nicht mehr als herkömmlicher Ordner dar, sondern wird als bereitgestelltes Volume mit einem speziellen Symbol gekennzeichnet. Trotzdem kann er von Anwendungen in der Regel wie ein herkömmlicher Ordner genutzt werden.

39.2 Alle Datenträger mit optimaler Leistung betreiben

Auch beim aktuellen Windows gehört ein wenig Wartung und Systempflege zu den unerlässlichen Aufgaben, um Problemen und Datenverlusten vorzubeugen. Windows stellt hierzu die von früheren Windows-Versionen bereits bekannten Tools in überarbeiteter Form zur Verfügung. So können Sie mit der Datenträgerbereinigung Dateileichen aufspüren und Speicherplatz freigeben. Das Programm zur Fehlerüberprüfung testet Ihre Festplatte(n) auf Fehler und beugt so Datenverlusten vor. Mit der Defragmentierung räumen Sie auf den Laufwerken auf und erhöhen so die Leistungsfähigkeit Ihres Systems. Neu beim aktuellen Windows ist die optimale Unterstützung für SSD-Laufwerke, wodurch deren besondere Anforderungen berücksichtigt werden.

Verschwendeten Speicherplatz durch Datenträgerbereinigung freigeben

Sowohl das Betriebssystem als auch Anwendungsprogramme haben die unschöne Angewohnheit, den vorhandenen Plattenplatz mit temporären Dateien, Cachedaten und Dateileichen zu füllen. Eigentlich sollten solche überflüssigen Platzverschwender automatisch wieder verschwinden, aber die Anwendungen sind hier nicht sehr zuverlässig. Daran wird sich auch beim aktuellen Windows nichts ändern. Wenn man all diese Dateien regelmäßig entfernt, kann man eine ganze Menge Speicher sparen. Dieses Aufräumen muss nicht mal mühsame Handarbeit sein. Die Datenträgerbereinigung durchsucht Laufwerke und Ordner selbstständig und macht Vorschläge dazu, welche Dateien überflüssig sind und entfernt werden können.

1. Um die Datenträgerbereinigung zu starten, öffnen Sie im Windows-Explorer die Übersicht der lokalen Laufwerke.

2. Klicken Sie mit der rechten Maustaste auf den Eintrag des aufzuräumenden Laufwerks und wählen Sie im Kontextmenü *Eigenschaften*.

3. Im *Eigenschaften*-Menü des Laufwerks finden Sie auf der Registerkarte *Allgemein* neben einigen statistischen Angaben zur Belegung des Laufwerks die Schaltfläche *Bereinigen*, mit der Sie die Datenträgerbereinigung für dieses Laufwerk starten.

4. Die Datenträgerbereinigung überprüft nun das ausgewählte Laufwerk und ermittelt alle Dateien, die bereinigt werden können. Dazu verwendet sie verschiedene Strategien. So überprüft sie z. B. den Ordner für temporäre Dateien und sucht dort nach Dateien, die

z. B. aufgrund eines Programm- oder Systemabsturzes nicht ordnungsgemäß entfernt wurden und nun unnötig Platz belegen. Ebenso schaut das Programm im Ordner für temporäre Internetdateien nach. Wenn Sie viel surfen, kann sich hier auch ganz schnell einiges an Daten ansammeln, die nicht unbedingt erhalten bleiben müssen.

5. Hat die Datenträgerbereinigung ihre Überprüfung abgeschlossen, präsentiert sie die Ergebnisse in einer Zusammenfassung. Dabei finden Sie ganz oben eine Angabe, wie viel Speicherplatz auf dem Laufwerk maximal freigegeben werden kann.

6. Im Feld *Zu löschende Dateien* sind die Dateiarten aufgeführt, die die Datenträgerbereinigung auf dem Laufwerk gefunden hat. Markieren Sie hier die Dateitypen, die entfernt werden sollen. Wollen Sie z. B. die temporären Internetdateien noch zum Offlinebetrachten aufheben, deaktivieren Sie den entsprechenden Eintrag. Zu jeder Kategorie von Dateien erhalten Sie in der unteren Fensterhälfte jeweils eine kurze Beschreibung.

7. Wenn Sie sich nicht sicher sind, ob Sie die Dateien in einer der Kategorien bedenkenlos löschen dürfen, können Sie bei einigen Dateitypen unten im Bereich *Beschreibung* auf die Schaltfläche *Dateien anzeigen* klicken. Damit öffnen Sie ein Explorer-Fenster, in dem die einzelnen Dateien aufgeführt werden. Hier können Sie überprüfen, um was für Dateien es sich genau handelt.

8. Haben Sie die zu löschenden Dateien bestimmt, klicken Sie ganz unten auf *OK*. Bestätigen Sie die anschließende Sicherheitsabfrage, um die Bereinigungsaktion durchzuführen.

Zustand der Festplatte mit der Datenträgerprüfung kontrollieren

Festplatten gehören zu den kostbarsten Komponenten eines PCs. Das bezieht sich nicht unbedingt auf den Preis, denn der ist in den letzten Jahren ständig gefallen. Aber die Festplatten speichern die Anwendungen und Dokumente dauerhaft. Und Festplatten sind nun einmal Maschinen, bei denen es durchaus zu Fehlfunktionen kommen kann. Leider können solche Fehler schlimme Folgen haben, weil neben dem Betriebssystem alle Ihre Anwendungen und Daten auf der Festplatte gespeichert sind. Hinzu kommt noch, dass Festplattencrashs in der Regel irreparabel sind und die Daten sich in einem solchen Fall nur von Spezialisten für viel Geld und meist auch nur unvollständig retten lassen.

Eine gute Möglichkeit zur Vorsorge ist die regelmäßige Fehlerüberprüfung (aus früheren Windows-Versionen als Scandisk bekannt). Dabei werden Probleme erkannt und beseitigt, die immer wieder mal durch Abstürze oder Fehler des Betriebssystems oder einzelner Anwendungen entstehen können. Gleichzeitig entdeckt das Programm fehlerhafte Datenblöcke auf der Festplatte und markiert sie als unbrauchbar, damit sie nicht mehr genutzt werden und womöglich zu Datenverlusten führen können.

TIPP ☑ Das bedeuten fehlerhafte Blöcke

Festplatten organisieren Daten in Blöcken. Durch Abnutzungserscheinungen können einzelne Blöcke beschädigt werden, sodass sie die Daten nicht mehr zuverlässig speichern. Werden bei der Fehlerüberprüfung solche defekten Blöcke entdeckt, markiert Windows sie in der Verwaltungstabelle der Festplatte als defekt. Solche Blöcke werden dann in Zukunft nicht mehr verwendet, um das Risiko eines Datenverlusts auszuschließen.

Früher waren defekte Blöcke nicht unbedingt ungewöhnlich, inzwischen aber haben moderne Festplatten eine so hohe Qualität erreicht, dass Blockfehler sehr selten sind. Insbesondere dann, wenn eine bislang zuverlässige Festplatte plötzlich regelmäßig neue fehlerhafte Blöcke produziert, ist dies ein dringendes Alarmzeichen. Oft kündigen sich so Plattencrashs an, bei denen alle Daten verloren gehen. In solchen Fällen ist ein rechtzeitiger Austausch der Festplatte unbedingt empfehlenswert.

1. Um eine Festplatte einer Fehlerüberprüfung zu unterziehen, öffnen Sie die Übersicht Ihres Computers im Windows-Explorer und markieren hier das zu überprüfende Laufwerk.

2. Öffnen Sie dort mit *Datei/Eigenschaften* die Eigenschaften des Laufwerks und wechseln Sie hier auf die Registerkarte *Tools*.

3. Klicken Sie dort im Bereich *Fehlerüberprüfung* auf die Schaltfläche *Prüfen*, um den Test der Festplatte zu veranlassen.

4. Windows ruft nun zunächst das Fehlerprotokoll des Laufwerks ab. Ist darin nichts verzeichnet, ist eine Überprüfung nicht unbedingt notwendig. Dann können Sie an dieser Stelle abbrechen.

5. Wollen Sie auf Nummer sicher gehen, starten Sie aber stattdessen eine intensivere Prüfung mit einem Klick auf *Laufwerk scannen*. Den Fortschritt bei der Überprüfung können Sie in der Statusanzeige mitverfolgen.

6. Nach Abschluss der Tests erhalten Sie die Meldung *Das Laufwerk wurde erfolgreich gescannt*. Mit *Details anzeigen* unten links lassen Sie sich ein ausführlicheres Protokoll anzeigen. Dieses verrät auch Genaueres, sollte es bei der Überprüfung zu Fehlern gekommen sein.

Laufwerke für schnellen und sicheren Zugriff optimieren

Ein sehr unangenehmer Effekt vor allem bei Festplatten, die schon recht voll sind, ist die Fragmentierung der gespeicherten Daten. Besonders wenn Sie z. B. beim Brennen von DVDs häufiger mit sehr großen Dateien arbeiten müssen, kann das den Zugriff spürbar verlangsamen und das Risiko von Datenverlusten erhöhen. Deshalb bringt Windows ein Programm zum Defragmentieren von Laufwerken mit, das die Inhalte der Festplatte reorganisiert, sodass der Zugriff auf die Dateien wieder mit gewohnter Geschwindigkeit erfolgen kann.

TIPP ☑ Was sind fragmentierte Dateien?

Die Speicherkapazität einer Festplatte ist in viele kleine Blöcke aufgeteilt. Um eine Datei zu speichern, zerlegt das Betriebssystem sie in viele Teile, die der Größe dieser Blöcke entsprechen, und verteilt sie auf freie Datenblöcke. Normalerweise wird eine Datei in aufeinanderfolgenden Blöcken gespeichert. Wenn die Festplatte schon sehr voll ist, ist dies manchmal nicht möglich, weil es nicht genügend aufeinanderfolgende freie Blöcke gibt. Dann sucht das Betriebssystem beliebige freie Blöcke heraus und belegt sie mit den Daten. Da solche Dateien auf verschiedene, nicht zusammenhängende Blöcke verteilt sind, bezeichnet man sie als fragmentiert.

Die Fragmentierung wirkt sich leider negativ auf die Zugriffszeit der gespeicherten Dateien aus. Da die Schreib-/Leseköpfe der Festplatte die Daten aus verschiedenen Bereichen zusammensuchen müssen, dauert jeder Zugriff entsprechend länger. Das Defragmentierungsprogramm organisiert die Dateistruktur eines Laufwerks neu, sodass fragmentierte Dateien möglichst wieder in aufeinanderfolgenden Datenblöcken zusammengefasst werden.

1. Um ein Laufwerk zu optimieren, öffnen Sie seine Eigenschaften mit *Datei/Eigenschaften* oder mit *Eigenschaften* im Kontextmenü der rechten Maustaste.

2. Wechseln Sie in den Laufwerkeigenschaften auf die Registerkarte *Tools*. Hier finden Sie den Bereich *Laufwerk optimieren und defragmentieren*. Klicken Sie darin auf die Schaltfläche *Optimieren*.

3. Damit öffnen Sie das Programm für die Defragmentierung. Dieses zeigt Ihnen zunächst den aktuellen Status aller Laufwerke an. Das sollten Sie aber noch nicht zu ernst nehmen. Erst wenn Sie einmal auf *Analysieren* geklickt haben, wird die Bestandsaufnahme aktualisiert.

4. Ergibt sich dabei eine deutliche Fragmentierung, können Sie diese beseitigen lassen. Wählen Sie dazu das zu bereinigende Laufwerk aus und klicken Sie rechts darunter auf *Optimieren*.

TIPP ☑ Erst analysieren, dann defragmentieren

Wenn Sie auf die Schaltfläche *Datenträger analysieren* klicken, untersucht das Programm zunächst die Festplatten und stellt den Grad der Fragmentierung fest. Gerade bei einem neuen System ist meist noch gar nicht viel passiert. Dann steht hinter den Laufwerken die Anmerkung *(0% fragmentiert)*. Also ist auch kein Defragmentieren erforderlich. Erst wenn dieser Prozentsatz in den zweistelligen Bereich steigt, lässt sich durch das Defragmentieren auch ein Leistungsgewinn erzielen.

5. Das Programm beginnt dann mit der Defragmentierung der Festplatte. Diese wird im Hintergrund ausgeführt. Sie können das Programmfenster in der Zwischenzeit schließen, die Defragmentierung läuft dennoch weiter. Durch einen erneuten Aufruf des Programms kehren Sie später an diese Stelle zurück und informieren sich über den Status und das Ergebnis. Mit *Defragmentierung beenden* können Sie den Vorgang auch jederzeit beenden. Das Laufwerk verbleibt dann in dem – nun immerhin etwas weniger – fragmentierten Zustand.

TIPP ☑ Vorsicht während des Defragmentierens!

Beim Defragmentieren bringt das Optimierungsprogramm die Daten auf Ihrer Festplatte zunächst kräftig durcheinander, damit sie anschließend umso geordneter sein können. In dieser Umordnungsphase ist Ihr PC sehr empfindlich. Ein Absturz könnte jetzt zu Datenverlusten führen. Deshalb sollten Sie dem Defragmentierungsprogramm am besten den PC allein überlassen und nicht nebenbei mit anderen Anwendungen weiterarbeiten. Da das Defragmentieren den PC zusätzlich belastet, ist das parallele Arbeiten ohnehin nur mit halber Kraft möglich.

Eine komplette Optimierung kann je nach Größe des Laufwerks mehrere Stunden dauern. Immerhin muss das Programm jeden einzelnen Datenblock von der Festplatte einlesen, eine geeignete neue Position dafür finden und ihn dort wieder auf die Platte

schreiben. Dabei gilt es noch, zusammengehörende Blöcke auch möglichst zusammen-
hängend unterzubringen.

Die automatische Defragmentierung auf einzelne Laufwerke beschränken

Die automatische Defragmentierung sorgt dafür, dass Laufwerke automatisch im Hintergrund bereinigt werden, wenn dies erforderlich ist. Dabei können Sie nicht nur
Häufigkeit und Zeitpunkt festlegen, sondern auch, welche Laufwerke überhaupt defrag-
mentiert werden sollen. Das ist z. B. sinnvoll, wenn Sie mehrere Laufwerke in Ihrem PC
haben, von denen eines aber nur wenig (z. B. zu Sicherungszwecken) genutzt wird.
Da wäre eine Defragmentierung überflüssig bzw. würde diese Festplatte unnötig in
Betrieb halten, wenn sie eigentlich geschont und energiesparend abgeschaltet werden könnte.

1. Zu diesem Zweck klicken Sie im *Laufwerke optimieren*-Dialog unten im Bereich
   Geplante Optimierung auf die Schaltfläche *Einstellungen ändern*.

2. Im anschließenden Dialog können Sie die Häufigkeit sowie den Zeitpunkt für das
   Defragmentieren einstellen. Für einen gut genutzten PC ist *Wöchentlich* völlig aus-
   reichend, bei eher seltener Nutzung reicht auch *Monatlich* durchaus. Eine tägliche
   Optimierung hingegen ist nur in sehr seltenen Fällen notwendig.

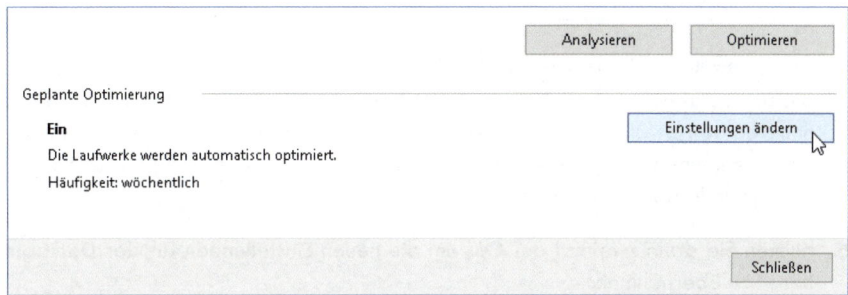

3. Mit der Schaltfläche *Auswählen* öffnen Sie ein weiteres Menü, in dem Sie genau festlegen können, welche Laufwerke vom Zeitplan berücksichtigt werden sollen.

4. Die Option *Alle auswählen* dient nur der Vereinfachung. Hiermit können Sie bei einer längeren Liste von Laufwerken ganz einfach die Defragmentierung für alle aktivieren.

5. Interessant ist auch ganz unten die Option *Neue Laufwerke automatisch optimieren*. Sie sorgt dafür, dass neu hinzukommende Laufwerke automatisch mit für das Optimieren ausgewählt werden. Deaktivieren Sie dieses Kontrollkästchen, unterbleibt das. Sie können bzw. müssen diese Funktion für neue Laufwerke bei Bedarf dann aber jeweils manuell aktivieren.

6. Klicken Sie dann zweimal auf OK, um die neuen Einstellungen für das Defragmentieren zu übernehmen.

Turbo für den Turbo: SSD-Laufwerke noch besser nutzen

Solid State Drives verwenden nicht wie klassische Festplatten Magnetscheiben, sondern speichern ihre Daten auf Flash-Speicherchips. Das geht in den meisten Fällen deutlich schneller und beschleunigt so das Starten von Windows und der installierten Anwendungen. Allerdings gilt es, beim Verwenden von SSD einige Besonderheiten im Vergleich zu klassischen Festplatten zu beachten. So ist es nicht nur sinnlos, sondern sogar schädlich, SSD-Laufwerke zu defragmentieren. Windows weiß das und behandelt solche Geräte automatisch richtig.

SSD-Laufwerke erkennt Windows automatisch und verzichtet aufs Defragmentieren.

Im Optimierungsdialog können Sie in der Liste der verfügbaren Laufwerke in der Spalte *Medientyp* die Art jedes Laufwerks ablesen, also z. B. *Festplatte* für klassische Magnetfestplatten, *Wechseldatenträger* für USB-Sticks und Co. oder eben *Solid-State-Laufwerk*. Bei diesen wird ein Prozentsatz für den aktuellen Fragmentierungsstatus gar nicht erst ermittelt.

39.3 Speicherpools: mehrere Laufwerke zu flexiblen und sicheren Speicherplätzen zusammenfassen

Windows bietet unter der Bezeichnung *Speicherplätze* eine Möglichkeit, den Umgang mit Speicherlaufwerken, das sichere Speichern von Daten und das Erweitern des verfügbaren Speicherplatzes deutlich zu erleichtern. Speicherplätze bieten die Möglichkeit, sozusagen ein virtuelles Laufwerk zu erstellen, das unabhängig von den real vorhandenen Laufwerken ist. Das bietet Ihnen verschiedene Möglichkeiten:

■ Mit Speicherplätzen können Sie mehrere kleinere Laufwerke zu einem großen gemeinsamen virtuellen Laufwerk zusammenfassen. So addiert sich der Speicherplatz, ohne dass Sie im Windows-Explorer mehrere Laufwerke vorfinden. Sie müssen sich dabei vor allem auch bei umfangreichen Dateien keine Gedanken machen, auf welchem der Laufwerke Sie diese speichern. Windows verteilt die Dateien automatisch passend auf die vorhandenen Kapazitäten.

■ Anstatt die Kapazität aufzuaddieren, kann Windows den zusätzlichen Speicherplatz auch für mehr Sicherheit nutzen: Durch das automatische Spiegeln aller Inhalte auf zwei Festplatten steht Ihnen zwar nur die einfache Kapazität zur Verfügung, dafür haben Sie aber immer eine zweite Version aller Daten. Selbst im Fall eines Festplattendefekts können Sie ohne Datenverlust nahtlos weiterarbeiten und die defekte Platte einfach durch eine neue ersetzen.

HINWEIS ⟩ Speicherplätze – das Kleingedruckte

Damit Festplatten in einem Pool zusammengefasst werden können, sollten sie grundsätzlich leer sein. Eventuell vorhandene Daten werden beim Erstellen des Speicherplatzes gelöscht. Daraus ergibt sich auch, dass Sie das Systemlaufwerk, auf dem Windows installiert ist, nicht auf diese praktische Weise erweitern können. Sonst würde Windows bei der Gelegenheit eben auch gelöscht werden. Speicherplätze lassen sich nur auf fest angeschlossenen Laufwerken (keine USB-Festplatte usw.) einrichten. Falsch machen können Sie dabei aber nichts, denn Windows bietet Ihnen automatisch nur solche Datenträger zur Auswahl an, die für diese Funktion geeignet sind.

Einen Speicherplatz einrichten

Um einen Speicherplatz einzurichten, sollten Sie mindestens zwei physikalische Laufwerke (neben dem Systemlaufwerk) eingebaut haben. Prinzipiell geht es auch mit nur einem Laufwerk, aber diese Variante bietet keinen Vorteil gegenüber dem direkten Verwenden dieser Festplatte.

1. Öffnen Sie in der Systemsteuerung das Symbol *Speicherplätze*.

2. Klicken Sie hier auf *Neuen Pool und Speicherplatz erstellen*.

3. Windows listet dann die Laufwerke auf, die für den Einsatz in einem Speicherpool infrage kommen. Standardmäßig werden zunächst alle diese Laufwerke auch ausgewählt, aber das können Sie beliebig anpassen. Sollte eines der ausgewählten Laufwerke bereits Daten enthalten, weist Windows Sie darauf hin. Beachten Sie, dass diese Daten im nächsten Schritt unwiederbringlich gelöscht werden. Klicken Sie unten auf *Pool erstellen*, um fortzufahren.

4. Anschließend können Sie festlegen, in welchem Modus die Festplatten zusammengefasst werden (siehe nachfolgenden Abschnitt). Daraus ergibt sich die tatsächliche Kapazität, die dieser Speicherplatz zur Verfügung stellt. Entscheidend ist dabei der Wert bei *Größe (Maximum)*. Er gibt an, wie viel Speicher Sie letztlich nutzen können. Wählen Sie den gewünschten Modus aus, wobei die Anzahl der gewählten Festplatten beschränkt, welche Resilienztypen zur Verfügung stehen. Nur wenn der gewählte Typ zur aktuellen Konfiguration des Speicherplatzes passt, können Sie unten auf *Speicherplatz erstellen* klicken.

5. Windows erstellt nun den Speicherplatz, was je nach Umfang und Anzahl der Laufwerke eine kurze Zeit lang dauern kann.

6. Der Speicherplatz wird mit einem eigenen Laufwerkbuchstaben in das Dateisystem unter *Computer* eingebunden.

Das so geschaffene virtuelle Laufwerk können Sie wie jedes andere zum Speichern, Kopieren, Bearbeiten usw. von Daten nutzen.

Die verschiedenen Resilienztypen

Die Speicherplätze-Funktion kann verschiedene Arten von Resilienz (auf Deutsch in etwa „Widerstandsfähigkeit gegenüber Störungen") verwenden:

- **Einfach (keine Resilienz)**
  Im einfachsten Fall wird der Speicherplatz aller Laufwerke einfach addiert, was die maximale Kapazität bringt. Allerdings gibt es dabei keinerlei Sicherheitspolster. Mit dieser Variante machen Sie ganz simpel aus mehreren kleinen Laufwerken ein großes. Nachteil: Da die Daten über mehrere Laufwerke verteilt sind, führt der Ausfall einer der beteiligten Festplatten immer zu Datenverlust.

- **Zwei-Wege-Spiegelung**
  Bei dieser Variante werden alle Dateien quasi doppelt gespeichert. Dafür sind mindestens zwei Laufwerke notwendig. Bei mehr als zwei Laufwerken sorgt Windows dafür, dass jede Datei auf zwei beliebigen der beteiligten Laufwerke gespeichert wird. Dadurch halbiert sich die nutzbare Gesamtkapazität der beteiligten Festplatten. Dafür verkraftet diese Konfiguration aber mühelos den Ausfall einer der Festplatten, da für die dort gespeicherten Dateien dann automatisch die Kopie von einer der anderen Festplatten verwendet wird.

- **Parität**
  Für diese Variante sind mindestens drei Festplatten erforderlich. Etwas vereinfacht gesagt: Die eine Hälfte einer Datei wird auf der ersten Festplatte gespeichert, die zweite Hälfte auf der zweiten. Auf der dritten werden Paritätsinformationen gespeichert. Sollte eine der ersten beiden Festplatten ausfallen, kann die dann fehlende Dateihälfte mit den Paritätsdaten der dritten Platte wiederhergestellt werden. Diese Konfiguration stellt also eine Mischung aus Ausfallsicherheit und Kapazitätsoptimierung dar, da von drei eingebundenen Festplatten zwei Drittel der Gesamtkapazität effektiv genutzt werden können. Das gilt zumindest, wenn alle Festplatten gleich groß sind, ansonsten steht nur zweimal die Kapazität der kleinsten beteiligten Festplatte zur Verfügung. Durch Hinzufügen weiterer Festplatten kann das Verhältnis noch verbessert werden, da die Faustformel (Anzahl der Festplatten − 1) × (Kapazität der kleinsten Festplatte) gilt, d. h., mit zunehmender Anzahl von Festplatten steigt die nutzbare Kapazität auf drei Viertel, vier Fünftel, fünf Sechstel usw. der theoretischen Gesamtkapazität.

- **Drei-Wege-Spiegelung**
  Wohl eher für professionelle Ansprüche vorgesehen ist schließlich die Drei-Wege-Spiegelung, für die mindestens fünf Laufwerke zusammengeschaltet werden müssen. Sie mischt quasi Spiegelung und Parität, sodass der Ausfall von bis zu zwei beliebigen Festplatten des Pools gleichzeitig verkraftet werden kann, ohne dass es zu Datenverlusten kommt. Allerdings erkauft man diesen Sicherheitsgewinn eben mit einer höheren Anzahl an Festplatten bei geringerer Nutzungskapazität. Das lohnt sich nur, wenn die Daten sehr wertvoll sind und wenn absehbar ist, dass eine ausgefallene Festplatte des Verbunds nicht kurzfristig ausgetauscht werden kann.

Für welche der Varianten Sie sich auch entscheiden: Die *Speicherplätze*-Funktion arbeitet für den Benutzer im Rahmen ihrer Spezifikation vollkommen transparent. So werden Sie auf den Ausfall einer Festplatte Ihres Verbunds selbstverständlich hingewiesen, können aber erst mal ungestört weiterarbeiten (mit Ausnahme der einfachen Variante ohne Resilienz). Die defekte Festplatte können Sie einfach durch eine neue ersetzen und diese als neues Mitglied in den Speicherplatz einbinden. Windows sorgt dann dafür, dass die neue Platte umgehend wieder mit den Daten gefüllt wird, die sie gemäß dem gewählten Modus beinhalten sollte, sodass der Resilienztyp so schnell wie möglich wiederhergestellt wird.

Speicherplätze auflösen

Einen einmal erstellten Speicherplatz können Sie auch wieder auflösen. Allerdings gehen dabei sämtliche Dateien, die in dem Laufwerkeverbund gespeichert sind, verloren.

1. Öffnen Sie in der Systemsteuerung wiederum das Modul *Speicherplätze*.

2. Hier werden nun die bereits eingerichteten Speicherplätze angezeigt. Sie können dem bestehenden Pool hier weitere Laufwerke hinzufügen oder den Pool umbenennen.

3. Unten bei der Liste der Speicherplätze können Sie die Größe eines Pools nachträglich ändern (nicht aber den Resilienztyp!).

4. Um den Verbund aufzulösen, klicken Sie auf *Löschen* und bestätigen den Schritt anschließend mit einem weiteren Klick auf *Speicherplatz löschen*.

5. Anschließend können Sie auch den Pool löschen, um den Verbund endgültig aufzulösen.

Die freigestellten Laufwerke stehen Ihnen anschließend wieder zur freien Verfügung bereit, müssen aber zunächst in der Datenträgerverwaltung eingerichtet werden, damit sie nutzbar sind.

39.4 Laufwerkprophylaxe: die Gesundheit Ihrer Festplatten mit SMART-Tools überprüfen

SMART bzw. S.M.A.R.T. (**S**elf **M**onitoring **A**nalysis and **R**eporting **T**echnology) ist eine Technologie, mit der Festplatten ihren eigenen Status überprüfen und bei Anzeichen von Fehlern eine Meldung an den Computer ausgeben (sofern per Software abgefragt).

So soll das Risiko von Datenverlusten durch Hardwarefehler minimiert werden. Dazu bedarf es aber einer regelmäßigen Überprüfung des Laufwerks durch ein SMART-fähiges Programm oder BIOS. Es gibt eine Reihe von Programmen, mit denen man die SMART-Informationen von Festplatten auslesen kann. Interessant und empfehlenswert ist CrystalDiskInfo, das Sie unter www.crystalmark.info/?lang=en in einer kostenlosen Version herunterladen können.

Einmal installiert können Sie es jederzeit nach Bedarf starten und von Ihren Festplatten eine Reihe von Parametern abrufen, mit denen sich die „Gesundheit" bewerten und zumindest einige typische Fehlfunktionen frühzeitig erkennen lassen.

TIPP ☑ **Mehrere Festplatten kontrollieren**
Wenn Sie mehr als eine Festplatte eingebaut haben, können Sie mit dem Menüpunkt Festplatte *zwischen den verschiedenen Geräten hin- und herwechseln, um deren Daten zu kontrollieren bzw. vielleicht auch zu vergleichen.*

1. Einmal installiert, starten Sie CrystalDiskInfo bei Bedarf über das Startmenü.

2. Sofort sehen Sie die Werte der ersten Festplatte auf dem Bildschirm. So verrät Ihnen die Einstufung unter *Gesamtzustand* links sofort, ob es Grund zur Beunruhigung gibt. Steht hier *Gut*, gilt schon mal Entwarnung.

3. Wichtig ist auch direkt darunter die *Aktuelle Temperatur*. Deren Einfluss wird häufig unterschätzt, denn wenn sich eine Festplatte z. B. in einem schlecht durchlüfteten PC-Gehäuse regelmäßig stark erhitzt, senkt dies ihre Lebenserwartung deutlich.

4. Die Tabelle darunter führt die einzelnen SMART-Parameter auf. Solange alles in Ordnung ist, brauchen Sie sich damit aber gar nicht zu befassen. Sowie einer der

Werte außerhalb des Sollbereichs gerät, verändert das Programm den Status auf Gelb bzw. gegebenenfalls auf Rot. Dann können Sie in der Parameterliste nachschauen, welcher Wert aus dem Ruder gelaufen ist.

	ID	Parametername	Aktueller...	Schlecht...	Grenzwert	Rohwerte
●	01	Lesefehlerrate	108	100	34	00000133A6E0
●	03	Mittlere Anlaufzeit	98	98	0	000000000000
●	04	Start/Stopp-Zyklen der Spindel	100	100	20	000000000095
●	05	Wiederzugewiesene Sektoren	100	100	36	000000000000
●	07	Suchfehler	68	60	30	0000006D1C2D
●	09	Betriebsstunden	100	100	0	CAB000000190
●	0A	Misslungene Spindelanläufe	100	100	97	000000000000
●	0C	Geräte-Einschaltvorgänge	100	100	20	00000000006E
●	B8	Ende-zu-Ende-Fehler	100	100	99	000000000000
●	BB	Gemeldete unkorrigierbare Fehler	100	100	0	000000000000
●	BC	Befehlszeitüberschreitung	100	99	0	000800080008
●	BD	Übergeordnete Schreibvorgänge	100	100	0	000000000000
●	BE	Luftstromtemperatur	52	45	45	000030160030
●	BF	Beschleunigungssensor-Fehlerrate	100	100	0	000000000004
●	C0	Ausschaltungsabbrüche	100	100	0	000000000005
●	C1	Laden/Entladen-Zyklen	96	96	0	00000000217B
●	C2	Temperatur	48	55	0	000B00000030
●	C4	Wiederzuweisungsereignisse	100	100	30	22680000009C
●	C5	Aktuell ausstehende Sektoren	100	100	0	000000000000
●	C6	Nicht korrigierbare Sektoren	100	100	0	000000000000
●	C7	UltraDMA-CRC-Fehler	200	200	0	000000000000
●	FE	Freifallschutz	100	100	0	000000000000

Wichtige Werte im Verlauf beobachten

Bei konkreten Problemen mit Dateifehlern oder Abstürzen kann es hilfreich sein, das Verhalten der Festplatte über einen längeren Zeitraum zu beobachten. So ist z. B. die Temperaturentwicklung ein solcher Kandidat, denn auch wenn die Wärme üblicherweise im Rahmen bleibt, kann sie unter besonderen Belastungen eben doch kritische Werte erreichen. CrystalDiskInfo bietet Ihnen die Möglichkeit, die Entwicklung einzelner Werte aufzuzeichnen und in einem Diagramm darzustellen.

1. Wählen Sie dazu die Menüfunktion *Optionen/Diagramm*.

2. Hier können Sie oben im Auswahlfeld zunächst angeben, welchen Parameter Sie überwachen möchten.

3. Im Diagramm können Sie dann verfolgen, wie sich dieser Wert entwickelt. Soweit vorhanden, fügt das Programm automatisch den kritischen Schwellenwert sowie den bislang erreichten Maximalwert ein.

TIPP ☑ Das Aktualisierungsintervall verkürzen

Standardmäßig fragt CrystalDiskInfo alle zehn Minuten neue Daten von der Festplatte ab. Um eine möglichst detaillierte Überwachung zu gewährleisten, sollten Sie diesen Wert gegebenenfalls herabsetzen. Wählen Sie dazu im Hauptprogramm mit *Optionen/ Autoaktualisierung* ein kürzeres Intervall.

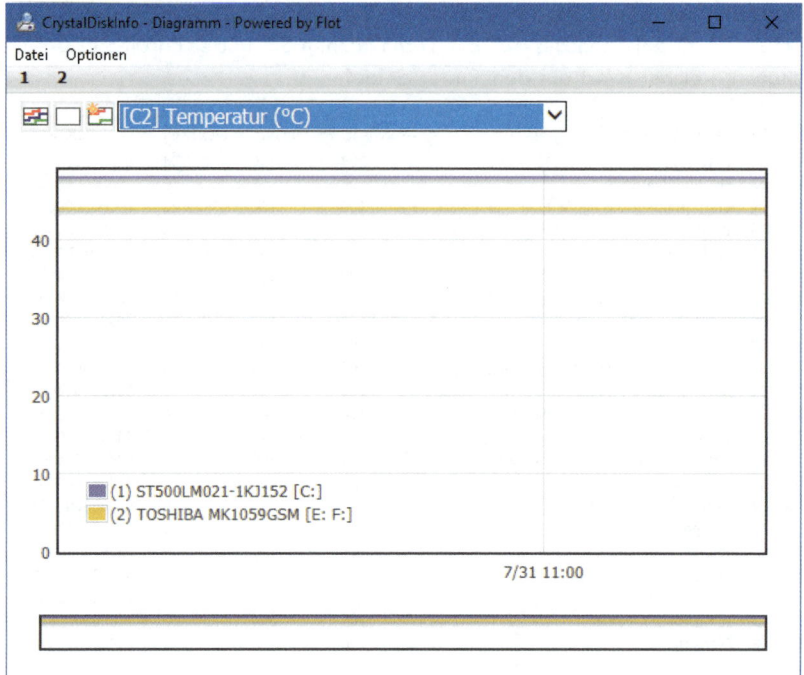

4. Wenn Sie dieses Programm einfach im Hintergrund laufen lassen, können Sie nach einiger Zeit gut nachvollziehen, wie sich z. B. die Temperatur während der Arbeit mit dem PC entwickelt hat.

39.5 USB-Sticks, Speicherkarten und Co. sicher und einfach nutzen

Neben Festplattenlaufwerken haben Wechselspeichermedien inzwischen eine fast noch größere Bedeutung. Verstand man darunter früher in erster Linie CDs/DVDs, so ist die Bandbreite heute viel größer, und USB-Sticks, MP3-Player oder Speicherkarten für Digitalkameras und Camcorder sind für viele Anwender selbstverständliche Hilfsmittel geworden. Gerade bei der Vielzahl von verschiedenen Produkten und Anwendungen ist ein gutes Management wichtig, um Datenverluste zu vermeiden und stets die maximale Kapazität und Geschwindigkeit nutzen zu können.

USB-Sticks und Speicherkarten korrekt formatieren

Während Festplatten in der Regel nur einmal bei der Installation formatiert werden, kann dies bei Wechselspeichermedien wie USB-Sticks und Speicherkarten häufiger notwendig sein. Generell empfiehlt es sich, solche Geräte bei der ersten Inbetriebnahme einmal neu zu formatieren. Sollten später Probleme auftauchen, weil Dateien nicht mehr lesbar sind oder umgekehrt nicht mehr benötigte Dateien nicht gelöscht werden können, formatieren Sie den Wechselspeicher einfach einmal neu. Danach sollten die Probleme behoben sein, und der Speicher steht Ihnen dann wieder in vollem Umfang zur Verfügung.

HINWEIS ▷ Gerät wird nicht als Wechselspeichermedium angezeigt?

USB-Sticks, Speicherkarten und auch die meisten MP3-Player sollten von Windows ohne Weiteres als Wechselspeichermedien erkannt und angezeigt werden. Eventuell ist ein spezieller Treiber erforderlich, der beim ersten Anstecken des Gerätes an den PC einmalig installiert werden muss. Wird ein Gerät trotz eines funktionierenden Treibers nicht im Explorer angezeigt, handelt es sich dabei nicht um ein klassisches Wechselspeichermedium. In diesem Fall sind Sie für den Zugriff auf spezielle Software des Geräteherstellers angewiesen. Eine Funktion zum Formatieren des Datenträgers finden Sie dann in der Regel in dieser Software oder im Gerät selbst.

1. Verbinden Sie den Wechselspeicher mit dem PC und zeigen Sie den Arbeitsplatz im Explorer an. Hier sollte das Wechselspeicherlaufwerk nun aufgeführt werden. Vergewissern Sie sich, dass der Speicher keine wichtigen Daten mehr enthält, denn beim Formatieren wird er komplett gelöscht.

2. Klicken Sie mit der rechten Maustaste auf den Eintrag des Wechselspeichermediums und wählen Sie im Kontextmenü den Befehl *Formatieren*.

3. Im anschließenden Dialog legen Sie die Parameter für das Formatieren fest. Hier ist vor allem die Einstellung *Dateisystem* wichtig. Bei den anderen Angaben können Sie in der Regel die Voreinstellungen beibehalten.

4. Im Feld *Volumebezeichnung* können Sie dem Datenträger einen Namen geben, unter dem er im Explorer aufgeführt wird. Das kann gerade beim Hantieren mit verschiedenen Speichermedien den Überblick erleichtern.

5. Auf die Formatierungsoption *Schnellformatierung* sollten Sie verzichten, insbesondere wenn Sie mit der Formatierung Probleme lösen wollen. Der Geschwindigkeitsgewinn ist bei Wechselspeichermedien nicht besonders groß, und einer gründlichen Formatierung ist allemal der Vorzug zu geben.

6. Klicken Sie dann unten auf die *Starten*-Schaltfläche, um das Formatieren zu beginnen, und bestätigen Sie die Warnung, dass alle Daten auf dem Datenträger gelöscht werden.

7. Windows formatiert nun den Wechselspeicher, was Sie anhand des grünen Fortschrittsbalkens verfolgen können.

8. Schließlich erhalten Sie die Erfolgsmeldung *Formatieren abgeschlossen*. Klicken Sie auf OK und zurück im *Formatieren*-Dialog auf *Schließen*. Der frisch formatierte Speicher steht Ihnen zur Verfügung.

HINWEIS ▷ Das richtige Dateisystem

Welches das richtige Dateisystem ist, lässt sich leider so pauschal nicht sagen. Für USB-Sticks, Speicherkarten und MP3-Player kommen in erster Linie FAT (Standard) und FAT32 infrage. NTFS bietet sich für den Austausch von Dateien zwischen Windows-PCs an, da hierbei zusätzliche Dateieigenschaften erhalten bleiben. Wichtig ist, dass Geräte, in denen die Speichermedien eingesetzt werden sollen (PCs, Digitalkameras, MP3-Player, Tablets etc.), das gewählte Dateisystem unterstützen. Schauen Sie deshalb im Zweifelsfall in der Dokumentation Ihrer Geräte nach oder probieren Sie es einfach aus. Falsch machen kann man nicht viel. Sollte ein Speichermedium das falsche Dateisystem haben und nicht zu verwenden sein, wiederholen Sie die Formatierung einfach mit einem anderen Format.

Automatische Wiedergabe – so läuft beim Einstecken alles automatisch ab

Schon Windows XP hatte das Autoplay eingeführt – also die automatische Aktion beim Einlegen bzw. Anschließen von Datenträgern wie CDs, USB-Sticks oder Digitalkameras. Das aktuelle Windows führt diese Funktion weiter fort, indem es noch mehr Arten von externen Datenträgern erkennt und unterscheiden kann. Für jede Art Medium bzw. für verschiedene Arten von Inhalten wie Bildern, Videos oder Musikdateien können Sie eigene Aktionen für die automatische Wiedergabe wählen.

1. Eine Möglichkeit besteht darin, die Autoplay-Aktionen interaktiv festzulegen: Wann immer Sie einen Datenträger einlegen bzw. anschließen, blendet Windows oben rechts auf dem Bildschirm einen Hinweis ein. Klicken oder tippen Sie darauf.

2. Windows analysiert dann den Inhalt des Datenträgers und stellt Ihnen passende Optionen zur Auswahl.

3. Wählen Sie aus, welche Aktion Sie ausführen wollen.

Windows merkt sich Ihre Entscheidung. Wenn Sie dasselbe Gerät beim nächsten Mal wieder anschließen, wird diese Aktion erneut ausgeführt. Wie Sie dies bei Bedarf ändern können, lesen Sie im nachfolgenden Abschnitt.

TIPP ☑ Was ist aus dem Unterdrücken von Autoplay per Umschalt-Taste geworden?

Das Unterdrücken der Autoplay-Funktion durch Drücken von ⇧ während des Einlegens bzw. Anschließens, wie bei einigen früheren Windows-Versionen möglich, klappt leider nicht mehr. Hier bleibt nur noch die Auswahl, Autoplay komplett zu deaktivieren oder für einzelne Medienarten *Keine Aktion durchführen* dauerhaft einzustellen (siehe im Folgenden). Oder aber Sie ignorieren den Hinweis beim Anschließen eines Speichermediums einfach, dann wird er nach einigen Sekunden wieder ausgeblendet.

Die automatische Wiedergabe für bestimmte Geräte steuern

In den *Einstellungen* ist für jedes Speichermedium bzw. Wiedergabegerät, das Sie bislang mit diesem PC verbunden haben, vermerkt, welche Wahl Sie für die automatische Wiedergabe getroffen haben. Hier können Sie diese Entscheidung später auch wieder korrigieren:

1. Öffnen Sie dazu in den Einstellungen den Bereich *Geräte* und darin die Rubrik *Automatische Wiedergabe*.

2. Hier können Sie in der rechten Hälfte oben die Funktion der automatischen Wiedergabe insgesamt ein- und ausschalten.

3. Darunter werden alle Geräte aufgeführt, die Sie bislang an Ihren Windows-PC angeschlossen haben. Zu jedem Gerät finden Sie die Einstellung, die Sie gewählt haben, bzw. *Standard wählen*, wenn Sie keine Entscheidung getroffen haben.

4. Wenn Sie das Auswahlfeld öffnen, werden Ihnen alle Optionen angeboten, die für
diese Art von Gerät zur Verfügung stehen. Wählen Sie aus, welche Aktion standardmäßig ausgeführt werden soll. Zusätzliche Optionen für alle Geräte sind:

- *Keine Aktion durchführen* – Dann reagiert Windows von sich aus nicht auf das
  Anschließen dieses Gerätes, Sie können es aber ganz nach Belieben verwenden.

- *Jedes Mal nachfragen* – Damit merkt sich Windows keine Standardaktion für
  dieses Gerät, sondern fragt beim Anschließen jedes Mal wieder nach.

Standardaktionen für alle Medientypen systematisch festlegen

Alternativ zur Salamitaktik bei jedem einzelnen Gerät können Sie auch für alle von Windows unterschiedenen Arten von Speichermedien und anschließbaren Geräten von vornherein Standardaktionen festlegen, die dann wie von Zauberhand ausgeführt werden.

1. Öffnen Sie dazu in der klassischen Systemsteuerung den Bereich *Automatische Wiedergabe* (in der Kategorieansicht unter *Programme/Standardprogramme/Standardeinstellungen für Medien und Geräte ändern*).

2. Auch hier können Sie ganz oben bestimmen, ob Windows überhaupt die automatische Wiedergabe für alle Medien und Geräte verwenden soll.

Automatische Wiedergabe — □ ✕

← → ∨ ↑ | ≪ Hardware und So... › Automatische Wiedergabe | ∨ ↺ | Systemsteuerung durchsuchen 🔍

Wählen Sie die gewünschte Aktion aus, wenn ein Medientyp eingelegt oder ein Gerät angeschlossen wird. ❓

☑ Automatische Wiedergabe für alle Medien und Geräte verwenden

Wechseldatenträger

💾 Wechseldatenträger	Speichereinstellungen konfigurieren (Einstellungen) ∨

☐ Gewünschte Aktion für jeden Medientyp auswählen

🖼 Bilder	Wählen Sie einen Standard aus. ∨
🎬 Videos	Wählen Sie einen Standard aus. ∨
🎵 Musik	Wählen Sie einen Standard aus. ∨
🗂 Gemischte Inhalte	Wählen Sie einen Standard aus. ∨

Kameraspeicher

📷 Speicherkarte	Wählen Sie einen Standard aus. ∨

DVDs

📀 DVD-Film	Wählen Sie einen Standard aus. ∨
📀 Enhanced DVD-Film	Wählen Sie einen Standard aus. ∨
💿 Leere DVD	Wählen Sie einen Standard aus. ∨
📀 DVD-Audio	Wählen Sie einen Standard aus. ∨

Blu-Ray-Disc

📀 Blu-Ray-Disc-Film	Wählen Sie einen Standard aus. ∨
💿 Leere Blu-Ray-Disc	Wählen Sie einen Standard aus. ∨

[Speichern] [Abbrechen]

---

3. Darunter finden Sie eine längere Liste der Gerätearten und Medientypen, die Windows unterscheidet. Zu jedem Eintrag gehört ein Auswahlfeld, in dem Sie eine Standardaktion auswählen können.

4. Unten finden Sie unter *Geräte* auch hier wie in den *Einstellungen* eine Liste der dem PC bislang bekannten Geräte und können deren Wiedergabeoptionen anpassen.

5. Die genaue Auswahl an Aktionen hängt vom jeweiligen Medientyp ab. Außerdem spielt es eine Rolle, welche Software gegebenenfalls installiert ist, die mit den verschiedenen Medientypen umgehen kann. Wählen Sie also jeweils die gewünschte Aktion aus.

6. Einige Optionen stehen bei (fast) allen Einträgen unabhängig vom Medientyp zur Auswahl:

- *Keine Aktion durchführen*: Windows ignoriert das Einlegen bzw. Anschließen solcher Datenträger völlig.

- *Jedes Mal nachfragen*: Der interaktive Modus bleibt für diesen Medientyp erhalten, und Windows zeigt jedes Mal den Auswahldialog an.

- *Gerät zum Anzeigen der Dateien öffnen (Explorer)*: Windows startet den Windows-Explorer und zeigt den Inhalt des Datenträgers an.

7. Haben Sie Ihre Auswahl getroffen, klicken Sie ganz unten auf *Speichern*, um die Einstellungen auch dauerhaft festzulegen.

Zusätzlich finden Sie in diesem Einstellungsdialog ganz unten die Schaltfläche *Alle Standards zurücksetzen*. Damit stellen Sie alle Optionen der automatischen Wiedergabe auf die „Werkseinstellungen" zurück. Das kann praktisch sein, wenn man sich mit der Vielzahl an Geräten und Optionen verheddert hat und einen sauberen Neustart anstrebt.

Datenverluste beim Entfernen von Wechselspeichermedien vermeiden

Wechselspeichermedien wie USB-Sticks oder die Speicherkarte aus der Digitalkamera lassen sich dank USB jederzeit bequem mit dem PC verbinden, um z. B. Digitalfotos einzulesen oder wichtige Dokumente extern zu sichern. Allerdings kann man ein USB-Gerät eben auch jederzeit wieder abziehen.

Deshalb muss sichergestellt sein, dass Schreiboperationen auf das Medium beendet sind. Eine automatische Kontrolle durch Windows ist allerdings nicht möglich, weil die Entnahme jederzeit durch Trennen der USB-Verbindung durch den Benutzer erfolgen kann. Aber es gibt eine Methode, um sicherzustellen, dass alle Schreiboperationen abgeschlossen sind:

1. Im Infobereich bzw. im erweiterten Infobereich sehen Sie ein spezielles Symbol für angeschlossene USB-Geräte.

2. Wollen Sie ein Speichermedium entfernen, klicken Sie auf dieses Symbol im Infobereich. Damit öffnen Sie ein Menü mit einer Übersicht über die angeschlossenen Geräte.

3. Suchen Sie hier das Gerät aus, das Sie entfernen wollen (die angegebenen Laufwerkbuchstaben helfen gegebenenfalls beim Orientieren), und klicken Sie dann auf den Befehl ... *auswerfen*.

4. Windows beendet damit von sich aus die Verbindung zum Speichermedium, wobei automatisch eventuell noch ausstehende Schreiboperationen beendet werden. So können keine Daten verloren gehen oder beschädigt werden.

5. Wenn Sie die Meldung *Das Gerät "..." kann jetzt vom Computer entfernt werden* sehen, können Sie z. B. den USB-Stick gefahrlos aus dem PC herausziehen.

Kapitel 40

40. Energie sparen auch bei optimaler Leistung

PCs gehören mit zu den größten Stromfressern, insbesondere wenn sie täglich viele Stunden oder gar rund um die Uhr laufen. Deshalb sind energiesparende Einstellungen nicht nur für Notebooks bzw. Tablet-PCs interessant. Auch bei klassischen PCs können sich sparsame Einstellungen bezahlt machen. Windows kommt Ihnen dabei mit vielseitigen und flexiblen Energiesparoptionen entgegen. Für Besitzer mobiler Geräte lässt sich zusätzlich ein spezieller Stromsparmodus einstellen, der automatisch Sparmaßnahmen in Kraft setzt, wenn der Akkustand eine festgelegte Grenze unterschreitet.

893

40.1   Der richtige Mix aus Leistung und Sparsamkeit

Die Energieoptionen von Windows lassen sich an verschiedenen Stellen beeinflussen. Wer sich nicht viele Gedanken machen will, belässt es bei einer Basiskonfiguration. Oder aber man erstellt einen Energiesparplan, der eine Vielzahl von Einstellungen umfasst.

Die Basiseinstellungen für Bildschirm und Stand-by

Wenn Sie einen klassischen PC am Schreibtisch verwenden, müssen Sie sich über Energieoptionen nicht allzu viele Gedanken machen. Sicherlich lässt sich der Verbrauch in gewissen Grenzen lenken. Aber die entscheidende Frage ist eigentlich, ob nach einiger Zeit der Inaktivität der Monitor abgeschaltet werden soll (auch um diesen zu schonen) und ob der PC sich irgendwann in einen Stromsparmodus begeben soll.

1. Diese grundlegende Entscheidung können Sie ganz ohne Energiesparpläne in den Einstellungen im Bereich *System/Netzbetrieb und Energiesparen* treffen.

2. Hier legen Sie rechts oben fest, nach wie vielen Minuten der Bildschirm abgeschaltet werden soll. Bei einem klassischen PC ohne Akku steht hier nur die Variante *Im Netzbetrieb...* zur Auswahl. Bei Mobilgeräten sehen diese Einstellungen etwas anders aus, siehe Seite 900.

3. Darunter können Sie zusätzlich eine Zeitspanne einstellen, nach der ein Wechsel in den Stand-by-Modus erfolgen soll.

In den Standardeinstellungen schaltet sich der Monitor nach 30 Minuten aus, der PC wechselt aber nie in den Stand-by-Modus. Wenn es Ihnen schon mal passiert, dass Sie bei der Arbeit am PC unterbrochen werden und dann nicht mehr daran denken, den Rechner auszuschalten, kann es aber sinnvoll sein, auch für den Stand-by-Modus beispielsweise 1 Stunde als Frist festzulegen.

Mit Energiesparplänen variabel Strom sparen

Durch Energiesparpläne erlangen Sie etwas flexibleren Einfluss auf das Verhalten Ihres PCs. Zum einen lassen sich in solchen Plänen viel detailliertere Optionen festlegen. Zum anderen können Sie mehrere Energiesparpläne erstellen und jederzeit zwischen diesen hin- und herwechseln — ganz nach Bedarf. Falls das zu kompliziert klingen sollte, kein Grund zur Sorge. Sie haben auch hier die Auswahl, ob Sie mit wenigen Einstellungen nur eine grobe Richtlinie vorgeben oder alle Details der Energieeinstellungen selbst festlegen möchten.

1. Öffnen Sie in der klassischen Systemsteuerung den Bereich *System und Sicherheit*. Darin finden Sie die *Energieoptionen*.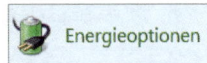

2. Damit gelangen Sie direkt in die Verwaltung der Energieoptionen. Hier können Sie einen der vorgefertigten Energiesparpläne auswählen. Für ein normales Desktopsystem eignet sich z. B. die *Ausbalanciert*-Konfiguration.

3. Aktivieren Sie zum Auswählen einfach den entsprechenden Eintrag in der Liste.

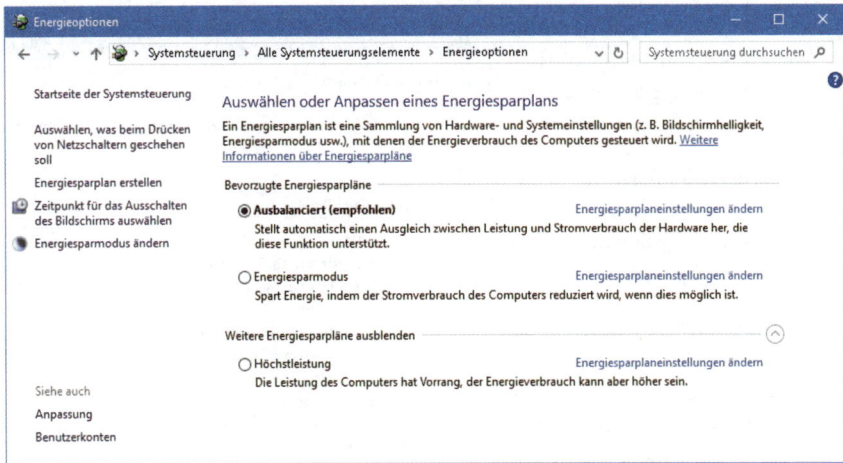

HINWEIS ▷ Welches ist der richtige Energiesparplan?

Der Energiesparplan *Ausbalanciert* ist standardmäßig aktiv und dürfte für die meisten Benutzer auch die sinnvollste Wahl sein. Verwenden Sie ein Notebook oder lassen Sie Ihren PC immer wieder für längere Zeit ungenutzt, während er eingeschaltet ist, können Sie mit *Energiesparmodus* mehr Strom sparen. Der Rechner schaltet dann mehr Komponenten schneller ab und geht auch selbst relativ schnell in den Energiesparmodus über. Sind Sie jederzeit auf sofortige Verfügbarkeit angewiesen und spielt der Stromverbrauch keine Rolle, wählen Sie *Höchstleistung*. Dann werden praktisch alle Stromsparfunktionen deaktiviert. Nur der Monitor schaltet sich nach einiger Zeit der Inaktivität aus, was die Verfügbarkeit des PCs selbst aber nicht beeinträchtigt.

4. Wollen Sie sich über die genauen Auswirkungen eines Energiesparplans informieren, klicken Sie neben seinem Namen auf *Energiesparplaneinstellungen ändern*.

5. Sie sehen dann zunächst die beiden wesentlichen Einstellungen, nämlich ob und nach welcher Zeit Windows den Bildschirm ausschaltet und wann der PC in den Energiesparmodus geschickt wird.

6. Wollen Sie es noch genauer wissen, klicken Sie in diesem Dialog unten auf *Erweiterte Energieeinstellungen ändern*.

7. Im anschließenden Menü sehen Sie eine detaillierte Aufstellung der Optionen für diesen Energiesparplan.

8. Die Einstellungen der einzelnen Pläne können Sie in diesen Dialogen nicht nur betrachten, sondern auch ändern. Um das jedoch nicht zu tun, klicken Sie einfach jeweils unten auf *Abbrechen*. Sie gelangen dann zurück in die Grundeinstellungen der Energieoptionen.

Die Details der Energiesparoptionen sind vor allem für Benutzer von Mobilgeräten interessant, wo Stromsparen und damit eine möglichst lange Akkulaufzeit ein wichtiges Thema ist. Deshalb gehe ich auf diese Geräte ab Seite 900 ausführlicher ein und stelle dort auch die Optionen der Energiesparpläne näher vor.

Eigene Energiesparpläne erstellen

Neben den vorgefertigten Standardplänen können Sie auch ganz eigene Energiesparpläne erstellen und konfigurieren. Dabei steht Ihnen die gesamte Palette der Energieoptionen zur Verfügung, sodass Sie ein ganz individuelles Profil anlegen können, das exakt Ihren Bedürfnissen entspricht.

1. Klicken Sie in den Energieoptionen links in der Navigationsspalte auf *Energiespar-plan erstellen*.

2. Wählen Sie dann einen der vorgefertigten Pläne als Grundlage aus. Nehmen Sie dazu am besten den, dessen Profil am ehesten dem entspricht, was Sie für Ihren eigenen Energiesparplan vorhaben. So können Sie auf dessen Einstellungen aufbauen und müssen nicht alle Optionen bis in die letzten Details festlegen.

3. Legen Sie außerdem unten bei *Energiesparplanname* eine Bezeichnung für dieses Profil fest. Sie dient nur Ihrer eigenen Orientierung beim Auswählen der Pläne. Mit *Weiter* gelangen Sie zum nächsten Schritt.

4. Geben Sie hier die beiden Basiseinstellungen für Ihren Energiesparplan an, nämlich die Zeiten, nach denen Windows den Bildschirm ausschalten bzw. in den Energie-sparmodus wechseln soll. Soll eine dieser Funktionen gar nicht genutzt werden, stellen Sie statt einer Zeitangabe *Niemals* ein.

5. Klicken Sie dann unten auf *Erstellen*. So gelangen Sie zurück in das Hauptmenü der Energieoptionen, in dem Ihr eigener Sparplan jetzt aufgeführt und aktiviert ist.

6. Um Feineinstellungen an Ihrem Plan vorzunehmen, klicken Sie darunter auf *Energiesparplaneinstellungen ändern* und anschließend auf *Erweiterte Energieeinstellungen ändern*. So gelangen Sie in das Menü mit den detaillierten Optionen.

Einen Energiesparplan löschen

Wenn Sie einen zuvor erstellten Energiesparplan nicht mehr benötigen, können Sie ihn entfernen, um die Energieoptionen nicht zu unübersichtlich werden zu lassen. Allerdings ist die Vorgehensweise dazu nicht unbedingt offensichtlich:

1. Ganz wichtig: Aktivieren Sie zunächst einen anderen Energiesparplan als den, den Sie entfernen möchten.

2. Klicken Sie dann bei dem zu löschenden Plan auf *Energiesparplaneinstellungen ändern*.

3. Hier klicken Sie unten links auf den Link *Energiesparplan löschen*.

4. Bestätigen Sie die Sicherheitsrückfrage, ob Sie diesen Plan tatsächlich löschen möchten.

5. Zurück im Hauptmenü der Energieoptionen, ist dieser Energiesparplan aus der Liste verschwunden. Aktivieren Sie gegebenenfalls den Plan, der jetzt in Kraft treten soll.

Passwortabfrage nach dem Aufwachen des PCs deaktivieren

Wie auch schon bei früheren Windows-Versionen hat das aktuelle Windows die Angewohnheit, beim Wiederaufwachen des PCs aus einem Ruhezustand das Passwort des Benutzers zu verlangen.

Dies ist eine Sicherheitsmaßnahme, da der berechtigte Benutzer den PC während der Ruhezeit verlassen haben könnte und nun eine ganz andere Person den Rechner wieder aufweckt.

Wenn der PC gut geschützt zu Hause steht, wo ohnehin keine unberechtigten Personen Zugriff darauf haben, ist diese Schutzmaßnahme aber eher überflüssig. In solchen Fällen können Sie die Passwortabfrage beim Aufwachen deaktivieren.

1. Öffnen Sie in den *Einstellungen* die Rubrik *Konten/Anmeldeoptionen*.

2. Hier finden Sie in der rechten Hälfte ganz oben die Option *Wann soll Windows nach Abwesenheit eine erneute Anmeldung anfordern?*.

3. Mit der Standardeinstellung *Bei Beendigung des Standbymodus des PCs* möchte Windows jedes Mal das Kennwort wissen, wenn der PC aus einem Energiesparzustand erwacht.

4. Wählen Sie hingegen *Nie*, dann müssen Sie sich jeweils nur beim Starten des PCs einmalig anmelden. Wecken Sie den PC hingegen aus einem Energiesparzustand, steht er ohne erneute Anmeldung direkt zur Verfügung.

Komfortables Energiemanagement: Belegen Sie die Schalter am PC nach Wunsch

PCs haben einen Ein-/Ausschalter, inzwischen häufig auch noch einen speziellen Energiesparknopf am Gehäuse oder auf der Tastatur. Die Energieoptionen geben Ihnen die Möglichkeit, die Wirkung dieser Schalter zu beeinflussen. So können Sie z. B. wählen, ob der Energiesparknopf den PC in den Stand-by-Modus für schnelles Erwachen oder in den Ruhezustand für maximales Stromsparen schicken soll.

1. Öffnen Sie die Energieoptionen und klicken Sie oben in der Navigationsleiste am rechten Rand auf *Auswählen, was beim Drücken von Netzschaltern geschehen soll.*

2. Im anschließenden Dialog können Sie im Bereich *Netzschalter- und Energiespartasteneinstellungen* festlegen, welche Aktion welcher Schalter auslösen soll. So können Sie etwa den Netzschalter alternativ mit dem Energiesparmodus belegen, während die Energiespartaste den Bildschirm ausschaltet. Ganz ausschalten können Sie den PC dann immer noch per Maus und/oder Tastatur.

3. Sehr praktisch ist diese Einstellung auch, wenn Ihr PC über keine separate Energiespartaste verfügt. Dann können Sie hier den Netzschalter mit Energiesparen belegen und sich auf diese Weise doch noch eine praktische Taste beschaffen.

4. Klicken Sie dann unten auf *Änderungen speichern*, um diese Einstellung zu ändern. Ab sofort bewirkt ein Druck auf den entsprechenden Schalter die voreingestellte Aktion.

40.2 Windows mobil ausdauernd einsetzen

Notebooks und auch manche Tablet-PCs sind heutzutage teilweise genauso leistungsfähig wie klassische Schreibtisch-Rechner. Trotzdem bzw. eben deswegen stellen sie besondere Anforderungen an die Stromversorgung beim mobilen Einsatz abseits von Steckdosen, wenn es auf jede Minute Laufzeit ankommen kann.

Aber auch der Kontakt mit wechselnden Netzwerken, das Abgleichen von Daten mit anderen PCs oder das Durchführen von Präsentationen sind wichtige Aspekte im Aufgabenspektrum eines mobilen PCs. Microsoft hat diesen Anforderungen auf verschiedene Arten Rechnung getragen.

So bringt Windows ein Mobilitätscenter speziell für mobile Rechner mit, das alle mobilen Einstellungen zentral zusammenfasst. In den verschiedenen Bereichen wurden außerdem zahlreiche Verbesserungen vorgenommen, von denen gerade auch Mobil-PCs profitieren – so z. B. beim automatischen Erkennen und Einbuchen in wechselnde WLANs. Exklusiv für Notebooks bringt Windows auch den Präsentationsmodus mit, mit dem sich der PC durch einen Mausklick optimal für Präsentationen konfigurieren lässt.

Bei Notebooks und Tablets möglichst viel Energie sparen

Wenn Sie ein Notebook bzw. einen Tablet-PC wirklich mobil einsetzen und nicht nur von Steckdose zu Steckdose tragen (wogegen nichts einzuwenden wäre), kommt der Akkulaufzeit eine besondere Bedeutung zu. Schließlich will man ja möglichst lange ungestört arbeiten können. Hierzu bieten die Energiesparpläne von Windows eine Vielzahl von Einstellungsmöglichkeiten. Durch kleine Änderungen lassen sich schon mal hier zehn Minuten und dort eine Viertelstunde mehr Laufzeit herausschlagen. Außerdem ist es wichtig, die Warnungen vor einem leeren Akku optimal zu konfigurieren, damit sie nicht zu früh, aber auch auf gar keinen Fall zu spät erscheinen – genau rechtzeitig eben.

TIPP ☑ **Basisoptionen in den modernen Einstellungen**

Wie für stationäre PCs beschrieben, können Sie die Basiseinstellungen Abschaltzeit für den Monitor und Ablaufzeit für den Stand-by-Modus auch in den touchoptimierten-*Einstellungen* im Bereich *System/Netzbetrieb und Energiesparen* vornehmen. Bei einem Gerät mit Akku lassen sich beide Einstellungen jeweils getrennt für Akku- und Netzbetrieb festlegen. Diese Einstellungen sind aber mit den Energieoptionen in der klassischen Systemsteuerung identisch. Es spielt keine Rolle, wo Sie sie vornehmen.

1. Die Energieoptionen von Windows bieten von Haus aus drei Energiesparpläne an. Hiervon eignet sich für den Stromsparwilligen am ehesten die Option *Energiespar-modus*. Aber selbst dieser Modus lässt noch Spielraum für weitere Energiesparmaß-nahmen. Wählen Sie ihn dazu aus und klicken Sie dann auf *Energiesparplaneinstel-lungen ändern*.

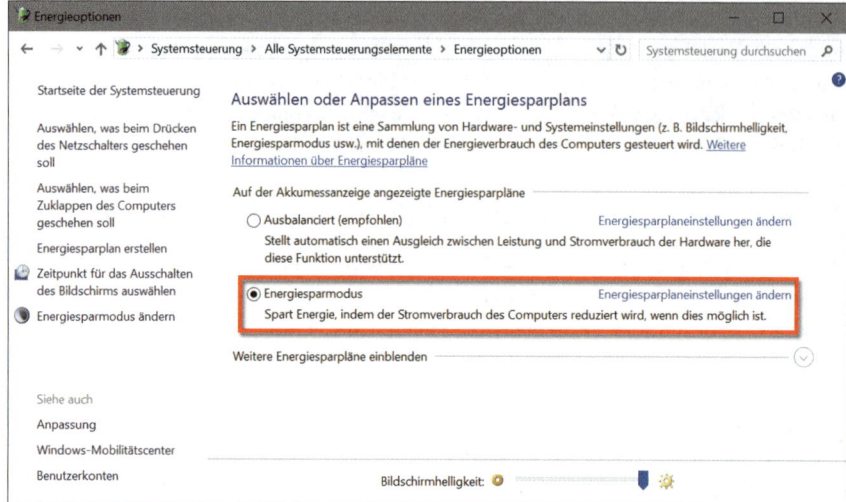

2. Im anschließenden Dialog können Sie bei Mobilgeräten – im Gegensatz zu „norma-len" PCs – weitaus mehr Einstellungen vornehmen. So lässt sich hier auch die Bild-schirmhelligkeit regeln, die ein wichtiger Faktor für den Stromverbrauch ist (je heller, desto energieaufwendiger). Außerdem können Sie alle Einstellungen jeweils für den *Akku* und für den *Netzbetrieb* vornehmen. Windows wechselt immer automatisch zum passenden Modus.

3. Mit dem Link *Erweiterte Energieeinstellungen ändern* können Sie aber auch hier die Detaileinstellungen des Energiesparplans aufrufen.

4. Dahinter verbirgt sich eine Reihe von Einstellungen, mit denen Sie noch mehr Strom sparen und die Akkulaufzeit so noch weiter verlängern können.

Nicht jede Einstellung ist für jedes Gerät und jede Situation hilfreich, aber mit ein wenig Ausprobieren finden Sie den für Sie persönlich optimalen Mix:

- *Festplatte/Festplatte ausschalten nach*: Die Festplatte gehört zu den größten Stromfressern im PC. Deshalb ist es sinnvoll, sie bei längerem Nichtgebrauch in den Strom sparenden Stand-by-Modus zu schicken. Der

voreingestellte Wert ist dabei meist ganz passend. Denn zu kurz sollte die Wartezeit auch nicht sein. Zum einen schadet häufiges Ein- und Ausschalten auf Dauer der Laufwerkmechanik. Zum anderen wird beim Anfahren der Festplatte der meiste Strom verbraucht. Hier empfiehlt sich deshalb eine Einstellung, bei der die Festplatte, wenn sie denn in den Stand-by-Modus wechselt, auch möglichst lange darin verbleibt. Ansonsten empfiehlt sich gerade auch in Notebooks der Einsatz von Solid State Disks ohne bewegliche Teile. Diese verbrauchen generell eher weniger Strom, und das Umschalten zwischen Stand-by- und Normalmodus ist nicht aufwendig.

- *Drahtlosadaptereinstellungen*: Diese Einstellung ist besonders wichtig, denn ein eingebauter WLAN-Adapter kann reichlich Strom fressen, wenn er ständig eingeschaltet ist. Eine einfache Möglichkeit wäre es deshalb, ihn nur dann

einzuschalten, wenn er benötigt wird. Viele Notebooks bieten extra dafür einen Schalter oder eine Tastenkombination an. Ansonsten kann man dies auch komfortabel im Mobilitätscenter erledigen. Ist der Adapter aber eingeschaltet, können Sie seinen Verbrauch hier regeln. Dabei sollte auf alle Fälle einer der Energiesparmodi zum Einsatz kommen. Je kleiner die Sendeleistung ist, desto geringer ist der Verbrauch. Allerdings kann eine zu geringe Sendeleistung in ungünstigen Situationen auch zu Verbindungsproblemen oder einer zu geringen Durchsatzrate führen. Das lässt sich aber leicht ausprobieren. Denken Sie nur bei Problemen mit einem neuen WLAN daran, dass es eventuell auch an dieser Einstellung liegen kann.

■ Unter *Energie sparen* können Sie einstellen, nach welchem Zeitraum die verschiedenen Stromsparzustände eingenommen werden sollen. Besonders interessant ist hier die Option *Hybriden Standbymodus zulassen*. Ist sie aktiviert, verwendet Windows eine Kombination aus Ruhezu-

stand und Stand-by-Modus. Der PC wird in den Stand-by-Modus versetzt, in dem nur noch der Arbeitsspeicher mit Strom versorgt wird. Zuvor wird aber der Inhalt des Arbeitsspeichers wie beim Ruhezustand auf die Festplatte gesichert. Man kann also im Stand-by-Modus den PC einfach ausschalten, und er kehrt beim nächsten Start wie aus dem Ruhezustand in den alten Status zurück. Der besondere Nebeneffekt für mobile Rechner: Sollte dem Notebook im Stand-by-Modus der Strom ausgehen, macht das überhaupt nichts. Wird der Akku wieder geladen, stellt Windows den alten Zustand ohne Datenverluste wieder her.

■ *Prozessorenergieverwaltung*: Moderne Prozessoren und insbesondere spezielle Modelle für den mobilen Einsatz können ihre Rechenleistung und damit ihren Verbrauch sehr flexibel steuern. Hier können Sie angeben, mit wie viel Prozent seiner maximalen Möglichkeiten Ihr Prozessor im Minimal- und im Maximalfall laufen soll.

Insbesondere der maximale Leistungszustand lässt sich teilweise deutlich drosseln, wenn ein moderner Prozessor eingebaut ist, der mit Internet, E-Mail und Textverarbeitung aber kaum ausgelastet wird. Mit dem Aktivieren der Systemkühlungsrichtlinie trimmen Sie Ihren PC auf Rechenleistung, da dann bei steigender Temperatur zunächst die Lüfterdrehzahl erhöht wird, bevor die Prozessorleistung reduziert wird. Ist die Systemkühlungsrichtlinie hingegen passiv, wird zunächst der Prozessor gedrosselt. Das reduziert nicht nur Lärm, sondern spart auch Energie, sodass dies für Notebooks die sinnvollere Wahl ist.

Warnungen bei leerem Akku konfigurieren

Um Datenverluste zu vermeiden, ist es wichtig, den Akkuladestand zu überwachen und gegebenenfalls rechtzeitig Maßnahmen zu ergreifen. Windows kann Sie dabei unterstützen, indem es das Notebook z. B. beim Erreichen eines kritischen Akkuniveaus automatisch herunterfährt und dabei die Daten sichert. Hierbei sind zwei Zustände zu unterscheiden:

■ *Niedrige Batteriekapazität*: Die Akkuladung neigt sich allmählich dem Ende entgegen. Sie haben nicht mehr viel Zeit, um so weiterzuarbeiten. Entweder Sie suchen nach einer Steckdose bzw. wechseln gegebenenfalls den Akku, oder Sie beenden die Arbeit allmählich und sichern Ihre Dokumente.

- *Kritische Batteriekapazität:* Der Akku ist so gut wie leer, und der Rechner kann sich jeden Moment abschalten. Sichern Sie unverzüglich offene Dokumente und fahren Sie den Rechner herunter.

Das Schöne daran: Sie selbst können festlegen, bei welcher Akkurestladung diese Zustände erreicht werden. So trägt Windows der Tatsache Rechnung, dass jedes Notebook und jeder Akku etwas anders ist und Sie selbst Ihr Gerät am besten einschätzen können. Außerdem kann man so auch flexibel z. B. auf einen im Lauf der Zeit etwas nachlassenden Akku reagieren.

Zusätzlich können Sie sich nicht nur bei niedriger Kapazität benachrichtigen lassen, sondern auch automatische Aktionen für niedrige und kritische Kapazität festlegen. So kann sich Windows z. B. beim Erreichen der kritischen Kapazität automatisch in den Ruhezustand versetzen, sodass der momentane Zustand einschließlich eventuell ungesicherter Dokumente auf der Festplatte gespeichert wird und beim nächsten Einschalten wieder zur Verfügung steht. Die Einstellungen hierfür finden Sie ebenfalls in den erweiterten Energieoptionen:

- Mit *Niedrige Akkukapazität* bzw. *Kritische Akkukapazität* legen Sie jeweils die Restkapazität des Akkus in Prozent fest, bei der dieser Zustand erreicht sein soll. Hier können Sie sich durch Ihre Erfahrungen mit Ihrem Gerät leiten lassen bzw. sich gegebenenfalls allmählich an die optimale Einstellung herantasten.

- Mit der Einstellung *Benachrichtigung bei niedriger Akkukapazität* weisen Sie Windows an, sich beim Erreichen der festgelegten Restladung mit einem Hinweis zu melden.

- Mit den beiden Optionen *Aktion bei kritischer Akkukapazität* bzw. *Aktion bei niedriger Akkukapazität* können Sie Windows automatisch eine bestimmte Aktion ausführen lassen. So empfiehlt es sich z. B., Windows beim Erreichen der kritischen Akkurestladung automatisch in den Ruhezustand zu versetzen. Dabei wird der aktuelle Zustand des PCs auf der Festplatte gespeichert und das Gerät dann abgeschaltet. Wenn der Akku später wieder geladen ist bzw. das Notebook an einer Steckdose hängt, können Sie es wieder einschalten, und Windows kehrt zum alten Zustand zurück. So sind Datenverluste selbst bei geöffneten Dokumenten praktisch ausgeschlossen.

Den Akku überwachen

Verfügt Ihr PC über einen Akku, blendet Windows standardmäßig ein Symbol dafür im Infobereich der Startleiste ein. Dieses verrät Ihnen jederzeit den Status des Akkus und der Stromversorgung und erlaubt Ihnen darüber hinaus Zugang zu den wichtigsten Einstellungen. Das Akkusymbol besteht aus einer stilisierten Batterie, die den Ladezustand angibt, sowie gegebenenfalls aus zusätzlichen Symbolen.

TIPP ☑ Kein Akkusymbol sichtbar?

Ihr Gerät verfügt über einen Akku, aber es ist kein Symbol dafür im Infobereich zu sehen? Klicken Sie in diesem Fall mit der rechten Maustaste auf die Taskleiste und wählen Sie im Kontextmenü ganz unten den Befehl *Eigenschaften*. Wechseln Sie im anschließenden Menü auf die Registerkarte *Infobereich*. Hier finden Sie ganz unten im Bereich *Systemsymbole* die Option *Energie*, die das Anzeigen des Akkusymbols steuert. Sollte diese Option grau und inaktiv sein, kann Windows den vorhandenen Akku nicht erkennen. In diesem Fall hilft eventuell ein aktuelles Treiberpaket vom Hersteller des Notebooks.

- Wird das Gerät ohne Netzkabel eingesetzt, zeigt die Batterie den ungefähren Ladestand an. Ist sie komplett grün gefüllt, ist der Akku voll. Im weiteren Verlauf wird der grüne Balken dann langsam immer kürzer.

- Erreicht der Akku den festgelegten niedrigen Stand, wird das Symbol zusätzlich mit einem gelben Warndreieck versehen. Nun neigt sich die verbleibende Arbeitszeit dem Ende entgegen.

- Sinkt der Akkustand noch weiter bis auf das definierte kritische Niveau ab, wird das gelbe Dreieck durch ein rotes Warnsymbol ersetzt. Nun sollte die Arbeit sofort gesichert und das Notebook abgeschaltet werden. Je nach Einstellung wird Windows auch automatisch aktiv und wechselt z. B. in den Ruhezustand.

- Ist der Mobilrechner mit dem Stromnetz verbunden, wird zusätzlich zur Batterie noch ein stilisierter Stecker angezeigt. In der Regel wird der Akku in diesem Zustand auch geladen.

- Sollte es Probleme beim Ermitteln des Akkuzustands geben, wird die Batterie grau und ohne Füllstandsanzeige dargestellt. Das muss nicht unbedingt bedeuten, dass der Akku nicht funktioniert, aber zumindest kann Windows nichts Genaueres dazu sagen. Manche Geräte unterstützen das Auslesen des Ladezustands nicht, eventuell liegt auch ein Treiberproblem oder ein Hardwaredefekt vor. Zumindest am Stromnetz sollte sich das Notebook aber trotzdem noch problemlos betreiben lassen.

Das Akkusymbol zeigt Ihnen den Ladezustand nur optisch an. Wenn Sie den Mauszeiger auf das Symbol bewegen und dort verharren lassen, erhalten Sie eine genauere Angabe dazu, wie viel Prozent der Gesamtkapazität noch zur Verfügung steht. Bei manchen Geräten wird hier sogar eine präzise Abschätzung der Restlaufzeit angezeigt.

Wenn Sie auf das Akkusymbol im Infobereich klicken oder tippen, wird ein Fenster mit noch genaueren Informationen geöffnet. Zusätzlich finden Sie hier Schaltflächen für das Aktivieren des Stromsparmodus und für das schnelle Anpassen der Bildschirmhelligkeit.

40.3 Im Stromsparmodus den Akku schonen

Um die Laufzeit von Mobilgeräten bei Bedarf möglichst weit verlängern zu können, bringt Windows den Stromsparmodus mit. Der verringert den Verbrauch weitestmöglich, lässt sich aber gleichzeitig so einstellen, dass Ihnen wichtige Dienste oder Anwendungen dadurch nicht eingeschränkt werden.

Sie können diesen Modus entweder bei Bedarf manuell einschalten oder automatisch bei Unterschreiten einer bestimmten Grenze aktivieren lassen.

1. Um den Stromsparmodus zu konfigurieren, öffnen Sie in den *Einstellungen* den Bereich *System/Akku*.

2. Hier können Sie auf der rechten Seite den Stromsparmodus bei Bedarf automatisch aktivieren lassen.

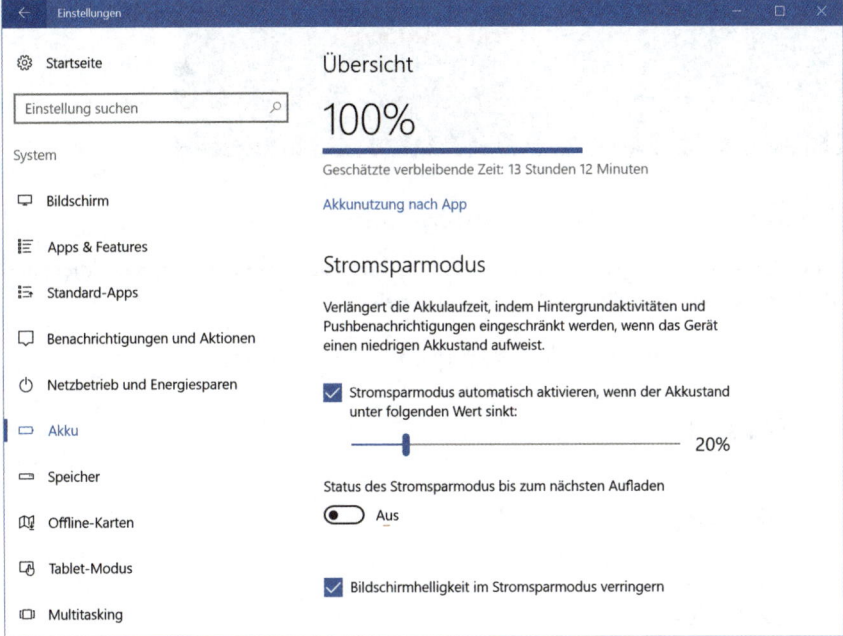

3. Mit dem Schieberegler legen Sie einen Schwellenwert für die Restladung des Akkus fest, ab dem in diesen Modus gewechselt werden soll.

4. Darunter steuern Sie, ob Sie trotz Stromsparmaßnahmen die Bildschirmhelligkeit unverändert lassen möchten. Das ist eine Maßnahme, die den Stromverbrauch zwar spürbar senken, aber auch den Komfort einschränken kann. Entscheiden Sie also selbst, was Ihnen wichtiger ist.

Selbst wenn Sie den Stromsparmodus nicht automatisch aktivieren lassen, können Sie ihn jederzeit manuell einschalten, etwa wenn Sie befürchten, dass die Restlaufzeit nicht bis zur nächsten Lademöglichkeit reichen wird.

 ## Die größten Stromfresser ruhigstellen

In den Einstellungen des Stromsparmodus versteckt sich eine praktische Funktion, mit der Sie Akkufressern auf die Spur kommen können.

1. Klicken Sie dazu unterhalb der Übersicht auf *Akkunutzung nach App*.

2. Windows erstellt daraufhin eine Statistik des Stromverbrauchs für einen wählbaren Zeitraum. Hier können Sie sofort ersehen, welches Programm wie viel Prozent des Akkuverbrauchs verursacht hat.

3. Sofern es sich um Apps (nicht Desktop-Programme!) handelt, können Sie die Einträge anklicken bzw. antippen und sehen dann, ob diese App im Hintergrund laufen darf und dadurch ständig Akkukapazität beansprucht:

■ *Im Hintergrund immer zugelassen*
Die App bleibt rund um die Uhr im Speicher und läuft immer mit. Dadurch kann sie den Akkuverbrauch stark beeinflussen.

■ *Von Windows verwaltet*
Windows regelt, ob die App auch im Hintergrund aktiv sein darf. Solche Apps werden beispielsweise durch den Stromsparmodus beeinflusst und können somit an die kurze Leine gelegt werden, wenn es darauf ankommt.

■ *Im Hintergrund nie zugelassen*
Die App wird automatisch deaktiviert, wenn sie nicht im Vordergrund ausgeführt wird. Dadurch minimiert sich der Stromverbrauch, aber die Funktionalität wird ggf. eingeschränkt. Wenn beispielsweise eine Messenger-App im Hintergrund nicht zugelassen wird, werden Sie nicht über neue Nachrichten informiert, solange Sie die App nicht öffnen.

4. Stellen Sie fest, dass eine App unverhältnismäßig viel Akku verbraucht, können Sie zunächst versuchen, sie unter die Verwaltung von Windows zu stellen. Reicht das nicht, kann sie ganz aus dem Hintergrund verbannt werden, wenn Sie die entsprechenden Funktionen nicht benötigen.

40.4 Mit dem Mobilitätscenter alle Mobilfunktionen zentral steuern

Zu den Funktionen von Windows speziell für Notebooks und Tablets gehört das Mobilitätscenter (deshalb ist es auf klassischen PCs auch nicht verfügbar). Es fasst alle für solche Geräte relevanten Einstellungen in einer übersichtlichen Oberfläche zusammen. So kann man nicht nur den derzeitigen Status verschiedener Einstellungen kontrollieren, sondern z. B. auch grundlegende Einstellungen wie das Wechseln des Energiesparplans oder das Aktivieren und Deaktivieren des WLAN-Adapters schnell und einfach erledigen. Außerdem ermöglicht es den direkten Zugang zu den detaillierten Optionen für diese Bereiche. Zum Aufrufen des Mobilitätscenters gibt es verschiedene Möglichkeiten:

- Per Tastenkürzel geht es mit ⊞+X, gefolgt von M.

- Mausfans können auch mit dieser das Systemmenü unten links auf dem Bildschirm öffnen und darin den Menüeintrag *Mobilitätscenter* wählen.

- Alternativ tippen Sie im Startmenü „mobi" ein und wählen dann mit ↵ den angebotenen Eintrag *Windows-Mobilitätscenter*.

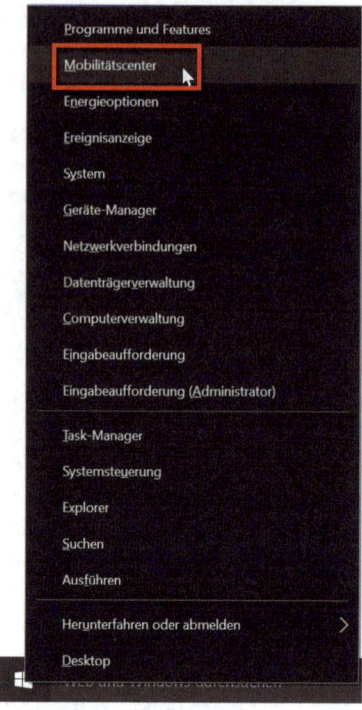

Nun zeigt Windows das Mobilitätscenter an und schaltet dazu gegebenenfalls automatisch auf den Desktop um.

HINWEIS ⊠ Fehlende Module im Mobilitätscenter?

Das Mobilitätscenter besteht aus verschiedenen Modulen, die je nach Verfügbarkeit automatisch ein- und ausgeblendet werden. Verfügt Ihr Gerät z. B. über die Möglichkeit, die Helligkeit der Hintergrundbeleuchtung zu verändern, zeigt das Mobilitätscenter ein Modul an, mit dem Sie das einstellen können. Ist die Helligkeit bei Ihrem Gerät fest eingestellt, wird dieses Modul gar nicht erst angezeigt. Außerdem können Notebook-Hersteller eigene Module in das Mobilitätscenter integrieren. Aus diesem Grund kann das Mobilitätscenter bei jedem etwas anders aussehen, das ist kein Grund zur Beunruhigung.

Helligkeit

Notebooks und Tablets bieten die Möglichkeit, die Helligkeit der Hintergrundbeleuchtung zu verändern. Dies ist für das Energiesparen von Bedeutung, denn je geringer die Helligkeit, desto weniger Strom wird verbraucht, und desto länger hält der Akku. Vor allem aber lässt sich das Display so an das Umgebungslicht anpassen, wodurch stets eine optimale Lesbarkeit gewährleistet ist. Bietet Ihr Gerät diese Möglichkeit, zeigt das Mobilitätscenter das Modul *Helligkeit* an. Hier können Sie über einen Schieberegler die gewünschte Intensität der Beleuchtung einstellen. Wenn Sie auf das Bildschirmsymbol in diesem Modul klicken, gelangen Sie in die Energiespareinstellungen, in denen Sie detaillierte Einstellungen festlegen können. Dort lässt sich die Helligkeit z. B. getrennt für den mobilen Einsatz und den Betrieb an einer Steckdose bestimmen.

Lautstärke

Die Lautstärke lässt sich in der Regel direkt am Gerät über Tasten (-Kombinationen) regeln. Alternativ dazu bietet Ihnen das Mobilitätscenter eine komfortablere Alternative. Im Modul *Lautstärke* können Sie das Klangvolumen per Maus über einen Schieberegler optimieren. Mit der Option *Ton aus* lässt sich die Soundhardware des Gerätes pauschal an- und ausschalten. Ein Klick auf das Lautsprechersymbol öffnet die Klangeinstellungen von Windows für detailliertere Optionen.

Akkustatus

Ganz wichtig für den reibungslosen Notebook-Betrieb ist der Status des Akkus, also der aktuelle Ladestand und die verbleibende Restlaufzeit. Für diese Anzeige ist das Modul *Akkustatus* zuständig. Es gibt den Ladestand an und stellt ihn zugleich optisch mit einem Symbol dar. Wie präzise die Angabe ist, hängt allerdings vom Gerät selbst ab. Teilweise sind nur Prozentangaben in groben Schritten möglich, teilweise wird präzise die verfügbare Restlaufzeit in Stunden und Minuten angegeben (auch wenn es sich dabei nur um eine Schätzung handelt). Mit dem Auswahlfeld darunter können Sie schnell zwischen verschiedenen Energiesparplänen wechseln. Hier werden genau die Pläne angezeigt, die in den Energiesparoptionen festgelegt sind. Standardmäßig sind das also nur *Ausbalanciert*, *Energiesparmodus* und *Höchstleistung*. Wenn Sie aber eigene Energiesparpläne definieren oder der Hersteller Ihres Notebooks zusätzliche Standardpläne installiert hat, werden diese hier auch aufgeführt. Mit einem Klick auf das Akkusymbol gelangen Sie in die Energieoptionen, in denen Sie die Energiesparpläne im Detail bearbeiten können (siehe Seite 900).

TIPP ☑ Anzeige der Restlaufzeit

Wenn im Akkumodus die Restlaufzeit scheinbar wahllos schwankt und nicht zu funktionieren scheint, liegt das häufig nicht an Windows, sondern an der Hardware. Einige Geräte haben eine ungleichmäßige Leistungsaufnahme, was sich meist auch in relativ starken Laufzeitschwankungen bemerkbar macht. In solchen Fällen kann man sich auf die Windows-Anzeige leider nicht verlassen.

Bildschirmausrichtung

Bei Tablets und einigen Notebooks besteht die Möglichkeit, den Bildschirminhalt zu drehen, sodass der Inhalt quer oder „auf dem Kopf" dargestellt wird. So lässt sich der Inhalt an die Displayausrichtung anpassen, und Inhalte können z. B. längs in voller DIN-A4-Größe angezeigt werden. Klicken Sie hierzu auf die Schaltfläche *Querformat (primär)*. Das genaue Verhalten ist vom jeweiligen Gerät abhängig. In der Regel dreht sich der Bildschirminhalt mit jedem Klick um 90 Grad. Gegebenenfalls müssen Sie also einfach mehrmals klicken, um die gewünschte Ausrichtung zu erreichen.

Externer Bildschirm

Die meisten Notebooks bieten die Möglichkeit, zusätzlich zum eingebauten Display einen externen Bildschirm anzuschließen. Dieser kann z. B. eingesetzt werden, wenn das Notebook am regulären Arbeitsplatz ganz ergonomisch genutzt werden soll. Er kommt aber auch zum Einsatz, wenn mit dem Notebook eine Präsentation auf einem entsprechenden Bildschirm oder an einem Beamer durchgeführt werden soll. Mit der *Monitor*-Schaltfläche können Sie den zusätzlichen Monitorausgang des Notebooks aktivieren. Windows versucht dann, den dort angeschlossenen Monitor zu erkennen und als zusätzliche Bildschirmausgabe zu verwenden. Mit einem Klick auf das Monitorsymbol öffnen Sie die Anzeigeeinstellungen, in denen Sie die Anzeige gegebenenfalls optimieren können.

Synchronisierungscenter

Wenn das Notebook nur für den Außeneinsatz verwendet wird, die Daten aber auf einem anderen PC oder im Firmennetzwerk gespeichert und weiterverarbeitet werden, ist das Abgleichen der Datenbestände eine wichtige und womöglich komplizierte Aufgabe. Für solche Fälle bringt Windows das Synchronisierungscenter mit, das solche Aufgaben automatisch erledigen kann. Das gleichnamige Modul im Mobilitätscenter bietet eine Abkürzung zu diesem Werkzeug. Es zeigt Ihnen den Status an, also ob Kontakt zu einem Synchrongerät besteht, ob die Daten derzeit synchronisiert sind bzw. ob beim Synchronisieren Probleme aufgetreten sind. Außerdem können Sie mit einem Klick auf die Schaltfläche *Synchronisieren* jederzeit einen Synchronisierungsvorgang starten. Um das Synchronisierungscenter von Windows für weitere Einstellungen und Funktionen zu öffnen, klicken Sie auf das Synchronsymbol.

Bitte nicht einschlafen: So verhindern Sie bei Präsentationen und Co. lästige Pannen

Ebenfalls als besonderen Service für Notebooks bietet Windows einen Präsentationsmodus an. Dieser ist dafür gedacht, peinliche Pannen zu vermeiden. Schließlich will man während einer wichtigen Präsentation nicht, dass sich ständig der Bildschirmschoner einschaltet oder der Kalender sich mit Hinweisen auf private Termine in den Vordergrund drängt. Dank des Präsentationsmodus können Sie solche Störungen mit einem Mausklick auf die entsprechende Schaltfläche ausschalten. Ein späterer erneuter Klick kehrt wieder zu den zuvor gültigen Einstellungen zurück. Beachten Sie dabei, dass im Präsentationsmodus auch verschiedene Stromspareinstellungen deaktiviert sind. Wenn möglich, sollten Sie das Notebook währenddessen an einer Steckdose betreiben.

Einige Details des Präsentationsmodus können Sie steuern, wenn Sie auf das Beamer-Symbol in diesem Modul klicken. Damit öffnen Sie die Präsentationseinstellungen. Hier können Sie den Bildschirmschoner ausschalten sowie die Lautstärke einstellen und ein bestimmtes Hintergrundbild z. B. mit dem Logo Ihrer Firma wählen bzw. mit *(Kein)* einfach das aktuelle Hintergrundbild für die Dauer der Präsentation deaktivieren. Alle diese Einstellungen werden dauerhaft gespeichert und jedes Mal wieder aktiviert, wenn Sie den Präsentationsmodus einschalten. Mit *Angeschlossene Bildschirme* können Sie die aktuelle Bildschirmkonfiguration speichern. Windows kann dann den Präsentationsmodus automatisch wieder aktivieren, wenn Sie Ihr Notebook das nächste Mal mit demselben Monitor oder Projektor verbinden.

Module von Drittherstellern im Mobilitätscenter

Neben den Standardmodulen von Windows, die je nach Funktionalität des PCs angezeigt werden, können auch Drittanbieter eigene Module erstellen und in das Mobilitätscenter einbinden. Davon machen z. B. die Hersteller von Marken-Notebooks häufig Gebrauch, die Module entwickeln, um die speziellen Funktionen ihrer Modelle zu steuern. Es gibt aber auch Module von unabhängigen Entwicklern, auch wenn Microsoft das nicht gern sieht. Denn potenziell ist es ein Sicherheitsrisiko, solche Erweiterungen aus unsicheren Quellen im Internet herunterzuladen. Trotzdem lassen sich auf diesem Weg praktische weitere Funktionen für Ihr Notebook installieren.

- Mit dem Modul *Display Power* können Sie das Display Ihres Notebooks jederzeit per Mausklick deaktivieren, um Strom zu sparen, wenn Sie z. B. einfach nur Musik oder Internetradio hören möchten. Klicken Sie dazu einfach auf die Schaltfläche *Turn off*. Sie können es unter www.istartedsomething.com/20071221/extending-mobility-center-tile/ kostenlos herunterladen.

Das Mobilitätscenter verfügt nicht über eine Verwaltung, die regelt, welche Module angezeigt werden und welche nicht. Die Standardmodule werden automatisch je nach Fähigkeiten des Gerätes zum Einsatz gebracht. Selbst installierte Module von Fremdanbietern können Sie wie sonstige Software über die klassische Systemsteuerung und *Programme und Features* deinstallieren. Sie finden sie in der Regel unten in der Liste mit einem Namen, der mit *Windows Mobility Center* beginnt.

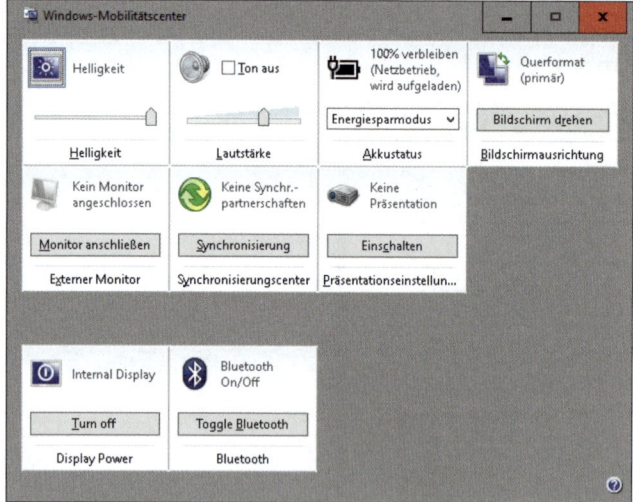

Das Mobilitätscenter kann auch Module von anderen Anbietern aufnehmen.

40.5 Probleme mit dem Stromsparmodus diagnostizieren und lösen

Zu den besonderen Hardwareproblemen gehörten schon immer diejenigen, die mit den Energiesparfunktionen zu tun haben. Warum geht mein PC nicht in den Stromsparmodus? Oder noch schlimmer: Warum lässt er sich nicht wieder daraus aufwecken? Für solche Problemfälle bringt Windows nun ein praktisches Tool mit. Genauer gesagt, das Tool gab es bei früheren Windows-Versionen auch schon, aber die folgende Funktion ist neu:

1. Tippen Sie im Startmenü *Eingabe* ein, sodass Sie in der Liste den Eintrag *Eingabeaufforderung* markieren können.

2. Klicken Sie den Eintrag mit der rechten Maustaste an und wählen Sie im Kontextmenü den Befehl *Als Administrator ausführen*.

3. Geben Sie nun in der Eingabeaufforderung zweimal den Befehl *cd..* ein, um auf die höchste Ebene des Laufwerks zu wechseln. Das dient nur dazu, im Folgenden Problemen mit den Zugriffsrechten aus dem Weg zu gehen.

4. Tippen Sie in der Eingabeaufforderung nun den Befehl *powercfg.exe -ENERGY* ein und drücken Sie ⏎. Wichtig: Lassen Sie den PC und alle angeschlossenen Geräte nun in Ruhe, bis das Programm seine Arbeit beendet hat. Das dauert etwa eine Minute.

5. Das Programm analysiert nun die Energiesparfunktionen und -einstellungen des PCs und aller angeschlossenen Komponenten. Dabei erkennt es, wenn z. B. einzelne Komponenten Probleme verursachen. Hierüber fertigt es einen Report an, der Ihnen beim Lösen der Probleme behilflich sein kann.

6. Ist das Programm fertig, sehen Sie am Bildschirm eine kurze Statistik. Interessant wird es aber, wenn Sie nun *energy-report.html* eintippen. Dann zeigt Windows die ausführlichen Ergebnisse der Analyse an. Beachten Sie hier insbesondere die als Fehler gekennzeichneten Abschnitte. Unter dem Stichwort *Unterstützter Standbystatus* können Sie ablesen, welche Energiesparmodi Ihr PC derzeit anbietet.

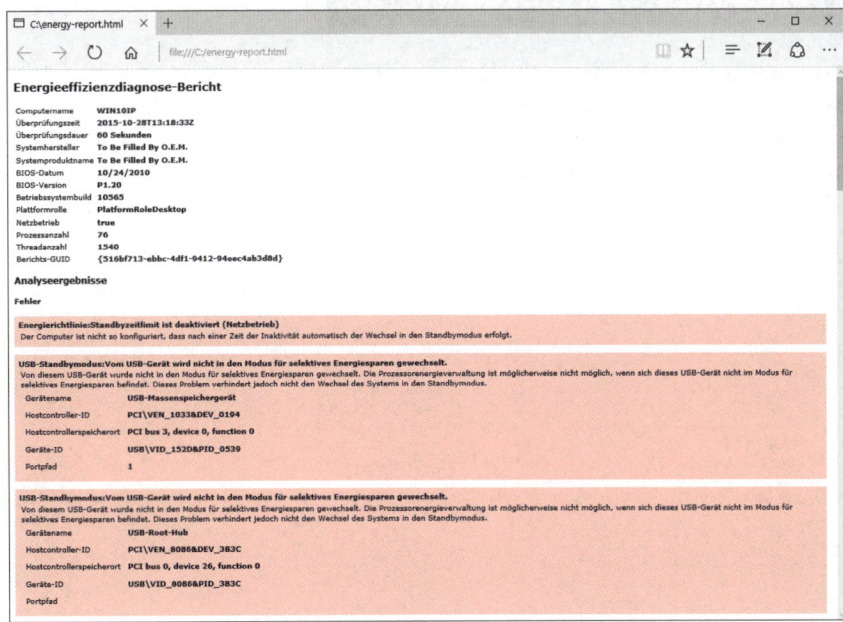

Warum wacht der PC unnötig auf?

Ein gelegentlich auftauchendes Ärgernis im Zusammenhang mit den Stromsparfunktionen ist ein PC, der immer wieder von allein aufwacht, wenn er eigentlich energiesparend im Stand-by-Modus bleiben sollte. Leider gibt es eine ganze Reihe möglicher Verursacher, die das bewirken können. Mit dem beschriebenen *powercfg.exe* haben Sie aber ein hilfreiches Werkzeug an der Hand, das Sie bei der Eingrenzung des Fehlers unterstützt. Mit *powercfg.exe -lastwake* verrät Ihnen das Programm, wer jeweils für das letzte Aufwachen des PCs verantwortlich war.

Wenn Sie also Ihren PC im aktiven Zustand vorfinden, obwohl er eigentlich schlafen sollte, öffnen Sie direkt eine Eingabeaufforderung und geben diesen Befehl ein. Unter der Angabe *Aktivierungsquelle* verrät die Bildschirmausgabe Ihnen, wer das Aufwachen bewirkt hat. Wird hier ein Gerät genannt, wurde das Ereignis durch Hardware verursacht. Meist gibt es zusätzliche Informationen wie etwa ein USB-Gerät, wobei es sich aber oft um den (internen) USB-Hub handelt. Welches der angeschlossenen Geräte der Schuldige ist, kann man dann ggf. durch Ausprobieren ermitteln.

```
Eingabeaufforderung                           —    □    X

Microsoft Windows [Version 10.0.14393]
(c) 2016 Microsoft Corporation. Alle Rechte vorbehalten.

C:\Users\Wolfram>powercfg.exe -lastwake
Aktivierungsverlaufsanzahl - 1
Aktivierungsverlauf [0]
  Aktivierungsquellenanzahl  - 1
  Aktivierungsquelle [0]
    Typ: Gerät
    Instanzpfad: USB\ROOT_HUB20\4&f215941&0
    Anzeigename:
    Beschreibung: USB-Root-Hub
    Hersteller: (Standard-USB-Hostcontroller)

C:\Users\Wolfram>
```

Eine andere mögliche Aktivierungsquelle sind Aufgaben, also vom System oder vom Benutzer geplante Aktivitäten, die den PC wecken dürfen, um ausgeführt zu werden. In solchen Fällen nennt das Programm die genaue Aufgabe, die Sie dann in der Aufgabenplanung näher untersuchen können.

Kapitel 41

41. Die Leistung Ihres Windows-Systems analysieren, bewerten und verbessern

Ein PC und sein Betriebssystem können nie schnell genug sein. Dies gilt auch für das aktuelle Windows, auch wenn es im Vergleich zu seinen Vorgängern Windows 7 und 8 im Hardwarehunger eher unverändert ist. Im Vergleich zu älteren Windows-Versionen wie etwa Windows XP aber stellt das aktuelle Windows deutlich mehr Ansprüche an die Hardwareausstattung. Aber Sie können auch selbst eingreifen, um die Performance Ihren Ansprüchen anzu-

passen. Windows bringt verschiedene Funktionen zum Analysieren und Bewerten der Leistung sowie zum Optimieren wichtiger Komponenten mit.

41.1 So verrät Ihnen der neue Task-Manager endlich alle Systemdetails

Der Task-Manager gehört schon seit den frühen Anfängen zum Windows-Betriebssystem und hat in all den Jahren nur relativ selten Neuerungen erfahren. Seit Windows 8 aber hat Microsoft dieses wichtige Tool erheblich aufgewertet, sowohl optisch als auch im Funktionsumfang. Die alten Funktionen sind dabei erhalten geblieben und lassen sich auch (fast) genauso bedienen. Zusätzlich aber beinhaltet der Task-Manager nun weitere Informationen und Möglichkeiten, sodass er sich zur Informations- und Steuerzentrale für die Systemperformance mausert und zahlreiche Ausflüge in verschachtelte Systemmenüs überflüssig macht.

Den Task-Manager jederzeit schnell aufrufen

Wenn Sie von Windows XP kommen, sind Sie vielleicht noch an den traditionellen Windows-Griff [Strg]+[Alt]+[Entf] gewöhnt, um den Task-Manager zu starten. Der bringt aber schon seit Windows Vista „nur" einen Verwaltungsbildschirm hervor, auf dem Sie dann in einem zweiten Schritt (unter anderem) den Task-Manager auswählen können. Schneller geht es auf anderen Wegen:

- Wenn Sie ein einprägsames Tastenkürzel bevorzugen, gewöhnen Sie sich an [Strg]+[⇧]+[Esc].

- Mit einem Rechtsklick auf einen freien Bereich der Startleiste können Sie *Task-Manager* im Kontextmenü auswählen.

- Tippen Sie im Startmenü *task* ein. Dann können Sie links *Task-Manager* auswählen.

Egal, welche Variante Sie wählen, der Task-Manager präsentiert sich beim ersten Start zunächst in seiner minimalistischen Variante, wo er einfach nur die laufenden Apps anzeigt, wobei Desktop- und Touch-Apps gleichberechtigt behandelt werden.

Hier können Sie nur eine der Apps auswählen, beispielsweise wenn sie nicht mehr auf Eingaben reagiert, und mit der Schaltfläche unten rechts den dazugehörenden *Task beenden*.

Um alle Funktionen des Task-Managers nutzen zu können, klicken Sie am besten direkt nach dem (ersten) Start einmal unten links auf *Mehr Details*, damit der Task-Manager sich Ihnen in seiner vollen Pracht erschließt! Das Programm merkt sich diese Einstellung und startet ab dann immer in der Detailansicht, solange Sie dies nicht wieder ändern.

In der Variante mit vollen Details gibt sich der Task-Manager wesentlich informativer.

Detaillierte Übersicht über den Ressourcenverbrauch

Die Kategorie *Prozesse* fasst Anwendungen und Apps, Hintergrundprozesse sowie Systemdienste übersichtlich zusammen und ermöglicht dadurch ein ausgewogeneres Bild, wo genau die großen Verbraucher von Rechenzeit, Arbeitsspeicher und Festplattenkapazität sitzen. Die Anzeige dieser Werte ist übersichtlicher und flexibler geworden, und die farbige Hervorhebung macht auf einen Blick deutlich, welche Prozesse man sich näher anschauen sollte.

Relative statt absolute Vergleichswerte nutzen

In der *Prozesse*-Kategorie finden Sie zu jedem laufenden Prozess neben dem Status standardmäßig vier Angaben, die seinen Ressourcenverbrauch beschreiben:

- *CPU* – die Rechenzeit des Prozessors, die dieser Dienst beansprucht.

- *Arbeitsspeicher* – die Menge an Arbeitsspeicher.

- *Datenträger* – die Menge an Transferkapazität der Festplatte(n).

- *Netzwerk* – die Menge an Transferkapazität der Netzwerkverbindung.

HINWEIS ⊵ Disk misst die Transfer-, nicht die Speicherkapazität

Wichtig zu beachten ist, dass der *Datenträger* nichts mit der Speicherplatzbelegung auf der Festplatte zu tun hat. Es geht vielmehr um die Transferkapazität von der Festplatte in den Arbeitsspeicher, die ebenso ein bremsender Flaschenhals wie der Prozessor selbst sein kann. Ein hoher Wert bei *Datenträger* besagt also, dass dieser Prozess eine große Anzahl an Festplattenzugriffen verursacht, nicht aber notwendigerweise besonders viel Festplattenspeicher belegt.

Für *CPU* werden in der Tabelle grundsätzlich Prozentangaben angezeigt. Bei anderen Spalten entscheiden Sie, ob Sie relative oder absolute Werte bevorzugen:

1. Klicken Sie mit der rechten Maustaste irgendwo auf die Prozessliste und wählen Sie im Menü *Ressourcenwerte*.

2. Im Untermenü wählen Sie die Ressource aus, für die Sie die Angabe der Werte verändern möchten.

3. Wählen Sie dann relative Werte unter *Prozent* oder absolute *Werte* aus, je nachdem, was Sie für informativer halten.

Zusätzliche Informationen in der Prozessliste anzeigen

Neben den fünf Standardspalten können Sie bei Bedarf weitere Informationen in der Prozesstabelle sichtbar machen und sich so Ihren ganz individuellen Task-Manager zusammenstellen.

1. Klicken Sie dazu mit der rechten Maustaste auf die Tabellenzeile mit den Spaltenüberschriften.

2. Im Kontextmenü finden Sie nun weitere Informationen wie *Typ*, *Herausgeber*, *Prozessname* und *Befehlszeile*. Um eine entsprechende Spalte hinzuzufügen, klicken Sie den Eintrag an und setzen so ein Häkchen davor.

3. Um eine der vorhandenen Spalten auszublenden, entfernen Sie das Häkchen einfach.

4. Um die Reihenfolge der Spalten zu verändern, klicken Sie eine Spaltenüberschrift an und ziehen sie mit gedrückter Maustaste an die gewünschte Position. Die anderen Spalten gruppieren sich dann automatisch passend um.

Die Prozessliste nach Bedarf sortieren

Genau wie bei der Detailansicht im Windows-Explorer können Sie die Liste der Prozesse nach Bedarf sortieren. Möchten Sie z. B. wissen, welcher Prozess im Moment die meiste Rechenzeit beansprucht, verwenden Sie die Spalte *CPU* als Sortierkriterium. Dann finden Sie ganz oben in der Liste den aktuell größten Prozessorverbraucher. Um die Sortierung zu steuern, klicken Sie wie beim Windows-Explorer einfach auf die Überschrift der Spalte, die als Sortierkriterium verwendet werden soll. Der erste Klick sortiert von groß nach klein, ein weiterer kehrt die Reihenfolge um.

TIPP ☑ Die Gruppierung der Prozesse wiederherstellen

Wenn Sie die Sortierung der Prozesse verändern, geht die standardmäßige Gruppierung in Anwendungen, Hintergrundprozesse und Systemdienste verloren. Wollen Sie diese an sich sehr hilfreiche Aufteilung wiederherstellen, wählen Sie die Menüfunktion *Ansicht/Nach Typ gruppieren*.

Von der Anwendung zur Steuerung des Prozesses

Von früheren Versionen des Task-Managers sind Sie es vielleicht gewöhnt, detailliert in die Prozesssteuerung eingreifen zu können. Das ist auch immer noch möglich:

1. Klicken Sie dazu mit der rechten Maustaste auf eine Anwendung und wählen Sie im Kontextmenü *Zu Details wechseln*.

2. Dadurch gelangen Sie in die Kategorie *Details*, wo Sie wie früher eine Liste von Prozessen mit genauen Angaben vorfinden. Der Prozess der zuvor gewählten Anwendung ist hier schon ausgewählt.

3. Klicken Sie erneut mit der rechten Maustaste darauf, erhalten Sie im Kontextmenü die erweiterten Möglichkeiten zur Prozesssteuerung, etwa das Festlegen der Priorität.

Den Ressourcenverbrauch der Benutzer überwachen

Frühere Versionen des Task-Managers zeigten zwar auch an, welche Benutzer gerade im System angemeldet waren. Viel mehr war aber nicht zu erfahren. Der neue Task-Manager verrät Ihnen genau, was die Benutzer machen und welche bzw. wie viele Ressourcen sie dabei verbrauchen.

1. Wechseln Sie im Task-Manager in die Rubrik *Benutzer*.

2. Hier finden Sie eine Liste aller Benutzer, die derzeit im System angemeldet sind. Zu jedem Eintrag sehen Sie ähnlich wie in der Prozessliste den aktuellen Ressourcenverbrauch des Anwenders.

3. Sie können den Eintrag eines Benutzers in der Liste genau wie im Windows-Explorer „ausklappen". Als Ergebnis erhalten Sie eine detaillierte Übersicht der Prozesse, die für diesen Anwender zurzeit ausgeführt werden.

Task-Manager						
Datei Optionen Ansicht						
Prozesse Leistung App-Verlauf Autostart **Benutzer** Details Dienste						
		4%	61%	1%	0%	
Benutzer	Status	CPU	Arbeitss...	Datenträ...	Netzwerk	
⌄ 🅰 Jannis (28)	Getrennt	0,4%	183,3 MB	0,1 MB/s	0 MBit/s	
Application Frame Host		0%	1,5 MB	0 MB/s	0 MBit/s	
Browser_Broker		0%	1,6 MB	0 MB/s	0 MBit/s	
Client-Server-Laufzeitproz...		0%	0,5 MB	0 MB/s	0 MBit/s	
Desktopfenster-Manager		0%	4,9 MB	0 MB/s	0 MBit/s	
Diensthost: Unistack-Diens...		0%	3,2 MB	0 MB/s	0 MBit/s	
DocuAction MFC Applicati...		0,4%	2,7 MB	0 MB/s	0 MBit/s	
Google Chrome		0%	21,0 MB	0 MB/s	0 MBit/s	
Google Chrome		0%	42,6 MB	0 MB/s	0 MBit/s	
Google Chrome		0%	11,3 MB	0 MB/s	0 MBit/s	
Google Chrome		0%	22,1 MB	0,1 MB/s	0 MBit/s	
Host Process for Setting Sy...		0%	0,9 MB	0 MB/s	0 MBit/s	
Hostprozess für Windows-...		0%	2,1 MB	0 MB/s	0 MBit/s	
HyperSnap (32 bit)		0%	1,2 MB	0 MB/s	0 MBit/s	
InstallAgent		0%	1,5 MB	0 MB/s	0 MBit/s	
Microsoft Edge		0%	7,7 MB	0 MB/s	0 MBit/s	
Microsoft Edge Content Pr...		0%	16,5 MB	0 MB/s	0 MBit/s	
Microsoft Edge Content Pr...		0%	2,2 MB	0 MB/s	0 MBit/s	
Microsoft OneDrive (32 bit)		0%	7,1 MB	0 MB/s	0 MBit/s	
NVIDIA Backend (32 bit)		0%	3,1 MB	0 MB/s	0 MBit/s	
NVIDIA Driver Helper Servi...		0%	0,7 MB	0 MB/s	0 MBit/s	
NVIDIA Settings		0%	1,5 MB	0 MB/s	0 MBit/s	
NVIDIA User Experience Dri...		0%	2,2 MB	0 MB/s	0 MBit/s	
Realtek HD Audio-Manager		0%	0,9 MB	0 MB/s	0 MBit/s	
Runtime Broker		0%	5,8 MB	0 MB/s	0 MBit/s	
Search and Cortana applic...		0%	0,1 MB	0 MB/s	0 MBit/s	
Shell Infrastructure Host		0%	3,0 MB	0 MB/s	0 MBit/s	
Windows-Anmeldeanwen...		0%	0,4 MB	0 MB/s	0 MBit/s	
Windows-Explorer		0%	14,8 MB	0 MB/s	0 MBit/s	
⌄ 🅰 Julebuck (19)	Getrennt	0%	73,8 MB	0 MB/s	0 MBit/s	

⌃ Weniger Details   Abmelden   Benutzer wechseln

4. Der Task-Manager bietet auch die Möglichkeit, Benutzersitzungen zu beenden. Wählen Sie dazu den Benutzer in der Liste aus und klicken Sie unten rechts auf *Abmelden*.

Die Leistung des Systems flexibel visualisieren

Die Kategorie *Leistung* scheint auf den ersten Blick nur eine aufgehübschte Fassung der gleichnamigen Funktion aus früheren Windows-Versionen zu sein. Tatsächlich aber bietet sie einiges mehr. So können Sie nun jeden einzelnen Bereich separat ausführlich veranschaulichen, wobei teilweise mehrere Parameter visualisiert werden.

Außerdem kann nun auch die Leistung der Festplattenlaufwerke analysiert und dargestellt werden. Wählen Sie dazu links jeweils den Bereich aus, der rechts ausführlich angezeigt werden soll.

Grafiken für jeden Kern eines Mehrkernprozessors

Die Visualisierung des Prozessors trägt modernen Mehrkernsystemen Rechnung. Standardmäßig wird zwar die Gesamtleistung des Prozessors angezeigt. Sie können die Darstellung aber auch für jeden einzelnen Kern veranschaulichen. Klicken Sie dazu mit der rechten Maustaste auf die CPU-Grafik und wählen Sie im Kontextmenü *Diagramm ändern in/Logische Prozessoren*.

Alle Performancewerte kompakt immer im Blick

Wollen Sie in bestimmten Situationen die wesentlichen Leistungsparameter Ihres PCs ständig im Blick behalten, ist der Task-Manager dafür nur bedingt geeignet. Zwar bleibt er automatisch stets im Vordergrund, aber er nimmt dort eben auch einiges an Platz weg.

Klicken Sie aber mit der rechten Maustaste in die linke Hälfte des Fensters, können Sie im Kontextmenü *Zusammenfassungsansicht* aktivieren. Dann zeigt ein schmales Fenster nur die wesentlichsten Dateien an. Sie können es mit der Maus an den linken oder rechten Rand des Bildschirms verschieben, wo es kaum stört. So behalten Sie die Kerndaten Ihres Systems stets im Blick. Um später wieder das volle Fenster des Task-Managers auszuklappen, doppelklicken Sie an einer beliebigen Stelle auf die Miniversion.

Noch etwas kompakter wird es, wenn Sie mit der rechten Maustaste klicken und *Diagramme anzeigen* ausschalten. Dann sehen Sie nur noch die reinen Werte. In dieser Ansicht lässt sich das Fenster auf eine minimale Größe zusammenschieben und am Rand platzieren, wo es bei der Arbeit nicht stört.

Die gleiche Funktion können Sie nutzen, wenn Sie nur einen bestimmten Wert im Blick behalten möchten, etwa die Auslastung des Arbeitsspeichers. Wählen Sie dazu links diesen Wert aus. Klicken Sie dann in der rechten Fensterhälfte mit der rechten Maustaste und wählen Sie im Kontextmenü *Diagrammübersichtsansicht*. Der Task-Manager zeigt dann nur dieses Diagramm nebst Werten an. Auch dieses Fenster können Sie auf eine beliebige Größe zusammenschieben. Der Inhalt passt sich dem verfügbaren Platz automatisch optimal an.

Prozessanalyse: Woran hängt es nun wieder?

Zu den hilfreichen Möglichkeiten des Task-Managers gehört ein tiefer gehender Einblick in die Abläufe und Abhängigkeiten eines Multitasking-Systems mit zahlreichen parallelen und aufeinander aufbauenden Prozessen. Wenn es bei einer Anwendung oder Funktion mal wieder „hängt", können Sie nun selbst nachschauen, worin genau die Ursache dafür liegt.

1. Wählen Sie die fragliche Anwendung in der Taskliste aus, klicken Sie mit der rechten Maustaste darauf und wählen Sie im Kontextmenü *Zu Details wechseln*.

2. Dadurch gelangen Sie in die Kategorie *Details*, wo der zur gewählten Anwendung gehörende Prozess bereits ausgewählt ist.

3. Klicken Sie erneut mit der rechten Maustaste darauf und wählen Sie im Kontextmenü *Warteschlange analysieren*.

4. Der daraufhin folgende Dialog verrät Ihnen, ob und worauf der Prozess wartet. Das kann einfach ein anderer Prozess sein oder aber auch eine ganze Kaskade von untereinander abhängigen Prozessen. Ist die Liste leer, läuft der Prozess aber ganz normal bzw. ist im Zweifelsfall für alle „Hänger" selbst verantwortlich.

Welche Apps benötigen Sie wirklich?

Wenn man regelmäßig im App-Store stöbert, sammeln sich erfahrungsgemäß im Laufe der Zeit immer mehr Apps an. Längst nicht alle davon benutzt man tatsächlich auf Dauer regelmäßig. Der Task-Manager hilft Ihnen dabei, hin und wieder aufzuräumen. Er sammelt Daten über alle installierten Touch-Apps (nicht die Desktop-Anwendungen!) und verrät Ihnen, wie häufig Sie welche App nutzen oder eben nicht nutzen. Auch welche Apps besonders viele Daten herunter- oder hochladen, können Sie so ganz einfach feststellen. Öffnen Sie dazu die Kategorie *App-Verlauf* im Task-Manager. Sie zeigt Ihnen für alle vorhandenen Touch-Apps an, wie viel Rechenzeit, Arbeitsspeicher und Netzwerkkapazität sie verbrauchen.

TIPP ☑ Up- und Downloads kontrollieren

Klicken Sie mit der rechten Maustaste auf die Überschriftenleiste der App-Tabelle. Im Kontextmenü können Sie dann zusätzlich die Spalten *Downloads* und *Uploads* einfügen, die Ihnen verraten, wie viele Daten welche App übertragen hat.

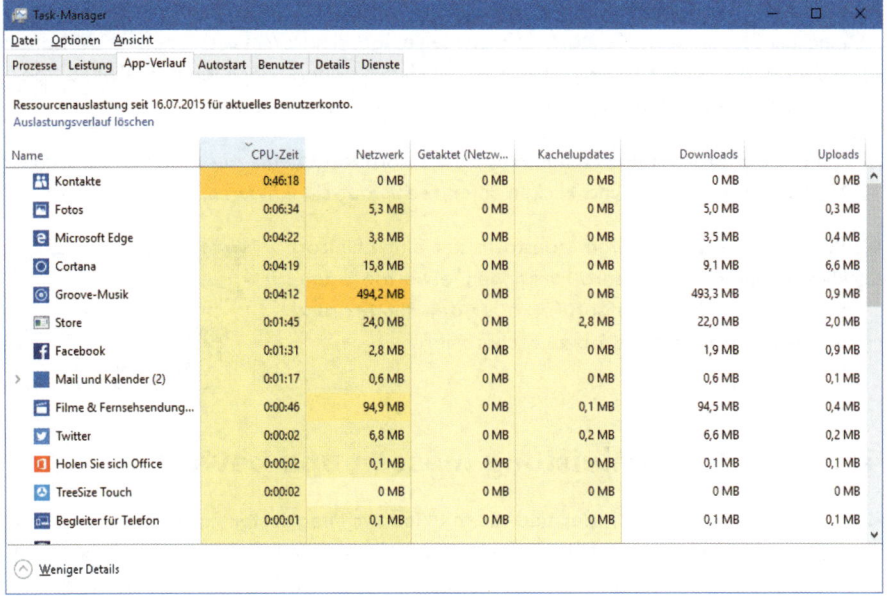

Das Startverhalten analysieren und optimieren

Wie bei jeder neuen Windows-Version hat Microsoft auch diesmal wieder das Startverhalten optimiert, sodass Ihr System Ihnen nach einem Neustart möglichst schnell zur Verfügung steht. Bei einem neu installierten Windows klappt das erfahrungsgemäß auch, nur im Laufe der Zeit werden meist nach und nach zusätzliche Software und Treiber installiert, die den Start zunehmend verzögern. Der Task-Manager ermöglicht es Ihnen, den Autostart von Programmen gezielt zu überwachen und so die wesentlichen Bremsen für eine kurze Startzeit zu ermitteln.

1. Öffnen Sie dazu im Task-Manager die Kategorie *Autostart*. Hier werden alle Programme aufgelistet, die während des Windows-Starts automatisch aktiviert werden.

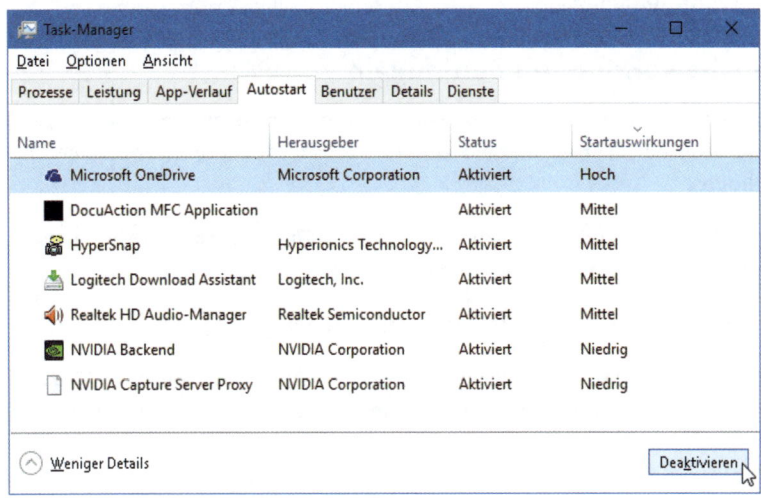

2. Besonders interessant dabei ist die Spalte *Startauswirkungen*. Hier nimmt Windows eine Schätzung vor, wie stark sich das jeweilige Programm auf das Startverhalten auswirkt. Besonders bei Programmen mit dem Vermerk *Hoch* lohnt es sich zu überlegen, ob diese wirklich jedes Mal aktiviert werden müssen.

3. Um die Autostartfunktion eines Programms vorübergehend zu deaktivieren, wählen Sie es in der Liste aus und klicken unten rechts auf *Deaktivieren*.

4. Wenn Sie mit der rechten Maustaste auf einen Eintrag klicken, finden Sie weitere Funktionen, etwa die Eigenschaften der Datei aufzurufen oder den Hintergrund dieses Programms im Web zu recherchieren.

41.2 Die Systemleistung messen und bewerten

Für leistungsbewusste Anwender sind die in Windows integrierten Funktionen zum Überwachen und Optimieren der Leistung hilfreich. So kann Windows die vorhandene Hardwareausstattung bewerten und Hinweise geben, inwieweit sich Änderungen bei einzelnen Komponenten auswirken würden.

Kern dieser Performanceanalyse ist die Leistungsbewertung der vorhandenen Hardware. Hierzu werden automatisch verschiedene Benchmarktests durchgeführt, die z. B. die Rechenkapazität des Prozessors, die Zugriffsgeschwindigkeit des Arbeitsspeichers, die Leistung der Grafikkarte oder die Datentransferrate der Festplatte(n) messen. Aufgrund der so ermittelten Werte wird das System benotet. Dies ermöglicht die Einschätzung des eigenen Systems im Vergleich mit anderen.

Vor allem aber verrät die Leistungsbewertung, wo die Schwachstellen des Systems liegen und inwiefern die Gesamtleistung durch einzelne Hardware-Updates gesteigert werden kann. Beim aktuellen Windows wurden die bei früheren Versionen recht prominent präsentierten Informationen und Funktionen zur Leistungsbewertung versteckt, sind aber immer noch vorhanden.

Leistungsbewertung mit Bordmitteln

Wer Windows ohne Zusatzsoftware bewertet haben möchte, muss zu Bordmitteln greifen. Es sind aber nur einige wenige Schritte erforderlich, um die gewünschten Angaben zu erhalten.

1. Öffnen Sie eine Eingabeaufforderung mit Administratorrechten (⊞+Ⓧ und dann den entsprechenden Menüpunkt wählen).

2. Tippen Sie hier zunächst den Befehl *winsat formal* ein.

3. Warten Sie nun ein bis zwei Minuten, bis der Befehl abgearbeitet wird. Lassen Sie den PC solange möglichst unangetastet, um die Messwerte nicht zu verfälschen.

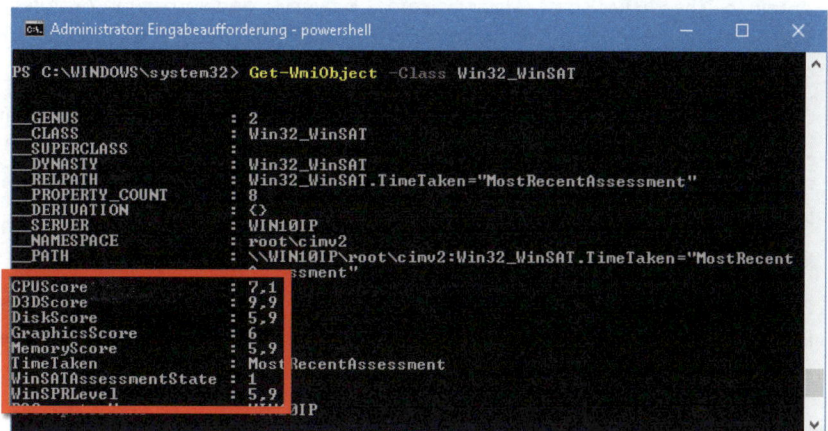

4. Wenn Sie wieder etwas eingeben können, tippen Sie den Befehl *powershell* ein.

5. Die Powershell macht sich nur an einer ganz leicht veränderten Eingabeaufforderung bemerkbar. Tippen Sie hier nun *Get-WmiObject -Class Win32_WinSAT* ein.

6. Damit werden die ermittelten Ergebnisse angezeigt.

Leistungsbewertung per Zusatztool

Falls Ihnen das Hantieren mit Eingabeaufforderung und Powershell nicht liegt, können Sie sich eines Zusatztools bedienen, das den Zugang zu diesen Daten fast genau wie bei früheren Windows-Versionen ermöglicht. Empfehlenswert hierzu ist ExperienceIndexOK, das Sie unter http://www.softwareok.de/?Download=ExperienceIndexOK herunterladen können. Die Webseite ist etwas unübersichtlich. Achten Sie darauf, wirklich die Datei *ExperienceIndexOK.zip* herunterzuladen. Sie muss nur entpackt werden, dann kann das Programm ohne Installation direkt ausgeführt werden.

Es zeigt direkt die ermittelten Werte an. Falls hier 0 steht, hat noch keine Bewertung stattgefunden. So oder so sollten Sie die Werte aber mit *Neuberechnen* unten rechts erst mal aktualisieren und den PC dabei unangetastet lassen.

Wie ist die Leistungsbewertung genau zu verstehen?

Die Leistung Ihres PCs wird von Windows mit einer Gesamtnote bewertet, die sich aus verschiedenen Einzelnoten für die verschiedenen Komponenten zusammensetzt:

- *Processor* bzw. *CPUScore* – gibt die Rechenleistung des eingebauten Prozessors an, wobei hier selbstverständlich auch leistungssteigernde Elemente wie interne Cachespeicher berücksichtigt werden.

- *Arbeitsspeicher (RAM)* bzw. *MemoryScore* – bewertet den verbauten Arbeitsspeicher, wobei die Zugriffsgeschwindigkeit auf den RAM-Speicher wesentlich ist, aber auch die Speicherkapazität eine Rolle spielt.

- *Grafik* bzw. *GraphicsScore* – diese Note bezieht sich auf die technischen Fähigkeiten der Grafikkarte, den Windows-10-Desktop mit allen Effekten darzustellen. Die tatsächliche Leistungsfähigkeit spielt dabei eine untergeordnete Rolle.

- *Grafik (Spiele)* bzw. *D3Dscore* – hierbei geht es dann absolut um die Leistungsfähigkeit der Grafikkarte, wie sie insbesondere von 3D-Spielen benötigt wird.

- *Primäre Festplatte* bzw. *DiskScore* – entscheidend für die Performance der Festplatte ist die Datentransferrate, also wie schnell Daten vom Arbeitsspeicher auf die Festplatte und umgekehrt übertragen werden können.

HINWEIS ⊠ Welche Noten können überhaupt erreicht werden?

Derzeit vergibt die Leistungsbewertung Noten zwischen 1 und 9,9 (bei Vista war die höchstmögliche Note eine 5,9, bei Windows 7 war das Maximum bei 7,9). Dabei ist es umgekehrt zu den klassischen Schulnoten: Eine 1 ist die schlechteste Note und bedeutet im Klartext „unbrauchbar". Die 9,9 ist die beste Note und bedeutet „optimale Ausstattung". Um der rasanten Entwicklung bei der Hardware zu entsprechen, wird Microsoft die Noten in Zukunft weiter nach oben ausweiten.

Für neue Prozessoren und Grafikkarten, die in Zukunft auf den Markt kommen, werden also höhere Noten vergeben werden, z. B. 10,5 oder 11. An der Bewertung der jetzigen Komponenten wird nichts verändert. Das bedeutet, wenn Sie jetzt eine 6,0-Note erzielen, wird Ihr System dies auch in fünf Jahren noch tun, sofern Sie in der Zwischenzeit nichts aufrüsten. Dies sorgt für eine dauerhafte Vergleichbarkeit der Messwerte z. B. in Bezug auf die Einsetzbarkeit bestimmter Software.

Jeder dieser Teilbereiche wird für sich bewertet und mit einer Note versehen. Die Gesamtnote gibt allerdings nicht den Durchschnitt der Einzelnoten an, wie man meinen könnte. Vielmehr vertritt Windows hier die Theorie, dass ein System immer nur so leistungsfähig wie sein schwächstes Element ist. Das ist auch kein schlechter Ansatz. Denn was nutzt ein super aufgemotzter PC, in dem eine fünf Jahre alte Grafikkarte werkelt, die schon bei einfachen optischen Desktop-Spielereien ins Schwitzen kommt und mit der an 3D-Spiele gar nicht zu denken ist?

Die Gesamtnote entspricht also immer der schlechtesten Einzelnote. Dies bedeutet allerdings auch, dass das Ergebnis immer etwas individuell zu interpretieren ist. Wenn Sie z. B. mit Ihrem PC vor allem produktiv arbeiten und surfen, ganz sicher aber keine 3D-Ballerspiele machen wollen, werden Sie auf eine teure Grafikkarte verzichten. Dementsprechend wird die Bewertung für *Grafik (Spiele)* schwach ausfallen und die Gesamtnote in den Keller ziehen. Daran sollten Sie sich dann einfach nicht stören, wenn die Bewertung aller anderen Komponenten im grünen Bereich liegt. Die folgende Tabelle gibt einen Überblick über die konkrete Bedeutung der Gesamtbewertung:

Gesamtnote	Bedeutung
1 bis 2	■ ausreichende Leistung für allgemeine Aufgaben wie Büroanwendungen, Internet, E-Mail ■ keine oder nur sehr eingeschränkte Multimedia-Fähigkeiten
ab 3	■ ausreichende Leistung für die meisten Windows-Features, allerdings eventuell mit Einschränkungen ■ mögliche Beschränkungen bei der Bildschirmauflösung und beim Multimonitorbetrieb ■ Multimedia einschließlich Digital-TV sind möglich, in der Regel aber kein HDTV
4 und mehr	■ ausreichende Leistung für sämtliche Windows-Features ohne Einschränkungen ■ grafikintensive Anwendungen, Multiplayer- und 3D-Spiele, Aufzeichnung und Wiedergabe von HDTV möglich

Konsequenzen aus der Leistungsbewertung ziehen

Zunächst einmal sollten Sie die Noten für Ihre Hardware nicht überbewerten. Entscheidend ist, ob Sie Ihre Aufgaben mit Ihrem PC auf angenehme Art bewältigen können, und zwar ohne lästige Wartepausen oder andere Unannehmlichkeiten. Solange das der Fall ist, können Sie die Noten Noten sein lassen. Wenn Sie allerdings mit der Performance Ihres PCs nicht zufrieden sind, kann die Leistungsbewertung wertvolle Hinweise geben. Sie verrät Ihnen nämlich, wo die Schwachpunkte Ihrer Hardware liegen.

Etwas vereinfacht gesagt: Die Komponente mit der schlechtesten Bewertung bremst den PC am meisten aus. Hat Ihr System in einem der Bereiche eine deutlich schlechtere Note als in den anderen, dann würde eine bessere Ausstattung in diesem Bereich die größte Leistungssteigerung bringen. Freilich keine Regel ohne Ausnahme: In Bezug auf 3D-Spiele etwa werden immer Grafikkarte, Prozessor und Arbeitsspeicher entscheidend sein. Ob die Festplatte nun etwas älter und langsamer ist, spielt dafür hingegen keine große Rolle. Aus der Sicht verschiedener Anwendungsszenarien lässt sich die Bewertung wie folgt differenzieren:

- Office und Internet: Wenn Sie Ihren PC ausschließlich für Office-Anwendungen wie etwa Textverarbeitung oder aber Internetaufgaben wie E-Mail und Websurfen verwenden, sind die Werte für Prozessor und Arbeitsspeicher entscheidend für eine zufriedenstellende Leistung. Auch mit Werten ab 2 für Grafik und Festplatte sollte die Gesamtperformance des PCs dann zufriedenstellend sein.

- 3D-Spiele und grafikintensive Anwendungen (z. B. Videoschnitt): Hierfür sind hohe Werte bei Arbeitsspeicher, Grafik sowie Grafik (Spiele) erforderlich. Die Noten für Prozessor und Festplatten sollten allerdings auch wenigstens bei 3 liegen.

- Multimedia-Anwendungen: Damit in diesem Bereich echter Spaß aufkommt und z. B. auch HDTV und HD-Video möglich sind, sollten die Noten für Prozessor, Grafik und Festplatte möglichst hoch sein. In den Bereichen Arbeitsspeicher und Grafik (Spiele) dürfte es mit Noten ab 3 keine Probleme geben.

Den Leistungsindex austricksen – so optimieren Sie Ihr Windows zumindest auf dem Papier

Der von Windows automatisch ermittelte Leistungsindex Ihres PCs hat in erster Linie informativen Charakter und hilft Ihnen selbst, die Möglichkeiten Ihrer Hardware einzuschätzen. Wenn Spiele und Anwendungsprogramme den Leistungsindex als Orientierung verwenden und z. B. einen Mindestleistungsindex empfehlen, ist das umso besser. Allerdings ist der Leistungsindex auch nicht unumstritten. Insbesondere die Regel, dass der Gesamtindex immer so schlecht wie die schlechteste Komponente ausfällt, kann in manchen Fällen zu einer unnötig schlechten Gesamtbewertung führen, die so nicht gerechtfertigt ist.

Richtig tragisch wäre es allerdings, wenn in Zukunft z. B. der Zugang zu Onlinegameservern von einem bestimmten Mindestleistungsindex des PCs abhängt. Sollten Sie solche Probleme bekommen (oder wenn Sie mit einem tollen Leistungsindex einfach mal den strammen Max markieren wollen), können Sie die Bewertung Ihres PCs ein wenig „optimieren" – und das ganz ohne kostspielige Investitionen in neue Hardware.

1. Öffnen Sie im Windows-Explorer den Ordner C:\Windows\Performance\WinSAT\ DataStore (sollte Windows nicht auf C: installiert sein, verwenden Sie stattdessen den entsprechenden Laufwerknamen).

2. In diesem Ordner finden Sie mehrere Dateien mit der Endung .WinSAT. Suchen Sie darunter diejenige, die im Namen die Bezeichnung Formal.Assessment (Recent) enthält. Machen Sie von dieser Datei vorsichtshalber eine Kopie, falls bei den folgenden Schritten etwas schieflaufen sollte.

3. Öffnen Sie die Datei in einem Editor (z. B. rechte Maustaste, Öffnen mit/WordPad).

4. In der Datei finden Sie relativ weit oben einige Einträge zwischen den Markierungen <WinSPR> und </WinSPR>. Darin enthalten sind die Gesamtbewertung (SystemScore) sowie die einzelnen Komponenten des Leistungsindex. Die Zahlenwerte können Sie nun im Editor beliebig abändern. Dabei gilt: je höher, desto besser.

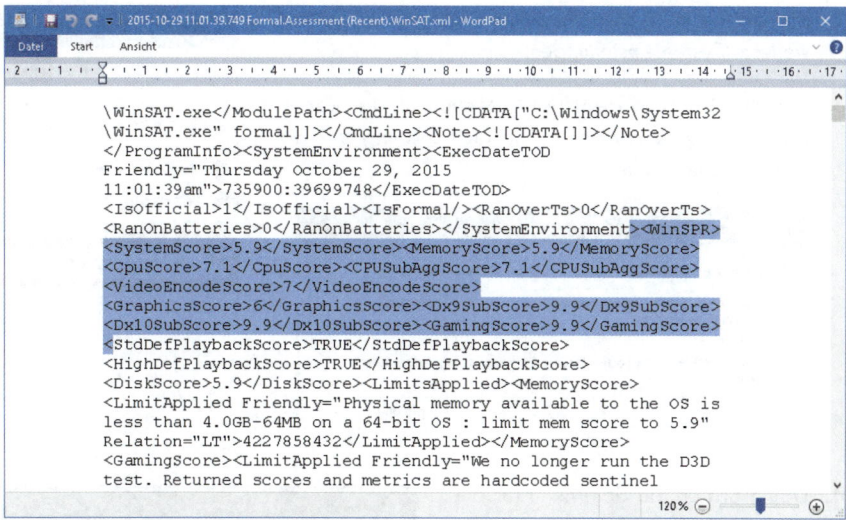

5. Speichern Sie die Datei nun mit *Datei/Speichern*. Damit hält sich Ihr Windows-System ab sofort für einen echten Muskelprotz. Allerdings sollten Sie auf eine automatische Leistungsbewertung in Zukunft verzichten, da die manipulierten Werte sonst wieder durch die realen Daten überschrieben werden.

41.3 So läuft Windows auch auf älteren PCs richtig flott

Auf älteren PCs oder auf den beliebten, aber mit etwas schwachbrüstiger Hardware ausgestatteten Tablets oder Netbooks läuft das neue Windows eventuell nur behäbig. Durch das Optimieren der Systemleistung können Sie aber auch hier eine akzeptable Performance erzielen. Das bedeutet, auf den einen oder anderen visuellen Effekt zu verzichten oder auch eher selten genutzte Funktionen zu deaktivieren. Dafür können Sie aber insgesamt flüssiger und komfortabler arbeiten. Mit ein wenig Selbstversuch lässt sich im Zweifelsfall eine gute Balance zwischen Geschwindigkeit und Komfort finden.

Sparen Sie Leistung durch das Reduzieren aufwendiger Grafikeffekte

Auch wenn die neue Windows-Oberfläche im Vergleich zu den Vorgängern simpler und geradliniger wirkt, sorgen doch viele Funktionen für ein dynamisches und optisch attraktives Erscheinungsbild. Solche Effekte lassen sich aber reduzieren, wenn sie nur schwerfällig ablaufen und die Arbeit eher behindern oder wenn der PC insgesamt zu unterdimensioniert für das Darstellen aller Effekte ist.

1. Öffnen Sie in der klassischen Systemsteuerung den Bereich *System und Sicherheit* und wählen Sie darin das Modul *System* aus. In der klassischen Ansicht der klassischen Systemsteuerung finden Sie dieses Element direkt.

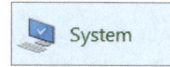

2. Klicken Sie im *System*-Modul am linken Rand auf *Erweiterte Systemeinstellungen*.

3. Klicken Sie im so geöffneten Menü auf der Registerkarte *Erweitert* oben im Bereich *Leistung* auf die Schaltfläche *Einstellungen*.

4. Damit öffnen Sie das Menü für die Leistungsoptionen. Hier können Sie auf der Registerkarte *Visuelle Effekte* im oberen Bereich z. B. pauschal *Für optimale Leistung anpassen* auswählen. Damit schalten Sie sämtliche in der Liste aufgeführten visuellen Effekte ab.

5. Alternativ gehen Sie die Liste aller Optionen durch und suchen sich gezielt diejenigen aus, auf die Sie verzichten können. Die Bezeichnungen sind meist selbsterklärend. Auch hier helfen ein paar Selbstversuche, festzustellen, welche Funktionen nun einen spürbaren Unterschied in der Leistung bewirken.

Mehr freien Speicher durch Verzicht auf unnötige Windows-Komponenten

Alle Editionen von Windows bringen eine Vielzahl von Komponenten und Diensten mit, die nicht unbedingt für jeden Benutzer erforderlich sind. Sie alle kosten aber Speicherplatz sowie teilweise auch Startzeit und Performance. Es kann deshalb nicht schaden, die Liste einmal durchzugehen und unnötige Systemkomponenten zu deinstallieren.

1. Öffnen Sie in der klassischen Systemsteuerung das Modul *Programme und Features*. In der Kategorie-Ansicht finden Sie diese Funktion unter *Programme/Programme und Features*.

2. Wählen Sie im anschließenden Menü am linken Rand *Windows-Features aktivieren oder deaktivieren*. Warten Sie dann, bis sich das Menü gefüllt hat. Windows überprüft dazu, welche der Optionen bereits installiert sind. Diese werden in der Liste jeweils mit einem Häkchen versehen.

3. Nun können Sie die Liste durchgehen und schauen, welche der installierten Zusatzkomponenten Sie nicht benötigen. Entfernen Sie bei dem entsprechenden Listeneintrag das Häkchen.

4. Haben Sie Ihre Auswahl an zu deinstallierenden Komponenten getroffen, klicken Sie unten auf *OK*. Windows nimmt dann die Änderungen an seiner Konfiguration vor. Je nach Umfang kann dies einige Minuten dauern.

HINWEIS ▷ Welche Komponenten sind verzichtbar?

Die meisten privaten Windows-Nutzer können bei *Druck- und Dokumentdienste* auf einen Internetdruckclient verzichten. Hyper-V (sofern vorhanden) ist nur notwendig, wenn Sie Virtualisierungsfunktionen nutzen möchten. Wenn Sie auf den mit Windows ausgelieferten Windows Media Player verzichten können, entfernen Sie das gleichnamige Häkchen unter *Medienfeatures*. Auch die XPS-Funktionen oder die Druckausgabe in PDF wird nicht jedermann benötigen, insbesondere da man dafür auch alternative Software einsetzen kann. Man sollte es mit dem Abspecken aber auch nicht übertreiben: Das .NET-Framework oder die Windows PowerShell verwenden Sie persönlich vielleicht nicht. Es sind aber Umgebungen, die von anderen Programmen oder Setup-Assistenten vorausgesetzt werden. Da könnte das Deinstallieren also zu Problemen führen. Sie können aber ohnehin alle diese Entscheidungen jederzeit rückgängig machen, indem Sie das entsprechende Häkchen einfach wieder eintragen.

Performanceeinbußen durch optimierten Auslagerungsspeicher vermeiden

Wenn Sie viele Programme und/oder Dokumente gleichzeitig nutzen, wird der Arbeitsspeicher Ihres PCs eventuell knapp. In solchen Fällen verwendet Windows eine Datei auf der Festplatte als Auslagerungsspeicher: Inhalte des Arbeitsspeichers werden in diese Datei übertragen, um den Speicher frei zu bekommen. Soll später wieder auf diese Inhalte zugegriffen werden, holt das System sie von der Festplatte zurück in den Arbeitsspeicher. Da Festplatten langsamer arbeiten als Arbeitsspeicher, kommt es beim Aus- und Einlagern zu spürbaren Verzögerungen. Vermeiden lässt sich das nicht (außer durch das Einbauen zusätzlichen Speichers). Aber durch optimales Konfigurieren der Auslagerungsdatei können Sie den Bremseffekt vermeiden.

TIPP ☑ Die beste Therapie: mehr Arbeitsspeicher im PC

Das sinnvollste Mittel gegen zu wenig Arbeitsspeicher ist immer eine Speichererweiterung. Sie wird die Systemperformance in fast allen Fällen verbessern, da der beschriebene Auslagerungseffekt verringert wird. Windows benötigt mindestens 1 GByte Arbeitsspeicher (2 GByte für die 64-Bit-Version), mit 2 GByte lässt es sich akzeptabel arbeiten. Für speicherintensive Anwendungen (Bearbeiten von Bildern, Musik oder Video) und grafikintensive Spiele empfiehlt sich mehr Speicher, wobei die 32-Bit-Versionen nicht mehr als ca. 3,5 GByte Speicher nutzen können. Ein Ausbau darüber hinaus ist nur bei den 64-Bit-Versionen sinnvoll. Ein zusätzlicher Speicherriegel kostet inzwischen kein Vermögen mehr, nicht immer ist eine Erweiterung aber ohne Weiteres möglich (z. B. bei Notebooks).

1. Öffnen Sie in der Systemsteuerung das Modul *System* und wählen Sie dort links *Erweiterte Systemeinstellungen*.

2. Der anschließende Dialog zeigt automatisch die Kategorie *Erweitert* an, wo Sie im Bereich *Leistung* auf *Einstellungen* klicken.

3. Klicken Sie hier unten im Bereich *Virtueller Arbeitsspeicher* auf die *Ändern*-Schaltfläche.

4. Deaktivieren Sie ganz oben die Option *Auslagerungsdateigröße für alle Laufwerke automatisch verwalten*, um in die Einstellungen für die Speicherauslagerung eingreifen zu können.

TIPP ☑ So optimieren Sie den Auslagerungsspeicher

Wie Sie das Auslagern von Speicher optimieren, hängt von den Gegebenheiten ab:

- Haben Sie nur eine Festplatte mit einer Partition in den PC eingebaut, sind die Möglichkeiten begrenzt. In diesem Fall überlassen Sie am besten Windows die automatische Einstellung.

- Bei einer Festplatte mit mehreren Partitionen können Sie immerhin bestimmen, auf welchem Laufwerk die Auslagerungsdatei erstellt werden soll. Bei knappem Platz auf dem Systemlaufwerk können Sie die Auslagerungsdatei verlegen.

- Wenn Sie mehrere Festplatten eingebaut haben, sollten Sie die Auslagerungsdatei vom Systemlaufwerk auf eine andere Festplatte (nicht eine andere Partition auf demselben Laufwerk!) verlegen. So kann der PC parallel auf System- sowie Programmdateien und den Auslagerungsspeicher zugreifen, was den Ablauf beschleunigt.

5. Um die Auslagerungsdatei zu verlegen, wählen Sie zunächst das Laufwerk aus, auf dem sich die Datei zurzeit befindet (Vermerk *Systemverwaltet* in der Liste). Wählen Sie darunter die Option *Keine Auslagerungsdatei* und klicken Sie dann rechts davon auf *Festlegen*.

6. Wählen Sie nun oben das Laufwerk aus, auf das in Zukunft ausgelagert werden soll. Aktivieren Sie dann die Option *Größe wird vom System verwaltet* und klicken Sie wiederum auf *Festlegen*.

7. Übernehmen Sie die Einstellungen unten mit *OK*. Wichtig: Die Auslagerungsdatei kann nicht während des laufenden Betriebs geändert werden. Deshalb erfolgt die Umstellung automatisch beim nächsten Windows-Start bzw. nach einem Neustart.

TIPP ☑ Am besten verwaltet Windows die Größe des Auslagerungsspeichers

Beschränken Sie sich beim Optimieren der Auslagerungsdatei auf die Auswahl des Laufwerks und überlassen Sie die genaue Größe der Datei dem System. Es belegt dynamisch jeweils nur so viel Speicher wie nötig. Manuelle Vorgaben mit der Option der benutzerdefinierten Größe sind nicht notwendig und wenig sinnvoll. Eine zu kleine Datei kann zu einem instabilen System führen. Umgekehrt kann die Datei auch zu groß sein, weil dann so viel ein- und ausgelagert wird, dass das System nur noch im Schneckentempo reagiert. Die Automatik von Windows findet hingegen immer einen guten Mittelweg.

Anwendungen mit höherer Priorität bevorzugen

Wenn Sie es mit einem bestimmten Programm mal besonders eilig haben, können Sie die Priorität für diese Anwendung erhöhen. Es wird dann vom System auf Kosten der anderen laufenden Programme und Dienste bevorzugt abgearbeitet. Das bietet sich z. B. für zeitintensive Anwendungen wie Videocodierungen oder aufwendige Grafikberechnungen an.

1. Starten Sie die fragliche Anwendung und rufen Sie dann mit ⌷Strg⌷+⌷⇧⌷+⌷Esc⌷ den Task-Manager auf.

2. Lokalisieren Sie die betreffende Anwendung in der Taskliste, klicken Sie mit der rechten Maustaste darauf und wählen Sie im Kontextmenü *Zu Details wechseln*.

3. Dadurch gelangen Sie in die Kategorie *Details*, in der Sie wie früher eine Liste von Prozessen mit genauen Angaben vorfinden. Der Prozess der zuvor gewählten Anwendung ist hier schon ausgewählt.

4. Klicken Sie wiederum mit der rechten Maustaste auf diesen Eintrag, wählen Sie im Kontextmenü *Priorität festlegen* und im Untermenü den Eintrag *Höher als normal* bzw. *Hoch*. Der Eintrag *Echtzeit* ist nicht empfehlenswert, da dann andere Prozesse womöglich gar nicht mehr zum Zuge kommen. Da dies auch wesentliche Systemkomponenten betrifft, kann der PC dadurch instabil werden.

5. Bestätigen Sie die Sicherheitsrückfrage mit einem Klick auf *Priorität ändern*.

Die Dateianzeige im Windows-Explorer spürbar beschleunigen

Windows zeigt bei jeder sich bietenden Gelegenheit eine Miniaturansicht von Dateien. Das ist auch keine schlechte Sache, kann aber das Arbeiten ausbremsen. Wer schon mal auf leistungsschwächeren Rechnern umfangreichere Bildordner oder Verzeichnisse mit großen Videodateien geöffnet hat, kennt die Zwangspausen, die man bis zum Anzeigen aller Miniaturansichten ertragen muss. Neben dem Wechsel der Ansicht zu einer ohne Miniaturansichten (z. B. *Details*, *Liste* oder *Kleine Symbole*) können Sie die zeitraubende Miniaturansicht auch ganz deaktivieren.

1. Starten Sie den Windows-Explorer und öffnen Sie in den Optionen (Kategorie *Ansicht*) die Registerkarte *Ansicht*.

2. Suchen Sie hier in der Liste der Einstellungen etwa in der Mitte die Option *Immer Symbole statt Miniaturansichten anzeigen* und aktivieren Sie diese.

3. Klicken Sie unten auf *OK*, um die Einstellung zu aktivieren. Windows zeigt nun in allen Ansichten grundsätzlich nur ein Symbol gemäß dem Dateityp und verzichtet auf die Minivorschau.

41.4 Prefetch und ReadyBoost: die Windows-Performance mittels USB-Stick optimieren

Schon länger versucht Microsoft, das Arbeiten unter Windows schneller zu machen. Sicherlich lässt sich durch bessere (und teurere) Hardwarekomponenten immer noch eine Geschwindigkeitssteigerung erreichen. Sehr viel Potenzial steckt aber auch im Optimieren von Prozessen, insbesondere weil das auf allen PCs etwas bringt und dabei vergleichsweise billig ist. Eine solche Optimierungsmaßnahme ist das Prefetching, mit dem insbesondere der Start von Windows und von oft genutzten Anwendungen verbessert werden sollte.

TIPP ☑ So beschleunigt Prefetching den PC

Beim Prefetching beobachtet das Betriebssystem das Verhalten des PCs und seines Benutzers beim Start. Ruft der immer (bzw. meistens) erst mal dieselben Programme auf, z. B. sein E-Mail-Programm und den Browser, dann lässt sich daraus eine Regel ableiten. Dementsprechend lädt Windows die dafür benötigten Programmmodule schon in den Arbeitsspeicher, bevor der Benutzer überhaupt auf das Symbol der Anwendung geklickt hat. Logische Folge: Da ein Teil der Arbeit bereits getan ist, startet das Programm für den Anwender schneller. Darüber hinaus kann das Betriebssystem auch die Anordnung der Programmdaten auf der Festplatte optimieren, sodass sie in möglichst wenigen und schnellen Leseaktionen abgerufen werden können.

Mittlerweile hat Microsoft diesen Mechanismus verfeinert und erweitert und dieser Komponente den griffigen Namen ReadyBoost gegeben. ReadyBoost verfolgt mehrere Strategien:

- Zum einen kontrolliert es nicht nur den Systemstart, sondern ist die ganze Zeit aktiv, um Muster in der Auslastung des PCs zu erkennen und darauf zu reagieren. Es beobachtet z. B. auch, wenn die Daten einer Anwendung aus dem Arbeitsspeicher in die Auslagerungsdatei auf der Festplatte verschoben werden müssen. Das passiert, wenn der Benutzer eine weitere Anwendung startet und der Arbeitsspeicher nicht mehr für beide ausreicht. Sowie der Benutzer die zweite Anwendung wieder schließt, transferiert ReadyBoost die ausgelagerten Daten sofort wieder zurück in den Arbeitsspeicher, selbst wenn der Benutzer noch gar nicht zu dieser Anwendung zurückgekehrt ist. Tut er es dann, ist die Anwendung ohne langwierige Festplattenzugriffe sofort präsent.

- Zum anderen erweitert ReadyBoost die Speicherverwaltung von Windows auf Festspeichermedien wie USB-Sticks und Speicherkarten. Die Idee dabei ist folgende: Arbeitsspeicher ist zwar nicht mehr wirklich teuer, aber eine Nachrüstung ist angesichts der verschiedenen Standards und Parameter relativ kompliziert. USB-Sticks und Speicherkarten sind heutzutage schon weitverbreitet und müssen einfach nur eingesteckt werden. Sie stellen also eine simple Alternative zur Speichererweiterung dar. Selbstverständlich ist der Zugriff auf einen USB-Stick wesentlich langsamer als bei echtem Arbeitsspeicher. Aber die Zugriffszeit ist zumindest bei guten USB-Sticks niedriger als bei der Auslagerungsdatei auf einer Festplatte, da keine mechanischen Teile benötigt werden. Auch in Bezug auf den Stromverbrauch sind Festspeichermedien deutlich günstiger.

Ist Ihr USB-Stick fit für ReadyBoost?

Die ReadyBoost-Funktion kann neben klassischen USB-Sticks auch andere flashbasierte Speichermedien wie etwa Speicherkarten aus Digitalkameras (CF-Karten, SD-Karten) verwenden. Die Hardware muss nur gewisse Mindestanforderungen erfüllen, die sich in der Regel aber selbst mit USB-2.0-Geräten erreichen lassen:

- Die Speicherkapazität muss mindestens 256 MByte betragen (4 GByte ist die Obergrenze). Optimalerweise entspricht sie ungefähr dem eingebauten Arbeitsspeicher.

- Die Transferrate muss mindestens 2,5 MBit/Sek. für 4-KByte-Dateien und mindestens 1,75 MBit/Sek. für 512-KByte-Dateien betragen.

Windows überprüft diese Anforderungen der Funktion automatisch und bietet sie nur für solche Geräte an, die sie erfüllen. Sie können aber auch selbst testen, um schon vorab zu sehen, wie gut Ihr USB-Stick geeignet ist bzw. wie knapp ein Gerät am Test scheitert:

1. Drücken Sie die Tastenkombination ⊞+Ⓧ.

2. Wählen Sie dann im Startmenü den Eintrag *Eingabeaufforderung (Administrator)*. Bestätigen Sie die anschließende Sicherheitsrückfrage mit einem Klick auf *Fortsetzen*. Sie haben nun eine Eingabeaufforderung mit Administratorrechten.

3. Geben Sie hier den Befehl *winsat disk -read -ran -ransize 4096 -drive X* ein, wobei das *X* ganz am Ende für den Laufwerkbuchstaben des zu testenden USB-Sticks steht. Führen Sie den Befehl mit ⏎ aus.

4. Warten Sie kurz auf das Ergebnis des Tests. Entscheidend ist hierbei die Datenträgerleistung. Sie sollte bei mindestens 2,5 MByte/Sek. liegen. Je weiter sie darüber liegt, desto besser.

5. Auf ähnliche Weise können Sie auch das zweite Kriterium überprüfen. Geben Sie dazu dieselbe Befehlszeile ein, diesmal aber mit der anderen Datengröße: *winsat disk -read -ran -ransize 131072 -drive X*.

```
Administrator: Eingabeaufforderung                                  —  □  ×
Microsoft Windows [Version 10.0.10240]
(c) 2015 Microsoft Corporation. Alle Rechte vorbehalten.

C:\WINDOWS\system32>winsat disk -read -ran -ransize 131072 -drive H
Windows-Systembewertungstool
> Wird ausgeführt: Featureaufzählung ''
> Laufzeit 00:00:00.00
> Wird ausgeführt: Speicherbewertung '-read -ran -ransize 131072 -drive H'
> Laufzeit 00:00:13.20
> Disk  Random 128.0 Read                    9.83 MB/s
> Gesamtausführungszeit 00:00:13.75

C:\WINDOWS\system32>
```

6. Dieser Test dauert ein wenig länger. Die gemessene Datenträgerleistung muss danach mindestens 1,4 MByte/Sek. betragen.

Beschleunigen Sie Windows mit einem simplen USB-Stick

Wenn Sie ein Speichermedium haben, das diese Anforderungen erfüllt, können Sie den Arbeitsspeicher damit erweitern und so die Performance Ihres PCs steigern. Allerdings sollte der Speicherstick möglichst leer sein, damit Windows die volle Kapazität nutzen kann.

1. Stecken Sie den USB-Stick einfach in einen freien USB-Port ein. Der direkte Anschluss ist einem zwischengeschalteten USB-Hub vorzuziehen, um optimale Performance zu erreichen. Oftmals sind die USB-Anschlüsse hinten am Gehäuse etwas schneller angebunden als die Front-Anschlüsse vorne.

2. Windows erkennt ein eingestecktes Speichermedium automatisch. Die Meldung dazu können Sie allerdings ignorieren. Öffnen Sie stattdessen den Explorer mit der Übersicht der Laufwerke.

3. Klicken Sie dort den Eintrag des Speichermediums mit der rechten Maustaste an und öffnen Sie im Kontextmenü die *Eigenschaften*.

4. Wechseln Sie dann in den Eigenschaften dieses Datenträgers in die Rubrik *ReadyBoost*. Warten Sie kurz ab, während Windows den Datenträger analysiert und seine Eignung für ReadyBoost feststellt.

5. Nun können Sie mit der Option oben zunächst festlegen, dass Windows *Dieses Gerät verwenden* soll, um das System zu beschleunigen.

6. Mit dem Schieberegler darunter stellen Sie ein, wie viel Windows von der Kapazität des Speicherchips für sich abzweigen darf. Am besten übernehmen Sie dabei den Vorschlag von Windows. Dieser läuft in der Regel auf ca. 90 % der verfügbaren Kapazität hinaus. Wählen Sie die Option *Dieses Gerät für ReadyBoost reservieren*, wird automatisch der gesamte Speicherplatz dieser Funktion zugeschlagen.

7. Klicken Sie dann auf *OK*, um die Einstellungen zu übernehmen und die Speichererweiterung abzuschließen.

Besondere Vorsichtsmaßnahmen im Umgang mit dem ReadyBoost-Speicher sind nicht erforderlich. Sie können den USB-Stick jederzeit wieder entfernen. Windows bemerkt dies und greift in diesem Fall wieder auf die reguläre Auslagerungsdatei auf der Festplatte zurück. Stecken Sie den USB-Stick später wieder ein, wird er sofort automatisch wieder in das Speichermanagement eingebunden.

ReadyBoost für den USB-Stick deaktivieren

Wie oben beschrieben zeigt sich Windows sehr flexibel, wenn Sie einen USB-Stick erst einmal für die Verwendung als virtuelle Speichererweiterung freigegeben haben. Rausziehen und wieder reinstecken bringt nichts, und auch das Aufspielen von Dateien hindert Windows nicht an der weiteren Nutzung. Es ist also gar nicht so leicht, diese Funktion wieder zu entfernen. Gehen Sie dazu so vor:

1. Während der USB-Stick eingesteckt ist, öffnen Sie den Arbeitsplatz Ihres Windows-PCs.

2. Klicken Sie hier mit der rechten Maustaste auf das Symbol des USB-Sticks und wählen Sie im Kontextmenü den Eintrag *Eigenschaften*.

3. Wechseln Sie in den Eigenschaften zur Registerkarte *ReadyBoost*.

4. Wählen Sie hier ganz oben die Option *Dieses Gerät nicht verwenden* aus.

5. Alle weiteren Einstellungen im Dialog können Sie vernachlässigen. Klicken Sie einfach unten auf OK. Ab sofort ist Ihr USB-Stick vom Speicherdienst freigestellt.

Pro und Kontra: Was bringt ReadyBoost wirklich?

Wie sinnvoll ReadyBoost per USB-Stick nun wirklich ist, gilt als umstritten. Tests haben inzwischen gezeigt, dass der Geschwindigkeitsgewinn sehr minimal ist. Sofern er überhaupt bemessen werden kann, liegt er deutlich unter der Grenze dessen, was ein normaler Benutzer wahrnehmen kann. Paradoxerweise kann dieses Feature moderne PCs, die von Haus aus schon gut ausgestattet sind, unter bestimmten (eher theoretischen) Umständen sogar verlangsamen. Lediglich bei älteren PCs, deren Betrieb mit Windows 10 aber ohnehin grenzwertig ist, lassen sich nennenswerte Beschleunigungen erzielen.

Generell ist es deshalb empfehlenswert, eher den echten Arbeitsspeicher des PCs zu erweitern, indem zusätzlicher RAM-Speicher eingebaut wird. Der Zugriff darauf ist wesentlich schneller und effizienter als der auf einen USB-Stick. Außerdem ist RAM-Speicher längst nicht mehr so teuer wie in früheren Zeiten und stellt eine saubere, dauerhafte und bessere Lösung dar. Wenn sich der Arbeitsspeicher Ihres PCs also ohne große Umstände erweitern lässt, ist dieser Weg unbedingt zu empfehlen. Anders kann es aussehen, wenn Sie z. B. ein Notebook verwenden, das sich nicht oder nur vergleichsweise kostspielig erweitern lässt. Hier kann ein USB-Stick mit ReadyBoost eine günstige und einfache Alternative sein. Ähnliches gilt auch für PCs, die sich aus anderen Gründen nur schwer oder gar nicht erweitern lassen, z. B. Netbooks und ähnliche Mini-PCs oder Budget-Mainboards, bei denen schon alle Speichersteckplätze belegt sind.

Kapitel 42

42. Registry, Richtlinien, Dienste und Aufgaben – steuern Sie Windows bis ins letzte Detail

Die Systemsteuerung und die darin versammelten Module enthalten eine Vielzahl von Systemeinstellungen und -funktionen. Aber letztlich ist auch das nur ein Teil der Einstellungsmöglichkeiten, mit denen sich das Aussehen und Verhalten von Windows und von installierten Anwendungen beeinflussen lässt. In diesem Kapitel stelle ich Ihnen weitere Schaltstellen vor, wie etwa die zentrale Registrierungsdatenbank. Sie enthält letztlich alle Parameter für Betriebssystem und Programme, wenn auch in einer relativ unübersichtlichen Form. Gruppenrichtlinien stellen eine Alternative dar, auf viele Registry-Einstellungen in einer strukturierten Form zuzugreifen und diese Einstellungen auch gleich für ganze Netzwerke vorzunehmen. Über die Dienste lassen sich Hintergrundprogramme steuern, und die Aufgabenplanung von Windows erlaubt es, beliebige Programme oder Skripte per Zeitplan zu steuern oder durch bestimmte Ereignisse automatisch auslösen zu lassen.

42.1 Mit der Windows-Registry Zugriff auf alle Einstellungen

Die Registrierungsdatenbank (im Folgenden kurz als Registry bezeichnet) ist die zentrale Konfigurationsdatenbank bei Windows-Betriebssystemen. Sie umfasst aber nicht nur die Informationen für Windows selbst, sondern auch für die meisten installierten Anwendungen. Während früher alle Einstellungen auf diverse Initialisierungsdateien verteilt wurden, werden all diese Daten inzwischen zentral erfasst und verwaltet. Deshalb finden sich für fast alle Programme, Funktionen und Parameter von Windows Einstellungen in der Registry, auch wenn diese auf „offiziellen" Wegen nicht verändert werden können. Auf Websites, in Zeitschriften oder Büchern finden sich immer wieder Hinweise auf Registry-Einstellungen. Auch in diesem Buch haben wir an verschiedenen Stellen auf solche Einstellungen verwiesen. In diesem Kapitel zeige ich Ihnen, wie Sie solche Einstellungen vornehmen können und worauf Sie beim Arbeiten mit dem Registry-Editor achten sollten.

Detaileinstellungen in der Registry finden und bearbeiten

Mit dem Registry-Editor befindet sich im Lieferumfang von Windows ein einfaches Programm zum Bearbeiten der Registry-Optionen. Es ist zwar nicht besonders komfortabel, bietet dafür aber Zugriff auf wirklich alle Funktionen und Einstellungen von Windows und den meisten installierten Anwendungsprogrammen.

Den Registry-Editor starten

Der Registry-Editor versteckt sich zwar ein wenig, kann aber genau wie andere Systemtools einfach per Startbildschirm aufgerufen werden:

1. Um den Registry-Editor zu starten, öffnen Sie zunächst das Startmenü.

2. Tippen Sie hier unten im Feld den Befehl *regedit* ein.

3. Windows zeigt dann in der Regel ganz oben in der Trefferliste den Eintrag *regedit* an. Klicken Sie mit der linken Maustaste darauf oder drücken Sie einfach ⏎.

4. Da für Eingriffe an der Registry Administratorrechte benötigt werden, müssen Sie ggf. eine Rückfrage der Benutzerkontensteuerung beantworten. Dann startet der Registry-Editor.

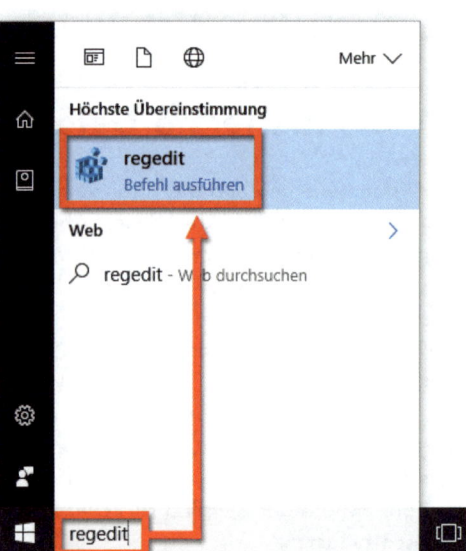

In der Oberfläche des Registry-Editors navigieren

Der Registry-Editor ähnelt optisch und von der Bedienung her dem Windows-Explorer, sodass man sich schnell zurechtfinden kann. Dabei ist der Registry-Editor etwas einfacher gestrickt und bietet dementsprechend weniger Funktionen an.

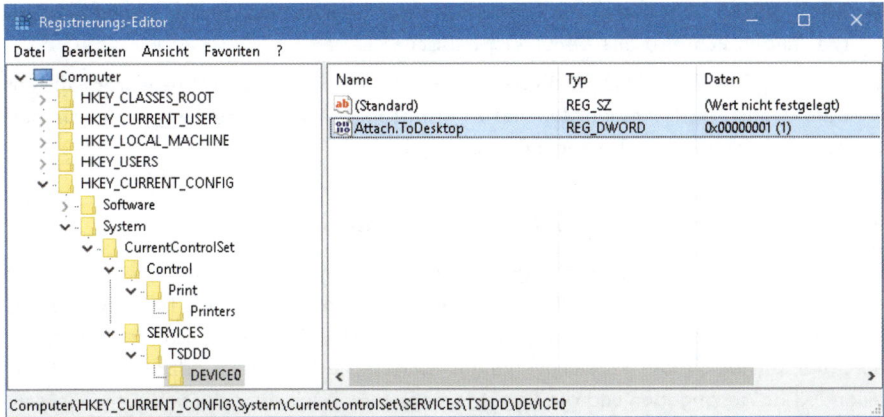

- In der linken Spalte finden Sie anstelle von Ordnern die Struktur der Registrierungsdatenbank wieder. Sie beginnt ganz oben mit *Computer* und zerfällt dann in fünf
Hauptkategorien, die ihrerseits wiederum in zahlreiche Rubriken und Unterrubriken
unterteilt sind.

- Um eine der Hauptkategorien oder eine der Rubriken darin zu öffnen, klicken Sie
genau wie im Windows-Explorer auf das kleine Symbol davor, oder Sie doppelklicken auf den entsprechenden Eintrag. Der Editor öffnet daraufhin diese Unterrubrik
und zeigt wiederum die darin enthaltenen Unterkategorien an.

- Genau wie ein Ordner im Windows-Explorer kann jede Rubrik ihrerseits Unterrubriken und Daten enthalten. Rubriken mit Unterkategorien erkennen Sie wie gewohnt
am kleinen Symbol links daneben. Hat eine Rubrik kein solches Symbol, dann enthält
sie nur Registry-Daten ohne weitere Verschachtelung.

- Den eigentlichen Inhalt einer Kategorie sehen Sie in der rechten Fensterhälfte. Im
Unterschied zu den Dateien und Ordnern im Windows-Explorer werden hier aber
nur die reinen Registry-Daten angezeigt, nicht die eventuell vorhandenen Unterrubriken, die sich nur in der linken Fensterspalte ablesen lassen.

HINWEIS ▷ Die Struktur der Registrierungsdatenbank

Die Registry besteht aus fünf Hauptkategorien, auf die alle Eigenschaften verteilt sind.
Diese Hauptkategorien spiegeln das grundlegende Konzept der Datenverwaltung bei
Windows wider:

- *HKEY_CLASSES_ROOT* enthält die Verknüpfungen von Dateitypen mit Anwendungen und ist eigentlich ein Teil von *HKEY_LOCAL_MACHINE\Software*. In der Regel
dürften hier keine Eingriffe notwendig sein, da sich diese Einstellungen komfortabler
über den Windows-Explorer vornehmen lassen.

- *HKEY_CURRENT_USER* umfasst die benutzerspezifischen Einstellungen des aktuell
angemeldeten Benutzers. Dabei handelt es sich streng genommen um einen Teil von
HKEY_USERS, der bei der Anmeldung jeweils abhängig vom Benutzer erstellt wird.

- *HKEY_LOCAL_MACHINE* enthält alle Konfigurationsdaten des PCs, also alle Daten
der installierten Hard- und Software.

- *HKEY_USERS* beherbergt die Profile aller auf dem Rechner registrierten Benutzer. Hier finden sich also alle benutzerspezifischen Daten.

- In *HKEY_CURRENT_CONFIG* finden sich die Informationen zum Hardwareprofil, mit dem der PC gestartet wurde. Dies ist insbesondere von Bedeutung, wenn für den Rechner mehrere Hardwareprofile vorliegen.

Mit der Suchfunktion beliebige Schlüssel schnell aufstöbern

Um einen bestimmten Registry-Eintrag zu finden, muss man seine genaue Position in der Hierarchie der Registry kennen, also den exakten Pfad vom Arbeitsplatz bis zu der Rubrik, in der dieser Eintrag gespeichert ist. Es gibt als Alternative aber auch eine Suchfunktion. Hier können Sie die Bezeichnung eines Schlüssels oder Wertes oder aber auch nur einen Teil davon angeben und die Registrierungsdatenbank danach durchsuchen lassen.

1. Um die Registrierungsdatenbank zu durchsuchen, sollten Sie zunächst den Teil der Daten auswählen, in dem gesucht werden soll. Dazu markieren Sie in der linken Fensterhälfte eine Kategorie, die mit allen ihren Unterrubriken durchsucht wird. Um die gesamte Registry zu durchsuchen, wählen Sie die oberste Kategorie *Computer* aus. Sie können sich aber z. B. auch nur auf *HKEY_CURRENT_ USER* beschränken, um nur in den Registry-Daten für den angemeldeten Benutzer zu suchen.

2. Wählen Sie dann die Menüfunktion *Bearbeiten/Suchen* oder benutzen Sie das Tastenkürzel [Strg]+[F], um den *Suchen*-Dialog anzuzeigen. Geben Sie im Feld *Suchen nach* den Suchbegriff an.

3. Unter *Suchoptionen* können Sie die Suche auf bestimmte Objekte in der Registry beschränken. Um nur Namen der Rubriken zu berücksichtigen, wählen Sie *Schlüssel*. *Werte* durchsucht die Bezeichnungen von konkreten Eigenschaften, während sich *Daten* auf deren Einstellung bezieht. Bei *Computer\HKEY_LOCAL_MACHINE\Software\ Internet Explorer\Version=6.0* wäre also *Computer\HKEY_LOCAL_MACHINE\ Software\Internet Explorer* der Schlüssel, *Version* der Wert und *6.0* dessen Dateneigenschaft.

4. Mit der Option *Ganze Zeichenfolge vergleichen* können Sie außerdem vorgeben, dass nur solche Einträge gefunden werden, deren Bezeichnung mit dem Suchbegriff identisch ist und die diesen nicht nur als Teil enthalten.

5. Klicken Sie auf *Weitersuchen*, um die Suche zu starten. Der Registry-Editor beginnt daraufhin mit der Suche und springt an die erste Stelle in der Datenbank, an der er einen entsprechenden Eintrag entdeckt. Dazu wechselt er in die entsprechende Rubrik und zeigt diese an.

6. Wenn der gefundene Eintrag noch nicht der richtige ist, können Sie die Suche fortsetzen, indem Sie *Bearbeiten/Weitersuchen* wählen oder einfach direkt [F3] drücken. Dann setzt der Editor die Suche an der alten Stelle fort. Gelangt er ohne weitere Funde zum Ende der Registrierungsdatenbank, erhalten Sie die Meldung *Das Durchsuchen der Registrierung ist beendet*.

Häufig besuchte Schlüssel als Favoriten speichern

Häufig genutzte Registry-Einträge können Sie schneller wieder aufsuchen, wenn Sie sie als Favoriten speichern. Dazu verfügt der Registry-Editor über eine eigene Favoritenverwaltung, die ähnlich wie die des Internet Explorer funktioniert. Die beiden Sammlungen haben inhaltlich allerdings nichts miteinander zu tun. Die Favoriten des Registry-Editors tauchen also nicht im Internet Explorer auf und umgekehrt.

1. Um ein Lesezeichen anzulegen, wählen Sie im Registry-Editor entweder in der rechten Hälfte einen Dateneintrag oder in der linken einen Schlüssel aus.

2. Wählen Sie dann die Menüfunktion *Favoriten/Zu Favoriten hinzufügen*.

3. Der Editor zeigt daraufhin einen Dialog an, in dem Sie den Namen des Favoriten angeben. Wählen Sie hier eine beliebige Bezeichnung, durch die Sie den Eintrag in der Favoritenliste jederzeit eindeutig wiedererkennen können.

Die vorhandenen Favoriten werden ebenfalls im *Favoriten*-Menü aufgeführt und können dort jederzeit abgerufen werden. Wird ein Lesezeichen nicht mehr benötigt, können Sie es mit *Favoriten/Favoriten entfernen* löschen.

Die Einträge in der Registry bearbeiten

Die in der Registry vorhandenen Einträge können Sie weitestgehend bearbeiten und verändern und so die Einstellungen und Funktionen von Windows und den installierten Anwendungen beeinflussen. Dazu müssen Sie lediglich die Rubrik öffnen, in der sich der gewünschte Wert befindet.

1. Doppelklicken Sie dann mit der Maus auf den betreffenden Eintrag. Dadurch öffnen Sie einen Dialog zum Bearbeiten dieses Wertes. Ersetzen Sie dazu den Eintrag bei *Wert* durch die gewünschte neue Einstellung. Übernehmen Sie die neue Eigenschaft mit ⏎ oder mit einem Klick auf *OK*.

2. Auch die Bezeichnung einer Eigenschaft können Sie ändern. Klicken Sie dazu mit der rechten Maustaste auf diesen Namen und wählen Sie im kontextabhängigen Menü die Funktion *Umbenennen*. Ähnlich wie im Windows-Explorer verwandelt sich der Name dann in ein Eingabefeld, in dem Sie die vorhandene Bezeichnung verändern oder durch eine eigene ersetzen können.

3. Schließlich ist es auch möglich, Eigenschaften aus der Registrierungsdatenbank zu entfernen. Auch dazu klicken Sie wiederum mit der rechten Maustaste auf den fraglichen Wert und wählen im Kontextmenü diesmal die Funktion *Löschen*. Um versehentliches Entfernen wichtiger Eigenschaften zu verhindern, sichert sich der Registry-Editor mit einer Rückfrage ab, die Sie mit *Ja* bestätigen, um den gewählten Wert tatsächlich zu entfernen.

4. Auch die Schlüssel in der linken Fensterhälfte können bearbeitet werden.
Dazu finden Sie in deren kontextab-
hängigem Menü die Befehle *Löschen*
und *Umbenennen*. Allerdings verändern Sie mit solchen Schritten unter
Umständen die grundlegende Struktur der Registrierungsdatenbank, deshalb sollten Sie in der Regel darauf
verzichten.

Neue Registry-Einträge erstellen

Bei vielen Registry-Tricks geht es nicht nur darum, bestehende Registry-Daten zu verändern, sondern auch darum, ganz neue Eigenschaften einzufügen. Dazu müssen Sie einen
neuen Wert anlegen und mit einem Inhalt versehen.

1. Um eine neue Eigenschaft zu erstellen, navigieren Sie zunächst zu der
Rubrik, in der dieser Wert stehen
soll. Klicken Sie dann in der rechten
Fensterhälfte auf eine freie Fläche,
sodass das kontextabhängige Menü
nur mit dem Befehl *Neu* angezeigt
wird. Wählen Sie im Untermenü die
Art von Wert, die eingefügt werden soll.

2. Der Registry-Editor erstellt daraufhin einen neuen Wert mit einem provisorischen Namen (üblicherweise *Neuer Wert #1*). Ersetzen Sie diese Bezeichnung durch den erforderlichen Namen
des Wertes. Übernehmen Sie die Bezeichnung mit ⏎.

3. Nun können Sie den Wert markieren und mit ⏎ oder einem Doppelklick öffnen.
Dadurch öffnen Sie den gewohnten Dialog zum Bearbeiten, in dem Sie dem neuen
Wert die erforderliche Eigenschaft mitgeben können.

TIPP ☑ Änderungen an der Registry aktivieren

Ein ausdrückliches Speichern der Registrierungsdatenbank ist nicht nötig, da neue oder
geänderte Werte automatisch gesichert werden. Wann eine Veränderung in der Registry
Auswirkungen zeigt, hängt von der geänderten Eigenschaft ab. Damit neue oder veränderte Werte erkannt werden, müssen sie zunächst neu eingelesen werden. Bei spezifischen
Eigenschaften einzelner Programme reicht dazu meist ein neuer Start dieser Anwendung,
da dann die Einstellungen neu aus der Registry eingelesen werden. Bei allen Änderungen
in Bezug auf das Betriebssystem selbst oder auf die Hardwarekonfiguration kann es hingegen sein, dass Windows neu gestartet werden muss, damit die Änderung in Kraft tritt.

Den Zugriff der Benutzer auf die Registry einschränken

Windows bietet die Möglichkeit, den Zugriff bestimmter Benutzer auf die Registry einzuschränken. So können Sie als Verwalter von PCs mit mehreren Benutzern genau festlegen, wer welche Bereiche der Registrierungsdatenbank einsehen und verändern kann.
Auf diese Weise lässt sich z. B. verhindern, dass der experimentierfreudige Nachwuchs
den Rechner durch riskante Registry-Manipulationen unbrauchbar macht.

1. Um die Zugriffsberechtigungen für bestimmte Teile der Registry festzulegen, wählen Sie zunächst
   im Registry-Editor den gewünschten Bereich in
   der Struktur der Registrierungsdatenbank aus.
   Sie können dabei auf einer der obersten Ebenen
   (*HKEY_*) beginnen, aber auch weiter unten in der
   Baumstruktur, z. B. bei den Einstellungen für eine
   bestimmte Software.

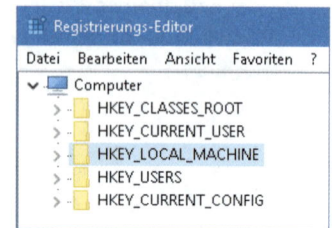

2. Klicken Sie dann mit der rechten Maustaste auf diesen Eintrag und wählen Sie im
   kontextabhängigen Menü *Berechtigungen*.

3. Damit öffnen Sie das Menü für Registry-Berechtigungen. Hier finden
   Sie in der oberen Hälfte alle Benutzer und Gruppen, für die bislang
   Registry-Berechtigungen festgelegt
   sind.

4. Wenn Sie einen dieser Einträge
   auswählen, sehen Sie unten die Berechtigungen, die derzeit für diesen Benutzer bzw. diese Gruppe
   eingestellt sind. Dabei werden der
   Vollzugriff mit allen Bearbeitungsmöglichkeiten, der Zugriff nur zum
   Lesen sowie einige spezielle Berechtigungen unterschieden. Jede
   dieser Berechtigungen können Sie
   zulassen oder verweigern.

5. Wollen Sie es noch etwas genauer wissen, können Sie mit einem Klick auf *Erweitert*
   die detaillierten Berechtigungen einsehen und bearbeiten.

6. Dazu wählen Sie im anschließenden erweiterten Menü wiederum die Gruppe bzw.
   den Benutzer aus, dessen Einstellungen Sie verändern wollen. Klicken Sie dann auf
   Bearbeiten.

7. Daraufhin werden die detaillierten Berechtigungen für die ausgewählte Gruppe (bzw. für den ausgewählten Benutzer) angezeigt und können bearbeitet werden.

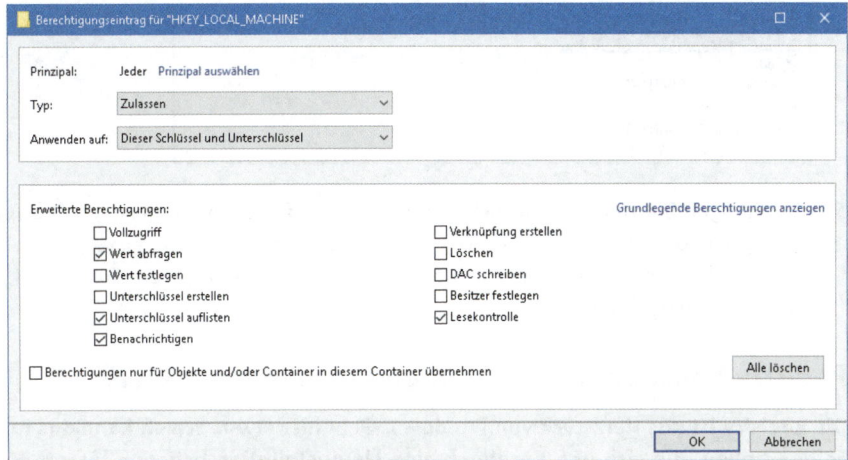

Weitere Gruppen und Benutzer in den Zugriffsschutz einbeziehen

Standardmäßig beziehen sich die Beschränkungen für den Registry-Zugriff nur auf einige wichtige Gruppen wie *Administratoren* und *SYSTEM*. Sie können aber für jede Gruppe und jeden einzelnen Benutzer individuelle Zugriffsregeln festlegen. Das gilt selbstverständlich auch für selbst angelegte Gruppen und Benutzer. Dazu müssen Sie diese lediglich in die Registry-Kontrolle mit aufnehmen.

1. Öffnen Sie dazu wiederum die Berechtigungen im Registry-Editor für einen bestimmten Schlüssel der Registry.

2. Klicken Sie dann auf die Schaltfläche *Hinzufügen* unterhalb des Bereichs *Gruppen- und Benutzernamen*.

3. Wenn Sie den genauen Ob- jektnamen des gewünsch- ten Benutzers bzw. der ge- wünschten Gruppe kennen, geben Sie ihn im anschlie- ßenden Menü im Eingabe- feld ein. Ansonsten klicken Sie unten links auf *Erweitert*.

4. Klicken Sie dann im Auswahlmenü rechts auf die Schaltfläche *Jetzt suchen*. Daraufhin werden unten alle infrage kommenden Gruppen und Benutzer aufgeführt. Markie- ren Sie hier den gewünschten Eintrag und klicken Sie zweimal auf OK.

5. So gelangen Sie zurück ins Berechtigungsmenü und finden hier den neuen Gruppen- oder Benutzernamen in der Liste vor. Nun können Sie für diesen genau wie für alle anderen die allgemeinen oder auch die detaillierten Berechtigungen für den Zugriff auf die Registry festlegen.

Registry-Einstellungen sichern und wieder einspielen

Die Registry ist das Herzstück von Windows. Geht hier etwas schief, kann das fatale Folgen haben, die sich ggf. nur durch eine Neuinstallation beheben lassen. Umso wichtiger ist es, Vorsichtsmaßnahmen zu ergreifen. So lassen sich die Registry bzw. Tei- le davon sichern, bevor Sie Änderungen vornehmen. Sollte das Ergebnis anders als ge- wünscht ausfallen, können Sie auf diese Sicherungen zurückgreifen, um schnell wieder zum Ausgangszustand zurückzukehren.

Die komplette Registry per Systemwiederherstellung sichern

Eine Möglichkeit zum Sichern der Registry ist die Systemwiederherstellung von Windows. Sie speichert jeweils den kompletten Stand der Registry ab. Vor Änderungen an der Registrierungsdatenbank empfiehlt es sich deshalb, manuell einen Wiederherstellungs- punkt anzulegen, den Sie am besten mit einer entsprechenden Bezeichnung versehen. Die Vorgehensweise hierfür ist auf Seite 1030 beschrieben.

Einzelne Registry-Bereiche vorm Experimentieren als Datei speichern

Anstatt immer gleich die komplette Registry zu sichern, können Sie auch nur den Teil der Datenbank speichern, in dem Sie eine Änderung vornehmen möchten. Der Windows-Registrierungs-Editor erlaubt es, die Inhalte der Registrierungsdatenbank komplett oder auch in einzelnen Teilen in ein spezielles Dateiformat zu exportieren. So lassen sich bestimmte Bereiche der Registry sichern und später wiederherstellen. Außerdem können spezielle Einstellungen so von einem PC auf einen anderen übertragen werden.

1. Um einen Teil der Registry zu sichern, wählen Sie in der linken Fensterhälfte des Registrierungs-Editors zunächst die Rubrik aus, die exportiert werden soll. Sie können mit *Computer* die gesamte Registry auf einmal exportieren oder auch nur eine einzige, beliebig tief verschachtelte Unterrubrik auswählen. Es werden immer die markierte Rubrik sowie alle darin enthaltenen Unterrubriken und deren weitere Verästelungen gesichert.

2. Wählen Sie dann die Menüfunktion *Datei/Exportieren*. (Noch schneller geht es mit dem kontextabhängigen Menü der rechten Maustaste.)

3. Im anschließenden Dialog *Registrierungsdatei exportieren* wählen Sie zunächst den Ordner und den Dateinamen aus, unter dem die Daten gespeichert werden sollen. Bei *Dateityp* sollten Sie es bei der Voreinstellung *Registrierungsdateien (*.reg)* belassen.

4. Ganz unten im *Exportbereich* überprüfen Sie, ob die Option *Ausgewählte Teilstruktur* aktiviert und die gewünschte Registry-Rubrik eingestellt ist. Klicken Sie dann auf *Speichern*, um die Registrierungsdatei zu erstellen. Der Registrierungs-Editor erstellt daraufhin eine Datei mit der Endung *.reg* im vorgesehenen Ordner.

Gesicherte Registry-Dateien erneut einspielen

Einen auf diese Art gesicherten Teil können Sie jederzeit wieder in die Registrierungs-datenbank zurückspielen. Dabei wird der gesamte gesicherte Teil der Registry durch die zum Zeitpunkt der Sicherung vorhandenen Werte ersetzt. Zwischenzeitlich vorge-nommene Änderungen lassen sich so rückgängig machen. Auch wenn dieser Registry-Bereich inzwischen ganz oder nur teilweise entfernt wurde, werden die fehlenden Ru-briken automatisch wieder erstellt.

1. Um mit dem Registry-Editor eine gesicherte Registry-Datei erneut einzuspielen, wäh-len Sie *Datei/Importieren*.

2. Wählen Sie im anschließenden *Registrierungsdatei importieren*-Dialog die Datei aus, die die wiederherzustellende Registry-Struktur enthält. Klicken Sie dann auf *Öffnen*.

3. Der Registrierungs-Editor fügt dann die Informationen aus der Datei in die Registry ein. Anschließend erhalten Sie eine Bestätigung über den Erfolg der Aktion.

HINWEIS ▷ Fehlermeldung beim Wiederherstellen?

Es ist gar nicht so selten, dass sich der Registry-Editor beim Wiederherstellen von Si-cherungen beschwert, weil er Daten nicht wiederherstellen kann, die gerade von Be-nutzern oder Prozessen geöffnet sind. Das Risiko kann man minimieren, indem man im-mer nur einen sehr kleinen Teil der Registry sichert. Je weniger Daten, desto geringer die Wahrscheinlichkeit, dass diese beim Wiederherstellen gerade geöffnet sind. Wenn es dafür zu spät ist, ist der Start im abgesicherten Modus das Mittel der Wahl. Hier bleibt die Registry weitestgehend unangetastet. Die Sicherung kann eingespielt wer-den und die wiederhergestellten Einstellungen stehen ab dem nächsten regulären Neu-start zur Verfügung.

42.2 Mit Gruppenrichtlinien System und Benutzer feinsteuern

Gruppenrichtlinien bieten die Möglichkeit, viele Einzelheiten im Verhalten von Windows bis ins letzte Detail zu steuern. Wie der Name nahelegt, sind diese Richtlinien dafür gedacht, für ganze Benutzergruppen die Art und Weise zu steuern, wie diese den PC nutzen können. Und sie erlauben es, in einem Netzwerk mit mehreren bzw. auch vielen Windows-PCs alle diese Einstellungen zentral an einer Stelle festzulegen und sie von dort an alle Rechner im Netzwerk zu übertragen. Gruppenrichtlinien lassen sich aber genauso auf Einzelplatzrechnern einsetzen. Vorausgesetzt, auf diesen läuft eine der Windows-Editionen Pro, Enterprise oder Education. Der Home-Edition bleibt der Gruppenrichtlinien-Editor leider vorenthalten. Allerdings gibt es auch hier einen kleinen Trick, viele Gruppenrichtlinien trotzdem einzustellen.

Gruppenrichtlinien und Gruppenrichtlinien-Editor

Windows bietet hauptsächlich in der Systemsteuerung, aber auch an manch anderen Ecken eine Vielzahl von Einstellungen. Diese reichen, um alles zu regeln, sollte man meinen. Tatsächlich gibt es aber noch weitaus mehr Optionen und Parameter, mit denen sich das Verhalten des Systems bis ins allerletzte Detail bestimmen lässt. Diese Einstellungen sind über die unüberschaubare Registrierungsdatenbank von Windows verteilt. Diese ist aber eben relativ unpraktisch zu handhaben, und manche Einstellungen erfordern auch mehr, als mal eben einen einzelnen Wert in der Registry anzupassen. Deshalb hat Microsoft die Gruppenrichtlinien erschaffen. Sie bieten eine praktische Oberfläche, um beliebige Einstellungsänderungen vorzunehmen.

Den Gruppenrichtlinien-Editor starten

Um die Gruppenrichtlinien zu verwalten, bringt Windows einen speziellen Editor mit, der allerdings etwas versteckt ist. Er lässt sich am einfachsten über den Startbildschirm aufrufen.

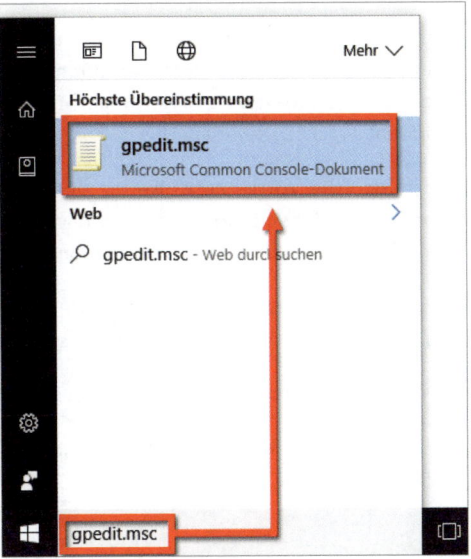

1. Öffnen Sie das Startmenü und geben Sie dort *gpedit.msc* ein. (In diesem Fall müssen Sie wirklich den kompletten Namen mit Endung angeben, da Windows erst dann den benötigten Eintrag anzeigt.)

2. Windows zeigt Ihnen oben in der Trefferliste den Eintrag *gpedit* an. Klicken Sie darauf oder drücken Sie einfach ⏎, um den Gruppenrichtlinien-Editor zu starten.

3. Der Gruppenrichtlinien-Editor öffnet sich mit seiner Explorer-artigen Oberfläche.

- Links sehen Sie eine Navigationsspalte, mit der Sie durch die verschiedenen Einstellungsmöglichkeiten navigieren können.

- Im größeren rechten Bereich werden jeweils die Inhalte der links ausgewählten Kategorie angezeigt. Hier können Sie die *Standard*-Ansicht wählen, die nur die Elemente selbst enthält. Oder Sie verwenden die Ansicht *Erweitert*, in der Sie zum jeweils ausgewählten Objekt weitere Informationen erhalten.

Systemfunktionen mit Gruppenrichtlinien steuern

Die meisten Gruppenrichtlinien sind im Auslieferungszustand zwar vorhanden, aber nicht aktiviert. Sie beeinflussen das Verhalten von Windows also zunächst nicht. Sie können jede Richtlinie jederzeit aktivieren und dann so einstellen, wie das Ihren Vorstellungen entspricht.

Wir zeigen die Vorgehensweise an einer Richtlinie für Hardwaretreiber ohne gültige Signatur. Standardmäßig warnt Windows, wenn solche Treiber installiert werden sollen. Wenn Sie diese Warnungen nerven, können Sie sie per Gruppenrichtlinie abschalten.

1. Öffnen Sie in der Navigationsspalte links die Kategorie *Richtlinien für Lokaler Computer/Benutzerkonfiguration/Administrative Vorlagen/System/Treiberinstallation*.

2. Rechts werden dann die Einstellungen für diese Kategorie angezeigt.

3. Doppelklicken Sie rechts auf den Eintrag *Codesignatur für Gerätetreiber*, um dessen Einstellungen zu öffnen.

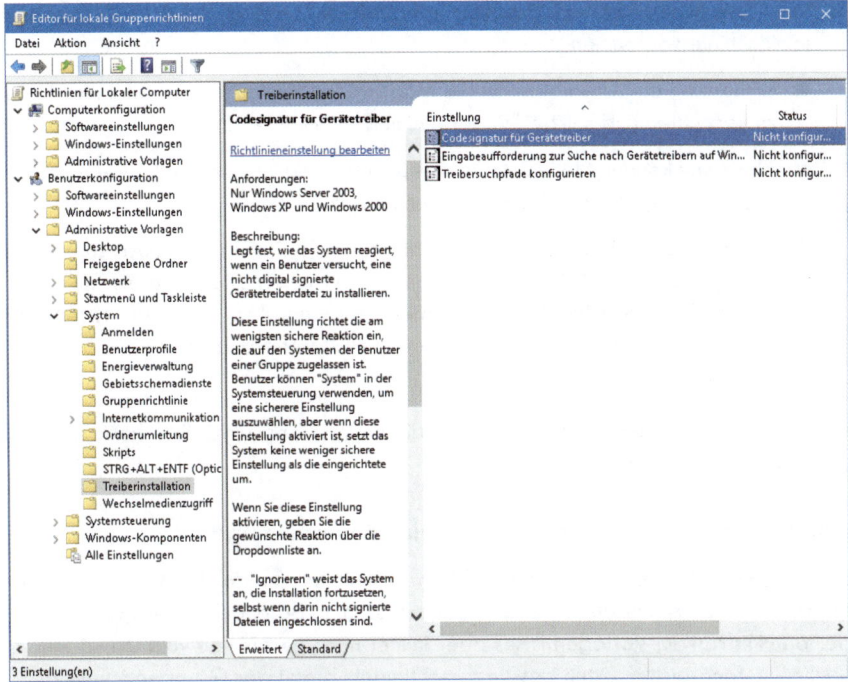

4. Wählen Sie im anschließenden Dialog zunächst oben links die Option *Aktiviert*, um diese Gruppenrichtlinie zu aktivieren.

5. Nun können Sie im Bereich darunter bei *Optionen* die eigentliche Konfiguration dieser Richtlinie vornehmen:

   ■ In diesem Beispiel haben Sie die Möglichkeit, mit *Ignorieren* auf eine Warnung zu verzichten und solche Treiber einfach zu installieren.

   ■ Alternativ können Sie weiterhin den Benutzer warnen und fallweise entscheiden lassen, ob der Treiber installiert werden soll.

   ■ Oder aber Sie blockieren das Installieren solcher Treiber pauschal, ohne dem Benutzer eine Möglichkeit zur Mitsprache zu geben. Die letzte Variante wäre in diesem Fall die sicherste, könnte aber bedeuten, dass bestimmte Hardwaregeräte nicht verwendet werden können, weil dafür nur Treiber ohne Signatur erhältlich sind.

6. Klicken Sie abschließend auf OK, um die neue Gruppenrichtlinie bzw. deren neue Einstellung in Kraft treten zu lassen.

Nur die aktuell wirksamen Gruppenrichtlinien anzeigen

Der Gruppenrichtlinien-Editor gibt sich Mühe, die Richtlinien durch eine Vielzahl von Kategorien sinnvoll zu unterteilen und zu strukturieren. Insbesondere in einigen Kategorien der administrativen Vorlagen ist es aber immer noch gerammelt voll. Damit Sie sich in solchen umfangreichen Listen besser zurechtfinden, bietet der Gruppenrichtlinien-Editor eine Filterfunktion. Wenn Sie auf eine solche recht umfangreiche Liste stoßen, rufen Sie die Menüfunktion *Ansicht/Filteroptionen* auf. Dann finden Sie verschiedene Möglichkeiten, Übersicht in die Menge der Einstellungsmöglichkeiten zu bringen:

- Sehr praktisch kann es sein, nur solche Optionen anzuzeigen, die Sie bereits verwendet haben und die demzufolge konfiguriert sind. Stellen Sie dazu oben im mittleren Auswahlfeld *Konfiguriert* den Wert *Ja* ein. Das hilft Ihnen dabei, Richtlinien, die Sie bereits aktiviert und eingestellt haben, schnell wiederzufinden. Alle Vorlagen, die bislang nicht aktiviert wurden, werden dazu einfach ausgeblendet.

- Der Schlüsselwortfilter ist hilfreich, wenn Sie Einstellungen zu einem bestimmten Bereich suchen. Oder aber wenn Sie die Bezeichnung einer Richtlinie mehr oder weniger genau kennen. Schalten Sie dazu die Option *Schlüsselwortfilter aktivieren* ein und geben Sie den oder die entsprechenden Begriffe im Feld darunter ein.

- Ganz unten können Sie die Richtlinien nach betroffenen Softwareprodukten und -versionen aussieben. Schalten Sie dazu die Option *Anforderungsfilter aktivieren* ein. Setzen Sie dann bei den Produkten und Diensten ein Häkchen, zu denen Sie Richtlinien angezeigt bekommen möchten. Alle anderen blendet der Editor aus.

Alle Filtervarianten lassen sich beliebig miteinander kombinieren. Übernehmen Sie die gewählten Filter abschließend mit einem Klick unten auf *OK*. Der Filter wird dann automatisch mit diesen Einstellungen aktiviert. Um ihn wieder außer Kraft zu setzen, verwenden Sie die Menüfunktion *Ansicht/Filter aktivieren*, sodass dort kein Häkchen mehr zu sehen ist.

Wichtige Sicherheitsgruppenrichtlinien

Sicherheit ist nur eines der Themen, für die sich in den Gruppenrichtlinien zahlreiche Einstellungen finden. Dies ist nicht nur deshalb interessant, weil Sicherheit nun mal ein wichtiges Thema ist. Vielmehr bietet Windows mit den Gruppenrichtlinien hier echten Mehrwert, mit dem sich die Sicherheit gerade bei Mehrbenutzersystemen deutlich steigern lässt. Wenn Sie als Verwalter solche PCs betreuen oder auch nur Ihren eigenen PC mit Ihrer Familie teilen, finden Sie hier einige sehr interessante Optionen, mit denen Sie Windows noch sicherer machen können. Die hierfür relevanten Richtlinien finden Sie in der Kategorie *Richtlinien für Lokaler Computer/Computerkonfiguration/Windows-Einstellungen/Sicherheitseinstellungen* und in den dortigen Unterpunkten:

- *Kennwortrichtlinien*:
  In dieser Rubrik finden Sie Einstellungen, mit denen Sie einen ernsthaften Umgang mit Kennwörtern erzwingen können, der die Gefahr von ausgespähten Passwörtern und ähnlichem Missbrauch minimiert.

So lässt sich z. B. über *Maximales Kennwortalter* ein regelmäßiger Wechsel zu einem neuen Passwort erzwingen. Mit *Kennwort muss Komplexitätsvoraussetzungen entsprechen* werden von Windows nur noch neue sichere Passwörter akzeptiert. Auch die Kennwortlänge lässt sich bestimmen. Die Kennwortchronik sorgt dafür, dass Benutzer nicht einfach immer zwischen zwei Kennwörtern hin und her wechseln.

- *Kontosperrungsrichtlinien:*

    Hier finden Sie Einstellungen, mit denen sich Einbruchsversuche auf dem PC bekämpfen lassen. Setzen Sie hierzu zunächst die Kontensperrungsschwelle fest. Sie besagt, wie häufig für ein Benutzerkonto ein falsches Kennwort angegeben werden darf, bevor dieses Konto für weitere Anmeldeversuche gesperrt wird. Zusätzlich können Sie angeben, wie lange die Sperrung jeweils dauern soll. Die Zurücksetzungsdauer gibt an, nach welcher Zeit ohne erneute gescheiterte Anmeldeversuche der Kontosperrungszähler automatisch auf null zurückgesetzt wird.

- *Überwachungsrichtlinie:*

    Bei den Überwachungsrichtlinien können Sie im Detail festlegen, welche Art von sicherheitsrelevanten Ereignissen wie z. B. Anmeldungen oder Zugriffe auf die Benutzerkontenverwaltung oder Zugriffsrechte überwacht und protokolliert werden soll. Dabei können Sie jeweils entscheiden, erfolgreich abgeschlossene Ereignisse und/ oder solche, die fehlgeschlagen sind, zu berücksichtigen. Gerade bei vielen Benutzern und entsprechend vielen Ereignissen empfiehlt es sich, sich auf fehlgeschlagene Ereignisse zu beschränken, da z. B. eine erfolgreiche Anmeldung ja meist kein Grund zur Beunruhigung ist.

■ *Zuweisen von Benutzerrechten:*
Diese Rubrik versammelt praktisch alle Benutzerrechte, die über den Zugriff auf beliebige Objekte wie Dateien oder Registry-Einträge hinausgehen. Hier sind z. B. Systemfunktionen wie das Einstellen der Systemuhr, das Ändern der Zeitzone, das Verändern von Prozessprioritäten oder das Herunterfahren des Systems zu finden. Sie können für alle diese Funktionen genau festlegen, welchen Benutzern oder Benutzergruppen der Zugriff darauf erlaubt sein soll.

■ *Sicherheitsoptionen:*
Auch hier finden Sie eine Vielzahl von sicherheitsrelevanten Einstellungen. So lässt sich z. B. das genaue Verhalten der Benutzerkontensteuerung mit diesen Gruppenrichtlinien festlegen, worauf ich auf Seite 957 im Detail eingehe. Aber auch viele andere interessante Einstellungen lassen sich hier vornehmen, so können Sie z. B. die Verwendung des Administratorkontos aktivieren.

■ *Windows-Firewall mit erweiterter Sicherheit:*
Die erweiterte Windows-Firewall stelle ich auf Seite 658 ausführlicher vor. Sie können die Einstellungen auch an dieser Stelle als Gruppenrichtlinien vornehmen. Die Firewall taucht an dieser Stelle noch einmal auf, weil sich so die Möglichkeit bietet, diese Einstellungen z. B. für mehrere PCs innerhalb eines Netzwerkes zentral und einheitlich vorzunehmen. An welcher der beiden Stellen Sie die Einstellungen für Ihren lokalen PC vornehmen, ist unerheblich.

Gruppenrichtlinien auch bei Windows Home

In der preisgünstigsten Windows-Edition – Home – ist der Gruppenrichtlinien-Editor leider nicht vorhanden und lässt sich auch nicht nachrüsten. Dies ist von Microsoft auch so beabsichtigt, da es sich hierbei um ein Produkt ausdrücklich für Privatnutzer handelt, für die der komplexe Umgang mit Gruppenrichtlinien wohl als zu schwierig oder nicht notwendig erachtet wird. Das ist bedauerlich, da sich gerade einige sicherheitsrelevante Funktionen in dieser Edition so nicht aktivieren lassen.

Allerdings sind auch die Gruppenrichtlinien letztlich nur eine Oberfläche für Parameter, die in der Registry gespeichert werden. Fast alle Einstellungen, die sich via Gruppenrichtlinien vornehmen lassen, können deshalb auch direkt in der Registry gespeichert werden. Dazu muss man allerdings wissen, an welcher Stelle sich welche Parameter verbergen.

Hier hilft Microsoft mit einer Übersicht weiter. Es handelt sich um eine Excel-Tabelle, die aber auch mit entsprechenden kostenlosen Viewer-Programmen betrachtet werden kann. Die Downloadadresse www.microsoft.com/en-us/download/details.aspx?id=25250 bei Microsoft ist recht lang und wird sich irgendwann auch mal ändern. Sie werden die Datei aber auch mit Google bzw. mit einer beliebigen anderen Suchmaschine finden, wenn Sie dort nach *Windows 10 ADMX spreadsheet.xlsx* suchen. Die Datei ist recht umfangreich und besteht aus drei Tabellen:

- *Instructions* enthält grundlegende Informationen und Anweisungen zum Umgang mit den enthaltenen Daten.

- *Administrative Template* listet alle Gruppenrichtlinien in alphabetischer Reihenfolge auf.

- *Security* führt insbesondere die sicherheitsrelevanten Einstellungen auf.

Die Listen sind jeweils recht umfangreich, aber Excel bietet eine gute Suchfunktion, mit der Sie einzelne Einstellungen schnell lokalisieren können. Zu jeder Einstellung finden Sie in mehreren Spalten alle Informationen. Neben dem Namen und der Kategorie sind vor allem auch *Help Text* mit einer kurzen Erläuterung und natürlich die Spalte *Registry Settings* interessant, die auf die eigentliche Registry-Einstellung verweist.

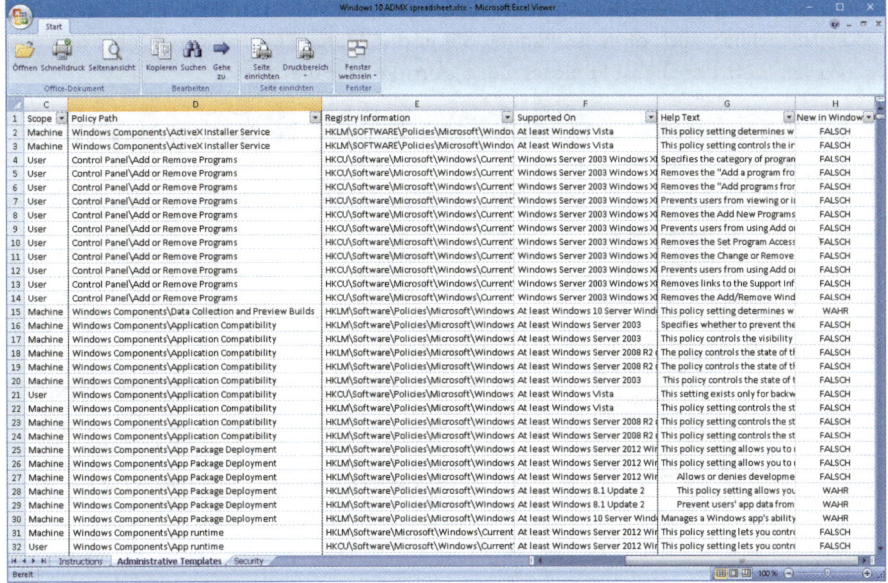

	C	D	E	F	G	H
1	Scope	Policy Path	Registry Information	Supported On	Help Text	New in Window
2	Machine	Windows Components\ActiveX Installer Service	HKLM\SOFTWARE\Policies\Microsoft\Windov	At least Windows Vista	This policy setting determines w	FALSCH
3	Machine	Windows Components\ActiveX Installer Service	HKLM\SOFTWARE\Policies\Microsoft\Windov	At least Windows Vista	This policy setting controls the ir	FALSCH
4	User	Control Panel\Add or Remove Programs	HKCU\Software\Microsoft\Windows\Current	Windows Server 2003 Windows X	Specifies the category of progran	FALSCH
5	User	Control Panel\Add or Remove Programs	HKCU\Software\Microsoft\Windows\Current	Windows Server 2003 Windows X	Removes the "Add a program fro	FALSCH
6	User	Control Panel\Add or Remove Programs	HKCU\Software\Microsoft\Windows\Current	Windows Server 2003 Windows X	Removes the "Add programs fror	FALSCH
7	User	Control Panel\Add or Remove Programs	HKCU\Software\Microsoft\Windows\Current	Windows Server 2003 Windows X	Prevents users from viewing or i	FALSCH
8	User	Control Panel\Add or Remove Programs	HKCU\Software\Microsoft\Windows\Current	Windows Server 2003 Windows X	Removes the Add New Programs	FALSCH
9	User	Control Panel\Add or Remove Programs	HKCU\Software\Microsoft\Windows\Current	Windows Server 2003 Windows X	Prevents users from using Add o	FALSCH
10	User	Control Panel\Add or Remove Programs	HKCU\Software\Microsoft\Windows\Current	Windows Server 2003 Windows X	Removes the Set Program Access	FALSCH
11	User	Control Panel\Add or Remove Programs	HKCU\Software\Microsoft\Windows\Current	Windows Server 2003 Windows X	Removes the Change or Remove	FALSCH
12	User	Control Panel\Add or Remove Programs	HKCU\Software\Microsoft\Windows\Current	Windows Server 2003 Windows X	Prevents users from using Add o	FALSCH
13	User	Control Panel\Add or Remove Programs	HKCU\Software\Microsoft\Windows\Current	Windows Server 2003 Windows X	Removes links to the Support Inf	FALSCH
14	User	Control Panel\Add or Remove Programs	HKCU\Software\Microsoft\Windows\Current	Windows Server 2003 Windows X	Removes the Add/Remove Wind	FALSCH
15	Machine	Windows Components\Data Collection and Preview Builds	HKLM\software\Policies\Microsoft\Windows	At least Windows 10 Server Wind	This policy setting determines w	WAHR
16	Machine	Windows Components\Application Compatibility	HKLM\Software\Policies\Microsoft\Windows	At least Windows Server 2003	Specifies whether to prevent the	FALSCH
17	Machine	Windows Components\Application Compatibility	HKLM\Software\Policies\Microsoft\Windows	At least Windows Server 2003	This policy controls the visibility	FALSCH
18	Machine	Windows Components\Application Compatibility	HKLM\Software\Policies\Microsoft\Windows	At least Windows Server 2008 R2	The policy controls the state of t	FALSCH
19	Machine	Windows Components\Application Compatibility	HKLM\Software\Policies\Microsoft\Windows	At least Windows Server 2008 R2	The policy controls the state of t	FALSCH
20	Machine	Windows Components\Application Compatibility	HKLM\Software\Policies\Microsoft\Windows	At least Windows Server 2003	This policy controls the state of t	FALSCH
21	User	Windows Components\Application Compatibility	HKCU\Software\Policies\Microsoft\Windows	At least Windows Vista	This policy exists only for backw	FALSCH
22	Machine	Windows Components\Application Compatibility	HKLM\Software\Policies\Microsoft\Windows	At least Windows Vista	This policy setting controls the st	FALSCH
23	Machine	Windows Components\Application Compatibility	HKLM\Software\Policies\Microsoft\Windows	At least Windows Server 2008 R2	This policy setting controls the st	FALSCH
24	Machine	Windows Components\Application Compatibility	HKLM\Software\Policies\Microsoft\Windows	At least Windows Server 2008 R2	This policy setting controls the st	FALSCH
25	Machine	Windows Components\App Package Deployment	HKLM\Software\Policies\Microsoft\Windows	At least Windows Server 2012 Wir	This policy setting allows you to	FALSCH
26	Machine	Windows Components\App Package Deployment	HKLM\Software\Policies\Microsoft\Windows	At least Windows Server 2012 Wir	This policy setting allows you to	FALSCH
27	Machine	Windows Components\App Package Deployment	HKLM\Software\Policies\Microsoft\Windows	At least Windows Server 2012 Wir	Allows or denies developme	FALSCH
28	Machine	Windows Components\App Package Deployment	HKLM\Software\Policies\Microsoft\Windows	At least Windows 8.1 Update 2	This policy setting allows you	WAHR
29	Machine	Windows Components\App Package Deployment	HKLM\Software\Policies\Microsoft\Windows	At least Windows 8.1 Update 2	Prevent users' app data from	WAHR
30	Machine	Windows Components\App Package Deployment	HKLM\Software\Policies\Microsoft\Windows	At least Windows 10 Server Wind	Manages a Windows app's ability	WAHR
31	Machine	Windows Components\App runtime	HKLM\Software\Policies\Microsoft\Windows	At least Windows Server 2012 Wir	This policy setting lets you contr	FALSCH
32	User	Windows Components\App runtime	HKCU\Software\Microsoft\Windows\Current	At least Windows Server 2012 Wir	This policy setting lets you contr	FALSCH

42.3 Die Systemdienste von Windows

Das Betriebssystem Windows besteht letztlich aus einer Ansammlung von Diensten. Das sind Programme, die ohne eigenes Fenster mehr oder weniger unsichtbar ablaufen. Jeder Dienst ist für eine bestimmte Aufgabe bzw. einen bestimmten Aufgabenbereich zuständig, z. B. die Darstellung des Desktops, die Kommunikation mit der Hardware oder das Organisieren von Netzwerkverbindungen. Windows startet diese Dienste nach Bedarf automatisch, sodass Sie sich nicht darum kümmern müssen. Trotzdem lohnt sich hin und wieder ein Blick in die Diensteverwaltung. Denn zum einen installieren dort auch andere Hersteller und Anwendungen eigene Dienste. Zum anderen besitzen die Dienste ein gewisses Optimierungspotenzial, denn nicht jeder Dienst ist für jeden unbedingt erforderlich.

Voller Durchblick mit der Diensteverwaltung

Um die ansonsten unsichtbaren Dienste kontrollieren zu können, bringt Windows eine eigene Diensteverwaltung mit. Sie listet alle Dienste auf, gibt Informationen dazu und verrät den Status. Denn dass ein Dienst installiert ist, bedeutet nicht, dass er auch automatisch aktiv sein muss.

1. Öffnen Sie in der Systemsteuerung das Modul *Verwaltung*, doppelklicken Sie darin auf das Symbol *Dienste* und bestätigen Sie die Rückfrage der Benutzerkontensteuerung.

Dienste

2. In der Diensteverwaltung finden Sie eine lange Liste der vorhandenen Dienste. Zu jedem Namen gibt es auch eine kurze Beschreibung, die sich in der Liste allerdings nicht gut lesen lässt. Wenn Sie einen Eintrag auswählen, wird dieser Text zumindest in der *Erweitert*-Ansicht links daneben angezeigt.

3. Jeder Eintrag in der Liste bedeutet zunächst nur, dass dieser Dienst installiert ist. Ob er tatsächlich auch aktiv ist, können Sie in der *Status*-Zeile ablesen. Steht hier *Gestartet*, läuft der Dienst in dieser Zeile gerade im Hintergrund.

Funktionen und Abhängigkeiten der Dienste analysieren

Bevor Sie Änderungen an der Dienstekonfiguration von Windows vornehmen, sollten Sie sich genau über die Dienste informieren, deren Status Sie verändern wollen. Jeder Dienst erfüllt eine Aufgabe, und nicht wenige davon sind für das reibungslose Arbeiten unerlässlich. Zudem bestehen zwischen den Diensten Abhängigkeiten, sodass man mit dem Deaktivieren eines scheinbar nutzlosen Dienstes plötzlich Probleme an einer ganz anderen Stelle bekommt.

Um mehr über einen Dienst zu erfahren, markieren Sie ihn zunächst in der Liste. Wechseln Sie ggf. mit dem kleinen Reiter unten in die *Erweitert*-Ansicht. So können Sie die Beschreibung der Funktion dieses Dienstes am besten lesen.

Für weitere Informationen öffnen Sie die Eigenschaften dieses Dienstes mit einem Doppelklick auf seinen Eintrag in der Liste. In der Rubrik *Allgemein* erfahren Sie z. B. den Starttyp des Dienstes. Hier gibt es vier verschiedene Möglichkeiten:

- *Automatisch*:
  Der Dienst wird beim Start von Windows jedes Mal automatisch aktiviert.

- *Automatisch (Verzögerter Start)*:
  Der Dienst wird beim Start von Windows jedes Mal automatisch aktiviert, aber mit einer gewissen Verzögerung. Dies ist für Dienste sinnvoll, die darauf angewiesen sind, dass andere Dienste oder Komponenten bereits aktiv sind. Da dies unmittelbar beim Systemstart noch nicht sichergestellt werden kann, starten sie mit einer kurzen Verzögerung.

- *Manuell*:
  Der Dienst wird beim Systemstart zunächst nicht aktiviert. Erst wenn sich herausstellt, dass er tatsächlich benötigt wird, aktiviert Windows ihn nachträglich.

- *Deaktiviert*:
  Der Dienst ist deaktiviert und kann von Windows auch nicht gestartet werden.

Bei *Dienststatus* können Sie den momentanen Zustand des Dienstes ablesen, also ob er derzeit gestartet ist oder nicht.

Abhängigkeiten zwischen den Diensten entschlüsseln

Manche Dienste sind für ihr Funktionieren auf andere Dienste angewiesen, bzw. andersherum gesehen stellen bestimmte Dienste ihre Funktionen nicht nur dem Betriebssystem und dem Benutzer, sondern auch anderen Diensten zur Verfügung. Das ist kein Problem, solange nicht ein Dienst deaktiviert ist, auf den ein anderer wichtiger Dienst angewiesen ist. Die Diensteverwaltung hilft Ihnen dabei, solche Abhängigkeiten zu erkennen. So lassen sich z. B. auf diese Weise manchmal Startprobleme bei einem Dienst auflösen, wenn man feststellt, ob denn überhaupt alle Dienste, auf die er angewiesen ist, ihrerseits aktiv sind. Für solche Informationen finden Sie in den Eigenschaften jedes Dienstes die Rubrik *Abhängigkeiten*:

- Hier finden Sie in der oberen Hälfte eine Liste der Dienste, auf die der ausgewählte Dienst angewiesen ist, um zu funktionieren. Wenn es Probleme mit einem Dienst gibt, sollten Sie also zunächst hier nachschauen und überprüfen, ob diese Dienste auch aktiv sind.

- In der unteren Hälfte finden Sie die Dienste, denen der aktuell gewählte Dienst seinerseits Funktionen bereitstellt. Diese Informationen sind wichtig, wenn Sie z. B. einen Dienst deaktivieren möchten. Stellen Sie zuvor hier sicher, dass von diesem Dienst keine anderen aktiven Dienste abhängig sind.

Mythos Performancezuwachs durch Abschalten von Diensten: was es wirklich bringt

In die Diensteverwaltung schaut man normalerweise nur rein, wenn es konkrete Probleme mit Diensten bzw. Funktionen gibt. Oder aber wenn man der Performance seines PCs ein wenig auf die Sprünge helfen will. Hartnäckig hält sich das Gerücht, dass Windows sich durch das Deaktivieren von nutzlosen Diensten spürbar beschleunigen lässt. Tatsächlich handelt es sich bei den Diensten um Programme, die permanent im Arbeitsspeicher geladen sind. Sie verbrauchen also Speicher und auch Prozessorkapazität. So ganz von der Hand zu weisen ist die Überlegung also nicht. Tatsächlich bringt Windows auch Dienste mit, die nur für bestimmte Situationen erforderlich sind. Nicht wenige Dienste z. B. haben mit Netzwerkfunktionen zu tun. Wenn Ihr PC also völlig ohne Verbindung zur Außenwelt dastehen würde, könnten Sie auf manche dieser Dienste verzichten. Aber Vorsicht: Ein DSL-Modem oder -Router für den Internetzugang benötigt schon wieder die eine oder andere Netzwerkfunktion, damit die Internetverbindung klappt. Welche Dienste sich bedenkenlos deaktivieren lassen und dadurch einen Performancegewinn versprechen, lässt sich also nicht pauschal sagen.

HINWEIS ▷ Performancegewinne durch Dienste?

Im Prinzip kostet jeder aktive Dienst ein wenig Speicherplatz und Performance. Demzufolge lässt sich durch das Deaktivieren von Diensten also tatsächlich etwas gewinnen. Ob der Gewinn nennenswert groß ist, hängt aber vom verwendeten PC ab. Einem modernen PC mit ausreichend Leistung für Windows machen die Dienste nicht wirklich etwas aus. Das Deaktivieren führt hier also kaum zu Leistungsgewinnen von 10 % oder mehr. Und so viel müssten es sein, damit der Gewinn subjektiv spürbar wird. Ob das eventuelle Komplikationen durch fehlende Dienste wert ist? Anders kann es bei einem etwas betagten PC mit einem langsamen Prozessor und knappem Arbeitsspeicher aussehen, der mit Windows ohnehin etwas überlastet ist. Hier kann das Deaktivieren einiger Dienste die notwendige Luft zum Atmen bringen. Auch das wäre aber eher eine Notlösung, denn auf Dauer empfiehlt sich in solchen Fällen eine Neuinvestition in Hardware, mit der noch weitaus mehr Leistung zu gewinnen wäre.

Die nachfolgende Tabelle enthält für die wesentlichen Windows-Dienste jeweils drei Konfigurationen. Nicht alle hier aufgeführten Dienste müssen zwangsläufig auf Ihrem PC vorhanden ein. Ebenso sind auf Ihrem Gerät fast sicher weitere Dienste aktiv, wenn Sie weitere Software mit eigenen Diensten installiert haben.

- **Sicher**
  Mit dieser Konfiguration gibt es garantiert keine Probleme. Sie entspricht mehr oder weniger den Standardeinstellungen und gewährleistet größte Zuverlässigkeit und Stabilität.

- **Optimal**
  Diese Konfiguration stellt einen guten Kompromiss zwischen Zuverlässigkeit und Leistung dar. Dienste, die im Allgemeinen nicht benötigt werden, sind deaktiviert oder zumindest auf *Manuell* gesetzt. So dürfte es nur in sehr speziellen Situationen zu Problemen kommen.

■ Minimal

In dieser Minimalkonfiguration ist Windows absolut auf Leistung getrimmt. Alles, was nicht unbedingt erforderlich ist, wurde deaktiviert. Dadurch steigt allerdings die Wahrscheinlichkeit, dass einer der deaktivierten Dienste eben doch benötigt wird. Mit Problemen muss also ggf. gerechnet werden.

Die Kürzel stehen für den empfohlenen Startmodus des Dienstes: *Automatisch* (A), *Automatisch (Verzögerter Start)* (Av), *Manuell* (M) sowie *Deaktiviert* (D).

Dienstname	Sicher	Optimal	Minimal
Anmeldedienst	M	D	D
Anschlussumleitung für Terminaldienst im Benutzermodus	M	D	D
Anwendungserfahrung	A	M	D
Anwendungsinformationen	M	M	M
Anwendungsverwaltung	M	M	D
Arbeitsstationsdienst	A	A	D
Aufgabenplanung	A	A	A
Automatische Konfiguration (verkabelt)	M	M	D
Automatische WLAN-Konfiguration	M	M	M
Basisfiltermodul	A	A	D
Benachrichtigungsdienst für Systemereignisse	A	D	D
Benutzerprofildienst	A	A	A
Blockebenen-Sicherungsmodul	M	D	D
CNG-Schlüsselisolation	M	M	D
COM+-Ereignissystem	M	M	M
Computerbrowser	M	D	D
DCOM-Server-Prozessstart	A	A	A
Designs	A	D	D
DHCP-Client	A	A	A
Diagnoserichtliniendienst	M	D	D
Diagnosesystemhost	M	D	D
Distributed Transaction Coordinator	M	D	D
DNS-Client	A	M	D
Druckerwarteschlange	A	A	D
Enumeratordienst für tragbare Geräte	M	D	D
Erkennung interaktiver Dienste	M	D	D
Extensible-Authentication-Protokoll	M	M	M
Fax	D	D	D
Funktionssuchanbieter-Host	M	D	D
Funktionssuche-Ressourcenveröffentlichung	M	D	D

Dienstname	Sicher	Optimal	Minimal
Gatewaydienst auf Anwendungsebene	M	M	D
Gemeinsame Nutzung der Internetverbindung	M	D	D
Gruppenrichtlinienclient	A	A	A
Heimnetzgruppen-Anbieter	M	D	D
Heimnetzgruppen-Listener	M	D	D
IKE- und AuthIP-IPsec-Schlüsselerstellungsmodule	M	D	D
Integritätsschlüssel- und Zertifikatsverwaltung	M	D	D
Intelligenter Hintergrundübertragungsdienst	Av	M	M
IP-Hilfsdienst	M	D	D
IPsec-Richtlinien-Agent	M	D	D
Konfiguration für Remotedesktops	M	D	D
Kryptografiedienste	M	M	M
KtmRm für Distributed Transaction Coordinator	Av	D	D
Leistungsprotokolle und -warnungen	M	D	D
Microsoft iSCSI-Initiator-Dienst	M	D	D
Microsoft-Softwareschattenkopie-Anbieter	M	D	D
Multimediaklassenplaner	A	A	A
NAP-Agent (Network Access Protection)	M	D	D
Net.Tcp-Portfreigabedienst	D	D	D
Netzwerklistendienst	M	M	D
Netzwerkspeicher-Schnittstellendienst	A	A	A
Netzwerkverbindungen	M	M	D
NLA (Network Location Awareness)	M	D	D
Offlinedateien	D	D	D
Peer-Name-Resolution-Protokoll	M	D	D
Peernetzwerk-Gruppenzuordnung	M	D	D
Peernetzwerkidentitäts-Manager	M	D	D
Plug & Play	A	A	A
PNRP-Computernamenveröffentlichungs-Dienst	M	D	D
Programmkompatibilitäts-Assistent-Dienst	A	M	D
RAS-Verbindungsverwaltung	M	M	D
Remotedesktopdienste	M	D	D
Remoteprozeduraufruf (RPC)	A	A	A
Remoteregistrierung	M	D	D
Richtlinie zum Entfernen der Smartcard	M	D	D
Routing und RAS	M	D	D
RPS-Endpunktzuordnung	M	D	D

Dienstname	Sicher	Optimal	Minimal
RPC-Locator	M	D	D
Sekundäre Anmeldung	M	D	D
Server	M	D	D
Server für Threadsortierung	M	M	D
Shellhardwareerkennung	A	D	D
Sicherheitscenter	Av	M	D
Sicherheitskonto-Manager	A	A	A
Smartcard	M	D	D
SNMP-Trap	M	D	D
Softwareprotection	A	A	A
SSDP-Suche	M	D	D
SSTP-Dienst	M	D	D
Stromversorgung	A	M	D
Superfetch	A	D	D
TCP/IP-NetBIOS-Hilfsdienst	M	D	D
Telefonie	M	D	D
TPM-Basisdienste	M	D	D
Überwachung verteilter Verknüpfungen (Client)	M	D	D
Unterstützung in der Systemsteuerung unter Lösungen für Probleme	M	D	D
UPnP-Gerätehost	M	D	D
Verbessertes Windows-Audio/Video-Streaming	M	D	D
Verbindungsschicht-Topologieerkennungs-Zuordnungsprogramm	M	D	D
Verschlüsselndes Dateisystem (EFS)	M	D	D
Verwaltung für automatische RAS-Verbindung	M	D	D
Virtueller Datenträger	M	M	M
Volumeschattenkopie	M	D	D
Webclient	M	D	D
Windows-Defender-Dienst	A	D	D
Windows Driver Foundation – Benutzermodus-Treiber-Framework	M	D	D
Windows Installer	M	M	M
Windows-Media-Player-Netzwerkfreigabedienst	M	D	D
Windows Modules Installer	M	D	D
Windows-Presentation-Foundation-Schriftartencache 3.0.0.0	M	D	D
Windows Search	A	M	D

Dienstname	Sicher	Optimal	Minimal
Windows Update	Av	D	M
Windows-Audio	A	A	A
Windows-Audio-Endpunkterstellung	A	A	A
Windows-Bilderfassung (WIA)	M	D	D
Windows-Biometriedienst	M	D	D
Windows-Dienst für Schriftartencache	M	M	D
Windows-Ereignisprotokoll	A	A	A
Windows-Ereignissammlung	M	D	D
Windows-Farbsystem	M	D	D
Windows-Fehlerberichterstattungsdienst	M	D	D
Windows-Firewall	A	D	D
Windows-Remoteverwaltung (WS-Verwaltung)	M	D	D
Windows-Sicherung	M	D	D
Windows-Sofortverbindung-Konfigurationsregistrierungsstelle	M	D	D
Windows-Verwaltungsinstrumentation	A	M	M
Windows-Zeitgeber	A	D	D
WinHTTP-Web-Proxy-Auto-Discovery-Dienst	M	M	M
WMI-Leistungsadapter	M	D	D
WWAN – automatische Konfiguration	M	D	D
Zertifikatsverteilung	M	D	D
Zugriff auf Eingabegeräte	M	D	D

Den Status von Diensten steuern

Die Diensteverwaltung erlaubt es Ihnen, die Dienste beliebig zu steuern. Dabei können Sie den momentanen Status verändern, um einen Dienst z. B. anzuhalten oder neu zu starten. Da sich der Status beim nächsten Neustart aber wieder an den Vorgaben orientiert, können Sie auch diese einstellen.

1. In der Rubrik *Allgemein* der Diensteigenschaften können Sie in der unteren Hälfte den Dienststatus ablesen, also ob der Dienst derzeit gestartet, angehalten oder beendet ist.

2. Mit den Schaltflächen darunter können Sie den Status des Dienstes steuern. Dabei gibt es einen Unterschied zwischen *Starten* und *Beenden* einerseits und *Anhalten* und *Fortsetzen* andererseits:

- Bei *Beenden* wird das Programm, das durch den Dienst ausgeführt wird, komplett beendet und aus dem Speicher entladen.

- Bei *Starten* wird das Programm jeweils neu gestartet. Zuvor muss es allerdings beendet worden sein.

- Durch *Anhalten* wird die Ausführung des Dienstes unterbrochen, sodass er z. B. keine neuen Anforderungen mehr entgegennimmt, keine Daten mehr liefert usw. Allerdings verbleibt das Programm mit allen seinen aktuellen Parametern im Arbeitsspeicher.

- Mit *Fortsetzen* wird ein angehaltenes Programm wieder ausgeführt. Es wird dabei exakt in den Status zurückversetzt, in dem es zuvor angehalten wurde.

3. Der aktuelle Status eines Dienstes bleibt so nur bis zum Herunterfahren von Windows erhalten. Welchen Status er beim nächsten Start erhält, das hängt von der Einstellung bei *Starttyp* ab, deren Optionen vorangehend erläutert wurden. Um den Status eines Dienstes dauerhaft zu verändern, wählen Sie also hier die passende Einstellung.

42.4 Die Aufgabenplanung steuert den PC flexibel

Soll z. B. ein bestimmtes Programm jeden Tag zur selben Zeit ausgeführt werden, bietet sich dafür ein Zeitplan an. Er legt genau fest, zu welcher Uhrzeit eine Aufgabe durchgeführt wird. Zusätzlich können weitere Optionen eingestellt werden, etwa ob ein Stromsparmodus für das Ausführen der Aufgabe unterbrochen werden soll oder ob beim Scheitern der Durchführung später ein erneuter Versuch stattfinden soll.

Die Aufgabenplanung aufrufen

Wie Datenträgerverwaltung und Dienste ist die Aufgabenplanung ebenfalls ein Modul innerhalb der Computerverwaltung.

1. Starten Sie in der Systemsteuerung das Modul *Verwaltung*.

2. Hier finden Sie ganz oben den Eintrag *Aufgabenplanung*.

3. Öffnen Sie die Aufgabenplanung mit einem Doppelklick und bestätigen Sie die Rückfrage der Benutzerkontensteuerung, da nur Benutzer mit Administratorrechten Aufgaben planen dürfen.

4. Hier landen Sie zunächst in einer Übersicht, die Ihnen die derzeit aktiven Aufgaben sowie eine Zusammenfassung über den Status der geplanten Aufgaben der letzten 24 Stunden anzeigt.

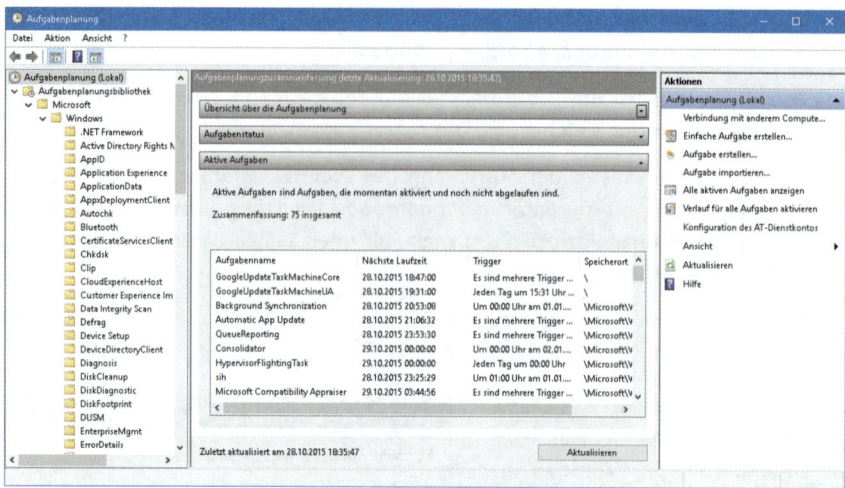

Wundern Sie sich nicht, dass hier schon einige Aufgaben vorhanden sind. Windows selbst nutzt die Aufgabenplanung, um bestimmte Tasks regelmäßig durchzuführen.

Einfache Aufgaben auf die Schnelle planen

Die Aufgabenplanung bringt für einfache Konstellationen einen komfortablen Assistenten mit, der Sie in wenigen Schritten durch alle notwendigen Einstellungen führt.

1. Starten Sie den Assistenten mit *Aktion/Einfache Aufgabe erstellen*.

2. Legen Sie dann zunächst im Feld *Name* eine Bezeichnung für diese Aufgabe an. Sie können sie frei wählen. Da die Aufgaben anhand ihres Namens in den Listen aufgeführt werden, wählen Sie am besten einen möglichst eindeutigen, aussagekräftigen Namen.

3. Zusätzlich können Sie eine Beschreibung der Aufgabe angeben. Diese kann Ihnen oder auch anderen Benutzern dienen, um auch später noch verstehen zu können, zu welchem Zweck und wie diese Aufgabe angelegt wurde. Klicken Sie dann auf *Weiter*.

4. Wählen Sie im nächsten Schritt aus, wodurch die Aufgabe ausgelöst werden soll. Mit den Optionen *Täglich*, *Wöchentlich*, *Monatlich* und *Einmal* erstellen Sie einen Zeitplan für die Aufgabe. Mit den anderen Optionen können Sie eine Aufgabe an bestimmte Systemereignisse wie etwa den Start des Computers oder die Benutzeranmeldung koppeln.

5. Im nächsten Schritt können Sie die Details des Zeitplans festlegen. Als Startdatum wird standardmäßig der heutige Tag eingesetzt. Ergänzen Sie die gewünschte Uhrzeit sowie bei *Wiederholung alle x Tage* die Wiederholrate.

6. Wählen Sie dann die Aktion aus, die durch diese Aufgabe ausgeführt werden soll. Um eine beliebige Anwendung oder ein Skript auszuführen, markieren Sie die Option *Programm starten*. Alternativ können Sie stattdessen auch eine E-Mail senden oder eine Meldung anzeigen lassen.

7. Haben Sie sich für das Ausführen eines Programms entschieden, geben Sie dieses nun an. Tippen Sie dazu im Feld *Programm/Skript* den vollständigen Pfad zu der gewünschten Anwendung ein oder wählen Sie diesen mit *Durchsuchen*. Zusätzlich können Sie bei *Argumente hinzufügen* Startparameter für das Programm angeben, wenn dies nötig sein sollte. Benötigt die Anwendung ein bestimmtes Startverzeichnis, geben Sie dies bei *Starten in* an.

8. Abschließend präsentiert Ihnen der Assistent noch einmal die gewählten Einstellungen. Kontrollieren Sie alles und klicken Sie dann unten auf *Fertig stellen*, um die Aufgabe endgültig zu aktivieren.

TIPP ☑ Direkt zu den Aufgabeneigenschaften

Mit der Option *Beim Klicken auf "Fertig stellen" die Eigenschaften für diese Aufgabe öffnen* im letzten Schritt können Sie im Anschluss an den Assistenten direkt die ausführlichen Eigenschaften der neuen Aufgabe anzeigen lassen. Hier sind zusätzliche Detaileinstellungen möglich. Diese Eigenschaften können Sie anstelle des Assistenten auch direkt bearbeiten, wenn Sie *Aktion/Aufgabe erstellen* wählen. Auf einige dieser Eigenschaften gehe ich in den nachfolgenden Abschnitten ausführlicher ein.

Automatische Benachrichtigung bei kritischen Systemereignissen

Neben dem Ausführen nach einem festgelegten Zeitplan können Sie Aufgaben auch durch bestimmte Ereignisse auslösen lassen. Windows achtet dann automatisch darauf, ob ein bestimmtes Ereignis auftritt, und wenn dies der Fall ist, führt es die festgelegte Aufgabe durch. So können Sie sich z. B. per Hinweisfenster oder E-Mail informieren lassen, wenn kritische Systemereignisse Ihre Aufmerksamkeit erfordern.

1. Klicken Sie hierzu in den Eigenschaften der Aufgabe in der Rubrik *Trigger* unten rechts auf die Schaltfläche *Neu*.

2. Wählen Sie im anschließenden Dialog oben im Auswahlfeld *Aufgabe starten* die Einstellung *Bei einem Ereignis*.

3. Schalten Sie dann links die Option *Benutzerdefiniert* ein und klicken Sie rechts daneben auf die dann angezeigte Schaltfläche *Neuer Ereignisfilter*.

4. Windows öffnet dann wiederum einen neuen Dialog, in dem Sie zunächst bei *Ereignisebene* einstellen können, bei welcher Art von Ereignis Sie benachrichtigt werden wollen. So können Sie sich z. B. auf problematische Aspekte wie *Kritisch* und *Fehler* beschränken.

5. Nun legen Sie fest, welcher Bereich überwacht werden soll. Dies kann entweder per Protokoll oder per Quelle geschehen. Beides führt letztlich zum selben Ergebnis. Wählen Sie also die Methode, die Ihren Kenntnissen besser entspricht. Sie können beliebig viele Protokolle oder Quellen überwachen lassen. Setzen Sie einfach die entsprechenden Häkchen.

6. In den Feldern darunter können Sie nun noch weiter einschränken, welche Ereignisse berücksichtigt werden sollen. Standardmäßig löst *<Alle Ereignis-IDs>* die Aufgabe aus. Sie können sich aber auch auf eine oder mehrere bestimmte IDs beschränken. Wie die IDs für bestimmte Ereignisse lauten, können Sie z. B. dem Ereignisprotokoll (siehe Seite 1049) entnehmen. Ebenso können Sie die Überwachung auf bestimmte Benutzer oder (in einem Netzwerk) auf bestimmte Computer beschränken.

7. Klicken Sie dann zweimal auf *OK*, um den Ereignisfilter zu übernehmen und in die Aufgabeneigenschaften zurückzukehren.

8. Wechseln Sie hier in die Rubrik *Aktion* und klicken Sie dort unten links auf die Schaltfläche *Neu*.

9. Wählen Sie im anschließenden Dialog oben bei *Aktion* die Einstellung *Meldung anzeigen*. Geben Sie dann einen Titel und den Inhalt der Meldung an, und zwar so, wie sie auf dem Bildschirm angezeigt werden sollen.

10. Wenn Sie sich überwiegend gar nicht selbst am fraglichen Rechner befinden, können Sie sich mit *E-Mail senden* auch alternativ per E-Mail benachrichtigen lassen.

Leerlaufzeiten effizient für rechenintensive Anwendungen nutzen

Manche rechenintensive oder sonst wie aufwendige Anwendungen bieten die Option, nur dann tätig zu werden, wenn der PC anderweitig nicht beschäftigt und somit im Leerlauf ist. Dank der Aufgabenplanung können Sie dies bei ganz beliebigen Programmen realisieren, selbst wenn diese keine entsprechenden Einstellungen anbieten.

1. Erstellen Sie eine Aufgabe und konfigurieren Sie als ihr Ziel das Ausführen des fraglichen Programms.

2. Wechseln Sie dann in die Rubrik *Trigger* und klicken Sie dort unten links auf die Schaltfläche *Neu*.

3. Stellen Sie oben im Auswahlfeld *Aufgaben starten* die Option *Im Leerlauf* ein.

4. Klicken Sie dann auf *OK* und wechseln Sie zurück in die Aufgabeneinstellungen in die Rubrik *Bedingungen*.

5. Aktivieren Sie hier die Option *Aufgabe nur starten, falls Computer im Leerlauf ist*. Dann können Sie ggf. die Wartezeit für den Leerlauf verändern. Die Option *Beenden, falls Computer aus dem Leerlauf reaktiviert wird* sorgt dafür, dass das Leerlaufprogramm abgebrochen wird, sobald der Rechner wieder für andere Zwecke benötigt wird.

Beachten Sie, dass die Aufgabenplanung das festgelegte Programm einfach nur startet und beendet. Die Anwendung muss selbst dafür sorgen, dass ihre Daten regelmäßig gespeichert werden und sie trotz der Unterbrechungen sinnvoll arbeiten kann.

So startet Windows den abgeschalteten PC pünktlich für zeitkritische Aufgaben

Wenn der PC rund um die Uhr läuft, können Aufgaben stets pünktlich ausgeführt werden. Und wenn der Start einer Aufgabe mal verpasst wurde, kann die Aufgabenplanung dafür sorgen, dass sie nach dem nächsten Start so schnell wie möglich nachgeholt wird. Aktivieren Sie dazu in den Aufgabeneigenschaften in der Rubrik *Einstellungen* die Option *Aufgabe so schnell wie möglich nach einem verpassten Start ausführen.* Was aber, wenn eine Aufgabe unbedingt zu einem ganz bestimmten Zeitpunkt durchgeführt werden muss? Windows kann in solchen Fällen den PC rechtzeitig wecken und die Aufgabe pünktlich starten. Dies funktioniert allerdings nur, wenn der PC nicht komplett stromlos geschaltet ist, sondern sich in einem der Energiesparzustände befindet, also z. B. im Ruhezustand oder Stand-by.

1. Soll für das Durchführen einer Aufgabe der PC ggf. aufgeweckt werden, öffnen Sie die Eigenschaften dieser Aufgabe und wechseln dort in die Rubrik *Bedingungen*.

2. Aktivieren Sie hier unten im Bereich *Energie* die Option *Computer zum Ausführen der Aufgabe reaktivieren*.

3. Setzen Sie die geänderten Einstellungen mit OK in Kraft.

Die Aufgabenplanung reaktiviert den PC dann so rechtzeitig, dass er die Aufgabe gemäß dem Zeitplan pünktlich ausführen kann. Beachten Sie, dass die Aufgabenplanung den PC nur reaktiviert, ihn aber nicht nach Abschluss der Aufgabe wieder in den vorherigen Energiesparmodus schickt. Dies ist Aufgabe der Energiesparoptionen. Eventuell bietet auch der nachfolgende Abschnitt eine Lösung für Sie.

Das System zu einem vorbestimmten Zeitpunkt automatisch herunterfahren

Würden Sie gern Ihren PC auch in Ihrer Abwesenheit weiterarbeiten und sich dann zu einem bestimmten Zeitpunkt selbst ausschalten lassen? Manche Anwendungen wie etwa Brennprogramme bieten entsprechende Optionen. Mit der Aufgabenplanung von Windows können Sie so etwas aber ganz einfach selbst realisieren. Eine Zutat dafür ist das Kommandozeilenprogramm Shutdown, das zum Lieferumfang von Windows gehört. Mit dem Parameter /s aufgerufen, fährt es das System nach 30 Sekunden Vorwarnzeit herunter.

1. Erstellen Sie eine neue Aufgabe und geben Sie im Zeitplan an, zu welchem Zeitpunkt das Herunterfahren erfolgen soll.

2. Wechseln Sie dann in die Rubrik *Aktionen* und klicken Sie dort unten links auf die Schaltfläche *Neu*.

3. Im anschließenden Dialog sollte oben bei *Aktion* die Option *Programm starten* ausgewählt sein.

4. Fügen Sie im Feld *Programm/Skript* den Pfad *C:\Windows\System32\shutdown.exe* ein. Passen Sie diesen Pfad ggf. für Ihr System an.

5. Geben Sie im Feld *Argumente hinzufügen* den Parameter */s* ein.

6. Wollen Sie sicherstellen, dass der PC wirklich nur ausgestellt wird, wenn niemand mehr damit arbeitet, können Sie in der Rubrik *Bedingungen* zusätzlich die Option *Aufgabe nur starten, falls Computer im Leerlauf ist für x Minuten* einstellen.

Die Aufgabenplanung startet nun zu dem angegebenen Termin das Shutdown-Programm. Dieses warnt den eventuell noch angemeldeten Benutzer, dass der Rechner nun heruntergefahren wird. Danach bleiben noch etwa 30 Sekunden, um offene Dateien zu speichern, bevor Windows herunterfährt.

Teil VIII

Fehleranalyse: Probleme erkennen und beheben

Kapitel 43

43. Software installieren und Kompatibilitätsprobleme lösen

Eines der wichtigsten Anliegen der meisten Benutzer dürfte es sein, bereits vorhandene Software uneingeschränkt weiterverwenden zu können. Das ist bei einem neueren Betriebssystem immer ein kritischer Punkt, denn schnell hat sich etwas Wesentliches geändert, mit dem die eine oder andere Anwendung plötzlich nicht mehr zurechtkommt.

Beim Umstieg von Windows 7 oder Windows 8 sind keine Probleme zu erwarten. Wer aber von früheren Versionen wie etwa Windows XP umsteigt, könnte auf die eine oder andere Schwierigkeit treffen. Meist müssen Sie auf Ihre Lieblingstools aber nicht verzichten. Auch für das aktuelle Windows gibt es einige Tricks, um lieb gewonnene Softwareschätze weiter zu nutzen.

43.1   Den Softwarebestand kontrollieren und steuern

Auch wenn Windows schon von Haus aus Tools für eine Reihe von Aufgaben mitbringt, wird ein PC doch erst durch zusätzliche Software zum effektiven Werkzeug. Diese Software aber will im Griff behalten sein. Als zentrales Hilfsmittel dafür bringt Windows das Systemverwaltungsmodul *Programme und Features* mit. Hiermit können Sie installierte Programme deinstallieren oder bei Bedarf reparieren sowie die Installationseinstellungen bestimmter Anwendungen nachträglich ändern.

Ein Hinweis: Wenn in diesem Kapitel von Software, Anwendungen und Programmen die Rede ist, bezieht sich dies immer auf Desktop-Software, die klassisch heruntergeladen und installiert wird. Apps aus dem Windows Store werden über die Store-App installiert und auf diesem Wege ggf. auch deinstalliert (siehe Kapitel 12). Sie sind in der hier beschriebenen Liste installierter Programme deshalb nicht enthalten.

Vorhandene Anwendungen verändern, reparieren oder deinstallieren

Das Installieren zusätzlicher Anwendungen ist meist nicht schwer. Sollte es sich noch um Software mit eigener CD bzw. DVD handeln, kann der Installationsassistent beim Einlegen meist direkt aktiviert werden. Auch bei Downloads aus dem Internet reicht ein Doppelklick (und ein Bestätigen des Sicherheitshinweises). Anders sieht es aus, wenn man ein Programm wieder loswerden will, vielleicht weil es sich doch nicht als so gut und nützlich erwiesen hat. Manche Anwendungen platzieren einen Deinstallationseintrag auf dem Startbildschirm. Meist aber ist davon nichts zu sehen.

Allerdings weiß Windows ziemlich genau, welche Anwendungen installiert sind, und kann diese auch wieder loswerden. Und auch für weniger drastische Maßnahmen sind die Software-Verwaltungsfunktionen gut. So können Sie Softwareinstallationen auf diese Weise reparieren, etwa wenn wichtige Dateien beschädigt oder versehentlich gelöscht wurden. Ebenso lassen sich bei umfangreichen Installationen wie z. B. der Office-Suite die Installationsoptionen nachträglich verändern. So können Sie Funktionen nachrüsten, die standardmäßig nicht installiert werden oder an die Sie bei der ursprünglichen Installation noch nicht gedacht hatten.

1. Lokalisieren Sie in der Kategorieansicht der Systemsteuerung *Programme* und klicken Sie dort auf *Programm deinstallieren*.

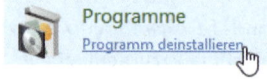

2. Im anschließenden Menü finden Sie eine Liste aller Zusatzprogramme, die auf Ihrem PC installiert sind. Standardmäßig ist die Übersicht alphabetisch nach Namen sortiert, Sie können sie aber auch nach Herausgeber, Installationsdatum oder Größe arrangieren lassen.

3. In dieser Liste können Sie eine einzelne Anwendung durch einen einfachen Mausklick auswählen. Sie erhalten dann unten im Detailbereich weitere Informationen zu diesem Programm.

4. Um eine Anwendung zu deinstallieren, markieren Sie ihren Eintrag in der Liste und wählen dann oben in der Symbolleiste *Deinstallieren*. Bestätigen Sie die Rückfrage der Benutzerkontensteuerung ggf. mit *Ja*.   `Deinstallieren`

5. Für das Entfernen wird – soweit vorhanden – die programmeigene Deinstallations-routine verwendet. Deswegen hängt der weitere Ablauf von der jeweiligen Anwendung ab. Im Allgemeinen müssen Sie die Deinstallation noch einmal bestätigen und eventuell zusätzliche Einstellungen wählen, z. B. ob die mit der Anwendung erstellten Dateien erhalten bleiben oder mit gelöscht werden sollen.

6. Danach wird die eigentliche Deinstallation durchgeführt, also die Dateien und Ordner werden von der Festplatte gelöscht und die Einstellungen in den Systemdateien entfernt.

TIPP ☑ Bei der installierten Software aufräumen

Die Softwareliste gibt Ihnen mit ihren verschiedenen Spalten gute Möglichkeiten, um hin und wieder etwas aufzuräumen. Genau wie im Explorer können Sie die Liste nach den verschiedenen Spalten sortieren. So finden Sie mit *Installiert am* Anwendungen, die schon sehr lange auf dem Rechner sind. Die Spalte *Größe* gibt einen guten Anhaltspunkt, falls der Speicherplatz knapp wird und Freiraum geschaffen werden muss. Wobei man diesen Wert mit etwas Vorbehalt betrachten muss, da er nicht bei allen Arten von Anwendungen wirklich allen Speicherbedarf umfasst. Mit der rechten Maustaste und *Weitere* können Sie noch mehr Spalten anzeigen.

Softwareinstallationen reparieren

Die Softwareverwaltung gibt Ihnen auch die Möglichkeit, installierte Anwendungen zu reparieren. Das kann erforderlich sein, wenn Dateien, die zu einem Programm gehören, z. B. durch einen Systemfehler beschädigt oder durch Unachtsamkeit gelöscht wurden. Einige Anwendungen bringen für solche Fälle eine Reparaturfunktion mit. Diese überprüft, ob alle benötigten Dateien vorhanden und die wesentlichen Systemeinträge korrekt sind. Findet sie einen Fehler, korrigiert sie ihn automatisch, sodass die Anwendung anschließend wieder laufen sollte. Im Endeffekt ist das so, als ob man eine Anwendung deinstalliert und anschließend wieder installiert. Nur dass es eben viel schneller geht. Leider verfügen nicht alle Anwendungen über diesen Service, und Windows kann ihn nur zur Verfügung stellen, wenn er auch verfügbar ist.

1. Wenn Sie in der Softwareliste eine Anwendung auswählen, die eine Reparaturfunktion anbietet, wird in der Symbolleiste automatisch eine *Reparieren*-Schaltfläche eingeblendet.

2. Klicken Sie darauf, um die Reparaturfunktion aufzurufen.

3. Bestätigen Sie ggf. die Rückfrage der Benutzerkontensteuerung zu diesem Reparaturvorgang.

4. Anschließend startet Windows die Reparaturfunktion dieser Anwendung. Diese läuft in der Regel vollautomatisch ab, sodass Sie nur ein wenig warten müssen, bis sie ihre Aufgabe erfüllt hat.

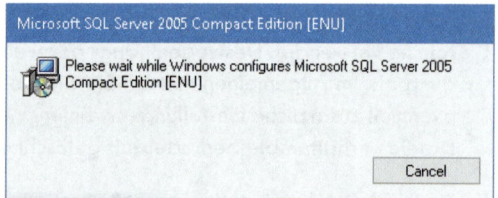

Die Installationsoptionen nachträglich ändern

Bei der Installation von Anwendungen stehen Sie häufig vor der Wahl, alles vollautomatisch mit den meistbenutzten Funktionen zu installieren oder aber den genauen Installationsumfang benutzerdefiniert festzulegen. Letzteres ist sicherlich optimal, aber zum einen teilweise sehr aufwendig, zum anderen erfordert es Kenntnisse über die Anwendung, die man häufig erst erlangt, wenn man sie bereits installiert und eine Weile benutzt hat. Andererseits spricht nichts dagegen, die Installationsoptionen nachträglich zu verändern, z. B. wenn eine wichtige Option bzw. Funktion eben doch fehlt.

1. Wählen Sie in der Liste der installierten Software die Anwendung aus, deren Installationsumfang Sie verändern möchten.

2. Unterstützt dieses Programm das nachträgliche Anpassen der Installationsoptionen, wird in der Symbolleiste die Schaltfläche *Ändern* bzw. *Deinstallieren/Ändern* angezeigt.

3. Windows ruft nun das Originalinstallationsprogramm dieser Anwendung auf. Dieses bietet Ihnen in der Regel eine Option, einzelne Bestandteile oder Funktionen wie Features hinzuzufügen oder zu entfernen.

4. Anschließend können Sie genau wie bei der ursprünglichen Installation detailliert festlegen, welche Komponenten wie eingerichtet werden sollen. Da es sich um das Originalinstallationsprogramm handelt, können Sie ggf. auch die Dokumentation der Anwendung zurate ziehen, wenn es z. B. um den Namen der gewünschten Funktion geht.

5. Selbstverständlich können Sie bei der Gelegenheit auch Funktionen oder Komponenten abwählen, die bislang installiert waren. Sie werden dann entfernt.

6. Haben Sie die Installationseinstellungen wie gewünscht vorgenommen, klicken Sie unten auf *Weiter* bzw. *Next*. Der Installationsassistent nimmt dann die festgelegten Änderungen vor, fügt die gewählten Optionen hinzu und entfernt ggf. die abgewählten Komponenten.

43.2 Ältere, proprietäre Software mit dem aktuellen Windows ausführen

Wenn eine Anwendung unter früheren Windows-Versionen problemlos lief und erst beim aktuellen Windows Schwierigkeiten macht, hat sie offenbar ein Problem mit den Neuerungen, die hier eingeführt wurden. In solchen Fällen hat es sich bewährt, dem Programm vorzutäuschen, dass es noch immer unter dem alten Betriebssystem läuft, bzw. hinzugekommene Funktionen des neuen Betriebssystems für dieses Programm zu deaktivieren. Windows bietet hierzu Möglichkeiten wie den Kompatibilitätsmodus an.

TIPP ☑ **Installation bricht wegen falscher Version des Betriebssystems ab?**

Ein klassisches Problem beim Umstieg sind Setup-Assistenten, die das vorhandene Betriebssystem überprüfen. Sie stammen noch aus früheren Zeiten, können mit Windows 10 nichts anfangen und verweigern schlicht die Installation. Dabei würde die Anwendung meist ohne Probleme laufen. In solchen Fällen hat es sich bewährt, das Setup wie im Folgenden beschrieben im Kompatibilitätsmodus z. B. für Windows XP durchzuführen. Das stellt den Assistenten zufrieden, und die Anwendung funktioniert anschließend reibungslos.

Lassen Sie Programme wie unter älteren Windows-Versionen laufen

Wenn eine Anwendung z. B. unter Windows XP ohne Probleme lief und jetzt beim aktuellen Windows Zicken macht, lassen Sie sie einfach wie unter Windows XP laufen. Das aktuelle Windows kann sie dazu in einem speziellen Kompatibilitätsmodus laufen lassen, der dem Programm vorgaukelt, dass es unter Windows XP ausgeführt wird. Damit sollten sich theoretisch sämtliche Kompatibilitätsprobleme beheben lassen. Das aktuelle Windows kann sich übrigens nicht nur als Windows XP verkleiden. Die Rückwärtskompatibilität reicht über mehrere Vorgängerversionen zurück bis Windows 95.

1. Lokalisieren Sie die Programmdatei der Anwendung im Installationsverzeichnis. Alternativ können Sie die Verknüpfung dieser Datei im Startmenü mit der rechten Maustaste anklicken und im Kontextmenü *Mehr/Speicherort öffnen* wählen.

2. Klicken Sie im so geöffneten Ordner mit der rechten Maustaste auf die Programmdatei und wählen Sie im Kontextmenü ganz unten den Punkt *Eigenschaften*.

3. Wechseln Sie in den Eigenschaften auf die Registerkarte *Kompatibilität*.

4. Aktivieren Sie im Bereich *Kompatibilitätsmodus* die Option *Programm im Kompatibilitätsmodus ausführen für*.

5. Öffnen Sie dann das Auswahlfeld und wählen Sie hier das Betriebssystem aus, unter dem Sie das Programm zuvor problemlos verwenden konnten, also z. B. *Windows XP (Service Pack 3)*.

6. Klicken Sie dann unten auf OK, um den Kompatibilitätsmodus für dieses Programm zu speichern.

7. Ab dem nächsten Start des Programms wird die Software im Kompatibilitätsmodus ausgeführt. Dieser Modus bezieht sich jeweils nur auf diese eine Anwendung. Alle anderen Programme laufen parallel dazu ganz normal weiter.

TIPP ☑ Im Zweifelsfall den Assistenten fragen

Wenn Sie bei einer problematischen Anwendung nicht sicher sind oder die gewählten Einstellungen auch keinen vollen Erfolg bringen, können Sie sich von einem Assistenten helfen lassen. Klicken Sie dazu in den Einstellungen der Anwendungsdatei in der Kategorie *Kompatibilität* auf die Schaltfläche *Problembehandlung für die Programmkompatibilität ausführen*. Damit starten Sie einen Assistenten, dem Sie die vorliegende Problematik beschreiben können. Der Assistent hilft Ihnen, verschiedene Konfigurationen zu testen und so die optimalen Kompatibilitätseinstellungen zu finden.

Unbekannte und »gefährliche« Programme trotzdem ausführen

Eine Gefahr für das erfolgreiche Ausführen von Anwendungen droht teilweise von unerwarteter Seite, nämlich dem SmartScreen-Filter von Windows. Dieser soll Anwender vor dem Starten gefährlicher Programme schützen. Das klappt auch gar nicht schlecht, aber manchmal übertreibt der Filter es prinzipbedingt. Dann muss man schon genau hinsehen bzw. wissen, wie man solche Anwendungen trotzdem ausführen lassen kann.

HINWEIS ▷ So funktioniert der SmartScreen-Filter für Anwendungen

Der SmartScreen-Filter ermittelt beim ersten Ausführen einer neuen Anwendung eine digitale Kennung für dieses Programm. Diese ist auf allen Windows-Systemen identisch. Die Kennung gleicht er dann mit einer Onlinedatenbank ab. Ist sie dort bekannt und wurde als unbedenklich eingestuft, wird das Programm anstandslos ausgeführt. Ist die Kennung dort allerdings nicht bekannt, behandelt der SmartScreen-Filter die Anwendung zunächst wie Schadsoftware und weigert sich, sie auszuführen.

Der Anwender muss solche Programme dann erst ausdrücklich für das Ausführen freigeben. Allerdings lernt der Filter aus solchen Entscheidungen. Wenn genügend Anwender eine bestimmte Software auf ihren PCs jeweils als unbedenklich einstufen, wird sie irgendwann auch in der Onlinedatenbank als „unschädlich" geführt. Der praktische Effekt dieser Vorgehensweise: Bekannte Software, die von vielen Anwendern genutzt wird, ist in der Regel bereits „freigeschaltet" und kann ungehindert genutzt werden.

Bei neuen Programmen bzw. kleineren, unbekannten Tools meckert der SmartScreen-Filter gern mal rein prophylaktisch. Das muss aber nicht bedeuten, dass diese Software tatsächlich ein Sicherheitsrisiko darstellt. Wenn Sie das Programm aus einer zuverlässigen Quelle bezogen haben und sicher sind, dass es keinen Schaden anrichtet, können Sie es trotzdem ausführen.

Wenn Sie eine Anwendung starten, mit der der SmartScreen-Filter nicht einverstanden ist, meldet er sich automatisch mit einem Hinweis:

- Handelt es sich um eine Datei ohne gültiges Zertifikat, weist Windows deutlich darauf hin, dass die Signatur fehlt und der Herausgeber nicht bestätigt werden kann. Das kann bei Dateien von kleinen Entwicklern oder Vorabversionen durchaus mal vorkommen. Sie sollten an der Stelle aber schon noch mal nachdenken, ob die Quelle wirklich vertrauenswürdig ist.

- Eine andere Variante ist, dass die Datei zwar signiert ist, Windows den Herausgeber aber nicht verifizieren kann. Das passiert beispielsweise, wenn der Entwickler eine selbst erstellte Signatur verwendet, die nicht von einer offiziellen Zertifizierungsstelle ausgestellt wurde. Das ist nicht ungewöhnlich, sollte aber auch Anlass sein, die Herkunft der Datei nochmals zu überdenken.

Das Verhalten des SmartScreen-Filters für Anwendungen optimieren

Sie können die standardmäßige Reaktion des SmartScreen-Filters auf ihm unbekannte Anwendungen abändern. Dies empfiehlt sich aber nur, wenn die an sich sinnvolle Grundeinstellung zu regelmäßigen Problemen führt. Das kann z. B. sein, wenn Standardbenutzer ohne Administratorrechte arbeiten und deshalb keine unbekannten Programme

„freischalten" können oder wenn Sie z. B. eigene Software entwickeln, die Windows dann ständig meckern lässt.

1. Öffnen Sie das Wartungscenter und klicken Sie dort links auf *Windows SmartScreen-Einstellungen ändern*.

2. Im anschließenden Dialog können Sie einstellen, ob und wann der SmartScreen-Filter zuschlägt:

- In der Standardeinstellung warnt SmartScreen und lässt sich nur von einem Benutzer mit Administratorrechten davon überzeugen, die Anwendung trotzdem auszuführen.

- Sollte der SmartScreen-Filter zu sehr nerven, können Sie ihn mit *Keine Aktion* komplett deaktivieren. Dies empfiehlt sich aber nur, wenn Sie anderweitig zuverlässig vor Schadsoftware geschützt sind.

3. Übernehmen Sie die veränderte Einstellung mit OK und schließen Sie das Wartungscenter.

43.3 Kompatibilitätsprobleme durch die Benutzerkontensteuerung lösen

Ein Knackpunkt für ältere oder unsauber programmierte Anwendungen ist die Benutzerkontensteuerung von Windows. Das entbehrt nicht einer gewissen Ironie, denn gerade diese Anwendungen waren die Ursache dafür, dass Microsoft die Benutzerkontensteuerung eingeführt hat. Nun leiden diese Programme (und vor allem ihre Benutzer) unter den Konsequenzen.

TIPP ☑ Der Hunger nach Zugriffsrechten von Anwendungen

Schon seit einigen Windows-Versionen sorgt die Benutzerkontensteuerung mit klaren Regeln dafür, dass Anwendungen keinen Schaden anrichten können. Allerdings halten sich immer noch nicht alle Programme daran. Sie bestehen darauf, beispielsweise direkt in die Registry zu schreiben oder Daten in Systemverzeichnissen abzulegen oder zu verändern. Da sie dies ohne Administratorrechte nicht dürfen, funktionieren solche Programme mit den Standardeinstellungen nicht ordnungsgemäß.

Eigentlich lässt sich praktisch jede Anwendung so gestalten, dass sie – einmal installiert und konfiguriert – mit eingeschränkten Rechten auskommt. Allerdings sind manche Entwickler zu faul, diesen – manchmal sicherlich etwas aufwendigeren – Weg zu gehen. Stattdessen wird das Problem auf die Benutzer abgewälzt. Denn wann immer Anwendungen etwas außerhalb der Regeln machen wollen, fragt Windows beim Benutzer nach und der muss jedes Mal entscheiden, ob er das zulassen will oder nicht. Das ist auf Dauer einfach nur lästig.

So laufen auch ältere Anwendungen problemlos und sicher

Die Benutzerkontensteuerung von Windows kann sich auf verschiedene Weise auf Programme auswirken:

- Beim Start eines Programms müssen Sie dessen Ausführung mit Administratorrechten jedes Mal autorisieren. Dies tritt bei Programmen auf, die bereits für die Benutzerkontensteuerung „optimiert" wurden bzw. die schon bei älteren Windows-Versionen nur mit Administratorrechten ausgeführt werden konnten. Bei solchen Anwendungen sind die Entwickler den Weg des geringsten Widerstands gegangen und vermeiden Probleme durch mangelnde Zugriffsrechte dadurch, dass sie das Programm grundsätzlich nur mit Administratorrechten ausführen lassen. Hier bleibt lediglich die Möglichkeit, den Hersteller der Software zu drängen, eine angepasste Version der Software herauszubringen, die keine ständige Autorisierung erfordert.

- Programme ohne Berücksichtigung der Benutzerkontensteuerung starten zwar zunächst ordnungsgemäß, erzeugen dann aber bei bestimmten Funktionen oder Situationen eine Fehlermeldung oder stürzen gar ab. Dies kann passieren, wenn sich ein Programm mit Standardbenutzerrechten ausführen lässt, dann aber Aktionen durchführen will, die nur mit Administratorrechten zulässig sind. Auch hier wäre die beste Lösung, vom Entwickler eine angepasste Version einzufordern, die ohne Fehler läuft. Allerdings gibt es je nach konkreter Fehlersituation Möglichkeiten, das Problem zu umgehen. Spätestens das Ausführen als Administrator sollte die Anwendung korrekt ablaufen lassen.

- Eine weitere Möglichkeit ist es, dass Programme zwar ohne Fehlermeldung und Absturz laufen, ihre Aufgaben aber trotzdem nicht ordnungsgemäß erledigen. So kann es z. B. passieren, dass sich eine Anwendung bei jedem Start wieder wie beim ersten Mal verhält und Sie immer erneut die Konfigurationsdaten eingeben müssen. Oder die beim letzten Mal vorgenommenen Änderungen sind nach einem Neustart wieder verschwunden. Dieses Verhalten wird durch die Virtualisierungsfunktion der Benutzerkontensteuerung ausgelöst.

Anwendungen mit Rechtehunger als Administrator starten

Wenn sich eine Anwendung nur als Administrator ausführen lässt, bleibt Ihnen in der Regel nichts anderes übrig, als dem zu folgen – auch wenn das dem Sicherheitskonzept von Windows eigentlich zuwiderläuft und nicht wirklich notwendig wäre, wenn die Entwickler des Programms sauber gearbeitet hätten.

Fordert die Anwendung beim Start ohnehin Administratorrechte an, klicken Sie im entsprechenden Hinweisfenster einfach auf *Ja* bzw. geben ein Administratorkennwort an. Sollte eine Anwendung nicht von sich aus erhöhte Rechte anfordern, aber ohne sie nicht richtig arbeiten, können Sie dieses Programm manuell mit Administratorrechten starten.

1. Starten Sie die Anwendung dazu nicht direkt, sondern klicken Sie zunächst mit der rechten Maustaste auf deren Symbol bzw. Eintrag im Startmenü.

2. Wählen Sie dann im Kontextmenü den Befehl *Mehr/ Als Administrator ausführen*.

3. Erlauben Sie im anschließenden Dialog Windows mit *Ja*, diese Anwendung mit Administratorrechten auszuführen.

4. Die Anwendung arbeitet nun mit den Zugriffsrechten des Administrators, wodurch es keinerlei Probleme in Bezug auf die Benutzerkontensteuerung geben sollte. Treten sonstige Kompatibilitätsprobleme auf, beachten Sie auch die Hinweise ab Seite 985.

Auf Rückfragen richtig antworten

Wenn man gerade eine Anwendung gestartet hat und dann eine Rückfrage der Benutzerkontensteuerung kommt, weiß man, woran man ist. Auch hier sollte man gut überlegen, ob man dieser Anwendung erweiterte Rechte einräumen möchte, aber zumindest ist der Verursacher klar.

Anders sieht es aus, wenn eine solche Rückfrage völlig unvermittelt im laufenden Betrieb eingeblendet wird. Dann ist zumindest erst mal Alarmstufe Gelb angesagt. Lassen Sie sich in diesem Moment nicht von den Angaben im Dialog blenden, sondern klicken Sie auf *Weitere Details anzeigen*.

Dann erfahren Sie den genauen Programmpfad der ausführbaren Datei und Sie können sich das Herausgeberzertifikat anzeigen lassen. Kontrollieren Sie, welche Zertifizierungsstelle es für wen ausgestellt hat. Wenn Ihnen hier etwas obskur und nicht vertrauenswürdig erscheint, brechen Sie die Ausführung ab und holen erst weitere Informationen ein.

Problematische Anwendungen automatisch mit Admin-Rechten ausführen

Wenn eine Anwendung bei jedem Start Administratorrechte benötigt, ist der Umweg über das Kontextmenü auf Dauer etwas umständlich. In solchen Fällen können Sie in den Eigenschaften der Programmdatei bzw. in der Verknüpfung zum Programm festlegen, dass diese Anwendung immer als Administrator ausgeführt werden soll. Dann können Sie das Programm in Zukunft ganz normal starten. Die notwendige Autorisierung für die Erhöhung der Zugriffsrechte lässt sich so allerdings auch nicht vermeiden.

1. Klicken Sie mit der rechten Maustaste auf die Verknüpfung der Anwendung und wählen Sie dann im Kontextmenü *Mehr/Speicherort öffnen*. So gelangen Sie in den Ordner, in dem die Verknüpfung dieser Datei im Startmenü gespeichert ist.

2. Klicken Sie im so geöffneten Ordner mit der rechten Maustaste auf das Verknüpfungssymbol der Programmdatei und wählen Sie im Kontextmenü die *Eigenschaften*.

3. Schalten Sie in der Kategorie *Kompatibilität* unten im Bereich *Einstellungen* die Option *Programm als Administrator ausführen* ein.

4. Übernehmen Sie die veränderte Kompatibilitätseinstellung mit *OK*.

Leider erlaubt auch diese Einstellung keine vollautomatische Gewährung der Administratorrechte. Sie können die Anwendung also anschließend wie gewohnt durch einen direkten Klick oder Doppelklick starten. Allerdings müssen Sie den höheren Rechtestatus trotzdem jedes Mal in einem Hinweisfenster autorisieren. Wie Sie das für häufig genutzte Anwendungen vermeiden können, verrät der nachfolgende Abschnitt.

Tricksen Sie Windows aus: Anwendungen ohne Rückfrage als Administrator starten

Selbst wenn Sie in den Eigenschaften einer Anwendung festlegen, dass diese mit Administratorrechten ausgeführt werden soll, meldet sich die Benutzerkontensteuerung immer noch bei jedem Start des Programms mit einem Hinweis. Das kann bei regelmäßig genutzten Aufgaben schon recht nervig sein.

Aber das ist noch lange kein Grund, die Benutzerkontensteuerung zu deaktivieren und damit große Sicherheitsrisiken einzugehen. Mit einem kleinen Trick können Sie beliebige Anwendungen wirklich ohne Rückfrage mit Administratorrechten ausstatten.

TIPP ☑ So funktioniert der Trick

Um Ihnen vor der etwas längeren Schritt-für-Schritt-Anleitung einen kleinen Überblick zu geben: Der Trick macht sich die Aufgabenplanung von Windows zunutze. Es wird eine Aufgabe erstellt, die das gewünschte Programm startet. Dabei lässt sich festlegen, dass das Programm mit Administratorrechten laufen soll. Da Aufgaben auch komplett ohne Interaktion mit dem Anwender im Hintergrund ablaufen dürfen, erfolgt in diesem Fall keine Rückfrage. Nun muss nur noch eine Verknüpfung im Startmenü hinterlegt werden, mit der sich diese Aufgabe per Mausklick aktivieren lässt. Und schon ist der Programmaufruf ohne Rückfrage oder Hinweis der Benutzerkontensteuerung fertig.

Teil 1: Eine Anwendung mit erhöhten Rechten per Aufgabenplanung ausführen

Der erste Schritt besteht darin, mit der Windows-Aufgabenplanung eine Aufgabe zu erstellen, die die gewünschte Anwendung ausführt und ihr dabei automatisch erhöhte Rechte zuweist.

1. Starten Sie in der klassischen Systemsteuerung das Modul *Verwaltung* und dort die *Aufgabenplanung*.

2. Klicken Sie in der Aufgabenplanung rechts unter *Aktionen* auf *Einfache Aufgabe erstellen*.

3. Damit starten Sie einen Assistenten, der Sie durch die erforderlichen Arbeitsschritte führt. Geben Sie im ersten Dialog eine Bezeichnung für die Aufgabe an. Eine Beschreibung können Sie für Ihre eigene Orientierung noch hinzufügen. Klicken Sie dann unten rechts auf *Weiter*.

4. Wählen Sie im nächsten Schritt bei der Frage *Wann soll die Aufgabe gestartet werden?* die Option *Einmal*. So stellen Sie sicher, dass die Aufgabenplanung diese Aufgabe nicht tatsächlich regelmäßig automatisch ausführt.

5. Übernehmen Sie im folgenden Schritt einfach das Datum und die aktuelle Uhrzeit als Ausführungszeitpunkt. Dadurch erreichen Sie, dass die Aufgabenplanung diese Aufgabe niemals automatisch ausführt.

6. Wählen Sie dann bei *Aktion* die Option *Programm starten* aus.

7. Klicken Sie im nachfolgenden Schritt auf *Durchsuchen*, um die Programmdatei der gewünschten Anwendung festzulegen. Sie finden sie in der Regel in einem entsprechend benannten Ordner unter C:*Programme*\. Sollten für das Ausführen der Programmdatei weitere Parameter erforderlich sein, fügen Sie diese bei *Argumente hinzufügen* ein.

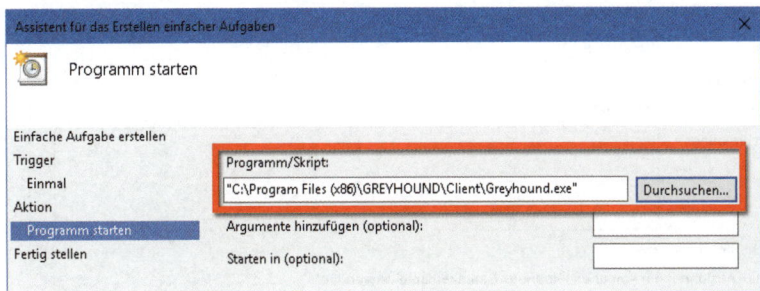

TIPP ☑ Programmdatei ermitteln

Falls Sie sich wegen der Programmdatei nicht sicher sind, gibt es eine gute Möglichkeit, diese Information zuverlässig zu ermitteln. Lokalisieren Sie die Anwendung im Startmenü, als wollten Sie sie ausführen. Klicken Sie dann aber mit der rechten Maustaste auf den Eintrag und wählen Sie unten in der Menüleiste *Dateipfad öffnen*. Dadurch öffnen Sie im Windows-Explorer den Ordner mit der Verknüpfung auf die dazugehörige Programmdatei. Klicken Sie wiederum mit rechts auf diese Verknüpfung und wählen Sie im Kontextmenü ganz unten *Eigenschaften*. Im anschließenden Dialog finden Sie im Feld *Ziel* die gewünschte Pfadangabe. Sie können diese auch kopieren ([Strg]+[C]) und in der Aufgabenplanung direkt in das Feld *Programm/Skript* einfügen ([Strg]+[V]).

8. In der abschließenden Zusammenfassung aktivieren Sie die Option *Beim Klicken auf "Fertig stellen", die Eigenschaften für diese Aufgabe öffnen*, bevor Sie unten auf *Fertig stellen* klicken.

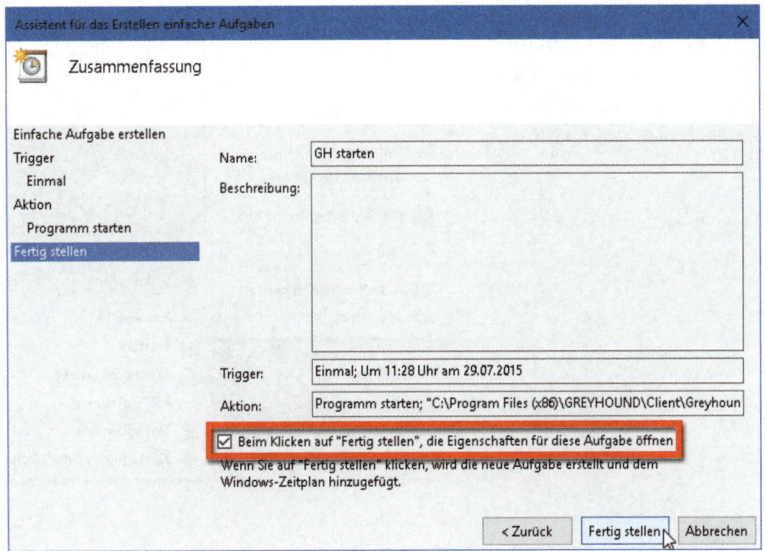

9. Aktivieren Sie in den Eigenschaften der Aufgabe auf der Registerkarte *Allgemein* dann unten links die Option *Mit höchsten Privilegien ausführen* und klicken Sie unten auf OK. Damit ist die Aufgabe erstellt und passend konfiguriert.

Teil 2: Eine Verknüpfung mit der Aufgabe im Startmenü anlegen

Nach dem Erstellen der Aufgabe können Sie diese jederzeit über die Aufgabenverwaltung aufrufen, was aber etwas umständlich ist. Deshalb gilt es nun noch, eine Verknüpfung im Startmenü anzulegen, mit der Sie die Aufgabe jederzeit per Mausklick direkt aktivieren können, sodass dadurch wiederum die gewünschte Anwendung mit erhöhten Rechten gestartet wird.

1. Klicken Sie mit der rechten Maustaste auf eine freie Stelle des Desktops und wählen Sie im Kontextmenü *Neu/Verknüpfung*.

2. Im dadurch gestarteten Assistenten für Verknüpfungen tippen Sie bei *Geben Sie den Speicherort des Elements ein* Folgendes ein:

C:\Windows\System32\schtasks.exe /run /TN "<Aufgabenname>"

Ersetzen Sie dabei *<Aufgabenname>* durch die Bezeichnung, die Sie für die zuvor erstellte Aufgabe vergeben haben. Wichtig: Wenn der Aufgabenname Leerzeichen enthält, müssen Sie den Namen in Anführungszeichen setzen, damit der Aufruf später funktioniert.

3. Legen Sie dann wiederum für diese Verknüpfung einen prägnanten Namen fest, unter dem Sie sie anschließend im Startmenü wiederfinden.

4. Klicken Sie unten auf *Fertig stellen*.

5. Klicken Sie gleich anschließend mit der rechten Maustaste auf das gerade neu auf dem Desktop erstellte Verknüpfungssymbol und wählen Sie im Kontextmenü nun den Befehl *An "Start" anheften*. Dadurch integrieren Sie die Verknüpfung ins Startmenü. Zusätzlich oder stattdessen können Sie die Verknüpfung auf dieselbe Weise an die Taskleiste anheften, wenn Sie möchten.

6. Anschließend können Sie die Verknüpfung auf dem Desktop wieder löschen. Das Pendant im Startmenü bzw. in der Taskleiste bleibt erhalten.

Wenn Sie das Startmenü erneut aufrufen, finden Sie nun die neue Verknüpfung vor. Damit können Sie die gewünschte Anwendung jederzeit direkt starten, wobei sie durch die Aufgabenplanung mit erhöhten Rechten ausgestattet wird. Bei einer umfangreichen Startseite können Sie den Namen der Verknüpfung eintippen, um das Symbol möglichst schnell finden zu können.

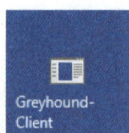

Kapitel 44

44. Hardwareprobleme schnell und zuverlässig lösen

Windows wird Sie vielleicht nicht immer von Hardwareproblemen verschonen können. Zwar bringt es für viele gängige Hardwarekomponenten bereits passende Treiber oder liefert diese gegebenenfalls per Onlineupdate nach. Trotzdem kann es gerade bei älteren oder exotischen Hardwarekomponenten zu Problemen kommen. Hier dürften häufig keine aktuellen Treiber mehr zu bekommen sein. Oftmals bestehen in solchen Fällen aber Möglichkeiten, beispielsweise selbst mit vorhandenen XP-Hardwaretreibern noch weiterzuarbeiten.

44.1 Den Status der Hardware im Geräte-Manager überprüfen

Wie schon bei seinen Vorgängern bleibt auch beim aktuellen Windows der Geräte-Manager eine wichtige Komponente für das Analysieren und Lösen von Hardware- bzw. Treiberproblemen.

1. Um den Geräte-Manager zu verwenden, wählen Sie in der klassischen Systemsteuerung die Kategorie *Hardware und Sound* und klicken dort auf *Geräte-Manager*. In der Symbolübersicht finden Sie direkt den gleichnamigen Eintrag.

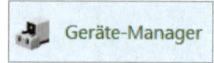

2. Da es sich hierbei um eine sicherheitsrelevante Aktion handelt, müssen Sie den Vorgang als Administrator bestätigen, falls Sie ein Standardbenutzerkonto ohne Administratorrechte verwenden.

3. Im Geräte-Manager finden Sie eine ganze Reihe von Rubriken, in die die vorhandenen Hardwarekomponenten eingeteilt sind. Die Darstellung ist dabei ähnlich wie die von Ordnern und Dateien im Windows-Explorer. Wenn Sie auf das Pfeilsymbol vor einer der Rubriken klicken, blättern Sie diese auf und erhalten Zugriff auf die dazugehörigen Komponenten.

4. Um ein einzelnes Gerät näher unter die Lupe zu nehmen, führen Sie einen Doppelklick auf den entsprechenden Eintrag im Geräte-Manager aus. Dieser öffnet dann die Eigenschaften für das Gerät. Dort finden Sie alle Informationen und Funktionen, die zu diesem Gerät und gegebenenfalls zu seinen Treibern verfügbar sind. Der genaue Inhalt der Eigenschaften hängt von der Art des jeweiligen Gerätes ab.

5. In der Regel erkennt Windows von allein, dass ein bestimmtes Gerät nicht ordnungsgemäß arbeitet. Dann blendet der Geräte-Manager dieses beim Öffnen automatisch ein und versieht sein Symbol mit einer farbigen Markierung. So kommen Sie den Verursachern von Hardwareproblemen schnell auf die Schliche.

Wenn der Geräte-Manager ein Hardwareproblem anzeigt, hat dies in den seltensten Fällen tatsächlich mit einem Defekt an einer Komponente zu tun, eher schon mit einer Kabelverbindung, die sich gelöst hat, oder ähnlichen Verbindungsproblemen. Auch Probleme mit der Ressourcenverteilung sind dank Plug-and-play eher selten geworden. In den allermeisten Fällen aber liegt das Problem in der Treibersoftware für das Gerät, die entweder ganz fehlt oder nicht ordnungsgemäß funktioniert.

Wenn der Geräte-Manager nicht alle Komponenten anzeigt

Der Geräte-Manager versteckt einige Komponenten, die den Benutzer seiner Meinung nach nichts angehen, weil es sich dabei z. B. um logische Komponenten des Betriebssystems handelt.

Solche Komponenten können Sie aber dennoch einsehen, wenn Sie im Geräte-Manager mit *Ansicht/Ausgeblendete Geräte anzeigen* die entsprechende Option aktivieren. Leider „vergisst" der Geräte-Manager diese Einstellung beim Beenden jedes Mal, sodass Sie sie bei Bedarf immer wieder einschalten müssen.

Selbst jetzt verbirgt der Geräte-Manager aber immer noch Komponenten, für die zwar Treiber installiert sind, die aber momentan nicht an den PC angeschlossen bzw. eingeschaltet sind. Dazu gehören z. B. mobile Geräte wie USB-Sticks, Digitalkameras etc., aber auch sämtliche festen Hardwarekomponenten (Festplatten, Grafikkarten, CD-Laufwerke etc.), die irgendwann einmal in den PC eingebaut und unter Windows eingerichtet waren. Um auch auf diese Komponenten zugreifen und z. B. deren Treiber entfernen zu können, gehen Sie wie folgt vor:

1. Öffnen Sie in der klassischen Systemsteuerung das Modul *System* und klicken Sie dort links in der Navigationsleiste auf *Erweiterte Systemeinstellungen*.

2. Klicken Sie im anschließenden Menü auf der Registerkarte *Erweitert* ganz unten auf die Schaltfläche *Umgebungsvariablen*.

3. Im dadurch geöffneten Menü klicken Sie wiederum unten im Bereich *Systemvariablen* auf die Schaltfläche *Neu*, um eine neue Systemvariable anzulegen.

4. Geben Sie im nachfolgenden Dialog bei *Name der Variablen* die Bezeichnung *devmgr_show_nonpresent_devices* und bei *Wert der Variablen 1* an.

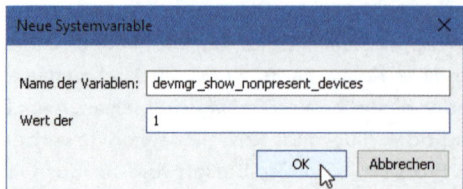

5. Klicken Sie dann dreimal auf *OK*, um die neue Variable zu übernehmen. Nun müssen Sie den Geräte-Manager gegebenenfalls beenden, neu starten und mit *Ansicht/Ausgeblendete Geräte anzeigen* die erweiterte Anzeige aktivieren. Dann werden auch die derzeit nicht verbundenen Hardwarekomponenten angezeigt.

44.2 Hardwareprobleme beheben

Wenn Windows bemerkt, dass es mit einer Hardwarekomponente Probleme gibt, deaktiviert es dieses Gerät in der Regel automatisch. Das bedeutet, dass der Treiber für dieses Gerät beim Systemstart nicht mehr geladen und die Komponente auch sonst ignoriert wird. So wird sichergestellt, dass das System trotz des Hardwareproblems weiterarbeiten kann. Um die kaltgestellte Komponente wieder in Betrieb zu nehmen, müssen Sie aber selbst aktiv werden.

Ressourcenkonflikt bei Hardwarekomponenten auflösen

Konflikte um IRQs und andere Ressourcen sind zum Glück sehr selten geworden. Zum einen kümmert sich das aktuelle Windows wie schon seine Vorgänger sehr effizient um die reibungslose Verteilung der vorhandenen Ressourcen. Zum anderen sind viele Hardwarekomponenten heutzutage nicht mehr auf eine exklusive Ressourcenzuteilung angewiesen. Gerade bei älterer Hardware kann es aber immer noch zu Problemen kommen, die ein manuelles Eingreifen erfordern. Dies ist zum Glück zumindest bei einigen Geräten noch möglich.

1. Starten Sie den Geräte-Manager und wählen Sie die Hardwarekomponente aus, die durch den Ressourcenkonflikt lahmgelegt ist. Sie ist mit einem Warnsymbol deutlich markiert.

2. Öffnen Sie die Eigenschaften dieser Ressource mit einem Doppelklick. Auf der Registerkarte *Allgemein* können Sie zunächst den Gerätestatus ablesen. Hier findet sich meist schon ein deutlicher Hinweis darauf, welche Art von Ressourcenkonflikt vorliegt.

3. Wechseln Sie dann zur Registerkarte *Ressourcen*. Hier sollten Sie zunächst ganz unten den
Bereich *Gerätekonflikt* beachten. Liegt ein Ressourcenkonflikt
vor, wird ganz genau beschrieben, um welche Ressource es
sich handelt und welches andere Gerät davon betroffen ist.

4. Wenn dieser Konflikt durch die
automatische Ressourcenverteilung verursacht wurde, sollten
Sie zunächst das Kontrollkästchen *Automatisch konfigurieren*
deaktivieren. Sollte diese Option nicht anwählbar sein, dann
wird dieses Gerät vollkommen
automatisch verwaltet und lässt
sich leider manuell nicht beeinflussen.

5. Wählen Sie dann im Bereich *Ressourceneinstellungen* die Ressource aus, die den Konflikt verursacht, und klicken Sie auf die Schaltfläche *Einstellung ändern*.

6. Damit öffnen Sie ein zusätzliches Menü,
in dem Sie diese Ressourceneinstellung
bearbeiten können. Ändern Sie dazu
den Wert der Ressource so lange, bis
im Bereich *Konfliktinformationen* die
Meldung *Es liegen keine Gerätekonflikte
vor* angezeigt wird.

7. Übernehmen Sie den neuen Wert dann
mit zweimal *OK* und starten Sie den PC
neu, damit die geänderten Einstellungen für die Hardwarekomponenten in
Kraft treten können.

Problematische Hardwarekomponenten vorübergehend deaktivieren

Der Geräte-Manager bietet die Möglichkeit, einzelne Hardwarekomponenten vorübergehend zu deaktivieren oder auch ganz aus der Konfiguration zu entfernen. Ein Ausbau des Gerätes ist dann nicht erforderlich. Die dazugehörigen Treiber werden beim
Start nicht mehr geladen, und die Komponenten belegen auch keine Ressourcen mehr.
So lassen sich Treiberprobleme und Ressourcenkonflikte lösen, wenn eine Komponente
ohnehin nicht gebraucht wird.

1. Um einzelne Geräte zu de- oder zu aktivieren, öffnen Sie den Geräte-Manager wie oben beschrieben und suchen den Eintrag dieses Gerätes.

2. Klicken Sie mit der rechten Maustaste auf den Eintrag. Im kontextabhängigen Menü finden Sie die Funktion *Deaktivieren*. Damit beenden Sie die Verwendung dieses Gerätes vorübergehend.

3. Bestätigen Sie den folgenden Sicherheitshinweis mit *Ja*.

4. Im kontextabhängigen Menü finden Sie nun statt des *Deaktivieren*-Befehls die Funktion *Aktivieren*, mit der Sie die Komponente wieder in den Betrieb einbinden können.

5. Außerdem finden Sie im kontextabhängigen Menü die Funktion *Deinstallieren*. Im Gegensatz zu *Deaktivieren* schalten Sie eine Komponente damit nicht einfach nur ab, sondern entfernen sie ganz aus der Systemkonfiguration. In der Praxis bedeutet dies, dass der Softwaretreiber dafür entfernt wird und das Gerät komplett aus dem Geräte-Manager verschwindet. Auch hier müssen Sie den Sicherheitshinweis bestätigen, bevor die Aktion ausgeführt wird.

TIPP ☑ Deinstallierte Geräte

Eine deinstallierte Hardwarekomponente befindet sich natürlich physisch immer noch im Rechner, auch wenn Sie sie in der Gerätesteuerung deaktiviert haben. Windows merkt sich deinstallierte Geräte intern. So wird verhindert, dass der Hardware-Assistent, der bei jedem Neustart nach neuen Geräten sucht, deinstallierte Geräte sofort wieder einbindet. Um eine deinstallierte, aber nicht ausgebaute Komponente später wieder einzubinden, müssen Sie den Hardware-Assistenten manuell starten. Verwenden Sie dazu im Geräte-Manager *Aktion/Nach geänderter Hardware suchen*. Dann werden alle vorhandenen, nicht installierten Komponenten ermittelt und zur Installation angeboten.

Das Deaktivieren von Hardwarekomponenten sollte stets nur eine Not- und Übergangslösung sein, z. B. bis neue Treibersoftware verfügbar ist, mit der sich die eventuell vorhandenen Probleme oder Konflikte lösen lassen. Auch wenn Sie mehrere Betriebssysteme parallel auf einem PC betreiben, kann diese Maßnahme sinnvoll sein, wenn Sie eine Komponente beispielsweise unter dem aktuellen Windows gar nicht verwenden wollen oder können. Mit einem älteren Betriebssystem kann dann trotzdem normal damit gearbeitet werden. Ansonsten sollten Sie eine Hardwarekomponente, die dauerhaft nicht genutzt werden kann, besser ganz ausbauen.

Wenn die automatische Erkennung versagt – Hardware manuell installieren

Üblicherweise erkennt Windows neu hinzugekommene Hardware automatisch und versucht, sie einzurichten. Was aber, wenn diese Erkennung versagt und sich einfach gar nichts tut? Oder wenn Sie ein virtuelles Gerät wie etwa einen Netzwerk-Loopback-Adapter installieren möchten? Früher war dafür der Hardware-Assistent zuständig, aber im aktuellen Windows ist dieser nicht mehr zu finden. Oder doch?

1. Öffnen Sie im Startmenü den Befehl *hdwwiz* ein.

2. Daraufhin wird oben in der Trefferliste als einziger Punkt ebendieses Programm *hdwwiz* angezeigt.

3. Klicken Sie mit der rechten Maustaste darauf und wählen Sie unten in der App-Leiste den Punkt *Als Admin ausführen*.

4. Damit starten Sie den klassischen Windows-Hardware-Assistenten.

5. Hier können Sie zunächst nochmals mit *Hardwarekomponente automatisch suchen und installieren* die automatische Hardwareerkennung anstoßen.

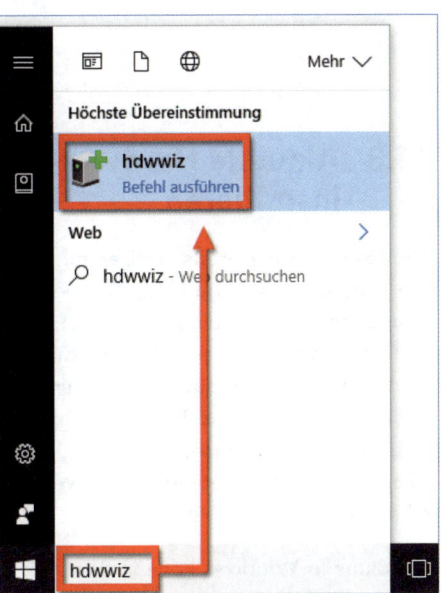

6. Wenn auch das nichts hilft und Sie über passende Treiber verfügen, wählen Sie stattdessen *Hardware manuell aus einer Liste wählen und installieren*.

7. Wählen Sie im nächsten Schritt *Alle Geräte anzeigen* und dann *Weiter*.

8. Klicken Sie im dann folgenden Menü unten rechts auf *Datenträger*.

9. Geben Sie dann den Pfad
   zur Treibersoftware an und
   klicken Sie auf *OK*, um diese Treiber zu installieren.

44.3 Aktuelle Hardwaretreiber beschaffen und installieren

Windows bringt bereits Treiber für viele gängige Hardwarekomponenten mit, um den Benutzern unnötige Komplikationen bei der Installation zu ersparen. Für kritische Komponenten wie Mainboard, Grafikkarten oder Festplattencontroller werden notfalls generische Treiber installiert, die eine Grundfunktionalität sichern. Für die volle Funktionsvielfalt und maximale Leistung empfiehlt es sich aber, bei nächster Gelegenheit produktspezifische Treiber nachzurüsten. Für viele Hardwarekomponenten stellt Microsoft auch Treibersoftware per Onlineupdate zur Verfügung. Diese Geräte können dann – eine funktionierende Onlineverbindung vorausgesetzt – auch recht problemlos in Betrieb genommen werden.

Das aktuelle Windows kann in den meisten Fällen problemlos mit Treibern arbeiten, die noch für Windows 7 erstellt wurden. Selbst wenn eine Hardware-Erweiterung schon ein paar Jahre alt ist und vom Hersteller nicht mehr gepflegt wird, wird sie also in der Regel auch im aktuellen Windows noch einsetzbar sein. Wenn vorhanden, sind neuere Treiber aber zu empfehlen, da sie meist Fehlerkorrekturen beinhalten, von Neuerungen der aktuellen Windows-Version profitieren können und ja vielleicht sogar neue oder verbesserte Funktionen bereitstellen.

TIPP ☑ Baugleiche Klonmodelle unter falscher Flagge

Weitaus häufiger, als man denkt, sind Hardwareprodukte unter der Verpackung und dem Gehäuse miteinander baugleich. Oftmals kaufen Firmen einfach die komplette Technologie von anderen Unternehmen ein bzw. lassen ihre Produkte gleich von diesen herstellen. Dabei wird nur z. B. das Gehäuse modifiziert oder sogar einfach nur ein anderes Typenschild aufgeklebt. Für den Benutzer bedeutet das, dass er für manche Hardwarekomponente aufgrund der Baugleichheit die Treiber mehr als einer Firma verwenden kann.

Das ist ein großer Vorteil, wenn sich der Hersteller des eigenen Gerätes Zeit mit neuen Treibern lässt oder das Produkt vielleicht schon gar nicht mehr unterstützt (was gerade bei solchen Klonprodukten leider häufig vorkommt). Sie müssen dazu allerdings herausfinden, ob und zu welchen Produkten Ihre Hardware eventuell baugleich ist. Dabei helfen Google sowie einschlägige Hardware-Onlineforen und Treibersammlungen.

Hardwaretreiber installieren

Windows automatisiert das Erkennen und Einbinden von Hardwarekomponenten weitestgehend. Außer dem Anschließen bzw. Einbauen der Hardware läuft alles Weitere automatisch bzw. von Assistenten begleitet ab. Bei der Installation bzw. beim ersten Start danach prüft Windows ohnehin die gesamte vorhandene Hardware gründlich. Hier ist ein Eingreifen des Benutzers in der Regel nicht nötig.

Allerdings wird auch nicht notwendigerweise alle Hardware korrekt erkannt und eingebunden. Ein prüfender Blick in den Geräte-Manager ist deshalb immer empfehlenswert (siehe Seite 1003). Auch später wird neue Hardware entweder beim Einstecken (USB-Geräte) oder spätestens beim nächsten Windows-Start erkannt.

Im Idealfall, wenn nämlich Windows bereits einen passenden Treiber mitbringt bzw. sich diesen per Onlineupdate besorgen kann, läuft alles komplett ohne Ihr Zutun:

1. Windows hat das Vorhandensein einer neuen Hardware festgestellt. Es identifiziert das Produkt und sucht zunächst in seiner eigenen Treiberbibliothek nach passender Software. Wird es dort nicht fündig, versucht es, via Windows Update passende Treibersoftware zu beschaffen. Dieser Onlinezugriff kann gegebenenfalls zu Verzögerungen führen. Sie bemerken davon allenfalls vorübergehend ein zusätzliches Symbol in der Taskleiste.

2. Die auf die eine oder andere Art beschaffte Treibersoftware wird dann umgehend installiert. Neustarts sind beim aktuellen Windows aus solchen Anlässen nur noch sehr selten nötig. Selbst beispielsweise Grafikkartentreiber können nun im laufenden Betrieb ausgetauscht werden, was noch bei früheren Windows-Versionen nicht möglich war.

3. Wollen Sie es hingegen genauer wissen, klicken Sie auf das Symbol in der Startleiste, um den Ablauf der Installation ausführlicher verfolgen zu können.

Treibersoftware manuell installieren

Nicht immer wird die automatische Installation glatt durchlaufen. In solchen Fällen zeigt sich Windows leider wenig kooperativ: Wenn es selbst keine Treiber beschaffen kann, lässt es die Installation des Gerätes einfach scheitern. Frühere Versionen suchten in solchen Fällen automatisch auch noch auf einem gegebenenfalls eingelegten Datenträger oder gaben dem Benutzer die Möglichkeit, die zu verwendende Treibersoftware selbst zu lokalisieren. Nun aber bleibt in solchen Fällen nur der Weg in den Geräte-Manager (siehe Seite 1003), um den Treiber manuell einzuspielen.

1. Klicken Sie im Geräte-Manager mit der rechten Maustaste auf den Eintrag der nicht funktionierenden Komponente und wählen Sie im Kontextmenü *Treibersoftware aktualisieren*.

2. Wählen Sie im anschließenden Dialog *Auf dem Computer nach Treibersoftware suchen*.

3. Geben Sie im nächsten Dialog den Ordner bzw. das Laufwerk an, auf dem sich die Installationsdateien befinden. Der Assistent kann bei der Suche auch Unterordner einbeziehen. Liegt Ihnen z. B. eine Installations-CD vor, geben Sie einfach deren Laufwerk an und achten darauf, dass die Option *Unterordner einbeziehen* aktiv ist. Klicken Sie dann unten rechts auf *Weiter*.

4. Der Assistent durchsucht nun die gesamte CD und findet die infrage kommende Installationssoftware automatisch. Sollte dies nicht gelingen, geben Sie den Pfad zu den korrekten Treiberdateien möglichst exakt an.

5. Der Rest der Installation läuft dann wieder vollautomatisch ab, bis Sie das Gerät direkt verwenden können.

TIPP ☑ Installationsdateien werden nicht gefunden?

Die automatische Treiberinstallation basiert auf sogenannten INF-Dateien, die alle für die Installation benötigten Informationen für den Hardware-Assistenten beinhalten. Die Gerätetreiber müssen also mit einer solchen Datei ausgestattet sein. Manche Hersteller gehen einen anderen Weg und installieren die Treiber lieber selbst, z. B. gemeinsam mit zusätzlicher Anwendungssoftware für das Produkt. In diesem Fall können Sie den Hardware-Assistenten nicht benutzen, sondern müssen den Setup-Assistenten des Hardwareherstellers bemühen.

Hardwaretreiber aus dem riesigen Onlinefundus von Windows herunterladen

Windows bringt bereits Treiber für Tausende von gängigen Hardwarekomponenten mit. Handelt es sich um eines dieser Geräte, wird es automatisch erkannt und der passende Treiber installiert. Aber auch wenn für ein Gerät kein Treiber vorliegt, müssen Sie nicht unbedingt selbst auf die Suche gehen. Microsoft stellt für die verschiedenen Windows-Versionen einen riesigen Onlinefundus an Hardwaretreibern zur Verfügung, der zudem ständig erweitert und aktualisiert wird. Mit etwas Glück ist hier der richtige Treiber dabei.

1. Wählen Sie hierzu beim Aktualisieren der Treiber die Variante *Automatisch nach aktueller Treibersoftware suchen*.

2. Der Assistent überprüft dann, ob für diese Hardware ein Treiber verfügbar ist. Wenn ja, wird er automatisch heruntergeladen und installiert.

3. Anschließend können Sie das Gerät in der Regel sofort uneingeschränkt nutzen.

4. Sollte der Assistent keinen passenden Treiber beschaffen können, ist eine Installation auf diesem Weg leider nicht möglich. In dem Fall müssen Sie auf andere Quellen wie z. B. die Website des Herstellers der fraglichen Hardware zurückgreifen. Auch eine Recherche in einschlägigen Onlineforen kann Tipps zutage fördern, die Hinweise geben, wo Treiber zu finden sind bzw. welche alternativen Treiber sich eventuell einsetzen lassen.

Der neue Treiber zickt? – Durch Rollback schnell zurück zu funktionierender Hardware

Wenn Sie feststellen, dass die Installation eines Treibers nicht den gewünschten Erfolg gebracht oder womöglich zu neuen Problemen geführt hat, können Sie zum vorher verwendeten Treiber zurückkehren. Bei jeder Treiberinstallation legt Windows eine Sicherungskopie des vorherigen Treibers an, die jederzeit reaktiviert werden kann.

1. Öffnen Sie dazu wiederum wie oben beschrieben die Eigenschaften des betroffenen Gerätes im Geräte-Manager und wechseln Sie dort auf die Registerkarte *Treiber*.

2. Hier finden Sie die Schaltfläche *Vorheriger Treiber*, mit der Sie zum vorher verwendeten Treiber zurückkehren können.

3. Der Geräte-Manager stellt daraufhin den alten Treiber wieder her.

44.4 Komplexen Hardwareproblemen mit Diagnosetools auf die Spur kommen

Probleme mit der Hardware lassen sich mit Windows-Bordmitteln nur begrenzt analysieren und beheben. Windows hält sich selbst sozusagen nur für die Softwareseite, also für Gerätetreiber und Co., zuständig. Um Informationen direkt aus der Hardware auszulesen, sind zusätzliche Spezialprogramme erforderlich, die es aber im Internet zum Glück kostenlos oder zumindest als eingeschränkt (aber hinreichend) nutzbare Demoversion gibt. In diesem Abschnitt stelle ich Ihnen einige dieser praktischen Werkzeuge vor.

Was steckt wirklich drin? – Detaillierte Systeminformationen

SiSoftware
Sandra Lite

Der Windows-Geräte-Manager (siehe Seite 1003) gibt einen ganz guten Überblick über die vorhandenen Geräte, bleibt bei einigen Dingen aber auch vage. Welches Modell mit welcher Leistungscharakteristik nun tatsächlich bei Prozessor, Grafikkarte oder Arbeitsspeicher eingebaut ist, wird oft nicht eindeutig klar. Dabei kann es sehr wichtig sein, dies zu wissen. Wann immer es Probleme mit Hardware oder Software gibt, ist eine der ersten Fragen, wie denn die genaue Hardwarekonfiguration aussieht. Und auch wenn ein PC oder Notebook neu angeschafft wurde, kann es nicht schaden, einfach mal nachzuschauen, ob auch wirklich das darin steckt, wofür Sie Ihr gutes Geld bezahlt haben. Ein dafür – und auch noch für manch anderes – geeignetes Tool ist SiSoft Sandra (das steht für **S**ystem-**an**alyse-, **D**iagnose- und **R**eport-**A**ssistent), von dem Sie unter www.sisoftware.net eine kostenlose Lite-Version herunterladen können.

1. Um sich einen Überblick über die vorhandene Hardware zu verschaffen, starten Sie das installierte SiSoft Sandra Lite und rufen im Hauptmenü die Rubrik *Hardware-Informationen* auf.

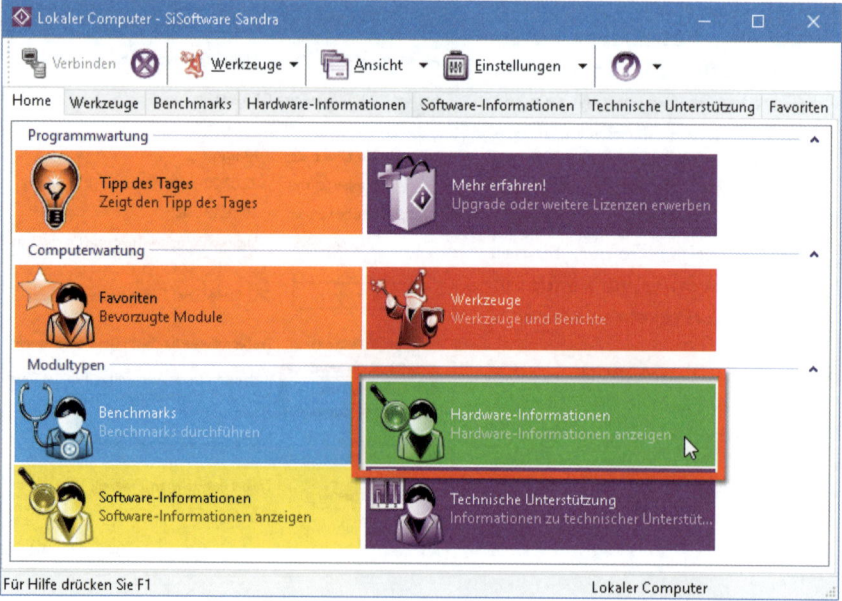

2. Damit gelangen Sie in die entsprechende Rubrik, in der Sie mit *Computer-Gesamtübersicht* eine komplette Aufstellung der im PC verbauten Hardware abrufen können.

3. Dies dauert ein paar Sekunden, weil das Programm die detaillierten Daten erst ermitteln muss. Dann erhalten Sie aber eine umfangreiche und übersichtliche Liste. Diese enthält nicht nur allgemeine Angaben, sondern ganz konkrete Produkt- bzw. Modellbezeichnungen, z. B. für Prozessor, Mainboard, Grafikkarte, Arbeitsspeicher und Chipsatz. Das macht z. B. das Recherchieren im Internet nach aktuellen Treibern und Lösungen wesentlich leichter.

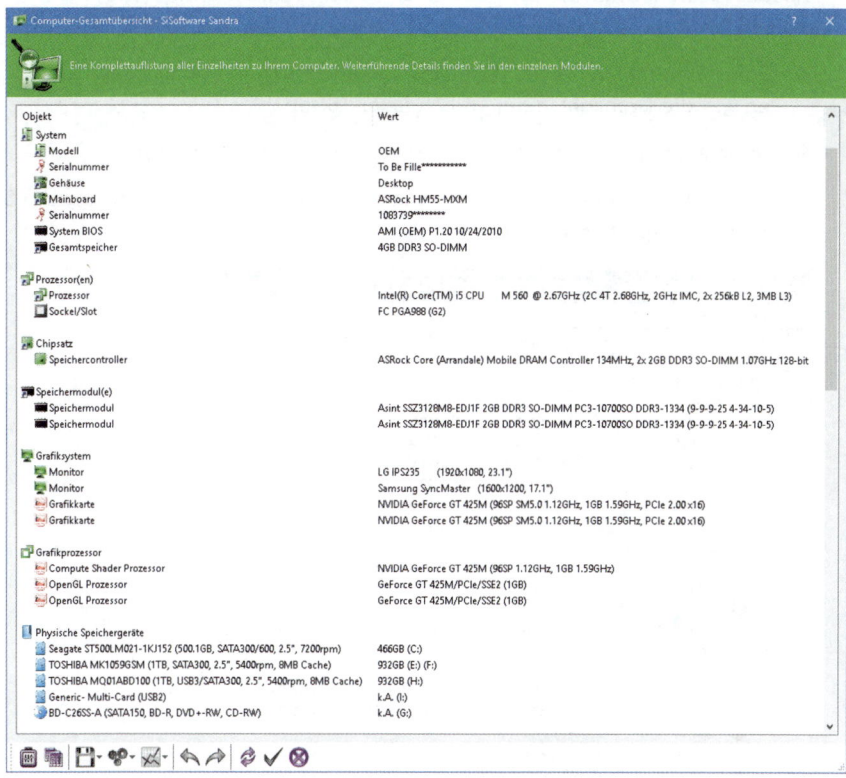

Damit die Gesamtübersicht nicht zu umfangreich wird, erhält sie nur einen Teil der tatsächlich verfügbaren Informationen. Sie finden in der Rubrik *Hardware-Informationen* aber noch weitere Module, die sich einzelnen Bereichen wie Mainboard, Prozessor oder Grafikadapter noch intensiver widmen und hierzu jeweils noch mehr Detailinformationen liefern.

Temperaturprobleme erkennen und beheben

Eine immer wiederkehrende Ursache von Störungen und Abstürzen sind Temperaturprobleme. Moderne Prozessoren, Grafikkarten und Chipsätze arbeiten mit extrem hohen Taktfrequenzen und sind auf ausreichende Kühlung angewiesen. Reichen die vorhandenen Kühler nicht aus oder sind sie eventuell defekt, laufen die Komponenten heiß. Zeitgemäße Geräte erkennen dies meist selbstständig und schützen sich durch Abschaltung oder Drosseln der Leistung, sodass es nicht gleich zu Hardwareschäden kommt. Aber manche Instabilität oder mangelnde Leistung lässt sich genau auf solche Selbstschutzmaßnahmen zurückführen. Mit einem Tool wie dem HWMonitor (www. cpuid.com/softwares/hwmonitor.html) können Sie Temperaturen, Lüfterdrehzahlen und Taktfrequenzen überwachen und so Hitzeproblemen auf die Spur kommen.

HWMonito
r.exe

1. Nach der Installation finden Sie das Programm auf dem Startbildschirm unter *HWMonitor*.

2. Nach kurzer Initialisierung präsentiert das Programm auch schon die aktuellen Daten. Dazu ermittelt es alle im System vorhandenen Sensoren und fragt diese laufend ab:

   ■ Ganz oben finden Sie die Daten des Mainboards wie Spannungen, Temperaturen und die Drehzahlen der vorhandenen Lüfter.

   ■ Darunter folgt die sehr wichtige Kerntemperatur des Prozessors.

   ■ Ganz unten finden Sie – soweit vorhanden – weitere Angaben, etwa wenn Sensoren in Festplatten verbaut sind usw.

3. Neben den ständig in Echtzeit aktualisierten Werten in der Kategorie *Value* merkt sich HWMonitor jeweils noch die Minimal- und Maximalwerte. Das ist sehr praktisch, denn wenn Sie das Programm minimieren, erfasst es die Daten im Hintergrund weiter und Sie können dann später schauen, ob es bei bestimmten Werten extreme Schwankungen gab.

HWMonitor kann nicht von sich aus sagen, ob die gemessenen Werte so in Ordnung sind. Dafür sind die verschiedenen Produkte und Systeme zu unterschiedlich. Es gibt ein paar grobe Faustregeln, etwa dass die CPU-Kerntemperatur nicht höher als 70–75 °C steigen sollte. Sonst drohen Beschädigungen und die Prozessoren drosseln automatisch die Leistung, was den PC insgesamt ausbremst. Im Zweifelsfall können Sie sich im Datenblatt des Herstellers informieren, welche Leistungswerte empfohlen sind.

Die Gründe für mangelnde Leistung analysieren

Moderne PCs verwenden eine ganze Reihe von Kenndaten, die optimal aufeinander abgestimmt sein müssen, damit das Gesamtsystem mit optimaler Leistung läuft. Wenn ein PC nicht die Geschwindigkeit erreicht, die er auf dem Papier erbringen müsste, ist die Fehlerursache deshalb nicht ganz einfach und nur mit speziellen Programmen wie etwa CPU-Z (www.cpuid.com/softwares/cpu-z.html) zu ergründen. Dieses Werkzeug liefert umfangreiche Daten zur Konfiguration von Chipsatz, Prozessor, Mainboard und Arbeitsspeicher.

1. Nach der Installation finden Sie das Programm auf dem Startbildschirm unter *CPU-Z*. Nach einer kurzen Initialisierung liefert es Ihnen alle benötigten Informationen.

2. Werfen Sie insbesondere einen Blick in die Rubrik *CPU*. Hier finden Sie unten links im Bereich *Clocks* die wesentliche Grundkonfiguration Ihres PCs:

- *Core Speed* gibt die Kernfrequenz des Prozessors an.

- *Multiplier* stellt den Faktor dar, mit dem die Kernfrequenz aus dem Bustakt abgeleitet wird.

- *Bus Speed* verrät Ihnen den grundlegenden Takt vom Systembus.

- *HT Link* gibt bei AMD-Systemen die Taktfrequenz des HyperTransport-Links an. Bei neuerer Intel-Hardware heißt die Technologie *QPI Link*. CPU-Z zeigt automatisch die jeweils passende Information an.

Insbesondere das Verhältnis zwischen Kernfrequenz, Systembustakt und Multiplikator muss passen, wenn alle Komponenten mit maximaler Leistung arbeiten sollen.

3. Im Bereich *Processor* finden Sie genaue Angaben zum verbauten Prozessor. Damit ist nicht nur die Modellbezeichnung gemeint, sondern auch genaue Angaben zu Revision und Stepping. Diese Daten sind wichtig, um den Prozessor genau zu identifizieren und ggf. präzise Informationen zu bekannten Problemen und optimalen Betriebsparametern zu recherchieren.

4. Detailangaben zum Mainboard und zur aktuellen Version des BIOS finden Sie in der Rubrik *Mainboard*. Auch hier können Sie neben Hersteller und Modell die genaue Version ablesen, um ggf. spezifische Informationen hierzu im Internet zu recherchieren.

5. Daten zur Grafikkarte finden Sie in der Rubrik *Graphics*. CPU-Z ermittelt neben dem genauen Modell auch den Grafikspeicher, den Kerntakt des Grafikprozessors sowie die Taktung des Grafikspeichers. Hier sollten Sie vor allem darauf achten, dass die Karte mit der optimalen Spezifikation des Herstellers betrieben wird. Zu geringe Taktzahlen machen sich bei Spielen und anderen 3D-Anwendungen bemerkbar. Zu hohe Taktzahlen etwa durch Übertakten können zwar die Leistung erhöhen, aber dann steigt auch die Temperatur. Diese muss dann unbedingt im Auge behalten werden (siehe hierzu auch Seite 1022).

Speicher-Timings kontrollieren und optimieren

Neben Prozessor- und Systemtakt sind die Timing-Einstellungen des eingebauten Arbeitsspeichers die zweite große Quelle von Leistungsverlusten und Instabilitäten. Ähnlich wie bei Mainboard-Chipsatz und Prozessor müssen auch hier die spezifizierten Werte möglichst präzise eingehalten werden, um einerseits optimale Leistung nutzen zu können und andererseits nicht Abstürze durch zu hohe Spezifikationen zu riskieren. Auch hierbei kann das Programm CPU-Z gute Dienste leisten.

1. In der Rubrik *Memory* können Sie die aktuell im BIOS eingestellten Speicher-Timings ablesen. Im Bereich *Timings* sind der Takt des Speichers und der Multiplikator hierfür vom Systemtakt angegeben. Darunter finden Sie die eigentlichen Timing-Werte.

2. Diese sollten Sie mit den in der Rubrik *SPD* angegebenen Daten vergleichen. Hier finden Sie unten im Bereich *Timings Table* die in den Speichermodulen selbst hinterlegten Herstellerspezifikationen. Sind mehrere Module eingebaut, wechseln Sie mit dem Auswahlfeld ganz oben links dazwischen hin und her. Dies ist wichtig, da Module von verschiedenen Herstellern unterschiedliche Spezifikationen haben.

3. Ermitteln Sie hier am besten die höchste Spezifikation, die alle Speicherbausteine gemeinsam haben. Diese sollte idealerweise auch in der Rubrik *Memory* als aktuelle Konfiguration stehen. Dann läuft das System optimal.

4. Kommt es trotzdem zu Instabilitäten wie Bluescreens usw., dann versuchen Sie es mit einer der nächstlangsameren Spezifikationen.

Leider kann CPU-Z die Timing-Einstellungen nur anzeigen und nicht verändern. Dies geht nur im BIOS selbst. Zeigt der Arbeitsspeicher trotz korrekter Timing-Einstellungen Ausfallerscheinungen, kommt auch ein Defekt in einem der Speichermodule infrage.

Probleme bei der Grafikkarte erkennen

Das bereits vorgestellte CPU-Z liefert Basisdaten zur Grafikkarte. Wenn Sie es ganz genau wissen möchten, empfiehlt sich aber das noch weiter spezialisierte Programm GPU-Z (www.techpowerup.com/gpuz). Es liefert in der Rubrik *Graphics Card* präzise Angaben zum eingebauten Modell und dessen Fähigkeiten. So können Sie hier z. B. ablesen, wie viele Pixel- und Vertex-Shader die Karte benutzt. Gerade bei neuen oder gebraucht gekauften Karten lohnt ein Blick darauf, um sicher zu sein, dass Sie auch bekommen, wofür Sie bezahlt haben. Auch die Taktfrequenzen sind interessant.

TIPP ☑ Sofortlösung: Mehr als eine Grafikkarte eingebaut?

Sollte Ihr PC über mehr als eine Grafikkarte verfügen, können Sie mit dem Auswahlfeld unten links zwischen diesen hin- und herschalten. GPU-Z zeigt jeweils die Informationen zu der unten gewählten Karte an.

Wenn es Stabilitätsprobleme gibt oder es gar um das Übertakten von Grafikkarten geht, kommt die Rubrik *Sensors* ins Spiel. Sie zeigt die dafür wesentlichen Parameter wie Taktfrequenzen, Temperaturen und Lüfterdrehzahlen an. Unten links finden Sie praktische Optionen für die Fehlersuche:

■ *Log to file* schreibt die ermittelten Daten kontinuierlich in eine Datei, sodass Sie Langzeitmessungen vornehmen können.

■ *Continue refreshing ...* sorgt dafür, dass GPU-Z auch weiter Werte sammelt, wenn es minimiert wird. So können Sie es im Hintergrund laufen lassen, wenn Sie z. B. ein Computerspiel laufen lassen, bei dem es Probleme gibt. Anschließend gibt die Logdatei Aufschluss darüber, ob die Grafikkarte z. B. durch ein Hitzeproblem der Verursacher von Störungen ist.

44.5 Probleme mit USB-Geräten lösen

Die meisten Zusatzgeräte für PCs werden heutzutage mit einer USB-Schnittstelle ausgeliefert. Dank USB 3.0 lassen sich auf diese Weise auch Anwendungen realisieren, die auf einen hohen Datendurchsatz angewiesen sind.

USB hat darüber hinaus den Vorzug, dass es den Umgang mit zusätzlicher Hardware in der Regel sehr angenehm und problemlos gestaltet. Das Gerät kann jederzeit ein- und ausgesteckt werden. Nur beim ersten Mal muss ein passender Treiber installiert werden. Den bringt Windows für Standardkomponenten wie USB-Sticks und Digitalkameras oft schon mit. Andernfalls bemühen Sie Treiber vom Hersteller des Produkts. Nach diesem ersten Einrichten können Sie das Gerät dann ganz nach Belieben einsetzen.

HINWEIS ⊠ Treiber vor oder beim ersten Einstecken installieren
Eine kleine Falle hält der USB-Anschluss leider von Zeit zu Zeit bereit: Manche Hersteller verlangen, dass die Treibersoftware zu einem Gerät auf dem PC installiert wird, bevor dieses zum ersten Mal mit dem PC verbunden wird. In solchen Fällen kann es Probleme geben, wenn Sie sich nicht an diese Reihenfolge halten. Schauen Sie deshalb im Zweifelsfall im Handbuch nach, bevor Sie das Gerät zum ersten Mal an den PC anschließen. In der Regel lassen sich die Treiber aber auch erst beim „ersten Mal" installieren.

■ Um ein USB-Gerät in Betrieb zu nehmen, verbinden Sie es per USB-Anschluss mit dem PC (für Ausnahmen siehe den obigen Hinweis).

■ Windows erkennt automatisch, dass ein neues, noch unbekanntes Gerät angeschlossen wurde. Der Hardware-Assistent wird aktiv und versucht nun, wie auf Seite 1011 beschrieben, passende Treibersoftware aus seinen eigenen Beständen oder per Onlineupdate zu beschaffen.

■ Gelingt ihm das nicht, können Sie z. B. auf eine mitgelieferte Installations-CD des Herstellers zurückgreifen und die Treiber manuell installieren (siehe Seite 1012).

Diese Prozedur müssen Sie nur beim ersten Anschließen des Gerätes über sich ergehen lassen. Anschließend ist das USB-Gerät im PC registriert. Er erkennt es beim Einstecken sofort wieder und aktiviert die Treibersoftware automatisch. Sie bemerken davon höchstens einen Infoballon, der kurz unten rechts über dem Infobereich angezeigt wird.

Typische Probleme und Fehlermeldungen bei USB-Hardware

So angenehm und flexibel der USB-Anschluss auch ist, auch er garantiert leider keine völlige Zuverlässigkeit. Vielmehr hat er einige Eigenheiten, die in besonderen Situationen gerade zu Problemen führen können. So verlassen sich manche Geräte darauf, vom USB-Bus mit ausreichend Spannung versorgt zu werden. Setzt man mehrere solche Produkte gleichzeitig ein, kann es sehr leicht zu Schwierigkeiten kommen. Auch USB-Wechselspeichermedien haben ihre Tücke, da das jederzeit mögliche Ausstecken eines Gerätes eben auch bedeuten kann, dass es herausgezogen wird, während noch Daten geschrieben werden. Alle diese Probleme lassen sich aber mit Bordmitteln lösen oder vermeiden.

Wenn beim Einstecken von USB-Geräten nichts passiert

Wenn Sie an Ihrem PC ein USB-Gerät einstecken, reagiert er darauf überhaupt nicht? Die Geräte funktionieren nicht, es gibt aber auch keine Fehlermeldung? An anderen PCs laufen die USB-Geräte problemlos? Bei einem funktionierenden USB-Gerät sollte Windows grundsätzlich zumindest das Vorhandensein erkennen und irgendwie reagieren. Ist das nicht der Fall, liegt das Problem in einem anderen Bereich.

■ Prüfen Sie bei einem neuen PC, ob die USB-Steckplätze am Gehäuse tatsächlich mit der Hauptplatine verbunden sind. Insbesondere USB-Buchsen an der Gehäusefront werden manchmal versehentlich nicht angeschlossen. Ist der Anschluss vorhanden, stellen Sie anhand der Angaben der Dokumentation zur Hauptplatine sicher, dass die verschiedenen Adern des Anschlusskabels an die richtigen Kontakte auf der Hauptplatine angeschlossen wurden.

■ Ist hardwaremäßig alles in Ordnung, überprüfen Sie, ob die USB-Funktionen im BIOS des PCs womöglich deaktiviert wurden. Suchen Sie dazu im BIOS in den Rubriken *Integrated Peripherals* bzw. *Advanced Chipset Features* (o. Ä.) nach den entsprechenden USB-Einstellungen und aktivieren Sie diese.

■ Sollte das nicht helfen, stellen Sie fest, ob für das BIOS Ihrer Hauptplatine ein Update verfügbar ist, das dieses Problem behebt.

Ein USB-Gerät wird nicht erkannt

Normalerweise sollte Windows ein angestecktes USB-Gerät erkennen und zumindest identifizieren. Wenn die automatische Erkennung von USB-Geräten nicht funktioniert, gibt es dafür eine Reihe möglicher Gründe:

- Nicht alle USB-Geräte funktionieren nur mit den USB-Treibern von Windows, sondern benötigen zusätzlich eigene Treiber. Diese müssen eventuell vor dem ersten Anschließen des Gerätes bereits installiert sein, damit die automatische Erkennung funktioniert. Lesen Sie in der Bedienungsanleitung des Gerätes nach, ob und wie die Treiber installiert werden müssen.

- Beachten Sie außerdem, dass manche USB-Geräte eine eigene Stromversorgung benötigen. Windows kann solche Geräte erst dann erkennen, wenn sie eingeschaltet werden.

- Wenn es bei der Erkennung eines Gerätes Probleme gibt, entfernen Sie probeweise immer alle anderen USB-Geräte vom PC, bevor Sie diese Komponente erneut einstecken. Sollte es dann funktionieren, liegt ein Problem mit dem Stromverbrauch oder der Bandbreite des USB-Busses vor (siehe Seite 1026).

USB-Geräte aus der Windows-Konfiguration entfernen

Wenn ein per USB angeschlossenes Gerät plötzlich nicht mehr erkannt wird, hilft es oftmals, den Treiber dafür neu zu installieren. Dafür muss allerdings der alte Treiber deinstalliert werden. Und der ist gar nicht so leicht zu finden, wenn sich das Gerät eben nicht mehr anschließen lässt. Mit dem Programm USBDeview (www.nirsoft.net/utils/usb_devices_view. html) lassen Sie sich alle USB-Geräte anzeigen, die jemals an diesen PC angeschlossen waren. Und Sie können jedes dieser Geräte aus der Windows-Konfiguration entfernen, sodass es beim nächsten Anschließen (hoffentlich) wieder erkannt wird.

1. Starten Sie aus dem heruntergeladenen Archiv einfach direkt die Anwendung USBDeview. Eine Installation im klassischen Sinne ist nicht notwendig. Wichtig ist aber: Wenn Sie nicht schauen, sondern auch etwas ändern wollen, starten Sie das Programm mit Administratorrechten (rechte Maustaste und *Als Administrator ausführen*)!

2. Das Programm listet dann direkt alle USB-Geräte auf, die in der Konfiguration Ihres PCs hinterlegt sind. Das gilt nicht nur für die derzeit angeschlossenen Geräte, sondern auch für solche, die gerade ausgeschaltet oder die einfach nur irgendwann einmal angeschlossen waren.

HINWEIS ⊳ So viele USB-Geräte?

Wundern Sie sich nicht über die vielleicht sehr groß erscheinende Anzahl von USB-Geräten. Hier tauchen auch einige PC-Komponenten wie interne USB-Hubs auf. Auch die heute oft gebräuchlichen Multikartenleser im PC-Gehäuse sind über interne USB-Anschlüsse eingebunden und gelten deshalb als USB-Geräte.

3. In der Spalte *Connected* können Sie ablesen, welche der Geräte derzeit mit dem PC verbunden sind (*Yes*) und welche nicht (*No*).

4. Um eines der Geräte aus der Konfiguration zu entfernen, klicken Sie mit der rechten Maustaste auf den Eintrag und wählen im Kontextmenü *Uninstall Selected Devices*.

5. Bestätigen Sie die Rückfrage des Programms mit einem Klick auf *Ja*.

6. Führen Sie anschließend vorsichtshalber einen Neustart des PCs durch. Wenn Sie das USB-Gerät dann erneut mit dem PC verbinden, ist es für den Computer „wie beim ersten Mal". Er sollte das Gerät also automatisch erkennen und die Treiber dafür installieren bzw. den Benutzer nach passenden Treibern fragen. Beachten Sie dabei aber auch die Installationshinweise des Herstellers, z. B. wenn die Treiber installiert werden sollen, bevor (!) das Gerät zum ersten Mal angeschlossen wird.

Probleme mit der Stromversorgung via USB

Ein häufiges Problem bei USB-Geräten ist das Betreiben mehrerer Produkte gleichzeitig. Einzeln angeschlossen funktionieren sie problemlos, aber beim Anschließen des zweiten wird das erste abgeschaltet. Solche Probleme können bei Geräten auftreten, die keine eigene Stromversorgung haben, sondern den Strom vom USB-Anschluss beziehen. Dieser liefert gemäß Spezifikation nur eine bestimmte Leistung. Verbrauchen die angeschlossenen Geräte mehr als diese Leistung, schaltet der USB-Bus einen der Verbraucher ab, um die Stromversorgung des anderen sicherzustellen. Wie es um den Stromverbrauch bestellt ist, können Sie jederzeit überprüfen:

1. Öffnen Sie über die Systemsteuerung den Geräte-Manager.

2. Im Geräte-Manager öffnen Sie in der Liste der Hardwarekomponenten die Kategorie *USB-Controller* und doppelklicken hier auf den Eintrag *USB-Root-Hub* oder auch *Generic USB Hub*. Sind mehrere Einträge dieser Art vorhanden, probieren Sie sie der Reihe nach aus.

3. Wechseln Sie in den Eigenschaften auf die Registerkarte *Stromversorgung*. Hier finden Sie im Bereich *Hubinformationen* die Angabe, wie viel Strom an den USB-Anschlüssen insgesamt zur Verfügung steht. Darunter finden Sie die Liste der angeschlossenen Geräte und deren momentane Energieaufnahme. So können Sie feststellen, welches USB-Gerät wie viel Strom verbraucht und ob damit die Gesamtkapazität überschritten wird.

Wenn sich eine zu hohe Leistungsaufnahme als Ursache des Problems herausstellt, gibt es mehrere Lösungsmöglichkeiten:

- Wenn mehrere USB-Anschlüsse vorhanden sind, probieren Sie alle aus. Versuchen Sie insbesondere, einen der Stromfresser – soweit vorhanden – an der Gehäusefront oder hinten am PC anzuschließen, da die Anschlüsse meist getrennte Stromversorgungen haben.

- Wenn ein USB-Gerät auch mit einer eigenen Stromversorgung betrieben werden kann (Batterie oder Netzteil), verwenden Sie diese.

- Besorgen Sie sich einen aktiven USB-Hub. Dieser hat ein eigenes Netzteil (oder Batterien) und stellt somit auch eine eigene Stromversorgung für angeschlossene Geräte bereit, die unabhängig von der des USB-Anschlusses im PC arbeitet. Zusätzlich erhöht er die Zahl der USB-Anschlüsse.

HINWEIS ▷ Stromausfall durch Anschluss eines USB-Gerätes?

Ein Extremfall, aber es kommt leider immer mal wieder vor: Wenn Sie ein USB-Gerät wie z. B. ein Kabelmodem oder eine TV-Box an den PC anschließen, wird der FI-Schutzschalter im Sicherungskasten ausgelöst und sorgt für einen Stromausfall. Dieses Problem kann bei USB-Geräten auftreten, die neben dem PC noch mit einer Antennenleitung oder auch anderen elektrisch leitenden Komponenten verbunden sind (Kabelmodems, TV- und SAT-Empfänger etc.). Wenn im USB-Gerät die USB-Masseleitung direkt mit der Masse des Antennenanschlusses verbunden wird, entsteht über den USB-Anschluss eine Schleife mit dem Netzteil des PCs, durch die ein Ausgleichstrom fließt. Dieser löst den FI-Schutzschalter aus (was auch die Aufgabe dieses Schalters ist). Dieses Problem lässt sich relativ einfach mit einem galvanisch getrennten Mantelstromfilter lösen, der zwischen Antenne und USB-Gerät eingesetzt wird. Solche Mantelstromfilter sind im gut sortierten Elektronikfachhandel oder bei entsprechenden Versandfirmen erhältlich.

Kapitel 45

45. Fehlkonfigurationen mit der Systemwiederherstellung beheben

Die Systemwiederherstellung gehört zu den Basisfunktionen, mit denen Windows die Integrität des Systems sicherstellt. Dazu werden regelmäßig Sicherungen durch den Computerschutz erstellt. Diese umfassen die Systemkonfiguration sowie wichtige Systemdateien. Die Grundidee dieses Computerschutzes ist es, eine Momentaufnahme des ordnungsgemäß laufenden Systems anzufertigen. Sollte es zu einem späteren Zeitpunkt durch Änderungen an Einstellungen oder Systemdateien Probleme geben, ist eine Rückkehr zu dieser Momentaufnahme möglich.

So lässt sich das System in einen „Vorher"-Zustand versetzen, in dem der Auslöser für die Probleme noch nicht akut war. Somit eignet sich die Systemwiederherstellung auch hervorragend als Rückversicherung für Konfigurationsänderungen oder beim Einspielen neuer Treiberversionen. Sollten diese nicht die gewünschte Änderung bringen, ist eine schnelle Rückkehr zum Status vor den Änderungen möglich.

TIPP ☑ Wann erstellt Windows automatisch Wiederherstellungspunkte?

Auch ohne jeglichen Eingriff des Benutzers erstellt Windows Wiederherstellungspunkte. Dies geschieht automatisch vor wichtigen Maßnahmen wie dem Integrieren neuer Hardware bzw. dem Installieren neuer Treiber oder vor dem Installieren von Anwendungssoftware oder Systemupdates. So werden ganz gezielt vor potenziell problematischen Aktionen Sicherungspunkte erstellt.

45.1 Systemwiederherstellungspunkte vor einschneidenden Maßnahmen selbst anlegen

Sie müssen sich nicht darauf verlassen, dass und ob Windows regelmäßig Wiederherstellungspunkte Ihres Systems sichert, sondern können jederzeit auch eigene Wiederherstellungspunkte manuell anlegen. Das empfiehlt sich z. B., bevor Sie neue Hardwarekomponenten einbauen oder zum ersten Mal anschließen bzw. die Treibersoftware dafür installieren.

Aber auch vor dem Installieren einer neuen Software oder vor wesentlichen Veränderungen an der Systemkonfiguration kann ein Wiederherstellungspunkt nicht schaden. Gleiches gilt etwa vor manuellen Änderungen in der Windows-Registry. Kurzum, wann immer Sie etwas vorhaben, was die Stabilität Ihres Windows-Systems gefährden könnte, sollten Sie einen Wiederherstellungspunkt anlegen.

1. Öffnen Sie in der klassischen Systemsteuerung den Bereich *Wiederherstellung*.

2. Wählen Sie in der Liste der Wiederherstellungstools *Systemwiederherstellung konfigurieren*.

3. Klicken Sie anschließend unten rechts auf die Schaltfläche *Erstellen*. Sollte diese Schaltfläche inaktiv sein, müssen Sie den Computerschutz mit der Schaltfläche *Konfigurieren* erst einschalten.

4. Geben Sie dann zunächst eine Bezeichnung für den Wiederherstellungspunkt ein. Diese kann beliebig gewählt werden. Am besten beschreiben Sie kurz den Anlass für das Anlegen der Sicherung.

5. Der Assistent sammelt dann die Daten für den Wiederherstellungspunkt ein und sichert ihn. Dies kann ein wenig dauern.

6. Hat alles geklappt und konnte der Wiederherstellungspunkt erfolgreich angelegt werden, erhalten Sie zum Abschluss eine Bestätigungsmeldung. Der Sicherungspunkt ist nun gespeichert und bleibt Ihnen vorläufig erhalten. Allerdings unterliegen auch

manuell erstellte Wiederherstellungspunkte der Regel, dass sie gegebenenfalls automatisch gelöscht werden, um für neue – manuell oder automatisch erstellte – Wiederherstellungspunkte Platz zu machen.

45.2 Das System bei Problemen in einen funktionierenden Zustand zurückversetzen

Wenn Sie nach einer Softwareinstallation oder einer Änderung an der Systemkonfiguration Probleme mit Ihrem System feststellen oder die Änderung vielleicht eine Verschlechterung gebracht hat, ist es Zeit für eine Wiederherstellung des Systems.

1. Öffnen Sie wie vorangehend beschrieben in der klassischen Systemsteuerung das Modul *Wiederherstellung*.

2. Klicken Sie diesmal auf *Systemwiederherstellung öffnen*. Damit starten Sie einen Assistenten, der Sie durch die notwendigen Schritte und Auswahlen begleitet. Bestätigen Sie die Begrüßung mit *Weiter*.

3. Der Assistent schlägt Ihnen dann automatisch den zuletzt erstellten Systemwiederherstellungspunkt vor. Klicken Sie dazu einfach unten rechts auf *Weiter*.

4. Mit der Option *Weitere Wiederherstellungspunkte anzeigen* listet der Assistent Ihnen
weitere Wiederherstellungspunkte der jüngeren Vergangenheit auf. Wählen Sie hier
gegebenenfalls einen besser geeigneten aus. Klicken Sie dann unten auf *Weiter*.

5. Der Assistent zeigt dann eine Zusammenfassung des ausgewählten Wiederherstellungspunkts an und bittet Sie um Bestätigung. Klicken Sie dazu einfach unten auf
Fertig stellen.

HINWEIS ⊳ Worauf wirkt sich die Wiederherstellung aus?

Wenn Sie seit dem wiederherzustellenden Speicherpunkt Anwendungen installiert haben, sind diese durch die Wiederherstellung möglicherweise betroffen. Das gilt auch für Updates von schon länger vorhandenen Programmen, was aber weniger tragisch ist, da die eingebauten Update-Funktionen das gegebenenfalls wieder in Ordnung bringen. Sie können sich mit der Schaltfläche *Nach betroffenen Programmen suchen* erkundigen, welche Anwendungen oder Treiber von einer Wiederherstellung betroffen wären.

6. Bestätigen Sie auch den anschließenden Warnhinweis bezüglich des folgenden Vorgangs mit *Ja*.

7. Der Assistent bereitet dann die Systemwiederherstellung vor. Dazu kopiert er die erforderlichen Dateien und setzt die veränderten Systemeinstellungen zurück.

8. Anschließend wird Windows heruntergefahren und für die eigentliche Systemsteuerung wieder neu gestartet. Dies ist erforderlich, damit die Systemeinstellungen und -dateien beim Hochfahren aktualisiert werden können.

9. Nach dem Neustart befindet sich Ihr Windows-System wieder in demselben Zustand wie beim Anlegen des Wiederherstellungspunkts. Dies gilt aber nur für die Systemeinstellungen und -dateien. Änderungen an Ihren persönlichen Dateien, die Sie seit dem Anlegen des Sicherungspunktes vorgenommen haben, sind dadurch unbeeinträchtigt.

Keine oder zu wenig Wiederherstellungspunkte vorhanden?

Falls die Liste der Wiederherstellungspunkte zu kurz oder gar leer sein sollte, ist nicht genügend Platz auf der entsprechenden Festplatte vorhanden. Windows sichert nur dann Wiederherstellungsinformationen, wenn auf einem Laufwerk mindestens 300 MByte freier Speicher verfügbar sind. Ob dies der Fall ist, können Sie leicht überprüfen:

1. Lassen Sie im Windows-Explorer die Laufwerkübersicht Ihres Computers anzeigen.

2. Hier sehen Sie (am besten in der Ansicht *Kacheln*) zu jedem Laufwerk bzw. jeder Partition die Gesamtkapazität und den bereits belegten sowie den noch freien Speicherplatz.

3. Achten Sie besonders auf die Angaben zum Windows-Systemlaufwerk (üblicherweise Laufwerk C:). Sie erkennen es an dem Laufwerksymbol mit Windows-Logo.

HINWEIS ▷ Wie viel Speicherplatz verbraucht die Systemwiederherstellung?

Die Systemwiederherstellung belegt mindestens 300 MByte auf jeder Festplatte, die sie überwacht. Insgesamt belegt sie allerdings höchstens 15 % des gesamten Speicherplatzes eines Laufwerks. Sind diese 15 % erreicht, werden automatisch alte Wiederherstellungspunkte gelöscht, bevor neue erstellt werden.

Mehr Platz für die Systemwiederherstellung

Wenn Ihnen zu wenige Wiederherstellungspunkte bzw. vorherige Versionen Ihrer Dokumente zur Auswahl angeboten werden, können Sie auch den dafür reservierten Speicherplatz vergrößern. Windows kann dann länger Wiederherstellungsinformationen sammeln, bevor die ältesten dieser Daten schon wieder gelöscht werden müssen.

1. Öffnen Sie in der Systemsteuerung die Kategorie *System und Sicherheit* und dort das Modul *System*.

2. Klicken Sie hier in der Navigationsleiste am linken Fensterrand auf *Computerschutz*. Alternativ finden Sie das entscheidende Menü auch direkt in den Systemeigenschaften in der Rubrik *Computerschutz*.

3. Hier finden Sie in der unteren Hälfte im Bereich *Schutzeinstellungen* eine Liste der verfügbaren Datenträger. Wählen Sie das Laufwerk aus, auf dem Sie den reservierten Speicherplatz verändern möchten, und klicken Sie darunter rechts auf *Konfigurieren*.

4. Im anschließenden Dialog finden Sie unten einen Schieberegler, mit dem Sie den reservierten Speicherplatz festlegen können. Die gerade gewählte Menge wird sowohl in Prozent des gesamten verfügbaren Speicherplatzes als auch in absoluten Zahlen angegeben.

5. Übernehmen Sie den veränderten Wert mit *OK*.

HINWEIS ▷ Reservierungen für jedes Laufwerk

Was eventuell etwas missverständlich sein könnte: Windows speichert die Wiederherstellungsinformationen für jedes Laufwerk auf eben diesem Laufwerk. Deshalb können Sie den dafür vorgesehenen Platz auch für jeden Datenträger individuell festlegen. Es bringt daher aber auch nichts, bei Knappheit an Wiederherstellungspunkten auf Laufwerk *C:* den reservierten Speicher auf Laufwerk *D:* zu vergrößern. Sie müssen den Speicherplatz da erhöhen, wo zu wenige Wiederherstellungsinformationen vorhanden sind.

Systemwiederherstellungsinformationen löschen

Windows bietet auch die Möglichkeit, die für den Computerschutz gespeicherten Informationen zu löschen. Das hat den offensichtlichen Grund, dass Sie so den dafür verwendeten Speicherplatz freigeben können. Das kann notwendig sein, wenn der Speicher insgesamt knapp wird und das System nicht mehr stabil läuft oder wenn kurzfristig für eine Installation oder ein aufwendiges Projekt mehr Speicher benötigt wird. Ein anderer Aspekt ist aber auch, dass die Wiederherstellungsdaten gerade durch die vorherigen Versionen Ihrer Dokumente auch in Bezug auf Datenschutz nicht unproblematisch sind. So können sich in vorherigen Versionen eines Dokuments Texte oder Daten befinden, die Sie aus der aktuellen Fassung schon entfernt haben. Wenn Sie den PC an jemand anderen weitergeben, kann das durchaus unerwünscht sein.

1. Um die Wiederherstellungsinformationen zu löschen, öffnen Sie wie bereits beschrieben den Computerschutz, wählen das betroffene Laufwerk aus und klicken dann auf *Konfigurieren*.

2. Im anschließenden Dialog finden Sie unten rechts die Schaltfläche *Löschen*.

3. Nun folgt eine Rückfrage, da durch das Löschen dieser Daten eine Systemwiederherstellung sowie der Zugriff auf vorherige Versionen zumindest vorläufig (bis sich wieder neue Daten angesammelt haben) nicht mehr möglich ist. Wichtig ist dabei der Hinweis, dass dies auch ältere Systemabbildsicherungen betreffen kann. Bestätigen Sie die Rückfrage mit *Fortsetzen*.

4. Nun brauchen Sie je nach Umfang der Daten nur noch ein wenig Geduld, bis die Dateien gelöscht wurden und der Speicherplatz wieder zur Verfügung steht.

Kapitel 46

46. Systemfehler und Probleme frühzeitig erkennen und beheben

Windows bringt umfangreiche Funktionen und Technologien zum Erkennen, Analysieren und Beheben von Fehlern mit. Kern dieser Funktionen ist das umfassende Überwachen und Protokollieren aller Abläufe. Anhand dieser Protokolle lassen sich regelmäßig auftretende Fehler erkennen und im Idealfall auch gleich Lösungen dafür ableiten. Und diese Daten erlauben nicht nur allgemeine Aussagen über die Stabilität und Integrität des Systems, sondern auch konkrete Angaben zu den Komponenten und/oder Programmen, die für Instabilitäten sorgen. In Zusammenarbeit mit der Online-Fehlerberichterstattung und den so zur Verfügung gestellten Lösungen lassen sich auf diese Weise potenzielle Schwachstellen frühzeitig erkennen und beheben. Schwerwiegende Fehler wie der berühmt-berüchtigte Bluescreen wurden so zwar auch noch nicht vollständig ausgemerzt, aber zumindest sind sie sehr selten geworden.

46.1 Troubleshooting: So hilft Ihnen Windows bei PC-Problemen

Mit einem Augenzwinkern könnte man sagen: Windows ist ein Betriebssystem, das die Probleme lösen kann, die es selbst verursacht. Tatsächlich kann Windows bestehende Probleme erkennen und beheben oder zumindest konkrete Hinweise und Hilfestellungen dazu geben. Hierzu gibt es ein eigenes Modul *Problembehandlung* in der klassischen Systemsteuerung. Aber auch an vielen anderen Stellen finden Sie Verweise auf diese Funktion, z. B. bei Fehlermeldungen. So können Sie die entsprechenden Funktionen direkt aufrufen.

1. Wenn es z. B. Probleme mit der Netzwerkverbindung gibt, können Sie direkt
   im Kontextmenü des zuständigen Symbols im Infobereich die spezifische *Pro-*
   blembehandlung dafür aufrufen.

2. Windows analysiert nun die bestehende bzw. gestörte Verbindung und versucht, das
   Problem zu erkennen.

3. Hat es eine Ursache gefunden, die es selbst beheben kann, bietet es Ihnen an, die
   Reparatur mit Administratorrechten vorzunehmen. Klicken Sie dazu auf *Diese Repa-*
   raturen als Administrator ausführen.

Manchmal erkennt die Problembehandlung auch profanere Ursachen wie ein nicht
ordnungsgemäß eingestecktes Kabel. Dann bietet sie den Benutzer um Mithilfe bei
der Lösung.

4. Im Allgemeinen führt der Assistent die erforderlichen Schritte aber selbst durch und meldet anschließend, ob das Problem behoben werden konnte. Beenden Sie den Vorgang dann mit *Problembehandlung schließen*.

Holen Sie sich selbst Hilfe von der Problembehandlung

Sie können die Problembehandlung auch jederzeit selbst anstoßen, auch wenn Windows gerade nicht mittels Schaltfläche, Menüeintrag oder Link darauf hinweist. Öffnen Sie dazu in der klassischen Systemsteuerung das gleichnamige Modul.

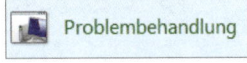

■ Achten Sie hier zunächst ganz oben auf eventuelle farblich hervorgehobene Warn-
meldungen zu aktuellen Problemen. Diese werden aber nur angezeigt, wenn Windows sie automatisch erkennen konnte. Sie können dann in der Regel auch direkt
dort behoben werden.

■ Erkennt Windows Ihr Problem nicht automatisch, können Sie die angezeigten Auf-
gabenkategorien nutzen, um Ihr Problem möglichst genau einzukreisen. Jede Kategorie enthält ihrerseits weitere Unterrubriken, die letztlich alle Funktionsbereiche
des PCs umfassen.

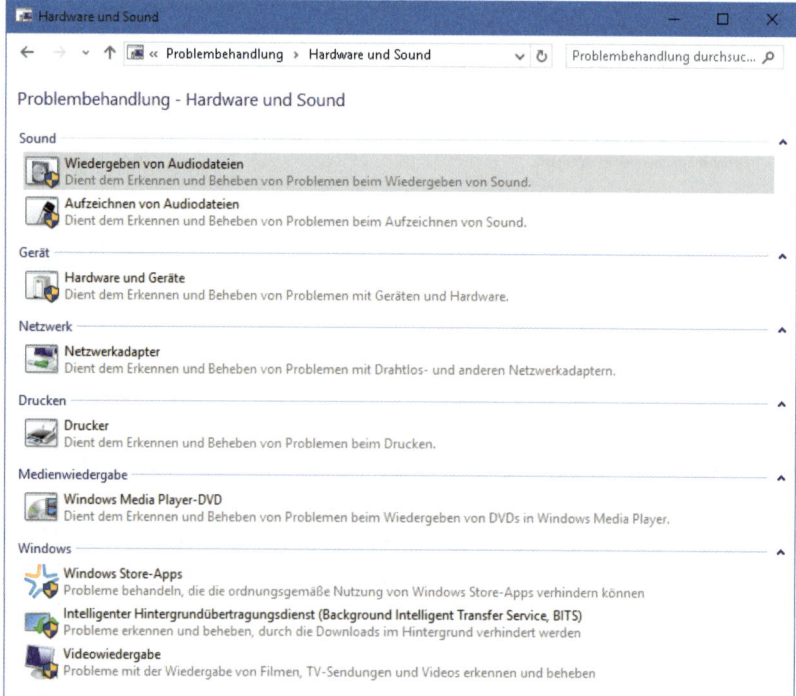

■ Haben Sie einen möglichst passenden Problemlösungsassistenten gefunden, rufen Sie ihn einfach per Mausklick auf. Ab dann ist der Ablauf in etwa so wie bei der vorangehend beschriebenen Problemlösung. Allerdings unterscheidet sich jede Lösung immer ein wenig von der anderen.

46.2 Mit Leistungsüberwachung und Fehlerprotokollen Probleme früh erkennen

Zu den grundlegenden Diagnosefunktionen gehört das permanente Überwachen von Zuverlässigkeit und Leistungsfähigkeit der verschiedenen Systemkomponenten. So lassen sich Engpässe schnell erkennen und die Ursachen von Fehlern und Problemen möglichst frühzeitig analysieren. Der Task-Manager von Windows bringt zu diesem Zweck einen Ressourcenmonitor für einen schnellen Überblick mit. Noch detaillierter und ausführlicher gibt sich die Zuverlässigkeits- und Leistungsüberwachung. Sie läuft permanent unaufdringlich im Hintergrund und wartet darauf, im Ernstfall von Ihnen in Anspruch genommen zu werden.

Den aktuellen Systemstatus mit dem Ressourcenmonitor schnell überblicken

Die Rubrik *Leistung* des Task-Managers visualisiert die Auslastung von Prozessor und Arbeitsspeicher und verrät so, ob das System unterfordert oder eher am Rande seiner Möglichkeiten ist. Das gibt einen guten Überblick, aber wer es ganz genau wissen möchte, sollte zusätzlich den Ressourcenmonitor befragen. Der gibt noch detaillierter Aufschluss darüber, wie stark Prozessor, Arbeitsspeicher, Datenträger und Netzwerk ausgelastet sind. So lässt sich gut erkennen, welche der Komponenten am Rande ihrer Leistungsfähigkeit angelangt ist und das Gesamtsystem ausbremst.

1. Den Ressourcenmonitor finden Sie am einfachsten über den Task-Manager. Rufen Sie diesen mit [Strg]+[⇧]+[Esc] auf.

2. Wechseln Sie dort in die Rubrik *Leistung*. Hier werden wie bei früheren Windows-Versionen auch die Basisdaten CPU-Auslastung und Verwendung des Arbeitsspei-

chers angezeigt. Darunter finden Sie weitere Angaben, etwa wie viel MByte der Auslagerungsdatei tatsächlich belegt sind.

HINWEIS ▷ Zwei oder mehr CPU-Anzeigen?

Der Task-Manager zeigt zwei oder mehr Graphen für die CPU-Auslastung an? Das liegt daran, dass Ihr PC zwei oder mehr Prozessoren verwendet. Dies ist z. B. bei den Dual-Core- bzw. Quad-Core-Prozessoren der Fall. Die bestehen aus zwei bzw. vier Prozessorkernen, die parallel zueinander arbeiten. Der Task-Manager stellt die Auslastung für jeden Prozessorkern einzeln dar, deshalb mehrere Graphen. Das ist auch sinnvoll, denn so können Sie feststellen, welche Programme effektiv mit allen verfügbaren Prozessorkernen arbeiten und bei welchen nur ein Kern zum Zuge kommt. Mit *Ansicht/CPU-Verlauf/Ein Diagramm, alle CPUs* können Sie wieder zur vertrauten Darstellung zurückkehren.

3. Wollen Sie ausführlichere Informationen und Leistungsdaten haben, klicken Sie unten auf *Ressourcenmonitor öffnen*.

4. Damit starten Sie den Ressourcenmonitor. Den Task-Manager können Sie nun schließen, falls er das neue Fenster überdeckt.

5. Im Ressourcenmonitor sehen Sie rechts eine Ressourcenübersicht. Sie zeigt die derzeitige Auslastung von CPU, Datenträger, Netzwerk und (Arbeits-)Speicher im grafischen Verlauf an. Dies erlaubt einen schnellen Überblick, ob alle Eckpfeiler des Systems reibungslos laufen bzw. wo eventuell ein leistungsbremsender Engpass entstanden ist.

6. Mit den Leisten darunter können Sie jeweils ausführlichere Angaben zu einer dieser Systemkomponenten abrufen. Klicken Sie dazu z. B. bei *Netzwerk* ganz rechts auf das Pfeilsymbol, um diesen Balken nach unten aufzuklappen.

7. Dadurch erweitern Sie die Anzeige um eine genaue Liste der Prozesse und Anwendungen, die zurzeit Netzwerkressourcen und in welchem Maße beanspruchen. So können Sie z. B. Programme enttarnen, die im Hintergrund Daten übertragen.

Mit der Leistungsüberwachung die Leistung noch detaillierter kontrollieren

Der Ressourcenmonitor gibt einen guten Überblick, beschränkt sich dabei aber auf einige Kernleistungen. Wenn Ihnen das nicht reicht, können Sie mit dem Systemmonitor noch detaillierter einzelne Aspekte und Kenngrößen überwachen. Das bietet sich z. B. an, wenn es in einem bestimmten Bereich konkrete Probleme gibt, etwa wenn USB-Geräte nicht ordnungsgemäß funktionieren oder der Datenaustausch mit ihnen starken Leistungsschwankungen unterliegt.

1. Öffnen Sie in der Systemsteuerung das Modul *Verwaltung* und darin die *Leistungsüberwachung*.

2. Die Leistungsüberwachung bietet Ihnen standardmäßig zunächst an, den Ressourcenmonitor anzuzeigen. Klicken Sie stattdessen links in der Liste auf *Überwachungstools/Leistungsüberwachung*, um die Detailansicht abzurufen. Diese zeigt Ihnen standardmäßig die CPU-Auslastung Ihres PCs. Dies können Sie aber schnell ändern, um sich die Daten anzeigen zu lassen, die Sie gerade interessieren.

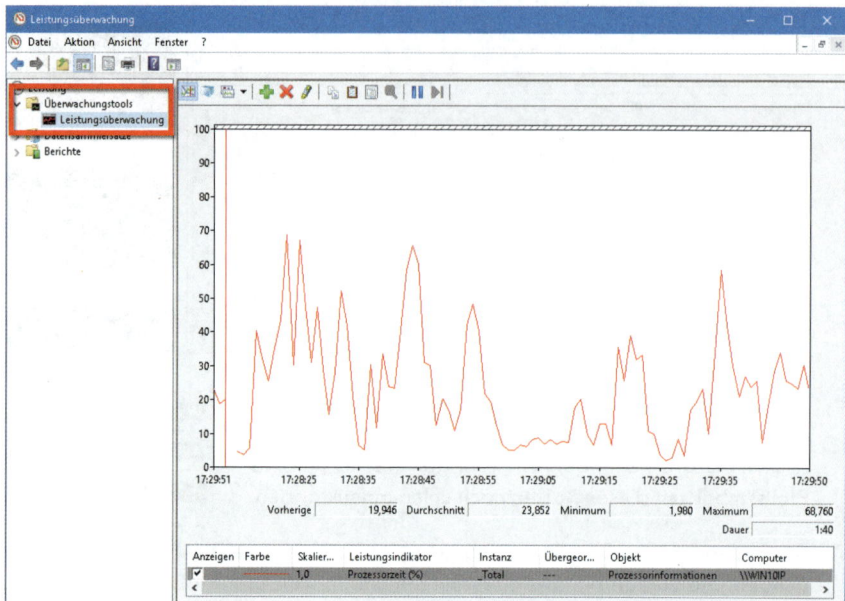

3. Klicken Sie hierzu in der Symbolleiste oberhalb der grafischen Anzeigen auf das *Hinzufügen*-Symbol.

4. Wählen Sie im anschließenden *Leistungsindikator hinzufügen*-Menü zunächst links oben den Bereich aus, aus dem Sie detaillierte Leistungsdaten abrufen wollen. Die Auswahl ist recht groß und manche der Begriffe sind sehr technisch gehalten. Die wichtigen Daten lassen sich aber an Bezeichnungen wie z. B. *USB* problemlos erkennen.

5. Um einen Bereich zu öffnen, klicken Sie rechts neben seiner Bezeichnung auf das kleine Pfeilsymbol. Damit klappen Sie diesen Bereich auf und sehen, welche einzelnen Daten Sie hierfür abrufen können. Diese können Sie nun durch einfaches Anklicken auswählen. Wollen Sie mehrere Daten auf einmal anzeigen lassen, klicken Sie sie nacheinander einfach an, wobei Sie die [Strg]-Taste gedrückt halten.

TIPP ☑ Alle Daten eines Bereichs ganz einfach auswählen

Wenn Sie einen Bereich aufgeklappt haben und anschließend nochmals auf seine Titelleiste klicken, werden alle Daten in diesem Bereich ausgewählt. Das bietet sich z. B. an, wenn Sie noch keinen Wert konkret ins Auge gefasst haben und sich zunächst einen Überblick verschaffen wollen.

6. Anschließend können Sie ggf. noch wählen, welches konkrete Gerät Sie überwachen wollen. Dazu werden darunter bei *Instanzen des ausgewählten Objekts* alle infrage kommenden Kandidaten aufgeführt. Auch hier können Sie wieder eines der Objekte oder gleich mehrere Objekte auswählen. Mit *<Alle Instanzen>* wählen Sie einfach alles aus.

7. Wichtig: Haben Sie die gewünschten Daten festgelegt, klicken Sie ganz unten auf *Hinzufügen*, um diese Überwachungsdaten auch zu aktivieren. Klicken Sie dann unten rechts auf *OK*, um zum Systemmonitor zurückzukehren.

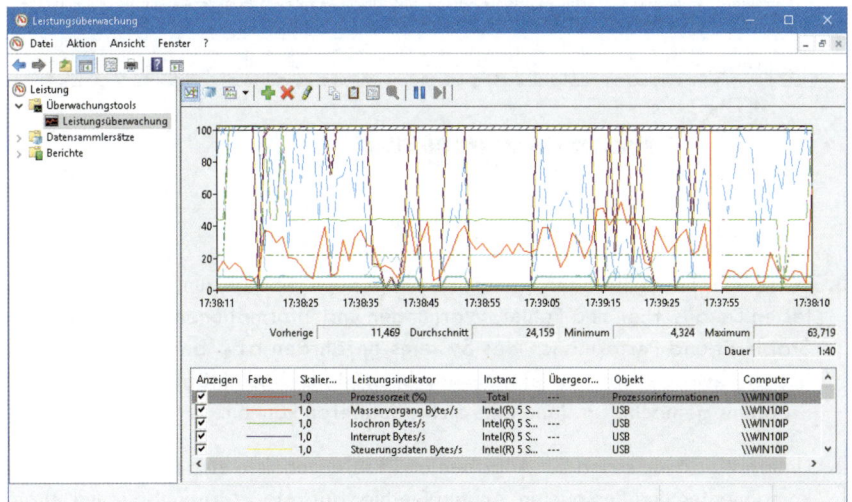

8. Dieser zeigt nun die ausgewählten Daten umlaufend an. Dadurch können Sie neben den aktuellen Werten auch die Entwicklung verfolgen. Wenn Sie also nun z. B. ein USB-Gerät anschließen und nutzen, können Sie genau verfolgen, wie sich die Daten währenddessen entwickeln.

46.3 Der Systemintegritätsbericht dokumentiert Probleme minutiös

Der Systemintegritätsbericht fasst alle Informationen zu Leistung, Stabilität und Fehlern übersichtlich zusammen. Er ist hilfreich, wenn der Status eines PCs unbekannt ist oder wenn Sie sich einen umfassenden Überblick verschaffen wollen. Ebenso kann der Bericht nützlich sein, wenn Sie selbst einmal Hilfe suchen. Erzeugen Sie einen aktuellen Systemintegritätsbericht und senden Sie diesen z. B. per E-Mail an einen Experten, der Ihnen bei der Problemlösung behilflich sein kann.

1. Öffnen Sie eine Eingabeaufforderung und tippen Sie darin den Befehl *perfmon /report* ein.

2. Windows erfasst nun für 60 Sekunden alle relevanten Daten und Informationen und stellt daraus einen umfassenden Bericht zusammen. Lassen Sie den PC in dieser Phase am besten unbehelligt vor sich hin arbeiten. Anschließend wird der fertige Bericht automatisch angezeigt.

3. Im Bericht finden Sie oben im Bereich *Diagnoseergebnisse* zunächst die interessantesten Details. Hier sind Fehler, Warnungen und Informationen aufgeführt, die die Stabilität und Performance des Systems gefährden bzw. beeinträchtigen. Praktischerweise werden dabei meistens auch gleich Vorschläge zur Auflösung des Problems gemacht, an denen Sie sich orientieren können.

4. Unterhalb davon sehen Sie Angaben und Prüfergebnisse zu den einzelnen Systemkomponenten und Ressourcen. Achten Sie hier auf rote Warnsymbole und Angaben wie *Fehlgeschlagen* oder *Fehler*, um weitere Problembereiche zu erkennen.

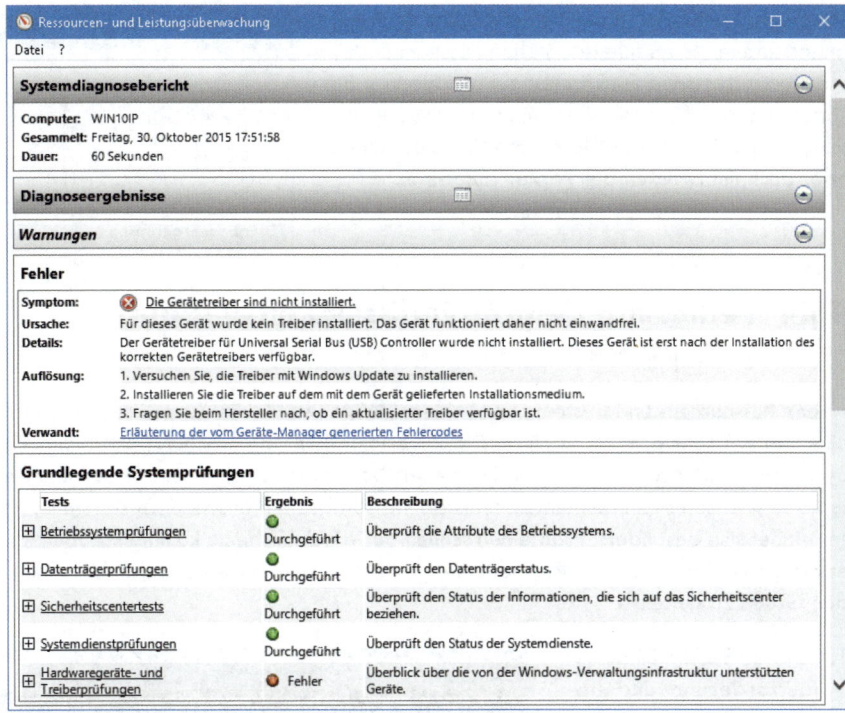

5. Ganz unten folgen schließlich Detailinformationen zu einzelnen Systemkomponenten. Diese sind allerdings so speziell und technisch, dass sie meist nur dem Experten auf Anhieb etwas sagen.

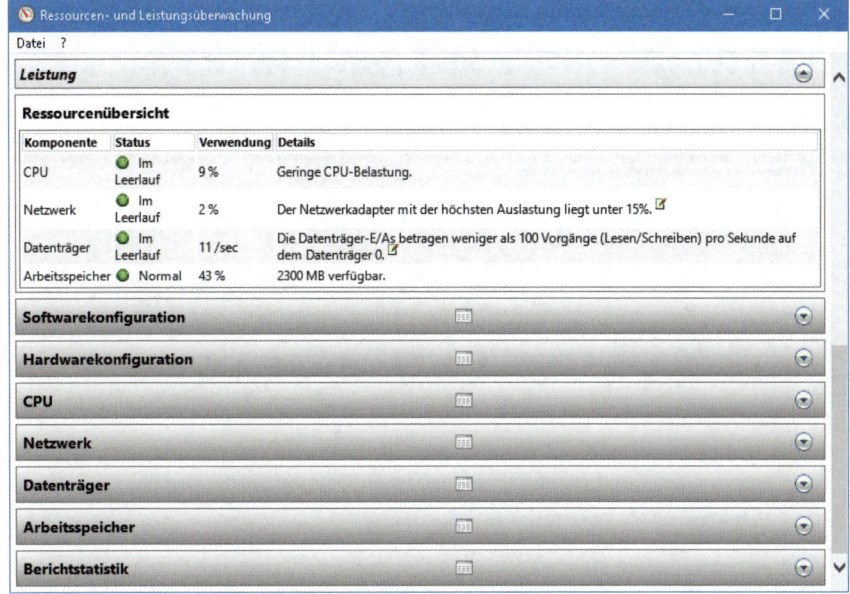

Um die Ergebnisse des Berichts aufzubewahren bzw. an jemanden weiterzuleiten, stehen Ihnen im *Datei*-Menü verschiedene Funktionen zur Verfügung. So können Sie den Inhalt mit *Senden an* per E-Mail verschicken, mit *Speichern unter* als HTML-Datei sichern oder auch mit *Drucken* auf Papier ausgeben.

46.4 Fehler mit dem Zuverlässigkeitsverlauf analysieren

Neben Ressourcen- und Systemmonitor bietet Windows für die Zuverlässigkeitsanalyse eine weitere sehr praktische Hilfe: Die Zuverlässigkeitsüberwachung protokolliert die Systemperformance dauerhaft und speichert besondere Ereignisse. Die aufgezeichneten Daten lassen sich in einem Systemstabilitätsdiagramm anschaulich darstellen. Dieses eignet sich besonders, Problemen schnell auf die Schliche zu kommen. Außerdem ist es ein gutes Mittel, regelmäßig auftretende Fehler zu erkennen und den Ursachen auf den Grund zu gehen.

1. Öffnen Sie die Eingabeaufforderung und tippen Sie darin den Befehl *perfmon* /*rel* ein.

2. Damit rufen Sie den Zuverlässigkeits- und Problemverlauf Ihres PCs auf. Der zeigt im oberen Bereich einen grafischen Stabilitätsindex an. Dieser verrät auf den ersten Blick, wie konstant die Stabilität ist und ob es in letzter Zeit Probleme gegeben hat.

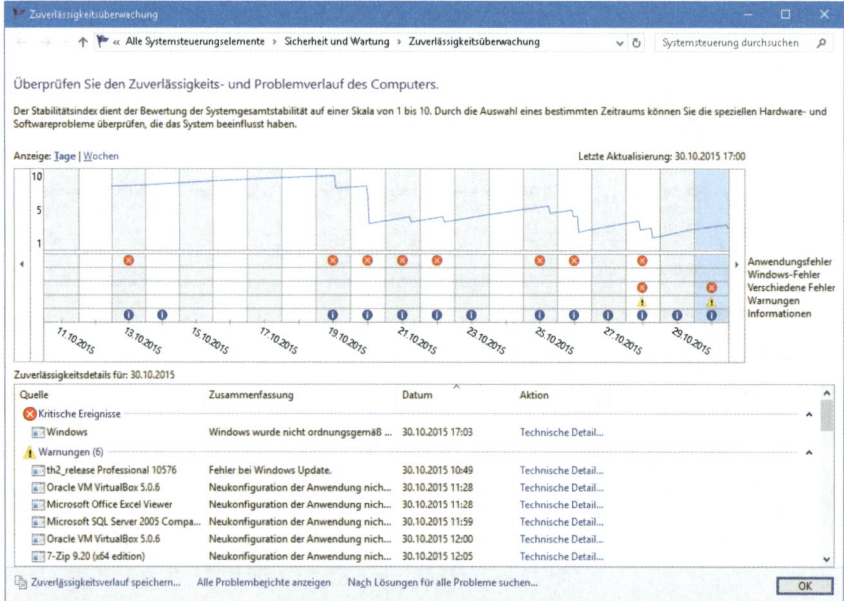

3. Der Bereich darunter enthält mehrere Zeilen für verschiedene Arten von System-ereignissen. In diesen Zeilen finden Sie Symbole an den Terminen, an denen sich Nennenswertes ereignet hat. Das können einfache Informationssymbole sein, etwa wenn Software installiert wurde. Es gibt aber auch gelbe Warnhinweise und rote Fehlersymbole. Sie weisen auf Ereignisse hin, die näher betrachtet werden sollten.

TIPP ☑ Die gesamte Stabilitätshistorie betrachten

Beachten Sie die schlanken Symbole links und rechts neben dem Diagramm. Hiermit können Sie die Anzeige nach links verschieben und so auch ältere Daten betrach-ten und abrufen. Die Daten werden seit dem allerersten Start Ihres Windows aufge-zeichnet. So lassen sich auch weiter zurückliegende Informationen abrufen. Außer-dem können Sie so die Angaben in den verschiedenen Bereichen mit dem früheren Status vergleichen.

4. Um ein Ereignis detailliert zu betrachten, klicken Sie mit der linken Maustaste ein-fach auf das entsprechende Datum im Systemstabilitätsdiagramm. Unterhalb des Diagramms sehen Sie dann die Zuverlässigkeitsdetails für diesen Tag. Darin sind automatisch die Bereiche aufgeklappt, für die Ereignisse vorliegen.

5. Mit dem kleinen Pfeilsymbol ganz rechts können Sie die Bereiche auf- bzw. einklap-pen, um sich auf die für Sie wichtigen Informationen zu konzentrieren.

HINWEIS ▷ Was nutzen die Stabilitätsinformationen?

Die Angaben aus dem Systemstabilitätsbericht sind immer dann interessant, wenn Sie selbst nicht wissen oder sich nicht sicher sind, wodurch ein Problem verursacht wird. Wenn also z. B. Ihr PC unvermittelt einfriert oder neu startet, kann ein anschließender Blick in den Stabilitätsbericht helfen, die Ursache zu ermitteln. Der Stabilitätsbericht ist auch nützlich, wenn Sie Störenfriede finden wollen, etwa instabile Programme oder Trei-ber. Schauen Sie, ob eine bestimmte Komponente regelmäßig im Bericht negativ auf-fällt. Sehr interessant ist auch, dass der Bericht genau vermerkt, welche Software wann installiert wurde. Ein bestimmtes Problem tritt seit zwei Wochen immer wieder auf? Dann schauen Sie doch mal, welches Programm vor 14 Tagen installiert wurde.

46.5 Fehler mit dem Ereignisprotokoll analysieren

Windows führt automatisch ein umfangreiches Protokoll über alles, was mit dem System passiert: wann das Betriebssystem gestartet und beendet wird, wann Software instal-liert, Treiber aktualisiert oder System-Updates eingespielt wurden. Diese Informatio-nen können Ihnen nicht nur als Gedächtnisstütze dienen. Vor allem wenn es darum geht, die Ursache für ein bestimmtes Problem einzugrenzen, können die Angaben aus dem Ereignisprotokoll hilfreich sein.

1. Öffnen Sie in der Systemsteuerung das Modul *Verwaltung*. In der aufgabenba-sierten Ansicht der Systemsteuerung finden Sie es unter *System und Sicherheit* ganz unten.

2. In der Übersicht über die Verwaltungsfunktionen doppelklicken Sie auf den Eintrag *Ereignisanzeige*. Bestätigen Sie die Rückfrage der Benutzerkontensteuerung bezüglich der Microsoft Management Console mit *Fortsetzen*.

Ereignisanzeige

3. Damit öffnen Sie die Ereignisanzeige, die auf den ersten Blick etwas unübersichtlich daherkommt. Die wesentlichen Informationen lassen sich aber schnell finden.

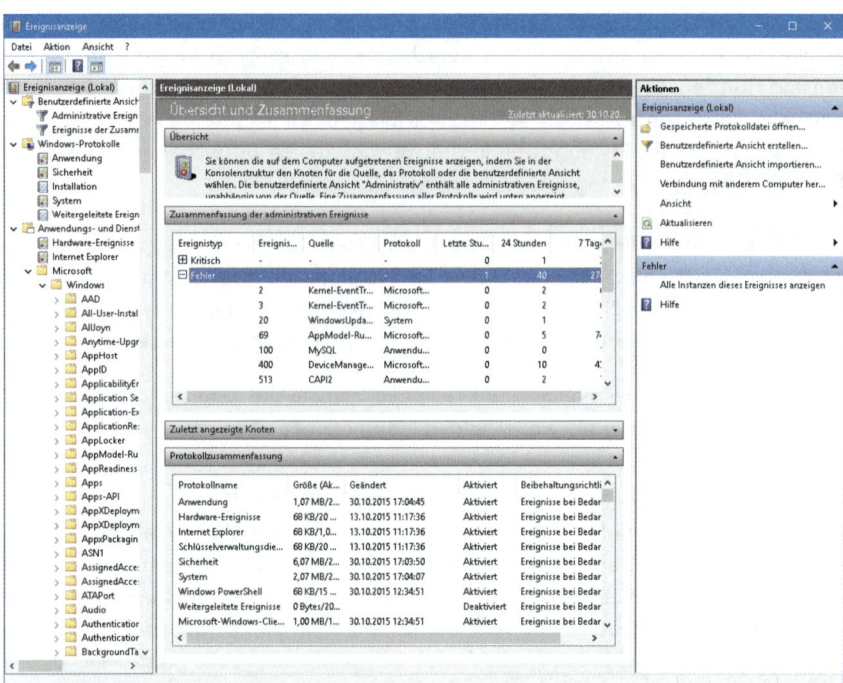

4. Wenden Sie Ihren Blick zunächst etwa in die Mitte des Fensters in den Bereich *Zusammenfassung der administrativen Ereignisse*. Hier sehen Sie, welche Arten von Ereignissen (*Kritisch*, *Fehler*, *Warnung* usw.) in den letzten Stunden, Tagen oder Wochen überhaupt aufgetreten sind.

Ereignistyp	Ereignis...	Quelle	Protokoll	Letzte Stu...	24 Stunden	7 Tage
⊞ Kritisch	-	-	-	0	1	2
⊞ Fehler	-	-	-	1	40	274
⊞ Warnung	-	-	-	0	44	121
⊞ Informationen	-	-	-	19	513	1.793
⊞ Überwachun...	-	-	-	70	1.166	4.353
⊞ Überwachun...	-	-	-	0	16	49

5. Mit einem Klick auf das Plussymbol ganz links können Sie die jeweilige Kategorie aufklappen und die dort verzeichneten Ereignisse genauer studieren. Klicken Sie ggf. doppelt auf den Eintrag, um die Detailansicht aufzurufen.

Ereigniseigenschaften - Ereignis 2, Kernel-EventTracing

Allgemein   Details

Beim Starten der Sitzung "NetCfgTrace" ist der folgende Fehler aufgetreten: 0xC0000035.

Protokollname:	Microsoft-Windows-Kernel-EventTracing/Admin		
Quelle:	Kernel-EventTracing	Protokolliert:	28.10.2015 09:01:36
Ereignis-ID:	2	Aufgabenkategorie:	Sitzung
Ebene:	Fehler	Schlüsselwörter:	Sitzung
Benutzer:	SYSTEM	Computer:	win10ip
OpCode:	Starten		
Weitere Informationen:	Onlinehilfe		

Kopieren   Schließen

6. Mit der Leiste am linken Fensterrand können Sie verschiedene Ereignisprotokolle öffnen. So finden Sie unter *Windows-Protokolle* Informationen zu Themen wie Sicherheit und System. Unter *Anwendungs- und Dienstprotokolle* sind Ereignisse rund um Anwendungen und die verschiedenen Windows-Dienste versammelt. Hier finden Sie aber auch *Hardware-Ereignisse*.

7. Sehr interessant ist auch der Unterordner *Anwendungs- und Dienstprotokolle/ Microsoft/Windows*. Hier finden Sie eine große Auswahl von Protokollen zu verschiedenen wichtigen Windows-Funktionen, deren detaillierte Besprechung den Rahmen selbst dieses Buches sprengen würde. Wenn Sie aber z. B. Probleme mit einer älteren Anwendung haben, die nicht voll kompatibel ist, sollten Sie etwa mal einen Blick in *UAC-FileVirtualization/Betriebsbereit* werfen. Hier finden Sie alle Ereignisse, bei denen Windows Dateizugriffe virtualisieren musste, weil eine Anwendung sich nicht an die Regeln halten wollte.

Ereignisanzeige

Datei   Aktion   Ansicht   ?

- Ereignisanzeige (Lokal)
  - Benutzerdefinierte Ansichten
    - Administrative Ereignisse
    - Ereignisse der Zusammenfassungsseite
  - Windows-Protokolle
    - Anwendung
    - Sicherheit
    - Installation
    - System
    - Weitergeleitete Ereignisse
  - Anwendungs- und Dienstprotokolle
    - Hardware-Ereignisse
    - Internet Explorer
    - Microsoft
      - Windows
        - AAD
        - All-User-Install-Agent
        - AllJoyn
          - Betriebsbereit
        - Anytime-Upgrade-Events
        - AppHost
        - AppID
        - ApplicabilityEngine
        - Application Server-Applications
        - Application-Experience
        - ApplicationResourceManagement
        - AppLocker
        - AppModel-Runtime
        - AppReadiness
        - Apps

46.6 Umgang mit kritischen Systemfehlern (Bluescreen)

Bei früheren Windows-Versionen noch häufige Begleiter, sollen sie beim aktuellen Windows eigentlich nicht mehr auftreten: kritische Systemfehler, bei denen sich das Betriebssystem nicht anders als mit einem plötzlichen kompletten Stopp behelfen kann. Häufig färbt sich der Bildschirm in dieser Situation blau ein und gibt nur noch eine Textfehlermeldung aus.

Deshalb hat sich für solche Fehler auch die Bezeichnung Bluescreen oder noch schlimmer BSOD, **B**luescreen **of D**eath (blauer Todesbildschirm), eingebürgert. Tatsächlich sind solche kritischen Fehler beim aktuellen Windows meiner Erfahrung nach sehr selten geworden. Aber sie kommen noch immer vor.

Handelt es sich um seltene, singuläre Ereignisse, kann man notfalls damit leben. Werden Sie aber von einem solchen Fehler dauerhaft geplagt, muss Abhilfe geschaffen werden. Das ist auch möglich, denn selbst ein blauer Bildschirm ist nicht das Ende aller Dinge.

Bluescreen-Informationen auswerten und Lösungen finden

Auch wenn ein Bluescreen mit einer Fehlermeldung zunächst mal keine schöne Erfahrung ist, kann er doch auch hilfreich sein. Der Sinn der Fehlermeldung ist es schließlich, eine Hilfestellung zum Lösen des zugrunde liegenden Problems zu geben. Voraussetzung dafür ist aber, dass Sie die Fehlermeldung überhaupt zu Gesicht bekommen. Standardmäßig versucht Windows nämlich, diese vor dem Benutzer zu verstecken. Das führt dazu, dass das System einfach scheinbar unmotiviert neu startet.

1. Öffnen Sie in der Systemsteuerung das Modul *Sys-tem* und klicken Sie hier links auf den Link *Erweiter-te Systemeinstellungen*.

2. Bestätigen Sie ggf. die Rückfrage der Benutzer-kontensteuerung für den Zugriff auf diese Einstel-lungen.

3. Klicken Sie im anschließenden Dialog unten im Bereich *Star-ten und Wiederherstellen* auf die Schaltfläche *Einstellungen*.

4. Deaktivieren Sie im dadurch geöffneten Dialog die Option *Automatisch Neustart durchführen*.

5. Mit dem oberen Auswahlfeld bei *Debuginformationen speichern* steuern Sie den Um-fang der Daten, die Windows bei einem Crash erstellt. Das ist vor allem wichtig, wenn Sie diese Daten mit einem Programm auswerten möchten, das ein bestimmtes Format voraussetzt (siehe Seite 1055).

6. Darunter im Feld *Sicherungsdatei* können Sie festlegen, wo Windows eine Datei mit zusätzlichen Informationen zu aufgetretenen Fehlern ablegen soll. Standardmäßig geschieht dies im Systemverzeichnis, also z. B. C:\Windows. Sie können aber auch einen anderen, vielleicht etwas übersichtlicheren Ordner dafür wählen.

7. Mit der Option *Vorhandene Dateien überschreiben* ersetzt Windows bei einem Fehler jeweils die bisher vorhandene Datei, was sinnvoll ist, um nicht unnötig Speicherplatz an nutzlose Dateien zu verschwenden. Außerdem ist so sichergestellt, dass sich in der Datei stets Informationen zum zuletzt aufgetretenen Fehler befinden. Wichtig: Wenn Sie diese Option abschalten und regelmäßig einen Systemcrash zu verzeichnen haben, sollten Sie die Abbilder unbedingt immer mal wieder manuell bereinigen. Gerade wenn Sie die Option *Vollständiges Speicherabbild* gewählt haben, ist die Festplatte sonst irgendwann randvoll.

8. Die unterste Option *Automatisches Löschen von Speicherabbildern deaktivieren, wenn wenig Speicherplatz verfügbar ist* klingt im ersten Moment widersinnig, hat aber ihre Berechtigung. Standardmäßig ist das Löschen von Speicherabbildern eine der Maßnahmen, mit denen Windows im Bedarfsfall Speicherplatz freimachen kann. Will man die Speicherabbilder unbedingt davor bewahren, kann man diesen Mechanismus hier außer Kraft setzen.

Diese Informationen enthalten die Fehlermeldungen

Die Meldungen bei Systemfehlern erscheinen auf den ersten Blick unübersichtlich und kryptisch. Tatsächlich sind sie gut strukturiert und enthalten wertvolle Informationen:

- Ganz oben unterhalb der Standardzeile *A problem has been detected* ... finden Sie die Art des Fehlers, wie z. B. *DRIVER_IRQL_NOT_LESS_OR_EQUAL*. Dies verrät Ihnen, was für eine Art von Fehler aufgetreten ist, und gibt dadurch Hinweise zur Ursache. Was die verschiedenen Fehlermeldungen genau bedeuten, erfahren Sie im Abschnitt „Referenz der gängigsten Bluescreen-Fehlermeldungen".

- Danach folgt der gut gemeinte Rat: Tritt dieser Fehler zum ersten Mal auf, starten Sie Ihren PC einfach neu. Bleibt es bei diesem einen Mal, lohnt sich der Aufwand für eine intensive Ursachenforschung nicht.

- Darunter finden Sie abhängig vom aufgetretenen Problem etwas allgemeinere Hinweise, wie etwa den freien Speicherplatz auf der Festplatte zu überprüfen. Ist dieser sehr knapp bemessen, kann das durchaus zu Systemfehlern führen. Weitere Tipps sind die Aktualisierung des BIOS sowie das Zurücksetzen von dessen Einstellungen auf sichere Werte.

- Unten folgen schließlich spezifische Informationen zum aufgetretenen Fehler. Die kryptischen Codes sind dabei eher für Programmierer interessant, aber die Angabe des Programms oder Treibers, in dem der Fehler auftrat, ist dafür umso interessanter. Sie gibt häufig einen Hinweis auf die Hardware oder Software, die das Problem verursacht.

Ursachenforschung bei Systemfehlern

Ich will hier gar nicht so tun, als ob es ein Leichtes sei, Systemfehlern auf die Spur zu kommen. Meist kommen sie durch das komplexe Zusammenwirken verschiedener Faktoren zustande. Für sich genommen funktioniert jedes Programm, jeder Treiber, jede Hardwarekomponente reibungslos. Aber in einer gewissen Kombination kann unter bestimmten Bedingungen eine Situation eintreten, die zu einem Fehler führt. Diese Konstellation zu ermitteln, ist nicht immer leicht. Aber manchmal reicht es schon, einen der Störer aus dem Spiel zu nehmen, damit es insgesamt wieder rundläuft. Folgende Maßnahmen können dabei helfen:

- Werten Sie die Fehlerinformationen so weit wie möglich aus. Die als Verursacher angegebene Software muss nicht wirklich fehlerhaft und auch nicht notwendigerweise der „Schuldige" sein. Aber meist ist es doch ein guter Hinweis. Verweist diese Angabe auf eine bestimmte Software oder Hardwarekomponente, entfernen Sie diese. Testen Sie dann, ob das System ohne sie stabil läuft. Bei Treibersoftware kann auch ein Update auf eine neuere Version oder notfalls das Zurückkehren zu einer älteren Version hilfreich sein.

- Oftmals werden Softwarefehler in Wirklichkeit durch fehlerhafte Hardware verursacht. Unterziehen Sie Ihr System einer kritischen Prüfung. Insbesondere Festplatten und Hauptspeicher sollten mit den vorhandenen Bordmitteln gründlich analysiert werden.

- Tritt ein Fehler plötzlich vermehrt auf, stellen Sie sich die Frage: Was hat sich zuvor beim PC verändert? Haben Sie neue Hardware eingebaut, neue Software installiert, Treiber aktualisiert, Updates eingespielt oder BIOS-Einstellungen verändert? Unterziehen Sie diese Maßnahmen einer kritischen Prüfung und machen Sie sie ggf. rückgängig. So lässt sich schnell feststellen, ob eine dieser Aktionen die Systemstabilität beeinträchtigt hat.

- Kontrollieren Sie die Einstellungen des PC-BIOS, auch wenn Sie in letzter Zeit nichts daran geändert haben. Informieren Sie sich auf der Website des Herstellers über bekannte Probleme und BIOS-Updates. Setzen Sie die BIOS-Einstellungen ggf. auf sichere Standardwerte zurück.

Wer hat den Bluescreen verursacht?

Die entscheidende Frage bei einem Bluescreen ist die nach dem Verursacher. Hier hilft BlueScreenView weiter (www.nirsoft.net/utils/blue_screen_view.html). Dieses Programm kann die von Windows bei einem Bluescreen-Fehler erstellten Daten auswerten und verrät sie Ihnen übersichtlich. Dazu gehört auch das Programm, das den Fehler anscheinend verursacht hat. Zwar ist die Wahrheit manchmal etwas komplizierter, aber auf alle Fälle bietet diese Information einen guten Ansatzpunkt, z. B. um im Internet zu recherchieren, ob dieses Problem vielleicht schon bekannt und sogar gelöst ist.

HINWEIS ▷ Voraussetzung für BlueScreenView

Das Programm ist für seine Arbeit auf sogenannte Minidumps angewiesen. Die erstellt Windows standardmäßig nicht. Öffnen Sie dazu in der Systemsteuerung das Modul *System* und klicken Sie dort links auf *Erweiterte Systemeinstellungen*. Im anschließenden Dialog klicken Sie im Bereich *Starten und Wiederherstellen* auf *Einstellungen*. Nun sind Sie bei den richtigen Optionen. Stellen Sie hier im Auswahlfeld *Debuginformationen speichern* die Variante *Kleines Speicherabbild (256 KB)* ein.

1. Entpacken Sie das heruntergeladene Archiv in einen beliebigen Ordner und starten Sie dort die Anwendung BlueScreenView.

2. Diese zeigt Ihnen im Hauptfenster eine Liste der auf dem PC registrierten Bluescreens. Sie reicht allerdings nur so weit zurück, wie Sie die Minidumps (siehe Hinweis auf der vorherigen Seite) aktiviert haben. Hoffentlich ist die Auswahl also nicht allzu groß. Ansonsten werden in der Spalte *Crash Time* Datum und Uhrzeit des Vorfalls angegeben. Hier können Sie auch entsprechend sortieren, sodass Sie den jüngsten Crash schnell finden können.

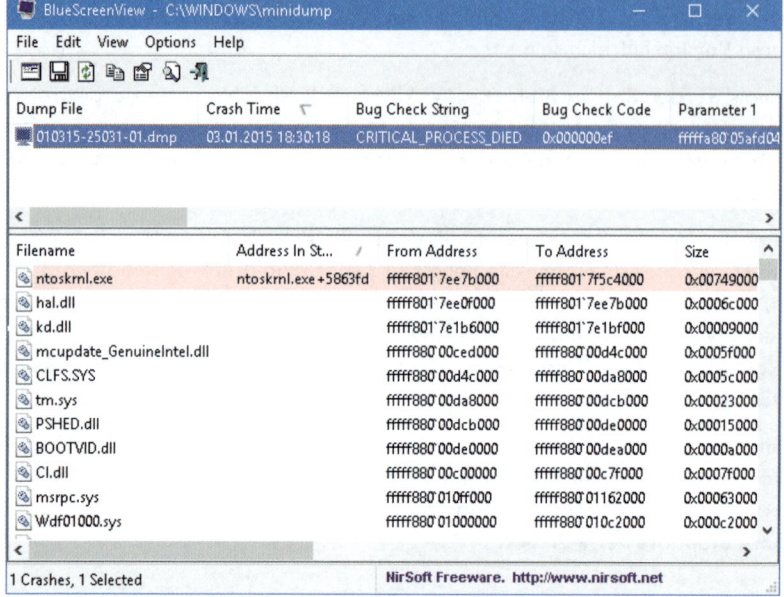

3. Im unteren Teil des Programmfensters finden Sie die Dateien aufgelistet, die zu dem oben ausgewählten Bluescreen-Ereignis jeweils im Speicher geladen waren. Dabei sind die Dateien, die besonders „verdächtig" sind, farbig unterlegt. Meist ist das nicht nur eine Datei, denn auch wenn ein Bluescreen-Fehler in einer bestimmten Programm- oder Treiberdatei auftritt, kann die Ursache dafür durchaus in einem anderen Programm liegen.

4. Mit *File/Properties* können Sie jeweils noch genauere Angaben zu den ausgewählten Objekten abrufen.

BlueScreenView kann leider auch keine einfachen Antworten geben. Es stellt aber die notwendigen Informationen bereit, um ggf. Antworten zu finden. Wenn ein Bluescreen regelmäßig oder reproduzierbar auftritt, werden Sie hier immer wieder dieselben „üblichen Verdächtigen" antreffen. Dann ist eine Internetrecherche nach eben diesen Dateien der nächste logische Schritt, der hoffentlich neue Erkenntnisse oder sogar eine Lösung bringt.

Referenz der gängigsten Bluescreen-Fehlermeldungen

Zu jeder Systemfehlermeldung gehört ganz oben eine Angabe zur Art des Fehlers. Sie hilft dabei, den Fehler zu kategorisieren, und gibt damit zumindest grob die Richtung für die Fehlersuche vor. Die folgende Liste erläutert kurz, was sich hinter den kurzen, etwas kryptischen Fehlermeldungen verbirgt:

- *IRQL_NOT_LESS_OR_EQUAL/DRIVER_IRQL_NOT_LESS_OR_EQUAL*
  Dieser Fehler wird in der Regel durch fehlerhafte Anwendungen oder Treiber verursacht. Achten Sie weiter unten in der Fehlermeldung darauf, in welcher Software der Fehler aufgetreten ist.

- *OUT_OF_MEMORY*
  Der vorhandene Arbeitsspeicher reicht nicht aus oder – und wahrscheinlicher – ein Speicherriegel ist defekt. Überprüfen Sie den Arbeitsspeicher.

- *KMODE_EXCEPTION_NOT_HANDLED*
  Das System ist auf eine unzulässige oder unbekannte Anweisung gestoßen. Dies kann auf fehlerhafte Software, aber auch auf Speicherprobleme hinweisen.

- *FAT_FILE_SYSTEM* oder *NTFS_FILE_SYSTEM*
  Der Fehler trat beim Zugriff auf das Dateisystem auf. Überprüfen Sie die angeschlossenen Festplatten sowohl physikalisch (Anschlüsse) als auch auf Integrität (ScanDisk und Co.). Auch Wechsellaufwerke (USB-Sticks usw.) können betroffen sein. Treten solche Fehler zunehmend häufiger auf, könnte dies auf ein baldiges Ende einer Festplatte hindeuten.

- *PAGE_FAULT_IN_NON_PAGED_AREA*
  Ein Hardwaretreiber oder ein Systemdienst will im Speicher auf Daten zugreifen, die sich dort nicht befinden. Ursache könnten defekter Speicher oder aber auch Programmfehler sein.

- *BAD_SYSTEM_CONFIG_INFO*
  Dieser Fehler weist auf Probleme, aber nicht unbedingt Defekte beim Arbeitsspeicher hin. Überprüfen Sie im BIOS die Einstellungen und setzen Sie diese ggf. zurück. Entfernen Sie eventuell eingebauten Zusatzspeicher.

- *INACCESSIBLE_BOOT_DEVICE*
  Das System kann nicht auf die Festplatte zugreifen. Dies liegt meist daran, dass ein spezieller Treiber für den Zugriff nicht (mehr) vorhanden ist. Dieser muss installiert werden. Denkbar wäre auch ein Defekt des Laufwerks.

- *SYSTEM_THREAD_EXCEPTION_NOT_HANDLED*
  Es ist eine Ausnahmebedingung aufgetreten, mit der das System nicht umgehen konnte. Hierfür gibt es leider eine Vielzahl möglicher Ursachen: vom fehlenden Speicherplatz bis hin zu Hardwaredefekten.

- *UNEXPECTED_KERNEL_MODE_TRAP*
  Die Ursache für diesen Fehler ist meist im Hardwarebereich zu suchen, also defekter Speicher, ein defekter Prozessor o. Ä. Auch Überhitzung durch ausgefallene Lüfter kann ihn verursachen. Er tritt häufiger bei übertakteten Systemen auf.

- *KERNEL_MODE_EXCEPTION_NOT_HANDLED*
  Auch diese Fehlermeldung ist leider recht unspezifisch und kann auf eine Vielzahl von Ursachen hinweisen.

- *PCI_BUS_DRIVER_INTERNAL*
  Hier gibt es Probleme mit dem PCI-Hardwarebus. Überprüfen Sie die Konfiguration im BIOS. Haben Sie kürzlich Änderungen an den Hardwarekomponenten vorgenommen, machen Sie diese probeweise rückgängig.

- *BAD_POOL_CALLER*
  Ein Prozess oder Treiber hat einen unzulässigen Speicherzugriff versucht. In der Regel wird dieser Effekt durch Programmfehler verursacht.

- *THREAD_STUCK_IN_DEVICE_DRIVER*
  Diese Fehlermeldung weist auf Probleme mit dem Videotreiber der Grafikkarte hin. Entweder ist der Treiber fehlerhaft oder die Videokarte selbst ist defekt.

- *UNKNOWN_HARD_ERROR*
  Ein Teil der Registry kann beim Start nicht geladen werden. Dies weist auf Probleme beim Dateizugriff hin. Ein abgesicherter Start oder eine Wiederherstellung eines Systemsicherungspunktes können das Problem eventuell beheben. Allerdings sollten Festplattendefekte als Ursache ausgeschlossen werden.

- *CRITICAL_PROCESS_DIED*
  Ein wichtiger Prozess des Betriebssystemkerns wurde beendet, ohne den das Betriebssystem nicht fortgesetzt werden konnte. Hier ist es empfehlenswert, nach Name und Adresse in dieser Kombination bei Google und Co. zu suchen, um vielleicht Tipps zu Ursachen und Lösungen zu finden.

- *STATUS_SYSTEM_PROCESS_TERMINATED*
  Ein wichtiger Systemprozess wurde unterbrochen. In der Fehlermeldung wird in der Regel angegeben, welcher Prozess betroffen ist. Handelt es sich um den *winlogon*-Prozess, könnte die Ursache auch eine Vireninfektion sein.

- *UNABLE_TO_LOAD_DEVICE_DRIVER*
  Ein bestimmter Gerätetreiber konnte beim Start nicht geladen werden. Die Fehlermeldung gibt an, welches Gerät betroffen ist. Der Treiber kann durch einen Festplattendefekt beschädigt worden sein.

46.7 Schrittaufzeichnung: schwierige Fehlersituationen automatisch dokumentieren

Haben Sie schon mal Stunden in der Warteschlange einer Support-Hotline zugebracht, um dann einem zweifelnden oder gar inkompetenten Mitarbeiter umständlich Ihr Problem klarzumachen? Um sich dann anzuhören, dass sich das so nicht nachvollziehen lässt und es bei anderen Kunden keine Probleme gäbe?

Nun ist Support ein schwieriges Geschäft, und wenn zwei fremde Menschen am Telefon über ein und dasselbe Programm (oder Betriebssystem) reden, müssen sie noch lange nicht immer auf dem gleichen Nenner sein. Windows bringt ein pfiffiges kleines Tool mit, das solche Gespräche weitestgehend überflüssig machen könnte.

Die Schrittaufzeichnung kann den fraglichen Ablauf am Bildschirm dokumentieren. Dazu erstellt sie von allen Schritten automatisch Bildschirmfotos, die Sie zusätzlich mit Anmerkungen versehen können. Daraus erstellt das Programm schließlich ein Dokument, das alle diese Informationen sowie weitere zusätzliche Angaben zur Systemkonfiguration enthält. Diese Dokumentation sollte jedem Support-Mitarbeiter Ihr Problem absolut klarmachen und alle erforderlichen Daten liefern.

1. Um eine fehlerhafte Situation aufzuzeichnen, tippen Sie im Startmenü *Schritt* ein, sodass Ihnen das Programm *Schrittaufzeichnung* angeboten wird, und drücken dann ⏎.

2. Klicken Sie auf *Aufzeichnung starten*, um den Mitschnitt Ihrer Bedienschritte zu beginnen. Machen Sie das am besten erst kurz vor dem Auftreten des Fehlers, wenn sich dieser exakt reproduzieren lässt, damit die Aufzeichnung nicht zu umfangreich wird.

3. Führen Sie nun einfach exakt die Schritte durch, die zu der problematischen Situation führen.

4. Wollen Sie zusätzliche Anmerkungen machen, klicken Sie jeweils auf die *Kommentar hinzufügen*-Schaltfläche. Sie können dann den Bereich des Bildschirms, auf den sich Ihr Kommentar bezieht, markieren. Den Text tippen Sie in dem dafür eingeblendeten Dialog ein.

5. Haben Sie alles Notwendige aufgezeichnet, klicken Sie im Fenster der Schrittaufzeichnung auf *Aufzeichnung beenden*.

6. Nun geben Sie an, wo und unter welchem Namen der Rekorder die Aufzeichnung speichern soll.

Als Ergebnis erhalten Sie ein ZIP-Archiv (um den Datenumfang möglichst gering zu halten). In diesem Archiv befindet sich eine MHTML-Datei, die neben dem HTML-Code auch die erstellten Bildschirmfotos enthält. Der Edge-Browser kann den Inhalt dieser Datei darstellen (ebenso einige andere, aber nicht alle Webbrowser). Ein entsprechender Hinweis kann ratsam sein, wenn Sie diese Datei z. B. an andere weitergeben.

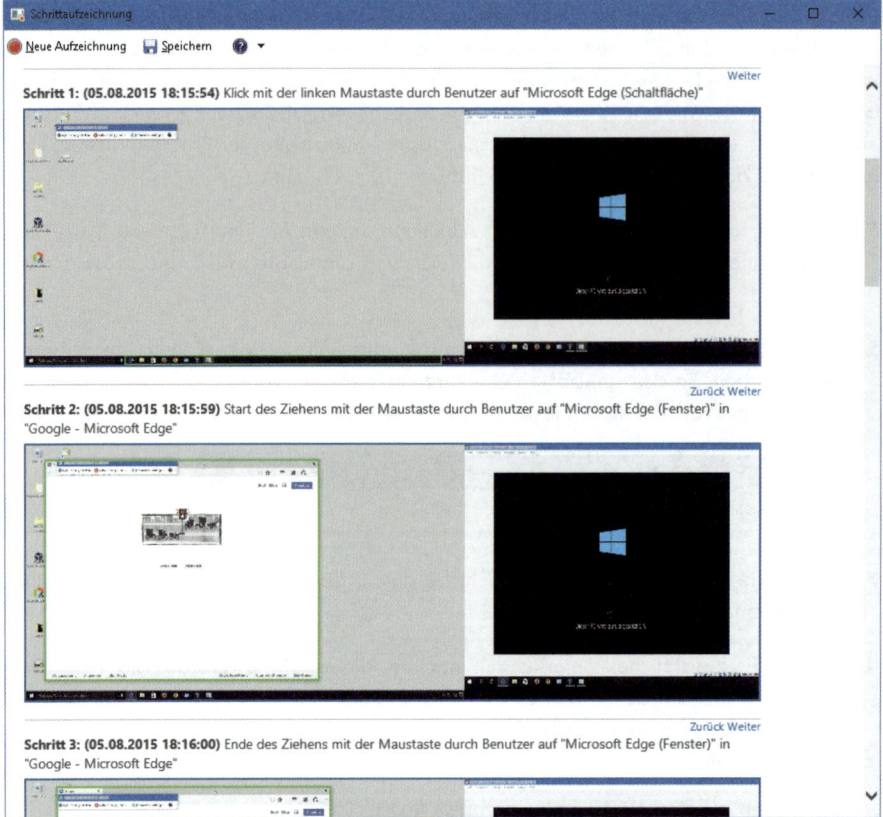

Kapitel 47

47. Windows im abgesicherten Modus starten und reparieren

Wer intensiv mit Windows arbeitet und bastelt oder einfach hin und wieder einem hartnäckigen Problem auf den Grund gehen muss, der wird den abgesicherten Modus (Safe Mode) schätzen. Bislang war der einfach über den Bootmanager zugänglich. Einfach im passenden Moment F8 drücken und den abgesicherten Modus im Menü auswählen. Beim aktuellen Windows ist diese Möglichkeit noch immer vorhanden, allerdings recht gut versteckt. Deshalb sind nun einige zusätzliche Schritte erforderlich.

1. Wenn Sie eine Startkonfiguration mit mehreren Windows-Installationen haben, wird diese bei jedem Start angezeigt. Andernfalls drücken Sie während des Startvorgangs nach Abschluss der BIOS-Meldungen F8, bis der Bootmanager erscheint.

2. Wählen Sie anstelle einer Startkonfiguration unten *Standardeinstellungen ändern oder andere Optionen auswählen*.

3. Wählen Sie in den Optionen nun ganz unten *Weitere Optionen auswählen.*

4. Als Nächstes klicken Sie auf die Option *Problembehandlung.*

5. Danach folgt ein Klick auf *Erweiterte Optionen.*

6. Und nun schließlich noch ein Klick auf *Starteinstellungen.*

7. Das war es leider immer noch nicht. Klicken Sie auf dem folgenden Bildschirm unten rechts auf *Neu starten*, um einen Neustart des PCs einzuleiten.

8. Bei diesem Start wird nun ein Auswahlmenü angezeigt, das in etwa dem erweiterten Startmenü früherer Windows-Versionen entspricht. Allerdings bietet es im Vergleich dazu sogar noch mehr Auswahlmöglichkeiten. Um Windows im „klassischen" abgesicherten Modus zu starten, drücken Sie die ④ bzw. die ⑤ für einen abgesicherten Start mit Netzverbindung.

Sollten Sie an dieser Stelle doch lieber normal starten wollen, drücken Sie einfach ⏎.

Windows lässt sich zur Problemlösung im abgesicherten Modus ausführen.

47.1 Das Anzeigen der erweiterten Startoptionen erzwingen

Bei neueren Windows-Versionen ist das Anzeigen der Startoptionen gar nicht mehr so einfach. Die magische [F8]-Taste bringt nicht immer Erfolg und ist vor allem z. B. bei Tablet-PCs nicht zu finden. Vor allem aber hat sich das Startverhalten von Windows verändert: Beim Herunterfahren oder für einen Neustart wird der PC nicht mehr komplett heruntergefahren und quasi von null gestartet. Stattdessen wird der Zeitersparnis zuliebe der Betriebssystemkern nur in den Ruhezustand versetzt. Das beschleunigt den anschließenden Neustart und reicht in den meisten Fällen aus, um beispielsweise neu installierte Treiber zu initialisieren usw. Um einen echten Neustart des PCs zu erreichen, bei dem auch der Start-Manager aufgerufen werden kann, gehen Sie einen etwas anderen Weg.

1. Öffnen Sie das Startmenü und klicken Sie darin auf den Ein-/Aus-Schalter.

2. Drücken Sie nun die [⇧]-Taste und halten Sie die Taste gedrückt.

3. Klicken Sie dann im Untermenü auf *Neu starten*.

4. Anschließend können Sie [⇧] wieder loslassen.

5. Nach kurzer Wartefrist werden die erweiterten Optionen angezeigt. Hier können Sie wählen:

- Mit **Fortsetzen** führen Sie den – vollständigen – Neustart von Windows durch.

- Alternativ können Sie den **PC ausschalten**.

- Sind mehrere Betriebssysteme vorhanden, gelangen Sie mit **Anderes Betriebssystem** zum Startmanager.

- Mit **Problembehandlung** öffnen Sie weitere Optionen zum Lösen von Startproblemen, Wiederherstellungsfunktionen usw.

TIPP ☑ Windows vollständig herunterfahren

Auf die beschriebene Weise können Sie Windows auch vollständig herunterfahren lassen (ohne dass der Betriebssystemkern nur im Ruhezustand „geparkt" wird). Drücken Sie dazu im *Ein/Aus*-Untermenü ⇧, während Sie auf *Herunterfahren* klicken. Windows wird dann vollständig beendet und der PC ausgeschaltet. Beim nächsten Einschalten folgt ein kompletter Neustart.

Erweiterter Start über das Einstellungsmenü

Falls Ihnen das Hantieren mit Zusatztasten zu umständlich ist oder Sie beispielsweise bei einem Tablet keine Tastatur zur Verfügung haben, können Sie den erweiterten Start auch bequem über die *Einstellungen* abrufen:

1. Öffnen Sie in den *Einstellungen* die Rubrik *Update und Sicherheit* und darin die Kategorie *Wiederherstellung*.

2. Klicken oder tippen Sie dort auf der rechten Seite unter *Erweiterter Start* auf die Schaltfläche *Jetzt neu starten*.

3. Auf diese Weise gelangen Sie ebenfalls in die vorangehend beschriebenen Optionen und können dort einen vollständigen Neustart oder mit *Problembehandlung* die erweiterten Optionen zum Beheben von Startschwierigkeiten abrufen.

Den Schnellstartmodus deaktivieren

Der Schnellstartmodus von Windows beschleunigt jeden Windows-Start spürbar. Allerdings kann er auch Probleme mit sich bringen, eben weil Windows eben nie vollständig heruntergefahren und neu gestartet wird. Das kann nicht nur Software von Fremdherstellern irritieren, selbst Windows selbst scheint hin und wieder Probleme damit zu haben. So kann der Schnellstartmodus in Einzelfällen beispielsweise das ordnungsgemäße Funktionieren des Bildschirmschoners verhindern.

Wer möchte, kann den Schnellstartmodus aber deaktivieren. Dann wird Windows bei jedem Beenden auch wirklich vollständig heruntergefahren, sodass negative Seiteneffekte ausbleiben. Der Preis dafür ist allerdings eine längere Startdauer bei jedem Einschalten. Bis zu einer Minute kann die zusätzliche Wartezeit auf einem zeitgemäßen PC betragen.

1. Öffnen Sie in der Systemsteuerung das Modul *Energieoptionen*.

2. Klicken Sie in der Navigationsleiste am linken Rand auf *Auswählen, was beim Drücken von Netzschaltern geschehen soll*.

3. Klicken Sie dann auf den Link *Einige Einstellungen sind momentan nicht verfügbar*, um alle Optionen in diesem Dialog verändern zu können.

4. Nun können Sie unten im Bereich *Einstellungen für das Herunterfahren* die Option *Schnellstart aktivieren (empfohlen)* ausschalten.

5. Übernehmen Sie die neue Einstellung mit *Änderungen speichern*.

TIPP ☑ Schnellstartoption fehlt?

Wenn die beschriebene Option bei Ihrem PC gar nicht angezeigt wird, kann sie auch keine Probleme verursachen. Denn in diesem Fall ist der Hybridmodus deaktiviert und der PC fährt stets vollständig herunter. Das lässt sich in den meisten Fällen recht einfach lösen: Öffnen Sie eine Eingabeaufforderung mit Administratorrechten und geben Sie dort den Befehl *powercfg -h on* ein. Damit wird der Hybridmodus aktiviert, sofern das BIOS und die weitere Hardware dies zulassen. Anschließend sollte dann auch die Option in den Einstellungen angezeigt werden, sodass Sie die Schnellstartoption nun immer noch ein- oder ausschalten können.

47.2 Holen Sie sich den abgesicherten Modus direkt in den Bootmanager zurück

Sollten Sie den abgesicherten Modus regelmäßig verwenden wollen oder müssen, ist Ihnen die kleine Klickorgie auf Dauer vielleicht etwas zu umständlich. In diesem Fall können Sie einen eigenen Eintrag direkt im Bootmanager platzieren, über den sich der abgesicherte Modus jederzeit schnell auswählen lässt.

1. Öffnen Sie eine Eingabeaufforderung mit Administratorrechten (also *Als Administrator ausführen*, siehe Seite 985).

2. Geben Sie hier den Befehl *bcdedit /enum /v* ein.

3. Suchen Sie in der so erzeugten Liste den Eintrag, wo in der Zeile *description* die Bezeichnung der richtigen Windows-Version steht (also beispielsweise *Windows 10*).

4. Notieren Sie sich bei diesem Eintrag den Wert der Zeile *Bezeichner*. Am besten aber kopieren Sie ihn mit [Strg]+[C] in die Zwischenablage.

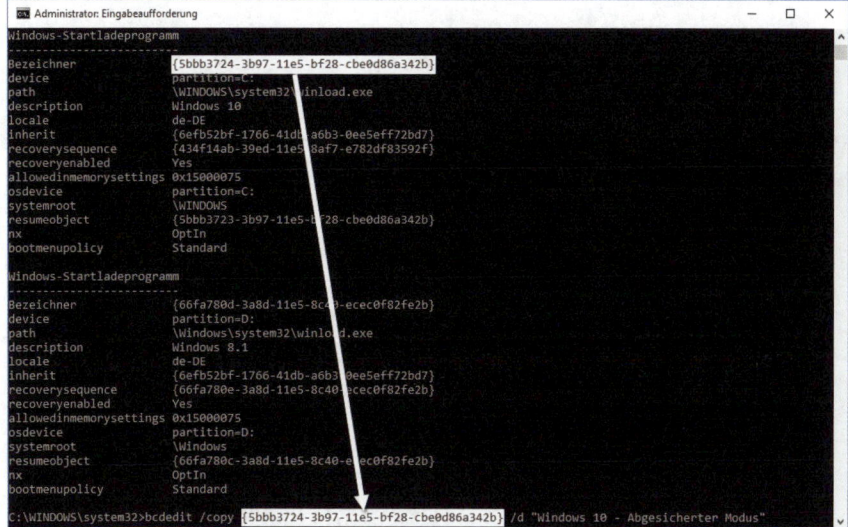

5. Tippen Sie als Nächstes den Befehl *bcdedit /copy <Bezeichner> /d "Windows 10 - Abgesicherter Modus"* ein. Für *<Bezeichner>* fügen Sie den in Schritt 4 gemerkten bzw. kopierten ID-Code ein. In den Anführungszeichen können Sie auch einen eigenen, prägnanten Text verwenden.

6. Schließen Sie die Eingabeaufforderung und rufen Sie im Startmenü *msconfig* auf.

7. Wechseln Sie in die Kategorie *Start* und markieren Sie den nun neu hinzugekommenen Eintrag mit der von Ihnen festgelegten Bezeichnung.

8. Wählen Sie im Bereich *Startoptionen* die Option *Abgesicherter Start* mit der Einstellung *Minimal*.

9. Klicken Sie unten auf *OK* und bestätigen Sie auf Nachfrage mit *Neu starten*.

10. Der PC startet dann neu. Haben Sie mehr als ein Betriebssystem installiert, zeigt der Bootmanager Ihnen dabei eine Auswahlliste an, in der ab sofort auch der neu erstellte abgesicherte Modus zu finden ist. Haben Sie nur eine Windows-Version installiert, müssen Sie wie früher im richtigen Moment F8 tippen, um diese Auswahlliste auf den Bildschirm zu holen.

47.3 Windows bei Startproblemen mit der integrierten Problembehandlung reanimieren

Wenn sich das installierte Betriebssystem einfach nicht mehr starten lässt, ist das auf den ersten Blick der Super-GAU. System und Anwendungen lassen sich zwar neu installieren und einrichten, aber Dokumente und persönliche Daten sind womöglich verloren, wenn keine externen Sicherungen vorhanden sind. Damit es nicht ganz so schlimm kommen muss, bringt Windows eine Starthilfe mit, die viele Probleme beheben kann.

Dazu überprüft sie die Systempartition auf typische Probleme, die einen reibungslosen Start verhindern könnten. Dazu gehören z. B. beschädigte oder versehentlich überschriebene Bootsektoren oder aber auch schiefgelaufene „Optimierungen" an den Startoptionen von Windows. Außerdem wertet das Programm die Ereignisprotokolle vom letzten Startversuch aus, um dem Problem auf die Spur zu kommen. Im Detail führt die Systemstartreparatur folgende Tests und ggf. Reparaturen durch:

- Test des Systemdatenträgers,

- Fehlerdiagnose des Datenträgers,

- Test der Datenträger-Metadaten,

- Test des Zielbetriebssystems,

- Überprüfen des Volumeninhalts,

- Diagnose des Start-Managers,

- Diagnose des Ereignisprotokolls,

- Erkennen und Ersetzen wichtiger Systemdateien sowie

- Test des Startstatus.

1. Wenn Sie eine Startkonfiguration mit mehreren Windows-Installationen haben, wird diese bei jedem Start automatisch angezeigt. Andernfalls drücken Sie während des Startvorgangs nach Abschluss der BIOS-Meldungen [F8], bis der Bootmanager erscheint.

2. Wählen Sie anstelle einer Startkonfiguration unten *Standardeinstellungen ändern oder andere Optionen auswählen.*

3. Wählen Sie in den Optionen nun ganz unten *Weitere Optionen auswählen.*

4. Als Nächstes klicken Sie auf die Option *Problembehandlung.*

5. Danach folgt ein Klick auf *Erweiterte Optionen*.

6. Wählen Sie in den erweiterten Optionen schließlich *Starthilfe*.

7. Windows startet daraufhin neu und bereitet die automatische Reparatur vor. Wählen Sie dazu zunächst Ihr Benutzerkonto auf dem zu reparierenden System aus und geben Sie das dazugehörige Kennwort ein.

8. Nun prüft der Assistent, ob sich das System starten lässt, bzw. versucht gegebenenfalls zu ermitteln, warum es sich eben nicht starten lässt. Eine Reihe typischer Probleme wie defekte Bootinformationen oder fehlerhafte Partitionsdaten kann der Assistent so selbstständig erkennen und beheben.

Windows vom Installationsmedium aus wiederbeleben

Selbst wenn Windows gar nicht mehr starten will, können Sie die Starthilfe jederzeit mithilfe eines Installationsmediums aktivieren (siehe hierzu auch Seite 796).

1. Legen Sie das Installationsmedium ein und starten Sie den PC neu. Wenn die Start-partition beschädigt ist, sollte er ohnehin von einer DVD bzw. einem USB-Stick star-ten. Andernfalls müssen Sie gegebenenfalls mithilfe des BIOS dafür sorgen, dass der Rechner von dem gewünschten Medium bootet.

2. Warten Sie, bis das Fenster mit den Installationseinstellungen angezeigt wird, und klicken Sie dann im Fenster unten rechts auf *Weiter*.

3. Klicken Sie im nächsten Schritt dann anstel-le von *Jetzt installieren* unten links auf *Com-puterreparaturoptionen*.

4. Damit gelangen Sie zu Schritt 4 des vorangehend beschriebenen Ablaufs. Wählen Sie hier nun wieder *Problembe-handlung*, dann *Erweiterte Optionen* und *Starthilfe*.

5. Hier zeigt sich ein Unterschied: Wenn Sie mehrere Windows-Systeme parallel auf Ihrem PC installiert haben sollten, wäh-len Sie das Windows-System aus, das Sie reparieren möchten. Ab da läuft der Vorgang wieder wie vorangehend be-schrieben ab.

Wenn Sie eine ältere Windows-Version auf diese Weise zu reparieren versuchen, werden Sie eine Meldung erhalten, dass diese nicht unterstützt würde. Das ist auch korrekt. Es gibt aber eine einfache Lösung: Gehen Sie genau wie beschrieben vor, legen Sie dabei aber jeweils das Installationsmedium der zu reparierenden Windows-Version ein. Also eine Windows-8-DVD, um Windows 8 zu reparieren, eine Windows-7-DVD, um Windows 7 zu reparieren, etc.

47.4 Direkte Eingriffe per Wiederherstellungskonsole

Sollten die automatischen bzw. assistentengestützten Funktionen der Starthilfe nicht zum Erfolg führen, bleibt noch eine weitere Option. Mit der Eingabeaufforderung erlangen Sie direkten Zugriff auf das Dateisystem. Allerdings eben nicht in einer komfortablen Windows-Umgebung mit Mausnutzung, sondern mittels einer spartanischen Eingabeaufforderung, die Sie in den erweiterten Optionen der Problembehandlung finden. Diese bietet Ihnen zum einen die Möglichkeit, manuelle Eingriffe an wichtigen System- und Konfigurationsdateien vorzunehmen, um Windows wieder zu reparieren. Zum anderen erlaubt sie es Ihnen, im Falle eines Falles zumindest wichtige Ordner und Dokumente von dem beschädigten System zu retten, bevor Sie z. B. eine Neuinstallation vornehmen oder etwa eine beschädigte Festplatte ersetzen.

So greifen Sie direkt auf die Daten eines bootunfähigen Systems zu

Die letzte Möglichkeit der Systemwiederherstellungsoptionen gibt Ihnen gleichzeitig die größtmögliche Freiheit zur manuellen Korrektur von Fehlern.

1. Wählen Sie dazu in den *Erweiterten Optionen* (siehe Seite 1068) den Punkt *Eingabeaufforderung*.

2. Wählen Sie anschließend das Benutzerkonto aus, mit dessen Rechten Sie auf die Daten zugreifen möchten. In der Regel empfiehlt sich hierfür ein Konto mit Administratorrechten.

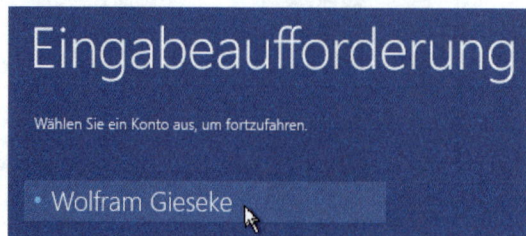

3. Und auch das zu dem Benutzerkonto gehörende Passwort muss eingegeben werden. Beachten Sie, dass Anmeldevarianten wie PIN oder Bildcode an dieser Stelle nicht verwendet werden können.

4. Damit erhalten Sie Zugang zu einer Eingabeaufforderung mit Administratorrechten für den Zugriff auf die Laufwerke des PCs. Dieser erlaubt ihnen praktisch unbegrenzten Zugriff auf Ihre Dateien sowie das Ausführen beliebiger Systemkommandos und Anwendungen.

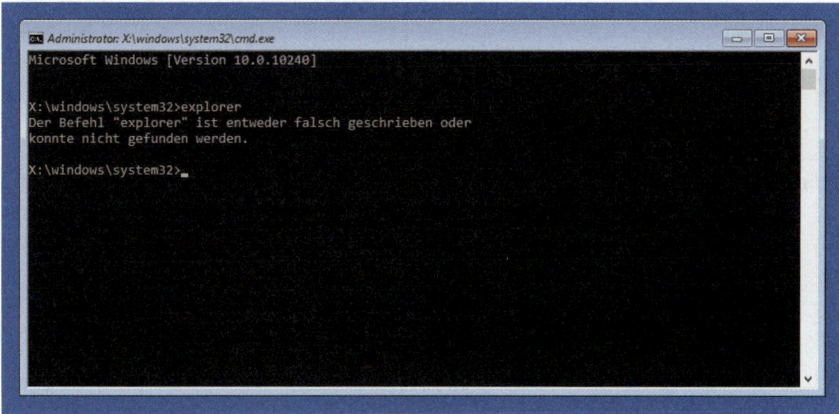

Damit können Sie beispielsweise Hilfsprogramme wie etwa Antivirenscanner starten oder eine fatale Fehlkonfiguration rückgängig machen. Der Umgang mit der Eingabeaufforderung verlangt einige erweiterte Kenntnisse. Wer die Eingabeaufforderung unter Windows noch nie genutzt hat, sollte im Fall eines schwerwiegenden Problems vielleicht nicht gerade damit anfangen. Wem diese Befehlskonsole vertraut ist, dem bietet sie aber zahlreiche Möglichkeiten, das System wiederherzustellen oder zumindest wichtige Daten zu retten.

Die wichtigsten Kommandos für Systemcheck und -reparatur

Die Wiederherstellungskonsole stellt eine ganze Sammlung von Befehlen zur Verfügung, die zur Diagnose und Reparatur des Systems eingesetzt werden können. Die nachfolgende Tabelle stellt Ihnen einige der nützlichsten und erfolgversprechendsten Befehle vor. Beachten Sie dabei, dass diese Befehle unter Umgehung der sonst von Windows üblichen Schutzmechanismen ausgeführt werden. Sie können damit also ohne Weiteres auch wichtige Systemdateien verändern oder löschen (was ja teilweise auch beabsichtigt ist). Andererseits können unbedacht ausgeführte Befehle auch leicht zu irreparablen Schäden führen.

Befehl	Funktion
chkdsk	Überprüft den Datenträger auf Fehler in der Dateistruktur oder in den Datensektoren. Bei mehreren Festplatten kann zusätzlich ein Laufwerkbuchstabe angegeben werden. Standardmäßig meldet *chkdsk* nur erkannte Probleme. Mit den Optionen /f und /r repariert *chkdsk* erkannte Fehler sofort automatisch. *chkdsk* kann hilfreich sein, wenn wichtige Systemdateien oder -ordner durch Fehler beschädigt wurden. Findet *chkdsk* eine sehr große Anzahl von Fehlern, weist dies auf ein schwerwiegendes Problem mit der Festplatte hin.
bootrec	Dieses Tool kann die Startkonfiguration von Windows verändern und wiederherstellen. Wenn sich keine Version mehr starten lässt, sollte man damit überprüfen, ob eventuell eine fehlerhafte Konfiguration vorliegt. Ohne Parameter aufgerufen, liefert der Befehl eine Übersicht über seine Möglichkeiten: *bootrec /FixMBR* erneuert den **M**aster **B**oot **R**ecord der Systempartition. *bootrec /FixBoot* erneuert den Startsektor der Systempartition. *bootrec /ScanOS* durchsucht die Datenträger nach Windows-Installationen. *bootrec /RebuildBcd* erstellt interaktiv einen neuen Boot-Manager.
diskpart	Mit diesem Programm kann man die Zuordnungen der Festplatte überprüfen. Es arbeitet in einem interaktiven Kommandozeilenmodus. Eine Übersicht über die Befehle erhält man durch Eintippen von ?. Für Informationszwecke eignet sich der Befehl *list*. Er macht Angaben zu den vorhandenen Festplatten (*disk*), Partitionen (*partition*) und Laufwerken (*volume*). Wenn hier Partitionen oder gar ganze Laufwerke fehlen, sollte man sich zunächst auf die entsprechenden Hardwarekomponenten konzentrieren.
format	Formatiert einen leeren Datenträger.
copy, dir, del, ren, rmdir	Befehle zum Bearbeiten und Löschen von Dateien und Ordnern. Diese „Grundausbildung" sollten Sie möglichst haben, wenn Sie mit der Wiederherstellungskonsole umfangreichere Operationen durchführen wollen.
xcopy	Alternatives Kopierprogramm, das sich besonders zum Kopieren größerer Datenmengen und komplexer Verzeichnisstrukturen eignet. *xcopy /?* verrät die Details.

Kapitel 48

48. Auffrischen oder Zurücksetzen – Schluss mit nervigen Abstürzen und Hängern

Wenn bei einem Windows-PC irgendetwas nicht mehr richtig funktioniert oder Startzeit und Wartepausen deutlich länger geworden sind, lautet ein beliebter Tipp: „Installiere dein Windows mal neu!" Leichter gesagt als getan, denn das bedeutet eine Menge Handarbeit, bis alles wiederhergestellt und eingerichtet ist. Außerdem muss man dabei sehr auf die eigenen Daten und Dokumente achten, sodass diese nicht verloren gehen und anschließend wieder in aktueller Fassung vorliegen. Genau hier setzt Windows mit zwei neuen Funktionen an:

- Die **Auffrischen**-Funktion installiert das Betriebssystem neu, bewahrt dabei aber die persönlichen Daten der Anwender. Einstellungen werden auf die Standardwerte zurückgesetzt.

- Mit der **Zurücksetzen**-Funktion hingegen lässt sich der PC quasi in den Auslieferungszustand versetzen.

48.1 Auffrischen – Frischzellenkur für zickige PCs

Wenn der PC lahmt oder immer wieder Zicken macht, dürfte die Auffrischen-Funktion interessant werden. Sie installiert Windows im Prinzip einmal neu, bewahrt dabei aber die Benutzerdaten (siehe folgender Tipp).

TIPP ☑ Auffrischen – was bleibt erhalten, was geht verloren?

Beim Auffrischen gibt es im aktuellen Windows eine wichtige Änderung gegenüber Windows 8. Die Auffrischen-Funktion bewahrt grundsätzlich nur die Dateien des Benutzers. Sämtliche installierten Anwendungen einschließlich Apps aus dem Windows Store werden entfernt. Alle Optionen werden auf die Standardeinstellungen zurückgesetzt. Es steht also nach dem Auffrischen etwas Arbeit an, damit wirklich alles wieder so läuft und aussieht wie vorher.

Andererseits vermindert sich dieser Aufwand enorm, wenn Sie ein Microsoft-Konto verwenden. Dabei werden viele Einstellungen mit der Cloud abgeglichen und stehen auch nach dem Auffrischen schnell wieder zur Verfügung. Ähnlich sieht es bei Touch-Apps aus dem Windows Store aus. Anwendungen für den klassischen Desktop hingegen müssen nach wie vor nach dem Auffrischen neu installiert werden.

Wenn Sie ein Auffrischen durchführen, halten Sie – falls vorhanden – den Installationsdatenträger bereit, da dieser gegebenenfalls benötigt wird.

1. Um ein Auffrischen durchzuführen, öffnen Sie in den *Einstellungen* den Bereich *Update und Sicherheit/Wiederherstellung*. Klicken Sie dort bei *Diesen PC zurücksetzen* auf *Los geht's*.

2. Wählen Sie nun die obere Option *Eigene Dateien beibehalten*, damit Ihre persönlichen Daten das Auffrischen überleben.

3. Der Auffrisch-Assistent informiert Sie noch mal kurz über die Details. Starten Sie den Vorgang dann mit *Zurücksetzen*.

4. Windows startet dann neu und führt das Auffrischen der Installation durch. Dies sollte üblicherweise nur einige wenige Minuten Zeit in Anspruch nehmen. Neustarts sind in der Phase nichts Beunruhigendes. Überlassen Sie den PC einfach sich selbst.

5. Nach dem letzten Neustart wird der PC im nun aufgefrischten Zustand gestartet und grundeingestellt.

Anschließend steht Ihnen das zurückgesetzte Windows zur Verfügung. In den Bibliotheken finden Sie Ihre Dokumente und Dateien genau wie vor dem Auffrischen wieder.

48.2 Per Zurücksetzen gründlich aufräumen

Die Zurücksetzen-Funktion ist beim Lösen von Problemen mit dem PC weniger hilfreich. Sie automatisiert nur, was man bislang auch manuell mit etwas Aufwand erreichen konnte, nämlich ein Zurücksetzen des PCs in den Auslieferungszustand ohne jegliche persönlichen Daten und Einstellungen und ohne irgendwelche zusätzliche Software. Dies kann man nutzen, wenn man ganz von vorne anfangen will. Vor allem aber ist das interessant, wenn man einen PC aus den Händen geben will oder muss, z. B. wenn er verkauft werden soll, ein geleaster PC zurückgegeben wird oder für eine Reparatur eingeschickt werden muss.

1. Die Zurücksetzen-Funktion finden Sie an derselben Stelle wie das Auffrischen, also in den Einstellungen im Bereich *Update und Sicherheit/Wiederherstellung*. Klicken Sie auch diesmal bei *Diesen PC Zurücksetzen* auf *Los geht's*.

2. Im nächsten Schritt wählen Sie diesmal aber die Option *Alles entfernen*.

3. Sollte der PC über mehrere Laufwerke verfügen, fragt der Assistent nach, ob Sie alle Laufwerke zurücksetzen wollen oder nur dasjenige, auf dem Windows installiert ist. Hier ist Vorsicht geboten, wenn Sie z. B. mehrere Windows-Versionen parallel installiert oder wichtige persönliche Daten auf einem zweiten Laufwerk gespeichert haben. Um den PC vor dem Weitergeben in fremde Hände zu säubern, sollten Sie aber unbedingt *Alle Laufwerke* wählen.

4. Nun gibt der Assistent Ihnen die Wahl, wie gründlich das Zurücksetzen erfolgen soll. Wenn auf Ihrem PC sehr sensible Daten gespeichert waren und es vielleicht sogar gilt, gesetzlichen Datenschutzbestimmungen zu genügen, sollten Sie die gründliche Variante *Dateien entfernen und Laufwerk bereinigen* wählen. Das kann zwar (lange!) dauern, aber die Daten werden dabei so intensiv zerlegt, dass sie nicht wiederherstellbar sind. Für einen privaten PC ohne sensible Daten reicht meist auch die schnelle, weniger gründliche Variante *Nur Dateien entfernen*.

5. Der Zurücksetzen-Assistent informiert Sie dann noch mal kurz über die Folgen (also alle Dateien sind weg und jegliche Optionen auf Werkseinstellungen). Wenn Sie das wirklich wollen, starten Sie den Vorgang mit *Zurücksetzen*.

6. Der Assistent macht sich nun an das Zurücksetzen Ihrer Windows-Installation auf die Werkseinstellungen. Dies kann einige Zeit dauern und mehrere Neustarts umfassen.

7. Nach Abschluss des Zurücksetzens fragt Windows zunächst wie bei einer Upgrade-Installation einige grundlegende Dinge ab. Achten Sie hier vor allem auf die Zeitzone, die meistens korrigiert werden muss.

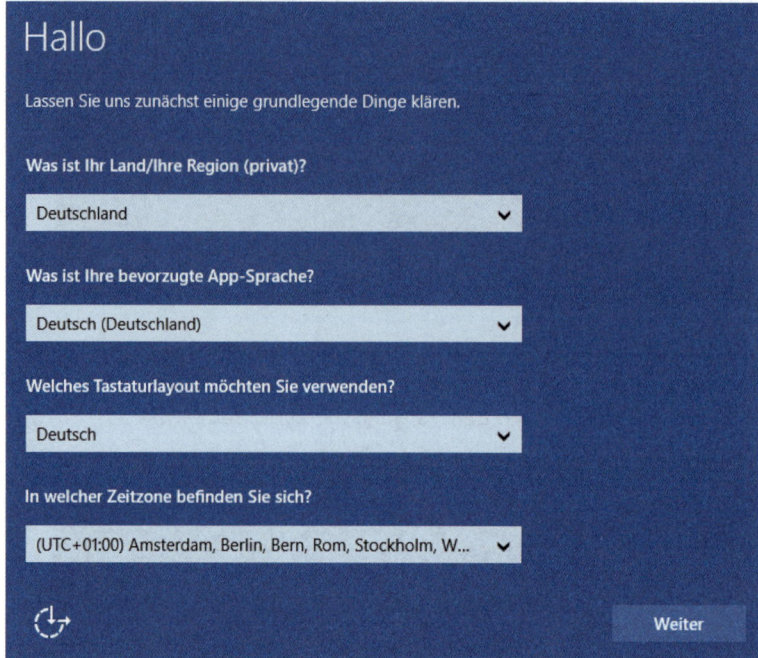

8. Anschließend bestätigen Sie die Lizenzbedingungen und es beginnen die Grundeinstellungen beim ersten Start, wie sie auf Seite 804 beschrieben sind. Dabei fragt Windows den Produktschlüssel ab, sofern er nicht in der Hardware des PCs hinterlegt ist.

Sollten Sie den gesäuberten PC mit installiertem Windows an jemand anderen weitergeben wollen, schalten Sie ihn einfach bei Schritt 7 aus. Die Einstellungen kann der neue Benutzer dann ja auch selbst vornehmen.

48.3 Auffrischen oder Zurücksetzen bei Startproblemen

Zurücksetzen und Auffrischen sind schön und gut. Aber was, wenn die Störung, die man damit beseitigen will, den regulären Start des PCs verhindert? In solchen Fällen können Sie diese Optionen direkt im Bootmanager aufrufen.

1. Wenn Sie eine Startkonfiguration mit mehreren Windows-Installationen haben, wird diese bei jedem Start automatisch angezeigt. Andernfalls drücken Sie während des Startvorgangs nach Abschluss der BIOS-Meldungen [F8], bis der Bootmanager erscheint.

2. Wählen Sie anstelle der angebotenen Startkonfigurationen ganz unten *Standardein-stellungen ändern oder andere Optionen auswählen*.

3. Im anschließenden Menü entscheiden Sie sich für *Weitere Optionen auswählen*.

4. Wählen Sie im nächsten Schritt die Option *Problembehandlung*.

5. Im so geöffneten Menü für *Problembehandlung* verwenden Sie nun die Funktion *Diesen PC zurücksetzen*.

6. Im anschließenden Schritt können Sie dann entscheiden, welche Variante des Zurücksetzens Sie durchführen möchten: *Eigene Daten beibehalten* oder *Alles entfernen*.

Wenn Sie einen dieser Punkte auswählen, läuft der jeweilige Vorgang ab da so wie vorangehend beschrieben ab.

Kapitel 49

49. Probleme mit Aktivierung und Echtheitsprüfung vermeiden

Schon mit Windows XP hat Microsoft die Zwangsaktivierung für Betriebssysteme eingeführt. Jedes System muss innerhalb kurzer Zeit nach der Installation online oder via Telefon aktiviert werden, damit es weiterhin genutzt werden kann. Nachdem der Erfolg bei Windows XP eher mäßig war, hat Microsoft dafür gesorgt, dass bei neueren Windows-Versionen grundsätzlich jede Installation individuell aktiviert werden muss. Geschieht dies nicht, wird die Funktionalität des Systems eingeschränkt. Allerdings werden Sie rechtzeitig auf die Aktivierung hingewiesen, und Windows lässt sich notfalls auch nachträglich aktivieren und wieder uneingeschränkt nutzen.

49.1 Windows nach der Installation aktivieren

Beim aktuellen Windows muss man nicht zwangsläufig einen Produktschlüssel eingeben. Zwar wird man während der Installation gleich zweimal danach gefragt, aber man kann die Eingabe in beiden Fällen auf später verschieben. Wenn man gleich einen Produktschlüssel angibt oder Windows auf einem PC neu installiert, auf dem es bereits einmal installiert und aktiviert war, wird Windows im Anschluss an die Installation automatisch aktiviert, sobald eine funktionierende Internetverbindung besteht. Sollte es damit Probleme geben, können Sie aber auch manuell nachhelfen.

1. Wenn sich Windows mit einem Hinweis auf die fehlende Aktivierung meldet, können Sie die Gelegenheit gleich beim Schopf packen. Klicken Sie dazu einfach auf die Hinweismeldung.

2. Windows führt Sie dann zum Modul *Update und Sicherheit/Aktivierung der Windows-Einstellungen*. Dieses können Sie selbstverständlich jederzeit auch manuell aufrufen.

3. Hier können Sie zunächst ablesen, ob Ihr Windows bereits aktiviert ist oder nicht.

4. Um die Aktualisierung jetzt durchzuführen, klicken Sie auf *Product Key ändern* und tippen einen gültigen Lizenzschlüssel für Ihre Windows-Version ein.

5. Windows nimmt dann automatisch Kontakt mit dem Aktivierungsserver von Microsoft auf, übermittelt Ihren Product Key und weitere Daten, die Ihren PC und seine Hardwarekomponenten identifizieren. Daraus errechnet der Server einen Aktivierungscode, den er an den PC zurückschickt.

6. Ihr Windows ist damit aktiviert und kann uneingeschränkt genutzt werden. Allerdings überprüft Windows bei jedem Start, ob die vorhandene Hardware noch zum Aktivierungscode passt. Falls dies nach einem umfangreichen Umbau nicht mehr der Fall ist, wird eine erneute Aktivierung fällig.

TIPP ☑ Aktivierung nicht erfolgreich?

Sollte die Aktivierung nicht gelingen, liegt ein Problem vor. Versuchen Sie es in diesem Fall zunächst mit der telefonischen Aktivierung, bei der sich eventuelle Schwierigkeiten eher klären lassen. Sollte Ihr Product Key bereits anderweitig benutzt worden sein oder gar wegen Missbrauchs auf einer Sperrliste stehen, sollten Sie sich entweder mit dem Verkäufer Ihrer Windows-Version oder mit Microsoft in Verbindung setzen.

Das passiert ohne Aktivierung

Im Gegensatz zu Windows 8 ist das aktuelle Windows relativ großzügig und lässt sich auch ohne Aktivierung mit nur geringen Einschränkungen nutzen. So lässt sich der Windows-Desktop nicht personalisieren und es können keine weiteren Benutzerkonten eingerichtet werden. Außerdem ist permanent ein deutlicher Hinweis als Wasserzeichen auf dem Desktop-Hintergrund zu sehen. Wirkliche Einschränkungen sind dies nicht und man kann mit einem nicht aktivierten Windows durchaus arbeiten.

Allerdings dürfte dies vor allem dem Umstand geschuldet sein, dass Microsoft Windows 10 möglichst schnell und reibungslos auf vielen PCs installiert und benutzt sehen möchte. Da wären eingeschränkte Systeme wegen Aktivierungsproblemen eher hinderlich. Es ist allerdings zu befürchten, dass Microsoft die Daumenschrauben irgendwann anziehen und nicht aktivierte Windows-Versionen ähnlich wie beim Vorgänger stärker beschränken wird.

Wann erforderlich? – Erneute Aktivierung nach Hardwareumbauten

Wenn an der Hardware des PCs Veränderungen vorgenommen werden, ist wie bei früheren Windows-Versionen eventuell eine erneute Aktivierung erforderlich. Dies hängt vom Umfang der Umbaumaßnahmen ab. Ein Austausch der Grafikkarte oder ein Speicherausbau für sich genommen erfordern noch keine Neuaktivierung. Kommen aber mehrere solcher Maßnahmen zusammen oder werden gar Motherboard und/oder Festplatte ausgetauscht, geht Windows von einem neuen System aus und verlangt nach einer Reaktivierung. Einmalig ist dies in der Regel kein Problem, aber mehrmalige Reaktivierungen können nicht mehr online, sondern nur noch telefonisch und somit ggf. nach Rechtfertigung vorgenommen werden.

HINWEIS ⟩ Sonderfall kostenloses Upgrade

Wer wie so viele Windows 10 als kostenloses Upgrade von Windows 7 oder 8 installiert hat, sollte Folgendes beachten: Durch die Upgrade-Installation erhielt man eine gültige Windows-10-Lizenz, die aber an den PC gekoppelt ist, auf dem das Upgrade vorgenommen wurde. Sie kann nicht auf einen anderen PC mitgenommen werden. Microsoft ermittelt dabei eine Hardware-ID für jeden PC, die ganz wesentlich vom Mainboard des Rechners und der Festplatte mit der Systempartition abhängt. Das bedeutet aber auch: Sollten das Mainboard und/oder die Festplatte Ihres Upgrade-PCs irgendwann kaputtgehen, kann Windows 10 nach einem Austausch nicht wieder ohne Weiteres aktiviert werden, da das neue Mainboard zu einer anderen Hardware-ID führt. Ich würde mich in einem solchen Fall aber erst mal an den Microsoft-Kundendienst wenden und um eine kulante Lösung bitten. Im Zweifelsfall muss aber eine neue Windows-Lizenz dafür her. Das ist bedauerlich, gehört aber zu den Lizenzbedingungen des kostenlosen Upgrades. Und dem geschenkten Gaul schaut man nun mal nicht ins Maul. Anders sieht es selbstverständlich aus, wenn Sie eine vollwertige Windows-10-Lizenz für gutes Geld gekauft haben. Diese lässt sich auf einem neuen PC – ggf. nach telefonischer Aktivierung – weiternutzen.

Microsoft will damit insbesondere das beliebte Installieren des Systems auf dem Zweit-PC unterbinden. Wann genau eine erneute Aktivierung erforderlich ist, können Sie selbst ausrechnen. Windows verwendet ein Punktesystem für die verschiedenen Komponenten und addiert diese Punkte bei jeder Hardwareänderung auf. Kommen im Laufe der Zeit mehr als 25 Punkte zusammen, fordert das System unvermeidlich zur erneuten Aktivierung auf. Die nachfolgende Tabelle zeigt die relevanten Hardwarekomponenten und ihre Punktwerte:

Veränderte Hardwarekomponente	Punktwert
Festplatte (Kriterium: Seriennummer)	11
Motherboard (Kriterium: BIOS-ID)	9
IDE-/SATA-Adapter	3
Prozessor	3
Soundkarte	2
Netzwerkkarte	2
SCSI-Adapter	2
CD-/DVD-ROM- oder CD-RW-Laufwerk	1
Grafikkarte	1
Arbeitsspeicher (Kriterium: Gesamtmenge)	1
Neue Aktivierung erforderlich ab	26

Aktivierung trotz Hardwareänderungen erreichen

Sollte sich Windows nach einer Hardwareänderung nicht automatisch wieder aktivieren, bleibt eine Möglichkeit, die allerdings schon **vor** der Hardwareänderung vorbereitet werden muss. Sofern Windows mit einer digitalen Lizenz aktiviert wurde – was beispielsweise bei allen PCs der Fall ist, die das kostenlose Upgrade-Angebot von Microsoft in Anspruch genommen haben –, kann diese Lizenz mit Ihrem Microsoft-Konto verknüpft werden. Dies erfolgt automatisch, wenn Sie sich bei diesem Windows mit einem Microsoft-Konto anmelden. Verwenden Sie ein lokales Konto, sollten Sie dies vor der Hardwareänderung auf ein Microsoft-Konto umstellen. Kontrollieren Sie dies in den *Einstellungen* unter *Update und Sicherheit/Aktivierung*. Hier sollte rechts bei *Aktivierung* der Satz stehen: *Windows wurde durch eine digitale, mit Ihrem Microsoft-Konto verknüpfte Lizenz aktiviert.*

Wenn Sie Windows nun auf geänderter Hardware installieren, verzichten Sie auf das Angeben eines Product Keys. Die Aktivierung wird daraufhin scheitern. In den *Einstellungen* unter *Update und Sicherheit/Aktivierung* sehen Sie eine Fehlermeldung.

Klicken Sie in diesem Fall ganz unten auf *Problembehandlung*, um eine Problembehandlung speziell für diesen Fall durchzuführen. Lassen Sie diese zunächst arbeiten, auch wenn sie in der Regel allein nicht zum Erfolg führen wird. Aber nach der Misserfolgsmeldung können Sie angeben, dass Sie an Ihrem Gerät kürzlich Hardwareänderungen vorgenommen haben. Melden Sie sich dann mit dem Microsoft-Konto an, mit dem die Lizenz verknüpft ist. Dann werden Ihnen alle Geräte angezeigt, die mit diesem Konto verbunden sind. Wählen Sie den PC aus, den Sie nun aktivieren wollen. Dann wird die Lizenz auf dieses Gerät übertragen. Gleichzeitig erlischt ggf. die Aktivierung des Altgerätes. Die Lizenz lässt sich also auch weiterhin nur auf einem Gerät nutzen. Die Anzahl, wie oft man dies durchführen kann, soll laut Microsoft beschränkt sein. Wo die Grenze liegt, ist leider nicht bekannt. Es handelt sich also tatsächlich um einen Mechanismus für den Notfall, den man nicht gewohnheitsmäßig nutzen sollte, um immer wieder zwischen zwei Geräten hin und her zu wechseln.

49.2 Aktivierungsprobleme – so prüfen Sie, ob Ihr Windows echt ist

Ob Ihr Windows-System ordnungsgemäß aktiviert ist und von Microsoft als echt bewertet wird, erfahren Sie früh genug. So sind verschiedene Updates nur nach erfolgreicher Echtheitsprüfung möglich. Sollte diese scheitern, erfahren Sie das als Erstes. Sie können sich aber auch jederzeit selbst Gewissheit darüber verschaffen.

1. Öffnen Sie in den *Einstellungen* die Rubrik *Update und Sicherheit/Aktivierung*.

2. Steht hier auf der rechten Seite bei *Aktivierung* die Meldung *Windows wurde akti-viert*, ist alles bestens und es besteht kein Handlungsbedarf.

Andernfalls steht hier *Windows wurde nicht aktiviert* und in der Regel auch eine Erläu-terung sowie ggf. ein Fehlercode für weitere Recherchen. Unter der Adresse http:// windows.microsoft.com/de-de/windows-10/activation-errors-windows-10 hat Microsoft einige Tipps und typische Fehlermeldungen im Zusammenhang mit der Aktivierung ver-öffentlicht. Insbesondere wenn die Aktivierung mit einer Fehlermeldung scheitert, lohnt sich ein Blick hierhin.

Wenn die Echtheitsprüfung versagt

Sollte Ihr PC bei dieser Gelegenheit oder auch bei einem Update bzw. Download, bei dem die Echtheitsprüfung Voraussetzung ist, diese nicht bestehen, wird Ihr System als „unecht" angesehen. Sollten Sie tatsächlich ein nicht legales Windows einsetzen, dür-fen Sie sich wegen der Echtheitsprüfung nicht beschweren. Sie haben dann aber noch immer die Möglichkeit, eine passende Lizenz zu erwerben und Ihr Windows damit auch nachträglich zu aktivieren und „legal" zu machen.

Sind Sie sicher, eine legale Windows-Lizenz erworben zu haben, müssen Sie aktiv wer-den, um an Ihr Recht einer ungestörten Windows-Nutzung zu kommen:

■ Ein häufiges Problem ist, dass Windows auf mehr als einem PC installiert wurde. Technisch ist dies zwar möglich, aber nicht erlaubt. Und die Echtheitsprüfung merkt, wenn sie von verschiedenen PCs mit der gleichen Lizenz ausgeführt wird. In solchen Fällen bleibt auf Dauer nur die Lösung, für jeden PC auch eine eigene Lizenz zu erwerben.

■ Haben Sie Windows nicht selbst installiert, sondern bereits fertig installiert mit Ihrem PC bekommen, sollten Sie den Lizenzschlüssel überprüfen. Dies gilt auch, wenn Ihr PC zwischenzeitlich repariert und dabei Windows neu installiert wurde. Es kommt leider vor, dass bei der Installation aus Bequemlichkeit ein generischer Lizenzschlüs-sel verwendet wird, der nicht der tatsächlichen Lizenz entspricht. Fällt Microsoft ein solcher Schlüssel auf, weil er immer wieder zur Aktivierung von Installationen ver-wendet wird, kann er irgendwann gesperrt werden. Klicken Sie dazu im oben be-schriebenen Einstellungsdialog unten auf den Link *Product Key ändern* und geben Sie den Lizenzschlüssel ein, den Sie mit Ihrem PC erhalten haben. Überprüfen Sie nach der anschließenden Aktivierung erneut die Echtheit.

■ Falls Ihr System auch mit einem legal erworbenen und verwendeten Lizenzschlüssel nicht anerkannt wird, können Sie das Problem nicht allein lösen. Erster Ansprech-partner wäre der Händler, bei dem Sie Windows bzw. Ihren Windows-PC erworben haben. Ansonsten kommt auch Microsoft selbst infrage.

Wenn es sich bei Ihrem Windows um eine Fälschung handeln könnte, sollten Sie sich des-wegen auch an Microsoft wenden. Erfahrungsgemäß ist der Konzern sehr an der Verfol-gung von Fälschungen interessiert, richtet sich dabei aber vor allem an die Produzenten solcher Fälschungen. Den getäuschten Kunden gegenüber zeigt sich Microsoft hingegen schon mal kulant und stellt unter Umständen eine legale Ersatzlizenz zur Verfügung.

Stichwortverzeichnis

N

O

X

Y

Z